汕头年鉴

SHANTOU YEARBOOK

2011

《汕头年鉴2009》

荣获全国地方志系统第二届年鉴评奖一等奖

荣获广东省第一届年鉴编纂质量奖一等奖

新 华 出 版 社

图书在版编目（CIP）数据

汕头年鉴. 2011／《汕头年鉴》编纂委员会编著. —北京：新华出版社，2011.11

ISBN 978-7-5011-9812-2

Ⅰ. ①汕… Ⅱ. ①汕… Ⅲ. ①汕头市—2011—年鉴 Ⅳ. ①Z526.53

中国版本图书馆CIP数据核字（2011）第262024号

汕头年鉴 2011

作　　者：《汕头年鉴》编纂委员会

地　　址：汕头市地方志办公室　汕头市海滨路8号市委大院3号楼4楼

电话（传真）：0754-88273161

邮　　编：515036

E-mail：stnj@vip.163.com

责任编辑：蒋小云

照　　排：北京潮星文化传播有限公司

出版发行：新华出版社

地　　址：北京石景山区京原路8号

网　　址：http://www.xinhuapub.com　http://press.xinhuanet.com

邮　　编：100040

印　　刷：北京华邦印刷有限公司

开　　本：889mm×1194mm　1/16

印　　张：32

字　　数：1050千字

版　　次：2011年11月第一版

印　　次：2011年11月第一次印刷

书　　号：ISBN 978-7-5011-9812-2

定　　价：200.00元

编辑说明

一、根据国务院颁发的《地方志工作条例》第八条规定：以县级以上行政区域名称冠名的地方志书、地方综合年鉴，分别由本级人民政府负责地方志工作的机构按照规划组织编纂，其他组织和个人不得编纂。《汕头年鉴》是中共汕头市委、汕头市人民政府主办，汕头市地方志办公室具体承办，并由全市各单位共同参与编纂的大型资料性工具书。

二、《汕头年鉴•2011》采用分类编辑法，主体内容实行条目化设计，框架结构分为篇目、类目、分目、条目四个层次。全书设特辑、重要报道、汕头大事记、汕头概况、经济、政治、民主法制建设、教科文卫体、社会生活、区县、人物、社会经济统计资料、文献法规选编 13 篇，共 70 个类目，176 个分目，1433 个条目，40 个统计表。宣传彩页 79 版，图片 228 幅。

三、《汕头年鉴•2011》在保持基本框架相对稳定的前提下，对部分内容进行调整、充实，扩大信息量、提高实用性、增强可读性，突出年度特征和汕头特点。"汕头概况"篇的"基本概况"类目增设环境质量、组织机构及负责人名录 2 个分目。"经济"篇的"综合经济管理"类目增设发展规划管理分目。"政治"篇的"中共汕头市委"类目增设综述、市委全委会会议及其他重要会议、市委重要决策、市委重要活动、机构编制等 5 个分目；"汕头市人民政府"类目增设综述、市政府重要会议、市政府重大决策、市政府重要活动、应急工作等 5 个分目；"政协汕头市委员会"类目增设综述、市政协及其常委会会议、民主监督、调研工作等 4 个类目。"群众团体"类目改为"人民团体"，下设市总工会、共青团市委、市妇联、市文联、市社科联、市科协、市侨联、市残联、市台联、市红十字会等 10 个类目；将外事、台湾事务、侨务和宗教合并为"外事•台湾事务•侨务•宗教"类目。"教科文卫体"篇的"科学技术"类目下调整设立综述、科技管理、科技合作与交流、知识产权、科学普及、防震减灾等 6 个分目；"医疗卫生"类目增设综述、医药卫生体制改革、公共卫生、卫生监督、医政管理等 5 个分目；"体育"类目下调整设立综述、群众体育、竞技体育、体育产业等 4 个类目。"社会生活"篇调整设立人民生活、人力资源•社会保障、基层政权和社区建设、民政工作•社会事务、慈善事业、人口与计划生育等 6 个类目，下设相应的分目。"人物"篇增设国家级非物质文化遗产继承人。

四、《汕头年鉴•2011》正文内容由各级各部门各系统提供，经各单位领导审定并加盖公章。重要统计资料均来自市统计部门。《汕头年鉴》的编辑出版，得到了全市各级领导、各有关单位和有关人士的大力支持和协助，在此谨表谢意。本年鉴编印中出现的粗疏、错漏之处，敬请批评指正。

《汕头年鉴·2011》编纂委员会及编辑部人员

名 誉 主 编：李　锋　　郑人豪　　邓大荣

主　　　编：谢泽生

常务副主编：郭大钦

副　主　编：邱奕辉　　吴小坚　　关苏华

委　　　员：(按姓氏笔画为序)

王小辉　　王扬泽　　邓东冠　　刘少强　　许景峰

孙良胜　　李耿坚　　吴启煌　　吴俊钦　　吴健彦

陈向光　　陈华佳　　陈泽华　　陈武南　　陈俊凯

陈捷锋　　陈棉生　　陈新造　　余金富　　官惠林

林广华　　林伟雄　　林依民　　林建新　　林毅荣

周　武　　郑晓奇　　柯松良　　徐　阳　　徐　凯

黄小扬　　黄晖阳　　黄腾远　　黄煜生　　彭建伟

谢晓东　　蔡佩侬　　魏淼新

编辑部主任：彭建伟

执 行 主 任：辛伟贤

编　　　辑：李　敏　　林婉新　　张静瓦　　赵民跃

目录
CONTENTS

特辑 • Special Collections

重要报道 • Focus Report

2010年汕头大事记 • Chronicles of Important Events of Shantou in 2010

汕头概况 • A Brief Introduction of Shantou

经济 Economy

● 财政·税务

● 民营经济

农业

工业

政治 • Politics

民主法制建设 • Democracy and Legal System Construction

社会生活 • Social Life

● 龙湖区

● 澄海区

● 濠江区

领导关怀

LEADERSHIP CONCERN

2010年12月8日，中共中央政治局委员、省委书记汪洋莅汕出席省第六届珠江三角洲地区与山区及东西两翼经济技术合作洽谈会开幕式并宣布会议开幕。（柯晓摄）

2010年12月8日，汪洋等省领导到市超声仪器研究所有限公司视察。(柯晓摄)

2010年12月7日，汪洋、黄华华在汕头迎宾馆会见莅汕参加省第六届“山洽会”的中信、中核、华润、中交集团等央企高层领导。（柯晓摄）

2010年2月20日至27日,中共中央政治局原委员、全国人大常委会原副委员长、国务院原副总理田纪云莅汕视察。(蔡婵英供)

2010年2月7日至10日，中共中央政治局原委员、全国政协原副主席杨汝岱莅汕视察。（蔡婵英摄）

2010年11月7日，全国政协副主席、民进中央常务副主席罗富和莅汕参观首届（汕头澄海）国际兰花旅游文化节暨第二届海峡两岸国兰精品博览会。(李俊伟摄)

2010年12月14日，全国政协原副主席罗豪才莅汕参加第六届国际潮青联谊年会，并和与会者合影留念。（团市委供）

2010年4月10日，国家人口计生委主任、党组书记李斌莅汕，对我市人口计生工作开展调研。（柯晓摄）

2010年3月6日，中央纪委副书记张毅带队莅汕，就农村基层党风廉政建设进行专题调研。（市纪委供）

2010年12月7日至8日，广东省委副书记、省长黄华华莅汕出席省第六届“山洽会”开幕式，并考察汕头有关工作。（柯晓摄）

2010年8月11日至12日，省人大常委会主任欧广源率领调研组莅汕，就实施区域协调发展战略情况开展专题调研。（李俊伟摄）

2010年3月6日，省委常委、纪委书记朱明国陪同中央纪委副书记张毅莅汕调研。（柯晓摄）

2010年8月20日，省委常委、常务副省长朱小丹带队莅汕，检查指导扶贫开发工作情况。（柯晓摄）

2010年7月5日至6日，省委常委、副省长肖志恒莅汕，检查职业技能竞赛工作。（柯晓摄）

2010年9月15日，省委常委、组织部部长李玉妹莅汕调研。（市委组织部供）

2010年10月15日，省委常委、宣传部部长林雄视察汕头市文化艺术学校。（李俊伟摄）

2010年7月22日，省委常委、政法委书记、公安厅厅长梁伟发莅汕，就综治信访维稳中心建设和公安机关社会管理创新工作进行检查督导。（李俊伟摄）

2010年9月13日，省委常委、秘书长徐少华出席在汕举办的残疾人事业发展情况督查汇报会，并到汕头大学精神卫生中心书画室参观。（杜一方摄）

2010年10月23日，副省长李容根率省防总检查组检查指导我市防风工作。（柯晓摄）

2010年8月25日，副省长雷于蓝率省妇儿工委调研组莅汕，对妇女儿童发展规划达标工作情况进行调研，并到汕头大学新图书馆参观。（杜一方摄）

2010年6月30日，副省长宋海一行莅汕调研我市的高中阶段教育和义务教育发展工作，并参加汕头大学2010届毕业生毕业典礼暨颁奖礼。（曾建平摄）

2010年12月7日，副省长佟星莅汕出席南山湾科技园首批入园企业开工庆典仪式。（李俊伟摄）

2010年9月6日，副省长刘昆莅汕调研。(黄祖煜摄)

Shantou Yearbook
汕头年鉴2011

大事要闻

NEWS HIGHLIGHTS

2010年5月24日，汕头市委在市委会议中心召开全市领导干部大会，宣布广东省委关于汕头市委主要领导调整的决定，李锋同志任汕头市委委员、常委、书记。（柯晓摄）

全市领导干部大会现场。(柯晓摄)

2010年1月14日至15日，中共汕头市委九届八次全会在市委会议中心召开，会议总结去年经济工作，全面部署新年工作任务。（柯晓摄）

新任汕头市委书记李锋。（柯晓摄）

2010年7月26日，中共汕头市委九届九次全会作出建设“文化强市、幸福汕头”的重大战略部署。（李俊伟摄）

2010年2月26日，中国人民政治协商会议广东省汕头市第十一届委员会第四次会议闭幕。经大会选举，罗仰鹏当选为市政协主席。（李俊伟摄）

市政协委员积极为汕头建言献策。（方淦明摄）

2010年2月24日，汕头市第十二届人民代表大会第五次会议在鮀岛影剧院隆重开幕。（李俊伟摄）

2010年12月7日，中共中央政治局委员、省委书记汪洋莅汕主持召开省委“十二五”规划建议征求意见座谈会，听取汕头、汕尾、潮州、揭阳四市的意见建议。(柯晓摄)

座谈会现场。（柯晓摄）

2010年12月8日，广东省第六届珠江三角洲地区与山区及东西两翼经济技术合作洽谈会在我市隆重开幕。中共中央政治局委员、广东省委书记汪洋，省委副书记、省长黄华华等省领导莅汕出席“山洽会”开幕式，并考察汕头有关工作。（柯晓摄）

2010年12月9日 潮阳区贵屿废弃电器电子产品集中处理场（试点）项目正式开工建设。（潮阳区供）

2010年12月9日，金平区分会场签约仪式。（金平区供）

汕头市非物质遗产展示馆。（方淦明摄）

2010年12月8日，市政府与中信、中核、华润、中交签订战略合作框架协议。（杜一方摄）

第六届“山洽会“共签约合作项目627个，总金额达1512.6亿元，图为签约现场。（柯晓摄）

南山湾科技园首批入园企业开工建设。（李俊伟摄）

汕头工业精品展。（李俊伟摄）

2010年12月14日，第六届国际潮青联谊年会在汕头林百欣国际会展中心举行。图为市委书记李锋在开幕式上致辞。（李俊伟摄）

会场盛况。（柯晓摄）

2010年12月14日，第六届国际潮青联谊年会高峰论坛在市委会议中心举行。（李俊伟摄）

香港潮属社团总会创会主席陈伟南和市长蔡宗泽为“国际潮青（汕头）工业园”揭牌。（周修宜摄）

2010年12月13日，国际潮青文化作品展在汕头市图书馆展出。（李俊伟摄）

“潮青杯”高尔夫球赛。（周修宜摄）

出席仪式的领导和国际潮青代表共同种植潮青林。（方淦明摄）

2010年3月23日，由市委、市政府、南方日报社联合主办的“汕头特区的历史意义和未来展望——答好汪洋书记‘三道题’专家论坛”在市委会议中心举行。（李俊伟摄）

2010年8月17日，市纪律教育学习月报告会暨典型教育读本《官鉴》首发式在市委会议中心举行。（市纪委供）

9月，市委以无记名投票方式差额票决市农业局长等9个公推公选正处级领导职位的任职人选。图为公推公选动员会会场。（黄祖煜摄）

2010年12月 3 日，市政府召开新闻发布会，确认汕头的开埠时间为1860年 1 月 1 日。（辛伟贤摄）

2010年12月21日，汕头开埠文化陈列馆开馆。（柯晓摄）

▲ 2010年 7 月16日,汕头港口岸广澳港区对外开放通过国家验收。（市外经贸局供）

▲ 2010年1月29日，广东海事系统第二大海巡船“海巡154”列编汕头海事局。（汕头海事局供）

▼ 繁忙的广澳港区。（柯晓摄）

2010年10月13日。汕头市"一湾两岸"规划评审会在帝豪酒店召开。（市规划局供）

2010年9月27日，汕头海关在广东省内率先开通"12360"服务热线。（汕头海关供）

2010年9月26日，中国检验检疫科学研究院（汕头）纺织品研究室、广东检验检疫技术中心粤东分中心揭牌暨粤东检验检疫技术合作框架协议签字仪式在汕头迎宾馆举行。（李俊伟摄）

▲▼2010年4月10日，汕头“南澳Ⅰ号”古沉船文物开始打捞。（市文广新局提供）

桑梓情怀
Homeland Feelings

友好往来
Friendly Communication

经贸活动
Trade and Economic Activities

2010年6月30日，香港长江实业（集团）有限公司董事局主席、汕头大学校董会名誉主席李嘉诚先生出席汕头大学2010届毕业生毕业典礼暨颁奖礼。（柯晓摄）

2010年12月10日，市委书记李锋亲切会见莅汕考察访问的泰国正大集团董事长谢国民先生一行。（黄祖煜摄）

2010年8月2日，香港潮属社团总会、香港潮州商会首长及会董访问团莅汕访问。（黄祖煜摄）

2010年9月10日，以陈汉士先生为团长的泰国泰华九属会馆访问团莅汕访问。（市外事侨务局供）

2010年12月3日，市委书记李锋在市委迎宾厅会见香港中国商会董事会主席、理事会会长陈经纬为团长的香港中国商会访问团一行。（杜一方摄）

2010年5月28日，海外侨胞助建四川草坡乡“侨心居”落成。（市外事侨务局供）

2010年11月16日，市委书记李锋在香港拜会李嘉诚先生。（陈健摄）

2010年11月16日，市委书记李锋等市领导在香港拜会饶宗颐先生。（陈健摄）

2010年7月28日，市长蔡宗泽率汕头市友好代表团考察访问日本岸和田市。（市外事侨务局供）

2010年8月25日，越南计划投资部代表团莅汕访问。（市外事侨务局供）

2010年7月30日，以中央驻港联络办副主任周俊明为顾问，香港立法会议员詹培忠为团长、陈鑑林为副团长的访问团莅汕访问。（市外事侨务局供）

2010年6月3日，由澳门特别行政区行政长官崔世安博士率领的澳门特区政府和企业家代表团一行莅汕参观访问。（市外事侨务局供）

2010年8月19日,中国驻泰国大使管木伉俪-行莅汕考察，市委书记李锋与管木大使亲切交谈并互赠礼品。（黄祖煜摄）

2010年7月3日，市委书记李锋在汕头迎宾馆会见莅汕考察的厦门大学党委书记朱之文、校长朱崇实一行。（黄祖煜摄）

2010年7月1日，市委、市政府组织一支由市领导带队、相关部门参加的“百人服务团”，深入企业开展调研服务。图为金平区分团动员大会现场。
（金平区供）

2010年4月21日，由中国国际贸易促进委员会和汕头市人民政府共同主办的第十二届中国澄海国际玩具礼品博览会在澄海区展览中心开幕。
（李俊伟摄）

玩博会动漫展示区。
（李俊伟摄）

2010年2月2日，汕头机场正式对外籍飞机开放，新加坡－汕头首航成功。4月30日，香港航空有限公司汕头航线成功首航。（汕头机场供）

2010年12月16日，汕头市经贸代表团赴马来西亚参加“第七届马来西亚中国进出口商品展览会”。（市外经贸局供）

2010年6月18日，广东皮宝制药股份有限公司A股股票在深圳证券交易所成功挂牌交易。（李俊伟摄）

2010年4月19日，由广东省中小企业局与广东发展银行联合主办的“中小企业融资服务粤东三市推介会”在我市召开 。（广发银行供）

2010年5月15日，由汕头帝远海运有限公司投资建造，载重2.7万吨级的“帝盛”轮建成顺利下水。（林馥盛摄）

华能海门电厂全景图。（2010年5月20日摄，华能海门电厂供）

东部城市经济带新围填土地鸟瞰图。（2010年11月摄，东部城市经济带办供）

Shantou Yearbook
汕头年鉴2011

深入基层
Grass-roots Level

文化建设
Cultural Development

旅游美食
Food Tourism

拥军爱民
Support the Army and Cherish the People

李锋等市领导到基层调研。（柯晓摄）

蔡宗泽等市领导到基层调研。（柯晓摄）

邓大荣到基层调研。(市港务局供)

罗仰鹏到基层调研。（市政协办供）

王芸到基层调研。（市人大办供）

市领导深入基层，
深入实际。

市领导深入基层，
深入实际。

市领导深入基层，
深入实际。

市领导深入基层，
深入实际。

市领导深入基层，
深入实际。

市领导深入基层，
深入实际。

2010年12月8日，汪洋等省市领导出席“山洽会”汕头市非物质文化遗产大观，并与演员合影。（市文广新局供）

2010年5月10日至20日，中央电视台在南澳进行汕头“南澳Ⅰ号”水下考古发掘直播活动。（方淦明摄）

2010年3月3日，省政协原主席吴南生将珍藏多年的元代名画精品《平沙落雁图卷》正式捐赠给汕头市博物馆作永久性收藏。（李俊伟摄）

《平沙落雁图卷》（局部）。（李俊伟摄）

2010年10月21日，“第16届亚运会火炬传递活动（汕头站）”在我市举行，图为市委书记李锋接过“潮流”火炬。（柯晓摄）

收火仪式上，市委常委、常务副市长郑人豪与末棒火炬手黄良财共同点燃圣火盆。（柯晓摄）

亚运火炬传递全景。（方淦明摄）

圣火传递点燃鮀城激情。（柯晓摄）

▲ 韩红在晚会上倾情演唱。

▼ 2010年12月13日，第六届国际潮青联谊年会文艺晚会在汕头林百欣国际会展中心举行。（李俊伟摄）

2010年6月11日，潮剧艺术博物馆开馆。（柯晓摄）

2010年12月21日，市委宣传部、市社科联、市地方志办公室和潮汕历史文化研究中心联合举办“推动科学发展 建设幸福汕头—纪念汕头开埠150周年理论研讨会”。（市委宣传部供）

2010年6月18日，汕头海关举办纪念潮海关建关150周年系列活动，图为座谈会现场。（汕头海关供）

2010年6月10日，我市召开非物质文化遗产保护工作座谈会。（柯晓摄）

2010年5月18日，2010年“书香飘万家”系列读书活动暨第三届公务员书法作品展开幕。（李俊伟摄）

2010年5月27日，“百花齐放 激情飞扬”2009年度汕头文艺奖颁奖晚会在市广播电视台综合剧场举行。（陈少鹏摄）

2010年7月29日，汕头画院在广州举行汕头画院成立三十周年美术作品展览。（方淦明摄）

2010年8月18日，“幸福汕头”文艺展演系列活动在市人民广场拉开序幕。（方淦明摄）

2010年8月20日，为庆祝潮汕星河奖基金会创立20周年，广东潮剧院在汕头市谢慧如潮剧艺术中心举办“潮剧专场”演出。（市委宣传部供）

2010年9月17日，汕头文化艺术学校大锣鼓队作为广东省唯一代表队参加中国•韩城“司马迁杯”首届全国锣鼓大赛获得“银鼓王奖”。（市委宣传部供）

2010年8月25日，广东省广播电视网络股份有限公司汕头分公司举行挂牌庆典仪式。（方淦明摄）

2010年11月8日，汕头市新闻界举行庆祝第十一届中国记者节大会暨第五届“南航杯•记者看汕头”优秀新闻作品颁奖仪式。（方淦明摄）

2010年12月5日，汕头经济特区报社举行第12届读者活动日。（柯骁摄）

2010年4月29日，汕头市举办庆祝“五一”暨“电力杯”全市职工歌舞、小品大赛颁奖晚会。（市总工会供）

2010年4月27日，汕头市举办“青春的使命”汕头市纪念“五四”运动91周年文艺晚会。（团市委供）

2010年9月1日，《汕头市青年志愿服务促进条例》颁布实施。（团市委供）

2010年3月5日，汕头市女领导干部联谊会成立。（市妇联供）

2010年7月13日，汕头方特欢乐世界·蓝水星主题公园正式开园。（杜一方摄）

蓝水星大门及全景。

▲ 潮府馆代表粤菜系入驻上海世博会。（李俊伟摄）

▼ 砂锅粥、牛肉丸等地道潮汕美食亮相世博会中华美食街。（李俊伟摄）

◀ 2010年1月1日，2009国际旅游小姐大赛广东赛区的参赛佳丽走进莲花山温泉度假村，展示旅游小姐风采。（柯晓摄）

2010年5月9日，我市2000多名徒步爱好者参加第六届“金味爱我家乡”韩江徒步节，以实际行动呼吁保护潮汕的母亲河—韩江。（李俊伟摄）

2010年8月13日，汕头薄壳美食旅游文化节在澄海区盐鸿镇开幕。（方淦明摄）

2010年12月16日，汕头美食节开幕，市民足不出市尝遍各地风味。（杜一方摄）

近年来，“澳门元素”的美食文化渐渐渗入汕头人的生活，葡式蛋挞、葡国鸡、葡式海鲜炒饭、榴莲酥等澳门美食现身汕头。（李俊伟摄）

2010年7月27日，市委书记李锋带领市“八一”拥军慰问团看望慰问汕头警备区部队。（李俊伟摄）

2010年7月21日，市长蔡宗泽带领的市拥军慰问团看望慰问汕头水警区官兵。（方淦明摄）

2010年8月10日，市委、市政府和汕头警备区在市委会议中心召开全市双拥工作暨表彰大会。（李俊伟摄）

2010年8月11日，市委、市政府和省公安厅在鮀岛影剧院联合召开“庄宜生同志先进事迹报告暨二级英模命名表彰大会”。市委书记李锋为庄宜生颁发二级英模奖章和证书。（柯晓摄）

2010年8月30日，全省公安机关社会管理创新工作汇报会在我市召开。（市公安局供）

2010年6月23日，市公安机关召开交通秩序集中整治行动动员大会。（市公安局供）

2010年9月26日，我市交警百辆警用新摩托车上路。（柯晓摄）

▲ 2010年1月10日，市民在警营开放日参观警用设备。（柯晓摄）

▲ 2010年5月14日，潮南区东华村举行获全国民主法治示范村揭牌仪式。（市司法局供）

▲ 2010年12月4日，全市124法律咨询活动现场。（市司法局供）

Shantou Yearbook

汕头年鉴2011

抗灾复产

Coping with Disaster and Products Recovery

百姓生活

People`s lives

民俗风情

Customs and Habits

城市建设

City Construction

2010年1月21日，浓雾笼罩鮀城，图为雾中的汕头海湾大桥。（柯晓摄）

2010年4月6日，礐石南滨路发生特大交通事故，校车与散装水泥罐车相撞致10人死亡28人受伤。图为驻汕海军某部官兵冒险救出伤员。（孙宗勇摄）

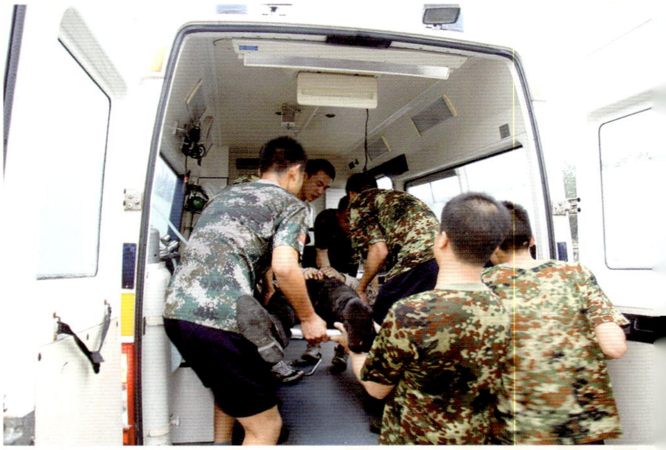

2010年9月21日傍晚，市区金砂路等路段出现严重拥堵，从傍晚5点多开始，在金砂路一堵就是将近3小时。图为金砂路与天山路交界路口的堵车长龙。（柯晓摄）

汕头的“海螺”来到了草坡乡。（陈史摄亍2010年4月18日）

草坡乡通乡公路麻龙一段工程顺利完成。（工作组摄于2010年4月2日）

2010年4月7日，我市第一批“青年送水车”满载2000箱共36吨爱心矿泉水支援云南曲靖旱灾灾区。（曾春乐摄）

2010年4月25日，我市援建草坡乡工程项目全面完工。图为草坡小学全景。（陈史摄于4月18日）

2010年12月30日，市委书记李锋等领导与来访群众亲切交谈。（李俊伟摄）

2010年12月27日，农村低保户住上政府帮建的新房。（李俊伟摄）

2010年12月15日，潮阳北新社区逾万群众在自家用上干净自来水。（杜一方摄）

2010年8月11日，华新城20亩廉租住房项目开工建设。（方淦明摄）

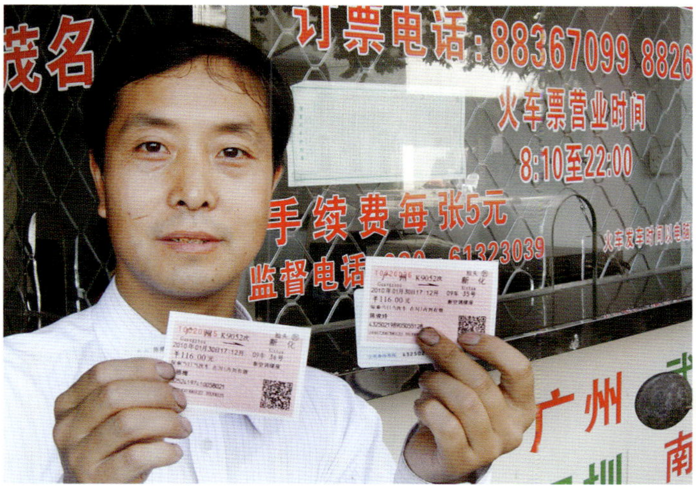

2010年1月21日，春运电话预订火车票正式启动。图为外来工高兴地拿到春节回家的实名制火车票。（林馥盛摄）

汕头宜华木业3000外来工聚餐迎春。（郭媛摄于2010年2月5日）

家门口看大戏，乐坏了老少妇孺。（李俊伟摄于2010年2月16日。）

公园里唱歌，自娱自乐。（柯晓摄于2010年8月1日）

▲▼ 正月十五，汕头存心善堂元宵节花灯巡游灯会。（杨文翔摄）

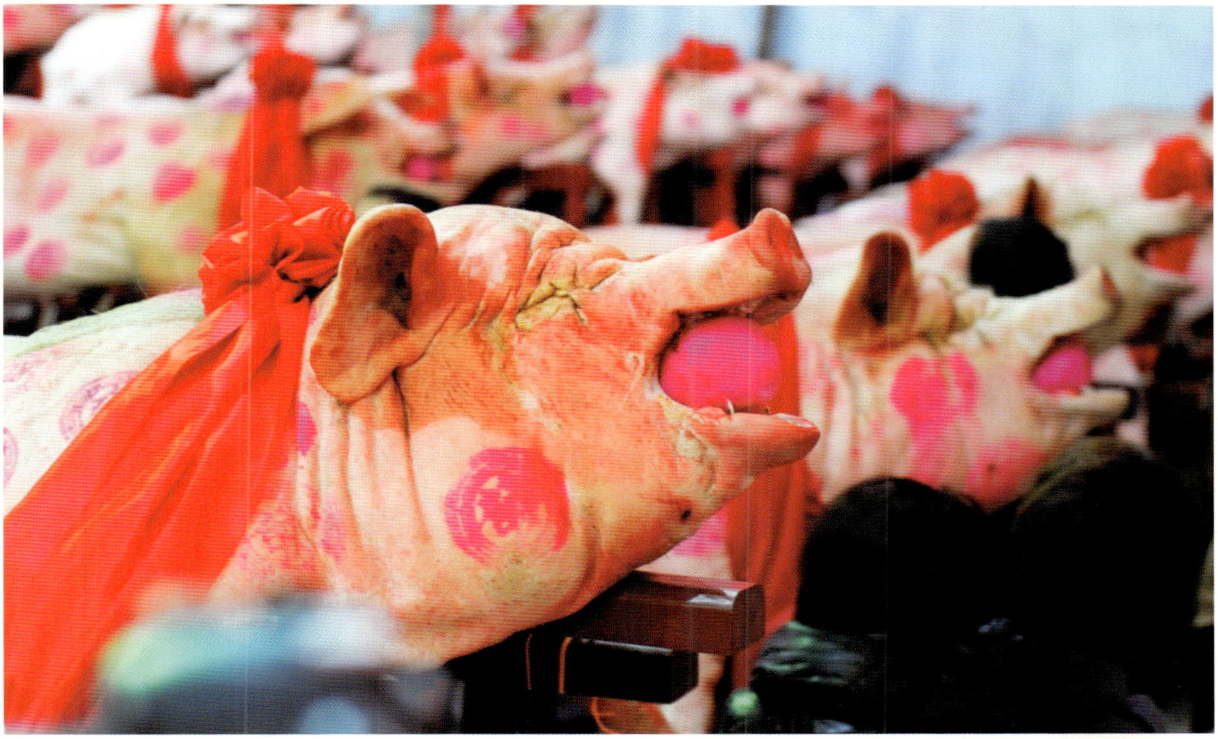

▲▼ 正月十七，澄海冠山赛大猪习俗。（杨文翔摄）

正月廿二，澄海盐灶村“拖神”习俗。（杨文翔摄）

正月十九，澄海南砂乡游灯盛会。（杨文翔摄 ）

2010年10月15日，汕头市政府召开全市城市管理工作会议，全力推动城管工作上新层次新水平。（方淦明摄）

为方便市民出行，南辰公交公司再次新购6辆新型公交车辆投入营运。（林馥盛摄于2010年11月26日）

2010年5月17日，汕头市汕兴出租汽车公司首批30辆绿色“捷达”新出租车正式投入运营。（林馥盛摄）

2010年 2 月10日 历时近十年投资12亿，中心城区金凤路桥顺利实现全线通车。（李俊伟摄）

2010年 4 月 9 日，南澳供水工程开工建设。（柯晓摄）

2010年9月16日，国道324线澄海路段改造工程开工建设。（市公路局供）

▲ 北轴污水处理厂建成投产。（方淦明摄于2010年5月18日）

▲ 2010年2月4日，亚洲第一跨度的厦深铁路重难点控制性工程——榕江特大桥首片钢桁梁顺利完成架设。（李俊伟摄）

▼ 建设中的南澳大桥雄姿。（李俊伟摄）

2010年7月19日，濠江大桥开工建设。▶
（工业经济带办公室供）

政企联手启动中国移动汕头“无线城市”建设项目

5月17日，汕头市无线电管理办公室联合汕头移动举行中国移动汕头“无线城市”建设启动仪式，旨在推动无线城市的深入开展和宣传推广，共同推进汕头无线城市的建设。这次活动受到了市委、市政府相关领导的高度重视，市委常委、副市长郑人豪、副市长周镇松、汕头市无线城市建设领导小组成员单位领导及相关人员、中国移动广东公司及汕头分公司相关负责人出席了仪式。“无线城市”被誉为城市的“第五公用基础设施”，是继水、电、气、交通之后，政府为市民提供的又一种公共服务设施，是衡量一座城市的信息化进程和综合竞争力的重要标尺之一。

“七一”建党节提前献礼，党风廉政信息公开平台率先开通

6月30日，汕头移动承建的“汕头市农村（社区）基层党风廉政信息公开平台”在汕头市澄海区成功试点开通，市委常委、市纪委书记孙光辉，市纪委副书记、监察局局长许景峰等政府领导出席了开通仪式。该平台是汕头移动积极参与农村信息化建设，为“三农”服务的又一重大举措，也为“七・一“建党节献上了一份重要的贺礼。

中国移动通信
CHINA MOBILE
移动信息专家
跨越400万 幸福同相伴
400万
www.10086.cn
客服热线 10086

顺利启动“MM百万青年创业计划”开辟鮀城就业幸福热土

9月29日，共青团汕头市委联合汕头移动，在粤东地区唯一一所211高校汕头大学正式启动了“MM百万青年创业计划”，共青团汕头市委书记周崇凝、汕头市教育局局长黄晖阳、汕头市劳动保障局副局长张镇城、汕头移动总经理关苏华、汕头移动副总经理周武、汕头大学团委书记林兵峰等相关领导出席了启动仪式。

汕头移动助力希望工程 鹅地希望小学建成使用

3月10日上午，虽然寒风凛冽，但潮南区雷岭镇鹅地全球通希望小学的校园里却暖意融融，大家都沉浸在欢乐的海洋中。激昂动听的鼓乐打破了平日的安静，伴着喜庆的鞭炮声，由汕头移动捐资援建的汕头市潮南区雷岭镇鹅地全球通希望小学正式落成了。潮南区委常委郭少玲、区常务副区长吴先宏、团市委副书记王江锋、汕头移动副总经理周武以及区团委、区教育局、雷岭镇镇委、镇政府等相关领导出席了落成庆典仪式，共同见证了贫困山区教育环境改善的感人一幕。

民乐迎春奏响新年“幸福汕头”最强音

12月27日晚，由市委宣传部主办、汕头移动协办的“幸福汕头·民乐迎春”新年音乐会隆重上演。为响应省政府打造文化强省的号召，加快汕头迈向“文化强市”的步伐，市委宣传部主办了包括“民乐迎春”、“和唱鸣春”、“乐韵颂春”在内的“幸福汕头”新年音乐会系列活动。汕头移动紧跟政府工作步调，协办了该系列活动的第一场“幸福汕头·民乐迎春”新年音乐会，助力政府打造“文化鮀城·幸福汕头”。市领导蔡宗泽、王芸、陈茸、林梃，以及汕头移动总经理关苏华等领导出席了音乐会。来自我国首席民乐团中央民族乐团和汕头本地民乐团体的艺术家们，用精湛的技艺为现场2000多名观众奉献了一场极具震撼力的视听盛宴，奏响了新年“幸福汕头”的最强音。

整合无线城市资源优势 配合政府打造“智慧山洽会”盛宴

由省委、省政府主办，省经信委与汕头市政府共同承办的省第六届“山洽会”于12月8日–9日在汕头举行。作为移动信息化的主导运营商，汕头移动结合无线城市现有的资源，为此次“山洽会”提供全程的信息化服务，推出“山洽会”专题手机网站、无线城市门户山洽会专栏、魅力汕头彩信特刊等，为“山洽会”的到来掀起了一阵阵宣传预热的浪潮。

无线城市门户围绕“无线政务、数字民生、信息兴业、网络文化”四大板块，通过互联网、手机WAP和手机专用客户端等多种接入方式，为市民、公务人员、游客及学生，提供了包括车主服务、商家优惠、电影订票、实时路况、医保查询、电费查询、预约挂号等150余项本地信息查询和咨询服务。欢迎各位体验使用！

无线城市门户登录地址：

- 手 机 网 站：http://wap.wxcs.cn/st
- 手机客户端：登录http://cli.wxcs.cn下载客户端即可体验

发送短信wx到10086即可获取以上网址

CHINA MOBILE
无线城市
越无线·越无限
www.10086.cn 客服热线 10086

央视“南澳Ⅰ号”水下考古直播通信保障圆满成功

“南澳Ⅰ号”被国家水下文化遗产保护中心列入2010年“一号工程”，中央电视台新闻中心社会新闻部和社教中心于5月10日至20日对其水下发掘工作的直播令外界瞩目。在市政府的部署下，汕头移动采取积极行动，成立了由领导小组和保障小组组成的保障工作团队，多次前往南澳保障区域开展打捞现场海域及新闻中心等覆盖区域测试，进行话务量预测，收集了大量参考数据，确定了覆盖小区、应急车停放点、WLAN安装位置等，最终制定了周密的通信保障方案，保障方案涵盖了现场移动话音通信、卫星电话、移动固话、打捞活动涉及的所有公路、海域以及宾馆住所的网络覆盖等多个方面，还实现了现场互联网宽带接入的需求，确保现场新闻资讯及时发布传递、现场通信畅通无阻。

亚运圣火耀汕头 活力移动展风采

10月21日，第十六届亚运会圣火在鮀城市民的热切期盼中抵达汕头站。为迎接亚运圣火，汕头移动积极组织员工参与火炬传递的全过程，并以完善的通信保障措施，确保火炬传递的各种通信信号顺畅无阻。在本次火炬传递中，汕头移动关苏华总经理作为第78棒火炬手参与了传递活动，成为汕头站唯一一位奥运亚运并举的双料火炬手。

特区三十年，红段子答书记三道题

3月22日，汕头市中国移动红段子杯“答好汪洋书记三道题——我为特区建设献一策”短信有奖征集活动正式启动，手机短信的宣传效应再次与报纸媒体的舆论导向有机结合，在全市掀起一股全民参政议政的热潮。

中国移动红段子杯

“答好汪洋书记三道题”短信有奖征集活动启事

中共中央政治局委员、省委书记汪洋给汕头提出三道题：汕头特区过去30年干了些什么，有什么经验教训？在迎接特区成立30年的历史节点上做什么，怎么样实现加快发展？今后30年还能再干什么，怎么样再创特区新辉煌？为让更多人参与“三道题”的回答和探讨，汕头日报编辑部、中国移动汕头分公司决定将报纸媒体的舆论导向及宣传效应与手机短信的信息平台有机结合，在全市开展中国移动红段子杯“答好汪洋书记三道题——我为特区建设献一策”短信有奖征集活动。

一、短信主要围绕以下重点内容编写：

1、汕头如何动员群众，发扬特区精神，在粤东发展中独树一帜，再创辉煌？

2、今后30年汕头的发展方向、发展举措和发展目标应该如何定位？

3、汕头如何实现加快发展，进一步巩固和强化粤东中心城市的地位？

4、汕头如何调整产业结构，转变经济发展方式？

5、汕头如何加快现代服务业的发展，为打造区域中心城市提供支撑？

6、汕头当前进一步解放思想、更新观念，重点需要解决哪些问题？

二、短信要求切合实际，主题鲜明，观点正确，具有较高的参考价值和实践指导意义，字数一般在210字以内（相当于3条普通短信），标题可参考上述重点内容自行确定。

三、编辑短信请发送至106573450681；或汕头日报新闻编辑室电子邮箱：rbxwb@sina.com　截止时间：5月22日。

四、主办单位将从来稿中择优选取200句入选祝语，分期在《汕头日报》上刊登。每条入围作品的作者可获得中国移动汕头分公司提供的10元手机话费。征集活动结束后，从入围作品中评选出50句“最佳短信”，获奖者将获赠60元话费；再从中评出“十佳短信”，每条奖励300元。

汕头日报编辑部
中国移动汕头分公司
2010年3月22日

欢乐在线大升级，让沟通更优惠，让亲情更紧密。2010年11月1日起，欢乐在线为老客户提供全新优惠，5元即可享受省内群内通话包月。

资费：

◎省内群内互打包月套餐：5元/月/号。超出优惠范围拨打或拨打群外号码，按各品牌先行资费执行；

◎主号省内拨打550发起群内多方通话，全省范围拨打均0.29元/分钟；

◎主号代付群内所有群内副号的包月套餐费。

网站办理方式：

◎客户登陆中国移动广东公司网站www.gd.10086.cn。

短信办理方式：

开通/取消：三大品牌客户发送“BLJT5”到10086即可开通“欢乐在线”业务，并成为主号，缩位号码为551；其他成员缩位号码范围由552至559，皆为副号；主号发送“QXJT”到10086即可取消“欢乐在线”业务。

新增/删除副号：主号发送“BLJTCY#55X（X为29的任意数字）#手机号码”到10086即可增加新副号；主号/副号发送“QXJTCY手机号码”到10086即可删减副号。

※客户办理、新增可选择当月或次月生效，取消当月月底生效。

www.10086.cn 客服热线 10086

员工价值增值三年滚动规划隆重启动

4月8日，汕头移动“赢在移动·爱我班组”建设成果PK决赛暨员工价值增值三年滚动规划启动仪式隆重举行。活动回顾了2009年班组建设的精彩点滴，检阅了各部门独具特色、富有成效的建设成果，开启了2010年员工管理的崭新篇章。移动版《喜羊羊》动画短片拉开了活动序幕，班组建设方案终极PK赛登上舞台。在与会代表的热切期盼中，公司管理层启动了汕头移动员工价值增值三年滚动规划。

启动“党旗飘扬在班组”活动 探索党建促企业发展新道路

7月22日，汕头移动“党旗飘扬在班组”系列活动正式启动。这一活动是在党建工作指导企业发展方面做出的一次新的探索。这项活动围绕“五抓五提”的主线，全面开展十大活动，以促进党建工作与班组建设相结合，充分发挥党员干部在企业持续稳健发展和员工价值创新过程中的先锋模范作用，确保“和谐动力计划”战略落地及本土创新，提升基层班组的KHI指标，增强全体员工的活力、凝聚力和战斗力。汕头市直工委副书记余世林等领导出席了启动仪式，并对该活动给予了高度肯定。

“潮剧潮艺”二度上演，“文化使者”牵桥搭线

承接3月底开幕演出的余温，由省潮剧发展与改革基金会、汕头市文广新局主办，汕头移动协办的“中国移动潮剧潮艺进市区演出活动”走进艺都大剧院，再次掀起潮剧热潮。作为今年“潮剧潮艺”系列活动的协办方，汕头移动利用无线城市的“网络文化平台”、“汕头移动家园”、“红段子”平台和“139说客”等信息化手段，推进了“无线城市、智慧汕头”的建设进程，促进了潮剧潮艺文化的发展，弘扬了潮汕传统文化。

文化使者唱响“祖国赞歌” 倾情表演舞动“幸福汕头”

为庆祝新中国成立61周年，由中共汕头市委宣传部主办的“幸福汕头·祖国赞歌”大型综艺晚会于9月30日晚8时在市人民广场举行。应市委宣传部的邀请，汕头移动“文化使者”艺术团以动感十足的街舞表演为唱响祖国赞歌增添了活力元素，同时也在助力营造“幸福汕头”的氛围中彰显和传播了企业形象与文化，充分展现了公司企业文化建设成果。

▲ 鮀城夕照。（杨文翔摄于2010年6月30日）

▲ 汕头视窗。（杨文翔摄于2010年6月29日）

城市协奏曲A。（杨文翔摄于2010年6月29日）

城市协奏曲B。（杨文翔摄于2010年6月29日）

石炮台全貌。（柯晓摄于2010年5月20日）

星湖晨曲。（杨文翔摄于2010年6月30日）

中山公园。（柯晓摄）

中山公园夜景。（杨文翔摄）

特　　辑

SPECIAL COLLECTIONS

◆广东省第六届“山洽会”在汕召开

◆第六届国际潮青联谊年会在汕举行

◆市委九届九次全会作出建设“文化强市、幸福汕头”的重大战略部署

◆汕头喜获“国家园林城市”、“国家知识产权工作示范城市”殊荣

◆纪念汕头开埠150周年系列活动

◆“南澳Ⅰ号”水下考古发掘活动

广东省第六届“山洽会”在汕召开

2010年12月8日至9日，广东省第六届“山洽会”在汕头成功举办。本届“山洽会”首次在粤东城市举办，共有全省各地市、省属企业和商会39个分团，5000多人参展参会。合作项目共627个，总金额达1512.6亿元，参会人数、规模和项目、投资金额均创历届之最。

为做好相关筹备工作，市成立以市长蔡宗泽为组长的省第六届“山洽会”（汕头市）筹备工作领导小组。领导小组下设办公室，由市政府秘书长任办公室主任，办公室下设会务、资料、宣传、展务、项目、接待、安全保卫、交通、卫生保障、环境整治等10个工作小组，负责各项活动的具体工作。领导小组办公室制订《汕头市承办广东省第六届“山洽会”工作方案》，明确工作任务、职责、计划和要求，建立汇报制度、小组定期会议制度、项目挂钩联系制度、重点事项督办制度、倒计时工作制度等。先后印发《工作简报》18期，受理各地各部门报送筹备有关事项150多件，下发督办通知15件，召开专题工作会议30多场，较好地推动各项筹备工作的开展。还配合省组委会重点做好省委、省政府主要领导和省有关领导莅汕行程、会议召开流程、参会嘉宾莅汕食住等问题的沟通协调。制订了《广东省第六届珠江三角洲地区与山区及东西两翼经济技术合作洽谈会综合表》和《开幕大会流程表》以及投资项目推介会、考察活动的前期准备工作。组织协调主会场的供电、消防、医疗、通信、车辆停放，以及现场安保等工作，并做好有关应急预案。

按照省第六届“山洽会”的部署，汕头市于5月、7月中旬分别赴石家庄、广州举办投资环境推介会，以及赴珠三角开展招商引资工作。“山洽会”期间，汕头市还举办“两会四展一活动”丰富“山洽会”活动内容。“两会”即投资项目推介会和《山水交响》-广东省第六届“山洽会”大型文艺晚会。“四展”即省展汕头展区、汕头市自办的工业精品展、汕头城乡规划展和非物质文化遗产大观。“专项活动”即“生态滨海文化专项旅游”系列活动。另外，编印发放《2010汕头投资指南》、《2010汕头招商引资推介项目》和《广东省第六届“山洽会”汕头市签约、开工、投产项目集锦》等资料。本次“山洽会”全市共组织签约、开工、投产项目285个、总投资额920.1亿元，超300%完成预定目标任务。其中签约项目74个，投资额725.1亿元，超额完成原定计划任务的483%。纳入省“山洽会”统计的签约项目49个，投资额610.1亿元；开工（奠基）项目107个，投资额140亿元，超额完成原定计划任务的140%；投产（竣工）项目104项，投资额55亿元，超额完成原定计划任务的110%。

（王冰）

第六届国际潮青联谊年会在汕举行

2010年12月13日至15日，第六届国际潮青联谊年会在汕头市隆重举行，这是年会首次在潮人祖居地举办，也是规模最大的一届。来自世界各地43个团体1200多名潮青俊彦，齐聚故里，共叙情谊，同谋发展，情谊浓浓。

为做好年会的筹备工作，汕头市成立以市委副书记邓大荣为主任，市领导陈茸、谢泽生、周镇松为副主任，市委办、市政府办、团市委、市青联、市外事侨务局等单位为成员单位的筹备委员会，筹委会办公室设在团市委、市青联。筹委会办公室精心落实大会各活动项目的具体方案，充分发挥组织、协调、联络职能，积极争取海内外乡亲和社会各界的支持，全力以赴，细化各项活动的实施方案和落实，一丝不苟地做好嘉宾的邀请、接待，相关的会务、活动项目、资料、宣传，经费筹集和安排，物质管理保障以及青年志愿者招募和培训等会务工作。

12月14日，第六届国际潮青联谊年会开幕大会在林百欣国际会展中心隆重举行。全国政协原副主席罗豪才宣布年会开幕，全国侨联副主席朱奕龙、广东省副省长刘昆、市委书记李锋、国际潮青联合会创会会长陈幼南先后致辞。香港潮属社团总会创会主席陈伟南和市长蔡宗泽为“国际潮青(汕头)工业园”揭牌。大会通过了“国际潮青汕头宣言”。国务院侨务办公室，中华全国青年联合会，全国侨联副主席、香港潮属社团总会名誉会长陈有庆向大会发来贺信;香港长江实业(集团)有限公司董事局主席李嘉诚为大会题词;国学大师饶宗颐为大会题写主题。汕头市委副书记邓大荣主持大会。全国政协原副主席罗豪才，司法部原部长邹瑜，全国侨联副主席朱奕龙，全国政协港澳台侨委员会副主任蔡东士，致公党中央副主席李卓彬，广东省副省长刘昆，省政协原副主席林兴胜，海内外嘉宾陈伟南、吴宏丰、陈汉士、郑辉、周光明、许学之、吴南祥、陈幼南、李大西，深圳市人大常委会原副主任庄礼祥，汕尾、揭阳、潮州、汕头市领导以及中央、省有关部门领导出席大会。

第六届国际潮青联谊年会坚持以乡情为纽带、以文化为载体、以共赢为目标，通过举办开幕大会、国际潮青文艺晚会、国际潮青文化作品展、国际潮青高峰论坛、国际潮青林栽种、“潮青杯”高尔夫球赛、潮汕经济文化游，设立国际潮青（汕头）工业园，发布国际潮青汕头宣言等一系列丰富多彩的文化、经济交流活动，致力创设海内外潮籍青年沟通联谊、合作发展的新平台。大会引起社会各界的高度关注，国内外近200家媒体先后对大会进行了深度的报道。

（林振伟）

市委九届九次全会作出建设“文化强市、幸福汕头”的重大战略部署

2010年7月26日，中国共产党汕头市第九届委员会第九次全体会议召开。全会由市委常委会主持。全会深入贯彻落实科学发展观，进一步学习领会党的十七大以来中央关于加强文化建设的精神和部署，传达贯彻落实省委十届七次全会精神，全面总结近年来汕头文化建设工作，研究部署文化强市建设工作。以时代文化精神为引领，着力破解阻碍汕头现代化建设事业的思想障碍，优化提升城市发展理念，推动科学发展上新水平。全会听取了李锋同志代表市委常委会所作的主题报告，蔡宗泽同志所作的总结讲话，陈茸同志就有关文件所作的起草说明，审议了《中共汕头市委、汕头市人民政府关于建设文化强市的意见》（稿）和《关于2009年市管党费收缴、使用、管理情况的报告》。

全会实事求是地评价了上半年市委常委会的工作。一致认为，在省委的正确领导下，市委团结带领各级党组织、全体共产党员和全市广大人民群众，认真贯彻党的十七届四中全会、中央经济工作会议和胡锦涛总书记视察广东重要讲话精神，全面贯彻落实省委、省政府粤东地区工作会议和粤东地区（汕头）现场会精神，以加快经济发展方式转变为核心，以推进“三促进一保持”为重点，经济保持平稳较快的发展态势，社会管理取得新进展，党的建设取得新成效。

全会认为，加强文化强市建设，是弘扬时代文化精神，在改革发展大潮中奋勇争先的时代要求；是遵循客观规律，深入贯彻落实科学发展观的本质要求；是擦亮特区招牌，提高区域中心城市凝聚力、吸引力和核心竞争力的迫切要求；是加快转变经济发展方式，加速经济结构调整优化的内在要求。近年来，汕头文化建设各项工作扎实推进，取得了较好成效，为推进文化强市建设奠定了坚实的基础。面对新形势新任务新要求，要与时俱进，明确建设文化强市的目标任务，下更大的决心，花更大的力气，拿出更有力的举措，着力提升文化实力，努力建设文化强市。

全会指出，当前和今后一个时期，汕头建设文化强市的总体要求是：深入贯彻落实科学发展观，全面落实中央和省委关于文化改革发展的新要求新部署，大力弘扬解放思想、改革开放的时代文化精神，把汕头建设成为在国内外有重要影响的特区文化城市和潮汕文化的聚集地，形成具有中国气派、特区风格、汕头特色的现代文化体系，为广东率先建设中国特色社会主义文化发展道路示范区作出新的更大贡献。

全会要求，必须坚持百家争鸣、百花齐放的方针，遵循文化建设的客观规律，激发全社会参与文化建设的热情；坚持近期工作与长期任务相统一、重点突破与整体推进相统一，继续发扬特区精神，提升汕头文化形象；繁荣发展文化事业，构建公共文化服务体系；加快发展文化产业，构建现代文化产业体系；深化文化体制机制改革，解放和发展文化生产力；加强文化交流与合作，提高特区文化辐射力和影响力。切实加强组织领导，加大政策扶持力度，建立健全齐抓共管的工作机制，形成建设文化强市的强大合力，努力开创我市文化建设的崭新局面。

全会强调，以解放思想、改革开放的时代文化精神为引领，提升特区城市发展理念，加快建设幸福汕头。要进一步提升现代城市发展理念，探索特区城市发展新模式；大力推进经济结构优化升级，加快经济发展方式战略性转变；深化综合配套改革，创新体制机制；高度重视人才工作，促进优质人才资源高度集聚；切实改善民生民安，全力解决热点难点问题；以改革创新精神加强党的建设，为加快发展提供坚强保障。

全会号召，全市各级党组织、广大党员和人民群众，要紧密团结在以胡锦涛同志为总书记的党中央周围，高举中国特色社会主义伟大旗帜，以邓小平理论和“三个代表”重要思想为指导，深入贯彻落实科学发展观，改革创新，扎实工作，努力建设文化强市，全面推动科学发展，为建设幸福汕头而努力奋斗！

（汕综）

汕头喜获“国家园林城市”、“国家知识产权工作示范城市”殊荣

2010年2月4日，汕头市被国家住建部命名为“国家园林城市”。11月16日，被国家知识产权局命名为“国家知识产权工作示范城市”。一年内，汕头两获国家级殊荣，再添国级城市名片。

1998年,汕头市第七次党代会明确提出创建国家园林城市，确立了“建设具有亚热带海滨园林特色、最适宜创业发展和居住的生态型海滨城市”的创园目标，正式把创建国家园林城市工作纳入了市委、市政府重要的议事日程。2002年，汕头市全面启动创园工作部署，建立由市长挂帅的“创园”工作领导小组，制定“创园”工作实施方案，秉承“生态文明、滨海特色、和谐发展”的创园理念，形成“政府主导、各方协调、社会参与”的格局。2003年汕头市行政区划调整，市区面积由原来的311平方公里扩大到1956平方公里，使汕头市“创园”难度进一步加大。汕头市委、政府审时度势，及时调整思路，迎难而上，加快发展。2007年，市创园领导小组在2002年工作方案的基础上，根据现实情况，制定了《汕头市创建广东省园林城市国家园林城市工作方案》，明确任务分工、职责和完成时限。各区、各部门也相应成立了创园机构，同步开展工作，形成了全市一盘棋共同创园的良好格局。同时通过广播、电视、报纸、网络、广告牌、宣传栏、手机短信等方式，进行全方位、多角度的宣传发动，使创园工作家喻户晓，人人皆知。2010年顺利通过国家住建部的现场考查和评审。十一载的创园之路，汕头克服了经济社会发展遇到的问题和区域调整扩大带来的困难，也攻克了台风频发、人多地少、沙多土少、土质碱化等一个个难题。特别是2006年以来，市委、市政府高度重视创园工作，坚持以人为本、因地制宜、增绿惠民，走出了一条具有地方特色的园林绿化道路。

自2008年8月汕头市被国家知识产权局确定为知识产权示范创建城市以来，市委市政府出台了《汕头市创建国家知识产权示范城市工作方案》和《汕头市实施国家和省知识产权战略纲要（2009-2010年）的工作意见》，在全市全面启动实施知识产权战略；知识产权融入到经济、科技、对外贸易、农业等方面政策制定之中；专利、标准职能部门建立起联系机制，共同推进专利标准战略实施；知识产权行政管理部门之间、行政与司法部门之间基本建立起联合互动的协调机制和工作机制。全市知识产权工作呈现知识产权数量稳步增长，运用能力有效提升，保护能力更加到位，宣传深入开展，公共服务日趋完善的局面。2010年全市新增专利申请7020件，注册商标9977件，版权登记58件，获得植物新品种权2项，地理标志保护1件，在汕头市作物新品种和地理标志保护上双双取得突破。中国驰名商标和省著名商标拥有量历年累计分别达到13件和188件；有11个企业参与了15项国家、行业标准制定的修制定；国家、省名牌产品历年累计达到10个和64个。

（年鉴编辑部）

纪念汕头开埠150周年系列活动

2010年12月3日，汕头市人民政府召开新闻发布会，向社会各界通报汕头开埠时间的新提法：经市地方志办公室及史学界多方稽考，应以1860年1月1日汕头对美“先行开市”作为汕头开埠的确切时间，原来提出的1861年开埠时间不准确。其后，汕头各界借助此次修改更正汕头开埠时间的契机，举办纪念汕头开埠150周年系列活动，重温汕头发展史。

12月21日，汕头开埠文化陈列馆正式开馆。汕头开埠文化陈列馆位于市永平路1号，建筑面积1200平方米，是一幢坐西南向东北的三层欧陆式建筑，曾作为西医院、报社、法院等机构的办公地点。她见证了汕头开埠历程，寄托了老埠文化情怀。金平区在筹建陈列馆、修复文物的过程中做到尽量保持文物原貌，并尽一切努力搜集史料，进行实证考辨。陈列馆开馆后，进行连续6天的展示，此后每逢周六开馆，市民可凭个人身份证登记后领取参观票，免费进馆参观。为保护文物，每日进馆参观限额400人。

同日，市委宣传部、市港口管理局在市图书馆举办了《纪念汕头开港150周年图片展》开幕式暨《汕头开港150周年纪念丛书》首发式。纪念汕头开港150周年图片展共展出图片300余幅，以时间为主线，以汕头港发生的重大历史事件为主题，分晚清时期、民国时期、新中国成立、改革开放、远景规划5个板块，让参观者透过一张张珍贵的历史照片和崭新的影像资料，了解整个汕头港从沙汕头发展成为全国沿海主要港口的历史。《汕头开港150周年纪念丛书》共分《汕头开港150年图像编年史》、《汕头港口志》和《汕头港引航史》三册，从不同角度展现了汕头港口与城市的变迁轨迹。其中编年史以400余幅珍贵的历史照片和图像，展示汕头港的变迁和发展历程；

《汕头港口志》以大量翔实的资料，记述汕头港的悠久历史、地理优势、自然环境、港口建设和人文精神状况，展示了汕头港的发展前景；《汕头港引航史》则全面记录了汕头港引航的发展历程，从一个角度反映了港口城市的演变历史。

同日，市委宣传部、市社科联、市地方志办公室和潮汕历史文化研究中心联合举办“推动科学发展、建设幸福汕头—纪念汕头开埠150周年理论研讨会”。本次研讨活动得到了社会各界的积极响应和大力支持，许多专家学者纷纷撰写文章，积极建言献策。市有关领导、市直有关部门负责同志和专家学者约100人参加了研讨会，陈鸿宇、林伦伦、黄赞发、林丹明、隗芾、王炜中、刘锦庭、马灿龙等8位专家学者分别从经济学、社科研究、历史文化和管理学等多个角度聚焦汕头的过去、现在和未来，对汕头市如何加强区域合作，凸显粤东中心城市地位，加强开埠150周年的理论研究，进一步加快改革开放、推动科学发展等方面提出了具有建设性和可操作性的意见和建议。其他与会专家学者也就各自的领域为推动汕头加快发展而出谋划策。

（年鉴编辑部）

“南澳Ⅰ号”水下考古发掘活动

汕头“南澳Ⅰ号”水下考古发掘，是中国2010年水下文化遗产保护的“一号工程”，也是近年来国家文化文物事业的一大亮点，更是汕头建设文化强市的一件大事。中央电视台从5月10日至5月20日对汕头“南澳Ⅰ号”水下考古发掘进行大型直播和系列报道，引起了海内外对汕头的巨大关注。

2007年5月25日，在南澳县乌屿与半潮礁（俗称“三点金”）之间海域，发现一艘明代古沉船，并先期出水138件瓷器。经广东省文物鉴定站专家鉴定，已出水瓷器属宋、元、明时代的瓷器，主要是广东粤东地区民窑产品，少量为江西景德镇产品。2007年6月9日，省文化厅和市文广新局联合在南澳县召开明代古沉船抢救性保护工作汇报会，正式向媒体公布消息并命名为“南海Ⅱ号”（2009年9月重新命名为“南澳Ⅰ号”）。广州打捞局从2007年6月3日至7月25日派出打捞船驻扎南澳海域，配合省文物考古研究所开展水下考古探摸工作，

国家文物局于2008年3月正式批准水下考古发掘方案。2009年9月26日，省文化厅和市文广新局联合在南澳县举行“南澳Ⅰ号”水下考古抢救性发掘启动仪式。2010年4月6日水下考古发掘正式拉开序幕，至7月20日已打捞出水文物达12000多件。在此期间，汕头市配合中央电视台对“南澳Ⅰ号”的水下考古发掘进行了长时间、全方位、高规格的集中报道，在全国电视观众和广大网民中引起强烈反响，极大地提高了汕头市和南澳县的知名度、美誉度。“南澳Ⅰ号”水下考古抢救性发掘被评为2010年全国六大考古新发现和汕头十大新闻。

南澳岛濒临西太平洋，位于广东东部、福建南部的海上交界处，明代时称南澳岛为南澳港，是国际贸易货物的转运、集散中继站与必由之路。早在宋元时期便有相当规模的外贸活动，进入明代之后，通过这一“海上丝绸之路”的对外商贸更为活跃和发达。此次南澳海域的水下发现，是继广东省阳江发现的“南海Ⅰ号”后的又一次水下重大发现，证明南澳是“海上丝绸之路”的主要出海口之一，对于研究潮汕历史特别是瓷器生产、海上交通运输、对外交流贸易等活动，都具有很高的价值。

（陈向辉 林曼 陈华栋）

重要报道

FOCUS REPORT

◆汕头经济特区干部群众：谋求大发展 实现新跨越

◆粤“山洽会”在汕头举行 合作项目总额超1500亿

◆汕头：“而立之年”迎新一轮发展 构建开放新格局

◆百载商埠汕头：蓝色经济新崛起

◆建幸福汕头 让人民幸福

◆2010年中央、省新闻媒体有关汕头的其他报道一览表

汕头经济特区干部群众：谋求大发展 实现新跨越

新华社记者 林军强

汕头经济特区干部群众学习了胡锦涛总书记在深圳经济特区建立三十周年庆祝大会上的重要讲话，深受鼓舞，信心倍增，纷纷表示要以胡总书记的讲话精神为指导，发扬敢闯敢试的特区精神，谋求大发展，实现新跨越。

汕头市委书记李锋作为汕头经济特区的代表，前往深圳参加6日举行的庆祝大会，当晚回到汕头后便接受了记者采访。

他说，亲耳聆听胡总书记的讲话，倍受鼓舞，倍感振奋，更加感到责任重大，使命光荣，进一步增强了办好汕头经济特区责任感、使命感和紧迫感。胡锦涛总书记的重要讲话，对经济特区今后的建设发展提出了更高更新的要求，是指导经济特区今后改革发展的纲领性文件，给经济特区注入了新的强大动力，为经济特区实现新的跨越发展指明了方向。

李锋说，汕头是全国最早设立的四个经济特区之一。从1.6平方公里到234平方公里，汕头经济特区的发展历程既是一个经济社会加快发展的过程，又是一个解放思想、打破常规、更新观念、开拓创新的过程。30年来，汕头经济特区发挥侨乡和民资民力优势，带动了特区的不断发展，形成全方位开放的格局，取得了令人瞩目的成就，先后进入“全国城市综合实力50强”、“中国城市信息化50强”、“国家知识产权示范创建城市”等行列；30年全市GDP增长33.5倍，年均递增13%；实现了从以农业经济为主向现代工业、服务业综合发展，从封闭半封闭状态向开放、繁荣、充满活力的现代海滨城市的转变。

李锋介绍了汕头特区进一步加快发展的五条新思路：一是以加快转变经济发展方式为主线，实施新兴产业倍增计划、传统优势产业提升计划、现代服务业提速计划，推动新兴产业规模化、支柱产业高端化、产业结构合理化；提升发展速度，优化发展质量，探索科学发展新路子。二是要进一步用好特区试验权和立法权，以加快行政管理体制改革为突破口，探索建立行政管理体制新模式，努力将汕头特区打造成为全国办事效率最高、服务质量最好的区域之一。三是大力弘扬特区精神，加强社会主义精神文明建设，探索文化科学发展方式，建设具有中国气派、特区风格、汕头特色的现代文化体系。繁荣发展文化事业，加快发展文化产业，提升汕头文化形象，增强特区城市核心竞争力。四是把以人为本的理念贯穿到建设和谐社会的全过程，充分发挥特区、侨乡、人文、环境、自然等方面的比较优势，努力推进基本公共服务均等化，增加民生民安方面的投入，确保“底线均等”，建立健全公共服务保障体系，建设幸福汕头。五是发扬特区“杀出一条血路”的勇气和闯劲，抓好各级领导班子、干部队伍和基层组织建设，以改革创新精神加强党的建设。积极推进干部人事制度改革，大力实施人才发展战略，争创汕头新优势，再创特区新辉煌。

记者了解到，汕头市干部群众及各界人士对胡总书记的讲话反响十分强烈。

汕头经济特区管委会第一任主任、老同志刘峰认为特区初创时期留下的无私奉献、艰苦创业的精神，实事求是、勇于探索的意识，永远不会过时。就是现在经济发展了，将来富裕了，也不能追求奢华。应有更强烈的危机感和忧患意识，以“特”的思考和“特”的举措，弘扬特区精神，将特区事业一代接一代地传下去。

汕头市龙湖区委书记李耿坚表示，龙湖区作为汕头经济特区最早的发祥地，应该继续发扬敢闯敢试的精神，结合实际，选好路径实现经济发展方式真转快变，努力当好推动科学发展、促进社会和谐的排头兵。

广东省侨联委员、汕头市民营商会副会长、企业家李衍强说：“胡总书记的讲话使我们老特区人欢欣鼓舞。目前，汕头民营经济加速崛起，创造了在抗击金融危机中逆势飞扬的令人称奇的“汕头现象”，民营科技企业进军资本市场的步伐也大大加快，汕头积聚了强大的民资民力，我们对办好特区，加快发展很有信心。”

（新华网汕头9月8日电）

粤“山洽会”在汕头举行 合作项目总额超1500亿

中新社记者　李怡青

8日上午，第六届珠江三角洲地区与山区及东西两翼经济技术合作洽谈会（简称“山洽会”）在汕头开幕。广东省组织地市、省属、专业、商会共39个分团，约5000人参展参会。据介绍，本届洽谈会的合作项目共627个，总金额1512.6亿元，比上届签约金额增长了20.9%。

在开幕式上，参加集体签约的有包括汕头市工业经济带开发建设办公室与中国移动通信集团广东有限公司合作建设的广东移动粤东区域生产中心、汕头市南信房地产开发有限公司与广州易初莲花超市有限公司合作建设网上商贸城、湛江市徐闻县人民政府与广东粤建集团合作建设的海上风电展示会等60个大型项目，签约总金额458.8亿元。

汕头这座素有“百载商埠，海滨邹鲁”美誉的城市，位于广东省东部南海之滨。自1860年开埠以来，历经岁月洗礼，已经发展成为全国六个经济特区之一、沿海开放城市、著名侨乡和东南沿海的重要港口城市。

自然条件上，汕头拥有海岸线289公里，领海基线内海域面积2700多平方公里；港口资源上，汕头港是国家25个沿海主要港口之一，是广东省五大枢纽港之一，也是广东省距离台湾最近的港口。适宜建港的港口岸线有69公里，拥有一批自然水深大、泥沙回淤轻微、掩护条件好的优良岸线，已建500吨级以上泊位82个（其中万吨级以上深水泊位18个），目前已开通22条国内外集装箱航线，是广东省首个开通对台海上货运和包船旅游直航的港口。

海洋资源上，汕头海域宽阔，10米等深线内浅海滩涂可利用面积46万多亩，是发展高效、绿色水产品养殖业的理想区域；海区水质肥沃，饵料生物丰富，近海有鱼虾贝藻类五百多种。拥有广东省唯一的海岛县、国家生态岛——南澳岛，“海、史、山、庙”特色旅游资源是汕头滨海的一道亮丽风景线。

近年来，汕头的海洋经济发展得到国家、省的大力支持。中共中央政治局委员、广东省委书记汪洋在汕考察时指出：“粤东、汕头美好的未来可以期许，潮汕地区的辉煌可以再造。”

汕头以发展大港口为核心，大力发展以临港型工业为代表的依存产业，通过铁路、公路、航空等立体交通网络巩固和拓展粤东、闽粤赣协作区、京九铁路和沿海铁路沿线等经济腹地，强化汕头市作为闽粤赣经济圈主要区域性中心城市、粤东中心城市和东南沿海重要港口城市的地位。

建设中的三大经济带是汕头从港口区位优势转化为竞争优势的空间载体。东部城市经济带以河口整治为切入点，以海堤建设为重点，结合防灾减灾工程，堤路结合，建设百年一遇的防洪大堤、高标准的市政大道。堤围内开发利用滩涂近20平方公里，重点发展金融、贸易、物流、商务、旅游、文化等现代服务业和高尚住宅区，建成汕头新的城市中央商务区，争取2011年建成海湾大桥至莱芜16公里长的防洪大堤和城市生态海滨景观带，实现城市形态由内海湾型向具有内外海湾特色的滨海城市转变。工业经济带以天然深水港湾广澳深水港和海门深水港为依托，重点发展以重化工产业为龙头的石油化学、电力、高新技术产业、装备制造业、海洋产业、物流产业等产业，提升工业聚集辐射功能，做大做强临港工业经济。

开阔的海洋，承载着汕头人经济大发展的憧憬，如今的汕头港，远航轮船穿梭往来，码头物流货如轮转，汕头正围绕建设现代化滨海工业新城的目标，全力加快打造东南沿海现代化亿吨深水大港，大力发展临港工业，实现蓝色经济的新崛起。

（中新广东网汕头2011年1月14日电）

汕头："而立之年"迎新一轮发展 构建开放新格局

中新社记者　李怡青

在中国深圳等经济特区成立30周年的历史重要节点上，汕头正以其得天独厚的区位优势和改革开放的坚定步伐，紧紧抓住新的历史发展机遇期，凭借经济特区的闯劲和决心，迎来新一轮大发展的春天。

三十年建设成为现代海滨城市

成立于1981年的汕头经济特区，明年将迈入而立之年。经过近30年的艰辛努力，汕头特区从无到有，从小到大，从昔日沟渠遍布的田野，到如今已是高楼林立的繁华闹市。汕头城乡面貌发生了翻天覆地的变化，先后获得"全国城市综合实力50强"、"中国城市信息化50强"、"国家知识产权示范创建城市"、"中国品牌经济城市"、"中国投资环境百佳城市"、"国家卫生城市"、"国家环保模范城市"、"中国优秀旅游城市"、"国家园林城市"和"全国双拥模范城"等称号，汕头经济特区自成立以来，可谓荣誉满载。

据统计，从1981年至2009年，汕头市GDP由12.62亿元人民币增至1035.73亿元。29年的GDP增长了26倍，年均递增12.5%，人均GDP由419元增至现时的20382元。

构建开放新格局打造区域中心城市

当珠三角与海峡西岸这两大经济区域上升为国家发展战略之后，汕头提出主动融入珠三角改革发展、主动融入粤港澳紧密合作、主动融入海西经济圈，实现互动发展，努力提高自身综合实力和竞争力。目前，汕头着眼于把产业转移与产业结构、产业升级相结合，依托港口大力发展临港工业和海洋经济、装备制造、电子信息等重要产业。在粤港合作框架下，进一步发展现代服务业，积极构筑粤台经贸合作试验区，加快融入海峡西岸经济圈的步伐。"汕头将推动外向型经济发展，做大做强经济总量。着力改善投资软环境，营造招商引资的'洼地效应'，加快建设区域性中心城市，力争提前实现'三年打基础、五年大变化、十年大发展'的奋斗目标。"汕头市市长蔡宗泽表示。随着汕头市社会经济的稳步发展，海空两港、铁路、高速路等交通基础设施网络日益完善，汕头区域中心城市的集聚辐射功能不断提升。目前汕头已与世界上57个国家和地区的268个港口有货运往来，与香港、泰国、日本等地有集装箱定期货运班轮。去年汕头新开通11条内外贸直航航线，通达地中海、中东、东南亚、日韩和中国国内沿海主要港口。今年上半年，汕头对台海上货运直航方面共完成45个单航次，比去年同期增长近四成。汕头作为对台贸易"桥头堡"的作用正越来越大。

以侨引资以侨促贸

作为中国著名的侨乡，汕头与海外交往密切，远在唐代就是中国海上丝绸之路的重要始发港，是中国近代最大的移民口岸之一，汕头海外的华侨、华人和港澳台同胞达340多万人，遍布世界40多个国家和地区，其中涌现出一大批商界巨子和社会精英。改革开放以来汕头直接吸收的近80亿美元外资中，80%以上是侨资。利用侨乡的人脉资源优势，汕头将努力建成潮商企业在国内的总部集聚地。进一步以侨引资、以侨引智、以侨引外、以侨促贸，是汕头加快发展的重要途径。

迎来新一轮大发展的春天

作为中国六大经济特区之一，汕头经济特区是华南重要港口城市，也是潮汕地区政治、经济、文化的中心。作为粤东和闽西南出海的门户，它西邻珠三角，东连海西，南临大洋。随着"大粤东"对接海峡西岸经济区，深化与港澳台和东盟的合作，汕头人看到了特区新一轮的创新。汕头将日益成为中国联结世界经济的枢纽，将成为新时期中国最开放、最具活力、最宜居住创业的城市之一。

（中新社2010年8月25日）

百载商埠汕头：蓝色经济新崛起

中新社记者　李怡青

“粤东、汕头美好的未来可以期许，潮汕地区的辉煌可以再造。”

汕头以发展大港口为核心，大力发展以临港型工业为代表的依存产业，通过铁路、公路、航空等立体交通网络巩固和拓展粤东、闽粤赣协作区、京九铁路和沿海铁路沿线等经济腹地，强化汕头市作为闽粤赣经济圈主要区域性中心城市、粤东中心城市和东南沿海重要港口城市的地位。

建设中的三大经济带是汕头从港口区位优势转化为竞争优势的空间载体。东部城市经济带以河口整治为切入点，以海堤建设为重点，结合防灾减灾工程，堤路结合，建设百年一遇的防洪大堤、高标准的市政大道。堤围内开发利用滩涂近20平方公里，重点发展金融、贸易、物流、商务、旅游、文化等现代服务业和高尚住宅区，建成汕头新的城市中央商务区，争取2011年建成海湾大桥至莱芜16公里长的防洪大堤和城市生态海滨景观带，实现城市形态由内海湾型向具有内外海湾特色的滨海城市转变。工业经济带以天然深水港湾广澳深水港和海门深水港为依托，重点发展以重化工产业为龙头的石油化学、电力、高新技术产业、装备制造业、海洋产业、物流产业等产业，提升工业聚集辐射功能，做大做强临港工业经济。

开阔的海洋，承载着汕头人经济大发展的憧憬，如今的汕头港，远航轮船穿梭往来，码头物流货如轮转，汕头正围绕建设现代化滨海工业新城的目标，全力加快打造东南沿海现代化亿吨深水大港，大力发展临港工业，实现蓝色经济的新崛起。

（中新广东网汕头2011年1月14日电）

建幸福汕头　让人民幸福

南方日报记者　方一庆

在经济特区成立30周年继往开来的重要历史节点，胡锦涛总书记在深圳经济特区建立30周年庆祝大会上的重要讲话，让汕头广大干群深受鼓舞，又倍感责任重大。作为我国最早批准建立的首批4个经济特区之一，汕头走过了非凡的30年改革岁月。

但改革未有穷期，弘扬特区精神未有穷期。站在又一个30年的新起点，加快发展与创新争先成了汕头当下的全部主题。

加快发展，源于汕头是我省一个浓缩中国国情的典型经济特区，在234平方公里特区范围之外还有大片的欠发达农村，发展的任务很重。创新争先，源于省委、省政府对汕头建设粤东区域中心城市的重托与厚爱，汕头应以创新立特区之位，服务区域发展。

特区再出发，汕头对自身所处的发展坐标清醒又到位，对走好脚下的发展之路坚定又执着。

近日，带着如何贯彻落实胡锦涛总书记重要讲话精神，推动特区各项建设上新台阶等话题，南方日报专访了汕头市委书记李锋。

新起点再创优势

南方日报：胡锦涛总书记在深圳经济特区建立30周年庆祝大会的重要讲话，对包括汕头在内的经济特区提出了新要求新期望。汕头经济特区作为全国首批经济特区之一，如何在新的历史起点上再创优势，赶超进位？

李锋：在经济特区建立30周年的关键时刻，胡锦涛书记亲临深圳出席庆祝大会并发表重要讲话，充分体现了党中央对经济特区的高度重视、亲切关怀和殷切期望。我们深受鼓舞，倍感振奋，受到极大的激励和鞭策，更加增强办好汕头经济特区的责任感、使命感和紧迫感。

汕头经济特区建立以来，经济社会发展取得巨大进步，但与深圳等先进特区相比，差距还很大。

在新的起点上，我们一定要面向现代化、面向世界、面向未来，继续解放思想，坚持改革开放，以建设“幸福汕头”为目标，以改革创新精神为引领，大胆探索建设“幸福汕头”的有效途径，努力践行特区使命，弘扬特区精神，擦亮特区牌子，进一步提升发展理念，明确发展目标，完善发展措施，以更大的勇气和决心，在赶超先进城市上下功夫，努力当好推动科学发展、促进社会和谐的排头兵，在改革开放和社会主义现代化建设中取得新进展、实现新突破、迈上新台阶。

增强辐射带动能力

南方日报：目前汕头也正处在为实现“五年大变化”奋力拼搏的关键发展时期，汕头如何创新城市发展理念，加快一批以基础设施和产业配套为重点的项目建设，增强辐射带动能力？

李锋：汕头作为区域中心城市，必须按照汪洋书记提出的“汕头要在粤东地区的发展中发挥兄长作用”的要求，跳出汕头，立足粤东，面向广东，放眼全国，融入世界，谋划汕头未来发展，全面提高汕头的区域服务功能，加快产业要素集聚，与周边城市形成错位发展、差异化发展和优势互补，凸显中心城市的辐射作用，加快粤东一体化步伐，提升粤东整体竞争力。

最近国务院批准实施的《全国主体功能区规划》，将汕头列为重点开发区域，这是汕头加快发展的良好契机。为加快实现“五年大变化”，打造区域中心城市，我市已经制订了《汕头市落实科学发展赶超进位工作方案》，在全市开展创先争优增速提位竞赛活动，着力解决影响和制约科学发展的突出问题，力争赶超进位。

汕头还创新工作思路，加快推进重大基础设施建设，优化区域发展格局，从粤东区域一体化的高度规划建设城市基础设施，提升城市竞争力。着力提高重点项目工作执行力，落实市领导对口联系重点项目建设工作责任，实行一个项目、一名领导、一套班子、一个方案、一抓到底的推进机制。比如港口是汕头的优势资源，目前正着手整合珠池港区等现有的小港口资源，引进战略合作伙伴，集中力量建设广澳港区，把广澳港区做强做大，早日实现亿吨深水大港的目标，进一步巩固和发展汕头区域中心城市的地位。

摸索建立“幸福汕头”

南方日报：作为在深圳工作25年的“老特区”，您多次强调汕头应该向深圳等先进特区和先进城市学习，提出要全面推动汕头科学发展，建设“幸福汕头”。“幸福汕头”具体的内涵和实施着力点有哪些？

李锋：一个地方，无论是产业发展还是城市发展，归根到底要落实到人民生活质量和水平的改善提升上。

“幸福汕头”，体现在生活宽裕、精神富足、文化多彩、环境优美、社会和谐等方面。建设“幸福汕头”，要将实现和维护人民群众的幸福作为一切工作的出发点和落脚点，让生活在汕头的人民对生存状态感到满意，对学习、工作和生活环境感到满意，对公平正义、和谐稳定的社会氛围感到满意，对干部作风和机关效能感到满意，对尊重和保障公民权利感到满意。为此，汕头将摸索建立健全一套“幸福汕头”的指标评价体系，主要包括物质基础、文化内涵、生活品位、公平正义、制度保障、人文关怀等指标，确保把“幸福汕头”落实好、建设好。把推动汕头跨越发展的过程，变成创造幸福、分享幸福、提升幸福的过程。

三大计划提升经济发展

南方日报：汕头民营经济较为发达，汕头市如何进一步推动民营企业做大做强？

李锋：近年来，汕头民营经济表现出很强的抗风险能力。去年，全市有民营经济单位14.05万户，占全市经济单位92.4%；民营规模以上工业企业数达到1710家，占全市规模以上工业企业的四分之三；民营经济增加值占全市GDP60.6%，高于全省平均17.8个百分点。民营企业创造了全市四分之三的就业岗位，很大程度上解决了汕头的就业问题。全市现有上市企业15家中有14家为民营企业，“汕头板块”已经崭露头角。

今年8月，汕头市召开全市民营经济工作会议，提出推动民营经济加快发展的新举措，推动民营企业做强做大，力争培育一批汕头本土的“航空母舰”，不断做大经济总量和提升运行质量。

南方日报：汕头民营企业大都集中在传统产业上，在打赢加快转变经济发展方式这场硬仗中，有什么新思路、新举措？

李锋：汕头经济以民营经济为主，大多集中在传统产业，产业层次还比较低，结构还不太合理。为加快转变经济发展方式，提升经济发展质量和效益，我们提出，要大力实施“三大计划”：一是实施传统优势产业提升计划。充分发挥汕头民营企业活力强、潜力大的优势，扶持一批科技含量高、成长性强、发展前景好的企业做大做强、做精做专。二是实施新兴产业倍增计划。重点发展新材料、新能源、海洋生物等战略性新兴产业，力争到2015年新兴产业产值比2010年翻两番。强力推动民营上市企业与中科院和央企的战略合作，打造一批产值超百亿、超千亿的产业集群，建设“中国锆城”和纳米印刷、新材料产业化等产业基地。三是实施现代服务业提速计划。引进国内外航运龙头企业全面参与广澳深水港建设，力争尽快建成亿吨深水大港。加快推进粤台两岸商品物流中心、粤东计算中心和一批大型商贸经营综合体等现代服务业项目，打造区域物流中心、金融保险中心、信息服务中心、商务会展中心和教育医疗文化中心，力争到2015年实现服务业增加值与工业增加值“两相当”。

南方日报：省委、省政府强调在打赢经济发展方式转变这场硬仗中要促干部先“升级”。近来，汕头对部分正处级领导干部职位实行公推公选，这对汕头的用人导向会带来什么积极影响？

李锋：当前，汕头正处在加快发展的重要时期，坚持选人用人的正确导向，激发广大干部想干、敢干、快干的良好精神状态，比什么都重要。

汕头市近期已出台了《关于深化干部人事制度改革的若干意见》，重点对近一个时期全市干部人事制度改革提出了五项改革和八项需要重点完善的制度。这个月，汕头市委决定对市农业局局长等9个正处级领导职位在全市范围内进行公推公选，进一步深化干部人事制度改革。

争取扩大特区范围

南方日报：目前汕头正积极申报特区范围扩大到全市，汕头特区为什么要扩大范围？这对汕头未来发展有何重大意义？

李锋：汕头是一个浓缩中国国情的典型经济特区，在234平方公里特区范围之外还带有大片的欠发达农村。汕头人多地少，全市仍有74.2%的富余劳动力滞留在农村，由于一市两制，汕头城乡二元结构的矛盾比较突出，城市规划、基础设施建设、公共设施服务等方面存在较大城乡差别，影响公共服务均等化的实施，城市发展面临资源要素强力制约。

因此，我们要努力在统筹城乡发展，加快城市化进程，推进基本公共服务均等化，提高人民生活幸福指数，高标准规划建设现代化城市上先行先试，探索经验。扩大汕头经济特区范围，将为实施城市化综合配套改革创造条件，解决“一市两法”问题，增强中心城市服务功能，带动粤东地区加快发展。汕头如能在统筹城乡方面先行先试，创造一些经验做法，对国内其他地区的一般中小城市推进城市化进程具有更为现实的示范作用。

（原载2010年9月20日《南方日报》）

2010年中央、省新闻媒体有关汕头的其他报道一览表

文章标题	发表媒体	发表时间	作者
阔步转型开新局	《经济日报》	2010年11月30日	齐　平、庞彩霞、魏永刚、马洪超
汕头去年GDP破千亿大关	《南方日报》	2010年1月18日	方一庆
汕头向“五年大变化”昂首迈进	《南方日报》	2010年3月22日	胡亚柱、王雨吟、方一庆、胡蕾斯
专家献策答好汪洋“三道题”	《南方日报》	2010年3月24日	王雨吟、方一庆
汕头首次差额票决选正处	《南方日报》	2010年9月21日	方一庆、刘锐青
沿美丽海滨，展侨乡风貌	《羊城晚报》	2010年10月22日	王漫琪
告诉你汕头开埠创下的30项“第一”	《羊城晚报》	2010年11月24日	杨　媛、东　开
今天签约超1500亿破历史纪录	《羊城晚报》	2010年12月8日	马　勇
南澳Ⅰ号出水文物大批亮相 青花瓷图案罕见	《广州日报》	2010年5月1日	王　鹏、陈正新、龙成通、肖　成、 林春伟
汕头经济特区：再造一个海滨新城	《深圳特区报》	2010年8月25日	吴绪山
全球1200名潮青精英聚集第六届 国际潮青联谊年会	《民营经济报》	2010年12月10日	高　生

2010年汕头大事记

CHRONICLES OF IMPORTANT EVENTS OF SHANTOU IN 2010

一　月

1日　2010汕头新年音乐会在汕头市林百欣会展中心举行。

同日　汕头市举办推行广东省居住证首发式，外来务工人员李文奇等10名外来务工人员领到首批居住证。

同日　汕头合唱团创团首演新年音乐会在市委会议中心举行。

4日　市政府在澄海区盐鸿镇召开集体林权制度改革试点动员会，部署全市集体林权制度改革试点工作。澄海区盐鸿镇被列为市集体林权制度改革试点镇。

6日　由市红十字会、中国联通汕头分公司联合主办的2010年红十字温暖送万家活动在市人民广场举行，现场为龙湖、金平区贫困户发放慰问物资。

8日　全市城乡水利防灾减灾工程建设工作会议召开。

9日　市委、市政府在北京饭店举行2010年北京潮籍乡亲代表迎春座谈会。市委书记、市人大常委会主任黄志光在会上致辞，市委副书记、市长蔡宗泽主持座谈会。出席座谈会的主要嘉宾有：司法部原部长邹瑜，中联部原部长朱良，全国人大原常委王宋大，国务院港澳办副主任周波，全国政协常委、致公党中央副主席李卓彬，林业部原副部长、北京潮人海外联谊会会长蔡延松，全国政协港澳台委员会副主任委员张伟超，国务院外事办原副主任林致昌，外交部原驻外使馆武官巫志远，军事科学院军制部原主任吴子勇，外交部原驻外大使陈端，中国移动集团副总裁张晓铁，国家财政部综合司司长欧文汉，北京电信局原党委书记、北京潮人商会会长张善德，全国政协委员、北京正大制药集团总裁谢炳，联想集团原董事长曾茂朝，中科院院士、学部委员、地球物理学家陈运泰，中科院院士、病毒学家曾毅，中科院院士、大气动力学和气候动力学家吴国雄，中科院院士、中国农科植物保护所所长郭予元，著名画家陈维等。市领导陈茸、谢泽生、蔡婵英等出席座谈会。

11日　汕头市金平区在国家科学技术奖励大会上获颁“国家科技进步示范区”荣誉称号，成为广东省非珠三角地区唯一获此殊荣的区。18日，金平区举行“国家科技进步示范区”揭牌仪式。

12日　市纺织服装行业商会举行第四届一次会员大会，选举产生了新一届理事会。

14日至15日　中共汕头市委九届八次全会在市委会议中心召开。会期一天半，全会由市委常委会主持。14日上午，全会举行第一次全体会议，市委书记黄志光主持会议并代表市委常委会向全会作工作报告。14日下午，中共汕头市委九届八次全会举行第二次全体会议。市委书记黄志光主持会议，市长蔡宗泽在会上作关于经济工作的讲话。15日上午，中共汕头市委九届八次全会在市委会议中心闭幕。

14日和15日　省政府副秘书长颜学亮、省水利厅副巡视员朱福暖一行到汕头调研海洋规划利用等情况。

15日　全市政法工作会议召开。

18日　市政府与中国民生银行汕头分行签订“中小企业金融服务合作协议”，向全市中小企业提供100亿融资。

同日　市人大常委会副主任、市总工会主席刘远珍带队前往东部城市经济带施工现场慰问奋战在一线的农民工，并送上5万元的慰问金和一批棉被。

19日　全省精神文明建设表彰暨未成年人思想道德建设工作会议在广州召开，汕头荣获“广东省创建文明城市工作先进城市”称号，市委办公室等9个单位获得“广东省文明单位”称号，澄海区国家税务局等2个单位获得“广东省文明窗口”称号，南澳县后宅镇获得“广东省文明镇”称号，澄海区莲下镇建阳村等4个村获得“广东省文明村”称号，金平区岐山街道寨头社区等4个社区获得“广东省文明社区”称号，李耿坚等2人获得“广东省精神文明建设先进工作者”称号。

19日和20日　汕头、潮州和揭阳三市首次联合分别在香港和澳门举办潮籍乡亲迎春座谈会。

20日　“星辉车模”在深圳证券交易所正式挂牌交易，这是汕头乃至粤东第一家成功登陆创业板的上市公司，也是汕头市继奥飞动漫之后第二家登陆资本市场的玩具科技企业。

21日　市委、市政府在深圳五洲宾馆会议厅举行2010年深圳潮籍乡亲代表迎春座谈会。

同日　市总工会等单位联合在人民广场西侧文化宫举行“心系职工群众，情暖千家万户”春节送温暖活动发车仪式，运送物资到企业和街道。

同日　市台办和市台商协会联合举办2010年汕头台商迎春联谊会。

22日　市委、市政府在深圳召开驻深施工企业迎春座谈会。

同日　市十二届人大常委会举行第二十四次会议。会议任命郑通声为市公安局局长，免去黄锦华的市公安局局长职务。

同日　全市发展和改革工作会议召开。

23日　珠池医院住院大楼举行落成庆典仪式。该大楼占地3亩，楼高6层，建筑面积6600平方米，可设病床150张。

25日　市委、市政府举行全市高层次人才迎春座谈会。

25日至26日　汕头市2009年度第二批廉租住房抽签安置大会先后在濠江、金平区举行，参加抽签的近600名符合条件的住房保障对象中，有400多户圆了住房梦。

26日　市政府召开全体扩大会议，专题讨论2010年《政府工作报告》（讨论稿）。

同日　全市宣传工作会议召开。

同日　由市文联、市书法家协会主办，武警汕头市支队、汕头市博物馆协办的“忠诚·使命”——魏文涛书法作品展在市博物馆开幕。

同日　市人大华侨外事工委、市政协港澳台侨外事委、市外事侨务局、致公党汕头市委和市归国华侨联合会联合举办2010年汕头侨界迎春团拜会。

27日　市委、市政府在广州举行潮籍企业家迎春座谈会。

同日　全市治理工程建设领域突出问题工作会议召开。

同日　共青团汕头市委十三届五次全委（扩大）会议召开。

28日　广东省第十一届人民代表大会第三次会议在广州召开。出席省代会的汕头代表团举行全体会议，推选市委书记、市人大常委会主任黄志光为汕头市代表团团长，推选市委副书记、市长蔡宗泽，市人大常委会常务副主任王芸为副团长，并审议会议议程草案，大会主席团、秘书长名单草案等。

同日　市工商联、总商会和市委非公有制企业工委联合举办2010年汕头工商界迎春联欢会。

同日　粤东首家大型主题公园“汕头方特欢乐世界•蓝水星”试业。

同日　“潮宏基”在深圳证券交易所正式挂牌交易，成为国内第一个珠宝首饰上市企业。

同日　全市地税工作会议召开。

29日　汕头市举行2010年汕头市大学生迎春座谈会。

30日　市委、市政府在穗举行中央驻穗和省主要新闻单位迎春座谈会。

二　月

1日　市委书记黄志光、市长蔡宗泽专程走访中国华能集团公司广东分公司，双方就进一步加强合作交换意见。

2日　市委、市政府在穗与驻穗施工企业举行迎春座谈会。

3日　中共汕头市第九届纪律检查委员会第五次全体会议召开。

同日　市委、市政府在汕头迎宾馆举行2010年驻汕口岸查验单位迎春座谈会。

同日　汕头市举行各民主党派、工商联迎春座谈会。

4日　全市劳动和社会保障工作会议召开。

同日　桥梁中排名世界第三、亚洲第一跨度的厦深铁路重难点控制性工程——榕江特大桥首片钢桁梁顺利完成架设。

4日至5日　省委常委、宣传部部长林雄莅汕调研。

5日 由省铁路建设投资集团捐资170多万元建设的龙湖区新溪中学运动场举行竣工典礼仪式。

同日 省安全生产监督管理局副巡视员林天遂带领省政府冬季防火工作专项督查组莅汕检查冬季防火工作。

5日至7日 2010年汕头国际动漫节暨电玩展在市科技馆举行。

7日 国家人口计生委副主任赵白鸽一行莅汕调研计生工作。

7日至10日 中共中央政治局原委员、全国政协原副主席杨汝岱莅汕视察。8日下午，市委书记黄志光、省政协原副主席林兴胜在迎宾花园拜会杨汝岱一行。省政协副巡视员陆伟民陪同莅汕。市领导罗仰鹏、谢泽生、蔡婵英等陪同在汕期间活动。

8日 市委召开常委会，总结全市深入学习实践科学发展观活动情况，研究进一步深入贯彻落实科学发展观的措施。

同日 市委、市政府在帝豪酒店举行迎春敬老团拜会。

同日 市委书记黄志光带队检查市场供应情况。

9日 市委书记黄志光、市长蔡宗泽在汕头迎宾馆会见来访的驻港部队副政委曾庆年少将、驻港部队副参谋长许景才大校一行。

同日 市委、市政府在汕头迎宾馆举行军政迎春座谈会。

同日 市政协举行全市各界人士迎春茶话会。

同日 市长蔡宗泽带队督查市区部分游乐场所、建设工地和客运站的安全生产工作情况。

10日 市委召开全市深入学习实践科学发展观活动总结大会。

同日 市十二届人大常委会举行第二十五次会议。会议审议通过市第十二届人大常委会代表资格审查委员会关于代表出缺情况和补选代表的代表资格审查报告；审议通过市十二届人大五次会议议程（草案）、市十二届人大五次会议主席团和秘书长名单（草案），提请市十二届人大五次会议预备会议通过；审议通过市人大常委会工作报告（稿），提请市十二届人大五次会议审议；任命林平为汕头市中级人民法院副院长，并决定其为代理院长；表决通过关于接受郑通声辞去汕头市中级人民法院院长职务的决定；免去李福光的汕头市澄海区人民检察院检察长职务，王维元的汕头市濠江区人民检察院检察长职务，李向东的南澳县人民检察院检察长职务；会议还通过其他人事任免事项。

同日 投资总额约12亿元的金凤大桥—西港高架桥工程全线通车。

同日 全市经济和信息化工作会议召开。

11日 汕头市第二届城市规划委员会第十次会议召开。

14日和15日 “文化新潮风”市民文化广场迎春文艺表演活动在人民广场举行。

20日 市委书记黄志光在汕头迎宾馆会见泰中友好协会副会长、泰国潮州会馆主席、泰国中华总商会副主席、泰万盛冷冻食品（大众）有限公司集团董事长陈汉士先生伉俪一行。

同日 市委书记黄志光带队察看广澳港区、东部城市经济带、南澳大桥等重点项目建设情况，并召开座谈会。

20日至27日 中共中央政治局原委员、全国人大常委会原副委员长、国务院原副总理田纪云莅汕视察。在汕期间，省政协副主席徐尚武，省人大常委会副秘书长陈华一，市委书记黄志光、市长蔡宗泽，省政协原副主席林兴胜以及市领导邓大荣、罗仰鹏、王芸、李学同、孙光辉、陈茸、郑人豪、谢泽生、钟展南、陈香兰、蔡婵英等先后拜会田纪云。

21日 市委、市政府召开创建国家园林城市暨城市管理工作总结大会。

同日 市名优企业协会举行2010年年会暨迎春座谈会。

同日 市政协书画院成立。

同日 2010年汕头市春季人才交流大会暨高校毕业生就业洽谈会在林百欣国际会议展览中心举办。

22日 全市深化体制改革工作会议召开。

同日 全市“三旧”改造工作会议召开。

同日　汕头海外联谊会举行六届四次会议暨政协港澳委员新春座谈会。

23日　中国人民政治协商会议汕头市第十一届委员会第四次会议在市委会议中心隆重开幕。开幕大会由市政协副主席许瑞明主持。市政协主席于云臣代表十一届市政协常委会向大会作工作报告。市政协副主席宋汉杰向大会作十一届三次会议以来提案工作情况报告。

同日　市政协十一届四次会议召开港澳委员座谈会。

24日至27日　汕头市第十二届人民代表大会第五次会议在汕头市区举行。会议听取和审议汕头市人民政府工作报告；审查汕头市2009年国民经济和社会发展计划执行情况与2010年计划草案的报告，批准汕头市2010年国民经济和社会发展计划；审查汕头市2009年预算执行情况和2010年预算草案的报告，批准汕头市2010年本级预算；听取和审议汕头市人民代表大会常务委员会工作报告；听取和审议汕头市中级人民法院工作报告；听取和审议汕头市人民检察院工作报告，会议批准上述6项报告并通过相应决议，依法补选汕头市十二届人大常委会组成人员和汕头市中级人民法院院长。

25日　由市委、市政府主办，市委宣传部、市文化广电新闻出版局、市博物馆承办的“吴南生同志捐赠元人《平沙落雁图卷》暨馆藏书画精品展”在市博物馆开幕，展期10天。

26日　“万顺股份”在深圳证券交易所正式挂牌交易，汕头万顺包装材料股份有限公司是国内领先的大型环保包装材料生产商和供应商，在薄膜纸类彩印行业中居领先地位。

同日　中国人民政治协商会议广东省汕头市第十一届委员会第四次会议，圆满完成各项议程，胜利闭幕。经大会选举，罗仰鹏当选为市政协主席，张泽华当选为市政协副主席，陈锡镇、蔡述彪、蔡奕武、李从铸当选为常务委员。

同日　由汶川县人大常委会主任李代君带领的代表团在省援川工作组副厅级干部蔡伟生陪同下莅汕。

同日　市文联、市音乐家协会联合举办《新春音乐会——潮州音乐展演》。

三　月

1日　新加坡知名女作家、汕头海外交流协会名誉会长蓉子，新加坡报业控股集团联合新闻部总编辑潘正镭，《新明日报》总编辑许仁好带领的新加坡华文媒体访问团一行到汕头经济特区报社参观访问。

1日至2日　省人大常委会委员、省人大农委主任委员柳锦州带领检查组莅汕检查沿海渔民转产转业议案实施情况。

2日　省文化厅厅长方健宏莅汕调研文化基础设施建设情况。

3日　市委书记黄志光在汕头迎宾馆会见莅汕调研的人行广州分行行长、党委书记罗伯川一行。

同日　国家档案局公布包括广东侨批档案在内的《侨批档案》列入《中国档案文献遗产名录》。广东侨批主要由潮汕侨批、五邑银信、梅州侨批3部分组成，约14万余封，其中，潮汕侨批数量最多。

4日　市委召开专项工作会议，研究部署加快推进苏埃通道、汕头港疏港铁路和广澳港区防波堤工程等项目前期工作及下一步建设。

5日　汕头市召开加快推进项目建设工作会议，研究部署进一步加快推进国道324线澄海路段改造工程等项目建设。

同日　市妇联、市旅游局联合在市人民广场举办“爱我汕头，畅游家乡”活动首发式。

同日　汕头市女领导干部联谊会成立大会在汕头迎宾馆召开。

同日　市文明办、共青团汕头市委、市青年志愿者协会在海滨路亲水长廊举行启动“创建文明汕头——万名青年志愿者在行动”仪式。

6日　汕头市人力资源大型招聘会暨汕头·深圳劳务对接专场招聘会在林百欣国际会展中心举行。

7日　汕头市各界妇女庆祝“三八”国际劳动节100周年文艺演出在市委会议中心举行。

9日　市政府公开信息查阅中心正式挂牌成立。

9日至10日　省委常委、副省长肖志恒莅汕，就汕头市就业工作和市、县级人民政府机构改革工作情况进行调研。

9日至12日　省环保厅纪检组长李慎武率省治理工程建设领域突出问题工作领导小组第七联合检查组莅汕重点抽查汕头市工程建设领域突出问题专项治理排查工作。

11日　省政府法制办公室党组书记、主任李炳余率领省政府法制办公室依法行政专题调研组一行莅汕调研。

11日至12日　省联合考核组莅汕考核汕头市2009年度解决城镇低收入家庭住房困难工作目标责任任务有关情况。

12日　是一年一度的植树节，市委书记、市人大常委会主任黄志光等市领导和机关干部、驻汕部队官兵以及澄海区干部、学生共200多人到澄海区莲下镇南湾村参加义务植树活动。

15日　市委召开常委会议，传达贯彻十一届全国人大三次会议、全国政协十一届三次会议精神，研究部署汕头市贯彻落实意见。

同日　市委书记黄志光在汕头迎宾馆会见莅汕调研的南洋商业银行（中国）有限公司总裁曾小平一行。

同日　全国妇联和李嘉诚基金会合作项目——村“两委”妇联骨干培训班开班仪式在汕头大学举行。

16日　汕头市组织收看收听省传达贯彻十一届全国人大三次会议和全国政协十一届三次会议精神电视电话会议。

同日　市委书记黄志光在汕头迎宾馆会见中信房地产股份有限公司总裁李康一行。

17日　汕头市组织收看收听全省深入学习实践科学发展观活动总结大会。

同日　市委书记黄志光带队到汕头警备区调研。

同日　市委副书记、市长蔡宗泽在汕头迎宾馆会见莅汕访问的泰王国驻广州总领事馆新任总领事平善努•素万纳琼一行。

18日　汕头市组织收看收听省委、省政府召开的全省人口计生工作电视电话会议。

同日　市委书记黄志光在汕头迎宾馆会见全国妇联副主席、全国总工会副主席陈秀榕，全国科协副主席、教育部原副部长韦钰一行。

同日　第二批汕头市“千名村官进大学”培养计划汕头大学2010级农村干部行政管理大专班举行开学典礼，开始了为期3年的国民大专学历教育课程学习。至此，汕头市“千名村官进大学”培养计划的招录工作已圆满完成。

21日　市委书记黄志光在汕头迎宾馆会见莅汕调研的广东保监局党委书记、局长黄洪一行。

22日　汕头市首家注册资本超亿元的小额贷款公司——金平区汇天小额贷款有限公司正式挂牌营业。至此，全市共有4家小额贷款公司正式挂牌营业。

同日　市委常委会召开会议，传达全国、全省老干部工作会议主要精神，通报汕头市老干部工作有关情况，并结合实际，研究加强新形势下老干部工作的措施和意见。

22日至23日　民政部党组副书记、常务副部长李立国在省民政厅厅长刘洪的陪同下，莅汕调研民政工作。

23日　由市委、市政府、南方日报社联合主办的“汕头特区的历史意义和未来展望——答好汪洋书记‘三道题’专家论坛”在市委会议中心举行。

同日　汕头市组织收看收听国务院、省政府第三次廉政工作电视电话会议。

23日至24日　以省发改委副主任余云州为组长的省防汛抗旱检查组莅汕检查莲阳桥闸重建工程工地和韩江旦家园堤段。

26日　市十二届人大常委会举行第二十六次会议。会议听取和审议市政府关于提请审议将市财政对汕头市外砂迎宾路口至莲阳桥路面改造工程等三个项目贷款偿还资金及补贴列入财政年度预算的议案、关于提请审议将汕头投资建设总公司东部城市经济带建设项目贷款回购资金列入财政年度预算的议案；听取和审议市人大常委会财经工委对以上两个议案的初审意见，并通过相应决议；通过有关人事任免事项。

同日　第二届国际酒类中国大型展览订购会暨汕头保税区海伟酒类交易市场开业仪式在汕举行。

29日　汕头市召开招商引资领导小组会议暨广东省第六届‘山洽会”（汕头市）筹备工作会议。

30日至31日　国家人力资源和社会保障部党组成员、纪检组长袁彦鹏一行莅汕调研汕头市的劳动保障和人事工作。

31日 省政府在湛江召开粤西地区旅游工作现场办公会。南澳县荣获“广东省滨海旅游示范景区”称号，成为首批13个滨海旅游示范景区之一，也是粤东地区本次唯一获评单位。

四 月

2日 汶川县灾后重建重点工程、广东省援建汶川“十大重点项目”之一、由汕头市对口援建汶川县草坡乡通乡公路麻龙一段主体工程顺利完成，汕头市援建草坡通乡公路完工。

6日 汕头市南滨路发生一宗3辆汽车连环碰撞的重大交通事故。事故发生后，市委、市政府领导高度重视，市委书记黄志光，市长蔡宗泽和谢泽生、郑通声、苏耀光、余健明、林梃等市领导立即赶赴现场指挥事故处置工作，并到医院看望伤员。中央、省有关领导对发生事故高度重视和关注。当晚，受省委书记汪洋、省长黄华华的委托，省委常委、副省长肖志恒一行专程从广州飞抵汕头，指导事故处置工作。市领导黄志光、蔡宗泽、谢泽生、余健明、郭大钦立即陪同肖志恒一行到市中心医院，看望正在接受救治的受伤人员。随后，省政府在汕头迎宾馆举行座谈会，听取事故的有关情况汇报。市委书记黄志光，市委常委、政法委书记、公安局局长郑通声分别就事故发生后市委市政府及有关部门采取的措施作汇报。市领导蔡宗泽、谢泽生、余健明、郭大钦、林梃等出席座谈会。

7日 市委书记黄志光、市长蔡宗泽等市领导陪同省委常委、副省长肖志恒及省直有关部门领导，前往粤东高级技工学校看望慰问学校教职员工并协调解决学校面临的师资紧缺等问题，确保学校正常运作。

同日 由团市委、汕头经济特区报社团委、中国石油汕头分公司团委、市救灾物资储备站联合举办的甘泉千里驰援云南旱区——汕头“青春涌泉行动”举行发车仪式，汕头市第一批“青年送水车”奔赴云南曲靖旱灾灾区，为当地群众送去急需的“生命之水”。12日，汕头“青春涌泉行动”抗旱救灾物资在云南省曲靖市富源县胜境中学操场上举行发放仪式。

8日 澳大利亚艾亢能源公司和将在南澳县云澳镇规划建设LNG（液化天然气）接收站建设单位深圳市赛洛实业发展有限公司举行供气备忘录签约仪式，为汕头市乃至粤东地区供应清洁能源，同时也为项目公司在全国其他地区供气点提供气源保障。

8日至9日 副省长李容根带领省农业、水利、林业、财政等部门负责人莅汕调研，并主持召开粤东四市水利春耕生产、林权改革工作座谈会。

8日至11日 由广东省世博办、汕头市人民政府、上海潮汕联谊会共同主办，汕头市旅游局、上海潮府酒家承办的首届上海潮汕美食文化节在上海潮府酒家举行，潮菜是此次上海世博会中国八大菜系中作为粤菜唯一代表入驻世博园。

9日 南澳引韩供水工程正式开工建设，副省长李容根发布开工令，并与省水利厅厅长黄柏青、市委书记黄志光、市长蔡宗泽共同启动开工吉祥杆。

同日 市委书记黄志光在汕头迎宾馆会见中信房地产股份有限公司总裁李康一行。

同日 “南澳Ⅰ号”水下考古发掘工作正式启动。

10日 副省长雷于蓝等陪同国家人口计生委主任、党组书记李斌莅汕，对汕头市人口计生工作开展调研。

12日至13日 省人大常委会委员、内司委副主任董平波率领省人大调研组莅汕，在市人大、龙湖区人大分别召开两场消防立法（监督）调研座谈会，就做好《广东省实施〈中华人民共和国消防法〉办法》立法（修订）工作进行立法调研，并就2009年省人大常委会对公安消防专项工作报告审议意见落实整改情况进行跟踪监督。

12日至13日 省人大常委会委员、选联任工委副主任陈小莉率领省人大调研组莅汕开展代表法修改调研工作。

13日 “黑牛食品”在深圳证券交易所挂牌上市，黑牛食品成功登陆A股，不但使股市“汕头板块”得到进一步扩张，对于中国双蛋白饮品市场的进一步培育、双蛋白饮品行业做大做强都是一大利好。

13日至14日 市十二届人大常委会举行第二十七次会议。会议表决通过《汕头市青年志愿服务促进条例》，报省人大常委会批准后施行；决定任命林建新等8位同志为市政府有关局局长，免去李泽惠等5位同志的局长职务；通过其它有关人事任职事项。

15日 全市环境保护工作会议召开。

同日 市委书记黄志光在香港香格里拉酒店会见香

港达进精电控股有限公司主席杨凯山一行。

16日　汕头市人民政府和香港机场管理局在香港香格里拉大酒店举行“汕头机场对外籍飞机开放暨香港航空有限公司汕头航线开通”签约仪式。中央人民政府驻香港特区联络办公室副主任周俊明，外交部驻港特派员公署副特派员杨子刚，中国侨联副主席、香港侨界社团联会创会会长陈有庆，香港运输及房屋局副局长邱诚武，香港民航处助理处长郭桂源，全国政协委员、香港广东社团总会主席王国强，汕头市政协名誉主席、香港潮属社团总会创会主席陈伟南，香港特区立法会金融服务界议员詹培忠，香港特区立法会旅游界议员谢伟俊，香港潮属社团总会主席、香港潮州商会会长许学之；市委书记黄志光，市政协主席、市委常委、常务副市长罗仰鹏，市委常委、秘书长谢泽生，市政协副主席蔡婵英；香港贸发局会员企业代表、香港潮籍乡亲，香港航空业界、旅游界有关人士，汕头港资企业在港代表和汕头市直有关单位负责人等出席签约仪式。香港长江实业（集团）有限公司董事局主席李嘉诚先生等知名人士专门赠送花篮表示祝贺。香港航空有限公司与汕头机场公司、汕头旅游集团公司签署合作协议。市委常委、秘书长谢泽生主持签约仪式。

16日至17日　由国家12个部委组成的督促贯彻实施《珠江三角洲改革发展规划纲要》检查组莅汕评估检查。

18日　由汕头慈善总会、广东潮剧院、汕头经济特区报社、汕头人民广播电台、中国移动广东公司汕头分公司、东方红日影音文化有限公司等单位联合发起的“汕头市情牵玉树灾区、西南旱区募捐义演”在南国商城举行，现场为青海玉树地震和西南五省特大旱灾募捐。

18日至19日　由中纪委派驻司法部纪检组长韩亨林带领的中央扩大内需促进经济增长政策落实暨治理工程建设领域突出问题第十三检查组在省监察厅副厅长张渝的陪同下，莅汕对汕头市扩大内需中央投资项目实施情况暨治理工程建设领域突出问题工作情况进行检查。

21日　由中国国际贸易促进委员会和汕头市人民政府共同主办的第十二届中国澄海国际玩具礼品博览会在澄海区展览中心开幕。中国国际贸易促进委员会会务部副部长肖鱼、中国玩具协会会长石晓光和市领导蔡宗泽、罗仰鹏、王芸、宋汉杰，汕头海关副关长蔡少琼等出席开幕式并察看参展企业展位。

22日　市政府召开解决市区商品房确权发证遗留问题现场会，专题研究加快推进确权发证有关工作。

同日　市长蔡宗泽在君华酒店会见莅汕参加科学院、汕头市合作座谈会暨中科院广州技术转移中心汕头分中心揭牌仪式的省政府副秘书长、中科院广州分院、省科学院院长陈勇，中科院广州分院、省科学院常务副院长黄宁生一行。

同日　南洋商业银行（中国）有限公司汕头分行在君华大酒店举行业务推介会暨银企联谊会。

同日　是第41个世界地球日，市国土局和广东省地质勘查局722地质大队在市国土局门口举行咨询活动，市长蔡宗泽参观咨询现场。

同日　汕头市组织收看收听全国、全省切实做好当前农业生产紧急电视电话会议。

同日　市委、市人大、市政府、市政协分别举行“支援青海玉树灾区抗震救灾捐赠仪式”。

23日　全国人大常委会委员、全国人大法律委员会副主任委员、全国人大常委会法工委主任李适时率领全国人大常委会法工委调研组一行莅汕，就村民委员会组织法（修订草案）进行调研。

同日　广东出入境检验检疫局党组副书记、副局长黎庆翔专程带队莅汕调研，召开座谈会听取市部分省人大代表的意见和建议。

26日　是第十个世界知识产权日，市政府在金平民科园举行庆祝第十个世界知识产权日宣传咨询暨保护知识产权万人签名活动。

27日　团市委、市青联在林百欣会展中心剧场举行以“答好三道题，青年勇当先”为主题的纪念“五四”运动91周年和中国共青团成立88周年大会。

27日至28日　省统计局副巡视员秦定坚带领省政府考核组莅汕考核检查汕头市2009年度耕地保护责任目标履行情况。

27日至28日　全国打私办副主任、海关总署缉私局副局长夏守达，省打私办副主任孟军一行莅汕就打击治理非设关地走私情况开展专题调研。

29日　汕头市庆祝“五一”国际劳动节暨“电力杯”职工歌舞、小品大赛颁奖晚会在汕头广播电视中心综合剧场举行。

30日　全市人口和计划生育工作会议召开。

同日　汕头市在汕头机场举行仪式庆祝香港航空

直达汕头航线首航圆满成功。解放军总参谋部领导杜强、国际民航局运输司国内航空运输处处长苏红、民航中南管理局副局长秦喜生，市领导蔡宗泽、罗仰鹏、刘远珍、周镇松、蔡婵英，市纪委副书记林健民，汕头海关副关长高建军，汕头机场公司总经理邱广京等出席仪式。参加仪式的还有香港机场管理局行政总裁许汉忠，香港前经济发展及劳工局长叶澍堃，香港航空有限公司副总裁钟国颂，香港潮属社团总会主席、香港潮州商会会长许学之，香港广东社团总会副主席、广东世聪集团有限公司主席吴哲歆，广东省政协常委、东兴集团有限公司主席黄顺源，香港潮州商会副会长、香港科技大学顾问及岭南大学院士周振基等嘉宾。市政协主席、市委常委、常务副市长罗仰鹏致辞，与会的领导和嘉宾共同推动吉祥杆。

五　月

5日　汕头市组织收看收听全国、全省节能减排工作电视电话会议。

7日　市职业病防治所联合市总工会、卫生局、安监局等单位举行2010年《职业病防治法》宣传周咨询活动。

9日　汕头市2000多名徒步爱好者参加了由市体育局主办的第六届“金味爱我家乡”韩江徒步节，以实际行动呼吁保护潮汕的母亲河——韩江。

同日　第三次中日绿化合作红树林访华团一行20人来到澄海区凤翔街道北港村沿海滩涂，种植近千株红树林树苗，实施3年的中日友好纪念林——汕头市澄海区红树林项目即将全面完成。

10日　市委理论学习中心组加快经济发展方式转变专题学习会暨全市经济工作会议在市委会议中心举行。

11日　汕头市召开汕头特区30周年民主法治建设回顾与展望座谈会。

同日　市人大常委会举行颁发任命书大会。会上，市人大常委会主任黄志光向市经济和信息化局局长林建新、市民政局局长王良源、市司法局局长马翔、市人力资源和社会保障局局长刘少强、市物价局局长吴军晖、市安全生产监督管理局局长吴先宏、市法制局局长孙良胜、市食品药品监督管理局局长陈开成、市住房和城乡建设局局长王德声、市交通运输局局长叶先华、市水务局局长曾保友、市城乡规划局局长朱家栋和市城市综合管理局局长徐阳等市政府组成人员颁发、换发任命书。

同日　昆明市在汕头举行2010年汕头招商引资推介会，汕头市企业永桂势头好珠宝精品有限公司、中国石油天然气股份有限公司和华润天然气有限公司与昆明市住房和城乡建设局签订了投资服务协议，投资总额在3亿元左右。

同日　市人大常委会举行颁发任命书大会，市委书记、市人大常委会主任黄志光出席大会并向8位新任的及5位更名的市政府组成部门负责人颁发、换发任命书。

12日　市委、市政府召开实践科学发展观重点工作会议。

13日　汕头市组织收看收听省委召开全省贯彻落实《中国共产党党员领导干部廉洁从政若干准则》电视电话会议，中共中央政治局委员、省委书记汪洋在会上作重要讲话。

13日至14日　中共中央委员、国家工商总局党组书记、局长周伯华莅汕对汕头市工商行政管理工作进行调研，国家工商总局办公厅主任滕佳材、省工商局局长卢炳辉等陪同调研。

14日　汕头市首家交通事故快处快赔机构——南澳县交通事故快处快赔服务点举行揭牌仪式，汕头市交通事故快处快赔工作正式启动。

14日至15日　新华社副社长鲁炜带队莅汕调研。

14日至17日　第六届中国（深圳）国际文化产业博览交易会在深圳举行。汕头市澄海的广东动漫（玩具）创意产业集群项目和潮阳剪纸、汕头工夫茶艺、太安堂中药文化、陶瓷微书、汕头瓶内画等5个非物质文化遗产项目参加。

15日　由汕头帝远海运有限公司投资建造的载重2.7万吨级“帝盛”号巨轮顺利下水。

17日　市委书记黄志光在汕头迎宾馆会见莅汕参加有关项目合作协议签订仪式的台湾海峡两岸经济发展协会会长赖大权一行。

同日　汕头市组织收看收听全省城乡水利防灾减灾工程及病险水库除险加固工程建设电视电话会议。

同日　市无线电管理办公室和中国移动汕头分公司联合举行“信息技术让城市生活更美好”——中国移动汕

头“无线城市”建设启动仪式。

18日　由汕头市文明委、汕头市委宣传部主办的“文明汕头”——汕头市2010年“书香飘万家”系列读书活动暨第三届公务员书法作品展在汕头市图书馆隆重开幕。

19日　全省流动人口计划生育区域“一盘棋”工作会议在汕头市召开。

同日　市第二届城市规划委员会召开第十一次会议。

19日至20日　全国二十三城市（区）人大常委会第二轮第十六次联席会议在福建省漳州市召开。市人大常委会副主任刘远珍带队出席了会议。

20日　以金钟企业有限公司董事长张华达为总监、香港潮属社团总会副主席许瑞良为团长的香港潮侨塑胶厂商会潮汕三市访问团一行36人莅汕。

21日　第十三届省运会汕头市体育代表团正式成立，市长蔡宗泽任代表团名誉团长、副市长郭大钦任团长。本届省运会，汕头市将派出362名运动员参加田径、游泳等19个大项的争夺。

23日至24日　由广东潮剧院创作和演出的潮剧精品剧目《东吴郡主》参加第九届中国艺术节，从65台来自全国各地的优秀参评剧目中脱颖而出，摘得文华优秀剧目奖。这是继1994年《陈太爷选婿》获得第四届文华新剧目奖后，潮剧与文华奖的再次“结缘”，既是潮剧界的荣誉，也是汕头市舞台艺术发展的一个新里程碑。

24日　汕头市委在市委会议中心召开全市领导干部大会，宣布广东省委关于汕头市委主要领导调整的决定。省委常委、组织部部长胡泽君莅会并代表省委作重要讲话。黄志光同志主持会议。省委组织部副部长林存德宣读省委关于汕头市委主要领导调整的通知。省委决定，李锋同志任汕头市委委员、常委、书记，免去黄志光同志的汕头市委书记、常委、委员职务；省委同意，提名李锋同志为汕头市人大常委会主任候选人，黄志光同志不再担任汕头市人大常委会主任职务，按有关法律规定办理。黄志光、李锋和蔡宗泽先后在会上讲话，市委委员、候补委员，市人大、市政府、市政协领导班子成员，市中级法院院长，市检察院检察长，历届担任过汕头四套班子正职以及近一届退出四套班子的老同志，市纪委副书记，副厅级干部，市委副秘书长，市政府正、副秘书长，市人大、市政协秘书长，区县党政正职，市直正处以上单位和中央、省驻汕单位主要领导参加会议。

同日　广东省军区在汕头警备区礼堂隆重召开任职命令宣布大会。广东省军区政委蔡多文，市领导蔡宗泽、罗仰鹏，警备区司令员徐红、原政委刘嘉、新到任政委胡世军以及警备区党委常委谢豪生、罗昔为、高和平、邱克楠、郑坤弟等出席大会。

25日　海关总署副署长兼广东分署主任吕滨莅汕调研。

27日　石家庄市工商联潮汕商会成立大会在石家庄市河北会堂举行。

29日　世界顶级豪华汽车公司雷克萨斯旗舰店落户汕头。

30日　市委书记李锋、市长蔡宗泽带队对汕头市城乡规划工作开展专题调研。

同日　由市政府主办、市体育局和汕头经济特区报社承办、安利（中国）日用品有限公司协办的“汕头市迎亚运健康万人跑”在市人民广场举行起跑仪式，开始了全程约4公里的健康长跑，为汕头迎接亚运盛会奏响了“进行曲”。

31日　市委书记李锋、市长蔡宗泽带队到金平区调研。

六　月

1日　市委书记李锋带队到龙湖区开展调研。

同日　市政府召开汕头市创建宜居城乡工作会议。

同日　市委书记李锋、市长蔡宗泽带队到澄海区调研。

同日　汕头市组织收看收听省委、省政府召开全省深化执行力建设工作电视电话会议。

同日　市环保局开展以“倡导减排低碳生活，打造和谐宜居汕头”为主题的“减排话你知——环保开放日”活动，社会各界100多名代表与环保“零距离”接触。

1日至2日　省物价局局长孙庆奇率队莅汕调研检查汕头市贯彻落实全省物价工作会议的工作情况。

2日　市委书记李锋、市长蔡宗泽带队到潮阳区调研。

同日　市委书记李锋在迎宾馆会见澳门潮州同乡会会长刘艺良等一行。

同日　市委书记李锋、市长蔡宗泽带队到濠江区调研。

同日　汕头市召开第六届“山治会”筹备工作领导小组会议。

3日　由澳门特别行政区行政长官崔世安博士率领的澳门特区政府和企业家代表团一行抵达我市并进行参观访问。市领导李锋、罗仰鹏、王芸、孙光辉、谢泽生、苏耀光、余健明、林梃、周镇松等陪同参观。当晚，市委、市政府在帝豪酒店举行宴会，欢迎崔世安特首率领的澳门特区政府和企业家代表团。市委书记李锋在宴会上致辞，出席宴会的领导嘉宾有：澳门特别行政区行政长官崔世安及夫人霍慧芬，社会文化司司长张裕，行政会发言人梁庆庭，行政会委员郑志强、梁维特、陈明金，行政长官办公室主任谭俊荣，澳门中华总商会理事长、澳门潮州同乡会创会会长许世元，澳门潮州同乡会创会会长、市政协常委唐志坚，澳门潮州同乡会会长、全国人大代表刘艺良；省港澳事务办公室副主任林涛；市领导罗仰鹏、王芸、谢泽生、周镇松，汕头大学校长徐小虎。

5日　由市委宣传部、市环保局主办，华能海门电厂和华能汕头电厂等单位协办的“汕头杯”全国环保书画大赛作品展在龙湖翰苑举行。

6日至8日　市政协港澳台侨外事委员会与澳门组委员到南澳专题调研建设“汕头生态滨海旅游示范区”。

7日　省国税局局长李永恒带队莅汕，对粤东地区国税工作进行调研。

8日　“凯撒股份”在深圳证券交易所正式挂牌交易，成为汕头首家在国内A股市场上市的外商独资企业。

9日至11日　省人大常委会调研组在省人大常委会委员、内司委副主任委员董平波带领下莅汕开展专题调研。

10日至11日　省政府副秘书长、省打私办主任罗欧带领省政府反走私调研组一行莅汕开展反走私工作调研，并召开粤东五市反走私工作座谈会。

11日　全市大规模培训干部动员大会召开。

同日　市委书记李锋带队到市发改局调研。

同日　潮剧艺术博物馆举行开馆仪式，潮剧艺术博物馆首期占地400多平方米，建设布展突出潮剧特色，分为史、艺、人三个部分，以场景、实物、模型、史料等形式，展出潮剧服装道具、乐器、书籍、图片等，展示潮剧400余年的历史源流。

12日　市委书记李锋带队到汕头海关和汕头出入境检验检疫局进行调研。

同日　汕头市组织收看收听省委、省政府召开的全省加快转变经济发展方式电视电话会议。

18日　“皮宝制药”在深圳证券交易所成功挂牌交易，皮宝制药是太安堂集团旗下优质企业，主要从事中成药的研发、生产和销售，拥有包括软膏剂、丸剂等14个剂型108个药品品种生产批件。

21日　市委召开常委会议，传达省扶贫开发“规划到户、责任到人”工作现场会精神，研究汕头市贯彻落实的意见和措施。

22日至23日　由省人大常委会委员、财经委员会副主任委员方潮贵带领的调研组莅汕调研。23日，市委书记李锋会见调研组一行。

23日　市委书记李锋在市委常委、秘书长谢泽生的陪同下，到市人大常委会机关召开座谈会。

同日　市委书记李锋深入广澳港区和蓝水星主题公园开展专题调研。

同日　市长蔡宗泽带队到潮阳下寮村开展扶贫开发“规划到户、责任到人”工作调研。

同日　在中国共产党成立89周年的光辉日子即将来临之际，市长蔡宗泽到潮阳区城南街道，登门慰问家住新宫社区的老党员、生活困难党员和优秀党员，捎去市委、市政府的亲切问候和诚挚祝愿。

24日　全市双拥工作领导小组全体成员（扩大）会议召开。

25日　全市各地普降大到暴雨局部大暴雨，市委书记李锋到潮南区察看灾情，市领导郑通声、苏耀光陪同察看。

同日　广东省2010年全国普通高校招生统一考试成绩放榜，汕头市上线总人数30965人，上线率89.8%，比去年增加7.33个百分点。当晚，市委书记李锋、市长蔡宗泽特地致电向广大考生家长表示祝贺，向全市教育工作者、全体教职员工表示感谢。副市长郭大钦也致电表示祝贺。

26日　连日特大暴雨使通往雷岭、红场山区的唯一通道司神公路林招路段被山洪冲毁，市长蔡宗泽带队到潮南区察看灾情，亲临一线指导抢险救灾工作，并当场拍板落实资金帮助潮南区尽快抢通司神公路。

27日　省交通运输厅厅长何忠友与省公路管理局有关负责人率队莅汕，检查指导省道235司神线水毁情况最严重的潮南路段抢险救灾。

28日　市委、市政府召开全市扶贫开发“规划到户、责任到人”工作会议。

同日　汕头市举行纪念中国共产党成立89周年座谈会。

同日　中国保监会汕头监管分局正式挂牌运作。副省长宋海发来贺信。市委书记李锋会见出席挂牌仪式的省保监局局长黄洪一行。广东保监局纪委书记张辉烨、省金融办纪检组长卢千里，市长蔡宗泽、副市长苏耀光，潮州市委常委、常务副市长方利旭，揭阳市副市长陈澄民以及汕尾市有关领导出席挂牌仪式。省保监局局长黄洪和市长蔡宗泽共同为汕头保监分局成立揭牌。

28日至30日　中共中央委员、中残联党组书记、理事长王新宪一行莅汕，考察汕头残疾人工作。在汕期间，市委书记李锋、市长蔡宗泽拜会王新宪一行。中残联副理事长孙先德、省残联理事长宋卓平、副市长周镇松陪同考察。

28日至30日　国家民政部副部长窦玉沛带领民政部社会福利和慈善事业促进司副司长（正司级）陆颖、民政部社会福利中心副主任王柏发一行，在省民政厅副厅长骆招群陪同下莅汕考察汕头市经济社会发展情况。

28日至30日　国家环境保护部总工程师万本太在省环保厅副巡视员张振钿陪同下莅汕考察汕头市生态环境情况。

29日　市十二届人大常委会举行第二十八次会议。会议表决通过关于接受黄志光辞去汕头市人大常委会主任职务的决定，决定由王芸副主任代理汕头市人大常委会主任职务；审议通过市十二届人大常委会代表资格审查委员会关于代表出缺情况和补选代表的代表资格审查报告；通过关于批准2009年汕头市本级决算的决议；通过其他人事任免事项。

同日　副省长宋海一行莅汕调研汕头市的高中阶段教育和义务教育发展工作。在汕期间，市委书记李锋在汕头迎宾馆拜会宋海，市长蔡宗泽、副市长郭大钦陪同调研。省教育厅厅长罗伟其、副厅长叶小山陪同莅汕调研。

同日　中国文化部文化市场发展中心艺术品评估委员会在市艺苑文化广场设立广东站，并正式挂牌。岭东美术馆和萧晖荣艺术馆成立典礼及《关山月虾球传连环画精品展》、《萧晖荣艺术作品展》开幕式同时举行。

29日至30日　广东银监局局长刘福寿带队莅汕对汕头市民营企业和金融服务业进行专题调研。

29日至7月1日　由汕头市政府、广东证监局、深圳证券交易所联合主办，市金融工作局承办的汕头市发展利用资本市场推动企业上市研讨会在君华大酒店举行。

30日　汕头大学举行2010届毕业生毕业典礼暨颁奖礼。香港长江实业（集团）有限公司董事局主席、汕头大学校董会名誉主席李嘉诚先生出席活动。出席典礼的领导和嘉宾有：汕大校董会主席、副省长宋海，协和医科大学原校长、中国工程院院士巴德年，北京大学原校长、中国科学院院士陈佳洱，香港大学校长资深顾问程介明，博鳌亚洲论坛秘书长龙永图，省教育厅厅长罗伟其，中国科协副主席、英国诺丁汉大学校长、中国科学院院士杨福家，市委书记李锋，华中科技大学校长、中国工程院院士李培根，市委常委、秘书长谢泽生，汕头大学校领导徐小虎、宋喆臻、顾佩华等。李嘉诚先生一行于29日莅汕，并于30日下午乘坐专机返港。市委书记李锋，市长蔡宗泽，市委常委、秘书长谢泽生等前往机场迎送。

同日　汕头市“广东扶贫济困日”活动启动仪式暨“扶贫济困万人行”活动在市人民广场举行。启动仪式上，市委、市政府向全市发出开展“扶贫济困慈善捐赠”活动的倡议。启动仪式后，由驻汕部队、市委市政府工作部门、人大、政协、纪委、法院、检察院等单位组成的万人行队伍从人民广场起步，沿海滨路步行至华侨公园结束，全长约4公里。

30日至7月2日　省人大常委会委员、省人大法制委员会副主任委员李焕新一行莅汕开展《广东省实施〈中华人民共和国消防法〉办法（修订草案）》和《广东省志愿服务条例（修订草案）》相关修改工作的立法调研。

七　月

1日至2日　省人大常委会委员、环资委副主任委员潘大林带领调研组莅汕调研汕头市保障性住房建设情况。在汕期间，省人大调研组还实地考察汕樟路113号、金湖路37号、华新城20亩等廉租住房项目。

2日　全市纪律教育学习月活动动员大会召开。

3日　市委书记李锋在汕头迎宾馆会见莅汕考察的厦门大学党委书记朱之文、校长朱崇实一行。

5日　市领导蔡宗泽、罗仰鹏分别带队前往澄海、龙湖、潮阳、潮南区，就国家第十次土地卫片执法检查汕头市重点督办违法用地案件进行督办检查。

5日至6日　省委常委、副省长肖志恒莅汕检查职业技能竞赛工作。

6日　“众业达”在深圳证券交易所正式挂牌交易，众业达电气股份有限公司是国内电气分销行业的龙头企业，产品涉及低压和中压输配电产品及工业自动化产品，业务环节覆盖分销、物流仓储、专业技术服务、系统集成和成套制造等各个环节，在产品研发、制造、销售、服务等方面均处于业界领先水平。

7日　全省民营经济工作会议公布了2009年度地级以上市人民政府民营经济工作考核情况，汕头市被评为优秀并受到表彰，宜华集团、众业达、南洋电缆、奥飞动漫等4家企业荣获2008至2009年度“广东省百强民营企业”称号。

8日　市委书记李锋带队调研汕头市城市公交建设发展情况。

同日　市委书记李锋、市长蔡宗泽在汕头迎宾馆会见中信房地产股份有限公司总裁李康一行。

同日　“金刚玻璃”在深交所创业板正式挂牌交易，金刚玻璃是中国从事高科技特种玻璃产品的国家火炬计划重点高新技术企业，主要从事研制、开发、生产各类高科技特种玻璃及建筑玻璃产品，是国内建筑用及安全防护用特种玻璃行业的领航者之一。

同日　汕头市组织收看收听全省质量强省工作电视电话会议。

9日　汕头市召开省第六届“山洽会”、国际潮青联谊年会筹备工作情况汇报会。

同日　市委举行常委会议，传达学习汪洋书记重要批示精神，研究汕头市贯彻落实意见，制订《关于贯彻落实汪洋书记重要批示精神工作方案》，号召全市各级党组织和广大干部群众以汪洋书记对汕头的关怀为动力，进一步振奋精神，扎实工作，干出实效，转出成效，推动汕头经济社会又好又快发展,奋力实现省委、省政府的战略意图。

12日　市长蔡宗泽率市政府学习考察团赴佛山市学习取经。

12日至16日及20日　由市政协副主席、市委统战部部长张泽华带领的市委统战部、汕头海外联谊会访问团先后赴香港和澳门开展联谊活动，专程拜访香港潮属社团总会等15个港澳主要潮属社团及陈伟南等乡贤。

13日　汕头方特欢乐世界•蓝水星主题公园正式开园。

同日　汕头市组织收看收听全省加强社会治安综合治理工作电视电话会议。

13日至14日　省财政厅副巡视员吴仰和带领省产业转移目标责任考评组莅汕，考评汕头市产业转移工作。

14日　市委书记李锋主持召开非公经济代表座谈会。

同日　全市污染减排暨中心镇和练江流域污水处理设施建设工作会议召开。

同日　全国妇联、李嘉诚基金会村“两委”女干部培训试点项目——大学师资培训工作坊在汕头大学举行结业礼。

15日　汕头市优化工程建设项目审批流程工作会议召开。

15日至18日　第六届世界合唱比赛第一阶段在浙江绍兴举行，汕头市合唱团荣获男声合唱锦标赛银奖。

19日　汕头市疏港大道濠江大桥举行开工仪式，濠江大桥全长约900米，桥面宽度32米，双向6车道。

20日至26日　由国家体育总局游泳运动管理中心、中央电视台体育节目中心、汕头市人民政府联合在汕头市游泳跳水馆举行2010年全国跳水冠军赛，共有20支代表队200多名优秀运动员来汕参赛。

26日　中共汕头市委九届九次全会在市委会议中心隆重召开。全会由市委常委会主持。市委书记李锋代表市委常委会作主题报告。市长蔡宗泽作总结讲话。出席会议的有：九届市委委员、候补委员。不是九届市委委员、候补委员的市人大常委会、市政府中共党员领导同志；市政协秘书长；区（县）委书记、区（县）长、市纪委常委；市委、市政府副秘书长；市委各部委、市直各单位、市各人民团体，中直和省直驻汕单位党员主要负责同志；各区（县）委宣传部长、文广新局局长及市第九次党代会党代表中部分宣传文化基层单位工作者、基层党员、文艺界知名人士代表、文化企事业单位代表列席会议。市政府、市政协的非中共党员领导同志及市各民主党派负责人应邀参加会议。

29日　由广东省美术家协会、中共汕头市委宣传部、汕头画院联合主办的“绽放•隽永——汕头画院成立30周年美术作品展览”开幕式在广东画院展览馆举行。

30日　由市委办、市府办、市委宣传部、汕头警备区政治部和市民政局主办的“军旗飘扬”——汕头市军警民庆祝建军83周年文艺晚会在林百欣会展中心隆重举行。

同日　以中央驻港联络办副主任周俊明为顾问，香港立法会议员詹培忠为团长、陈鑑林为副团长的访问团莅汕访问。

八　月

1日至2日　国家质检总局通关司司长刘德平率领调研组莅汕调研。市领导李锋、郑人豪、谢泽生、周镇松，汕头出入境检验检疫局局长孙世和出席专题调研会。广东出入境检验检疫局副局长邓旭旗陪同调研。

2日　香港潮属社团总会及香港潮州商会访问团莅汕访问。

5日至6日　由市人大常委会代主任王芸等部分省、市人大代表组成的视察组，专题视察汕头市重点建设项目进展情况。

7日　农工党市委会举行纪念农工党建党80周年暨表彰大会。

8日　汕头市以“迎接亚运会、创造新生活”为主题的“2010年全民健身日暨汕头市第十一届体育节”启动仪式在人民广场举行。

9日　市委召开常委会议，传达学习广东省第九期领导干部党纪政纪法纪教育培训班精神，研究汕头市贯彻落实意见。

同日　市委、市政府召开全市民营经济工作会议暨“百人服务团”活动动员会。

9日至10日　省人大扶贫工作立法调研组在省人大常委会委员、省人大农村和农业委员会主任委员柳锦州的带领下莅汕开展调研。9日，调研组召开汇报座谈会。

10日　市委、市政府和汕头警备区在市委会议中心召开全市双拥工作暨表彰大会。

同日　市政府召开全市土地管理工作会议。会上，蔡宗泽还代表市政府与各区政府签订2010年耕地保护目标责任书。

11日　华新城20亩廉租住房项目正式开工建设。

11日至12日　省交通运输厅厅长何忠友率队莅汕检查调研汕头市交通重点工程建设进展情况。

11日至12日　省人大常委会主任欧广源率领调研组莅汕，就实施区域协调发展战略情况对汕头市开展专题调研。省人大常委会秘书长崔健，省人大常委会委员曾寿喜、张宇航、杨英，市部分全国、省人大代表，省人大常委会办公厅副主任郑毅生，省发改委副主任余云州，省经信委副主任林位超，省财政厅副厅长戴运龙参加调研。市领导李锋、蔡宗泽、王芸、李学同、郑人豪、谢泽生、陈友烈，市人大常委会秘书长章万多陪同调研。

16日和17日　厦门大学校长助理庄宗明教授率领课题组莅汕，调研国家社科基金重大项目“加快海峡西岸经济区建设的几个重大问题”。

16日至22日　省长黄华华率广东省经贸文化交流团赴台开展“台湾•广东周”活动。汕头市派出以市长蔡宗泽为团长，市委常委、常务副市长郑人豪为副团长的代表团赴台参加活动。

17日　市纪律教育学习月报告会暨典型教育读本《官鉴》首发式在市委会议中心举行。省纪委副书记丘海，市领导李锋、邓大荣、罗仰鹏、王芸、孙光辉出席活动并向有关单位赠书。

18日　由市委宣传部主办、汕头市马术协会协办的“幸福汕头”文艺展演系列活动在人民广场开幕。

同日　由深圳潮籍知名企业家陈钢民先生、马泽琪女士伉俪捐款重建的潮南区成田高级中学举行落成仪式，并正式投入使用。市委书记李锋出席学校落成暨交接仪式并为该校揭牌。市领导谢泽生、郭大钦，深圳市人大常委会副主任周光明；深圳市委原副书记李意珍，深圳市人大常委会原副主任汤锦森、陈治华，珠海市政府原副市长陈焕礼，汕头市政府原副市长马诚；全国政协委员马介璋，泰国马氏宗亲总会永远名誉理事长马灿坡，泰国龙马酒店集团总裁马陈强等海内外嘉宾出席仪式。

19日　市委书记李锋带队到市部分学校实地开展调研。

20日　省委常委、常务副省长朱小丹带队莅汕，检查指导扶贫开发“规划到户、责任到人”工作情况。省农业厅副厅长、扶贫办主任林果先，市领导李锋、谢泽生、苏耀光陪同调研。

同日　潮汕星河奖创立20周年暨第21届潮汕星河奖、第4届国瑞科技奖颁奖大会在林百欣会展中心会场举行，有149名品德或学业、科技、文艺、体育等方面表现突出的优秀青少年以及62个先进集体获奖，成为潮汕星河中耀眼的“新星”，19位优秀科技工作者勇夺潮汕星河国瑞科技奖，41名潮汕学子获得助学金资助。

23日　中国广播电视协会广播文艺委员会全国市（地州盟）分会2010年度广播电视文艺奖颁奖晚会在汕头市广播电视台综合剧场举行。

24日至26日　越南计划投资部代表团莅汕访问。

25日　副省长、省妇儿工委主任雷于蓝率省妇儿工委调研组莅汕，对妇女儿童发展规划达标工作情况进行调研，并出席汕头市“关爱妇女 关爱儿童 共建幸福汕头——孕产妇、儿童保健管理项目启动仪式”。

同日　团市委、市青联举行“2010年汕头市特困学生助学工程助学金发放仪式”，汕头助学工程累计共资助学生约2.8万人次，资助金额近2000万元。

26日　市十二届人大常委会举行第二十九次会议。会议表决通过《汕头市旅游资源保护和开发管理条例》，报省人大常委会批准后施行；表决通过关于接受罗仰鹏辞去汕头市副市长职务的决定；还通过有关人事任免事项。

同日　汕头市慈善总会召开第三届会员代表大会，会议选举产生新一届理事会，并正式设立“汕头市慈善总会发展基金”。

27日　市委召开常委会议，专题传达学习贯彻中共中央政治局常委、国务院总理温家宝日前在深圳考察工作时的重要讲话精神，研究我市贯彻落实意见。

同日　汕头市组织收看收听全国、全省依法行政工作电视电话会议。

27日至28日　云南省委常委、副省长李江率领考察团一行在省住房城乡建设厅总经济师刘丽萍的陪同下，莅汕对汕头市经济社会发展情况及市政建设进行考察。

30日　汕头市召开“三旧”改造工作情况汇报会。

同日　由市纪委、市监察局主办，中国电信汕头分公司协办的便民利民服务电话电子监察系统正式启用，在全省首创平台实现对全市职能单位的办事热线、咨询服务、投诉监督等几百个便民利民服务电话的接听情况进行实时监察。

30日至31日　省人大环资委主任劳应勋和省住建厅副厅长杜挺等一行莅汕，开展《广东省民用建筑节能条例（草稿）》立法调研。

31日　省委政法委、省综治委在汕头市召开粤东片县级综治信访维稳中心建设工作交流会。省委常委、政法委书记、省综治委主任梁伟发出席会议并讲话，省委政法委秘书长朱穗生，副秘书长陈少波、李柏阳，省信访局副局长张兆勇，市委副书记邓大荣等出席会议。市委常委、政法委书记、公安局局长郑通声和河源、梅州、汕尾、潮州、揭阳市政法委书记分别在会上汇报了各市综治信访维稳中心建设情况。

九　月

1日　汕头市组织收看收听广东省教育工作电视电话会议。

同日　市委书记李锋在市委常委、秘书长谢泽生等的陪同下，奔赴潮南、潮阳、澄海区等防台风第一线，检查指导防风工作。

5日 民进汕头市委会举行纪念中国民主促进会成立65周年暨庆教师节大会。

同日 广东省广播电视网络股份有限公司汕头分公司举行人员及资产交接仪式。汕头市广播电视台与广东省广播电视网络股份有限公司汕头分公司签署了组建工作补充谅解备忘录和人员、资产移交书，汕头分公司组建工作全面完成，正式投入运作。

6日 市委书记李锋在汕头迎宾馆拜会副省长刘昆一行。省审计厅厅长蓝佛安、省外经贸厅厅长梁耀文，市领导谢泽生、郑通声、苏耀光、周镇松拜会时在座。

同日 汕头大学、英国艾塞克斯商学院联合在汕头大学举行2010大学生创业国际会议，来自英国、荷兰、香港及国内各地的10多名专家学者分享了各自在大学生创业领域上的研究成果和实践经验。

7日 市委召开常委会议，传达学习中共中央总书记、国家主席、中央军委主席胡锦涛在深圳经济特区建立30周年庆祝大会上的重要讲话精神，研究汕头市贯彻落实意见。

同日 市长蔡宗泽在市政府会见省工商业联合会党组副书记陈海燕率领的粤东考察团一行。

8日 汕头市庆祝教师节大会在鮀岛影剧院隆重举行，150位汕头市优秀校长、优秀教师和优秀教育工作者受到市委、市政府的表彰。市委书记李锋、市长蔡宗泽出席大会并为获奖代表颁奖。

同日 市委召开公推公选9个正处级领导职位动员大会。

同日 省政协原副主席、广东潮人海外联谊会常务副会长李统书，全国政协常委、广东潮人海外联谊会名誉会长、香港四洲集团主席戴德丰博士带领扶贫慰问团到南澳县慰问。

9日至10日 省委宣传部组织近20家中央驻粤和省直新闻媒体组成联合采访团到汕头市开展“激情亚运、绿色广东”和“激情亚运、创新广东”专题采访活动。

9日至11日 由国家知识产权局顾问、中国专利保护协会会长、国家知识产权局原局长王景川带领的国家知识产权创建示范城市考核评定组莅汕，对汕头市创建工作进行考评。

9日至13日 由人民日报文艺版原主编、中国通俗文艺研究会常务副会长缪俊杰等5位知名作家组成的中国作家汕头采风团莅汕采风并进行创作。

10日至11日 由泰国潮州会馆主席陈汉士先生率领的泰华九属会馆访问团一行莅汕考察访问。

10日至11日 中国青年报社社长徐文新一行4人莅汕调研。

11日 中国国民党中评委主席团主席萧天讚一行4人莅汕参观访问。

12日 由香港艺苑集团斥资创建的汕头艺苑文化广场举行落成开幕庆典，汕头艺苑文化广场是一座地标性、富有内涵的文化艺术机构，也是汕头首家初具规模的创意产业园和文化产业创作基地。“香港艺苑”回归故里之后首个展览《东瀛回流书画作品展》同日开幕。

13日 广东省部分市贯彻落实省委、省政府《关于加快残疾人事业发展的决定》情况督查汇报会在汕头市召开。省委常委、秘书长徐少华出席会议并讲话，市委书记李锋出席汇报会并致辞，省政府副秘书长颜学亮、省残联理事长宋卓平、省教育厅副厅长朱超华；市领导邓大荣、谢泽生、周镇松出席会议。汕头、河源、梅州、惠州、汕尾、清远、潮州、揭阳市分管领导分别作情况汇报，省委副秘书长杨桐主持汇报会。

14日 全市工业经济工作会议召开。

同日 全省残联理事长会议在汕头市召开。

14日至17日 省委常委、常务副省长朱小丹率省直有关部门负责人对粤东四市重大项目建设情况进行调研。16日下午，市委书记李锋陪同朱小丹一行在汕头市考察，市领导谢泽生、苏耀光参加考察活动。17日上午，粤东地区工作汇报会在汕头市召开。市长蔡宗泽、汕尾市市长郑雁雄、潮州市市长汤锡坤、揭阳市市长陈奕威分别在会上汇报有关工作情况。省委办公厅副巡视员张忠明和省直有关部门负责人，市领导郑人豪、林依民，汕头海关关长臧玉建参加汇报会。省政府办公厅副主任陈志英主持汇报会。

15日 省委常委、组织部部长李玉妹莅汕调研。省委组织部副部长张辉，市领导李锋、蔡宗泽、邓大荣、李学司、谢泽生陪同调研。

16日 住房和城乡建设部组织国家15部委和省住建厅在汕头市召开汕头市城市总体规划修改工作审查会。

20日 市委举行全体会议，以无记名投票方式差额票决市农业局长等9个公推公选正处级领导职位的任职人选。

21日 市政府召开第二届城市规划委员会第十二次会议。

同日 汕头市设分会场组织收看收听省委、省政府在广州召开的全省学习贯彻胡锦涛总书记重要讲话精神干部大会。市委书记李锋在广州主会场作发言。

25日 汕头市召开汕头市“百人服务团”工作会议。

26日 中国检验检疫科学研究院（汕头）纺织品研究室、广东检验检疫技术中心粤东分中心揭牌暨粤东检验检疫技术合作框架协议签字仪式在汕头迎宾馆举行。中国检科院院长李怀林、副院长王宝麟，广东出入境检验检疫局副局长黎庆翔、林苗，市领导蔡宗泽、罗仰鹏、王芸、周镇松，汕头海关副关长蔡少琼，汕头出入境检验检疫局局长孙世和等出席仪式。

27日 市委书记李锋主持召开市委常委会议，传达学习“广东省学习贯彻胡锦涛总书记重要讲话精神干部大会”精神，研究汕头市贯彻落实意见。

28日 全市学习贯彻胡锦涛总书记重要讲话精神干部大会在鮀岛影剧院召开。

29日 第16届汕头市成人节成人宣誓仪式在汕头鮀滨职业技术学校举行，1000多名成人代表代表全市5万多名18周岁青年参加了中心会场的宣誓活动。

十　月

11日 由美国环保局局长丽萨•杰克逊率领的美国环境保护局考察团莅汕考察。

同日 受市委书记李锋、市长蔡宗泽的委托，市委常委、常务副市长郑人豪率汕头市党政代表团到汕头市对口援建汶川县草坡乡考察援建成果。市长助理、前方援建工作组组长张应杰作有关重建工作汇报。

14日 市政协在汕头迎宾馆召开纪念汕头市政协成立60周年座谈会。

15日 省委常委、宣传部部长林雄带队到汕头市调研。省委宣传部副部长、省文明办主任顾作义，省文化厅党组书记、厅长方健宏，省广电局副局长曾培贤，省新闻出版局副局长韩安贵，省广播电视网络股份有限公司党委副书记、总经理徐永胜，南方报业传媒集团管委会副主任、副总编辑王更辉；市领导李锋、蔡宗泽、李学同、陈茸、郑人豪陪同调研。

同日 全市城管工作会议召开。

16日 汕头市浙江温州商会在汕头市成立，成为温州市在全国地级市成立的第187个温州商会。

19日 全市经济分析会召开。

20日 市委、市政府召开全市产学研结合工作会议暨科学技术奖励大会。省科技厅党组成员、副巡视员蔡炎为金平区颁发国家科技进步示范区牌匾。

21日 当天上午8时45分，汕头市在人民广场举行第16届亚运会火炬传递（汕头站）起跑仪式。

同日 市委召开专题会议，听取市规划部门和规划编制单位关于《汕头市城市商业综合体规划设计》编制情况的汇报。

21日至22日 省地税局党组书记王南健，省地税局党组成员、副局长刘小涛带队莅汕调研。

22日 国家防总秘书长、水利部副部长刘宁在省防总副总指挥、省水利厅厅长黄柏青等的陪同下莅汕检查指导汕头市防御强台风“鲇鱼”的各项工作。副省长、省防总总指挥李容根也连夜赶赴汕头检查指导防台风工作。市委书记李锋汇报汕头市防御强台风“鲇鱼”工作情况。市委常委、常务副市长郑人豪也在会上作了相关情况汇报。随后，刘宁一行在李锋等的陪同下到澄海区检查指导防风工作，国家防总办公室副主任束庆鹏，珠江水利委员会副主任黄远亮，市委常委、秘书长谢泽生等出席会议并陪同检查。

26日 市委书记李锋带队到市国税局和市地税局调研。

27日至28日 汕头市第十二届人大常委会举行第三十次会议。会议表决通过《汕头市人民代表大会常务委员会关于废止和修改部分经济特区法规的决定》；表决通过《汕头市人民代表大会常务委员会关于修改部分地方性法规的决定》，报省人大常委会批准后施行；听取和审议市政府《关于大力推进港口建设的议案（第3、6、25号）

办理方案的报告》，同意市人大常委会财政经济工作委员会和华侨外事工作委员会的初审报告，通过相应决议；听取和审议市政府《关于整治交通秩序的议案（第4、19号）办理方案的报告》和市人大常委会内务司法工作委员会、财政经济工作委员会的初审报告。会议任命陈健雁为汕头市人大常委会副秘书长；根据市政府的提请，任命吴俊钦为汕头市农业局局长；还通过其他人事任免事项。

27日到28日　省军区副政委张志国少将带队莅汕检查指导汕头警备区系统内部队开展扶贫开发“双到”工作的情况。

27日至28日　省人大常委会委员、省人大环资委副主任委员郭德勤带领省人大常委会调研组莅汕调研旧城镇旧厂房旧村庄改造情况。

28日　人民银行广州分行行长罗伯川，以及中国银行业监督管理委员会广东监管局局长刘福寿一行莅汕，调研指导有关金融工作。

同日　省公安厅副厅长邱瑞颐带队莅汕检查督导汕头市“创平安，迎亚运”道路交通秩序整治工作和深化预防道路交通事故工作情况。

28日至29日　国家发展改革委稽查办巡视员傅仲保率领由驻国家发展改革委正局级纪检监察员李鹏，监察部特邀监察员、北京大学教授陈立奇等组成的中央扩大内需促进经济增长政策落实暨治理工程建设领域突出问题第14检查组莅汕开展检查。

31日　国家人口计生委副主任江帆率领调研组莅汕，对汕头市人口计生工作展开调研。

31日至11月2日　澳门公务专业人员协会莅汕访问。

十一月

1日　新华社广东分社党组书记、社长杨春南率队莅汕调研。

1日至2日　省委宣传部副部长、省文改办主任赖斌带领省新华书店改革重组工作联合督查组莅汕，检查指导汕头市新华书店改革重组工作。

1日至10日　汕头市人口普查正式入户登记，全市近3万名普查员将逐门入户核对，登记户籍人口、人户分离人口、暂住人口、境外人员资料等方面的内容。

2日　台湾桃园县议员杨朝伟率领桃园县经贸文化参访团一行20人参观考察，并参加海峡两岸国兰精品展。

3日　市委书记李锋主持召开第六届珠江三角洲地区与山区及东西两翼经济技术合作洽谈会专题工作会议并发出总动员令。

同日　由中联办九龙工作部副部长余汝文任名誉顾问，香港九龙东潮人联会会长吴哲歆任团长的香港九龙东潮人联会访问团一行莅汕访问。

3日至4日　香港潮商互助社理事长余洁依带领香港潮商互助社访问团一行莅汕访问。

5日　汕头市组织收看收听全国、全省知识产权保护与执法工作电视电话会议。

同日　汕头市组织收看收听全省安全生产应急管理暨平安亚运电视电话会议，并召开汕头市2010年第四季度防范重特大安全事故暨安委会全体会议。

6日　凌晨4时多，澄海区广益街道埔美社区美园新区一民宅发生一宗较大火灾，造成5人死亡，11人受伤。

7日　全国政协副主席、民进中央常务副主席罗富和在省政办副秘书长黄绍龙的陪同下专程莅汕参观首届（汕头澄海）国际兰花旅游文化节暨第二届海峡两岸国兰精品博览会。

8日　云南省政协主席、党组书记王学仁，云南省政协秘书长车志敏、副秘书长马孝初等一行莅汕考察。

9日　汕头市组织收看收听全省贯彻落实省委、省政府“两办”转发省“五部门”《关于进一步健全社会治安综合治理和维护社会稳定领导责任制的意见》电视电话会议。

同日　中央组织部干部教育局副局长张家声一行莅汕，调研汕头市干部教育培训情况。

11日　市委、市政府在鮀岛影剧院召开广东省第六届珠江三角洲地区与山区及东西两翼经济技术合作洽谈会汕头市筹备工作动员大会。

13日　金园实验中学隆重举行建校10周年庆典活动。蔡宗泽等为金园实验中学荣获首届“全国优秀民办中学”揭牌。

15日 市委、市政府举行欢迎晚宴，欢迎由新加坡潮州八邑会馆会长吴南祥先生率领的新加坡潮汕民俗与饮食文化考察团一行。

同日 当代中国最著名的农业科学家、被誉为“杂交水稻之父”的中国工程院院士、国家杂交水稻工程技术研究中心主任、湖南省政协副主席袁隆平在省农业厅副厅长程萍的陪同下莅汕考察。

16日 市委书记李锋率团赴港，专程拜访香港潮属社团总会和香港潮州商会。

同日 在香港访问的市委书记李锋专程到香港大学，登门拜访潮籍著名国学大师饶宗颐。

同日 香港中国商会在香港会议会展中心举行首届董事会理事会就职典礼暨高端经济论坛欢迎晚宴。汕头市委书记李锋率汕头代表团前往祝贺，市领导郑人豪、谢泽生、张泽华出席典礼。

同日 市政协名誉主席陈伟南先生带领50多位潮汕三市政协港澳委员莅汕考察。

同日 杭州潮汕商会在杭州市成立，有800多位潮商俊彦和海内外嘉宾参加庆典大会。

16日至17日 国家粮食局局长聂振邦在省粮食局副局长李敏的陪同下莅汕调研粮食工作。

17日 “骅威股份”在深圳证券交易所正式挂牌交易，广东骅威玩具工艺股份有限公司是中国玩具行业仅有的两家同时拥有“中国驰名商标”和“中国名牌产品”证书的企业之一，是国内玩具行业首家获得3C认证证书的企业，也是中国玩具行业唯一一家被国家质检总局授予“出口免验”证书的企业。

17日至19日 由省政府副秘书长、省人口计生委主任张枫为组长的省政协调研组一行莅汕对汕头市计划生育工作进行专题调研。

19日 市委书记李锋带队到潮阳区贵屿镇，就该镇循环经济试点工作进行调研。

19日至21日 中共中央委员、全国政协常委、全国政协经济委员会主任张左己一行莅汕视察。20日下午，省委常委、副省长肖志恒专程莅汕，并与市委书记李锋一同拜会张左己。在汕期间，省人大常委会财经委副主任方潮贵，市领导罗仰鹏、郑通声、余健明、蔡婵英，市政协秘书长谢永忠陪同相关活动。

20日至21日 省委常委、副省长肖志恒带队莅汕，就汕头市市场物价和菜篮子基地生产供应情况进行调研。

23日 市委、市政府召开会议，听取汕头市“十二五”规划编制情况汇报。

23日至24日 省环保厅党组书记、厅长李清，省环保厅党组成员、副巡视员戎明海一行莅汕调研。

24日至28日 全国经济特区第十届机关事务改革与发展研讨会在汕头市召开。

25日 市委书记李锋、市长蔡宗泽带队到市城乡规划展示厅检查布展情况。随后，市委召开专题工作会议，检查近阶段来广东省第六届“山治会”筹备工作落实情况，研究部署下一步工作。

25日至26日 为庆祝澳门特别行政区成立11周年、澳门潮州同乡会成立25周年、澳门潮汕总商会成立8周年暨澳门培华中学建校15周年，应澳门潮州同乡会的邀请，广东潮剧院二团赴澳门演出，为澳门的父老乡亲献上“国家非物质文化遗产——潮剧之夜”。

28日 汕头供电局生产调度综合楼举行落成启用典礼，该综合楼主楼27层，楼高99.9米，裙楼8层，总建筑面积34692.6平方米。

同日 汕头市各家银行机构近200个营业网点同时开展了2010年银行业公众教育服务日（汕头）活动，接受市民有关银行业务和金融知识的咨询。

30日 汕头市在市委会议中心召开全市教育工作会议。

同日 省广电局党组书记黄小玲带领督查小组一行莅汕，督查汕头市农村电影放映工程实施情况。

十二月

1日 汕头市组织收看收听全国、全省学前教育工作电视电话会议。

1日至3日 由香港中国商会董事长、理事会会长陈经纬为团长的香港中国商会代表团莅汕访问。2日下午，汕头市与香港中国商会访问团举行座谈会，市委副书记、市长蔡宗泽与访问团就进一步推动汕港两地经贸交流合作进行深入探讨。一同莅汕的还有全国政协港澳台侨委员会副主任、原广东省政协副主席蔡东士，全国政协委员、香港中国商会名誉会长马介璋、张国良、陈清霞，中联办协调部副部长郭亨斌，中国政策科学研究会秘书长陈炎兵等。市领导郑人豪、谢泽生出席相关活动。

3日 市委书记李锋在汕头迎宾馆会见中科院深圳先进技术研究院院长樊建平一行。

同日 数字汕头地理空间框架建设工程设计书评审暨共建共享协议签署会在汕头市举行，汕头市被国家测绘局确定为数字城市地理空间框架建设推广城市。

5日 市委书记李锋、市长蔡宗泽带领各区县领导和有关部门负责人对“山洽会”各项筹备工作进行全方位实地检查。

7日 南山湾科技园首批入园企业正式开工建设。副省长佟星出席开工庆典仪式并宣布首批项目开工，省政府副秘书长林英、省经信委副主任吴锋，市领导蔡宗泽等出席开工庆典仪式。

同日 中共中央政治局委员、省委书记汪洋莅汕主持召开省委“十二五”规划建议征求意见座谈会，听取汕头、汕尾、潮州、揭阳四市的意见建议。省委常委、常务副省长朱小丹，省委常委、秘书长徐少华出席会议。会上，省委副秘书长、政研室主任魏建飞介绍广东省委“十二五”规划建议拟考虑的重点问题。汕头市委书记李锋、汕尾市委书记戎铁文、潮州市委书记骆文智、揭阳市委书记陈弘平先后汇报对省委“十二五”规划建议的意见建议。省委副秘书长葛长伟、省国土资源厅厅长招玉芳、省环境保护厅厅长李清、省交通运输厅厅长何忠友，省发展改革委副主任张军、省经信委党组副书记戚真理，市长蔡宗泽等出席会议。

7日至8日 中共中央政治局委员、广东省委书记汪洋，省委副书记、省长黄华华莅汕出席省第六届“山洽会”开幕式，并考察汕头有关工作。省委常委、常务副省长朱小丹，省委常委、秘书长、办公厅主任徐少华，省政府秘书长、办公厅主任唐豪等。市领导李锋、蔡宗泽、孙光辉、郑人豪、谢泽生、郑通声等陪同相关考察活动。

8日 市政府与中国中信集团公司、中国核工业集团公司、华润(集团)有限公司、中国交通建设股份有限公司签订战略合作框架协议。中共中央政治局委员、省委书记汪洋，省委副书记、省长黄华华，省委常委、常务副省长朱小丹，省委常委、秘书长徐少华，副省长佟星，省政府秘书长、办公厅主任唐豪，省委副秘书长葛长伟、魏建飞，省政府副秘书长林英；中国中信集团公司总经理常振明、中信集团公司原董事长王军、中信房地产股份有限公司总裁李康，中核集团公司副总经理邱建刚，华润（集团）有限公司总经理乔世波、副总经理马国安，中国交通建设股份有限公司董事长周纪昌、副总裁陈奋健；市领导李锋、蔡宗泽、邓大荣、罗仰鹏、王芸、孙光辉、郑人豪、谢泽生、郑通声、苏耀光、周镇松和各区县、各职能部门的有关领导出席签约仪式。

同日 省第六届珠江三角洲地区与山区及东西两翼经济技术合作洽谈会在我市隆重开幕。中共中央政治局委员、省委书记汪洋出席开幕式并宣布第六届“山洽会”开幕，省委副书记、省长黄华华在开幕式上致辞。省委常委、常务副省长朱小丹，省委常委、秘书长徐少华，副省长佟星，省政协副主席徐尚武，中国中信集团公司总经理常振明，中信集团公司原董事长、汕头市政府顾问王军，华润（集团）有限公司总经理乔世波，中国交通建设股份有限公司董事长周纪昌，中国交通建设股份有限公司副总裁陈奋健，中国核工业集团副总经理邱建刚，市委书记李锋、市长蔡宗泽等出席开幕式。副省长、第六届“山洽会”组委会主任佟星主持开幕式。

同日 省第六届“山洽会”开幕前夕，中共中央政治局委员、省委书记汪洋，省委副书记、省长黄华华到林百欣国际会展中心视察省综合展馆和汕头市工业精品展、汕头非物质文化遗产大观。省领导朱小丹、徐少华、佟星、徐尚武，市领导李锋、蔡宗泽、陈茸、谢泽生、郑通声、陈友烈、林梃和省直有关部门负责人陪同视察。

9日 潮阳区贵屿废弃电器电子产品集中处理场（试点）项目正式开工建设。市长蔡宗泽宣布项目开工并与省经信委有关领导一同为奠基石揭幕。国家环保部熊晶、浙江省长三角循环经济技术研究院杜欢政、省科技厅刘庆茂、省环保厅魏育逢、TCL集团股份有限公司副总裁袁冰等领导嘉宾，以及市领导陈香兰、林梃出席奠基开工仪式。

10日 市委、市政府召开全市村、社区“两委”换届选举工作会议。

11日 由省政府主办，省侨办、省外经贸厅和揭阳市委市政府承办，汕头、汕尾、潮州三市市政府协办的广东省第三届粤东侨博会暨揭阳市第二届特色文化节在揭阳市念慈体育馆开幕。全国政协原副主席、致公党中央原主席罗豪才宣布广东省第三届粤东侨博会暨揭阳市第二届特色文化节开幕。司法部原部长邹瑜、原广东省省长卢瑞华、中央人民政府驻港联络办公室副主任黄兰发、国务院侨务办公室副主任许又声、致公党全国副主席李卓彬，省人大常委会主任欧广源、省政协主席黄龙云，省委副书记、纪委书记朱明国，省委常委、统战部部长周镇宏，全国政协港澳台侨委员会副主任蔡东士、省人大常委会原副主任黄伟鸿、省政协原副主席林兴胜，海外潮籍知名人士谢国民、陈伟南、林世铿，汕头市领导李锋、罗仰鹏、王芸、谢泽生、周镇松、张泽华以及汕尾、潮州、揭阳市有关领导出席会议。副省长刘昆主持开幕式。

12日　以“携手共进图崛起 力促粤东大变化”为主题的粤东四市经济社会协作第四次党政联席会议在揭阳召开。

13日　铁道部副部长胡亚东带领国务院安委会督查组综合检查督查汕头市安全生产工作。

13日至15日　由中联办港岛工作部部长吴仰伟任名誉顾问、香港区潮人联会会长陈登锋任团长的香港区潮人联会访问团一行40余人访问潮汕四市。

14日　第六届国际潮青联谊年会在汕头林百欣国际会展中心举行。全国政协原副主席罗豪才，司法部原部长邹瑜，全国侨联副主席朱奕龙，全国政协港澳台侨委员会副主任蔡东士，致公党中央副主席李卓彬，副省长刘昆，省政协原副主席林兴胜，海内外嘉宾陈伟南、吴宏丰、陈汉士、郑辉、周光明、许学之、吴南祥、陈幼南、李大西，深圳市人大常委会原副主任庄礼祥，汕尾、揭阳、潮州市领导郑雁雄、陈奕威、黄俊潮、杜安义、杨青、陈建新，市领导李锋、蔡宗泽、邓大荣、罗仰鹏、王芸、陈茸、郑人豪、谢泽生、郑通声、周镇松、王桂元、蔡婵英、张泽华，市纪委副书记林健民，汕头大学党委副书记罗念潮，汕头海关纪检组长颜好业，老同志吴波以及中央、省有关部门领导出席开幕大会并在主席台就坐。市委副书记邓大荣主持大会。

同日　汕头海外交流协会举行第三届理事会第三次会议暨潮青荣誉职衔颁授仪式。

14日至15日　中央、省委创先争优活动领导小组办公室调研组到汕头市调研指导创先争优工作。

15日　省国家安全厅党委委员、巡视员黎振法带领省综治委检查考核组一行莅汕，检查、考核验收汕头市2009和2010年度社会治安综合治理工作和综治信访维稳三级平台建设情况。

同日　汕头航空有限公司潮汕机场南航基地机库综合楼等主体工程正式破土动工，建成后将成为粤东首个大型民航机库。

16日　全省人大内务司法工作交流片会在汕头市召开。省人大内司委主任委员梁灿盛、市人大常委会副主任庄大军以及来自惠州、河源、梅州、汕尾、潮州和揭阳等地的人大常委会法工委（内司工委）负责人参加了会议。

16日至18日　市长蔡宗泽率团赴香港，先后参加香港潮州商会90周年会庆暨第47届会董就职典礼和九龙东潮人联会第二届会董就职典礼。

16日至26日　汕头市第十六届潮汕美食节在时代广场举行。

16日　龙湖区正式启动新型农村社会养老保险试点工作，成为汕头市新农保首个试点区。

19日　由香港九龙潮州公会荣誉主席马松深，会长林荣森、姚中立、许学之等率领的香港九龙潮州公会访问团一行70多人莅汕参观访问。

20日　由全国妇联及李嘉诚基金会共同组织实施的“启璞计划——村‘两委’女干部培训试点项目”在汕头大学举行启动仪式，培训6批共260多名潮汕地区村党支部女书记、村委会女主任。

21日　汕头开埠文化陈列馆正式开馆，该馆位于市永平路1号，建筑面积1200平方米。

23日　闽粤赣十三市党政领导第十五次联席会议在厦门召开。市委书记李锋带队出席会议，市委常委、常务副市长郑人豪代表市委、市政府在会上作题为《加强对接整合，推进区域产业合作》的发言。

27日　汕头市召开“百人服务团”工作情况汇报会。

28日　全市安全生产工作会议召开。

28日至29日　汕头市第十二届人大常委会举行第三十一次会议。会议补选李锋为广东省第十一届人民代表大会代表（按照法律规定尚需报广东省人民代表大会常务委员会代表资格审查委员会审查确认）；通过关于召开市十二届人民代表大会第六次会议的决定，市十二届人民代表大会六次会议于2011年2月22日至25日在市区召开；通过关于列席和邀请列席市十二届人大六次会议人员的决定；通过市人大法制委员会关于提请审议废止《汕头经济特区旅游资源保护和开发管理规定》的议案；听取和审议市政府《关于整治交通秩序的议案（第4、19号）办理方案的报告》，同意市人大常委会内务司法工作委员会的初审报告，通过相应决议，同时决定市人大常委会在明年适当时候对交通秩序议案办理方案的落实情况进行跟踪检查；通过有关人事任免事项。

29日　市委书记李锋主持召开市“十二五”规划征求意见座谈会。

同日　由新华社广东分社和市委宣传部联合主办，龙湖区委宣传部和中国移动汕头分公司协办的“拥抱文明盛会，放飞人类梦想”——中国2010年上海世博会大型图片展在龙湖翰苑展厅开幕。

30日　由省政府主办的首届广东省海洋经济博览会在湛江举行，汕头市组织12个招商引资项目签约，金额达12.6亿元。

同日　由市文广新局和汕头电视台联合主办的“幸福汕头·2011新年合唱音乐会”在汕头电视台演播厅举行。

同日　全市质量强市工作会议暨实施技术标准战略和农业标准化工作会议召开。

31日　全市创建文明城市工作领导小组会议召开。

（黄少填　陈苑莉　编辑部）

汕头概况

A BRIEF INTRODUCTION OF SHANTOU

◆基本概况

◆经济社会发展概况

◆精神文明创建活动

◆汕头之最

基本概况

自然地理

【地理位置】汕头市位于广东省东部，韩江三角洲南端，东北接潮州市饶平县，北邻潮州市潮安县，西邻揭阳市普宁市，西南接揭阳市惠来县，东南濒临南海。全境位于东经116° 14′ 40"—117° 19′ 35"和北纬23° 02′ 33"至23° 38′ 50"之间，市区距香港187海里，距台湾高雄180海里。历来是粤东、赣南、闽西南一带的重要交通枢纽、进出口岸和商品集散地，素有“华南之要冲，粤东之门户”的美称。

【地形地貌】汕头地貌以三角洲冲积平原为主，占全市面积63.62%，丘陵山地次之，占土地面积30.40%，台地等占总面积5.98%。汕头市地处海滨冲积平原之上，处在粤东的莲花山脉到南海之间，境内地势自西北向东南倾斜，整个地形自西北向东南依次是中低山——丘陵，台地或阶地——冲积平原或海积平原——海岸前沿的砂陇和海蚀崖——岛屿。东北部有莲花山脉，西北是桑浦山，西南有大南山。东南部沿海沿出江口处为冲积平原或海积平原和海蚀地貌以及港湾和岛屿的分布。韩江、榕江、练江的中、下游流经市境，三江出口处成冲积平原，是粤东最大的平原。汕头依海而立，靠海而兴，市区及所辖各县（区）均临海洋。汕头海岸线曲折，岛屿多。全市海岸线和岛岸线长达289.1公里，纳入汕头市海洋功能区域工作面积约1万平方公里，是陆域面积的5倍之多。全市有大小岛屿40个，其中南澳23个、潮阳1个、汕头12个、澄海2个、牛田洋2个。最大的海岛是南澳岛，岛西部高峰海拔587米，是汕头的最高峰。南澳岛也是广东省唯一的海岛县，周围有南澎列岛、勒门列岛、凤屿、虎屿等。

【气候】汕头市位于广东省东南沿海，海岸线走向自东北向西南，汕头属亚热带，处于赤道低气压带和副热带高气压带之间，在东北信风带的南缘。汕头市地处亚欧大陆的东南端、太平洋西岸，濒临南海。冬季常吹偏北风，夏季常吹偏南风或东南风，具有明显的季风气候特征。北回归线从汕头市区北域通过。全市属南亚热带海洋性气候。温和湿润，阳光充足，雨水充沛，无霜期长，春季潮湿，阴雨日多；初夏气温回升，冷暖多变，常有暴雨，盛夏虽高温而少酷暑，常受台风袭击；秋季凉爽干燥，天气晴朗，气温下降明显；冬无严寒，但有短期寒冷。年日照2000—2500小时，日照最短为3月份。年降雨量1300—1800毫米，多集中在4—9月份。年平均气温21℃—22℃，最低气温在0℃以上；最高气温36℃—40℃，多出现于7月中旬至8月初受太平洋副热带高压控制期间。冬季偶有短时霜冻。

建置沿革

【历史沿革】汕头市区地处韩江、榕江、练江的出海口，汕头湾把市区分成南北两片。汕头市区古为滨海冲积地。宋时砂尾（今金砂乡）已形成村落，属揭阳县。南片达濠古为潮阳县建制的招收都，元代光华埠一带已有较大渔村，称厦岭。明初设蓬州守御千户所，嘉靖年间置澄海县时随属澄海。因沙脊向海伸延，百姓设栅捕鱼，称沙汕。清康熙年间建沙汕头炮台。雍正年间简称汕头。汕头素有“百载商埠”之称，1858年恩格斯在《俄国在远东的成功》中指出，汕头是“唯一有一点商业意义的口岸。”（《马克思恩格斯选集》第二卷第38页，人民出版社1972年版）汕头1860年1月1日正式开埠，成为近代中国最早对外开放的港口城市之一。1919年冬设汕头市政局。1921年7月成立市政厅，与澄海分治。1930年准予设市，隶属广东省政府。商贸历来比较发达。20世纪30年代，汕头港口吞吐量仅次于上海、广州，居全国第3位；商业之盛仅次于上海、天津、大连、汉口、胶州、广州，居全国第7位。曾有美、英、法、德、日、俄、荷、比等8个国家在汕设立领事馆。从辛亥革命到东征、北伐、“八一”南昌起义，都在汕头留下历史烙印。解放后，1950年3月15日成立汕头市人民政府。1981年经国务院批准，在市区龙湖试办经济特区。1983年12月22日实行市管县制，撤销汕头地区，原地区所属8县1市并入汕头市。1984年11月经国务院批准，汕头经济特区的区域面积扩大为52.6平方公里，分龙湖和广澳两片区。1991年4月，国务院批准汕头经济特区的区域扩大到整个汕头市区，面积234平方公里，并确定于同年11月正式实施。1991年11月，潮汕行政区域调整，潮州、揭阳分设地级市，汕头市总面积2064平方公里，其中市区面积310平方公里。1992年，汕头被评为全国“城市综合实力50强”和“首批投资硬环境四十优”城市，1994年跻身为全国55个人均国内生产总值超过万元城市之一。1996年，国家统计局对全国219个地级以上城市的综合实力进行比较，汕头名列第41位。2003年1月29日，国务院批准汕头市行政区划调整。撤销汕头市升平区、金园区，设立汕头市金平区；撤销汕头市河浦区、达濠区，设立汕头市濠江区；撤销县级潮阳市，分别设立汕头市潮阳区、潮南区；撤销县级澄海市，设立汕头市澄海区；将原澄海市的外砂、新溪2个镇、原金园区高新技术开发区东片区域划归龙湖区管辖。目前，汕头是国家卫生城市、国家环境保护模范城市、国家园林城市、全国双拥模范城、中国优秀旅游城市、中国城市信息化50强、国家知识产权工作示范城市、中国品牌经济城市。

资源物产

【地质资源】汕头市所属区域已找到矿产42种，共有矿产地180处。从已有区域地质勘查成果来看，汕头市区域地质的显著特征是中生代侵入岩花岗岩类发育，第四纪海陆交互相及海相沉积发育，与之相关的矿产资源种类颇多，分布较广。与内生成矿作用相关的钨锡多金属矿主要分布在澄海、潮阳等地花岗岩类分布区，与外生成矿作用相关的石英砂、锆英石、钛铁矿等主要分布滨海地带。区内的矿产以钨、稀土、玻璃用砂、建筑用花岗岩、饰面用花岗岩及矿泉水、地下热水等资源相对比较丰富，其勘查开发前景甚好。锡、金、钛铁矿、锆英石、独居石及高岭土、耐火粘土等具有找矿潜力。广泛分布的花岗岩及石英砂、粘土是重要的建筑原料资源。全市土地资源224438.7公顷。全市可供开发的港口有103处，仅南澳岛可供开发的深水港就有7处，市区的珠池、马山、苏埃、广澳等4处港址可建1—10万吨级码头泊位69个。有多处港湾和大片浅海滩涂，10米等深线内浅海滩涂面积74.3万亩，可利用面积46.8万亩，200米等深线内渔场面积5.3万平方公里，适宜海水养殖，滨海盛产海盐。近海已知的鱼类有471种、虾蟹类17种、贝类30多种、藻类近20种。

【旅游资源】汕头市旅游资源（含资源组合）已发现约70余处，大致可归为海、山、潮、侨、庙、史等几类。其中已评定国家级森林公园1处，国家AAAA级旅游区3处，国家AAA级旅游区1处，省级风景名胜区、自然保护区各1处，省级重点文物，省级旅游度假区4处，其他景点60余处。汕头市近郊桑浦山的海蚀地貌，为中国罕见。礐石风景名胜区是广东省第一批省级风景名胜区，地处韩、榕、练三江汇流出海口，海岸线15公里，陆域面积13.5平方公里，大小峰峦43座，分6大景区，以海、山、石、史、洞为要素，具雄、奇、秀、幽的特点。区内有见证汕头开埠140余年历史的英、法、德、美领事馆、学校和洋楼。该景区位于汕头市区南北城区的中心地带，与北区的高层建筑和海湾大桥、礐石大桥相辉映，其独特的自然风光和人文景观，在省内乃至全国都是较为少见的。文天祥、郑成功、孙中山、周恩来、彭湃、贺龙、叶挺等人，均在潮汕地区留下珍贵的史迹。这些都是汕头的人文资源。汕头寺庙众多，潮阳的灵山寺属省级文物保护单位。汕头市区和妈屿岛的妈祖庙，以及南澳岛的果老山叠石岩，为潮汕的宗教旅游资源。中心城区主要旅游景点有：海湾大桥、妈屿岛风景区、桑浦山风景区、达濠青云岩、龙虎滩旅游度假区、小公园、老妈宫关帝庙、海滨长廊、中山公园、石砲台公园、金砂公园、华侨公园、人民广场、迎宾广场、时代广场、林百欣国际会议展览中心、汕头大学、北回归线标志塔、蓬州古城、翁万达故居、龙泉岩寺庙群、世界贝类陈列馆；潮阳区主要旅游景点有：棉城文光塔、灵山寺、海门莲花峰、宋大峰景区、张鲁庵墓、双忠祠；潮南区主要旅游景点有：仙湖—半天佛、红场、祥符塔；澄海区主要旅游景点有：塔山风景区、莱芜旅游度假区、“岭南第一侨宅”慈黉故居、莲花山温泉度假村、樟林古港、冠山书院、郑王墓；南澳县主要旅游景点有：黄花山森林公园、青澳湾、乌屿、宋井—太子楼、叠石岩、总兵府旧址、钱澳湾、凤屿、风能发电场。2002年底，经群众推荐、专家筛选，在现有景点基础上评出新“汕头八景”，分别为：礐石风景名胜区、汕头海湾、中信高尔夫海滨度假村、桑浦山景区、陈慈黉故居、海门莲花峰、南澳生态旅游区和中山公园。其中，汕头海湾包括二桥（海湾大桥和礐石大桥）、二路（海滨路和南滨路）、二公园（石砲台公园和华侨公园）、游泳跳水馆和人民广场；桑浦山景区以北回归线标志塔为主景点，连结周边的汕大校园、七日红公园和翁万达书院等园区古迹；而南澳则是把整个岛作为一个生态旅游区来入选新“汕头八景”的。

【特色物产】农产品品种繁多，水稻、花生、甘蔗、黄麻是传统大宗产品。盛产各种岭南佳果，潮州柑被誉为“柑橘皇后”，苹果、橄榄、杨梅、油甘、澳榴等是本地名优杂果。是享有盛誉的“蔬菜王国”，四季有优质当令蔬菜应市，包心芥菜、早皇白菜、芥蓝花、椰菜花是本地的特优品种，良种菜籽蜚声海内外。较有名的家禽有狮头鹅、鸥汀鸡、本地黑猪等，尤其以狮头鹅最负盛名，被誉为“百禽之王”。海、淡水产品十分丰富，最名贵的鳗鱼、石斑鱼、鲳鱼、马鲛、对虾、膏蟹、梭子蟹、鱿鱼、牡蛎、紫菜等。选用丰富海鲜为主要原料的潮州菜，以其用料考究、制作精巧、美味独特而风靡海内外。以牛肉丸、猪肉丸、鱼丸“三丸”和蚝烙等为代表的风味食品，脍炙人口。各式凉果和腌制蔬菜都是传统名菜。潮汕抽纱、金漆木雕等手工艺品在国内外享有很高声誉，彩瓷、珠绣、金银饰品等也很著名。

环境质量

【环境空气质量】本年度，汕头市城市空气质量继续保持良好，二氧化硫、二氧化氮、可吸入颗粒物三项污染指标年日均值均符合国家《环境空气质量标准》(GB3095-1996)二级标准，月均降尘量符合广东省参考评价值（8吨/平方公里•月）。汕头市区全年共采集降水量7906.0毫米，收集降水样品387个，其中酸雨样品61个。市区降水pH值年平均为5.83，比上年上升0.23个pH单位，降水pH值范围4.34～6.97。酸雨频率15.8%，比上年下降10.7个百分点。

【水环境质量】饮用水源水质状况：本年度汕头市区饮用水源水质保持良好，庵埠、新津河、冠山、隆都、河溪水库和秋风水库6个饮用水源地63项监测指标的监测值和年均值均符合国家《地表水环境质量标准》规定的标准限值，水质达标率均为100%。江河水质状况：本年度汕头市河流监测评价结果表明，属Ⅱ类和III类水质的断面有3个，占全部监测断面数的33.3%；IV类水质断面1

个，占11.1%；V类水质断面1个，占11.1%；劣V类水质断面有4个，占44.4%，分别为梅溪河感潮河段的升平断面、练江的青洋山桥断面、和平桥断面和海门湾桥闸断面。与上年相比，全市主要江河总体水质基本稳定，练江汕头段水质污染依然严重。跨市河流交接断面水质状况：本年度韩江西溪潮州市——汕头市交接断面大衙断面水质继续保持良好，水质属Ⅱ类，水质达标率为100%。16项监测指标的监测值及年均值均符合控制目标《地表水环境质量标准》（GB3838-2002）Ⅱ类标准的要求。练江揭阳市—汕头市交接断面青洋山桥断面水质属劣Ⅴ类，水质重度污染，断面水质年均值超过控制目标《地表水环境质量标准》（GB3838-2002）IV类标准的项目有溶解氧、化学需氧量、五日生化需氧量、氨氮、总磷和氟化物共6项。入海河口水质状况：本年度入海河口水质状况监测结果表明，韩江莲阳桥闸和外砂桥闸2个河口断面各项监测指标年均值均符合《地表水环境质量标准》(GB 3838-2002)III类标准，水质均为II类；韩江升平断面水质类别为劣V类；榕江地都断面水质类别为IV类；练江海门湾桥闸断面水质类别为劣V类。近岸海域水质状况：本年度全市5个近岸海域功能区监测点位的水质均满足其功能区类别相应的海水标准，水质达标率100%。全市6个近岸海域环境质量监测点位中，二类海水比例占83.3%，三类海水比例占16.7%。水质自动监测：本年度韩江水质自动监测系统汕头大衙子站监测结果表明，大衙子站各项监测指标的年均值都符合《地表水环境质量标准》(GB3838-2002)Ⅱ类标准。

【声环境】功能区噪声：本年度功能区噪声昼、夜间等效声级年度平均值均达标的测点有0类区“礐石疗养院”测点、1类区“汕头大学”测点、2类区“平原住宅区”测点和3类区“市通用机械厂”测点；4a类区两个测点的昼间等效声级达标，夜间等效声级超标9.2分贝。统计表明，1类区的昼、夜等效声级比2009年略有上升，2类区、3类区和4类区的昼、夜间等效声级略有下降。道路交通噪声：本年度市区道路交通噪声等效声级平均值为67.8分贝，符合国家《声环境质量标准》(GB3096-2008)4a类标准值，按照交通噪声质量等级划分属于好等级，等效声级平均值比上年上升0.2分贝。测点间等效声级的变化范围61.0～74.4分贝，测点达标率92.6%，超标交通干线总长21.25公里，占监测干线总长的7.4%。区域环境噪声：本年度市区区域环境噪声等效声级平均值为55.5分贝，符合国家《声环境质量标准》（GB3096-2008）2类标准值，按照城市区域环境噪声质量等级划分属于轻度污染，等效声级平均值比上年下降0.3分贝。测点间等效声级的变化范围为43.3～69.3分贝，达标测点243个，达标率98.4%，达标测点覆盖面积155.52平方公里。影响市区环境的主要声源仍然是生活噪声。

人口•语言

【人口】2010年末，汕头市户籍总人口5241143人，比2009年末增加133841人，增幅2.62%。人口密度每平方公里2539人，同比增加65人。总人口中男性人口2625211人，占50.09%，女性人口2615932人，占49.91%。全市户籍总户数为1158865户，比2009年末增加18440户，增幅为1.62%，户平均人口为4.52人，同比增加0.04人。

汕头市劳动力丰富，按国内劳动年龄（男16-59岁、女16-54岁）计算劳动力人口达310多万人，占总人口的比重在59%左右。总人口中，18岁以下的人口158.57万人，占总人口的比重为30.26%；18岁至35岁的人口147.64万人，占总人口的比重为28.17%；35岁至60岁的人口161.49万人，占总人口比重为30.81%。人口老龄化趋势明显，60岁及以上的老年人口56.41万人，占总人口的比重为10.79%，65岁及以上的人口达到37万多人，占总人口的比重已超过7%。育龄妇女（15岁至49岁）比重较高，人数已达144万人，占总人口比重27.40%，据人口计生报表显示，已婚育龄妇女91.36万人，占总人口比重为17.43%。

2010年的人口控制工作，据人口和计划生育部门统计数据显示：出生人数为48889人，比去年同期减少1513人，出生率为9.54‰，比去年同期减少0.38个千分点；自然增长人数24441人，比去年同期减少1831人，自增率为4.77‰，比去年同期减少0.4个千分点。

（刘静洁）

【语言】地方方言为潮汕话。潮汕话流行于汕头、潮州、揭阳等市所在的潮汕一带地区，汕头市讲的叫汕头话。潮汕话属于闽南方言的一个支系，与现代汉语有较大的差异。它保存着大量的古汉语语音、声调、词汇及语法特点，也保存着不少古台语底层词，有不少马来语或英语借词。境内少数客家居民也用客家话。

潮汕文化

【潮汕文化】潮汕文化传统悠久，文化积淀深厚，宋时就有“海滨邹鲁”之称。潮剧、潮乐、潮菜和工夫茶等传统文化富有浓郁的地方特色，享誉海内外。潮剧是中国10大戏曲剧种之一，源于宋元南戏的一支，形成于明代，解放后发掘整理的传统剧目1000多个。独具韵味的潮剧唱腔清丽，做工细腻，深受人们喜爱，流行于粤东、闽南及东南亚各国。古朴典雅的潮州音乐，是中原古乐与潮汕民间曲调长期渗透融合形成的地方音乐体系，色彩浓郁、丰富、完整。演奏形式包括弦诗乐、细乐、庙堂乐、笛套古乐、锣鼓乐等，有潮乐弦诗曲牌千首以上，在国内外享有盛誉。潮州大锣鼓曾获得世界青年联欢节金奖。英歌舞是粤东潮汕地区流传的一种民间舞蹈艺术，属汉族广场情绪舞蹈，是由107位身着传奇色彩服装的男子组成的民间舞蹈，被誉为“中国民族舞蹈的根”。潮阳是英歌舞最为盛行的区。1996年11月，潮阳市被国家文化部授予“中国民间艺术（英歌艺术）之乡”的称号。1956、1988年曾两度赴北京表演，反响很大。2005年，潮剧《六国封相》获第七届中国民间文艺山花奖；潮剧《东吴郡主》在第九届省艺术节上获6个一等奖。2006年中央电视台元宵晚会上，汕头市潮汕大锣鼓艺术团的表演，向全国和全世界观众展示了潮汕文化的独特魅力。“南澳Ⅰ号”明代沉船遗址入选2010年全国十大考古新发现。全市共有潮剧、潮州音乐、英歌舞、剪纸艺术、潮州木雕、瓶内画、嵌瓷、灯谜、蜈蚣舞入选“国家级非物质文化遗产”名录。

【汕头精神】在向社会各界广泛征求意见，并获得广大市民广泛认同之后。2005年6月1日，在汕头市委常委、副市长联席会议上正式确定以“海纳百川，自强不息”作为“汕头精神”的文字概括。“海纳百川”取自于林则徐的名句：“海纳百川，有容乃大。壁立千仞，无欲则刚。”寓意为要像大海容纳无数江河水一样的宽广胸襟，以容纳和融合来形成超常大气；“自强不息”出自《周易•乾》中“天行健，君子以自强不息”，指自觉地努力向上，永不松劲。“海纳百川，自强不息”作为汕头精神的表述，既体现了汕头特有的城市地理和地缘特征，也体现了对传统文化、华侨文化、特区文化的传承，更体现了开放、奋斗、图强的精神追求。“海纳百川，自强不息”是一面独具汕头特色的城市精神旗帜。

【市花】1982年12月，由汕头市民直接投票推选，经市长办公会议通过，确定金凤花为汕头市市花。1983年6月，在汕头市图书馆举行市花命名大会。金凤花，学名凤凰木，属豆科，落叶乔木，为庭园树、行道树。夏日开花，娇艳夺目，市区多有栽植。1996年决定再增选多一种市花。经市民投票，从兰花和角花两个候选花种中推选出兰花作为另一种市花。1997年1月，市政府确认兰花（指兰科兰属中墨兰、春兰、四季兰、寒兰、蕙兰等地生兰）与金凤花并列为汕头市市花。汕头养兰历史悠久。兰花具有顽强生命力、高洁形态和深刻的文化内涵，象征特区人的精神风貌，又是潮汕特产，荫生，品种多，与金凤花相映成趣。

侨乡侨情

【侨乡侨情】汕头市是中国经济特区之一，沿海开放城市，全国著名侨乡。临近西太平洋国际航道，距香港187海里，距台湾高雄180海里。处“大珠三角”和“泛珠三角”经济圈的重要节点，也是长三角、珠三角和海峡西岸经济区的重要节点，粤东区域中心城市。

汕头华侨众多。港澳台同胞、海外华侨、华人约335万人，遍布世界40多个国家和地区。有海水的地方就有华人、华侨。有华人、华侨的地方就有潮汕籍乡亲。在港澳地区和海外最具影响力的知名人士有：李嘉诚、谢国民、陈伟南、陈汉士、吴宏丰等侨领。在海外最有影响力的国际组织有：“国际潮团联谊年会”、“国际潮青联谊年会”等。重点的社团有：香港潮属社团总会、泰国潮州会馆、新加坡潮州八邑会馆、马来西亚潮州公会联合会等。汕头在改革开放中具有独特的人缘、地缘、亲缘和商缘优势。中央确定汕头为经济特区考虑到“汕头是因为东南亚国家潮州人多，”（《邓小平文选》第三卷366页，人民出版社1993年版）“汕头为什么被定为特区，一方面更重要的是它有大批散居海外的华侨。”（1994年江泽民同志在北京接见汕头市负责人的讲话）。自改革开放以来，港澳台同胞、海外华侨、华人在汕头捐资60多亿元（含汕头大学），兴办公益事业，促进城乡文教卫生等公益福利事业发展。据不完全统计，目前全市侨属企业逾万家，年产值超过200亿元。其中广东宜华集团、广东奥迪玩具实业公司、广东金刚玻璃科技股份有限公司、广东世聪制衣实业有限公司等一批规模大、档次高的侨资企业已成为推动汕头侨乡经济发展新的增长点。汕头因侨而立，因侨而兴，因港而旺。

（吴旭东 胡汉川）

行政区划

【行政区域界线管理】为加强行政区域界线管理，巩固行政区域界线勘定成果，根据国务院《行政区域界线管理条例》的规定、省民政厅《关于做好第二轮行政区域界线及行政管辖范围分界线联合检查工作的通知》和市政府办《转发市民政局关于汕头市2008—2012年行政区域界线联合检查工作实施方案的通知》的要求，2010年，汕头市圆满完成龙湖金平线1条区级行政界线（总长17.667公里），以及龙湖区新津龙祥线总长4.925公里、新津新溪线总长3.31公里、金霞新津线总长1.22公里、珠池新津线总长5.135公里、珠池金霞线总长3.935公里、珠池新溪线总长4.74公里；金平区光华乌桥线总长2.11公里、新福乌桥线总长1.21公里、同益乌桥线总长0.365公里、同益光华线总长0.63公里、大华光华线总长0.08公里、金砂大华线总长0.81公里；濠江区礐石河浦线总长10.33公里、达濠礐石线总长12.93 公里、达濠广澳线总长10.54公里、玉新河浦线总长8.57公里、礐石玉新线总长1.63公里、滨海玉新线总长6.77公里；澄海区广益上华线总长5.15公里、广益莲上线总长0.54公里、广益莲下线总长4.57公里、凤翔莲下线总长11.27公里、澄华广益线总长8.555公里、凤翔广益线总长2.675 公里、凤翔澄华线总长2.69公里；潮阳区关埠金灶线总长8.835公里、谷饶金灶线总长15.18公里、关埠谷饶线总长1.25公里、西胪谷饶线总长17.338公里、西胪关埠线总长16.355公里、贵屿金灶线总长2.89 公里、谷饶贵屿线总长12.23公里；潮南区司马浦陈店线总长8.86公里、陈店仙城线总长6.735公里、司马浦仙城线总长1.1公里、司马浦两英线总长8.225公里、峡山司马浦线总长7.58公里、峡山两英线总长7.945公里等共38条镇（街道）级行政界线的联合检查工作。

为认真贯彻落实中央综治办、民政部等10部门《关于开展平安边界建设的意见》精神，按照省民政厅《关于在全省县级以上行政区域界线中开展平安边界创建活动的通知》的统一部署，结合汕头市行政区域界线管理工作的实际，2010年，对2条市级界线和7条区级界线开展平安边界创建活动，维护边界地区的和谐稳定。

2010年汕头市行政区划一览表

市辖政区单位	面积（km^2）	辖镇、街道名称	辖村委会和社区居委会数量
金平区（辖17街道）	108.71	金砂、东墩、东方、大华、石炮台、金厦、广厦、岐山、月浦、新福、乌桥、光华、永祥、海安、同益、鮀莲、鮀江街道办事处	辖167居委会
龙湖区（辖5街道2镇）	103.58	珠池、金霞、新津、龙祥、鸥汀街道办事处和外砂、新溪镇	辖32村委会、79居委会
澄海区（辖3街道8镇）	345.23	凤翔、澄华、广益街道办事处和莲上、莲下、莲华、东里、溪南、盐鸿、上华、隆都镇	辖137村委会、45居委会
濠江区（辖7街道）	134.88	达濠、马滘、礐石、广澳、滨海、河浦、玉新街道办事处	辖60居委会
潮阳区（辖4街道9镇）	667.60	文光、棉北、城南、金浦街道办事处和海门、河溪、和平、西胪、关埠、金灶、谷饶、贵屿、铜盂镇	辖179村委会、93居委会
潮南区（辖1街道10镇）	596.42	峡山街道办事处和井都、陇田、戍田、司马浦、陈店镇、两英、仙城、胪岗、红场、雷岭镇	辖167村委会、65居委会
南澳县（辖3镇）	108.00	后宅、深澳、云澳镇	辖33村委会、5居委会
全市合计（市区合计）	2064.4（1956.4）	辖6区1县，32镇37街道	辖549村委会、513居委会

【地名管理】2010年，经市政府同意，成立汕头市第二次全国地名普查试点领导小组，领导小组办公室设在市民政局，负责日常工作。各区县也成立地名普查领导小组，为开展地名普查工作做好组织准备。

按照国家、省、市地名管理的有关法规、规定，经市人民政府同意，对位于龙湖区东南，蓝水星游乐园及周围面积约89公顷的片区及道路和珠津工业区扩大范围后区内道路予以命名，分别为泰星庄、泰星路、泰星一街、泰星二街、泰星三街、中山东路延长、韶山路延长、珠津路延长、珠津一横街、珠津二横街、珠津三横街、珠津四横街。

2010年，经审核同意对金平、龙湖、澄海、潮阳、潮南区共命名地名30综，分别为大洋红树湾、南信星海华庭、时代玫瑰雅轩、华逸雅居、信逸雅园、信基丽景轩、莱芜金叶山庄、群星华庭轩、小白龙工业园、君临公寓、金凰雅轩、汇恒大楼、锦阳雅轩、潮汕雅轩、金丽雅轩、猛狮工业园、阳光华府、雍景豪庭、龙腾熙园、大洋金典公馆、国瑞雅仕园、尚海阳光花园、万豪南湾花园、丰华花园、百禧豪府、帝豪花园、雄业织造工业园、星城豪园、宝新丽工业园、奥新雅工业园；更名1综，海港豪园更名为星港豪园；道路销名7个，分别为炽昌东巷、均和街、信安街、仁安街、义安街、内新巷、兴仁里；审核建筑物门牌42综。

（市地名办公室）

组织机构及负责人名录

（负责人任职时间截至2010年12月31日）

中国共产党汕头市委员会

书　记：李　锋
副书记：蔡宗泽　邓大荣
常　委：李学同　孙光辉　陈　茸(女)　郑人豪　谢泽生　郑通声　徐　红
秘书长：谢泽生
副秘书长：邱奕辉　吴启煌　林建清　陈烈丰　杜更生　吴宜佳

汕头市人民代表大会常务委员会

党组书记：李　锋
代理主任：王　芸(女)
党组副书记：王　芸(女)　庄大军
副主任：钟展南　庄大军　陈香兰(女)　陈友烈　刘远珍(女)　廖文松
秘书长：章万多
副秘书长：李绿岸　陈健雁

汕头市人民政府

市　长、党组书记：蔡宗泽
副市长、党组副书记：郑人豪
副市长：余健明(女)　郭大钦　林　挺　周镇松
副厅级干部：郑炳灶　张应杰
市长助理：张应杰　蔡炳锐　徐　凯　余金富
秘书长：陈少宏
副秘书长：李宏茂　李楚平　黄绍生　陈文革　魏森新　张学龙　郑晓奇　陈新造　马逸丽(女)

中国人民政治协商会议汕头市委员会

主　席、党组书记：罗仰鹏
副主席、党组副书记：宋汉杰
副主席：许瑞明　王桂元　方展伟　谢　铿　蔡婵英(女)　林依民　张泽华
秘书长：谢永忠
副秘书长：郑如华　黄丘克　陈志红

中国共产党汕头市纪律检查委员会

书　记：孙光辉
副书记：许景峰　陈武南　林健民
常　委：蔡陆安　陈良军　曾罗耀　李坚平　方水裕

汕头市中级人民法院

院　长、党组书记：林　平
副院长：王桂元　林坤池　吴秋茂　郑楚明
纪检组长：李培宏
审判委员会专职委员：周茹茵(女)　林洁明
政治处主任：秦炳城
执行局局长：林治荣

汕头市人民检察院

检察长、党组书记：赖德贵
副检察长、党组副书记：杨宏强　吴少荣
副检察长：郑灶和　刘爱平(女)　罗益平
纪检组长：陈志伟
检察委员会专职委员：蔡少芬(女)
反贪局局长：罗益平

市委机构

市委办公室

主　任：邱奕辉
副主任：陈彦峰　罗小苹(女)　郑宏义　李　翔
市保密局
局　长：杜向生
副局长：方晓宏　黄　曦
市委机要局
副局长：卢秋全　林　楠
总工程师：林少勇
市信访局
局　长：林建清
副局长：杨喜强　郑志敏

市委组织部

部　长：李学同
副部长：邓东冠　刘少强　林惠生　陈启桐　卢壁辉
市委老干部局
局　长：陈启桐
副局长：吴丰平　黄汝琦

市委宣传部

部　长：陈　茸(女)
副部长：姚英杰　翁小庆　陈桂源　黄煜生　李逸夫
市精神文明建设指导委员会办公室
主　任：陈桂源
副主任：林暹才　熊有元

市委统一战线工作部

部　长：张泽华
副部长：纪思复　肖少平　孔德镐　陈烁焕

市委政法委员会

书　记：郑通声
副书记：黄小扬　黄美章　赖德贵　翁甲洪　林　平
纪检组长：林淮佳
市社会治安综合治理委员会办公室
主　任：黄小扬
副主任：蔡　芹　杨克明
市610办公室
主　任：黄美章
副主任：黄鹏翔
市禁毒办公室
副主任：佘英俊

市委政策研究室

主　任：吴启煌
副主任：李汉元　林遍青　王楚彬

市委台湾工作办公室（市政府台湾事务局）

主　任：柯声毅
副主任：李太刚　黄武雄

市直属机关工作委员会

书　记：张殿义
副书记：余世林

市直人武部

部　长、党委书记：李汉文
政　委、党委副书记：叶朝南

市机构编制委员会办公室

主　任：曾建群
副主任：卢建和

市人大常委会机构

办公室
主　任：李绿岸
副主任：顾伟文

市依法治市工作领导小组办公室
主　任：林炳元
副主任：池锐彪

市政府机构

办公室
主　任：陈少宏
副主任：梁　斌　饶冬晓　庄　怀
　　张健雄
市应急管理办公室
主　任：莫开亮
副主任：吴少标　李　伟
市无线电管理办公室
主　任：陈　辉
副主任：陈乐生
市打私办
主　任：贺中年
副主任：郭铭珊　洪　光

市政府金融工作局
局　长、党组书记：杜怀丹
副局长：胡粤平　陈瑞益　卓坤城
纪检组长：陈　泓

市发展和改革局
局　长、党组书记：陈向光
副局长：陈胜全　廖小平　吴海澜
　　尤朝东
纪检组长：麦锡明
市重点建设项目领导小组办公室
副主任：黄晓欢

市粮食局
局　长：肖永和
副局长：陈惠波　陈　进　陈武杰

市经济和信息化局（市国资委）
局　长、党委书记：林建新
副局长、党委副书记：沈宗敏
副局长：郑　新　林明龙　宋钢领
　　黄育斌　陈岳锋
纪委书记：黄秋旋

市教育局
局　长、党委书记：黄晖阳
副局长：谢　红　胡　冬
　　林　健(女)　林运轼
纪委书记：陈亦斌

市科学技术局
局　长：林依民
党组书记、副局长：刘海龙
副局长：张　平　陈伟波　郑兴国
　　刘燕飞(女)
纪检组长:黄廷纪

市知识产权局
局　长：郑兴国
副局长：陈爱明　谢　彦　陈瑞军

市民族宗教事务局
局　长、党组书记：纪思复
副局长：陈伟生 孙建宏 吴秀芳(女)

市公安局
局　长、党委书记：郑通声
副局长、党委副书记：宋荣生
　　罗美胜
副局长：翁仲明 马冀汕 马汉粔
政治处主任：郑立波
指挥中心主任：郑康宏
交警支队支队长：肖少鹏
交警支队政委：陈小红(女)
刑警支队支队长：蔡锦荣
刑警支队政委：辛汉初
巡警支队支队长：方维民
巡警支队政委：马发春
特警支队支队长：黄文锡
特警支队政委：林贤正

市监察局
局　长：许景峰
副局长：邹玩辉　蔡秀茂
　　文　琴(女)

市机关效能建设领导小组办公室（投诉中心）
副主任：张奕豪

市民政局
局　长、党组书记：王良源
党组副书记：张云良
副局长：刘松明　张伟强
　　钟岳峰　赵　炜(女)
纪检组长：江文忠
市民间组织管理局
局　长：张云良
副局长：胡进辉

市司法局
局　长、党组副书记：马　翔
党组书记、副局长：林壮华
副局长：林俊杰　蔡德深　邱向丹(女)
纪检组长：和贵礼
市劳教所所长：蔡德深
市劳教所政委：李　明
市劳教所副所长：李镇汉　柯喜奎
　　钟洪旗

市财政局
局　长、党组书记：官惠林
副局长：黄业龙　卢永健　谷元新
　　李　宁
纪检组长：许文颖

市人力资源和社会保障局
局　长、党组书记：刘少强
副局长、党组副书记：曾建群
副局长：李文坚　彭建平
　　黄伟鹏　林　娜(女)　张镇城
　　陈惠英(女)　陈文生
纪检组长：杨奕忠

市国土资源局
副局长：姚文强　许少涛
纪检组长：曾昭鹏
执法大队大队长：韩映民

市环境保护局
局　长、党组书记：刘长有
副局长：蔡怒潮　陈少明　王建平
　　蔡礼秋
纪检组长：林必平
总工程师：陈子布

市住房和城乡建设局
局　长、党组副书记：徐　凯
党组书记：王德声
副局长：郑丽明(女)　杨鮀生
　　陈淑雄
纪检组长：黄卡新

总工程师：杨鮀生

市交通运输局
局　长、党组书记：叶先华
副局长、党组副书记：陈少辉
副局长：李树林　余昌枝　杨建锋
　　范怀礼
纪检组长：倪金柱
市交通运输局综合行政执法局
局　长：余昌枝
副局长：李忠文　陈锡洪

市水务局
局　长、党组书记：曾保友
副局长：何财城　余国年
纪检组长：辜少平
总工程师：王锡雁

市农业局（市林业局）
局　长、党组书记：吴俊钦
副局长：吴俊斌　纪桂玲(女)
　　陈少华　陈　斌　黄华广
　　张彦鹏
纪检组长：谢运余
总畜牧兽医师：林庆添
市畜牧兽医局
局　长：张彦鹏
副局长：陈悦满

市对外贸易经济合作局（市口岸局）
局　长、党组书记：蔡佩侬(女)
副局长：许君亮　方伟民　陈冬雷
　　刘文华(女)
纪检组长：田建忠

市文化广电新闻出版局
局　长、党组书记：姚英杰
副局长：蔡典歆　王小亮　郑鹤龄
　　郑宋梨(女)　陈练生
纪检组长：石汀毅
市文化市场综合执法大队
大队长：蔡奕俊
副大队长：谢维龙　杨逢春　王仰江

市卫生局
局　长、党委书记：陈俊凯
副局长：林纯良　张少民　陈新泽
　　叶镇鹏
纪委书记：罗忠杰

市人口和计划生育局
局　长、党组书记：黄世烈
副局长：王秀秋　蚁朝芸(女)
　　江文斌　周碧娟(女)
纪检组长：郭洪雄

市审计局
局　长、党组书记：林毅荣
副局长：黄师杰　郭　旭　吴少青
纪检组长：林炎光
总审计师：吴小琦(女)

市外事侨务局（市政府港澳事务局）
局　长、党组书记：余金富
副局长：陈　鹏　郭伟国　严树宾
　　陶小平(女)
纪检组长：陈树浩

市统计局
局　长、党组书记：李一鸣
副局长：廖伟雄　鄞腾杰
　　郑映徽(女)

市物价局
局　长、党组书记：吴军晖(女)
副局长：董思永　于财起
　　黄桂芳(女)
纪检组长：方建星

市海洋与渔业局
局　长、党组书记：黄文魁
副局长：陈　榕(女)　翁盛深
　　王　清
纪检组长：梁　森
广东省渔政总队汕头支队
支队长：麦贤仕
政　委：陈潮清
副支队长：李义民　吴　敏

市安全生产监督管理局
局　长、党组书记：吴先宏
副局长：陶振和　傅大安　许广圻
纪检组长：翁　健

市旅游局
局　长、党组书记：陈华佳(女)
副局长、党组副书记：于临生
副局长：陈　斌
纪检组长：刘向平

市法制局
局　长、党组书记：孙良胜
副局长：陈　茜(女)　张少野
　　林伟标
纪检组长：黄少明

市城乡规划局
局　长、党组副书记：朱家栋
党组书记、副局长：陈春松
副局长：黄锦林　马清亮
纪检组长：刘　斌
总工程师：李　钊

市城市综合管理局
局　长、党组书记：徐　阳
副局长：张文学　陈汉龙　丁伟亮
纪检组长：王天海
总工程师：王　丹

市食品药品监督管理局
局　长、党组书记：陈开成
副局长：黄　勇　林伟忠　郑则儒
　　郭兰跃
纪检组长：郭兰跃

市人民防空办公室
主　任、党组书记：范升开
副主任：林武汉　杨宏藩
纪检组长：于德沛

市政协机构

办公室
主　任：谢永忠
副主任：钟慈平 吴哲英

汕头保税区管委会

主　任、党委副书记：陈棉生
党委书记：潘英豪
副主任、党委副书记：张华绍
副主任：林荣来　邱少基　刘　辉
纪委书记：程龙超

汕头高新技术产业开发区管委会

主　任、党委副书记：王扬泽
党委书记：陈国光
副主任：郑俊义　谢宋彪

市委、市政府直属事业单位

市委党校（市行政学院、市社会主义学院）
校（院）长：邓大荣
常务副校（院）长：林小斌
副校（院）长：朱玲珑　曾　汉
　　张明晖
行政学院副院长：张镇城
社会主义学院副院长：孔德镐
纪检组长：刘　勇

市委党史研究室（市地方志办公室）
主　任：吴小坚
副主任：柯松良　彭建伟

市体育局
局　长、党组书记：李楚平
副局长：黄　雯(女)　蔡运进
纪检组长：江河然

市机关事务管理局
局　长、党组书记：周锡洪
副局长：欧镇文　黄潮通

市企业投资管理服务中心
主　任、党组书记：陈汉雄
副主任：张思祥　翁文明　黄若亮
纪检组长：林少忠

市东部城市经济带建设开发管理中心
主　任、党组书记：张宇龙

市工业经济带开发建设办公室
主　任：刘永铭
副主任：郭耀宇

市广播电视台
台　长、党委书记：杜绍茂
副台长：胡克威　郑云明　杜　冰(女)
　　陈益群
纪委书记：李伟红(女)
总工程师：姚增坤

市接待办公室
主　任：徐　健
副主任：谢焕群　谢惠蓉(女)
　　翁楚云(女)

广东潮剧院
院　长、党委副书记：蔡少铭
党委书记、副院长：马烈泳
副院长：张怡凰(女)

汕头画院
院　长：王　聪

市档案局（馆）
局（馆）长、党组书记　陈乐群
副局（馆）长：陈建功　林伟雄

汕头经济特区报社
社　长、党委书记：陈文波
副社长：蔡　谦
党委专职副书记：侯伟主
纪委书记：苏伟钿(女)
《汕头日报》总编辑：陈文波
《汕头日报》副总编辑：苏伟钿(女)
　　洪悦浩　林海滨
《汕头特区晚报》总编辑：蔡　谦
《汕头特区晚报》副总编辑：李奕群
　　黄锐辉
《汕头都市报》总编辑：黄海燕
《汕头都市报》副总编辑：刘剑荣
　　林昆明　张益安

汕头仲裁委员会
主　任、党组书记：蔡才昂
副主任：莫少华
纪检组长：姚阿洲

驻北京办事处
主任、党组书记：王旭霞(女)
副主任：赵爱民

驻广州办事处
主　任、党组书记：吴钟源
副主任：李友成

驻深圳办事处
主　任、党组书记：陈特顺
副主任：陈木忠

汕特证券报价交易中心
副主任：严瑞湘

市地震局
局　长、党组书记：施永文
纪检组长：林绵裕

市供销合作总社
主　任、党组书记：林志勇
副主任：谢　原　王克护

市港口管理局
局　长、党组书记：蔡伟杰
副局长：陈晓峰　曾仕娟(女)
纪检组长：洪理智
总工程师：周江泉
汕头港引航站
站　长：林　璜
副站长：赖在生

市公路局
局　长、党委书记：李建忠
副局长：曹爱民
纪委书记：张东升
总工程师：郭　史
工会主席：杨　卫

市礐石大桥建设总公司
总经理、党组书记：李楚佳
副总经理：李　楠　詹小玲(女)
纪检组长：黄健能

市海湾大桥、高速公路公司
总经理、党组书记：郑映华
副总经理：卢荣辉　陈梓桢

市北山湾旅游度假区管委会
主　任、党组书记：彭快乐
副主任：陈焕文　程万里

市农科所
所　长、党委书记：林少华
副所长：许大熊　黄广平　谢奇鹏
纪委书记：黄广平

市中心医院
院　长、党委副书记：许海雄
党委书记：许成远
副院长：吴　敏　洪少杰　钟志刚

郑　雨　林本丹　吴淑卿(女)

市卫校（市职工医专）
校　长：郑乃党
副校长：李长驰(女)　陈汉然
林旭凯

汕头职业技术学院
党委书记：黄　陵
院　长、党委副书记：唐晓鸣
副院长：曾淑琴(女)　郭琳琅(女)
王茂春
纪委书记：蔡　东

汕头文艺学校（汕头戏曲学校）
校　长、党委书记：林锦杭
副校长、纪委书记：林朝辉(女)

汕头工艺美术学校
校　长：柯和顺
副校长：陈小宇　吴烈明

市体育运动学校
校　长：李楚平
副校长：陈　丹　方　霖

市鮀滨职中（汕头外语中专、汕头旅游中专）
校　长：李子华
副校长：吴建光　陈南泥(女)

市金山中学
校　长、党委副书记：李丽丽(女)
党委书记、副校长、纪委书记：
魏崇兴
副校长：陈俊才　谢树发

市广播电视大学（市业余大学、市职工大学）
校　长、党委副书记：刘　文
党委书记：杨　凯
副校长：陈钟麟　陈宇翔

汕头经济管理干部学校
校　长、党委书记：郑则彬
副校长、纪委书记：陈庭照
副校长：程拱胜　赖辉太

市高级技工学校
校　长、党委书记：林胜全
党委副书记、纪委书记：张俊辉
副校长：许耀庭　曾燕生　蔡　苗

市社会保险基金管理局
局　长：李文坚
副局长：郑石儿　王永刚　赖常光

汕头特区拍卖行
总经理：朱煜星
副总经理：郭创程

市信息中心
主　任、党组书记：林文彪
副主任：陈庆辉　练开发

市礐石风景区管理局
局　长、党委书记：郑　强
副局长、党委副书记：林　钢
纪委书记：崔玉华

市环境卫生管理局
局　长、党组书记：郑　玮
副局长：彭运璋　张卓生

市市政设施管理处
主　任、党组书记：郭郁林
副主任：王继龙　陈锦辉

市园林绿化管理处
主　任、党委书记：陈长荣
副主任：林克华　陈日红

市房产管理局
局　长、党组书记：刘小钢
副局长：陈少群　陈锡全　郑立标
纪检组长：林耿宇

市路桥收费管理处
主　任：吴彬雄
副主任：谢旭华　陈少珊(女)

市建工造价管理站
站　长：陈朝旭

市旧城区改造办（市拆迁办）
主　任：黄增强
副主任：陈尔宁　林齐华

汕头公路桥梁公司
总经理：陈少童
副总经理：佘汉聪

市卫生监督所
所　长：杨志忠
副所长：詹幼芳(女)　陈少斌

市疾病预防控制中心（市卫生检验中心）
主　任：王普生
副主任：黄建晖　谢舜栩　黄建云

市二医院
院　长、党委副书记：肖壮伟
党委书记、副院长：胡顺广
副院长：洪树辉　林宜生

市三医院
院　长：何端满
副院长：陈伟生　黄国盛　钟海波

市四医院
院　长：陈泽华
副院长：陈汉良　李宏伟　高镇松

市中医医院
院　长、党委书记：郑衍平
副院长：林创坚　陈建华　李　扬

市第一中学
校　长：马寿民
副校长：罗伟新　何大文　吕敬云
苏　红(女)

汕头华侨中学
校　长：林一平
副校长：郑志明　陈　琪(女)　林卫明

市新华书店
总经理：江　宏
副总经理：肖丽君(女)　郑素芬(女)
陈照濠

汕头影艺总公司
副总经理：方时雨　吴卫平

汕头国际海员俱乐部
主　任：张汉文

副主任：章丹鹏　邢　郁(女)

中国乒协汕头市乒乓球学校
校　长：杜绍平
副校长：刘国正

中国游泳协会汕头跳水学校
校　长：翁玉璇(女)

人民团体

汕头市总工会
主　席：刘远珍(女)
党组书记、副主席：高耿浩
副主席：王述宗　陈　菲(女)
　周　波
纪检组长：江玩趸

中国共产主义青年团汕头市委员会
书　记、党组书记：周崇凝(女)
副书记：杨焕新　许廷贤　赖恒辉
　王江锋
纪检组长：许廷贤

汕头市妇女联合会
主　席、党组书记：李楚兰(女)
副主席：邬佳玲(女)　黄丽娇(女)
　陈玩雪(女)
纪检组长：吴帘青(女)

汕头市文学艺术界联合会
主　席：谢　铿
党组书记：翁小庆
副主席、纪检组长：许自敬

汕头市科学技术协会
主　席：林依民
专职副主席、党组副书记、纪检组长：洪子敏
专职副主席：林怀威　洪祥武

汕头市归国华侨联合会
主　席、党组书记：杨鮀生
专职副主席：郑绿野

汕头市残疾人联合会
理事长、党组副书记：邢长奕
党组书记：陈如贤
副理事长：魏瑞卿(女)　黄卫东
　张佩娜(女)
纪检组长：欧成铭

中国贸促会汕头市分会
会　长：周武扬

汕头市社会科学联合会
主　席、党组书记：马灿龙

汕头市红十字会
会　长：郭大钦
常务副会长：陈爱书

汕头市台湾同胞联谊会
会　长：余东刚
副会长：谢丽玲　黄力平
　翁　辉(女)　李太刚　黄益勤

汕头市工商业联合会（市总商会）、市委非公企业工委
主　席：郑定平
党组书记、副主席：肖少平
专职副主席：薛建章
市委非公企业工委书记：肖少平
市委非公企业工委副书记：杨一冰

民主党派

中国国民党革命委员会汕头市委员会
主　委：方展伟
副主委：赖小林(女)　余少玲(女)

中国民主同盟汕头市委员会
主　委：钟展南
副主委：徐宗玲(女)　孔抗美(女)
　刘彦彧　罗晓红(女)

中国民主建国会汕头市委员会
主　委：余健明(女)
副主委：蔡　苗　陈小海　刘　辉

中国民主促进会汕头市委员会
主　委：谢　铿
副主委：冯丽娜(女)　杨金耀

中国农工民主党汕头市委员会
主　委：许瑞明
副主委：郑子敏　吴淑卿(女)
　杨燕忠

中国致公党汕头市委员会
主　委：王桂元
副主委：宋伟英(女)　李从铸
　陈　瑾(女)

九三学社汕头市委员会
主　委：罗文鸿
副主委：王伟忠　杨忠强

台湾民主自治同盟汕头市支部
主　委：谢丽玲
副主委：杨　铭

驻汕机关、事业单位

汕头海关
关　长、党组书记：臧玉健
副关长：邢海潮　李　军　高建军
　蔡少琼
纪检组长：颜好业

汕头出入境检验检疫局
局　长、党组书记：孙世和
副局长：亢卫民　张宏鹏　丁长青
纪检组长：赵京汕

汕头市质量技术监督局
局　长、党组书记：黄红辉
副局长：刘长法　李建明　刘御雄
　林子雄

汕头海事局
局　长：李忠华
副局长、党组书记：陈　凯
副局长：陈佳云　赖擎青
纪检组长、党组副书记：周跃华

省粤东航道局
局　长：许宏辉
副局长：沈召榜　余继信
党组副书记：陈建荣
总工程师：马陈林

汕头市工商局
局　长、党组书记：周振南
副局长：唐少敏　陈奕杰　方健民
　郭洛阳
纪检组长：陈奕杰

汕头市国家税务局
局　长、党组书记：李榕滨
副局长：张伟新　郑贵和　王在文
纪检组长：曾小彦
总会计师：梁丹扬
总经济师：许锦如

汕头市地方税务局
局　长、党组书记：林达生
副局长、党组副书记：陈德元
副局长：郑友声　吴志坚
纪检组长：庄顺明
总经济师：黄映宣
总会计师：杨啟丰

人行汕头中心支行
行　长、党委书记：林炳华
副行长：江镇平　龙　勇　陈孝斌
纪检组长：张伯伟

汕头银监分局
局　长、党委书记：罗利明
副局长：肖　枫　吴俊毅
纪委书记、党委副书记：张志翔

汕头保监分局
局　长、党委书记：黄海晖
副局长：刘小媛

汕头市盐务局
局　长、党组书记：张　旌
副局长：欧海鹏　陈杰扬

汕头市烟草专卖局
局　长、党组书记：林香存
副局长：余岳平　林宏生
纪检组长：林宏生

汕头市邮政局
局　长、党组书记：王松喜
副局长：林伟光　吴纪伟
纪检组长：林伟光

汕头市气象局
局　长、党组书记：黄壮茂
副局长：王俊平　曾振文
纪检组长、党组副书记：柯鸿生

南澎列岛海洋生态省级自然保护区管理处
主　任：吴清洁

南澳候鸟省级自然保护区管理处
主　任：林俊鑫

汕头大学
校　长：徐小虎
党委书记：宋垚臻
副校长：顾佩华　顾　江　王伟廉
　　温小波　李　丹　林丹明
　　乌兰哈斯
党委副书记：徐小虎　罗念潮
纪委书记：罗念潮

汕大医学院
院　长：顾　江
党委书记：石刚刚
副院长：黄东阳　郑秋阳
纪委书记：陈茂怀

粤东高级技工学校
校　长：方　斌
党委书记：何泽雄
副校长：许遵发　卢镇光　刘红成
副书记：廖镇坑

汕头警备区

司令员：徐　红
政治委员：胡世军
副司令员：谢豪生　罗昔为
副政治委员：高和平
参谋长：邱克楠
政治部主任：彭延虎
后勤部部长：郑坤弟

（市委组织部 年鉴编辑部）

经济社会发展概况

【简况】2010年，在党中央、国务院和省委、省政府的正确领导下，汕头市委、市政府坚持以科学发展观为指导，全面贯彻落实“三年打基础、五年大变化、十年大发展”的决策部署，带领全市人民，团结拼搏、开拓进取，深化改革开放，提升发展理念，着力推动经济发展方式转变和经济结构调整，有效应对国际金融危机冲击，注重改善民生，维护社会稳定，改善发展环境，各项工作取得新进展，经济社会发展总体上完成预期目标任务。经济社会保持平稳较快发展。

【经济综合实力迈上新台阶】2010年全市生产总值1203.25亿元，比上年增长13.7%，创下近十年来的最高增速。全市人均生产总值23274元，比上年增长11.8%，实现比2000年翻一番的目标。其中，第一产业增加值64.00亿元，增长5.0%；第二产业增加值678.14亿元，增长16.1%；第三产业增加值461.11亿元，增长11.5%。从产业结构看，一、二、三产业增加值占GDP的比重由上年的5.5∶55.0∶39.5调整为5.3∶56.4∶38.3，第一、三产业比重下降，第二产业比重提高。全年完成工业增加值629.19亿元，比上年增长16.8%，占地区生产总值的比重由上年的50.8%上升为52.3%，工业对经济增长贡献率达到62.7%。完成工业总产值2642.15亿元，增长16.9%。其中，规模以上工业总产值1887.42亿元，增长17.8%。规模以上工业产值占全部工业总产值71.4%，比上年提高3个百分点。轻、重工业中重工业产值占规模以上工业总产值37.5%，比上年提高0.4个百分点。规模以上工业实现销售产值1814.19亿元，增长17.9%；完成出口交货值281.63亿元，增长5.7%；工业产品销售率96.12%，比上年提高0.14个百分点。全市工业用电量83.36亿千瓦时，增长14.7%。全市资质等级以上建筑企业完成建筑业总产值216.76亿元，比上年增长15.0%。消费流通畅通，全年实现社会消费品零售总额830.41亿元，增长25.8%，创下近几年来的最高增速，成为拉动经济增长的重要力量。全年实现外贸进出口总额73.64亿美元，比上年增长22.2%，其中进口总额24.30亿美元，增长20.8%；出口总额49.3亿美元，增长22.9%。实际吸收外商直接投资2.56亿美元，同比增长25.2%。完成全社会固定资产投资额361.68亿元，比上年增长23.9%。其中，城镇投资274.74亿元、农村投资86.94亿元，分别增长21.6%和32.0%。投资结构不断优化，第三产业投资增速超过第二产业成为投资的“主力军”，大幅增长34.8%，总量占全社会固定资产投资额的50.1%。实现旅游总收入88.47亿元，增长19.1%。其中旅游外汇收入5015.77万美元，增长2.2%。2010年，全市金融机构（含外资）年末本外币存款余额1873.03亿元，比年初增加249.97亿元，增长15.4%。其中，企事业单位存款余额323.62亿元，增长35.5%；城乡居民储蓄存款余额1305.62亿元，比年初增加136.90亿元，增长11.7%。贷款余额661.52亿元，比年初增加91.05亿元，增长16.0%。效益持续改善，地方财政一般预算收入72.65亿元，同比增长24.1%，占GDP比重为6%，地方财政一般预算收入增速创新高。完成年度节能减排目标任务。

【产业结构不断优化】坚持现代服务业和先进制造业双轮驱动，大力推进现代产业体系建设。工业产业向集群化、高端化发展，企业自主创新能力明显提高，专利申请量、省级创新型企业数、科技指标和名牌数量均居全省各地级市前列，专利申请量与授权量分别为9592件和5718件，增长43.6%和54.9%。荣获“国家知识产权工作示范城市”称号。战略性新兴产业发展势头良好，高端电子信息、半导体照明（LED）、新材料等产业发展取得积极进展。传统产业转型升级不断推进，纺织服装、工艺玩具、化工塑料三大传统支柱产业产值分别增长16.7%、18.2%、20.9%，焕发新的活力。获“中国文具生产基地”称号。国家级高新企业增至115家，比上年增加34家。至年底，全市拥有省级民营科技企业314家，增加5家。大力扶持企业上市，2010年新增上市企业9家，合计16家，总数列全省第3位。服务业稳步发展，港口货物吞吐量3510万吨、集装箱吞吐量93.5万标箱、机场旅客吞吐量172.8万人次，增长13.2%、14%、36.4%，汽车、住房、教育、旅游等成为新的消费热点。全年第三产业增加值461亿元，增长12%，金融、物流、文化创意、旅游业等现代服务业蓬勃发展。全年农林牧渔业增加值64.00亿元，比上年增长5.0%；农业总产值117.38亿元，增长5.2%。其中，农业产值53.52亿元，增长2.0%；林业产值0.33亿元，下降1.8%；牧业产值26.69亿元，增长9.8%；渔业产值34.53亿元，增长6.9%；农林牧渔服务业产值2.31亿元，增长0.5%。加快特色农产品基地和现代农业园区建设，推进农业产业化经营，农业效益明显提高。

【城乡发展水平稳步提升】强化规划引领功能，完成一批涉及全局的重大规划和专项规划，城市建成区面积达到181.6平方公里，城镇化率达到69%。克服征地拆迁和财政资金紧缺等困难，金凤路桥建成通车，改造天山北路、黄山路等一批‘断头路”、“水浸街”，实施龙湖沟、新河沟等河沟环境整治。城市市政公共设施建设完成投资5.35亿元，新扩建道路（含城区内公路）面积13万平方米，年末实有道路（含城区内公路）长度1317.9公里；下水道排水管长度1661公里。市区日供水能力131.20万立方米/日，年供水总量29274.81万立方米。全市电网发购电量137.37亿千瓦时，增长12.9%。中心城区年末拥有出租汽车1004辆，公共交通线路41条，客运量7911.5万人次。调整城市管理体制机制和事权财权，着力构建城市管理长效机制，开通城市管理服务热线，综合整治市容市貌，城市面貌有所改观。加大园林绿化建设力度，市区建成区绿地面积7113.11公顷，绿化覆盖率40.65%。2010年荣获“国家园林城市”称号。完成中心城区82个“城中村”及涉农社区供水直抄到户改造。新农村建设有序推进，村容村貌整治和村庄规划得到加强，建成农村硬底化公路1018公里，解决农村50万人的饮水安全问题。

【基础设施建设取得新进展】积极推进重点项目建设，全市125个重点项目累计完成投资189.13亿元，年度完成投资101.83亿元。强力推进广澳深水港、厦深铁路、汕头至揭阳高速公路、南澳大桥等重大项目建设，建成广澳港区5万吨级泊位和5万吨级航道。国家沿海枢纽港地位逐步建立。厦深铁路汕头段累计完成工程投资总额的72.7%，其中澄海段主体工程顺利完工全线贯通，榕江特大桥已经雏形初显；南澳大桥完成总工程量超6成，项目建设全面推进，大桥雏形初步显现。加快推进汕头至揭西等高速公路和疏港铁路等重点项目前期工作。华能海门电厂1、2号机组和500千伏送出工程等一批能源项目建成投产。华能南澳东岛风电项目竣工投产，全部20台风机已通过240小时试运行和并网调试。华能海门电厂3、4号机组项目进展顺利。汕头电网保持强力推进态势，多个工程竣工投产，电网重点项目完成投资近10亿元，完成年度计划119%。造地与园区设施项目工作进展顺利。东海岸新城新津河口治理及综合开发项目新溪、塔岗围片区形成陆域面积3平方多公里。保税区填海区域基础设施项目超额完成年度计划，部分道路、排水、防浪挡风工程已经完成。一批防灾减灾项目扎实推进，完成牛田洋海堤、东里桥闸、秋风岭水库等一批江海堤围、水闸和水库除险加固工程。一批生活污水处理设施和生活垃圾无害化处理设施建成投入使用，全市城市生活污水处理能力达58.7万吨/日。城镇污水处理设施中峡山污水处理厂厂区、管网已建成并通过试运行，北轴、两英、后江污水处理厂厂区已建成投产正在加快配套管网建设。产业转移工业园获省认定为示范园区，潮南产业转移工业园完成首期基础设施建设，南山湾科技园、濠江电子电路工业园加快建设。

【开放合作实现新突破】2010年外贸

出口总额49.35亿美元，比上年增长22.9%。全年实际吸收外商直接投资金额2.56亿美元，同比增长25.2%，创下十年来全市实际吸收外资的“新高”，在全省21个地级市中完成年度任务排名居首位。新签投资项目35个；其中投资规模在500万美元以上的项目5个。企业到境外投资设立加工贸易企业、合作开发资源步伐加快。口岸通关环境进一步改善，开通国际集装箱航线11条，广澳港区通过国家一类口岸验收；汕头机场获准对东南亚国家和港澳地区航空公司飞机开放。积极参与海峡西岸经济区建设，对台“三通”取得突破性进展，实现对台海上货运直航和对台旅游包船直航，深化对台合作，设立台湾农民创业园，率先建设粤台经贸合作试验区。南山湾科技园、台湾农产品交易中心、粤台商品交易物流中心等主要载体建设加快推进。成功举办粤东侨博会、“山洽会”、国际潮青联谊年会。与大型央企一批战略性合作项目取得实质性进展，市政府与中国中信集团公司签订濠江新城和苏埃通道项目战略合作框架协议，与中国交通建设股份有限公司签订东部城市经济带河口治理及综合开发项目战略合作框架协议，与中国核工业集团公司签订战略合作框架协议，与华润（集团）有限公司签订发展现代服务业战略合作框架协议。全面完成对口援建草坡乡任务。高标准、高质量地完成36个援建项目建设，援建资金总额20150万元，超过援建任务的39%。加上市后来增加的社会捐助资金物资约700万元以及省统筹用于草坡乡农房重建资金2200万元，超过援建任务的59%。

【各项改革进一步深化】建立市行政服务中心，进驻单位56个、进驻事项1034项，实施市级工程建设项目并联审批，提高审批效率。完成第三、四轮行政审批改革，削减审批事项61.6%，46个单位461项行政审批事项纳入行政电子监察系统，实现省、市、区县和部分街道（镇）四级联网。在全市开展“百人服务团”服务企业活动，深入企业点对点、面对面帮助解决各种问题和困难，解决答复企业反映问题834项。民营经济发展环境不断优化，2010年民营经济实现增加值713.52亿元，同比增长15.0%。全市个体工商户、私营企业分别达12.1万户和2.3万户，增长2.6%和6.9%。民营企业上市融资步伐加快，新增上市企业9家。民营投资保持活跃，增幅达31.6%，增幅高出全社会固定资产投资7.7个百分点。国有企业改革稳步推进，完成172家企业改革重组。汕头商行重组取得重大进展，汕特农联社改革向重组方向发展。

【社会事业全面发展】人民群众的生活质量和水平稳步提高，2010年中心城区居民人均可支配收入15179元，比上年增长11.2%。农村居民人均纯收入6518元，比上年增长16.6%、7.2%。民生民安进一步改善，加大改善民生投入力度，市级财政用于改善民生、提供公共服务的支出占一般预算支出的63.9%。全面实施城乡免费义务教育，改造中小学校舍63.6万平方米；澄海、潮阳、潮南区职业技术教育中心首期校舍建成，市鮀滨职校新校区、市卫生学校新校舍项目建设加快推进。加快普及高中阶段教育，五年新增学位10万个，毛入学率由44.72%提高至85.26%，教育质量进一步提高。妥善解决中小学代课教师问题，录用“代转公”教师4096人，基本兑现义务教育学校绩效工资和实现教师工资待遇“两相当”。劳动就业形势稳定，全市城镇新增就业人员8.29万人，增长0.3%；下岗失业人员实现再就业4.30万人，增长0.3%。全市城镇登记失业人数1.61万人，城镇登记失业率为2.75%。农村劳动力转移就业28.73万人。社会保障、社会救助覆盖面进一步扩大，城镇职工基本养老保险覆盖率、城镇基本医疗保险覆盖率分别为39.8%、86.6%，全市企业参加职工养老保险46.92万人，增长25.0%。2010年，全市用于最低生活保障资金支出12096万元，比上年增加300万元，增长2.5%；获最低生活保障人数10.90万人，增长5.5%；启动新型农村社会养老保险试点工作。新型农村合作医疗制度覆盖所有镇村，全市参加农村合作医疗325.36万人，增加5.06万人；参合率99.02%，提高1.92个百分点。

着力推进残疾人工作。设立贫困精神病人康复救助基金，建立精神病人防治救助长效机制。解决1088名贫困重性精神病患者、3944名贫困白内障患者、129例贫困家庭先天性心脏病儿童治疗问题。加大保障性住房建设力度，通过新建、收购、清理、租赁等形式落实保障性住房，筹集廉租公房531套2.5万多平方米和租赁住房补贴资金500多万元，对2600多户城镇低收入住房困难家庭实施保障。基本解决市区商品房确权发证遗留问题，完成登记审核7330套。安全生产取得明显进展，五年全市各类事故死亡总量年均下降8.5%。实施扶持老区山区建设项目48个，扎实推进扶贫开发“双到”工作，帮助4708户贫困户脱贫。文体事业全面繁荣，文化惠民工程扎实推进，市图书馆、文化艺术学校、潮汕侨批文物馆等一批文化设施相继投入使用。文化遗产保护成效显著，对“南澳I号”古沉船进行水下抢救性发掘。《东吴郡主》等一批文艺精品获殊荣。2010年，在国内外各项重大体育比赛中，汕头体育健儿共获得奖牌97枚，其中获国际和全国比赛金牌30枚、银牌17枚。汕头市运动员获北京奥运会金牌2枚、广州亚运会金牌3枚。人口和计划生育工作稳步推进，2010年全市出生人口4.89万人，人口出生率、人口自然增长率分别为9.54‰和4.77‰。第六次全国人口普查工作进展顺利。完成省下达的年度殡葬管理目标任务。社会大局总体保持和谐稳定。加大城市环境整治，大力整顿“黑票点”、“黑的士”、“黑三轮”、占道经营和乱摆乱放等城市管理违章现象，交通秩序混乱的状况有所改善，市容市貌有所改观。外事侨务、妇女儿童、双拥、优抚安置、老龄、慈善和社会福利事业加快发展，统计、粮食、人防、地震、气象、档案、方志、民族、宗教等工作取得新成绩。

【政府自身建设得到加强】认真执行法律法规和人大各项决议，自觉接受人大的法律监督、工作监督和人民政协、民主党派的民主监督，办理人大议案（建议）409件，政协提案852件。大力推进依法行政，提请市人大常委会审议法规草案14项，制定、修改和废止一批政府规章。通过体现民情、集中民智、反映民意，不断提高立法质量。集中开展政府规章清理工作，通过关于废止部分政府规章的决定、关于修改部分政府规章的决定以及关于公布市政府现行规章清理结果的公告。启动行政复议委员会试点工作，实施行政复议相对集中审理。建立市、区两级政府应急管理机构，提高突发事件处置能力。开展领导干部大接访活动，推行"民声热线"、网络问政等新举措，认真解决群众反映的热点难点问题。规范市场秩序，建立价格调节基金制度，做好市场价格运行监测预警、调控和监管。

（钟志军）

精神文明创建活动

【简况】2010年，汕头市以创建广东省文明城市工作为总抓手，围绕提高提升城市文明程度和市民文明素质，积极组织各级各部门开展群众性精神文明创建活动，大力推进思想道德建设，广泛开展"文明汕头"系列主题活动，促进人的素质和城市文明水平的提升。

【开展公共文明品牌创建活动】年内，以开展公共文明品牌创建活动为抓手，市文明办积极组织各级各有关部门针对重点领域、重点环节开展创建活动，通过打造一批公共文明品牌，大力倡导城市文明风尚，提升城市公共文明水平。一是开展"文明示范路"创建活动。从2010年11月至2011年1月，市委宣传部、市文明办联合市公安局、交警支队、城管局、交通运输局等职能部门，以海滨路、中山东路、金砂东路三路为重点，通过加大路面执法力度和日常管理，开展"文明示范路"创建活动，着力规范车辆文明行驶秩序，倡导市民文明出行意识。同时，金平区、龙湖区等区县也根据自身实际，在本区内确定2至3条重点街路开展"文明示范路"创建活动，营造平安、有序、文明的城市交通环境。二是开展"文明示范区域"创建活动。从2010年底至2011年初，市委宣传部、市文明办选取人民广场和时代广场两大"城市客厅"以及汕头机场、汕头火车站、汕头汽车客运中心站，联合市城管局、市交通运输局、市园林处等部门，开展"文明示范区域"创建活动，通过加强对这两个广场和相关站点的日常管理，开展不文明行为劝导活动，引导广大市民共创文明整洁的公共文明区域，进而以点带面，在全市打造一批公共文明区域示范品牌，全面提升公共活动场所的文明形象。三是开展"文明示范窗口"创建活动。从7月开始，市委宣传部、市文明办以创"优雅形象、优美环境、优良秩序、优质服务、优化管理"为主要内容，在全市广泛开展"文明示范窗口"创建活动。经过几个月的创建，并经过层层推荐评选，市文明办从全市各区县、各行业推荐的55个窗口单位中评选出20个"文明示范窗口"进行命名表彰，促进了窗口服务行业服务水平的提升。四是开展"公共文明志愿服务"活动。10月，为配合推进"文明示范路"、"文明示范区域"两大创建活动，市文明办联合团市委、市妇联、蓝天义工协会等部门团体，在全市招募并培训了近200名"公共文明使者"，成立"汕头市公共文明志愿服务队"，金平区、龙湖区也在辖区内组织成立公共文明志愿者队伍。从11月起开始，"公共文明使者"深入各主要道路、广场和有关公共场所开展文明志愿服务活动，产生良好的社会反响。

【开展"书香飘万家"系列读书活动】为配合推进创建文明城市活动，着力提升城市人文素质、文化品位和市民文明素质，市文明办围绕"文明汕头"主题，精心策划开展"书香飘万家"系列读书活动，推动书香汕头、文明汕头建设。一是举办"书香飘万家"系列读书活动启动仪式。5月18日，市文明委、市委宣传部在市图书馆举办"书香飘万家"系列读书活动启动仪式暨第三届公务员书法作品展开幕式，龙湖区、潮南区在会上介绍开展读书活动的经验做法，各区县文明委、市文明委各成员单位以及各相关单位负责人共200多人出席启动仪式。启动仪式当天，汕头市公务员书法作品展览也同时开幕，各新闻媒体集中对启动仪式进行了报道，汕头日报、汕头特区晚报刊登市文明办统一组织的全市40项基层读书活动和150多项社会各界读书活动，在全市营造浓郁的全民阅读氛围。二是开展"八大系列"重点读书活动。根据全省的统一部署和汕头的人文实际，结合创建学习型党组织、学习型城市的要求，汕头各界在不同领域组织开展八大系列活动：全市阅读动员、机关阅读活动、企业阅读活动、学校阅读活动、农村阅读活动、社区阅读活动、书惠万家阅读活动和出版系列阅读刊物。特别是通过举办"汕头学习论坛"、"汕头干部文化讲座"、"党员领读农家书"等活动，打造一批全民阅读活动平台，形成一批书香文化亮点，深受广大干部群众的欢迎。三是办好"南国书香节•书香汕头"系列文化活动。根据全省南国书香节的统一部署，从7月开始，市文明办就组织市文广新局、市新华书店、龙湖区委宣传部等单位和部门认真研究策划"南国书香节•书香汕头"系列文化活动。8月20日上午，市文明委在市委会议中心举办"南国书香节•书香汕头"系列文化活动暨"创新与汕头发展"报告会，并于8月20至25日期间举办"六个一"系列文化活动，即举办一场大型图书联展、一场大型学习报告会、一场"经典阅读"活动、一次文明礼仪知识普及活动、一场环境氛围布置活动、一次送书下乡活动。活动期间，市文明办抢救性录制的《经典潮剧老唱片》在全市掀起一股回味经典、欣赏潮剧的文化热潮，在开幕式上首发的《汕头市文明礼仪手册》深受广大市民的好评，突出了汕头特色，彰显了城市气质。

【开展文明礼仪教育活动】为进一步加强和改进未成年人思想道德建设工作，提升全市青少年的道德礼仪水平，结合汕头市开展创建广东省文明城市活动，市文明办在全市中小学中深入开展“小手拉大手、文明伴我行”主题活动。选择一批试点学校开展文明礼仪学习实践活动。8月，市文明办编辑出版《汕头市文明礼仪手册》，在市民中产生了强烈反响。10月，为培养青少年学生懂礼仪、讲文明的良好生活习惯，市文明办联合市教育、团市委等单位，在金平区、龙湖区各挑选5所中小学校作为先行试点单位，开展第一阶段的中小学生文明礼仪学习实践活动。活动期间，市文明办向10所试点学校共赠送《汕头市文明礼仪手册》8000册，各试点学校通过组织主题班会、团会、学习小组会等形式，以《汕头市文明礼仪手册》为重点，认真开展文明礼仪知识的学习实践活动。面向全市中小学生举办“文明礼仪百佳作文”征文活动。从2010年10月至12月，市委宣传部、市文明办联合汕头都市报等有关单位在全市组织开展“小手拉大手、文明伴我行”中小学生征文活动。活动要求学生结合自身实际，撰写学习心得文章。主办单位从来稿中择优在汕头都市报刊登。征文活动结束后，主办单位组织专家对征文进行评选，在全市评出100篇“文明礼仪百佳作文”。通过开展征文活动，着力在全市掀起百万中小学生学礼仪、全民共建文明城的热潮。

【开展社会文化环境专项整治活动】年内，根据中央、省关于净化社会文化环境，促进未成年人健康成长的工作部署和要求，市文明办积极组织各区（县）和各相关职能部门，在全市组织开展净化网络、净化网吧，净化荧屏声频、净化校园周边环境的“四大净化”专项整治行动。据不完全统计，全年全市共查封违法经营场所32处，关闭网站43个，取缔“黑网吧”310户，查扣电脑2000多台（套），切断服务信号222户，处罚网吧接纳未成年人案件11宗，处置网上有害信息5000多条，查缴非法音像制品8583张，有效优化了汕头市的社会文化环境。

【开展精神文明表彰活动】从2010年9月至12月，市文明办在全市组织开展精神文明建设先进集体和先进个人的评选表彰，推动文明创建工作的深入开展。经过各级各部门的评选，并报市委、市政府审定，全市共评选表彰一批先进单位和先进个人：文明区（县）2个，创建文明区县工作先进区（县）2个，文明单位98个，文明镇2个，文明村23个，文明社区37个，文明市民15名，精神文明建设先进工作者15名。

（罗文雄）

汕头之最

【《名言书法大典》获大世界基尼斯之最】1月，由汕头经济特区发祥地——龙湖区策划出版的大型文化艺术工程《名言书法大典》，经上海大世界基尼斯总部专家的评审认证，以“最多的名言、注释、书法、篆刻合璧的出版物”，获得大世界基尼斯之最。《名言书法大典》是一部集历代经典名言与当代书法艺术于一体的实用性大型工具书，将收入名言警句近万则，分20卷出版（每卷500幅），第一卷已出版发行，其余将分卷陆续出版，分自然、人生、社会、文化4个篇章，邀请全国各地502位书法家创作成书法作品编入书中。这部首屈一指的出版物，将填补国内尚无名言书法典籍的空白，并以其收录的名言警句容量大选择精、注释简洁清新、书法作者众多、风格各异、书体齐全和编排新颖等诸多优长，充分体现其全面性、实用性、思想性和艺术性。

【世界最先进打桩船进驻南澳大桥施工海域】2月初，世界上最先进的“海力801”打桩船进驻南澳大桥施工海域，这艘打桩船长80米、宽30米，总吨位4300吨，总造价1.6亿元，能打80米长、最大直径达1.5米的钢管桩，起重能力达到600吨，吊杆可以360度旋转，配置世界上最先进GPS定位系统，打桩锤一锤下海，就有280千焦的力量，最多一天打桩量达20根，是目前世界上最大最先进的打桩船。在经过120天的奋战，“海力801”打桩船高速、圆满完成了593根钢管桩海上沉放施工任务，检测桩基优良率达100%，亮丽、雄壮的南澳大桥轴线初现雏形。

【亚洲最美丽的大学图书馆】2009年6月，汕头大学图书馆新馆落成。新图书馆总体建筑面积约2.1万平方米，整体设计概念取意自中国的线装书，外部观感造型体现了中国线装书书盒的雅致结构，内涵空间中则渗露出中国传统书院园林空间的精神理念。因此，最后的整体设计成品呈现出一种“中国古代知识盒子的现代演绎”的独特美感，被称为“亚洲最美丽的大学图书馆”。

【“亚洲第一跨度”首片钢桁梁架设】2月4日，在同类型桥梁中排名世界第三、亚洲第一跨度的厦深铁路重难点控制性工程——榕江特大桥首片钢桁梁顺利完成架设，进入桥面施工，厦深铁路建设取得实质性进展。榕江特大桥全长7373.921米，水中主桥为2×220米钢桁梁柔性拱，跨度为660米，为满足万吨巨轮通航需要，主桥水面至桥梁底部净空高38米。架设的首片钢桁梁长11米，重约30吨，被架设于主桥的起点位置，整个桥共需架设节点性钢桁梁60片，总共所需钢材约1.6万吨。另外，榕江特大桥主跨梁跨结构采用钢桁梁柔性拱，共

4跨，其中跨度220米的主跨在亚洲同类型桥梁中位居第一。

【国内首家珠宝首饰上市企业】1月28日，广东潮宏基股份有限公司在深圳证券交易所正式挂牌交易，成为国内第一个珠宝首饰上市企业。潮宏基公司是一家集珠宝首饰设计、生产、销售为一体的大型股份企业，主要对"潮宏基"及"VENTI"两个珠宝品牌的连锁经营管理。

【国内最大型绞吸船进驻东部经济带】3月，国内最大型的绞吸挖泥船——"港海浚516"绞吸船在汕头市东部城市经济带施工港面通过调试和测试运行。"港海浚516"绞吸船是目前国内建造的最大型的绞吸挖泥船，功率达到4500立方米/小时，该船的投入使用，极大地提高东部城市经济带项目的土地吹填建设进度。

【国内唯一拥有电视频道经营权的上市公司】3月10日，奥飞动漫以9000万元现金成功收购嘉佳卡通公司60%股权，获得上星专业卡通频道经营权，成为国内唯一一家拥有电视频道经营权的上市公司。奥飞动漫是国内第一支动漫概念股，也是唯一一家拥有完整动漫产业链的玩具制造企业，以玩具起家，通过引进版权确立玩具自有品牌，完成原始积累，进而向上制作原创动漫影视片，并成功打造了"AULDEY双钻"这一中国驰名商标及中国第一玩具品牌，从传统玩具产业成功转型为一家以动漫为核心的文化企业，建立了一条从内容设计、形象授权、媒体传播到产品创作、市场营销的完整动漫产业链。

【国内唯一获得授权研发生产上海世博会吉祥物"海宝"系列动漫衍生产品企业】4月，由上海世博会事务协调局主办的动画片《海宝来了》新闻发布会在上海世博园召开，汕头澄海玩具企业广东飞轮实业有限公司成为国内唯一获得授权研发生产上海世博会吉祥物"海宝"系列动漫衍生产品的企业。飞轮公司发挥衍生产品设计创意的特长，与上海城市动漫出版传媒有限公司深度合作，推出世博会吉祥物海宝动画系列衍生产品。衍生产品根据动画片的内容，结合海宝顽皮可爱的特点，开发包括玩具遥控车、发条机器人、电动系列以及人偶等世博玩具系列产品，并突出上海世博会的环保理念，多款玩具采用环保材料制成可以完全降解。

【中国女装第一股】6月8日，被誉为"中国女装第一股"的"凯撒股份"在深圳证券交易所正式挂牌交易。凯撒股份有限公司是汕头首家在国内A股市场上市的外商独资企业，通过清晰产品定位，坚持一贯的高品质制造、个性化的创意设计、流行趋势与中国元素完美融合的品牌风格，在国内树立了"凯撒"高端服装品牌形象，是10多年来坚持立足于高端市场至今仍保持旺盛品牌生命力的国内少数服装企业之一。

【国内首家中外合资寿险公司中宏保险进驻汕头】7月15日，由加拿大宏利金融旗下的宏利人寿保险（国际）有限公司和中国中化集团公司核心成员——中国对外经济贸易信托有限公司合资组建的中宏保险广东汕头中心支公司举行开业庆典，国内首家中外合资寿险公司正式落户汕头，为汕头市保险业发展增添新的生命力。

【中国玩具产业首个国外展示中心】11月28日，中国玩具产业首个国外展示中心澄海迪拜玩具展示中心暨第一届澄海玩具迪拜推介会在迪拜企业家商务村举行开业典礼。中国•澄海玩具迪拜展示中心地处迪拜市萨义德港重要的商业地段，面积3000多平方米，设立标准展位255个，常年开放营业，从事产品展示和接受订货。中国•澄海玩具迪拜展示中心的设立，不仅有效宣传澄海区域品牌，也为澄海玩具的销售搭建又一新平台，推动澄海玩具产业实现新的飞跃。

【新中国成立以来唯一公开发行的潮剧报纸】1月和3月，广东潮剧院分别推出《声色艺》网络期刊试刊第一、二期，受到潮剧戏迷网友的欢迎，阅读量不断上升。6月，《声色艺》推出首期正式刊，曾广受欢迎的潮剧小报，以网络杂志的新面貌与广大潮剧迷见面。《声色艺》是新中国成立以来唯一一份由潮剧界人士主编、公开发行的潮剧报纸，1981年2月创刊，共出版13期，后因故停刊。为适应新时代的阅读模式，广东潮剧院在潮剧大观园网站（http://www.chaoju.com）以网刊的形式重新推出《声色艺》。潮剧《声色艺》网刊分为特别报道、潮剧动态、封面人物、剧目欣赏、新戏推介、艺坛撷英、品戏论艺等栏目，除了有最新的潮剧新闻动态、近期热门剧目的观感评论、对潮剧新秀的介绍之外，还有珍贵的视频资料，并配上舒缓优美的潮曲作为背景音乐。

【国内电气专业分销行业第一股】7月6日，被誉为国内电气专业分销行业第一股、汕头输配电设备行业"领头羊"的"众业达"在深圳证券交易所正式挂牌交易。众业达电气股份有限公司是国内电气分销行业的龙头企业，产品涉及低压和中压输配电产品及工业自动化产品，业务环节覆盖分销、物流仓储、专业技术服务、系统集成和成套制造等各个环节，在产品研发、制造、销售、服务等方面均处于业界领先水平。

【国内第一台具备腹部容积探头的便携式彩超】10月12日至15日，第64届中国国际医疗器械博览会在沈阳国际展览中心隆重举行，汕头超声研究所展示了一系列新技术新产品，在国内率先推出便携式实时三维彩超Apogee 1100，配备腹部容积探头、腔内容积探头、双平面直肠探头，创造多个国内行业第一：国内第一台自主研发的具备腹部容积探头的便携式彩超、国内第一台自主研发的具备腔内容积探头的便携式彩超和国内第一台自主研发的具备双平面直肠探头的便携式彩超，成为国际上少数能自主生产腔内容积探头及配套应用软件的企业，这项技术的研发成功，进一步加强了汕头超声研究所在实时三维超声领域的领先地位。迄今为止，汕头超声研究所依然是国内同行中唯一完整掌握腹部实时三维超声成像技术的企业。

【全国首个实现大规模自动抄表城市】2010年，汕头供电局作为广东电网公司自动抄表全覆盖的唯一一个试点单位，在中心城区（金平区、龙湖区、濠江区）实施约50万户的低压用户自动抄表系统建设，汕头市成为全省乃至全国第一个实现大规模自动抄表的城市。远程自动抄表可以快速反映用户的用电异常情况，大大缩短以往发现故障的时间，减少了对用户进行电度补收的麻烦，减少了供用双方的纠纷，也有利于供电企业更有针对性地指导客户科学用电、合理用电。

【全国首家侨批档案馆】12月23日，全国首家侨批档案馆——潮汕侨批档案馆在潮汕历史文化研究中心隆重揭牌。侨批，俗称“番批”，是原生态的“草根”档案文献。它涵盖面广，涉及当时的金融、邮政、政治、经济、文化、交通以至民众的生活等领域，是资料翔实、内容丰富的海内外华侨华人社会和侨乡发展演变的“百科全书”，大大弥补了官方典籍文献记载的不足。该馆的成立，将对传承、弘扬侨批档案精粹和潮汕优秀传统文化，宣传和保护潮汕档案文献遗产，凝聚侨心、弘扬粤籍华侨华人的拼搏精神发挥积极作用。

【全国唯一获“玉树不倒感恩祖国”嘉奖的民间慈善机构】4月14日，青海省玉树藏族自治州玉树县发生7.1级地震后，市存心慈善会在市区和澄海区设立多个“青海玉树抗震救灾捐款”募捐点，并举行“汕头人民心系玉树、爱汇青海”大型烛光追思会。27日，该会将募集到的第一笔民间善款101.93万元经市慈善总会转捐青海玉树灾区。5月1日，该会将价值250多万元物资，组织装运成4个车皮，历经5天5夜，辗转3000多公里运抵青海玉树，成为全国第一家抵达玉树救援的民间慈善机构。8月，由青海省人民政府主办的“玉树不倒感恩祖国”——青海玉树地震灾区重建美好家园特别节目在北京举行，汕头市存心慈善会成为全国唯一获邀请和嘉奖的民间慈善机构。

【中国唯一获“首尔市长特别奖”的艺术家】8月，第16届中日韩国际美术交流展在韩国首尔举行，中国工艺美术大师、汕头市非物质文化遗产“陶瓷微书”传承人王芝文受邀参加，其作品“六面瓶山水微书”获此次美术展的最高奖项——“首尔市长特别奖”，是中国30多位参展者中唯一获此殊荣的艺术家。王芝文从事陶瓷微书研究和创作已20多年，其微书艺术在不借助任何放大工具的情况下，凭裸视用毛笔进行创作，在中国瓷器史上尚属首创，作品先后被人民大会堂、故宫博物院、中国国家博物馆、中国美术馆等机构收藏。

【全省首个无人值班模式500千伏变电站】10月6日，海门电厂送出500千伏输变电工程正式启动投产，成为全省第一个采用无人值班模式的500千伏变电站。海门电厂送出500千伏输变电工程项目为五防一体化设计，其图像监控系统采用全数字网络设备传输视频图像，站端处理单元采用LINNUX系统，视频图像传输到地区级子站及省站实行统一管理，系统集成温、湿度感应器信号反馈及水浸、红外报警信号反馈，十分先进。工程建成之后将满足华能海门电厂并网送电的需要，以及粤东地区用电负荷增长的需要，同时大大提高改进粤东地区供电的安全性和可靠性，为粤东电源外送通道的建设创造条件。

【全省首创平台实时监察系统】8月30日，由市纪委、市监察局主办，中国电信汕头分公司协办的便民利民服务电话电子监察系统正式启用，在全省首创平台实现对全市职能单位的办事热线、咨询服务、投诉监督等几百个便民利民服务电话的接听情况进行实时监察，旨在进一步有效监督各单位履行执政为民的承诺，切实提高服务意识和责任意识。该系统实现了只拨打“114”一个号码就能直接转至各服务电话的功能。全市有46个职能部门近300部便民服务电话被纳入系统监督。

【广东援建项目唯一获四川建设工程质量最高奖】8月，汕头市援建草坡乡通乡公路麻龙公路Ⅰ段荣获四川省建设工程质量最高奖——“天府杯”金奖，是广东省援建汶川县灾后恢复重建唯一获此殊荣的公路项目。草坡乡通乡公路麻龙路Ⅰ段工程总投资约6000万元，设计工期18个月，是汶川县灾后重建重点工程，是广东省援建汶川“十大重点项目”之一，也是汶川县灾后恢复重建投资规模最大、安全隐患最重、施工环境最艰险的通乡公路。麻龙路Ⅰ段按照三级公路标准建设，全长7.5公里，路基宽度7.5米，路面宽度6.5米，双向两车道水泥混凝土路面，4月份顺利通过竣工验收，成为阿坝州近10年来唯一被评为优良工程的公路项目。

【全省首家淡水珍珠良种场】8月，广东绍河珍珠有限公司省级三角帆蚌良种场符合省级水产良种场验收标准，通过省海洋与渔业局专家组验收，成为全省首家淡水珍珠良种场，对于提高汕头市水产种苗良种覆盖率，具有重要意义。

【潮菜作为粤菜唯一代表入驻世博园】4月8日至11日，由广东省世博办、汕头市人民政府、上海潮汕联谊会共同主办，汕头市旅游局、上海潮府酒家承办的首届上海潮汕美食文化节在上海潮府酒家举行，上海大宁潮府酒家代表中国八大菜系粤菜唯一代表入驻世博园。本次美食节共举办潮菜美食品尝、潮菜行业展销、潮菜专家高峰论坛等系列活动，以“借助世博机遇，弘扬潮菜民族品牌”为主题，全力打造“高端食文化”的潮菜名片，旨在加强汕沪旅游文化交流，打造美食旅游品牌，进一步推动潮汕美食文化在全国的传播和推广，促进汕沪两地旅游、文化的交流与合作。

【粤东地区唯一获“广东省滨海旅游示范景区”】4月，在广东省政府召开的粤西地区旅游工作现场办公会上，南澳县荣获“广东省滨海旅游示范景区”称号，成为首批13个滨海旅游示范景区之一，也是粤东地区唯一获评单位。南澳是广东省唯一的海岛县，是国家AAAA级旅游景区。近年来，南澳通过建设环岛景观带和海洋科普基地，开展“渔家乐”和环南澳岛自行车赛、勒门列岛矶钓赛等活动，有效地推动了海岛旅游业的可持续发展。

【粤东首个大型民航机库】12月15日，汕头航空有限公司潮汕机场南航基地机库综合楼等主体工程正式动工。该工程项目是汕航在潮汕机场单体建筑面积最大、投资额最多的工程之一，其总建筑面积约为1.5万平方米，投资额约为5000多万元，计划于2011年年底机场正式运营前建成投入使用。建成后，将可以同时停放两架波音737-800型飞机，并将结束目前飞机维修人员只能露天进行维护检修的历史，这也是粤东首个大型民航机库，可大大提高潮汕机场的飞机维修保障能力。

【粤东地区首个国际金钥匙组织示范点】4月，“长平•星湖豪景”项目作为粤东地区首个地产品牌加入国际金钥匙组织物业联盟，率先成为粤东地区首个国际金钥匙组织示范点。“金钥匙物业联盟”服务体系是国际上通用的最高标准的服务体系之一，是个性化服务专家，代表着对客户尽善尽美的服务。金钥匙服务是国际上高端服务的标志，1995年进入中国后，很多服务管理公司都以拥有“金钥匙”为荣，物业引入“金钥匙物业联盟”之后，住户们将能享受到世界顶级的酒店式物业服务。

（年鉴编辑部）

经　济

ECONOMY

综合经济管理

发展规划管理

【简况】2010年，汕头市以建设幸福汕头为目标，围绕把汕头建成粤东区域中心城市、中国东南沿海重要港口和海峡西岸经济区南翼中心城市，成为全国全省统筹城乡配套改革示范区，以开阔的视野和改革创新的精神，科学规划汕头市国民经济和社会发展的战略目标、重点任务和政策措施，注重解决国民经济和社会发展的全局问题，注重速度与结构、质量、效益相统一，注重城乡、区域、经济社会发展相协调，注重发展需求与要素资源支撑能力、生态环境承载能力相适应，充分发挥社会主义市场经济条件下政府规划的应有功能，促进经济社会全面协调可持续发展和人的全面发展，为汕头市全面实现“十年大发展”和“五年大变化”率先基本实现现代化奠定坚实基础。

【出台加强和改进规划工作的意见】根据《国务院关于加强国民经济和社会发展规划编制工作的若干意见》、《国务院关于编制全国主体功能区规划的意见》，8月31日，市政府办公室印发《关于加强和改进规划工作的意见》。《意见》共分三部分十九条，第一部分明确提出规划编制的指导思想、规划体系的功能分工和发展规划纲要的战略导向，强调要加快推动形成主体功能区，切实强化空间规划功能，明确专项规划编制的定位和领域，注重研究编制区域规划。第二部分提出要加强规划的综合协调，在规划立项、规划编制前期工作、公众参与、专家论证和规划地衔接审核等方面作出规定。第三部分强调要建立规划实施目标责任制，强化规划配置资源的导向作用，认真落实规划的约束性内容，实行规划评估制度，进一步加强规划宣传。

【组织编制第十二个五年规划纲要】汕头市“十二五”规划编制工作于2009年8月正式启动，整个规划编制工作按时间顺序分为前期准备、框架形成和修改完善三个阶段，经过一年多时间的课题调研、资料收集整理和研究起草，反复征求意见，分别听取了老同志及专家学者、各部门、各区（县）、部分镇（街道）主要负责同志以及各民主党派、无党派、基层党员代表的意见建议，并通过搭建公众建言平台，开展公众咨询和专家咨询，高度集聚专家智慧和民众意愿，于2010年12月底形成《规划纲要（送审稿）》。2011年1月16日，市委召开九届十次全会，会议通过了《规划纲要》，形成《中共汕头市委关于制定国民经济和社会发展第十二个五年规划的建议》，《规划》提出“十二五”规划的指导思想、奋斗目标、发展任务，特别是对“推动科学发展、建设幸福汕头”提出了一系列的新思路、新目标、新要求。在此基础上，市发展和改革局编制了《汕头市国民经济和社会发展第十二个五年规划纲要》（简称《规划纲要》）。

【编制重点专项规划】年内，汕头市政府办公室《印发汕头市“十二五”规划编制工作方案的通知》，对全市24个“十二五”重点专项规划的编制工作进行部署，明确分工市直有关部门牵头编制。2010年市各有关部门按照有关工作要求积极推进重点专项规划编制，绝大部分重点专项规划于6月底前完成规划初稿，年底前完成规划征求意见程序，并积极做好与《规划纲要》目标任务和重大问题的衔接，确保在总体要求上指向一致，在空间位置上相互协调，在时序安排上科学有序，以高水平的规划引领城市建设、产业发展和资源环境的改善。

【制订产业发展计划】按照广东省委、省政府《关于加快经济发展方式转变的若干意见》和汕头市委九届九次全会精神，2010年7月中旬，汕头市联合暨南大学产业研究院开展制订《汕头市战略性新兴产业倍增计划》和《汕头市传统优势产业提升计划》，联合华南师范大学制订《汕头市现代服务业提速计划》。经过近半年时间的调研、资料收集整理和研究起草，反复征求意见。2010年11月形成“三个计划”的送审稿。

【编制蓝色海洋综合开发计划】为更好的贯彻落实国家、广东省实施海洋开发的战略部署的重要举措，形成指导汕头市当前和今后一个时期科学开发利用海洋资源、加快海洋经济发展的纲领性文件。2010年11月23日，汕头市委李锋书记在市委、市政府召开的“十二五”规划编制情况汇报会上提出编制汕头市蓝色海洋综合开发计划，随即相关部门启动编制工作，于2010年12月底完成计划编制前期准备工作。编制工作计划分为调查研究、计划起草、计划论证和审议三个阶段开展，力争2011年6月完成，确保能从更高层面审视海洋经济和区域经济协调可持续发展，高标准、高质量、科学谋划汕头市海洋经济发展战略和目标。

【编制现代服务业发展规划】为贯彻落实广东省粤东地区现场会和工作会议和广东省现代服务业会议精神，加快推进现代产业体系建设，形成以服务业为主的产业结构，进一步强化区域中心城市集聚辐射功能，2009年9月，汕头市政府决定开展《汕头市现代服务业发展规划》编制工作，并向社会公开征集编制单位。经过比选，确定由华南师范大学承担《汕头市现代服务业发展规划》编制工作。《汕头市现代服务业发展规划（2011–2020）》于2010年元旦启动，经过近一年的课题调研、资料收集整理，反复征求意见和多轮修改完善，于2010年12月通过专家评审，形成《汕头市现代服务业发展规划（2011-2020）（送审稿）》。

【参与编制海峡西岸经济区发展规划】2010年，汕头市主动参与编制《海峡西岸经济区发展规划》，对《发展规划》提出的意见建议得到编写组的采纳，从而使汕头城市发展定位在规划中得到体现。《发展规划（送审稿）》将汕头定位为与福建厦门并列重要的龙头城市，提出重点建设以汕头为龙头的“汕头-潮州-揭阳-梅州-龙岩-赣州发展轴”，培育“以汕头中心城市为龙头，以潮州、揭阳为两翼，推进汕潮揭同城化发展”的粤东沿海发展区，并进一步明确了港口布局、重点项目和享有先行先试政策等具体内容。2010年12月底，国务院批准实施的《全国主体功能区规划》中，明确将汕头纳入海峡西岸经济区重点开发区，要求“强化汕头的粤东区域中心城市地位，推进汕潮揭一体化，加强粤东地区与福建南部沿海城市在港口、产业等的分工合作与功能互补”。

（章静珠）

经济体制改革

【简况】2010年，汕头市认真贯彻落实国家、省经济体制改革精神，研究出台《汕头市近期经济体制工作重点及下阶段工作意见》，部署推进重点领域和关键环节改革工作，在行政管理体制改革、农村综合改革、经济领域改革、社会领域改革等方面取得明显成效，有利于科学发展的体制机制进一步完善。

【行政管理体制改革】年内，基本完成新一轮区县政府机构改革。政府机构改革按照省的统一部署，紧紧围绕转变政府职能，理顺职责关系，优化组织结构，减少管理层次，提高行政效率，严格控制编制的要求，精心组织，稳步推进，至年底前基本完成区县政府工作部门“三定”工作。富县强镇事权改革积极推进。先后出台《汕头市富县强镇事权改革工作方案》、《关于贯彻省简政强镇事权改革指导意见精神，深化我市乡镇机构改革的实施意见》，指导推进全市改革工作，至年底，基本完成乡镇机构改革方案。目前，各区县正在抓紧实施中。推进事业单位改革，出台《汕头市事业单位公开招聘人员实施细则（暂行）》、《汕头市事业单位调进人员管理办法（试行）》，全面规范事业单位进人行为。开展第四轮行政审批事项清理。取消审批事项40项，下放审批事项29项，市级设定的非许可审批事项已全面取消，保留审批事项仅有171项（许可118，非许可53项），保留审批事项比原有的253项减少82项，减幅达32%，是省内保留行政审批事项较少的地级市之一，为优化汕头投资环境、提升行政效能打下了良好的基础。开展汕头市行政审批和公共服务综合信息系统建设。制定系统建设工作方案，加大网上审批、网上办事推进力度，把全市“网上办公、并联审批、电子监察、公共服务”汇集于统一的电子政务网络平台。目前，项目建设正在积极推进中。财税体制改革稳步推进。实行综合预算管理改革，将非税收入纳入统一的政府预算体系，打破预算内外资金“两张皮”的格局。创新政府采购方式。建立电子化政府采购平台，于4月22日成功上线试运行，实现政府采购从纸质到无纸化的过渡，真正实现网上阳光采购。

【农村综合改革】积极稳妥推进农村土地承包经营权流转，全市发生土地流转面积24.1万亩，促使土地向种田能手、专业户集中，提高农业规模化、集约化、专业化生产水平。推进农村集体资产股份制改革，基本完成农村集体经济组织登记发证工作。进一步培育和发展农民专业合作经济组织，鼓励农民走向市场。雷岭荔枝专业合作社等一批农民专业合作社先后与大型连锁超市、学校开展“农超对接”、“农校对接”，提高了农业产业化程度。目前，已注册登记的农民专业合作社157个，拥有社员9420人，带动农户3.28万户，成为推动农业产业化经营的新生力量。进一步规范农村财务管理工作。全市844个行政村中，建立村民理财监督小组、实行财务公开上墙的有841个，占总村数的99.6%，保障了群众的知情权、决策权、参与权和监督权。积极推进集体林权制度改革。在澄海盐鸿镇林改试点的基础上，探索出一条“分股不分山、分利不分林”的路子，有序推进林改工作，至11月下旬，各级出台林改实施方案573个，完成林改确权登记（第二榜）93.63万亩，占全市纳入集体林改面积99.3%，确权发证92.5万亩，占林改面积98%。

【经济领域改革】开展“百人服务团”活动，点对点、面对面为企业进行贴身服务，解决答复企业反映问题834项，民营经济发展环境进一步优化。大力发展利用资本市场，积极推进企业直接上市融资。有9家企业实现上市，全市上市公司总数达到16家，与佛山市并列全省第二位（不含深圳市），直接融资总额70.7亿元。小额贷款公司试点全面开展。新设立两家小额贷款公司，全市小额贷款公司达到6家，1～11月份累计发放贷款1151笔，发放小额贷款7.94亿元，有力支持所在区“三农”和小企业的发展。地方金融发展环境不断改善。筹划组建了市政府控股的融资性担保公司1家，规范整顿融资性担保机构5家，新增2家保险机构、1家证券机构入驻。金融创新取得新突破。协调民生银行汕头分行作为试点行，联合市知识产权局等有关部门，积极推行知识产权质押融资试点，其中，广东正迪网络科技有限公司以知识产权质押融资获得了800万元的综合授信。国有企业改革稳步推进。继续实施《汕头市加快国有企业改革总体方案》，循序渐进推进国有企业改革，有4家企业完成产权公开转让或进入挂牌转让环节，有8家企业完成改革方案或提出改革思路，一批职工安置等改革难题得到协调解决。积极推动中小企业创新产业化基地和公共服务服务体系建设，有5个基地（企业）获批2010年广东省中小企业创新产业化示范基地（企业），1家企业获批2010年广东省中小企业公共（技术）服务示范平台。积极构建产业公共创新平台，建设“中国检验检疫科学研究院（汕头）纺织品研究室”、“中国广州分析测试中心粤东分中心”，为全市科技创业创新提供支撑服务。2010年，组织认定了20家市级工程中心，全市的省、市工程中心分别达40家和83家。大力鼓励和扶持企业加大研发力度，提高自主创新能力。2010年，全市承担省级以上科技计划项目140项，获得扶持资金4711万元，其中列入省重大科技专项8项，获得扶持资金1180万元。组织实施市级科技计划项目。安排市级科技计划项目180项，市财政科技三项费用投入1500万元。价格改革不断深化，中心城区从2月1日起实施水价改革，对居民生活用水实行阶梯式水价，促进节约用水。

【文化体制改革】出台《汕头市文化体制改革工作方案》，部署文化体制改革。大力扶持、发展民办文化组织，各种民办文艺团体、书画创作和研究机构、艺术培训和考级机构纷纷涌现，目前全市已有各类民办文化机构34个，成为我市文化建设的一支重要力量。稳步推进文化事业单位改革，进一步完善市歌舞团、话剧团、潮乐团（曲艺团）、杂技魔术团整合方案，按建设具有较高竞争力和创造力的综合性艺术表演团体的思路，改革团体运行机制，积极筹建汕头市艺术剧院，打造地方特色文化品牌。公共文化服务体系进一步完善。汕头开埠文化陈列馆、澄海区博物馆新馆、澄城影院改造、潮阳影院改造、潮阳文光文化广场建设等一批重点基层文化建设项目基本完成，潮南区图书馆、文化馆等建设项目正在加紧推进；汕头文化艺术学校已入新址，结束了“麻雀学校”的历史；市图书馆、澄海区图书馆获评国家一级图书馆。重点文化惠民工程扎实推进。2010年，全市农村电影放映7192场次、观众251万人次，实现了一村一月放映一场电影的目标，农家书屋工程提前超额完成了涉农社区40%、共386家的建设任务；全市群众性文化活动活跃，潮南区“农民读书活动”、龙湖区“书香龙湖”系列读书活动荣获“书香岭南”全民阅读活动优秀项目称号。

【教育体制改革】相继出台《关于贯彻落实省委、省政府<关于大力发展职业技术教育的决定>的实施意见》和《关于加快普及高中阶段教育的实施意见》，加快发展教育事业，教育教学质量和科研水平进一步提高。目前，全市普通高中上等级的学校共61所，有12所学校跃上广东省国家级示范性普通高中等级，优质学位占普通高中在校生的73.6%；中等职业教育办学质量显著提升，毕业生就业率97%。全面推进实施义务教育绩效工资制度，兑现义务教育学校绩效工资和实现教师工资待遇“两相当”。努力发展特殊教育和学前教育，将残疾儿童少年教育纳入普及九年义务教育总体规划，征地71.16亩，新建汕头市特殊教育学校，项目进入工程招投标阶段。解决中小学代课教师问题，做好“代转公”工作，共招录4202人。全面实施免费义务教育。2010年，全市享受免费义务教育学生总数为846408人(农村学生651511人，城镇学生194897人),占义务教育阶段学生总数92%，进一步减轻群众的经济负担。

【医药卫生体制改革】出台《中共汕头市委、汕头市人民政府关于深化医药卫生体制改革的实施意见》和《汕头市医药卫生体制改革近期重点实施方案（2009—2011年）》，加快医药卫生体制改革步伐。开展国家基本药物制度试点工作，逐步实施基本药物制度。经积极筹备，南澳县于7月1日率先实施国家基本药物制度，试点工作进展顺利，并在全市逐步推开。目前，全市已有34家基层医疗卫生机构实施国家基本药物制度。推进新型农村合作医疗制度。2010年，全市58个乡镇861个行政村（含涉农居委）全部实施了新型农村合作医疗制度，新农合实现100%覆盖全部村居，参保人数达325万人，占全市农业人口的99.02%，基本实现了农村居民人人享有医疗保障的目标，有效地缓解了农民因病致贫、因病返贫问题。提高新型农村合作医疗水平。新农合人均筹资标准达到150元，其中各级财政扶持120元，农民个人出资30元，全市筹资总额达4.88亿元。镇(街道)卫生院、县级医院、县外医院住院费用补偿比例达到70%、60%、45%以上，封顶线达到6万元以上；10月1日起，全市实现新农合定点医院住院即时补偿，大大提高了服务的便捷性。各区县在实施住院补偿的基础上还积极推行特殊病种门诊补偿制度和门诊统筹补偿制度，新农合制度的保障能力显著增强。稳妥推进公立医院管理体制和运行机制改革。启动澄海区开展公立医院改革试点，积极探索公立医院改革的有效途径。围绕公立医院改革目标，实施基层医疗卫生机构人事制度改革，开展门诊预约服务和推行门（急）诊通用病历。健全基层医疗卫生服务体系，南澳县人民医院、关埠镇中心卫生院等一批基层医院新建、改扩建工程加快推进。

【社会保障体制改革】实施积极就业政策。在妇女创业就业方面出台创新政策，允许原申请小额担保贷款并按约定期限还清欠款人员再次贷款申请，扩大贷款范围，政策突破居全省前列。2010年,全市城镇新增就业8.29万人，下岗失业人员再就业4.30万人，其中，就业困难对象再就业3507人，城镇登记失业率为

2.75%，就业局势保持持续稳定。全力推进社保扩面。2010年末，全市企业职工养老保险参保人数达46.92万人，城镇职工和居民医保参保人数达91.88万人，失业保险参保人数达45.33万人，工伤保险参保人数达44.31万人，生育保险参保人数达41万人，分别比2009年增长24.94%、8.86%、18.94%、18.24%和18.25%，全市社保扩面工作取得新进展。基本医疗保险制度进一步完善。通过完善居民医保政策，调整居民医保参保时间，努力扩大基本医疗保险覆盖面，至2010年底，全市参加基本医疗保险的人数达882232名，其中参加城镇职工基本医疗保险的有423952名，参加城镇居民医疗保险的有458280名。基本医疗保险水平进一步提高。2010年起，城镇居民医保和补助标准提高到每人每年120元、报销比例达到50%以上，年度累计最高支付限额达到10万元；城镇职工医保报销比例达到84%以上，基本医疗保险基金支付参保人待遇不封顶，不受最高限额限制。积极推进新农保试点工作。龙湖区出台《龙湖区新型农村社会养老保险实施办法》（试行）和《龙湖区新型农村社会养老保险办理规程》（试行），积极开展试点工作。目前，该区新农保试点已取得阶段性成果，完成参保登记70926人。加快推进城乡医疗改革。积极开展城乡医疗救助工作，加大救助力度，切实帮助困难群众解决"看病难"问题。2010年，全市共支出医疗救助金1332.39万元，比2009年增加274.1万元。其中，为城乡困难群众提供直接医疗救助2万多人次，发放医疗救助金989.66万元；资助农村低保、五保对象参加新型农村合作医疗86416人，支出资金259.27万元；资助城镇低保对象等困难居民参加城镇居民医疗保险15704人，资助金额83.46万元。加强养老服务体系建设。继续推进居家养老服务，拓展社区养老服务内容，全市有320位老人接受政府提供的免费服务；分步推动建立高龄老人津贴制度，从2010年6月1日起，全市百岁老人长寿保健金标准从原来每月200元调整为300元。

【其它领域改革】住房保障制度进一步健全。编制市2010—2012年保障性住房建设规划和"十二五"住房保障规划，明确各年度各类保障性住房建设规模、解决户数等目标任务；组织开展登记在册住房保障对象和新增申请对象资格认定，有3000多户城镇低收入住房困难家庭符合条件，年度首批176户符合住房保障对象标准的家庭已公示。加大保障性住房建设力度，加快廉租住房、公共租赁住房和经济适用住房建设，完善住房供应体系。全年全市共筹集廉租住房531套、经济适用住房16套，完成省下达的年度住房保障目标任务。农村政策性住房保险加快推进。至11月底，全市承保农房54.97万户，承保率从6月底的25.47%上升至98.24%，增幅达72.77个百分点，承保率超过全省平均水平，提前完成省下达的指标。制订出台《汕头市农民工积分制入户城镇工作实施意见》，有序推进农民工户籍改革，使广大农民工共享改革发展成果。全面推进"三旧"改造，出台《汕头市"三旧"改造工作实施意见》，加快推进"三旧"改造项目实施，引导节约集约用地。

（徐群武）

国有企业改革

【简况】2010年4月15日，按照汕头市机构改革方案，原市国资委与原市经贸局、信息产业局合并组建为汕头市经济和信息化局，继续履行出资人职责。一年来，根据汕头市国有企业的实际，积极稳妥推进国有企业多种形式改革，积极引导外资、民营资本参与国有企业改组改造，大力发展国有资本、集体资本和非公有资本等参股的混合所有制经济。启动并完成企业化管理事业单位的改企转制工作。按照"公开、透明、规范"要求，规范国有企业改制和产权转让，稳妥推进企业破产工作，维护职工合法权益。加大财政支持力度，通过国有产权的转让，收益收缴以及国有划拨土地使用权的处置等途径建立改革成本筹集和支付机制。制订《关于推进市属国有企业改革的工作方案》，起草制订《汕头市国有企业改革领导小组办公室办事规则》。根据《汕头市加快国有企业改革总体方案》（汕市办[2008]19号）的要求，依法依规，循序渐进地推进国企改革。年内，有2家企业通过产权市场完成产权的公开转让，获得转让收益1201万元,安置职工441人；2家企业进入挂牌转让环节；批复3家企业的改革实施方案；批复5家企业的改革思路。同时，认真做好财政资金的安排支付，解决困难企业的职工安置问题，2010年共安排支付财政困难企业补助资金约3361.5万元。但由于市属国有企业累积的问题较多，以及外部环境和改革成本不足等诸多因素的困扰，国企改革未能出现突破性的进展。

【理顺国企改革机构】年内，成立市经信局"国有企业改革联席会议"、"国有资产监督管理联席会议"、"信访维稳工作领导小组"和"企业军队退役人员工作领导小组"，明确分管领导和组成人员，制订相关工作制度和工作方案，各项工作在统一规范的领导机制下有效开展。企改办由独立设置调整为与市经信局（国资委）合并，对企改办正、副主任作了相应调整，并根据以前工作关系存在的问题，理顺市企改办与市经信局（国资委）的工作，明确办事规则和程序，制订《汕头市国有企业改革领导小组办公室办事规则》。

【国有产权交易】依照《企业国有产权转让管理暂行办法》（国务院国资委、财政部令第3号）和《关于规范国有企业改制工作意见的通知》（国办发〔2003〕96号）的有关规定，会同有关部门做好“建立和完善全市统一的产权交易平台，建设多层次资本市场”调研；开展国企产权转让情况的检查工作，加强对国企国有资产产权交易规范管理；制定出台《关于加强对市属国有企业国有产权转让进场交易监管的意见》；召开“企业国有产权转让情况检查工作的汇报会”，向省联合检查组汇报2008年以来全市企业国有产权转让检查的情况。

（李鹏）

国有资产监管

【国有资产基础管理工作】认真做好国有资产产权界定、产权登记、资信证明、清产核资、资产评估、资产统计、业绩考评等国有资产基础管理工作。确保国有资产基础管理工作的系统性、完整性。开展对全市国企的现状的摸查，并将全市国企分为五类：第一类是资产质量好、生产经营正常的企业，共11家，约占6%；第二类是生产经营基本正常，微利或微亏的企业，包括有一定资产，主要靠投资收益或资产租赁维持日常经营的企业，共38家，约占22%；第三类是有一定资产，但已处于停产、半停产状态，亏损严重的企业，共47家，约占27%；第四类是无资产、无经营、无人员，仅剩一块招牌和债务等遗留问题的“死火”企业，包括无资产、无经营，仅靠市财政借款（补助）支付留守人员工资及费用的企业，共73家，约占42%；第五类是已获国家批准纳入政策性破产的5家企业，约占3%。一类企业占据了市属国企将近一半的总资产，净资产达67.84亿元，其他四类企业净资产合计为-57.49亿元。全市经营正常或基本正常的企业所占比例不足30%，其余70%以上企业属于资产质量及经营状况不良的困难企业。

【国有资产监管制度建设】坚持政府公共管理职能和国有资产出资人职能分开。理顺国有资产管理机构同所监管企业及其他政府部门间的关系，尽快实现国有资产出资人职责到位。加强国有资产监督管理基础工程建设，完善国有资本预算体系和统计评价体系，加强监管法规制度建设。改革创新国有企业负责人管理制度，加快市场化选聘企业经营管理人才步伐。继续抓好企业负责人经营业绩考核和薪酬管理。健全外派监事会制度，加大监督检查成果运用的力度，强化经济责任追究制度。贯彻落实《印发〈关于进一步推进国有企业贯彻落实“三重一大”决策制度的意见〉的通知》精神，部署各单位组织班子成员专题学习，逐条对照认真检查；部署各单位研究制定本单位实施办法和意见，明确本单位“三重一大”事项范围、决策程序、监督检查、纠错改正和责任追究，真正做到用制度管权、按制度办事、靠制度管人；要求各单位严格按照规定的职能正确履职、规范用权，规范运作。同时，制定出台《汕头市国有企业国有资产监督管理暂行办法》、《汕头市市属国有企业国有资产管理规定》。研究制订国有经济布局和结构调整的总体思路和具体实施步骤。完善国有资本有进有退、合理流动机制，推动国有资本向国民经济中的重要行业和关键领域集中。稳妥推进企业破产工作，处理好破产中的各种问题。稳步推进由市国资委监管的企业化管理事业单位逐步改制、重组为公司制企业，或退出竞争性经营领域，推进国有经济布局和结构战略性调整。

【国有企业队伍建设】积极探索企业党管干部与市场化选聘经营者相结合的路子，认真抓好所出资企业的领导班子建设。按照建立现代企业制度的要求，稳步推进企业领导干部管理体制改革，积极推行由董事会选聘经理班子，总经理提名副总经理的选人用人制度。制定市属国有企业领导干部考核、任用、奖惩管理办法。制订实施《关于贯彻落实2010年党风廉政建设和反腐败工作部署分工的工作方案》，加强对国企领导人员管理、选拔任用和党风廉政建设，做好企业领导人经济责任审计工作。组织开展创建以“五个好”先进基层党组织、争当“五个带头”优秀共产党员为主要内容的创先争优活动；全系统共组织专题学习2190场次，参加学习人数45700人次，有213名企事业单位一把手为党员干部作动员辅导；党组织做出公开承诺143个，党员做出公开承诺1890人；组织信息稿件共20篇报市创优办。认真做好市三八红旗手和省五一劳动奖章人选的推荐工作。做好发展党员和基层党组织换届选举等工作，举办一期共78人的入党积极分子培训班。

（解清华）

物　价

【价格走势】2010年，汕头市场价格总水平呈现出明显的阶段性变化，从上年的低位平稳运行出现回升的势头。据统计，全年CPI同比上涨3.1%，与全省持平，低于全国0.2个百分点。本年度价格运行主要有 3个特点：价格涨势逐月加大，进入第三季度，随着美元贬值、全球通胀预期升温以及灾害性天气的影响，国际市场原油、煤炭、有色金属等大宗商品价格出现连续上涨势头，价格涨势加快，12月份创出新高，月同比涨幅达到4.7%；消费价格呈现结构性上涨，在构成居民消费价格8类商品和服务价格中，食品类、烟酒及用品类、衣着类、居住类、医疗保健和个人用品类5类价格上涨，家庭设备用品及维修服务、交通和通讯、娱乐教育文化用品及服务3类价格下降；食品类价格涨幅较大，受气候、灾害和人工、原材料价格上涨等因素影响，市场主副食品价格从7月份起出现上升，进入10月份，涨势进一步加快，全年累计上涨5.9%。

【稳定物价举措】贯彻落实国务院和省政府关于稳定消费价格总水平、保障群众基本生活的通知精神，采取8项举措，维护市场价格和秩序稳定，保障群众基本生活。市政府建立有15个部门领导参加的汕头市市场价格调控联席会议制度；建立市、区（县）两级价格调节基金制度；加强市场价格监测预警；建立市场价格巡查和检查制度；开展价格监督检查专项行动；建立12358价格投诉举报快速处置通道；加强政府定价管理和执法；坚持齐抓共管与综合治理。

【价格监管】价格监测预警方面。加强价格监测网络建设，定期向国家、省监测中心上报市场价格监测数据和动态分析报告。实施重大节日、紫金矿业泄漏水质污染、迎亚运等特殊时期的价格专项监控，防患市场价格异动。累计撰写88篇价格监测分析和调研报告，上报省物价局和市政府及相关部门，通过汕头价格信息网、市政府门户网站、新闻媒体发布价格动态信息，引导社会预期。市场放开价格监管方面。实施《汕头市批发市场服务价格行为规则》，规范批发市场服务价格行为，整治批发市场乱收费强制收费行为。制定出台规范机动车驾驶员培训收费措施，明确收费行为规范，维护价格秩序，保障消费者利益。会同市餐饮业协会在全市餐饮业开展“汕头市迎亚运餐饮业明白消费”活动，试行 “先计价、后消费”的“两单制”消费结算制度，规范餐饮行业明码标价行为。坚持“内紧外松，快速出击，监控动态，即时报告”的方针，快速采取措施有效应对福建紫金矿业污水污染事故影响，维护饮用水市场正常秩序和价格稳定。中小学收费监管方面。会同有关部门出台规范中小学校服务性收费和代收费的政策措施，规范中小学服务性收费和代收费的管理；实施教育收费政策公开、收费公示、教育成本定期监审和物价员等各项制度；会同教育、纠风部门在全市组织开展对中小学校将捐资、赞助与招生入学挂钩行为的清理和自查整改，整顿违规收费行为，遏制教育乱收费现象。医药医疗价格监管方面。增加政府定价管理药品356个品种，对市医改试点的南澳县实施乡镇卫生院统一配送、全部配备使用及零差率销售基本药物的制度。规范全市医疗病房床位价格，按照质价相符的原则，对69 家非营利性医疗机构11168张床位实行分类分等级定价，合理控制床位价格水平。

【价格改革】电价方面。执行风电上网电价政策，支持风能开发。继续贯彻落实风力发电上网电价政策，帮助风电企业做好上网电价上报工作。做好华能、华润等3家企业风能上网电价的上报工作，涉及新装机组容量16.33万千瓦，年上网电量3.31亿千瓦时，销售收入2.2亿元，税收1800万元。水价方面。推行居民用水阶梯式水价。调整中心城区水利工程水费，每吨从0.10元调整到0.12元。对市自来水总公司以及龙湖区外砂、新溪镇供水企业直抄范围内的居民生活用水实行三级阶梯式水价，合理调整水价结构，建立节约用水和合理配置水资源的机制。交通价格方面。实施出租车燃油附加费政策，缓解出租车价格矛盾。针对国内油价上涨较快的实际，启动出租车油价运价联动机制，从6月20日零时起，对出租车运价保持不变，在计价器显示金额的基础上每车次加收 1 元的临时燃油附加费，当93号汽油价格低于6元/升（含6元）时，停止收取燃油附加费。改革路桥非本地车辆收费征收方式，经省政府批准，从1月1日起实行委托汕头境内高速公路收费站代收外地车辆路桥通行费次票，年增加路桥通行费收入2000万元以上。环保收费方面。全面完成省规定征收标准的责任目标，即汕头中心城区及所辖县（区）和全市范围内列有“十一五”污水处理厂建设计划的建制镇，都已按省规定的每吨不低于0.8元的最低收费标准全面征收污水处理费，全市年征收达到1.6亿多元，汕头日处理污水能力提高到59.7万吨。潮阳区、南澳县从2010年1月份开征垃圾处理费，年可征收130多万元，配合对环境污染的整治。

【价格听证】根据市政府的要求，市物价局按照法定程序于11月份召开水价改革的听证会。经报市政府常务会议审定通过，从2010年2月1日起对中心城区水价实施改革：一是调整直抄分类水价。调整后综合水价为每立方米（下同）1.8202元，与2005年综合水价1.60元相比，调高0.2202元，幅度为13.76%。对潮阳及对中心城区尚未直抄部分“城中村”和涉农社区的供水价格由1.45元调为1.60元。对中心城区低保户和特困户的自来水优惠金额由原来的每户每月8元提高到12元。二是实行居民生活用水三级阶梯式水价。三级水价的级差为1：1.5：2。三是对工业用水实行差别水价。对国家产业政策明确的限制类、淘汰类企业和高污染企业实施惩罚性水价。其中对限制类企业在分类价格基础上加价10%，对淘汰类企业加价20%。同时，对市委市政府重点鼓励、扶持的项目，可实行优惠水价。

【价格监督检查】开展经营服务收费、涉企收费、行业协会收费等专项治理和规范工作，对142个收费单位涉及经营服务收费项目进行治理和规范。开展涉农、电力、质量监督、检验检疫、教育、医疗服务等价费的专项检查。加强零售药价、物业停车收费、饮用水价格、农产品市场秩序监管和节日市场价格监督检查工作，做好价格举报处理工作。完善12358价格投诉举报快速处置通道，优化工作程序，提高群众咨询解答及快速受理投诉举报速度。全市共接受群众咨询和举报698件，办结713件（其中办理跨年度24件），办结率98.7%（含办理去年为102.2%）。全市全年共查处各类价格违法案件132件，违法金额478万元，经济制裁金额 490 万元；共受理群众价格举报投诉和咨询698件，查处价格违法案件94宗，退还用户168万元。

【惠农惠民价格行动】实施惠农价格措施。2010年生产的早籼三等稻谷每50公斤最低收购价由90元提高到93元，晚籼三等稻谷由92元提高到97元。落实鲜活农产品运输绿色通道政策。部署开展涉及农民工收费、农村教育收费、农民建房收费、农村新型合作医疗和医药价格等涉农价费专项检查，规范各部门的涉农价费行为。通过价格信息网站定期发布汕头市农副产品批发中心市场蔬菜批发价格、农贸市场农产品零售价格等价格信息，为农民提供价格信息服务。实施惠民价格措施。提高水价优惠幅度，中心城区低保、特困户的用水优惠金额由原来的每户每月8元提高到12元。进一步降低中心城区涉农水价，已完成直抄到户改造的社区达到85个，改造后的涉农社区自来水价格有不同程度的降低；出台和规范公益性公园价格优惠措施，对中心城区各公益性公园实行统一优惠时段，统一优惠对象；取消有线电视移机费、过户手续费、停机开通费，对低保家庭、特困职工等用户实行价格优惠；开展惠农价格政策进千万农户活动。在澄海区莲上镇涂城村开展"惠农政策进千万农户"活动启动仪式，将印有64项惠农政策的56.2万册《惠农政策进千万农户手册》发放到全市农民手中，宣传和落实党和政府的各项惠农支农价费政策。

【价格服务】对汕头价格信息网进行全面升级改版，优化网络版面设计，增大信息容量，提升信息发布效率；发展市农产品批发中心市场、汕头超声印制版有限公司和汕头国瑞建材家居博览中心有限公司等8家企业为"广东价格指数"平台成员单位；完成定期成本监审和定调价前成本监审项目11个，涉及被监审单位14个，审核企业上报总成本14.66亿元，核减项目11个，涉及被监审单位14个，审核企业上报总成本14.66亿元，核减不应计入定价成本的费用9318万元；参与政府公共资源价格认证和成本认证工作，受理各类价格认证业务4027宗，金额5.09亿元。

（林学群　李汉胜　林小葵）

审　计

【简况】2010年，全市各级审计机关共审计253个单位（项目），查出违规资金14431万元，处理上交财政12134万元，查出违规资金和处理上交财政金额在全省21个市中分别排名第六位和第四位，两项增长幅度均排名第二位。《中国审计报》、审计署和省审计厅网站多次报道汕头审计工作的成效。"汕头市地方税务局税收征管情况审计"项目被省审计厅评为优秀审计项目，局固定资产投资审计科被评为广东省审计系统先进集体。

【预算执行审计】市审计局认真贯彻落实《审计署关于进一步加强财政审计的意见》，在安排年度审计项目计划时，把财政收支管理、政府投资、专项资金、区县决算、部门预算审计有机结合起来，以财政、税收和国库关联审计为关键，从一般预算到基金预算、从资金到资产、从资产到负债均纳入审计视线，初步构建财政审计大格局。计划用三年时间，对市直部门预算执行情况全部轮审一遍，并于2010年开始对全市30个部门、单位的预算执行情况进行审计，提高部门预算执行审计的覆盖面。针对市本级预算审计发现的问题，市审计局提出从源头上规范预算管理的意见建议，向市领导提交《综合理财，激励引导，绩效考核，舒解我市财政困难的审计建议》的审计专报。市政府专门召集市财政、国土、规划、国资委、经信、审计等部门对有关事项进行研究，要求结合审计专报，提出整改意见，加强预算内、外资金统筹管理，规范预算执行。

【全程跟踪审计】2010年，全市审计机关对水利、物流城、农村沼气、农村公路工程等13个总额26771万元的扩内需项目进行全程跟踪审计，提前介入，紧盯项目建设和资金使用，向有关的区县政府、财政、农业、水利等单位发出13份审计建议函共40条建议，全部被有关单位采纳；对汕头市对口支援汶川县草坡乡震后恢复重建36个项目，投资概算20151万元资金，进行全过程跟踪，先后派出六批人员前往现场跟踪审计，结果表明前方工作组能按照灾后重建资金管理办法严格资金管理，做到专户储存、专款专用。同时，援建工程在建设中能按市审计局发出的两份审计建议函提出7条审计建议，改进项目管理，提高工程项目质量和速度，实现"原定三年目标任务力争两年基本完成"的目标。

【专项资金审计】2010年，市审计局加大民生资金审计力度，全市审计机关共完成涵盖赈灾、教育、社保、新农合医疗等专项资金审计和审计调查项目70个，审计专项资金总额186亿元，审计发现有问题的资金总额14.68亿元，审计促进拨付资金到位3972万元，审计后挽回损失212万元。除依法要求纠正存在问题外，提出审计建议共150条。在促进有关单位加强专项资金管理，完善内部管理制度，提高资金使用效益方面发挥积极作用。

【固定资产投资审计】2010年，全市审计机关共完成对14个政府投资项目投资总额13亿元的结算审计，核减投资额1758万元，促进加强工程项目管理和完善政策法规，规范工程建设行为，提高投资效益。其中对某中心工程项目的审计，在建设单位聘请事务所核减700万的基础上，再核减500万元，核减率达17%，并针对管理存在的问题提出意见和建议。市长蔡宗泽批示：“审计局功不可没，审计组值得表扬，要求认真研究，总结经验教训，努力建立政府投资工程项目结算管理的长效机制”，《中国审计报》对此专门进行报道。同时，市审计局认真总结多年来政府投资审计中发现的一些普遍性和倾向性的问题，专门向市政府提交《关于加强政府投资项目管理的审计建议》的审计专报，受到市委市政府的高度肯定。

【经济责任审计】2010年，全市审计机关共审计经济责任人（单位）91人，其中党委政府11人、党政机关领导47人、事业单位领导31人、国有及国有控股企业领导2人；查出违规金额298万元、管理不规范金额16亿元、损失浪费金额869万元。此外，市审计局创新经济责任审计计划管理，不断改进审计方式，专门研究制订《汕头市审计局经济责任审计项目管理办法（试行）》，细化规范业务流程，细化不同经济责任审计对象的审计方法方式、审计报告表述重点；对部分区（县）和市直单位领导干部进行经济责任审计同时，对该地区、单位的财政决算、财务收支情况进行审计，出具经责审计报告、财政决算或财务收支审计报告，实现了“一审多果”，提高审计效能；把绩效审计融入到经济责任审计项目中，努力做到对领导干部的“问绩”和对资金的“问效”有机结合，对领导干部作出客观、实事求是的评价，如对某区长的任期经济责任审计中，财务收支结合该区在环境保护、减排任务完成情况、土地和城市管理等全面评价其任期业绩，取得较好成效。

【国有企业审计】2010年，全市各级审计机关以保障国家经济安全，促进可持续发展为目标，拓宽国有企业审计路子，在摸清企业家底的同时，加大对经济违纪的查处力度，维护国有资产安全。如市审计局对某公司进行财务收支审计时，发现该司17套房产房改时，部分职工房改资金30.11万元去向不明的问题，将线索移送市纪委查处；按照市委、市政府的要求，通过对三家企业审计，提出改进企业经营状况、挖掘企业融资发展潜力的审计建议，促进企业提高自主创新能力。

【审计整改】2010年9月首次以市政府名义召开全市审计整改工作会议，部署对2009年市本级预算执行和其他财政收支审计查出问题的整改落实工作。全市40多个单位负责人参加会议，推动了相关地区和部门单位切实加强整改。从整改情况看，截至2010年底已上缴财政专户1.08亿元，市和各区县落实配套资金6.3亿元，各级财政拨付以前年度列支挂存资金6.5亿元，整改效果显著，国家审计署门户网站于9月21日和12月23日分别两次对汕头市整改工作专题进行报道。

【审计机关建设】一是市审计局按照“三定”方案，圆满完成了机构改革任务和人员调整。增加教科文审计科、农业与资源环保审计科、社会保障审计科3个业务科；综合法规科加挂整改监督科；新设经济责任和绩效审计分局。二是以创建“团结和谐、开拓创新、廉洁务实、执政为民”好班子为宗旨，抓班子，带队伍；通过举办“每周学习日”、“汕头审计讲堂”和“年度整训”等活动，提高审计人员素养。三是建立审计业务“四分离”运行模式，完善项目计划、实施、评价、效果反馈、考核“一条龙”管理体系；建立以审计业务全过程质量控制为纽带的质量管理体系；健全绩效考评机制，完善内控制度；建立倒逼机制，实行目标管理责任制、项目审计限时制和督查督办机制。四是大力推进审计规范化建设。2010年，市审计局学习贯彻新《审计法实施条例》和《国家审计准则》，新制订实施《汕头市审计局审计案件事项移送办法（试行）》等10项制度，修订21项制度，废止2项制度，形成更加完整的制度系统。五是推动审计公开和审计成果利用，强化审计监督效果。先后在审计署网站、市政府门户网站和市审计公众网站等网站合计报道刊登审计工作动态信息33条、审计公告4篇，通过媒体报道审计工作动态5次，及时宣传审计工作成果，提高了审计工作的透明度和社会影响力。同时，加强审计成果利用，提交审计专题、综合性报告和审计信息61篇，被市委书记、市长等党政领导批示及上级审计部门采用33篇（次），占54.10%。

【内部审计】至2010年底，汕头市内部审计机构已经发展到68个，内部审计人员183名。2010年，全市内部审计机构共完成审计项目44个，查处损失浪费121万元，发现大案要案线索7件，促进增收节支（增加效益）13万元，提出建议意见36条。此外，市内审协会积极组织部分内审人员参加中国内部审计协会、广东省内部审计协会举办的有关培训班，开展“内部审计与内部控制体系建设”、“内部审计践行‘免疫系统’功能的途径和方式”、“风险导向审计”等三场理论探讨，提高审计工作的质量和水平。

【审计学会】2010年6月，市审计局专门召开全市社保审计研讨会，市局和各区县审计局踊跃提交审计论文参加研讨。通过对社保审计理论和实务的研讨，有效提高社保审计工作的水平。此外，市审计局有关人员参与合写的《量化环境绩效审计评价技术方法探索》论文，参加审计署农业与资源环保审计司“两江一湖”流域水污染防治审计调查工作总结暨合作审计理论研讨会，并在大会上作论文演示发言，发表于2010年第17期《中国审计》。

（李依依）

统计工作

【统计方法制度改革】年内，积极推进“统计数据质量年”建设工作，提高统计工作效能，严把数据质量审核关，加强数据审核评估，修订数据质量控制办法，完善数据评估和质量控制机制，加大对基层数据和统计调查环节的巡查整治力度，预防并减少弄虚作假行为的发生；严谨细致做好GDP核算工作，切实抓好第二次全国经济普查GDP核算；顺利推进贸易统计改革、工业企业联网直报；建立健全区县、街道、村居各级农村统计台帐；进一步完善农村调查制度，全面培训农村住户调查人员；圆满完成劳动力抽样调查、社会发展水平综合评价工作；有序推进农村住户调查、R&D资源清查；顺利完成工业园区统计、产业转移园区考核工作；城乡划分清查工作成绩突出，市统计局法制科被国家统计局授予市级先进单位称号。

【统计服务】年内，密切联系当前形势开展统计分析。撰写《危中寻机奋进，经济企稳回升—2009年汕头市经济运行分析》、《2010年主要经济预期目标测算的初步分析》和月度季度分析报告；开展服务业发展情况分析调研，撰写《汕头市服务业发展基本情况》分析文章，被市政府和有关部门采用；撰写《十一五时期汕头经济社会发展综述》，报送市领导参考；为全国人大税收改革调研、省人大财经委经济运行情况调研提供分析材料，为中国社会科学院调研党的十七大以来汕头经济社会发展情况整理提供有关参考资料。撰写《汕头特区成立30年来经济社会发展回眸》等系列分析报告，报送市党政领导参考。做好全市落实科学发展观绩效考评指标监测工作，形成系列报告，报送市委、市政府和市主要领导，得到市领导的肯定，其中《贯彻落实科学发展赶超进位工作系列监测报告之二：全市前三季度赶超进位指标——单位GDP能耗进度完成情况分析》得到李锋书记批示，《2009年汕头房地产发展形势回顾》一文多次为行业协会以及媒体广泛引用和采用；开展汕头市贯彻落实科学发展观评价指标体系分析，形成了《汕头市2009年贯彻落实科学发展观情况的初步分析》的分析报告，报送市领导参考；与市委组织部、发改局联合举办了全市落实科学发展观专题报告会，取得了圆满成功。积极参与市节能减排、粮食考核、双转移考核等工作，及时为市领导和有关部门提供决策参考依据。编印提供高质量有价值的统计信息产品。整理了汕头、深圳、珠海、厦门四个经济特区历史主要数据，为市委全委会报告提供参考；做好城市年报、统计公报、统计月报、城市交流资料等工作；编印了《闽西南、粤东、赣东南十三市统计资料—2010年》，起草印发了十三市统计会议纪要；编印了《2010汕头统计年鉴》和《第二次全国经济普查资料汇编》。

【人口普查】年内，顺利完成第六次全国人口普查任务。市政府将第六次全国人口普查列入政府重要议事日程，保证“机构、经费、人员、场地、责任”五落实。并结合实际，制定各项规章和管理制度，明确责任、细化目标、强化管理、推进工作开展。市统计局协调配合公安部门开展户口整顿工作。做好人口普查综合试点工作，为全市普查的全面实施提供借鉴。并全面开展普查各级业务培训，有效地提高普查人员专业素质。采用多重宣传方式，普查宣传取得明显成效。专门抽调人员进行数据处理和软件培训，为人口普查数据处理工作提供保证。顺利完成全市人口清查和全面普查登记工作，并有序录入处理相关数据。

【统计法制建设】开展统计法制宣传活动，营造依法治统的良好氛围，组织学习《统计法》、《统计违法违纪行为处分规定》、《统计法实施细则》、《广东省统计管理条例》等有关法律法规知识。认真开展统计执法案卷评查工作，如期完成评查任务。完善执法检查规范化、制度化建设，特别是加大对区县统计执法工作的督促、指导和检查力度。开展统计执法检查，联合市监察局、市司法局对全市480多家单位进行统计执法检查，发现统计违法行为29宗，责令限期改正4宗，有效地遏制统计违法行为。

【统计队伍建设】抓好统计执法队伍建设，提高统计执法人员自身素质和业务水平。举办各类统计业务知识培训班，对基层统计人员进行专业培训。组织、发动统计人员参加统计从业资格、专业技术职称的报名，共有254名统计人员报名参加考试，其中报考统计从业资格177多名，初、中统计专业技术职称77名。市统计局统计专业技术资格考试工作在全省评比中荣获2009年度先进单位三等奖。

（张凤琪）

统计调查

【简况】2010年，国家统计局汕头调查队致力发挥“轻骑兵”、“信息库”、“参谋部”、“晴雨表”和“宣传员”作用，为国家、省、地方各级党政服务。创办《汕头调查信息》刊物，及时把调查数据传输给各级党政，为领导决策提供依据。加强专业调查，切实服务地方。调查队的恩格尔系数和人均可支配收入被列为全省科学发展观评比考核体系的指标；CPI是反映汕头物价现状的重要指标；规下工业调查是GDP核算的重要组成部分；通过认真调查，加强监测，及时向市领导反馈信息，为市委市政府提供真实的一手资料。抓好景气调查，提供经济预警信号。通过对全市250家企业的企业家进行调查询问，预测出8大行业经济发展走势，为党政决策及行业分析提供参考。2010年，汕头调查队上报市委、市府各类信息19篇，采用5篇。其中，专题分析报告《汕头市现代服务业的发展现状与途径》、《经济继续回升警惕基础未稳》和经济信息《春节前夕市场物价局部上涨较大 居民生活受到一定影响》等三篇文章获市委书记等多位市主要领导批示。

【专项调查】2010年，圆满完成中组部委托的组织工作满意度调查、中纪委委托的国有企业反腐倡廉民意调查、广东省政法委和公安厅委托的安全感调查、环境保护满意率调查、宜居城市调查等近10项大型专项调查。其中，中组部委托的组工调查是由调查队组织实施影响较广的全国性专项调查，该项调查将在全国持续实施十年，目的是了解广大干部群众对组织工作满意度和组工干部的评价，是推进党务公开，发展党内民主和提高组织工作群众参与度的重要举措；安全感调查则是了解群众对社会治安满意度和公安工作的评价。在完成国家、省的调查任务的基础上，受汕头市直工委委托，开展汕头市好班子评比问卷调查；调查队还自发开展了规下劳动用工、工业企业发展环境、现代服务业等多个专项调研。

【统计法制】年内，着力抓好统计法制工作，多方位、多角度、多形式开展统计普法宣传活动，对违法企业开展统计执法，实现统计执法零的突破。自行设计、印制《统计法》等宣传读本和宣传单，并利用各种统计调查活动和年报会议机会开展学习宣传，共发放宣传单2000多份，组织企业参与法制竞赛，让法制工作渗透到各行业，为调查工作扫清障碍。定期和不定期对企业的统计制度实施情况、报表报送质量和相关主要指标数据的真实情况进行检查；与统计局联合，牵头五部门开展联合执法活动，对26家企业、7个街道（镇）的统计工作进行检查，查处、根除在统计调查上弄虚作假、失职渎职等违法违纪行为。调查队2009-2010年连续二年获省调查队系统统计法制工作先进单位，更荣获2006-2010年国家调查队系统全国统计法制宣传教育先进单位。

（蔡伟娴）

工商行政管理

【简况】2010年，在依法严把准入要件基础上，进一步放宽企业名称、经营范围、注册资本、出资方式等限制。运用升冠行政区划名称、组建股份有限公司等措施，支持企业做大做强。完善“一个窗口许可”工作，推行“网上登记”、“网上年检”，实行窗口岗位状态公示制，开通登记业务短信息提醒平台，对重点招商引资项目和重点企业改制涉及的工商登记业务，主动提供政策咨询和业务指导，实施全程跟踪服务。年内，共支持企业升冠省级企业名称94户，组建股份有限公司11户，引导个体工商户规范登记为企业189户，办理台湾居民个体户登记14户，办理担保公司登记5户，支持企业办理股权出质登记14宗、动产抵押登记166宗，协助企业融资36.7亿元。全市新登记各类企业3064户（其中，外资企业61户、内资企业192户、私营企业2811户），注册资本51.7亿元，分别比上年增长6.2%和13.2%。全市共有各类企业34169户（其中内资企业9361户、私营企业23293户、外资企业1515户），个体工商户121731户。

【市场经济秩序整治】2010年，全市工商系统共查处各类案件2609宗，罚没1344.8万元。以治理无照经营纳入社会治安综合治理考核范畴为契机，联合市综治办出台各区县无证无照经营综合治理考核办法，提请市政府发文进一步明确各职能部门职责分工，并协同有关部门对各区县组织检查考评，进一步完善“政府领导、工商牵头、各职能部门各负其责”工作机制。全年共查处无照经营案件1919宗，引导无照经营补办执照20861户，向有关部门通报4630户。加强“黑网吧”专项整治。2010年查处取缔黑网吧195个，没收电脑1507台套，通报电信运营商切断信号源220户。加强反不正当竞争执法。突出抓治理商业贿赂、打击“傍名牌”、查处虚假宣传等工作，查处不正当竞争案件48宗，查处公用企业不正当竞争案件取得突破。加强打击传销。开展“禁传销、保亚运”专项行动，推进“无传销社区”创建工作，协同公安部门对出现的零星传销活动及时打击取缔，同时开展直销企业专项检查，规范直销企业经营行为。汕头市连续五年被省评为打击传销“四类（良好）地区”。加强商标维权。开展保护上海世博会、广州亚运会标志和保护知识产权专项整治，组织出版印刷行业开展自查自纠，与市中级法院建立知识产权保护协作机制，2010年查处商标侵权案件129宗，查获一案值1900多万元的假冒商标商品案件并移送公安部门处理。加强广告监管。调整市局和区县局广告许可、广告监管的职责分工，完善广告监管联席会议机制，向主流媒体发出监督意见书14份，2010年查处违法广告案件26宗，联合相关部门发布违法广告公告，并逐步探索网络、手机等新兴媒体广告的监管方式。配合政府解决中心城区户外广告遗留问题，逐步规范户外广告发布秩序。加强市场合同监管。深入开展诚信市场和农村文明集市创建工作，全面实施商品交易市场分类监管和整体巡查制度。探索开展网络商品交易市场监管，开展对商品网络交易平台的调研。推进“守合同重信用”活动，实施“守合同重信用”企业公示改革，命名“守合同重信用”企业983户。市工商局还认真落实省有关部署，协调监察、民政、物价等部门联合开展市场中介组织防治腐败工作，认真配合有关部门开展校园周边经营秩序、无照经营“黑票点”、娱乐场所禁毒等专项整治行动。

【企业年检】2010年，市工商局发文明确年检中重点审查行业和企业类型，扩大年检工作下放由工商所负责的范围。全年，外资企业和内资企业（含私营企业）的年检率分别为73%和76%，对未参加年检验照的1342户企业和8979户个体户予以吊销营业执照。结合年检工作整顿工商登记中介机构，打击企业“两虚一逃”违法违规行为，查处罚没50万元的抽逃出资大要案件1宗。

【食品安全监管】规范食品流通环节准入管理，至年底，共核发食品流通许可5772份；加强流通环节食品质量监测和市场整治，组织食品质量抽检607批次，开展乳制品、节日市场、亚运安保等专项整治行动，全年共查处食品质量违规案件74宗、食品无照经营案件472宗；推广应用“信誉通”网上食品备案信息系统，实现对流通环节食品的溯源管理，已在全市928户商场、超市和食品经营户应用；开展创建“食品安全示范店”工作，74家食品经营户获评“食品安全示范店”称号。

【商标管理】年内，市工商局制定运用商标带动战略促进地方经济发展方式转变的工作意见，提出商标管理“四个转变”，出台引导境外商标注册、培育涉农商标品牌、深化商标行政指导等创新举措，举办汕头首届“广告与品牌”高峰论坛，引导企业实施商标带动策略。2010年，新核准注册商标14431件，新认定省著名商标23件，新认定“中国驰名商标”2件。全市累计注册商标65801件，拥有“中国驰名商标”15件、省著名商标223件，位居全省前列。澄海玩具国际区域品牌创建工作深入推进，通过组织企业抱团参展、建立专题网站、建设“移动商城”澄海玩具专区等措施，提升澄海玩具区域品牌的知名度和影响力，省工商局在汕头市召开现场会推广有关经验做法。借鉴澄海玩具品牌创建成功经验，潮南陈店文胸、龙湖蔡社糖果等特色产业以区政府文件下发区域品牌创建方案，并申请注册集体商标，促进区域特色经济发展。

【消费维权保护】推进社区（农村）红盾维权工作站建设，逐步拓展维权站进商场、进行业、进景区。2010年，市工商局12315投诉举报中心共受理消费者申诉、举报、咨询总数16967宗，与去年同期相比增加843宗，递增5.2%；其中接受消费者咨询15424宗；受理申诉894宗，与去年同期相比增加30宗，递增3.5%；占商品类投诉前三位的分别为：电器、百货、食品；占服务类投诉前三位的分别为：电信、邮政、修理维护；受理举报649宗，与去年同期相比增加7宗，递增1%；已办结申诉868宗，已办结举报543宗；为消费者挽回经济损失金额51.67万元，罚没金额32.25万元。

【服务新农村建设】落实支农惠农政策，深入开展产业兴农、商标富农、合同帮农、红盾护农等活动，2010年全市新登记农民专业合作社35户，对农产品商标“申著”给予重点扶持，至年底，全市农产品著名商标13件。潮南、潮阳区局引导上南蔬菜、雷岭荔枝、金灶鲜果等特色农产品申请注册集体商标，南澳县局积极推动海岛特色农产品申报地理标志。抓好农资监管制度落实，开展农资经营信息录入工作，推进农资经营的信息化监管。

【法制及信息化建设】加强法制工作。加强案件和规范性文件核审，做好行政复议和行政诉讼应诉工作，规范工商行政行为。实施行政指导制度，推行柔性执法机制，促进执法和谐。龙湖区局建立行政提示、建议、告诫等制度，高新区分局完善行政处罚内部管理制度，澄海区局连续五年被评为区依法治理优秀单位。加强信息化建设。开展信息化建设规划专题调研，继续加强计算机配备和业务信息系统应用工作，完成12315举报中心工作平台新软件上线，并对视频会议系统进行升级改造。澄海区局各项业务和队伍管理均自主开发了应用软件系统，通过信息化有力推动机制创新和转型升级。

（王泽钿）

质量技术监督

【质量监督工作】年内，按照质检总局的工作部署，开展“质量提升”活动。12月30日，召开全市质量强市工作会议，出台《汕头市开展质量强市活动的工作意见》。大力实施名牌战略，有15家企业18个产品被评为省名牌。累计42家55个产品获得广东省名牌产品，居粤东首位。加强宏观产品质量分析，编写2009年汕头市工业产品质量状况报告，为市政府宏观经济决策提供参考。11月7日，市质监局、澄海区政府、汕头大学、汕头社科联、国家玩具质量监督检验中心（汕头）（筹）联合举办中国、澄海“玩具质量安全”高峰论坛，引导企业增强质量安全责任意识。起草《广东省汕头市政府质量奖评审管理办法（试行）》，并上报市政府，引导企业导入卓越绩效管理模式，鼓励企业提升产品质量水平。加大产品质量的监管力度，全年对全市1940家生产企业共6071批次产品进行定期监督检验，合格率91%，全市工业产品质量合格率保持较高水平。

开展婴幼儿及儿童服装产品质量进行专项监督抽查，共对19家企业19批次进行监督抽查，合格率89.5%，比2009年的85.7%上升3.8个百分点；开展小家电类产品专项监督抽查，共对15家企业18批次进行监督抽查，合格率100%。开展“质量专家义诊”活动，帮扶指导32家（次）玩具企业、26家（次）服装企业、45家（次）申报名牌产品企业、29家参加第二届外博会参展企业做好质量基础工作。对310家企业开展3C证后监督检查，对206家企业开展管理体系与食品农产品认证监管。加大食品企业普查建档工作力度，建立健全食品企业档案。全市已登记建档的食品生产加工企业(含小作坊)822家。落实食品质量监督检验制度，加强食品质量日常监管。强化证后监督管理，对食品获证企业进行拉网式专项监督检查，严厉打击利用回收食品作为原料加工食品及超量、超范围使用食品添加剂等的违法行为。加强供世博和亚运食品安全保障工作，确保供世博和亚运食品安全。深入开展食品安全专项整治，加强对生产加工环节重点食品、重点企业和重点区域的整顿，重点开展了乳制品清查专项行动，对3家问题含乳食品企业进行专项执法检查，对3家生产问题糖果企业进行查处。加强对高风险食品和以往曾出现质量问题食品的风险监测，推进食品安全危害因素分析调查工作；继续开展“食品安全接待日”活动，组织开展“质检邀您看企业、食品安全大家行”活动，邀请人大代表、政协委员观摩监督检查食品企业，接受社会监督。加强日常食品巡查、监督检查和食品定期抽样检验力度，及时发现和处理食品企业存在的质量问题及苗头性问题。督促食品生产加工企业落实质量安全主体责任，严格落实原辅料进厂验收、过程控制、产品出厂检验等管理制度，建立健全食品安全管理体系。

【标准化工作】年内，组织召开全市实施技术标准战略工作会议，贯彻落实省政府颁布的《关于实施技术标准战略的意见》。推动澄海玩具专业集群镇、潮阳谷饶内衣生产专业镇以及中心区塑料行业协会制定工艺礼品、胸罩、日用塑料制品等8项系列企业联盟标准。有10家企业参与了20项国家标准、行业标准和省地方标准的制修订，争取更多制定标准的话语权和主动权。鼓励企事业单位申报2010年度省级地方标准18项，已完成《印刷废液中的苯、甲苯、二甲苯的测定》2项省地方标准的制定发布。鼓励企事业单位申报2010年度省级地方标准18项，已完成潮汕工夫茶2项标准的制定工作。组织召开申报TC/SC/WG的工作会议，推动针织内衣、低压电器等有关行业协会申报承担省专业标准化技术委员会、工作组秘书处（TC/WG）工作，推动国家玩具检验中心（汕头）和广东奥飞动漫文化股份有限公司筹建广东省玩具技术委员会工作。11月6日，广东省玩具标准化技术委员会在市质计所召开成立大会，标志着省玩具标准化技术委员会正式落户汕头。推动我市11家企业创建“标准化良好行为企业”工作，8家企业获得4A、3A级“标准化良好行为企业”确认。引导68家企业123项产品采用国际标准和国外先进标准。积极发动2家企业2个标准申报广东省标准创新贡献奖，其中汕头市高新技术开发区东奇汽车科技有限公司申报的《DQ汽车轮胎气压检测系统（简接式）》企业标准获得省标准创新贡献三等奖。累计完成企业产品标准备案110项，标识不合格企业整改67家。推动市政府出台《进一步加强我市农业标准化工作的意见》，召开全市农业标准化联席会议，研究确定2010年度市级农业标准化项目。制定《竹头红番薯栽培技术规程》省地方标准、《坛紫菜育苗技术操作规程》等12项市农业地方标准。对26项农业地方标准进行修订、审查、发布。推动南澳桔红、蝴蝶兰栽培2个国家级标准化示范区、无公害生猪养殖省农业标准化示范区的续建、考核工作；推动9个市级农业标准化示范区、2个市级农业标准化示范村的建设。加强地理标志产品保护工作，出台《汕头市人民政府办公室关于加强我市地理标志产品保护工作的意见》，地理标志保护工作取得新的突破，继金玉“三捻橄榄” 被认定为地理标志保护产品之后，又一特色农产品西胪乌酥杨梅被国家质检总局认定为地理标志保护产品。市标准与编码所全年完成新办组织机构代码5449户，变更3328户，换证6265户，年检33316家，建立组织机构代码电子档案37620家，商品条码新增458家，续展1061家，新增和续展数量居全省地级市首位。

【计量工作】推进诚信计量体系建设，组织开展“推进诚信计量、建设和谐城乡”主题行动。率先在集贸市场、加油站、眼镜制配店、医院、餐饮业和商店等与人民群众生活密切相关的重要场所推进诚信计量体系建设，开展诚信计量示范单位创建活动，有5家集贸市场和13家加油站率先实现计量诚信自我承诺。强化计量监督检查，开展以餐饮业、集贸市场、加油站、液化石油气充装站、眼镜制配店和医疗机构为重点的计量监督检查。检查企业353 家，其中商场（超市）23家、餐饮业58家、集贸市场39家、加油站152家、液化石油气充装站59家、眼镜制配店50家、医疗机构22家；抽查在用计量器具3889台（件），重点检查在用计量器具是否经计量检定，是否存在超期检定情况，计量器具的量值是否准确，是否存在利用计量器具进行作弊等行为，大部份商家使用的计量器具能按周期落实检定，能保证量值的准确。开展计量“进五区(厂区、商区、社区、校区、园区)”活动，在南国商城门前广场举办“5·20世界计量日”咨询服务活动。市质监局联合市质量计量监督检测所、市奥马眼镜有限公司到鮀滨高级职业学校、农业科学园、华汕电子器件有限公司、龙湖区新溪镇开展计量服务活动，接受群众咨询，免费为群众检测血压计、人体秤，让民生计量真正走进百姓的生活。开展汽车维修企业、药店、珠宝店、茶叶店的计量器具以及压力表的专项整治，检定计量器具11.5865万台（件），比2009年同期增长2.60%。尤其是汽修企业、药店、珠宝店计量器具强检覆盖面达95%以上，检定在用计量器具数量比2009年同期增加100%以上；检定压力表8966台，比2009年同期增长17.05%。加强能源计量工作，制定《2010年汕头市质监局节能减排工作方案》，深入省重点监管的华能电厂、万丰电厂、宜华木业股份有限公司、维新漂染有限公司调研指导能源计量工作。加强计量认证机构的监督管理。召开机动车安检机构管理工作会议，并对辖区内的9家机动车安检机构依法进行监督检查，对检查中存在管理不规范的机构要求其限期落实整改。开展农资计量专项整治，对农资市场进行全面监督检查，共检查农资销售企业22家，生产企业4家，抽查化肥等农资类定量包装商品34批次。开展重点计量器具专项整治。检查相关门店143家，其中电子计价秤销售门店16家，农作物收购站点、农资销售点、商场、集贸市场和餐饮店142家，共检定204台电子计价秤、台（磅）秤。推动电子汽车衡强检工作，检查相关门店16家，其中汽车衡销售门店8家，检查22家汽车衡使用单位、28台汽车衡。加强与人民群众生活密切相关的加油机专项监督检查，检查152家加油站的2340台加油机油枪。组织开展食品、化妆品过度包装专项监督检查，对市区内各大商场超市及食品、化妆品生产企业开展食品、化妆品过度包装专项监督检查，重点检查粽子、月饼、茶叶、红酒、化妆品等应节食品过度包装问题。共抽查样品118个，其中红酒15个，茶叶26个，化妆品15个，月饼33个，粽子14个，杂粮11个，保健食品1个，其他食品2个。尚未发现粽子、月饼存在过度包装问题，发现个别商家销售的茶叶、保健食品、红酒、化妆品有存在过度包装问题，对2宗违反过度包装的行为予以查处。开展定量包装商品专项计量监督抽查。抽查的超市、商场、商品批发经销单位共29家、生产企业16家，共抽检定量包装商品120个批次，涵盖了107家定量包装商品生产企业。抽查结果，大型生产企业的合格率为100%；中型生产企业的合格率为92.86%；小型生产企业的合格率69.47%。开展企业计量保证体系确认工作。全市通过国家测量管理体系认证企业1家；通过省计量保证体系确认企业118家，其中二级计量保证体系15家，三级计量保证体系企业103家。开展定量包装商品生产企业“C”标志评价活动，全年通过“C”标志评价企业共有5家。组织《新中国计量史（汕头市部分）》的编整工作，详细记载汕头市计量大事记。

【特种设备安全监察工作】年内，加大对新修改《特种设备安全监察条例》宣传力度，提高使用单位安全主体责任意识。针对重点监控设备、气瓶充装站、小型锅炉、电梯安装维修保养使用环节开展专项整治，重点整治非法生产使用特种设备违法行为，发现各类安全隐患214宗，全部完成整改；发出监察指令书113份，立案查处28宗，2宗制造非法电梯窝点移交公安部门处理。清理超期未检设备，使“标红”率从7%下降到3%。全年在用特种设备的定检率达到97.9%。4次监督抽查液化石油气质量，共抽取57家气站123批次液化石油气样品，对存在一般质量问题的10家充气站责令改正，对存在严重问题36家立案查处。布置各充气站检测站开展气瓶整治工作，落实各充气站建立质量管理制度，制订4年气瓶送检计划。全年落实液化石油气瓶检验25万只。重点检查电梯安装维保、使用单位724家，电梯1253部，敦促使用单位补办特种设备使用证992份，拆除简易电梯59部。理顺关系，规范管理，通过督促检验机构及检验人员在设备检验前实施“三确认”（确认设备是否办理注册登记和申领特种设备使用登记证，是否由持证作业人员上岗，是否建立相关的规章制度），在用设备使用的登记率得到提高，新装特种设备投入使用注册登记率由2009年的30%左右提高到98%以上。发挥专兼职安全监察队伍和专职巡查队伍作用，对特种设备实行多层次监管和动态监管。配合制定《广东省特种设备使用单位安全管理办法》地方标准，开展特种设备使用单位安全管理达标活动，督促企业落实安全主体责任。制定特种设备监察检验员全年培训计划，组织培训4期75人次；加强企业特种设备安全管理人员培训，共培训20期802人次。特种设备作业人员的持证上岗率有较大提高，全年考核新特种设备作业人员1342人，与新增设备基本同步。

【行政执法和打假工作】整合稽查执法力量，形成执法合力，集中力量整治区域性、行业性产品质量问题，组织开展蜜饯、乳制品、月饼、肉制品、食用油、调味品、大米和民生计量、过度包装等30个专项执法检查，尤其对乳制品含三聚氰胺问题、制假和侵权违法行为进行重点打击，严厉查处液化石油气掺混二甲醚和非法制造安装使用特种设备违法行为，全年出动执法人员10334人次，检查生产经营单位1946家,查办案件406宗，其中特种设备61宗，端掉窝点60个，移送公安机关案件8宗，遏制区域性、行业性质量问题。发挥各级政府打假办职能作用，推动各地政府落实打假工作责任制，组织开展食品、药品、洗涤化妆品、农资、卷烟、酒类等专项打假行动，联合有关部门对涉嫌制假冒窝点进行执法检查。发挥“12365”举报投诉平台作用，接听各类咨询电话1000多次，受理举报投诉案件93宗，对每宗举报投诉案件及时查实和反馈。参加省质监局组织的执法打假大比武竞赛，获得团体二等奖。注重执法法规建设，严格行政执法案件审理把关，没有出现行政复议和行政诉讼案件。

【技术机构建设】按照“国际一流、国内领先”的目标，按时保质完成国家玩具质量监督检验中心筹建任务，并顺利通过了专家评审。国家玩具质量监督检验中心在参加荷兰IIS能力验证和英国政府化学家实验室组织的“LGC玩具能力验证计划”第41轮—EN71-1机械物理性能验证，均获得优异成绩。积极筹建日用精细化工产品检验省站，组织申报国家内衣产品质量监督检验中心（实验室）和文具、条码质量监督检验省站。做好省轻工机械质量监督检验站、省电动汽车零部件质量监督检验站申请准备工作。其中日用精细化工产品检验省站（汕头）通过省质监局资质认定现场评审，文具产品检验省站（汕头）已获准筹建。加快省级授权质检机构建设，筹划在专业镇、产业集群建立省级授权质检机构，已成立潮阳区谷饶镇针织服装技术检测服务平台、石炮台轻工机械技术检测服务平台；申请在汕头市潮阳区和平音像制品专业镇、澄海区莲下日用化工专业镇、澄海区澄华工艺毛织服装专业镇设立汕头市质计所派驻实验室；推进建立潮南区峡山镇精细化工产品技术检测服务平台。积极引导和鼓励质监系统技术机构申报汕头市科技局、省质监局、省科技厅、国家局科研项目，申报科研项目11项，《基于纳米电化学传感技术快速检测玩具中重金属及设备研究》批准为广东省省部产学研结合项目，《全自动玩具噪声检测系统的研制与应用》、《玩具重金属快速检测的纳米电化学传感新技术及应用研究》获省质监局立项。开展“实验室开放日”活动，组织系统技术机构开展检测技能大比武。

（周琦）

食品药品监督

【药品及医疗器械监管】做好《药品生产许可证》和《医疗机构制剂许可证》换发工作。向省局上报32家药品生产企业和5家医疗机构制剂室换证申报资料。共完成对13家企业GMP跟踪检查，3家企业GMP飞行检查。开展基本药物生产工艺和处方核查工作，已完成对32个基本药物申报资料的审查工作，接到90个品种停产报告。继续完善和巩固药品质量受权人和驻厂监督员制度，今年共派出驻厂监督员190多人次，驻厂检查企业90多家次。完成对广东卫伦生物制药有限公司生产的人血白蛋白、乙型肝炎人免球蛋白等批签发现场抽样近50多批次。完成对5家药品生产企业委托检验备案工作，医疗机构96个制剂品种再注册的初审和上报工作。完成对全市36家药包材生产企业现场检查。收集46家单位上报药品不良反应监测报告1177 份。协助国家局、省局对市3家药物临床试验机构资格再认定。严格《医疗器械生产企业许可证》审批管理，新办一类生产企业2家，审批一类产品注册证4份、重新注册4份。大力实施《医疗器械生产质量管理规范（试行）》的宣贯工作。加强对全市3家定制式义齿生产企业的日常监管。

全年共核发《药品经营许可证》94家，变更265家，换发355家，注销118家。受理GSP认证814家，现场检查849家，其中限期整改17家，批发企业GSP跟踪检查13家。对45家药品批发企业，623家零售企业开展日常检查。医疗器械经营企业（批发）新办27家，换证7家，变更22家，注销13家；经营企业（门店）新办16家，变更8家，注销2家。对9家新开办满一年企业，10家体外诊断试剂经营企业，9家植入材料、介入材料类产品经营企业，11家两年以上未进行日常检查的经营企业进行检查。开展医疗机构在用分子筛制氧设备和打击工业氧（或压缩气体）冒充医用氧违法行为专项抽查，共出动95人次，抽查医疗机构24家，未发现违法违规行为。

【特殊药品监管】严格特殊药品经营单位的准入条件。通过网络监控、严格购用审批等方式，加强特殊药品日常监管。参与市禁毒委加强对娱乐场所的涉毒问题专项整治工作，与全市3家特药批发企业和2家麻黄碱使用单位签订责任书。对经营含可待因口服溶液的药品批发企业实施电子监管，对购进该类药品的零售企业进行重点检查。开展对含兴奋剂药品及药品分类管理专项检查，做好2010年广州亚运会期间药品安全保障。采取印发宣传资料、签订承诺书、约谈企业负责人、召开座谈会等形式宣传合理用药和药品不良反应，药品滥用的危害等知识。

【药品监管机制建设】将日常检查、GMP再认证、现场考核及药品抽样相结合，将基本药物生产企业作为日常监管重点，切实加强药品生产动态监测，逐步建立基本药物生产质量保障机制。继续探索药品安全风险分类分级监管，对重点企业及重点品种实施重点监管。不断推进医疗器械生产企业质量信用建设。2009年度有3家医疗器械生产企业被省局评定为质量信用A类企业。在药品流通领域，推行药品流通电子监管网络，实现对药品经营企业及高风险药品生产企业经营情况的电子监管，电子监管网络覆盖率为94%。不断推进和完善农村药品“两网”建设，促进“两网”建设向纵深发展。

【药品广告监管】年内，购买广告监测设备，落实专人负责对电视、报纸、广播等各类媒体发布广告的动态监控。共发现违法药品广告12条，全部及时移交工商部门查处。对群众投诉的药品广告及时跟踪，下发暂停销售药品2个品种。派人参加全市广告监管联席会议，并与市工商局签订《广告监管协作备忘录》。贯彻落实全国打击利用互联网等媒体发布虚假广告及通过寄递等渠道销售假药专项整治行动，指派专人对辖区主流网站及7家已批准的互联网药品信息服务网站进行广告监测，未发现违法违规行为。

【保健食品、化妆品监管】全年共核发《保健食品经营企业卫生许可证》235家，其中新办121家，变更23家，换证91家，注销25家；对375家保健食品经营企业进行日常检查。开展保健食品安全整顿行动，共出动1575人次，检查保健食品经营企业695家次。组织对全市化妆品生产企业进行专项检查，共出动人员631人次，检查化妆品生产企业194家。组织对全市化妆品专卖店、商场化妆品专柜、美容院、美发店和有销售化妆品的电视购物频道和购物公司进行全面整治。共检查化妆品经营企业136家，其中化妆品批发市场3个，出动执法人员312人次。协助省食品药品监管局对56家化妆品生产企业现场审核、3家保健食品企业GMP审查、1家保健食品企业换发卫生许可证现场检查。

【食品安全综合监管】牵头做好问题乳和乳制品专项清查工作。牵头制定专项清查工作方案，对全市问题奶粉清查工作统一部署。及时组织有关部门进行专项检查，对涉嫌三聚氰胺超标的问题产品现场监督销毁。牵头组织开展清查“地沟油”专项整治工作。牵头有关部门召开专题会议，研究部署清查工作。牵头印发工作方案，进一步明确工作目标、工作要求。召开专项整治交流会议，交流清查地沟油专项整治工作情况和经验。在各级各部门齐抓共管和通力协作下，为期一个月的专项整治工作取得初步成效，违法加工提炼“地沟油”行为得到有效遏制。组织对全市集中消毒餐具专项整治工作。对无证企业通报相关职能部门并作出处置，使全市集中消毒餐具服务企业有了良好氛围。开展流通消费环节重点品种食品安全评价性监测工作。顺利完成了抽检任务。

【稽查打假】深入开展各类药品专项整治工作。在药品安全专项整治工作中，成立专项整治领导小组，牵头七个有关部门针对药品、医疗器械、保健食品和化妆品市场的薄弱环节，薄弱区域和人民群众反映的热点、难点问题开展整治，取得显著成效。2010年共查处涉药涉械违法违规案件337宗，查获非药品冒充药品的品种26个，查处利用互联网非法销售药品窝点1个，罚没金额120.21万元；联合公安机关查处违法销售二类精神药品案件32宗，协助公安机关捣毁制造假药“贺普丁”的窝点1个，涉案金额100多万元，抓捕犯罪分子2名；联合工商部门发现查处违法药品广告12个。在整治非药品冒充药品行为专项工作中，全面检查辖区内药品零售企业是否存在食品、保健食品、保健用品、化妆品、消毒用品和未标示文号等非药品冒充药品的违法行为。共发现违法的产品中近50多个，移送相关部门查处或上报省食品药品监管局处理，对属于食品药品监管部门查处的相关非药品冒充药品予以严厉打击。在查处违法销售假冒‘西红花”专项整治工作中，对辖区内的药品经营企业，经营贵重药品的摊档进行全面检查。共立案查处违法销售假冒“西红花”的案件41宗次。切实做好抽验办案及快筛快检工作。全年共抽验药品1302批次，其中评价性抽验420批次，医疗器械25批次，化妆品230批次，保健食品47批次。对辖区内中标的国家基本药物的抽验100%覆盖，全市药品抽检合格率超过99%。及时处理群众举报、投诉事项近50宗。完成上级交办及兄弟单位协查事项60多宗，答复“局长信箱”的网上举报投诉事项近30宗。潮南区食品药品监管局在药品日常监管中，积极利用潮南区食品药品质量快筛快检平台，对可疑药品进行快检，取得显著成效。澄海区食品药品监管局、潮阳区食品药品监管局经上级批准、验收，也相继成立了食品药品快筛快检室。

【食品药品监管服务】根据《汕头市“百人服务团”服务企业工作方案》，市食品药品监管局多次深入企业调研，积极为企业排忧解难，为医药健康行业发展搭建创业服务平台。通过加强审批制度管理，优化内部流转程序，简化办事程序，缩短审批时限，提高工作效率，为食品医药企业发展提供良好的政务环境。充分利用药检所这个技术平台，帮助企业进行专业人才培训，为企业提供原料、产品等一系列的卫生检测，以保证产品的质量安全。把握发展全局，实行分类指导，重点跟踪服务。发挥药学会和汕头市化妆品行业协会这两个平台的积极作用，引导、协助行业协会申报“国家洗涤用品生产基地”称号，提升“汕头制造”在全国乃至国际的知名度，形成规模效应；通过行业协会，开展国家有关法律法规、技术规范等的培训，使企业的生产经营活动符合国家的有关规范。

【队伍建设】在机构改革的过渡时期，开展人事、财务工作等专题调研，积极参加省食品药品监管局举办的餐饮监管学习培训。努力抓好政务公开工作，2009年度市食品药品监管局被市政府办公室评为市政府门户网站信息报送先进单位。先后制定《汕头市食品药品监督管理局公务接待管理制度》、《汕头市食品药品监督管理局机关车辆管理制度》、《汕头市食品药品监督管理局12319城市管理服务热线承办责任制度》等新制度，促进工作的制度化、规范化。加强财务管理工作，努力推进财务管理规范化。在全省食品药品监管系统市县局、药检所和省食品药品监管局直属事业单位2009年度财务会计工作考核中，市食品药品监管局财务工作名列前茅。加强信访维稳和机关内部安全工作。在2009年度社会治安综合治理工作情况考核中，市食品药品监管局被市综治委评定为优秀单位。

（林燕卿）

国土资源

【土地规划】基本完成新一轮土地利用总体规划修编，各级规划数据库已全部完成并通过验收，市级规划成果已上报国务院审批，全市6区1县的规划成果已上报省政府审批，40个需进行规划修编的镇（街道）规划成果已全部通过市政府审批。通过本轮规划修编省政府共核减汕头市18.8万亩耕地保有量，2006至2020年全市可新增建设用地21.1万亩；规划期内全市预留交通、水利、能源、环保等重点基础设施项目用地39项，新增建设用地规模3.449万亩；重点保障中心城区和澄海、潮阳、潮南三个副中心城区以及东部城市经济带和工业经济带用地，建制镇用地安排适当向澄海区的东里、莲下、隆都，潮阳区的关埠、和平、谷饶，潮南区的陈店、两英、陇田和南澳县城后宅等中心镇区集中，工业用地向工业经济带和各重点工业园区集聚；按照建设生态型滨海城市要求，将土地划分为允许建设区、有条件建设区、限制建设区、禁止建设区，实行土地利用空间管制，明确城镇工矿和农村居民点的扩展边界，加强对耕地和生态环境的保护，结合第二次全国土地调查，按照“集中连片、空间避让”的原则，将基本农田保护面积指标全部落实到图斑和地块，将韩江下游、潮阳区、潮南区水库水源一级保护区和南澳海岛国家森林公园等122.27平方公里列为禁止建设区。

【耕地保护】落实各级政府耕地保护责任，2009年度汕头市耕地保护责任目标履行情况考核获得全省综合三等奖，澄海区溪南镇被国土资源部、农业部评为全国基本农田保护先进单位。年内，督促有关区县加快省级投资土地开发整理项目进度，自筹资金开发补充耕地1360亩，省级投资开发补充耕地902亩，异地购买耕地储备指标1.3万亩，全市剩余耕地储备指标约2.0万亩，为今后土地利用计划指标的有效使用打好基础。但耕地储备指标绝大部分为各区县项目单位出资购买，市级存量耕地储备指标只有约400亩。加强用地预审，全年办理用地预审共17宗、面积7503.54亩。

【土地利用计划和用地报批】2010年度，省政府下达汕头市新增建设用地指标5760亩，其中农用地转用指标4455亩，占用耕地指标3090亩。通过积极争取省政府、省国土资源厅支持，全市充分使用2008、2009年度未使用完的土地利用计划指标和2010年度土地利用计划指标，组织上报农用地转用和土地征收30宗、面积9866亩，其中已报国务院、省政府、市政府批准的18宗、面积6566亩，保障了省产业转移园、厦深铁路、潮南区基础电网等重点项目建设。

【建设用地供应】年内，按市政府要求完成11街区2宗城市商业综合体土地收储和公开出让，土地出让价款6.8亿元，进一步理顺土地出让后续遗留问题。2010年全市出让国有建设用地56宗、面积2218.87亩（其中招拍挂出让50宗、面积2001.81亩）；划拨国有建设用地26宗、面积1559.38亩。中心城区新增应收地价款11.8672亿元，上缴财政12.4266亿元，支付征地补偿款、历史拖欠征地补偿款及逾期利息5.7218亿元。

【节约集约用地】推进“三旧”改造工作，制定并报市政府出台《汕头市“三旧”改造工作实施意见》和《汕头市“三旧”改造项目申报审批操作办法》、《“三旧”改造中分散土地合并归宗土地使用权登记程序》、《关于确定“三旧”改造项目主体有关问题的意见》等6个配套政策，加强政策宣传，完成全市2555宗、13.02万亩改造用地及68宗、3122亩补充入库用地的清查审核和标图建档。出台《汕头市加强中心城区闲置土地处置实施意见》，2009年以来，全市共处置闲置土地93宗，其中收取土地闲置费19宗，面积261.744亩，267.207万元；以不按合同约定利用土地进行行政处罚14宗，面积157.077亩，罚款99.7292万元；通过收回或收购重新盘活用地32宗，面积837.435亩；经督促后已动工建设的28宗，面积803亩。对中心城区1987年以来存量、闲置土地进行全面清理，共清查出中心城区征而未用土地136宗、面积21451.35亩，已出让（划拨）后未建设的空闲土地196宗、面积5028.836亩。对清理出来的土地逐宗标图建库，加大盘活处置力度。拟订上报了地下空间开发利用管理办法，推动城市地下空间开发利用。

【土地市场】年内，制订《储备土地前期开发建设操作程序》，规范完善储备土地前期开发建设工作，推进汕大片区、金凤半岛土地收购储备。制订《关于建设用地改变规划设计条件地价管理的若干意见（试行）》，规范建设用地改变规划设计条件地价管理和国有建设用地委托评估机制，开展中心城区基准地价更新调整。严格控制划拨和协议出让用地范围，实行工业用地招拍挂出让，推行集体建设用地公开流转。完善土地市场监督机制，推行土地出让公示制度，开展土地市场动态监测，努力营造良好的市场环境。中心城区全年办理各类土地交易45宗、面积1419.52亩，成交金额13.05亿元；其中经营性用地公开交易3宗，面积53.16亩，成交金额6.85亿元；工业用地公开交易20宗，面积984.32亩，成交金额2.76亿元。

【执法监察】2009年度土地卫片执法检查全市共核查确认违法用地284宗、1405.4亩，涉及占用耕地762.5亩（其中国家和省重点项目违法用地面积1232.7亩，占用耕地690.6亩）。扣除国家和省重点项目违法用地后，比上一年度违法用地面积下降18%，违法占用耕地占新增建设与用耕地的比例保持在较低水平。全市共拆除违法建筑1.16万平方米，复耕复绿土地58.1亩，罚款金额355.8万元；移送纪检部门处分19人，移送公安机关调查7人；违法用地立案率、查处率均达到100%，结案率97.2%。制订了局《行政处罚自由裁量权行使规则》和《量化标准（试行）》，开展用地审批、财务管理等监督检查。

【矿产管理】年内完成全市采矿企业矿山地质环境评估方案和土地复垦方案评审备案，完成汕头市地质勘查"十二五"规划编制，建立矿山地质环境评审专家库，开展采矿权实地核查项目野外抽查。实施采矿权招拍挂公开交易，完成服务工业经济带、东海岸新城建设的3宗采矿权挂牌出让，办理25家采石场采矿权延续出让，出让总价款511万元。

【地质灾害防治】年内，全市共排查出地质灾害隐患点75宗，其中13宗被列为市重点隐患点，编制地质灾害防治方案和应急预案，成立汛期地质灾害应急指挥部，在强降雨期间落实24小时值班，加强监测预警，完成8个地质灾害隐患点的治理。

【测绘和信息化建设】编制国土资源基础测绘和信息化建设"十二五"规划，完成中心城区1：1千及全市1：1万基础测绘，完成"金土工程"项目设计书编制和国土资源业务网、视频会商系统建设，获批准为国家数字城市推广试点城市，"数字汕头"工程设计书通过国家测绘局、省厅、市专家组评审，进入全面实施阶段。

【基础工作】开展全市土地年度变更调查，办理中心城区土地登记5.4万宗，配合房管部门解决78个商品房项目、7000多宗房产确权发证涉及土地遗留问题。接收入库房地产档案2.75万件，提供档案查询服务1.77万宗次。完成汕头大围、汕揭梅高速、南山湾工业园等重点项目征地测绘任务，完成商品房确权测量116.8万平方米。协助财税部门开展土地使用税征管，追收土地使用费历史欠费222宗、200.2万元。推进土地前期配套建设，组织南滨片、莲塘工业区等土地平整。加强城市管理部门协作，开展国有土地综合治理，制订实施12319城市管理服务热线转办事项办理制度。实施了信访督查专员、通报、约谈和退回重办制度，着力提高信访案件办结率，完成了亚运、"山洽会"等重大信访维稳任务。

（陈峰）

环境保护

【简况】2010年，汕头市环保工作按照建设生态海滨城市和粤东中心城市的基本要求，制定实施《2010年汕头市环境保护工作指导意见》，围绕"两个确保"：即确保完成"十一五"污染减排目标任务、确保全市环境安全，和全市落实科学发展赶超进位的工作目标，实施环保规划，强化环境法治，创新环境管理，加快环境基础设施建设、生态环境保护和环保能力建设，汕头市城市空气质量继续保持良好，二氧化硫、二氧化氮、可吸入颗粒物三项污染指标年日均值均符合国家相关标准，饮用水源水质符合国家《地表水环境质量标准》III类标准，集中式饮用水水源地水质达标率100%，城市地表水功能区水质达标率100%；市区区域环境噪声质量符合国家《声环境质量标准》2类标准值，市区道路噪声质量符合国家《声环境质量标准》4a类标准值，按照交通噪声质量等级划分属于"好"等级，为经济建设营造了良好的发展空间。

【创模整改达标】根据修订后的《"十一五"国家环境保护模范城市考核指标及实施细则》和环保部的宜昌会议精神，市环保局系统分析了全市创模整改和申请复检的基本情况及进展、现行考核指标的完成情况、当前创模面临的主要问题，并提出具体工作建议报市政府。2010年5月26日和6月7日，林樾副市长率领市环保局同志分别向省林木声副省长、环保厅李清厅长汇报汕头市创模工作。6月18日，省环保厅在东莞召开"广东省创建国家环保模范城市工作座谈会"，明确要求汕头市要在2011年9月底前完成申报。7月8日，蔡宗泽市长主持召开市政府圆桌会议，专题听取关于市申请国家环保模范城市复检的意见，对创模复检工作提出要求。9月13日，林樾副市长带队到市环保局调研，听取关于创模复检工作情况的汇报，并就进一步推进创模复检工作提出具体要求。10月18日，市政府组织召开常务会议研究推进创模复检有关工作。随后，印发《汕头市迎接国家环境保护模范城市复检达标工作方案》。

【环境宏观管理】年内，编制实施《汕头市饮用水源地环境保护规划（2007–2020年）》、《汕头市环境保护规划（2007－2020年）》、《汕头市环境空气质量功能区划》、《汕头市声环境功能区划》和《汕头市噪声敏感建筑物集中区域划分方案》，并把环境保护计划和总量控制计划纳入国民经济和社会发展年度计划中实施，发挥环境保护参与计划指导和宏观调控的作用，确保全市在经济社会快速发展、城镇化水平快速提高的同时，保持生态环境质量稳定和得到改善。组织编制《汕头市环境保护和生态建设“十二五”规划》。完成2009年度“城考”工作。与市委组织部联合对2009年度各区（县）政府环保责任进行考核，各区（县）考核结果均为合格。

【环境综合监管】制定实施《2010年汕头市环境保护工作指导意见》，促进全市各地环保工作协调发展。加强饮用水源保护，组织实施《汕头市饮用水源地环境保护规划（2007年－2020年）》，加强中心城区饮用水源的定期巡查和定期通报制度。同时，加强跨市河流边界断面水质的监测与监控，及时向省环保厅及潮州揭阳两市政府和环保部门通报监测结果。2010年7月在获悉福建省上杭县紫金山金铜矿湿法厂出现污染事故消息后，迅速启动应急监测预案，及时报送情况报告。同时加强与省环保厅和韩江上游梅州市、潮州市环保局沟通，及时了解上游的水质状况。自7月13至30日，通过连续监测，共报发韩江汕头段大衙断面应急监测情况报告32份，并在新闻媒体发布韩江水质报告7期，及时向社会公众提供事件相关信息，消除恐慌。紫金矿业水污染事件后，市环保局会同市水务局、澄海区政府与韩江流域管理局就韩江水质保护进行沟通，并对影响汕头市饮用水源的污染隐患进行全面堪踏摸查并提出加强应急水源地建设的建议。2010年11月，市政府印发《关于进一步加强饮用水源保护工作的意见》，进一步理顺饮用水源管理体制。加强工业污染综合防治。按照《汕头市电镀、印染等重污染行业统一规划统一定点实施方案》，积极推进重污染行业基地的建设，集中治理工业污染；加强对医疗单位产生的医疗废物和企业危险废物的管理，严格实行危险废物与严控废物许可经营、危险废物转移联单和进口废物环境管理等制度，指导和监督企业及医疗单位完善和规范环境管理工作；做好核技术应用项目环保审批、辐射安全许可证审查和放射性同位素转让初审工作，并开展电磁辐射环境专项整治行动，特别是“保亚运、管好放射源”专项行动，确保放射源安全；对烟尘控制区内新建、在用、备用但未报废、停用的炉窑灶进行全面核查，及时更新炉窑灶档案台帐，按要求开展监测，及时报送复测报告；加大对噪声达标区内超标声源的监督管理力度，对污染单位实施限期治理或限期整改，并建立完善噪达区、烟控区的档案台账；起草《汕头市重金属污染防治工作实施方案》，报经市政府批准发布实施，制定《汕头市环保系统重金属污染专项整治工作方案》，组织编制《汕头市“十二五”重金属污染防治规划》，积极推进重金属污染治理工作。生态示范创建和污染防治双管齐下，积极推进农村生态保护。制定2010年生态示范创建工作计划，积极开展生态示范创建的技术指导工作；配合省环保厅组织对莲华镇申报省级生态示范乡镇进行验收，组织对该镇碧砂村湿地污水处理系统进行整改，莲华镇顺利通过省的验收并命名；对汕头市获2009年度省、市级生态示范乡镇命名的单位进行奖励。与此同时，积极开展全市畜禽养殖业情况摸查和环境执法检查工作，共出动380人次，检查畜禽养殖场（区）89家，其中规模化养殖场（区）62家，摸清规模化畜禽养殖场总体情况，并根据调查摸底情况，制订实施畜禽养殖业专项整治计划，分禁养区集中清理、集中整治、总结验收三个阶段对全市畜禽养殖业开展专项整治。专项整治活动将于2012年10月底结束。

【环境立法和执法规范化建设】加强环境执法规范化建设。颁布《汕头市中心城区城市污水处理费先征后返实施办法》、《关于<汕头市中心城区城市污水处理费先征后返实施办法>的补充通知》、《汕头市污染源自动监控系统管理办法》；修订实施《汕头市环保局行政处罚案件审理办法》、《汕头市环保局罚款收缴工作管理规定》，制定实施《关于规范实施责令改正或者限期改正违法行为行政命令的通知》、《关于环保行政处罚案件加处案款收取标准的暂行规定》，进一步规范环境执法。各级环保部门积极组织，上下左右联动，开展打击违法排污行为专项行动以及电镀、发电、印染、洗水、化工、机动车维修、餐饮等行业的环保专项整治，组织排查放射源、危险废物（医疗废物）、危险化学品单位安全隐患，实施夜间行动和节假日突击行动。一年来，全市环保系统共出动33968多人（次），检查企业10618多家（次），立案410宗，罚没金额960多万元，申请法院强制执行80宗，有力地打击环境违法行为。积极推进国家环保部、省环保厅挂牌督办案件污染整治工作。2010年7月6日，环保部将市部分造纸企业环境违法行为列为今年第一批挂牌督办案件，要求对全市造纸企业进行全面检查，对存在违法行为的企业依法查处，并于11月底前完成挂牌督办任务。对此，市政府出台《汕头市造纸行业污染整治方案》，整治以挂牌督办的14家企业为重点的全市所有77家造纸企业。经过5个月的努力，关停落后产能造纸厂35家，共淘汰造纸落后产能14.8万吨/年；立案查处43宗涉嫌环境违法行为，罚款140多万元，对违法情节严重的企业强制停产整顿；14家挂牌督办的企业全部完成整改任务。全市保留造纸企业43家，造纸生产能力约100万吨/年。省环保厅已拟文向环保部申请予以摘牌。2010年1月，省环保厅、监察厅联合下发了《关于印发2010年省挂牌督办十大重点区域环境问题和20家环境污染企业的通知》（粤环发[2010]11号），市万丰热电有限公司、澄海区溪南乐华造纸厂因排放污染物超标被列入省环境污染整治挂牌督办企业。环保部门落实澄海区溪南乐华造纸厂进行专家评估，下达限期整改通知，现场督促指导其开展污染整治，使该厂顺利完成整改工作，上报省厅申请验收。汕特万丰热电有限公司是我市集中供热单位，环保部门督促其与市发改、经信部门协调，尽快商定落实解决方案，并向省环保厅申请延长治理期限，争取完成整改任务。积极推进贵屿污染整治，推进贵屿废旧电子电器拆解利用基地的建设和贵屿镇废弃电器电子产品集中处理场项目环评工作。2010年10月8日，省环保厅批复同意贵屿镇开展废弃电器电子产品集中处理场试点建设，该报告书已经省环境技术中心组织的专家评审会审查通过。指导潮阳区政府制定《汕头市潮阳区贵屿镇废弃电器电子产品拆解处理行业环境污染整治方案》。积极开展练江污染整治。2010年5月初市政府制订了《汕头市练江污染整治工作实施方案》，明确整治目标和思路，主要是分为近期、中期、远期三个阶段性目标分步实施。近期从现在起到2012年底，目标是扭转恶化趋势；中期从2013年至2015年，目标是水质持续改善；远期从2016年至2020年，目标是恢复水体农用功能，计划经过10年的综合整治，使水质由现状劣五类分阶段逐步改善到满足农业、景观用水功能要求的五类水质。加大工作力度，确保排污费征收到位。认真贯彻实施《广东省排污费征收使用管理办法》，依照“全面申报、准确核定、足额征收”原则，建立健全长效稽查制约机制和责任追究制度，扩大征收面。2010年，全市征收排污费7833.05万元，同比增长29.22%，有效促进企业进行污染治理，同时也为我市环保能力建设提供了资金保障。开展我市工程建设领域突出问题专项治理工作。以政府投资和国有资金支持的项目为重点，全面排查2008年以来规模以上投资项目环保审批、验收手续情况，已督促45个项目补办环评手续，3个项目正在开展环评工作。

【环境管理基础性工作】开展污染源普查数据更新工作，摸清污染老数，为“十二五”环境保护和量化管理提供数据支撑。各级环保监测站重点围绕及时掌握全市环境质量的目标，加强对全市空气自动监测站和水质自动监测站的管理，全年共出具有效空气质量监测数据356067个，水质监测数据32012个。对在用机动车核发环保检验合格标志，2010年共发放标志6986张。

【环保宣传教育】围绕争先创优、创模复检、污染物总量减排等环保中心工作，借助新闻媒体刊发环境新闻469篇次，及时报道环保工作动态。精心组织45项纪念“六•五”世界环境日宣传活动，全市约5.2万人直接参与了宣传活动。开展“减排齐关注”—“汕头杯”全国环保书画大赛、“减排话你知—环保开放日”活动、“减排在行动”采访、采风和集中报道活动、第二届“绿色行动在校园”活动等多项全市性环保宣传活动。组织编印发放《汕头环保百事通》一书，加深公众对环境保护工作和法律、政务的了解。积极开展绿色学校和绿色社区的创建工作。结合广东省粤东（汕头）环境监控应急指挥中心大楼建设，构建全市环保系统环境信息综合平台，以推进系统资源共享、提高效率和规范行政行为；组织编制《汕头市环境信息化建设总体规划》，为我市未来的环境信息化建设提供科学的决策。

（纪晓佳）

节能减排

【节能降耗】2010年，汕头市围绕“十一五”节能目标任务，健全机制，突出重点，强化措施，落实责任，全市节能降耗工作取得积极成效，单位GDP能耗为0.588吨标准煤/万元，下降3.19%，单位GDP能耗在全省排第四低。全面完成全年和“十一五”的节能目标任务，有力促进全市经济社会的又好又快发展。为确保完成“十一五”的节能目标任务，年内及时分析研究全市节能形势，寻找潜在节能空间，全面部署全市节能工作，进一步采取措施，加大工作力度，落实工作责任，全力以赴打好节能攻坚战；完成2009年省政府对市政府节能目标责任评价考核工作，考核结果为“完成”等级，其中节能措施落实情况得分在全省排第二位；组织开展“十一五”节能目标责任预考核工作，形成自查报告报省经信委；组织开展2009年市政府对各区县政府节能目标责任评价考核工作。考核结果：龙湖区、南澳县为“完成”等级，澄海区、濠江区、金平区、潮南区、潮阳区为“基本完成”等级；完成2009年重点耗能企业节能考核工作。考核结果：4家省监管重点耗能企业中2家为“完成”等级、2家为“未完成”等级，4家市监管重点耗能企业中3家为“完成”等级、1家为“基本完成”等级；狠抓重点耗能企业管理，继续加强对全市工业重点耗能企业的节能管理，督促企业落实节能技改措施、按规定淘汰落后耗能工艺和设备、执行高耗能产品能耗限额标准、完善能源统计台账、按时保质报送能源统计报表等各项节能措施；开展商贸酒店领域用能单位的节能管理。按要求将全市8家商贸酒店企业纳入节能监管，其中汕头帝豪酒店有限公司、汕头君华大酒店有限公司和汕头易初莲花连锁超市有限公司推荐为汕头市商贸酒店节能改造试点示范企业，并实行市、区分级管理原则；开展节能预警调控工作。为确保全面完成“十一五”节能目标，经市政府同意，在全市组织开展节能预警调控工作；开展节能形势分析工作。组织召开全市节能分析会，分析研究能源消费情况，并提出有关工作措施。认真进行全市每季度节能形势分析，及时将分析结果上报告省经信委；开展编制“十二五”汕头市节能专项规划，经市政府批准同意，将“十二五”节能规划列入汕头市的重点专项规划，该规划已于2010年底通过专家评审；开展推广高效照明产品工作，全年共推广高效照明产品15.7万只，超额完成省下达的10万任务。汕头市还充分利用推广照明产品的财政补贴政策，将今年市级节能专项资金全部购买高效照明产品，免费发放给濠江区、龙湖区、南澳县低保户计6432户共32330支节能灯；开展节能宣传工作，制定《汕头市节能宣传工作方案》，开展以“节能攻坚、全民行动”为主题的节能宣传周活动，通过形式多样的活动，在全社会营造浓厚的节能氛围；积极开展节能培训工作。组织参加国家和省节能监察培训。组织各区县经贸局开办针对节能管理人员的培训班，进一步提高节能管理能力。加强节能问责工作。按规定对各区县政府2009年度节能目标责任评价考核结果向社会公告，落实奖惩措施，加大问责力度。会同市监察局主要节能职能部门进行节能检查；继续协调指导贵屿镇循环经济试点工作，贵屿镇循环经济试点建设工作取得突破性进展，贵屿废弃电器电子产品集中处理场（试点）项目于2010年12月9日举行奠基开工仪式；推进循环经济试点工作，汕头市作为全省首批循环经济七个试点城市之一，通过了省第一批循环经济试点单位的中期考核，汕头市龙湖区鑫隆纸类制品厂是全省首批循环经济试点企业之一也通过省经信委组织的中期评价考核；开展资源综合利用工作，组织汕头市中业粉煤灰有限公司、汕头市升建轻质有限公司、汕头市树业环保科技有限公司、汕头市保源建材机械有限公司等4家企业进行资源综合利用认定和重新认定；辅导企业自愿开展清洁生产审核。

（苏介彬）

【污染物总量减排】2010年，汕头市采取多项措施，突出重点，狠抓关键，牵头多部门联动，加强指导监督，协调解决污染减排工作难题。严格项目审批，加大结构减排力度。严格执行国家产业政策和《环境影响评价法》等相关法律法规，制订实施《汕头市环保局审批的建设项目建设和试产期环境保护管理工作暂行规定》和《汕头市房地产建设项目环评及审批暂行规定》，强化建设项目环境影响评价，把好建设项目准入关，坚决淘汰落后生产能力，尤其是加大淘汰造纸、漂染、电镀、化工等落后产能的力度，抑制高耗能行业的盲目发展。2010年，全市环保系统共审批建设项目869个，竣工项目“三同时”执行率100%。加快污水处理设施建设，全力推进工程减排。积极协调有关各方，在保障汕头联泰水质净化厂、澄海清源水质净化厂、潮阳区污水处理厂等3座污水处理厂正常运行的同时，加快北轴污水处理厂、南澳污水处理厂、两英污水处理厂、峡山污水处理厂等4座污水处理厂的建设进程。并通过大力建设和完善城市截污管网，提高处理水量和进水浓度，保障处理水质的稳定，充分发挥减排效益。目前，北轴污水处理厂等4座污水处理厂已经投入运行。今年新增生活污水处理能力19.2万吨/日。加强工业污染源监管，全面落实减排管理措施。对重污染行业建设项目，出台行业环保准入标准，依法依规审批，规范验收程序，控制新增污染源。推行排污许可证和污染物总量控制，做到增产不增污。对污染物超标的企业实施限期整改或限期治理，落实和完善污染防治设施，确保全市重点工业污染源全面达标。以整治违法排污企业、保障群众健康环保专项行动为抓手，铁腕治污，采取突击检查、挂牌督办等手段，加大对重点区域和重污染行业的执法力度。2010年全市环保系统共出动33968多人（次），检查企业10618多家（次），立案410宗，罚没金额960多万元，申请法院强制执行80宗，有力地打击了环境违法行为。同时，继续推进清洁生产审核，督促企业由污染严重、资源能源消耗大、经济效益差的粗放型发展模式向资源节约型、环境友好型方式转变。加强重点污染企业在线监控装置监管，确保重点污染企业在线监控设施正常运转，全市安装污染源在线监控设备的企业已超过180家，全市31家省控以上重点污染源除两家停产之外，其余全部安装了在线监控并与环保部门联网，国控重点源在线监测设备安装率及联网率均达到100%，市污染源监控中心（平台）已全部建成。扎实做好减排基础性工作。对照国家《“十一五”主要污染物总量减排核查办法》的要求，做好环境统计、数据核定等基础工作，完善国控、省控、市控重点源和新建项目等污染源信息档案和数据库，高标准建立污染减排台帐，全面掌握污染物排放增减变化情况。同时，为确保“十二五”减排工作的有章可循和年度减排目标的顺利实现，本着规划先行原则，积极谋划，组织编制《汕头市“十二五”主要污染物总量控制规划》，并认真做好全市污染源普查动态更新工作，为我市“十二五”减排提供依据。2010年，顺利完成省下达的年度减排任务。

（纪晓佳）

安全生产

【简况】2010年，汕头市认真贯彻落实《国务院关于进一步加强企业安全生产工作的通知》、《广东省人民政府贯彻〈国务院关于进一步加强企业安全生产工作的通知〉的实施意见》，紧紧围绕继续深入开展“安全生产年”的目标任务，突出预防为主、加强监管、落实责任，深化安全生产执法、治理、宣教“三项行动”和法制体制机制、保障能力、安监队伍“三项建设”，切实预防和减少一般事故，坚决防范和遏制较大以上事故，促进全市安全生产形势的持续稳定好转。全年全市各类事故发生591起、死亡220人、受伤527人，分别比2009年下降7.51%、3.08%和8.82%；亿元GDP事故死亡率0.18；实现全年全市各类事故死亡总量下降1.4%以上，亿元GDP事故死亡率0.20以下的控制指标。较好地控制了非煤矿山、危险化学品、烟花爆竹等高危企业以及重大危险源，实现“零”伤亡事故。全年共组织培训企业主要负责人和安全管理人员2668人次，特种作业人员4231人次，其他从业人员2271人次。

【安全生产责任制】2010年，市政府印发《汕头市2010年安全生产工作意见》，提出全市安全生产责任目标及工作措施；由市政府与各区县政府和市级14个安全监管主要部门以签订实施责任书形式，分解量化下达安全生产控制指标，并建立实施了安全生产控制指标预警制度；市政府每季度定期召开防范重特大安全事故工作会议，分析、布置、督促、检查本市防范重特大安全事故工作；制定实施了《汕头市2010年安全生产责任制考核工作方案》，推进了各级安全生产“一岗双责”的有效落实；组织开展各时期各阶段安全大检查大整治，排查整治一大批事故隐患，整顿规范安全生产秩序。制定出台《汕头市人民政府进一步加强企业安全生产工作的实施意见》，进一步强化各级安全监管责任和企业安全生产主体责任。组织对2010年一般生产安全事故调查处理和责任追究落实情况的检查督查。

【高危企业监管】加强对安全许可特别是高危企业的日常监管和安全巡查，实施企业主要负责人安全生产约谈、签订安全生产承诺书制度；强化准入管理，严格安全条件，推行安全标准化，从源头上提升企业安全生产水平。2010年全市采石场均实现机械化生产；25家加油站安装油气回收系统。同时，制定实施《汕头市安全生产风险抵押金管理实施办法（试行）》，2010年全市28家采石场、30家危险化学品企业投保安全生产责任险，保额达5153万元，促进高危企业实现“零”伤亡事故。

【隐患排查整治】各级政府和各行业主管部门，按照“属地管理”和“谁主管，谁负责”、“谁许可，谁负责”的原则，深化安全生产事故隐患排查治理和“打非治违”工作，突出非煤矿山、危险化学品和烟花爆竹、民爆物品、交通运输、消防、建筑施工、旅游、特种设备等重点行业领域。2010年全市排查一般隐患50194处，其中重大隐患57处，全部落实整改。莲花山钨矿尾矿闭库治理项目获得中央资金补助6124万元。以重大节假日和重大活动为重点时段，先后部署开展元旦、春节、“两会”、五一、国庆、亚运、山洽会期间安全生产检查督查，督促、协调和解决一些安全生产突出问题。健全完善事故信息报告和调查处理工作制度，及时准确掌控生产安全动态，依法处置各类生产安全突发事件。

【基层基础工作】市安全生产专家组成员从42名调整充实到56名，为全市安全生产提供强有力的智力和技术支持。围绕“一案三制”要求，组织各部门协同开展安全生产应急管理综合试点工作。组织开展安全生产应急救援演练；推进市运输车辆安装应用卫星定位汽车行驶记录仪工作，2010年全市有2503辆客货汽车安装卫星定位汽车行驶记录仪；加强安全生产一线街道（镇）应急管理工作，澄海区澄华街道“加强基层应急救援队伍建设、提高初始安全事故自救能力”的做法在2010年4月“广东省安全生产应急管理综合试点现场会暨全国安全生产应急管理工作会议”作了经验介绍。

【宣传教育培训】组织多形式安全生产宣传教育，举办安全生产宣传咨询日暨“安全生产汕头行”活动，承办《国务院关于进一步加强企业安全生产工作的通知》、《广东省人民政府贯彻〈国务院关于进一步加强企业安全生产工作的通知〉的实施意见》宣讲团莅汕宣讲活动。与《汕头日报》联合举办“安全生产大家谈”有奖征文活动；以专访的形式在《汕头日报》刊登市安监局主要负责人对国务院《通知》精神的解读。

（王延溪）

海关

【简况】2010年是汕头海关3年阶段性强关战略的收官之年。关区全年共监管进出口货物1591.2万吨，货值140.7亿美元，实现两税入库40.39亿元，创历史新高。全年查办各类案件209宗、案值3.28亿元，累计上缴罚没收入2156万元，查获案值100万以上案件16宗，得到海关总署领导的充分肯定；进出口货物通关速度明显加快，进出口企业满意度提高；继续保持到期合同核销率和内销商品归类差异率的良好水平；加工贸易内销征税1.47亿元。

【通关监管服务】按照总署部署，全面启动大监管体系建设工作，用大监管体系建设的先进理念指导汕头海关未来的发展，统一认识，协同步骤，结合实际，找准切入点，稳步推进我关大监管体系建设。主动参与泛珠三角区域海关合作，扩大卡口系统推广范围。加强和完善来往港澳小型船舶的监控分析，实现风险信息共享。依托风险管理平台，加强对进口废物的动态分析和风险布控。在全国海关率先研究制订《汕头海关进出口危险品查验操作指引》，组织验收9家监管场所。

【关税征收】认真贯彻“以质为先、以质促量、量质并举”的综合治税工作理念，全面落实“保质量、促增长、挖潜力”的决策和部署。税收工作经受住外部审计署审计和总署抽查的全面考验，实现两税入库创历史新高。2010年价格水平处于优良区间并保持相对稳定，归类一致率、减免税审核正确率、原产地审核正确率、税收核销率等指标继续保持在最优水平。狠抓规范申报，夯实征管基础。充分发挥署级业务专家、骨干的作用，形成《汕头海关十年来税收情况的分析比较》的研究成果，用好的经验指导实践。

【打击走私】坚持以“破网除链、源头打私”为要旨，建立有效的情报网络，与厦门、深圳、黄埔海关签订《区域反走私联动备忘录》；组织到关区敏感、重点区域实地调研89次。针对粤东地区走私活动的特点，运用灵活机动的缉私战法战术，实行反走私综合治理，全年召开粤东反走私综合治理座谈会5场、各层级反走私联席会议26次、打私现场会12次。主动公布对陆丰旧服装、潮阳贵屿旧电器市场的调查结果，并在主要媒体刊登反走私公开信，引导公众舆论。中央、省、市新闻媒体先后46次报道我关反走私工作取得的成效。

【加工贸易监管】将“以质取胜”的内涵式发展理念融入加工贸易监管的始终。继续推进加工贸易内销便利化，关区100%实现银行保证金台帐电子化联网管理；实行加工贸易内销“预审核”制度。优化关区二级加工贸易监控分析机制，开展加工贸易重点项目专项监控分析和敏感商品专项核查行动。承担光盘和聚丙烯纱线2项国家一级加工贸易单耗标准修订工作。受广东分署委托，制定PVC薄膜、聚乙烯网、聚乙烯手套、塑胶眼镜等加工贸易单耗标准。

【服务地方经济】出口货物分类通关改革取得预期效果，出口通关模式正式从“纸面人工为主、逐票审核”向“电子自动为主、重点审核”转变，加快通关速度。“属地申报、口岸验放”模式受益面扩大，通关速度明显加快，进出口企业满意度提高。“一站办”服务品牌进一步凸显，在汕头市行政服务中心继续保持量化评比名列榜首的记录。积极支持推动汕头保税区区位调整并转型为综合保税区。实时跟进揭阳潮汕机场建设情况。积极配合推进汕头市融入海峡西岸区域经济建设。支持海门对台小额贸易点顺利通过验收并投入运作。支持汕头港口岸广澳港区、潮阳港口岸华能海门电厂码头对外开放验收工作，支持惠来电厂、汕尾发电厂等煤码头的临时开放工作。支持汕头外砂机场对外籍飞机临时开放，支持汕头莱芜装卸点整合并入汕头港一类口岸。扶持汕头港增加汕头至日本、马尼拉、韩国3条直航航线，开通“汕头—盐田”内支航线。在广东省内海关率先开通“12360”海关统一服务热线。

【海关统计及法制工作】汕头海关连续9年获得“全国海关统计工作综合评比”一等奖。以“晓虹工作室”成立为契机，推出该关统计业务新品牌，切实提高统计工作业务水平。圆满完成“五五”普法工作，总关和汕尾、揭阳、潮州海关4个单位被推荐为广东省“五五”普法先进集体，梅州海关被评为梅州市“五五”普法先进集体；加强知识产权海关保护工作，与汕头市中级人民法院签订关于加强知识产权协作工作的意见。成功应对处理汕尾市华生废油回收有限公司“红油”系列诉讼案和华比富通银行诉讼案后续工作。

【稽查工作】推行稽查绩效动态监控评估，各项指标处于良好区间。稽查执法水平被总署检查组评价为南方片各关最优。制订“三查合一”工作实施方案及保税中后期核查职能移交工作方案。探索建立与分类通关改革相适应的常规稽查工作机制。对煤炭、塑料、牛皮和水产品等行业以及一般贸易出口骗退税行为开展专项稽查，重点解决风险布控和风险处置相一致的问题，风险分析处置回路进一步畅顺。探索建立关区进出口企业分级抽查机制，企业注册信息核查管理系统正式上线运行。深化注册企业核查和清理工作，规范关区报关行为和报关员管理；完善企业分类管理工作机制。

【预警监测和决策辅助】加强与粤东5市经济管理部门、行业协会的沟通和互访，形成汕头关区玩具出口系列调研、《广澳港物流发展现状调研报告》、粤东粤西外贸分析等调研成果。报送统计预警监测分析报告283篇，中办、国办、总署采用149篇次，其中《1至7月乳制品进口量价齐升 7月份进口均价创新高》获得中央领导批示；报送金融危机以来粤东地区中小外贸企业生存发展情况分析和建议被地方党政领导批示肯定并采纳。全年组织召开海关统计数据现场发布会3次、网上发布会11次，提供数据咨询服务200多人次。

【关区合作共建】丰富和深化关贸联席会议制度，由以信息交流、情况互通为主转变到对粤东5市和特殊监管区域开展研讨为主的合作。巩固与汕头出入境检验检疫局合作共建成果，加强信息互换、应对技术壁垒调研、加强培训等方面合作。与检验检疫部门实时交换通关单联网核查数据，防范和打击逃漏报检行为。隶属保税区海关与汕头出入境检验检疫局达濠办事处签署《共建文明口岸备忘录》。与国税部门加强沟通，防范伪造海关税单偷逃国家税款及退运中发生的违法行为。与汕头市中级人民法院签订《关于加强知识产权保护协作工作的意见》。2010年粤东电子口岸共受理热线电话4038个，客服一线办结率65%，客户满意度100%。

【关区文化建设】成功举办纪念潮海关建关150周年系列活动，扩大汕头海关在粤东和海关系统的影响，得到潮汕史学届的一致好评，并促使汕头市政府将1860年1月1日确定为汕头市的开埠之日。潮海关钟楼（旧址）正式被公布为广东省第六批重点文物保护单位；礐石海关副税务司公馆等4处潮海关旧建筑正式被公布为汕头市重点文物保护单位。在“心中有信念、身边有典型”主题教育活动中，汕头海关报送的2件作品入选海关总署20篇“最佳感动海关故事”。以文体协会为依托，成功举办田径运动会、新年音乐会等群众性文体活动；关文化展板获全国海关文化建设成果展二等奖；关管乐团部分成员参加广州亚运会开幕式的演出。

（李志雄　周修东）

出入境检验检疫

【简况】2010年，汕头出入检验检疫局共检验检疫进出境货物14万批、货值65亿美元，同比分别增长32%和49%。检出不合格进出境货物379批，货值3.14亿美元，批次检出率为0.28%，货值检出率为4.8%。全年共截获检疫性有害生物115批次。检验检疫出入境船舶4134艘次、出入境飞机1812架次、出入境集装箱24万标箱，检疫查验出入境人员近24万人次，签发普惠制产地证3.74万份。

【检验检疫监督管理】年内，切实做好甲型H1N1流感的各项防控措施，有效防止疫情传入传出。加强对进境肉类备案冷库的监管，积极采取措施确保辖区出口养殖水产品质量安全。认真做好进境水果的现场检验检疫工作、室内检验检疫和安全项目检测。加强对大宗敏感商品的检验监管，认真做好进口煤炭的检验鉴定工作，完成首批进口铁矿的检验鉴定工作。认真做好输埃及、埃塞俄比亚等国家货物的装船前监装工作，强化对敏感机电产品的查验制度，做好对进口成套设备的后续检验监管工作。

【亚运会检验检疫工作】汕头是广州亚运会进境肉类和食用水生动物的指定口岸。为保障汕头口岸进口的供广州亚运会进境肉类和食用水生动物安全，汕头检验检疫局制定工作方案，成立亚运进境肉类和食用水生动物检验检疫及突发事件应急处理领导小组和工作组，对资格申请、检疫审批、现场查验、运输监督、应急处理等环节进行了周密的部署，切实做好供广州亚运会进境肉类和食用水生动物检验检疫工作。

【认证认可工作】认真做好卫生注册、出口质量许可证和分类管理工作。积极推进分类管理工作，经初评一类企业54家、二类企业139家、三类企业141家，在广东局组织的全省第一批一类企业审核中，辖区12家企业全部顺利通过审核。成功指导对韩注册水产厂顺利通过韩国官方考察团的检查。6月24～26日，韩国考察团现场检查了汕头市两家对韩注册水产企业，在汕头检验检疫局的大力帮扶下，两家企业均顺利通过韩国考察团的检查。

【监管及通关模式改革】深化以建立科学有效的出口商品合格评定体系为主要内容的检管模式改革，对出口工业产品实施分类管理，建立企业分类和商品风险分级目录，完善监管措施，健全企业档案，加强质量分析，不断完善分类管理办法，提高检验监管的科学性和有效性，提高通关速度。进一步优化全申报业务模式、简化申报手续，切实减轻企业负担。采取措施减少报检随附单证，积极推进报检无纸化进程。认真推行广深珠出境货物直通放行工作，积极做好相关宣传工作，提出推进该项工作的具体措施，保证了广深珠出境货物直通放行工作的顺利开展。

【质量提升活动】在“质量提升活动”中，共培训企业质量管理人员1037人次，举办12个专题宣传活动。在“质量提升服务进万企”活动中，组织开展免费培训服务，组织专家为企业进行解读宣讲产品质量知识，共召开质量分析会52场次，参与企业271家次。在检测工作整顿活动中，组织全局8个实验室开展检测工作整顿自查，修订完善实验室生物安全工作制度、生物安全应急等34个制度。举办实验室内审员培训班，举办新进技术人员培训85人次。组织开展实验室集中展示月活动。活动月期间共发放宣传资料500多份，现场参观120多人次，免费培训企业技术人员20多人次。在广东检验检疫系统检测技能大比武获得团体第一名，2名选手获得个人优胜奖。在“窗口建设和证单质量提升活动”中，建立上下联动的工作机制，完善管理制度或操作规范，组织检务人员进行业务培训和礼仪培训，并在全局检务窗口增设电子显示屏、电子触摸屏、电脑、打印机、显示屏等近60台硬件设施；7个报检大厅进行改造，采用敞开式报检窗口对外办公，窗口服务设施更加完善。在食品安全整顿工作中，加强与地方政府相关部门和食品行会的交流沟通，通过印发资料、发送电子邮件、召开企业座谈会等多种形式，提高企业作为食品安全第一责任人的意识。

【检验检疫技术保障】高起点规划实

验室建设。按照国家重点实验室的建设标准和要求，积极向国家质检总局申报煤炭重点检测实验室、化妆品重点检测实验室、纺织服装重点检测实验室、水产品重点检测实验室和玩具礼品重点检测实验室等5个实验室列为国家级重点实验室并加以建设。加大仪器设备投入，新购置急需的检测仪器及相关的辅助设备71台（套），检测能力明显提高。提升技术能力建设，全年新开检项目76项，有五项科研成果喜获省市科技奖励，其中获广东省科学技术奖三等奖一项，汕头市科学技术奖二等奖一项、三等奖三项；粤东玩具检测中心自主研制的“一种玩具流星球系绳长度的检测装置”被国家知识产权局授予专利权；粤东玩具检测中心被中国认证认可协会接受为正式会员，这是继广东局技术中心之后广东检验检疫系统第二家加入该协会的会员单位。2010年，荣获广东局“科技兴检”先进单位。

【公共服务平台建设】积极构建汕头检验检测公共服务平台。9月底举行中国检验检疫科学研究院(汕头)纺织品研究室、广东检验检疫技术中心粤东分中心和粤东检验检疫技术合作框架揭牌签字仪式，初步搭建平台框架，得到地方政企的充分肯定。为加快公共平台建设，汕头检验检疫局牵头组织起草《汕头检验检测公共服务平台建设工作方案》和《汕头市关于加快汕头检验检测公共服务平台建设的意见》。

【推动海西经济区优惠政策实施】年内，专门成立推进海西检验检疫优惠政策小组，制订实施方案，开展学习调研。在国家总局和广东检验检疫局的大力支持下，8月1–3日，国家总局调研组莅汕进行海西检验检疫优惠政策专题调研，经过调研，初步达成共识。10月28日，国家质检总局正式下发《关于支持广东海峡西岸经济区建设大力推动粤东地区外经贸发展的意见》提出支持粤东发展对台小额贸易,支持粤东地区扩大与台湾的合作与交流,大力促进粤东地区产业转型升级、扶持支柱产业发展,大力推动粤东地区现代服务业发展等7大项22条具体措施,全力支持广东海峡西岸经济区建设,推动粤东地区外经贸发展。

【大质量工作机制和大质检文化建设】汕头检验检疫局根据上级的部署加快建立以依靠地方、联合部门、抓住企业、监管产品为主要内容的大质量工作机制，大力推进大质检文化建设。在推进大质量工作机制建设上，全面落实《关于提高汕头出口玩具国际竞争力合作备忘录》，推动设立玩具质量管理联席会议制度；推动汕头出口水产品质量安全示范区建设，组织起草《汕头市出口水产品情况》和《广东出入境检验检疫局和汕头市人民政府关于共同建立、促进汕头水产品出口合作备忘录》；加强汕头质检两局的合作，开展食品质量联合执法行动、食品企业从业人员健康体检、玩具产品质量专项整治联合行动，为全面开展质检业务合作和执法协作打下良好的基础；进一步完善口岸联动机制，深入落实与汕头海关签署的关检合作备忘录，细化实施定期联系制度和实时业务沟通制度，进一步健全与边检、海事等口岸单位联系会议制度，扩大沟通范围和合作领域。在推进大质检文化建设上，积极组织开展文明单位和文明窗口创建活动，围绕“五个一流”深入开展文明口岸创建活动，推动报检大厅、行政服务中心等“窗口”建设；积极组织开展文化理论研究和“十二五规划”、“大质检文化”征文活动。

【服务地方经济发展】组织开展“心连心、手牵手、肩并肩”主题活动和汕头市“百人服务团”国检分团活动。制定出台服务地方产业结构转型升级发展的举措，帮扶出口玩具、水产品、化妆品等企业建立健全质量保障体系，全面提高出口产品国际竞争力。汕头检验检疫局贯彻落实《进出口玩具检验监督管理办法》和《出口玩具合格评定程序》要求，以玩具备忘录为平台，开展“狠抓双推进、着力双强化、立足双转变、力求双突破”和“送信心、送政策、送信息、送服务、送温暖、送培训”活动，促进汕头玩具产业健康发展和做大做强，全面提高汕头出口玩具国际竞争力。全年经汕头检验检疫局检验出口的玩具批次和货值同比分别增长78%、59%，出口国家和地区扩大到80多个。在推动出口水产品平稳健康发展过程中，汕头检验检疫局结合辖区出口水产品的特点，从提升企业产品质量安全入手，进一步创新检验监管模式，帮扶企业寻求突破、扩大出口，取得明显成效。全年出口水产品5626批次，货值8.64亿美元，同比增长64%和71%。汕头是我国化妆品企业较多的地区,为扶持企业进一步抢占国外市场，汕头检验检疫局优化帮扶服务，帮促企业开拓国外新兴市场，取得显著成效。

【自身建设】2010年，汕头检验检疫局选取五个部门开展构建工作质量长效机制的试点工作顺利进行，试点部门以ISO9000质量管理体系为平台，组织对现有的规章制度进行逐步清理，在完善内部管理规章制度的同时，初步构建起以工作规范为核心的工作质量长效机制。认真做好“五五”普法检查验收的各项准备工作，编写《汕头检验检疫局“五五“普法资料汇编》，经过检查，“五五”普法工作通过地方法制部门的考核验收，并被推荐申报省级普法先进单位，同时被评为广东检验检疫局五个普法优秀单位之一。组织举办3.15大型咨询活动，现场共接受咨询200多人次，发放各种宣传资料600多份。积极推广应用企业诚信管理系统，进一步提高检验检疫依法行政的针对性和有效性。大力加强行政执法工作，共实施行政处罚5宗；受理国外通报不合格案例调查58宗。

（刘冰）

财政·税务

财 政

【简况】2010年，汕头市财政工作积极应对国际金融危机影响，实施积极的财政政策，调结构、促转型、保增长、惠民生，促进经济平稳较快发展，推进经济发展方式加快转变。全市财政收入保持平稳较快增长，全口径财政收入和一般预算收入规模及增幅均创历年新高。有效发挥公共财政服务保障功能，大力压缩一般性支出，降低行政运行成本，加大社会事业和公共服务支出投入，有力地推进全市经济社会各项事业发展。全市完成全口径财政收入1866392万元，比上年同期（下同）增长22.26%，其中：一般预算收入726452万元，增长24.11%，增收141098万元；上划中央收入987634万元；上划省收入152306万元。全市一般预算收入726452万元，加上返还性收入102608万元、一般预算转移支付收入131222万元、专项转移支付收入292920万元、转贷财政部代理发行地方政府债权收入16856万元、国债转贷资金上年结余658万元、一般预算上年结余收入62130万元、调入资金1276万元，收入总计1334122万元。全市完成一般预算支出1217123万元，加上上解支出37372万元、结转下年支出76998万元（结转下年使用的专项资金）、增设预算周转金180万元、国债转贷资金结余658万元，支出总计1332331万元。全市财政收支相抵，净结余1791万元。

【财政收入】年内，全市宏观经济保持稳步增长态势，为财政收入增长提供了稳定的税源基础。市财政部门积极组织协调市直和各区县征管部门，努力克服结构性减税政策影响，全力以赴抓收入，继续实行领导分片抓收入、财税联席会议等制度，深化预算执行分析，加强重点地区、重点税源监控，加大征管力度，细化征管措施，努力挖潜增收。全市完成地方财政一般预算收入726452万元，增长24.11%，超过市人大通过年度预算收入任务（增长14.5%）9.61个百分点。全市完成税收收入517723万元，增长24.34%，税收收入占一般预算收入的71.27%，比上年提高0.14个百分点。坚持税收收入与非税收入并举，依法治税理财与整合盘活资源并重的理财思路，加强非税收入征管。根据国务院关于把政府所有收支全部纳入预算管理的规定，结合汕头市实际，从2010年11月1日起，市直原纳入财政专户管理的预算外收入（不含教育收费）纳入预算管理，资金全额上缴国库。全市地方财政一般预算收入和税收收入均超额完成市委、市政府确定的赶超进位考核目标。积极争取省财政厅支持，全年取得省转移支付补助54.24亿元，比上年增加10.12亿元。“十一五”时期，全市地区生产总值年均增长11.9%，地方财政一般预算收入年均增长19.8%，财政收入的年均增幅高于地区生产总值的年均增幅7.9个百分点。财政一般预算收入得益率（财政一般预算收入/地区生产总值×100%）从2005年的4.5%提高到2010年的6.04%。财政保障能力进一步增强，为落实市委、市政府重大决策部署提供有效的财力支撑，有力地推动全市经济社会发展。

【行政运行支出】2010年，市直行政事业单位年度预算专项经费在2009年基础上压缩8%，大幅压缩车辆购置、会议费、接待费、公费出国（境）考察、培训等支出项目，积极探索控制行政成本、规范消费性支出管理的途径，市财政局会同市纪委等部门，研究制定公务用车清理和配置意见，开展市直机关事业单位行政经费节约考核。严格控制一般性支出，将节约资金全部用于增加社会事业和公共服务支出。按照省委对市厅级党政领导班子落实科学发展观绩效考核的统计口径，2010年汕头市行政运行支出比上年减少35178万元，下降15.86%，行政运行支出占一般预算支出的比重比上年下降7个百分点。社会事业和公共服务支出比上年增加137691万元，增长30.46%，占一般预算支出的比重比上年提高2.96个百分点。

【民生项目建设支出】2010年，全市教育、医疗、社会保障等民生支出760158万元，增长25.32%，占一般预算增支额的68.68%。至年底，累计向开行贷款353600万元推进32个基础设施项目建设，向中行贷款99200万元加快市区道路等基础设施建设。做好政府融资债务管理工作，按期偿还到期政府融资债务，全年市财政共拨付开行、中行、工行、广发行及BT回购款等各项贷款偿债资金3.66亿元。落实各项强农惠农政策，加大对农民的补贴力度和农村、农业基础设施建设投入，统筹城乡发展。全年市本级安排拨付支农资金28999万元，比上年增加9592万元，全面开展强农惠农资金专项清理和检查工作。推进基本公共服务均等化，年内，制定出台《汕头市推进基本公共服务均等化实施意见》和年度工作要点，增加教育、就业、住房、医改、交通、文化等方面投入。拨付中心城区“城中村”自来水直抄到户改造工程资金3000万元，完成40个社区改造工程。扶持公交行业，投入800万元改善城市公共交通。拨付新农合新型农村合作医疗补助资金7015万元，新农合制度覆盖了7个区县58个镇（街道）866个行政村，全年参加新型农村合作医疗人数329万人，覆盖率99.02%。落实扶持就业再就业各项政策，拨付各类再就业补助资金1549万元。拨付卫生医疗方面资金18769万元，推动卫生事业发展。努力解决困难群众的基本生活问题，确保企业离退休人员地方性补贴及时足额发放。加大对困难区县的扶持力度，认真做好扶贫开发“规划到户、责任到人”对口帮扶工作，加快村集体经济发展，促进全市各地经济社会协调发展。

【财政宏观调控】年内，贯彻落实中央扩内需、保增长“一揽子”政策措施，实施积极的财政政策，推进经济结构调整和发展方式转变。认真做好中央扩大内需项目资金管理工作，及时下达、拨付扩内需资金。至年底，全市共四批83个项目列入新增中央投资计划，新增中央投资计划补助资金18827万元。争取中央代发地方政府债券 16856万元，主要安排用于中央投资公益性项目地方配套。同时，做好扩大内需资金管理监督工作，确保资金安全有效使用。发挥财政资金引导和带动作用，推进产业结构调整优化。年内，落实省、市产业转移园区建设专项资金9600万元，推进省示范园园区基础设施建设。加大招商引资力度，全市签订融资协议208500万元。落实国家结构性减免税费政策，创新对企业发展的扶持方式，落实出口退税政策，有效减轻企业税费负担。全年共落实取消省定13项行政事业性收费和涉及产业园企业免缴行政事业性收费的规定。落实刺激消费政策措施，提高城乡低保对象等的补助水平，兑付实施家电、汽车下乡、以旧换新等政策性补贴7137.74万元。大力扶持中小企业发展。年内，市本级预算安排拨付扶持中小企业资金6000万元，争取中央、省16152万元的资金扶持，安排市级外贸扶持资金1800万元。

【财政体制改革】年内，深化部门预算改革，规范预算编制程序，细化预算编制内容，推进综合预算管理，建立健全财政资金“一支笔”审批制度的意见，规范财政资金追加，强化预算执行刚性；深化国库集中支付改革，至年底全市共有803个单位纳入国库集中支付管理，基本覆盖纳入部门预算管理的所有一级、二级和基层全额拨款单位。其中市直267个单位全部纳入国库集中支付管理；推行公务卡结算、财务核算信息集中监管改革试点工作，推进财政支出电子平台建设，实行电子化政府采购，全年政府采购节约资金2367万元，节约率8.01%；推进财政支出绩效评价，在督促各项目单位做好自评的基础上，市财政局对部分财政支出项目开展绩效评价工作，协同配合省财政厅绩效评价组到相关项目单位开展现场勘验，核查资金使用情况及效益情况。

【财政管理监督】年内，以财政“两基建设”（基础管理和基层建设）为重点，推进财政管理改革创新，提高财政资金使用效益。推进实时在线财政预算监督系统建设，与市纪委实现财政预算支出“一体化”系统联网。认真做好财政性资金投资项目工程预、结（决）算审核工作。全年共审结项目预、结算225宗，核减10102万元，核减率6.19%。加强财政监督检查。7月起，开展全市社会团体、国有及国有控股企业“小金库”专项治理工作。全市640户国有及国有控股法人企业，568户社会团体单位纳入本次专项治理范围。并以查促管，着重建立预防和治理“小金库”长效机制。加强会计管理，提高会计服务水平。推进国家统一会计制度的贯彻实施，加强会计人员继续教育培训和基层会计管理人员业务培训，扎实开展农村财会人员财政支农政策培训，提高全市会计队伍整体素质。做好《汕头财政》内部刊物的编辑出版工作，共编辑出版4期，发行4160册。

【财政队伍建设】年内，市财政局认真贯彻落实党风廉政建设和反腐败工作，编印《汕头市财政局权力运行工作规程》，清理和规范各类权力事项103项，提高行政审批事项的规范性和透明性，规范财政部门理财行为。认真开展干部教育培训工作，组织各类培训学习活动，推进学习型机关建设。积极探索大规模培训干部的新路子，邀请专家学者作专题辅导报告。市财政局干部培训教育工作情况被省委组织部作为创先争优简报刊发，并被市委组织部推荐作为省委组织部莅汕调研时的经验介绍材料。

（潘迪）

国家税务

【简况】2010年，汕头市国税系统按照“围绕一个主题，坚持两个原则，把握五个着力点，实现四个提升”(围绕一个主题，即“服务科学发展，共建和谐税收”，坚持两个原则，即“依法治税原则和组织收入原则”，把握五个着力点，即“深入推进征管规范化建设、税收风险管理机制建设、落实信息管税、优化纳税服务、加强党风廉政建设”，实现四个提升，即“税收收入水平、税法遵从度和纳税人满意度、税收征管质效、国税队伍综合素质能力的全面提升”)的工作部署。坚持“依法征税，应收尽收，不收过头税，禁止擅自越权减免税”的组织收入原则，确立“抱紧西瓜、摘好苹果、勤捡芝麻”的工作思路，以完成科学发展税收收入考核年度目标任务、奋力赶超进位为动力，建立一把手负总责、班子成员分片挂钩、上下联动抓收入的工作机制，强化收入目标考核，层层落实组织收入责任制，调动一切积极因素，大力加强税源分析预测尤其是重点企业监控工作，把准经济脉络，掌控税源底数，牢牢把握组织收入主动权，2010年收入总规模首次突破90亿元大关，达到940074万元，增长21.1%，增收164108万元，其中，国内税收完成726682万元，增长22.3%，增收132737万元，国内“两税”完成583982万元，增长21.4%，增收103108万元，市县级收入完成161298万元，增长20.9%，增收27934万元，总库收入增幅为近十年最高水平，圆满完成省局和市委市政府考核任务，为巩固和扩大应对国际金融危机冲击成果、推动地方经济社会发展做出了新贡献。

【依法治税】落实税收规范性文件制定管理办法，完善重大执法行为集体审理工作机制，一案双查工作在全省先行试点取得阶段性成效，税收执法监督力度进一步加大。开展“一信、一课、一访、一会”廉政教育活动，针对查找的79个风险点提出252项防范措施，内控体系初步形成，党风廉政建设进一步加强。税收专项检查、发票专项整治和专案查处工作成效显著，2009年以来端掉制售假发票窝点和团伙28个，抓获犯罪嫌疑人39人，汕头市国税局被广东省国税局推荐评选为“全国打击发票违法犯罪活动先进单位”。借助各类新闻媒体曝光违法行为，开办54期“纳税人税务学堂”，开展“发票宣传周”专题宣传活动，“东厦模式”为全省税宣教育基地建设做出典型示范，受到上级充分肯定，税法宣传的实效性与影响力进一步提升。

【纳税服务】将2010年作为“纳税服务质量提升年”，开展“讲服务、做贡献、树形象”纳税服务活动，倡导“四多四少五不让”纳税服务理念，纳税服务作为国税部门核心业务的重要位置通过工作实践得到进一步确立。落实国家拉动投资增长、提高消费能力、缓解出口下滑、扩大就业和再就业、促进可持续发展等各项结构性减税政策，结合汕头实际，出台《汕头市国税局促进企业发展十二项措施》。年内，为24户直通车重点企业、36户市级定点联系企业、上市公司、出口企业提供“绿色通道”、“分类管理”、“提醒告知”等专业化、个性化管理与服务，大力扶持本市重点建设项目、上市公司、中小企业发展，促进企业转型升级和经济结构调整。深化财税库银联网效应，积极稳妥推进“同城通办”业务，形成中心城区各办税服务厅同步受理涉税业务的新格局。全市纳入财税库银系统纳税人超3万户，使用网上申报、电话申报、网上认证、出口退税网上预申报的纳税人2.5万户，多元化办税取得新突破。全市24个办税厅初步实现外部标识、名称、窗口设置、办税流程、服务标准“五统一”，统一编印涉税文书填写范本和纳税指南，加强12366热线人工坐席队伍建设，优化国税网站栏目设置，为纳税人提供良好的办税环境和文明规范的纳税服务。全年12366纳税服务热线和国税网站共受理纳税人咨询1598人次，改版后的国税网站点击率达26万人次，在全省各地级市网站第三方评估中获第六名。

【税收征管】开展税源专业化管理试点，与地方党政及工商、地税、质监等部门密切合作，开展工商登记信息实地核查、代征协管、国地税共管户各税种纳税评估、税务与组织机构代码信息共享等工作，全面核查清理工商登记与税务登记信息10.46万户，切实摸清了税源底数。全市建立18个代征协管站，纳入代征协管业户4852户，有力推进综合治税，税源管理方式进一步创新。全市一般纳税人户数8161户，占增值税纳税人的比重为15.54%，高于全省平均水平；重点税源企业股权转让、非居民企业权益性收益等国际税收管理实现新突破，反避税工作迈出新步伐。全市信息网络全面提速，跨入全省先进行列，信息化支撑和保障作用进一步加强。开展征管状况分析监控，自主开发产能预警监控管理系统，完善行业分类管理机制，信息管税效应进一步显现。开展出口退税审核特别关注信息、固定资产进项抵扣等专项核查和纳税异常企业、所得税塑料行业等纳税评估，加强特许权使用费管理，税收风险管理进一步强化。

【队伍建设】深入贯彻廉洁从政准则，实行班子成员AB角、挂钩联系基层等制度，充实优化区县局班子，市局班子连续三年被市委评为“好班子”，领导班子建设进一步加强。公开、民主提拔转任科级干部21名，交流轮岗科股级干部58人次，科学的干部选用机制进一步完善。召开全系统党建和思想政治工作会议，开展创先争优和精神文明创建活动，在全系统评选表彰“十佳税务稽查员”、“十佳办税服务厅之星”，评选2007-2009年度全市国税系统28个“文明单位”、60名“优秀国税工作者”，税务干部精神面貌、服务质量、工作效率明显改进，参加地方党政民主评议政风行风活动的12个基层税务分局全部获得“满意”等次，政风行风建设取得良好成效；开展科级干部知识更新及各类税收业务培训102期，参加培训3620人次，队伍综合素质进一步提升。推进厉行节约，有效盘活资产，较好完成各项经费压缩指标，推行公务卡改革，财务后勤保障能力进一步提高。关心离退休老干部，为群众解决实际困难。组织干部职工积极参与机关运动会、主题读书、扶贫开发、为灾区捐款等活动，和谐的税务文化氛围进一步形成。

【基层税收工作】各区县国税局围绕市国税局工作部署，结合本地实际，积极实施管理服务创新。金平区国税局实行税收管理员AB角制度，加强管辖区域联动管理；龙湖区国税局设置由区局领导直接管理的纳税评估组，对纳税评估工作实施扁平化管理；澄海区国税局对企业所得税查帐征收业户全面实行“分类管理、预警监控、强化评估、严格考核”管理机制；濠江区国税局在全市先行试点开展税源专业化管理；潮阳区国税局启用纳税服务评价系统，实时考核税务人员服务质量；潮南区国税局实行“主动选案，开门选案、监控选案、联合选案”四位一体稽查选案模式；保税区国税局制定风险防范机制操作指引，与区局全体人员签订《内控风险控制责任书》；南澳县国税局建立管理台帐，强化对重点税源企业的动态监管与服务，均取得了良好成效。各基层单位的勤勉尽责和卓有成效的工作有力推动了汕头国税工作发展。

（田芳）

地方税务

【简况】2010年，全市地税系统把赶超进位作为压倒一切的政治任务来抓，全员促收，使组织收入工作取得显著成效，连跨80亿和90亿大关，实现税费收入“两级跳”，达91.44亿元，同比增长23.8%，增收17.56亿元。其中：征收税收收入60.89亿元，增收11.82亿元，增长24.1%，比全省18.9%（不含深圳）的增幅高出5.2个百分点，完成省地税局追加年度任务的102.5%；社保费收入28.58亿元，增收5.31亿元，增长22.8%，完成市政府下达全年社保费征缴任务的106.6%；完成教育费附加、残疾人就业保障金等其它规费收入约1.97亿元。同时，完成市县级一般预算收入 31.29亿元，增收5.83亿元，增长22.9%，比全省19.8%的增幅高出3.1个百分点，在全省的排名由2009年的第15位上升到第9位，前进了6位。超额完成市委市政府赶超进位考核目标。

【税源管理】年内，对重点税源实施集中、统一管理，统一重点税源划分标准，人力向重点税源管理机构倾斜，进一步理顺重点税源与非重点税源的相互关系，真正实现“抓大控中规范小”。制订《税收管理员纳税辅导实施办法（试行）》，明确纳税辅导的形式和内容，提出相关工作要求，建立纳税辅导考核评价体系和相关工作机制。总结试点经验，全面推广应用建安和房地产“两业”税源控管系统，并结合工作实际，提出“两业”系统地方优化需求。“两业”系统已登记管理建安、房地产企业393户，登记建安工程项目3660个，房地产项目216个，“两业”系统对税源监控的效果也逐步显现，全年来自“两业”的税收收入增长约26%，增收3.9亿元。高度重视抓好相关管理人员和纳税人学习培训，全市共举办业务操作培训19场次，参加培训人员约1035人次，为“两业”系统的推广创造了良好的环境。

【发票在线应用系统】2月份，起对适合发票上线的广告业、代理业、旅游业、仓储业、租赁业、文化体育业、装卸搬运和其他服务业的业户全面实行在线开票， 5月份，开始推行旅店业、饮食业、娱乐业发票上线工作。全市已有3460户企业通过发票上线资格认定申请，占全市领票业户的85%。重视抓好发票应用系统推广的学习培训,全年市地税局就举办4期10场针对税务机关相关人员和发票上线业户人员的培训，对税务机关相关人员培训达 240人次，对发票上线业户培训达320户次。

【纳税评估】不断完善纳税评估机制建设，建立健全市地税局和区县地税局两级纳税评估专业机构，强力推行管评分离，增强评估队伍的独立性；开展建安行业纳税评估的专题培训，部署对建安行业的专项评估活动，完成相关涉税数据的采集工作；深入推进房地产和工业企业的专项评估工作，在全省地税系统率先开展国、地税联合评估活动，实行联合办公，组织对澄海区的24户塑料玩具企业实施评估试点，得到省地税局的充分肯定。全年全市累计实现评估收入3.68亿元。

【国地税联合登记制度】初步起草国、地税联合办理税务登记的《总体工作方案》和《具体实施方案》，明确联合办证的收费标准、对象和业务范围以及在联合办证过程中相关问题的处理。着手进行联合税务登记平台的研发搭建工作，为新一年实施试点及在全市范围内推广奠定良好的基础。

【网上报税】年内，顺利实现残疾人就业保障金征收系统的上线。继续推广应用网上报税，争取有条件的纳税人全部使用网上报税方式，特别是对新办业户，坚持每新登记一户都完成“ETS”签约并实现网报。积极部署自助办税服务系统的推广工作，着手开展自助办税终端的试运行工作，搭建系统测试环境及生产环境，完成了对全市范围内36台自助终端的布点规划。完成了契税和耕地占用税“两税”职能划转调整工作，确保征管工作和人员安排平稳有序进行。

【税收征管执法】年内，对上年度执法检查情况进行全面总结，要求被查单位限期落实整改，并就今后加强税收征管，严格执法监督提出具体要求；继续做好税收规范性文件的合法性审查工作，提高重大税务案件审理质量和效率，深入推行税收执法责任制工作；制订《税收征管执法风险防范指导手册》，指出在征管执法流程中可能存在的执法风险，容易发生过错的流程节点，告知各风险节点的风险级别和风险责任及后果，明确各执法行为应承担风险的岗位及监督人。完成市政府委托的《汕头市综合治税工作管理规定》的起草工作，大力推进我市“政府牵头、部门协作、信息共享、齐抓共管”税收综合治理机制的建设。

【税务核查】建立税收户籍日常清理长效机制，按月通过省局核心数据库提取本辖区的数据，通过比对后，按属地管理原则，对未办理税务登记的业户落实清理责任，组织人员进行实地核查，依法依规限期通知其办理税务登记。全年全市共清理补办登记3365户，经实地核查确认失踪1442户，列入委托代征管理680户。按照上级的部署，结合实际组织开展行业性税收专项检查、发票违法行为区域税收专项整治、重点税源企业专项检查等活动，重点对房地产及建筑安装业、药品经销行业、交通运输业、非居民企业纳税情况开展税收专项检查。全年共查补各税费约9922万元，清理以前年度欠税7310万元，查获非法印制假发票加工场9个，查获假发票成品及半成品360多万张。

【税收优惠政策】围绕加快经济发展方式转变这个核心，找准税收职能作用发挥的着力点，及时梳理出台促进经济发展方式加快转变、促进文化产业发展、鼓励和引导民间投资健康发展、汕头市粤台合作南山湾科技园投资、"百人服务团"扶持企业发展、"三旧"改造等一系列的税收优惠政策，专门在《汕头日报》以全版专题的形式进行刊登，在汕头地税网站设置优惠政策专栏，在汕头电视台组织新闻报道进行广泛宣传，并在办税服务厅设立专门窗口，实行专岗、专人负责，确保对符合条件的税收减免及时受理、及时审批、及时减免。一年来依法为各类企业办理各种形式的减免税优惠达9172.8万元。

【纳税服务】制订出台《汕头市地方税务系统办税服务厅考评管理办法》，对全市地税系统30个办税服务厅逐一进行实地检查和考评，对19个办税服务厅授予了"汕头市地方税务系统优秀办税服务厅"荣誉称号。行政服务中心地税窗口实现提速，全年中心窗口共办结税务登记、税务变更、外商投资企业联合年检、税务咨询等事项共3840件，比上年同期增长110%。开展12366纳税服务热线系统的升级改造有关工作，12月21日实现全省统一的12366纳税服务热线系统在汕头顺利上线。精心组织好以"税收、发展、民生"为主题的全国第十九个税收宣传月活动；编印《国家税务总局关于纳税人权利与义务的公告》、城市维护建设税和教育费附加宣传小册子共计7万本（份）；举办以"走进地税，了解地税，共建和谐税收"为主题的首个"地税开放日"。积极发挥各个行业协会的作用，开展"税法进企业"活动。全年全市各级地税部门面向纳税人举办的各类宣传辅导活动达近300场次。

【自身建设】配合省局完成在全市地税系统公开遴选两名副处级领导干部工作。举办三期共180多人参加的社保费征收管理培训班；80多名科级干部参加领导干部更新知识培训班学习；42名科级干部参加全省地税系统科级干部培训班；组织"两业"系统、发票在线应用系统、纳税服务、纳税评估、票证管理等八期约500多人参加的各类业务培训，组织全系统进行《廉政准则》、《公务员职业道德教育》的全员培训和考试。开展创建"文明示范窗口"活动，地税文化建设活跃开展，党风廉政建设取得新成效。

（叶琳娜）

民营经济

综 述

【简况】2010年，全市民营经济增加值占经济总量比重59.3%，成为汕头经济发展的强大内生动力和重要支撑。汕头市有关职能部门密切协作，采取积极措施，加快中小企业和民营经济的发展。至年底，全市规模以上民营工业企业数达到1710家，占全市规模以上工业企业的四分之三；全年全市规模以上民营工业总产值1169.76亿元，比增17.3%，占全市规模以上工业总产值的62%；民营投资200.11亿元，比增31.6%，高于全社会固定资产投资增幅7.7个百分点；民营企业出口25.52万年亿美元，比增27.4%，高于全市出口增幅4.5个百分点，占全市出口额51.7%。

【扶持政策】2010年，汕头市制订出台《关于进一步鼓励和引导民间投资促进民营经济发展上水平的实施意见》，按照"凡是民营资本能办的事都要尽量让民营资本去办"的要求，进一步拓宽民间投资领域和范围，引导民间资本进入国家、省和市重点鼓励投资的产业和领域；坚持政策引导、服务支持与强化监管相结合，优化投资发展环境，发挥民间资本规模大、投资效益高、需求强、机制活的优势，鼓励和引导民间投资健康持续发展，推动产业结构优化升级，增强产业综合竞争力；引导民间资本通过与国有资本、外资有机结合，优势互补；进一步发挥市场配置资源的基础性作用，推动民营经济发展与经济结构战略性调整相统一，与经济社会转型升级相协调，与建设幸福汕头目标相一致，促进民营经济发展上水平。

【中小企业发展专项资金】根据国家、省关于申报中央、省中小企业发展专项资金项目的文件要求，汕头市公开组织项目申报和做好推荐上报工作。由企业申请，经各区县审核上报，市研究推荐，2010年，全市中小企业申报国家和省专项资金项目61个（其中国家项目7、省项目54个），申报扶持资金6129.8万元（国家项目1750万元、省项目4379.8万元）。目前已有38个项目（5个国家项目和33个省项目）获得扶持资金1876万元。为促进中小企业搞好技术改造、自主创新、转型升级起到积极的作用。

【中小企业融资平台建设】年内，对现有融资性担保公司进行全面清理整顿规范，加强融资性担保机构建设，完善多层次的中小企业贷款担保体系。市财政设立“汕头市中小企业信用担保风险补偿金”，对金融机构小企业贷款按增量给予适度补助。从2009年起连续二年，每年安排500万元资金，用于中小企业信用担保机构风险补偿，2009年和2010年，担保贷款出现风险，由风险补偿金、担保机构双方按比例分担。人行汕头中心支行通过加强与地方政府和金融机构的交流沟通，跟踪了解汕头市中小企业信用担保风险补偿等相关政策的落实情况。针对中小企业、民营企业融资难问题，2009年，市经信局与中行汕头分行签订扶持中小企业10亿元贷款授信协议，2010年与广发银行汕头分行签订15亿元融资额度的《战略合作协议》，为促进中小企业融资起积极作用。参加和协办2010年省中小企业粤东三市金融服务推介会。本次推介会上，市经信局与广发银行汕头分行签订总金额为15亿元融资额度的《战略合作协议》。组织全市33家企业共40人参加省中小企业局启动“五个一批”上市梯度培育工程活动和省中小企业上市融资（揭阳）推介洽谈会。同时，汕头市鼓励企业拓宽融资渠道，落实政府奖励措施，积极推动民营企业上市融资，有效解决制约企业发展的资金瓶颈。截止2010年底，全市有上市公司16家，其中有15家是民营企业，上市后备资源近50家。汕头市民营企业通过资本市场做强做大，成为国内细分市场的龙头企业。

【企业检测服务平台建设】到2010年，汕头市质监部门投入资金近3000万元，添置检测设备，通过认可的产品类别由原来的食品、化工、机电、珠宝等扩大到纺织服装、玩具、食品包装材料等检测领域，CNAS认可的检测项目由原来的154项增加到1875项，通过广东省质监局资质认定的项目由原来的1634项增加到1923项。另外，粤东质检中心的食品、服装、玩具三个省级检验站经过近两年来的不断完善，已建成了设备精、能力强的区域公共检测平台，结束了汕头以前部分食品、服装、玩具产业“本地产，外地检”的被动局面，为中小企业和民营经济的发展把关。2010年，日用精细化工产品检验省站也已通过省局计量认证和现场评审，文具产品省级检验站已批准筹建。市质监部门还根据地方特色产业发展需要，在潮阳区谷饶镇建成专业镇服装产品检测服务平台，在金平区石炮台街道建成印刷包装材料检测服务平台。为中小企业产品质检提供方便。

【企业创新平台建设】全力推进以企业为主体的技术创新体系建设，打造“国家、省、市”三级企业技术中心、工程技术研发中心，提高企业自主研发能力。到2010年，全市有国家级企业技术中心1个，省级企业技术中心20个，市级企业技术中心37个；省级工程技术研发中心33家，市级工程技术研发中心64家。2010年4月份向省推荐申报省优秀中小企业服务机构2个；5月分别向省推荐2010年广东省中小企业创新产业化示范基地（企业）5个；2010年广东省中小企业公共（技术）服务示范平台2个。经省评审确认，全市有广东粤东机械实业有限公司、广东猛狮电源科技股份有限公司、广东自动化电气集团有限公司、广东金明塑胶设备有限公司、汕头市粤钿化工有限公司、广东奥飞动漫文化股份有限公司、广东三凌塑料管材有限公司、广东南洋电缆集团股份公司等8个基地（企业）被评定为2010年广东省中小企业创新产业化示范基地（企业）；汕头市泰斯博企业管理咨询有限公司被评定为2010年广东省中小企业公共技术服务示范平台。

【企业信息平台建设】随着信息化日益普遍化，汕头市大力加强信息化建设，加强信息化与其它产业的融合。在全市各区、县均设有企业投资管理服务中心或中小企业服务中心。通过与政府各职能部门建立工作网络，整合社会资源，贯彻有关政策法规，指导企业用好用足国家、省有关扶持中小企业发展的优惠政策。建立网络信息平台。2010年，举办“推动中小企业信息化建设，加快工业化与信息化融合”的中小企业服务推广日，300多家企业共400多人参加；并且，以提高企业创新能力和市场竞争能力为目标，依托电信运营商的先进信息化手段和政产学院研平台，成立汕头市中小企业信息化政产学联合课题组，并将选定对服务汕头市中小企业转型升级起推动作用的题目，开展课题研究，加快“两化融合”步伐。以上活动为企业提供信息服务，加快了信息行业和工业的融合。到2010年，已建成“潮阳中小在线”、“潮阳招商网”、“人才网”、“潮南人才网”、“行业资讯和行业交流”、“金平轻工技术研发中心”、“民科园科技人才服务基地”等信息服务平台。

【百人服务团活动】为进一步保护好、引导好、发挥好汕头市企业加快发展的积极性，做强做大企业，市选择几百家有发展潜力的企业，由市领导带队、相关部门参加的“百人服务团”，为企业进行贴身服务，力争培育一批汕头本土的“航空母舰”。“百人服务团”活动领导小组，由市领导带队，市直相关部门和各区县政府主要领导为成员，市直有关部门和各区县抽调人员组成。对全市范围内的工业、商贸业重点企业和中小企业，以及农业、建筑业的龙头企业进行服务，以产业集群为切入点，采取召开座谈会、深入走访企业，宣讲有关扶持政策措施，进行点对点、面对面的调研了解产业和企业情况，对企业提出的问题和困难，采取"立即办、主动办、上门办、跟踪办、公开办"的做法，及时为企业排忧解难。截至2010年11月底，列入此次"百人服务团"各分团服务的企业从最初敲定的309家扩充到了468家。各分团深入企业调研服务7229人次。企业反映的833项问题有575项解决或已向企业做出解释答复，正在跟踪办理研究的258项。2010年11月份，"百人服务团"活动领导小组办公室组织企业满意度调查，在可不记名接受调查的情况下回收407份问卷，企业对本次活动总体评价和服务方式的满意度分别高达84.3%和90.4%。

（林东阳）

个体经济

【简况】2010年，全市新登记个体工商户19680户，资金数额31969.18万元，与2009年相比分别减少14.98%、14.26%；截止2010年底，全市共有个体工商户121731户，资金数额167764.21万元，比2009年底分别增长2.56%、1.76%；截至2010年底，全市共有港澳个体户26户，从业人员50人，资金数额107万元，其中2010年新发展港澳个体工商户7户；全市共有台湾个体户14户，从业人员23人，资金数额25万元。

【经营领域】从产业结构上看，个体经济产业分布主要集中在第三产业。2010年个体工商户第一、二、三产业分别占0.75%、14.66%、54.59%。个体工商户的增量主要集中在传统行业——批发和零售业、制造业、居民服务和其他服务业。

【批发和零售业个体工商户】2010年，批发和零售业新登记个体工商户13000户，注册资本14020.16万元，与2009相比分别降低25.7%和40.2%，占全年新登记注册个体工商户户数、注册资本的66.1%和43.9%。至2010年底，累计从事批发和零售业个体工商户88774户，占个体工商户总量的73%。

【制造业个体工商户】2010年，制造业新登记个体工商户4281户，注册资本12826.06万元，与2009相比分别增长16.2%和24%，占全年新登记注册个体工商户户数、注册资本的21.8%和40.1%。至2010年底，累计从事制造业个体工商户17744户，占个体工商户总量的14.6%。

【服务业个体工商户】2010年，居民服务和其他服务业新登记个体工商户909户，注册资本1126.59万元，与2009相比分别降低17%和5.2%，占全年新登记注册个体工商户户数、注册资本的4.6%和3.5%。至2010年底，累计从事居民服务和其他服务业个体工商户5222户，占个体工商户总量的4.3%。

（王泽钿）

私营经济

【简况】2010年，全市新登记私营企业2811户，注册资本315733万元，与2009年相比分别增长9.85%、30.14%。截止年底，全市共有私营企业23293户，注册资本4502934万元，比2009年底分别增长6.92%、13.23%，其中制造业和批发零售业分别占到了37.8%和35.7%，依然是市私营企业发展的中坚力量。

【经营规模】至2010年底，私营企业注册资本比2009年底增长6.92%，其中注册资本100-500万元的有4625户，500-1000万元的有734户，1000万-1亿元以上的有989户，1亿元以上的有40户，分别比2009年同期增长4.69%、6.38%、17.88%、21.21%，增幅较大。注册资本的加大，标志着私营企业的经济实力和市场竞争力的增强。

【经营领域】从产业结构上看，私营企业从事第一、二、三产业分别为312户、9352户和13629户，分别占总户数的1.34%、40.15%和58.51%，私营企业主要集中分布在第二、三产业。据统计，2010年批发零售业新发展1006户，注册资本56302万元；租赁和商务服务业新发展286户，注册资本达116570万元；制造业新发展746户，注册资本51549万元。

【组织形式】从私营企业组织形式来看，有限责任公司持续发展，全市2010年底实有私营企业23293户，其中有限责任公司19232户、个人独资企业3823户、合伙企业186户、股份有限公司52户，分别占总户数的82.57%、16.41%、0.8%、0.22%，其中个人独资和合伙企业的比重缓慢下降。

【名牌产品】私营企业品牌意识逐步加强，2010年我市广东金万年文具有限公司的"金万年及图"牌商标、西陇化工股份有限公司的"CXL"牌商标2件商标被国家商标局认定为中国驰名商标，汕头经济特区业盛制衣有限公司的"LAFEI NIER"牌商标、汕头市嘉利好食品有限公司的"嘉利好"牌商标、汕头市天辉毛织制品有限公司的"天辉"牌商标、汕头市雅潮内衣有限公司的"雅潮"牌商标等23件商标被认定为"广东省著名商标"。

（王泽钿）

农　业

综述

【简况】2010年，全市各级农业部门围绕转变农业发展方式、统筹城乡发展的任务，重在“转变作风抓落实，强化执行促发展”，农林牧业和农村经济工作取得新进展新成效，完成市委市政府下达的科学发展赶超进位各项考核任务和省主管部门提出的指导目标，圆满完成“十一五”规划各项指标任务。全市实现农业总产值117.76亿元，比上年增长4.9%，“十一五”年均增长6.9%；农民人均纯收入6518元，比上年增长16.6%，“十一五”年均增长8.5%，农民收入增速10年首次超过全省平均水平，呈现与GDP增速基本同步的良好势头。

（曾锡洪）

【粮食生产】2010年，认真落实粮食工作考评责任制,坚持抓好粮食生产不放松，全面落实扶持发展粮食生产的各项政策措施，千方百计稳定粮食生产面积，促进粮食规模化、专业化生产的发展，提高粮食生产效益，粮食生产取得丰收。全市粮食播种面积107.19万亩，总产量44.97万吨，完成粮食储备量10万吨，落实粮食风险基金6471万元，全面超额完成省下达的四项粮食考评任务。其中水稻播种面积76.70万亩，总产31.57万吨；薯类作物种植面积26.55万亩，总产12.17万吨；旱粮作物播种面积3.49万亩，总产量1.18万吨。

（李大略　刘嘉楠）

【种粮补贴政策】2010年,全市种粮直补面积65.36万亩，补贴标准为8元/亩，累计发放种粮直补资金522.91万元，其中省级资金261.454万元，市、区县资金各130.727万元；农资综合直补面积65.36万亩，补贴标准为49元/亩，补贴资金3202.8061万元；农作物良种补贴面积67.20万亩，补贴资金833万元，其中早稻面积33.18万亩，每亩补贴10元，晚稻面积32.18万亩，每亩补贴15元，玉米面积1.83万亩，每亩补贴10元。2010年全市共发放三项补贴资金合计4558.72万元。

（李大略　刘嘉楠）

【农田水利基本建设】以围内小型农田水利设施建设为重点，全力推进全市现代标准农田建设。2010年度，全市共完成投资5562.4万元，改造整治农田面积4.1845万亩。据统计，“十一五”期间，全市共投入资金22249.51万元，建设整治农田20.3110万亩，建设资金投入之多、整治规模之大前所未有，有效地改善项目区的农业生产条件，为发展现代效益农业打下坚实的基础。

（佘克潮　刘嘉楠）

【农产品质量安全整治】2010年，全市组织开展深化农产品质量安全整治行动，加强种植业产品、饲料质量安全、生鲜乳、兽药及兽药残留、农资打假5项专项治理，在全市的农产品生产场所、批发市场、农贸市场、超市开展质量安全检验检测，着重强化执法监督检打联动，坚持标本兼治，着力转变生产方式，注重农产品质量安全预警能力建设，不断提高农产品的质量安全水平。全年共检测各类食用农产品19834份，合格率在95%以上，深化整治行动取得明显效果。

（林梓喆）

【食用农产品标识管理】全市农产品生产基地、批发市场、超市、农贸市场、农民专业合作经济组织逐步实施食用农产品标识管理，循序渐进地建立农产品质量安全可溯源制度，提高农产品生产经营者的责任意识和农产品质量安全水平，维护生产者、经营者和消费者的合法权益。汕头市农副产品批发市场、澄海区莲上镇涂城蔬菜批发市场、潮南区峡山街道西沟市场和井都镇上南村无公害蔬菜生产基地建设成为市级食用农产品标识管理示范点。

（林梓喆）

【扶贫工作】2010年，市委和市政府把扶贫开发“双到”（即规划到户责任到人）工作列为各级党政“一把手”工程，制订出台实施意见、实施细则、考核办法、脱贫确认办法、问责办法等一系列政策措施。31位市领导和相关区县党政领导分别挂钩联系一个贫困村和贫困户，市直挂钩帮扶单位共落实4207名帮扶干部。筹集“双到”帮扶资金14714.5万元，平均每个村投入帮扶资金249.4万元，直接帮扶到户资金2663.9万元，户均帮扶资金3183元。帮扶实施生产性项目196个，公益性项目130个。到2010年底，纳入扶贫开发“双到”工作任务的8369户贫困户有4708户顺利实现脱贫，脱贫率56.3%；59个贫困村基本实现了贫困户“八确保”、贫困村“六有”的目标，扶贫开发“双到”工作取得了明显的阶段性成效。

（蔡　纯）

【老区山区建设】2010年，市委市政府投入3.5亿元实施48个老区山区重点项目，基本解决老区山区“一保五难”和通电、通邮、通电视等问题。加大力度推进老区山区基础设施和公共事业建设，全市新增通硬底化道路96.84公里，在全省率先实现村村通硬底化公路的目标；新增农田水利受益面积5655亩；新增解决饮水安全户数9198户，解决全市农村73万人口“饮水安全”问题；新增解决住房难户数343户，累计完成7103户贫困户危房改造，惠及近4万贫困人口；新增参加新农合5734户；新增纳入低保户数211户，贫困人口最低生活保障实现了应保尽保。建设文化卫生设施132宗。农村适龄儿童入学率连年保持在99.5%以上，农村“入学难”问题基本解决。开展“五送五帮五有五促进”活动，激发贫困地区自力更生加快脱贫的热情。招考90名优秀大学生村官，充实基层干部队伍，为老区山区持续加快发展注入新生力量。

（蔡 纯）

【农民专业合作社】2010年，市农民专业合作社蓬勃发展，呈现出数量增长快、带动农户多、产业分布广、服务内容宽等特征。至2010年底，全市在工商登记注册的农民专业合作社累计159个，其中种养类合作社120多家，属产加销一体化100多家。有18家省级示范单位，40家市级示范单位，拥有成员近万人，带动农户3万多户，户均增收1200元。合作领域涉及谷类、玉米、蔬菜、水果、茶叶、生猪、家禽、鱼类等。在发展的过程中，农民专业合作社积极参与“农超对接”、“农校对接”等活动，有多家已与广州、深圳等地大型超市建立产销对接联系，雷岭荔枝专业合作社与汕头卜峰莲花超市建立产品对接。农民专业合作社逐步成为“农超对接”的主力军，为城乡市场提供廉价、优质的农产品。

（陈云鹏）

【现代农业园区】2010年，经省农业厅认定，新增“汕头市濠江区金寿茶叶产业园区”、“汕头市隆都台湾优稀水果产业园”等2个省级现代农业园区，全市累计已建成省级以上现代农业园区13个，产业覆盖面广、辐射带动力强，成为全市特色效益农业的示范基地、农业产业的集聚平台、农民增收的有效载体、现代农业的展示窗口，逐步成为新时期发展现代农业经济的主要载体和模式。

（林 仲）

【农业龙头企业】2010年，汕头市切实推进农业产业化经营工作，加强扶持、指导和服务，引导企业做强做大，新增汕头市东江畜牧有限公司、汕头市华勋水产有限公司、汕头市源信饲料实业有限公司等3家省级农业龙头企业，累计省重点农业龙头企业达到11家；汕头大洋（集团）公司、汕头市侨丰集团有限公司、汕头市粮丰集团有限公司、汕头市雅园酿酒有限公司、汕头市绍河珍珠养殖有限公司等5家农业企业项目列入省现代农业100强项目。据统计，全市现有县级以上农业龙头企业76家（包含国家级3家、省级11家、市级43家）。

（林喜明）

【生猪养殖】以汕头市德兴种养实业有限公司为代表的市生猪规模养殖企业学习吸收美国、台湾和内地先进养猪技术，结合当地养猪经验创新出“高位床－液泡粪－环境控制”养猪模式，有利于生猪健康生长，猪少生病、生长快、快出栏，且节约养猪生产用水，减少污水排放，具有明显的经济和生态效益。至2010年底，全市已有德兴种养实业有限公司、东江畜牧有限公司等7个规模养猪场按照该养殖模式进行猪舍改造和建设，合计高位栏建设面积达到50000平方米。该养殖模式得到省农业厅领导和省内外养猪同行的充分肯定，被认为是全省健康养猪新模式、新“标杆”。

（王伟航）

【动物防疫】市动物防疫应急管理体系基本形成。全面落实各级政府和有关部门的动物防疫工作责任制；制定重大动物疫病防治应急预案和应急预案操作手册；建立健全各级动物疫病防控指挥机构和应急队伍；各职能部门协作配合，潮汕四市联防联控；同时，市、区县、镇分级建立和落实动物防疫应急储备金和防疫专项经费；有效落实和整合动物防疫应急物资储备和配置；全市形成从市、区县、镇兽医管理、动物卫生监督到村级防疫员从上到下对动物疫病的预防、监督、检验、检查、处置等实行规范化、常态化管理，确保全市畜牧业健康发展。

（李 斌）

【招商引资】2010年，全市农业部门积极组织农业企业参加“第六届珠江三角洲地区与山区及东西两翼经济技术合作洽谈会”、“香港美食博览会”、“第八届中国国际农产品交易会”、“第三届广东现代农业博览会”等招商引资活动，签约成交金额共4.005亿元。2010年8月，全市农业企业踊跃参加广东省政府组织的“台湾•广东周”经贸文化交流活动，协议采购农产品总额达254.14万美元。

（赵斌 陈彦）

林 业

【营林生产】2010年，全市各级林业部门以建设生态型海滨城市为目标，以培育、保护生态公益林为重点，积极利用各种资金用于生态公益林体系建设和保护。全年共投入资金2179万元,完成造林16200亩、低产林改造5300亩、森林抚育10000亩、封山育林20500亩，育苗面积433亩、675.5万株(其中:大田苗155亩,395万株,容器苗278亩,280.5万株)，绿化村庄140个。并对我市47.92万亩（其中包括9.61万亩国家级生态公益林）省级生态公益林实施效益补偿和保护。

(姚奕龙)

【义务植树】3月12日,汕头市领导、澄海区领导带领市直、区直机关干部、驻汕部队官兵与澄海区莲下镇机关干部职工、学生200多人到莲下镇南湾村红丰路参加义务植树活动，共种植水翁树1200棵；在市、区县、镇等各级领导的带动下，2010年,全市参加全民义务植树人数达到143.21万人次、植树269.23万株。

(姚奕龙)

【汕头·大阪友谊红树林建完】由

"小渊基金"分三期资助的"中日友好纪念林"项目"汕头·大阪友谊红树林"分别在汕头市澄海区东里河出海口滩涂和澄海区凤翔街道北港村海堤外滩涂上营造出红树林海桑、无瓣海桑375亩和750亩。2010年7月29日，经过日本大阪府日中友好协会专家验收组的验收，总投资180万元，营造红树林海桑、无瓣海桑面积为1125亩的"中日友好纪念林"项目"汕头·大阪友谊红树林"全部建设完成。

(姚奕龙)

【沿海防护林工程】中央第四批扩大内需项目安排汕头市潮南区、潮阳区、濠江区、金平区、南澳县5个沿海防护林工程投资928万元(其中：中央投资464万元、地方配套464万元)，建设沿海防护林面积36500亩。经过各建设单位的共同努力，2010年12月，第四批扩大内需中央投资沿海防护林工程的5 个建设项目共完成建设面积36500亩，其中：人工造林15700亩、补植套种300亩、封山育林20500亩。

(姚奕龙)

【森林防火管理】2010年，全市共处置火情66宗，没有发生大的森林火灾，森林防火各项指标均控制在省下达指标任务内。逐级签订森林防火责任书，实行领导分段分片包干负责。开展形式多样的护林联防活动，签订联防公约，实行有效防防。对火灾隐患登记造册，逐步建立隐患排查整改的长效机制。清明节期间，共出动20000多人次协助森林防火工作。出动宣传车380次，发放2500份宣传资料，设置森林防火警示牌250块、标语2200条，刷写森林防火宣传2300处，开展森林防火知识进学校活动15场，对濠江区2009年"11.02"火案当事人及处理情况进行再次曝光，开展二次森林防火隐患大排查行动，增设森林防火了望哨13个，在景区及寺庙建立火情监测点13个。

(周少华)

【林权制度改革】年内，基本完成集体林权主体改革任务，近40万农户领到被喻为"绿色银行"的林权证、股权证，真正做到"还山于民"、"还权于民"、"还利于民"。至2010年12月，汕头市完成外业勘界面积93.63万亩，占99.26%；进行林权登记（第二榜公示）面积93.63万亩，占99.26%；确权发证面积93.63万亩，占99.26%；集体山林股份权益证书发放38.2399万本，面积90.8931万亩，占林改户数的89.26%。

【山林纠纷调处】汕头市自林改工作全面铺开后，排查出林权纠纷积案61宗，纠纷面积15299亩。为确保林改顺利推进，市政府将已排查出来的区县内的53宗纠纷调处责任分解落实到区县分管领导、镇长（主任）和村书记、林权纠纷调解组成员身上，建立林权纠纷案件领导包案调处制度，积极化解矛盾。2010年,共调处山林纠纷33宗，面积1.1万亩。

(肖海群)

【野生动植物保护】汕头市林业部门通过"鸟节"、"爱鸟周"和"野生动物宣传月"等专题活动，结合预防高致病性禽流感工作大局,充分利用新闻媒体，广泛开展保护野生动物，构建和谐汕头的宣传，提高市民保护野生动物的意识。同时严格执行疫源疫病防控监测信息24小时零报告制度，接收有关部门和市民移交的野生动物均按照有关规定进行救治、放生和无害化处理等。另外，经过积极筹备，汕头市鸿翔养殖有限公司与台湾专门从事驯养繁殖鹦鹉科目及其它观赏鸟类的企业台湾峻宇贸易公司签订合作协议，双方共投资人民币500万元，在潮阳区海门镇区域内建造有一定规模、设备较先进的鹦鹉及其它观赏鸟类驯养繁殖场，该场所达到鹦鹉及其它观赏鸟类驯养繁殖的各项条件，经批准取得《国家重点保护野生动物驯养繁殖许可证》。

(林金灶　彭盛华)

【森林资源保护】2010年，汕头市森林公安机关共开展10个专项行动。截至2010年11月30日止，全市森林公安机关共查处各类森林案件186宗，其中刑事案件4宗，林业行政案件182宗，处理违法人员360人次，罚款67.26万元。有力地打击破坏森林资源的违法犯罪活动，增强广大市民维护生态平衡的意识，为维护林区和谐稳定、实现平安亚运做出了应有的贡献。

（詹文敏）

海洋与渔业

【简况】2010年全市水产品总产量39.94万吨,总产值33.7亿元，分别比上年增长3.4%和17%。其中，海洋捕捞产量16.36万吨，下降0.6%；海水养殖产量16.57万吨，增长6.6%；淡水捕捞产量0.33万吨，增长6.5%；淡水养殖产量6.69万吨，增长6%。全市渔业船舶拥有量3411艘，82043吨位，190964千瓦。其中海洋捕捞机动渔船2805艘，75858吨位，171318千瓦；水产养殖面积15329公顷，其中海水养殖面积11060公顷，淡水养殖面积4268公顷。

【用海管理】本年度全市新增确权海域38宗，新增确权面积1331.76公顷，新增海域确权发证率、海域使用金征收率均达100%，全市累计办理海域使用权证书410宗，面积1.25万公顷；用海类型包括养殖用海、交通港口、大桥用海、海底光缆、旅游用海、围填海等。结合3月1日《海岛保护法》的颁布实施，开展宣传活动，举办"休渔放生节"、"世界海洋日暨中国海洋宣传日"等活动，增强了社会各届关爱海洋、保护海岛的意识。按照省海洋与渔业局部署建设区县局海域使用动态监管网络要求，完成5个沿海区县网络调试，实现“国家、省、市、县”四级海域使用动态监管网络联通。

【**海洋执法监察**】年内，对汕头港沿岸和重点工程项目进行执法检查与监管，在开展海洋法律法规宣传的同时，检查用海项目在施工过程中有无违规、违法行为，发现问题及时处理。在市政府的统一部署下，市海洋与渔业局联合国土、规划等市直有关部门配合濠江区政府对鹿屿岛上7座违章建筑物给予拆除。渔政海监执法部门认真做好亚运水上安保和“世博会”及“亚运会”期间国际海底光缆巡护任务。在上海世博会和广州亚运会期间，组织开展“4·16”、“9·29”海底光缆巡护专项执法行动，中国渔政44021、44181、44601、44025和44036等船艇组成强有力的海底光缆巡护执法力量，克服海况恶劣等各种困难因素，积极对海底光缆开展巡护，确保通讯畅通。中国渔政44601船出色完成亚运会帆船比赛汕尾赛区海上安保光荣任务。

【**渔民转产转业**】2010年，省下达市的渔业生产项目总金额1975万元，有10个项目通过验收，已完工未验收项目7个，在建项目4个，实现带动捕捞渔民转产转业1191人。2010年省人大转产转业议案将重点扶持减船转产、渔民合作社和特困渔民安居工程，市海洋与渔业局组织上报一批转业项目，包括77艘渔船报废、6个渔业产业项目、8个渔民专业合作社、605户困难渔民安居工程，涉及渔船补助资金1993.32万元，奖补金额1707.5万元及安居工程补助907.5万元。2010年完成农业部下达的20艘渔船拆解工作。落实国家渔用柴油补贴政策，为全市符合条件渔船发放补贴1.2822亿元。向在休渔期间的休渔渔船和困难渔民发放补贴130万元。

【**渔港建设**】10月，云澳国家中心渔港举行工程开工庆典仪式，该渔港于2009年5月8日获农业部批准立项，项目总投资5793.24万元。海门中心渔港项目已完成总工程量36%，预计于2011年3月底前全面完工。海门中心渔港获得农业部“全国文明渔港”光荣称号，成为全国首批20个文明渔港之一。

【**水产品质量安全**】年内，着力推进无公害水产品生产基地和渔业标准化建设。全市建成40个无公害生产基地，面积2912公顷，无公害产品认证19个；新订《坛紫菜人工育苗技术规程》、《卵形鲳鲹池塘养殖技术规范》等4项，已制修订地方渔业标准37项，建设渔业标准化示范区11个。开展水产品专项抽检、动态监测、例行检测、监督检测，全年共抽检11批次，抽检养殖场42个、出口备案基地12家、超市2家、水产批发市场1个，共抽样175个，其中有169个样品抽检合格，合格率97%。开展水产品质量安全专项整治行动。各级海洋与渔业局共出动执法检查人员510人次，检查养殖场130场次，苗种场36家。对12家生产日志不完善的企业责令限期整改，对1家药残超标的企业进入执法程序，由汕头渔政支队落实南澳大队对超标产品进行无害化处理。做好上海世博会和广州亚运会期间水产品质量安全监管，确保水产品质量安全和有效供给。市佳盛副食品有限公司生产的即食紫菜，侨丰集团有限公司生产的姚船长牌罐装蟹肉、圆心蟹饼、面包蝴蝶虾等产品销往上海和广州这两个地区，为确保产品安全制订工作方案，落实措施，对这两个企业进行跟踪、监督、检查。

【**渔业科技与推广**】2010年完成与结题科研项目2项、获得科技成果鉴定2项，市水产研究所承担的广东省科技兴海（渔）项目“大型经济海藻增养殖技术研究”、“太平洋牡蛎良种引进与繁育新技术研究”通过了广东省海洋与渔业局组织的项目结题验收；“广东淡水鱼类资源调查与开发利用”项目通过广东省科技厅组织的成果鉴定，准备申请省科技奖项。“南美白对虾工厂化养殖设施优化与高效健康养殖技术”项目通过成果鉴定，准备申请省科技奖项。

开展新优品种的引进养殖试验。市养殖技术推广站开展杂色鲍稚鲍暴发性死亡症预防与控制技术、高抗病杂色鲍的培育与养殖推广、海水鲈鱼围拦式生态养殖试验等项目技术试验，并与华勋水产有限公司联合试验的“河口区池塘卵形鲳鲹生态混养技术研究与推广”项目取得很好的效益，项目通过市科技局组织的专家组的验收鉴定，该项技术水平国内领先。

加强渔业技术指导和服务。2010年市海洋与渔业局先后在澄海、潮阳、濠江、南澳等区县举办9期转产转业培训班，共有658名渔民接受培训，重点培训对虾、鲍鱼、藻类、经济鱼类养殖技术、水产品加工和技能操作等，提高了渔民的技术水平。做好全市水产养殖病害的调查、测报和防治工作，对鳗鱼、对虾、草鱼、罗非鱼、甲鱼、鲍鱼几个主要养殖品种和主要病害进行定点监测，测报总面积近4万亩。及时掌握病害发生和流行动态，并将病害情况和预防措施及时通过《海洋与渔业信息》月报反馈到生产第一线，指导养殖户做好病害预防工作。

【**海洋资源保护**】年内，开展对近岸海域海水质量趋势性监测、近岸贻贝与沉积物、榕江和练江入海污染物总量、陆源入海排污口、海水增养殖区、海水浴场、海洋垃圾、海洋环境重金属专项，以及赤潮防灾减灾和污染事故等的监测工作。对特定海洋功能区包括人工鱼礁、海洋自然保护区建设效果实施跟踪监测和评价，随时掌握海洋与渔业环境质量状况。编制发布《2009年度汕头市海洋环境质量公报》。全市共组织增殖放流活动6次，投入放流资金达145.82万元，放流黑鲷、黄鳍鲷、花尾胡椒鲷等品种苗种262.16万单位，南方鲎700多只。市海洋与渔业局成为省水生野生动物救护基地及全国海洋珍稀濒危野生动物救护网络的成员单位，在着力做好水生野生动物的保护救助宣传同时，制定《汕头市海洋与渔业局保护鲸豚类及海龟奖励办法（试行）》，鼓励市民群众保护水生野生动物，年内有市民救助搁浅海龟2头、市民主动放生棱皮龟1头。全市建立9个海洋自然保护区，其中，由联合国全球环境基金资助的中国南部沿海生物多样性保护管理示范区1个，省级保护区1个，市级6个，区县级1个。保护面积超过8.3万公顷。中国南部海洋沿海生物多样性管理项目东山-南澳示范区建设中我市承办的项目顺利通过国家项目办的验收，中央电视台专程来汕头拍摄和专题宣传报道。南澎列岛省级海洋自然保护区申报国家级保护区通过专家评审。加快人工鱼礁为主要形式的海洋牧场建设，全市已建成三座生态型人工礁区。

【市海洋与渔业局中心实验室】实验室2008年建成，2010年9月通过省质量技术监督局的计量认证。实验室集海洋与渔业环境监测、渔业质量监督检验和水生动物防疫检疫等功能于一体，面积1000平方米，配置包括高效液相色谱仪、高效气相色谱仪、原子吸收分光光度、原子荧光分光光度计、YSI多参数现场水质分析仪、霉标仪和紫外/可见分光光度计等先进仪器设备40多台套。实验室通过计量认证检测项目78项（其中水质类36项、沉积物和土壤类19项、水产品和生物体类19项、水文气象类4项），检测方法141个。

【汕头海洋预报台】为做好防灾减灾工作，市海洋与渔业局和国家海洋局汕尾海洋环境监测中心站联合组建海洋预报台，12月24日 在国家海洋局汕头海洋环境监测站办公楼联合举办开播暨挂牌仪式。海洋预报从2011年1月1日起在汕头电视台午间新闻节目后播出，主要发布我市所辖海区及邻近海区水温、潮位、浪高、海滨泳场水质等情况，以及热带气旋、风暴潮、赤潮等海洋灾害警报。

（蔡艳端）

水 利

【简况】2010年，全市重点实施城乡水利防灾减灾工程、病险水库除险加固工程和解决农村饮水不安全问题等项目建设。全年完成水利建设投资8.3亿元，其中中央投资0.59亿元、省级投资4.01亿元、市级投入2.17亿元、县及以下投入1.53亿元。共维修加固江海堤围179公里，除险加固小型水库44座，整修渠道469公里，有效改善农田灌溉面积5.13千公顷，完成土方552万立米、石方74万立米、混凝土25万立米。解决农村群众8.45万人的饮水不安全问题。向上级争取资金再创新高，全年共争取到省级以上资金6.54亿元（其中中央补助汕头大围1.12亿元、南澳引韩供水工程2.3亿元），累计2007-2010年四年共争取到上级资金17.47亿元，是2001-2006年前六年7.74亿元的225.7%。

【市水务局揭牌成立】年内，市委、市政府在推进新一轮政府机构改革中，决定组建汕头市水务局，积极构筑“一龙管水，团结治水”的现代水务管理体制，标志着汕头市水行政管理体制从工程建设为主的工程水利，向资源优化配置、环境生态平衡的资源水利转变。11月4日上午，市水务局举行成立揭牌仪式。

【水利规划工作】年内，以“建设人水和谐的水利工程体系”为总体目标，全面加强水利规划工作，先后完成《汕头市水资源综合规划》、《汕头市江河流域综合规划修编报告》、《汕头市小流域综合治理规划》和《汕头市内涝整治“十二五”规划》等规划的编制工作，切实推进《汕头市水利发展“十二五”规划》，力求做到“水在规划体系中流动，河在规划体系中演变，人在规划体系中受益”。

【水利制度建设】2010年，制订出台《关于进一步加强对城乡水利防灾减灾工程和病险水库除险加固工程建设实行督查、效能监察、责任追究的意见》，对各地各相关部门在落实完成工作任务上实行更加刚性的督查措施。市纪委还对个别进度较慢的区县启动戒勉谈话，对加快工程建设进展起到很大的促进作用。同时，严格实行工程建设倒逼法，通过倒排工期，制定完成工作目标，从制度上促进各级提高工作效率，加快工程建设。市水利工程督查领导小组每月督查一次、出一期《督查简报》，较好地促进了工程建设快速开展。

【水利资金筹措】近年，汕头市城乡水利新上马的项目较多，投资量大，仅城乡水利防灾减灾和病险水库专项除险加固建设2项，投资总额高达33.16亿元，除省以上补助10.93亿外，其余需全市各级配套的达22.23亿元。面对如此巨大的资金投入和各级财政困难的实际，汕头市采取多渠道筹措资金，通过“引进市场机制，采用BT模式融资一点”，解决多年困扰水利工作大局的汕头大围六个应急堤段这一老大难问题和澄海77公里堤防的建设问题；通过“质押举债，银行贷款一点”，解决城乡水利防灾减灾工程市级配套和潮阳、潮南区级配套缺口问题；通过“实行以地换堤，在土地出让时落实一点”，解决汕头大围新津河部分堤段的建设问题；通过“合理确定各级负担，市、区（县）、乡镇各级财政投一点”，解决各项水利工程建设各级投入配套问题；通过“拓宽资金渠道，地方债券转贷挤一点”和“积极向上申请，争取中央扩大内需资金安排一点”，帮助濠江、龙湖等地落实地方资金；通过“面向社会，向热心人士募捐一点”，解决部分地方小农水的投入问题，如潮南区成田镇计划投入2300万元整治8.5公里长的排涝工程，已募捐到位资金1150多万元。通过采取以上措施，有效地解决了制约城乡水利工程建设的资金瓶颈问题。

【水政执法】年内，按照省水利厅《关于开展“水政执法能力建设年”活动实施方案》和“水政执法能力建设年”活动考评标准，结合汕头市工作实际，制定完善制度强化水政监察队伍内部管理，提高水行政执法能力，要求区县也要制定完善制度、规范管理，强化依法治水，依法行政。加大执法力度，推进水政执法能力建设，打击各种水事违法行为。为加大打击河道非法采砂力度，市政府发布《关于建立长效联合执法机制有效打击非法采砂行为的通知》（汕府〔2010〕29号），建立“汕头市打击非法采砂联席会议制度”，明确联席会议职能及各成员单位职责，为有效打击河道违法采砂行为、确保河道、堤围安全提供制度保障。

市联席会议制度建立以来，全市共查处河道违法采砂121宗，检查采砂船246艘，查扣违法采砂船186艘，其中凿（拆）沉采砂船97艘，打击非法采砂行为取得明显成效。此外，在韩江流域管理局的牵头协调下，积极联合汕头、潮州、揭阳开展对韩江下游和榕江下游河段进行执法巡查，现场查扣违法采砂船1艘，拆除（沉）违法采砂船4艘，拆除违法输砂带4条。认真汲取“1·28”潮阳金关围玉路堤段因偷采砂导致堤围坍塌的教训，全市开展堤围安全大检查，组织专业队伍对各堤围进行勘察摸查，认真做好隐患排查工作，全面加强堤防管理。深入开展工程建设领域突出问题专项治理工作，认真落实工程建设“四制”管理，严格基建程序、严格质量把关，严格安全生产，确保“工程优质、干部优秀”。加强水利水电工程质量跟踪监督，严格把关，一年内检查发现整改的项目有100多处（次）。

【第一次全国水利普查】1月11日国务院发布《国务院关于开展第一次全国水利普查的通知》（国发〔2010〕4号），国务院决定于2010年至2012年开展第一次全国水利普查。按照全国、省的统一部署，成立汕头市第一次全国水利普查领导小组，各区县相应成立领导小组，加强对第一次全国水利普查的组织领导。同时，按照省政府对水利普查工作提出的“广东水平、全国一流”的工作目标，积极组织人员参加国家、省组织的有关培训，并在全市范围内举办全国第一次水利普查的专业培训。扎实开展水利普查各项工作，确保水利普查工作圆满成功。

【城乡水利防灾减灾工程】15个项目已完成市牛田洋海堤、潮阳城市防洪工程、棉北海堤、潮南秋风岭水库、大龙溪一级水库、南澳县城防工程等6宗，其中牛田洋海堤、潮阳城市防洪工程、棉北海堤等三宗省水利厅已批复“完工销号”。其余龙湖区上蓬围江海堤，濠江区濠江东西岸海堤，澄海区一八围江海堤、苏溪围江海堤、苏北围江海堤，潮阳区练江堤防、金关围堤防，潮南区城市防洪工程等8宗工程已完成总工程量的90%左右。

【水库专项除险加固工程】汕头市列入省大中型病险水库专项除险加固的潮南龙溪二级、小龙溪、上金溪、红口峯4宗中型水库已完成90%的工程量，正进行工程扫尾工作；列入省病险小型水库除险加固44宗（其中潮阳16宗、潮南13宗、濠江12宗，南澳3宗）已全部加固完成。

【汕头大围】汕头大围六个应急堤段达标加固工程是省、市城乡水利防灾减灾工程建设重点项目之一，包括下蓬围梅溪河左岸、岐山围梅溪河右岸、下蓬围海堤及新津河堤防、岐山围红莲池和西港河左岸堤防、鮀浦围大港河右岸、四千亩围及乌桥岛堤段等六个应急工程，计划加固堤围总长92.1公里，工程概算总投资为13.04亿元，占汕头城乡水利防灾减灾工程总投资额的42%，工程采用BT融资模式建设招投标，工程将按50～100年一遇的防洪（潮）标准进行达标加固，围内受益面积153平方公里，整个工程建成后将承担防御洪水，台风暴潮及围内排涝三大任务，并体现防洪、交通、景观等综合功能。2006年在整体报国家立项的同时，省决定将汕头大围达标加固工程分为六个应急堤段独立立项建设，2009年省水利厅把汕头大围六个应急堤段达标加固工程作为全省水利工程BT模式建设试点项目之一，在省水利厅的有力指导和市委、市政府高度重视下，2010年5月完成了项目BT模式建设招投标，6月9日举行汕头大围六个应急堤段BT建设施工、监理合同暨廉政建设承诺书签署仪式，6月29日举行开工仪式，四千亩围、梅溪河左右岸、新津河右岸部分堤段陆续开工建设。7月，汕头大围六个应急堤段达标加固工程在建设上碰到了征地拆迁和融资困难等问题，市水务局迅速采取应对措施，在省市及有关部门的大力支持下，加紧组织对应急工程进行优化设计，征地、拆迁等有关工作有序进行，至年底累计已完成投资约1.8亿元（包括预付工程款约0.5亿元）。

【城乡安全供水工程】重点推进韩江

下游出海口桥闸重建和改建加固。韩江下游五大出海口桥闸已完成梅溪桥闸、外砂桥闸、东里桥闸重建。澄海莲阳桥闸重建工程主体水下工程完成并发挥作用。下埔桥闸改造加固工程已完成技施设计，正等待省下达资金计划。潮阳海门湾、练江水闸正抓紧进行重建前期工作。加快实施南澳引韩供水工程建设，积极稳妥推进潮阳引韩供水工程建设。南澳引韩供水工程已于4月9日启动动工仪式，初步设计已经省水利厅审批同意，岛内水厂已开工建设。潮阳引韩供水工程加压泵站项目已基本完成，管道工程正在进行施工招投标前的准备工作。

2010年省下达的13宗农饮工程和解决潮南6所学校师生饮水安全工程全部按计划提前完成，13宗农饮工程总投资3919万元共解决饮水不安全问题8.4552万人。至此，全市共解决饮水不安全问题50万人，占应解决的73%，农村饮水安全普及率达91.4%。

年内，列入全省3个“村村通自来水”的最大项目、总投资1467万元的潮阳区海门镇北新社区“村村通自来水”工程提前完工。海门镇大部分村居未铺设供水管网，部分有自来水的村居供水主要管道建于1969年，因使用年限较长、管材较差，管道锈蚀、破损严重，导致有4.2万人饮水得不到安全保障。北新社区被列为全省3个村村通自来水试点工程之一，9月25日，北新社区村村通自来水工程开工建设，铺设从龙海水厂至北新社区的供水主管和村内管网，至12月12日，全面完成了工程建设任务，安装供水管道3956米及入户管道38968米，将龙海水厂清洁卫生的自来水输送到千家万户，解决了北新社区1.203万人的饮水问题。

【防汛防旱防风】1月11日市委、市政府开始部署全市汛前安全大检查工作，从3月10日至16日，派出7个防汛检查工作组，深入各区县对防汛责任制落实情况、工程单位人员及管理现状、预案编制及执行状况、对检查出来的隐患是否已采取有效措施及时处理等防汛工作落实情况进行重点抽查。对检查中发现度汛有问题的病险工程，市政府安排财政专项资金500万元帮助各地抢修82宗市级重点应急度汛项目，完成工程量土方10.1万方、石方5.0万方、砼6620方。4月8日市政府召开全市水利与三防工作会议，市政府和各区县签订防汛责任书。5月28日汕头市贯彻落实全国水库安全度汛视频会议精神，在《汕头日报》向社会公告全市8宗中型水库、35宗小（一）型水库、161宗小（二）型水库和27宗大中型水闸防汛责任人名单，接受群众监督，严格防汛责任制的落实。同时增加各类防汛物资的储备，各地共储备杉木6950条、麻织袋52.3万条、砂15192方、石22725方，以及救生衣、冲锋舟、橡皮艇、雨衣、照明灯具等其它防汛物资一批，为安全度汛提供了有效保证。从5月13日至22日，组织汕头市防汛抢险民兵轻舟机动队进行全员抢险救灾演练。6月25日市民兵轻舟大队接到省三防指挥部的命令，集合潮阳分队，出动冲锋舟5艘，官兵45人，奔赴揭阳市惠来县隆江镇执行抢险任务。经过昼夜连续作战，共转移群众二千余人，运送生活物资近10吨。在做好防风的同时，坚持做好防汛抗旱并举，科学调度水源。面对秋冬春连旱，做好韩江下游五大出海桥闸水源联合调度工作，确保主城区和澄海区供水安全。指导督促潮南区和南澳县做好水库水源调度工作，使全市抗旱工作有序高效进行。至6月中旬，潮南区和南澳县相继恢复正常供水，全市旱情解除，抗旱工作取得全面胜利。此外，还加强对三防指挥系统维护，确保运转良好。对市三防指挥系统各项设备进行检查维护，深入6区1县对各地计算机系统和视频会议系统进行检查，并指导各区县三防办做好设备维护工作。

【防御“6·25”暴雨】2010年“龙舟水”较明显，6月24日～26日，受西南季风影响，汕头市普降暴雨局部大暴雨，市区146.7毫米，澄海65.6毫米，潮阳355.9毫米，南澳155.7毫米。其中潮南区红场镇490.7毫米，井都镇337.7毫米，成田镇320.9毫米，两英镇219.0毫米，海门湾桥闸283.7毫米，和平镇237.9毫米。由于降雨量大，历时短，且主要集中在潮南、潮阳区，造成潮阳区棉城主城区、和平镇和潮南区胪岗、峡山、两英、司马浦、陈店等镇发生内涝，水深约0.5－1米，其中胪岗镇水浸约1.0米，练江支流中港堤接近漫顶。全市33个乡镇受灾，受灾人口15.538万人，倒塌房屋128间，红场镇大陂村一处山体滑坡造成一间房屋倒塌致1人死亡，直接经济损失8150万元，其中水利设施损失748万元。针对出现的暴雨洪涝情况，全市周密部署各项防御措施，6月24日下午，组织收看收听全省防汛抗洪救灾视频会议，并转发省防总《关于做好防御暴雨洪水工作的紧急通知》。6月25日根据暴雨洪涝灾害情况，9时启动防汛Ⅲ级应急响应，并发出《关于做好防御暴雨洪涝灾害工作的紧急通知》（汕府防电〔2010〕17号）。根据江河水库水位上涨情况，科学调度重点水库安全运行，密切跟踪群众反应的各项问题。全市共转移受围困群众19481人。

【防御热带风暴、台风】2010年影响汕头市的热带气旋有热带风暴“狮子山”、台风“凡亚比”、超强台风“鲇鱼”3个。但由于风力不强，降雨强度不大，没有造成较大的损失。6号热带风暴“狮子山”登陆时离汕头市较远，没有带来大的灾害损失。9月15日11号台风“凡亚比”在西太平洋生成，18日22时30分启动防台风III级应急响应。19日20时30分，全市启动防台风II级应急响应。全市4517艘渔船全部进港避风，转移群众16584人。9月20日上午7时在福建漳浦登陆，登陆时中心风力12级（35米/秒），登陆后继续逐渐向偏西方向移动（12时经过汕头市），全市没有出现灾害损失。10月生成的13号台风“鲇鱼”是2010年全球最强台风。10月20日17时汕头市启动防台风Ⅳ级响应。21日13时30分防台风应急响应提升到Ⅲ级。21日22时30分防台风应急响应提升到Ⅱ级。全市4518艘渔船18日18时全部回港避风，撤离危房户6858户、15486人，转移低洼地613户、2517人，转移海上作业人员13530人。排查发现的存在安全隐患的23宗山塘已全部腾空库容。全市开放庇护所144个。23日12时55分，台风“鲇鱼”在福建省漳浦县沿海登陆，登陆时中心附近最大风力13级。受台风外围环流影响，汕头各地风力4～5级、阵风6～7级，有小到中雨，全市没有出现灾害损失。

（徐建容）

气　象

【简况】2010年，市气象部门坚持以公共气象服务为引领，切实做好强热带风暴“狮子山”、“灿都”、“凡亚比”和超强台风“鲇鱼”等灾害性天气的气象预报服务，做好“南澳一号”、水下考古发掘、亚运会火炬传递（汕头站）和第六届“山治会”、第六届“国际潮青联谊年会”等重大经济社会活动的气象服务工作。全力以赴开展人工增雨工作，为缓解旱情发挥积极作用。推进气象现代化建设步伐，在南海预定海域成功布设首个10米大型海洋气象浮标观测站，完成南澳海洋气象综合探测基地项目的征地和规划，完成气象影视节目制作系统建设并通过专家验收。加快地方气象事业发展，《汕头市国民经济和社会发展第十二个五年规划纲要》明确在“十二五”期间投入7000万元建设城乡气象项目。推进基层气象防灾减灾工作，组建全市1046人农村气象信息员队伍。气象事业发展得到各级领导的高度重视，首次在市气象局召开全市防御强台风“鲇鱼”紧急动员会。

（陈义旭）

【气候特点】2010年汕头市主要天气气候特点：年平均气温22.3℃，较常年偏高0.8℃，年极端最高气温36.8℃，出现在7月份；年极端最低气温2.5℃，出现在12月份，为2000年以来同期最低。年降水量为1366mm，较常年偏少16%。年日照总时数1853.9小时，较常年偏少6%。影响汕头气候事件主要有春季大雾、干旱、特大暴雨、寒潮和热带气旋影响等。春季大雾：2-4月，全市频繁出现大雾天气，给水陆交通带来较大影响。2月9-10日、3月14-15日的大雾天气，共造成汕头机场取消航班26个，32个进出港航班延误，大批旅客行程受阻。4月11日傍晚，汕头市海面大雾弥漫，当晚7时许，在南澳岛东南越10公里处，发生两船碰撞事故，南澳一渔船沉没，船上9名渔民落水，其中8名获救，1名失踪；8时许，汕头港外主航道两艘货轮也发生碰撞事件，其中一艘货船破损进水。干旱：1-4月全市降水量较常年同期偏少30%-40%，至4月份，全市山塘水库大都处于死库容状态，韩江也处于历史同期较低水位和流量，造成南澳、潮阳、潮南部分地区生产生活用水资源紧缺。特大暴雨：6月24-26日，全市普降暴雨、局部特大暴雨，其中，汕头146.7毫米、潮阳355.9毫米、澄海65.6毫米、南澳155.7毫米。25日练江水闸水位高达14.94米，超警戒水位0.14米，练江堤防全线告急，潮阳、潮南区内普遍出现内涝，严重地区水深达2米，两区共17个镇受灾，受灾人口10.778万人，死亡1人，转移人口1225人，倒塌房屋56间，农作物受灾面积656公顷，山体滑坡3处，水利设施部分被冲毁，直接经济损失近0.4亿元。寒潮：12月16至17日，全市出现寒潮天气过程，全市最低气温：市区2.5℃、潮阳2.5℃、澄海2.1℃、南澳3.3℃，创近十年最低记录。全市45万亩冬种作物和近20万亩水产养殖同时受到一些影响。热带气旋：对汕头市有影响的热带气旋有4个，较常年偏少。分别是1003号台风“灿都”、1006号热带风暴“狮子山”、1011号台风“凡亚比”和超强台风“鲇鱼”。“灿都”和“狮子山”给汕头市带来大到暴雨，局部特大暴雨的降水；“凡亚比”和“鲇鱼”造成汕头机场进出航班大面积延误，前者出现延误航班20个，影响2000名旅客行程。后者造成全市中小学停课、汕头机场取消航班42个，影响4000多名旅客行程，轮渡及部分汽车客运路线先后停开或停运，莱芜轮渡更是创下6天的历史最长停航时间。

（林家声　陈义旭）

【亚运火炬传递气象保障】为做好第16届广州亚运会火炬传递（汕头站）气象保障服务工作，市气象局高度重视，成立气象保障服务领导小组，制定《第16届亚运会火炬汕头传递气象服务方案》，明确各部门的职责，并将各项工作细化到每天的固定时间和每个责任人。从9月下旬开始正式进入火炬传递气象服务流程，安排专人统计汕头市区火炬传递日的历史统计气象数据，作出10月火炬传递日汕头市区的降水和气温的中期预报。10月17日开始每天向组委会和相关部门报送两份亚运火炬传递气象服务专报。由于受超强台风“鲇鱼”和冷空气共同影响，天气复杂多变，17日的专报中指出“对火炬传递、庆典活动和火炬转场会造成一定影响。”20日09时和16时发布火炬传递当天汕头市逐3小时天气预报，并通过党政领导气象预警短信平台向各主要组委会成员发送最新天气信息。随着超强台风“鲇鱼”向粤东沿海逐渐靠近，火炬传递日当天的天气越来越受到关注。市气象局经天气会商作出“受‘鲇鱼’的影响，火炬传递当日可能风力较大，并伴有阵雨过程”的预报，并于10月20日9时30分发布台风白色预警信号，当日22时34分改发台风蓝色预警信号。21日早上根据雷达最新资料，向组委会发出“未来三个小时内，我市天气以阴天为主，对火炬传递影响不大”的预报，与实况吻合。至此，市气象局圆满完成整个亚运火炬传递过程的气象预报和服务工作。

【建成首个海洋气象浮标观测站】10月13日，在上级气象部门和市海事局的配合下，市气象局经过40多个小时的紧张安装和调试，在南海预定海域成功布设首个10米大型海洋气象浮标观测站。海洋气象浮标站是布设在海上，用于获取海洋气象水文观测资料的大型综合性观测设备，是探测海上灾害性天气的重要手段。它集计算机、通信、能源、传感器测量、抗海洋恶劣环境、长期可靠性设计等技术于一身，科技含量较高，是其他海洋气象监测手段无法替代的监测站。布设在22° 20′ N，117° 20.4′ E地理位置上的海洋气象浮标投放在离汕头市约130公里的南海东北部海面上，直径达10米，安装着各种观测设备，主要包括风速风向、气压、温湿度、雨量、能见度、方位、波浪、温盐等传感器，以及海流计和叶绿素浊度传感器。观测项目包括：海气通量、常规风、温、湿、压、降水等气象要素和海浪、海流、叶绿素、浊度等海洋要素等。根据测算，该浮标站可抵抗12级以上的强风。由于浮标站点位于热带气旋、台风等灾害天气多发区域，为南海地区近海海-陆-气相互作用与灾害天气提供实时、连续的海洋气象环境监测数据，对南海东北部海域沿岸监测和防御台风、暴雨、强对流天气、海上大风等海洋灾害性天气起到至关重要的作用。目前设备运行正常，数据每10分钟自动上传一次。汕头首个10米大型海洋环境气象监测浮标站的投入使用，弥补南海东北部海域气象监测资料的空白，实现南海东北部海域气象的定时定点全天候观测，对提高海洋气象监测、预警预报服务能力意义重大。

【人工影响天气】由于2009年汕头市降水量显著偏少，到2010年1至4月，全市降水量较常年同期偏少30%至40%，全市山塘水库大都处于死库容状态，韩江也处于历史同期较低水位和流量，造成南澳、潮阳、潮南部分地区生产生活用水资源紧缺。面对严峻旱情，市委、市政府高度重视，市气象局、人工影响天气办公室根据市委、市政府的要求，全天候密切监视天气变化，对人工增雨作业的各项工作进行周密部署，抓住一切有利天气时机开展人工增雨作业，从1月6日至6月15日成功实施人工增雨作业16次。经评估，增加降水量约2381万吨，为缓和旱情发挥积极作用。

（陈义旭）

工　业

综　述

【简况】2010年，全市经信系统以科学发展观为统领，优化调整产业结构，转变经济发展方式，全力推进民营经济、产业转移和节能降耗，扎实开展各项经信工作，工业增速持续加快。全年完成工业总产值2642.15亿元，比增16.9%；完成工业增加值629.19亿元，比增16.8%，占地区生产总值的比重由上年的51.3%上升为52.3%，工业对经济增长贡献率达到58.7%。其中，规模以上工业产值1887.42亿元，比增17.8%；规模以上工业增加值457.29亿元，比增17.6%，超额完成全年目标任务。效益明显好于预期，全市规模以上工业完成销售产值1814.19亿元，比增17.9%。

“十一五”期间，全市工业经济成绩显著，工业规模和效益提升。五年间，全市工业增加值年均增长15%，比全省年均增长14.4%略高。全市规模以上企业2426家，比2005年增加937家；其中年销售超亿元的企业达到231家，比2005年增加106家。全市已有上市企业16家。一批优秀企业自主创新能力强，产品技术、质量、规模在国内同行业中排名前列。经济效益显著提高。2009年规模以上工业实现税利177.37亿元，比2005年增加1.6倍；工业经济效益综合指数189.49%，比2005年提高了45.04个百分点。优势产业规模扩大。2010年，全市规模以上八大产业的工业产值1378.53亿元，占全部规模上工业总产值的73%，产值比2005年增加1.5倍；其中工艺玩具（60.6%）、化工塑料（42.5%）、纺织服装（25.6%）产业分别比2005年增加9.7、4.9和2.1倍。自主创新能力提高。省级以上企业技术中心从2005年的5个增加到2010年的20个；省级工程技术研发中心从2005年的14个增加到2010年的33个。全市每年专利申请量和累计专利申请量稳居全省地级市第4位，每年获得省科学技术奖的数量居全省地级市前4位，省级创新型企业数居全省地级市第3位。2009年以来，全市有31家企业承担了45项国家、地方和行业标准的制修订，12家企业将所拥有的100多项专利技术融入到国家、地方和行业标准的制修订之中。企业逐步向园区集聚。全市共有市级以上工业园区8个，园区规划用地面积44587亩，建成项目687个，2009年工业产值约占全市规模以上工业产值的30%。全市产业转移工业园是省政府批准的首个自行规划建设的省示范园，既承接珠三角的产业转移，也承接港澳、台湾等地区和国内先进地区的产业转移，同时还转移本市中心城区工业企业到省示范园。2010年，省示范园已投产规模上工业企业21家，实现工业总产值94.38亿元；从业人员约6000人。产业集群影响进一步扩大。全市拥有9个国家级区域性品牌，有澄海玩具礼品、龙湖外砂潮式工艺毛织服装、龙湖输配电3个列入省级产业集群升级示范区。与中国轻工业联合会共建中国（汕头）文具生产基地，与省经信委共建广东省（汕头市）玩具礼品先进制造业基地。全市纺织服装是国内家居服生产产业链较为完整、产业规模较大的城市和规模较大、产业较集中的毛衫、内衣生产基地之一；工艺玩具是中国三大玩具礼品生产基地之一；日用化妆品产业是广东省化妆品生产基地、中国三大化妆品产业制造基地之一；印刷包装是国内三个包装装潢印刷基地之一。民营经济质量进一步提升。民营规模以上工业企业数达到1710家，占全市规模以上工业企业的四分之三。2010年规模以上民营工业总产值1169.76亿元，比增17.3%，占规模以上工业总产值的62%。一批民营企业参与了各自产业领域国家标准的制定。全市115家高新技术企业中，绝大多数是民营企业。节能降耗和可持续发展进一步实施。围绕完成“十一五”节能任务为目标，编制实施一系列政策措施，突出抓好重点领域和重点耗能企业，扶持推广节能技术，坚决淘汰落后产能，积极推进循环经济试点工作，推进清洁生产和资源综合利用，强化措施，落实责任，推进企业发展逐步走向节约发展、清洁发展、安全发展和可持续发展的道路。汕头市是全省6个建设节约型社会试点城市之一，也是全省6个循环经济试点城市之一，潮阳区贵屿镇废旧家电回收拆解基地为全国第一批循环经济试点单位。保税区卜高通美“环保科技园”为“中国塑胶循环利用示范基地”；贵屿镇循环经济工业园列入省经信委第一批省市共建循环经济产业基地。信息化应用水平进一步提高。信息技术广泛应用于社会各领域。民生方面，启动数字汕头和无线城市的建设，互联网应用日益普及，网上购物普及率达到22%。企业方面，信息技术广泛应用于企业的生产制造、内部管理、市场营销等多个层面，“十一五”期间共有2家企业被认定为省中小企业信息化示范企业、4家企业被认定为省两化融合示范企业。农村方面，各镇、村的信息化水平明显提高，南澳率先在全省实现“村村通电话，村村通宽带，信息进村入户”目标。教育方面，中心小学以上各类学校均接入互联网。医疗方面，县级以上医院均应用信息管理系统和统一的药品网上采购系统。交通治安方面，建设了智能交通、平安汕头等项目，建成了全市车辆射频电子标签自动识别系统。地理方面，已建成三维城市地图并在互联网上运行，成为“数字汕头”建设的重要组成部分。汕头市继2008年获得“中国城市信息化50强”，2009年获得“全国地级市信息化综合竞争力50强”之后，2010年再次跻身“中国城市信息化50强”。

【经济运行调控】年内，做好工业商贸业运行监控、分析和预测，协助做好省直通车服务重点企业调查和信息员培训工作。市经贸局牵头制定单位GDP能耗下降率、民营经济增加值发展速度的《赶超进位落实行动计划》；起草《落实2010年主要工业经济指标实施方案》和《汕头市落实工业经济工作会议责任检查督导工作制度》，开展落实工业经济工作会议责任检查督导。制订实施酒类市场、生猪屠宰《2010年度整治工作方案》，全年共开展2次酒类专项检查活动，出动1090人次，立案20宗，没收假酒189瓶，另有1宗涉案金额45万元的大宗案件，已移交公安机关；严厉打击无证无照私宰生猪行为，出动2911人次，检查屠宰厂（场）504个次，查处26宗。做好电力、电煤、成品油供应保障工作，完成水上加油站和成品油配送体系“十二五”发展规划（初稿），制定实施《需求侧管理紧急避峰预案》、《各类限电序位表》，开展成品油市场和全市煤炭经营企业专项整治，组织实施民爆行业应急演练，确保“亚运会”、“亚残运会”、“山治会”期间安全无事故。根据省下达控制指标制订汕头市《用电增长控制目标方案》并组织实施，会同汕头供电局密切监测用电量变动，既用足省下达的电量指标为企业正常生产提供电力保障，又完成省控电目标，全年用电量占省下达指标99.91%。

【产业发展和布局规划】1月25日，市政府常务会议研究同意《汕头市工业产业发展规划》和《汕头市工业布局规划》。4月16日，市政府办公室发文正式公布施行。两个规划的出台实施为科学规范全市工业经济发展方向，有效地转变工业经济增长方式，优化调整产业结构，实现工业布局科学合理、区域资源优化配置和比较优势充分发挥利用，实现工业经济又好又快可持续发展提供重要的政策依据。

【企业创新体系建设】年内，市经信局指导组织5家企业申报第12批省级企业技术中心，组织认定第3、4批市级企业技术中心共22家，获省中小企业局认定企业创新产业化示范基地5个、公共技术服务示范平台1个。争取各级财政扶持资金支持技术改造和技术创新，修订2010年技术改造技术创新滚动计划，上报项目62项；组织参加省财政支持先进制造业和优势传统产业技术改造招标项目，5家企业中标；组织申报国家和省中小企业发展专项资金项目61个；组织申报省战略性新兴产业骨干企业11家；办理进口设备减免税技改项目42项，总投资7.26亿元，拟引进设备1126台套；办理企业技术改造备案项目共100项，上报省核准项目1个，总投资19.55亿元；全年共争取国家、省、市财政扶持企业项目资金7764万元。

【产业转移】2010年，汕头市按照省委、省政府“双转移”战略部署，紧紧抓住“双转移”这一战略机遇，积极融入珠三角改革发展、融入粤港澳紧密合作、融入海峡西岸经济区，充分发挥区位、资源、交通、产业配套等比较优势，按照“政府引导、市场运作、优势互补、互利共赢”的原则，加快省示范性产业转移工业园（下称省示范园）基础设施建设。加大招商引资力度，加快融资步伐，加强园区统筹管理，扎实推进产业转移，全面启动建设省示范园和南山湾产业园。逐步形成以电子信息、装备制造、能源为主，纺织服装为辅的园区主导产业。至年底，省示范园有企业30多家，总投资98.84亿元。其中，规模以上工业企业21家，2010年实现工业总产值94.38亿元，比增72.8%；实现工业增加值30.5亿元，比增87.3%；税收26.98亿元，比增97.5%；总就业人数6713人，其中省内就业人数5186人，占比77.25%，园区本地就业人数4411人，占比65.71%。在建企业27家，总投资30.75亿元，建成后预计年产值67亿元。

2010年，省示范园濠江片区承接产业转移项目26个，投资额35.79亿元。潮南片区承接产业转移项目5个，投资额10亿元。海门片区承接产业转移项目6个，投资210.01亿元。广澳片区承接产业转移项目7个，投资额24.2亿元。南山湾产业园承接产业转移项目5个，投资31.4亿元。

【政风行风建设】2010年全省经济和信息化系统开展民主评议政风行风工作，汕头市经信局第一次参加全省开展的民主评议政风行风活动。从4月初民主评议政风行风工作开展以来，市经信局按照省经济和信息化委的部署，在市纠风办的具体指导下，在全系统干部职工的积极参与和配合下，通过精心组织、科学安排、深入学习、广泛动员，完成行评动员教育、查找问题和落实整改阶段工作，推动全系统政风行风建设向纵深发展，全系统政风行风不断优化，有力地推动了经贸管理服务各项工作的有效开展，得到市政风行风评议小组“满意”的评价。

（胡瑞强　林旭辉　陈泽）

纺织服装业

【简况】2010年，全市规模以上纺织服装企业完成工业产值396.44亿元，比增16.7%，占全市规模以上工业总产值21%。

【出口保持较高增幅】由于2009年4月1日起，国家再次提高纺织品服装、电子信息和钢铁、石化等3800多种商品的出口退税率，典型的劳动密集型产业纺织服装业在出口退税率不断上调之中获益甚多，其退税率已从原来的11%提高到16%，大大增强纺织服装出口企业的生机和活力。2010年，汕头市纺织服装业出口保持较高势头，全年服装及衣着附件出口117.07亿美元，比增24.4%；纺织纱线、织物及制品出口2.3亿美元，比增18.3%。

【组团赴湖北开展商贸活动】3月22日，汕头市纺织服装商会组织22人的考察团，前往湖北武汉市、天门市进行实地商贸考察，协助会员企业解决当前高技能人才短缺的瓶颈问题。考察团先后走访武汉科技学院、天门市委、市政府，组织经贸交流、人才招聘和投资洽谈等活动，与湖北省有关高校、企业和地方职能部门达成一系列商贸合作协议，成功搭建起与内地校企进行沟通互动双赢的平台，促进粤鄂两地经贸领域的合作。

【中国检科院（汕头）纺织品研究室成立】9月26日上午，中国检验检疫科学研究院(汕头)纺织品研究室揭牌仪式在广东省汕头市举行。同时还举行粤东片区检验检疫局技术合作框架协议签字仪式。粤东片区的汕头、梅州、潮州、揭阳、汕尾、饶平等检验检疫局在技术合作框架协议上承诺，将全面加强粤东检验检疫技术交流和合作，建立更加紧密的技术合作关系，建立粤东一流的检验检疫技术服务平台，促进和支持粤东各市经济发展。中国检科院（汕头）纺织品研究室的设立，将进一步加强和密切中国检科院和汕头检验检疫局在纺织品检测技术领域的科研合作和交流，共同解决纺织品检测领域的技术难题。汕头检验检疫局纺织品实验室也将依托中国检科院强大的技术后盾以及广东检验检疫局的技术优势，进一步提高纺织品检验技术水平，增强应对国外技术性贸易壁垒能力。这标志着汕头的纺织服装检测技术将跃上一个新台阶，更标志着汕头在打造检测公共服务平台建设中取得了良好开端。

（胡瑞强　林旭辉　陈泽）

化工塑料业

【简况】2010年，全市规模以上化工塑料企业产值296.87亿元，比增20.9%，占全市规模以上工业总产值15.7%。

【塑胶行业联盟标准通过评审】2010年9月8日，由汕头市质量计量监督检验所、汕头市塑胶行业商会及相关公司联合起草的《塑料日用制品汕头市塑胶行业联盟标准》[Q汕/STLM07–2010]通过专家组审定。该标准规定日用塑料制品的分类与命名、要求、试验方法、检验规则、标志、标签等具体内容，适用于以聚乙烯(PE)、聚丙烯(PP)等制成的多种塑料制品。标准对原辅料要求、外观、物理机械性能、热稳定性、载荷试验，特别是卫生性能等都作出详细的指标规定，并特别要求直接接触食品的制品应符合8类国家要求。该项联盟标准的制定和实施，为汕头市的特色产业构筑了公平合理的竞争平台，统一规范全市同类企业的生产，有利于进一步消灭无标生产，提高产品质量和竞争力。

【中国塑胶循环利用示范基地落户汕头】2010年12月24日，“汕头卜高通美环保科技园（一期）落成投产庆典暨中国塑胶循环利用示范基地授牌仪式”在汕头保税区隆重举行，汕头卜高通美实业有限公司被授予“中国塑胶循环利用示范基地”。该基地位于汕头保税区卜高通美环保科技园，专业从事塑胶循环再生利用及材料改性的环保生态工业的研发和利用，科技园占地面积达142亩，总投资超过5000万美元。首期工程项目已于2009年12月竣工验收并投入使用。2010年12月开始增资扩建二期项目，项目投资建设期预计为2年。环保科技园整体项目完成后，将年产再生材料及改性材料约20万吨、塑料制品约30000吨，预计可实现年产值20亿元人民币，其中二期项目生产规模预计可以达到年产值12亿元人民币，形成具有高技术水平、配套完善的再生循环塑胶产业基地，推动汕头塑胶行业循环经济再上一个新台阶。

【日用精细化工产品检验省站（汕头）通过评审】由汕头市质监局、市质计所筹建的广东省质量监督日用精细化工产品检验省站（汕头），于5月8日至9日顺利通过省质监局资质认定现场评审。此次评审，日用精细化工省站通过省局资质认定的项目559项，市质计所通过省局资质认定的项目新增182项，进一步提升对汕头支柱产业发展的检验检测支撑能力。

（胡瑞强 林旭辉 陈泽）

食品加工业

【简况】2010年，全市规模以上食品医药产值139.04亿元，比增13.5%，占全市规模以上工业总产值7.4%。

【水产品出口增速强劲】2010年，汕头水产品生产规模逐步扩大，全市共有备案的生产企业30多家，产品主要出口到美国、欧盟、加拿大、日本、墨西哥、马来西亚、香港等国家和地区。2008年以前出口产品多以初级冷冻产品为主，随着世界各国对水产品品质要求的提高以及生产企业对产品结构的不断调整，精深加工、高品质、高附加值的水产加工产品的出口比重日益提高，品种主要包括熟制对虾、深加工鱿鱼片、面包屑鱼片、罐装蟹肉、烤鳗等。全年出口水产品4761批、8.9万吨、5.3亿美元，比增47%、42%、54%，创历史新高。

【保税区海伟酒类交易市场开业】3月26日，第二届国际酒类中国大型展览订购会暨汕头保税区海伟酒类交易市场开业仪式在汕举行，来自法国、加拿大、意大利等20多个国家和地区的2000多个酒类品牌参展。第二届国际酒类中国大型展览订购会在汕头举办和汕头保税区海伟酒类交易市场的开业，将为企业用足用好保税区政策，积极探索一条国际酒类产品合法、高效、快捷进入中国市场的新路子，为国际酒类产品物流运作提供一个高端、全新的展示平台，为酒类厂商提供直接交流接触、洽谈贸易的机会，帮助国外酒类厂家开拓中国市场，让中国消费者能够从正规的销售渠道购买到质优价廉的国际名酒，实现经营者、消费者和政府三方共赢的局面。

【黑牛食品挂牌上市】4月13日，黑牛食品股份有限公司股票“黑牛食品”在深圳证券交易所挂牌上市。黑牛食品股份有限公司主要从事大豆及谷物类营养饮品的研发、生产和销售，公司产品包括豆奶粉和麦片以及双蛋白豆奶饮品、芝麻糊、核桃粉等。近年来，黑牛食品先后荣获“中国驰名商标”、“中国名牌产品”、“中国绿色产品”、“中国重合同守信用单位”、“国家4A级标准化良好行为企业”等殊荣；该公司也是豆奶粉国家标准、复合麦片行业标准的起草单位之一。公司在安徽合肥投资建设的“双蛋白液态奶”项目被列入“国家火炬计划”。黑牛食品成功登陆A股，不但使股市“汕头板块”得到进一步扩张，对于中国双蛋白饮品市场的进一步培育、双蛋白饮品行业做大做强都是一大利好。

【汕头食品参展国际农交会】10月18日至22日，第八届中国国际农产品交易会在河南省郑州市国际会展中心举办。汕头市组织汕头市粮丰集团有限公司、荔宝酿酒有限公司、澄海兄弟食品厂共3家企业参加签约和展示活动，并组织、挑选雅园果酒、粮丰大米、荔宝果酒、南澳后花园有机茶、广东黑牛集团的系列豆制品，以及金寿茶厂的乌龙茶、蓬盛食品公司的潮汕小菜等展品参加省综合展位展示。参展产品均获得无公害农产品认证、绿色食品认证和有机农产品认证。汕头代表团参加这次盛会签约项目2个，签约总金额达到人民币1.1亿元，其中粮丰集团有限公司签约6000万元，荔宝酿酒有限公司签约5000万元。

（胡瑞强 林旭辉 陈泽）

机械装备业

【简况】2010年，全市规模以上机械装备业企业产值116.98亿元，比增24.7%，占全市规模以上工业总产值6.2%。

【技术创新】面对经济危机和激烈的市场竞争，汕头机械装备企业坚持走自主创新之路，不断做大做强，2010年在全市八大支柱产业中，机械装备业增速最高。广东达诚机械有限公司自主研制的系列挤出片材设备，不仅畅销国内20多个省市自治区，而且60%以上的产品出口外销。汕头市金玉兰包装机械有限公司研制生产成功的“激光图案压印转移生产线”，这一新型工艺不仅有利于废弃印品的回收再利用或自然降解，而且可以帮助印刷厂商节约近50%的原材料成本。产品出口到美、德等国家。国内印刷十强企业有6家采购该设备，佳洁士、雅培、好丽友、黄山、五叶神等一批著名品牌的包装盒都采用这一全新工艺印制。

【中国农膜制造新技术研讨会在汕召开】4月23日，由中国农用塑料应用技术学会暨农塑制品分会和中国塑料加工工业协会联合主办、广东金明塑胶设备有限公司承办的“2010中国农膜制造新技术研讨会”在汕头市召开。中国农用塑料应用技术学会、中国塑料加工工业协会、农塑制品分会等近百名代表出席此次会议。研讨会介绍了中国农用功能薄膜的发展现状及未来趋势、中国农用薄膜的最新生产技术和装备制造水平等内容。在工厂设备演示会上，金明公司展示了1台达到国际先进水平的M3N-14000三层共挤出农用薄膜吹塑设备，整机采用了多项创新性的技术和配套装置，其中金明公司自主开发的自动风温式风环，并与在线测厚系统实现闭环控制，实现薄膜厚度的自动调节。

【凹版印刷机研发基地落户汕头】2010年，广东汕樟轻工机械有限公司被中包包装行业生产力促进中心授予“凹版印刷机研发基地”荣誉称号。汕樟轻工机械厂是印刷软包装设备的专业制造厂家，是中国科学技术委员会凹版印刷机技术依托单位、国家重点高新技术企业、中国200强先进包装企业、全国先进包装企业，2001年被国家工商总局评为中国首届520家“重合同、守信用”单位之一。主导产品高速凹版彩印机被国家纳入国家九五计划科技成果重点推广项目。凹版印刷机研发基地的认定，充分显示汕樟轻工的技术研发等企业综合实力获得中包生产力促进中心的肯定和认可。

（胡瑞强　林旭辉　陈泽）

工艺玩具业

【简况】2010年，全市规模以上工艺玩具企业产值173.98亿元，比增18.2%，占全市规模以上工业总产值9.2%。

【玩具出口大幅增长】2010年，汕头玩具企业积极“走出去”，越来越多的玩具企业在国外设立分公司、办事处等机构。11月28日，中国玩具产业首个国外展示中心澄海迪拜玩具展示中心正式启动运行。广东奥飞动漫、广东骅威玩具等已获得自营进出口贸易权的企业，分别在香港、东南亚、美国、意大利等地开公司设办事处，直接进军国际市场。澄海玩具在产品品质、款式创新、品牌创立等方面的快速发展，使其进一步展出“玩具制造之都”的实力和优势，已先后组团参加纽伦堡玩具展、香港玩具展、上海玩具展等国内外知名行业展会。全年，汕头玩具出口6.67亿美元，比增25.9%。

【玩具礼品先进制造业基地签约】为加快促进传统产业先进适用技术发展，推进传统产业转型升级，1月28日，广东省经济和信息化委员会与汕头市政府共建广东省（汕头）玩具礼品先进制造业基地框架协议签约仪式在汕头市举行。汕头玩具礼品产业拥有生产和配套加工企业3000多家，从业人员超过10万人，拥有产品注册商标2450多个、中国名牌产品2件、中国驰名商标2件、广东省名牌产品3件、广东省著名商标17件。省市共建汕头玩具礼品先进制造业基地，有利于汕头市特色产业做优做强，有利于全省玩具礼品产业的转型升级。未来三年，广东省经信委、汕头市政府将投入总计3000万元以上的资金支持，助力汕头这一优势支柱产业加快发展，实现高端化、规模化。

【国家玩具质检中心（汕头）通过评审】2010年6月26日至27日，国家玩具质检中心（汕头）顺利通过中国合格评定委员会专家组的现场考核评审，这标志着该中心具备了国家级质检中心的检验能力。国家玩具质检中心（汕头）从2008年开始筹建。经过两年多的筹建，国家玩具质检中心（汕头）已建立了较为完善的质量管理体系，人员素质、检测设备、方法应用、技术水平、设施与环境条件等方面已符合国家资质认定与CNAS评审要求，具备国家级质检中心实验室的资质和能力，种类涉及电玩具类、塑胶玩具类、金属玩具类、弹射玩具类、娃娃玩具类、童车类等产品，检测能力基本覆盖相关国内标准、ISO标准、IEC标准、EN标准、ASTM标准、ST2002标准、C.R.C.，c.931等标准要求。该中心的建成为汕头玩具企业的产品检测、标准制订、品牌创建等提供有力的技术支撑，有助于企业迎接国外技术壁垒的挑战，提高汕头玩具的市场竞争力。国家玩具质检中心（汕头）积极参加国内外权威机构组织的能力验证，近两年参加与玩具相关的能力验证7次，其中包括2010年参加英国LGC组织的“EN71-1机械物理性能”和荷兰IIS组织的“油漆中总铅测试”能力验证，均取得满意的结果。

【获年度玩具特色产区之星奖】第九届中国（上海）国际玩具展上，奥飞、飞轮、骅威、群兴、实丰、信宇、星辉等澄海参展企业的多个产品获“第九届玩具创意大赛”的多个奖项，澄海获“2009—2010年度玩具特色产区之星”奖。澄海区玩具礼品企业先后组建奥飞动漫、骅威玩具2个省级工程技术研发中心和星辉、群兴、实丰、飞轮等多个市级、区级工程技术研发中心，瞄准新工艺、新技术不断开发新产品，月均开发设计出新花色品种1万多个。群兴玩具每年投入研发资金上1000万元，占企业年销售额的6%，研发人员达100多人，获得300多项国家专利；星辉车模通过优化新产品开发流程，引进SLA激光快速成型设备，大大缩短新产品研发时间；骅威玩具、全宇工艺还专门聘请“洋专家”开发设计产品，使澄海在玩具开发设计和产品质量方面符合欧洲玩具市场的流行趋势，达到世界一流水平。为打造澄海区产品集群品牌，提升产业整体竞争力，促进产业转型升级，澄海区牵头制定的《节日工艺礼品》系列联盟标准顺利通过专家组审查，将发布实施。该标准规定涉及人身安全的机械物理性能、电性能、有害物质、燃烧性能等方面的内容。

【澄海玩具迪拜展示中心成立】2010年11月28日，中国•澄海玩具迪拜展示中心暨第一届澄海玩具迪拜推介会在展示中心所在地迪拜企业家商务村举行隆重的开业典礼。200多位中外宾客应邀出席。阿联酋各有关电视台，中、英、阿文报纸等新闻媒体到会采访并进行了广泛报道。中国·澄海玩具迪拜展示中心地处迪拜市萨义德港重要的商业地段，面积3000多平方米，设立标准展位255个，常年开放营业，从事产品展示和接受订货。中心由澄海区艳阳春贸易有限公司投资5000多万元人民币建设，澄海区政府拨款300万元用于补贴澄海籍参展企业和扶持项目的宣传推介，让参展企业近距离接触外国客户。参与该项目合作的澄海区企业共57家，租用展位207个，发往迪拜展示中心的产品样品达6万多个，还有一些企业正在洽谈进场合作事宜。中国·澄海玩具迪拜展示中心的设立，不仅有效宣传澄海区域品牌，也为澄海玩具的销售搭建又一新平台，推动澄海玩具产业实现新的飞跃。试运营期间，共接待来自中东、东欧、非洲等18个国家的专业客户328人次，达成订单和意向订单260万美元，涉及企业500多家，取得良好效果。

【奥飞入选十佳商业模式】2010年12月21日，由《商界评论》和CCTV2联合举办的“2010年(第六届)最佳商业模式中国峰会”上，奥飞动漫一举入选“最佳商业模式十强”。奥飞动漫是国内第一支动漫概念股，也是唯一一家拥有完整动漫产业链的玩具制造企业。奥飞动漫以玩具起家，通过引进版权确立玩具自有品牌，完成原始积累，进而向上制作原创动漫影视片，其制作的《巴啦啦小魔仙》、《铠甲勇士》、《电击小子》、《雷速登闪电冲线》等作品，均创下了良好的收视率，并成功打造了“AULDEY双钻”这一中国驰名商标及中国第一玩具品牌，从传统玩具产业成功转型为一家以动漫为核心的文化企业，建立了一条从内容设计、形象授权、媒体传播到产品创作、市场营销的完整动漫产业链。2010年，3月10日，奥飞动漫以9000万元现金成功收购嘉佳卡通公司60%股权，成为国内唯一一家拥有电视频道经营权的上市公司。

（胡瑞强 林旭辉 陈泽）

电子通讯业

【简况】2010年，全市规模以上电子信息业企业产值83.09亿元，比增7.4%，占全市规模以上工业总产值4.4%。

【汕头超声再次入选电子信息百强企业榜】6月3日，工业和信息化部在北京召开2010年(第24届)电子信息百强企业发布会，汕头超声电子股份有限公司再次入选，在百强榜中排名第74位，比2009年提高13位。2010年，工业和信息化部对电子信息百强企业入围标准进行调整，从以企业规模为标准改为以企业规模、效益和研发进行综合考核。

【汕头超声研究所推出腔内容积探头】10月12–15日在沈阳国际展览中心隆重举行的第64届中国国际医疗器械博览会上，汕头超声研究所再次引领实时三维超声潮流，在国内率先推出便携式实时三维彩超Apogee 1100，配备腹部容积探头、腔内容积探头、双平面直肠探头，创造多个国内行业第一：国内第一台自主研发的具备腹部容积探头的便携式彩超、国内第一台自主研发的具备腔内容积探头的便携式彩超和国内第一台自主研发的具备双平面直肠探头的便携式彩超。成为国际上少数能自主生产腔内容积探头及配套应用软件的企业，这项技术的研发成功，进一步加强汕头超声研究所在实时三维超声领域的领先地位。迄今为止，汕头超声研究所依然是国内同行中唯一完整掌握腹部实时三维超声成像技术的企业。

（胡瑞强 林旭辉 陈泽）

印刷包装业

【简况】2010年，全市规模以上包装印刷企业产值134.52亿元，比增14.4%，占全市规模以上工业总产值7.1%。

【包揽全国九大乳制品外包装印制】年内，汕头市已包揽了伊利、蒙牛、光明、达能、完达山等9个荣膺“全国十大乳制品品牌”的外包装盒。汕头印刷包装业现已构建了较为完善的产业链，形成以油墨、包装膜及其它包装材料等包装印刷原料生产为主的产业上游企业群，以印刷机械、吹膜机、片材机、塑料机械、液体包装机械、涂布机等包装印刷机械为主导产品的产业中游企业群，以包装印刷成品生产为主的产业下游企业群。三个企业群相辅相成，园区集聚辐射功能日益增强。在印刷包装产业方面，拥有国家火炬计划重点高新技术企业6家、高新技术企业11家、省民营科技企业20家，成为中国重要的包装印刷生产基地，并先后被认定为“广东省火炬计划包装特色产业基地”和“中国包装印刷和装备生产开发基地”。涌现出东风印刷、壮丽印刷、方大印刷、金时印刷、吉祥装潢印刷等多家年产值超亿元、带动作用较强的骨干企业。

（胡瑞强 林旭辉 陈泽）

音像材料业

【简况】 2010年，全市规模以上音像企业产值37.62亿元，比增11.1%，占全市规模以上工业总产值2%。

【企业转型升级】 近年来，随着闪存技术的快速进步，同类产品如mp3、mp4以及U盘等产品的发展，使得空白光盘作为便携存储工具的功能不断弱化，光盘生产企业积极开展转型升级，粤东磁电公司等实力较强的光盘企业筹划上马新一代BD（蓝光技术）生产线建设。粤华新光电科技有限公司上马LED生产项目，项目总投资4500万元，引进先进日本产LED专用高速固晶机15台、全自动高速LED焊线机16台、LED高速测试分选机12台、LED高速测试编带机12台，同时购置国内生产配套设备等一批，年产贴片LED90万千片，年可新增销售收入可达1.8亿元。通过不断升级转型，确保光盘音像产业做强做大做优。另外一些企业在坚持音像行业能够微利运作的同时，兼营生产其它项目，确保企业持续发展。有昂特、华声、粤利兴等5家企业兼营生产纺织服装；有粤华、宏洋等3家企业兼营生产电子电器；有恒通、大裕等4家企业兼营生产塑料日用制品；有奥林、正大金苹果科技有限公司等3家企业，计划投资纺织项目。

（胡瑞强 林旭辉 陈泽）

电力工业

【简况】 2010年汕头市上网的火、风电厂总装机容量379万千瓦。广东电网公司汕头供电局管理汕头电网500千伏变电站2座，容量250万千伏安，输电线路267千米；220千伏变电站13座,容量462万千伏安,输电线路461千米；110千伏变电站53座，容量484万千伏安，架空输电线路726千米，电缆86千米。全社会用电量136.8亿千瓦时，增长13.14%。

【供电保障】 年内，全力以赴落实亚运会保供电措施。汕头供电局调配102名技术骨干援助广州地区保供电工作，独自承担海珠体育中心亚运场馆保电重任，圆满实现赛时“零停电、零事故、零差错、零投诉”的供电目标，《海珠体育中心备自投测试方案》被作为模板向所有亚运保电团队推广。在汕头成立亚运保供电领导小组和4个专项工作组，制定周密的保电方案和应急预案，形成系统的工作体系和值班机制，全面排查、及时消缺，确保所有重要设备“零缺陷”运行，以“严勤细实”兑现万无一失承诺。全年顺利完成各类保供电任务50多项。2010年5月8—20日，中央电视台新闻频道在南澳县直播“南澳I号”水下考古发掘工作，汕头供电局将保供电级别列为一级，圆满完成保供电任务。

【安全生产】 建立统一指导机制、进度控制机制、简报机制及周、月例会沟通协调机制，形成局推进办、专业组、部门到班组四个层面的有效工作承接，组织开展历时一个多月共5674人参加 “安全生产风险管理体系知识竞赛"。在广东电网公司组织的评审中该局安全风险体系评级已达到“二钻”水平。实现连续安全生产1350天，是全省21个地市级供电局唯一一个两年没有发生一般及以上事故的供电局之一。

【电网建设】 建立输变电工程进度计划的“红绿灯”管控制度，精心组织安排各工程设计、施工、验收、质监、生产准备、启动投产等各阶段工作，积极争取内外部的支持，破解困扰电网建设的征地和赔偿难题，优质高效抓好主配网工程的建设。完成电网建设投资12.9亿元，建成投产110千伏及以上输电线路147.62千米、变电容量228万千伏安；局生产调度综合楼历经29个月紧张建设，正式落成启用；《汕头电网二次系统“十二五”规划》和《汕头市“十二五”电动汽车充电设施规划》编制完成。

【供电服务】 开展配网带电作业和设备状态检测，强化综合停电管理和转供电管理，城市用户平均停电时间3.64小时，同比下降53.35%，排名全省第三，达到国内领先水平。开办粤东首家夜间人工受理业务的供电营业厅，营销服务文化建设与转化试点工作成效显著；持续完善市场预测分析常态机制，供售电量同比均实现两位数增长。积极推进线损精细化、信息化管理，全年累计减少线损电量约2887万千瓦时；全面开展低压集抄全覆盖试点工作，初步实现中心城区100%自动抄表。

（杜晓丹）

【华能汕头电厂】 华能国际电力股份有限公司汕头电厂（简称华能汕

头电厂）位于汕头市濠江区澳头后港村，总装机容量120万千瓦，分两期建设。一期两台俄罗斯30万千瓦亚临界机组于1993年12月23日开工建设，1996年底相继投产发电；二期工程扩建一台60万千瓦国产超临界机组，于2005年10月20日建成投产。2010年，完成发电量70.36亿千瓦时，同比增长13.53%；实现销售收入29.28亿元，同比增长12.83%；上缴税收2.62亿元。截至2010年底，累计发电708.29亿千瓦时，上缴税收约31.15亿元。年内，华能汕头电厂全面落实各级安全生产责任制，大力推进本质安全体系建设。全厂全年未发生人身轻伤及以上事故和设备事故；累计设备等效可用系数96.49%，同比上升6.65个百分点；设备利用小时数为5864小时，同比增加699小时。截至2010年12月31日，实现累计无事故连续安全生产记录达1928天，设备平均利用小时数曾连续4年超过7000小时。致力打造"绿色环保、节能效益型生态城市电厂"。2010年，完成综合供电煤耗319.22克/千瓦时、同比下降3.83克/千瓦时，综合厂用电率6.48%；全厂脱硫系统运行稳定，平均投运率达到99.52%、脱硫效率93.17%，电除尘投运率99.93%、电除尘效率99.63%，历经各级机构检查均得到较高评价，圆满完成2010年度和"十一五"节能减排目标。

（赵琼莉）

【华能海门电厂】华能海门电厂是南方电网首个百万千瓦级超超临界节能环保绿色电厂，单机容量1036MW全国最大，各项经济环保指标引领电力行业，机组在广东省节能调度排序第一，2009年底投产以来，纳税近5亿元。海门电厂工程是汕头有史以来单项投资最大的工程项目，一期工程（4×1036MW）计划投资150亿元，实际投资已超过108亿元。海门电厂1、2号机组分别于2009年6月底和9月底投产发电，电厂安全稳定发电，创造锅炉"零爆管"和2号机组投产即连续运行254天的优秀记录。至今累计发电量超过200亿千瓦时。2010年海门电厂发电量达120亿千瓦时，占汕头全年用电量137亿千瓦时的87%。2010年海门电厂煤码头年卸煤量503万吨，占潮阳区港口年吞吐量的96%，其中外贸煤461万吨，占潮阳港区外贸吞吐量100%，为潮阳区港口保持国家一类口岸（外贸吞吐量50万吨以上）做出贡献。华能海门电厂弘扬"三色责任"文化，推动科技创新。电厂工程共获得25项专利，8项全国创新纪录，进行技术改进300多项。并获"国家优质工程金质奖"。华能海门电厂致力建设生态型企业，电厂1、2号机组工程环保设施投入7.74亿元，占工程投资10.5%；是全国首批脱硫脱硝与主体工程同步投运的百万机组电厂，在百万机组中采用海水脱硫技术为世界首例，废水实现零排放，各项环保指标远远优于国家标准。在2010年广东省环保厅第四季度"烟气在线连续监测系统有效性审核"中，海门电厂成为全省唯一获得满分的电力企业。年内，海门电厂被广东省环保厅授予"环保诚信企业"称号。全厂除建筑物和道路外，绿化率达100%，成为全国最美的电厂之一。

（邱丹芬）

烟草业

【简况】2010年，全市各烟草专卖机构加强和改善宏观调控，严格规范，推进网建，深化控制千条户、提高入网率和电子结算率，扎实推进内控机制建设、创优达标、零售终端信息采集工作，全力争取实现卷烟经营上水平，确保卷烟经营正常运转，整体呈现出销售进度正常、结构更加优化、品牌培育健康发展、库存总体合理的态势。全年共销售卷烟958051万支，比增18108万支，累计实现税利91768万元，其中利润52147万元。至年底，全市烟草商业系统共有员工846人（其中非在编员工440人）。

【营销管理】年内，全市烟草商业系统严格规范经营，启动运作内控管理机制，在杜绝预订单、规范紧俏货源供应、防止客户窜货、限制大户等方面加强自律监督，有效防止不规范现象的发生；推进农网建设和创建县级优秀营销部工作，夯实卷烟市场基础，突出"服务前移"的特点，在消灭自然村空白点、控制大户等方面加紧推进创优工作；深化市场调研分析，细化需求预测工作，客观开展零售客户测评，严格按规范要求做好货源供应，切实提升按订单供货水平；按照行业发展的新形势，调整汕头烟草卷烟品牌发展规划，全力推动工商协同营销、品牌培育等工作上新台阶。

【专卖管理】2010年，全市共查获运输假烟案件76宗，查获假烟11449万支，制假窝点11个，缴获制假切丝机12台、烟机8台，查获假烟12058万支、假冒卷烟商标标识1261万张、烟丝（烟叶）259吨以及原辅料一批，对抓获的制售假烟分子依法拘留50人，网上追逃抓获12人，逮捕15人，判刑17人，取得了卷烟打假显著成效，实现了省局提出的"三个月压住势头，半年见成效，一年根本好转"的目标。

【队伍建设】抓好队伍的调整配备和选拔任用工作，考察、续聘科级干部30多人，提任正科级干部2人、副科级干部4人，跨部门调整科级干部岗位6人。大力培养和大胆使用年轻员工，4名通过竞聘上岗进入中层队伍的大学生员工转任部门副职，4名大学生员工走上管理岗位，干部队伍的年龄、文化、专业知识结构得到改善。推进"三员"队伍整体建设，招聘了2名电访员、30名专卖稽查员，开展专卖稽查副大队长竞聘上岗，选拔出2人担任直属分局专卖稽查副大队长。全市系统送培、自训人员达1200多人次，组织职业技能鉴定共4批219人次，鉴定培训班3期，参培197人次。

【文化建设】按照“大市统一，文化先行”的思路，将企业文化标牌在办公场所悬挂，让员工真切感受到汕头烟草浓厚的人文意蕴；建立文化内训师队伍，由各单位主要领导亲自宣讲，引导、促进员工渗入企业文化；向全市系统所有员工发放企业文化宣传资料《明德善行、创者无疆》、《汕头烟草职业行为规范》；举办以“提升企业文化管理、打造文化竞争力”为主题的文化培训班，从外在形象、理念内涵、队伍建设等各个方面推动企业文化落地生根，提升企业文化软实力；向各单位、部门发放《和美服务品牌手册》,开展和美服务品牌创建活动，广拓企业经营发展思路。

（达之颖）

盐　业

【简况】2010年汕头盐业经济效益明显提高，各项工作取得阶段性成果，连续5年来实现了国有资产保值增值。全市原盐产量16524吨，完成全年生产计划23400吨的70.62%；原盐场存4622吨。盐的销售总量是36132吨，完成年计划37700吨的95.84%，至年底,全市盐商品库存4995吨，其中食盐库存4421吨。

【专营管理】合格碘盐食用率逐年上升。据2010年全市抽样检测2009年全市碘盐覆盖率为96.2%，碘盐合格率为96.9%，居民合格碘盐食用率为93.2%。监测结果表明，全市各区县居民合格碘盐食用率呈逐年上升趋势。2010年4月底，汕头市所辖的7个县（区）通过省专家组的综合考评，达到国家消除碘缺乏病县级考评标准。食盐供应充足，销量再创新高。通过加大生产和营销力度，2010年全市食盐销售18060吨，比2009年增销386吨，增幅2.18%，小包装食盐销售10198吨，突破了一万吨，超额完成了年计划，比2009年增销878吨，增幅9.42%。食盐品种多样化，满足市场需求。丰富食盐品种，在加碘海精盐的基础上，增加加碘日晒盐、非碘精制盐等普通食盐品种。多品种盐方面，增加海水自然晶盐，并引进高端盐澳洲湖盐上市推广，以满足市场不同的需求。

【汕头食盐配送中心】汕头食盐配送中心集食盐生产、储备、配送多功能于一体，占地面积25亩，规划二期，第一期建筑总面积约7000平方米，总投资约2300多万元，计划建设为食盐加工分装能力4万吨/年、食盐储备规模1万吨/年的加工配送中心。2010年通过积极争取有关部门的重视和支持，抓紧对汕头食盐配送中心的项目建设，已完成招投标工作。第一期工程计划在2011年10月底竣工并投入使用。该项目建成后，将彻底改变现有汕头盐业生产落后、仓储不足的被动局面，有力缓解汕头市食用盐和生产用盐的供应风险，有利于合理配置区域盐业资源，确保合格碘盐普及供应，实现可持续消除碘缺乏危害目标。

【维护食盐市场稳定】年内，市盐务局盐政稽查队不间断地对全市各商贸市场、超市和一些用盐厂家进行清查整治，联合工商、质监、卫生等有关部门，开展食盐市场检查专项整治行动。全年共检查市场3008个，检查店档16058个，查处各类盐业违法案件14宗，查获违法盐产品约618.5吨。不定时地进行突击行动，在码头、高速公路出口和水产市场等私盐流入市区的必经之路守候跟踪，严查私运食盐和挑担贩卖粗盐的违法行为。2010年5月至6月，接群众举报，盐政稽查人员连续在集装箱码头查处2宗较大盐业违法案件，查获违法盐产品约400吨。加强对《食盐准运证》的核发和审查，规范下属盐场运输原盐的秩序，做到一车一证，不重复使用。认真组织开展《食盐零售许可证》的核发工作，按照合理布局、方便商户、利于监管的原则，盐政人员带证进店，带证下乡，服务上门，全市共发放《食盐零售许可证》400余份。通过“3·15消费者权益日”、“5·15全国防治碘缺乏病日”等活动，联合市工商、质监、卫生、教育等部门，开展形式多样的碘缺乏病防治知识宣传，接受群众咨询；通过电视、广播、报刊等媒体跟踪报导；在食盐批发、零售店设立宣传栏或宣传公益标语；发放碘缺乏病知识和盐业有关法规条例的宣传资料；公布咨询、举报电话等，全年共接到群众咨询电话近千个，形成全社会共同关心碘缺乏病和食盐安全的良好氛围。

【质量管理】2010年，市盐务局修改和完善质量管理体系文件，健全各项规章制度，编制《食盐质量管理办法》、《有缺陷食盐产品召回暂行办法》等，强化对产品质量的管理，完成ISO9001:2008质量管理体系的升级改版，保持质量管理体系的有效性，使之更为科学、规范。专门组建了盐业生产质量督查队，通过对原盐从生产、私坨堆放、收购等各个环节的强化监督和管理，确保了公收原盐的质量。严格按照食盐定点生产企业的技术标准和规范要求，加强了对食盐的购进、贮运、加工、销售等各个环节的质量管理和检查，抓好化验工作和加工、包装机械的维护工作，切实做好安全生产，认真落实各项防范措施。一年来安全生产无事故，小包装碘盐经有关部门多次抽检，各项指标全部合格，出厂合格率达到100%。充实质检站人员，加强对质检人员的专业培训；完善质检设备，增置分光光度计等仪器，切实提高质量检测水平，做到对原料盐、半成品、成品盐的质量实行全程监控，发现质量问题，按规定程序及时予以处理。

（廖彦冰）

交通·邮政

综 述

【简况】2010年，全市各项交通工作取得新成绩，实现交通基础设施投资创新高，路桥收费创新高，船舶运力发展创新高，公交车辆投放量创新高，各项交通经济指标均超额完成赶超进位的目标任务。交通基础设施建设投资大幅度增长，在建重点项目加快推进，筹建项目前期工作取得较大进展，援建草坡乡灾区公路建设任务圆满完成。全年交通基础设施建设完成投资23亿元，比增22%。

公路建设方面，南澳大桥进入全面加快建设新阶段，累计已完成投资8.78亿元，占总概算投资的79.8%。金凤路桥2010年春节前贯通通车。省道237线和惠公路大修工程以及国道324线澄海路段改造工程开工建设。汕头至揭阳高速公路汕头段加快推进，月浦互通立交路段建设进展顺利，已累计完成投资3.09亿元，占计划总投资的15%。汕头市以“交钥匙”方式援建汶川县草坡乡的4个交通公路项目18.4公里全面竣工，投资金额7104万元，其中麻龙路Ⅰ段被评为优良工程，并荣获四川省建设工程质量最高奖“天府杯”金奖。

铁路建设方面，厦深铁路汕头段累计完成投资14.55亿元，占计划总投资的72.7%。各座桥梁工程均已完成七成以上工程量，隧道工程完成80%以上工程量，路基工程完成72.0%。

港口建设方面，建成广澳港一期工程等港口项目，新增港口通过能力764万吨。

航道建设方面，完成道、标、闸、船日常维护工作和专项工程建设777万元，实现航道水深保证率100%，航标维护正常率100%。

项目前期工作方面，揭阳至惠来高速公路，省交通运输厅已通过该项目工程可行性研究报告的评审，正在抓紧开展项目各项前期工作。汕湛高速公路汕头至揭西段收费许可已获省政府批准，进入工程勘察设计阶段，正抓紧办理项目核准的各项手续。全力配合省有关部门开展潮州至惠州高速公路前期工作，做好汕头段有关协调工作。苏埃通道工程可行性研究报告已通过省交通运输厅评审，“工可”阶段12个专题研究全面完成，进入项目立项申报阶段，项目收费立项2011年2月18日获省政府批准。

在运输生产方面，全年总货运量3089万吨，比上年增长10.97%；货物周转量101.98亿吨，增长27.73%。总客运量2761.9万人，增长10.63%；旅客周转量74.26亿人公里，增长13.77%。机场旅客吞吐量达到172.8万人，增长36.4%。港口吞吐量3509万吨，增长13.2%；集装箱吞吐量93.5万标箱，增长14%。铁路旅客吞吐量119万人。

规费征收方面，2010年港口规费征收突破1亿元，比上年增长43%。路桥收费管理工作取得新突破，2010年全年共征收路桥通行费34500万元，增长24%，首次突破3亿元大关。

（陈文斌）

港口建设

【简况】年内，港口行政管理部门围绕亿吨大港建设目标，切实加快港口重点项目建设进度。《汕头港总体规划》全面完成修订工作，已报交通运输部和省政府审批，并启动《广澳港区控制性详细规划》编制工作；广澳港区防波堤工程全面完成开工准备工作；广澳港区航道一期工程海上项目已交工验收；广澳港区一期工程3号泊位完成码头主体及港池挖泥；同时开展广澳港区2万吨级石化码头、两个10万吨级集装箱码头、海门煤炭中转基地、丰盛电厂煤码头、1-5万吨级石化码头等一批重点项目的前期工作。“十一五”期间，全市港口固定资产投资17.5亿元，港口泊位数从82个增至86个，通过能力从2518万吨增至3282万吨，其中万吨级以上深水泊位从16个增至18个。

【广澳港区防波堤工程】广澳港区防波堤工程是广东省“新十项工程项目”之一，也是汕头港历史上规模最大的公共基础设施项目。防波堤的建成，将为广澳港区近、中期规划的36个泊位提供有效掩护，是实施广澳港区规划，建设更多的大吨级泊位，提高汕头港泊位等级，实现港口跨越式发展的根本措施。广澳港区防波堤由西防波堤和外东防波堤构成。防波堤总长8055.9米，其中西防波堤长6212.6米，外东防波堤长1843.3米。工程投资约16.5亿元。年内，项目的施工图及预算已通过省交通运输厅的审查，交通运输部年度补助资金已经到位，已具备招投标的技术条件。

【广澳港区航道一期工程】广澳港区航道一期工程为5万吨级单向航道，属于公共基础设施。年内，航道浚深、海上浮标等主体工程已交工验收，陆上导标、管理站房等配套工程基本建成。

【广澳港区一期工程】项目建设规模为两个2万吨级泊位（2#泊位和3#泊位，水工结构按5万吨级设计）。年内，2#泊位已交工验收，并已投入试运行；3#泊位码头主体工程和港池浚深工程也已交工验收，后方堆场工程已完工，联检大楼正加紧建设。

【广澳港区二期工程】项目的建设规模为2个10万吨级和1个1万吨级集装箱码头及其配套设施。年内项目《工可研报告》已通过市港口管理局组织的初审和省交通运输厅的评审，《工可研报告（修编稿）》已报省交通运输厅审核。环境影响评估、水土保持方案、海域使用论证等科研报告已上报上级主管部门，其他前期工作也正在抓紧推进。

【广澳港区2万吨级石化码头与库区配套工程】工程建设规模为1个2万吨级石化码头，同时兼顾靠泊2艘5千吨级船舶，码头水工结构按停靠5万吨级船舶预留。年内，码头部分的《工可研报告》及岸线使用许可已获批准。项目库区部分的《工可研报告》已通过市港口管理局组织的初审。《水土保持方案报告书》、《安全预评价报告》、《环境影响报告书》等已获上级相关部门审批；码头部分的用海已通过省海洋与渔业局的预审。

【海门港区粤东煤炭中转基地工程】工程依托华能海门电厂配套煤码头，规划建设2#煤码头（7万吨级）、2#综合码头（3000吨级）和3#煤码头（5万吨级）。年内，项目工可研报告已通过省交通运输厅及省发改委的评审。工可阶段的其它支持性文件均已编制完成并上报相关部门审批。

【港口资源盘活】年内，港口行政管理部门按照市委市政府就港口工作提出的“做强做大融资平台，盘活珠池港区。引进战略性合作伙伴，加快广澳港区建设”和“要整合零零散散的小码头，形成合力，集中精力、集中力量、集中财力搞好广澳港区的建设”等指示精神和部署，制订了《关于盘活珠池港区、加快广澳港区建设的工作方案》，启动珠池港区功能调整论证工作，同时，大力推进引进战略性合作伙伴，参与广澳港区的建设和珠池港区的开发。

（刘伟）

港口管理

【简况】2010年，港口行政管理部门积极组织港埠企业开拓腹地，加强组船揽货力度，在巩固原有航线的基础上，全力开辟新航线，推进对台直航可持续发展，确保港口货物和集装箱吞吐量保持平稳较快的增长速度。继2009年新开辟4条国际航线之后，年内又新开通汕头–日本、汕头–韩国、汕头–马尼拉三条集装箱国际航线，促进集装箱吞吐量快速增长；走访调研外贸进出口额较大的近40家企业，促使市政府进一步出台优惠措施，推进汕台海上直航可持续发展。2010年全港完成货物吞吐量3509万吨，同比增长13.1%，其中：外贸货物吞吐量完成1001万吨、同比增长15.5%，内贸货物吞吐量完成2508万吨、同比增长12.2%；集装箱完成93.5万标箱、同比增长13.9%，其中：外贸集装箱完成47.3万标箱、同比增长18.1%，内贸集装箱完成46.2万标箱、同比增长9.9%。对台海上货运直航共完成91个单航次，完成进出口集装箱吞吐量26002标箱，同比增长47.8%。

汕头港货物吞吐量从“十五”期末的1735.9万吨到“十一五”期末的3509万吨，增长102%，年均增长15.2%；集装箱吞吐量从36.8万标箱到93.5万标箱，增长154%，年均增长20.7%。两项指标均连续五年保持两位数以上增长，汕头港摆脱了长期低水平徘徊的局面，步入良性发展轨道。

【港口经营管理】年内，积极宣传贯彻交通运输部《港口经营管理规定》及相关文件会议精神，结合全市港口经营实际情况，全面开展港口经营许可换证工作；积极协调解决港口企业生产经营中出现的各种问题，促使华能海门电厂顺利进行试运行；对辖区内从事内贸集装箱业务港口企业进行有效监控，加强治超力度，确保内贸集装箱的安全装卸；加强港口设施保安工作的管理力度，检查、指导港口经营设施保安训练评估，3家港口企业申领交通运输部颁发的港口设施保安符合证书，港口设施保安履约工作得到完善和加强。

【港口安全生产】年内，根据危险货物码头的专项安全评审工作的需要，设立由港口安全技术、港口安全管理、港口工程技术三方面28名专家组成的汕头市港口行业安全专家库，对万吨以下危险货物码头的专项安全评价报告进行专家评审，进一步提高危险货物港口作业安全管理水平；完成2010版港口危险货物事故应急预案的修订，加强安全生产应急救援体系建设，配备危险货物应急装备，组织汕头港2010年危险货物事故应急演练活动，提高安全保障能力；严格把好危险货物港口作业准入关，依法对从事危险货物港口作业企业资格进行年度审核，共完成13家单位《危险货物港口作业许可证》的年审；进一步完善危险货物作业申报审批过程，对企业申报资料认真核查，全年审批危险货物813船次、作业货量约88.0万吨；加强港口作业现场的检查和执法力度，加强安全生产突出问题的监督监管，全年共组织检查94场次，存在问题得到整改，并严肃查处未经审批擅自进行危险货物船舶的违规作业的企业。

【港口规费征收】继2009年港口规费征收方式实行改革，改变全部委托港口经营人和货主码头单位代收的方式，对部分义务缴费人实行直接征收，港口行政管理部门进一步加大港口规费征收力度，通过多种途径，采取措施，跟踪漏缴少缴企业，杜绝截留现象。2010年，各项港口规费征收额继续保持大幅增长，有效增加了地方财政收入，港口公共基础设施建设维护资金紧缺得到缓解。

【航道管理】港口行政管理部门多方筹措航道维护资金，加强工程监管，确保汕头港外航道得到正常疏浚维护。严格审核港内疏浚工程申报资料，加强疏浚许可审批，港口疏浚业务管理逐步规范，与此同时，与疏浚业务部门交流沟通，并充分利用视频监控手段，加强对港口水域和内外航道的监管，加大巡逻检查力度，强化港口疏浚管理，及时制止港区水域、汕头港内外航道和广澳港区乱挖乱倒等违法违规行为，确保外航道保持畅通。

【港口工程质量监督和通讯导航】港口工程质量监督方面，严格按照有关技术规范和验评标准，认真履行工程质量监督职责，提供优质高效的专业服务，汕头市辖区内港口工程质量监督覆盖率达到100%，受监工程总体质量受控。同时还胜利完成受省站委托，对惠州、汕尾、惠来等部分大型港口工程质量监督任务。通信导航方面，为进出港船舶认真提供通信导航服务，确保港口船岸24小时通信联络畅通，确保工作零差错。通信调度指挥中心建设的前期工作基本完成；调整增加调度职能获市编委会批准；通过调研和赴外地考察等大量工作，初步形成局建设港口信息综合管理系统的方案。

【港口引航】按照“及时安全、优质高效“的服务宗旨，积极对进出汕头港的国内外船舶提供全天候引航服务。同时，还积极开展汕尾、揭阳等跨区域引航业务。全年引领中外船舶2292艘次，全年保持安全引航零事故。其中，安全引领电煤船舶369艘次，为确保华能汕头电厂、华能海门电厂等电厂用煤起到积极作用；安全引领新增集装箱航线船舶232艘次，对新增航线的开通、运营，起到很好的促进作用；精心组织并成功引领装载大型集装箱桥吊和龙门吊等特种船舶4艘次，有效地支持了港口重点项目建设。

【汕头开港150周年纪念活动】汕头于1860年开埠，是近代中国最早对外开放的港口之一，曾被恩格斯誉为中国“唯一有一点商业意义的口岸”，有“百载商埠”的美誉，历来是粤东、赣东南、闽西南的商品集散地，素有“粤东门户，华南要冲”之称。为纪念汕头港走过的一个半世纪风雨历程，弘扬港口文化，传承港口历史，市港口管理局精心组织编辑出版了《汕头开港150周年纪念丛书》（包括《汕头开港150年图象编年史》、《汕头港口志》和《汕头港引航史》）。市委宣传部、市港口管理局在市图书馆联合成功举办了《纪念汕头开港150周年图片展》开幕式暨《汕头开港150周年纪念丛书》首发式，得到社会各界人士的好评。

（刘伟）

航道管理

【简况】2010年，广东省粤东航道局完成局机关工作人员参照公务员管理登记和工资套改工作，局属各单位为公益二类事业单位，执行事业单位工资政策。完成航道行政执法职能划转和人员移交工作。局直属单位重新整合归并，撤销原直属4个分局重新设立汕头航标与测绘所、潮州航标与测绘所、揭阳航标与测绘所、澄海航标与测绘所4个具有法人地位的直属单位。2010年，粤东航道局各级班子突出抓好省航道局新修订的航道维护管理4个办法的贯彻执行，各项维护指标均超额完成，航道水深保证率100%，航标维护正常率100%，船舶完好率100%。同时，完成道、标、闸、船和安全等专项工程777万元，完成航道疏浚工程量63300立方米，沿海航道常规测量72.5公里，进一步改善辖区航道通航环境。

【航道维护管理】2010年，重点是加强辖区榕江、韩江二条主要航道和沿海航道正常维护管理，确保辖区航道安全畅通，避免海损事故和塞船现象发生。韩江航道突出抓好春运期和枯、洪水期重点河段的巡查和探测，落实专人跟踪掌握韩江水情，并每天上网公布。根据实际情况及时启动战枯水保通航和防洪抢险工作预案，保障航道正常通航，避免塞船现象发生。榕江航道是辖区实现江海直达航道，通航船舶吨位和密度都较大，对航道维护要求较高。汕头分局、揭阳分局坚持缩短巡航周期，由10日一巡改为5日一巡，加大巡查密度，发现问题及时处理，消除管理盲区，确保航道安全畅通。积极配合地方政府部门打击违章采砂和捕捞等破坏水上运输安全的行为，及时清理碍航渔网渔桩和乱闪灯光，共同维护良好的水上运输秩序。对业主及地方政府反映强烈的重点浅段，如榕江涂溪嘴口和棉城河口河段的浅段进行疏浚，为附近的港口企业排忧解难。2010年8月29日，一艘满载9500吨钢材的万吨级海轮“海皇轮”顺利驶入榕江成功靠泊揭阳津榕货运码头。做好辖区航道的规划发展工作，包括榕江航道升级整治、韩江中下游整治、韩江流域及潮汕平原航道发展等规划。完成惠城运河、黄冈河等内河及大金门航道、莱长航道等沿海航道共72.5公里的航道测量任务，充实和完善航道基础资料。加强航道基础管理，抓好航道维护管理4个办法的学习和贯彻落实，继续完善各单位基础记录工作，按时上报水情及航道统计报表。

【航标维护管理】根据省航道局新修订的《航标维护管理办法》及《航标质量标准》继续加强航标的维护管

理，加大对外设标的检查督促力度，及时跟踪恢复受损坏的航标，保证每座标志标位准确、颜色鲜明、助航功能正常发挥，逐步提高我局所管理航标的整体质量。对榕江南河及濠江54座航标灯器进行改造，共投资15万元淘汰能耗高、易烧泡的旧灯器，全面更换成节能高效、可靠性好的一体化航标灯，提高航标灯光的亮度和射程，为船舶航行安全提供更好的保障；在榕江南河榕华大桥上游投资45万元增设6座航标，使榕江南河的设标里程延伸19公里，以适应当地经济发展对水运交通条件的要求；在惠来神泉港投资33万元设置航标2座，改善赤洲船闸下游的通航环境。5月底顺利完成南澳大桥建设施工临时标志设置任务，安全抛设10座¢2400海标和4座警示标志，为大桥顺利施工发挥积极的作用。同时，在南澳后江和诏汕航道增设沿海航标10座，拓展沿海航道管理里程15公里。

【航道行政执法】依法保护航道资源。加强跨、拦、临河建筑物通航标准和技术要求审批，全年共受理跨、临河建筑物审批16宗，水上水下施工作业许可审批6宗；加强航道巡查监管。在航道行政执法职能尚未移交之前，继续充实航道巡查监管力量，加大巡查监管力度。认真落实上级规定要求，坚持每月4次以上集中巡查。2010年局共开展航道巡查50天、参加人员101人次、巡查航道里程902公里，实施现场监管工程项目13宗，79人次，已完工7宗，纠正违规项目1宗。各分局累计开展航道巡查276天，参加人员2140人次，巡查航道里程12940公里。有效防止违章现象发生，保护好航道资源。

【船舶维护管理】2010年，进一步完善《船舶机务管理办法》，继续实施《船舶联合检查细则（试行）》，加强船舶动态管理和量化管理，提高船机的管理水平。期末船舶完好率100%，优秀率90.9%。积极配合做好韩江、榕江航道整治配套维护管理船舶的初步选型工作；8月31日，投资500万元，由汕头船厂承建的30米沿海航标巡检船（粤道政502）顺利完工并投入使用，大大促进粤东沿海航道航标的维护管理。

【航道建设项目】韩江中下游航道整治工程，已完成项目初步设计及评审，并进入施工设计，计划2011年动工；配套的业务站房建设项目也完成招投标，近期可望开工建设；榕江航道升级整治工程（包括濠江航道），完成工可报告，并已通过省交通厅组织评审；韩江广济桥下游锚地工程，完成广济桥桥区航标应急设置及下游锚地工程建设，顺利移交当地交通主管部门使用管理。

（林少雄）

海事管理

【简况】2010年，汕头海事局围绕水上交通安全管理和海事口岸管理中心工作，按照争创一流港口局、一流分支局、争当海事科学发展排头兵的目标要求，努力做好“三个服务”，积极为地方经济社会发展提供海事支持和保障。针对年初辖区事故多发势头，加大安全形势分析和水上安全专项检查力度，突出抓好避碰、实操、雾航、配员、系固配载等重点环节，把好船员素质关、船舶安检关、检验准入关和隐患整改关，南澳大桥旧桥墩碍航、福美渡、大衙渡安全管理隐患得到解决和落实，防范商船渔船碰撞事故的发生得到加强，船舶载运海运精矿粉和含水矿产品的监管工作得到强化，对滞留的船舶艘次和违法处罚宗数均为历年之最，扭转安全态势被动局面，辖区安全形势继续保持稳定。全年辖区监管船舶进出港55720艘次（外国籍船舶1296艘次）。发生运输船舶一般等级以上水上交通事故4宗，无沉船，无人员死亡或失踪，直接经济损失估算1250万元，无发生重特大安全事故和有海事监管责任的事件。开展外轮安检56艘次，海船安检388艘次，河船安检140艘次，滞留各类船舶34艘次。审批各类船员证书935本，组织各类考试17期396人次。检验船舶293艘次22万总吨。查处违法行为为123宗，罚款55.73万元。

【服务地方发展】认真履行海事管理职责，圆满完成世博会、亚运会的船舶安保和管控工作。积极主动为南澳大桥、厦深铁路榕江大桥、东部经济带、“南澳1号”古沉船打捞等重大项目建设提供海事专业技术配套支持和现场交通组织服务。大力支持广澳港、海门港分别通过国家和省政府组织的口岸验收，支持开通新的国际班轮航线。切实履行社会责任，加强水上安全教育和安全信息提醒工作，广泛开展送安全上船、送法规上门、送知识进乡村活动，开展好政府“窗口”工作，加快推进“网上许可”步伐，为行政相对人提供更加全面、高效、满意的海事公共服务。

【应急救助工作】认真履行“两防一救”职责，进一步健全水上应急反应机制，完善水上应急管理各类预案和工作指南，建立辖区应急专家库，组织开展与厦门海事局、东海飞行大队的水上应急演练。全年搜救责任区内共组织海上搜救73次，协调出动各类救助船舶398艘次，飞机16架次，救起796人，获救船舶58艘次，搜救成功率96.1%，救助次数和救起人数再创新高，取得良好的救助效果和社会效应。

【海事保障建设】投资4700万元的“汕头海事监管基地”建设加紧推进，全年完成投资2881万元，2011年将完成主体工程建设。投资2300万元的“汕头船舶交通管理系统工程”完成雷达站的规划报建、招投标以及设备选型等工作，完成投资470万元，2011年底前全面建成试运行。投资3500万元的汕头溢油应急设备库工程已上报工可报告。潮阳海事处业务用房项目、海岸电台发信台搬迁工程项目通过竣工审计和验收。“海巡156”列编后运行良好，在巡航、救助、安全值守、交通组织、安全提醒等方面发挥重要作用。同时，海事执法装备和监管手段进一步提升和完善，海事信息化建设获得新进展。

（黄常泰）

水上运输

【简况】2010年，汕头市有水运企业21家，个体经营户5家，拥有营运船舶147艘，运力31.79万吨位（其中万吨级以上船舶8艘），比上年净增7.1万吨位；其中，沿海及内河客运企业船舶8艘，运力4058客位。全市国内水运服务企业35家，国内船舶管理业5家，国际船舶代理企业29家，无船承运企业15家，全球20强航商有11家在我市设立业务机构，其中境外航商常设机构9家。全年水运货运量674.3万吨，货运周转量761550万吨公里，分别增长12.76%和32.08%，货运周转量占全市综合运输周转量的75%。

【水路运输业】2010年，水路运输业加速向现代化、大型化、专业化、标准化方向发展。汕头市抓住国家扩大内需的机遇，大力发展大型沿海货轮，投资近5亿元，购置船舶21艘约11.5万吨，形成以国内沿海运输、近洋航线有新发展的格局。水运行业实现水运生产量创新高、船舶运力创新高、船舶平均吨位创新高、对台海运直航创新高。沿海船舶平均吨位从2009年的4371吨/艘提升至6015吨/艘。全年对台海上货运直航共完成91航次，运输集装箱23231标箱，比上年增长32.1%，其中：汕头往台湾10973标箱，比增6.6%，重箱10485标箱，增长24.6%；台湾往汕头12588标箱，比增72.5%，重箱2818标箱，比增68.6%。

（陈永斌）

公路建设

【简况】至2010年底，全市公路总里程为3805.2公里，高速公路67.4公里，一级公路233公里，二级公路439.3公里，三级公路1014公里，四级公路2035.8公里，等外路15.6公里。公路密度达到184.3公里/百平方公里。全年公路建设完成投资14.58亿元。南澳大桥建设顺利推进，全年完成投资4.98亿元。省道237线和惠公路大修工程以及国道324线澄海路段改造工程开工建设。汕头至揭阳高速公路汕头段加快推进，月浦互通立交路段建设进展顺利，已累计完成投资3.09亿元，占计划总投资的15%。全年共完成农村公路建设里程245公里，完成投资26450万元。全市实施危桥改造，第一轮列入改造的桥梁53座，已完成危桥改造50座，3座正在抓紧施工中。新一轮的危桥改造29座，部分已经开工改造。

【地方公路建设】全年省、县道公路改造工程共完成投资12250万元，完成水泥路面铺设26公里。县道澄江线、两铜线均完成工程量过半。陈沙公路两端延长线开始征地拆迁。完成120公里新增中央投资项目建设。2009年中央车购税103个项目180公里项目的建设任务已完成57个项目93公里，在建9个项目26公里，完成和在建项目里程占计划66%。

【农村公路建设】启动新农村公路建设（村通村，通500人以上的自然村，延长至学校、养老院、产业园区、经济作物区），2010年省下达新农村公路154个135公里建设任务，已经完成87个61公里，在建10个10公里；完成和在建项目里程占计划53%。2010年中央车购税补助项目50个60公里建设，已经完成30个33公里，在建1个1公里，完成和在建项目里程占计划57%。

（陈永斌）

【干线公路建设】2010年，全市干线公路建设在建项目进展顺利。9月，国道324线澄海莲阳桥至迎宾路口路面改造工程动工建设，项目全长6.59公里，路幅宽度41米-65米，起于澄海区莲阳大桥，终于龙湖区外砂迎宾路口。其中，澄海区路段长4.62公里，双向10车道；龙湖区路段长1.97公里，双向6车道，估算投资20830万元，已累计完成工程量3750万元。上半年，省道237线和惠公路一期路面大修工程动工，项目全长12.65公里，估算投资14823万元，其中Ⅰ标段即深汕高速公路田心立交至陈沙公路路段长6.35公里，已累计完成工程量2500万元。上半年，省道336线南澳环岛公路安保工程动工，已累计完成工程量650万元。国道324线磊口大桥拓建工程加紧推进。至年底，已累计完成工程量1400万元，占合同价的53%。该项目桥长417米，在现有桥梁右侧（汕头往广州方向）新建一座桥梁，形成上下行车道，加宽后大桥全宽38.6米，双向6车道，配有非机动车道和人行道。

【高速公路建设】汕揭高速公路汕头段建设加快推进。金平路段征地工作全面完成，拆迁工作完成90.8%，龙湖路段完成11个村居中的9个村居征地协议的签订，项目加快推进。

【桥梁工程建设】2010年12月31日，国道324线和平大桥改建工程完工并开放交通，工程造价2100多万元。该项目桥长320.5米，大桥全宽25.3米，双向四车道，配有非机动车道及中间绿化带。

【公路养护】认真贯彻落实《公路小修保养工作制度》，按照《公路养护技术规范》的要求，积极开展预防性、周期性养护，加强上路巡查，落实“四勤”养护，及时修复缺损设施，把各种隐患消灭于萌芽状态。加强养护工程管理，节约工程投资，减少灾害重复发生，路况水平和各项技术质量指标稳定提高。加强对近年水毁易发路段的重点检查，采取得力措施，及时有效修复水毁设施，保障畅通，省道235线司神公路3处重点水毁工程项目全面完成，恢复通车。进一步完善养护大道班软硬件建设，配套应用养护大道班信息管理系统，完成公路电子地图系统维护和公路基础数据库升级，积极推进公路数据信息化建设。在全面普查的基础上，突出重点，合理安排资金，对路面破损严重的备检线路实施中修，开展路容路貌专项整治，完善内业整理，积极做好迎接全国干线公路大检查各项准备工作，努力营造“畅、洁、绿、美”的公路交通环境。

【危桥整治】认真落实《危桥整治工作方案》，积极筹措资金，采取得力措施加快推进公路危桥整治。2007—2009年共排查出危桥17座，完成改建13座，2007年排查出来的12座危桥改建工程按计划全面完成，上报省公路管理局审核施工图设计和预算4座。认真落实《公路桥梁养护管理工作制度》，明确职责，落实责任，切实抓好桥梁预防性养护，加强巡查监测，及时掌握桥梁动态信息，确保桥梁安全畅通。

【路政管理】充分运用公路法律法规和省公路管理局制定实施的规范性文件，加大路政上路巡查力度，及时发现及时制止损坏公路设施、伐剪路树、侵占公路用地及污染公路环境的行为，积极维护路产路权。高度重视，加大投入，加强督查，认真落实市创建“文明城市”、“宜居城市”和“山治会”、“国际潮青会”等重大会议活动以及城市长效管理工作部署，狠抓道路环境专项整治，营造整洁绿美的公路交通环境。加强工作协调，积极抓好重点项目改建工程管线、路灯和广告标牌拆迁，配合交警部门做好交通指挥，保障施工路段安全畅通，确保重点项目建设顺利推进。对管养路段的交通标志标线进行全面调查摸底，登记造册，逐步更新完善。加强路政许可审批大厅和基层路政站房建设，配套完善软硬件设施，加强路政档案管理，推进规范化建设。积极推广应用“广东省路政管理信息系统”，提高办事效率，改善服务质量，路政许可审批及时办结率100%。加强公路绿化管养，强化日常养护，及时补植残缺的路树花木，营造四季有花、常青常绿的公路绿化景观。加强治理公路“三乱”工作，组织执法人员岗位培训，加强路政队伍建设，提高执法服务水平。加强年票通行费征收工作，征收年票通行费21532万元，增长15%。

【安全生产】突出隐患排查，深化以危桥为重点的专项整治。突出渡运、施工现场、沥青库等重点部位、重点环节的安全监管，强化渡运船舶日常维修保养，确保处于良好的适航状态，要求船员持证上岗，遵守港航规章和渡运安全守则，严禁违章装载、违章航行；施工路段按规设置安全标志和安全防护设施，施工队伍严格按规程作业，施工现场落实专职安全员巡查，及时纠正违章现象，及时发现和完善缺损的安全设施安全标志。签约汕头造船厂建造一艘客滚船，配备和提高莱长渡口运力。莱长渡口所安全航行8504航次，渡运各类机动车辆17.93万台次、乘客94万人次，与去年同比分别增长20.9%、16%、8.5%。突出抓好春运、节日和亚运等重大活动安全生产，制订和完善安全应急预案，组织交通行业突发公共事件应急管理培训，加强现场应急演练，全面推进安全责任、安全文化、安全科技建设，保持平稳的安全生产态势。

（陈远文）

公路运输

【简况】至2010年底，全市拥有营业性客货汽车29675辆，其中客汽车1411辆、总客位4.95万客位，分别比上年增长14.4%和10%；客运线路合计243条（高速公路客运线路95条），其中：跨省线路101条，跨市线路85条，跨县区线路57条）。旅游包车63辆，2661客座。全市公路营运货车达到28264辆、总吨位17.26万吨，分别比上年增长12.2%和27.2%，其中集装箱车增加171辆，达到1211辆。全年完成公路客运量2539万人次，旅客周转量516705万人公里，分别比上年增长10.3%和13.77%；公路货运量2413万吨，货物周转量256363万吨公里，分别比上年增长10.49%和16.51%。2010年底，全市客运站27个，其中一级站3个，二级站2个，三级站8个；建成农村候车亭220个。有一定规模的货运站5个，其中西交货运站年货运吞吐量已达到150万吨，澄海粤海货运站年货运吞吐量达到120万吨。

【运输结构调整】2010年，运力结构进一步优化。客运汽车继续向高速化、专业化、高级化迈进，营业性客车1411辆49504客位，高级客车比重达到56%。全市上规模的专业货运企业共103家，2159辆货车，其中注册为物流运输企业共7家，共218辆货车。货运车辆逐步向重型化、专业化和厢式化发展，全市营运货车28264辆172670吨位。货运企业逐渐向物流企业转变。集装箱运输加快发展。农村客运通达率进一步提高。2010年新增农村客运线路8条，使农村客运线路总数达到66条、营运车辆300辆，全市40个镇（乡）已全部通客车，全市（潮阳区、潮南区、澄海区和南澳县）724个行政村已开通客运班车的行政村685个，各区（县）的农村客运通达率96%。全市现有驾培业户23家，其中一类2家，二类6家。

（陈永斌）

城市公共交通

【简况】至2010年底，全市有公交企业14家，职工1512人；核准线路共有91条，实际营运线路87条,营运里程1947公里；公共汽车1057辆，折合1112标台，城市（包括中心城区，澄海、潮阳和潮南的县城）每万人拥有公交车4.87标台；年客运量10244.7万人次。

【公交事业战略合作】2010年，市各有关部门在市政府的领导下，努力推进我市公共交通事业引进战略合作伙伴工作。市委市政府经过慎重考虑、多方考察洽谈，拟与广聚能源公司作为市优先发展公共交通战略合作伙伴。经多次与广聚能源公司多次沟通、协商，在“山治会”上，市政府与广聚能源股份有限公司签订《合作发展汕头市公共交通事业框架协议书》。

【公交工作】年内，市交通运输局在认真做好行业管理工作的同时，动员各公交企业克服困难，想方设法挖掘潜力，加大公交运力投放。至12月中旬，中心城区的民营公交企业已经投入近2000万元购置48辆公交车投入营运，潮阳、潮南、澄海购置35辆公交车投入运营。同时，在市政府合作发展公交领导小组的直接领导下，市交通运输局加强部门之间的协调，经政府采购先行投入200部公交车。2010年全市新增投放公共汽车283辆。市交通运输局还开展以提高公交服务质量为主要内容的公交专项整治活动，开展公交车司机“文明驾驶员”创建活动。

【出租车行业】2010年底，全市出租车企业有23家，车辆为1357辆，营运司机2256人。其中：中心城区18家，1004辆，司机1581人；潮阳区2家，128辆，司机266人；潮南区1家，100辆，司机200人；澄海区2家，75辆，司机109人；南澳县2家，50辆，司机100人。

【交通综合执法】2010年2月，汕头市开始组建交通局综合行政执法局，开展交通运输综合执法。汕头市交通运输局综合行政执法局副处级，为市交通运输局内设行政执法机构。至年底，交通综合行政执法局共出勤5080场次22577人次，查处各类违法违章行为5101宗，其中：非法营运车辆2481辆（非法营运汽车371辆、二轮摩托车2110辆），违章出租车161辆，违规客车995辆，违规经营货车839辆，超限运输货运车辆487辆，查处私设站点128家次，查处无证维修业户10家。

（陈永斌）

铁路运输

【简况】2010年，广梅汕铁路汕头站完成旅客吞吐量110万人次，比上年减少4.3%；汕头北站完成货物吞吐量69.4万吨，比上年减少14.0%。

【火车票实名制试点】2010年节前春运（1月30日至2月13日），汕头站实行车票实名制试点工作，这是铁路历史上的第一次，共发送旅客8.7万人，试点效果良好，体现了“和谐铁路、平安春运”主题。

【铁路建设】2010年铁路建设全力推进。厦深铁路汕头段累计完成投资14.55亿，完成总计划的72.7%，计划2012年6月全线开通运营。

【铁路规划】厦深铁路进汕头站联络线及广梅汕铁路增建二线工程已作为省政府和铁道部合作建设的重点项目；汕头港疏港铁路和阜鹰汕铁路梅州至汕头段已列入部省合作项目，由铁道部和省政府投资建设，继续争取尽快开展项目前期工作。

（郑伟丹）

民用航空

【简况】2010年，汕头机场通航城市28个，航空公司9家，每周航班数量364班，全年起降航班16761架次（增长24%）、接送旅客172.8万人次（增长36%）、货邮行吞吐量22865.2吨。旅客量创1997年以来新高，为汕头机场历史上第三高峰。

【安全生产】年内，汕头机场公司完成《机场使用手册》（SMS版）改版修订，按照SMS管理要求，建立风险评估、安全预警、隐患监控等制度，安全管理更加标准化。顺利完成上海世博会、广州亚运安保等重大保障任务，实现1974年开航以来的第37个安全年。针对“孔明灯”对民航飞行安全影响不断加剧的情况，汕头市人民政府颁布了《汕头机场净空保护公告》，把防控“孔明灯”干扰飞行纳入法制轨道，通过电视、网络、报纸、广播等媒体，宣传“孔明灯”的危害性，印发12万份《致全市中小学生的公开信》和宣传图画，机场公司联合市教育局开展中小学生净空安全宣传教育。通过综合治理，有效地防止“孔明灯”等升空物体对航空安全的威胁。本年度汕头机场先后组织22项应急处置桌面演练，7项实战演练，提高了机场应对重大突发事件的综合处理和协调能力。

【航线开拓】2010年，汕头机场国际航线有重大突破。2009年国家口岸管理办公室批准汕头机场自2009年10月22日起对外籍飞机开放。2月2日，新加坡捷星航空公司率先进入汕头机场，正式开通新加坡至汕头直达航线，这是第一家进入汕头机场的外籍航空公司。4月30日，香港航空公司开通香港/汕头航班。2010年汕头通航的境外城市增至5个：曼谷、新加坡、仰光、仁川和香港，汕头机场国际和地区旅客比上年增长94%。2010年，进入汕头机场运营的航空公司数量有重大突破，比上年增长80%，汕头机场相继引入新加坡捷星航空、春秋航空、香港航空、河南航空等4家公司，新增航线5条。1月29日国航新增CA4283/4成都-汕头-成都航线；2月1日，春秋航空公司开通9C8957/8上海-汕头-上海航线；2月2日，新加坡捷星航空公司开通3K823/4新加坡-汕头-新加坡航线；4月2日，河南航空公司开通VD8377/8郑州-南昌-汕头航线；4月30日，香港航空公司开通HX261/2香港-汕头航线。汕头航空市场竞争格局得到改善，基地航空公司起降架次、旅客吞吐量占汕头机场比例分别下降9%和10.3%，非基地航空公司所占市场份额相应上升。机场全年运输起降16615架次，其中南航11381架次，占68.5%；东航1658架次，占10%；国航950架次，占5.7%；天津航空660架次，占4%；新加坡捷星航空610架次，占3.7%；上海航空522架次，占3.1%。机场全年旅客吞吐量172.8万人次，其中南航完成122.62万人次，占71%；东航14.08万人次，占8.1%；国航11.75万人次，占6.8%；新加坡捷星航空10.3万人次，占6%；天津航空5.09万人次，占2.9%。

【服务管理】年内，委托中国民航管理干部学院对汕头机场及未来潮汕机场的服务质量体系进行专项规划。规划着眼于新机场运营，着手构建具有潮汕特色的机场服务质量管理体系，体系建设将于2011年完成试运行。根据低成本航空公司过站时间短、要求高的特点，机场公司着力对保障流程进行柔性改造，精简服务链，量身定制过站保障工作进程表，加强岗位联动，掐秒计算过站时间，高质量地满足客户保障要求，得到相关航空公司的赞许。在外籍航空公司进入汕头航空口岸运营前后，机场公司全力做好与空管、海关、边检等驻场单位的沟通与协调，确保国际航班服务流程顺畅，运作效率不断提高。积极推动机场从直接经营型向管理服务型转变。机场公司先后实现了卫生保洁、绿化管养、航空货物搬运、弱电系统维修维护、汽车修理等业务市场化、社会化，并初步搭建管理服务型的管理构架、管理约束体系，包括：建立外包单位准入制度，对外包单位从业人员进行考核和培训；修订完善《外包业务工作质量监督管理规定》，加强质量考核和责任追究。

【潮汕机场建设】潮汕机场的建设目标是：2011年6月底基本建成、8月31日具备校飞条件、年底投入运营。届时外砂机场民航将全部搬迁到潮汕机场，外砂机场停止民航运营。

潮汕机场航站楼工程2009年9月29日开建，2010年5月底完成航站楼内土建工程，9月8日完成航站楼钢结构的吊装，8月18日开始幕墙和金属屋面工程安装，年底完成航站楼屋面围蔽，计划2011年2月底前完成主楼幕墙围蔽。航站楼精装修工程也于12月开始进行。飞行区于2009年8月份完成地基处理和土石方填筑、加载工作。飞行区道面工程招投标工作已完成，已完成大部分土方卸载，飞行区外净空处理已基本完工、围界工程已开工。工作区地勤用房、生活服务中心、现场指挥中心、场务用房、单身宿舍等各类单体工程已实现封顶，有的已进入装修阶段。机场当局办公楼以及污水处理站、垃圾转运站等工程均已开工。

潮汕机场汕头城市候机楼是潮汕机场配套建设项目，位于汕头火车站站前广场，占地25.4亩，计划投资1亿元。2010年8月9日获广东省发改委核准立项。已取得《建设用地规划许可证》，完成架空高压线拆迁，完成工程勘察设计招标工作，预计2011年3月份完成工程勘察，争取第三季度初正式开工建设，2012年7月投入使用。

（卢建庭）

邮　政

【简况】2010年，汕头邮政实现业务总收入2.91亿元，同比增长20.1%，圆满完成年初的预期发展目标。邮务类业务实现收入4630万元，比增8.7%，其中邮政函件、报刊发行、集邮、电子邮政等专业均实现了8%以上的增长。全市邮政金融类业务共实现收入1.89亿元，比增24.62%，邮政储蓄余额累计达72.6亿元，邮政储蓄银行的对公业务得到进一步的发展。邮政速递物流类业务实现业务收入4904.88万元，比增1.44%。邮政业务增长方式更加健康，区域发展更加协调，经营结构进一步优化。邮储、速递、函件三大核心业务收入比重进一步提高；战略业务得到进一步的培育，“自邮一族”、电子商务速递等新兴电子邮政业务得到更进一步发展，经营创新步伐明显加快；潮阳、潮南、澄海及南澳等县域邮政业务发展迅猛，增速均在两位数以上。

【通信网络建设】继续实施《汕头邮政三年（2009-2011）发展建设规划》，初步建成了“一个中心（即粤东邮政邮件及信息处理中心）、三大基地（即邮务类发展基地、速递物流发展基地、邮政金融发展基地）、服务网点遍布城乡”的发展格局，全市邮政服务网点的布局得到了进一步的优化。立足“支撑粤东、融入海西、承接珠三角、面向台湾”的区域性中心布局定位，在成功组建粤东大同城邮政快速通信网和开通了“汕头－厦门－泉州”国家一级干线汽车邮路的基础上，积极推进“汕头邮政速递物流邮件处理中心”项目的立项建设，该项目被列入中国邮政速递物流公司的重点建设项目，已进入地方建设的立项程序中。在网络内部组织方面，全面深入推进“流程优化工程”，区内邮路布局、作业流程等网络组织流程进一步优化，网络效能明显提升。

【邮政市场拓展】2010年，在网点服务方面共投入超过1500万元对全市部分邮政营业网点和投递服务站点进行整治建设，配套实施“用户满意在邮政”专题系列活动。在服务全市经济社会发展方面，汕头邮政全力打造面向广大中小企业的物品配送寄递、产品宣传推广、品牌形象传播、资金金融服务四大“绿色通道”，并主动切入文化产业发展，推进邮政贺卡文化、书信文化、旅游文化、集邮文化以及礼仪文化等进社区、进企业、进校园。加快邮政代收代付平台建设，使服务渠道不断向社会保障、医疗卫生、文化服务、社会管理等新民生领域延伸。在科技兴邮方面，依托先进的信息化技术，进一步完善了“四网合一”（金融网、综合网、办公网、视频监控网）的信息网络，顺利完成各大专业信息化处理系统的全国、全省“统一版本”工作，邮政生产信息化效能得到明显提升；通过对邮运网、信息网、金融网的优化和完善，形成技术含量较高、覆盖面较广、服务高效的邮政通信网，邮政“三流合一”（资金流、信息流、实物流）的优势明显增强。

（谢名亮）

信息服务业

综　述

【简况】2010年，全市信息化工作在汕头市委、市政府的领导下，紧密围绕市委、市政府的中心工作，进一步解放思想、开拓创新、完善思路，积极推进汕头市行政审批和公共服务综合信息系统建设，开展电子政务管理、现代信息服务业、农村信息化相关工作，全力推进我市信息化工作，全市国民经济和社会信息化进程取得新进展，入选“第二届中国城市信息化50强”。

（蔡敏 郭鹏程 李佳峰 王策略 余馥娜）

信息化建设

【全市经济和信息化工作会议】2010年2月10日召开全市经济和信息化工作会议，这是2001年以来汕头市举行的第二次全市性信息化工作会议。会议对过去五年市国民经济和信息化工作进行全面总结和系统分析，对下一阶段信息化工作做重要部署。此次会议明确下一阶段市信息化建设的总体思路和工作要求，对全市信息化工作迈上新台阶将发挥积极的指导作用。

【城市信息化50强】年内，汕头市参与中国计算机用户协会联合亚太地区城市信息化合作办公室面向全国开展的“第二届中国城市信息化50强评选活动”，经过为期四个多月的组织申报、调查、评审，汕头市入选“第二届中国城市信息化50强”，并参加“2010中国（沈阳）城市信息化峰会暨第二届AMD杯中国城市信息化50强发布会”，充分展示城市信息化建设的成就和城市信息化的风采。

【电子政务项目建设管理】2010年，市信息产业局在总结前几年管理工作经验的基础上，继续以转变政府职能、提高办事效率、增强监管服务能力为出发点，进一步加大对全市各部门电子政务项目建设的统筹管理力度，完善专家评审机制，增强全市电子政务项目建设的计划性，全年共审核信息化建设项目32个。

【行政审批和公共服务综合信息系统】年内，在市委市政府的高度重视下，市政府常务会议研究通过由市信息产业局提出的《汕头市行政审批和公共服务综合信息系统建设工作方案（送审稿）》，同意建设汕头市行政审批和公共服务综合信息系统，把全市“网上办公、并联审批、电子监察、公共服务”汇集于全市统一的电子政务网络平台，实现移动远程办公，为我市建设阳光政府、效率政府、服务政府提供有效的技术支撑与保障。10月23日，市政府印发《关于加快我市行政审批和公共服务综合信息系统建设的意见》，进一步明确系统建设的重要性和紧迫性，并对推进系统的建设工作进行全面的部署，同时根据市领导的分工调整，调整充实汕头市行政审批和公共服务综合信息系统建设工作领导小组成员，统筹指导和协调全市行政审批和公共服务综合信息系统建设过程中重大问题。市政府办公室、市科技局（信息产业局）、市发改局、市监察局、市行政服务中心、市信息中心等单位抽调人员组建项目建设领导小组办公室工作团队，负责综合信息系统建设领导小组的日常工作。为进一步提高各部门的思想认识和责任感，由市政府转发市信息产业局《关于加快我市行政审批和公共服务综合信息系统建设的意见》，向各部门提出工作要求，有效推进系统的各项建设进程。市信息产业局还与市经信局一起组织设计单位制作“山洽会”展览精品区系统演示片，向省市领导汇报系统总体设计情况。定期组织编印《工作简报》。

【信息安全检查】根据省、市有关工作部署，2010年3月25日—4月30日，由市信息产业局、市政府办公室、市公安局、市保密局、市信息中心等单位组成联合检查组，开展市政府部门网站安全保障检查工作，重点检查各部门网站制度建设、网站信息保密性审查、网站防篡改等技术措施落实情况等。从检查情况来看，市各部门各地区重视政府网站建设工作，从组织领导、制度建设、人员落实、安全措施等方面加强建设，但由于投入资金、技术力量有限，技术层面的安全防范措施还有待进一步加强。

【干部信息能力提升工程】为贯彻落实省委关于干部培训工作的工作部署，根据省委组织部的工作要求，市信息产业局积极协助市委组织部开展干部信息能力提升工程相关工作，对全市党政机关（含参照公务员管理单位）干部进行信息能力培训，使广大干部了解信息化基础知识和信息化发展动向，掌握现代信息技术基本技能，利用现代信息技术手段发现问题、分析问题和解决问题，增强在国际化、信息化环境下的社会管理和公共服务能力，提高信息科学素养，开展科学决策。

【企业信息化】2010年，积极开展中小企业信息化推进工作，把推进企业信息化工作与项目申报工作相结合积极组织企业申报国家电子信息发展基金、国家电子信息百强企业、省现代信息服务业扶持项目和省中小企业信息化服务示范等项目。2010年8月11日“广东省信息化与工业化融合巡回培训汕头站活动”在市召开。活动邀请省制造业信息化专家就信息化与工业化融合的国际发展趋势和实际应用案例等内容，为我市150多家企业做专题讲解。年内，挖掘和推荐企业走信息化发展之路，推荐广东南洋电缆集团股份有限公司、广东潮宏基实业股份有限公司、凯撒（中国）股份有限公司、广东金刚玻璃科技股份有限公司等四家企业申报省信息化与工业化融合“4个100”示范工程，发挥这四家企业在各自行业内的影响力，发挥其在“两化融合”方面的示范带动作用。

【农村信息化】2010年，市信息产业局继续紧紧抓住省大力扶持农村信息化建设的机遇，着力推进全市农村信息化建设。筹备开展广东省信息兴农工程（二期）2009年度项目相关内容建设，在全市农村广泛开展形式多样的信息化培训和服务活动，同时开展一批农村信息化服务平台特色应用和建设一批农村信息化体验示范站点。紧密跟踪2008年扶持项目建设进展，完成汕头市信息兴农工程（二期）项目月报并按时报送。各项协议指标均已按照要求完成或者超额完成。召开汕头市农村（社区）党风廉政信息公开平台建设方案评审会，协助市纪委建设汕头市农村（社区）党风廉政信息公开平台，逐步实现全市农村（社区）基层多种形式的党务公开、村务公开、财务公开和电子监督。推荐国家级先进农村综合信息服务站，潮南区陇田镇东华村被评为全国先进农村综合信息服务站。广东天盈信息技术有限公司的农村儿童免疫接种通知管理系统及汕头市正全网络技术有限公司的汕头兰花网两个项目得到全省农村信息化应用优秀成果奖励。

（蔡敏 郭鹏程 李佳峰 王策略 余馥娜）

信息产业

【项目管理】2010年，市信息产业局抓住机遇，加强协调，突出重点和特色，强调与珠三角地区的差异化，重点突破，加强各类项目的规划引导、组织实施，突出项目跟踪、监督管理，促进全市现代信息服务体系发展。根据省经信委的工作安排和鼓励投资指导目录，按照建设一批、上报一批、储备一批的工作思路，在全市范围内组织一批现代信息服务业重点项目，加强规划引导，鼓励企业积极参与省现代信息服务业重大项目招投标竞争。加强对2008、2009年已中标项目跟踪检查，总结项目建设经验，推广项目成果。一年来各项目承担单位按计划正常开展工作，有些项目已取得阶段性的进展。其中2008年的五个项目已顺利通过省经信委组织的中期检查，“血液安全管理服务项目”等四个项目已提前完成，进入验收准备阶段。

【项目招投标】在省经济和信息化委员会组织的2010年度全省现代信息服务业公开招标活动中，汕头市积极组织企业踊跃参与招投标，汕头市穿越计算机软件有限公司、汕头市海地信息系统科技有限公司联合申报的“PASS安全输血标准化系统研发及产业化应用”，广东利浩信息科技有限公司、中国电信股份有限公司汕头分公司、汕头市路桥收费管理处联合申报的“基于RFID技术和3G网络的机动车主综合服务平台”，广东宏景科技有限公司、汕头高新区航宇电子技术有限公司联合申报的“基于虚拟现实的台风灾难仿真与决策支持系统的开发和应用”等三个项目中标，共获得340万元的专项扶持资金。

【行业调研】年内，市信息产业局通过国产工业软件和行业应用解决方案问卷调查、电子商务发展情况调查、软件与信息服务外包产业调研、十二五期间拟建设的高端新型电子信息产业项目投资调查等调研工作，了解业内企业的发展状况，掌握行业的热点和需求，从而加大对企业的引导和扶持。

（蔡敏 郭鹏程 李佳峰 王策略 余馥娜）

【汕头软件园】2010年，广东正博公司从广州搬迁入驻汕头软件园，注册资本1000万元。汕头软件园新认定入园软件企业5家，共有入园企业75

家。入园企业注册资本达到3.5亿元左右，全年总产值达到7.53亿元，软件产品收入达到4.51亿元，从业人员近3000人，技术人员2000多人。共有省级软件企业20家；国家级高新技术企业6家；省级民营科技企业15家；经过ISO质量体系认证的企业14家；取得涉密信息系统集成企业资质认证2家；经过系统集成资质认证的企业7家，其中获得二级资质认证的企业2家，三级资质认证的企业5家，园区软件企业整体实力不断增强。全年共登记软件产品26项，取得著作权登记证42项。使经登记的软件产品总数达到151项；取得著作权登记证书总数达到230项。全年共承担各级各类科技计划项目20项，PASS安全输血标准化系统研发及产业化应用项目、基于RFID技术和3G网络的机动车主综合服务平台项目、基于虚拟现实的台风灾难仿真与决策支持系统的开发和应用项目等列入广东省现代信息服务业招标项目计划；公共安全应急集群同步启控系统项目列入广东省科技计划项目；基于安全标志的文档权限管理中间件的研究与平台应用推广项目列入广东省重点产学研合作计划项目；城市公共建筑智能管理应用技术、基于虚拟现实的汕头东部城市经济带发展规划与城区信息化管理仿真平台等项目列入汕头市科技计划项目。这些项目累计获得扶持资金544万元。汕头大学生软件创业中心进入正常运作，7月份，启动航宇一至诚软件创业实践计划，逐步建立并完善大学生创业教育和创业培训体系。全市省级软件企业有95%以上是软件园的入园企业；软件产品登记和版权登记也有96%以上集中在软件园；而承担国家、省和市级各类科技计划项目的软件企业几乎都是软件园的入园企业。

年内，汕头软件园帮助企业落实软件产业税收优惠政策，全年共落实税收优惠近100万元。积极协调企业与有关部门的关系，帮助入园企业做好工商登记、税务登记和产品出口等方面的工作。结合对《18号文执行十年情况评估报告和十年软件产业工作报告》（2000-2009）和广东省国产工业软件和行业应用解决方案摸底调查问卷汇总工作，认真做好省级软件企业的统计工作。组织企业参加工业和信息化部和省市等有关单位举办的"第七届中国国际军民结合技术产业博览会"、"第七届中国国际中小企业博览会暨中澳中小企业博览会"、"第十四届中国国际软件博览会"和 "广东第六届山洽会" 等活动。牵头市经信局、市知识产权局和市质量技术监督局制定《关于围绕构建现代产业体系，创新推进产业升级转型，打造多元化的产业发展基础和要素支撑的工作方案》，打造多元化的产业发展基础和要素支撑。11月会同市发改局、汕头高新区制定《关于推进汕头与中国卫星股份有限公司的战略合作的工作方案》，推进与中国卫星股份有限公司的战略合作。发挥广东省医疗信息化特色产业基地管理服务平台和园区管理服务平台管理服务作用。加快粤东软件技术共享服务平台、软件评测服务心和广东省建筑智能工程技术研究开发中心建设。

（曾继标 唐国成）

电信业

【简况】2010年汕头市邮电业务总收入超46亿元；宽带互联网用户数突破62万；全市固定电话用户超142万户，移动电话用户超506万户；电信网已联通全市所有20户以上的自然村。《汕头市TD-SCDMA无线网络建设专项规划（2010－2012年）》通过专家评审。年内，市信息产业局协调各基础电信运营企业加强通信保障工作，确保重大节假日期间我市的通信线路安全；根据《汕头市通信保障应急预案》，建立健全通信保障和通信恢复应急工作机制，组建通信保障与信息防护专业队伍，满足突发情况下通信保障和通信恢复工作的需要；开展打击盗窃破坏"三电"（电力电信广播电视）设施违法犯罪专项斗争工作，维护正常通信秩序；跟踪国家、省的最新工作动向，努力促进"三网融合"（通信网络、互联网和广播电视网络）工作的开展。

（蔡敏 郭鹏程 李佳峰 王策略 余馥娜）

【汕头电信】2010年中国电信汕头分公司全面贯彻落实集团公司和省公司战略部署，以科学发展观为指导，调结构，抓管理，坚定不移实施聚焦客户的信息化创新战略和差异化发展策略，以收入为核心，依托全业务经营，主推天翼融合套餐，实现移动与固网、无线与有线的有机融合，进一步形成有中国电信特色的业务品牌，从而推进全业务的科学、有效发展，实现全业务规模效益发展的新突破。2010年业务收入完成年预算100.09%，同比增长4.25%。分公司连续5年被评定为汕头市AAA级纳税大户，2010年缴交税额达1.05亿元。年内，成功推出工商e通、手机证券、环保监察无线VPDN以及政府信息化多项融合信息化行业应用项目，成功签约并完成市委值班室通信调度系统合作等项目的建设，充分发挥汕头电信在政府信息化建设进程中的主导作用，有力支撑地方信息化建设。全业务集约服务体系建设方面。出台《日常客户投诉应对指南》，推出"五个一"服务举措，全年共下发12个服务规范和服务流程。抓好越级投诉"百日整治"行动和MBOSS集中工程上线的服务保障工作。成立全业务服务推进、装维服务能力提升等多个领导小组和工作小组，全面推进中国电信全业务服务标准的落地。2010年分公司全业务服务标准全面达标，完成率98.9%；固网话务20秒接通率达87%；全业务投诉率为0.09%；客户关怀、产品套餐满意率全省排名第二；VIP服务经理满意率全省排名第四。

移动业务方面，通过加大存量用户的保存力度以及大力推进固话包月农村全家e套餐、校园套餐、乡情网等聚类客户专项行动，有效推进移动业务的规模化发展。随着下半年3G手机终端的不断丰富，大力推广适用性强的行业应用，突出无线网络优势，包括物流e通、无线全球眼等，加快移动业务的发展，2010年分公司移动收入增长125%，拉动总收入增长10.42%，同比提高3.46%。

网络建设方面，2010年分公司着力“低成本高效率”网络建设，投资结构向宽带、增值、移动领域倾斜，围绕客户品牌经营和重点转型业务发展，加强重点网络和业务平台能力建设，全力支撑全业务运营。2010年与宽带网络集约化相关的宽带接入、数据网、接入光缆投资占比达到51.4%；移动网络着眼深度覆盖和质量提升，投资比2009年有所下降，全年累计专业投资占比为9.7%；交换及窄带、局房投资得到有效控制。年内，围绕提升网络运行质量、网络安全和运营能力，强化基础网络整治，推进固话交换网络的不断优化，开展互联网、手机WAP专项整治工作，努力打造CDMA精品网络。通过建立日常网优和专项网优相结合的机制，不断优化网络结构，提升网络运行效率。2010年网络故障主动发现率为91.19%，比指标提高1.19个百分点；CDMA网络基站日断站率为0.20%，比指标减低0.4个百分点；政企客户故障修复及时率达到100%，比指标提高3个百分点；2010年移动网络城区覆盖率对比移动差距从2009年同期的1.32%下降到0.35%；移动网部分指标感知优于G网，在集团测试中取得满分。实现所有商业楼宇、行政村光缆100%通达，光纤到户（FTTH）业务10月份正式商用。2010年分公司《缩短宽带网络侧故障预处理时长》QC课题获“南粤之星优秀质量管理金奖”。

（陈旭英）

【汕头移动】2010年，中国移动汕头分公司着力推动企业价值创新运营，以“破难题，探新路，固优势，求突破，树正气，促和谐”为目标，努力实现在全业务新时期的稳健发展，总用户数达到387万，同比增长10.3%，为国家和地方创税分别超过3亿元和8200万元。

2010年，围绕着建设“幸福汕头”和“文化强市”的发展战略，汕头移动加大投资力度，加强共赢合作，以“三大建设举措”促进本地信息产业发展再上新台阶。第一，以“无线城市”规划服务“智慧汕头”建设，推动成立了汕头无线城市建设领导小组，在“5•17”电信日正式启动市无线城市建设；率先在全省搭建Web、WAP和手机客户端三大无线城市门户平台，融合数十项本地精品业务，其中预约挂号服务覆盖粤东三市，并在全省率先实现无线城市群应用；完成视频监控ADC平台、“鮀城通”公交及商家应用、汕头市农村党风廉政信息公开平台、汕头供电局低压集抄项目等四大项目建设，无线城市平台的信息化项目总数已超过50个。第二，以重点项目投资深化信息网络布局，推动“广东移动粤东区域生产中心”项目落户汕头，并在“山治会”期间完成奠基。作为汕头市重点建设项目之一，该项目主要为适应未来移动通信网络技术向“平台化、大容量”方向发展的趋势，通过建设区域网络平台，满足地方信息产业的高速发展。项目计划建设IDC信息产业示范园、粤东客服中心、业务研发中心三大功能实体，预计建筑面积超过20万平方米、总投资超过8亿元人民币，建成后将立足汕头、辐射粤东、服务全省。第三，以工程建设夯实公共通信硬件基础，全年投资3亿多元，GSM（第二代移动通信）、TD-SCDMA（我国拥有自主知识产权的第三代移动通信技术，简称TD）、WLAN（无线局域网）三网容量均取得双位数的增长，其中TD规划通过市政府组织的专项评审，成为全省首个将TD建设纳入城市统一规划的地市，并完成主要城区和镇区的TD覆盖。

作为现代信息服务行业的骨干力量，汕头移动致力于创新服务理念，通过“三大创新服务”，全力支持本地经济社会发展。第一，为客户服务创新增值体验，构建客户信用体系，全年为客户提供优惠总额超过7亿元，使市民的移动通信资费平均下降23%；推出智能网延迟停机服务，有效减少客户被动停机的损失；推行“预受理+简办理”服务模式，使业务办理时间缩短15到20分钟，让客户减少等待；实施“五项禁令”服务承诺、增值业务服务大会战、电子渠道服务透明查询等举措，有效提升客户满意度。第二，为社会大众创造贴心服务，为农村客户整合“田园网”和G3手机服务，为全市800多个行政村提供超过2300多场驻点服务；面向外来工客户开展数百场进车站、入厂区的主题服务活动，“两城一家”、“我爱我家”等优惠业务深受外来工喜爱；为学校和新生开展“温情营销”服务，设置党员服务专岗，深入校园提供现场服务。第三，为“文化强市”创建服务平台，推出“汕大学子世博游”、“两英商会”等一批热门“139说客”，通过移动互联平台有力宣传本地经济社会亮点；联合团市委、市教育局、劳保局等单位，在全省率先启动“Mobile Market（移动应用商城）百万青年创业计划”，吸引超过一万名青年学生参与网络创业；举办“魅力鮀城•幸福汕头”红段子系列活动，引导广大市民为“幸福汕头”建言献策；与《汕头日报》联合举办“我为幸福汕头献一策”红段子主题活动，与市文联联合举办“共建文化鮀城”红段子文学创作大赛，进一步发挥红段子在建设“文化强市”行动中的积极作用。

2010年，汕头移动围绕建设“幸福汕头”的总纲，以“三大责任行动”积极履行企业社会责任。第一，开展幸福民生行动，出资协办一批大型活动和项目，如治安卡口项目建设等，助推“幸福汕头”建设全面提速。第二，开展文化建设行动，积极促进潮汕文化的交流和发展，举办“幸福汕头•民乐迎春”新年音乐会，邀请中央民族乐团莅汕演出；协办“潮剧老唱片欣赏活动”，与市文明办合作出版潮剧CD；与省潮剧发展与改革基金会和市文广新局合作，在艺都大剧院连续开展10场“中国移动潮剧潮艺之夜”专场演出；在潮阳、潮南等地开展“送戏下乡”活动累计240场；此外还举办多场全球通名家讲堂、无线音乐歌友会，为建设“文化汕头”添砖加瓦。第三，开展爱心关怀行动，积极响应省市“双到”扶贫号召，全面开展潮阳区金灶镇下寮村的扶贫开发工作，积极投入当地水改工程建设；联合慈善总会等单位举办赈灾义演活动，举办单亲特困母亲帮扶活动等。

2010年，汕头移动制定《员工价值增值三年发展规划（2010-2012）》，并通过实施“员工价值创新计划”与“企业和谐动力计划”，着力提升团队的学习力、创新力和执行力，以关键和谐指标强化员工心理资本，各项工作取得积极成效，有四个服务窗口得到“广东省青年文明号”的命名和认定，公司也获得“广东省企业文化单位”、“守合同重信用企业”、“用户满意服务明星企业”、“广东省企业安全生产工作”先进单位等荣誉称号。

（赵晓彦）

【汕头联通】2010年，中国联合网络通信有限公司汕头市分公司（以下简称汕头联通）认真根据中国联通集团公司实施“3G领先和一体化创新战略”的统一部署，进一步加快经营模式转型、改善用户结构，集中资源加快3G发展，建设领先的无线宽带网络，以高速数据体验和内容应用创新带动公司移动非话业务收入快速增长。2010年，汕头联通连续四年获得“诚信单位”、连续六年获得“守合同重信用企业”等荣誉称号。

2010年，汕头联通全面整合公司的全业务资源，在WCDMA（3G）网络全面覆盖市区和县城区的基础上，进一步完成重点乡镇区和国道2线的建设，WCDMA（3G）网络覆盖水平不断提升；完成GSM（2G）网络的局部深度覆盖，进一步扩展乡镇广度覆盖，大幅度提高GPRS速率，提升用户感知；在建设客户接入项目上，更有效支撑宽固业务、集客业务的拓展，取得长足的进步；在传输本地网建设上，重点完成本地城域网规划改造，显著改善基础网络健壮性。2010年，汕头联通参与在亚运火炬传递（汕头站）及亚运会通讯保障、第六届山洽会等重大活动中通信网络安全的保障活动。

通过跨业务、跨平台、跨网络、跨职能的高效协同与配合，汕头联通不断提升运营管理效率，强化客户导向经营，打造面向融合服务的经营合力，创新服务模式，坚持以客户为中心，与客户用心沟通，推动服务营销一体化进程，用通信服务为客户的生活、学习和工作助力添彩。2010年，汕头联通客户俱乐部组织的“乒临城下”第一届中国联通乒乓球挑战赛（汕头赛区）活动以及iphone俱乐部活动等，都受到了广大联通客户和市民群众的欢迎。

作为全业务运营商，汕头联通以“信息生活的创新服务领导者”为引领，在固定和移动通信领域都进行了广泛的研究，包括移动终端、移动业务（如可视电话、手机电视、视频监控、流媒体等）等移动领域及业务平台和运营支撑等方面，以及三网融合、IP流量识别与监控、城市综合信息服务系统、多媒体视讯、家庭网络、视频监控等固定领域方面。2010年在市政府、市信产局、市教育局等有关政府部门的支持下，成功拓展“平安校园”、“家校通”、“平安家园”、“农村信息化”等项目，并参与2010年广东省信息化与工业化融合巡回培训（汕头站）的组织活动，充用发挥3G技术的行业应用优势，为汕头信息化建设做出应有贡献。

（卢淑瑜）

汕头移动特稿

【建设汕头无线城市　助推鮀城智慧发展】随着社会经济的发展和城市信息化程度的不断提升，无线城市已成为城市发展的重要课题。早在2009年，汕头市市委就提出了“大力发展现代服务业”，把汕头打造成粤东信息服务中心的构想。在政府的指导下，汕头移动借助多年来积累的经验和市场优势，以信息化手段积极助力本地经济社会建设。

2010年，市政府工作报告中提出，大力发展现代信息服务业，积极推进数字汕头、无线城市建设的战略思路，根据市政府的战略部署，2010年5月17日，汕头正式启动了无线城市的建设，市委市政府无线城市建设思路的指引，为汕头特色的无线城市建设明确了方向。

2010年，汕头移动围绕“无线城市•智慧汕头”的主题，坚持以汕头为粤东区域中心的无线城市群建设，启动了汕头无线城市门户建设，为包括政府、商家、市民等在内的无线城市参与者提供统一入口和一站式服务，为提高人民的生活品质，建设“幸福汕头”做出应有的贡献。2010年10月，无线城市互联网门户、手机WAP门户、手机客户端三大门户的建设正式完成，目前已接入的服务超过150项，提供了包括医保通、车主服务、电费查询、预约挂号、实时路况在内的一批精品应用，接入优惠商家近800家，建设链接政府单位手机网站21个，市民累计访问超过600万人次。

数字民生：推动民生信息化多元发展。在医疗信息化方面，联合市卫生局、中心医院和汕大第二附属医院推出了“网上预约挂号”业务，本地已有1万人次通过互联网、手机网站、12580、短信等方式成功进行预约挂号，目前该项便民服务覆盖人群已经从汕头本地扩展到了粤东、闽南地区，在省内率先实现了无线城市群的应用。在鮀城一卡通服务方面，成功注册了“鮀城通”品牌，在南翔公司30台公交车上实现了手机刷卡乘车服务，并与全市各主要超市、麦当劳、蓝水星乐园等80家商家为市民消费提供手机支付服务。与此同时，在粤东高级技工学校和聿怀中学试点学校一卡通服务，为广大师生提供考勤、食堂消费、图书馆借阅管理等手机刷卡服务。

无线政务：推动政务信息化智慧发展。政务类应用包括政务管理、智能交通、环保监测三大类型的应用。在政务管理方面，建设了基于RFSIM卡与二维码技术的“会务管理信息系统”，并建成了“市外经贸局移动办公OA平台”、“市农村党风廉政信息公开平台”等多个政务管理系统。在智能交通方面，建设了覆盖全市关键出入口的治安卡口缉查布控系统，实现了公安机关对进出汕头区域车辆的智能监控。成功中标汕头市智能交通一期工程建设项目，负责实施全市34个路口、128个方向的信号灯改造和“闯红灯抓拍系统”、“路口广播系统”、“视频监控系统”的建设。在环保监测方面，与市环保局、气象局、水文局等单位合作，实现了全市各区县7个空气质量监测点数据的远程采集监控、72个气象信息监测点数据的无线采集监控以及170个韩江流域水文监测点数据的实时监测。近期，还与市三防指挥中心合作，建设了水利监测信息化系统，目前已建成秋风岭水库、练江水闸等2个视频监控点以及潮阳区29个中小水库的无线雨情遥测站。

信息兴业：推动产业信息化规模发展。产业类应用包括视频监控、智能电力两类应用。在视频监控方面，建设了可为各企事业单位提供标准化服务的视频监控平台，目前该平台已实现了东部经济带等22处视频监控布点，提供了市区公共场所监控点7处，市民通过电脑或者手机登录无线城市门户即可查看重要道路交通、公共场所的实时情况。在智能电力方面，配合市供电局完成了全省首个低压用户集中抄表项目，实现了50万户居民电表的远程抄表，今年汕头移动还计划将该项目推广应用到全市各区县，全面提升汕头电力资源管理的管理效能和供电部门的服务水平。

网络文化：营造健康向上的文化交流平台。2010年9月，汕头移动联合团市委、市教育局、劳保局及各大中专学校，在全市范围内开展了“MM百万青年创业计划”，成功吸引了超过一万名本地创业青年的加入，共收集创业者开发的手机应用软件作品超过3000件，在MM平台上供市民免费下载使用。同时，搭建了“汕头旅游”手机门户平台，协助市旅游局开展“最受欢迎旅游景点和节庆”评选等活动，以信息化助力汕头现代旅游业发展。

“无线城市”的建成将提高个人和社会的生活质量，广泛运用于城市公共安全、制造生产、环境监控、智能交通、智能家居、公共卫生、健康监测、金融贸易等领域，让社会各种资源的效用最大化，促进企业节能增效，提高公共服务能力与城市管理效率。汕头移动将在市委市政府的领导下，在市无线城市建设项目小组的指导下，基于移动互联网和物联网技术，大力建设“无线城市”，助力构建“智慧汕头”、“幸福汕头”，在“十二五规划”的开局之年，谱写“无线城市”建设的华美乐章。

（汕头移动）

城乡建设

综　述

【简况】2010年是全面完成“十一五”规划目标任务的收官之年，全市住房和城乡建设事业取得较好成效。市政工程建设取得新进展。建立完善重点市政基础设施项目建设责任分解落实体系，加强组织协调，强化督查管理，确保在建项目有新的进度、新的形象、新的成效；旧城改造稳步推进，一批旧改项目拆迁工作取得积极进展；管道燃气建设取得积极进展，全力推动市与华润公司实施管道燃气战略合作；加强风景名胜区管理，提高景区知名度。保障性住房建设取得新突破。建立健全住房保障体系，加大保障性住房建设力度。通过新建、收购、租赁及帮建等形式，筹集廉租住房611套、经济适用住房16套；新增实物配租531户，发放租赁住房补贴419户，对新增的177户低保家庭“应保尽保”。完成市区遗留商品房确权发证登记审核7330套；对3千多户城镇低收入困难家庭实施住房保障。圆满完成省下达的责任目标。宜居城乡建设取得新成效。汕头市成立以市长蔡宗泽为组长的汕头市创建宜居城乡领导小组；市委、市政府出台2个指导性文件；召开全市创建宜居城乡工作会议；精心编撰10多万字、图文并茂的绩效考核工作报告及创宜专刊等；在全市上下营造了浓烈的创宜氛围。市创建宜居城乡绩效考核取得全省排名“居中”的成绩，位居粤东首位。建筑业发展迈上新台阶。“十一五”期间建筑业各项主要经济指标呈两位数增长，总产值从124亿元增长到216亿元，年均增长12.1%；其中外出产值151亿元，占总产值的75%；增加值从31亿元增长到49亿元，年均增长11.2%，占全市的GDP 4.2%；上缴利税从3.5亿元增加到17.4亿元，年均增长30.1%；其中上缴地方税收9.5亿元，占地方税收的13.76%；转移外税逾4亿元；建筑业在促进城乡一体化发展、增加财税收入、转移农村富余劳动力、促进农民增收致富、统筹城乡经济协调发展等方面发挥越来越重要的作用。行业监管水平有新提高。获国家优质工程奖数量创历史新高，创国优工程6项；再摘鲁班奖，实现汕头“十一五”期间鲁班奖“五连冠”；创省优工程44项、市优工程23项。开展建设行业市场综合整治专项行动，勘察设计水平不断提高，燃气市场经营秩序日趋规范；严把市场准入清出关，房地产资质管理力度加大。年内，从建筑施工劳保费中调剂1900万元，帮助部分困难建筑企业解决社保费缴交问题。积极开展行政审批制度改革，下放、转移4项审批事项。全力推进办事提速增效，全年受理事项1194项，办结率100%，即办率74%，实现零投诉。

（彭兰阶）

城乡规划

【粤东城镇群协调发展规划】2010年，市城乡规划局配合省住房和城乡建设厅有关《粤东城镇群协调发展规划》方案修改完善工作，认真研究，综合汕头市相关部门的意见提出建议，全力争取规划向有利于汕头未来发展方向优化完善。规划方案明确了粤东各市城市发展目标和城市定位，特别强化汕头作为粤东区域中心城市的发展地位，发挥经济特区优势，着重提升城镇发展质量，大力发展现代服务业和新兴产业，率先建立现代产业体系，成为服务粤东、闽西南、赣东南的现代化港口城市和生态型海滨城市。

【城市总体规划】2010年1月，广东省人民政府将汕头市总体规划修编申请正式上报国务院。4月底，住房和城乡建设部下发《关于落实〈国务院办公厅关于印发城市总体规划修改工作规则的通知〉有关要求的通知》，明确将汕头市列入城市总体规划修改审查城市。随后，汕头市按照通知要求向住房和城乡建设部报送《总体规划实施评估报告》和《总体规划强制性内容修改专题论证报告》。9月16日，住房和城乡建设部组织国家发改委等15个部委在汕头市召开汕头市城市总体规划修改工作审查会；根据住房和城乡建设部部际联席会议纪要，明确同意汕头市开展城市总体规划修改工作。

【一湾两岸规划】2010年8月，市城乡规划局组织举办《汕头内海湾“一湾两岸”概念设计》方案竞赛活动，华南理工大学建筑设计研究院、同济大学建筑与城市规划学院、汕头市城市规划设计研究院受邀参加本次概念设计竞赛活动。10月13日，召开竞赛方案专家评审会，邀请国内城市规划行业7位知名专家对各设计单位提交的竞赛方案进行评审，推荐优胜方案。根据市委市政府的发展战略和专家的评审意见，规划设计单位吸收其他两个方案的优点和结合公众咨询意见，对设计方案进行优化完善，并将尽快上报市政府批准。《珠港新城控制与发展规划》、《珠池港局部片区控制性详细规划》、《黄厝围片区控制性详细规划》等已完成方案编制，将在“一湾两岸”概念设计方案竞赛和公众征询活动的基础上作进一步修改完善。为统筹做好珠港新城规划，协调好市区北岸集装箱码头的规划建设，配合港口管理部门与和埔黄记的谈判，促进国际集装箱码头向广澳港搬迁，市城乡规划局还组织规划设计单位对海滨路集装箱码头的功能置换问题进行研究，年内，已完成规划草案编制工作。

【分区规划】为推进南区加快建设发展，市城乡规划局于2006年底开始组织编制《汕头市濠江区分区规划》，多次就方案进行研究讨论、修改完善。2010年来，根据市委、市政府关于将濠江新城的规划范围扩大覆盖至整个濠江区，并积极引进大型央企——中信集团参与濠江新城的谋划和建设，争取成为全国新城建设和城乡一体化建设的典范的新要求，濠江区分区规划正在结合濠江新城规划进行进一步的研究和完善。潮阳区分区规划编制工作也于2010年12月启动。

【西片区规划】汕头市西片区是通往潮州、揭阳、梅州、珠三角等城市重要的出入口，是进出汕头城区的西部门户。市城乡规划局组织开展《汕头市中心城区西片区专题规划研究》，并完成初步成果。该专题研究成果将作为下阶段西片区有关规划工作的重要基础依据。在稳步推进《汕头市生态经济带控制与发展规划》方案优化的基础上，重点推进作为生态经济带启动区的牛田洋片区规划的编制工作，加快推进生态经济带启动区-牛田洋片区的规划建设。局还组织开展《汕头大学南侧片区控制性详细规划》、《金凤半岛控制性详细规划》和《牛田洋综合服务区控制性详细规划》的编制工作。《金凤半岛控制性详细规划》规划草案已通过规划委员会审议。下阶段将根据金平区政府正在开展的《汕头市（金平区）西片区概念规划》中的一些先进理念对有关规划方案进行深化，以建设榕江沿岸生态新城的全新理念进行规划研究，推动中心城区西片区的开发建设。

【南部沿海产业布局规划】为贯彻落实市委关于工业经济带规划工作的部署，市城乡规划局组织开展《南部沿海产业新城概念规划》的编制工作，围绕建设生态型滨海工业新城的目标，对原来工业经济带规划进行适当优化，规划成果将作为下一步城市总体规划修改的前期工作基础之一。概念规划围绕建设生态型滨海工业新城的目标，调整优化产业园区功能布局，以功能布局引导产业布局，重点发展高新技术产业和新兴产业。已完成规划初步方案编制工作，正广泛征询意见。

【三旧改造规划】按照汕头市“三旧”改造工作部署，市城乡规划局研究制定了“三旧”改造专项规划工作方案，2010年3月初下达《汕头市中心城区“三旧”改造专项规划》编制任务，6月底规划方案按时上报省住建厅备案。8月，省住建厅召开汕头市中心城区“三旧”改造专项规划备案审查会，省住建厅、省国土厅的领导以及专家审查组对备案成果进行审查、提出修改完善意见。2010年11月11日，《汕头市中心城区“三旧”改造专项规划（草案）》经市城市规划委员会审议通过，市政府常务会议审议通过后正式实施。2010年汕头市“三旧”办年度三旧改造计划项目51项，纳入“三旧”改造控规编制计划共27片。根据汕头市委、市政府的要求，市城乡规划局及时组织编制“山洽会”招商引资重点项目的《汕头市旧城西片改造（西堤两侧）修建性详细规划意向设计》、《汕头市乌桥岛片区改造规划》，并制作项目效果图、多媒体演示资料及招商引资宣传册，还开展《汕头市中心城区“三旧”改造项目公共服务设施配套规划实施细则》的研究制订工作，经过广泛征求市有关部门意见和认真的研究和修改，目前，《实施细则（修改稿）》正在报请市政府批准实施。

【市政公共设施规划】2010年完成北轴污水处理厂、广澳港区一期工程、疏港大道、泰山路等重点项目的规划许可，完成梅溪河两岸、四千亩大围等九段加固改造大围及九处临时用地，共计75.3KM实地拆迁范围界桩测设、标识工作。积极协助做好汕揭高速、汕普高速、揭惠高速、潮惠高速及厦深铁路、疏港铁路等重大工程项目的规划建设工作，指导、配合有关部门做好项目选线等工作。

【控制性详细规划】2010年组织开展编制《金凤半岛控制性详细规划》、《珠港新城控制与发展规划》、《汕头大学南侧片区控制性详细规划》、《南山湾工业园控制性详细规划》等控制性详细规划共34项，完成了《东部城市经济带新溪片区控制性详细规划》、《东部城市经济带塔岗围片区控制性详细规划》、《梅溪河沿岸片区改造控制性详细规划》等7项规划编制工作。

【城市综合体规划】为顺应城市发展的潮流，提升和完善城市功能，加快汕头现代服务业发展，市城乡规划局根据市委市政府的工作部署，规划选址龙湖乐园商业综合体、11街区东商业综合体、11街区西商业综合体、金凤半岛商业综合体、长江路北商业综合体、高新商业综合体及大洋冷冻商业综合体等7大城市商业综合体，并组织编制商业综合体控制性详细规划和空间形态意向设计，制作多媒体演示资料及“山洽会”招商引资宣传册。目前，有关城市商业综合体规划草案已经市城市规划委员会发展策略委员会审议通过。其中11街区东、11街区西已出具规划条件，经国土部门公开挂牌出让。

【村镇规划】积极抓好市12个广东省中心镇规划编制和调整、完善的组织以及纲要评审和成果审核工作，陈店镇、莲下镇、两英镇、胪田镇、隆都镇、东里镇、后宅镇等7个中心镇已完成规划成果编制并经市政府批准。结合厦深铁路潮阳站规划建设出现的新情况、新问题，指导谷饶镇对镇的总体规划进行修改完善，使镇总体规划适应厦深铁路站场规划建设的要求，打造汕头西部城市窗口。按照市政府工作要求，市城乡规划局加强对潮阳区规划局有关贵屿镇城镇总体规划和循环经济产业园区规划编制工作的指导和督促，促进贵屿镇环保基础设施的规划建设，争取早日切实整治解决贵屿镇电子废弃物拆解业的环境污染问题。组织省级村庄规划试点申报工作，截至2010年底，汕头市已有160个村被列入年度省级村庄规划试点。组织中心城区涉农村居村庄整治规划项目32项，已批准3项。在市非中心城区的澄海区、潮阳区、潮南区及南澳县选取具代表性的17个村庄作为新农村规划建设示范点，分批分期分类型组织规划编制。

【基础测量】完成中心城区北岸秒级导线的重新布设，形成新的控制网，满足城市规划、建设和管理的需要，线路总长约50多公里。完成汕头市中心城区北岸西片区1：1000数字化地形图修测，修测范围东起大港河及西港河地带，西至揭阳市界，南到规划金凤路，北至潮州市界，面积28平方公里，1：1000地形图图幅152幅。基本完成汕头市1:10000航测成图，已形成汕头市区1:10000数字化地形图数据（出图数据）102幅。积极开展构建汕头市现代测绘基准体系工作，已完成项目的专家论证与研讨工作，争取尽快启动工作内容包括建立覆盖全市域的高精度GPS网，建立覆盖全市域的精密水准网，建设汕头市连续运行卫星定位综合服务系统（STCORS），区域似大地水准面精化的汕头市现代测绘基准体系建设。同时，发挥技术力量、数据资源等方面的优势，积极争取承担数字汕头地理空间框架建设任务。积极开展应用系统开发，满足公众对基础地理信息的需求，2010年9月，汕头市区划界线与地名综合管理系统通过验收，该系统运用地理信息系统（GIS）技术、空间数据库技术，建立基础地理数据库、地名数据库、区划界线数据库，开发建设汕头市区划界线地名业务管理系统、地名网上发布与查询系统，并建立了汕头市地名与基础地理信息网。

【规划管理】2010年以来，市城市规划委员会召开会议4次，审议通过《汕头市城市规划委员会章程》（修订稿）、《旧城区西片改造控制性详细规划》、《中心城区陈厝合片区（旧村改造）控制性详细规划修编》、《中心城区“三旧”改造专项规划》、《金凤半岛控制性详细规划》等22个项目；发展策略委员会召开会议6次，审议通过《城市商业综合体规划设计》、《桑浦山龙泉岩片区专项控制规划》、《乌桥岛片区控制性详细规划》等30个项目；建筑与环境艺术委员会召开会议1次，审议通过《海洋与渔业局渔政海监码头修建性详细规划》、《11街区市民广场地下停车库修建性详细规划》2个项目。以《行政许可法》为依据，2010年共核发《建设项目选址意见书》10宗（用地面积合计588亩），核发《建设用地规划许可证》122宗（用地面积合计4654亩），核发《临时建设用地规划许可证》14宗（用地面积合计514亩），核发《建设工程规划许可证》140宗（建筑面积合计273.4393万平方米），核发《临时建设工程规划许可证》35宗（建筑面积合计7.261万平方米），审查修建性详细规划75宗。在规划核实中坚持规划原则，严格要求落实各项规划许可要求，以保障良好的城市环境。2010年共组织、参加工程验、复线162宗，规划核实85宗。在规划管理中共查获各项违法建设145宗，总建筑面积25.2万平方米，其中报建工程2宗，建筑面积580平方米。未报建工程143宗，建筑面积约25.1万平方米。提请市行政执法部门进行依法处理143宗，共复函市城市管理行政执法局作出违法建筑性质认定66宗，依法对市城市管理行政执法局提请的2宗案件实施强制拆除。

【规划法制建设】自2005年《汕头市城乡规划条例》立法工作列入市人大立法计划以来，市城乡规划局做了大量工作，经与市法制局反复研究，向市政府上报了《汕头市城乡规划条例（送审稿）》。2010年5月19日市政府召开关于理顺我市规划执法体制专项会议，决定按照《城乡规划法》的要求，恢复市城乡规划局行使规划行政处罚权。同年7月，市政府常务会议审议通过了《汕头市城乡规划条例（草案）》，报送市人大常委会审议。市城乡规划局按照市政府的要求，已研究制订了《汕头市城市规划管理技术规定》并正式上报市政府，按照市政府的要求，又征求了各区政府和市直有关部门及其他有关单位的意见，进一步修改完善。为进一步推进依法行政，营造公开、公正、透明的规划管理工作环境，市城乡规划局组织研究、起草并向市政府上报《进一步加强城乡规划管理工作的意见》、《汕头市城市建设用地性质和容积率调整规划管理办法》、《汕头市中心城区“三旧”改造项目公共服务设施配套规划实施细则》等规划管理规范性文件。

【规划宣传】2010年，结合国家15部委在汕头市召开市城市总体规划修改工作审查会、“一湾两岸”概念规划、城市商业综合体规划等工作，创新形式、全方位、多视角开展一系列城市规划专题宣传推介活动。加强《城乡规划法》宣传工作，2010年以来共出动宣传车447辆（日），在报刊刊登宣传标语7条，制作悬挂红横幅布宣传标语142条，利用固定围墙制作设置标语22条，发放宣传资料405份。采取座谈会、问卷调查、方案公示和成果展示等方式，广泛征求公众和社会各界的意见和建议，把加强公众参与贯穿于整个规划编制的全过程。在规划实施阶段，对所有建设项目实施批前公示和批后公告，对公众反响强烈的项目，妥善处理出现的矛盾和问题。对市城乡规划展示厅进行更新改造工作，圆满完成“山洽会”期间领导参观展示厅活动的有关工作。2010年，规划展示厅共接待重要来宾、海内外嘉宾96批次。

【规划管理信息化建设】2009年，市城乡规划局完成汕头市规划管理信息系统一期工程，基本实现城市规划管理办公自动化，在此基础上，2010年迅速启动规划管理信息系统二期工程的筹备工作，建立电子报批子系统、规划编制成果管理子系统、会议汇报子系统、规划档案管理信息子系统、三维仿真与辅助规划决策支持子系统，不断完善空间数据及数据动态更新机制，建立健全汕头市规划管理信息系统标准体系，进一步加强全局信息资源的数字化和数据共享机制。《汕头市规划管理信息系统（二期工程）建设方案》已完成编写工作，委托有资质的单位完成设计工作，已经报市信息产业局举行专家评审会，取得立项、备案，并报市财政局争取资金支持。同时，健全管理制度和技术措施，开展信息安全等级保护工作。

（邱二庆 周建雄）

东部城市经济带建设

【引进战略投资者】年中，市委九届九次全会明确提出“引进中交公司作为东海岸新城的战略投资者，打造国际一流的宜居创业新城区”，促进东海岸新城建设步伐加快。6月26日，市委市政府与中国交通建设股份有限公司（以下简称中交公司）商谈建立战略性投资合作关系，随后就项目投资内容、融资渠道、回报方式、建设期限、造价控制、保障措施等重大事项达成一致意见，双方签订备忘录和会议纪要，基本完成战略投资合作的协商谈判工作。12月8日，在全省第六届“山洽会”签约仪式上，汕头市政府与中交公司正式签署项目战略合作框架协议。双方合作内容包括：新津、新溪、塔岗围三个片区的海堤、吹填造陆、市政干道及连接桥梁等工程。项目静态总投资约151.41亿元。中交公司负责项目投资及工程勘测、设计、监理、施工、项目管理等工作，汕头方主要负责项目协调、服务及监管工作，投资建设形成的全部土地交由政府收储，其中可开发用地由政府组织招拍挂，土地出让收益由双方共享。市东部城市经济带建设开发管理中心在框架协议及前期磋商工作的基础上，依法依规配合有关部门做好新津片区原投资项目善后处置工作，会同市相关部门全力推进项目投资建设主体招标工作。

【项目服务协调】年内，完成项目建设所需用海规划、河口治理规划、工程可研和环评、水利工程初设、海砂开采许可等各项审批手续；申报具体项目海域使用证19宗，其中6宗获批，正同步申请海域使用金减免；开展项目设计及监理工作，已提供各片区施工图纸等技术资料，完成水利工程施工监理招投标并展开监理工作；积极协助施工单位办理水上水下施工许可、船舶通航许可等各类许可手续，认真配合海洋部门开展用海监管工作，提前启动施工海域应急警戒；不断完善维稳工作机制，及时调处20多宗影响工程正常施工和社会稳定的事件，营造和谐的社会环境和良好的施工秩序。

【工程建设进度】项目战略合作框架协议签署后，中交公司汕头项目部加强设备投入，加大施工力度，加快工程进度，在场施工船舶增至23艘，持续推进海堤建设和围内吹填，工程建设已初具规模。累计完成软体排铺设79万平方米，占总铺排量44%；吹填砂约2054万立方米，占设计总量24.3%，形成陆域面积3平方多公里；海堤抛石约112万立方米，占设计总量31.0%，形成抛石堤约7.5公里；扭王块预制约4.7万立方米，占预制总量37.9%，完成吊装约1100米；塑料排水板插板施工646万米，完成设计总量的51.3%。

【资金运作管理】做好项目建设的资金运作管理，主动完成项目的阶段性审计。充分利用上缴的新津片区项目前期费用2.5亿元，支付建设项目征地、养殖补偿金，勘测设计等费用，及时解决三个片区动工建设所需资金问题。5月份市政府与国家开发银行广东分行签订总额59.7亿元的中长期贷款协议，并按时偿还国开行2亿元短贷资金。已支付项目的前期费用和工程量费用2.39亿元，各类用海补偿补助近1.7亿元，项目累计已投入各项建设资金8.97亿元。

（林元泽）

工业经济带建设

【简况】汕头市工业经济带位于汕头市南部沿海，东起保税区、广澳港，西至潮南区陇田、井都临海片区，规划面积11800公顷。汕头市产业转移工业园（省示范园）是以汕头市规划建设的工业经济带为空间载体，依托汕头保税区及广澳、海门港区，在深圳龙岗（汕头潮南）产业转移工业园的基础上，整合潮阳经济开发试验区，河浦中心工业区，规划建设用地面积为2184公顷，全部符合现行土地利用总体规划。产业园分为潮南片、濠江片、海门片、广澳片4个片区。重点发展高新技术产业和临港工业中的电子信息、装备制造业，以及纺织服装业等产业。

【省示范园潮南片】即深圳龙岗（汕头潮南）产业转移工业园，规划用地面积6160亩。首期面积1160亩，重点发展数码电子、IC制造产业。二期面积5000亩，重点发展服装生产和加工，轻工制造等产业。园区首期基础设施工程于2008年6月30日开工建设。到2010年底已投入资金1.88亿元，首期基础配套设施已完成总工程量的98%。园区引进企业15家，共出让土地434亩，出让金额8949.3万元，计划总投资9.5亿元，预计年产值21.66亿元，年创税收近1亿元，引进企业中已有12家进园建设。

【省示范园濠江片】园区规划总面积6700亩，计划总投资8亿元人民币，至2010年底，已投入资金2.93亿元。园区完成新征用地1531亩，整合历史已征闲置土地2870亩，整个园区新开发建设面积共4401亩。园区首期约1400亩土地平整和首期区间道路已于2010年11月底前基本竣工。2009年10月22日，园区被授予“中国（汕头濠江）电子电路工业基地”称号，成为全国三大电子电路生产基地之一，并举行了建设启动仪式。宏俐电子、南永油脂、永成油墨、楠成化工等项目陆续启动建设，高科达、桐源包装、壮丽印刷等6家企业正在筹备动工，汕头轻工机械装备7家企业已抱团进园。

【省示范园海门片】园区正进行土地清理和储备整合，筹措资金，推进园区的基础设施配套建设。2010年园区投入300万元加快基础设施建设，周边基础设施配套如华能电厂进厂路、金海大道已竣工使用。引进的入园项目华能海门电厂首期两台2×100万千瓦机组顺利建成投产，已签约进园投资64亿元的丰盛电厂项目进厂道路也已规划建设。

【省示范园广澳片】年内，园区范围内保税区共盘活闲置土地300多亩，启动填海区域市政设施配套工程，总投资1.29亿元,已投入3800万元。保税区正全力申报转型为综合保税区。

园区范围内广澳港区防波堤项目已于2009年11月18日获省发改委批准立项，获得国家补助建设资金4亿多元，正在做施工前期准备工作。

【南区污水处理厂】南区污水处理厂分为濠江分厂和海门分厂，总建设规模为15万吨/日，投资12.35亿元。其中：濠江分厂建设规模为10万吨/日，投资9.0115亿元，于2009年11月15日开工建设，已投入资金1亿多元，将于2012年3月建成投入使用；海门电厂建设规模为5万吨/日，投资3.3286亿元，将于2012年9月建成投入使用。

【南山湾产业园和疏港大道建设进展】1月中旬，南山湾产业园和疏港大道两个项目正式开始施工建设。南山湾产业园首批报批的1802亩土地和疏港大道586亩建设用地分别获得省国土资源厅和省政府批准征用。园区约2452亩已上报省国土厅和省政府批准征用，并已按征地的有关政策规定支付被征地村居土地补偿款和青苗附着物补偿款及有关规费4亿多元。截止年底，南山湾产业园项目平整土地约1800亩，填方量近200万立方米，园区中心东路、珠河北路、排水明渠等已启动建设。疏港大道西段铺设各种管径管道5.3公里，完成路床填筑约3公里，并已开始水泥路面的铺筑；疏港大道东段（含濠江大桥）建设工程已投入资金约2亿元。11月2日，南山湾产业园首批土地实现公开挂牌出让成交，共出让实用地512亩，成交金额约1.3亿元。4家竞得企业（中国移动广东分公司粤东生产研发服务中心项目、鑫瑞纸品环保新型包装材料项目、东方科技金属制品项目、力根纺织高端原材料项目）共计划投资26.9亿元。入园项目正在办理报建手续。为实现财政资金的放大使用，确保筹集到项目建设所需资金，南山湾产业园和疏港大道融资项目于4月15日获省建行批准了15亿元的贷款额度和贷款条件，首笔贷款2亿元已于6月9日到位投入使用。

（王师哲）

重点项目建设

【简况】2010年，汕头市125项重点项目累计完成投资189.13亿元，完成年度投资101.83亿元，为历年之最，比2009年增加29.7亿元。其中，汕揭梅高速公路汕头段、南澳大桥、南澳华能东岛风电场和广梅汕铁路龙湖南至汕头段增建二线（含厦深铁路进汕头站联络线）汕头段等42项工程列入广东省2010年重点建设项目。重点建设项目中，完成或超额完成年度投资计划的有24项，累计完成投资额超亿元的有41项；2010年新开工的项目有22项，竣工项目有14项。按项目性质分，交通基础设施项目19项，当年完成投资19.01亿元；能源基础设施项目11项，当年完成投资37.24亿元；市政基础设施项目9项，当年完成投资2.35亿元；水利基础设施项目23项，当年完成投资9.69亿元；造地与园区基础设施项目6项，当年完成投资14.44亿元；现代服务业项目7项，当年完成投资2.33亿元；重点工业项目16项，当年完成投资5.23亿元；教育、医疗等惠民项目16项，当年完成投资5.22亿元；环保生态基础设施项目11项，当年完成投资5.05亿元；新农村基础设施项目7项，当年完成投资1.28亿元。

【厦深铁路汕头段】厦深铁路东起厦门枢纽厦门西站，经漳州、潮州、汕头、揭阳、汕尾、惠州，西至深圳枢纽新深圳站，正线全长502.4公里，工程投资估算总额为417亿元，按照Ⅰ级铁路设计，设计速度200公里/小时，远期预留速度250公里/小时，设计运输能力客车120对/日，货运1200万吨/年。国家发改委以发改交运〔2007〕2512号文批准项目建设。厦深铁路汕头段长24.62公里，经过澄海区隆都镇的下北、上北、后埔3个村，11个自然村；经过潮阳区的关埠、西胪、谷饶、贵屿4个镇，涉及22个村，潮阳区谷饶镇设潮阳站，总投资约20亿元。项目于2008年10月1日开工建设，计划于2012年下半年完工。至2010年底，累计完成工程投资额145477万元，占总投资额的72.7%，其中2010年完成投资68641万元，完成年度计划134.6%。主要工程完成情况：榕江特大桥江南段完成81.1%；龙寮隧道及特大桥完成79%；虎山隧道完成100%；青山大桥完成95.6%；赤头岭隧道完成100%；谷饶三座大桥完成86.2%；浮山特大桥完成91.8%；砂埔特大桥0-40#完成53%；大埔顶隧道完成93.7%；三尖峰隧道完成98.9%；韩江特大桥澄海段完成92.6 %;路基工程完成产值14077.5万元，完成96%。厦深铁路联结厦门、汕头和深圳三个经济特区，并把珠江三角洲地区与海峡西岸经济区连接起来，着力打造形成东南沿海三小时经济圈，是长三角、珠三角、闽粤、港澳、西南等地区客货交流的重要纽带。

【汕揭梅高速公路汕头段建设工程】汕揭梅高速是汕头至昆明国家高速公路干线粤境内重要交通干线，是广东省、汕头市交通基础设施重点项目，也是汕头市通往潮汕机场唯一快速干道。该项目汕头段境内全长约8.1公里，起点位于龙湖区外砂镇，终点位于潮安县庵埠镇，分为三个施工标段，其中一、二标段在龙湖区的外砂和鸥汀范围，三标段在金平区月浦范围，总投资179016.16万元。广东省交通厅以粤交基〔2010〕278号文批准项目建设。项目全线为高架桥，双向6车道(龙湖段)和4车道(金平段)，设计行车速度为80公里／小时和100公里／小时，设置金洲、泰山、月浦三座互通立交和新津河特大桥（桥长1926米）、梅溪河特大桥（桥长1420

米）等二座特大桥。项目于2009年12月8日开工建设，计划于2011年底完工。至2010年底，累计完成工程投资额30938万元，占总投资额的17.3%，其中2010年完成投资30938万元，完成年度计划61.9%。主要工程完成情况：月浦互通立交路段完成灌注桩基404根，完成灌注地面立柱126根，系梁67道，架设盖梁22道，安装梁板92片；金平路段完成拆迁面积约72309平方米，占总拆迁面积90.8%；龙湖路段已完成征地协议签订共9个村居，尚有2个村居未签订征地协议。正在协调解决受高速公路建设影响的沿线各村居水利排灌设施的改造整修，村道、机耕路改造完善等一系列问题。同时，已进场开展拆迁补偿及动迁工作，鸥汀范围已开始征地界沟开挖及征地范围的围闭。汕揭高速公路汕头段建成通车，对于落实广东省粤东地区工作会议精神和实施“双转移”战略部署，完善汕头市高速公路网络、改善投资环境，促进粤东各市加强区域协作、提高对接能力，为市民提供便捷出行环境，都有十分重要的现实意义。

【汕头南澳大桥】工程于2009年1月20日开工建设，计划于2011年底主体工程合龙，2012年底通车。自开工以来，南澳大桥建设节节推进。至2010年底，累计完成投资87862万元，占总投资额的79.8%，其中2010年度完成投资49776万元，完成年度计划118.5%。该建设项目共分为四个标段展开，其中第一标段累计完成总工程量87.5%；第二标段累计完成总工程量64%；第三标段累计完成总工程量31%；第四标段累计完成总工程量89%。南澳大桥雏形初步显现，并形成了东线、西线和主墩全面拉动、全面推进的局面。南澳大桥是解决南澳岛交通瓶颈的重点基础设施项目，是促进汕头市和南澳县经济发展的一座桥梁，同时也是连接东海岸新城的重要工程。

【梅溪河金凤大桥–西港高架桥工程】该工程系汕头市中心城区东西走向快速干道，属国道324线的穿城路段，是连接国道324线、206线、省道S2321线和S2331线的最佳途径，并与规划中的中心城区外环高速公路及西片区各条干道相接，其建成可以化解国道324线、206线穿越汕头市中心城区路段的交通“瓶颈”，形成合理的交通路网布局，对充分发挥路网整体效益，加快汕头中心城区西区开发建设，推动汕头市乃至粤东经济、社会发展具有重要的现实意义。该项目分一期和二期两部分。一期工程起于324国道汕头市中心城区天山路口，向西跨梅溪河，至西港河东岸与国道206线相交，再沿西港河向南，止于礐石大桥北引道，全长9.23公里，包括金凤大桥（长1175.37米）、金凤路、西港路和西港高架桥（长1624.05米）。全线按一级公路结合城市快速干道标准设计，计算行车时速60公里，其中：起点至大学路段（约5.35公里）路基宽度33米，行车道宽2×11.25米；大学路至西港高架桥（约3.88公里）路基宽度25.5米，行车道宽2×7.5米。一期工程概算总投资7.49亿元（含建设期贷款利息）。广东省发改委（原广东省计委）以粤计资〔2001〕182号文批准项目可行性研究报告。二期工程在原一期工程基础上扩建路面和配套市政设施，二期工程总投资4.47亿元，广东省发改委（原广东省计委）以粤计资〔2003〕1097号文批准二期工程建设。工程于2002年11月18日正式开工建设。至2010年，金凤大桥、西港高架桥已全部完工，主线实现通车。工程项目累计完成投资112727万元，完成总投资额的94.3%，其中2010年度完成投资9199万元，完成年度计划276.2%。

【汕头港广澳港区一期工程】工程于2002年11月18日开工建设。至2010年底，工程已完成征地、拆迁，码头、港池、堆场已完成，临时渔船避风塘完工，并搬迁购置四台岸边集装箱装卸桥，购置八台场桥。累计完成工程投资额约6亿元，占总投资额的83.5%，其中2010年完成投资8389万元，完成年度计划45.3%。该项目的建设将大大提高广澳港区的货物吞吐能力，明显改善汕头港的功能和布局，极大地改善汕头港的通航条件，充分发挥广澳港区5万吨级深水泊位的作用，为今后广澳港区开通更多远洋班轮航线提供有效保障，提高汕头港的综合实力。

【汕头市潮南区陈沙公路一期工程】该项目由主线和连接线组成，路线全长31公里。其中，一期工程按四车道（路基宽26米）实施，投资总额为36344万元。至2010年底，一期工程已完成水泥砼路面27.7公里、建设桥梁17座、新建涵洞5道、旧涵加固158道，完成开工路段27.7公里交通绿化工程，累计完成投资23809万元，占总投资额的65.5%。

【华能南澳东岛风电工程】工程场址位于汕头市南澳岛东部一带的山地区域内，占地11.3公顷（约170亩），该场址区域建设条件较为优越。广东省发改委以粤发改能办综〔2009〕1006号文批准该项目建设，项目总投资14937万元，建设周期为2009－2010年，由华能汕头风力发电公司筹资建设。项目安装20台单机容量为750千瓦风电机组，总容量15MW，轮毂高度为50至60米之间。项目于2010年完成投资建设投产发电，预计年发电量为3094.2万千瓦时。

【华能汕头海门电厂接入系统输变电工程】该工程变电站坐落在潮南区胪岗镇及成田镇，占地总面积约8.42公顷。线路工程途径潮南区胪岗镇、成田镇、陇田镇、井都镇，潮阳区海门镇、城南镇道、金浦镇、河溪镇、西胪镇和金平区鮀莲街道。总长度约2×92.5公里。工程包括：新建500千伏胪岗（潮南）变电站；新建500千伏海门电厂至胪岗（潮南）变电站、500千伏胪岗（潮南）变电站至汕头变电站线路。工程项目由国家发改委核准建设，计划总投资为10.79亿元。工程于2008年7月动工建设，2010年10月全部建成投入使用，共完成总投资10.39亿元。项目建成后为华能海门电厂1、2号机组发电送出提供保障。

【广东电网公司汕头供电局220KV坝头输变电工程】工程于2009年3月份开工建设。至2010年底，累计完成投资22743万元，占总投资额的77.5%，其中2010年度完成投资13380万元。

【华润潮南区雷岭风电项目】该项目位于汕头市潮南区南部红场镇、雷岭镇、两英镇一带大南山丘陵地带。总装机容量为4.93万千瓦，总投资为48747万元，建设周期为2010年-2011年。至2010年底，已完成投资约32000万元，占总投资额的65%，预计2011年上半年全部建成投入发电。该风电项目建成后，预计年发电量为1亿千瓦时。

【汕头市北轴污水处理厂】项目位于金平工业区西南角，征地面积103亩，规划服务范围为梅溪河以西、西港河以东区域，服务面积20.8平方公里，项目设计规模为日处理污水12万吨，包括厂区工程和厂外收集系统工程，由广东省广业资产经营管理有限公司负责建设经营。广东省发改委以粤发改资〔2008〕149号文和汕头市发改局以汕市发改〔2008〕274号文批准项目建设，投资总额92268万元，建设周期为2008－2010年。工程于2008年10月21日开工建设。至2010年，厂区已建成投产，外管网共完成干管约9247米。累计完成投资41117万元，占总投资额的44.6%，其中2010年度完成投资14410万元，完成年度计划34.8%。该项目担负着汕头市区西片区城市生活污水的处理任务，对进一步完善汕头市区市政配套设施，改善水环境质量，完成污染物减排任务具有重要的现实意义。

【潮南区两英污水处理厂】该项目于2003年经广东省发改委（原广东省计委）以粤计资〔2003〕662号文批准同意建设，总投资8000万元。汕头市发改局批准投资概算为8600万元。资金来源由地方自筹，银行贷款及上级补助。建设总规模按日处理污水能力6万吨考虑，分期建设,首期建设3万吨/日污水处理厂，配套截污管网19.68公里。项目于2005年开工，至2010年底，污水处理厂土建工程以及设备安装基本完成，并完成大截污管网，累计完成投资额10460万元。

【南澳污水处理厂】该项目是广东省“十一五”污染物减排“一县一厂”重点项目之一。项目总投资概算4957万元，项目厂址设于南澳县城后江东港，规划占地23.46亩，建设规模为日处理污水1.2万吨，采用A2/O微曝氧化沟处理技术。该项目于2009年7月正式施工。2010年通过环保验收，转入正式运营。目前，南澳县后江污水厂运行正常，各项出水指标均达标排放，日实际处理污水约0.7万吨。按总设计能力，每年最多能削减县城后宅镇排放污水中COD 1138.8吨，氨氮96.36吨，有效改善南澳县城及周边海域环境。

【峡山镇污水综合整治工程】工程建设地点为潮南区峡山镇。建设内容包括污水处理厂、截污管网和峡山大溪河道整治三部分，其中污水处理厂属于汕头市纳入广东省政府一揽子解决东西北地区污水处理设施建设方案之一，由广东省广业资产经营管理有限公司负责建设经营，总建设规模按日处理污水能力6万吨考虑，分期建设，首期工程建设规模为日处理污水能力3万吨；截污管网总长14.43公里；整治河道9260米。广东省发改委（原广东省计委）以粤计资〔2003〕843号文批准项目建设，工程总投资9560万元。工程于2006年动工建设，至2010年底，污水处理厂厂区建成投产，厂外配套管网、泵站已建成运行，厂区、管网已具备交工验收条件，累计完成投资12600万元。

【汕头大围达标加固工程】汕头大围由下蓬围、岐山围、中山公园、乌桥岛、四千亩围、鮀浦围六个独立围组成，围内总面积152.99平方公里，堤围总长度92.10公里（其中防潮堤42.90公里，防洪堤49.20公里，未包含鮀浦围牛田洋海堤18.7公里），承担着防御洪水、台风暴潮及围内排涝三大任务。工程总投资103985万元，施工期38个月。至2010年底，第一批开工建设的四千亩围大左堤段已完成填塘固基2000米，迎水坡混凝土浇筑1200立方米；梅溪河右岸3.7公里段已完成堤面平整及土方填筑，背水坡挡土墙已完成混凝土浇筑500米；大港河右岸已完成沙北闸围堰抽水。梅溪河左岸堤段已于12月28日开工建设。下蓬围前期可研、初步设计已完成，技施设计正在抓紧进行，工程施工、监理招投标已完成，目前相关部门正在抓紧落实征地、拆迁等工作。大围达标加固工程现已经完成投资18040万元，其中2010年度完成投资18014万元。

【汕头市农村饮水安全工程】汕头市围绕“保障农村饮水安全、改善农民生产生活条件、推动社会主义新农村建设”的目标，积极推进农村饮水安全工程建设，着力建立健全工程管理体系，强力推进水质达标工作。据统计，汕头市农村饮水不安全人口共68.11万人，其中饮水水质不达标人口为60.96万人，用水方便程度不达标人口为0.24人，水源保证率不达标人口为6.91人。汕头市从2007年开始开展农村饮水安全工程项目建设工作，至2010年底，共完成了44宗农村饮水安全工程项目建设，投入各个渠道的资金共17357万元，解决了近50万人的饮水不安全问题，占汕头市全部饮水不安全人口的73%，其中2010年共计投入各类资金8133万元，完成农村饮水安全工程16宗，解决了21.40万农村人口饮水不安全问题。

【汕头市农田水利基本建设工程】汕头市农田水利基本建设工程是最近几年汕头市政府启动为全面修复水毁工程和新建农田排灌渠道而大力推进的水利建设工程。至2010年底，整治农田受益面积达到20.31万亩，占全市应整治农田面积的45.29%，其中按现代标准农田建设标准进行建设的面积达4.93万亩。累计完成工程投资额22249万元，占总投资额的45.1%，其中2010年完成投资5562万元，完成年度计划100.2%。

【南澳引韩供水工程】南澳县是广东省唯一的海岛山区县，国家4A级旅游区和国家生态示范区，对台经贸合作的桥头堡。岛上淡水资源极为匮乏，人均水资源占有量仅为全省人均占有量的16.8%，是典型的水源性缺水地区。为从根本上解决南澳岛资源性缺水问题，广东省委、省政府决定建设汕头市南澳岛引韩供水工程。工程作为韩江下游及三角洲地区供水体系的组成部分，担负着向南澳县输供水任务，是广东省重点水利基础设施建设项目。该工程项目于2008年5月经广东省发改委批准立项建设，项目列入《广东省韩江下游地区供水工程规划》、《广东省水资源综合利用“十一五”规划》、《广东省“十一五”重点建设项目规划》。工程可研报告于2010年2月11日获广东省发改委以粤发改农经〔2010〕99号文批复,工程主要建设莲阳泵站、输水管道、凤屿岛调压池、南澳调节池、西阁水厂和配水管网，其中输水管道总长约29公里，配水管网总长约42公里，设计引水流量0.85立方米/秒，年引水量1883万立方米，工程总投资为32664万元，建设工期约18个月，供水区域面积106平方公里。工程初步设计报告于2010年8月25日获广东省水利厅批复，工程概算总投资为37156.82万元。至2010年底，工程累计完成投资1278万元。

【莲阳桥闸重建工程】工程于2009年11月正式开工建设，至2010年底，水下工程完成建设并通过验收；32孔拦河水闸闸门已全部安装就位，完成启闭机设备安装并投入正常运行；交通桥铺装层和两岸连接段挡墙基本完成；上部结构、安装间、进口段、下部结构墩体、水下墙正在施工。至2010年底，累计完成投资22000万元，占总投资额的66%，其中2010年度完成投资15865万元，完成年度计划105.8%。

【潮阳区城市防洪工程】工程位于汕头市潮阳区东部及南部，榕江与练江连通的航道棉城运河及练江下游，工程范围东起海门湾桥闸接棉城运河的东岸向北至棉北镇棉田五四山。建设规模按50年一遇标准达标加固护城河堤围25.28公里。投资总额13974万元。汕头市发改局（原汕头市发展和计划局）以汕市计〔2005〕2号文批准项目建设，建设周期2008－2010年。工程于2008年2月动工建设，至2010年底，工程已完成建设任务。

【濠江东西两岸达标加固工程】工程于2008年1月开工建设，至2010年底，工程已完成加固堤围29.07公里，正在施工2.3公里，累计完成工程投资额16920万元，占总投资额的95.9%，其中2010年完成投资7140万元，完成年度计划91.2%。

【海门国家中心渔港】工程于2008年7月8日开工建设。至2010年底，累计完成投资3455万元，约完成总工程量的83%，其中潮南辖区项目已完成合同全部建设内容，准备工程初验和交工验收；潮阳辖区约完成该辖区项目总工程量的70%。工程项目对带动汕头市水产品集散与加工、休闲渔业和滨海旅游、渔区城镇化建设，提升汕头渔港整体功能、加快发展对台贸易发展，促进汕头市临港经济发展有重要的意义。

【汕头职业技术学院扩建工程】项目位于汕头市濠江区东湖职业技术学院院本部校园内，为学校的改扩建工程。根据《关于汕头职业技术学院院址及建设资金等问题的批复》（汕府函〔2001〕129号）及（汕府办文〔2007〕1-037号）精神，项目可行性研究报告2008年汕头市发改局以汕市发改〔2008〕396号文批复，项目总投资2880万元。项目从2009年3月开始建设，项目建设规模是扩建教学楼、实训中心各1幢，总建筑面积达19022平方米，其中：教学楼6层，建筑面积8646平方米；实训中心6层，建筑面积达10376平方米。至2010年底，教学楼、实训中心已竣工验收，累计完成投资额为2880万元。

【汕头市特殊教育学校建设项目】项目位于汕头市泰山路东侧，为易地重建项目，占地面积71.16亩，建设规模为总建筑面积26422平方米，包括教学行政楼、学生宿舍、体育运动场等功能区，投资总额7989万元，资金来源为政府投资。规划建成一所能满足汕头市盲、聋、哑、弱智儿童少年教育和康复需要的综合型特殊教育学校，以九年义务教育为主，附设学龄前儿童教育康复和职业技能培训部。汕头市发改局以汕市发改〔2006〕190号文批准项目建设。至2010年底，已完成初步设计审查、施工图纸及审查、规划许可证，正在办理招投标手续，累计完成投资850万元。项目的建设，将有效改善汕头市残疾人特殊教育发展相对落后的现状。

【潮阳区职业技术教育中心】项目位于汕头市潮阳区金浦街道三堡社区，中心总建筑面积16万平方米，配套教学楼、实训中心、师生宿舍、图书馆、阅览室、综合楼等教学设施、生活设施及体育设施，计划在校生10000人以上。工程分三期建设，首期建筑面积6.1万平方米，建设教学楼1万平方米（80间教室）、办公楼5000平方米，实训中心1.6万平方米，师生宿舍2.7万平方米，食堂3000平方米。汕头市潮阳区发改局以潮阳发改〔2008〕56号文批准项目建设，中心计划投资1.97亿元，其中首期投资2250万元。资金来源为中央投资300万元，广东省配套投资700万元，其他投资1250万元，其余银行贷款。建设周期为2008年-2011年。至2010年，教学区全部封顶，教学综合楼、阶梯教室、实训综合楼、食堂、学生宿舍楼1幢已交付使用。累计完成投资17360万元，其中2010年完成投资14770万元，完成年度计划492.3%。项目建设将进一步提高潮阳区中等职业职业教育水平，优化人才培养的结构，为潮阳区的发展提供人才支撑。

【汕头市中心医院门诊综合楼建设项目】工程于2009年10月1日正式开工建设，至2010年底，累计完成工程投资额11394万元，占总投资额的28.1%，其中2010年完成投资8687万元，完成年度计划108.6%。

【金平区人民医院改扩建工程】项目位于汕头市金园路21号金平区人民医院内，为医院的改扩建工程。建设规模为新住院楼内部装修及配套建设7000平方米，旧住院楼改扩建6036平方米以及医疗专用设备配套投资，还有手术室、ICU病房、内科血透中心、供应室等特殊科室的建设。项目总投资1830万元，争取中央专项资金扶持1000万元，其他资金由地方财政配套。汕头市金平区发改局以汕金发改投预〔2009〕6号文批准项目建设。改扩建项目工程从2009年6月开工，至2010年底工程已完工。

【中心城区“城中村”及涉农社区供水改造工程】2008年11月，改造工程在龙湖区广兴社区正式启动，首批启动改造的五个社区是龙湖区的广兴社区、洋滨社区、周厝社区和濠江区的埭头社区、林后社区。至2010年底，已完成规划报建、办理年度固定资产投资计划社区96个，其中：正在施工社区15个，已完成施工社区80个。工程累计完成管道安装820875.69米，累计完成水表安装55346个。累计完成工程投资额13606万元，占总投资额的49.1%，其中2010年完成投资7948万元，完成年度计划113.5%。

【保障性廉租住房建设项目】汕头市把推进住房保障建设作为重要的民生工程、惠民工程，重点建设项目、民心工程项目，加大建设投入，积极筹集房源，建立健全住房保障体系，着力解决城镇低收入家庭住房困难问题。2010年全市通过新建、收购、租赁及帮建等形式，筹集廉租住房611套、经济适用住房16套，完成投资5833.6万元，完成年度计划75.6%，累计完成投资10038万元，占总投资额的53.9%。2010年解决了华新城20亩廉租住房项目建设的障碍问题，按计划开工建设，5幢550套廉租住房于年底全面封顶；加快教师公寓38亩保障性住房建设项目方案报审，研提中心城区安居工程94亩保障住户项目建设方案报审；落实澄海区隆都和莲下2亩多廉租住房建设用地，潮阳区海门镇20亩廉租住房建设用地加快启动建设，解决房源筹集难的困境。

【潮南产业转移工业园区首期基础设施建设项目】深圳龙岗（汕头潮南）产业转移工业园于2008年7月21日经广东省人民政府批准认定为省级工业园。园区位于汕头市潮南区胪田、井都二镇区域内，距离深汕高速公路出入口2公里，海门出入口3公里，距离汕头市区30公里，潮南中心城区15公里。规划用地面积6160亩，分两期开发建设。首期启动区面积1160亩；第二期发展区面积5000亩。园区首期基础配套设施工程总投资2.8亿元（含征地费），主要包括进园一路等10个基础设施项目。项目于2008年6月开工建设，至2010年12月，累计完成工程投资额25632万元，占总投资额的91.5%，其中2010年完成投资12451万元，完成年度计划88.9%，园区首期基础配套设施工程已基本完成，实现了“四通一平”。目前园区首期已开发面积948.93亩，实用地面积741.44亩，划分为27宗地块，已签约进园企业15家，均为电子电器、纺织服装产业，企业占地总面积434亩。产业转移工业园的建设，是汕头市贯彻落实广东省委、省政府“双转移战略”的具体行动，是承接先进地区产业转移，推动汕头产业结构调整升级，进一步提高城市竞争力的重要举措，是汕头市经济发展的潜力所在。

（章静珠）

建筑业

【简况】2010年，全市拥有建筑业企业221家，其中一级资质企业28家，是全省拥有一级资质企业最多的地级市。“十一五”期间，汕头市建筑业各项主要经济指标呈两位数增长，累计实现总产值841亿元，年均增长12.5%，为“十五”的近2倍。五年共创部优工程20项，其中鲁班奖9项，实现“十一五”鲁班奖“五连冠”。2010年，全市完成施工产值216亿元，比增18%；建筑业增加值达49亿元；利税总额17.4亿元，上缴地方税收9.5亿元，其中转移外税3.6亿元；吸纳城乡劳动力20多万人，为农民创收30多亿元。其中，全市建筑业总产值、上缴地税、转移外税分别是2005年的1.9、2.5、4倍。建筑业在增加财税收入、解决劳动就业、促进农民增收上发挥了重要作用。

【行业发展】汕头是著名的“建筑之乡”，全市有20多万建筑大军走南闯北，既打响“汕头建筑”品牌，又为汕头转回可观的税收。各级住房和城乡建设部门积极引导建筑企业大力实施“走出去”战略，加快建筑业劳动力和税收双转移，推动建筑业做大做强，全力打造市内、省内、省外三个“汕头建筑业”。2010年，建筑企业资质结构不断调整优化，全市有24家建筑企业晋升、增项资质，行业核心竞争力明显提升；全力开拓新兴市场，外出施工产值165亿元，同比提高2个百分点；龙头企业的示范带动作用明显，一级企业完成施工产值138亿元，占施工总产值的64%；全力做好草坡乡援建后续工作，圆满完成全省“三年援建、二年完成”的目标任务。一批优势企业将经营范围拓展到机场地铁、城际轻轨、港口航道等领域，如金东海公司在天津实施投资近5亿元的BT项目，省二建承建造价达5亿元的广肇城际轻轨项目，达濠市政公司中标造价13亿元的永南高速公路工程。

【建筑市场管理】加强有形建筑市场管理，强化招标投标重要环节监管，有效规范招投标行为。全年办理交易登记项目107个，实行招投标项目19个，中标金额4.2亿元，招标率和公开招标率均达到100%。认真按照职责分工开展工程建设领域突出问题专项治理，加强外来企业备案管理，强化建筑工程中标后监管，建立企业资质资格动态核查制度。加强工程造价管理，逐步建立建设工程“三价备案”制度，成功调解汕头海通造船厂生产场地等多宗造价、计价纠纷。稳妥解决清欠历史遗留问题，清欠工作取得阶段性成果。

【工程质量安全】全面推行住宅分户验收制度，抓好实体质量监督，开展工程质量监督执法检查，工程质量水平有效提高。2010年全市创国家优质工程奖6项、省“金匠奖”工程7项，省优工程37项。建安集团公司承建的广州市科学城海格通信产业园工程获鲁班奖，实现汕头“十一五”鲁班奖“五连冠”。深入开展“安全生产年”活动，以预防高处坠落、施工坍塌和建筑起重机械伤害为重点的专项整治，落实企业安全生产主体责任。创国家3A级安全文明标准化工地3项，以及一批省、市优良样板工地。去年全市监管工程施工安全状况平稳，无发生人员死亡生产安全事故。

2006—2010年汕头市获“鲁班奖”工程情况表

年度	施工企业	工程名称	备注
2010年	汕头市建安（集团）公司	广州科学城海格通信产业园工程	
2009年	汕头市建安（集团）公司	广州珠江新城L9地块A1、A2、B1、C1-3栋	
2009年	汕头市潮阳建筑工程总公司	河源市广播电视中心一期工程	
2009年	广东省第二建筑工程公司	上海海事大学临港新校区一期建设工程—图文信息中心	参建
2008年	汕头市建安（集团）公司	广州富力国际公寓	
2008年	广东建华装饰工程有限公司	北京首都机场三号航站楼、停车场及交通中心	参建
2007年	汕头市建安（集团）公司	广州富力金羊花园C5-C8栋	
2007年	广东省第二建筑工程公司	深圳市市民中心	参建
2006年	广东金刚幕墙工程有限公司	郑州国际会展中心工程	

【勘察设计】年内，开展勘察设计市场整治，严格实施大中型建设工程项目的初步设计审查和施工图审查制度。完成98个项目施工图设计文件和90个项目勘察报告的审查，纠正432条违反国家强规条文。大力繁荣建筑设计创作，开展优秀建筑设计作品评优活动，提高勘察设计水平。完成勘察设计概算36.2亿元，面积322万平方米，业务收入1.19亿元。加强城建档案管理，全年接收50个竣工项目3154卷档案入库。

【燃气市场管理】年内，开展瓶装燃气市场专项整治行动，整改隐患200处，取缔非法燃气点113起，报废钢瓶1.8万个，送检钢瓶24.8万个，没收钢瓶1500只及非法充装工具一批。开展全市58家燃气企业的安全评估和61个气站“四个能力”的建设。加快转变瓶装气供应模式，积极推进40个供应站建设。加大安全用气宣传力度，开展送安全用气知识进社区、进农村等活动。全年燃气销售量72.5万吨，销售额40.5亿元。

【房地产资质管理】年内，严把市场准入清出关，新设立房地产开发企业13家，核定资质等级17家，升级4家；开展全市211家房地产开发企业资质证书到期延续核定，对15家企业不予延续，降级1家。全年完成商品房投资43.6亿元，施工610.3万平方米，竣工97.4平方米，销售138.1平方米，销售额56.4亿元。

【建筑节能】严格执行建筑节能设计审查、施工监管和验收备案登记“三制度”，加强建筑节能在设计、施工、验收备案等各个环节的监管，实现新建建筑设计阶段、施工阶段执行建筑节能强制性标准两个100%。完成政府机关办公和大型公共建筑的能耗统计、核查、公示工作；积极推广应用节能新技术、新材料；顺利通过省建筑节能专项检查；积极做好“推散禁现禁实”工作，全年使用散装水泥78.2万吨、商品混凝土118.9万立方米、新型墙材29.3万立方米。经折算，可节约能源3.1万吨标煤、减少二氧化碳排量489.2吨、减少粉尘排放0.85万吨、综合利用粉煤灰90.7万吨，环境效益、经济效益和社会环境效益显著。

【科技创新】年内，建筑业自主创新能力不断加强，申报10项国家专利，取得1项国家工法、20项省级工法及7项国家、省级QC成果；达濠市政公司主编的《埋地塑料排水管道工程技术规程》获国家住建部发布实施，金东海公司与长沙理工学院合作建立科研中心。人才建设扎实开展，378名专业人员通过注册考核，200多人通过建筑工程系列中、高级职称评审。行业培训和技能鉴定齐头并进，完成3297人次的继续教育、岗位培训及技能鉴定，免费培训100名农民工，举办全省第37期和第39期村镇规划建设管理培训班。

（彭兰玠）

城市管理

【城市管理网格化试点】年内，按照市委、市政府关于推行城市“网格化”管理模式的要求，制订城市管理网格化管理实施意见和试点工作方案。2010年11月11日至2011年3月31日，在中山路、东厦路、海滨路、利安路围成的区域（含上述四条道路）开展城市管理“网格化”试点，试点工作范围包括城市管理行政执法、环境卫生管理、市政设施管理、园林绿化管理，探索建立街面管理新型运作机制，形成条块结合、以块为主，职责明确、协调配合，统分结合、高效运行的“网格化”城市管理模式。

【路段层级化管理】年内，将全市所有主次干道、内街小巷一并纳入路段层级化管理体系，着重加强对一、二级路段的日常监管，落实长效管理责任制，将各项执法责任层层分解、落实到人，形成“人人有岗位、个个有责任”的工作氛围；进一步指导和督促各区城管执法部门推进三级控制路段的划分和执法监管工作，对流动商贩实施有效疏导，引导入市、入室经营，以有效减轻一、二级路段及集贸市场周边日常监管压力。

【12319城管服务热线】年内，修改完善热线《实施意见》，进一步完善系统功能，组织8个新增承办责任单位和部分二、三级平台的联络员进行业务培训，加强转办事项的跟踪督促，提高热线服务质量和工作效率。全年接听市民来电19005个，生成事项转各承办责任单位办理18798个，各承办责任单位共办结17892宗，办结率达95.18%，群众满意度为81.37%；做好每周10条工作信息登报工作，全年发出47期工作信息（共470个问题），有446个问题已得到解决，24个问题正在抓紧协调和依法处理中，登报问题办结率为94.89%，市民满意度为92.5%。

【城市管理考核】修订《考核办法》和《考核表》（2010），完善路面执法动态考核方法，将提高路面见警率、见员率和办事效率列入考核项目，并会同纪检监察部门进行监督；将占道经营、车辆乱停放和城乡结合部乱倒垃圾等突出问题作为重点考核内容，通过采取日常明查暗访、发函督办等手段，推动面上工作的开展。全年对中心城区各考核责任单位实施季度考核3次，非中心城区三区一县半年考核1次，组织暗查20多次，检查主干道、重点部位及其他公共场所216条（个），印发《工作通报》4期，发出《整改通知书》141份，《督办通知书》64份，达到以考核促进城市管理工作的目标。

【城市管理效能监督】制订并实施《汕头市城市管理效能监督暂行办法》，按照该办法的规定，全年共接12319服务热线提请督办事项559个，截至年内已有444个事项得到落实解决。年内市纪委出台《汕头市城市管理问责工作暂行办法》，按照职责分工贯彻落实该办法的相关工作。还在市政府门户网站“汕头市网上参政大厅”开展为期2个月网上民意调查、向市人大代表和市政协委员发调查问卷函、综合整治专项检查三种方式，再结合2009年度考核成绩作为城市管理评议的最终成绩，让广大市民群众评议和监督市城管委各成员的工作。

【城市环境综合整治】以举办省第六届“山治会”和第六届国际“潮青会”为契机，开展占道经营、占路为市、“黑烧烤”、“黑三轮”、户外广告清理等一系列专项整治，加强时代广场等重点部位的综合治理。在开展户外广告清理整治中，市城管、执法部门会同市规划、工商等部门依法依规妥善解决中心城区户外广告遗留问题，在全面摸查、核实的基础上，采取“一刀切”原则分批次、分路段、分步骤的方式对违章户外广告设施实施强制拆除，全年共清理拆除违章户外广告设施637处（幅）。贯彻落实4月份全国、全省、全市开展城乡环境卫生整洁行动电视电话会议精神，突出抓好城乡结合部和“城中村”的环境卫生管理，协调解决金凤路桥、泰山路、汕汾路两侧乱倒垃圾问题。特别是10月15日全市城管工作会议和11月3日市召开“山治会”、“潮青会”专题会议后，“山治会”环境整治组各成员单位迅速行动起来，掀起市容环境整治新高潮。市城管部门对全市城管会上播放的城市管理情况录像片中反映的突出问题进行梳理分类，形成《曝光的城市管理问题表》（共29项问题），将任务按职责分解到各有关单位，明确责任单位和完成时限，及时跟踪督办；部署市区环境卫生整治、市容市貌执法整治、城市绿化美化亮化配套、城市交通秩序整治四项强化措施，组织开展了六项专项整治，还成立整治临时指挥组，专门成立四个督导组，从11月12日开始，不分昼夜，无论工作日、双休日，分别对主会场时代广场和周边环境以及各区的市容环境进行检查督导，发现问题立即发出整改通知书，限期整改，反复督查，促进整治工作的落实，还组织在市区主要部位和主要道路摆设鲜花24万盆，协调有关广告企业在城市主要出入口、主要道路和重点部位发布近30幅大型户外公益广告，为“山治会”和“潮青会”营造优美环境和浓烈氛围。全年市、区两级城管执法队伍共组织开展各类整治行动121场（次），教育纠正各类违章行为388363宗，实施处罚3563宗，拆除各类违法违章搭建物1683.34平方米；取缔无牌证、假牌证人力三轮车1524辆；取缔“白板肉”11914公斤、非法从事生猪屠宰窝点2个；查处非法运输、倾倒淤泥渣土行为4宗，清理淤泥堆积点4个；通告停止违章小广告发布电话机使用173部，实施行政处罚131部。

（李雄坤）

市政公用事业

【简况】“十一五”时期，汕头市把加快市政基础设施建设作为建设系统的中心工作，积极克服拆迁、融资、协调等诸多困难，全力实施一批事关城市发展和群众生活的市政基础设施项目建设。海滨路、天山北路、潮汕路等一批市政道路相继完成升级改造，一批绿化、灯光、环保、景观工程建成投入使用；五年完成市政投资13亿元，新建道路面积100万平方米，新增绿化面积20万平方米，汕头城市规模不断扩大，城市功能日臻完善，城市面貌明显改善。

2010年，着重建立完善市政基础设施重点项目责任分解落实体系，加强组织协调，强化督查管理，确保在建项目有新的进度、新的形象、新的成效。海滨路市政综合改造工程取得突破，东厦泵站和顶管施工有序推进，海滨长廊景观基本建成并向群众开放。泰山路一期、潮汕路、民族路、焰峰路全面竣工投入使用，北轴、南区污水处理厂管网和嵩山路工程建设积极推进。全年完成市政投资3亿元，新建道路面积2.1万平方米，新增绿化面积2.4万平方米。

（彭兰阶）

【市政设施维护】全年共维修沥青路面（含步道）4.68万平方米，清疏养护下水道213公里，改造下水道185米，补缺沟井盖1821个，清除灯杆、控制箱乱张贴的“牛皮癣”12356处，拆除市区主干道砼斜坡2006处；维修路灯灯具14020(盏/个)，改造电缆和线路5763米，路灯亮灯率达到99.8%；推进管网统建工作，全年完成工程总量约85.33孔公里，完成铺设步道砖约14720 平方米。

（李雄坤）

【市政设施管养】年内，继续实施排水清疏改革，实行考核激励机制，根据队、所生产任务完成量及工作效果进行考核，按照考核结果实施奖罚；推进市政设施管养市场化，继续将龙湖沟、龙湖沟引水渠、港区排洪沟、新河沟（含二线沟）沟体保洁工作以及南区河浦大道、大众路等16条道路和路灯设施的管养任务，通过公开招投标确定新一轮的管养单位；公开拍卖出让改造后的长平路及黄山路、天山路等434杆路灯杆广告设置使用权(含经营权)3年。南区市政后方管养基地首期1、2号路道路排水工程、设备基础工程、500型沥青搅拌站等项目已竣工通过验收。二期项目建设已通过招投标程序确实施工单位。

（李雄坤）

【城市桥梁检测维护】年内，委托中南大学土木检测中心和华南理工大学科技开发公司等中标单位分别对石林桥、光华桥、金砂路与龙眼路交叉口人行天桥和金樟立交桥、汕樟南高架桥进行结构检测，根据桥梁检测结果和检测单位的意见建议，加强日常巡查管养；协调交警部门加强对杏花桥、石林桥等不合格桥梁的交通管理，对过往车辆进行限速限载；做好不合格桥梁的环评、立项、设计、编制维修加固方案和预算等准备工作。针对海滨路吊桥桥面严重变形，存在安全隐患的情况，组织抢修加固，于12月上旬圆满地完成海滨路吊桥南北两侧桥面的旧桥拆除和新桥安装施工，以及吊桥塔架的维修加固。

（李雄坤）

【旧城改造】年内，小公园拆迁工作取得新进展，完成10个单位、704户居民的拆迁；海滨路西片区、濠江五围园和新兴片区等一批项目拆迁工作扎实推进；卫工路10号等3个片点竣工交付使用；完成汕头水利大围六个应急堤段25.7公里的拆迁摸查和测算；完成西片区1074亩和西港片区的拆迁摸查。竣工新楼59幢，建筑面积36.85万平方米，回迁居民138户；核发《房屋拆迁许可证》6份，拆迁面积10万平方米。妥善解决房屋拆迁纠纷，成功调解和裁决涂坪片、汕樟路16号和小公园等3个片点16户居民的拆迁纠纷。

（彭兰阶）

【“水浸街”改造】年内，对市区9个暴雨时出现积水的路段进行深入研究，制订“一路一策”改造实施方案，并完成黄河路（嵩山路—天山路）、衡山路（明珠广场、世贸花园前）等6个易积水路段的改造，上述路段积水问题基本得到解决；对其他3个需要大资金投入的路段，将改造意见上报市政府协调解决。

（李雄坤）

【供水直抄到户改造】全年启动供水改造社区56个，年内已完成改造的社区35个。上述社区完成水改任务后，累计完成85个社区的改造，累计完成投资额10600多万元，完成户数57300多户，惠及人口23万人，铺设管道长约35万米，占完成总体目标的58%。已完成改造的社区，自来水的水质、水压都有了根本性改善并实现了同城同价。

（李雄坤）

【管道燃气】整合中心城区管道燃气特许经营权，全力推动我市与华润公司实施管道燃气战略合作；以市政府引进深圳广聚能源公司发展公交事业为契机，启动12个天然气汽车加气站规划建设。投资1100万元建设濠海区岭海150立方米LPG气化站，完成20多个住宅小区管网和一批市政燃气管道建设。全年铺设管道75公里，投资额3530万元，新增用户8637户。

（彭兰阶）

【汕樟北路龙湖段续建二程】汕樟北路龙湖区路段（乐山路—泰山路）全长1395米，道路宽度37米，建设内容包括征地、房屋拆迁、道路、下水道、截污干管、路灯、绿化、交通等工程。年内完成路灯拆除、部分路树迁移、截污干管采购等工作，共铺设排污管300米、截污干管230米，浇筑砼路面约8000平方米，完成工程投资700万元，占总工程量的20%。

（李雄坤）

【潮汕路改造工程】潮汕路从大学路口至汽车总站至厦岭路口，长约1500米，采用水泥混凝土、沥青复合路面，改造后建成宽40米，中间4米绿化带，两侧人行道各5.5米，双向6车道，建设内容包括道路、排水、绿化、路灯及交通设施等，预算总投资1亿元。项目于2009年6月18日动工，2010年春节前试通车，2010年6月底竣工验收交付使用。

（彭兰阶）

【民族路改造工程】该工程自迴澜桥起至金凤坛止，道路长约350米、宽31米，采用水泥混凝土、沥青复合路面，配套排水、路灯、绿化、交通设施等。总投资约1154万元。工程于2009年11月底动工建设，2010年5月下旬试通车，2010年7月份竣工验收交付使用。

（彭兰阶）

【金砂路与东坝仔连接路工程】该工程位于金砂东路金津桥西引道两侧。新建北侧道路长385米、宽18.3米，南侧道路长372米、宽19米。建设内容包括：道路工程（含软基处理）、桥涵工程、交通工程、道路绿化、排水工程、照明工程等。总投资约940万元。该工程于2009年6月份开工建设，力争2011年全部竣工投入并交付使用。

（彭兰阶）

【城市景观照明工程】年内，发动业主自建灯饰，市中级人民法院综合审判大楼、金海湾大酒店、帝豪酒店、君华大酒店、汕头供电局办公大楼、柏嘉半岛、嘉信广场、星湖豪景、星洲家园住宅区、奋发园大楼等一批景观照明项目建成亮灯；城市开发总公司（城发大厦）、建安集团（建安集团大厦）、青年房地产开发总公司（观海居）等业主纷纷响应，着手编制楼盘的灯饰设计方案。

（李雄坤）

【路灯工程项目】年内，完成金凤路桥（潮汕路—东厦路）、泰山北路（水果市场以北）、汕樟北路（铁路—下浦桥）、韶山路（泰山路—流美村）、杏花桥、国道324线（磊口大桥—红旗岭）等一批路灯工程。在市区龙珠污水处理厂周边两侧路等试点实施太阳能LED路灯工程，于8月16日正式动工，11月完成西侧路、北侧路136杆太阳能LED路灯的安装并亮灯，完成投资460万元。还利用路灯杆广告使用权拍卖收益回拨资金改造长平路（衡山路—泰山路）危旧路灯110杆。全年改建、新装路灯411盏。

（李雄坤）

【北轴污水处理厂厂外排水收集系统】汕头市北轴污水处理厂厂外收集系统包括大学路合流、西港路合流、升平区污水、金凤路合流、潮阳路污水管、护堤路潮州路合流及尾水系统。排水管道设置路由为金园工业区范围的潮阳路（澄海路～大学路）、澄海路（潮汕路～普宁路）、普宁路（澄海路～金环西路）、惠来路（金环西路～金兴路）、金兴路（惠来路～潮阳路），以及大学路东西段及鮀浦段排水管道、护堤路（梅溪桥闸～金湖西路）、西港金凤路（光华桥～护堤路）。总投资约5.23亿元。整个管网项目力争按省政府的时间要求建成投产。

（彭兰阶）

【南区污水处理厂厂排水收集系统】该项目捆绑南区污水处理厂厂区建设，采用BOT形式，由广东省广业环保产品集团有限公司进行建设。该项目首期建设规模为15万吨/天，配套管网投资约80000万元。本项目分为濠江分厂和海门分厂两个项目。濠江分厂一期工程建设规模10万立方米/天，并于去年11月动工建设；远期规模36万10万立方米/天。厂外管网收集系统近期工程包括疏港大道（广达大道～沿江北路）污水干管、广达大道污水干管、沿江北路污水干管和河中路污水干管等四条主干管及其次干管，以及珠浦泵站、濠城泵站、河浦泵站与马滘泵站等四座厂外提升泵站。其中，与河中路干管相连的河浦工业园、台商投资区污水管网已与上述园区道路同期建设，南山湾产业园污水管网作为园区道路配套工程将与道路同期实施。整个管网项目力争按省政府的时间要求建成投产。

（彭兰阶）

【雷打石环保电厂项目】雷打石环保电厂项目总投资约5亿人民币，日焚烧处理生活垃圾1200吨（中心城区北岸日产生活垃圾）。发电装机容量为18～24MW，年发电量约1.5亿千瓦时。资金来源采用建设—运营—移交（BOT）市场化运作模式进行融资。分二期建设，首期先建800吨/日处理生产线(2炉2机)，二期再建一条400吨/日生产线(1炉)。已完成项目招标及BOT协议签订、预立项、用地预审，通过《项目环评大纲》的评审，《环评报告》的编制基本完成。

（李雄坤）

市容环境管理

【落实环卫作业任务】围绕巩固发展“创卫”、“创模”、“创优”工作成果和创建国家园林城市的工作目标，全市环卫作业单位落实对城区（含非中心区）1418万平方米道路的“一普扫二保洁”作业，做到“五定、四化、三到位”，即：定人员、定任务、定岗位、定职责、定标准，制度化、规范化、长效化、科学化，以及作业人员到位、时间到位、质量到位；重点部位和路段增加中午、上半夜保洁班次；主干道路保洁时间在14小时以上；对主次干道坚持晴天每天至少洒水降尘降温作业一次；街道（居委）、物业管理单位上门收集居民生活垃圾，区环卫部门上门收集沿街单位和商铺生活垃圾，做到垃圾日产日清，全市年清运并处理居民生活垃圾67.63万吨；落实公共厕所、垃圾转运站、果皮箱等环卫设施的清洁及管理；全年清理汕头港水域垃圾杂物983余吨。

【完善城市环境卫生管理长效机制】在开展环卫作业质量检查评比工作基础上，推行城市环境卫生网格化管理试点工作，进一步优化和完善质量检查机制，细化质检事项，强化监管力度，推行“制度化、规范化、长效化、科学化”管理，提高环境卫生精细化、常态化管理水平。市环境卫生管理局全年共组织全市性环境卫生质量检查16次、专项检查10次，印发《卫生质量检查通报》12期、环境卫生整改通知书2份；办结12319城管服务热线交办事项67宗，受理办结各类投诉件36件、新闻媒体曝光问题8个。

【环境卫生整治】年内，在市人大、政协“两会”、省创建宜居城市考评组莅汕绩效考核、“山治会”、“潮青会”以及广州亚运圣火（汕头站）传递等重要活动期间，市环境卫生管理局以城市主次干道、城市出入口、城乡结合部、集贸市场周边等重点部位为重点整治区域开展环境卫生整治活动，圆满完成各项环卫保障任务。全年累计出动人员1200人次、作业机械车辆近300台次参加环境卫生清理整治突击行动，清运垃圾杂物1000多吨，清理城市道路两侧无法落实责任人的零星废土废料约495吨，清除街招广告2000多张，粉刷乱涂乱写电话号码4000余处，纠正违规处置、堆放建筑垃圾行为80宗，冲洗建筑施工污染路段60条次，设置移动公厕51座次，搭建临时厕所7处。

【环卫设施配套建设】继续推行“市投资建设、区环卫部门负责垃圾转运、属地街道办事处负责日常管理”的环卫设施三级建管运作模式，着力加快城乡结合部、城中村环卫设施建设配套步伐，促进城乡环卫设施一体化进程。全年新建公厕2座、垃圾转运站3座，修缮改造环卫设施4座；推行垃圾压缩转运站建设、运行模式，启动4座压缩式垃圾转运站、1座常规垃圾转运站、1座公厕建设工作；结合创建无障碍城市活动，完成首批15座无障碍公厕改造工作。全年增设更换中心城区主要路段两侧具有分类收集功能的果皮箱308只、维护修缮162只，在泰山、黄河等路段和新溪镇金新路安装设置垃圾收集屋95座。汕头市雷打石环保电厂建设项目环评大纲已获评审通过；澄海区洁源垃圾焚烧发电厂建设项目进入土建实施阶段。设立建筑废土临时受纳场、建筑余泥临时倾倒点各1处，解决困扰城市环境卫生的建筑垃圾出路问题。联合市城市管理行政执法局开展专项整治行动，向建筑工程施工单位宣传城市管理法规，引导建筑工程余泥运输车辆驾驶员前往临时倾倒点排放余泥，并对违规乱排放建筑工程余泥的行为进行处罚，较好维护市区环境卫生质量。由市城市管理局负责、市环卫局协助，着手开展中心城区环卫设施专项规划编制工作。

【增购环卫作业车辆】市、区两级财政加大资金投入，加快环卫作业机械车辆更新补充步伐。全年市、区财政共投入资金600多万元，用于购置后装压缩式垃圾运输车、多功能道路高压洗扫车、道路高压清洗车、环卫型推土机等环卫作业车辆和机械设备，有效提高环卫作业机械化程度。

【环卫工人节】10月26日，汕头市召开庆祝广东省第十七届、汕头市第二十一届环卫工人节座谈会，会上向从事环卫工作满25年、从事市政清沟工作满20周年和被评为“2010年度汕头环卫‘十佳职工’和‘十佳外来工’”的职工代表颁发荣誉证书。环卫工人节期间，市环卫部门组织系列庆祝活动，包括评选表彰职工、举办拔河、游园、登山等一系列文体活动、慰问病困环卫职工和外来工、组织学习交流活动，总结回顾汕头经济特区成立近三十年来环卫事业发展成就等。

（林阳阳）

城市园林绿化

【国家园林城市】2月4日，汕头市正式被国家住建部命名为“国家园林城市”，这是汕头市继获得“国家卫生城市”、“国家环境保护模范城市”、“中国优秀旅游城市”称号之后，取得的又一块国家级城市名片。

（李雄坤）

【园林绿化建设】年内，以创园成功为新起点，推进园林绿化建设，做好泰山路两侧绿化带等绿化建设的前期工作；广泛发动市区各单位、各部门开展义务植树活动，全年共植树约200万株；督促各有关单位推进街心小景、绿化样板路建设；协助有关单位做好海滨文化公园等一批园林绿化工程建设。全年新增公园绿地面积164.5公顷。

（李雄坤）

【市政道路绿化维护】开展绿化卫生综合整治，对市区主次干道的草坪、绿带、树穴杂草和垃圾进行清理，全年清运杂草、枯枝等垃圾杂物共13884车次。开展绿化修剪，对市政道路分车绿带的灌木球、公共绿化平台的绿篱色块进行修剪，全年修剪灌木球16.13万株、绿篱色块46.51万平方米；对时代广场、人民广场、嵩山路、新河沟平台、韩江路北侧绿化带、金泰立交桥下绿化带、疏港路绿化带、中山东路两侧绿化带、污水厂北侧中间绿地、金泰立交桥下绿化带、韩江路分车绿带等地方的蟛蜞菊及台湾草等进行修剪，全年修剪51.2万平方米。全年给绿化施肥共1.6万公斤，喷药1.5公斤。对主次干道树木进行刷白，全年刷白2.5万株。组织对市区危树、死树进行处理，全年共处理乔木592株。做好苗圃苗木的自繁自育和引种繁育工作，主要培植的品种有菊花、千层金、狗尾花、百日红、白蝴蝶、彩叶草等近20个品种，全年育苗分床43807株，花木生产33900株（盆），乔木出圃868株，灌木出圃893株，花木出圃11167盆。

（李雄坤）

【公园管理】坚持“三优一满意”标准，做好游园接待服务工作，各公园均设有游客服务点，为游客提供茶水、便药及咨询、寻亲等服务，新增或更新安全指引、植物介绍等各类牌示。开展园容园貌清理整治行动，各公园清运树枝垃圾杂物1360车次，修剪乔灌木1.4万多株，修剪绿篱色块4.6万平方米，修剪草地约27.2万平方米，摆设时花15.9万盆。各公园节日游园和文化花事活动丰富多彩，全年共组织各类节日游园和文化花事活动15项。中山公园、华侨公园、金砂公园、石炮台公园共接待服务游客351万人次，其中优待免费人数206.2万人次、节日游园42.2万人次。

（李雄坤）

【公园基建维修】全年共基建维修项目23项。主要有：中山公园完成两栖馆和惠园茶座的改造，对中山桥进行维修，对红桥及周边堤段进行维修加固，对大操场博物馆前路边、龟山景区、动物园后门广场及动物园前门水体、大操场爱心石景区、虹桥、中心园区等进行绿化改造，改造整修绿地约6000平方米，种植非洲茉莉、鸭脚木、吉祥草、杏花、荷花、柳树、睡莲等，较好地改善园区的环境；华侨公园在海边铺设石板路面；金砂公园做好浸春湖沿岸、云竹朝露、童乐宫、东门景区、西门伏虎区、凤楼片区、晚亭问月、南峰金潼等区域的绿化改造补种工作，共补植各类苗木6000多株；石炮台公园做好绿化改造及补种工作，把柯达园223平方米大叶红草改种为红继木，并改造大门牌匾周围绿地。

（李雄坤）

【风景名胜区管理】积极做好省厅景区执法检查和综合整治验收迎检工作，顺利通过验收；严格执行景区项目选址审批制度，做好苏埃通道南岸出口的选址工程；及时制止和查处景区违章行为1092宗；全年经济总收入和接待游客人数同比增幅加大。

（彭兰阶）

【海滨文化公园】海滨文化公园项目位于汕头市内海湾北岸西段的沿岸区域，新规划的金港广场居住区和海滨路西延段南面，规划用地为原汕头港老港区凸岸码头和作业区用地。占地面积87370平米。由市城市建设开发总公司承担建设。

（彭兰阶）

【市区第24届群众菊花展览】11月13日至12月12日，在华侨公园举办市区第24届群众菊花展览。菊展以“盛世中国•幸福汕头”为主题，展出菊花及其他花卉4.5万多盆，200多个菊花品种，展出菊花数量多、长势好，布展富有特色，吸引了较多市民游客观赏。

（李雄坤）

【海滨长廊市场化管理】从2月开始，新改造的海滨长廊先行开放的廊段的养护管理实行市场化。通过公开招投标，由华达隆物业有限公司中标，负责海滨长廊的日常管理养护；并由市园林处按照《汕头市区道路树修剪养护技术指导性规程规范》（试行），根据汕头市海滨长廊物业管理养护服务承包合同的规定对该物业公司的日常管理情况进行检查、监督、指导、考核评分。

（李雄坤）

房产管理

【住房保障】贯彻落实国家、省关于加快解决城镇低收入家庭住房困难工作精神，切实完成住房保障各项目标任务。确定并公布2010年度住房保障标准。市政府与区（县）政府签订目标责任书，分解下达三区一县工作任务。多渠道筹集房源。在做好前两批房源的改造安置基础上，推进第三、四批房源收购的各项前期工作。清理市直行政事业单位闲置房产和市住房公积金中心“以房抵债”房产及受让市商行挂牌抵价房产。解决华新城20亩廉租住房项目建设的障碍问题，按计划开工建设，5幢550套廉租住房年底全面封顶。加快教师公寓38亩保障性住房建设项目方案报审，研提中心城区安居工程94亩保障住户项目建设方案报审，解决房源筹集难困境。组织开展住房保障资格审查和年度复核工作，落实年度实物配租和经济适用住房供应任务及应保尽保工作。中心城区全年筹集廉租住房533套、经济适用住房16套，发放租赁补贴2600多户。申请中央、省级专项补助资金，分配落实2009、2010年省级廉租住房保障专项资金。健全住房保障政策体系，编制汕头市2010-2012年保障性住房建设规划和“十二五”住房保障规划，明确各年度各类保障性住房建设规模，解决户数等情况；研提《在“三旧”改造中配建保障性住房的意见》报市政府发布施行；修改完善《汕头市经济适用住房管理办法》（草案）报市法制局。2009年目标任务完成情况经省考核评为“合格”。

【解决商品房确权发证遗留问题】贯彻《关于加大力度解决市区商品房确权发证遗留问题的意见》，落实市政府解决商品房确权发证遗留问题现场会精神，促进市区商品房确权发证遗留问题的全面解决。通过出台专门政策措施，建立专门联合办公机制，由市房产管理局牵头市国土局、规划局、建设局、财政局等部门集中联合办公，形成“一条龙”工作流程，完善操作程序和审批表格，做好政策宣传、政策制定等工作，从2010年5月1日起，联合办公工作人员节假日不休息日夜加班连续奋战六十多个昼夜，完成市政府下达的“军令状”。到年底，共有78个商品房确权发证遗留项目受理分户登记，受理分户发证新项目78个、约8000套，办理分户登记7400套，完成分户登记审核7330套，使困扰群众多年的确权发证遗留问题得到解决，使市政府的民心工程取得较好的成果。同时，对违规企业展开追收欠款、欠税工作，追究遗留问题项目开发商的责任。

【产权登记发证工作】2010年，汕头市中心城区全年办理商品房总确权登记277幢（其中属商品房确权发证遗留问题134幢），建筑面积139.29万平方米；核发《房地产权证》34857份、《他项权利证》9027份；办理抵押权预告登记4396件，金额112786万元，办理抵押登记9129件，金额252938万元；办理注销抵押登记8757件，金额503419万元；协助司法机关查封、续封、轮候查封、预查封房地产624宗，解封房地产766宗；落实国内业主房屋发还和协助市外事侨务局落实华侨房屋产权9宗，建筑面积1084.29平方米。进一步简化办事程序，缩短办事时限，提高产权登记办事效率。根据建设部《房地产交易与权属登记规范化管理标准》的要求，进一步推进产权交易一体化工作，从7月1日起将原由各交易机构和房屋产权登记发证中心按流程办理的房地产权转移登记涉及二手房转让部分，调整为由交易机构一并受理、审核登记，调整后减少了业务办理环节，缩短业务办理时间，有效地提高交易产权登记工作效率。

【房地产市场管理】全年核发商品房预售许可21宗，建筑面积102.4万平方米；办理现房销售备案21宗，建筑面积23.7万平方米。中心城区房地产交易登记25892宗，建筑面积272万平方米，金额83.3亿元，同比分别增加9.3%、6.7%、11.2%。其中商品房交易登记14066宗，建筑面积125万平方米，金额53.8亿元；二手房交易11720宗，面积146万平方米，金额28.8亿元。协助市财政局契税征收金额约2.8亿元，代征土地增值税0.69亿元，营业税等税款3.27亿元。贯彻落实国家、省房地产市场调控有关文件精神，会同市直有关部门开展房地产开发企业经营行为专项检查工作。组织对预售商品房项目开展清理工作，要求房地产开发企业应当在取得预售许可10日内一次性公开全部房源，明码标价对外销售；完善商品房销售方案备案管理制度，从商品房销售方案的申报、备案、公示、变更等环节作出规定，2010年市场运行情况总体良性。严格房地产经纪职业资格制度，全面推行房地产经纪机构备案和公示制度，组织对商品房销售管理、房地产估价机构、房地产经纪机构等的年度检查，遏制房地产市场违规行为、特别是未取得商品房预售许可证售房行为及黑中介现象，确保不出现“烂尾楼”及哄抬房价行为，保持商品房供需趋向平衡。推行二手房交易资金监管制度，确保交易资金安全，维护交易当事人的合法权益。规范国有、集体单位房地产公开交易市场的转让操作流程，防止国有、集体资产的流失，全年共受理国有、集体房地产交易登记480宗（其中挂牌成交79宗），面积18.72万平方米，交易额3.06亿元；拍卖成交74宗，结算成交金额3872.14万元。

【公房管理与房改】完成在管公房普查3984座，94.83万平方米，其中危险房屋1110座，14.97万平方米。投入维修资金228.04万元，维修危旧房屋约703座，受益约2764户。全年租金收入1430.21万元。在全面勘查掌握房屋质量的基础上，结合市“三防”工作的要求，特别是在台风雨季期间，落实相关应急预案，向危房户发出《危房撤离通知书》，加强巡查监管和排危抢险工作，保障在台风雨季期间直管公房和群众生命财产安全。做好重点危房户的重新安置工作，减少危房隐患。组织开展消防安全生产大检查，下发《关于加强市直管公房易燃易爆重点场所消防安全的通知》。落实公房租金政策，统一租金标准，2010年10月1日起，市中心城区享受租金减半政策的直管公房按现行租金标准2.34元/平方米•月的50%，即1.17元/平方米•月执行。组织对北郊公园3000多间周转房进行全面清理整治，经初步清理，符合居住条件有1253间，空置648间，拟列入清退1103间。并理顺供水直抄到户工作。审核单位申报住房货币补贴105宗、9481人次。共受理华侨业主（或代理人）申请收购“一房多制”华侨房产26宗，涉及住户152户，累计收购此类房产152套，建筑面积4718.06平方米，涉及收购金额约368万元。

【物业行业管理】依法审批物业服务资质，监管物业服务企业依法经营活动，办理物业服务企业资质审批事项共34宗，其中暂定三级12宗，评定三级9宗，变更资质内容13宗，外来物业企业备案1宗；办理物业服务区域和物业服务合同备案共182宗。指导和监督小区筹备与成立业主委员会，办理小区成立业主委员会的备案共5宗。汕头第一城、紫云庄东信小区、利鸿基大厦、泰安华庭东区、环碧花园小区等物业小区成立业委会后，改变小区原纠纷不断的情况，促进物业管理小区的和谐稳定。全市物业纠纷案件比2009年下降18%。研究提出《关于我市物业纠纷引发不稳定问题的调查报告》。完成市政协十一届四次会议《关于改善我市小区物业管理（服务）工作的建议》和市人大十二届五次会议《关于加强物业管理，确保第二次供水质量安全议案》等提案的调研报告，使提案人得到满意的答复。进行《汕头市物业管理条例》制订前的调研和起草工作，上报市政府列入汕头市2011年立法计划并制定完成，进一步规范市物业管理活动。推进本市住宅专项维修资金管理工作，出台《汕头市住宅专项维修资金管理实施办法》和相关配套文件，正式启动住宅专项维修资金管理工作。共10个住宅小区5196个单元房屋办理了银行开户手续，交存资金共2700万元。

【房产管理基础服务】改进完善住房保障管理信息系统，及时、准确上报有关数据。改造升级和实施产权交易一体化，完善登记系统功能，与原有环节管理、逐级审批、权属证书打印、业务统计等功能实现无缝衔接。启用房地产权属证书指纹和肖像加密系统，实现二手房交易“人（产权人）、证（房地产权证）、簿（电子登记簿）”的有机统一。完善商品房网上销售系统，增设房价销售比例控制功能，控制已核发预售证的商品房项目销售价格的变动比例，平抑房价的上涨。建设存量房网上销售系统。完成省行政审批项目“三库一平台管理信息服务系统”的调查和接入相关准备技术工作。做好各信息系统、政务内外网络、信息数据传输等维护工作，确保正常运行。评估业务。完成土地房产评估业务1900宗，总建筑面积74.9万平方米，总估值281.9亿元，评估费收入193万元。做好房改房上市交易等各类日常评估业务，开展政府职能性房地产评估业务工作，完成市金融资产管理办公室委托评估的评估业务15宗，总建筑面积11742.75平方米，总估值2692万元，促进汕头商行债权债务处置工作，盘活资产。房屋安全鉴定。做好学校、医院等机关企事业单位及个人委托的房屋质量鉴定，及时发现房屋的安全隐患，提出科学、准确的处理意见，防范于未然。全年受理房屋委托鉴定240宗，鉴定房屋共550幢、建筑面积约29万平方米。白蚁防治。拓展房屋白蚁的预防、检查、灭治等服务，推广新技术、新方法，广泛宣传白蚁防治科普知识，加强与各省市行业的沟通与交流，创新工作方法，提高工作水平和服务质量。全年共受理白蚁防治业务近1200宗。

（叶少群）

住房公积金管理

【管委会决策】2010年5月21日,市政府召开汕头市住房公积金管理委员会2010年度第一次全体会议。会议对2009年以来汕头市住房公积金管理的工作进行总结，听取各有关单位的情况报告，审议通过住房公积金2009年度增值收益分配方案、年度决算及2010年度住房公积金归集、使用计划等有关事项，并研究确定2010年的工作思路和工作重点。

【区县住房公积金管理机构调整】按照国家区县管理机构“统一决策、统一管理、统一制度、统一核算”的要求，潮阳、潮南、南澳、澄海的住房公积金管理工作移交市住房公积金管理中心统一管理，并在上述三区一县成立住房公积金管理部，全面完成全市住房公积金管理机构“四统一”管理。

【公积金管理】年内，督促各单位积极、主动、及时、足额为在职职工缴存住房公积金。严格执行“控高保低”的缴存政策，规范缴存标准。督促部分区财政部门将财政核拨核补单位住房公积金纳入财政预算，及时足额拨付。发挥住房公积金个人贷款利息低、免公证、免保险、提前还款免违约金的优势，开展住房公积金还贷自动划转业务，开拓二手房个贷快速服务新机制，引进担保机构为职工提供第三方连带责任保证，推进个人贷款业务，为职工购房解决资金缺口问题。至年底，全市住房公积金累计归集额67.61亿元，余额42.79亿元。2010年归集额12.98亿元，比2009年增长20.63%，提取额4.96亿元，占当年归集额38.21%。全市已建立住房公积金19.25万人（含封存户），全年新增个人账户总数15320户，归集覆盖面62.56%，比2009年增长1.94%；实际缴存人数13.20万人，实际缴存率42.90%，比2009年增长0.58%。2010年全市发放个人住房公积金贷款1166宗，放款金额26497.5万元，分别比2009年同期递增46.67%、57.92%，贷款余额50430.67万元；自2007年7月1日正式开展公积金个贷业务以来，至2010年12月底，全市共发放个人住房公积金贷款2800宗、金额58386.95万元。个贷逾期率保持为零。

【资金安全运作】通过个贷、购买国债、定期存款等渠道，促进住房公积金保值增值。完善内外监管机制，并设立专门机构，做好个贷审批、贷后跟踪维护等工作，控制个贷风险，对资金、工作时限等实行指标化管理，确保住房公积金的安全运作。2010年实现住房公积金增值收益2597万元，同时从2009年度增值收益中上缴市财政2978万元作为市廉租住房建设补充资金，历年累计上缴3326万元作为市廉租住房建设补充资金。

（郭松）

对外经济贸易

对外贸易

【简况】2010年，汕头市进出口总额73.64亿美元，同比增长22.2%。其中出口49.35亿美元，同比22.9%；进口24.30亿美元，同比增长20.7%；实现贸易顺差25.05亿美元。汕头市与177个国家（地区）发生贸易往来，主要出口市场依次为：美国、香港、日本、菲律宾、阿联酋、英国、沙特阿拉伯、加拿大；主要进口市场为：日本、台湾、韩国、美国、新加坡、德国、泰国、沙特阿拉伯。按企业性质划分，外资企业出口20.74亿美元，同比增长19.3%，进口11.11亿美元，同比增长18.4%；私营企业出口23.94亿美元，同比增长28.1%，进口11.39亿美元，同比增长24.3%；国有企业出口3.08亿美元，同比增长12.0%，进口1.54亿美元，同比增长17.3%；集体企业出口1.25亿美元，同比增长12.1%，进口690万美元，同比下降48.7%。按贸易方式划分，一般贸易出口35.72亿美元，同比增长25.5%，进口14.73亿美元，同比增长20.0%；加工贸易出口13.47亿美元，同比增长16.8%，进口8.42亿美元，同比增长20.4%。按进出口商品划分，主要出口商品有：机电产品、服装及衣着附件、玩具、家具及其零件、箱包及类似容器等；主要进口商品有：初级形状的塑料、机电产品、苯乙烯、织物及制品、塑料制品等。

【商务洽谈会】6月21–23日，组织企业参加省政府在香港举办“2010粤港经济技术贸易合作交流会”；8月17日，组织企业参加在温哥华香格里拉大酒店举行的首届广东—不列颠哥伦比亚贸易投资论坛及品牌推介会；9月27日，组织企业参加由省政府主办的“2010广东国际旅游文化节暨泛珠三角旅游招商会”；10月27日，组织企业参加由省政府和香港政府在印度新德里联合主办的“2010粤港–印度经济技术贸易合作交流会”。11月14–15日，组织企业参加由商务部主办、澳门特区政府在澳门承办的“中国—葡语国家经贸合作论坛第三届部长级会议”等各项招商活动及经贸论坛；12月份组织企业参加马来西亚外贸系列活动，推进外经贸企业对东盟市场的深度开发；12月下旬，组织企业参加由省政府在湛江举办的“2010广东省海洋经济博览会”。

【对外贸易经营者备案登记】2010年汕头市共办理新登记对外贸易经营者227家，其中民营私营225家，国有、集体1家，外商投资企业1家。截止年底，汕头市办理对外贸易经营者登记共有3166家企业，其中民营私营2828家，国有、集体278家，外商投资企业60家。

【扶持资金】年内，全市共核拨外向型民营企业发展资金200万元、中小企业国际市场开拓资金622万元、农轻纺出口基地建设资金514万元、“走出去”专项资金322.8万元、加工贸易转型升级专项资金240万元、加工贸易扩大内销奖励资金658万元、“两新”产品专项资金1663.8万元、服务贸易专项资金60万元、全国进口贴息327万元、省进口贴息337万元，受益企业978家(次)，累计金额4944.6万元。同时，与市财政局联合制订出台《汕头2010年促进外贸稳步发展鼓励措施》，争取1200万元外经贸扶持资金促进企业发展。

【电子商务及招商引资平台】“汕头国际电子商务应用平台”（下称“汕头平台”）正式开通一年多以来，出色地完成每年两届广交会的现场服务工作。在106届至108届广交会期间，“汕头平台”共计为会员企业推送近两万条采购信息，其中近4000条为即时采购信息，约500条为现场紧急采购信息，走访参展会员近一千家次。与此同时，“汕头平台”利用日常与海外各商协会及外商采购团的紧密联系，获得外商精准采购信息约1万条。通过向会员进行信息推送、配对撮合，促成意向成交约6千万美元，使企业真正体会到“永不落幕的交易会”带来的巨大益处。在107届、108届广交会中，汕头市共有参展企业678家（次），成交总金额5.59亿美元；组织企业参加各种投资促进活动，全年共促成35个投资项目，投资总额4.03亿美元，合同外资2.56亿美元。

【外贸增长方式转变】年内，积极实施“科技兴贸”战略，先后举办外经贸企业“两新”业务培训班和自主国际知名品牌培训班，250家自主创新和自主品牌企业的负责人及业务骨干参加培训。登记技术进口合同10个，合同总额1111.12万美元；技术出口合同1个，合同金额1101.30万美元；软件出口合同1个，合同金额73.26万美元。

【加工贸易】2010年，全市加工贸易进出口总额21.89亿美元，增长18.2%，占全市进出口总额的29.7%。加工贸易出口13.47亿美元，增长16.8%，占全市出口总值的27.3%。其中进料加工出口11.17亿美元，增长18.1%；来料加工出口2.31亿美元，增长10.9%。加工贸易进口8.42亿美元，增长20.4%，占全市进口总值的34.7%。其中进料加工进口6.57亿美元，增长22.4%；来料加工进口1.85亿美元，增长13.9%。

（詹瑞云）

对外经济合作

【简况】年内，落实国家和省“走出去”重要战略部署，组织企业考察欧洲和东南亚，积极开拓国际市场，境外投资创历史新高，连续四年被省外经贸厅授予外经工作二等奖。全年新批设立境外公司18家，协议投资累计1.53亿美元。历年累计设立境外公司75家，协议投资累计1.79亿美元，逼近2亿美元大关。

【境外投资】境外投资领域从东南亚国家和香港地区延伸到澳大利亚、印度尼西亚、泰国和阿联酋迪拜等16个国家和地区，经营范围从纺织品、针织服装、玩具、礼品、洗涤用品、化妆品、办公用品、各类紧锢件、五金等产品的批发、零售，进出口贸易，到废旧资源回收再生等实业型生产。广东东方锆业科技股份有限公司、汕头保税区三宝矿业有限公司分别在澳大利亚和印度尼西亚投资3933万美元、500万美元从事矿产的勘探、开采、加工销售以及矿产品资源的回运等相关业务。汕头市澄海区金裕食品有限公司投资730万美元在泰国投资设立生产基地。营销网络及品牌推广力度有新突破。广东省宜华木业股份有限公司在美国投资4000万美元设立全资子公司、澄海区艳阳春贸易有限公司在阿联酋迪拜设立了BS国际贸易有限公司，并招募100多家澄海玩具企业实施澄海玩具（迪拜）展示中心项目。

【对外承包工程】汕头市建安（集团）公司中标中国驻巴哈马使馆馆舍新建工程（工程造价近2891万元人民币），各方面工作正在按计划顺利进行，预计工程于2011年下半年开工，工期预计两年。

（詹瑞云）

吸引外资

【简况】2010年，全市批准设立外商直接投资项目35个，同比增长12.9%；合同外资金额40673万美元，同比增长109.5%；实际吸收外资金额25553万美元，同比增长25.2%。其中，合资企业6个，合同外资金额-20万美元，同比下降101.2%，实际吸收外资金额2273万美元，同比下降36.35%；合作企业0个，同比下降100.00%，合作企业新增合同外资金额87万美元，同比下降99.2%，实际吸收外资金额1983万美元，同比增长160.2%；外资企业29个，合同外资金额36520万美元，同比增长488.3%，实际吸收外资金额20997万美元，同比增长46.2%；股份有限公司新增合同外资金额4086万美元，同比增长

332.4%，实际吸收外资金额300万美元，同比下降82.5%。外商其他投资为加工贸易，项目数2个，合同外资金额16万美元，同比下降88.6%，实际吸收外资金额10万美元，同比下降92.7%。全年全市外商直接投资项目、合同外资和实际吸收外资三项主要指标实现二位数及以上增长，而且合同外资和实际外资没有出现倒挂现象，实际吸收外资分别超额完成省市预期工作目标22.18和9.18个百分点，完成进度位居全省第二。全市外商投资主要体现大规模项目增多、增资扩产项目增多和服务业项目增多等三大亮点。

【**外商直接投资**】2010年，外商直接投资项目中生产型9家、非生产型项目26家。外商直接投资主要来源为香港26家，合同外资金额30141万美元；台湾省5家，合同外资金额124万美元；澳大利亚2家，合同外资金额241万美元；塞舌尔2家，合同外资金额22万美元；意大利1家，合同外资金额3万美元。

（詹瑞云）

口岸管理

【**简况**】2010年，汕头港进出港货物3509万吨，同比增长13.1%。其中进出口货物1003.4万吨（进口794.9万吨、出口208.5万吨），同比增长15.8%；进出口集装箱47.3万标箱，同比增长18.1%。汕台海上货运直航共航行91航次，直接对台贸易26002集装标箱，其中出口12310标箱，进口13692标箱。汕头空港进出境航班1817航次，同比增长70.3%;入出境旅客18.57万人次,同比增长90.7%。汕头、澄海、潮阳、濠江4个进出境货运车辆检查场共查验进出境车辆85632辆次，同比增长27.1%；进出口货物896722吨, 同比增长11.9%。全年入境外国及港澳台同胞133857人次，旅游外汇收入0.50亿美元，比上年的0.49亿美元增长2.2%。

【**大通关建设**】按照全市大通关工作会议的精神积极做好口岸的管理、协调等工作。积极与海港、空港和车检场等驻汕口岸查验单位、市直有关部门和进出口企业沟通和联系，深入调研，督促有关单位对存在问题及时予以整改，落实现场办公和查验设施升级改造，推动口岸大通关工作的顺利开展，创造良好海陆空口岸通关环境。同时，积极参与引进国外航空公司来汕营运。

【**综合管理**】针对口岸运作中出现的问题，市口岸局加强口岸现场的管理、协调和服务，进一步改善口岸通关环境，确保口岸安全畅通。年内，广澳港区顺利通过国家口岸办的验收，口岸“一站式”服务综合办公楼开工建设。华能海门电厂码头顺利通过省验收。加强与海关、检验检疫、边检、海事等部门的工作联系，营造良好的通关环境。

（詹瑞云）

汕头高新技术产业开发区

【**简况**】2010年，汕头高新区坚持区域发展战略，不断深化建设“四个基地、一个示范区”的发展思路，调整优化经济结构，稳步推进产业发展。东片区企业全年实现工业总产值42.8亿元，比增13.2%；其中42家规模以上企业完成工业产值36亿元，占全区工业总产值的84%，比增14%；外贸出口完成9742万美元，比增16.7%；固定资产投资完成2.1亿元，与去年同期持平。东片区企业共完成税收收入1.21亿元，同比增长16.8%。财政收入3589.58万元，增长16.15%。

【**改善创业环境**】不断优化汕头市博士后、留学回国人员创业园和国家863软件专业孵化器广东基地粤东站、广东软件园粤东基地为主要载体的创新创业环境，与清华大学科技园签署了战略合作伙伴协议，共同建设科技项目孵化基地，做大做强创新创业服务平台，吸引更多科技项目入驻研发。同时，进一步整合高新区软件资源和完善高新区的科技创新服务体系。已有18家企业进入高新区软件园。加强科技创新支持力度，落实《汕头高新区扶持科技进步和创新资金使用办法》和《汕头高新区软件园建设管理暂行办法》各项科技创新配套资金，不断完善创新体制机制，为科技创新注入新动力。全年共争取省、市科技扶持资金300多万元。瞄准科技前沿，主动跟踪环保减排新能源技术，将纯电动汽车核心技术逐步引进高新区，并建立科研创新平台，有力地推动全区企业科技创新工作深入开展。

【**培育主导产业**】加强对电子信息产业及其产业链的扶持和培育，使电子信息产业成为具有高新区特色的主导产业。奥星光通信设备有限公司、利侨电子有限公司、德昕科技有限公司、松田实业有限公司、宏景科技有限公司和亚威科技有限公司等一批电子信息产业的领头企业规模不断扩大，有力地推动全区电子信息产业的健康发展。全年电子信息企业共实现工业产值16.3亿元，约占全区工业产值的38%。

【**项目建设**】全年在建生产性及技改项目6个，总投资1.46亿元，已累计完成投资1.2亿元，占总投资计划的82%。其中列入全市重点建设项目汕头超声电子集团有限公司投资5080万元建设科技厂房项目作为省第六届“山洽会”剪彩项目已竣工落成；总投资2500万元的正基电子综合厂房已完成2400万元投入，主体工程已封顶。

（莫莉芳）

汕头保税区

【简况】2010年，保税区以科学发展观为指导，认真落实《汕头市落实科学发展赶超进位工作方案》，积极推进转型升级工作，化解金融危机压力，推进招商引资，推动区域经济增速提位，主要经济指标完成或超额完成年度计划。全区实现生产总值20.7亿元，比增13.7%；工业总产值32.2亿元，比增16.7%。进出口贸易额7.8亿美元，出口总值7178万美元，比增49.4%。税收再创历史新高，工商税收1.38亿元，比增27.5%；财政一般预算收入5126万元，比增51%。引进一批新能源、新材料项目，10多个增资扩产项目进展顺利，建成投产后将新增年产值30多亿元。一批新兴战略性产业列入省现代产业500强、市十大创新企业、市重点跟进项目，高新技术产业发展取得了新成效。

【综合保税区申报工作】保税区把加快转型升级作为工作的重中之重，争取国家尽快批准设立综合保税区。先后三次赴广州向省政府分管领导和省府办公厅、省外经贸厅汇报工作，请求省政府加大与海关总署协调力度，请求省分管领导出面上京拜访海关总署领导，争取尽快启动会审程序。多次上京向海关总署汇报请求支持，以争取尽快启动会审程序。11月上旬，市委李锋书记带队上京拜访海关总署，孙副署长表示支持我区转型升级，同时提出了具体要求。

【招商引资】年内，认真制订并实施招商引资工作计划，化解金融危机带来的冲击，危中寻机，强势推进招商引资，项目引进取得突破。管委会领导带队前往香港等地走访企业，宣传保税区优惠政策，吸引企业进区发展。参加在广州举行的汕头市投资环境推介座谈会。组织有关人员参加泛珠三角区域经贸合作洽谈会，组织三宝、万顺公司参加市自办的汕头工业精品展。组织“广东省第六届‘山洽会’（汕头保税区）庆典仪式”，落实7个项目参加活动，投资总额共计10.92亿元。成功引进了投资2亿元的包装印刷（工业城）项目和投资2亿元的锂离子电池液等生产项目。在谈项目20多宗，拟投资总额70多亿元。

【重点项目建设】按照汕头市重点项目建设工作责任制度的要求，制订汕头保税区2010年重点建设项目表，加快推进重点项目的实施，促进项目顺利建成投产。全年在建项目10宗，投资总额8.96亿元。其中，威尔信动力设备有限公司增资1亿元，用地70亩，建设柴油发电机组配套件加工中心项目。汕头市十大创新企业汕头万顺包装材料股份有限公司增资3.76亿元，扩大产能到7.9万吨，该公司2月份还在深交所上市，实现区企业上市零的突破。广东华美油脂有限公司依托广澳港的优势，增资6500万元，建设棕榈油深加工项目，预计年增产值15亿元。汕头超声电子股份有限公司超薄覆铜板及半固化片生产线三期技术改造项目，总投资1.2亿元,生产能力增加1.2亿元。汕头卜高通美实业有限公司增资2亿元建设“环保科技园”二期项目，被中国塑料加工工业协会授予“中国塑胶循环利用示范基地”。

【企业服务】在全市“百人服务团”活动中，保税区有5家重点企业列为区领导挂钩服务对象，着力帮助企业解决生产经营中碰到的问题。在市政府的支持下，协调有关部门，逐步解决广东华美油脂有限公司运载进口大豆的大吨位货船进港卸货问题。开通码头与保税区间的快速通道，改变以前二次报关为一次报关，减少企业货物流转时间和费用。

【区域管理】加大盘活土地力度。成立工作机构，制订方案，要求对汕头商业银行在保税区内的716亩闲置土地进行统一规划、收回出让、合理补偿，并以此项目建设来盘活闲置土地，全年共盘活土地300多亩，变土地积淀劣势为后发优势。推进填海区域市政设施配套工程建设。已投入3800万元，完成排水排污管道7.5公里、N2路路灯安装3公里、浇筑N2路混凝土路面300米。加强财税管理，积极采取措施，开源节流，挖掘潜力，培养税源，增加收入，促使全年税收收入再创新高。压缩行政经费，确保达到全年压缩行政经费支出5%的目标。建立健全综合治理长效机制，确保区域安全稳定。

（保税区管委会办公室）

商贸流通服务业

经贸活动

【简况】2010年，全市经信系统按照省统一部署和要求全力推进扩大内需。组织全市150家企业参加“优粤诚”重庆推介招商会；组织参加西安“西洽会”、“广货江西行”和第六届“珠洽会”活动，全市8个合作项目列入粤赣、粤闽经贸合作成果，总金额43.2亿元；组织举办“食博会”，共接待专业观众及市民近10万人次，直接成交金额180多万元，达成代销意向30多个；金平区举办名优产品（武汉）展览会，62家企业116个摊位共700多种商品参展，超过5万人次参观；澄海区举办第十二届“玩博会”，来自南美、中东等64个国家以及国内29个省市和地区的采购商约6800人参加，贸易总额13.95亿元；潮南区举办上海招商引资推介签约会，签约项目34个，协议投资59.16亿元。继续推进家电、汽车摩托车下乡和"以旧换新"，4月份主办"2010年家电下乡和家电以旧换新省市联动宣传推广"为主题的促销月活动；全年家电下乡销售3.2万台6843万元，家电以旧换新销售4.8万台1.8亿元，汽车摩托车下乡销售18826辆3.87亿元，兑付补贴3790.14万元，汽车以旧换新销售187辆，兑付补贴168.1万元。组织在"五一"和中秋、国庆期间开展促销活动；沃尔玛汕头分店通过各项活动组织300多种商品进行让利，最大的降价幅度达到50%，销售和客流比平时增长40%；易初莲花连锁通过活动，销售比去年同期提升了13%。通过扩大内需，有力地促进消费品市场持续畅旺。全年社会消费品零售总额830.41亿元，比增25.8%。

（林振盛）

【家电下乡以旧换新】4月24日，汕头市经信局、汕头市财政局联合主办的"家电下乡以旧换新省市联动"促销月活动启动仪式在汕头苏宁电器有限公司海霸王店门前广场隆重举行。5月份和9月份市经信局会同市财政局对六区一县的网点进行检查，加强对各网点的管理，防止出现坑农害农现象。市经信局与广东苏宁、海信科龙、格力电器、四川长虹、广东美的制冷、广东志高空调、康佳集团、沃尔玛（广东）百货有限公司肇庆瑞州四路分店和广州海尔等9家中标企业签订《广东省家电以旧换新中标企业承诺书》，并有44家销售网点和45家回收网点在市各区经贸局通过备案。全年全市共印发宣传单张20多万份，张贴宣传海报3万多张，并组织当地新闻媒体、电视台、电台进行跟踪报道，扩大宣传效果，使这项国家惠农政策家喻户晓，深入人心。2010年度全年家电下乡销售9148万元，销售量42386台。以旧换新扩大就业人数约100人。

（林振盛）

【汽车以旧换新】2010年，国家在原有补贴的基础上，进一步提高了汽车以旧换新的补贴标准，同时取消已享受购置税优惠不能同时享受以旧换新的政策限制，并将以旧换新的政策实施时间从一年延长到一年半，进一步刺激广大消费者对车辆更新的积极性，消费拉动成效明显，全市的汽车以旧换新工作也取得新的进展。至年底，以旧换新车辆达307辆，其中老旧汽车55辆，黄标车292辆，根据"财政部、商务部公告2009年第20号"要求办理老旧汽车报废更新15辆，共拨付补贴资金416.9万元。

（黄静）

【第12届中国（汕头）国际食品博览会】12月16-19日，由汕头市人民政府、中国食品工业集团、泰国工业部、香港食品商会联合主办，汕头市经济和信息化局、泰国工业部中心企业发展促进厅、汕头市超市供应商协会、汕头林百欣国际会议展览中心共同承办，香港四洲（集团）协办的第11届中国（汕头）国际食品博览会在汕头林百欣国际会议展览中心隆重举办。本届展会共设国际标准展位570个，分为国际知名食品展区（含香港四洲集团展区、泰国商品展区）、国内知名企业展区、食品展销区等。泰国、日本、韩国、新加坡、马来西亚、香港、台湾等国家和地区、以及国内20多个城市的近400多家企业参展。本届博览会是汕头市首次与著名央企中国食品工业集团合作，通过中国食品工业集团组织福建等地的众多知名企业前来参展。展会期间共有近3000名专业人士莅会，观展人数超过60多万人/次，日高峰人流量，超过8万人/次。是粤东地区2010年度最具规模、最具档次、最具专业性的经贸活动。

（林航）

供销合作社

【简况】2010年，汕头市供销合作总社认真贯彻《国务院关于加快供销合作社改革发展的若干意见》精神，坚持为农服务宗旨，创新和提升为农服务功能。并积极推进新农村现代流通服务网络建设，构建农资、日用消费品、农副产品和再生资源四大现代流通服务网络，搞活城乡流通、扩大国内需求、推进城乡社会统筹发展。全年全市供销社系统商品经营总额27.9亿元，其中商品总销售13.7亿元，分别比增2.5%和4.8%。

【全国中心城市供销社第二十七次协作会议】2010年10月，全国中心城市供销社第二十七次协作会议在汕头市召开。汕头市供销合作总社作为本次会议的秘书长单位。会议的中心议题是：全面贯彻《国务院关于加快供销合作社改革发展的若干意见》（国发〔2009〕40号）以及全国供销合作社第五次代表大会精神，探索研究新形势下中心城市供销社改革发展新路子，力促城市供销社全面融入城市经济社会发展大潮，为壮大供销社整体实力、统筹城乡经济社会发展作出更大贡献。有28个中心城市供销社参加会议，代表共135名。中华全国供销合作总社党组成员、理事会常务理事于培顺（副部级）莅汕出席会议。

【农民专业合作社建设】2010年，汕头市供销合作总社在巩固规范原创办的专业合作社的基础上，新创办专业合作社78家，累计达121家，其中山区老区43家，扩大了专业合作社的辐射面和带动力。

【农业生产资料供应】年内，汕头市供销合作总社通过进一步整合、建设基层经营网点，发展全市性区域农资连锁经营和物流配送，农资经营服务网络辐射全市乡镇农村。初步形成以市天盟农资配送公司为核心，以区县农资配送中心为骨干，以基层网点为基础的覆盖全市的农资经营服务网络。市农资行业协会组织会员单位也开展“放心农资进村”和“农技服务下乡”等活动，送肥送药送技术；并协同有关部门开展农资商品打假活动，规范农资市场，维护农民权益。2010年，全市供销社系统组织优质货源，落实政府化肥储备任务，共供应各种化肥96049吨、农药2824吨，全市供销社系统农资经营量占社会总需求的六成多，居主导地位。

【农副产品和日用消费品经营】2010年，汕头供销合作总社加快推动农产品市场、田头市场和日用消费品配送中心、商品一条街建设，并引进连锁配送等新型经营业态，扩展连锁店、专卖店。截至2010年底，全市供销社系统共改造546个农家店，建成206个村级综合服务站，9个商品配送中心和8条商品经营一条街，初步形成遍布城乡的农副产品和日用消费品经营服务网络。

【再生资源经营服务规划】年内，汕头市供销合作总社制订全市再生资源回收利用体系建设规划，贯彻落实《国务院关于加快供销合作社改革发展的若干意见》（国发〔2009〕40号）精神，构建市再生资源现代经营服务体系，促进再生资源的回收利用，服务社会，搞活企业。10月，市政府分管领导到汕头市供销合作总社调研，支持“新网工程”建设，协调解决供销社要求主导全市再生资源回收利用新体系建设和兴办汕头市首家旅游购物中心的相关问题，支持汕头供销合作总社建设全市再生资源回收利用体系。

（吕婵宾）

粮食储备管理与流通

【粮食工作政府负责制】2010年，汕头市认真落实粮食工作政府负责制，完成省下达的地方储备粮、应急成品粮油储备和地方食用油储备任务。强化储备粮管理，推广粮油仓储新技术、新标准和新规范，提升储备粮科学管理水平，确保在库储备粮质量好、数量足。认真落实粮食安全责任考核工作，严格按照省、市有关粮食安全责任考核办法的要求，认真组织考核的各项工作，迎接省对本届政府粮食安全责任届满前考核。并组织实施对各区县政府的粮食安全责任进行届满前考核，并将考核情况和结果上报市政府，由市政府发文通报。

【粮食基础设施建设】2010年，汕头市加大粮食基础设施建设力度，积极推进省储备粮汕头直属库建设和濠江区蜈田粮库改造工程的各项准备工作。省储备粮汕头直属库建设汕头市承担的各项前期工作已全面完成，正积极敦促省储备粮管理总公司尽快拨款开工建设。蜈田粮库项目市政府已经批准拨款200万元作为前期费用，正加紧准备具备农发行贷款条件的各项工作，及有关前期工作。进一步推进市粮油品质检验所和汕头（粤东）粮食批发市场等项目建设。市粮油品质检验所增加粮食重金属检测项目的有关检验设备已经配置完成，汕头（粤东）粮食交易批发市场已正式营业，为打造粤东粮食物流中心奠定基础。敦促指导各区县加快粮食基础设施的规划建设步伐，扭转仓储设施陈旧老化的局面。

【粮食应急机制】加强粮食市场监管，掌握粮食市场动态，完善粮食应急管理机制，保证粮食应急措施的到位。按照“平急结合，精简节约、布局合理、利于管理”的原则，完善粮食应急保障网络，确保在粮食应急状态下，应急加工、运输、供应的迅速联动，保障全市的粮食供应和市场稳定。结合省级粮油市场监测网络建设，进一步完善市粮油市场监测网络，把粮食购销数量监测纳入监测内容，落实专人，加强联系，保证信息网络畅通，对粮食供求价格，市场供求和购销数量实行动态监测。全市已落实粮油应急加工企业10家，运输企业5家，供应网点72家，信息报送点21家。

【粮食流通产业发展】按照“政府引导、市场运作、突出重点、力求实效”的原则，对从事粮食产销区协作的粮食经营企业继续给予指导、扶持，落实各项优惠政策，积极争取地方政府出台优惠政策。组织粮食企业到产区走访，鼓励粮食经营企业与产粮区企业建立多层次、多方位、多形式的长期、稳定合作关系。会同农发行认真贯彻广东省粮食局、省农发行《转发国家粮食局、中国农业发展银行关于加强合作支持现代粮食流通产业发展的通知》（粤粮法〔2009〕185号）精神，促进支持现代粮食流通产业发展各项贷款资金政策措施的落实。争取上级对汕头（粤东）粮食批发市场的配套建设、粮丰集团的烘干配套仓储项目、南永油脂的储油加工项目的支持，扶持民营企业做强做大，确保市的粮食安全服务。科学地编制《汕头市粮食流通产业发展“十二五”规划》和《汕头市粮食流通基础建设“十二五”规划》。

【粮油市场保供稳价】认真做好保证粮油市场供应和价格稳定的工作。根据国家发改委等部门关于进一步做好粮油市场供应和价格稳定工作的通知精神，成立由粮食、发改、财政、经信、物价、工商、农业等单位有关负责人参加的粮油市场保供稳价工作小组，出台《汕头市保证粮油市场供应和价格稳定的工作方案》，组织各成员单位对市粮油市场保供稳价工作进行交流和总结，研究和确定下一步的工作措施。依照《粮食流通管理条例》、《广东省粮食安全保障条例》的规定，围绕深化粮食流通体制改革和粮食流通管理这个中心，以完善粮食流通监督检查体制，推进依法管粮为工作重点，加强对国家政策性粮食购销活动的监管，建立健全本区域内粮食质量安全监管制度，开展粮食专项调研和检查活动，提高粮食经营者守法经营意识，切实维护粮食流通秩序。

【军粮供应管理】按照军粮供应管理的规定，严格手续，加强监管，规范军粮财务管理制度；加强审核，确保上报军供资料真实准确；坚持属地供应，维护健康有序的军粮供应秩序。同时，积极探索全市统一配送军粮的做法，经过审核指定军粮供应加工企业，确保军粮的质量。通过采取有效的管理手段，逐步形成“小企业、大网络”的军粮供应格局。

（肖永和　周厚年）

旅游业

综 述

【简况】2010年，汕头市旅游局紧紧围绕市委、市政府的中心工作，全面落实科学发展观，以建设汕头生态滨海旅游示范区为中心任务，着力推进旅游项目开发建设，大力开展旅游宣传促销，举办特色旅游节庆活动，切实加强旅游行业管理，全市旅游经济实现较快发展。全年实现接待过夜游客782.2万人次，同比增长15.01%，旅游收入88.47亿元，同比增长19.09%。

【旅行社】2010年汕头市乐观国际旅行社有限公司和汕头市商之旅国际旅行社有限公司获准经营出境旅游业务，全市现有经营出境旅游业务资格的旅行社达6家；新成立汕头海源邮轮国际旅行社有限公司、汕头市顺安国际旅行社有限公司、汕头市江南旅行社有限公司、广东国旅（汕头）旅行社有限公司等4家旅行社；6家旅行社开展委托代理招徕旅游者业务；注销汕头市澄海区愉悦旅行社有限公司、汕头市乐荣旅行社有限公司、汕头市泰达旅行社有限公司、汕头市金桥旅行社有限公司等4家旅行社。全市现有旅行社60家。根据《汕头市奖励旅行社组织游客进入汕头旅游实施办法》，市旅游局、市财政局对2009年度组织游客来汕旅游成绩突出的汕头市旅游总公司等9家旅行社进行奖励。分别是：组接总量奖（旅总、海岛、金潮）、年度增幅奖（乐观、瀛南、商之旅）、特色创意奖（旅总、青旅、新旅程、乐观、好风光）。开展旅行社责任保险统保工作，全市旅行社责任保险统保率达到80%以上，超额完成上级旅游管理部门的要求。

【星级酒店】根据国家和省旅游饭店星级评定委员会工作部署，市旅游饭店星级评定委员会于2010年9月9日至12月3日组织对全市星级饭店进行复核。省星评委派员对市3家满五年期星级饭店（国际大酒店、金城大酒店、金佳诚酒店）进行评定性复核；省星评委委托肇庆市旅游局对市3家星级饭店（君华大酒店、龙湖宾馆、中信度假村酒店）进行交叉复核。截至2010年12月，全市星级饭店共有41家。其中五星级饭店3家，四星级饭店7家，三星级饭店19家，二星级饭店10家，一星级饭店2家。本年度取消星级2家，分别是：斯悦宾馆（1星）和广润酒店（2星）。

（庄为建　蔡琛）

景区景点建设

【旅游资源保护和开发条例】2010年8月26日，市人大常委会通过《汕头市旅游资源保护和开发条例》，自2011年2月1日起施行。《条例》的出台为合理开发、利用旅游资源，促进景区景点建设提供法律支持。年内，市党政联席会议还审议通过《汕头市旅游发展总体规划（调整）》（2008—2025），使我市旅游业的发展更具指导性和规范性。

【方特欢乐世界·蓝水星乐园建设】2010年7月13日，粤东首家大型主题公园“汕头方特欢乐世界·蓝水星”顺利开园营业。汕头方特欢乐世界·蓝水星公园的建成，填补汕头市乃至粤东主题乐园项目的空白，丰富汕头市旅游产品，也成为汕头市的标志性景观之一，为拉动汕头旅游经济加快发展起到了积极的作用。

【乡村旅游区建设】年内，在省旅游局的支持和指导下，市旅游局积极指导澄海区莲华镇整合旅游资源，把全镇的旅游资源进行整合打包作为一个大景区，申请通过国家旅游局AAAA级旅游景区的评定。

【省旅游扶贫资金】2010年，汕头市有三个旅游项目得到省旅游扶贫专项资金扶持，分别是澄海区莲华乡村旅游区60万元、南澳自行车旅游基础设施建设60万元、潮阳区莲花峰旅游区基础设施建设40万元，另外还有澄海区壮雄薄壳米店、澄海区协和生态园、濠江区金寿茶艺园、潮南区荔园农业有限公司、南澳县黄花山林场、南澳县渔家乐凤屿休闲渔业、南澳县内湖生态园等项目成为省星级农家乐项目，各获得5万元的扶持资金。

【世博潮府馆回迁汕头】12月召开的第三届粤东（揭阳）侨博会，汕头市旅游局与上海世博潮府馆就世博潮府馆回迁汕头项目进行签约，项目总投资20亿，拟在复原的基础上规划建设集美食、展示、演艺、体验、休闲、购物、娱乐为一体的汕头标志性文化旅游园区—潮民俗风情新天地。

（庄为建　蔡琛）

旅游宣传与促销

【旅游推介活动】3月，组团赴新加坡和马来西亚开展旅游宣传推介，与新加坡潮州八邑会馆、马来西亚潮州公会联合会、马来西亚雪隆潮州会馆等潮人社团进行交流。4月，市旅游局借助市委、市政府在港举行航线开通签约仪式之机，召开汕头旅游说明会。香港旅游界代表，以及汕港两地主流媒体代表近100人出席说明会。4月，借“潮府酒家”进驻世博会的契机，举办首届上海潮汕美食文化节，在上海推介汕头美食旅游。首届上海潮汕美食文化节由广东省世博办、汕头市人民政府、上海潮汕联谊会共同主办，汕头市旅游局、上海潮府酒家承办。首届上海潮汕美食文化节的成功举办，进一步加强汕沪旅游文化交流，打造美食旅游品牌，推动潮汕美食文化在上海乃至全国的传播和推广。11月，组织赴澳门参加“潮汕美食文化嘉年华”活动并与澳门旅游界、餐饮界就加强汕澳两地旅游文化合作进行交流，举行汕头旅游推介活动。年内，还组织参加中国国内国际旅游交易会，赴江西、福建开展旅游推介交流，参加第六届海峡旅游博览会、2010中国桂林国际旅游博览会和第二届中国（宁夏）国际文化艺术旅游博览会等一系列展会。

【旅游促销活动】3月7日，市政府和省旅游局在汕头市潮阳区联合举办“粤东侨乡2010华人华侨旅游年”启动仪式，有来自近十个国家六百多位华侨华人参加活动。3月8日，市旅游局与市妇联在汕头市人民广场联合举行纪念“三八”国际劳动妇女节100周年暨“爱我汕头，畅游家乡”大型女性旅游活动首发式。积极参加2010世界旅游日全球主会场庆典暨中国广东国际旅游文化节广州主会场活动。在2010广东国际旅游展览会上，汕头展位备受热捧，在花车嘉年华巡游活动中，汕头花车荣获三等奖。在第二届粤菜峰会暨中国粤菜选拔大赛，汕头君华大酒店、汕头金海湾大酒店、龙湖建业酒家、龙湖宾馆、澄海区壮雄薄壳米店、玉兰喜餐饮有限公司和月眉湾酒楼荣获“粤菜名店”，白切薄壳米鸡、中华名小吃达濠鱼丸获“粤菜名菜”，汕头市旅游局荣获“优秀组织奖”。通过2010广东国际旅游文化节这个平台，积极宣传汕头的旅游资源和旅游产品，推广汕头旅游新形象。

【旅游节庆活动】市旅游局挖掘和整合汕头旅游节庆资源，大力开发农家乐、渔家乐，生态游、健身游、美食游等富有汕头特色的生态滨海旅游产品。10月，在礐石风景名胜区举办“2010汕头迎亚运金秋活力登山节”启动仪式，此后从10月16日起延续到11月，南澳黄花山、澄海莲花山、潮南大南山等地都相继开展相关的旅游登山活动。11月4日，“中国（汕头•澄海）国际兰花旅游文化节暨第二届海峡两岸国兰精品博览会”在澄海莲华乡村旅游区举行。活动由国际兰花展及港澳台国兰精品博览会、乡村旅游论坛、乡村旅游节三大板块组成，来自日本、韩国、美国、澳大利亚、新西兰、菲律宾、泰国、新加波及港澳台等国家和地区嘉宾约100名 以及国内各界嘉宾约200名参加活动。12月16—26日，由市政府主办，市旅游局、市餐饮业协会承办的汕头市第十六届潮汕美食节在汕头市时代广场举行。本届潮汕美食节共有参展商66个，美食展位近百个，美食品种丰富，受到市民和游客的热情追捧；美食节吸引了国内外主流媒体聚焦汕头，中央电视台专程莅汕拍摄美食专集，《香港商报》、《澜声卫视》和周边城市媒体也进行相关系列报道。据估算，美食节期间 美食广场共接待游客45万人次，创历届美食节游客量新高，美食广场营业额达500万元。继本届美食节后，我市还举办了第五届中华名茶（汕头）博览会、第三届旅游产品（汕头）博览会。此外，通过举办第二届汕头市濠江桃花节、“2010汕头•潮阳杨梅节”、“2010年汕头•潮南荔枝旅游节”、第二届薄壳美食旅游文化节、鲜菇美食节和环南澳岛自行车赛等一系列特色旅游节庆活动，在带旺汕头旅游市场的同时，增加农民和商家的收入，收到较好的经济效益和社会效益，为汕头旅游业打造新的品牌、注入新的活力。

【旅游宣传】2010年，启动 “浪漫海湾 休闲汕头”旅游主题媒体采风系列活动，积极邀请国内各大主流媒体密集到汕头市采风，搜集旅游素材，全方位向海内外展示市区域中心城市旅游建设、经济建设和文化建设成就。中国旅游卫视《粤来越开心》拍摄、制作、播出了4期汕头旅游采访节目，福建电视台公共频道《城市慧生活》栏目在海西经济区连续播出8集《汕头印象》节目，中央电视台二套财经频道《消费主张》“淘乐进行时—走汕头”旅游节目获得国庆特别节目“淘乐进行时”10集系列节目的最高收视率，南方卫视《粤游越精彩》节目组来汕拍摄3期汕头专题旅游节目，《南方都市报》和《香港商报》专版介绍市生态滨海旅游示范区建设情况，《游遍天下》杂志推出滨海风光“潮汕深度游”主题，占该杂志2/3 版面。通过这些媒体的推介，汕头市的滨海风光、海上渔村、特色民居、民俗风情、原味美食等独具特色的旅游形象得到充分的展示，提高知名度。同时，充分利用汕头旅游网这一网络宣传交流平台，发布国家旅游业 政策法规，转载国际国内旅游动态，发布汕头旅游信息，宣传汕头旅游产品和旅游形象，转摘闽粤赣地区兄弟市的旅游工作资讯，介绍汕头与各兄弟市旅游合作情况。

（庄为建　蔡琛）

旅游行业管理

【服务质量提升年活动】制订并落实《汕头市旅游服务质量提升年行动活动方案》，组织汕头市旅游服务质量提升年行动启动仪式。2010年重点围绕组织开展旅游服务质量宣传活动、定期发布旅游服务质量信息、开展促进旅游重点领域服务质量提升活动、组织开展旅游质量专项检查、努力抓好旅游质量保障基础建设工作等五个方面，开展“品质旅游、伴你远行”公益宣传活动、“文明旅游、理性消费”进社区宣传活动周、“旅游质量万里行”活动等十项活动，7月30日，在澄海区举行广东省“文明旅游、理性消费宣传进社区下县区”活动启动仪式。

【旅游市场秩序整治】年内，共检查、走访旅游企业63家，检查旅游广告30余份，各种旅游合同100余份，旅游团队档案70余份，抽查旅游团队20余个，普遍开展旅游服务质量问卷调查，下发《责令限期整改通知书》2份。要求各旅游企业和旅游从业人员开展签订诚信公约、承诺诚信服务、阳光报价等行业自律活动，用优质旅游品牌效应、引导游客理性消费、理性维权。2010年，共接到旅游投诉案件25宗，符合受理条件投诉案件25宗，都已全部结案，结案率100%，较好地保护了旅游者和旅游经营者的合法权益。按照全省的统一部署，市旅游局联合市工商局、市公安局、市物价局等“四部门”，开展打击“黑旅行社”旅游诈骗活动专项行动，对行动中查处的旅游违法、违规企业下发 “行政处罚决定书”。此外，市旅游局编辑《旅游业政策法规选编》一书，发放到全市所有的旅行社、星级酒店、景区景点等旅游企业的手中，要求全市旅游从业人员认真学习国家、省、市等一系列旅游业的相关法律、政策法规，诚信经营、守法经营、注重品牌，不断提高旅游服务质量，切实维护旅游消费者的合法权益。

【行业技能竞赛】5月至7月，市旅游局、市人力资源和社会保障局、市总工会、市酒店行业协会联合举办汕头市酒店业职工职业技能竞赛活动。6月12日进行理论考试，7月7日举行实操比赛，共有12家星级饭店103名选手参加中餐宴会摆台、西餐宴会摆台、中式铺床、鸡尾酒调制、前厅接待等五个项目的比赛以及服饰展示项目的表演。金海湾大酒店等5个单位荣获先进单位称号，皇都大酒店等6个单位荣获优秀单位称号，龙湖宾馆荣获服饰展示优胜奖。26名选手分获一、二、三等奖，其中取得一、二等奖的15名选手同时获得“汕头市技术能手”和“汕头市职工经济技术创新能手”的称号。11名领队被评为优秀领队、9名教练员被评为优秀教练员。共有74名选手取得高级职业资格证书。4月份，市旅游局组织酒店行业技能竞赛代表队，赴广州参加全省酒店员工技能竞赛。组织参加2010广东省导游人员职业技能大赛，通过导游选拔赛，从中选拔7名选手参加全省导游员技能大赛，2人获得“南粤优秀导游”称号，1人获得“未来之星”称号。2010年先后组织两期全市导游人员资格考试，全市三百多人报名参加笔试、面试，115人最终取得导游资格证。组织十期导游员培训，举办旅游管理人员信息科技讲座等，进一步提高全市旅游从业人员的专业知识水平。

【旅游安全工作】6月21日，市旅游局联合市安监局、市消防局在汕头帝豪酒店举行消防安全应急演练观摩活动，全市星级饭店负责人参加了这次活动。9月13日，市旅游局在汕头花园宾馆召开汕头市星级饭店消防安全“四个能力”建设标准宣传贯彻会议。

（庄为建 蔡琛）

金　融

综　述

【简况】2010年，面对银行信贷投放逐步趋紧，全市金融系统认真贯彻国家有关货币政策，加大金融支持地方经济建设力度，金融业运行保持平稳态势，银行业存贷款稳步提高，保险业继续保持快速发展，证券期货市场交易平稳，企业改制上市成效突出，上市公司经营状况良好，地方金融改革发展取得新突破，金融业增加值持续增加。全市金融机构本外币各项存款余额1873亿元，比年初增长15.4%；本外币各项贷款余额661亿元，比年初增长15.96%，存、贷款总量在全省地级市分别排名第9位和10位。全市外汇收入54亿元，外汇支出22.38亿元，结售汇顺差27.73亿元，同比增长13.4%。全年实现增加值23.92亿元，增长16.68%。

全市银行业金融机构17家（不含停业整顿机构），其中政策性银行1家，国有控股商业银行5家，股份制商业银行3家，外资银行3家，邮政储蓄银行1家，农村信用社4家，营业网点624个，银行业从业人员9959人。全市银行业金融机构资产负债保持增长，不良贷款持续“双降”，盈利水平大幅提升。年末，辖内银行业资产总额1980.71亿元；负债总额1944.87亿元；本外币各项贷款余额661.48亿元，不良贷款余额46.73亿元；银行业累计实现净利润17.34亿元。

全市共有各类保险主体25家，其中财产保险主体14家，人身保险主体11家；保险机构从业人员8944人，其中保险营销人员7382人。全年全市保险业保费收入47.7亿元，各项赔款及给付支出8.7亿元。各保险机构有效发挥保险业的经济补偿和民生保障功能，全年为各类财产提供风险保障2380.8亿元，财产险保障度达到1.98（财产险保险金额/GDP）；为全市居民提供人身安全、医疗、养老等保障3761.95亿元。在保险业务快速发展的同时，产险利润快速提升。全年产险机构实现承保利润1.03亿元，承保利润率15%。2010年6月28日，汕头保监分局挂牌成立，汕头市成为中国保监会在全国五个地级市设立保监分局试点城市之一。汕头保监分局监管辖区包括汕头、汕尾、潮州、揭阳四市行政区域，职责是对辖区内保险机构经营活动进行监督管理；依法查处辖区内保险违法、违规行为，维护保险市场秩序，依法保护被保险人利益等。

全市共有证券机构7家，证券营业部19家，证券机构资产总额902.44亿元，投资者证券账户数67.35万户，全年累计交易额5866.77亿元，其中股票类交易额5627.25亿元。全市有期货机构（营业部）4家，期货机构资产总额5.54亿元，投资者开户数3499户，全年累计交易额4243.53亿元。年内，全市有9家企业在深交所挂牌上市，其中中小板6家，创业板3家，IPO直接融资70.7亿元；截至年底，全市共有A股上市公司16家，上市公司总数在全省排名第三位。16家上市公司总股本共39.98亿股，总市值810.70亿元；累计实现主营业务收入169.95亿元；利润总额18.53亿元；净利润14.15亿元。

全市有小额贷款公司6家，注册资本金合计4.2亿元，其中当年增加2家，累计发放小额贷款1791笔，贷款累计11.28亿元，贷款余额4.02亿元。另外，登记规范整顿的融资性担保公司5家，注册资本金3.52亿元，从业人员74人。

（市金融工作局）

人民银行汕头市中心支行

【加强货币政策工具管理】加强存款准备金管理，及时传达存款准备金政策相关文件，引导辖区金融机构加强流动性管理，合理调整资产负债结构，确保存款准备金政策顺利执行；做好利率管理工作，监督和指导辖属金融机构贯彻执行人民银行各项利率政策，定期公布全市金融机构利率水平，做好辖内利率政策效应情况的调研工作；对辖区金融机构的金融市场业务进行认真监督和管理，做好同业拆借市场监测与备案管理、银行间债券市场监管、外汇市场和黄金市场的监测分析工作。

【改进信贷政策实施方式】发挥助学贷款在解决家庭经济困难学生就学问题上的积极作用；做好金融推动创业促就业工作，进一步加强与市劳动保障部门、财政部门的沟通合作，贯彻落实高校毕业生自主创业小额担保贷款额度提高到8万元的“创业引领计划”；做好金融支持“三农”和中小企业发展的相关工作；通过“窗口指导”，引导辖内金融机构通过调整和优化信贷结构，合理控制非农贷款在发放，提高涉农信贷资金需求的满足度，引导辖区金融机构加强农村金融产品和服务方式创新，并加大对有市场、有效益、带动就业较多的小企业的金融支持力度。

【优化金融政策传导环境】积极推动房地产市场健康发展，督促各金融机构贯彻落实已出台的房地产金融政策；加强信贷监测，通过统计监测本辖区旬、月、季度辖区信贷资金投放情况及投向，为本级领导和上级部门切实把握好信贷投放节奏，及时掌握省信贷增长与投放情况提供数据第一时间数据；不断完善信贷政策导向效果评估报告制度，对金融机构信贷行为实施引导、调控和监督，促使信贷投向不断优化，实现信贷资金合理配置并有效促进本地经济结构调整。

【地方金融体制改革】农信社深化改革试点工作稳步推进。已完成中央银行票据兑付工作的三家农信联社内控管理和经营机制得到进一步完善提高，产权制度改革稳步推进，历史包袱正逐步化解，支持“三农”能力不断提高，农村金融主导地位逐步显现。汕头经济特区农信联社也在各有关方面的指导下积极制定和完善改革方案，各项工作稳步开展。汕头市商业银行重组工作正式启动，并正在实施恢复经营各项前期准备工作，积极妥善的处理历史遗留问题。停业整顿金融机构退市工作取得积极进展，潮南峡山城信社等“一社四部”及南澳县城信社已先后完成撤销清算工作，其他停业整顿城信社及信托公司的清算工作也正有序开展。

【地方金融风险监测】加强对银行业、证券业、保险业运行及存在风险的监测分析工作，包括对辖区地方金融机构法人、高风险银行业金融机构的运行状况及潜在风险的监测分析工作，以及对辖区贷款大户和上市公司的风险监测，全面掌握辖内上市公司及贷款大户的经营情况和信贷风险情况。

【打击金融违法违规行为】加强与公检法部门的案件协查和情报会商工作，配合打击网络赌博、挪用公款、贪污等案件，对涉嫌洗钱线索的调查资料进行分析，主动办理报案并移交相关可疑线索资料；大力加强外汇违规行为查处力度，有针对性、有重点地开展专项检查和调查工作；反假货币工作也取得一定成效。

【推动跨境人民币结算业务】通过召开金融机构联席会、外汇指定银行座谈会，敦促外汇指定银行提高认识并形成共识，并落实各银行尽快实现业务量零的突破；切实针对本地外贸企业经营特点及结算需求，广泛宣传并举办多场相关政策宣讲培训会；同时，紧密依靠地方党政重视，做到宣传政策、创造条件与行政推动相结合，多措并举调动“政银企”形成合力，切实把该项工作抓出成效，至年末结算量突破10亿元。

【专项金融服务】农村支付环境建设取得突破。“汕头市便民支付自助服务平台”开通仪式顺利举行，并通过在农村地区工厂厂区设置“转汇通”自助终端，有效解决农民工汇款难问题；“汕头市改善农村支付服务环境暨便民支付自助服务平台建设推进会”隆重召开，在总结改善农村支付服务环境工作经验的基础上，全面推进农村金融产品和服务方式创新。中小企业融资平台建设取得突破。针对企业贷款难、银行难贷款的“两难”问题，“汕头市中小企业‘增信融通’计划”出台，明确以“政府主导、人行牵头、部门参与、市场运作”为执行模式，依托人民银行征信系统，重点打造“金融服务政策整合、重点企业信用培育、金融产品创新展示”三个平台，保持中小企业金融服务的可持续性。

【粤东区域金融合作】在已签订的《粤东金融合作备忘录》协议框架内，人民银行粤东四市中心支行以及银监、保监等部门充分沟通协调，在进一步形成金融业务协作机制上达成共识。针对粤东地区社会综治形势较复杂、反假货币形势较严峻的特点，形成粤东反假货币网络并加强区域间押运应急处置联动机制；从大金融角度及整合区域金融监管资源出发，建立区域性大金融信息监测分析体系，为粤东地区经济发展提供金融信息支持和保障。

【服务地方经济】参与制订《汕头市金融改革发展“十二五”规划》，制订《提升金融整体活力助推汕头经济腾飞的若干意见（2011-2015年）》，为“十二五”时期地方经济发展提供完善的金融服务保障。以金融支持“双转移”产业园建设为重点，积极引导金融机构加强对“双转移”项目的金融支持。以参与“百人服务团”活动为抓手，在职责范围内帮助企业解决实际问题。以提高外汇管理水平为要务，出台支持银企发展的十项外汇服务措施，大力推进贸易投资便利化。

（金植然）

银行监管

【简况】2010年，汕头银行业在市委市政府的关心和支持下，认真贯彻落实国家宏观调控政策和监管机构以及上级行有关工作要求，依托汕头市稳步上升的经济环境，继续深化改革，加强信贷管理，强化风险管控，各项业务取得良好发展，有效促进经济的发展。全年全辖各项存款净增245.21亿元，增长15.52%，比上年同期少增2.10亿元，增幅降低2.99个百分点，余额达到1828.65亿元。受国家信贷控制政策影响，辖内银行业全年各项贷款增速比上年明显放缓。全年增加信贷投放91.01亿元，增幅15.95%，比上年同期少增52.72亿元，增幅降低17.73个百分点，余额达到661.48亿元。不良贷款继续实现“双降”。全年全辖不良贷款余额压降7.26亿元，比例下降2.4个百分点，年末不良贷款比例7.06%。银行盈利水平大幅提升。全辖银行业实现全年净利润17.34亿元，同比增盈5.16亿元，增长42.36%。银行业改革取得新进展。农村信用社深化改革工作扎实有效推进，澄海农联社改制为农村商业银行工作得到积极推动。汕特农联社改革工作取得各方重视和支持，实现初步的沟通，并向重组方向发展。汕商行重组方案历经反复多次研究和协调，已由广东省政府正式转报银监会并获批准。

【风险监管工作】年内，市银监会加强信贷风险管理指引，切实防范政府融资平台贷款风险。根据《广东银监局政府融资平台贷款监管工作方案》，及时督导被监管机构采取有效措施切实保障政府融资平台贷款债权。通过建立有效的沟通工作机制，制定平台贷款清查《统一会谈方案》，及时组织召开集体会谈工作会议，推动工作的有效开展。市政府融资平台贷款占各项贷款比例远低于全省平均水平，贷款整体形态可控。加强宣传和检查，切实推进银行业落实信贷新规。通过以“三个办法一个指引”为有效手段，督促各银行业牢固树立稳健经营和科学发展理念，促使银行机构对贷款实行精细化管理。推动问题机构的处置工作。配合广东银监局和市政府做好汕商行重组的各项监管工作，协助做好汕商行营业执照延缓年审和延长司法保护期限工作。认真履行对城信社和信托公司撤销清算的监管和督导工作。当年6月底，完成南澳城信社注销工作，并在汕头日报发布南澳城信社解散公告。推动农信社深化改革。督促汕特农信联社加快改革步伐，要求该联社找准政策突破口，用现实和科学的态度，尽快修改改革方案。大力推进辖内符合条件农村信用联社改制为农村商业银行工作，推进辖区农信社监管指标达标升级工作。推动案防工作深入开展。督促辖内银行业认真配合银监会组织开展的“案防制度执行年”活动，强化案防长效机制建设。针对辖内某银行机构网点自查发现一员工涉嫌挪用客户资金情况，汕头银监分局及时响应启动应急预案，成立案件督导小组，督促开展案件查处工作。由于处置及时，该宗案件涉案资金被及时追回。加强跟踪监管，确保依法合规经营。针对个别机构网点在经营管理等方面存在一些不合规问题，汕头银监分局约见相关机构高管进行监管谈话，并对应发出《监管意见书》、《监管质询通知书》或《责令整改通知书》，督促相关机构加强管理，落实整改。引导银行业加大对中小企业扶持力度。督导银行业落实支持中小企业发展的“六项机制”，积极争取上级行的支持，推进中小企业贷款业务的开展，实现地方经济发展与银行经济效益的良性互动。通过指导辖内银行业全面开展“迎亚运文明优质服务”系列活动，促进银行业金融服务水平和应急管理能力得到有效提升。通过组织开展银行业公众教育服务日活动，较好地加强辖内金融消费者的现代金融知识教育，获得了社会公众的好评。

【监管效能建设】加强窗口指导和金融服务。通过实施监管通报制度，进一步加强双向交流机制建设，充分发挥窗口指导作用，及时传达国家有关金融方针、政策，督导银行业认真贯彻落实宏观调控政策，积极调整信贷结构，推动汕头经济加快发展。提高非现场监管技术手段，积极推动分支机构非现场监管信息系统运用，加强银行业客户风险监测预警，及时报送“助学贷款违约平台”和“房地产贷款监测”等报表数据，并实现信息资源共享。加强统计分析，掌握银行业经营动态变化情况和经营特点，提供领导决策参考。强化现场检查的针对性和持续性，认真做好现场检查，有效促进被查机构进一步依法、合规经营，提高现场检查效果。年内，共完成贷款分类偏离度等检查项目52个，合计投入2152个工作日，发现问题109个，提出监管意见122条。深入走访，加强沟通。汕头银监分局领导带队深入到各家银行、农信社走访调研，及时了解和掌握辖内银行业经营的新情况、新问题，增强监管工作的预见性、有效性。

（王创波）

地方金融

【简况】截至2010年底，全市有城市商业银行1家（正在重组），农村信用合作社4家，营业网点262个，从业人员2363人。农村信用合作社资产总额242.7亿元；各项存款余额192.7亿元；各项贷款余额141.6亿元，其中中小企业贷款余额105.8亿元，占全市中小企业贷款余额的31.81%；涉农贷款余额111.5亿元，占全市涉农贷款的86.87%。不良贷款余额41.35亿元。全年实现利润6900万元。此外，全市有小额贷款公司6家，注册资本4.2亿元，从业人员74人；有5家担保公司列入全省融资性担保公司规范整顿范围，注册资本3.52亿元，从业人员74人。

【汕头市商业银行改革重组】在国务院同意汕头市商业银行启动重组以后，汕头市加紧推进重组的各项基础工作并取得实质性进展。采取强有力措施清收债权资产，尽最大努力减少损失。全年共清收汕头市商业银行债权资产1.4亿元。全力推进债务处置工作。至年底，已完成处置一般性对公存款21.74亿元，占一般性对公存款总额23.73亿元的93.03%。委托有关中介机构开展重组前的审计和评估，认真做好重组的帐务处理工作。鼓励企业参与重组。部分有实力的企业初步确定参与重组的意向。研究制订汕头市商业银行重组筹建方案报省人民政府转报国家银监会，并顺利获得国家银监会的批准。

【农村信用合作社改革发展】2010年度，辖区农村信用社围绕服务“三农”的宗旨，积极发挥支农主力军作用，不断拓展支农信贷服务，有效促进农村经济发展。对涉农贷款按照优先原则制订信贷投放计划，优先解决农业生产的资金需求问题。根据地域、季节、行业等不同因素，分别制定涉农信贷投放重点，努力满足差异化、多样性、全方位的融资需求，促进县域经济和特色经济发展。围绕发展“低成本、广覆盖、可复制、易推广”的农村金融产品，澄海农信社积极推进流程化改革试点，进一步完善体制机制。相关农信社推出在建工程抵押贷款、高端客户消费贷款和“农家女”创业贷款等新业务；积极创新服务产品，改善银行卡服务环境，银行卡代收代付服务项目不断增加，全年发放财政种粮补贴资金及油差补贴资金分别达2814万元及3449万元。遵循“双向选择、风险可控”的合规原则，积极筛选和扶持有市场、有发展前景的农业龙头企业，促进企业扩大规模、提高效益，带动周边“三农”经济发展。开展信用创建活动，全市创建“信用镇”2个，“信用村”76个，建立农户信贷档案3639个，信用村农户小额信用贷款授信总额度7731万元。按照中国人民银行总行和国家银监会的有关意见，调整汕特农信联社的改革思路，争取按照“中央、地方、农信社”共同努力的原则实施改革，并初步达成由广州农村商业银行与汕特农信联社改革重组的共识。广州农村商业银行已完成对汕特农信联社尽职调查前的摸底工作。

【新型农村金融组织试点】按照省政府关于小额贷款公司试点“全覆盖”的部署，积极推进市小额贷款公司试点工作。2010年，设立濠江区银通小额贷款公司、潮南区金润小额贷款公司，南澳县小额贷款公司设立工作也正加紧筹备。年内，龙湖区、澄海区二家小额贷款公司分别增资3000万元和5000万元，合计增资额8000万元。6家小额贷款公司共发放小额贷款1307笔，贷款合计9.20亿元。至2010年底，小额贷款公司累计发放小额贷款1791笔，贷款累计11.28亿元，贷款余额4.02亿元。此外，积极推进澄海区、潮阳区设立村镇银行的筹备工作，初步确定澄海区村镇银行设立的主发起人。

【融资性担保体系建设】2010年初政府机构改革后，融资担保业的管理职能进一步理顺。根据省政府关于开展对融资性担保公司规范整顿的统一部署，做好对已申报登记的5家融资性担保公司的规范整顿工作，认真制订规范整顿工作方案，加强政策层面的具体指导，督促融资性担保公司落实规范整顿各项要求。协调指导设立市政府控股、注册资本金1.18亿元的融资性担保公司，主要为工业经济带和省产业转移园区内的企业提供融资担保服务。研究制订扶持融资担保业发展的相关措施，促进融资性担保机构和再担保机构业务的发展。

（市金融工作局）

银行业选介

【工商银行汕头分行】2010年，工行汕头分行切实更新观念，牢固树立以“效益、安全”为目标，以“客户、服务、创新”为动力，以“精细化管理、一体化服务”为抓手推进经营转型的新思路，以理念的转型促经营转型，为全行实现多元化发展、精细化经营、效益型增长。年末，工商银行汕头分行总资产达到394.7亿元，同比增加79.5亿元，增长25.2%。全行各项存款余额377亿元，比年初增加77亿元；本外币各项贷款（不含贴现）余额92.2亿元，比年初增加6.9亿元。全年新设网点3个，新投放自助设备及机具共87台，新设12家附属行式自助银行和3家离行式自助银行。

年内，工商银行汕头分行各项业务加快发展。通过不断完善服务渠道，加快业务品种的整合创新，依托工商银行的整体优势，着力构建整体联动的全行服务格局，使储蓄、对公、同业和本外币存款呈现稳步上升、均衡发展的良好态势。在风险可控前提下，努力发展项目贷款、个人贷款、贸易融资、小企业贷款等资产业务。主动与汕头八大支柱产业、优质民营中小企业客户加强银企对接，积极运用创新产品，强化方案式营销服务，解决中小企业融资难问题，推动贷款业务稳健发展，个贷、房贷及贸易融资业务快速增长，资产结构不断优化，低风险资产业务占比不断提高。从行业、客户、产品三个维度入手，做好各项业务发展规划，努力做大业务规模和交易量。加强从全方位满足客户需求、增加客户对产品的交易量中增加收益，账户结算、银行卡、投行、理财收益增长良好，中间业务收入对全行的贡献度有所提高。落实 “强化三种意识、筑牢三道防线”的要求，将“创新思维、狠抓落实、强化动态和过程管理”作为内控案防工作的指导思想，严格落实各级管理者的管理责任，加强重要风险点的提示、监控工作，重点强化事前分析预防和事中控制环节，加强反洗钱各项工作；加强员工行为动态管理，提倡共创共健共享，着力增强内控案防工作的前瞻性、有效性和创新性，实现关口前移，顺利实现连续无案件和重大责任事故，2010年被汕头市综治委评为“社会治安综合治理先进单位”。

（黄晖）

【农业银行汕头分行】2010年，农行汕头分行一直秉承“顾客至上、始终如一”的服务理念，切实履行服务社会经济、服务广大客户的金融职责，借助股份制改革契机，深化机制改革，加紧推进网点转型，提升综合服务能力，经营效益再创历史新高。年末，实现拨备前利润2.76亿元，市场份额提升0.43个百分点,同比多盈8984万元；负债业务保持持续增长势头，各项存款余额242亿元，比年初增加20亿元。资产业务扭转持续多年的低迷状况，各项贷款余额44亿元，比年初增加10亿元，增幅达30%；不良贷款实现双降目标，不良贷款余额比年初下降1598万元,占比比年初下降1.14个百分点，不良率首个年度回落至2.25%；产品转型战略初显成效，实现中间业务收入1.04亿元，同比多收2823万元,电子银行等新业务取得突破性进展，新增个人网银8.09万户，增量居当地同业首位。

年内，农行汕头分行以汕头重点建设项目和优质企业为营销目标，积极搭建三级核心客户群，加快对公业务和零售业务转型，巩固城市主流银行地位。成功拓展泰安房产星光华庭、观澜华庭、政府融资平台等一批项目，并加大对当地优质中小企业和个人信贷的营销力度，实现项目贷款、中小企业贷款和个人贷款多个投放领域的全面开花。2010年，农行汕头分行信贷投放步伐明显加快，全年各项贷款增量近10亿元，资产负债比例同比提高2.9个百分点。以政府类的财政性存款，国土和烟草等大型企业的机构类存款，以及上市、拟上市公司等新兴群体的企业存款作为营销重点，拉动负债业务实现突破。各项存款年度增量近20亿元，新增存款中的活期增量比例达到79.33%。积极推进业务转型战略，先后出台9个专题营销方案，调动全员营销中间业务的积极性，与电信、移动、联通等系统性客户，建立战略合作伙伴关系，与部队签订联合发行军人保障卡协议，与外资银行驻汕分行签订生息资产存放协议等，全年中间业务收入首超亿元大关。履行扶持“三农”职责。9月份，成功营销濠江区新农合项目，全年新增惠农卡5.6万张，为扶持“三农”搭建金融运作平台。遵照上市公司运行规则，多渠道开展增收节支，不断增强盈利能力，拨备前利润和拨备后利润双双再创历史新高，全年实现拨备前利润2.73亿元，同比多盈7200万元，完成省行下达年度计划的136.8%；全年实现拨备后利润2.76亿元，同比多盈8984万元，完成省行下达年度计划的153.4%。

强化内控管理。推进信贷审批体制改革，设立小企业金融服务中心和个贷中心，提高信贷业务审批的专业化水平；完成风险合规经理的派驻和放款岗的设置，实现放款环节与调查环节有效分离，强化对用信环节的风险防控能力；全面落实集中审计等检查发现问题的整改，及时堵塞风险漏洞；进一步发挥运营管理考核系统作用，明确各个经营管理层面在操作风险防控和检查上的责任；强化对员工行为的管理和排查，保持了案防高压态势，全年实现了安全运营无重大案件。

（陈贤广）

【中国银行汕头分行】2010年，中国银行汕头分行强化风险防范和内控管理，确保合规安稳经营，多措并举着力提升金融服务水平，积极助力地方经济社会加快发展。至年底，全行资产总额385.19亿元，比上年底增加51.53亿元；本外币各项存款余额368.4亿元，比上年底增加50.15亿元；本外币各项贷款余额140.83亿元，比上年底增加21.69亿元；全口径授信不良余额和不良比率为7256万元和0.52%，比上年底分别下降7705万元和0.74个百分点，授信资产质量呈股改以来最好水平。全年实现营业利润5.33亿元，同比增盈1.01亿元，增幅23.47%，盈利水平继续名列同业前茅；2010年度入库税款（含国、地税）共计1.52亿元。辖属61家机构网点、11个自助银行和252台ATM机、中银自助通等自助设备遍布汕头各区，从业人员1256人。

年内，中国银行汕头分行深化银政企合作共赢良好机制，累计提供信贷资金16多亿元，支持地方市政基础设施、重点能源项目和民生工程项目建设。专门成立中小企业授信专项小组服务中小企业客户，通过中小企业表内外授信及个人投资经营贷款等特色渠道，全年累计提供近100亿元信贷资金。坚持“直客式”营销，通过理想之家贷款、轻松购车易、出国留学金融等产品，努力满足广大市民消费信贷需求。依托贸易金融专业服务及全球清算网络优势，发展国际结算和贸易融资等特色业务，开展跨境人民币结算等创新业务，全力帮扶进出口企业加快拓展国际业务市场，2010年先后成功叙做首笔跨境贸易人民币结算业务、首笔非贸易跨境结算业务、首笔跨境人民币汇利通业务。依托中国银行全功能金融服务平台，为上市和拟上市企业提供募集资金归集等服务，2010年共归集IPO及增发募集资金超过35亿元。依托发挥‘中银理财”品牌优势，通过举办中高端客户联谊活动、投资理财沙龙讲座、贵金属巡回展销会等，积极增进与客户交流沟通，加强与券商、保险等机构合作，结合市场形势变化和客户风险偏好，灵活组合投资理财业务产品，全力协助客户实现个人财富保值增值，主动管控风险。中国银行汕头分行坚持依法合规经营，严格按照国家有关法律、法规、监管要求办理各项业务；贯彻落实“三个办法一个指引”等国家监管政策精神，密切关注宏观经济金融形势变化，审慎做好新增授信的甄选准入，扎实推进“实贷实付”精细化信贷管理，切实加强授信资产质量监控，有效推动资产质量持续改善；坚持案件风险高压管控态势，以“银行业内控和案防制度执行年”活动为主线，加强内控防案多维度考核，积极开展各类合规宣教，持续加强风险隐患滚动式、常态化检查监督，扎实推进防治“小金库”长效机制建设，认真落实各项安全保卫举措，强化社会治安综合治理和维稳工作，夯实长治久安和持续发展根基。至2010年，连续3年蝉联人行反洗钱绩效评估考核第1名，并连续8年被评为社会治安综合治理工作优秀单位。

（吴霞 李霖）

【建设银行汕头分行】2010年，建行汕头市分行贯彻落实国家‘保增长、扩内需，调结构”的宏观经济政策，围绕“扎实、创新、争先”开展各项工作，努力营造和谐奋进氛围，推进各项业务又好又快发展。至年末，全口径存款余额283亿元，比年初新增28.64亿元；各项贷款余额92亿元，比年初新增12.97亿元；实现考核利润3.43亿元，企业所得税8570万元，中间业务净收入1.84亿元；不良贷款额3709万元，比年初下降546万元；不良率0.4%，比年初下降0.14个百分点，资产质量当地四行最佳；全辖员工人数达到1112人，共设有网点52个。年内，在金融需求较大的潮南区陈店镇和潮阳区谷饶镇增设陈店支行和谷饶支行；落实迁址改造网点3个，原址改造网点5个。在商业旺区、大型社区布设1个离行式自助银行，在密集厂区、自选购物商场、学校等布设离行式自助设备3台。截至年底，在全市安置111台自动取款机和存取款一体机，60台金融自助终端。

年内，建设银行汕头分行在信贷规模偏紧的情况下，将信贷资源向经济带、电力、能源倾斜，全年新增审批工业经济带投资建设等21个授信项目，合计45亿元。新增投放贷款35亿元，包括实现投放华能海门电厂一期项目10亿元、华润电力风能成田项目2.14亿元固贷和0.7亿元信托贷款、南山湾产业转移园项目2亿元贷款；新增投放房地产开发贷款项目5个，金额2.9亿元。全力扶持上市公司和拟上市公司。全年共审批通过骅威玩具等8个拟上市公司授信金额7.75亿元，并投放3.35亿元。提供上市募集资金的相关金融咨询服务，星辉车模、骅威玩具的IPO上市募集资金专户均落户建行。支持中小企业壮大。2010年先后与阿里巴巴、澄海区五金制品行业协会、潮阳区纺织服装行业、潮南区电子商会等成功举办多场业务推介会，在品牌产品“速贷通”和“成长之路”的基础上，创新推出“联贷联保”、“集体建设用地抵押贷款”、“机械设备按揭”、“船舶抵押”、“货押授信”等产品，多渠道解决民营中小企业抵押难问题。此外，还组建金融分团参展第六届“山洽会”、广东省中小企业服务推广日（汕头站）暨汕头市中小企业“工业化与信息化融合”高峰论坛活动，多方加强银企关系。至年底，小企业贷款余额12.7亿元，全年新增6.6亿元，小企业客户总数272户，全年新增86户。年内，在东翼组建“直贷式个人住房贷款项目营销团队”，累计受理直贷式个人住房按揭贷款70笔，金额8400多万元；西翼组建“潮阳、潮南片区营销团队”，主题鲜明地服务集体建设用地个人抵押贷款业务，成功发放集体土地抵押贷款1000多万元。委托性存款余额、公积金补贴归集、个人公积金贷款余额占比均超过八成，个人住房贷款发放、新增市场占比均保持同业第一，打造起“要买房，到建行”的市场品牌。着手推进“二手快贷”业务流程的优化改造，进一步缩短了贷款办理时间。个人再交易住房贷款年度实现同比增长386%。成为汕头唯一一家承办住宅专项维修资金的商业银行。继续承担全市公务员代发工资、教师代发工资、交警罚款代收费、公积金归集等大量的社会性业务。2010年，汕头市市直机关单位地方津补贴独家代发权、公务员考试报名费网上支付代理权、汕头市企业安全生产风险抵押金代理银行资格项目独家代理权、广电网络汕头分公司基本结算账户和一般结算账户纷纷落户建行。推动购车分期业务，全年分期业务交易额达到8000万元以上。打造“建行金”品牌，全年累计销售实物金123公斤；同时向有短期购金需求的客户推介账户金，全年累计销量190万克。打造投资新理念，年内销售基金、保险、理财产品、国债等累计个人金融资产新增超过50亿元；打造“新年音乐会”文化品牌，连续三届举办“善建者行爱乐者美”新年音乐会。规范客户服务管理，在全辖推广“柜台简洁工程”。同时，对营业网点进行调研，着手制订网点物品摆放指引，统一、规范网点物品配置、摆放，营造优美、简洁的服务环境。此外，还加强对网点服务的巡查。

（吴缅滇）

【交通银行汕头分行】2010年，交通银行汕头分行推进“走国际化、综合化道路，建设以财富管理为特色的一流公众持股银行集团”（简称“两化一行”）战略，按照交通银行总行提出的“跑赢大市，争先进位”的工作要求，各项工作实现稳步发展。截至年末，全行人民币各项存款余额112.1亿元，创历史新高；实现经营利润1.15亿元；缴纳税收1620.8万元。辖下有28家营业网点，从业人员636人，年内，交通银行汕头分行确立“以中小企业营销为基础，大户拓展为重点，通过做大做强中小企业资产业务带动各项业务发展”的思路，在大力支持对公企业授信业务的同时，针对汕头市中小民营经济相对发达的特点，利用零售信贷“商惠贷”的品牌效应，不断发展零贷业务，有力支持当地企业加快发展。通过每年评选“黄金客户”及举行授匾仪式、客户联谊会的方式，不断加强银行与客户之间的沟通联系，服务好当地企业和市民，支持地方民营企业做大做强。2010年，全行累计发放贷款28.8亿元，其中超过60%的信贷资金用于支持民营企业发展。加强对营业网点服务质量的检查监督，各项服务指标均呈持续上升趋势，客户评价满意率几乎每月都达100%。其辖属长银支行被中国银行业协会评为2010年度中国银行业文明规范服务“千佳示范单位”。大力推进精细化管理，严密防范风险，把“精、准、细、严”的要求落实到经营管理的每一个细节。加强授信风险防范，优化全行资产质量；提高内控制度的执行力，强化基层操作风险的防范；加强信息系统建设，保障全行业务正常运转；加大风险防范力度，确保全行安全运营。

（金宇）

【广东发展银行汕头分行】2010年，广发银行汕头分行认真贯彻国家经济金融政策及总行各项工作部署，以加快发展步伐为主题，切实强化风险管理、全力加强市场拓展、优化业务结构、积极推进金融创新，实现了效益、规模的历史性双跨越，并实现安全运营。至年底，各项存款突破百亿元大关，达103.49亿元，比上年末增长12.63亿元；年末各项贷款余额34.44亿元，比上年末增长10.28亿元；全年信用卡新增发卡30147张，累计发卡突破30万张，信用卡业务收入总额11590万元。一般贷款占分行贷款总额99.3%，资产业务结构合理，基础扎实。

年内，广发汕头分行积极争取总行在汕头举办“粤东三市中小企业融资服务推介会”，通过总行和省、市中小企业局联合推动，市政府金融工作局等部门支持指导的方式，以“广发好融通”中小企业融资服务方案为服务纽带，全力加强对粤东中小企业客户的融资支持力度；同时，分行还与汕头市潮南区举行《开展金融综合服务 扶持企业技术创新战略合作协议》签署仪式，将在技术创新专项融资计划、财务顾问、担保融资、债券发行等方面对潮南区广大企业提供全方位的金融服务，促进银企双赢。以国家产业政策为指引，深入研究，不断推进产品和服务创新，不断提升分行的金融服务水平。积极优化产品服务内涵，根据各层级客户的特点，打造服务中小企业的多元化、差异化产品服务体系。针对不同类型、层次的客户群体设计、推出了生产型中小企业和中型企业客户群体、商贸服务型中小企业和中型企业客户群体、小型企业和微型企业等3类融资类产品系列组合，同时还专门推出了各层级中小企业客户的非融资类和中间业务类产品组合，为不同层面客户提供适合其发展需要的服务和融资支持。通过强化领导、加强动员宣导、加大对软硬件的优化和配置、抓好培训、组建大堂经理队伍、强化金融服务及和规范服务检查监督、开展系列应急演练、严格实施安保和信息安全管理等多项措施，全力以赴做好世博、亚运金融服务工作，并取得服务工作的新突破，年内有5家网点获得省级银行业服务示范单位，分行营业部还更进一级，获得了省直青年文明号和全国银行业千佳示范单位的殊荣，进一步推动分行服务品牌建设的进程。

（林丹瑜）

【农业发展银行汕头分行】2010年，农发行汕头分行严格执行国家关于经济金融和“三农”工作的一系列方针政策，重点支持粮棉油收购、农业综合开发和农村基础设施建设。年末全行各项贷款余额82026万元，同比增长37%；各项存款36234万元，同比增长231 %；不良贷款余额1864万元，同比下降24%；全年实现经营账面利润480万元，同比增长300%。落实各级储备粮油增储轮换计划，全年累计发放各级储备粮油贷款14780万元。积极介入和支持汕头市农村公路、水利和城市东部经济带等农业农村基础设施项目建设，总审批项目贷款金额超13亿元。积极配合和协助省行做好汕头大围6个水利项目近8亿元贷款的评估工作。全年累计发放并支付中长期项目信贷资金26733万元，有力地支持汕头市加快推进新农村建设和城镇化建设。

年内，农发行汕头分行坚持从“加强营销、改进服务”入手，进一步拓宽营销渠道，增强业务发展后劲。加大以贷引存力度，积极吸引财政性资金办理结算业务，全辖共获项目资金存款和财政存款近2.5亿元。落实“双单作业”，加大保险代理业务的营销力度，确保支持的贷款项目纳入农发行代理购买保险，全年实现中间业务收入44.3万元，同比增长5.4倍，超额完成年初工作目标任务。针对由于历史原因形成的不良贷款余额大、清收难的现状，努力寻找化解不良贷款的突破口，在确保连续几年不出现新增不良贷款的情况下，不断创新工作思路，加大不良贷款清收和处置工作力度，不良贷款余额逐年下降，资产质量不断得到改善。至年末，不良贷款余额下降575万元，不良贷款占比2.27%，同比下降1.82个百分点，不良贷款余额和不良贷款比例实现“双下降”。按照有关政策文件精神，抓好粮食政策性财务挂账贷款本息五年消化收尾工作，实现全辖系统挂账贷款清零目标。贯彻银监会“三个办法，一个指引”和16项信贷制度，通过抓好内部培训、加强外部宣传、银企座谈、开展调研、加强部门沟通等多种形式，确保制度执行的准确性。开展信贷信息核查工作 抓好基础信息收集及核实、风险排查分析、专项检查环节管理。按月召开风险排查分析会，对发现的问题及时采取措施进行整改落实，确保真实性核查工作真正落实到位。扎实做好政府融资平台贷款的清理工作，完善和规范地方政府融资平台贷款管理。按照“总体发动、规范整理、分步推进”的工作计划，切实抓好信贷档案的统一规范管理。扎实推进客户服务相关工作，统一开展2010年度客户评级授信工作，及时调整客户办理所需的资料清单，加强信贷前后台之间的沟通配合，大力推广网银业务办理，积极开展文明窗口优质服务，有效地提升服务水平。围绕应用综合业务系统和会计远程监控系统，进一步落实会计各环节责任，加强会计营业现场和非现场监测，财务管理工作进一步强化。在开展常规审计工作同时，配合省行及监管部门完成对中长期贷款、不良贷款等新业务、重点工作审计检查。先后组织推广使用综合报表平台风险监测报表系统、信贷监测分析报表系统、非现场监管报表系统，加快综合报表管理的电子化步伐。加强对业务系统实行重点监测，及时消除风险隐患。继续完善信息技术风险应急预案，建立应急协作机制，信息系统安全运营得到有效保障。

（吴晓虹）

保险业监管

【简况】2010年6月28日，作为中国保监会五个地市试点保险监管分局之一的汕头保监分局正式挂牌。汕头保监分局负责汕头、汕尾、潮州、揭阳等四个地市行政辖区的保险市场监管。成立以来，汕头保监分局围绕“转方式、调结构、防风险、促发展”工作方针，积极进行监管延伸实践，各项工作取得了明显成绩。充分利用保险行业协会的媒介作用，加强与行业联系，着力强化各保险公司科学发展、和谐发展；组织开展粤东保险业业务发展竞赛，营造赶超进位的发展氛围；引导行业主动融入地方，发挥保险功能，服务地方建设，为南澳大桥等重大项目提供保险保障。指导行业加快推进车险快处快赔试点、统一车险理赔服务标准，开展车险理赔现场测试，指导汕头市保险行业协会制定车险理赔工作流程标准自律公约、开展汕头市轻微交通事故快速理赔工作执行情况互查，不断提升行业服务水平，促进行业科学发展。

【行业监管】年内，市保监分局发挥贴近市场的长处，将强化基层监管政策执行作为当前监管工作重点，集中力量督促行业切实贯彻执行各项监管政策。开展产险监管制度执行情况检查，对检查中发现的问题，要求公司限期整改。截至2010年底，共开展13项现场检查。加强对费用情况及车险中介业务的管控，拟定费用监测制度，组织行业开展车险中介业务自查。督导保险机构完善和落实关键岗位轮换制度，建立健全风险排查和应急处理机制、防灾防损标准、机构内控评估和责任追究制度等，要求各保险机构切实采取措施加强内控能力。与公安、工商部门建立联合打击非法保险中介和非法保险业务机制。建立新闻发言人制度，及时向社会公开保险监管工作情况，主动引导媒体对保险业监督，促进保险业提升工作水平。组织开展车险理赔服务现场测试，认真做好信访投诉工作，将社会监督转化为推动行业发展的动力。

【行业建设】指导汕头市保险行业协会进行职业化改革，公开招考秘书长，成立产险、寿险等5个专业委员会，完善协会工作机制。从日常联系、自律联动、决策联动和信息交流机制等方面入手，推动四市行业协会联动机制建设。建立完善各类自律公约，现行有效的自律管理规定共21项，行业内控管理明显增强。制定重大事项报告制度，指导各保险机构建立健全突发风险处理机制，妥善处置“4.6”南滨路重大交通事故、某营销服务部暂停营业期间债权债务风险、某保险营销服务部因理赔纠纷客户静坐事件等突发风险，维护行业稳定。指导行业积极应对“狮子山”、“凡亚比”、“鲇鱼”等台风灾害，有力发挥保险功能，做好灾害防范预警工作。积极向党政领导汇报保险工作，邀请党政领导参加季度监管工作会议；组织四市行业协会共同创办《粤东保险》，整合行业宣传资源；积极加强与媒体联系，召开媒体座谈会，创造良好的行业舆论环境；以强化信访投诉为切入点，维护消费者权益，提高社会各界对保险业的认可。

（杨娉）

保险业选介

【简况】2010年汕头保险业实现保费收入47.7亿元，同比增长16.2%，其中产险公司保费8.3亿元，同比增长22%，人身险保费39.4亿元，同比增长15.1%。各项赔款给付8.7亿元，同比增长13.9%。至年底，汕头保险市场共有保险主体25家，其中财产险主体14家，人身险主体11家，保险主体数较2009年增加2家；共有保险从业人员8944人，其中营销员人7382人。业务加快发展取得新进步。全年保费增长16.2%，增速比上半年提高1.7个百分点。其中，产险保费增长逐季加快，季度环比增速超过2%；全年产险保费增速比上半年提高9.2个百分点。人身险保费增长15.1%，增速比上半年提高0.4个百分点。产险效益提升取得新成效。产险公司实现承保利润1.03亿元，同比增长392.8%；承保利润率15%，同比提升11.2个百分点。经营的13个险种中，11个险种盈利，1个险种减亏。开业满一年的13家产险公司中，11家实现盈利。寿险结构调整取得新进展。分险种看，传统保障型业务占比逐季度上升，全年占比8.9%，比三季度提升0.3个百分点。分渠道看，业务质量较高的个人代理业务同比增长17.9%，领先于银行邮政渠道13.8%的增速，寿险市场呈现个人代理、银行邮政并驾齐驱共促发展的态势。从缴费结构看，新单业务中，内含价值较高的长期期缴业务占比为44.1%，比三季度提升2个百分点。服务能力不断加强。有效发挥经济补偿和民生保障功能，全年为各类财产提供风险保障2380.8亿元，同比增长25.6%，财产险保障度达1.98（财产险保险金额/GDP）；为全市居民提供人身安全、医疗、养老等保障3761.95亿元，同比增长42.9%。服务范围逐步扩大。人身险保障人群达739.9万人，保障人数同比增长45.4%，其中健康险保障人群481.4万人，同比增长48.8%。农房承保率由年初的25.5%提高到年底的98.2%。

（汕头保监分局）

【人保财险汕头市分公司】中国人民财产保险股份有限公司汕头市分公司现有正式员工298人，下设机构21家。2010年，人保财险汕头分公司实现保费收入2.93亿元，同比增长19%，承保利润2982.7万元，超额完成年度保费及利润计划，被评为全省系统先进单位；共处理各类赔案31681宗，支付保险赔款1.1亿元，理赔管理部门被总公司评为全国十佳理赔团队。年内，积极服务三农建设，承保全市政策性农房保险，承保覆盖率达98%；承保能繁母猪5730头。参与平安社会建设，全年承保火灾公众责任险440户，承办潮南区、濠江区校园方责任险统保业务321笔。着力提升服务水平，积极开展“客户节”、推广“客户承保理赔自助查询系统”等系列活动。

（郑兵文）

【太平洋产险汕头中心支公司】中国太平洋财产保险股份有限公司汕头中心支公司成立于2002年3月。2010年公司实现保费收入1.02亿元，同比增长47%，成功实现年保费规模晋亿。公司下设澄海支公司、潮阳支公司、峡山营销服务部等5家分支机构，现有员工122人。承保方面，建立精细化管理体系，调整业务结构；整合车商团队，拓展新渠道业务。理赔方面，加强基础管理，提升理赔服务水平。管理方面，加强内部管控，强化合规经营。中国太平洋保险以“诚信天下，稳健一生，追求卓越”为核心价值观，积极推动可持续价值增长，不断为客户、股东、员工、社会和利益相关者创造价值，为社会和谐做出贡献。

（连瑞祥）

【平安产险汕头中心支公司】中国平安财产保险股份有限公司汕头中心支公司自1997年3月成立，在市区、澄海、潮阳、潮南分设多个营业网点，员工二百余人。2010年，平安产险汕头中心支公司实现保费收入2.38亿元，增长33.9%，高于市场增速11.9

个百分点；承保盈利3550万元，增长151.5%，经营效益创造历史新高。在业务健康快速发展的同时，平安产险汕头中心支公司积极推动行业自律，始终坚持合规经营，确保公司可持续发展。

（陈文璇）

【中华联合汕头中心支公司】中华联合财产保险股份有限公司汕头中心支公司成立于2004年4月。2010年，中华联合汕头中心支公司坚持以效益为中心，积极调整业务结构，加快推进销售队伍和渠道建设；以“理赔质量年”活动为契机，加强理赔质量管理，优化理赔流程环节，大幅提升客户服务水平；以依法合规经营为“生命线”，提高员工遵法、守法意识，严格管控各类风险。全年完成保费收入近5000万元，实现承保利润391万元，业务规模和经营效益均位居汕头财险市场第四位。

（林烨）

【阳光财险汕头中心支公司】阳光财产保险股份有限公司汕头中心支公司成立于2006年8月，2010年，阳光财险汕头中心支公司有员工51人，下辖潮阳、澄海、潮州、揭阳4家营销服务部。全年实现保费收入3506万元，承保金额 502.77亿元。服务上，紧紧围绕“提升服务品质，改善客户体验”的主线，为客户提高快捷、优质的服务，赢得了客户信赖，打响了阳光品牌；管理上，坚持与时俱进，着力推进行政人事、财务、业管、客服管理模式创新，充分调动员工的工作积极性，降低经营成本，风险管控取得良好效果。

（林伟川）

【中国人寿汕头分公司】中国人寿保险股份有限公司汕头分公司是汕头市最大的保险机构，下辖澄海、潮阳、潮南、南澳等四个支公司。2010年，中国人寿汕头分公司实现保费收入23亿元，占全市寿险市场的61.1%。全年向地方缴纳营业税、个人所得税等各种税款达3993万元，共处理2.1万件理赔案件，赔付5700万元，理赔平均实效2.68天，真正发挥了保险行业社会“稳定器”的作用。中国人寿汕头分公司积极履行社会责任，支持、开展多项公益活动。

（耿星）

【平安人寿汕头中心支公司】中国平安人寿保险股份有限公司汕头中心支公司下设分支机构7家，销售网点基本覆盖汕头市下辖各县区 共有正式员工和营销员1181人，营销员人数较年初增长36.53%。2010年，平安人寿汕头中心支公司实现保费收入4.43亿元，同比增长8.6%；全年生存金给付件数达5696件，共给付1943.96万元；受理赔付案件650宗，赔付金额总计735.93万元，5日结案率为93.8%。大力开展服务创新。“P-STAR五星级服务品牌”、MIT移动展业模式、多渠道保全服务等，皆处于行业领先位置。积极参与汕头市城镇居民高额补充医疗保险业务，为的医疗改革配套工作作出积极贡献；同时，积极参与公益植树、爱心捐款、爱心献血活动等社会公益事业，获得市民的认可和好评。

（杨卒）

【太平洋人寿汕头中心支公司】中国太平洋人寿保险股份有限公司汕头中心支公司成立于2001年11月13日，下设澄海、潮阳、金园3家支公司。2010年，太平洋人寿汕头中心支公司实现保费收入2.5亿元，同比增长74.5%，超额完成年度目标任务；市场占有率为6.39%，在全市11家寿险公司中列第五位。

（李逸蓉）

【泰康人寿汕头中心支公司】泰康人寿保险股份有限公司汕头中心支公司2001年成立，并代管潮州、揭阳、汕尾三家中心支公司，辖属十一个营销服务部，业务范围辐射到粤东四市。截至2010年底，泰康人寿汕头中心支公司实现保费3.02亿元，同比增长22.3%。服务方面，举办一系列与客户互动的活动，如新春客户大回访活动、少儿绘画现场大赛、“E站到家”自助网上注册活动、贵宾客户免费体检活动等，让客户体验泰康人寿所倡导的“健康、幸福、美满、时尚的新生活”理念，提升服务品牌形象。

（蔡少燕）

【友邦保险汕头营销服务部】2007年1月18日美国友邦保险有限公司广东分公司汕头营销服务部成立，成为第一家入驻汕头的外资寿险机构。2010年友邦保险汕头营销服务部实现保费收入1853.63万元，同比下降4.1%，总赔付支出85.93万元，同比增长9.55%。营销服务部着力于提升服务品牌，积极参与各项社会公益事业。

（吴秀姿）

证券期货业

【上市后备资源培育】确立重点推动民营企业改制上市的工作思路。充分发挥市民营经济比较发达、企业自主创新能力比较强的优势，把推动民营企业改制上市、实现企业做大做强作为促进地方经济发展的重要任务。积极培育上市后备资源。采取向企业发放书面调查函、动员各区（县）及有关部门推荐、邀请证券交易所和有关中介机构的专家深入企业调研辅导、召开企业改制上市专题研讨会等形式，及时把符合国家产业政策、成长性较好、有发展前景和技术创新型企业纳入上市后备资源库，不断充实上市后备资源企业。加强与省政府金融办、广东证监局、深圳证券交易所的沟通合作，认真落实汕头市与广东证监局、深圳证券交易所签订的合作备忘录，形成推动企业改制上市的长效机制。加强对发展利用资本市场工作的领导。建立健全发展利用资本市场协调领导机构，发挥各区（县）政府和市直各职能部门的积极作用，先后召开市一级和潮阳区、潮南区发展利用资本市场、推动企业改制上市专题研讨会，邀请省政府金融办、广东证监局、证券交易所和有关中介机构的领导和专家，为企业改制上市提供培训辅导。联合上级监管部门和各中介机构，走访部分上市公司和后备资源企业，推动上市公司规范发展，加快企业改制上市工作步伐。对完成辅导验收和成功挂牌上市的企业分别给予奖励，龙湖区、澄海区、保税区等对企业改制上市也分别给予支持和奖励，有效提高企业改制上市的积极性。全市上市后备资源企业保持在50家以上，其中多数为中小民营企业，行业分布较广，企业自主创新能力较强，部分拥有自有品牌或专利技术，部分为细分行业的领头羊，在资本市场上具有较强的融资能力。

【资本市场发展成效】2010年度，全市企业改制上市成效突出，当年实现挂牌上市企业9家，其中，中小板企业6家，分别是：广东潮宏基实业股份有限公司、广东黑牛食品股份有限公司、凯撒（中国）股份有限公司、广东皮宝制药股份有限公司、众业达电气股份有限公司、广东骅威玩具工艺股份有限公司；创业板企业3家，分别是：广东星辉车模股份有限公司、汕头万顺包装材料股份有限公司、广东金刚玻璃科技股份有限公司。上述9家上市公司IPO直接融资总额70.7亿元。此外，另有两家上市公司实现再融资，合计融资额12.61亿元。

截至年底，全市上市公司总数达到16家，居全省第三位（不含深圳市）。上市公司总股本39.98亿股，总市值810.70亿元，比上年末增长163.02%，环比增长23.99%。2010年度，16家上市公司经营业绩稳步增长，合计实现主营业务收入169.95亿元，增长20.85%；利润总额18.53亿元，增长2.62%；净利润14.15亿元，增长3.03%。市企业改制上市所取得的突出成效，受到省政府和各级证监部门的充分肯定。2010年10月14日，在深交所第六届地方政府企业改制上市工作经验交流会上，作为先进地区之一在会上作经验介绍。

企业债券发行工作也取得较大突破。2010年12月，邀请兴业银行广州分行到市举办债券融资工具研讨会，市政府金融工作局与兴业银行广州分行签署战略合作协议。根据双方签署的战略合作协议，兴业银行广州分行承诺在三年内为市优质企业提供包括债务融资、信托融资、股权投资、融资租赁及贷款等多种融资工具，同时承诺两年内在市设立分支机构。兴业银行广州分行还分别与广东东方锆业科技股份有限公司、广东奥飞动漫文化股份有限公司签订相关合作协议。

【证券期货市场】至年底，全市有证券机构7家，证券营业部19家，从业人员787人；2010年新增开户数2.98万户，投资者证券帐户数累计67.35户；证券机构资产总额902.44亿元，其中客户资产875.74亿元。市证券机构全年累计交易额5866.77亿元，居全省第四位（不含深圳市），交易额比上年度减少928.48亿元。至年底，全市有期货机构营业部4家，从业人员69人；年内新增开户数1447户，累计开户数3499户；期货机构资产总额5.54亿元，其中客户资产3.97亿元；期货机构累计交易额4243.53亿元，其中商品期货交易额3282.5亿元，比上年增长61.69%；股指期货交易额961.03亿元。

年内，辖区各证券期货机构认真贯彻落实证监会的各项政策规定，积极推进合规建设和风控体系建设，建立健全规章制度，规范办事程序和操作流程，严格防范各类经营风险，确保年度内无风险事故发生。树立正确的服务宗旨和营销理念，重视加强团队建设，组织开展业务技能培训，建立健全客户回访制度，不断提升服务质量和服务水平。加强对各类投资者的风险教育，特别是在证券市场推出创业板、股指期货和融资融券等高风险业务之后，采取举办知识讲座、投资报告会、发放投资知识手册、建立投资者教育园地等形式，引导投资者树立正确的投资理念，避免因认识上的误区产生投资风险。加强对证券市场的协调监管，坚决打击非法证券活动，配合开展反洗钱工作，维护金融市场秩序，确保证券市场健康发展。妥善处理中关村证券股份有限公司托管清理的善后问题，加强跟踪排查和说服疏导，及时化解各种不稳定因素，有效维护社会稳定。

（市金融工作局）

政　治

POLITICS

◆中共汕头市委

◆汕头市人民代表大会

◆汕头市人民政府

◆政协汕头市委员会

◆中共汕头市纪委

◆民主党派和工商联

◆人民团体

◆外事·台湾事务·侨务·宗教

◆地方军事

中共汕头市委

综 述

【2010年全市工作主要成果】2010年，是中国经济特区建立30周年、汕头开埠150周年的具有重大意义的一年，是汕头继往开来、改革创新的关键一年。在党中央、国务院和省委、省政府的正确领导下，汕头市委、市政府认真贯彻党的十七届四中、五中全会和省委十届六次、七次全会精神，贯彻落实胡锦涛总书记在深圳经济特区建立30周年庆祝大会重要讲话和汪洋书记莅汕考察重要指示精神，深刻认识新时期经济特区的新使命和新要求，弘扬特区精神，擦亮特区牌子，继续解放思想，提升发展理念，破解发展难题，奋力赶超进位，全力推进改革创新，加快调结构转方式，大力保障和改善民生，加快打造区域中心城市、建设幸福汕头，各项工作取得了新的成效，在科学发展进程中迈出了坚实步伐。

一是坚持改革创新，不断完善发展思路。积极谋划和争取汕头特区范围扩大到全市，解决城市规划、基础设施建设、公共设施服务等方面城乡差别较大，“一市两法”，特区发展空间狭窄等突出问题。立足实际，解放思想，提升发展理念，创新发展思路，在深刻分析汕头发展现状、潜力和态势的基础上，旗帜鲜明地提出擦亮特区牌子、加快科学发展、打造区域中心城市、建设幸福汕头的发展思路，提出大力实施投资拉动、实现跨越性发展的规划目标，工作思路既振奋人心又符合汕头实际，得到省委的充分肯定和干部群众的积极拥护，汪洋书记在莅汕考察、出席第六届珠江三角洲地区与山区及东西两翼经济技术合作洽谈会时指出，汕头思路对，后劲足，形势令人鼓舞。

二是奋力赶超进位，经济实现平稳较快发展。面对全省2009年度落实科学发展观考评得分和排名较大幅度下滑的情况，专门召开了市委常委扩大会议，从思想上、工作上、制度上、作风上进行深刻剖析，深入分析原因，研究思路对策，奋力赶超进位。狠抓执行力建设，推进与大型央企战略合作，大力扶持民营企业发展，营造良好发展环境，经济实现平稳较快发展。全年实现GDP1203亿元，增长13.7%；地方财政一般预算收入72.65亿元，增长24.1%。

三是优化城市功能布局，加快打造区域中心城市。按照区域中心城市的功能定位和现代产业发展的要求，结合推进特区范围扩大，从破解城乡二元结构难题入手，提出构建“一核两轴四组团”空间格局，推动城市组团化发展，形成各具功能和特色的经济区的战略构想，推进城乡一体化建设，积极探索新型城市化发展新路。精心构筑融山、水、桥、过海隧道和现代化城市景观于一体的环汕头湾“一湾两岸”城市核心圈，增强区域中心城市的综合服务功能。强力推进厦深铁路、汕头至揭阳高速公路、南澳大桥等重大项目建设，建成广澳港区5万吨级泊位和5万吨级航道。加快推进汕头至揭西等高速公路和疏港铁路等重点项目前期工作。华能海门电厂1、2号机组和500千伏送出工程等一批能源项目投产。完成牛田洋海堤、秋风岭水库等一批江海堤围、水闸和水库除险加固工程。口岸通关环境进一步改善，开通国际集装箱航线11条，广澳港区通过国家一类口岸验收；汕头机场获准对东南亚国家和港澳地区航空公司飞机开放。

四是实施“引大扶小”策略，加快转变经济发展方式。紧盯大型央企，凝聚侨心侨力，积极争取支持合作，充分利用国内外大型企业、海内外潮商潮人和本地民营企业三种力量，主动走出去，赴京、沪、港进行汇报和系列拜访活动，增进国家有关部委、央企、院所，以及海内外潮人、潮商对汕头近期发展现状、工作思路的关注支持。积极实施“引大扶小”策略，一批重大合作项目和战略项目取得实质性进展。认真筹备和成功承办省第六届“山洽会”和第六届国际潮籍青年联谊年会。引进中信集团参与整个濠江新城的建设，首期建设南滨片区、北山湾片区和“一江（濠江）两岸”区域，全面合作实施土地储备开发、苏埃通道建设和城市开发等其他滚动发展项目，争取一步到位探索行政管理体制新模式，一步到位推进城市化，打造现代化海滨新城。深化与中交集团的战略合作，以一体化投资建设、土地收益共享的模式，全力加快东海岸新城的建设开发步伐，加快推进海堤建设和围海造地主体工程。引进中核集团，与市民营企业东方锆业科技股份有限公司合作，积极推动建设“中国锆城”，发展新材料产业，打造具有国际竞争力的世界级锆业基地，构建国家级锆业总部基地、技术创新平台策源地和产业示范新城。引进华润集团，开展城市商业综合体、燃气管道、旧城改造等战略合作，强化区域中心城市服务功能。与TCL集团合作，加快推进潮阳区贵屿镇循环经济产业园（试点）建设工作，致力建立符合国家环保部“圈区管理”要求，技术装备先进、配套设施齐全、服务功能完善的现代化循环经济园区，争取进入国家级循环经济产业园（试点）层面。引入深圳市广聚能源股份有限公司参与城市公共交通行业营运，推动公交服务运营规模化和集约化，实现城市公交事业跨越式发展。加强与广业集团的合作，全面完成污水处理厂建设任务并投产发挥作用。从产业政策、技术服务、财税金融支持、土地利用、人才引进等方面鼓励民营企业改造提升传统优势产业，加快上市融资、增资扩产、增资扩股，促进民营企业做强做大、做专做精。2010年新增上市企业9家，全市合计16家，总数列全省第3位。企业自主创新能力明显提高，科技指标和名牌数量居全省前列，荣获“国家知识产权工作示范城市”称号。

五是实施“三大产业发展计划”，大力推进产业转型升级。实施传统优势产业提升计划。扶持一批科技含量高、成长性强、发展前景好的企业做大做强、做精做专。重点推动装备制造、印刷包装、工艺玩具、精细化工等产业改造升级、发展壮大。实施新兴产业倍增计划。调整优化全市产业园区功能布局，推动保税区、高新区转型升级，推动民营企业与科研院所和央企的战略合作，集聚培育一批具有较强竞争力的高技术、高附加值产业集群。重点发展新材料、新能源、海洋生物等战略性新兴产业。实施现代服务业提速计划。加快推进粤台两岸商品物流中心、粤东云计算中心和一大批大型商贸经营综合体等现代服务业项目，建设粤东最好的学校、最好的医院，打造区域物流、金融、信息、会展和教育医疗文化中心。产业转移工业园获省认定为示范园区，潮南产业转移工业园完成首期基础设施建设，南山湾科技园、濠江电子电路工业园加快建设。

六是坚持以人为本，着力改善民生民安。把保障和改善民生作为加快转变经济发展方式的根本出发点和落脚点，探索建立“幸福汕头”评价指标体系，不断改善人民群众的生存发展环境，增进人民群众的幸福感，努力在强化社会事业和社会管理上取得突破。人民生活水平稳步提高，2010年中心城区居民人均可支配收入15179元，农村居民人均纯收入6518元。全面实施城乡免费义务教育，加快普及高中阶段教育，劳动就业形势稳定，社会保障、社会救助覆盖面进一步扩大，新型农村合作医疗制度覆盖所有镇村，全面完成对口援建草坡乡任务。生态环境保护力度加大，2010年荣获“国家园林城市”称号，加快创建国家生态城市。

七是加强民主法制建设，营造良好法治环境。坚持正确的政治方向，积极探索民主政治建设的新形式新途径。坚持党的领导、人民当家作主、依法治市有机统一。支持人大及其常委会依法履行职责，加大监督力度，增强监督实效，加强地方立法，不断健全地方法规体系，民主法制建设不断推进。支持人民政协积极履行政治协商、民主监督、参政议政职能，印发《中共汕头市委政治协商规程（试行）》，充分发挥政协协调关系、汇聚力量、建言献策、服务大局作用。扎实推进双拥共建活动，连续4次荣获全国双拥模范城、6次荣获省双拥模范城称号，南澳县荣获全国双拥模范县称号。

八是注重发挥文化引领作用，推进文化强市建设。召开市委九届九次全会进行专门部署，出台《中共汕头市委、汕头市人民政府关于建设文化强市的意见》，全面推进文化强市建设，积极发展文化事业和文化产业，不断提升文化引领经济社会发展的作用。加大宣传工作力度，借助汕头“南澳Ⅰ号”水下考古直播等活动平台，多角度宣传汕头的崭新形象。加快推进全市公共文化服务体系建设，大力推进文化惠民服务，加大重点文物保护力度，深化文化体制改革，促进文化产业发展。

九是以改革创新精神推进党的建设，提高决策力和执行力。制定实施各项政策措施，努力提高党的建设科学化水平。积极在全市广泛开展以创建先进基层党组织、争做优秀共产党员为主要内容的创先争优活动，把学习实践科学发展观不断引向深入。深化干部人事制度改革，制定出台汕头市深化干部人事制度改革的若干意见。印发《关于贯彻落实〈中国共产党党员领导干部廉洁从政若干准则〉实施意见》，以贯彻落实《廉政准则》为重点，全面推进党风廉政建设和反腐败工作。开展“村党组织建设年”活动，组派工作组驻点整顿问题相对突出的村。认真筹划和部署全市村、社区“两委”换届选举工作，加快构建城乡统筹的基层党建新格局。

（汕综）

市委全委会及其他重要会议

【市委九届八次全会】2010年1月14日至15日，中国共产党汕头市第九届委员会第八次全体会议在市委会议中心召开。全会深入贯彻落实科学发展观，全面贯彻落实党的十七届四中全会、中央经济工作会议、胡锦涛总书记最近视察广东重要讲话和省委十届六次全会精神，认真总结2009年工作，全面部署2010年工作，动员全市干部群众进一步统一思想，振奋精神，奋力拼搏，乘势而上，加快发展，向“五年大变化”的目标阔步前进。全会审议通过《中共汕头市委关于加强和改进新形势下党的建设若干问题的意见》和《中国共产党汕头市第九届委员会第八次全体会议决议》。市委书记黄志光代表市委常委会作工作报告，市委副书记、市长蔡宗泽就经济工作作讲话。

【市委九届九次全会】2010年7月26日，中国共产党汕头市第九届委员会第九次全体会议召开。全会由市委常委会主持。全会深入贯彻落实科学发展观，进一步学习领会党的十七大以来中央关于加强文化建设的精神和部署，传达贯彻落实省委十届七次全会精神，全面总结近年来汕头文化建设工作，研究部署文化强市建设工作。以时代文化精神为引领，着力破解阻碍汕头现代化建设事业的思想障碍，优化提升城市发展理念，推动科学发展上新水平。全会听取了李锋同志代表市委常委会所作的主题报告，蔡宗泽同志所作的总结讲话，陈茸同志就有关文件所作的起草说明，审议了《中共汕头市委、汕头市人民政府关于建设文化强市的意见》（稿）和《关于2009年市管党费收缴、使用、管理情况的报告》。

【全市领导干部大会】2010年5月24日，汕头市委在市委会议中心召开全市领导干部大会，宣布广东省委关于汕头市委主要领导调整的决定。省委常委、组织部部长胡泽君莅会并代表省委作重要讲话。会议由黄志光同志主持。省委组织部副部长林存德宣读省委关于汕头市委主要领导调整的通知。省委决定，李锋同志任汕头市委委员、常委、书记，免去黄志光同志的汕头市委书记、常委、委员职务；省委同意，提名李锋同志为汕头市人大常委会主任候选人，黄志光同志不再担任汕头市人大常委会主任职务，按有关法律规定办理。黄志光、李锋和蔡宗泽同志先后在会上讲话，一致表示坚决拥护省委的决定。

【市委常委扩大会议】7月23日至24日市委召开常委扩大会议，传达贯彻省委十届七次全会精神，通报省委对汕头市落实科学发展观考评结果，查找差距、分析原因，研究思路和对策，进一步统一思想认识，增强发展信心，奋力增速提位。会后，市委以报告的形式向省委、省政府报告会议的情况。同时，对照省考评指标体系，修订评价指标体系，制定实施《汕头市落实科学发展赶超进位工作方案》及绩效量化评估细则、《汕头市2010年经济社会科学发展绩效考核预期目标方案》，进一步强化责任制落实、增强执行力，做到职能部门的考核与区县的考核捆绑联动，一级抓一级，层层抓落实，推动全市上下凝成一股绳、形成一盘棋。出台《关于市委市政府重大决定事项落实情况问责的暂行办法》，在全国率先提出“建立‘事前备案，事中监督，事后严处’三位一体的问责机制”，强化责任落实与责任追究，改变“干与不干一个样、干多干少一个样、干好干坏一个样”的现象。加强工作督查，市委、市政府领导带队深入各地各部门检查赶超进位落实情况。

【全市学习贯彻胡锦涛总书记重要讲话精神干部大会】2010年9月28日，汕头市委在鮀岛影剧院召开全市学习贯彻胡锦涛总书记重要讲话精神干部大会。会议的主题是，学习贯彻胡锦涛总书记在深圳经济特区建立30周年庆祝大会重要讲话和汪洋书记在全省干部大会重要讲话精神，深入贯彻落实科学发展观，深刻认识经济特区的新要求和新使命，激发全市干部群众擦亮特区牌子，勇于改革创新，奋力赶超进位，推动科学发展，打造区域中心城市，加快建设幸福汕头。市委书记李锋出席大会并讲话，市委副书记、市长蔡宗泽主持大会。

（汕综）

市委重要决策

【促进海洋经济科学发展】1月14日，市委、市政府印发《关于促进海洋经济科学发展的实施意见》。《意见》明确了促进汕头市海洋经济科学发展的重大意义、指导思想、发展目标、主要任务和保障措施。促进汕头市海洋经济科学发展的目标：海洋经济对国民经济和社会发展的贡献率进一步提高。“十二五”期末，全市海洋经济发展要实现“四个明显”的变化，力争把汕头建成东南沿海现代化亿吨深水大港、东南沿海旅游名城、现代化滨海工业新城、海峡西岸地区高水平的海水养殖加工出口基地和全省生态海洋经济示范区，初步将汕头市建设成为海洋经济强市。

【加强和改进新形势下党的建设】1月30日，市委印发《关于加强和改进新形势下党的建设若干问题的意见》。《意见》明确提出要大力推进学习型党组织建设，提高党员干部思想政治水平；大力推进领导班子和干部队伍建设，激发干事创业积极性；大力推进基层组织建设，不断夯实党执政的组织基础；大力推进党内民主建设，增强各级党组织生机活力；大力推进党的作风建设，保持党同人民群众的血肉联系；大力推进反腐倡廉建设，完善惩治和预防腐败体系。

【推进集体林权制度改革】3月3日，市委、市政府发出《〈关于推进集体林权制度改革的实施意见〉的通知》。《通知》明确了推进集体林权制度改革的指导思想和基本原则、改革的主要内容、总体目标和工作步骤、保障措施。指导思想：以科学发展观为指导，进一步明晰集体林地使用权和林木所有权，放活经营权，落实处置权，确保收益权，规范流转行为，创新林业管理体制和经营机制，强化森林资源管理，加快建设生态型海滨城市、林业生态市，为推进全市经济社会全面、协调、可持续发展提供良好的生态环境支撑。

【实施扩大内需战略】3月30日，市委、市政府印发《关于贯彻落实〈中共广东省委、广东省人民政府关于实施扩大内需战略的决定〉的意见》。《意见》明确了实施扩大内需战略的重大意义、工作重点和保障措施。在推进扩大内需工作中，要按照“三促进一保持”的要求，始终把保持经济平稳较快发展作为首要任务，突出重点，全面推进。

【完善招商引资目标责任制】3月30日，市委、市政府印发《关于进一步完善招商引资目标责任制的意见》。《意见》明确了招商引资责任单位分类、重点项目、目标任务和保障措施。招商引资的项目重点是对经济社会发展具有明显拉动作用，能够有效提升汕头市支柱产业和基础设施建设水平且符合国家产业政策的项目；能够合理有效利用优势资源，加速资源转化，延伸资源浓度开发链的项目；能够优化产业结构，形成产业集群，促进产品升级的项目；能够为现有支柱产业和重点企业配套的项目；能够增加地方财政收入，拉动劳动力转移及就业，促进农民增收的项目。

【推进事业单位分类改革】6月29日，市委、市政府发出《关于印发〈汕头市事业单位分类改革实施意见〉的通知》。《通知》明确了汕头市事业单位分类改革的指导思想、目标、原则、主要内容、工作步骤、时间安排和几项要求。指导思想和目标：以邓小平理论和“三个代表”重要思想为指导，深入贯彻落实科学发展观，按照政事分开、事企分开、管办分离的原则，以社会功能为依据，突出管理体制和运行机制创新，积极稳妥地推进汕头市事业单位分类改革，逐步建立分益目标明确、布局结构合理、投入机制完善、治理结构规范、微观运行高效、监管制度健全的现代事业单位管理体制和运行机制，促进社会事业更好更快发展。

【推进文化强市建设】8月9日，市委、市政府印发《关于建设文化强市的意见》。《意见》明确了全面推进汕头文化建设的总体要求、主要任务和工作保障。发展目标：力争经过5至10年的不懈努力，形成具有现代开放特质的文化发展新格局，时代文化精神更加彰显，特色文化内涵更加丰富，新时期人文精神更加丰满，全民文化幸福指数不断提升，把汕头建设成为在国内外有重要影响的特区文化城市和潮汕优秀文化的聚集地，形成具有中国气派、特区风格、汕头特色的现代文化体系。主要任务：实施文化引领工程、实施文化传播工程、实施文化惠民工程、实施文化精品工程、实施文化产业工程和实施文化创新工程。

【深化医药卫生体制改革】8月17日，市委、市政府印发《关于深化医药卫生体制改革的实施意见》。《意见》明确深化医药卫生体制改革的指导思想、基本原则、总体目标、主要任务和保障措施。总体目标：建立健全覆盖城乡居民的基本医疗卫生制度，为群众提供安全、有效、方便、价廉的医疗卫生服务。

【坚持和完善中国共产党领导的多党合作和政治协商制度】9月15日，市委发出《关于印发〈中共汕头市委政治协商规程（试行）〉的通知》。《通知》明确了政治协商的定义、指导思想、原则、主要内容、保障与考核。指导思想：高举中国特色社会主义伟大旗帜，以邓小平理论和“三个代表”重要思想为指导，深入贯彻落实科学发展观，围绕中心，服务大局，把政治协商纳入决策程序，从提高党的执政能力、发展社会主义民主政治、构建社会主义和谐社会、推进中国特色社会主义伟大事业的战略高度，切实推进政治协商的制度化、规范化、程序化，实现科学决策、民主决策、依法决策，推动汕头科学发展。

【落实科学发展观情况考核】12月12日，市委发出《关于印发〈汕头市区（县）党政领导班子和领导干部落实科学发展观评价指标体系及考核评价办法（试行）〉、〈汕头市党政工作部门领导班子和领导干部落实科学发展观评价指标体系及考核评价办法（试行）〉的通知》。《通知》分别对各区（县）党政和汕头市党政工作部门领导班子和领导干部落实科学发展观评价指标体系及考核评价办法作出明确的规定。

（汕综）

市委重要活动

【答好汪洋书记“三道题”】1月6日，省委十届六次全会期间，汪洋书记参加分组讨论时向汕头提出了“三道题”：汕头经济特区成立30年来干了些什么，有什么经验教训；在迎接特区成立30年的历史节点上，汕头特区能做什么，如何实现加快发展；今后30年汕头特区还能再干什么。汪洋书记深情寄望汕头认真总结经验教训，认真思考特区未来的发展方向、发展举措和发展目标，发扬特区精神，使汕头特区在粤东发展中独树一帜，实现又好又快发展。这是汪洋书记在经济特区即将迎来成立30周年的重要历史节点上，对汕头提出的重大课题。省委十届六次全会后，汕头市立即召开市委常委扩大会议、市委九届八次全会和市人大、政协“两会”，认真学习、深刻领会汪洋书记“三道题”的精神实质，对解好“三道题”、答好“三道题”进行认真部署。并制订实施《关于答好汪洋书记“三道题”工作方案》，以乘势而上、加快发展为主题，迅速在全市掀起答好汪洋书记“三道题”大讨论，努力推动思想大解放，观念大创新，特区精神大弘扬，改革开放大突破，经济社会大发展。

【汕头特区30周年民主法治建设回顾与展望】5月11日，汕头市召开汕头特区30周年民主法治建设回顾与展望座谈会，回顾总结汕头特区民主法治建设的发展历程、成功经验，大力推进法治建设，为答好汪洋书记“三道题”，加快科学发展，实现“五年大变化”，加快打造区域中心城市提供更加坚强有力的法治保障。市委书记、市人大常委会主任、市依法治市工作领导小组组长黄志光出席会议并讲话。会议指出，要认真总结汕头30年民主法治建设经验，准确把握发展方向，不断开创法治汕头建设新局面。会议要求，要在加快汕头科学发展的大局中谋划推进法治建设，解放思想，敢闯敢试，不断增强特区发展新动力、新优势，为推动思想大解放、经济大发展营造良好的法治环境。重点要做到“六个大力推进”：一是大力推进立法工作，为加快发展、科学发展提供更为坚实的制度基础；二是大力推进依法行政，切实提高行政执法水平；三是大力推进司法公正，不断增强司法工作的公信力、权威性和人民群众的满意度；四是大力推进法治宣传教育，进一步提高全社会的法治意识和法律素质；五是大力推进基层民主政治建设，保障人民群众享有更多更切实的民主权利；六是大力推进社会管理创新，努力构建和谐汕头。

【澳门特首崔世安博士莅汕访问】6月3日，澳门特别行政区行政长官崔世安博士一行莅汕访问。代表团深入了解汕头的玩具产业、重点项目建设、未来规划发展和高等教育等方面的情况。市委书记李锋陪同代表团参观访问。下午，市委书记李锋拜会了崔世安特首一行，并进行友好座谈。座谈中，李锋首先代表市委、市政府和500多万汕头人民对崔世安特首一行的访问表示热烈欢迎。他说，崔世安博士就任特首不到半年就组织高规格、大规模的政府访问团和企业访问团莅汕，对汕头来说更是一件大事、一次重要机遇。当前，澳门政通人和，百业俱兴，汕澳之间地缘相近、人缘相亲、商缘相联，在加强合作交流上有很大的发展空间。此次，崔世安特首率团访汕，带来东风、带来动力、更带来新鲜经验。汕头将深入贯彻落实珠三角规划纲要和省委、省政府对粤东、对汕头发展的要求，实施“三个主动融入”，健全合作机制，拓宽合作领域，进一步推动深化两地交流合作。崔世安对汕头特区近年来取得的巨大成就感到由衷高兴。他说，通过参观，看到了汕头未来的蓝图，也看到了汕头发展的潜力。相信双方一定能够在原有的基础上深化合作。尤其可以通过加大商贸服务平台的建设，加强与葡语国家的经贸合作。崔世安高度肯定了潮籍乡亲在澳门经济社会中的突出作用，认为是爱国爱澳力量的重要组成部分。希望澳门和汕头双方寻找更多切入点，特别是在文化产业、中医药产业、旅游、国际金融服务等方面寻求更多的合作。

【与李嘉诚先生会晤】6月29日，香港长江实业（集团）有限公司董事局主席、汕头大学校董会名誉主席李嘉诚先生莅汕。市委书记李锋在汕头大学会见了李嘉诚先生。会见中，李锋对汕头大学创造的成就和为推动汕头经济社会发展作出的贡献表示欣慰，对李嘉诚先生一直以来对家乡的关心支持和为汕头大学的发展呕心沥血表示衷心感谢和由衷敬佩。汕头将进一步加强城市管理，加大力度整治汕大周边环境，继续营造良好的法制环境、人文环境和软环境，一如既往大力支持汕大的改革发展。李嘉诚先生表示，近年来汕头经济社会发展变化很大，发展前景必将更加美好。汕头大学的发展离不开历届市委、市政府的大力支持，接下来基金会还将继续加大资金投入，落实办学计划，为汕头大学发展提供最好的条件。

11月16日，赴港访问的市委书记李锋专程拜会李嘉诚先生。李锋指出，李嘉诚先生是潮商的最杰出代表，一直是潮汕人民的骄傲。市委、市政府将致力建设廉洁高效的政务环境、公正公平的法治环境和开放兼容的人文环境，全力推动汕头加快发展，实实在在办好汕头的事情，让老百姓放心、投资者有信心；将一如既往地大力支持汕头大学的改革发展，把办好“汕大的事”当成自己的事，组织专人专班，开辟“绿色通道”，全力解决汕大在建设和办学过程中需要的问题。在听了李锋对汕头发展思路的总体介绍后，李嘉诚先生连说“很好，有干劲，有信心！”还特别指示参加会谈的长江集团高管人员与汕头市领导进行洽谈交流。李嘉诚先生指出，办好汕头大学是千秋万世的事情。得益于汕头市委、市政府的大力支持，汕大发展快速。下来还将积极酝酿全方位提升汕大的办学规模、办学特色和国际影响力。座谈结束前，李嘉诚先生表示将会继续关注支持汕头加快发展，寄望汕头乘势而上，加快发展，干得更好、更快，给世人展示一个充满生机的新汕头。

【纪念市政协成立60周年】10月14日，汕头市在汕头迎宾馆召开纪念汕头市政协成立60周年座谈会。市委书记李锋出席座谈会并讲话，高度评价了市政协在汕头市社会主义建设和改革开放进程中作出的重大贡献，表示市委将进一步密切与各民主党派的合作，努力推动汕头科学发展迈上新台阶。会上，市政协历届老领导代表从不同角度对市政协在不同历史时期为汕头市经济社会发展所作出的贡献进行了回顾和总结，并对汕头未来的发展提出了殷切期望。在听取大家的真知灼见后，李锋指出，市政协的60年，是同汕头这座城市一起成长的60年。自成立以来，市政协认真贯彻党的路线、方针、政策，围绕各个时期的中心工作，积极履行政治协商、民主监督、参政议政三大职能，为汕头发展作出了积极贡献，所取得的成绩是历届市政协老领导、老同志和广大政协委员、政协系统工作者开拓创新、履职尽责、努力工作的丰硕成果。市委将按照中央、省的要求，进一步密切与各民主党派的合作，继续倾听各方意见，将汕头的工作做得更好，加快建设幸福汕头，推动汕头科学发展迈上新台阶。

【出席第四届潮商大会】11月14日，第四届潮商大会暨全球潮商投资发展研讨会在上海国际会议中心隆重开幕，搭建潮汕学习借鉴先进地区发展经验、潮商同世界交流合作的桥梁，开启打造潮商新形象、树立潮商新品牌、推动潮汕大发展的新篇章。60余个代表团的1200名潮商精英云集上海，围绕“精诚团结、共谋发展”这一主题，畅叙故土亲情，共谋发展大业。市委书记李锋率领汕头代表团出席会议。市委书记李锋在开幕式上致辞，向大会的成功召开表示祝贺。他指出，潮人是中华民族的优秀族群之一，潮商是潮人的骄傲。潮汕今日的发展，无不凝聚着潮商的爱心、汗水与智慧。潮商事业是我们共同的事业。第四届潮商大会在上海这个国际大都会举办，搭起潮汕各市学习借鉴先进地区发展经验、潮商同世界交流合作的桥梁，必将开启打造潮商新形象、树立潮商新品牌、推动潮汕大发展的新篇章。当前，潮汕正处于可以大有作为的重要战略发展机遇期，将迎来汕头经济特区建立30周年。汕头将以科学发展为主题，以加快转变经济发展方式为主线，深化改革开放，保障改善民生，全力以赴推进“五年大变化、十年大发展”。在加快潮汕科学发展的进程中，潮商作用举足轻重、发展前景无限广阔。汕头将全力支持和促进广大潮商加快发展，为在外潮商回乡创业搭建平台，创造良好的投资营商环境。

（汕综）

信访工作

【简况】市委、市政府高度重视信访工作，切实把做好信访工作、解决信访问题的过程，作为维护群众合法权益的过程，作为密切党和政府与人民群众血肉联系的过程，作为促进社会和谐发展的过程。市委常委会议多次就有关信访工作进行专项研究，各级党政和信访部门紧紧把握国家重大活动和市委重大决策这一中心，围绕服务经济发展、构建幸福汕头这一主线，着力在畅通信访渠道、解决信访突出问题、维护群众合法权益等方面狠下功夫，对推动经济又好又快发展、促进社会和谐稳定发挥了应有作用。2010年，市、区（县）两级信访部门受理群众来信4139件次；群众到市委、市政府上访共510批3406人次，其中群众到市委、市政府集体上访128批2725人次；市委书记直拨电话、市长专线电话共受理群众来电3088件次；市长电子信箱共受理电子邮件3862件次。市信访局共承办市委、市政府领导批示信访件370宗，立案督办242宗，到期已办结193宗。

【化解信访突出问题】对全市信访老户及其信访诉求进行全面清理，1月13日、4月13日、8月3日、9月7日分别召开多场全市信访工作会议或专项会议，就原上山下乡知青、军队退役人员等特殊群体的信访问题及一批涉及社保医保、医疗卫生、涉法涉诉等突出信访问题进行专题研究，提出化解问题的指导性意见。市委主要领导率先垂范，12月30日，市委书记李锋亲自约访群众，亲自协调解决信访难题。年内，全市共有24741名早期离开国有企业和县以上集体企业人员、包括上山下乡知青解决了社会养老保险问题，使这个较大群体的情绪得到有效缓解。先后筹集100多万元，化解了交通肇事逃逸等一批信访"钉子案"、"骨头案"。处理7330套市区商品房确权发证遗留问题，从根本上化解群众反映强烈的信访热点问题。

【领导干部"四访"活动】进一步完善市党政领导接访日制度及区（县）党政班子成员、街道（镇）书记、主任（镇长）大接访机制，使领导接访工作更加制度化，更有成效。2010年，15位市党政领导先后进行了公开接访，共接待上访群众739批次2059人次，已办结市领导接访日信访事项506宗。在此基础上，在全市范围内深入组织开展市、区（县）、街道（镇）三级领导干部"基层接访"、"带案下访"、"上门探访"和"基层巡访"等"四访"活动，市领导主动接访、下访、约访一批重点对象，有效化解一批矛盾纠纷。市、区（县）、街道（镇）三级领导干部共接待群众来访1967批4101人次，上门探访慰问重点人员1204人次，包案处理信访重点案件450宗，下基层巡访检查1519人次。

【重要时期信访维稳工作】各地各部门切实做好全国、省、市"两会"等重要活动，元旦、春节、清明、八一、国庆等重大节假日，特别是上海世博会、广州亚运会、亚残运会等重要敏感时期的信访维稳工作。加强矛盾纠纷排查，采取"一案一策"、"一事一法"的措施，全力解决上访人合理诉求。组建市、区（县）两级应急劝返小组，市和各区派出驻穗劝返工作组共20多人，还派出2位同志到北京参加省驻京信访工作组3个月，及时疏导劝返了一批群众进京赴省上访。经过多方努力和综合施策，实现了上海世博会和广州亚运会、残运会期间，没有发生群众到上海世博会上访，广州亚运会、亚残运会场馆零上访，当地也没有发生群体性事件的工作目标。

【完善信访责任追究机制】认真贯彻落实《广东省信访工作重点管理实施办法》、《广东省信访工作责任追究暂行办法》，对群众越级上访较多的地区在全市进行通报批评，要求各个被通报单位找准存在问题，深入剖析原因，深刻汲取教训，加强整改落实，努力扭转被动局面。2011年初召开会议，听取这些地区的整改情况汇报。同时，充实信访工作考核内容，在原来将开展大接访、排查突出信访问题、落实领导包案、办理交办信访事项以及越级上访人数和处置集体上访等情况列入考评的基础上，又将市督查信访件办理情况、市领导接访日信访件办理情况、市直部门信访件办理情况也列入考评范围。

【打造信访工作新型平台】积极推进"汕头市人民来访接待中心"的建设，目前已完成总体规划设计，正在加大力度积极推进，立足打造"联合接访、依法分流、直接调处、多方联动、全程督查"的综合型办事机构和"一体化"调处的信访工作新体制。各区（县）全面建好综治信访维稳中心，形成了区（县）、镇（街道）、村（居）三级联动的工作格局，有效推进了基层综治信访维稳工作的开展。信访信息系统推广应用工作有新进展，2月、7月分别开通市、区（县）两级信访工作机构的信访信息系统，信访工作效率进一步提高。

【信访法制宣传和秩序规范】认真开展"《信访条例》实施五周年宣传月活动"，在解决群众合理诉求的同时，引导群众通过正常法定渠道，以理性合法方式表达诉求。坚持两手抓，一手抓依法依规依政策解决上访群众的合理诉求，维护群众合法权益，为群众排忧解难；另一手抓依法治访、规范信访秩序，以信访工作的法制化、规范化，促信访秩序的根本好转。对个别不听教育劝阻，无理取闹，到党政机关或信访接待场所进行闹访缠访，甚至采取极端违法信访行为的，公安机关依法追究其法律责任。

【信访干部队伍建设】各级信访部门积极参加"创先争优"活动，切实加强信访干部的理论和业务学习，不断提高信访干部业务水平和综合素质。广大信访干部面对严峻的信访形势和繁重的工作任务，奋力拼搏、苦干实干，为党分忧、为民解难，在充分履行信访工作职责中创造新业绩。各级党委、政府切实关心支持信访干部的成长进步，加大对信访干部的提拔交流力度。市信访局对全市信访干部队伍情况开展调研，并形成专题调研报告，为组织部门交流和提拔使用信访干部提供决策参考。

（王晓韩）

调研工作

【调研工作】2010年，市委政策研究室紧紧围绕市委中心工作和汕头的发展大局，根据年初确定的报市委批准的调研课题和市领导交办的题目，围绕事关汕头经济社会发展的重大问题和热点、难点问题，针对新形势、新情况、新问题，深入开展调查研究。通过调研，对一些重大问题提出了对策和建议，及时上报市委、市政府领导，为市委、市政府的决策提供参考。全年共完成调研专题11个。主要完成的有《重庆市和成都市推进城乡一体化的调研报告》、《汕头特区扩大范围的调研》、《我市“三个主动融入”的体制机制调研报告》、《我市企业法人治理结构情况的调研报告》、《汕头市城市化发展战略调研报告》、《提升文化软实力与建设粤东区域中心城市》、《关于构建和谐劳动关系的调研报告》、《关于加强新形势下群众工作的调研报告》等专题调研。其中《充分利用海西政策扩大汕台农业合作》、《关于汕头市文化建设情况的调查报告》、《关于构建和谐劳动关系的调研报告》等5篇调研文章被省委政策研究室采用刊登在《广东调研》，有些调研成果直接转化为市委、市政府的决策。

【起草重要报告和文稿】全年共完成市委、市政府领导讲话材料和重要文稿140多篇90多万字。主要有：市委九届八次全会报告、总结讲话和决议，市委九届九次全会报告和决议，向省委、省政府的汇报材料，汕头市承办的广东省第六届“山治会”、第六届国际潮青联谊年会等重大活动资料工作等。完成市委主要领导在《人民日报》、《中央电视台》、《南方日报》、《南方杂志》、《南方都市报》、《广东电视台》、《中国国际广播电台》、《深圳特区报》、《汕头日报》、《中国经济周刊》等报刊杂志的专访、署名文章。

【策划组织答好“三道题”专家论坛】负责筹划组织“汕头特区的历史意义和未来展望——答好汪洋书记‘三道题’专家论坛”，这是近年来汕头市举办的规格最高、规模最大的专家高峰论坛。中国经济体制改革研究会名誉会长高尚全、中国开发区协会会长刘培强、中国宏观经济学会副会长兼秘书长王建、中国社会科学院农村发展研究所宏观室主任党国英、长江商学院副院长王一江等11位国内知名学者参加论坛并发表演讲。他们纵论经济特区的地位、作用和历史使命，结合汕头特区的实际情况，为汕头今后的改革开放和科学发展提出了许多宝贵意见建议。整理编辑《汕头特区的历史意义和未来展望——答好汪洋书记“三道题”专家论坛资料汇编》，供全市各单位学习参考。

【政研刊物】围绕服务科学决策职能，精编刊物和画册。通过全市党委系统调研工作网络这个平台，精编《汕头政研》，及时将市直各部门、各区县的调研成果刊登，为各区县、市直部门和兄弟单位提供参考、交流借鉴，全年共编辑《汕头政研》12期，刊发各类调研文章57篇。办好内部刊物《决策参考》，力求刊登的内容更具前瞻性、更加有参考价值，提供给市五套班子领导参考。做好《汕头画册》2010年卷的编辑工作，为宣传汕头，推介汕头发挥了重要作用。

（郑洵彬）

组织工作

【服务大局】按照中央、省委和市委的部署，抓好第三批深入学习实践科学发展观活动，召开全市学习实践活动总结大会，总结活动经验，巩固扩大活动成果，抓好整改落实，建立健全贯彻落实科学发展观的长效机制，活动开展期间全市新出台政策制度1683项，修改完善政策制度3776项，废止政策制度954项。牵头起草《中共汕头市委关于加强和改进新形势下党的建设若干问题的意见》，并抓好任务分解落实。围绕科学发展、赶超进位和建设幸福汕头的目标要求，牵头修订《汕头市区（县）党政领导班子和领导干部落实科学发展观评价指标体系及考核评价办法（试行）》和《汕头市党政工作部门领导班子和领导干部落实科学发展观评价指标体系及考核评价办法（试行）》，牵头制定《汕头市2010年落实科学发展观赶超进位绩效量化评估实施细则》。

【调研工作】针对全市各级领导班子和干部队伍建设现状展开大规模调研，对存在的突出问题进行梳理和分析，并提出了对策建议，形成了较有份量的调研报告，为市委决策提供依据。完成中组部党建研究所交办的“坚持和完善民主集中制的深化与突破”调研课题，获二等奖；参与中组部党建研究所重点课题“中国共产党党内民主发展模式研究”报告的起草工作。完成省委组织部年度重点调研课题《完善干部德的评价标准和考察办法问题研究》和省党建研究会年度课题《提高党组织生活质量问题研究报告》等。开展全市组织工作重点课题调研活动，形成《2010年汕头组织工作研究文稿》。

【创先争优活动】紧紧围绕中央、省委提出的“五个好”、“五带头”的要求，通过建立市委常委联系点，抓镇、村党建示范点，及时总结推广党组织生活创新、党员承诺、领导点评等方法，在全市基层党组织和广大党员中广泛开展“争当‘一加强三促进’时代先锋”主题实践活动。按照市委部署，积极创新活动载体，在全市及时铺开创先争优、增速提位竞赛活动，搞好“五查找”、开展“三承诺”、抓好“四落实”，激发广大党员干部想干、敢干、快干的良好精神状态，促进各项工作全面增速提效。统筹推进其他领域创先争优活动的开展，召开全市机关党建工作会议，出台汕头市《关于加强和改进机关党的建设的意见》；建立20个全市“两新”组织党建示范点，新建非公有制经济组织和社会组织党组织59个。进一步推进全市党员教育培训工作，制订出台《2010－2013年全市党员教育培训工作的若干意见》。加大宣传力度，截至12月底，人民网、南方日报、广东电视台和省委创先争优活动简报共12篇次报道专门介绍汕头市创先争优活动的有关做法。充分发挥现代远程教育在创先争优活动中的作用，两部远程教育课件分获全省农村党员干部现代远程教育首届教学课件观摩交流会一等奖和三等奖。

【干部人事制度改革】认真贯彻落实中央、省委和市委的要求，制定出台汕头市深化干部人事制度改革的若干意见，对汕头市今后一个时期的改革任务作出规划，着力推进干部人事制度五项改革，重点完善八项干部人事制度。以“双推双考双票决”为主要形式，公推公选市农业局局长等9名正处级职位领导干部，在扩大干部工作民主、创新初始提名和推荐方式、量化比较考察干部、全程差额选拔、发挥全委会作用、体现人岗相适要求等方面作了积极探索。采取“二推一评一综合”方式遴选市直单位6名副处级领导干部，首次把年度考核结果作为干部选拔任用的重要依据，探索解决简单以票取人的难点问题。采取“两推荐一述评”的方式遴选援藏干部，首次让干部选拔任用工作社会监督员直接参与到选人用人工作中来，并采取差额推荐、好中择优的办法进行民主推荐，充分考虑人选的绝对认可度、相对认可度。进一步拓宽选人视野，打破行政条块和身份界限，首次采用人机对话测试形式，在全市范围内公开选拔副处级年轻干部6名、女干部5名、党外干部2名到区（县）挂职。进一步规范市直党政机关中层干部竞争上岗制度。

【干部选拔任用和管理监督工作】坚持德才兼备、以德为先原则，加大从基层一线培养选拔干部的力度，全年提拔的20名党政正职中有区（县）党政领导工作经历和镇（街道）基层工作经验的14名，解决6名担任镇（街道）党政正职满7年以上的镇党委（街道党工委）书记副处级待遇，选拔8名优秀村党组织书记为镇（街道）领导干部，招录8名优秀大学生村官为镇（街道）机关公务员，首次启动从服务基层大学生和镇（街道）事业单位职工中公开考录镇（街道）公务员工作；切实做好县处级党政后备干部集中调整工作；加大年轻干部培养锻炼力度，重点选调部分县处级后备干部、女干部、党外干部参加为期3个月的中青班培训，从市直单位选派28名年轻科级干部到基层进行为期两年的挂职锻炼，会同市人社局选招50名选调生到村（居）任职。切实加强干部工作监督，通过民主生活会、理论中心组学习、开展自我测试、刊登知识问答、撰写体会文章、组织知识竞赛等多种形式，做好干部选拔任用工作四项监督制度的学习宣传；开展“提高选人用人公信度”专项活动，在推荐龙湖区、濠江区作为全省创建活动示范县的同时，确定6个单位作为全市专项活动联系点，以点带面提高各单位选人用人的公信度；积极主动抓好“一报告两评议”工作的落实，首次将“一报告两评议”的范围扩大到市直所有有用人权的单位；在全市县级以上“党代表、人大代表、政协委员”及新闻工作者中聘请20名干部选拔任用工作社会监督员；建立12380举报网站，拓宽举报渠道，加大违规用人问题查处力度。

【干部教育培训工作】认真贯彻落实中央、省委关于大规模培训干部、大幅度提高干部素质的战略部署，围绕加快转变经济发展方式要求大规模培训干部，出台《汕头市适应加快转变经济发展方式要求开展大规模培训干部实施意见》；编发《汕头市现代产业体系基础知识学习手册》，组织开展全市现代产业基础知识竞赛并在全省竞赛中获得二等奖，组织全市103个单位“一把手”参加“紫光阁大讲堂——清华干部培训网”专题学习，举办加快转变经济发展方式、海西政策等一系列专题培训班，全市接受现代产业基础知识培训干部近4万人次。继续实施“锤炼坚强党性培训工程”、“干部信息能力提升培训”、“千名村官进大学”培养计划。积极开展干部自主选学试点工作。全市共举办各类培训班923期次，培训党政干部、企业管理人员、专业技术人员14万多人次；完成中央、省52个班次的调训任务，选调干部155人次。中央政治局委员、省委书记汪洋同志对汕头市全方位多形式大规模培训干部工作给予充分肯定，作出了重要批示；《南方日报》就此在第一版上作专题深度报道。

【人才队伍建设】认真学习贯彻全国、全省人才工作会议精神，统筹抓好各类人才队伍建设。严格标准和程序，做好市第12批优秀拔尖人才选拔纳管工作，新纳管市优秀拔尖人才30名。继续实施“六大人才素质提升计划”，举办首期“社会工作人才专题研修班”，继续举办中小学校长与骨干教师“教育理论创新高级研修班”。认真做好《汕头市中长期人才发展规划纲要（2010–2020年）》编制起草工作。做好市优秀拔尖人才管理服务与动态考核工作。据不完全统计，133位在管市优秀拔尖人才2010年共完成科研项目111项，其中已成果转让、应用38项，获得国家级奖项6项，省（部）级三等奖以上奖励22项；共开发新产品或技术革新77项，发表论文、著作、作品377项。加大人才宣传力度，继续做好退休高层次人才和省第七批来汕挂职科技人才的服务工作。

【村党组织建设年活动】以“一比两查三加强”为主要内容，进一步加强农村基层班子、能力和作风“三项建设”，夯实村级组织换届选举思想、组织和工作“三个基础”。重点组织各区（县）对软弱涣散的后进村党组织进行分析排查，全市共排查出40个存在相对突出问题的村。先后组派40个工作组驻点整顿，共调整后进村“两委”成员94名，解决相对突出问题1200多宗。在市直单位抽调59名干部进驻59个贫困村开展扶贫“双到”工作，组织开展城乡基层党组织“五送五帮五有五促进”活动。继续选聘45名高校毕业生到村任职，对2009年大学生村官进行年度考核。制订汕头市《关于建立稳定规范的农村基层组织工作经费保障制度的意见》，逐步建立稳定规范的农村基层工作经费保障制度。积极借鉴外地先进经验，总结推广金平区岐山街道寨头社区“两公开两民主工作法”，进一步完善党组织领导下的村民自治机制。及早启动村级组织换届选举工作，召开全市村（社区）换届选举工作会议，制定实施意见，成立领导小组及其工作机构，在每个区（县）各选择1个村（社区）作为“两委”换届选举试点；对条件成熟的村党组织提前进行换届选举，截止2011年1月28日，已有857个村（社区）党组织完成换届选举工作，占全市80.8%。

【党内基层民主建设】认真贯彻中央、省委和市委的方针部署，积极稳妥地推进党代表任期制工作，制订出台党代表任期制8项制度；加强对全市在一线工作的党代表的履职能力进行培训，在全市建立首批15个党代表工作室先行点，得到上级组织部门的肯定。积极推进机关党组织领导班子成员公推直选试点工作，在汕头海关等单位顺利公推直选出14个基层党组织领导班子成员。以龙湖宾馆党委为试点，率先在全省地级市中开展“两新”党组织“公推直选”换届选举工作。认真贯彻落实中央办公厅下发的《关于党的基层组织实行党务公开的意见》，不断深化和推进党务公开工作。

【老干部工作】解决市直企业离休干部统筹医疗费由市财政负担，市直副科级以下离休干部生活补贴按副科级的标准发放；落实市直离休干部特需经费，统一为市直企业590名离休干部订阅“两报一刊”。组织市级老领导参观上海世博会，组织部分离退休干部党支部书记赴延安等地学习考察；组织老干部参加省第七届老年人运动会，获得优秀组织奖和乒乓球女团冠军、太极拳个人冠军等多项奖项；牵头组织汕头、潮州、揭阳、汕尾、梅州5市参加省老干部工作政策知识竞赛第三片区赛，获片区赛第一名，省决赛第三名；加强老干部工作队伍建设，6个区实现老干部局局长兼任本级组织部副部长；开通“中共汕头市委老干部局”网站；参加全国“做好新形势下的老干部工作”征文，获全国二等奖。

【组织部门自身建设】按照“强化素质、提升能力和优化作风”的要求，着力打造“模范部门”和“过硬队伍”。以“三创新两促进一提高”为目标要求，开展“汪洋同志近期关于我省组织工作的三个重要讲话精神集中学习月”活动。把组织系统创先争优活动和深化“讲党性、重品行、作表率”活动有机结合起来，围绕“进组织部门为了什么、到组织部干了什么、在组织部和人家比什么”进行大讨论，营造比学习、比工作、比奉献的良好氛围。做好机关党委换届和扶贫“双到”工作。实施“大组工网”网络建设工程。建立完善跟班学习制度，分三批次从基层选调16名年轻干部到部机关跟班学习锻炼。

（刘锐青　许东伟）

宣传工作

【简况】2010年，汕头市宣传思想文化战线在市委的正确领导下，认真贯彻落实市委九届八次、九届九次全会精神，实化理论武装、强化舆论引导、细化文明创建、深化文化改革、优化队伍建设，进一步解放思想、振奋精神、积极进取、努力工作，致力打造“政治强、导向正、作风实、反应快”的干部队伍，展示“思想舆论引领、形象宣传先锋”的战线风采，有效地推动了宣传思想文化工作的科学发展，为加快打造区域中心城市、建设幸福汕头、建设文化强市提供坚强的思想保证、舆论支持和文化条件。

【“答好汪洋书记三道题”学习研讨活动】2010年，围绕“答好汪洋书记三道题”，市委宣传部举办一系列学习研讨活动。举行三场专题报告会，分别邀请深圳大学中国经济特区研究中心主任钟坚教授、中央党校研究生院院长卓泽渊教授、中国宏观经济学会副会长兼秘书长王建研究员作专题报告。开展答好汪洋书记“三道题”社科课题招标活动，10个课题经过专家评审以及市社科规划领导小组的审核后结项，研究成果结集成册。4月27日，召开“答好‘三道题’，谋划大发展”理论研讨会，专家学者围绕汕头经济特区发展历程以及汕头在新形势下如何进一步发扬特区精神等方面进行深入讨论；共收到论文170多篇，经专家组评审，评出一、二、三等奖和优秀奖60篇。在广播电视台开辟《擦亮特区牌子，在粤东发展中独树一帜》电视访谈节目，邀请汕头特区早期建设者、有关单位领导和专家学者到广播电视台接受访谈，共制作节目8期，每期围绕一个主题。开设理论专栏。在《汕头日报》理论与实践版开设“历史·现状·未来——回答汪洋书记‘三道题’大家谈”栏目，在《汕头特区晚报》笔谈版开设“继续解放思想 着力答好三道题”专栏，每周1期，刊登干部群众和专家学者的理论文章。

【建设学习型党组织活动】精心组织，认真落实，努力营造重视学习的浓厚氛围。认真策划组织召开学习报告会20多场，分别邀请暨南大学产业经济研究院院长朱卫平教授、清华大学国际战略与发展研究所所长于永达教授、北京大学文化产业研究院副院长陈少峰教授、省文联主席刘斯奋等一批国内著名专家学者作辅导报告；每月定期为市委中心组成员提供阅读书籍和重点学习篇目。年内，制订下发《关于建设学习型党组织的实施意见》，对学习内容、方法途径、组织保障等方面作出具体要求。研究制订《中共汕头市委中心组理论学习制度》，提出每月定期举行一次市委常委集中学习讨论会、每两个月至少举办一次中心组学习报告会、市委中心组成员每月重点精读一本书、每年写一篇调研报告等多种学习形式和具体要求。通过办好报纸理论专栏、理论网站、名家讲座、电视论坛和社科学术沙龙等五项系列活动，打造覆盖面广、影响力强的“汕头学习论坛”

理论品牌，构筑多形式、多渠道的学习载体，努力营造重视学习的浓厚氛围。注重拓展学习模式，把传统的平面纸媒学习与现代远程网络学习相结合，借助现代电化教学设备、互联网、手机通讯等新载体，灵活开展各类学习教育活动。在全市树立市委办公室、市检察院、汕头海关、汕头检验检疫局等30个单位作为建设学习型党组织示范点，认真总结示范点的学习经验，充分发挥示范点的带动作用，以点带面推动全市建设学习型党组织活动的深入开展。编印《建设学习型党组织工作简报》，重点介绍先进单位在建设学习型党组织方面的成功经验和具体做法，及时总结宣传汕头市各地各单位开展学习型党组织建设活动的新动态、新进展、新经验。

【理论宣传】巩固和拓展汕头日报、汕头特区晚报、汕头电视台等理论宣传阵地。建设“汕头学习论坛”网站，组织“汕头学习论坛”名家讲座，举办社科普及周活动，以“网络学习天地”手机学习服务系统为载体，不断扩大理论宣传覆盖面。围绕学习贯彻胡锦涛总书记在深圳经济特区建立30周年庆祝大会上的重要讲话精神等重大主题，深入开展宣讲活动。

【理论研究】市委宣传部、市社科联联合汕头日报编辑部邀请市社科理论界的专家学者和有关单位代表，召开“弘扬特区精神、建设幸福汕头”专题座谈会。组织汕头大学等单位专家学者围绕“建设幸福汕头”进行专题调研，形成调研报告。市委宣传部、市社科联等单位举办“纪念汕头开埠150周年”征文活动和理论研讨会。评选出2008－2009年度汕头市“中信杯”社会科学优秀成果奖34项，进一步调动广大社科理论工作者的积极性，总结汕头市社科理论优秀研究成果。

【新闻宣传】围绕答好汪洋书记“三道题”专家论坛，邀请多家中央、省级以及港澳媒体莅汕进行采访报道，《南方日报》连续多天在主要版面推出专题报道，形成“汕头宣传周”。围绕“建设幸福汕头”主题，汕头经济特区报社各报和市广播电视台举办“我为幸福汕头献一计”、“红段子，幸福感言”等活动。围绕庆祝经济特区建立30周年、加快转变经济发展方式、开展“创先争优”活动、建设文化强市等主题，精心组织主题新闻宣传活动，积极营造浓烈氛围。

【新闻监督】当好“千里眼”和“顺风耳”，充分发挥新闻监督作用，推动市委、市政府各项重点工作的落实。抓住交通秩序、社会治安、食品安全等社会焦点、热点、难点问题，配合政府监察部门对工作不力的职能部门、对损害公众利益的典型案例进行曝光。针对城市管理有关问题，推出“城管与幸福”等系列述评文章，发挥言论引领、统一思想的积极作用。认真做好《汕头内参》的有关组织协调工作，建立健全报社内参机制。

【新闻管理】健全新闻工作领导责任制、岗位责任制和责任追究制，切实做到重要问题主要负责人亲自把关，重要节目亲自审看，重要活动靠前指挥。深化体制机制建设，完善新闻协调会、通气会、吹风会、发布会和新闻阅评等管理制度，提高新闻管理水平。加强与上级主流媒体的沟通，编辑《媒体参考》和《记者手册》，做好新闻服务工作。

【对外宣传】5月，中央电视台派出70多人组成的直播团队，对“南澳一号”的水下考古发掘工作进行长时间的集中报道，全方位、多角度对外宣传汕头发展崭新形象。利用省第三届粤东侨博会、第十六届亚运会火炬传递、省第六届“山治会”和第六届国际潮青联谊年会等活动平台，大力开展对外宣传活动。借助澳门特区政府和企业代表团访问汕头、汕头机场对外籍飞机开放等重大涉外活动，多形式开展对外宣传。以“科学发展•幸福汕头”为主题，摄制城市形象宣传片和投资环境推介片，编辑制作《美丽新汕头•2010》城市形象宣传手册，组织对外新闻发布，有效引导媒体宣传报道汕头城市新形象。首次与香港潮声卫视合作开辟《潮汕乡情》栏目，与香港《大公报》、《文汇报》合作开辟专栏，与中国国际广播电台合作推出特别节目。汕头广播电视台承办中国广播电视文艺奖地市州盟分会年会活动，期间共有40多家电台莅汕，广泛报道汕头的经济社会发展情况。广东潮剧院、汕头文化艺术学校等文艺单位共派出文艺团体18批962人次，应邀赴新加坡、印度尼西亚、香港等国家和地区进行文化交流演出达151场。

【社会宣传】结合宣传教育日、节假日等以及全市性的重要活动，积极指导、协调、配合各有关单位开展社会宣传，营造声势。与市环保局联合开展“减排齐关注，绿韵共悠扬”系列宣传活动。组织开展汕头市创建宜居城乡宣传工作，形成《汕头市创建宜居城乡工作宣传效果专题调研自评报告》。与普法办等单位联合开展“五五”普法检查验收活动，举办12.4普法宣传日活动。配合市统计局开展第六次全国人口普查宣传，联合市安监局等单位开展“安全生产月”宣传活动，配合禁毒办开展禁毒宣传月系列活动，配合公安交警开展交通宣传。

【网络宣传】在汕头宣传网开设“提升文化软实力、建设广东文化强省”、“传播文化新潮风、繁荣汕头文化事业”和“加快转变经济发展方式”、“激情迎亚运”、“创先争优”等专题网页，引导网友为汕头加快发展建言献策。在大华网开辟大华论坛，开设“汕头发展论坛”、“直话直吧”、“我看文化强市”等多个版块；设计制作第六届“山治会”官方网站。

【舆情管理】认真落实属地管理，正确应对突发事件引发的网络舆情。针对海门华能电厂生产事故、4.06南滨路交通事故和8.16南澳征地事件等突发性事件以及《汕头地沟油黑窝点月提炼产量达三四十吨》等敏感涉汕舆情，及时组织正面引导，最大限度降低负面影响。加强网络信息管理，及时删除封堵有害信息，切实维护舆情稳定。

【文明创建活动】围绕“文明汕头”主题，深入开展迎亚运、创五优“文明示范窗口”、“文明示范路”、“文明示范区域”、“公共文明志愿服务”、“小手拉大手、文明伴我行”中小学生文明礼仪学习实践活动等系列“文明汕头”主题实践活动，提升社会文明水平。编印《汕头市文明礼仪手册》，在主流媒体开办“争当文明市民、共创文明城市”、“创建文明城市大家谈”等专栏，营造浓厚的创建氛围。组织开展“书香飘万家”八大系列活动和“南国书香节•书香汕头”系列文化活动，通过举办文明礼仪知识教育、经典潮剧老唱片欣赏、大型报告会等活动，把全年读书活动推向新高潮。

【主题实践活动】开展“科学发展创新汕头”系列宣传教育活动，评选“汕头十大创新人物”和“汕头十大创新企业”，广东金刚玻璃科技股份有限公司董事长庄大建入选全省十大创新人物候选人。以加强市爱国主义教育基地建设为抓手，举办征文比赛，推荐参加国家和省的评选活动，推动全市爱国主义教育活动的广泛深入开展。金平区开展“金平好人”评选表彰活动，发挥道德模范作用，营造学习好人、关爱好人、崇尚好人、争当好人的浓厚氛围。

【建设文化强市】市委宣传部牵头市文广新局等单位深入区县、企业开展文化强市专题调研，广泛征求意见，数易其稿起草建设文化强市意见，并以市委、市政府名义予以印发。7月26日，市委召开九届九次全会，对建设文化强市进行全面部署，明确提出建设文化强市的总体要求、主要任务和工作保障。市委宣传部联合汕头特区晚报，在全市开展评选“汕头城市文化名片”活动，产生了良好的社会影响。

【文化惠民】市图书馆、澄海区图书馆被评为国家一级图书馆，潮剧艺术博物馆建成开馆。市博物馆展出吴南生先生捐赠的名画《平沙落雁图卷》等。全市挂牌农家书屋386家，提前超额完成“十一五”建设任务。10月14日，潮阳区和平镇举行“农家书屋”全覆盖集中授牌、赠书仪式，省委常委、宣传部部长林雄，市委书记李锋等领导出席并为中寨社区农家书屋揭牌。打造“文化新潮风”市民文化广场活动品牌，策划举办“幸福汕头”主题文艺展演活动4场。全年完成农村电影放映7192场次、观众251万人次，实现一村一月放映一场电影的目标；潮剧进市区演出28场，观众逾2.3万人次。市委宣传部牵头市文联等有关单位举办纪念“5.23”讲话发表68周年系列文艺活动、国庆系列文艺活动和节庆群众文艺活动等。濠江区积极开展“十大人文景观”评选工作。汕头画院举办纪念画院成立三十周年美术作品系列展览。推动文艺精品创作，潮剧《东吴郡主》荣获第十三届文华奖优秀剧目奖，同时入选中国优秀舞台艺术演出交易会；广东潮剧院创作的现代潮剧《雅娘》入选第二批广东省重点文艺项目。

【文化产业】认真编制《汕头市文化产业振兴规划（2010—2015年）》，制定出台《汕头市文化体制改革工作方案》，提出汕头市艺术剧院整合思路。市有线广电网络公司挂牌成立；新华书店清产核资工作全面展开。澄海区动漫（玩具）创意产业公共服务平台项目获得省专项扶持资金500万元。飞轮公司成为国内唯一获得授权研发生产上海世博会吉祥物“海宝”系列动漫衍生产品的企业。广东骅威玩具工艺股份有限公司、广东星辉车模股份有限公司顺利上市。文化产业继续保持旺盛的发展态势，占GDP的比重高于全国、全省的水平。印刷包装装潢、工艺玩具、光盘、文具等四大产业集群进一步发展壮大，全市工艺玩具、印刷包装、光盘音像分别实现工业产值173.98亿元、134.52亿元、37.62亿元，同比分别增长18.2%、14.4%、11.1%；可录类光盘的产量占全省的50%、全国的20%以上；文具约占全国市场份额的13%。动漫创意产业集群初具规模，全年汕头玩具出口6.67亿美元、同比增长25.9%，占全市出口的13.5%。

【阵地建设】加强机关效能建设，进一步完善各项工作制度，推动宣传工作的制度化和规范化。办好《汕头宣传》刊物，完善汕头宣传网和“汕头学习论坛”理论网站，拓展宣传阵地和工作平台。运用手机报、手机短信、网络调查、互动论坛等新传播形式，不断拓展宣传工作空间，扩大活动影响。

【队伍建设】深入开展创先争优活动，制定实施方案，开展主题活动，不断加强领导班子和干部队伍建设。举办全市宣传干部培训班、新闻发言人和新闻发言人助理培训班，实施干部信息能力提升工程。汕头经济特区报社党委书记、社长陈文波荣获“全国报业经营管理优秀个人”称号。汕头广播电视台被南方广播影视传媒集团授予“广播电视事业发展奖”。

（李建昂）

统战工作

【简况】2010年，在市委的正确领导和省委统战部的指导下，全市统一战线以邓小平理论和“三个代表”重要思想为指导，深入贯彻落实科学发展观，紧紧围绕市委中心工作，明确提出统一战线要以“汇集各方力量、助推汕头发展”为主题，在增强合力上做文章，在推动发展上见成效，在共建和谐上办实事，进一步激发各方面的新活力，增强统战部门的战斗力，提升统战工作的执行力，各项工作取得明显成效。

【民主党派和无党派人士工作】推进政治协商工作制度化、规范化、程序化。召开全市各民主党派、工商联迎春座谈会，会后市委常委对各自挂钩联系的各民主党派、有关团体进行走访座谈。组织党外代表人士参加市委民主协商会。组织各民主党派、工商联、台联负责人参加市委召开的专题座谈会。举办2010年各民主党派、有关团体负责人暑期座谈会。加强与各方面协商，做好增补市政协委员、常委工作。根据市委书记李锋的指示，组织拟草《中共汕头市委政治协商规程（试行）》，进一步推动汕头市多党合作和政治协商工作科学化和规范化。召开市各民主党派主委工作会，组织学习省委印发的《中共广东省委政治协商规程（试行）》，共商汕头市政治协商规程。8月24日，市委常委会专题研究《中共汕头市委政治协商规程（试行）》，听取市委统战部关于规程的起草情况说明。《中共汕头市委政治协商规程（试行）》出台后，市委邀请省政协秘书长杨懂为市委理论学习中心组作专题报告。市委办公室印发《关于建立市委政治协商规程督办落实联席会议制度的通知》，由市委副书记邓大荣担任召集人，市政协副主席、市委统战部部长张泽华担任副召集人。11月4日，市委书记李锋带队专程走访市各民主党派，看望各民主党派市委会、台联机关工作人员，听取意见建议，并对各民主党派、团体更好发挥自身作用和加强自身建设提出新的要求。积极协助民主党派加强思想建设、组织建设和队伍建设，支持民主党派履行参政党职责。一是协助民主党派抓好组织建设，重点做好基层组织换届和新建基层组织工作，促进党派组织建设迈上新的台阶。二是协助加强民主党派队伍建设，积极推进党派后备干部队伍建设工作，选派民主党派年轻干部下基层挂职锻炼。三是选派党外干部参加省、市有关培训班，举办民主党派市委会机关干部专题培训班，提高党外干部的理论水平和政治素质。四是协助做好汕头市干部选拔任用工作社会监督员的推选工作。五是协助民主党派开展树立和践行社会主义核心价值体系活动，不断巩固多党合作的共同思想政治基础。六是在民主党派中深入开展树立和践行社会主义核心价值体系专题调研活动，受到6月份莅汕检查的省委统战部调研组的充分肯定。七是联合市政协编辑出版《汕头民主党派代表性人物传略》，充分展现民主党派代表性人物在汕头市革命、建设各个阶段的成绩和贡献。

【非公有制经济领域工作】围绕“三促进一保持”主题和加快转变经济发展方式要求，积极服务非公有制经济发展。协助市委召开汕头市非公有制经济代表座谈会。积极发挥广泛联系非公有制经济人士的优势，强化工商联的桥梁纽带作用，调动行业商会、基层商会的组织优势和资源优势，大力服务经济社会发展。开展全市非公有制企业构建和谐劳动关系主题活动。市委统战部、市工商联、市委非公企业工委组成7个调研组深入各区县开展专题调研活动，研究帮助非公有制企业加强人文关怀，推广非公有制企业构建和谐劳动关系、加快转变经济发展方式等经验。切实加强新社会阶层人士队伍建设，积极推荐有代表性和较大社会贡献的新社会阶层人士担任各级人大代表、政协委员，省、市工商联、光彩事业促进会理事，汕头海外联谊会理事，各行业协会（商会）正副会长等职务安排。根据上级的部署，指导开展非公有制经济组织创先争优活动，启动非公有制经济人士综合评价体系，动员支持非公有制经济人士参与实施光彩事业，引导新社会阶层人士争当优秀中国特色社会主义事业建设者。广泛开展联络，做好异地潮商工作，加强与各地潮汕商会的联系。指导和帮助杭州等地组建7个异地潮汕商会，使汕头目前在外地的潮汕商会达到64个，进一步凝聚潮商力量，搭建交流合作平台。指导和协助上海潮汕商会举办第四届潮商大会，促使与会1000多名潮商和嘉宾共谋新形势下的合作发展大计。指导举办“2010年汕头民营企业招聘周”活动，共有1000家企业进场提供上万个就业岗位，帮助解决企业用工问题与民生就业问题。指导市工商联组织举办招聘活动、建立维权援助机制、组织参加论坛讲座和商务考察等工作，积极为企业排忧解难。广泛发动非公有制企业参与“广东省扶贫济困日”捐款活动，得到热烈响应，据不完全统计，仅工商联会员企业捐款达2237.264万元。

【民族宗教工作】推进基层民族宗教工作。市委统战部和市民宗局把做好基层民族宗教工作放到更加重要位置，加强民族宗教工作力量，保持民族宗教工作的平稳有序和谐。做好国家民族政策和《广东省宗教事务条例》的学习宣传贯彻工作。关注民族宗教领域的动态情况，做好维稳工作。先后举办基层民族宗教工作干部培训班和基督教堂点负责人培训班，不断提高基层民族宗教干部的政策工作水平和宗教负责人的思想政治素质。协助推进爱国宗教团体自身建设。市委统战部与市民宗局密切配合，协助加强爱国宗教团体自身建设，为宗教工作的进一步发展提供重要的组织保障。通过做好宗教界人士特别是上层人士的思想政治工作，增强宗教团体依法活动自觉性，引导宗教与社会主义社会相适应。发挥宗教积极因素，组织开展创建全国和谐寺观教堂活动和全省模范宗教活动场所活动，全市64个宗教活动场所经省民宗委审核成为首批达标场所，1个宗教团体、2个宗教活动场所、1名个人受全国表彰，16个宗教活动场所被评为省模范宗教活动场所。广泛动员和组织宗教界开展“献爱心，促和谐，创幸福”八项行动，宗教界捐助服务社会资金达400多万元。

【海外联谊工作】广泛团结联系港澳台、海外潮属社团和潮籍知名人士。借助传统节日和重要庆典活动的契机，组织赴港澳拜访潮属社团和潮籍知名人士，敦睦乡情乡谊。抓住海外访问团和潮籍乡亲莅汕参观考察、出席活动等契机，介绍汕头经济社会发展情况，促进交流合作。举行汕头海外联谊会六届四次会议暨政协港澳委员新春座谈会。应香港各界庆典委员会的邀请，牵头组织潮汕特色文艺节目赴香港参与“庆祝回归13周年大巡游”活动，赢得旅港乡亲的一致好评。协助香港九龙东潮人联会“潮青足球队交流团”在汕举行三场足球友谊赛，达到了以球会友、增进了解，促进交流的预期目的。协助在汕举办岭东雕塑院成立典礼暨首届中国雕塑名家邀请展、《文人雕塑》萧晖荣作品展、今古艺坛百家像观摩展开幕式，办好中国艺术研究院、中国雕塑院南方创作基地、岭东美术馆、萧晖荣艺术馆、国家文化部文化市场发展中心艺术品评估委员会广东工作站的揭牌仪式等一系列活动。配合做好出席广东省第三届粤东侨博会、第六届国际潮青联谊年会海外嘉宾的联络接待工作，籍此加强同海外潮属社团的联系。全年共接待海外潮属社团和潮籍乡亲访问团18批次、1000多人次，组织出访港澳12批次、200多人次，进一步激发海外乡亲支持和参与家乡建设的热情。

【统战部门自身建设】深入开展创先争优活动，落实各个阶段任务，带动干部队伍建设，提升统战工作效应。5月底举办了部中心组学习扩大会，深入学习贯彻干部选拔任用工作四项监督制度，部长张泽华在会上要求统战干部做到“六要六不要”，此项工作得到省委常委、统战部长周镇宏的肯定并就统战干部队伍建设作批示。进一步推进机关党建创新工作，抓好政治思想教育和纪律教育学习活动，强化统战干部的大局意识、宗旨意识、规范意识和清廉意识。6月份，市委统战部直属机关党委表彰一批优秀党员和优秀党务工作者，“七一”期间举行机关党员“扶贫捐款活动”，部主要领导带头捐款，机关干部职工踊跃参与。切实加强基础性工作，开展基层统战调研活动并提出课题任务，引导全市各级统战部门大兴调研之风。推进全市统一战线理论研究工作，选送的理论调研文章有2篇分别被评为2010年度全省统战理论研究优秀成果三等奖和优秀奖。进一步密切与各新闻媒体的联系，加强统战政策和特色活动的宣传力度，着力营造有利于统战工作的良好氛围。抓好全市统一战线信息员和联络员队伍建设，提高信息、情况的编报水平，汕头市统战信息评比继续保持全省前列位置，荣获2010年度全省统战信息工作二等奖。积极发挥统战干部和统战成员的积极性、主动性和创造性，为促进社会和谐作贡献。牵头组织落实扶贫、救灾等活动和措施，树立了统战部门的良好社会形象。积极组织动员统一战线成员参与支援玉树地震灾区工作，仅市工商联会员就捐献485多万元，为抗震救灾、重建复产作出积极贡献。按照上级开展扶贫开发“规划到户、责任到人”工作部署，市委统战部、市民族宗教事务局挂钩对口帮扶潮南区红场镇虎空村。部主要领导和班子成员对扶贫开发工作十分重视，经常关心过问帮扶村情况，并多次到当地召集部领导班子和村“两委”成员现场办公会，确定该村脱贫的总体思路和主攻方向，研究帮扶措施，指导开展工作，驻村工作组和驻村干部认真抓好各项工作的落实，有力地推动了帮扶村建设。一年来，市委统战部和各有关部门共筹集落实帮扶216多万元，为虎空村集体和村民带来良好的社会效益和经济效益，受到当地干部群众的广泛好评，被市评为先进村帮扶单位并予以通报表彰。此外，还举行汕头市贫困家庭大学生助学金发放仪式，向161名贫困大学生发放第三学年助学金共80.5万元，举办“大爱之歌”助学诗歌音乐会，筹款22.8万元用于资助贫困学生，形成良好社会效益。全市统一战线工作在实践中取得了良好的成效。11月26日上午，市委书记李锋主持召开市委常委会，专题听取了市统战工作情况汇报。市委常委会高度肯定市统一战线工作，要求各级党委、政府要充分认识做好统战工作的重大意义，将其摆上重要议事日程，高度重视，扎实推进。并就下一步统战工作有关问题进行研究。12月21日上午，市委统战部召开全市统战部长会议，围绕贯彻落实市委常委会精神，总结近阶段统战工作，提出今后主要工作安排。市委副书记邓大荣出席会议并讲话，市政协副主席、市委统战部部长张泽华在会上作工作报告。市民宗局、工商联、台联主要负责同志，各区（县）委、汕大党委统战部部长，市委统战部科级以上干部参加会议。

（吕舜芝）

党史工作

【市委常委会专题研究党史工作】9月3日，市委常委会召开会议，学习贯彻《中共中央关于加强和改进新形势下党史工作的意见》，听取全市党史工作情况汇报。市委书记李锋在会上就进一步加强全市党史工作发表重要意见，要求全市各级党委政府要增强抓好党史工作的自觉性和责任感，推动党史工作再上新台阶；要把党史工作列入重要议事日程，做为党的重要事业来抓，放到与经济社会发展同样重要的位置来抓；从机构编制、领导配备、队伍建设、办公条件等各方面保障党史工作的顺利开展。会议研究解决了党史研究经费问题。

【党史征集研究】2010年，《中共潮汕地方史》（第二卷）编写取得阶段性进展。全年共征集到社会主义时期党史资料约50万字。4月底，完成《中共潮汕地方史》（第二卷）初稿约30万字的撰写；至年底，完成对《中共潮汕地方史》（第二卷）初稿的第一次修改。革命遗址普查工作圆满完成。4月份开始开展革命遗址普查工作。市委党史研究室深入区县指导、督促，编辑出版《汕头市革命遗址普查工作简报》共3期交流经验，全市共完成183个革命遗址的普查。撰写《汕头市革命遗址普查报告》，9月30日，将普查成果上报省委党史研究室。在完成遗址普查工作的基础上，编辑出版“全国革命遗址普查丛书”《广东省汕头市革命遗迹》一书，市委书记李锋为该书题写书名。深化对新民主主义革命时期党史研究，参与承办2010’南澳论坛——第一次国共合作与国民革命军东征研讨会。论文《闽粤边区军民在三年游击战争中的历史贡献》入选由中共中央党史研究室第一研究部、中国军事科学院军事历史研究所、苏区精神研究会、中共江西省委党史研究室、中共赣州市委联合主办的全国“南方三年游击战争”理论研讨会。区县中共地方史第二卷编写工作有所突破。全市有二卷编写任务的4个区县中，已启动该项工作的有金平区、澄海区、南澳县。至年底，澄海区完成了初稿的编写，金平区完成篇目的拟定并初步完成资料征集工作，南澳县完成篇目的拟定。

【**党史宣传教育**】2010年，市委党史研究室继续推进党史进课堂、进网络活动，分别为市委党校中青班、乡镇班讲授《中共潮汕地方史》（新民主主义时期）有关知识，宣传中共潮汕地方组织的光辉历史。共出版《汕头党史与方誌》4期约31万字。在第1、2期开辟汕头开埠150周年专栏，第3期开辟经济特区建立30周年专栏，使每期都各有所侧重，有所突出。

（陈琦）

党校工作

【**教学工作**】成功举办多类培训班次。全年校（院）本部共举办各类培训班63期，培训学员4383人次，其中包括县处级干部进修班、县处级干部读书班、科级干部培训班、镇街道班子成员轮训班、高层次人才培训班、中青年妇女干部培训班、公共资源管理研讨班、知识产权专题班、综治干部培训班、民族宗教干部培训班、计生干部培训班、金平纪检检察干部培训班等。做好学历教育有关工作。做好中央党校在职研究生法学理论班、省委党校函授大专、本科班次班、厦门大学在职公共管理硕士研究生（MPA）班、法律硕士研究生（MPA）班等学历班次376位学员的教学、管理工作。行政学院功能得到进一步发挥。校（院）贯彻落实国务院自2010年1月1日起施行的《行政学院工作条例》，经过多方努力，行政学院功能充分凸显，在全市干部教育培训中的作用进一步发挥。举办乡镇公务员师资骨干班、专业技术人员高研班、专业技术人员培训班、公务员初任培训班、公务员全员培训等班次，合计培训学员16230人次。抓好转变经济发展方式专题培训。市委党校贯彻市委的战略意图，把转变经济发展方式专题培训确定为近期干部教育培训工作的重中之重。做好市委上半年举办的转变经济发展方式专题培训班的各项相关工作，6月11至12日以全市副处级以上干部和镇（街道）党政正职为对象，举办了一期深入贯彻落实科学发展观加快转变经济发展方式专题培训班，校（院）配合市委组织部，做好各个环节工作；在下半年常规主体班次中把转变经济发展方式设置为分量最重的教学板块；在下半年的县（处）级干部读书班中把《转变经济发展方式研究》列为精读书目；下半年举办两期体现转变经济发展方式具体要求的节能降耗专题研讨班、环境保护专题研讨班。

【**科研工作**】全年共发表科研文章61篇，其中在国家级刊物发表7篇，在省级刊物发表21篇，在市级发表33篇；出版专著1本。在省、市级评奖活动中获奖11篇。在全省党校（行政学院）系统第八次科研评奖获奖结果中，校（院）有7篇论文获奖，其中二等奖4篇，三等奖3篇。完成广东省委党校（行政学院）系统哲学社会科学“十一五”规划2009年度立项项目“‘新生代外来工’夜生活调查”（项目编号：09D08）的研究成果。第28期中青班课题调研出成果，调研报告在《大潮学刊》专刊发表，送市委、市政府及有关部门决策参考。在汕头全市干群掀起认真思考和回答好汪洋书记提出“三道题”的热潮中，党校根据市委有关领导要求，组织第一期县（处）级干部进修班和第一期科级干部培训班的学员们分别结合各自工作实际，为汕头各个领域工作的开展建言献策，《汕头日报》用两个专版形式摘登部分学员认真思考和深度交流后撰写的论文。

【**深化改革**】2010年是“汕头市委党校教学质量年”，市委正式建立并执行市委市政府领导到校（院）授课的制度。市委常委、市纪委书记孙光辉，市委常委、副市长郑人豪，市委常委、组织部长李学同等分别到校（院）为学员授课。推行新的教学改革措施。进一步完善教学评估制度，实行一课一评；实行专题课和教师排名，专题课排名倒数几名内的，课程不再列入教学计划；把提高教学质量与抓干部职工的读书活动结合起来，全体老师轮流在每月的教职工读书交流大会上讲课。创新学员管理方式，党校按照中央有关规定，进一步完善学籍档案管理，如实记录参训学员在校期间的考试成绩、考勤情况、党性评价等，并附上个人党性总结材料和策论文章，同时报送市委组织部和学员所在单位人事部门存档。另2010年起对学员实行IC卡管理，学员上下课都要刷卡。与有关单位联合创建新的教育载体。市委党校、市行政学院、市社会主义学院合署，加挂“市党委系统干部培训中心”和“市政府系统干部培训中心”牌子，是汕头市干部教育培训的主阵地。在2008年创立“汕头市党政干部法治实践基地”的基础上，2010年初，党校又加挂中华文化学院、汕头市人民检察院预防职务犯罪教育基地、汕头市党政干部人口理论教育基地、汕头市知识产权培训基地的牌子。这样，党校形成“一校三院两中心四基地”的培训格局。三个新的教育基地挂牌后积极运作，举办了多类培训班次。招录“双肩挑”人才。面向全国招考硕士学历的公务员，招录了3名能兼职教师工作的公务员。

【**自身建设**】校（院）领导班子加强作风建设提高执行力。全力争取多办班、办好班，不断探索把教学目标落实到提高受训干部的执政能力上来。坚持民主集中制。凡重大问题必定经集体讨论决定，形成对校（院）工作的集中决策、统一领导。如面向全国招录高学历、高职称人才充实教师队伍，坚持“领导班子成员和全体教师集体听试讲，领导班子集体秉公讨论、集体决定吸收人选”的原则。校委会一经决议，就坚决执行，共引进3名教师。班子关心群众生活，坚持以人为本，尊重人，关心人，努力为干部群众办好事实事，能在力所能及范围内解决群众后顾之忧。坚决贯彻中央和中纪委关于反腐倡廉重大决策部署，严格遵守政治纪律、组织纪律、经济纪律、群众工作纪律以及领导干部廉洁从政规定。

（林丹华）

市直机关党的工作

【创建好班子活动】市直各单位继续把创建好班子活动作为推动全面工作的龙头工程来抓，与落实市委、市政府提出的各项工作任务有机结合起来，增强活动的实效性。2月下旬至3月底，工委组织3个考评组分别深入到138个市直和驻汕机关事业单位考评2009年度创建好班子活动情况，并将考评结果上报市委创建活动领导小组。市委办公室、市政府办公室、市人民检察院、市金山中学、市气象局、民盟汕头市委机关等6个单位考评成绩分别位列各组第1名。

【理论学习教育】市直各单位以党委（党组）中心组学习为龙头，组织广大党员和干部职工围绕“建设马克思主义学习型政党，提高思想政治水平”、“加快经济发展方式转变，不断调整优化产业结构”等9个专题进行学习。党的十七届五中全会召开后，各单位及时组织党员和干部职工学习全会精神，把思想和行动统一到中央、省委、市委的部署上来，进一步增强全力推动科学发展、加快建设幸福汕头的自觉性和坚定性。8月31日，工委在市委会议中心召开市直机关“建设文化强市”宣讲会；9月26日，在迎宾馆7号楼多功能厅召开市直机关学习胡锦涛总书记在深圳经济特区建立30周年庆祝大会上讲话精神宣讲会。各单位重视学习型党组织建设，努力提高广大党员的思想政治素养、学习能力和业务水平。年内，工委确定市委办公室等13个单位作为市直机关建设学习型党组织示范点。还组织发动各单位6000多名党员和干部职工加入“网络学习天地”学习服务系统，以适应快速阅读、即时阅读的实际需要。

【创先争优活动】年内，工委制定印发《关于推进市直机关创先争优活动的意见》，要求各单位党组织开展创先争优活动，市直机关近2000个基层党组织和37000多名党员积极参与创先争优，并与“抓落实促发展”主题实践活动结合起来，促进各项工作全面增速提效。各单位党组织认真搞好民主评议党员工作，有1931个党支部、32000多名党员参加评议；通过评议，树立和表彰一批先进集体和个人。“七一”前夕，工委表彰39个先进基层党组织、92名优秀共产党员、32名优秀党务工作者。

【基层组织建设】工委重视抓好各单位机关党组织的换届选举和党务干部配备，全年指导15个单位机关党组织完成新成立或换届工作，调整配备机关党委书记和专职副书记25名。举办市直入党积极分子培训班4期，培训积极分子713名；全年市直共发展党员1578名，其中在生产第一线344名、妇女799名、35岁以下1425名。继续搞好党务干部培训工作，举办市直组织委员示范培训班，举办学习贯彻《中国共产党党和国家机关基层组织工作条例》培训班，有170多名党务干部参加培训。完成党务信息数据库的更新完善和党内统计工作。搞好党费收缴使用管理，从留成党费中拨出40多万元，春节和“七一”前夕，慰问困难党员和老党员1500多人。各单位党组织认真落实扶贫开发“规划到户，责任到人”的工作要求，加大帮扶力度，创新扶贫方式，共建立联系点280多个，投入帮扶资金3400多万元，努力帮助贫困群众脱贫致富。

【党风廉政建设】市直各单位党组织坚持标本兼治、综合治理、惩防并举、注重预防的方针，突出重点，深化廉政教育，认真办信办案，狠抓党风廉政建设责任制的落实。推进机关廉政建设。结合纪律教育学习月活动，广泛开展特色鲜明、丰富多彩的机关廉政文化活动，引导机关党员干部增强制度意识，规范从政行为，筑牢遵纪守法的思想基础，不断提高执行力。加大办信办案工作力度。通过查办信访件，努力查找发现案源线索，积极突破案件，全年共受理群众举报18件，立案1件，办理市直机关呈报的违纪党员干部案件4宗，处理违纪人员5人。进一步落实党风廉政建设责任制。通过签订党风廉政建设责任书、采取民主测评和民主评议等形式，对党风廉政建设情况进行考核；严格执行领导干部廉洁自律规定，确保党风廉政建设各项规定落到实处。

【精神文明建设】市直各单位开展形式多样的群众性精神文明创建活动，进一步推动汕头市创建广东省文明城市的工作。工委积极做好亚运会火炬手候选人的推荐工作，市人民检察院刘爱平、市科技局朱庆洪、汕头海关陈榕渠被推荐为第16届亚运会火炬传递汕头站火炬手。8月，与市体育局、市围棋协会联合在莲花山度假村举办“泰恩康杯”汕头市第三届围棋名流赛。做好市精神文明建设先进集体和先进个人的评选工作，推荐市纪委机关等25个单位为市文明单位、华能海门电厂党委副书记王秋明等3人为市精神文明建设先进工作者、市公安局交警支队三大队二中队潮汕大学岗副班长陈英桂为文明市民。市委组织部举办“汕头市现代产业基础知识竞赛”，工委动员和指导有关单位组成5支代表队参加，汕头出入境检验检疫局代表队获一等奖，汕头海关代表队获二等奖；协助市委组织部挑选优秀选手在市委党校进行封闭式训练，组成汕头市代表队参加“广东省现代产业基础知识竞赛”，在决赛中荣获第2名。

【市直武装工作】工委切实加强对市直人武部党的建设和队伍建设的指导，认真落实情况通报和检查汇报制度。为有效地推进市直人民武装工作，工委领导坚持参加人武部党员领导干部民主生活会等重要会议，及时给予指导和帮助。人武部机关与工委机关同步开展政治理论学习、纪律教育、民主评议党员、学法考核等活动，为完成各项工作任务提供坚强的思想政治保证。

（黄植龙 王勃）

机构编制

【市、区县政府机构改革】市政府设工作部门32个，其“三定”规定全部印发实施，市政府机构改革工作全面完成。各区县（濠江区实施大部制改革除外）机构改革方案经市委市政府同意，报省编委备案后批复实施，年底前，基本完成区县政府工作部门“三定”工作。

【大部制改革试点】汕头市确定濠江区为大部门制改革试点区。在省编办的指导和帮助下，形成了初步改革方案，提出了要整体统筹区、街道机关事业单位改革，采取党政群联动的思路，在全区推行大部制改革，实现扁平化管理，提升政府的服务水平，促进经济社会又好又快发展。

【简政强镇事权改革】年内，制订和出台《关于贯彻省简政强镇事权改革指导意见精神，深化我市乡镇机构改革的实施意见》（汕机编〔2010〕15号）。10月，市编委审核批复各区县的乡镇（街道）机构改革方案。

【事业单位分类改革】6月，市委、市政府印发《汕头市事业单位分类改革实施意见》（汕发〔2010〕9号）。7月，市政府召开全市事业单位改革工作会议，启动事业单位分类改革工作。11月，市编委确定第一批51个市属事业单位类别。

【机构编制实名制管理】至年底，完成市属事业单位实名制管理信息库的建立工作，从而在市直机关、事业单位建立起机构编制实名制管理制度。市直机关（含参照公务员法管理的事业单位）登记单位为182个，人数8931人，市属事业单位登记单位为513个，人数16784 人。

【事业单位登记管理】全年共办理事业单位设立登记3个、变更登记136个、补发证1个、换证1个、刊登公告126个。完成2009年度事业单位法人年检工作，共办理事业单位年检395个。

（余宇峰）

汕头市人民代表大会

【市十二届人大五次会议】2010年2月24日至27日，汕头市第十二届人民代表大会第五次会议在汕头市区举行。至本次会议召开前为止，汕头市第十二届人民代表大会共有代表395名，出席本次会议的代表380名。会议听取和审议汕头市人民政府工作报告；审查汕头市2009年国民经济和社会发展计划执行情况与2010年计划草案的报告，批准汕头市2010年国民经济和社会发展计划；审查汕头市2009年预算执行情况和2010年预算草案的报告，批准汕头市2010年本级预算；听取和审议汕头市人民代表大会常务委员会工作报告；听取和审议汕头市中级人民法院工作报告；听取和审议汕头市人民检察院工作报告。会议批准上述6项报告并通过相应决议。会议接受秘书长郭锡鹏和委员陈秀潮、周勤宜、马伟义、郑定强、蔡勤丰、陈纤、李钊等8位同志因年龄或工作变动原因辞去市人大常委会秘书长或委员职务。会议以无记名投票方式，依法补选廖文松为汕头市十二届人大常委会副主任，章万多为汕头市十二届人大常委会秘书长，林炳元、刘海龙、李泽惠、陈细弟、陈进强、郑木清为汕头市十二届人大常委会委员，林平为汕头市中级人民法院院长。

【立法工作】围绕立法总体目标，立足本市实际，加强立法调研，努力破解经济社会发展体制机制障碍，为科学发展提供有力法制保障。年内，市人大常委会审议法规和法规性决定7件，通过法规2件。认真审议地方法规，着力提高立法质量。审议通过的《汕头市旅游资源保护和开发条例》经省人大常委会审议批准，自2011年2月1日起施行。该条例界定旅游资源的范围，突出旅游资源的保护和合理开发利用，明确旅游行政管理职责、规划管理制度和对特定公共旅游资源的特许经营制度，为促进旅游业可持续发展提供更明确的法律依据。审议通过了《汕头市青年志愿服务促进条例》，为汕头市青年志愿服务事业健康发展提供法制保障。及时做好法规清理工作，维护国家法制统一。根据全国和省人大的部署，对汕头市现行有效的地方性法规进行全面清理，作出决定，废止法规2件、修改8 件，列入立法计划待修改4件。经过清理，汕头市现行有效法规47件：其中经济特区法规 20件，较大市地方性法规 24件，法规性决定3件。开展立法专题调研，进一步推进立法创新。贯彻落实市委九届十次全会精神和市委的工作部署，认真总结汕头市立法工作，就进一步用好特区立法权，加强和改进立法工作，推动体制机制改革创新等内容开展专题调研活动，常委会各位领导率调研组至各区县调研，赴广州、深圳、珠海等地学习借鉴先进地区立法经验，召集市直各有关部门进行座谈，广泛征求各方意见建议。经常委会党组讨论研究，形成调研报告《关于进一步用好汕头经济特区立法权的工作意见》上报市委。报告强调要强化特区意识，敢于先行先试，对当前和今后一段时期进一步用好特区立法权提出六方面的工作意见：进一步明确特区立法工作的指导思想和原则；坚持党的领导，把握特区立法的政治方向；突出立法重点，破解经济社会发展体制机制障碍；充分发挥政府在特区立法中的基础作用；推进科学立法、民主立法，不断提高立法水平和质量；加强立法队伍和机构建设，为立法工作提供保障。扩大公民有序参与立法的途径，发挥人大代表在立法中的作用。聘请立法咨询顾问3名，为立法工作提供智力支持。审议了《汕头市港口管理条例（草案）》、《汕头市城市公共汽车交通条例（草案修改稿）》。配合全国、省人大莅汕开展立法调研，对《中华人民共和国水土保持法（草案）》、《广东省无线电管理条例（草案）》等18件法律法规草案提出修改意见。

【监督工作】市人大常委会认真贯彻监督法，紧紧围绕市委关于全力推进改革创新、加强执行力建设的决策部署，以推动破解影响科学发展与社会和谐的难题为重点，加大监督力度，提高监督实效。全年共听取和审议“一府两院”专项工作报告9项，组织执法检查4项、工作检查8项、专题调研3项，作出决议决定23项。围绕经济健康运行，加强对计划、预决算的审查监督。听取和审议计划、预算执行情况、预算执行审计、预算外资金、社会保险基金收支使用和管理情况等专题报告，审查批准2009年市本级决算，督促政府采取有效措施，确保2010年经济社会发展预期目标的实现。听取市政府关于对审计发现的问题整改落实情况的专题报告。听取汕头市“十二五”规划编制情况的报告。围绕加快发展，加强对促进经济发展方式转变的监督。高度重视汕头市经济结构和产业布局的优化升级，开展科学技术进步法执法检查，提出要充分发挥汕头市科技资源优势，增强自主创新能力，加快经济发展方式转变等审议意见。组织调研循环经济促进法实施情况，建议加大宣传、引导和扶持力度，采取切实措施，提高资源利用率，大力促进循环经济发展。检查汕头市土地征用、征收、划拨、出让工作情况，针对当前部分用地选址与现行土地利用总体规划不衔接等问题，建议结合新一轮土地利用总体规划修编工作，加强和改善国土资源参与宏观调控，优先保障重点项目、民生项目的用地需求，为经济社会持续发展提供用地保障。为推进重点项目建设，同意市政府提请的外砂迎宾路口至莲阳桥路面改造工程等重点项目贷款偿还资金及补贴列入财政年度预算的议案。先后组织部分省人大代表和市人大常委会组成人员对重点建设项目进展情况进行专题视察，听取市政府关于中心城区主要道路建设改造情况专项工作报告，要求对各重点项目进行规范管理，加强工程质量和资金监管。为促进汕头市深入参与海西经济区域协作，对2009年常委会通过的关于积极融入海西经济区代表议案办理方案的决议执行情况进行跟踪监督。围绕促进社会和谐，加强对社会民生事业的监督。开展老年人权益保障法执法检查，要求市政府进一步重视老年人权益保障工作，完善老年服务保障体系，加快老年服务设施建设，创新社会养老机制，使汕头市逐步实现老有所养，社会稳定和谐。对解决城镇低收入家庭住房困难问题工作情况进行检查，要求落实好“新建一批、清理一批、收购一批”的工作措施，切实增加保障性住房房源供应。组织检查大气污染防治法实施情况，要求加大工作力度，确保汕头市在发展经济的同时继续保持良好的大气质量。对中心镇污水处理设施建设和开征污水处理费工作情况进行检查，推动了污水处理设施建设，南澳后江、潮南两英、峡山及中心城区北轴污水处理厂目前已建成投入运行。检查风景名胜区条例在礐石风景区实施情况，促进合理利用风景名胜资源。对汕头市落实侨房使用权扫尾工作、建筑工程抗震设防情况、体育设施建设和管理情况、档案工作情况，以及扶贫资金、老区建设资金落实和使用情况等工作进行专项检查监督，提出针对性较强的意见建议。围绕实现公平正义，加强对司法工作和维护民权的监督。选择人民群众普遍关注的突出问题作为重点，加强对“两院”工作的监督。听取市中级人民法院关于开展调解工作和市人民检察院关于开展刑事检察工作等专题报告，组织学习贯彻省人大常委会《关于加强人民检察院对诉讼活动的法律监督工作的决定》，着力推进汕头市诉讼活动法律监督工作的开展。专项检查落实村务公开和民主管理工作，推进“阳光村务”建设，为村（居）“两委”换届创造有利条件。把信访工作与人大监督工作有机结合起来，一年来，共受理、转办和交办人民群众来信560件次，接待人民群众来访235批465人次。

【代表工作】市人大常委会充分尊重代表主体地位，积极创造条件，努力提高代表工作实效，支持和保障代表依法履职。注重集中民智，积极组织代表建言献策。8月，省人大常委会主任欧广源率调研组莅汕对实施区域协调发展战略情况进行专题调研，常委会组织部分省、市人大代表参加调研活动。代表们根据汕头实际提出了支持汕头经济特区扩大范围，解决“一市两法”问题；支持粤东各市优势互补、错位发展，强化汕头作为区域中心城市的规划布局地位等事关汕头未来发展大局的意见建议。这些意见建议受到省人大调研组的重视并被吸纳到调研报告中，为省委推进区域协调发展提供决策参考。实施区域协调发展战略、加大对粤东基础设施的规划和建设投入、加快对练江的整治等项目已列入省“十二五”规划。为推动扶贫开发“规划到户责任到人”工作有效开展，常委会组织部分组成人员和省、市人大代表进行专题调研，形成调研报告报省人大常委会。同时，针对调研中发现的问题，要求市政府继续完善措施、抓好落实，确保实现三年扶贫目标。组织代表培训，提高代表履职能力。在对本届市代表进行初任培训、履职培训的基础上，于7月举办第四期培训班，组织常委会、法制委员会组成人员和部分市人大代表等进行专题培训。邀请省、市有关专家作“关于审议法规基础知识介绍”、“关于加快产业结构调整、转变经济发展方式战略思考”、“文物保护法和非物质文化遗产保护”三个专题辅导课。安排部分省、市人大代表介绍履职经验，组织小组交流、讨论，切实提高代表们的履职能力。认真督办代表议案、建议。市十二届人大五次会议期间，代表共提出、经大会主席团确定的代表议案3件，建议65件，常委会及时交办，抓好跟踪督办工作。组织部分领衔提出建议的市人大代表到市民政局、规划局等承办单位就部分建议办理情况开展专题视察，直接进行督办和沟通。通过各方的重视和努力，办理工作取得明显效果。交政府重点办理的港口建设、“三旧”改造和交通秩序整治3件议案，常委会及时听取议案办理进展情况汇报并实地检查办理效果。鉴于交通违法违章现象较严重，有关部门整治力度不够，常委会第30次会议没有通过市政府关于整治交通秩序议案办理方案。会后，常委会召开督办工作会议。市政府及有关部门认真落实常委会审议意见，采取有效措施，合力推进交通秩序整治工作，增设交通安全基础设施和配套设施，切实提高路面“见警率”、“管事率”，11至12月，交警部门共查处机动车交通违法行为5.9万宗，交通综合执法局查处各类违法违章行为752宗，城管执法队伍查处占道经营和取缔“黑三轮”。常委会组织明查暗访，确认议案办理工作已见成效，市区交通秩序有了较大改善，在常委会第31次会议上通过该议案的办理方案。收到代表的“直通快车”来信5件，均及时按程序转交有关领导、有关部门妥善处理。扩大代表对常委会工作的参与。积极拓宽代表知情知政的渠道，定期给代表寄发有关文件和政情资料，及时通报有关工作情况。坚持邀请代表列席常委会会议制度，听取代表对审议事项的意见和建议；组织代表参加立法、监督等活动，充分听取和吸纳代表的意见建议，进一步发挥代表在常委会各项工作中的作用。全年共组织在汕的全国、省、市人大代表列席常委会会议和参加闭会期间各项活动约900人次。认真组织代表开展视察活动。12月，组织省人大代表和常委会组成人员联合视察汕头市水资源保护情况，通过听取汇报、现场察看和集中讨论，代表们提出了重点加强韩江水资源保护的意见建议，督促市政府及有关部门切实转变水资源管理保护的工作理念，加大力度整治水源污染，确保生产、生活用水安全。

【**自身建设**】常委会着力抓好自身建设，努力提高整体素质和工作效能。抓好学习型机关建设。着重组织学习胡锦涛总书记在深圳经济特区建立30周年庆祝大会上的重要讲话精神和重要会议、文件精神，增强人大干部推进改革创新、推动科学发展的光荣感和责任感。围绕加快转变发展方式、加强城乡规划、发展公共交通等事关科学发展和民生的问题，举办专题培训和专题讲座。抓好作风建设。加强勤政廉政教育，大兴调查研究之风，采取市和区县人大联动形式，深入开展各项专题调研，注重调研成果的转化运用，从理论和实践的结合上深化了人大工作。加强机关效能建设。以争先创优为契机，着力提高机关工作效能和工作水平，为市人大依法履职提供有力的服务保障。切实抓好常委会的扶贫开发“双到”挂钩点工作，帮扶工作初显成效。

（陈苑莉）

汕头市人民政府

综　述

【**2010年全市工作的总体要求**】全面贯彻落实党的十七届四中全会、中央经济工作会议和省委十届六次全会、市委九届八次全会精神，以科学发展观为统领，以转变经济发展方式为核心，以自主创新为动力，围绕实现“五年大变化”、加快打造区域中心城市的目标，调整经济结构，深化改革开放，扩大投资和消费需求，大力实施现代服务业和先进制造业双轮驱动，着力提高基础服务和基本保障水平，真抓实干，狠抓落实，推动经济社会又好又快发展。

【**2010年全市经济社会发展的主要目标**】地区生产总值增长12%，单位生产总值能耗下降、二氧化硫和化学需氧量排放总量减排均实现“十一五”目标，全社会固定资产投资额增长18%，第三产业增加值占地区生产总值40.5%以上，地方财政一般预算收入增长14.5%，全社会研究与发展经费支出占地区生产总值0.55%，外贸出口总额增长8%，社会消费品零售总额增长18%，居民消费价格总水平涨幅控制在3%以内，城镇登记失业率控制在3.5%以内，城镇居民人均可支配收入增长9%，农村居民人均纯收入增长8%，人口自然增长率控制在7‰以内。

【**2010年全市经济工作重点**】2010年，全市经济工作重点共有7个方面。

①优化提升产业结构。提升工业发展质量。做大工业经济堆头，加快发展石化深加工、能源和装备制造等大项目和支柱产业，积极培育文化创意、新材料和新能源等新兴战略性产业。实施名牌战略和技术标准战略，积极创建国家包装印刷名城和轻工机械、输配电设备等特色产业基地，发展壮大文具、动漫玩具和装备制造等一批拥有驰名商标、名牌产品的企业。不断提高自主创新能力，支持重点企业与高校、科研机构组建产学研一体的技术战略联盟实体，运用高新技术、先进适用技术改造提升传统产业。积极推进创建国家知识产权示范城市工作，争取进入国家知识产权示范城市行列。鼓励企业上市融资、增资扩产，做强做大。推进产业集群升级发展。加快玩具礼品、潮式毛衫、输配电设备等产业集群升级示范区建设，促进产业集聚和产业链延伸。推动澄海玩具等集体商标注册，推进省市共建玩具礼品先进制造业基地。实

施城市中心区“优二进三”，提升扩大高新区，加快南区产业集聚发展。加快发展现代服务业。依托工艺玩具、纺织服装等优势产业，建设一批特色物流园区，发展现代物流业。大力发展现代信息服务业，积极推进数字汕头、无线城市建设。加快建设公共检测和创新服务平台。发展金融服务业，积极推进汕头商行重组和农信社改革，加快发展信用担保机构和小额贷款，开展农村政策性保险。大力发展海滨渡假休闲旅游、乡村旅游、特色旅游，建设生态滨海旅游示范区。办好玩博会、服装博览会、美食节、食博会等特色展会。积极发展现代效益农业。巩固和稳定粮食生产。加强农业标准化工作，推广良种良法，优化种养结构。加快供销社改革发展，搞活农村产品流通。加快台湾农民创业园、台湾农产品交易中心、牛田洋现代农业生态示范区建设，启动生态经济带建设。加快建设海门中心渔港、达濠一级渔港、云澳中心渔港。推进农村信息化步伐。全面铺开集体林权制度改革。加强动植物防疫检疫，提高农产品质量安全水平。

②着力推进重大项目建设。加快东部城市经济带建设。全力推进新溪、塔岗围片区吹填和新津河口、外砂河口治理工程，尽快启动桥梁、滨海大道等配套工程。抓紧完成新溪、塔岗围片区控制性详细规划编制工作。妥善解决用地用海历史问题。着手澄海培隆围及六合围填海工程前期准备工作，逐步实现东部城市经济带向盐鸿方向延伸。加快省示范性产业转移工业园建设。推动潮南产业转移园企业进园建设，加快推进疏港大道、濠江电子电路工业基地、南山湾产业园和潮阳海门石化产业园区基础设施建设，发挥省示范园带动作用。力争开工建设华能海门电厂3、4号机组。加快基础设施建设。加快建设南澳大桥、汕头至揭阳、汕头至揭西、揭阳至惠来高速公路和厦深铁路汕头段及厦深铁路进汕头站联络线。抓紧苏埃通道、阜鹰汕铁路、疏港铁路前期工作。加快金凤路桥、国道324线澄海路段、国道324线潮阳路段、国道206线大学路段、和惠公路潮南路段首期6.35公里大修、陈沙公路延长线、两铜线潮南路段等工程建设改造步伐。加快广澳港区建设，开工建设防波堤工程、2万吨级石化码头，推进口岸查验“一站式服务”综合办公楼建设，完成一期工程和5万吨级航道建设，完成10万吨级集装箱码头前期工作，提升港区集疏运功能。积极推进海门港区粤东煤炭中转基地建设。完成莲阳桥闸重建主体工程，动工建设下埔桥闸改造达标加固工程。加快潮阳、南澳引韩供水工程建设。继续推进城乡水利防灾减灾工程和潮南上金溪等专项病险水库除险加固工程。

③不断提高开放水平。加快建设粤台经贸合作试验区。推进南山湾产业园、粤台商品交易物流中心和台湾农民创业园等载体建设，加强与台湾产业对接。积极争取建设南澳粤台两岸合作试验区。推动汕台货运直航健康发展，开展客货滚装业务。打好文化旅游品牌，促进粤台文化旅游交流。加强区域合作。大力推进双转移，主动融入珠三角改革发展。充分利用闽粤赣十三市协作区、侨博会、粤东四市党政联席会议等各种平台，加强与粤东、海西区域城市的交流合作，推动粤东地区经济一体化，主动融入海峡西岸经济区。吸引港澳服务业来汕发展，主动融入粤港澳紧密合作。依托侨乡、潮商优势，进一步密切与东盟的合作。进一步扩大开放。争取国家尽快批准建设综合保税区，推动保税区与广澳港区实施区港联动。优化对外贸易结构，加快加工贸易转型升级，推动外贸增长方式转变。实施“走出去”战略，积极组团参与各种大型经贸交流活动，扩大进出口。推动外向型建筑业加快发展。加大招商引资力度。落实招商引资目标责任制，实施考核奖惩，动员全社会力量开展招商引资。采取网上招商、小分队招商等形式，增强招商引资针对性，扩大招商引资规模，提升招商引资质量。做好招商引资后续服务，提高签约项目履约率。承办好广东省第六届“山洽会”，签约引进一批项目。

④扎实推进精细化管理。加强经济运行监管。重视经济统计工作，加强经济运行监测，及时协调解决经济运行中出现的新问题。积极培育税源，强化税收征管，提高财政收入得益率。规范非税收入管理。扶持和发展行业协会。继续深入开展安全生产年活动，着力重点行业领域的安全治理，推进安全生产应急管理，加强安全科技保障，进一步减少各类事故总量。强化市场调控和监管，完善价格调节基金制度，大力加强产品质量监管和打假、打私、扶优工作。加强人口计生管理。落实人口计生目标管理责任制，加强流动人口计生管理，加大基层基础设施投入，促进基层计生管理的规范化和标准化。巩固提高一类地区，转化提升三类地区，力争人口计生工作达到全省中上水平。认真开展第六次全国人口普查。落实殡葬管理目标责任制和目标考核制度，巩固和提高火化率，大力推进绿色殡葬。扎实推进节能减排。严格落实节能减排工作责任制，强化节能减排刚性约束。继续推进重点领域和重点企业节能，推广节能技术和产品，推行清洁生产，加快淘汰落后产能。加快环保基础设施建设，完成南区、谷饶污水厂及配套管网建设，加快中心镇和练江沿线镇污水处理项目规划建设。积极推进汕头市雷打石环保电厂、澄海区洁源垃圾发电厂和潮阳区、潮南区、南澳县垃圾卫生填埋场建设。完成粤东（汕头）环境监控与应急指挥中心建设。提高环境综合质量。加强饮用水源保护，继续开展生态示范创建活动。推进练江流域、莲花山尾矿环境污染整治。加快贵屿环保基础设施建设和环境综合整治，探索循环经济路子。扎实推进林业生态建设，强化河口、海岸湿地和近岸海域环境保护。节约集约利用土地资源。强化土地执法监察，严格执行土地利用总体规划和土地用途管制，加强耕地特别是基本农田保护。加快盘活闲置和低效用地，推进土地经营储备。优化土地布局和用地结构，保障重点项目和民生项目用地。点面结

合、全面推开旧城镇、旧厂房和旧村居改造工程，重点推进海滨路西段片区、西港片区、新兴片区、小公园历史风貌保护区和旧城西片区等一批旧城改造项目，拓展用地空间。

⑤加快宜居城乡规划建设。完善规划修编。做好“十二五”规划编制工作。完成城市发展总体规划和土地利用总体规划修编。参与《粤东城镇群协调发展规划》编制。加快修订《汕头经济特区城市规划条例》，理顺城乡规划管理体制，加快镇村规划编制。加强城市建设和管理。全力实施汕樟北路（龙湖段）等一批重点市政道路改造建设项目。维修加固公路及市政危桥。完善第二过海水管工程配套设施建设。深入开展城市环境综合整治，继续完善12319城管热线建设，进一步健全城市管理长效机制，巩固发展国家卫生城市、国家环境保护模范城市、国家园林城市成果。大力发展城市公共交通。推进交通行政综合执法体制改革，重点整治交通秩序。加强社会治安综合治理，提高路面见警率，严厉打击各类违法犯罪活动，强化流动人口和出租屋管理，集中整治治安重点地区和突出问题，进一步增强人民群众的安全感。加快农村城镇化步伐。加大农村基础设施投入，组织实施农田水利基本建设。全力推进“规划到户，责任到人”扶贫开发工作，继续落实扶持老区山区项目。加快新增中央投资公路和行政村通自然村公路建设，大力发展农村客运。积极推进农村改水改厕工作。

⑥更加注重民生民安工作。优先发展教育。推进义务教育均衡发展，全面加快普及高中阶段教育，实现教育经费“三个增长”。加快金山中学小磐石校区、鮀滨职校新校区、华侨中学买楼续建、市特殊学校、金平和潮阳职教中心等项目建设。启动潮南职业技术中心建设。进一步落实“代转公”、义务教育教师绩效工资、教师福利待遇“两相当”工作。继续推进中小学校舍安全工程。进一步办好汕头职业技术学院和市高级技工学校，支持办好汕头大学、粤东高级技工学校。重视学前教育和特殊教育。完善医疗卫生服务。加强基层医疗卫生队伍建设，推进薄弱乡镇卫生院改造和县级医疗卫生机构建设。新农合参合率达98%以上。增强公共卫生服务能力，加强重大疾病防治，提升突发公共卫生事件预测预警和处置能力。启动实施基本药物制度试点工作。推进市中心医院门诊急诊综合楼改扩建工程，启动市卫生学校易地重建工程。加快发展文化体育等各项事业。加强思想道德建设，加大基层文化建设力度，推进省文明城市创建活动。加快实施新华书店和广播电视网络重组。支持潮汕侨批申报国家档案遗产和世界记忆遗产。整治净化网吧、荧屏声屏等娱乐环境。积极备战省运会。定期举办国内外大型体育赛事和高水平的文化娱乐活动。加快推进市福利中心建设，扩大居家养老覆盖比例。推进妇女儿童、老龄、双拥、慈善、残疾人事业发展。加强就业和社会保障工作。实施“扩大与促进就业”民心工程。发展壮大职业培训和技工教育。做好城镇职工社保关系异地转移工作，加大社会保险扩面征缴力度，努力实现应保尽保。力争城镇职工基本医疗保险参保率达到90%以上，城镇居民医保参保率达到80%。落实优抚优待政策，加大低保扩面力度，提高低保标准和补助水平，加强社会救助工作，切实保障特殊群体基本生活。着力改善群众居住条件。加大保障性住房建设力度，实物安置一批城镇低收入住房困难家庭。争取6月底前基本完成中心城区商品房确权发证遗留问题处理工作。促进房地产市场健康稳定发展。做好公房危房安全工作。扩大住房公积金归集覆盖面。完成中心城区40个“城中村”和涉农社区供水直抄到户改造，加强住宅小区二次供水管理。继续解决农村饮水安全问题。全面完成对口援建任务。加快推进援建项目工程建设及后续工作，强化监管，全力保证援建工程质量。帮助草坡乡加快经济社会发展。

⑦加快建设服务型政府。加强依法行政。自觉接受人大及其常委会的监督和政协的民主监督，及时、高效办理人大议案和政协提案。完善政府立法工作机制，全面落实行政执法责任制。健全重大决策的规则和程序，增强政府决策的科学性和可行性。深化体制改革。实施政府机构改革，探索实行“大部门制”，健全部门之间的协调配合机制，提高政府运作效能。推动市、县区、镇（街道）放权简政，扩大镇级政府行政事务管理和处置权限。深化财政管理体制改革，进一步理顺市、县区、镇之间的财政分配关系，实现财权与事权相匹配。继续做好第四批行政审批制度改革，大幅减少行政审批项目，全面取消市级设定的非行政许可审批事项。提高行政服务中心事项入驻率和即办率，创新审批方式，实行并联审批试点，进一步完善行政电子监察系统建设，实现行政审批提速提效。提高公共服务能力。增加财政对公共教育、公共卫生、公共文化体育、公共交通四项基础服务和对生活保障、住房保障、就业保障、医疗保障四项基本保障方面的投入，使基本公共服务加速覆盖广大居民。狠抓工作落实。健全政府执行机制，强化问责制和重大项目责任制，优化执行运作程序，提高政府执行力。建设行政审批和公共服务综合信息平台，积极推进网上办事办公。加大行政监察和审计监督，规范权力运行，重点加强涉及公共利益事项的监督。加强公务员队伍建设。高度重视信访工作，妥善处置群体性、突发性事件。

【2010年全市经济社会取得的主要成果】2010年，全市经济社会共取得6个方面的主要成果。

①经济综合实力迈上新台阶。全市生产总值1203.25亿元，增长13.7%，创下近十年来的最高增速。规模以上工业总产值1887.42亿元，增长17.8%；地方财政一般预算收入72.65亿元，增长24.1%；全社会固定资产投资361.68亿元，增长23.9%；社会消费品零售总额达到830.41亿元，增长25.8%；城镇居民人均可支配收入15179元，增长11.2%；农民人均纯收入6210元，增长11.1%。

②产业结构继续优化。大力推进现代产业体系建设，出台工业产业发展和布局规划，培育了东方锆业和金刚玻璃等一批新兴战略性行业企业。金融、物流、文化创意、旅游业等现代服务业蓬勃发展。企业自主创新能力进一步增强，高新技术产品产值增长17%，占规模以上工业产值26.8%。新增国家专利申请、国家专利授权分别为7346件、4243件，分别增长10%和15%。落实商标带动战略，新增"中国驰名商标"2件、"广东省著名商标"23件，商标注册量、驰（著）名商标拥有量继续位居全省地级市前列，荣获"国家知识产权工作示范城市"称号。全市新增上市企业9家，累计达到16家。

③重大项目建设有效推进。金凤路桥、海门电厂500千伏送出工程、潮阳区城市防洪工程和潮南区峡山污水处理厂等项目竣工投产。南澳大桥、厦深铁路汕头段等项目全面加快建设。汕头港广澳港区区联检大楼、南澳岛引韩供水工程和廉租房建设等项目开工建设。汕头至揭西高速公路、粤东煤炭中转基地、广澳港区5万吨级石化码头和揭东至惠来高速公路等项目加快推进前期工作。"山洽会"、"侨博会"和"海博会"等经贸活动签约、引进一批战略投资者和重大投资项目。

④开放合作不断深化。外贸进出口实现恢复性增长，全年实现进出口总额73.6亿美元，增长22.2%，其中出口总额49.3亿美元，增长22.9%。港口货物吞吐量3510万吨、集装箱吞吐量93.5万标箱，分别增长13.2%和14%。接待过夜旅游者782万人次，增长15%。传统优势产品出口幅度加大，服装及衣着附件、玩具、电线电缆等增幅继续保持在两位数。对香港、美国、欧盟、东盟的出口仍保持在较高增长水平；积极鼓励企业参与国际竞争，全市新增境外投资企业18家，投资总额1.53亿美元。口岸通关环境进一步改善，广澳港区通过国家一类口岸验收；汕头机场获准对东南亚国家和港澳地区航空公司飞机开放。一批战略性合作项目取得实质性进展，市政府与中国中信集团公司、中交公司、中核集团、华润集团签订了濠江新城、东海岸新城、"中国锆城"、发展现代服务业等战略合作项目。积极参与海峡西岸经济区建设，深化对台合作，加快推进粤台经贸合作试验区南山湾科技园、台湾农民创业园、台湾农产品交易中心、粤台商品交易物流中心等主要载体建设。全面完成对口援建草坡乡任务。

⑤重点领域改革稳步推进。完成新一轮机构改革，减少2个政府工作部门。开展第四轮行政审批事项清理工作，保留市级审批事项171项，取消40项，放权29项。实施工程建设项目并联审批，从法定时限316－386日压缩为39－57日，提高办事效率。推进"行政审批和公共服务综合信息系统"建设。开展"百人服务团"服务企业活动，解决答复企业反映问题834项。推进富县强镇事权改革，进一步扩大区县、镇级政府行政事务管理和处置权限，增强基层经济发展活力。大力推进濠江区大部门制改革试点工作。医疗卫生体制改革扎实推进，制定实施《中共汕头市委、汕头市人民政府关于深化医药卫生体制改革的实施意见》、《汕头市医药卫生体制改革近期重点实施方案（2009－2011年）》，启动南澳县实施基本药物制度试点工作。积极争取将汕头经济特区范围扩大到全市。

⑥民生民安进一步改善。加大资金投入，市级财政用于改善民生、提供公共服务的支出占一般预算支出的63.9%。加快保障性住房建设步伐，基本解决困扰多年的市区商品房确权发证遗留问题，逐步解决群众上学难、看病难、饮水难、就业难、住房难等问题。基本解决市区商品房确权发证遗留问题。全市新增城镇就业人数8万人，城镇登记失业率控制在2.5%。农村劳动力技能培训2.04万人，转移就业7.5万人。社会保障体系进一步完善，基本形成全覆盖的城乡最低生活保障体系。各类教育事业协调发展，全市高中阶段教育毛入学率达85%，同比提高14.2个百分点。公共卫生体系建设进一步加强，全市参加新型农村合作医疗人数325万人，参合率达99%，基本实现了农村居民人人享有医疗保障的目标，每万人口医生数达13人，增长22%。市容市貌不断改善，荣获"国家园林城市"称号。

（王冰）

市政府重要会议

【市政府全体会议】2010年4月16日，市政府召开全体（扩大）会议，分析第一季度全市经济社会发展情况、面临的挑战和困难，部署下阶段工作，确保各项工作顺利推进。市长蔡宗泽主持会议并讲话。会议深入分析当前汕头市经济运行情况，指出，汕头市经济发展趋势继续向好，经济效益大幅提高，工业稳步加快发展，外贸出现恢复性增长，但2010年面临的外部形势极为复杂。会议强调，要加强对全市经济运行情况的监测预警，及时分析判断全市经济形势，特别是对出现的新情况新问题，提出有效的应对措施，确保经济健康平稳较快发展。

会议指出当前要抓好七方面工作：一是大力改造提升传统支柱产业。注重增强企业自主创新能力，通过组建产学研创新联盟，带动科技创新发展；加强产业公共服务平台建设；加快发展生产性服务业，大力发展商务会展业，加快发展物流业。二是推动民营经济上规模、创品牌，进一步落实扶持中小企业的各项税费优惠政策，加快建设完善公共服务平台，支持民营企业创品牌、建立现代企业制度，引导企业集群发展。要鼓励引导企业上市，大力培育扶持行业协会。三是强力实施投资拉动。按照市委市政府的部署，加快东部城市经济带建设；加紧推进省示范性产业转移园建设；积极配合厦深铁路汕头段建设；加快粤台经贸合作试验区建设；同时南澳大桥、汕揭高速公路汕头段、汕头—揭西高速公路等项目，一定要按照时间进度加快推进。四是加大招商引资力度。积极筹办好"山洽会”，精心编制一批项目，通过网上招商、小分队招商等形式，进行推介和招商，特别是要尝试通过行业协会的帮助，有针对性地到一些重点地区、重点行业、重点企业去推介、招商；积极参与“台湾•广东周”活动，做足前期工作，争取签约引进一批项目；积极促进外贸增长方式转型，重点开拓东盟、东欧、南美、非洲、中东等新兴市场，千方百计扩大外贸进出口。五是加强环境建设。深入开展交通秩序的整治，进一步完善12319服务热线建设，扎实做好环保工作。六是又好又快推进“三旧”改造工作。坚持规划先行，强化政府主导作用，严格把关，助推产业发展升级。七是切实做好民生工作。千方百计扩大就业，继续解决好群众住房问题，扎实做好人口计生工作。

【全市经济分析会】2010年10月19日，市政府召开全市经济分析会，总结分析汕头市前三季度经济形势，研究解决存在的突出问题，部署下阶段的经济工作，确保全面实现2010年和“十一五”经济社会发展目标，特别是赶超进位的目标。市长蔡宗泽主持会议并讲话。会议强调，各级各部门要从讲政治的高度，切实增强忧患意识和紧迫感、责任感，在剩下的两个多月时间里，奋力拼搏，抓进度抓落实，千方百计确保完成全年目标任务，推动经济进入良性运行轨道。会议对汕头市经济运行情况和各项年度目标任务完成情况进行了深入分析。2010年以来，汕头市经济运行总体上呈平稳较快增长态势，据初步核算，前三季度完成生产总值869.28亿元，增长12.1%，增速比上半年加快1个百分点。规模以上工业总产值、固定资产投资、社会消费品零售总额、外贸出口、地方财政一般预算收入等主要经济指标均保持两位数增长，其中社会消费品零售总额增长20.3%，创下了近几年来的最高增速。投资结构也不断优化，制造业投资、第三产业投资分别增长22.5%和36.3%，远高于整体投资增速，将为下来经济的发展提供有力支撑，也将为产业结构调整打下坚实基础。同时指出，虽然汕头市经济呈现回升向好态势，但要完成2010年赶超进位的目标要求，压力大，形势严峻。汕头不仅要花大力气解决长期以来存在的结构性和深层次矛盾，也要有针对性地解决当前面临的突出问题。

会议对全面完成各项目标任务，实现赶超进位作出部署。首先要抓好投资。打好重点项目建设攻坚战，采取有效措施，确保省、市重点项目至少要分别完成年度投资计划的70%和60%。加快实施并联审批，为项目的上马提速提效；要在年底前出台鼓励和引导民间投资的有关政策，积极推进民企转型升级，使其成为支撑汕头市经济内生增长的主体力量；同时要抓好山洽会招商引资工作，努力推介汕头市战略性新兴产业发展规划，争取一批项目在汕落户。要抓好产业结构调整，加快实施新兴产业倍增计划、传统优势产业提升计划和现代服务业提速计划，推动新兴产业规模化、支柱产业高端化、产业结构合理化；加快推进自主创新；确保完成节能减排目标任务。要抓好外贸出口，一方面不断优化出口商品结构、贸易结构、市场结构，大力发展自主品牌出口，培育发展大型外贸企业；另一方面加快“走出去”步伐，鼓励支持企业开展境外加工生产、承包工程和劳务合作，加快培育本土跨国公司；要积极巩固、开拓国内市场。要抓好财税工作，财税部门和各区县必须采取超常规的手段，确保实现赶超进位的目标。落实征管责任，提高税收收入占一般预算收入的比重，加强分析监控。蔡宗泽强调，要抓好民生工作，完善社会保障体系，从源头上解决城市管理问题，切实提高居民收入，逐步解决住房难问题。积极推进城市居民二次供水工作，推进供水直抄到户改造工程。

（王冰）

市政府重大决策

【审议通过的规章】2010年1月13日，市政府常务会议审议通过《市政府2010年年度立法计划》、《汕头市商品混凝土管理规定（修订）》、《汕头市环境保护规划》和《汕头市饮用水源地环境保护规划》。

1月25日，市政府常务会议审议通过《汕头市工业产业发展规划》和《汕头市工业布局规划》。

3月31日，市政府常务会议审议通过《汕头市城市低收入家庭认定办法》。

7月15日，市政府常务会议审议通过《汕头市练江污染整治工作实施方案》和《汕头市城市居民住宅二次供水管理规定》。

7月30日，市政府常务会议审议通过《汕头市人民政府行政复议委员会办案规程（试行）》。

9月30日，市政府常务会议决定引进战略合作伙伴，加快汕头市公交事业发展。会议审议通过“三旧”改造有关配套文件。

10月18日，市政府常务会议审议通过《汕头市规范行政处罚裁量权规定》。

12月3日，市政府常务会议审议通过《汕头市人民政府第四轮行政审批事项调整目录》。

12月28日，市政府常务会议审议通过《汕头市土地登记办法》。

【原则通过的规章】2010年1月13日，市政府常务会议原则通过《汕头市“三旧”改造工作实施意见》和《关于推进集体林权制度改革的实施方案》。

1月25日，市政府常务会议原则通过《汕头市建设粤台经贸试验区工作方案》。

3月31日，市政府常务会议原则通过《汕头市行政审批和公共服务综合信息系统建设方案》。

6月7日，市政府常务会议原则通过《汕头市港口管理条例（草案）》、《中共汕头市委、汕头市人民政府关于深化医药卫生体制改革的实施意见》和《汕头市医药卫生体制改革实施方案（2009-2011）》。

7月15日，市政府常务会议原

则通过《汕头市城乡规划条例（草案）》。

7月30日，市政府常务会议原则通过《汕头市落实科学发展赶超进位工作方案》。

8月6日，市政府常务会议原则通过《汕头市城镇独生子女父母计划生育奖励实施意见》。

10月18日，市政府常务会议原则通过《汕头市城市管理工作问责暂行办法》。

11月25日，市政府常务会议原则通过《汕头市台湾同胞投资保障条例（草案）》、《汕头市价格调节基金管理规定》和《汕头市森林防火条例（草案）》。

12月28日，市政府常务会议原则通过《汕头市城市绿化条例（草案）》和《汕头市人民政府2011年度立法计划（草案）》。

（王冰）

市政府重要活动

【市长调研】2010年2月5日，市长蔡宗泽登门慰问汕头市正厅级以上离、退休干部，并带队赴潮阳区走访慰问一批低保户、五保户、革命烈士亲属、残疾人和百岁老人。

2月9日，市长蔡宗泽带队督查市区部分游乐场所、建设工地和客运站的安全生产工作情况。

3月30日至31日，国家人力资源和社会保障部党组成员、纪检组长袁彦鹏一行莅汕调研汕头市的劳动保障和人事工作。市长蔡宗泽陪同袁彦鹏一行在汕期间的活动。

4月7日，市长蔡宗泽带队到东部城市经济带工程现场实地察看建设情况，随后在迎宾馆召开工程建设情况汇报会。

4月7日，市长蔡宗泽陪同省委常委、副省长肖志恒及省直有关部门领导，前往粤东高级技工学校看望慰问学校教职员工并协调解决学校面临的师资紧缺等问题。

4月10日，副省长雷于蓝等陪同国家人口计生委主任、党组书记李斌莅汕，对汕头市人口计生工作开展调研。市长蔡宗泽、副市长郭大钦陪同调研。

4月29日，市长蔡宗泽带队到市行政服务中心调研，实地察看各窗口工作情况，了解窗口工作和市民办事中碰到的问题。

5月30日，市长蔡宗泽到市城乡规划局开展专题调研。

5月31日，市长蔡宗泽到金平区调研。

6月1日，市长蔡宗泽到澄海区调研。

6月2日，市长蔡宗泽到潮阳、濠江区调研。

6月23日，市长蔡宗泽带队到潮阳下寮村开展扶贫开发“规划到户、责任到人”工作调研。

6月23日，市长蔡宗泽到潮阳区城南街道，登门慰问家住新宫社区的老党员、生活困难党员和优秀党员。

6月29日，副省长宋海一行莅汕调研汕头市的高中阶段教育和义务教育发展工作。在汕期间，市长蔡宗泽、副市长郭大钦陪同调研。

7月5日，市长蔡宗泽带队前往澄海、龙湖区，就国家第一次土地卫片执法检查汕头市重点督办违法用地案件进行督办检查。

7月5日至6日，省委常委、副省长肖志恒莅汕检查职业技能竞赛工作。在汕期间，市长蔡宗泽陪同检查。

7月12日，市长蔡宗泽率市政府学习考察团赴佛山市学习取经。

8月11日至12日，省人大常委会主任欧广源率领调研组莅汕，就实施区域协调发展战略情况对汕头市开展专题调研。市长蔡宗泽陪同调研。

8月16日至22日，省长黄华华率广东省经贸文化交流团赴台开展“台湾·广东周”活动。市长蔡宗泽带队赴台参加活动。

9月15日，省委常委、组织部部长李玉妹莅汕调研。市长蔡宗泽陪同调研。

9月19日，市长蔡宗泽带队到潮阳区和金平区检查指导防风工作，要求迅速落实各项防御措施，确保人民群众生命财产安全。

9月21日，市长蔡宗泽带领有关部门到市汽车总站等地进行节前安全生产大检查。

10月15日，省委常委、宣传部部长林雄带队到汕头市调研。市长蔡宗泽陪同调研。

11月7日，全国政协副主席、民进中央常务副主席罗富和在省政协副秘书长黄绍龙的陪同下专程莅汕参观首届（汕头澄海）国际兰花旅游文化节暨第二届海峡两岸国兰精品博览会。市长蔡宗泽陪同活动。

11月25日，市长蔡宗泽带队到市城乡规划展示厅检查布展情况。

12月5日，市长蔡宗泽带领各区县领导和有关部门负责人对“山洽会”各项筹备工作进行全方位实地检查。

12月7日至8日，中共中央政治局委员、广东省委书记汪洋，省委副书记、省长黄华华莅汕出席省第六届“山洽会”开幕式，并考察汕头有关工作。市长蔡宗泽陪同相关考察活动。

12月8日，省第六届“山洽会”开幕前夕，中共中央政治局委员、省委书记汪洋，省委副书记、省长黄华华到林百欣国际会展中心视察省综合展馆和汕头市工业精品展、汕头非物质文化遗产大观。市长蔡宗泽陪同视察。

12月16日至18日，市长蔡宗泽率团赴香港，先后参加香港潮州商会90周年会庆暨第47届会董就职典礼和九龙东潮人联会第二届会董就职典礼。

12月31日，市长蔡宗泽一行到市财政局，看望慰问正在加紧进行年终结算的工作人员，向他们致以节日的问候。

【市长会见】2010年1月28日，市长蔡宗泽带队专程拜会海关总署广东分署和广东出入境检验检疫局有关领导。

2月1日，市长蔡宗泽专程走访中国华能集团公司广东分公司，双方就进一步加强合作交换意见。

2月7日，国家人口计生委副主任

赵白鸽一行莅汕调研汕头市计生工作，市长蔡宗泽会见赵白鸽一行。

2月9日，市长蔡宗泽在汕头迎宾馆会见来访的驻港部队副政委曾庆年少将、驻港部队副参谋长许景才大校一行。

2月20日至27日，中共中央政治局原委员、全国人大常委会原副委员长、国务院原副总理田纪云莅汕视察。在汕期间，市长蔡宗泽拜会田纪云。

3月17日，市长蔡宗泽在汕头迎宾馆会见莅汕访问的泰王国驻广州总领事馆新任总领事平善努•素万纳琼一行。

3月22日，市长蔡宗泽拜访莅汕参加“汕头特区的历史意义和未来展望——答好汪洋书记‘三道题’专家论坛”的部分专家学者。

3月22日至23日，民政部党组副书记、常务副部长李立国在省民政厅厅长刘洪的陪同下，莅汕调研民政工作。在汕期间，市长蔡宗泽拜会并宴请李立国一行。

4月16日至17日，由国家12个部委组成的督促贯彻实施《珠江三角洲改革发展规划纲要》检查组莅汕评估检查。在汕期间，市长蔡宗泽在市迎宾馆拜会检查组一行。

4月18日至19日，由中纪委派驻司法部纪检组长韩亨林带领的中央扩大内需促进经济增长政策落实暨治理工程建设领域突出问题第十三检查组莅汕对汕头市扩大内需中央投资项目实施情况暨治理工程建设领域突出问题工作情况进行检查。在汕期间，市长蔡宗泽拜会韩亨林。

4月22日，市长蔡宗泽在君华酒店会见莅汕参加科学院、汕头市合作座谈会暨中科院广州技术转移中心汕头分中心揭牌仪式的省政府副秘书长、中科院广州分院、省科学院院长陈勇，中科院广州分院、省科学院常务副院长黄宁生一行。

4月22日，市长蔡宗泽在君华大酒店会见南洋商业银行（中国）有限公司总裁曾小平、副总裁谢小玲一行。

4月26日，市长蔡宗泽在汕头迎宾馆会见澳门潮州同乡会会长刘艺良一行。

5月14日至15日，新华社副社长鲁炜带队莅汕调研。14日晚，市长蔡宗泽在汕头迎宾馆拜会鲁炜一行。

5月25日，海关总署副署长兼广东分署主任吕滨莅汕调研。市长蔡宗泽前往汕头海关拜会吕滨一行。

6月7日，省国税局局长李永恒带队莅汕，对粤东地区国税工作进行调研。市长蔡宗泽在帝豪酒店会见李永恒。

6月28日至30日，中共中央委员、中残联党组书记、理事长王新宪一行莅汕，考察汕头残疾人工作。在汕期间，市长蔡宗泽拜会王新宪一行。

6月28日至30日，国家民政部副部长窦玉沛带领民政部社会福利和慈善事业促进司副司长（正司级）陆颖、民政部社会福利中心副主任王柏发一行莅汕考察汕头市经济社会发展情况。在汕期间，市长蔡宗泽拜会窦玉沛一行。

6月28日至30日，国家环境保护部总工程师万本太莅汕考察汕头市生态环境情况。在汕期间，市长蔡宗泽拜会万本太。

6月29日至30日，广东银监局局长刘福寿带队莅汕对汕头市民营企业和金融服务业进行专题调研。市长蔡宗泽在汕头迎宾馆会见刘福寿一行。

7月8日，市长蔡宗泽在汕头迎宾馆会见中信房地产股份有限公司总裁李康一行。

8月11日至12日，省交通运输厅厅长何忠友率队莅汕检查调研汕头市交通重点工程建设进展情况。在汕期间，市长蔡宗泽会见何忠友一行。

8月24日至26日，越南计划投资部代表团莅汕访问。24日晚，市长蔡宗泽在市委迎宾厅会见越南计划投资部副部长邓辉东率领的代表团一行。

8月27日至28日，云南省委常委、副省长李江率领考察团一行莅汕对汕头市经济社会发展情况及市政建设进行考察。27日，市长蔡宗泽主持座谈会并代表市委市政府对考察团的到来表示欢迎。

9月7日，市长蔡宗泽在市政府会见省工商业联合会党组副书记陈海燕率领的粤东考察团一行。

9月8日，省政协原副主席、广东潮人海外联谊会常务副会长李统书，全国政协常委、广东潮人海外联谊会名誉会长、香港四洲集团主席戴德丰博士带领扶贫慰问团到南澳县慰问。市长蔡宗泽会见扶贫慰问团一行。

9月9日至11日，由国家知识产权局顾问、中国专利保护协会会长、国家知识产权局原局长王景川带领的国家知识产权创建示范城市考核评定组莅汕，对汕头市创建工作进行考评。10日上午，市长蔡宗泽在汕头迎宾馆拜会王景川一行。随后召开汇报会，市长蔡宗泽在会上讲话。

9月10日至11日，由泰国潮州会馆主席陈汉士先生率领的泰华九属会馆访问团一行莅汕考察访问。10日晚，市长蔡宗泽在市委迎宾厅会见访问团一行。

10月11日，由美国环保局局长丽萨•杰克逊率领的美国环境保护局考察团莅汕考察。市长蔡宗泽在汕头迎宾馆会见考察团一行。

11月8日，李嘉诚基金会董事周凯旋小姐一行莅汕考察。市长蔡宗泽在汕头宾馆宴请周凯旋小姐一行。

11月15日，市委、市政府举行欢迎晚宴，欢迎由新加坡潮州八邑会馆会长吴南祥先生率领的新加坡潮汕民俗与饮食文化考察团一行。市长蔡宗泽会见并宴请考察团一行。

11月15日，当代中国最著名的农业科学家、被誉为“杂交水稻之父”的中国工程院院士、国家杂交水稻工程技术研究中心主任、湖南省政协副主席袁隆平莅汕考察。市长蔡宗泽在汕头迎宾馆拜会袁隆平一行。

11月17日，市长蔡宗泽在汕头迎宾馆拜会国家粮食局局长聂振邦一行。

11月17日至19日，省政协调研组一行莅汕对汕头市计划生育工作进行专题调研。市长蔡宗泽会见调研组一行。

11月23日，市长蔡宗泽在迎宾馆会见省环保厅党组书记、厅长李清一行。

12月1日至3日，由香港中国商会董事长、理事会会长陈经纬为团长的香港中国商会代表团莅汕访问。2日下午，汕头市与香港中国商会访问团举行座谈会，市长蔡宗泽与访问团就进一步推动汕港两地经贸交流合作进行深入探讨。

12月13日，由铁道部副部长胡亚东带领的国务院安委会督查组对汕头市安全生产工作进行综合检查督查。市长蔡宗泽向督查组汇报汕头市安全生产工作的基本情况。

【市行政服务中心】2010年，汕头市行政服务中心（下称“中心”）积极探索创新审批方式，拓展服务功能，提高服务质量和办事效率。年内，“中心”共有进驻单位56个、进驻事项1034项。全年共受理业务588517件，办结业务572145件，月办件量近5万件。即到即办事项增至246项，五个工作日内办结的项目增至324项，全年即办件478203件，占全年受理业务总量81%；工程建设项目审批时限从法定316－386个工作日压缩为39－57个工作日；各进驻单位落实单轨制受理的业务项目增至919个，直接批准办结的业务项目增至343个。“中心”加强企业投诉中心平台建设，受理企业情况反映件11宗，理结10宗，较好地维护企业的合法权益。“中心”优质高效的服务进一步方便企业和群众，得到社会各界的好评，全年收到锦旗23面，表扬信64封，树立了公开、规范、高效、廉洁的政府服务“第一窗口”品牌形象。2010年，“中心”积极开展创先争优活动和文明创建工作，评出“优秀窗口”6个、“优秀公务员”8名、“先进个人”24名；海关“一站办”荣立集体三等功，被评为“文明示范窗口”；市工商局窗口被评为“文明示范窗口”；市检验检疫局窗口获“工人先锋号”、“巾帼文明岗”等荣誉称号；市房产局窗口被评为“巾帼文明岗”。

【对口支援汶川工作】汕头对口援建工作从2008年8月开展以来，汕头援建工作组根据草坡乡地质灾害情况和援建项目受交通、电力、通讯等“瓶颈”严重制约的特点，科学筹划、攻坚克难，总共投入资金20150万元，完成了36个援建项目建设，其中交钥匙项目21个，交支票项目15个。

以科学发展观指导灾后重建。充分考虑草坡乡自然环境变化特点，因地制宜，做到“八不八坚持”，把科学重建的理念落实到对口援建的全过程，确保了对口援建工作的有效推进。即：坚持规划先行，不盲目突进；坚持质量第一，不一味求快；坚持“大分散、小集中”，不贪大求全；坚持功能优先，实用实惠，不搞面子工程；坚持节约重建、控制造价，不大手大脚、铺张浪费；坚持生态修复、地灾治理综合推进，不单纯抓设施重建；坚持造血、输血双管齐下，不仅仅搞输血式重建；坚持同步推进精神家园重建，不局限于推进物质重建。

质量至上，打造精品工程。严格按照国家灾后重建有关抗震设防标准进行设计，率先在设计和施工中引入新型抗震材料和抗震技术，高标准设计重建项目。从市建设、规划、城管、交通、公路、水利等部门抽调有经验的专业人员，进一步强化项目建设的质量监管。通过一系列有效措施，汕头市一批援建项目获得殊荣，草坡小学、卫生院和综合文化站等公共建筑项目全部获得“四川省结构优质工程奖”，其中卫生院、文化站为全县同类项目中唯一获奖的。重点项目通乡公路项目荣获四川省建设工程质量最高奖——“天府杯”金奖，是广东省援建汶川县灾后恢复重建唯一获此殊荣的公路项目，也是阿坝州近10年来唯一获得优良工程的公路工程项目。

攻坚克难，全力加快重建。援建工作常因地质灾害引发山体滑坡和泥石流等原因中断对外交通，由于远离国道，受通讯、电力、场地等“瓶颈”制约，援建项目难以全面铺开。2009年9月份前，在维持基本通行的前提下，统筹安排，渐次展开对口援建项目。优先保障农房、学校、医院和供水等重点民生工程建设，在重点民生工程基本完工后开展公路项目建设，最后是其他市政项目建设。每个项目在开工初期都制订严格的目标责任制和详细的项目建设进度表，落实责任，制定预案，抢抓进度，通过一年半的努力，汕头市援建项目基本完成。

精打细算严格控制造价。受交通瓶颈、环境恶劣、安全威胁严重以及援建项目全面铺开等因素的影响，汶川建设造价偏高。在援建项目实施过程中，从设计、预算、施工至结算整个过程都严格控制造价。设计尽量做到符合灾区实际，减少变更。科学、合理编制施工流程和施工组织方案，减少窝工、返工、怠工等现象，减少材料浪费。多方市场询价，减少材料价格水分。通过上述措施，汕头援建项目预计没有一个超过概算。

规范管理，严格制度。制订《工程质量控制制度》、《建材产品质量监管制度》、《工程签证及设计变更管理制度》、《安全生产文明施工管理规定》、《建材单价核定确认管理制度》、《工程款支付审批制度》等工程管理制度，汇编成册，做到以制度管人，按制度办事。对每个援建工程从立项、招投标到施工建设，每一个环节都高度重视，严格依规操作，确保程序规范。汕头市34个援建工程项目中，无一个发生安全生产问题，4个重点项目全部被评为优良工程或获得省级奖项。并成为广东省第一个完成竣工验收报备、工程档案移交的对口援建市。草坡乡也因此被列为汶川县援建工程规范管理示范点。

同步推进产业和文化重建。汕头市根据草坡乡农业现状，把草坡乡的自然条件和汕头市农科技术优势有机结合，援建了“草坡乡蔬菜种植试验基地”和“草坡乡兰花种植基地”。注重做好草坡本土藏羌文化和民风民俗的挖掘、承传工作。派专人深入群众，走村入户，到田间地头开展藏羌文化资源调查，举办草坡乡山歌（民歌）赛歌会，制作草坡乡山歌光碟，帮助建立妇女羌绣坊，推动草坡藏羌文化遗产的保留和传承。此外，汕头市还多次组织汕头作家、诗人、画家、作曲家进草坡开展文化援建活动，为草坡乡泼墨挥毫、赋诗作画、填词谱曲。在丰富和活跃群众文化生活的同时，也为推动草坡特色旅游产业的发展打下良好的基础。在援建项目实施过程中，将藏式建筑的元素与现代风格有机地结合起来，学校、卫生院、文化站等公共建筑物成为草坡的一道亮丽风景。对草坡的风光，命名了草坡八景，请诗人赋诗，由书法家撰成书法作品以木刻、石刻形式镌刻在“一村一亭”中，将风光、文化融为一体。

（王冰）

应急工作

【简况】2010年，汕头市应急管理工作认真贯彻执行《突发事件应对法》和《广东省突发事件应对条例》等法律法规，以及国务院和省政府有关应急管理工作的指示精神，紧紧围绕“无急可应、有急能应”的工作目标，按照预防为主、预防与处置相结合的原则，扎实推进全市应急体系建设，努力提高应急管理综合能力，为维护汕头经济发展、建设幸福汕头作出积极贡献。

【应急管理制度】年内，启动对《汕头市突发事件总体应急预案》及22个市专项应急预案的修订完善工作。调整汕头市突发事件应急委员会成员，健全基层应急管理组织机构，探索在部分区县镇（街道）党政办加挂镇（街道）应急办的牌子、党政办主任兼任应急办主任试点工作。建立突发事件统计、分析季报制度，对突发事件发生趋势进行分析、预测，突发事件预警预测和灾害评估体系初步建立。

【应急平台建设】年内，汕头市已完成市政府应急指挥平台二期工程设计、招投标工作，积极配合省进行平台终端的安装调试和平台数据库有关数据的收集整理。龙湖区应急预算计划中用于区应急指挥平台建设的专项资金达115万元，该平台也已完成建设前期准备工作，预计可与市级应急平台同步建成。

【应急演练】通过开展各种类型的应急演练，提高应对突发事件的能力。年内，市政府举行地震灾害综合应急救援演练；市安委办等部门联合举行危险化学品事故应急救援演练；市反恐委员会举行反恐怖综合演练；龙湖区举行液化气安全事故应急演练活动；濠江区举行渔船火灾应急演练；潮阳区举行危险化学品应急救援演练；潮南区举行粮食应急演练。

【应急信息报送】年内，高度重视突发事件信息报送工作，及时向省人民政府报告相关信息，确保汕头能够及时应对突发事件的有效性和信息上报的时效性。对各地、各有关部门突发事件信息报告工作进行量化考核，并将考核情况按月予以通报。重新修订《突发事件信息处理办法》，对突发事件的报送范围、核报要求、报送程序、报送方式、督查反馈等方面作出具体规定。年内，汕头市被省人民政府评为突发事件信息报送优秀单位，受到省政府的通报表彰。

【应急处置】市政府应急办认真履行职责，充分发挥“统筹、协调、补不足”的作用，取得了较好的成绩。4月6日，濠江区南滨路段发生10人死亡28人受伤的重大交通事故，市政府应急办全过程参与处置救援，及时向省政府报告情况，向社会公众发布相关信息。3月17日，汕头华能海门电厂因燃料系统施工事故造成6人死亡2人重伤事件；7月份，因紫金矿业污染的影响造成的韩江饮用水安全受威胁事件；6月份以来，防范暴雨、台风“凡亚比”、“鲇鱼”等工作，市政府应急办都能及时介入，为处置应对工作发挥积极作用。

【应急宣教培训】年内，配合省政府宣讲队举办“百人百场”应急知识宣讲活动，形式活泼、内容实用的宣讲活动吸引累计近1500名群众、学生参与咨询，共发放宣讲材料共2000多份，营造应急管理知识进学校、进社区、进农村、进家庭、进企业的良好氛围，取得较好的效果。金平区编印《学生安全手册》10万册，在金禧中学举行发放仪式，向全区中小学在校学生发放手册。潮阳区向基层发放《你准备好了吗》应急宣传手册3200份、各类应急知识手册2.53万份、宣传教育材料5.18万份，普及公共安全知识18.27万人次。潮南区通过收看电视、印宣传画、悬挂横幅、出黑板报、印小册子、专题讲座等方式向社会公众普及《广东省突发事件应对条例》，营造良好的宣传氛围。汕头电视台、汕头广播电台和汕头日报等多家主流新闻媒体全力做好应急管理工作的新闻宣传报道，从舆论导向上引导公众增强应急管理意识。年内，汕头电视台关于市应急管理工作方面的新闻报道达150条，市政府应急管理办公室网站发布各类应急管理信息37条。

【应急保障体系】通过建立综合应急救援队伍、增强空中救援力量、完善应急设备物资储备和加强应急避难场所建设等途径，进一步夯实应急管理保障工作。年内，市政府下发《关于组建综合应急救援队伍的通知》、《汕头市综合应急救援队伍建设实施方案》和《汕头市综合应急救援队伍建设三年规划》等文件，依托公安消防部队建立综合应急救援队伍，并以龙湖区为全市应急救援队伍建设试点单位，推进区县级综合应急救援队伍建设工作。年内，市、区两级综合性应急救援队伍人数达到240人。龙湖区积极拓展应急救援队伍，该区综合应急救援队伍下设三支应急救援分队，分别是：民兵应急救援分队100人、青年志愿者应急救援分队60人和关爱义工应急救援分队70人。11月10日，交通运输部南海第一救助飞行队汕头基地启用仪式在汕头市举行，汕头基地的正式启用，对提高南部海域特别是粤东海域的应急救助能力，将起到重要作用。龙湖区加强临时应急避难场所建设，已建立避难场所120个，面积8.3万平方米，可容纳避难人员3.9万人。龙湖区为综合应急救援队伍配备橡皮艇和帐篷等应急物资。濠江区与民营企业签订协议，探索建立应急物资协同保障机制的新路子。潮阳区累计建成应急物资储备库55个，包括自然灾害类、事故灾难类及公共卫生类等，价值761.6万元。

【基层应急管理】年内，基层应急管理工作有新进展。金平区结合“创建民安社区”活动，将应急管理工作延伸到社区，试点单位金厦街道百合社区推行“网格化”管理，实现综治维稳、计划生育、城市管理、消防安全、应急管理等工作“定员定岗定责”，社区管理工作有序开展。澄海区澄华街道城西居委示范点组建一支40人义务消防队，装备应急消防摩托8辆。

【应急科技支撑】年内，印制《汕头市突发事件应急管理研究课题集》，向各有关单位发放。对于个别优秀的研究成果，积极向市科技局推荐申报科技进步奖。

【应急联动】年内，出席粤东北六市应急联动合作座谈会，签订《粤东北六市应急管理区域合作协议》，并就建立应急综合救援队伍和志愿者队伍与各市应急办主任进行探讨交流。榕江大堤金关围玉路堤段坍塌事件、金平区国土部门工作人员与揭东县地都村村民平整土地纠纷事件，市政府应急办及时启动应急联动合作机制，加强与有关市的沟通协调，互相配合，使事件得到妥善处置。

（市政府应急办）

政协汕头市委员会

综　述

【简况】2010年是汕头市锐意进取，赶超进位，全面推动科学发展的关键一年，也是政协汕头市委员会成立60周年。在中共汕头市委的坚强领导下，市政协高举中国特色社会主义伟大旗帜，深入贯彻落实科学发展观，牢牢把握民主团结两大主题，切实履行政治协商、民主监督、参政议政职能，团结动员各党派、各团体、各阶层和各界人士，同心同德谋发展，尽心尽力惠民生，为汕头市经济社会发展作出了积极贡献。

【制度创新和工作创新】推动政治协商制度化创新。《中共广东省委政治协商规程（试行）》出台后，市委高度重视，制定了《中共汕头市委政治协商规程（试行）》（以下简称《规程》），并于2009年颁布实施。市委还以理论学习中心组专题报告会的形式，邀请省政协有关领导作专场辅导报告，推动了《规程》的贯彻落实。推动提案办理工作创新。党政主要领导分别牵头督办了《关于进一步推进城镇居民医保工作，共建健康和谐社会》和《关于落实进一步扶持中小企业发展的六项新举措》的重点提案，带动了部分区县党政主要领导牵头督办重点提案，提案办理工作取得了新的突破。在市政协的积极推动下，市委办公室、市政府办公室联合出台了《汕头市政协提案办理工作规程（试行）》、《汕头市政协提案办理工作评价考核暂行办法》，市政协办公室还制订了配套文件《汕头市政协提案工作细则》，形成了联合行文、联合交办、联合检查、联合表彰的提案办理工作机制。

推动团结联谊工作创新。市政协不断探索发挥港澳政协委员和台胞、侨胞作用的方式方法：就汕头重点项目的进展情况和建设成就制作了首部电视专题片，向港澳委员宣传汕头经济社会发展的新变化，鼓励他们为家乡经济建设和社会发展作出新的贡献；首次邀请华侨华人及在汕投资的台商列席市政协全会。努力扩大团结联谊活动的新领域：首次组织驻会常委赴港澳进行联谊活动，拜访中央人民政府驻香港联络办公室和潮属社团，走访部分港澳委员并开展文化艺术交流活动；首次专访港澳新生代委员。积极创新团结联谊活动的新方法：首次举办“政协骅威杯”高尔夫球邀请赛，市政协内地委员、港澳委员、市历届政协委员联谊会成员和特邀嘉宾80多人参加了比赛。

【庆祝汕头市政协成立60周年系列活动】召开“纪念汕头市政协成立60周年”座谈会，回顾和总结汕头市政协60年的光辉历程和宝贵经验，市委主要领导出席座谈会并作重要讲话，高度评价了市政协在汕头市经济社会发展和改革开放过程中作出的重要贡献；表彰一批政协系统优秀工作者，宣传先进，树立榜样，激励广大政协工作者全心全意投身人民政协事业；创建汕头市人民政协理论研究会，组织委员、政协系统工作者、历届政协领导和专家学者，就人民政协理论与实践中的重大问题开展系统、深入的研究，为推动人民政协事业发展提供理论支撑；举办“人民政协与科学发展”政协论坛，通过主旨演讲、书面发言、编印《人民政协与科学发展—纪念汕头市政协成立60周年论文集》等形式，总结中国共产党领导的多党合作和政治协商制度在汕头市的成功实践和基本经验，探索新时期人民政协工作的新思路新举措，推动汕头市政协工作不断向前发展；举办纪念汕头市政协成立60周年书画摄影展，反映60年来汕头市人民政协事业蓬勃发展的新成就和新面貌，展示祖国大好河山，结集出版了《纪念汕头市政协成立60周年书画摄影展作品集》。

以纪念市政协成立60周年为契机，加强人民政协宣传工作。在汕头日报、汕头电视台等主流媒体推出系列纪念专题，大力宣传汕头市政协60年光辉历程和中国特色政党制度优越性；首次举办“汕头政协好新闻”评选活动，对汕头市宣传人民政协工作的优秀新闻作品进行评选表彰；对市政协网站进行全面改版，打造政协新闻宣传的新平台。全年在各类新闻媒体刊发宣传新闻稿件共800多篇。

【自身建设】加强与各民主党派、工商联和无党派人士的联系合作。市政协主要领导带队走访各民主党派，就搞好人民政协的共同事务进行协商；市政协的中共领导和民主党派领导就政协的重大事项平等协商，共同决策；及时向各民主党派、工商联和无党派人士通报情况，听取意见建议，营造团结民主、和谐共事的良好氛围；对民主党派、工商联和无党派人士提出的重要提案和建议，都加强督办、跟踪问效并及时反馈；定期召开各民主党派专职副主委座谈会，交流情况，交换意见；与市委统战部联合征编出版《汕头民主党派代表性人物传略》一书，全面、客观地反映全市各民主党派代表性人物的生平事迹。

加强与政协系统内外的联系合作。树立政协工作一盘棋思想，加强同各级政协的联系：主要领导带领主席会议成员专程向省政协领导汇报工作，争取上级政协的指导和支持；参加第三届闽粤赣十三市政协论坛，就深化区域交流合作，促进海西发展深入研讨；定期召开区县政协主席座谈会、秘书长座谈会，密切与各区县政协的工作联系。坚持市四套班子秘书长联席会议制度，密切与党委、政府有关部门的工作联系；定期听取市纪委、市法院、市检察院的工作情况通报并形成制度，为政协委员知情明政提供了新的平台；先后走访市法院、市检察院、市公安局、市交通局等单位，政协履行职能逐步走向双向互动，各方配合形成合力。

加强机关的政务服务能力和统筹协调能力建设。积极探索完善机关管理运行的科学方法，提高机关的工作效率和服务水平。先后4次组织专题讲座，有针对性地对机关干部进行集中培训；修订完善会议活动、接待联络、学习考察等9项工作制度，促进机关工作的协调统一和规范有序；进一步明确工作职责，改进办文办会办事程序，强化对专委会工作的衔接协调和配合服务；扎实做好扶贫开发“规划到户，责任到人”工作；开办文化走廊，积极组织和开展各种文体活动，营造团结和谐、积极向上、乐于奉献的工作氛围。

（吕晓洁）

市政协及其常委会会议

【市政协十一届四次会议】2010年2月23日至26日，中国人民政治协商会议广东省汕头市第十一届委员会第四次会议在汕头市区举行。会议审议通过于云臣主席代表市政协常委会所作的工作报告和宋汉杰副主席代表市政协常委会所作的提案工作情况报告。委员们列席了汕头市第十二届人民代表大会第五次会议，听取并讨论蔡宗泽市长所作的政府工作报告，讨论了市中级人民法院工作报告、市人民检察院工作报告以及其他报告。会议接受了于云臣同志因年龄原因辞去市政协主席的请求，充分肯定于云臣同志主持市政协工作期间，坚持“在继承中发展，在实践中创新”的工作方针，为开创汕头市人民政协事业新局面所做的卓有成效的工作。会议选举罗仰鹏同志为市政协主席、张泽华同志为市政协副主席，增补了常务委员会部分委员，圆满完成了各项议程。会议赞同蔡宗泽市长所作的政府工作报告，认为政府工作报告对2009年工作的总结客观全面，对存在问题的剖析实事求是，对2010年的工作安排切实可行，体现了结合汕头实际深入贯彻落实科学发展观的要求，对推动汕头实现经济社会平稳较快发展具有重要意义。

会议充分肯定市政协常委会一年来的工作，认为过去一年，市政协常委会高举中国特色社会主义伟大旗帜，牢牢把握团结和民主两大主题，广泛动员、组织参加政协的各党派团体和各界人士，带领广大政协委员，围绕中心，服务大局，切实履行政治协商、民主监督、参政议政职能，推动工作创新，加强自身建设，各项工作取得新的进展，为推动汕头科学发展、促进社会和谐稳定作出了积极贡献。

会议期间，委员们紧紧围绕汕头市加快经济发展方式转变、提高自主创新能力、调整经济结构、深化改革开放、保障和改善民生等决策部署，建睿智之言，献务实之策，为市委、市政府科学民主决策提供重要参考。会议号召，全市各级政协组织和广大政协委员，更加紧密地团结在以胡锦涛同志为总书记的党中央周围，在中共汕头市委的领导下，振奋精神、开拓创新、齐心协力、扎实工作，为推动实现“五年大变化”，加快打造区域中心城市而努力奋斗！

【常委会议】2010年，市政协常委会共举行会议7次（即市十一届政协15次至21次常委会议）。

2010年2月4日，市政协召开十一届15次常委会议，市委常委、常务副市长郑人豪，市政府办副主任庄怀到会听取意见，各区县政协主席，市政协机关的负责同志和各专委会专职副主任列席了常委会议。十一届15次常委会议的议程有10项：一是听取市政府工作报告（征求意见稿）的说明并讨论市政府工作报告。二是审议政协汕头市第十一届委员会常务委员会工作报告（草案）。三是审议政协汕头市第十一届委员会常务委员会关于十一届三次会议以来提案工作情况的报告（草案）。四是决定政协汕头市第十一届委员会第四次会议日期，审议会议议程和日程安排（草案）。五是审议市政协各专门委员会2009年工作报告（书面）。六是审议有关人事问题。七是听取市政府关于办理2009年政协提案、建议案工作情况的通报。八是听取市纪委关于2009年工作情况的通报。九是听取市中级人民法院关于2009年工作情况的通报。十是听取市人民检察院关于2009年工作情况的通报。经15次常委会表决通过，同意免去方海顺政协汕头市第十一届委员会副主席职务并撤销政协委员资格；同意陈细弟、陈进强、柯锡奎、王雄、李昭平等5人因工作原因辞去政协汕头市第十一届委员会委员；同意罗仰鹏等9人为政协汕头市第十一届委员会委员。

2010年2月22日，市政协召开十一届16次常委会议，协商有关人事问题。市委常委、组织部部长李学同，副部长林惠生和市委统战部副部长孔德镐参加了会议，各区县政协主席，市政协机关的负责同志和各专委会专职副主任列席了会议。会议表决同意林宏城、陈细丰、黄志鸿、宋伟英等4人辞去市政协常委职务，同意于云臣辞去市政协主席、委员职务；同意张泽华为市政协第十一届委员会委员；协商通过将提交十一届四次会议增补的常务委员候选人名单；同意罗仰鹏为政协汕头市第十一届委员会主席候选人；同意张泽华为政协汕头市第十一届委员会副主席候选人。

2010年2月26日，市政协召开十一届17次常委会议。会议听取了市政协十一届四次会议各小组召集人汇报小组讨论情况；审议通过拟增补的政协汕头市十一届常务委员会部分组成人员候选人名单；审议通过市政协十一届四次会议选举办法（讨论稿）、监票人员名单(讨论稿)和会议决议（讨论稿）。

2010年4月19日，市政协召开十一届18次常委会议，各区县政协主席，市政协机关的负责同志和各专委会专职副主任列席了常委会议。市委常委、常务副市长郑人豪到会通报汕头市重点项目建设情况。金平区政府有关领导到会介绍聿怀中学大洋校区建设情况。会议还审议通过有关人事任免问题，同意免去林宏城市政协教文卫体委员会主任职务，同意免去陈细丰市政协城市建设和环境资源委员会主任职务，同意免去黄志鸿市政协港澳台侨外事委员会副主任职务，同意免去韦丽文、方小琪市政协十一届委员会副秘书长职务，同意免去谢石豪市政协教文卫体委员会副主任（专职）职务，同意童怀德任市政协城市建设和环境资源委员会主任职务，同意蔡述彪任市政协教文卫体委员会主任职务。会后市政协常委实地察看了华能海门电厂、疏港大道、南山湾产业园、金凤路桥、聿怀中学大洋校区和市城乡规划展示厅。

2010年7月30日，市政协召开十一届19次常委会议，市委常委、常务副市长郑人豪、市政府副秘书长魏森新以及市发展和改革局、市经贸和信息产业局、市外经贸局、市科技局、市统计局的负责同志应邀参加会议，各区县政协主席，市政协机关的负责同志和各专委会专职副主任列席了常委会议。会议有三项议程：一是听取郑人豪副市长作关于汕头市加快发展现代服务业工作的情况通报。二是常委、委员进行议政发言。三是审议、通过蔡奕武任市政协社会和法制委员会副主任职务。

2010年9月16日，市政协召开十一届20次常委会议。市政府副市长苏耀光、市教育局、市卫生局的负责同志应邀参加会议，各区县政协主席，市政协机关的负责同志和各专委会专职副主任列席了常委会议。会议对市教育局关于汕头市高中阶段教育工作、市卫生局关于汕头市农村三级医疗卫生网络建设情况进行了民主评议。

2010年10月25日，市政协召开十一届21次常委会议，就汕头市村镇规划建设情况开展视察，各区县政协主席，市政协机关的负责同志和各专委会专职副主任列席了常委会议。市委常委、常务副市长郑人豪和市规划局、农业局、国土局和建设局的负责同志应邀参加会议。会议听取了市规划局副局长陈春松作关于汕头市村镇规划建设情况的通报，实地察看了澄海樟林古港整治工程、新兴街改造保护和秦牧故居保护情况和潮南陇田镇东华村、成田镇大寮村的规划建设情况。会议审议、通过陈志红任市政协副秘书长职务。

（吕晓涛）

民主监督

【助推幸福汕头建设】常委会以保障和改善民生为主旨，组织对市教育局高中阶段教育的工作情况和市卫生局关于汕头市农村三级医疗卫生网络的建设情况进行民主评议。主席会议成员多次带队深入到学校、基层卫生院（站），与一线的教育工作者、医务工作者和广大村镇群众交流座谈，认真调研，汇集各方共识，形成内容翔实、针对性强的评议报告，并召开常委会对有关单位进行面对面评议；对已经进行民主评议的市物价局、市环保局、市规划局和市城管局的整改情况组织“回头看”活动，新闻媒体全程进行跟踪报道，确保民主评议取得实实在在的成效；市政协委员应邀担任司法和行政执法部门监督员，积极参加情况通报会、座谈会、行风评议等活动，围绕事关人民群众切身利益的问题，提出批评建议。

把“整治交通秩序，创建文明交通”、“加大力度推进单病种限价收费”、“推动汕头市义务教育均衡化发展”等3件提案，作为市政协主席会议重点提案进行督办。市政协领导分别率队深入实地视察，召开现场座谈会，听取汇报，交流意见，提出具体要求；先后就特殊教育学校建设、无偿献血、医疗体制改革、社会保障工作等民生热点问题进行视察调研，促进了一批民生问题的解决。

通过举办各种活动，包括各界人士迎春座谈会、教育界委员庆祝教师节座谈会、历届政协委员联谊会茶话会、“汕头公益大讲堂”、看望慰问市各民主党派、无党派知名人士等活动，加强与社会各界的联系，团结各阶层人士，努力促进各方面关系的协调和谐，不断巩固和扩大最广泛的爱国统一战线。11月，潮汕三市政协港澳委员莅汕考察，共捐款250万元支持家乡的教育和福利事业。全年共接待来自泰国、法国、加拿大、比利时等国家和台湾、香港、澳门地区的代表团、潮属社团侨领和知名人士、外地政协来汕参观考察107批1547人次。

【助推文化强市】在推动汕头市文化产业发展上发挥作用。市政协按照市委建设文化强市的工作要求，对文化发展战略、设施建设、资源开发、品牌创立以及动漫产业、文化创意、传统文化资源保护和开发利用等问题，通过视察、调研、提案、信息等形式，提出合理化建议和意见，许多意见被市委、市政府和有关部门采纳。

在弘扬潮汕优秀传统文化上发挥作用。市政协加强了对潮汕历史文化研究中心的指导和支持，以主席会议建议案的形式向市委递交了《关于支持潮汕历史文化研究中心办好三件实事的建议案》。市委对《建议案》非常重视，有关部门制定了支持潮汕历史文化研究中心的具体措施；为纪念汕头开埠150周年，以市政协委员为主的专家学者联名向市委主要领导写信，建议按照史实重新确定汕头市开埠时间，并举行开埠纪念活动。此事引起市委、市政府的高度重视，市委九届九次全会作出了举行汕头开埠150周年大型研讨会的部署，市政府召开新闻发布会确认汕头开埠确切时间；致力于汕头开埠文物的保护，市政协委员联名撰写了"关于尽快协调解决海关钟楼保护范围和建设控制地带问题的建议"，以委员直通车的形式提交市政府，为保护老海关钟楼这一汕头开埠标志性历史建筑作出了应有的贡献。

在凝聚各方文化力量上发挥作用。市政协充分发挥地位超脱、联系面广的优势，团结和动员文化界人士，共同为建设文化强市献计出力。11月，市政协主要领导带队赴香港拜访国学大师饶宗颐先生，并首次邀请部分在港潮籍知名文化人士进行座谈交流；创建汕头市政协书画院，致力于以书画会友，以翰墨传情，进一步联系和团结汕头市以政协委员为主体的书画艺术界人士，加强与海内外书画艺术界人士的交流。

（吕晓洁）

调研工作

【视察调研】4月，常委会对汕头市重点项目规划建设情况组织专题视察，实地察看了东部城市经济带、华能海门电厂、南澳大桥等重点项目的建设情况，向市委、市政府报送了《市政协常委会关于对我市重点项目建设情况的视察报告》，就如何进一步推进重点项目的建设提出意见建议。

7月，市政协常委会选取在汕头市有较好基础、有发展潜力的现代物流、金融保险、商贸会展、科技服务、信息服务、文化创意等6个行业进行调研，在此基础上开展"关于加快发展现代服务业"的专题议政，并形成《关于加快发展我市现代服务业的建议案》报送市委、市政府。

各专委会围绕市委、市政府中心工作，发挥自身的专业优势，就汕头市企业上市工作情况、促进南澳生态滨海旅游业发展、加快中心镇污水处理设施和农村垃圾收集转运设施建设、加强知识产权司法保护、汕头开埠文物保护等专题开展视察调研，助力科学发展。对完成的专题调研跟踪视察，督促落实。2010年专委会共形成10份调研报告。

（吕晓洁）

中共汕头市纪委

【简况】2010年，汕头市各级纪检监察机关坚持以邓小平理论和"三个代表"重要思想为指导，深入贯彻落实科学发展观，坚持标本兼治、综合治理、惩防并举、注重预防的方针，以制度建设为主线，以提高执行力为主题，以贯彻落实《廉政准则》为重点，着力解决制约经济发展方式转变和人民群众反映强烈的突出问题，党风廉政建设和反腐败各项工作不断取得新的成效，为推动科学发展、建设幸福汕头发挥了重要保障和促进作用。

【中共汕头市纪委九届五次全会】2月3日，中共汕头市纪委九届五次全会在鮀岛影剧院召开。会议学习贯彻十七届中央纪委四次全会、省纪委十届四次全会精神，全面总结2009年汕头市党风廉政建设和反腐败工作情况，研究部署2010年工作任务。市委书记黄志光出席会议并作重要讲话。市委常委、市纪委书记孙光辉主持会议并代表市纪委常委会作题为《坚持改革创新加强制度建设努力提高我市反腐倡廉建设科学化水平》的工作报告。全会进行分组讨论并审议通过市纪委常委会工作报告和全会决议。市委、市人大、市政府、市政协、市纪委领导班子成员以及市中院、市检察院、汕头大学、汕头海关有关领导出席会议，市纪委委员、各区（县）主要负责同志和市直副处级以上干部等1100多人参加了大会。

【党风廉政建设责任制和惩防体系建设】市委、市政府高度重视反腐倡廉建设，多次召开专题会议，学习贯彻上级有关会议及文件精神，深入分析反腐倡廉形势，研究部署反腐倡廉工作任务。市委、市政府主要领导对纪检监察重要工作亲自部署、重大问题亲自过问、重点环节亲自协调、重要案件亲自督办，有效推动了全市反腐倡廉建设的深入开展。在市委的统一组织下，市委常委分别带队到各区县进行党风廉政建设责任制落实情况专项检查，全市党风廉政建设责任制工作进一步深化，市委、市政府领导班子顺利通过省检查组对汕头市党风廉政建设责任制落实情况的检查，各项工作得到省检查组的充分肯定。惩防体系建设不断深化，继续加强对基层的督促和指导，构建惩防体系初步形成上下联动、齐抓共管的工作格局，一批具有部门特色、行业特点的反腐倡廉制度逐步建立，开通汕头市惩防体系建设信息管理系统，具有汕头特色的惩防体系建设得到实质性推进。

【监督检查工作】牢牢把握科学发展这一主题，紧紧抓住转变经济发展方式这一主线，围绕市委中心工作开展监督检查，做到同步介入、实时跟踪、全程参与。会同有关部门就扩内需促增长项目进展情况进行3轮督查，落实整改问题27个，对进展缓慢项目发出监察建议书，有力推进项目建设步伐，前4批共78个扩内需项目开工率达100%，第一批13个项目已全部完成。加强对厦深铁路汕头段等重点基础设施项目建设中征地拆迁突出问题的协调督办，有效促进工作任务落实。会同环保部门开展环境保护执法监察活动，督促相关部门对高耗能、高污染行业开展专项检查，加强对国家环保部挂牌督办违法排污造纸企业落实整改措施情况的监督，查处环境违法案件325件。会同有关部门对赶超进位、防灾减灾水利项目、节能降耗及建设现代产业体系、提高自主创新能力等工作开展专项督查检查，推动工作深入开展。认真开展工程建设领域突出问题专项治理工作，组织38批39个检查组进行督查督办，将排查范围扩大至政府投资和使用国有资金项目100万元以上、其他投资项目3000万元以上，全市列入排查范围的项目共847个，发现问题300多个，已督促落实整改295个。查处工程建设领域违法违纪案件8件，立案调查9人。依托政府门户网站，建设工程建设领域项目信息公开平台，大力推进工程项目信息公开和诚信体系建设。认真落实《关于实行党政领导干部问责的暂行规定》，对潮南区胪岗镇“1·12”制假案、南滨路“4·6”重大道路交通事故、金光围玉路堤段坍塌事故、华能海门电厂“3·17”施工事故的相关责任人员进行责任追究，共有72人被追究党政纪责任。深入治理国土资源领域腐败问题，督导国土部门制定《深化改革创新制度建立国土资源系统反腐倡廉工作长效机制实施办法》，开展“两整治一改革”专项行动，建立预防腐败长效机制。全市查处涉及土地、安全生产案件32件。

【查处案件工作】2010年，全市纪检监察机关共接受信访举报2796件次，立案276件，同比上升10%，其中大案77件，要案11件，大要案同比上升13%；结案280宗，处分408人，其中处级8人，科级42人，挽回损失2900多万元。查处商业贿赂案件10宗15人，涉案金额142万元。市纪委本级立案39件50人，其中大要案28件30人，通过办案挽回经济损失1800多万元。汕头市查处的“8·25”市公安局系列案被省纪委评为2007年以来全省12件“精品案件”之一。立案查处的主要案件有：市国土资源局局长郑镇青、副局长郑楚强、东部城市经济带开发管理办公室副主任魏丰严重违纪案；澄海区副区长陈德生、卫生局长王寰敏和澄海人民医院院长陈韧违反工程立项和招投标规定案；潮阳区人大副主任许先扬严重失职及违反组织人事纪律案等一批大案要案。加大办案工作协调力度，制定移送处理案件暂行规定。落实办案安全工作意见，坚持依纪依法、安全文明办案，出台措施加强办案人员和陪护人员管理。案件审理和监督管理工作得到加强，办案质量和水平进一步提高。基层办案工作取得新进展，全市69个镇（街道）有66个有自办案件，自办案件率达95.6%。建立市、区（县）两级举报网站，开通网络举报平台，全市共收到网上举报131件次。加强网络舆情监控管理，健全应急管理机制，维护本地网络舆情稳定。

【反腐倡廉教育】以领导干部尤其是党政“一把手”为重点开展反腐倡廉制度教育，制定贯彻落实《廉政准则》实施意见，印发全市各单位学习执行。以“加强制度教育，构筑拒腐防线”为主题开展纪律教育学习月活动，全市县处级以上党政“一把手”共作动员107场，全市参加学习的党员干部15.2万人。编写出版《官鉴》一书，精选正面和反面典型案例各100个并配评论，其中包括汕头历年查办的50个案件作为反面典型，以身边事教育身边人。省纪委副书记王海亲自作序并出席首发仪式。推荐金平区月季居委主任杨静娟作为全省勤政廉政典型代表，由省纪委拍摄《月季花开》专题片在全省党员干部中开展学习杨静娟先进事迹活动。开展“廉政制度知识测试”活动，有41名厅级干部、1270名处级干部参加测试；编写“《廉政准则》解读”和“反腐倡廉制度建设”等讲课稿，由市纪委领导班子成员到各单位巡回辅导90多场，接受教育的党员干部近万人；编写以《廉政准则》“52个不准”为内容的廉政短信，向全市党员干部和公务员逐条发送；组织用地方方言创作《廉政准则七字歌》，掀起“学《准则》，咏廉歌”热潮；发动干部群众参加《廉政准则》网上答题，全市参加答题3万多人，其中厅级干部25人，处级干部722人；举办征文活动，各区（县）和市直单位“一把手”撰写学习心得体会在汕头日报和大华网发表。通过各种活动，进一步增强党员干部的党性观念和纪律意识，牢固树立法律面前人人平等、制度面前没有特权、制度约束没有例外的意识。

【领导干部廉洁自律】对权力的监督制约进一步强化。认真开展对公款出国（境）旅游、党政干部退休或调离原单位后违规占用公车和办公用房等问题的治理工作。继续抓好领导干部违反规定收送现金、有价证券和支付凭证，在企业兼职，配偶、子女违反规定经商办企业，利用婚丧嫁娶等事宜收钱敛财的整治和国有企业领导干部廉洁自律工作的落实，全市党员领导干部从政行为进一步规范。认真执行诫勉谈话、述职述廉等党内监督制度，促进权力规范行使。对各级领导干部进行廉政谈话229人次，为188名干部澄清事实，落实整改问题25个。做好干部提拔审查征求意见和市级以上表彰对象的“一票否决”审查工作，全年共审核17批185名拟提拔干部对象，否决拟提拔对象2名；审核推荐为全国、省、市先进单位173个，立功和表彰个人387人次；处级领导干部离任责任审计19人次。

【从源头防治腐败】组织召开“贯彻落实《廉政准则》，切实加强领导干部作风建设”为主题的民主生活会，市纪委常委参加市直部分重点单位民主生活会，加强对民主生活会全过程的具体指导。基层党风廉政建设取得新进展。以《镇（街道）干部包村工作责任制》和《村级重大事项民主决策票决制》“两项制度”为核心，落实镇（街道）干部的包村责任，加强农村“三资”管理。全市各村（居）凡涉及村民利益、群众公共利益的重大事项，均提交村民代表会议或村民大会以无记名投票方式进行表决。全市各区（县）已有票决事项445项，一批事关群众切身利益的村级重大事项通过票决制民主决策顺利实施，一批久拖不决的“老大难”问题得以顺利解决，一批群众反映强烈的问题也得到妥善处理，集体收入和群众收入实现双增长，基层干群反响良好。以南澳县党风廉政建设扁平化管理为试点，积极探索反腐倡廉制度创新。省委副书记、省纪委书记朱明国作出批示，充分肯定南澳扁平化管理的经验做法。其经验在全省监督工作会议上专门进行介绍。年内，下发《关于进一步加强党政机关厉行节约制止奢侈浪费工作的通知》，明确要求市直机关公务购车用车、因公出国（境）、公务接待费用纳入市行政电子监察系统进行监管。与上年相比，全市党政机关因公出国（境）费用支出增长29.12%，公务用车费用增长3.89%，公务接待费用下降5.32%。认真落实《关于领导干部报告个人有关事项的规定》和《关于对配偶子女均已移居国（境）外的国家工作人员加强管理的暂行规定》，组织开展对全市领导干部配偶、子女在国（境）外定居情况进行全面清理和集中登记。清查“小金库”4个，涉及金额63.5万元。在巩固党政机关和事业单位“小金库”专项治理成果的同时，将专项治理的范围向社会团体和国有及国有控股企业延伸，共有244个市级社团组织、149户国有及国有控股企业纳入专项治理范围。要素市场进一步完善。着手建设“四要素市场”电子监察系统，强化要素市场监察力度。全市工程招投标30项中标价6.74亿元；招拍挂出让国有土地70.585公顷（合1058.78亩），成交9.58亿元；政府采购预算2.95亿元，实际采购金额2.72亿元，节约资金2300万元，节约率8%；企业产权交易50宗，成交金额1.97亿元，增值2390万元。

【机关作风建设】年内，市纪委围绕市委九届九次全会作出建设幸福汕头的决策部署，及时制定《关于市委市政府重大决定事项落实情况问责的暂行办法》，建立“事前备案，事中监督，事后严处”三位一体的问责机制，对市委、市政府决定的重大事项建立工作倒逼机制，以目标倒逼任务、任务倒逼时间、时间倒逼程序、程序倒逼分工、分工倒逼个人，逆向推动工作落实，强化落实目标责任制，加大治懒治庸治散力度。对经考核未按进度完成任务者，以通报批评、责令公开道歉、停职检查、引咎辞职、责令辞职、免职等形式进行问责。为推动汕头市城市管理综合整治管理责任的落实，市纪委监察局制定出台《汕头市城市管理工作问责暂行办法》，就汽车总站周边黑票点泛滥问题启动问责程序，责令负有执法不严管理不力责任的市交通运输局综合行政执法局局长余昌枝等3人在全市城市管理工作会议上公开道歉，免职1人、停职检查1人、效能告诫3人，在全市机关干部中引起很大震动。研究制订《汕头落实科学发展赶超进位工作问责暂行办法》，对未完成市委市政府下达的赶超进位任务预期指标值的视情况进行问责。出台《关于深化作风建设提高执行力的实施办法》，要求各级各部门从转变经济发展方式、服务群众服务基层服务企业、贯彻落实厉行节约各项规定、反腐倡廉制度建设4个方面提高执行力。牵头制定《汕头市工程建设项目审批流程优化方案》，按照“流程分类、分级授权、信息共享、串并结合、限时办结”原则，大力推进并联审批，工程建设项目审批时限从法定的316至386个工作日，缩短为39至57个工作日。推动审批部门加快职能整合，改进审批方式，实行审批项目、审批职能、审批人员“三集中”，提高窗口授权程度，提高现场办结率。市机关效能投诉中心建立机关效能明察暗访长效机制，进行暗访24次，查实存在问题5个，问责6人，给予行政处分3人、诫勉谈话7人、效能告诫4人。在全省率先开通便民利民服务电话电子监察系统，对服务电话接听情况实施电子监察，有效杜绝“久呼未应”或“无人应答”的现象，真正做到为民服务、方便群众。行政电子监察系统对全市46个部门的461个行政审批项目实行实时在线监察，全年共受理行政审批事项37133件，提前办结36982件，提前办结率99.6%。电子监察系统共发出预警信号138次，发出红牌警告2张、黄牌警告10张。涉企行为登记备案系统共有16个单位填报检查数据467条。电子监察系统已覆盖全部镇（街道），实现省、市、区、镇（街道）四级联网，有效促进全市机关行政效能的提升。

【纠正损害群众利益的不正之风】认真解决损害群众利益的突出问题。加强对学校办学和收费行为的监管，坚决制止近年来出现的部分优质民办学校乱收费行为，共清退137.8万元。加强医风医德建设，严肃查处医药购销和医疗服务中的不正之风和商业贿赂。全市参加网上集中采购药品医院45家，集中采购总金额11.75亿元，集中采购药品降价总金额3.09亿元，降幅达26%。积极推进各级政府落实食品药品安全责任。落实减轻农民负担工作部门责任制，建立农民负担监测点，查处哄抬农资价格、制售假劣农资坑农害农行为3起，全市未发生因加重农民负担而引起的不良事件。继续抓好对社保基金、住房公积金和扶贫、救灾专项资金的监管。开展评比达标表彰、庆典论坛、面向乡镇（街道）检查考核三项清理规范工作，市、区（县）两级自行设置的评比达标项目全部取消，各种评比达标表彰活动得到较好规范和严格控制。切实加强会风监督，全年共发出《会风监督通知书》5期。组织经济和信息化局、科技局2个系统开展民主评议活动，将评议活动延伸到乡镇（街道）税务、计生、国土等47个基层站所。各区（县）相继开通农村社区基层党风廉政信息公开平台，群众可通过互联网、手机短信、电话语音等查询党务、政务、村务公开信息资料，基层党务、政务、村务公开工作迈上新台阶。“民声热线”实现电台与电视台同步直播常态化，举办多场大型户外活动，抓住百姓关注的难点热点，取得明显效果。2010年度“民声热线”共受理群众反映问题3843个，及时解答和解决群众反映问题3260个。

【纪检监察干部队伍建设】结合学习实践科学发展观活动，深入开展“做党的忠诚卫士、当群众的贴心人”主题实践活动和创先争优活动。落实扶贫开发“规划到户、责任到人”工作，多方筹资70多万元，改善道路、水渠和通讯设施，帮助61户贫困户脱贫。加强干部培训工作，市纪委举办“加强监督检查提高执行力”纪检监察干部培训班，培训干部92人。选派62名干部参加中央纪委、省纪委和市委党校组织的各类培训。坚持凡进必考、凡提必竞的原则，不断完善纪检监察干部队伍准入制度，考试录用3名选招生，公开遴选5名年轻干部，提拔5名副处级干部。开通汕头市惩防体系建设信息管理系统。制定实施对市直61个单位分组派驻方案，全面落实区（县）纪检监察分片派驻工作。认真开展调查研究，《关于潮阳、潮南两区农村宅基地分配管理情况的调查报告》被评为全省纪检监察系统年度优秀调研报告。

（林枫）

民主党派和工商联

各民主党派

【民革汕头市委会】思想建设。组织、引导民革骨干党员就“学习践行社会主义核心价值体系”进行学习、思考、写心得、谈体会，将收集到的文章编印成《“社会主义核心价值体系”学与行座谈会发言汇编》，分发给全体党员学习。为深化民革党员对多党合作制度的认识，提高大家履职水平，举办新党员学习班、骨干学习班各1期；开展与兄弟城市的组织交流2次。组织市委会委员到基层法院参观交流，以促进市委会法律服务工作更好开展。召开民主生活会1次，领导班子成员通过民主生活会查不足之处，改进工作。

组织建设。年内，民革市委会坚持积极稳妥高标准的组织发展理念，共吸收新党员10人。截至年底，共有党员178人。

参政议政。市“两会”期间，民革提出市人大议案2件、市政协提案19件（其中组织提案3件、委员个人提案16件）。2009年，民革11个支部对汕头多家养老院、福利院进行实地调查收集资料后形成的组织提案《关于促进我市养老业健康发展的建议》，得到汕头媒体的重点关注。组织提案《关于加强闲置土地处置力度的建议》和1件委员个人提案被列为市政协重点督办提案。在省人大会议期间，主委对广东水源地面临污染的呼吁引起省级媒体关注，推动市人大对韩江进行专题视察；对市有关产业的意见也得到省发改委的采纳。主要领导分别参加市政协的调研和市人大的立法调研、执法检查以及市委、市有关部门召开的各种民主协商会、征求意见会、专题座谈会，就相关问题发表见解、提出建议，为文化强市、幸福汕头献策。民革的市、区特邀监察员积极参加对市经信局、区建设局的行风评议活动和对市海洋与渔业局、区工商行政管理局等单位的“行风评议回头查”活动；市人民监督员、市特约检察员认真参加市检察院组织的有关检务、交流座谈等活动。

祖国统一事业。主委随市政协赴港澳开展联谊活动，拜访香港潮属社团总会、澳门潮州同乡会等社团和部分港澳潮籍知名人士。副主委多次参加市台联会的活动。祖统委负责人应邀参加“2010’南澳论坛’。邀请市台办领导在民革台属党员迎中秋茶话会上，为与会党员通报台情。

社会服务。组织党员为西南干旱地区、玉树地震灾区捐款8580元。民革机关在“汕头市扶贫济困日活动”中捐款1500元。机关女同志在市爱心父母牵手困境儿童大联盟活动中，购买了10册爱心幸运册，为困境儿童献爱心。一直受民革党员关心帮助的6位贵州纳雍县来汕就读贫困学生，已有3位毕业走上社会。领导班子成员带领民革的心理教育专家和法律工作者做好市妇联妇女维权信息服务站志愿者工作，为市妇女提供免费的心理和法律咨询。

建功立业。2010年，民革党员郑一帆被评为“全国劳动模范”，蔡礼强被评为“广东省群众体育先进个人”。获“广东民革优秀女党员”和“汕头市科普研究会先进工作者”称号1人；获“汕头市优秀德育课教师”1人，“汕头市敬业银星律师”2人；获记市中级人民法院个人三等功1人。民革党员参与的科研项目中，1项荣获“全国基础教育课程改革教学成果一等奖”，1项获“汕头市科学技术奖一等奖”，1项获“汕头市科学技术奖二等奖”。1位民革党员参加广州亚运会开幕式文艺表演。民革党员曾欣奉主办的学校被评为“广东省军民共建社会主义精神文明先进单位”。

（陈晔）

【民盟汕头市委会】思想建设。通过发放学习资料和在《汕头盟讯》开设学习专栏、积极参与盟省委会和市委统战部开展的民主党派树立和践行社会主义核心价值观问题的理论研讨和调研活动，引导盟员学习领会社会主义核心价值体系的科学内涵；通过青年盟员工委会开展的“知盟爱盟”问答学习活动和妇女工委会开展的“三八”妇女节婚姻家庭法律专题讲座等引导盟员践行社会主义核心价值观。动员盟员撰写文章参与盟省委会纪念中国民主同盟成立70周年暨广东民盟组织成立69周年征文活动。配合市政协和市委统战部联合出版的《汕头民主党派代表性人物传略（汕头文史第二十一辑）》一书，整理、撰写黄声、张华云等7位汕盟已故代表性盟员传略。办好汕盟刊物《汕头盟讯》。加大对盟省委会刊物《广东盟讯》的投稿力度。参与市政协举办的首届“汕头政协好新闻”评比，盟市委会副主委徐宗玲撰写的《新中产阶层的政治参与以及统战工作》获得优秀奖。

组织建设。年内，共发展新盟员26人。至年底，共有盟员580人。完成民盟市委会属下各基层总支、支部的换届工作。在换届过程中，对一些支部进行升级或整合，共有7个总支和41个支部。

参政议政。市“两会”期间，民盟市委会共提交省人大建议1份，市人大建议3份，政协大会发言2份，党派提案6件，委员提案15件。党派提案《落实“进一步扶持中小企业发展的六项新举措”，确保我市经济可持续发展》和《我市推进义务教育均衡化的主要困难和近期对策》被列为重点提案。在参与调研和专题议政工作方面，撰文2篇参与盟中央“2010年民盟中央基础教育研讨会”论文征集活动；钟展南主委参与市委召开的建设文化强市专题座谈会；徐宗玲副主委参加市委市政府举办的“答好汪洋书记三道题”专家论坛；钟展南主委和林学锦等5位盟员参加市政协举办的“人民政协与科学发展•纪念汕头市政协成立60周年”政协论坛。盟市委会委员还多次参加市委、市政府、市政协及有关部门举行的民主协商会、民主评议会、征求意见会、专题座谈会等，为汕头市经济社会发展的重大问题建言献策。陈钢峰、郑少燕两位同志被选为区人大副主任。

社会服务。继续落实盟中央“农村教育烛光行动”，为革命老区的小学捐赠图书，并为农村地区师生作高中新课程现场教学示范课、公开课和专题讲座，受培师生共近千人。在“自性•心源——百岁画家王兰若新作展暨捐赠作品展”上，汕盟知名书画家王兰若再次捐赠20幅新作给市博物馆。此外，盟内多名书画家与基层支部也先后举办书画作品展。盟市委会和各基层组织参与为西南旱灾、玉树震灾、“广东扶贫济困日”等捐款活动。由盟市委会资助多年的一名贫困生顺利完成高中学业，并在高考中取得理想成绩。

建功立业。陈浩展创作的《风雨红头船》潮剧剧本荣获全国首届戏剧文化奖铜奖；孔抗美主持的科研项目分别荣获省科技进步二等奖、市科技进步一等奖；徐宗玲荣获“广东省五•一劳动奖章”；黄福生荣获“广东省特级教师称号”；刘彦彧、张歆被评为市第12批优秀拔尖人才；李广辉荣获“汕头市敬业银星律师”称号。马鸣、陈旭伟等10位盟员教师获得市优秀教师、优秀教育工作者、优秀班主任、优秀德育课教师、教学改革先进教师、中小学教师工作室主持人等光荣称号。

（谢平）

【民建汕头市委会】思想建设。组织会员认真学习中共十七届五中全会、省委十届七次全会、市委九届九次全会精神，学习胡锦涛同志在党外人士迎春座谈会和纪念深圳经济特区成立30周年大会上的讲话精神；认真思考汪洋书记向汕头提出的“三道题”的丰富内涵；学习贯彻民建中央文件精神；与开展纪念会庆65周年活动相结合，开通“汕头民建网站”，学习追思孙起孟同志，收看重大历史题材电视剧《黄炎培》，参加会中央征文活动，其中1篇获会中央优秀作品奖。参与民建中央、省委会“与祖国同呼吸，与民建共奋进”征文活动，其中1篇获“民建中央优秀作品奖”；2篇获“省优秀作品奖”。积极开展思想理论研究，其中《新时期民主党派成员思想态势浅析》被中国区域经济发展研究院等评为“2010-2011年度中国社会经济发展优秀论文”特等奖、《建立健全民主党派内部监督机制的思考》获省民建2009年理论研究“民建党建理论研究优秀成果”一等奖、《关于我国律师职业现状和发展对策的调研报告》获省民建2009年理论研究“民建统一战线理论研究优秀成果”二等奖。民建市委会荣获省民建“2009年度网络信息工作先进集体三等奖”；1名会员荣获省民建“2009年度网络信息工作先进个人”，此外，会领导、后备干部、基层骨干、机关专干还参加各类培训班、文化讲座等。通过学习不断提高会员的政治素质和政党意识，坚持正确的政治方向。

组织建设。民建市委会继续坚持发展与巩固相结合和“三个”为主的方针，积极发展会员，全年共发展会员30人。至年底，共有会员409人，平均年龄52.21岁，大专以上306人，中高级职称171人。着力加强领导班子和后备干部队伍建设，增补1名副主委；1名市委会委员参加全市处级干部公推公选，入选正处级干部。加强机关建设，提任2名机关科级干部，推荐1名干部到基层挂职锻炼。加强基层组织建设，顺利完成基层组织换届改选工作。

参政议政。民建市委会领导多次应邀参加中共市委、市政府、市政协及统战部举行的征求意见会、通情会、座谈会、专题论坛等，就汕头经济发展、国计民生等重大问题发表意见、建议。民建市委会各级人大代表、政协委员、特邀人员积极履行参政党职能，参加视察、考察、专题调研、专题座谈会、听证会和行风评议活动，深入基层，调查了解，针对省、市经济建设、社会生活中的热、难点问题，提出建议、议案和提案。在市人大十二届五次会议上，市委会人大代表参与联名议案7件、建议1件；在市政协十届四次会议上，提交提案2件，市政协委员个人和联名提交提案39件。其中，提交的提案《关于进一步推进城镇居民医保工作，共建健康和谐社会》被市政协评为重点提案，由市委书记督办。与市政协经科委联合视察汕头港口建设发展情况，对2009年调研结果进行跟踪、检查；会领导在中共市委召开的座谈会上为汕头市科学制订好“十二五”规划，转变经济发展方式、加快建设“幸福汕头”积极建言献策，认真履行参政议政职责。

社会服务。心系民生，凝聚会内力量，切实开展社会服务工作。民建市委会主委在市长接待日上接到一位特困市民反映其因单位改制无法享受社保退休金，发动会内企业家捐款代其补缴社保金，缓解其家庭的困难，为政府分忧。春节前夕，与市委统战部联合前往革命老区潮阳红场镇开展“扶贫帮困送温暖”活动，向贫困村民赠送大米、食用油；3月，与市妇联联合在汕头购书中心举行“关爱儿童、关注教育暨五胞胎爱心系列活动”；与市律师协会联合分别在大华街道和澄海隆都镇开展“法律咨询服务活动”；组织企业家会员参加第五届大粤东企业发展高峰论坛。12月，在礐石街道头村社区居委会举行“扶贫帮困送温暖”活动，赠送贫困村民大米、食用油并向特困户送上慰问金；会员还通过捐资助学、抗震救灾等活动，共捐款捐物20多万元。积极参与“绿色义工”活动，每年坚持义务植树；有的企业多次办班推广国学，并免费提供住宿、学习；有的会员还参加“蓝天义工”公益活动，奉献爱心，受到社会的好评。

建功立业。会员在本职岗位和社会活动中做出成绩，受到表彰：3个会员和企业研发的4个技术项目获“2010年度汕头市科学技术奖”一、二等奖；1个会员企业连续六年获评汕头市“优秀旅行社”，并连续五年获市政府颁发的“潮汕游”贡献奖；1名会员率先在粤东地区成为全国职业技能竞赛考评官；1名会员获“汕头市优秀教师”；1名获“全国优秀会员”。

（辛佩芝）

【民进汕头市委会】思想建设。1月10日，召开六届十六次委员扩大会议，传达学习民进中央十二届三次全会、省委六届四次全会精神。3月22日，市委会六届十七次委员会议，学习贯彻全国两会精神，总结市委会在2010年两会的议政工作。6月12日，市委会举行“树立和践行社会主义核心价值体系”专题学习会，市委委员、总支委员、支部正副主委等50多名骨干参加学习。9月5日，市委会举行主题为《继承民进优良传统，谱写时代崭新篇章》的活动，纪念中国民主促进会成立65周年，表彰了一批先进基层组织和参政议政工作先进个人。

组织建设。1月，民进濠江区支部顺利换届。4月，补选汕头大学总支主委欧阳艳东为民进汕头市第六届委员会委员。全年吸收新会员11名。至年底，会员共353人，其中女会员170人；会员具有高、中级职称的248人，占70.2%。基层组织设有金平区、汕头大学和市直教育3个总支部，共有26个支部和2个小组。张红雄获“2010年度汕头市优秀教育工作者”称号；以杨金耀为主要完成者的“超声弹性成像系统开发”项目荣获“汕头市科学技术奖一等奖”；陆小兵、谢仰民评上教授职称；省律协授予吕伟彬、陈天德“广东省律师行业参政议政杰出贡献奖”，律师支部8位会员均被市司法局和市律协授予“汕头市敬业银星律师”称号。12月中旬，主委谢铿率市委委员及部分基层骨干到民进中山、珠海市委会进行组织工作交流。年底，民进中央授予市直教育总支部“先进基层组织”称号；民进广东省委授予民进汕头市委会“先进地方组织”称号，授予机关支部等5个基层组织为“先进基层组织”。

参政议政。1月，主委谢铿向省政协十届三次会议提交《关于启动深汕高速公路扩建工程、加快粤东融入粤港澳经济圈和海西经济区的建议》和《关于加大力度扶持粤东职业技术教育发展的建议》2件提案。2月，市政协十一届四次会议上，冯丽娜代表市委会作《大力推进政府职能转型升级，加快汕头打造区域中心城市》的大会发言。市委会提交《关于切实改进我市听证制度的建议》等6件提案，委员个人提交《推进义务教育均衡发展的建议》等7件提案。7月，与市政协教文卫体委、致公党市委会联合开展“加快我市特殊教育学校建设步伐”专题调研，并向市委市政府报送专题报告。调研课题《加快成本监审制度立法，强化垄断行业价格监管的建议》和《抓住先行先试的政策契机，加快推进“三旧”的科学改造》，被立为民进省委会2010年重点调研课题。8月至11月，分别与省委会、民进揭阳市委会联合开展调研，形成省委会提案将向省政协十届四次会议提交。其中《加快成本监审制度立法，强化垄断行业价格监管》定为民进省委会在省政协十届四次会议上的大会发言。10月至11月，以冯丽娜任团长的行风评议团对市科技局的政风行风建设情况进行评议。

社会服务。年初，西南发生旱灾，市委会向各基层发出积极投身抗旱救灾活动动员，并率先向市红十字会捐款1000元，基层和会员参加所在工作单位或社区捐款约13000元。4月，玉树地震，市委会向汕头红十字会捐款3000元，律师支部捐款6800元，汕头大学总支捐1800元，全体会员捐款约31200元。8月31日，广东省扶贫济困日，市委会机关带头捐款2000元，会员纷纷响应，捐款约2万元。12月，与龙湖区支部联手援建外砂镇金辉小学图书室，支部会员捐资2万元为图书室定制书架、书橱及桌椅等，市委会发动会员捐赠书籍1000多册，唐大壮为图书室题匾。洪綦箴向潮汕历史文化研究中心捐赠其父生前收藏的65件潮汕侨批。律师支部、文艺支部会员继续发挥优势，开展义务法律咨询和送戏下基层活动。

（詹锡雄）

【农工党汕头市委会】思想建设。认真部署开展树立和践行社会主义核心价值体系的活动。领导班子成员参加专题报告会进行学习，并向基层传达宣传；在《农工汕讯》登载领导、党员撰写的理论文章和党员的先进事例，树立身边的榜样。8月8日，农工党汕头市委会举行纪念农工党建党80周年暨表彰大会，向解放前参加革命的老党员颁发荣誉证书，授予一批党员“先进党员”和“积极分子”的称号。组织新党员到惠州邓演达纪念园参观学习，接受革命传统教育。

组织建设。基层组织开始进行换届，物色和选拔出一批新的基层干部。至年底，大部分基层组织已顺利换届，市直各支部也完成了民主推荐程序。全年发展新党员10人。截至12月底，市委会共有农工党员412人，医卫界占55.6%，教育界占22%，具有中高级职称人员占66.3%，担任县级以上人大代表、政协委员47人。

参政议政。在市政协十一届四次会议上，郑子敏副主委代表市委会作题为《提升我市交通管理水平，打造区域中心城市形象》的大会发言，有关党员作题为《落实科学发展观，加强农村基层卫生建设》的发言；提交集体提案4件，个人提案12件。在市人大十二届五次会议上，有关党员领衔提交《关于加强我市出租车营运管理，促进出租车行业良性发展的建议》、《关于“在九年义务教育阶段适当进行方言的教学”的建议》等议案；参与联名建议14件，其中2件议案被列为大会重点建议。与市政协教文卫体专委会组成“进一步促进我市无偿献血工作”专题调研组，联合开展专题调研，形成调研报告提交市政府作为决策参考，联合调研机制进一步完善。

社会服务。为西南地区抗旱救灾和青海玉树震区捐款共16336元。深入农村开展医疗扶贫活动。先后与市工商联、市药业商会、市政协办公室等单位联合到潮南区两英镇新寮门成婆村、陇田镇葫芦村送医送药，受益村民共200多人，送出药品价值7000多元。与金平区福利院建立长期扶助关系，组织医务人员为该院老人免费体检，建立健康档案，并送上营养食品一批。与市环保局联合开展“第三届中国环境与健康宣传周”活动，在部分中小学校开展“环保与健康知识进校园”活动，举办青少年学生美术书法作品比赛；深入社区开展相关的咨询义诊活动，派发免费药品和相关宣传资料一批。与市环保局、沃尔玛汕头分店联合举办“迎激情亚运、创造绿色生活”环保与健康义诊咨询活动。与市环保局联合到社区举行第22届中国“科学与和平周”环境与健康咨询义诊活动，受益群众约120人。

（周子其）

【致公党汕头市委会】思想建设。组织班子成员认真学习中共十七届五中全会及本党中央十三届中常会第十二次会议精神，学习胡锦涛总书记在深圳经济特区建立30周年庆祝大会上重要讲话精神等。9月，举行纪念中国致公党成立85周年大会。配合编辑《汕头市民主党派代表性人物传略》，组织党员观看电视剧《民主之澜》、《黄炎培》。市委会开展民主党派典型人物和“基层组织建设年先进集体和个人”的推荐评选工作。12月，致公党中央和广东省委会相继表彰了一批先进集体和个人，黄玉海同志荣获中央表彰为“先进个人”，龙湖支部荣获省委会表彰为“先进集体”，陈瑾、许礼南、林日琼、宿华文等同志荣获省委会表彰为“先进个人”。加强对机关干部的培训教育，选派骨干党员参加各类学习培训。

组织建设。4月，召开会议进行动员并就开展基层组织建设年活动作工作布置。8月，召开会议传达社会主义核心价值体系学与行电视电话报告会精神及全省基层组织建设年活动交流会情况。全年发展新党员4人，新吸收的党员年龄轻、学历高，进一步优化党员结构。截至年底，共有党员242人。

参政议政。“两会”期间，被致公党广东省委会采用的市委会课题《积极融入海峡西岸经济建设，推动粤东地区加快发展》获省政协优秀提案奖；市委会各级组织和党员中的人大代表、政协委员共提交议案、提案43件。副主委陈瑾提出的《关于大力推进港口建设的议案》被列为市人大会议一号议案。开展“保护农村生态环境 发展乡村生态旅游”调研活动，由副主委陈瑾执笔形成调研报告，被收入致公党中央乡村发展模式调研报告集。与市政协教文卫体委员会及市民进开展关于市特殊教育学校建设联合调研，形成报告提交有关部门。党员熊金才撰写的《完善广东城镇低收入群体住房保障制度的政策建议》被致公党广东省委会采纳为提交省政协十届四次会议团体提案。积极撰写统战理论和政协论文。继续参与“三促进一保持”系列行动。开展“我为汕头经济社会发展献一计”活动。

社会服务。组织春节、中秋慰问活动，开展妇女节活动，给党员寄送节日贺卡，举办老人节早茶会等。先后在全市党员中开展为西南地区抗旱、玉树抗震救灾捐款活动，共捐款37,960元；响应省委会关于继续做好援建四川学校灾后重建后续工作的号召，筹集善款捐给灾区。8月，组织党员到革命老区澄海莲华镇开展扶贫助学、援建农家书屋、义医义诊活动，对贫困白内障患者进行相关检查、术前治疗、免费发放药品，为“白内障无障碍行动”积极牵线搭桥，取得良好效果。开展各种形式的扶贫济困活动。

海外联谊。市委会领导及党员积极参加汕头海外联谊会、海外交流协会等活动。鼓励党员多渠道、多形式开展海外联谊工作。先后致信、致电对菲律宾洪门进步党总部成立百年、菲律宾中国洪门致公党中吕宋支部成立十周年以及菲律宾中国洪门致公党武六干省支部筹备委员会成立暨首连二届理监事职员就职典礼表示祝贺。10月，接待美国洪门致公总堂客人。

（罗艳）

【九三学社汕头市委会】思想建设。6月19日，举办新社员学习班。7月23日至24日，组织市委会委员等30人赴梅州与社梅州市委会进行交流、座谈。召开会议，学习、讨论中共市委九届九次全会精神。8月28日，举行庆祝九三学社成立65周年活动。10月25日，召开委员会议，学习胡锦涛总书记在庆祝深圳经济特区成立30周年大会上的讲话精神，研讨树立和践行社会主义核心价值体系的形式和方法。为基层组织购买《胡锦涛总书记在深圳经济特区建立30周年大会上的讲话》、《社会主义核心价值体系为学与行宣读报告集》学习读本及刻录光盘供学习。社机关2人参加市信息工程提升培训班和市各民主党派、台联干部专题培训班学习。全年共发送资料和信息近80条，编辑出版《汕头九三》2期。完成社省委关于组织工作有关问题的调查。

组织建设。汕头大学基层委员会领导班子调整；潮阳支社成立；教育支社换届暨成立教育一、二支社；潮南、澄海、医卫支社换届。全年发展社员12人，其中高级职称3人，博士1人，硕士6人，均龄34.6岁。截至

12月底，共有社员252人，其中高级职称155人，博士生导师5人，博士38人，硕士34人,均龄52.7岁。

参政议政。3月17日，召开市委会委员（扩大）会议，讨论汪洋书记对汕头提出的“三道题”，提出意见、建议，并整理形成书面报告送中共市委信息科。5月21日，罗文鸿、郑锦鸿同志参加由市政协罗仰鹏主席带队的在市公安局召开的座谈会，了解提案办理情况。6月12日，陈严同志在市深入贯彻落实科学发展观加快转变经济发展方式专题培训班上作“对汕头如何发挥优势，发展先进制造业”的报告。7月，罗文鸿主委参加市政协常委会关于加快汕头市现代服务业专题调研活动。8月3日，社市委会到金湖路“龙星城”调研周围居民反映强烈的违章搭建情况。8月23日至27日，罗文鸿、郑锦鸿、叶镇鹏同志参加市政协常委对市卫生局关于汕头市农村三级医疗卫生网络建设工作的民主评议活动。12月12日，召开参政议政会议，讨论和征求市政协十一届五次会议大会发言的选题及提案等事项。罗文鸿主委参加省政协十届三次会议，并提交1个提案。2人参加市人大十二届五次会议，提交5个议案建议案，其中崔诚同志的《关于加快广澳港口建设，尽快疏通疏港道路的议案》被列为一号议案、《关于整治我市城市交通秩序议案》被列为三号议案。8人参加市政协十一届四次会议，提交1个大会发言，4个集体提案和10个联名提案，其中社市委会提案《关于大力整治交通秩序，创建文明交通的建议》，被列为市政协主席督办的重点提案。罗文鸿同志在界别座谈会上发言，郑锦鸿同志作大会发言。3人旁听市政府和市人大工作报告，方水镇同志参加旁听人员座谈会并发言。

社会服务。6月4日，到双新小学助学，送去扩音器1台、话筒2支、可视DVD2台，价值近2500元。11月13日，到市第四中学开展助学活动，2位社员作报告，并向5位学生发每人1000元助学金。向市红十字会捐款3930元；向市慈善总会捐款1400元。捐款1020元购买爱心幸运册。

建功立业。获“李嘉诚基金会卓越教学奖”1人；获医学院院级名师称号1人；获第12批专业技术人才类优秀拔尖人才1人；获2010年度市科学技术一等奖2人、二等奖2人、三等奖2人。参加援疆医疗队1人。社中央优秀社员1人。被团市委聘为市青少年心理健康志愿服务队队员1人。

（曾壮甘）

【台盟汕头市支部】思想建设。年初，组织全体盟员学习并动笔回答汪洋书记提出的“三道题”，回顾汕头30年来改革开放取得的一系列成就，认清当前的形势，使盟员坚信在市委市政府的领导下，全市人民齐心协力，汕头一定能够深化改革开放，取得令人瞩目的成绩，实现跨越性的大发展，树立立足本职作贡献的思想。支部通过向全体盟员发放《台盟盟员社会主义核心价值体系专题学习问答问卷》，做好盟员思想情况摸底工作，针对性地开展思想政治教育，购买《社会主义核心价值体系学习读本》《六个‘为什么’》供盟员学习，使盟员把握好社会主义核心价值体系的时代背景及四个主要内容的科学内涵。以“纪念台湾人民‘二•二八’起义63周年”、“庆祝台盟汕头市支部成立22周年”、“纪念台湾光复65周年”等活动为契机，举办“缅怀台盟革命老前辈　发扬爱国爱乡光荣传统”“回首台湾问题　盼望两岸统一”等专题座谈会，对盟员进行思想政治教育，让盟员深刻感受台盟创盟及发展的光辉历程，继承台盟老一辈追求真理、爱国爱乡、反对“台独”的品质和精神，不断巩固接受中国共产党领导、坚持走中国特色社会主义政治发展道路的思想基础。机关专干参加市委统战部举办的民主党派和台联机关干部专题培训。

组织建设。支部在组织发展中，讲标准、重质量，把好发展对象的政治质量关，全年发展新盟员1人。至年底，共有盟员27人。

参政议政。围绕汕头工作中心，紧贴经济、社会热点问题，积极参政议政，认真履行参政党职能。主要负责人参加市委的各种协商会和座谈会。围绕市委市政府的中心工作及社会热点、难点问题，参与经济建设和社会管理。经深入调研，在市“两会”期间，向政协和人大提交了《关于加强我市公务员录用面试考官管理的建议》《建设南澳海洋经济科学发展综合开发试验示范区　促进我市海洋经济发展》等一批提案和议案。盟员中的各级“特约四员”及“汕头市出租车行业社会义务监督员”履行好各自的职责，做好民主监督工作。3位盟员被台盟省委会评为2009年度“参政议政工作先进个人”。

社会服务。响应台盟中央《关于加强全盟对毕节地区赫章县帮扶工作意见》的号召，捐款支援贵州毕节试验区建设。西南大旱和青海玉树强烈地震等灾情发生后，支部号召盟员奉献爱心，发扬“一方有难，八方支援”的传统美德，为西南干旱地区和青海玉树灾区捐款。

对台联络。发挥对台工作的优势，以亲情、乡情、友情为纽带，鼓励盟员加强与岛内亲朋好友的联络，增进感情、增加共识，做好党的对台方针政策的宣传和释疑解惑工作。

（龙晓潭）

工商联

【组织建设】2010年，汕头市工商联有会员近6800多家，各区县都有工商联组织，有直属商（协）会和团体会员共13家。在工商联会员中，全国人大代表1人、省、市人大代表62人、政协委员67人；县、区人大代表115人，县、区政协委员188人（其中2位任区政协副主席）。本届市工商联执委160人，其中常委117人，主席、副主席20人（其中17人是非公有制经济人士）。组织新任执委、常委学习《中华工商业联合会章程》和有关规定，并进行座谈交流，使新任执常委增强对工商联组织的了解，提高履行职责能力。落实每季度召开一次区县工商联专职会会长、每半年举行一次行业商会专职秘书长会的例会制度。组织机关各部室、各区县工商联驻会副主席和各商协会秘书长到中山市小榄镇商会参观学习。年内，先后2次共增补常委6人，执委21人，吸收团体会员2个。各行业商协会发挥自身优势，不断发展壮大会员队伍，全市工商联系统新发展会员数增长超过30%，汕头工商联的组织工作得到省工商联的充分肯定。

【参政议政】组织召开“汕头市工商界人大代表、政协委员座谈会”，推动工商联界别做好提案议案，更好参政议政。全年全市工商联系统的人大代表和政协委员向各级人大、政协提交的议案和提案共计50件，其中，向省人大提交《深化公共财政体制改革，推进基本公共服务均等化》的建议被省委省政府采纳，《关于贯彻落实科学发展观，加大力度抓紧推进练江综合整治的建议》被评为省政协优秀提案。年内，先后就全市大通关工作、构建和谐劳动关系、加快民营经济发展、潮汕商会发展、知识产权维权援助工作、民营企业员工思想政治工作和加强人文关怀改善用工环境等课题进行调研，并形成调研材料上报相关部门。7月14日，市委书记李锋主持召开“汕头非公经济座谈会”，40多位民营企业家代表出席，主席郑定平和副主席郑增南、郭卓才分别在会上发言。通过网站、会刊、讲座和会议等形式，及时宣传国家、省、市和省联相关会议精神，大力宣传先进典型事迹，向区县工商联和各商协会传达省联关于民营企业后备人才培训工作情况，帮助民营企业家培养事业接班人。向省联推荐宜华集团董事长刘绍喜为“广东十大创新人物”候选人；向市委组织部推荐欧先涛、林锋为市第12批优秀拔尖人才人选。刘绍喜、郭卓才和林岳分别荣获“南粤杰出劳模”、“中国玩具行业杰出企业家”和“拥军优属先进个人”称号。

【拓展服务领域】年内，组织会员参加“广货内销新模式推广暨招商会”；组织“珠三角”九市的潮汕商会会长和部分有实力的潮籍企业家50多人参加汕头市政府在广州举行的招商引资推介座谈会。邀请原全国工商联副主席保育钧作“国务院新36条与民营企业创新发展”专题报告；先后组织出席“香港亚洲金融论坛”、广东省民营经济发展形势分析会、知识产权保护与维权讲座、外观设计专利申请和保护知识讲座等各类讲座，参加人数达600人次；邀请汕头大学赖小林教授为全市工商联机关干部、行业商（协）会专职人员作《打造阳光心态，呵护企业家心灵》专题讲座。发动会员企业参与汕头市人民政府和中国民生银行汕头分行合作框架；组织60个会员企业参加南洋商业银行（中国）有限公司业务推介会暨银企联谊活动；组织塑胶、纺织服装、美容、化妆品、文具等商协会与汕头民生银行举行银企合作交流会，达成合作意向。先后与有关部门联合举办“汕头市劳动保障政策咨询暨人力资源大型招聘会”、“2010汕头民营企业招聘周”、“2010年汕头市高校毕业生就业服务周”、“百人服务团”活动——企业用工招聘服务周等各类招聘活动，在一定程度上缓解了企业用工难的问题。协助金刚玻璃、自动化电气企业做好2010年中华全国工商业联合会科学进步奖申报及推荐工作；宜华木业、奥飞动漫、宜华地产、群兴玩具、东方锆业和星辉车模等企业荣获“广东省企业500强”称号。先后组织参加省工商联考察团赴肇庆、云浮等市进行招商考察；组织商务考察团赴福建龙岩、江西瑞金等市考察海西投资环境，积极引导民营企业抓住机遇，融入海西经济圈建设。在与市仲裁委联合建立仲裁联络处的基础上，与市知识产权局维权援助中心签署合作备忘录；与市中级人民法院建立合作机制，形成《汕头市中级人民法院、汕头市工商业联合会关于建立汕头市非公有制经济主体法律风险防范机制的意见》；邀请市知识产权维权援助中心林映洲主任为民营企业讲解知识产权保护相关法律知识。组织各行业商(协)会联合举办授课培训和讲座共10场次,帮助2家会员企业成功地解决2起涉嫌侵权的法律纠纷。各商协会和基层商会坚持把服务会员一项重要工作来做，各商协会为会员开展形式多样的服务工作。澄海玩具协会成立“澄海玩具红盾服务维权工作站”，塑胶商会设立塑料测试室，酒类行业协会争取省财政专项资金30万元用于组建“放心酒信息服务中心”等，开展针对性的服务工作，成效明显。全年，向省联、市委、市政府报送专题信息9篇，采编信息62篇，组稿上信息网站58篇，编印出版《汕头工商联》会刊5期。

【非公企业党建】年内，市委非公企业工委成立开展创先争优活动领导小组，研究制订《汕头市委非公企业工委关于在非公企业党组织和党员中开展创先争优活动的实施意见》，提出开展“八个一”活动、“三有三无”活动、“五比五看”活动和“五个结合”的要求。12月中旬，工委举办骨干培训班，做到骨干先行，骨干带动，并组织企业党组织负责人和区县委非公企业工委书记到浙江义乌、宁波等地学习考察，学习借鉴外地开展活动的经验、做法。在创先争优活动中，广东金东海集团有限公司、广东自动化电气集团有限公司、宜华企业集团、广东骅威集团股份有限公司、广东华莎驰家具有限公司等5个单位被评为汕头市文明单位，金乐大酒店总经理洪昌贵被评为汕头市精神文明建设先进工作者。“七一”前夕，工委对各企业党组织开展“三关爱，四服务，构建和谐企业”主题实践活动的情况进行认真总结，表彰奖励9个先进单位和58名先进个人。全年，工委及各企业党组织共发放慰问款20多万元，让广大党员和党务干部切实感受到党组织的关怀和温暖，从而进一步增强党组织在企业的向心力。批准成立广东卓越精化有限公司党支部，并对几家条件比较成熟企业抓好跟踪落实工作，努力扩大非公企业党组织覆盖面。抓好换届选举工作，对部分任期届满的企业党组织及时进行换届选举，对个别企业党组织由于各种原因未能按期换届的，及时调整充实领导班子，重点是选好配强党组织书记。继续加大发展党员工作力度，举办入党积极分子培训班1期，共有50多位入党积极分子参加培训学习，全年共发展新党员11名，批准29名预备党员转为正式党员。编辑出版内部刊物《汕头非公企业党建》，编印《党员学习活页文选》16期。党建专题报告《找准着力点，充分发挥党组织在非公企业的积极作用》，获得2010年全市组织工作重点调研课题成果二等奖。

【沟通联络】主动加强与港澳工商社团、粤东其他市工商联和各地潮汕商会的沟通联系，帮助杭州、山东、石家庄、西安和重庆等地成立或筹备成立潮汕商会。年内，先后接待上海、山东、重庆、深圳、西安等10多个潮汕商会和河源市工商联来访。参与接待澳门特别行政区政府代表团、澳门企业家代表团和澳门贸易投资促进局官员组成的澳门代表团，并与澳门中华总商会签署合作协议。5月中旬，前往惠州、增城、佛山、珠海、中山、东莞等地潮汕商会走访。先后组团出席香港中华厂商会、香港广东外商公会、深圳潮汕商会、山东省潮汕商会、义乌潮汕商会、石家庄潮汕商会、杭州潮汕商会等举办的庆典活动。承担省第六届“山洽会”和第六届“国际潮青”大会有关联络、邀请、组织和接待工作，设立国际大酒店接待站，先后接待各地潮汕商会、潮籍企业家、本地民营企业家和杰出潮籍青年企业家代表160名。“山洽会”期间，与市委统战部联合召开各地潮汕商会会长座谈会，共商潮商发展大计。

【第四届潮商大会】市工商联机关和潮商大会秘书处积极指导和协助第四届潮商大会各项筹备工作，11月14日，第四届潮商大会暨全球潮商投资发展研讨会在上海国际会议中心隆重举行，市领导李锋、邓大荣、谢泽生、张泽华和会领导郑定平、肖少平、谢慧今、薛建章、杨一冰、江少周、张章笋及部分会员企业家等40多人组成的汕头代表出席了大会。市委书记李锋代表粤东四市党委政府在开幕式上讲话，充分肯定潮商大会的作用和广大潮商对家乡建设的贡献。出席大会：全国政协副主席郑万通，全国政协常委、中国对外友好协会会长陈昊苏，全国政协港澳台侨委主任、海峡两岸关系协会会长陈云林，中共中央统战部副部长黄跃金，全国政协港澳台侨委副主任蔡东士，全国政协委员、香港中国商会主席、第四届大会特邀主席陈经纬，中共上海市委常委、统战部副部长杨晓渡，上海市人大常委会副主任郑惠强，上海市政协副主任李良园，广东省工商联副主席李阳春，以及潮汕各市的领导和来自澳洲、新加坡、马来西亚等10多个国外潮商团体，香港、澳门、台湾和国内50多个潮汕商会代表团共1200多人。

【社会服务】抓好扶贫开发“规划到户，责任到人”对口帮扶潮南区两英镇新寮门村成婆片的84户贫困户，完成摸查核准、信息录入、制订帮扶3年工作规划和年度工作计划等基础性工作。会党组高度重视，驻会领导轮流经常深入潮南区两英镇新寮门村进行调研、走访。民营商会会长郑仰柏带队组织企业家到扶贫挂钩村——两英镇新寮门村成婆片区进行扶贫考察，帮助解决就业困难，并现场捐款5万元修筑村道；市药业商会发动会员企业为扶贫村送医送药；市文具协会发动企业给贫困村小学生赠送文具等。全年捐款共计12万元，70%的贫困家庭提前实现脱贫，在年度考评中，工商联的扶贫开发工作得到省考评组的好评。在“广东省扶贫济困日”活动中，得到了会员企业热烈响应，其中宜华集团、东风印刷厂有限公司、广东奥飞动漫文化股份有限公司、广东东方锆业科技股份有限公司、广东星辉车模股份有限公司、广东骅威玩具工艺股份有限公司、广东猛狮电源科技股份有限公司等带头捐款，捐款共计2237.264万元。

【机关建设】9月，组织机关全体人员对中共中央、国务院下发《关于加强和改进新形势下工商联工作的意见》（中发〔2010〕16号文件）的文件精神进行传达学习，并结合实际情况制订学习贯彻文件精神的意见建议。10月，在汕头市各民主党派、有关团体负责人暑期座谈会总结交流会上，郑定平主席就学习贯彻（中发〔2010〕16号）文件精神作了发言。积极向上级反映加强和改进工商联工作的意见建议。认真贯彻落实市政协副主席、统战部部长张泽华在市工商联（总商会）第十三届九次主席会议上对工商联工作提出的新要求，努力在增强工商联工作的“合力、活力、影响力、凝聚力”上下功夫，有力地推进工商联的工作。

（曾汉昌）

人民团体

市总工会

【劳模座谈会】1月19日，市总工会召开全国劳模“三金”发放暨劳模代表迎春座谈会，市总工会领导与来自各行各业的30多名劳模代表欢聚一堂，共迎新春佳节。市人大常委会副主任、市总工会主席刘远珍在会上作了讲话，市航运总公司的谢铭英和汕头港务集团有限公司的李炳林等劳模代表在会上做了发言。会上，市总领导向全国劳模发放生活困难补助金、特殊困难帮扶金和慰问金共33.94万元。

【建筑民工技能培训】4月15日至18日，市总工会、市建设局联合在市建设局举行建筑业职工（农民工）技术培训班，百名建筑工人进学堂免费充电，学技能、提素质。此次培训主要针对施工升降机司机、物料提升机司机、建筑电工等3个特种作业工种。

培训主要内容是建筑施工特种作业安全生产知识及相关法律法规；建筑施工起重机械、施工升降机、物料提升机、施工现场用电基本知识；施工现场急救知识；施工升降机司机实操技能培训；物料提升机司机实操技能培训；建筑电工实操技能培训。经考核合格，即可取得由省建设厅颁发的《建筑施工特种作业操作资格证书》。

【帮困助学活动】1月20日上午，市总工会联合6家企业单位举行“心系职工群众，情暖千家万户”春节送温暖活动发车仪式，此次送温暖活动共筹集到70万元，购买了一大批大米、食用油、棉被、过节物资及小电器等生活用品，由驻汕部队派出军车分18路运送物资到企业和街道，直接分发到6400多名困难职工、农民工手中；随后市人大常委会副主任、市总工会主席刘远珍带队前往东部城市经济带施工现场慰问奋战在一线的800多名农民工，并送上5万元的慰问金和一批棉被。8月20日，市总工会举行2010年“金秋助学”活动座谈会暨助学金发放仪式，参加会议的有受助学生代表、学生家长代表以及基层工会干部代表共90多人，市总工会副主席周波、副调研员吴爱华出席会议并为受助学生代表颁发助学金。全年全市工会组织筹集助学资金77.1万元，帮扶困难职工和困难农民工子女623名。

【庆五一国际劳动节晚会】4月29日，庆祝“五一”国际劳动节暨职工歌舞小品大赛颁奖晚会在汕头电视台演播大厅举行，会议通报汕头受国务院、省总工会表彰的优秀个人名单，汕头市达濠市政建设有限公司项目经理、高级工程师王首标，汕头航空有限公司飞行部主任、三级飞行员陈亮，中国民生银行股份有限公司汕头分行客户经理、金融经济师郑一帆，广东电网公司汕头供电局局长、高级工程师林小平，市繁盛养殖有限公司理事余汉藩，市中心医院心血管内科主任陈平等6人分别获得全国劳模和先进工作者称号，市委市政府主要领导向受表彰的个人颁奖。随后，举行汕头市“电力杯”职工庆“五一”歌舞小品大赛颁奖晚会。此次大赛经过初赛选拔，共有124个节目进入决赛，分声乐、舞蹈、小品三大类共8个项目，其中合唱7队、表演唱18队、重唱10队、独唱43人；群舞19队、双人舞、三人舞7队，独舞6人；小品14个。经过精彩激烈的比赛，三大类8个项目分别决出一、二、三等奖以及优秀创作奖和优秀组织奖，市总工会领导向获奖单位和个人颁奖。部分获奖节目在晚会上为观众献上精彩的演出。

【工会基层组织建设】5月至7月，市总工会在全市开展为期90天的组建工作集中行动月活动。在开展组建工作集中活动月过程中，市总工会以提高私营企业、第三产业企业工会组建率为工作重点；以推进“双措并举、二次覆盖”，建立区域性、行业性工会联合会为工作原则；以每月一次通报全市组建工会和发展会员情况，表扬先进，鞭策后进为工作方法，全市工会组建和发展会员工作取得预期效果。2010年，全市工会基层组织达38517个，基层工会委员会达9221个，工会会员达754832人,农民工会员378183人,同比分别增长8.27%、6.97%、5.82%、34.86%。

【市工会法律服务律师团成立】8月18日，市总工会、市司法局和市律师协会联合成立汕头市工会法律服务律师团。律师团由社会执业律师、法律援助律师、高校法学专家学者等60人组成。律师团主要职责是为汕头市基层工会组织和职工提供公益法律服务，协助市总工会参与劳动法律法规及政策的制定和修改，为困难职工提供法律援助，调处重大劳动纠纷，指导和帮助职工开展工资集体协商，协助工会开展普法宣传教育，为工会组织、工会工作者和职工提供法律咨询和帮助，疏导劳资纠纷。

【省巡回宣讲组莅汕】8月30日上午，全省企业加强人文关怀、构建和谐劳动关系先进经验巡回宣讲组莅临汕头宣讲。为营造良好的人文关怀社会氛围，省协调劳动关系三方办公室从各市推荐的企业中，确定18家先进企业组成3个宣讲组，到全省21个地级以上市开展巡回宣讲活动。宣讲会上，广东三和化工科技有限公司、东莞华强三洋马达有限公司等企业分别介绍了其加强人文关怀、构建和谐劳动关系的先进经验。副市长余健明及各方人士近800人参加宣讲会。

【市工会党工共建创先争优工作会议】9月29日，市工会党工共建创先争优工作会议召开。市总工会党组书记、副主席高耿浩传达贯彻全国党群共建创先争优视频会议和广东工会党工共建创先争优视频会议精神，部署全市工会开展党工共建创先争优工作。市总工会领导，各区县总工会主席，市总机关各部室、各产业工委主要负责人以及市总直属单位的主要负责人参加了会议。

【美国加州阿罕布拉市市长沈时康莅汕访问】11月6日至8日，应广东省总工会的邀请，美国加州阿罕布拉市市长沈时康[Stephen K. Sham]访问汕头。省总工会党组副书记、副主席郭泽宇及省总国际部部长许国胜也莅汕陪同。市人大常委会副主任、市总工会主席刘远珍，副市长郭大钦会见了沈时康先生，宾主双方介绍各自城市的情况并表达双方城市结好的意愿。会见后，市政府宴请沈时康先生。沈时康先生系潮汕人后代，于1976年到美国定居。2006年，沈时康当选阿罕布拉市议员，并成为该市百多年来历史上第一位亚裔市长，并于近期再次连任市长。在任期间，除着重发展经济外，还特别注重提高市民生活质量，如改善居住环境、兴办娱乐设施、建立老人中心及孩童游乐操场等，大力提高居民服务质量。

【组织开展职工技能比赛】5月28日，市总工会和市安监局联合在汕头供电局举行企业班组安全建设成果展示比赛，汕头供电局龙湖供电配电运行一班、华能汕头电厂检修部电试班、南航汕头公司飞机维修厂航线车间、中国移动汕头分公司网络维修中心传送网络维护室、省二建公司第三工程处、汕头港务集团集装箱服务分公司维修电焊班、南澳县振能风电有限公司国产风机运行管理部、汕头超声印制板公司（一厂）厂房组、汉高粘合剂有限公司万能胶车间等9支企业班组代表队参加了比赛。经评审，汕头供电局龙湖供电配电运行一班和龙湖区的汉高粘合剂有限公司万能胶车间分别获得一等奖和二等奖，其余7个班组为优秀奖。10月11日至12日，市总工会、市教育局联合在汕头市实验学校举办市中小学班主任专业能力大赛暨幼儿园教师德育专业能力大赛。经过全市各级各类学校、各区（县）教育局层层选拔，共有48名选手入围参加比赛，比赛分幼儿园、小学、初中、高中、中职五个组别进行，获得幼儿园组前三名以及中小学、中职各组第一名的选手推荐参加省的决赛。省、市、区县名班主任培养对象和骨干班主任、幼儿园教师观摩了各场比赛。市教育局、市总工会等领导出席颁奖仪式并为获奖选手和单位颁奖。

（陈宇）

共青团市委

【12355青少年综合服务平台正式启动暨“关微热线”节目开通仪式】1月8日，团市委、市广播电台联合在市青少年活动中心举行汕头市12355青少年综合服务平台正式启动暨“关微热线”节目开通仪式，各级团队干部和学生代表等近400人参加了开通仪式。市政协副主席谢铿，团市委书记、市青联主席周崇凝为汕头市12355青少年综合服务平台正式启动暨“关微热线”节目开通启动吉祥杆。

【市青联九届二次常委会】1月21日，汕头市青年联合会九届二次常委会在汕头金海湾大酒店召开，会议回顾总结了2009年市青联的工作，对新一年的工作作出部署。会议审议并通过市青联主席周崇凝所作的工作报告，卸免及增补了部分指定席位的常委、委员并举行2010年汕头市各界青年迎春联谊会。市政协副主席王桂元出席迎春联谊会并致新春祝辞。

【团市委十三届五次全委（扩大）会议】1月27日，团市委十三届五次全委（扩大）会议在市委大楼西会议厅召开。团市委委员、各区县团委负责人、团市委机关各部室和下属单位的负责人以及市直有关单位和大中专学校团组织负责同志共130多人参加了会议。市委常委、宣传部部长陈茸出席会议并作重要讲话。会上开通了新版的汕头共青团网站，并向2009年度市级青年文明号授牌。

【青年志愿服务活动】3月5日，市文明办、团市委、市青年志愿者协会举行“创建文明汕头——万名青年志愿者在行动”启动仪式，并组织500名青年志愿者开展了“护绿保洁”行动，市政协副主席谢铿为青年志愿者服务队授旗。4月14日，市十二届人大二十七次会议审议通过《汕头市青年志愿服务促进条例》。6月2日，省十一届人大十九次会议审议批准《汕头市青年志愿者服务促进条例》，9月1日起施行。7月1日，省人大法制委副主任李焕新带领省志愿服务立法调研组莅汕调研，对汕头市青年志愿服务发展状况和青年志愿服务立法给予高度评价。9月1日，《汕头市青年志愿服务促进条例》颁布实施大会在迎宾馆召开，市委常委、宣传部部长陈茸出席会议并讲话，全市各条战线、各行各业的青年志愿者近250人参加了会议。会议当天，各级青年志愿者组织在全市范围内集中开展医疗、禁毒、消防、卫生、科技等志愿服务行动。

【开展建党建团纪念活动】4月27日，团市委、市青联“答好三道题，青年勇当先——汕头市纪念五四运动91周年暨建团88周年大会”在林百欣国际会展中心剧场隆重举行，市领导及团员青年代表1000多人参加了会议。会后举行了主题为“青春的使命”的文艺汇演。6月30日，团市委、市青联在市图书馆展览厅举行“文明汕头，活力特区——汕头市青年庆祝建党89周年摄影作品展”开幕仪式，市、团市委领导及各界青年代表100多人参加了活动。

【基层组织建设】3月30日，团市委召开共青团基层组织建设现场会，全市各区县、镇（街道）团（工）委和各有关单位的基层团干部近100人参加会议，会议总结近年来全市团建发展情况，部署各类型团建工作。9月17日，汕头市首家驻外团工委——共青团汕头市委驻广州工作委员会在广东树德实业有限公司正式挂牌成立。

【扶贫助学】4月7日，团市委与汕头经济特区报社、中石油汕头分公司联合举行汕头“青春涌泉——甘泉千里驰援云南旱区”发车仪式，向云南曲靖旱区送去一批饮用水和急需的资金。8月10日，团市委、市扶贫办联合举行青年志愿者投身扶贫开发“规划到户 责任到人”活动启动仪式，市人大常委会副主任廖文松及青年志愿者代表、青年文明号代表共100多人参加仪式。8月25日，团市委、市青联举行“2010年汕头市特困学生助学工程助学金发放仪式”，总结2010年助学工程工作，颁发本年度助学工程助学金200万元。市领导、捐助单位、受助学生代表和部分学生家长、老师等参加了颁发仪式。

【开展主题活动】5月21日，举办“答好汪洋书记‘三道题’——特区精神与青年成长论坛”，团市委领导及200名团员青年代表参加了活动。10月15日，团市委、市自来水总公司联合在庵埠水厂、月浦水厂举行汕头市“走近历史，见证辉煌”青少年爱国主义教育活动。

【中国青年报社社长徐文新一行莅汕调研】9月10日至11日，中国青年报社社长徐文新一行4人莅汕，充分肯定近几年来汕头共青团工作所取得的成绩。市委常委、秘书长谢泽生及团市委领导参加调研。

【第十六届汕头市成人节成人宣誓仪式】9月29日，由市委宣传部、市人大常委会办公室、市人民政府办公室、团市委、市教育局、市城市综合管理局、市青联联合主办的第十六届汕头市成人节成人宣誓仪式在汕头鮀滨职业技术学校隆重举行，全市1000多名成人代表参加了中心会场的宣誓活动，市有关领导出席宣誓仪式。

【第六届国际潮青联谊年会】4月17日，国际潮青联合会第三届第三次常务理事会暨第一年度会员周年大会在深圳召开，国际潮青常务副会长、团汕头市委书记、汕头市青联主席周崇凝在会上介绍了第六届国际潮青联谊年会的筹备事宜和工作进展。8月18日、9月30日、11月23日，第六届国际潮青联谊年会筹备委员会办公室分别召开工作会议，部署第六届国际潮青联谊年会筹备工作。12月13日至15日，第六届国际潮青联谊年会在汕头市举行，这是首次在潮汕祖居地举办的国际性潮青盛会。大会主题为“传承，创新，奉献，和谐”。海外潮人(潮青)社团领袖、海外潮籍青年企业家、国内潮籍青年企业家及各行业青年精英等，还有来自世界各地43个团体1200多名潮青代表参加了盛会。年会期间还举办了一系列主题活动，包括第六届国际潮青联谊年会开幕大会、“潮青杯”高尔夫球联谊赛、第六届国际潮青联谊年会文化作品展、第六届国际潮青联谊年会文艺晚会、“国际潮青林”揭幕及栽种、第六届国际潮青联谊年会国际潮青高峰论坛、潮青荣誉职衔颁授仪式、参观星河大厦、潮汕经济文化游等。

（郑煜）

市妇联

【妇女读书活动】 多层面组织读书活动，面向基层妇女常年开设“女性大讲堂”远程教育，面向机关、城镇妇女举办“做智慧女人，建幸福汕头”、“家庭理财，母亲好帮手”等系列专题讲座，面向外来女工组织法律知识讲座，全方位引导城乡妇女学习职业技能、法律政策、卫生保健、心理健康、家庭理财等方面知识。举办“扬文明新风，做智慧女性”读书论坛和“女子当自强”纪念“三八”节100周年征文活动，进一步引导和激发广大妇女通过读书学习，做新时代智慧女性。

【妇女技能培训】以农村妇女学校为载体，开展农科实用知识培训班和“巾帼科技直通车”服务活动60期，参加培训妇女2677人，使一批女能手、女农户掌握了生产技术及相关知识，提高科学种养的水平。各级妇联举办妇女创业就业信息咨询暨专场招聘会，提供适合女性就业岗位近2万个。发挥市家政服务中心的作用，与市总工会联合举办家政服务员和月嫂培训班，培训117人并介绍就业，使农村富余女劳动力和下岗女工掌握劳动技能，持证就业。

【妇干分类培训】 加大力度，整合资源，分类培训女干部1869人，促进女干部综合素质的提升。与市委组织部联合举办第十四期中青年女干部培训班，着力提升女干部投身“答好三道题，打造区域中心城市”主题实践活动的能力。举办全市乡镇（街道）妇联主席培训班，着力提升基层妇联干部的工作能力。并抓住全国妇联与李嘉诚基金会在汕头大学举办启璞计划——女村官培训试点项目的契机，整合资源，借助项目的师资力量，组织到各区（县）举办村（社区）妇女干部培训班，促进妇联基层组织建设和基层妇女干部的“双五”能力建设。

【城乡妇女建功发展】 以“巾帼建功”、“双学双比”活动为载体，强化服务，促进城乡妇女创先争优、加快发展。建立“汕头市妇女创业指导基地”，举办妇女小额担保贷款暨创业指导培训班，帮助部分妇女通过小额担保贷款实现创业或发展生产。培育省、市、区（县）级“巾帼创业示范基地”共13个，并积极争取专项资金重点扶持基地扩大生产，发挥带动辐射作用。组织“巾帼文明岗”开展学习交流、现场观摩、职业技能竞赛等活动，促进“巾帼建功”活动的深入开展，带动一批妇女立足岗位、创新业绩。市总工会女职委积极实施女职工“提升素质、建功立业”两大工程，在全市各行各业女职工中开展提升技能、技术创新、岗位比武、劳动竞赛等活动，促进企业的创新发展。全市涌现“全国城乡妇女岗位建功先进集体”1个、“全国城乡妇女岗位建功先进个人”2名；省“巾帼文明岗”15个、省“三八”红旗集体2个、省“三八”红旗手4名;市“三八”红旗集体29个、市“三八”红旗手36名，发挥了先进典型在妇女创先争优活动中的带动作用。

【妇女宣传教育工作】以纪念“三八”国际劳动妇女节100周年为契机，精心策划，广泛宣传。3月7

日下午，汕头市庆祝“三八”妇女节100周年文艺演出在市委会议中心举行，来自市妇联机关和各联谊会、协会的400多名姐妹们欢聚一堂，共同欢庆、迎接“三八”妇女节的来临。充分运用市主流媒体和汕头政府网、汕头妇女网、汕头儿童e家网等网站，开设“纪念‘三八’节100周年”、“关注妇女维权”、“就是爱生活”等专题栏目，开展“男女平等与社会和谐”、“构筑家庭拒腐防线”、“幸福家庭与幸福汕头”等网络大讨论活动，大力宣传各级党政对妇女儿童事业和妇女工作的高度重视；宣传妇女在汕头经济社会发展中的重要作用和各行各业妇女先进典型；发动大众探讨促进男女平等、建设和谐家庭和幸福汕头等问题，推进社会主义核心价值体系的宣传教育。

【家庭文明新风】以汕头创建文明城市为动力，以品牌活动为载体，立足社区、面向家庭，引导广大妇女积极参与平安家庭、和谐社会的建设。举办第十五届“家庭文化节”，通过“树文明新风，做智慧女人”论坛、“爱我汕头，畅游家乡”、“活力青年欢乐行”、“构建平安家庭，共创幸福汕头”宣传咨询等系列活动，在广大家庭中倡导文明风尚。全市涌现“全国创建学习型家庭示范社区”1个、“全国五好文明家庭”2户，省“十大优秀书香之家”1户、省“十杰母亲”1名以及一批省级的好父亲、好母亲。同时，在全市开展“军人好妻子、好母亲”评选活动，营造拥军优属的社会氛围。组织“巾帼志愿者”参与维持交通秩序和环境综合整治等活动，为创建文明城市发挥了“半边天”的作用。

【家庭教育工作】开展家庭道德教育宣传实践月活动和净化社会文化环境家庭护卫行动，以“创新家教指导形式，提升家教指导效果”为主题，组织市家教讲师团到各区（县）巡回开展“家教公益大讲堂”普及活动，全市共举办各类家庭教育讲座、报告会424场，受教育家长近16万人次。发挥各类家长学校及“汕头儿童e家网”的作用,进一步推动家长学校多媒体教学工作，多渠道为家长提供家庭教育知识。举办家庭教育征文、幼儿围棋锦标赛等，承办省“小脚印”项目推广技术培训班，推动家庭教育工作进社区，促进家庭教育水平的提升。“净化网络——护卫孩子”行动受到省妇联的表彰和奖励。

【维权服务】办好广东省妇女维权与信息服务站（汕头站），创新服务形式、拓展服务内容，提升维权服务水平。全年受理妇女信访个案1032件1251人次，办结率99.9%；完成第三期妇女法律援助项目5宗。同时畅通12338妇女维权热线，开展户外宣传、个案跟踪、小组心理辅导、专家基层下访以及召开民生座谈会等，为妇女群众提供维权与信息服务；深化特色维权服务，为60名信访妇女解决了就业问题；深入农村社区开展“两性和谐，让家庭远离暴力”、“关爱儿童，反对拐卖”、“依法禁绝毒品，共建和谐家园”、“建设妇女之家，推进文化强市”等宣传教育活动，提高群众的法律意识。完成第三期中国妇女社会地位调查工作。

【妇女参选参政】在2011年村（社区）“两委”换届选举前及时介入，开展全市女性进“两委”工作专题调研，掌握妇女参选参政状况，分析影响女性进“两委”的薄弱环节、存在问题和目标差距，研究提出对策并形成调研报告，及时向组织部门和上级妇联反映情况、提出建议，从源头上推动女性进“两委”工作刚性政策的出台。加大力度对全市村妇代会主任和妇女骨干进行培训，举办“女村官成长成才论坛”，宣传有关政策及先进典型，推荐优秀女干部人选，争取各级党政及组织部门的重视，营造有利于基层优秀妇女成长的良好氛围，为推动女性进“两委”工作夯实了基础。

【实施“两个规划”】切实抓好市妇儿工委办公室工作，围绕实施妇女儿童发展规划中的重难点问题，主动与市妇儿工委各成员单位沟通协调，采取措施加以推进。针对实施规划中存在的问题和困难开展专题调研，积极推动“两个规划”终期目标达标。针对市孕产妇保健管理和儿童保健管理项目存在的差距，争取省实施妇女儿童发展规划重难点攻坚第三期项目在汕头落户启动，有效促进了全市孕产妇和7岁以下儿童保健管理率的提高。开展“两个规划”年度统计监测评估和规划指标修订工作，进一步建立健全监测统计指标数据库，为终期评估和制定新规划打下基础。

【关爱困境儿童】6月1日，市妇儿工委、市妇联举行庆“六一”爱心父母牵手困境儿童大联盟启动仪式，表彰100名“优秀爱心父母”先进集体和个人，并评选推荐省“优秀爱心父母”集体3个和“优秀爱心父母”4名。招募志愿者开展咨询、义诊等帮扶活动，多形式关爱困境儿童。发行“汇聚爱心•关爱儿童”爱心幸运册，发动社会各界及热心人士参与爱心活动，筹款帮扶困境儿童。2010年全市妇联多渠道筹集帮扶款238万元，帮扶困境儿童4754名；筹集67.5万元资助193名困境大学生；帮助16名患先天性心脏病的孤贫儿童接受救助手术治疗。

【妇女帮扶工作】积极争取，整合资源，落实措施，努力帮扶贫困母亲家庭发展生产、改善生活。争取省“创新广东”信息化扶贫行动之贫困母亲帮扶计划资金40万元，帮扶200名单亲特困母亲和贫困妇女发展生产，赠送每人一部手机和600元话费，并提供有关生产信息。筹措资金，援建“单亲特困母亲安居房”73套。2010年全市各级妇联组织共筹集608万多元，援助慰问单亲特困母亲、下岗失业女工等困难妇女8984户。进一步关爱女性健康，在全市范围内开展妇科检查和妇女“两癌”普查活动，受益妇女4万多人。动员妇女为玉树地震灾区捐款31.5万元和10万元物资，支援灾区人民重建家园。

【扶贫“双到”工作】市妇联认真履行牵头单位职责，与汕头海事局共同帮扶潮南区红场镇潘岱村，尽责尽力做好“双到”帮扶工作。深入开展调研，制定帮扶方案，落实帮扶措施和资金，使帮扶工作落到实处，取得较好成效。年内，多方争取帮扶资金110多万元，扶持潘岱村实施养殖肉牛、种植茶叶和杨梅、池塘养鱼等项目，资助贫困中小学生58名，开展节日慰问及“共建美好家园，五送进乡村”活动，被帮扶的149户贫困户中已有68户实现脱贫。

【组织网络建设】 以党群共建创先争优为契机，依靠党建带妇建，积极争取各级党委的重视支持，深化妇联基层组织建设示范创建活动。开展调研，召开全市妇联基层组织建设示范创建工作推进会，重点推动解决村、社区妇联组织的干部配备、阵地建设和经费保障等问题，创建全国妇联基层组织建设示范镇1个、村（社区）7个；在全市村（社区）中建设1070个“妇女之家”，夯实了妇联的工作基础。拓展妇联横向组织，推动成立市女领导干部联谊会，发展市女法官协会和市女领导干部联谊会为团体会员，组织各团体会员开展迎春、纪念“三八”节、参观学习交流等活动，进一步延伸了妇联的工作手臂。

【妇联组织能力建设】各级妇联注重发挥表率作用，以加强班子建设为核心，创新思路，务实干事，着力创建学习型、创新型、服务型妇联组织，以创先争优的成效影响、带动和服务妇女群众。市妇联机关积极创建学习型党组织，在全系统开展深化作风建设提高执行力、创先争优和党风廉政建设等活动，促进了机关作风建设，被市定为建设学习型党组织示范点。针对妇女工作中存在的热点、难点问题开展了3项专题调研，较好地推动问题的解决。不断拓展与各地妇联和港澳台妇女社团的联谊交流，全年接待来汕参观交流的妇女组织15批次，并选派干部赴深圳和港澳参加社会工作的学习培训。推进妇联直属托幼园所等事业单位的改革，发挥其服务妇女、服务社会的作用。

（李楠）

市文联

【自性·心源——百岁画家王兰若新作展暨捐赠作品展】1月15日至19日，“自性·心源——百岁画家王兰若新作展暨捐赠作品展”在市博物馆举办。期间，还举行“百岁画家王兰若先生新作研讨会”。

【“艺术下乡”岭南名家邀请巡回展】1月16日至26日，“艺术下乡”岭南名家邀请巡回展（汕头站）在汕头市举办。展出许钦松、林墉、杨之光、刘斯奋、陈永锵、陈金章等岭南众多名家的80多幅美术作品。

【全市文联工作会议】1月20日，汕头市文联六届二次全委会暨2010年全市文联工作会议召开。市政协副主席、文联主席谢铿作工作报告。随后在金海湾大酒店举行汕头文艺界迎春座谈会，全市近150名文艺界代表欢聚一堂，共商文艺发展大计，推动汕头市文艺事业的繁荣发展。

【百岁老翁王兰若新作巡回展】3月24日至31日，“百岁老翁王兰若新作巡回展•潮州”在潮州市举办，共展出王兰若先生在99岁高龄所创作的作品30多幅。4月16日至18日，“百岁老翁王兰若新作巡回展•揭阳”在揭阳市举办，共展出王兰若先生近年创作的国画精品70件。

【文艺界答好汪洋书记“三道题”专题报告会】3月25日，文艺界答好汪洋书记“三道题”专题报告会举行，市文联机关、各事业单位干部职工，九大协会主席、副主席、秘书长，各区(县)文联主席、副主席共60多人参加报告会。

【文艺惠民活动】2月26日，《新春音乐会——潮州音乐展演》在市艺都大剧院举行，营造欢乐祥和、喜庆热烈的节日文化氛围。5月7日，送戏下乡活动在潮阳区铜盂镇胜前社区举行，广东潮剧院一团为基层群众献演了潮剧《玉堂春》。5月29日，“潮韵”音乐会在市广播电视中心综合剧场举行。12月30日，“祝福汕头——汕头市曲艺家协会送欢笑走进龙湖”晚会在龙湖区政府大楼前举行。

【第五届大潮汕（汕头）迎春谜会】3月1日，“第五届大潮汕（汕头）迎春谜会”在金平区鮀江街道木坑居委举行。来自潮汕四市以及香港，顺德，福建泉州、石狮等地谜界代表约120人参加活动。

【“书香飘万家”中小学生灯谜邀请赛】5月2日，汕头市2010年“书香飘万家”中小学生灯谜邀请赛在市图书馆举行。全市各区（县）的22支参赛队伍共200多名学生参加了比赛。

【《我们汶川 我们草坡》出版】5月10日，由市援建草坡乡工作组、市文联编著，翔实反映援建过程情况的报告文学、专访报道、诗歌散文集《我们汶川我们草坡》出版。该书共18万字，于2010年4月出版，从不同侧面，为广大读者真实再现了汕头支援抗震救灾和对口援建的一幕幕感人情景，展现了海内外潮人心系汶川、情系草坡，始终与灾区人民同呼吸、共命运、心连心的大爱情怀。

【“体彩杯”汕头市(粤东)体育舞蹈、街舞大赛】5月15日晚，“体彩杯”汕头市(粤东)体育舞蹈、街舞大赛在潮汕体育馆举办。大赛吸引来自汕头、揭阳、潮州等地的14个青少年舞蹈团体近200名选手参加比赛。

【太行风——广东省中青年山水画家作品展】5月29日至6月3日，“太行风——广东省中青年山水画家作品展”在市思云阁展厅举行。集中展示刘书民、肖映川、李劲堃、王彦等17位岭南画派画师的70余件精品力作。期间，画家们还到汕头警备区开展拥军活动。

【市文艺家考察团赴福建考察调研海西文化产业发展状况】7月20日至23日，市政协副主席、文联主席谢镗带领由市文艺家一行20多人组成的考察团到福建省厦门市、泉州市、莆田市仙游县等地考察调研海西文化产业发展状况，学习海西地区文化产业发展的成功经验和做法。

【《潮声》杂志受到省新闻出版局表扬】7月至8月，广东省新闻出版局组织审核员对全省23种文学类、历史类报刊进行专项审读，《潮声》作为文学类期刊，唱响主旋律，把握正确的文化导向，受到省新闻出版局的表扬。

【诗·文·书·画——刘斯奋艺术综合展】9月15日，由广东省文联、广东中华民族文化促进会、市委宣传部、市文广新局、市文联、市博物馆共同举办的《诗·文·书·画——刘斯奋艺术综合展》在市博物馆隆重开幕。省文联领导和市领导出席开幕仪式。共展出80余件作品，从诗歌、文章、书法、绘画等四方面全面综合展示刘斯奋多年来的创作硕果。期间，在汕头建设文化强市专题报告会上，省文联主席刘斯奋应邀作题为《岭南文化的回顾与前瞻》专题报告。

【潮汕水彩90年画展】9月19日，潮汕水彩90年画展开幕式暨《潮汕水彩》首发式在市图书馆举行，共展出了100多位潮汕本土和潮籍画家的113幅作品。

【市文艺界建设文化强市座谈会】9月28日，市文艺界建设文化强市座谈会在濠江区召开。市文联机关、事业单位有关人员，市九大协会主席，区（县）文联主席约40人参加会议。与会人员围绕“建设文化强市、幸福汕头”的主题，对如何发展文化产业、建设标志性文化工程、打造富有特色的文化名片、挖掘整合利用文化资源等问题各抒己见，畅所欲言，提出了许多真知灼见。

【合肥与国内友好城市首届艺术作品联展】10月15日，由合肥市委宣传部、合肥市文联主办的“合肥与国内友好城市首届艺术作品联展”在安徽举办，文联领导带队参加。市画家许自敬、林月光、丁成坤、陈再殿、刘清华和书法家陈廷文、黄青等7位艺术家共10件精品力作参加了此次联展。

【无为·六人国画展】11月3日至10日，“无为·六人国画展”在市图书馆举办，共展出陈永锵、郭莽园、许固令、庄小尖、蔡宝烈和陈训勇等6位画家的国画精品。

【承先启后灯谜传承活动】12月12日，市文联、市民间文艺家协会联合举办“承先启后灯谜传承活动”，主要内容有：黄辉孝艺术人生座谈会、2010年浮西小学灯谜艺术节、纪念黄辉孝先生专题谜会。

（赖斌　陈伟龙）

市社科联

【学术活动】2010年，汕头市社科联组织开展了一系列学术活动。4月27日，市委宣传部、市社科联联合举行“答好汪洋书记‘三道题’谋划大发展”理论研讨会，客观总结汕头经济特区近30年来发展的经验和教训，深入剖析汕头目前的发展现状，就汕头在新的形势下、新的基础上实现五年大变化、加快打造区域中心城市等多方面出谋献策，入选的60篇文章汇编成论文集进行交流。8月6日，市社科联和市电力职工思想政治工作研究会联合举办“建设文化强市 推动科学发展——汕头市社科界学习贯彻市委全会精神座谈会”，来自汕头大学、市委党校、汕头职业技术学院等高校的教授、专家和部分学会负责人共50人出席了座谈会，围绕新形势下文化强市建设的重大意义、全面落实文化强市的各项要求、当前文化建设面临的种种问题、传承潮汕优秀传统文化以及发扬特区精神、全力推进汕头文化大发展大繁荣等内容提出了不少真知灼见。9月26日，市委宣传部、市社科联和汕头日报编辑部联合召开“弘扬特区精神、建设幸福汕头”座谈会，来自全市社科理论界的专家学者和有关单位代表共30多人参加了座谈会，与会专家学者围绕胡锦涛总书记在深圳经济特区建立30周年庆祝大会上的重要讲话精神，畅谈如何弘扬特区精神，擦亮特区牌子，开创汕头特区发展新局面；围绕市委九届九次全会提出的建设文化强市、加快建设幸福汕头的总体要求和市委、市政府的决策部署，就找准文化定位、建设幸福汕头的新认识、新思路以及如何建立一套“幸福汕头”的指标评价体系等提出了积极的建议。12月21日，市委宣传部、市社科联、市地方志办和潮汕历史文化研究中心联合举办“推动科学发展 建设幸福汕头——纪念汕头开埠150周年理论研讨会”，来自省、市有关部门的领导和专家学者共100多人参加了会议。会上，专家学者们回顾汕头开埠历史，深刻总结汕头城市发展的经验及启示，对汕头市如何加强区域合作、凸显粤东中心城市地位、进一步加快改革开放、实施“文化强市”战略、加快建设幸福汕头、全面推动科学发展等方面提出具有建设性和可操作性的意见和建议。

【社科研究和成果】年内，组织开展汕头市2010年哲学社会科学规划课题专项招标活动，围绕回答好省委汪洋书记提出的“三道题”，服务汕头市“五年大变化、十年大发展”、打造区域性中心城市的战略目标，从汕头经济、社会、政治、历史文化等几方面的发展研究出发，拟定专项招标题目8项。经过市社科规划办组织专家对申报材料进行评审，共有10个申报项目成为中标项目。课题成果已结项编印成《汕头市社科课题成果集》，并报送市有关领导和部门参考。市委宣传部、市社科联在全市开展社会科学优秀成果推荐申报活动，经过对参评作品的资格审查及专家组的评审，共评出2008－2009年度汕头市“中信杯”社会科学优秀成果奖34项，其中一等奖4项，二等奖11项，三等奖19项，并在全市宣传工作会议上为获奖者颁发证书。市社科联联合汕头大学组成了建设“幸福汕头”课题组，开展有关“建立幸福汕头评价指标体系”的专题调研，完成“创新发展理念，建设幸福汕头”调研报告，并送市领导和有关部门决策参考。对《汕头社科》刊物进行改、扩版，提高办刊质量；创办“汕头社科”网站，进一步拓宽社科学术交流展示平台。市社科联从汕头高校、党校及党政有关部门聘请了10名顾问、20名特约研究员组成汕头市社科联专家库，更好地为政府科学决策做好咨询服务。

【社科普及】3月16日，“后金融危机时期的广东：形势与对策”形势教育宣讲活动先后在澄海区、濠江区开展，参加两场报告会的有区领导和区直、镇、街道单位的领导共300多人。7月4日至6日，由省人口文化促进会、省民营企业文化协会、市政协学习和文史委员会、市社科联、市关工委、汕大至诚书院等单位联合举办的“弘扬中华传统文化，促进社会和谐发展——汕头公益大讲堂”活动在林百欣会展中心举行，共有在校师生、企业家以及社会各界人士逾万人次聆听了三天的专题讲座。8月17日，省委宣传部、省社科联组织广东省“岭南文化名人巡讲团”来汕开展巡讲，由市委宣传部、市社科联承办的主题为“传承岭南优秀文化，建设广东文化强省”巡讲活动在市图书馆举行，社会各界250人参加巡讲会。12月1日至31日，市委宣传部、市社科联联合举办“2010汕头市社会科学普及周活动”，围绕“推动科学发展，建设幸福汕头”的主题，开展座谈会、论坛、学术讲座等多种形式的社科普及活动，主要有：与市质量技术监督局、澄海区政府、汕头大学、国家玩具质量监督检验中心（汕头）联合举办中国•澄海“玩具质量安全”高峰论坛，来自国内玩具方面的知名专家、学者及玩具企业代表共250人齐聚一堂，探讨如何利用科技、创意、文化为行业开创未来提供动力，强化质量安全责任，提高质量安全意识，为建设幸福汕头作贡献；联合市工商联、市财务管理协会等单位举办“粤东首届企业财务管理与资本运营高峰论坛”，吸引了粤东4市近千名企业家和财务管理人员前来参加；邀请专家教授分别作题为《潮汕民居与文化》、《现代企业财务管理模式》等多个专题讲座。

【社团工作】完成所属各社团的管理和年检工作，新成立了市沉香收藏协会。汕头海关学会、市党建研究会、市警察学会（更名为市警察协会）、市茶文化学会等学会均按时举行了换届大会。

（林方娜）

市科协

【简况】2010年，汕头市各级科协组织按照省、市科协“七大”和七届四次全委会议的工作部署和要求，扎实推进“三个服务、一个加强”工作的落实，科协的各项工作和事业都取得新发展。3月18日，市科协召开七届四次全委会，副主席洪子敏代表常委会作《深入贯彻落实科学发展观,不断推动科协工作的新发展》工作报告。全市科协系统在开展科普主题活动中，共举办科技讲座、科普宣传教育活动632场次，大型综合性科普集市33场次，科技下乡活动56场次，科普图片展览110场次，科技素质培训班105场次，投入活动科技人员4500多人，接受教育的干部、群众、学生人数达55万多人次。发送科技资料、科普书籍共100多种32万份（册）；利用各种媒体举办专题报道132场次。开展学术交流活动219场次，举办学术报告会、技术讲座223场；参加人数达27335人次。积极向市委、市政府提出合理化建议30多条。市科协领导班子被市委评为好班子；信息工作在全省科协系统总量第二名。澄海、金平、潮阳区被中国科协批准为创建全国科普示范区单位。龙湖区金霞街道金海社区、潮阳区和平镇和舖社区被省评为全省科普示范社区。青少年科技创新大赛和机器人竞赛工作也取得较好成绩。

【科技工作者状况调查点工作】2010年，重点开展《构建公众认可的医疗事故鉴定体系，确保医疗纠纷能得到和谐解决》，《能否放开公务员队伍中科技人员职称评定的限制》，《基层学会提高服务能力的问题与对策》，《护士工作存在压力问题和建议》。完成“全国科技工作者价值观人生观状况调查”，“2010年全国科技工作者心理状况调查”，“《科技进步法》立法后评估调查问卷”等专题问卷调查工作，以上调查建议、问卷都按时上报中国科协调宣部，确保各项工作的落实。市调查站点和调查员陈壮钦分别被省科协评为先进调查站点和先进调查员，受到中国科协、省科协的充分肯定。

【实施《全民科学素质行动计划纲要》】5月26日，汕头市全民科学素质纲要实施工作办公室全体成员会议召开，市纲要办各成员单位、各区县纲要办负责同志参加了会议。市纲要办主任洪祥武就汕头市贯彻实施《全民科学素质行动计划纲要》4年来的工作进行了回顾，对今后的工作进行部署。会议审议通过《汕头市全民科学素质纲要实施工作办公室工作规则》和《汕头市实施〈全民科学素质行动计划纲要〉工作方案》。开展公民科学素质调查，为国家和省综合竞争力提供重要指标。2009年底和2010年初，中国科协、省、市科协分别开展全国、省、市公民科学素质调查工作，南澳县、潮南区、龙湖区分别被抽为全国、省、市的调查对象，三个区县认真核对辖区内居委会（村委会）抽样的个数和名称，开展公民科学素质调查工作。年初，市科协牵头、市科普研究会组织课题组，在龙湖区、潮南区和南澳县开展了汕头市公民科学素质调查，本次调查历时10个月，形成了调查分析报告。汕头市率先成为全省地级市首个开展公民科学素质调查的城市。

【科普示范基地建设】2010年，全市有16个镇（街道）10个社区（村）成为市科普示范单位。全年共创建39个全国、省、市科普教育、示范、实践、特色基地，其中全国科普教育基地2个；全国农村科普示范基地1个；省科普教育基地4个，省科普示范社区2个，省特色学校2个；市科普教育基地11个、示范20个、实践2个、特色学校6个。创建全国科普示范区工作取得新进展，澄海、金平、潮阳区被中国科协批准为创建全国科普示范区单位。

省级科普示范、特色学校一览表

示范特色名称	成立时间	称号
金平区金厦街道百合园社区	2010.2.10	广东省科普示范社区
潮南区陇田镇东华村	2010.2.10	广东省科普示范社区
汕头市第一中学	2010.3.15	广东省科学教育特色学校
汕头市林百欣科学技术中等专业学校	2010.3.15	广东省科学教育特色学校

【农培工作】年内，重点抓好“十一•五”培训计划任务完成情况。“十一•五”期间，在农村党员基层干部的培训工作方面，市科协和市委组织部联合主要依托各级科协组织、农技协、农村科普示范基地，农村党员远程教育网络，发挥农村科技服务团、农村科普讲师团和农村科普带头人的作用，加强对农民实用技术的培训工作。5年共培训各类人员55638人，取得较好效果，确保“十一五”培训任务的完成。

【学术交流】年内，市科协所属41个学会，有38个学会通过了年检合格，对3个长期不开展活动，不参加年检的学会，被市民间组织管理局按规定予以撤销。有36个学会开展小金库清理自查，均未发现有侵占、截留国家和单位收入，未设任何形式的“小金库”，确保学会健康有序发展。召开学术年会，进一步活跃学术交流氛围。12月2日，市科协第五届学术年会召开，本届年会以“调整优化结构，转变发展方式，推动汕头经济社会平稳较快发展”为主题，得到全市广大科技工作者的积极响应和参与，在各级科协组织、各市学会及广大科技工作者的共同努力下，经近半年的筹备，共征集科技论文245篇，并编印成《汕头市科协第五届学术年会论文集》。还组织专家对入选年会的论文进行评审，共有47篇论文获得本届年会优秀论文奖，其中一等奖7篇，二等奖15篇，三等奖25篇。各区县科协也充分利用学会的作用，积极开展学术交流活动，潮阳、金平、澄海、龙湖等区科协先后举办学术年会。积极开展学术交流，为科技工作者施展才华搭建舞台。市心理学会组织会员参加“地震灾后心理重建”、“脑科学的神经心理研究”等继续教育项目讲座暨会员学术交流会；市电子学会邀请香港大学博士后研究员魏清亮作“电子及光技术在交通运输监控中的作用”；汕头市护理学会联合市中心医院在医院门诊大厅开展以“保护环境，维护健康”为主题的传染病防治知识宣传活动。在省第八届学术活动周和市第五届学术年会期间，各市级学会、各区县科协将开展形式多样，内容丰富的学术交流活动。市护理学会开展“生命支持的集束化管理”学术交流；市水利学会举办“工程实施项目、监理经验交流会”；市林学会举办“果树管理技术讲座”；市锅炉协会举办“电站锅炉节能减排现场会”。建立科技服务平台，奖励有贡献的科技工作者。市民营企业家张章笋捐资1000万元的“潮汕星河国瑞科技奖”，奖励潮汕三市在科技创新方面作出贡献的科技工作者。市科协积极发动各市级学会和各区县科协按条件推荐，认真组织专家评审，推荐郑鸿生等9名个人获得此项殊荣，每人奖励4万元。

【科普工作】进一步加强网站建设，市科协对《汕头科普网》进行调整改版后，更适应形势发展和公众需求，点击率达到65万人次。加强信息员队伍建设。全年有98条信息被中国、省科协采用，居全省科协系统第二名，30条信息被市委市政府采用，137条信息被市科普网站采用，30条信息被农村通采用。围绕活动主题，积极开展科普宣传活动。全国科技活动周”、“全省科技进步活动月”和“全国科普日”是科协系统每年举行的三项重大科普活动。年内，全市科协系统围绕主题共举办科技讲座、科普宣传、科普活动、科普集市、科技下乡、科普图片展览、技术咨询、技术服务、科技素质培训班105场次，投入活动科技人员3500多人，接受教育的干部、群众、学生人数达11.5万人次，发送科技资料、科普书籍共8万多份（册），利用各种媒体宣传报道近百场次，较好地发挥了科普工作主力军的作用。5月12日，由汕头市人民政府主办，市民政局承办，市委宣传部、市科协等12个单位参加的汕头市“5•12国家防灾减灾日宣传活动”，市科协发放了大批的防灾减灾科普知识、简易自救常识、火灾应急自救、常见传染病预防等10多种科普资料，同时举办防灾减灾专题科普图片展。5月20日，市科协、龙湖区科协联合市地震局、区科技局、区卫生局、新津街道科协等8个单位在新津街道东新社区居委会办公大楼前举办“龙湖区科技进步活动月科普进社区”活动。5月21日，市科协、潮阳区科协、区教育局、环保局等8个单位联合在潮阳师范学校附属小学举办2010年全国科技活动周主题活动，吸引了学校1000多名师生踊跃参与。5月28日，由市科协、金平区科协、区东墩街道办事处联合市直和区直等18个单位，组织100多名科技人员、科普志愿者在金平区东墩街道新世界家俱城前举行“节约能源资源、保护生态环境、保障安全健康、携手建设创新型金平”大型主题活动。8月26日，市科协召开了全市科普工作会议，会议总结了上半年和研究部署了下半年科普工作任务。认真抓好《纲要》的贯彻落实，抓好金平、澄海、潮阳区创建全国科普示范区工作的落实，认真抓好科普设施建设工作的落实。9月17日，市科协、市一中联合市地震局、市气象、环保学会科技工作者在汕头一中新校区举办“低碳生活进校园”大型科普活动，吸引了学校1千多名师生踊跃参与。认真组织评审，促进科普惠农兴村工作的落实。年内，各级科协组织认真落实中国科协科普惠农兴村工作的政策和有关规定，坚持“以评促建、以奖带补、以点带面”的原则，组织有关人员重点对农技协、科普基地、科普带头人申报工作的检查、筛选、评审工作，使汕头市的科普惠农兴村工作取得较好的成效。申报的三个项目，汕头市智业畜禽养殖有限公司科普基地、科普工作带头人林尤顺 、陈俊希被中国科协、国家财政部评为全国科普惠农兴村工作先进单位和全国科普工作带头人称号，分别奖励20万元和5万元。开展科普工作系列专题调研活动。先后开展了县级科协科普工作测评、全民科学素质行动计划纲要落实情况进行实地督查的工作方案、省科协系统科普人员调查、“科普惠农兴村计划”获奖单位和个人的回访调研、检查评价和绩效总结工作、科普资源的需求调查等基本情况调查，并形成调研意见向上级反映。

【青少年科普工作】7月14日至30日，与林百欣科技中专为青少年免费举办汕头市“2010年电子信息技术科普夏令营”活动，吸引了全市50多所学校600多名中学生参加。“做中学”科学教育活动是中国科协和中国教育部共同开发，汕头“做中学”研究是国家首批实验基地，基地于2001年建在汕头大学医学院，选定3间实验幼儿园研究，受益儿童近1千人，受益的教师为45多人，在汕大教授赖小林的领导下，目前开展的范围至潮阳、澄海、揭阳、潮州、梅州、深圳、韶关，共有18所幼儿园、小学，至今有益儿童近1万人，受益教师近250人。汕头实验基地被评为全国“做中学”优秀实验区，赖小林教授被评为全国“做中学”优秀教师（全国仅6名）。市科协、市教育局积极开展青少年科技素质教育活动，组织参加省第25届青少年科技创新大赛，获得一等奖5个、二等奖6个、三等奖10个，科幻画二等奖5幅、三等奖4幅。其中，市丹霞小学的科技创新成果竞赛项目“随意固门器”、市第一中学和市聿怀中学的优秀科技实践活动项目“关注身边的食品安全”、“礐石山蕨类植物分布情况调查活动”被送参加第25届全国青少年科技创新大赛的比赛，分别获得一等奖1个、二等奖2个。此外，汕头市第一中学、汕头市聿怀中学分别获得优秀组织奖的佳绩，市金山中学吴全如分别获得全国和省十佳优秀科技辅导员的称号。在第九届省青少年机器人竞赛中，夺得4个一等奖、5个二等奖和5个三等奖，其中东方小学、外马三小分获小学基本技能的第一、第二名。东方小学基本技能队获得全国小学足球项目比赛第一名；长厦小学邝弘彦获全国优秀组织工作者称号。在今年潮汕星河奖评审中，有34项集体（个人）被评上星河奖（科技奖）。

（陈琳莹）

市侨联

【简况】2010年，汕头市侨联紧紧围绕建设文化强市、幸福汕头的工作大局，正确把握侨情新变化，明确侨联工作方向，维权护益凝心聚力，加强联络开拓进取，为推动汕头加快发展，建设幸福汕头做出了积极贡献。

【参政议政】组织侨界人大代表、政协委员围绕党和政府的中心工作以及侨界群众关注的问题，深入调查，征集意见，分别向市人大十二届五次会议、市政协十一届四次会议提交《关于重视海外潮籍青年工作，进一步促进潮俗文化传承以及加强我市同海外潮人经济交流的议案》、《关于充分发挥汕头海湾大桥和礐石大桥整体灯饰效应的建议》。撰写《必须重视做好海外潮籍年青一代工作》的发言材料，详细陈述做好海外潮籍年青一代工作的必要性、可行性和具体措施，由侨界政协委员在市十一届政协四次会议上作主题发言，引起了与会人员的共鸣。参加市人大、政协组织的调研、视察等专题活动，6月份，组织部分侨界政协委员参加市政协开展的建设“汕头生态滨海旅游示范区”专题调研活动，围绕如何把南澳岛打造为建设“汕头生态滨海旅游示范区”龙头建言献策。8月份，部分侨界人大代表参加市人大执法检查组检查汕头市《老年人权益保障法》实施情况，就积极稳妥探索建立高龄老人津贴制度提出意见建议。

【服务经济发展】为促进汕头融入海峡西岸经济区服务。10月份，组团赴福州参加首届海峡经济区侨联（社团）协作会议，主动加强和拓展与海峡西岸经济区各省、市侨联和港澳台地区涉侨社团的协作，并签订“海峡经济区侨联（社团）协作协议”，在宣传、引资引智、海外联谊、华文教育、对台交流等方面，构建合作机制。发挥侨联组织在服务“科教兴国”、“人才强国”战略中的作用，推荐相关项目参加上级侨联开展有关评选活动。经市侨联推荐，汕头大学“风力机全系统载荷分析及优化设计软件的开发与应用”和广东绍河珍珠有限公司“中国淡水有核珍珠产业化研发与成果转化”，获得了中国侨联第三届创新成果奖；市侨联侨声合唱团被确定为“广东省侨联侨界文化交流基地”。

【联络联谊】10月份，汕头市侨联组团前往新加坡、泰国访问，先后拜访了新加坡潮州八邑会馆、泰国中华总商会、泰国潮州会馆、泰国华人青年商会等友好社团，会晤了陈汉士、吴南祥等多位侨领。访问期间，重点向在外乡亲介绍近年来汕头的经济社会发展情况和汕头侨联工作情况，并邀请在外乡亲多回家乡，为汕头的发展献计出力。市侨联领导先后随团参加多个社团的庆典活动，参与海外侨团来访接待活动，拜会了莅汕访问或回乡过节的侨胞侨领等。市侨联青委会派员赴澳门参加由江门市侨联青委会组织的世界江门青年大会，参加了阳江市侨界青年联合会成立大会，加强与各地侨联青委会的联系。加强与兄弟侨联的横向交流，共同探讨新形势下侨联工作的新方法、新路子。先后组团访问了潮州市侨联、宁波市侨联等单位，接待山东省淄博市侨联访问团、山西省忻州市侨联考察团和潮州市侨联访问团等兄弟侨联前来汕头市考察访问。12月，组团赴漳州参加第十次粤闽六市侨联工作经验交流会。

【为侨服务】全市各级侨联信访部门认真做好信访工作，坚持做到热情接待，及时回复，妥善化解矛盾纠纷，全年共接待群众来访60多人次，收到来信20多封，主要涉及侨房遗留的产权、使用权、寻找亲人等问题。开展慰问贫苦活动，中秋、国庆节前夕，通过发放大米、食用油以及慰问金等形式，共对全市200多户困难的归侨侨眷家庭进行节日慰问。开展义医义诊活动，9月27日联合金平区侨联，组织了内、骨、眼、中医等科室近10名侨界医疗专家，在侨联诊所免费为市民看病检查并赠送各类药品，共有近百名群众前来就诊，发放药品价值近5000元。发放助学专项资金，8月份，先后发放了市侨联“林少豪助学专项资金”和“苏崇爱助学专项资金”，全年共资助困难学生近500人。市侨联属下各联谊会、校友会广泛联系侨界群众，深入开展形式多样的文体活动，活跃侨界氛围，促进和谐侨界建设。

【庆祝成立60周年】2010年是汕头市侨联成立60周年。市侨联举办了丰富多彩的庆祝活动。举行“庆祝汕头市侨联成立60周年暨‘欧达曼’杯乒乓球赛”，共有来自全市10个单位的15支代表队、96名男女选手参加比赛。组织市侨联全体常委、各区（县）侨联秘书长（办公室主任）以及市侨联机关全体同志近40人，参观著名侨领、原全国侨联副主席、本会永远荣誉主席庄世平先生博物馆。在林百欣国际会展中心举办“华彩侨韵——庆祝经济特区成立30周年暨汕头市侨联成立60周年音乐会”。由市侨联荣誉主席、法国华人钢琴家及音乐教育家周勤龄女士领衔演出，部分在汕侨胞、归侨侨眷以及各界代表近2000人观看演出。举办“侨乡美——汕头市侨联成立六十周年美术书法摄影展”。展览共收到作品近200幅，经过筛选，共有120多幅美术、书法、摄影作品进行展出。出版《汕头侨联60年》纪念特刊。从参政议政、维护侨益、海外联谊、群众工作、侨史研究、自身建设以及侨联机构历史沿革和侨联组织网络等方面，展现各级侨联组织光辉历程、工作成就和广大归侨侨眷和海外华侨华人为汕头经济社会发展所作的贡献。开展全市侨联工作先进集体、先进个人评选表彰活动。

(陈旭鹏)

市残联

【组织联络】年内，市残联完成对龙湖、濠江、澄海、潮南4个区基层残疾人组织规范化建设达标验收。11月份，对未申报达标验收的金平、潮阳、南澳3个区（县）落实申报达标任务，确保“十一五”期间全面完成基层残疾人组织规范化建设任务。加强社区残疾人工作，把社区残疾人康复站建设和社区残疾人活动室建设紧密结合起来，为残疾人提供帮扶服务。年初，各区、县残联对所辖2009年接受省财政器材购置补助的12个社区残疾人活动室的建设情况进行检查、自评。4月份，向省再申报18个社区的器材购置项目，其中配有残疾人专职委员的社区14个，占总数的77.8%。结合第二代残疾人证核发工作，做好办证残疾人基本状况的调查和信息统计工作，全面了解办证残疾人的情况和各种需求，为残疾人社会保障体系和服务体系建设做好基础工作。截至12月30日，全市办理第二代残疾人证有27693人，已发证27430本，持证率占13.2%。残疾人基本信息数据库逐步完善。金平区残联被省残联评为“广东省第二代残疾人证核发工作先进集体”。

【康复工作】年内，通过广泛开展残疾儿童抢救性康复项目、实施“百万贫困白内障患者复明工程”、精神病防治救助、残疾人辅助器具适配服务等多项康复工作，使2万残疾人得到不同程度的康复。其中，完成白内障复明手术5685例，为713名贫困白内障患者免费施行复明手术；开展盲人定向行走训练，培训盲人14名；对250名听力障碍、智力障碍、孤独症、脑瘫儿童进行康复训练，培训家长127名；实施贫困聋儿助听器抢救性康复救助项目，资助贫困聋儿10名；740名贫困重度精神病患者得到免费住院救治，4200名贫困精神病患者在社区精防点得到免费服药治疗；减（免）费装配普及型假肢14例，供应辅助器具2892件;广泛开展社区康复工作，全市累计建立社区康复站81个，配备社区康复协调员589名，22644名残疾人在社区得到康复服务。市残疾人康复中心不断提升康复训练与服务能力，先后被授予“中国残联贫困聋儿助听器抢救性康复项目定点验配机构”、“全国助听器项目定点训练机构”、“全国人工耳蜗项目定点康复机构”和“广东省智障儿童康复项目定点训练机构”，成为康复工作区域性示范窗口。市残疾人用品用具供应服务站对假肢装配车间及康复训练厅重新进行规范化改造，新建残疾人家庭住宅无障碍体验厅，配备残疾人起居生活设施、用品及家庭智能控制系统，为残疾人家庭住宅无障碍生活环境提供参照样板。鼓励、扶持社会力量兴办残疾儿童康复机构，将5家民办康复机构纳入管理范畴，初步形成残疾儿童康复服务多元化格局。

【残疾人维权】加强与市法律援助中心的联系与合作，在完善市、区（县）和街道（镇）各级法律援助机制的基础上，充分发挥残疾人法律工作站的职能作用，为广大残疾人提供法律咨询和法律援助服务。完善残疾人信访工作机制，加强残疾人的信访维稳工作。做好重点信访户工作，在全市交通专项整治行动中积极配合相关部门，切实做好维稳工作。成立市残联信访室，落实2名专职工作人员负责日常信访工作。全年共受理残疾人来信来电260人次，来访90人次，为残疾人提供法律咨询及法律援助服务约1935人次。

【就业工作】年内，市残联、市地税局、市财政局和人行汕头市中心支行联合印发《关于转发〈广东省残疾人就业保障金征缴暂行办法〉的通知》（汕残联〔2010〕29号），就汕头进一步加大力度，明确责任，共同依法做好残疾人就业保障金的征收和管理工作提出了贯彻意见。做好残疾人就业登记、年审工作，到市残疾人就业服务中心进行求证登记的有142人，分散按比例安排残疾人就业112人。全市已年审的单位1473个（其中市直单位680个），应征残疾人保障金1516万元。加强和促进残疾人就业工作，推进高校残疾毕业生（含高等特教学院本、专科毕业生）的就业安置工作，多次协调市人力资源和社会保障局、市财政局、市法制局等部门，探索研究出台有关高校残疾毕业生的就业安置方案报政府；推荐2名符合条件的残疾人参加省残疾人呼叫服务中心的面试、培训。加强对残疾人就业扶贫培训基地建设的指导和管理，通过依托农村残疾人劳动力转移培训和安置基地，开展农村贫困残疾人转移就业，增加贫困残疾人非农收入，帮助农村贫困残疾人实现进城或跨地区就业，从而巩固完善扶贫培训基地扶持模式，增强辐射带动能力，使之成为农村贫困残疾人脱贫致富的有效载体。全市共培训残疾人827人次，集中安置317人。召开残疾人就业招聘会，1月25日，在全国性劳动力市场就业招聘会上，与进场的83家企业（其中残疾人企业5家）提供的115个就业岗位达成就业意向的78人。9月9日，在市劳动力市场29家进场招聘的企业提供的1498个岗位187个工种中，残疾人进场应聘与企业达成就业意向的92人。

【扶贫工作】积极做好整村推进残疾人脱贫工作。在2009年省、市两级补助的12个贫困村（省级7个、市级5个）基础上，再确定潮南区井都镇古埕村、雷岭镇双新村、胪岗镇后安村，实施整村推进脱贫工作。在2010年全国助残日的庆祝活动上，市残联与潮南区残联签订《汕头市整村推进残疾人脱贫工作任务书》，潮南区残联再与实施村签订《责任书》，将责任落实到区、镇、村，确保此项工作的顺利开展，为今后的实施村提供示范作用。及时落实重残补助工作。5月份，与市财政局联合下发《关于下拨2010年度市级负担的重度残疾人困难专项补助金的通知》（汕市财社〔2010〕42号），按时落实市级负责的金平、龙湖、濠江三个区的611名重度残疾人困难专项补助金。为扩大受益面，提高补助标准，经市政府批准，重新出台汕头市定期为极重度残疾人发放补助金的规定。即从2011年开始，将救助范围从原有611名扩大到全市所有丧失劳动能力的极重度残疾人，所需资金列入市、区两级财政预算，各负担50%。具体救助标准按全市现有极重度持证残疾人每人每月补助100元计6456名，一年约需774.72万元。市、区财政各负担387.36万元。同时，鼓励各区县视财力情况，扩大或增加受助范围。澄海区救助特困残疾人530户，重残特困户凭证件按月到银行领取保障金50元，并决定自2011年1月1日起，重残补助对象增加到1000户，救助标准提高到100元/月。为尽快帮助更多的残疾人脱贫，市残联采取科级以上干部每人挂钩帮扶2户、股级干部每人挂钩帮扶1户的形式，由挂钩干部通过电话、上门慰问，对残疾人困难户实施生活、医疗、学习、康复等方面的帮扶。46名干部共帮扶76户残疾人困难家庭。通过开展整村推进、扶贫开发“双到”、“广东扶贫济困日”等脱贫工作，1203名残疾人实现脱贫，212户农村贫困残疾人家庭危房得到改造。龙湖区除完成市残联下达任务外，自筹资金为55户贫困残疾人修建住房；澄海区除完成市残联下达任务外，在福彩基金中划拨30万元，为16户贫困残疾人修建住房。结合全市各地开展残疾人托养服务工作的实际情况，认真组织实施阳光家园计划，切实做好智力、精神和重度残疾人托养服务工作。将省下达的60万元分配到市直及各区、县，对城乡最低生活保障对象或符合当地政府规定标准及低保边缘的贫困残疾人且处于就业年龄段无业，长期需要专人照料的1000名智力、精神和重度残疾人实施机构托养或居家托养服务。积极开展临时救助活动。在春节、全国助残日、国际残疾人日等节日期间，广泛开展走访慰问贫困残疾人家庭活动，全年共慰问残疾人2424户，发放慰问金30多万元及慰问品一批。实施为残疾人办实事工程，投入资金1300万元对贫困残疾人生活保障、康复医疗、文化教育等多方面困难实施救助，受益残疾人达13432人次。

【特殊教育】配合做好普通高考、单考单招的残疾学生的考前登记、录取工作，2010年高考上线的残疾考生17名（其中：本科生8名，大专生9名），市残联为上线考生发放一次性入学资助金42000元。落实省培英职业技术学校2010年在汕的招生报名计划，由各区、县残联配合做好残疾学生的摸查、推荐，经过省培英学校老师的面试，共录取13名残疾学生就读。实施残疾学生和贫困残疾人家庭子女教育扶助、奖励政策，投入15.82万元资助300名残疾学生及贫困家庭子女就学。主动协调有关职能部门，做好市特殊教育学校的筹建工作，破解困扰多年的建设用地界定、旧建筑物清理、建设资金紧缺等难题，已完成招标前的所有筹备工作，力争早日为全市的残疾学生提供一所综合性的特殊教育学校。

【宣传工作】1月，开展“汕头市2009年度残疾人事业好新闻”评选活动。来自全市残联系统和各媒体单位选送的作品近100件参加评选，共评出优秀作品30余件，推荐10件作品参加广东省残疾人事业好新闻奖的评比，其中《大学生“经理”和他们的残疾人“员工”》获得文字类三等奖。与汕头广播电台联合开办“扶残在线”专题栏目，在全市开展扶残助残好人评选、残疾人事业征文、放映残疾人自尊自强题材的电影等活动，从而扩大残疾人工作的影响，为残疾人事业营造良好的社会环境。全年在《汕头日报》、《汕头特区晚报》、《汕头都市报》及其它媒体共刊登报道残疾人事业新闻稿件230多篇，在汕头市广播电视台及其它广播电视媒体共播出有关残疾人事业新闻、专题节目等170多条。

【文化体育】整合专家、厂家及商家等社会资源免费为残疾人提供文体培训。进一步推进市残联残疾人之家图书室和市图书馆盲人阅览室建设，对残疾人朋友免费开放。成立残疾人文学艺术联合会，开展残疾人文学艺术交流，推动残疾人文学艺术发展。澄海区王维媛获省地方曲艺大赛二等奖。围绕“四有三化”的总体目标，加强残疾人体育培训基地和市残疾人体育协会建设。长年聘请田径、游泳、举重、乒乓球、羽毛球、聋人篮球等项目教练执教，坚持业余训练与集中强化训练相结合模式，有计划开展残疾人体育培训，使市残疾人运动员竞技水平有了较大的提高。在广东省第六届残疾人运动会上，市代表团共获得22.5枚金牌、13枚银牌、11枚铜牌，破9项省纪录，集体项目聋人篮球获得第8名，团体总积分232分，奖牌榜全省第八。在2010年全国残疾人自行车锦标赛上，市残疾人运动员陈目获得2金2银的好成绩。残疾人运动员陈希参加2010年全国聋人篮球锦标赛暨中华人民共和国第八届残疾人运动会预赛，获得第二名。林振宏参加2010年全国脑瘫足球锦标赛暨中华人民共和国第八届残疾人运动会预赛，获得第一名。年内，全市组织参加全国、全省各类残疾人体育比赛共夺得29枚金牌、20枚银牌和13枚铜牌。金平区肢残运动员陈坤雄在第十六届亚残运会羽毛球比赛中获得双打铜牌；潮阳区聋哑运动员姚元德在第六届省残运会上分别打破铁饼、铅球两项全省级纪录。

【无障碍设施建设】配合市创建全国残疾人工作示范城市领导小组，做好创建全国无障碍建设城市工作。新建或改建的道路、广场、公园等，基本都能按规范要求设置无障碍设施，迎接中国残联和住建部的验收。为推进无障碍设施建设，创造文明进步的社会环境，根据市长蔡宗泽的批示精神及9月7日市创建全国无障碍建设城市领导小组会议精神，结合市民政局、城管局、文广新局、教育局、公安局等有关创建全国无障碍建设城市责任单位提出的意见，按照《创建全国无障碍建设城市工作标准》的要求及汕头实际情况，按“轻、重、缓、急”及分工职责，市残联制定《汕头市无障碍设施整体改造方案》。

【综合服务设施建设】在着力推进市特教学校筹建工作同时，通过实现“四个一批”推进残疾人综合服务设施建设：启动一批。启动澄海区康复中心、南澳县残疾人辅助器具中心以及一批无障碍设施建设。金平区依托存市存心善堂成立残疾人工疗康复站，为年满18周岁无经济来源的残疾青年提供工疗康复训练及安置就业。立项一批。按照中国残联关于2011年地方残疾人服务设施项目的要求，积极推进各区县“五个一”工程的编报工作。扶持一批。扶持民营机构建设残疾人康复服务机构、残疾人工（农）疗机构等，初步探索建立政府购买服务机制。潮南区依托热心人士建立潮南区残疾人康复托养中心，为辖区内残疾人提供生活照料及技能培训。完善一批。进一步加大市残疾人康复中心及市残疾人辅助器具中心建设力度；完善、提高金平区存心善堂托养中心水平；加强指导，规范管理，进一步提高残疾人就业培训基地服务能力。

【信息化建设】接入电信3G光纤电

缆，对市残联信息化系统进行改造升级，在2009年建立“汕头市残联系统网站群”的基础上，针对网站信息量不足、部分栏目内容过时、空缺等问题，对市残网站内容进行修改充实。

（邱长奕　鲁飞）

市台联

【简况】2010年，汕头市台联根据对台工作新形势，围绕市委市政府中心工作，按照整体部署，结合台联工作实际，发挥台联自身优势和特点，热情服务台胞，服务全市经济社会发展，圆满的完成了各项工作任务，成绩显著。

【思想建设】以科学发展观为指导，加强台胞政策理论学习，做好宣传教育工作。把组织台胞学习作为增进共识、提高水平、夯实基础的重要环节来抓。通过组织台胞参加各类活动进行宣传学习教育，加深台胞对党的方针、政策的理解。根据对台工作形势的变化和要求，适时举办台湾形势报告会，邀请市台办的领导给台胞介绍当前两岸形势及未来两岸关系的走向，使台胞学习掌握党的对台方针政策。组织专题学习座谈会，及时向台胞传达市委九届八次全会、市“两会”、全市工作会议等重要会议的精神，使台胞全面理解汕头市的发展战略规划，激励台胞振奋精神，坚定信念，自觉加入到加快全市建设发展的工作大局当中来，为推动汕头市科学发展、建设幸福汕头作出应有的贡献。

【参政议政】借助参政议政平台，积极献言献策。通过参加、列席市委、市政府及有关部门召开的专题座谈会、意见征集会等形式参与政治协商，就增加汕头市政协委员台商席位、如何答好汪洋书记提出的“三道题”、加强在汕投资台商权益保护立法等提出了意见建议。发挥台胞人大代表、政协委员的作用，深入调研，收集材料，针对汕头市交通管理、公务员考试面试考官管理等问题，提出意见建议，形成提案。全年共计提交提案、议案、建议等18件。

【调研工作】开展重点理论研究课题工作，根据省委、市委统战部关于做好2010年统一战线理论研究课题工作的部署要求，围绕如何加强汕台之间文化交流合作等课题开展理论研究，进行专题调研，形成题为《积极推进文化融合 做好台湾人民工作》的专题调研报告，荣获2010年度全省统战理论研究优秀成果优秀奖。特约监察员翁辉应邀参加市纪委组织的对市水产与海洋局、市经信局的行风评议活动。

【社会服务】强化服务工作，努力为台胞多办实事、好事。争取多方支持，做好老台胞、困难台胞的帮扶工作。做好1949年10月1日前出生的回大陆定居的60岁以上台胞、老兵生活补助金的申请和发放工作。年内，为帮助生活比较困难的台胞，先后组织了3批食品发放给生活特困台胞。定期走访生病、孤寡台胞，关心他们的生活，帮助他们解决实际困难。热情接待前来会机关办事的台胞，尽力协助他们解决就业、子女升学过程中碰到的难题。做好台胞、台商来汕旅游、探亲、投资等接待工作，加强同在汕投资的台商的联系，及时反映他们在汕投资、生活的诉求和建议。在2010年汕头市“两会”上，向大会提出增加政协委员台商席位的建议，得到有关单位的重视和采纳。贴近台胞需要，策划好各种联谊活动，既丰富了台胞们的节日生活，又利用举办联欢会的机会进行台情教育，让台胞及时了解社会政治经济等各种信息，促进台胞之间的交流联络，增进乡亲情谊，增强凝聚力和向心力。年内，先后举办了迎新春台胞联欢会、三八节健康知识讲座、重阳节老台胞游览参观等活动。在传统节日“中秋节”精心准备了一批食用油发放给台胞，为他们送去实实在在的关心。开展全市台胞资料摸底调查，建立台胞基本资料库，为团结凝聚台胞工作的开展打好基础。为帮助西南旱灾地区和青海玉树地震灾区的受灾同胞，会机关分别向灾区捐款，以表爱心。

【自身建设】做好换届选举工作。在上级机关的关怀指导下，加强领导部署、精心筹备、认真组织，有序地推进了换届选举前的各项准备工作，并于12月底顺利完成了换届，选举产生台联新一届领导机构：会长余东刚，专职副会长翁辉，兼职副会长谢丽玲、黄力平、李太刚、黄益勤，秘书长翁辉，换届选举工作顺利完成。定期召开会长工作会议，及时交流工作情况，排查梳理影响台联工作科学发展存在的问题，研究解决的办法、措施并认真落实。组织机关专职人员进行集中学习，加强干部职工的思想教育工作，通过召开会机关工作会议，向机关干部职工及时传达上级有关会议精神和市委市政府的工作部署，学习交流好的工作经验，把人员的思想统一到全市的工作大局中来，切实提高人员的政策理论水平和服务能力。组织机关工作人员参加保密、档案管理、信息化技能等专业知识技能培训。

（林玉珊）

市红十字会

【理顺区县管理体制】2010年，汕头市红十字会按照“积极推进、因地制宜、分类指导”的基本原则，扎实推进区（县）红十字会的组织建设，积极探索理顺管理体制的新模式和新途径，扩大红十字会的社会影响，赢得党和政府、社会各界对理顺管理体制工作的支持，12月，市机构编制委员会批复同意龙湖、澄海、潮阳、潮南等4个区和南澳县独立设置红十字会。

【红十字温暖送万家活动】1月6日上午，“汕头市红十字温暖送万家”活动在市人民广场举行。副市长、汕头市红十字会会长郭大钦代表市红十字会接受中国联通汕头分公司向市红十字会捐献善款，并为其颁发捐赠证书。市领导还为南澳县、濠江区、澄海区红十字会发放款物,向龙湖区、金平区贫困群众发放慰问物资，并上门慰问部分特困市民，送去了党和政府的温暖。该活动得到了汕头电视台、报社等几家主要媒体的关注，并赢得了社会各界的广泛好评。

【市红十字会第四届理事扩大会议】1月22日，市红十字会第四届理事扩大会议在市迎宾馆召开，总结2009年市红十字会工作并部署2010年工作。副市长、市红十字会会长郭大钦指出，市红十字会要抓好红十字会自身建设，全面提升红十字会的能力，发挥自身优势，满足不断增长的人道救助需求。理事扩大会议的召开进一步推动了全市红十字事业的发展。

【“人道关爱（艾）”工程】4月，市红十字会与市教育局、市卫生局、团市委联合发文《关于举办预防艾滋病广告宣传画设计大赛的通知》（汕红文【2010】10号），开展全市大中专学校、普通高中学校学生预防艾滋病广告宣传画设计大赛活动。7月8日，汕头市红十字会“人道关爱（艾）”知识培训班在龙湖宾馆举行，区（县）、市红十字会干部（包括社区志愿者）以及汕头市蓝天义工协会志愿者100多人参加培训。本次培训很好的达到了深入地开展预防控制艾滋病知识和政策的宣传教育的目的。11月27日上午，市红十字会“纪念世界艾滋病日”主题活动在市人民广场（北面）举行，省、市红十字会和市人民政府领导分别做了重要讲话，并为预防艾滋病广告宣传画设计大赛和造血干细胞捐献海报设计大赛获奖者颁奖。

【抗旱抗震救灾】4月1日至5日，汕头市红十字会与市广播电视台《今日视线》栏目组、市蓝天义工协会共同发起抗旱救灾专项募捐活动——“春泉行动”共募得善款659，811.10元。4月21日至25日，汕头市红十字会与市公益基金会、市广播电视台《今日视线》栏目组、市蓝天义工协会联合举办了定向援建青海三树州怀德儿童救助学校（孤儿院）的专项行动——“格桑花行动”，共募得善款1,480,740.38元。年内，共募集到抗旱救灾善款 1,333,808.50元，物资约68吨约44万元；抗震救灾善款4,762,644.00元；支援舟曲灾区善款116,806.10元。市红十字会严格履行募捐工作程序，切实加强对所募集款物的管理工作，定期及时通过报纸、电视等媒体向社会公布募捐情况。

【卫生救护培训】汕头市红十字会不断拓展卫生救护培训行业，由开展普及性群众性救护知识培训到有针对性的与企业生产、安全生产相结合，开展青少年红十字与高危人群卫生救护培训，在企业单位和学校多次举办卫生救护培训班，分批次、有步骤地开展对全市青少年、工业企业员工的救护培训工作，全年开展了19期培训班，共1650人次。

【造血干细胞捐献】9月，汕头市红十字会与造血干细胞捐献者资料库广东省管理中心联合举办“生命无价•爱心相随（髓）”为主题的造血干细胞捐献海报设计（广告画）竞赛活动,活动得到了全市各大中专院校的积极响应，颁奖活动与预防艾滋病广告宣传画设计大赛颁奖活动同时进行。12月12日，汕头市红十字会采集造血干细胞血样暨无偿献血公益活动在汕头大学举行。学生们热情高，踊跃参与并详细咨询了造血干细胞捐献和献血事宜。12月13日至18日，汕头大学一名学生在广州成功为一患者捐献了造血干细胞，成为市第一例非血缘关系造血干细胞捐献者。全年共完成招募造血干细胞志愿者127例，超额完成了省下达的每年100份的工作任务。

（陈晓书）

外事•台湾事务•侨务•宗教

外　事

【简况】2010年，汕头市外事侨务局（市港澳事务局）贯彻落实党和国家外事、侨务、港澳工作方针政策，紧紧围绕市委、市政府的中心工作，团结拼搏、开拓进取，各项工作取得新进展，为建设幸福汕头贡献力量。

【对外接待】全年共接待外事、侨务团组和重要客人59批，1723人次。其中较重要的团组有美国麻省理工学院“汕头可持续发展战略研究”项目组、新加坡捷星亚洲航空公司开通新加坡直飞汕头航班首航仪式代表团、香港航空公司开通香港——汕头首航庆典仪式代表团、新加坡三大华文媒体访问团、越南计划投资部访问团、美国环保局局长访华团、澳门特别行政区行政长官崔世安博士率领澳门特别行政区政府和企业家代表团一行180多人莅汕访问、第六届国际潮青联谊年会代表团等；重要客人有：泰国谢国民、陈汉士，香港陈伟南、马介璋、许学之，澳门许世元、刘艺良等。做好对外接待工作，密切与海外、港澳人士的交往，扩大汕头良好的国际影响，推进汕头对外交流与合作。

【对外联谊】年内，共组织出访17批97人次，访问了日本、菲律宾、越南、新加坡、马来西亚、泰国、香港、澳门等国家和地区。春节前夕，赴香港举办港澳迎春座谈会，这是1991年潮汕三市分设后首次由三市的主要领导联合与港澳地区开展的联谊活动。作为此次活动的具体承办方，主动与潮州市和揭阳市沟通，充分协商，周到细致地开展各个环节的准备工作。会上，有400多名香港嘉宾和近300名澳门嘉宾应邀出席。市领导还多次率团赴港澳出席社团活动，主要有：香港潮属社团总会、香港中华厂商联合会、香港潮商互助社、澄海同乡联谊会、九龙西潮人联会、港岛区潮人联会等社团的换届或成立庆典。11月中旬，市委书记李锋率团赴港，专程拜访香港潮属社团总会和香港潮州商会，并专程拜会李嘉诚先生和饶宗颐先生。通过组织出访，深交老朋友、广交新朋友，敦睦乡情乡谊，推进了汕头侨务工作的可持续发展。

【协办第三届侨博会】牵头有关单位征求《广东省第三届粤东侨博会工作方案》意见建议，成立汕头市工作协调组，主动协调有关单位，反复研究接待方案，邀请并接待了80位前来参加第三届粤东侨博会和在汕头举办的第六届国际潮青联谊年会的海外嘉宾，得到嘉宾的一致好评。为广东省第三届粤东侨博会"吾侨风采"图片展搜集编制300多张、30位汕头籍海外乡亲荣誉市民和突出贡献人士图片，进一步宣传华侨、华人爱国爱乡的高尚品德和光辉业绩，激发广大海外乡亲，特别是新生代爱国爱乡热情，推动建设幸福汕头。

【汕头海交会三届三次会议】利用第六届国际潮青联谊年会在汕头召开契机，12月14日，汕头海外交流协会举行第三届理事会第三次会议暨潮青荣誉职衔颁授仪式，省侨办和市领导及海内外200多位嘉宾出席了会议。会上，增聘广东潮剧院等5家单位为团体会员单位，加拿大温哥华潮州同乡会会长蔡仁初等3人为荣誉会长，加拿大温哥华潮州同乡会副会长蔡光等21人为名誉会长，壮大海交会力量，涵养侨务资源。

【对外友好友城工作】5月份，日本大阪府日中友协和岸和田市日中友协组成的"第三次中日绿化合作红树林访华团"莅汕访问，义务种植红树林树苗。此次访汕，进一步加深了中日两国人民相互了解和友谊，对推动汕头市与岸和田市之间的实质性交往具有积极的意义。7月底，在汕头市与岸和田市迎来缔结友好城市20周年之际，蔡宗泽市长应邀率领汕头市代表团对岸和田市进行友好访问。岸和田市市长野口圣和副市长出口修师会见了考察团并进行友好座谈。访问期间，代表团举办"汕头市中小学生优秀书画展"。11月份，为纪念中泰建交35周年，由泰中友协会长功•塔帕朗西率领的"中泰友谊万里行"友好车队一行40人莅汕访问。期间，功•塔帕朗西会长一行特意前往澄海郑王墓进行祭拜活动，并表达了将募集善款用于改善郑王墓周围道路和环境的意愿，以增进两国人民的情感。精心制订"2010年度汕头市与岸和田市友好交流协议书"，使两市的友好交流有序地开展。加强友协理事会自身建设，召开友协理事座谈会，通报工作情况，交流对外交往经验。

【对外宣传】精心策划星岛日报集团采访团和马来西亚摄影团莅汕采访。做好广东省第三届粤东侨博会"吾侨风采"图片展工作。开展第六届国际潮青联谊年会宣传工作，在《潮人》杂志开辟专栏，宣传第六届潮青联谊年会盛况，向大会提供特刊2000册。通过编辑出版《潮人》杂志和在局网站发布信息，拓宽外宣渠道。年内，精心采编《潮人》杂志稿件，出版、发行4期共13000册；完成外宣文稿25万多字，图片450多幅；编印《汕头海交会简讯》4期。协同《汕头日报》、汕头广播电视台专题报道16场。联合新华社广东分社、《南方》周刊、市委宣传部共同开展对外宣传专题报道，宣传侨务政策，树立汕头侨乡新形象。

【文化寻根活动】开展2010年汕头华侨、华人旅游年活动。3月7日，联合市旅游局率先在全省举行"粤东侨乡2010华人华侨旅游年"启动仪式，向海外50多个华人华侨社团寄发了侨乡文化、山水民俗、潮汕美食、寻根祭祖等精品旅游线路和宣传资料，吸引海外乡亲回乡体验祖籍地深厚的历史文化积淀。年内，马来西亚和新加坡各个潮籍社团组团来汕学习潮菜烹饪、寻根访祖、考察文化的团组达7批247人次，来访潮籍乡亲前往潮剧博物馆、侨批馆等学习参观。开展文化寻根活动。6月份，主动联系新加坡潮州八邑会馆，精心策划开展第三代华裔学生文化寻根活动，通过参观潮汕历史文化古迹、学习潮菜烹饪、茶艺技术、召开座谈会等形式，让华裔学生切身感受潮汕文化，增强他们对祖籍国的认知感和认同感。7月份，组织马来西亚潮籍优秀大学生参加省侨办"相约广州，走近亚运"主题活动和国侨办组织的"中国寻根之旅"夏令营大集结活动。8月份，应新加坡潮州八邑会馆和亚洲捷星航空公司的邀请，组织市金山中学、一中、侨中等学校优秀学生代表共8人赴新加坡华文学校进行学习、交流。

【因公出访管理与涉外签证】坚持管理与服务并重，进一步加强行政审批管理制度建设，规范行政审批行为。年内，印发《因公出国温馨提示》和《因公出国团组情况登记表》，加强因公出国出前提醒和出后查核。配合市纪委召开全市制止公款出国（境）旅游专项工作会议。市委外事工作领导小组转发了省外事领导小组办公室有关文件，有效地加强因公出国（境）管理，汕头市因公出访工作取得较好成效，得到上级主管部门的充分肯定。积极推进进驻市行政服务中心设立办事窗口工作，认真执行市政府"单轨制"要求，实行"一站式"服务，提高审批时效，从业务申报材料、办事环节等多个方面，对业务项目进行流程梳理和效能提速，不断提高依法行政能力和行政服务水平，进一步增强外事工作服务地方经济发展的意识，提高服务效率。对外做出"审批4个工作日内办结、审核3个工作日内审结按程序上报"的办事承诺，局窗口受理的审核审批件当日办结率达45%，提高办证效率，兑现服务承诺，荣获2010年度市行政服务中心"优秀窗口"和"优秀公务员"奖。全年共受理因公出国、赴港澳和邀请外国人来华审核审批以及颁发证照、签证、签注、核发签证通知函表共约12000人次/件。继续推进APEC商务旅行卡申办业务，为名优企业、纳税大户及上规模企业的科技、管理人员因公出国、赴港澳开辟"绿色通道”。年内，为2家企业高管人员办理了商务旅行卡；受理审核了5家企业6名高管人员的商务旅行卡申请，呈送外交部审批，为企业商贸活动提供优质的服务。

（吴旭东 胡汉川）

台湾事务

【简况】2010年，汕头对台工作再上新台阶。汕头已列入国家主体功能区规划的重点开发区和海峡西岸经济区范围，成为海西经济区中心城市之一。主动参与海西经济区建设，加强与海西各城市的经贸交流合作；深化对台合作，率先建设粤台经贸合作试验区，推动汕台海上货运直航持续巩固发展；多渠道、多层次、多形式争取台湾民心取得新成效；汕台两地经济文化交流与人员往来日趋频繁，汕头逐渐发展成为两岸交流热点地区。

【汕台经贸合作】积极推动汕台经贸交流合作。8月，市长蔡宗泽带队参加省政府“台湾•广东周”赴台经贸活动，到台北、高雄等地举办汕台经贸交流会，举办农业合作、旅游文化推介会，考察企业集团、园区、港区、行业公会等多种形式大力宣传推介汕头，签署多项采购和投资协议，总金额超过1亿美元，圆满完成工作任务。汕台经贸合作领域进一步拓宽，电子信息、商贸、物流、房地产、现代农业等渐成台商投资新热点。台湾知名IT龙头企业蓝天集团以3.2亿元的价格成功竞得市中心城区核心地块26.7亩，计划投资7亿元建设百脑汇资讯广场项目；海霸王集团计划投资6亿元在汕头建设国内最大最先进的冷藏物流加工基地等，成为近年来汕头对台招商引资工作的重大突破。润泰集团在汕投资大型超市项目，台湾日胜生活科技有限公司在汕投资集科技、购物中心、写字楼、五星级酒店与住宅一体化的现代化复合式建筑项目，已进入实质性运作阶段。汕台农业合作从种植业逐步向多个领域拓展，白沙蔬菜原种研究所、潮南台湾农民创业园与台湾农友中国有限公司签订了合作框架协议。截至年底，全市累计批准注册台资企业632家，合同投资总额17.17亿美元，实际利用台资额12.01亿美元。2010年汕头市对台湾进出口总值3.87亿美元，同比增长4.6%。其中出口4767万美元，增长50.1%；进口3.39亿美元，增长13.8%。汕台海上货运直航持续巩固发展，已逐步发展成为对台经贸合作的重要通道。汕头港自2009年1月18日开通汕头—高雄海上直航班轮航线以来，大大降低了企业的物流成本，每个40尺集装箱的运输费用从原来到香港中转需500美元，现降为300美元，运输时间减少2天以上。目前汕台海上货运直航航线已经有近45%的货物是通过高雄港转运往世界各地，也有不少世界各地货物通过高雄港转运进入汕头。全年共完成2.6万标箱，比2009年增长47.8%；2011年前3个月完成6082标箱，同比增长43.4%。

【粤台经贸合作试验区】汕头市全力推进粤台经贸合作试验区建设，制订工作方案并向省政府上报《关于汕头设立粤台经贸合作试验区的请示》，省长黄华华、常务副省长朱小丹和副省长刘昆先后做出重要批示，同意推动粤台经贸合作试验区上升到国家战略层面，争取国家批准政策优惠，要求汕头市要加强政策研究工作。粤台经贸合作试验区主要由粤台合作南山湾科技园、台湾农民创业园、粤台物流园区、粤台合作南澳实验区等4个主要园区构成。南山湾科技园（首期）规划面积286公顷，已落户南山湾科技园的项目6个，计划投资35.4亿元，将于2011年6月底前开工建设。台湾农民创业园目前已有4个项目开工建设，新签订了6个项目的投资协议。粤台物流园区主要由汕头保税区塑料交易市场、中石化汕头塑化物流园区、柯斯达商贸仓储物流等项目构成。投资6000多万的中石化化工物流园区一期项目主体工程已基本完工，投资1.6亿元的柯斯达商贸物流项目已经建成并进入实质性运作。南澳实验区申报工作已进入关键阶段。省政府已向国务院上报《关于设立广东省海峡两岸合作南澳实验区的请示》，要求国务院将南澳岛划定为两岸合作海关特殊监管区，开展两岸合作特殊政策试点，并给予政策支持。有关申报工作正在密切跟进中。

【参与海西经济区建设】2010年12月21日，国务院批准实施《全国主体功能区规划》把汕头纳入海峡西岸经济区重点开发区，提出“强化汕头的粤东区域中心城市地位，推进汕潮揭一体化，加强粤东地区与福建南部沿海城市在港口、产业等的分工合作与功能互补”。《海峡西岸经济区发展规划》把汕头定位为与厦门并重的海西经济区龙头城市，重点建设以汕头为龙头的“汕头-潮州-揭阳-梅州-龙岩-赣州发展轴”，培育“以汕头中心城市为龙头，以潮州、揭阳为两翼，推进汕潮揭同城化发展”的粤东沿海发展区。国家住建部、旅游局、环保部、质检总局等都提出了支持意见。国台办、省台办对汕头市主动融入海西、参与海西建设，率先建设粤台经贸合作试验区，建立汕台两地更紧密的经贸合作关系等发展思路，给予充分肯定和支持。3月，省台办副主任张科专程带领市台办负责同志赴福州（平潭）综合实验区开展专题调研，形成了《借鉴福建平潭模式建设广东省两岸合作南澳实验区》的调研报告，引起了省市的重视。

【对台交流宣传工作】2010年，全市因公赴台15宗，因私赴台61人次。全市各台船停泊点共接待来靠台船133船次、台湾渔民511人次。台湾各地政治文化组织、政商界知名人士多次组团来汕考察交流，有国民党中评委主席团主席、“立法院”最高顾问萧天讚、台湾民意代表、民意机构亲民党团总召郑金玲、国民党台南县党部主委李全教、国民党澎湖县党部副主委张全一、澎湖县副议长蓝俊逸、台湾海峡两岸经济发展协会会长赖大权等来汕访问，与汕头建立了良好的关系。成功举办了一批较大规模的涉台学术、文化交流活动，中国（汕头•澄海）国际兰花旅游文化节暨第二届海峡两岸国兰精品博览会、“2010南澳论坛——第一次国共合作与革命军东征”、台湾少数民族青年学生潮汕文化体验营活动等先后在汕举行，其中“2010南澳论坛——第一次国共合作与革命军东征”和台湾少数民族青年学生潮汕文化体验营活动被列入国台办年度重点交流项目，打响了汕头对台工作品牌。入岛宣传开辟新渠道，在台湾《工商时报》、《民众日报》等媒体刊登汕头投资环境及汕台经贸合作前景等宣传专版，提高汕头在台湾岛内的知名度。学校涉台教育持续推进，市台办联合市教育局面向全市中学、中等职业学校开展“祖国宝岛——台湾”主题征文活动，引起各学校、学生的热烈反响。

【服务台胞、台商】健全联系服务台资企业工作机制，通过每月定期走访在汕台资企业、邀请市领导与台商代表召开座谈会、餐叙会等多种形式，建立与台胞、台商定期交流沟通机制。汕头市各项涉台重要活动、台商协会、台资企业大型活动，市领导、有关部门领导都亲自到场，使台商朋友备受鼓舞。健全协调处理涉台突发事件和台胞、台商投资投诉案件工作体制和运行机制，依法维护台胞台商合法权益。2010年，市台商投资投诉中心受理台商投诉案件44宗，办结42宗；其中由国台办转来的重点督办案件12宗，全部办结。牵头制订《汕头市台湾同胞投资权益保障条例》，充分发挥汕头台商协会仲裁联络处、台资企业律师服务团等的作用，聘请台籍仲裁员等，依法维护台胞、台商合法权益。及时排查掌握涉台不稳定、不安全信息，协调企业营造和谐用工环境，及时防范和妥善处置突发事件。积极开展服务台胞、台商活动。在汕大附属二医院设立台胞就医绿色通道，为在汕投资台商和台湾同胞提供便捷医疗服务，全市已有3家医院设立该绿色通道。全年共办理台胞多次往返通行证及暂住证261人次，为台胞办理机动车购车、年审、换证等业务32宗，为台商办理子女入学手续及台籍考生升学证明19人次。巩固现有对台经贸合作成果，制订实施《汕头市贯彻落实广东省进一步支持台资企业发展若干措施实施意见》，鼓励和引导台资企业优化产业结构，加快转型升级。贯彻落实两岸经济合作框架协议，积极发展汕台经贸关系。

（施伟滨）

侨　务

【侨政】全年共受理来信来访40宗200多人次，依法调查处理多宗落实侨房使用权、侵犯港胞人身自由等案件，维护了侨胞合法权益。以《中华人民共和国归侨侨眷权益保护法》颁布实施20周年为契机，加大侨法宣传力度，增设3个“侨法宣传角”：澄海建阳村、龙湖蓬中村、濠江葛洲村，以“侨法宣传角”为载体，开展侨法“进机关、进企业、进社区、进侨乡”等活动，宣传侨法；通过发放侨法宣传小册子，印发宣传标语以及借助报纸、电视、侨刊、侨网等媒体做好普及宣传工作，努力提高侨法的社会认知度。春节前夕，筹集6万元专款，慰问贫困归侨309人、归侨侨眷“百岁老人”32人。会同市国土、房管局等部门做好侨房侨产落实政策。查核、研处罗卓英、林布芳、郑霞等房地产案件，并报请市政府批准，将罗卓英在汕三处房地产归还大埔政府按政策撤还原业主继承人自行管理。继续协调陈黉利家族在汕房产“以地易房”计划的相关工作。积极向市财政局申请危旧侨房围堵专款，缓解金平区维护危旧侨房方面的压力。摸查侨房腾退特困户住房情况，向市政府及房管部门提交侨房腾退户申请安置廉租公房问题的专题报告。接待泰王国驻厦门总领事、东帝汶海外经贸协会会长詹玛丽等来汕反映侨房有关问题，并向他（她）们宣传、介绍汕头市落实侨房政策及相关情况。11月1日至2日，国务院接待安置印支难民工作领导小组办公室“2010年在华印支难民周转金项目现场会”在汕头召开，广东、福建、云南、广西、江西、海南等六省（区）侨务（民政）部门分管领导、六省（区）难民办负责人以及部分安置农林场负责人等40多人参加会议。继续推进“万侨助万村”工作。

【侨务经济】加强对侨捐工作的指导和管理，协调督促各区（县）做好侨捐项目监管工作。配合有关部门继续做好香港慈教社教育基金捐建的潮阳区中寨王赛明中学建设项目的落实，4月份该项目完成。推荐泰国中华总商会主席吴宏丰先生作为汕头市“2010南方•华人慈善盛典”候选人，吴宏丰先生荣获“2010南方•华人慈善盛典”“慈善人物奖”。开展推荐百家明星侨资企业工作。经推荐，汕头超声印制板公司荣获国侨办“全国百家明星侨资企业”称号；汕头超声印制板公司等8家企业还荣获省侨办、省外经贸厅“2006-2008年度百家明星侨资企业”称号。加强与侨资企业联系，促进侨资企业参与汕头市社会活动。邀请广东世聪集团有限公司等企业代表出席2010年汕头市侨界迎春团拜会。深入侨资企业调研转型升级情况，局主要领导带队深入重点侨资企业调研，确定广东金刚玻璃科技股份有限公司等6家侨资企业为汕头市转型升级对象。积极参与市“百人服务团”服务工作，深入80家企业开展调研，对企业提出的问题和困难，采取“立即办、主动办、上门办、跟踪办、公开办”的做法，及时为企业排忧解难，并在深入调研的基础上，分类梳理，研究制订出实质性的扶持政策，提出改善汕头市投资软环境的意见建议，鼓励、引导、服务、支持企业做强做大。

（吴旭东　胡汉川）

宗　教

【基层工作】2月8日，市委召开市委常委会，专题听取民族宗教工作汇报，研究提出加强民族宗教工作的意见和措施。与市编委联合发文，确定在全市镇（街道）配备民族宗教助理员，由镇（街道）一名副科级干部兼任，确保基层民族宗教工作力量得到加强。市财政拨款26万元，解决全市13个区县宗教团体每年各2万元的工作经费，较好地解决区县宗教团体工作经费困难问题。市财政追加城市民族工作经费，以应对城市民族宗教工作遇到的新情况、新问题和日益繁重的工作任务。组织专门力量，编印《基层民族宗教工作手册》，为全市民族宗教干部提供方便实用的工具书和基层民族宗教工作干部学习政策法规提供参考，促进基层民族宗教工作的开展。

【依法管理】市宗教管理部门按照“每两年轮训一遍”的规划，加强宗教工作“三支队伍”的培训，不断提高宗教工作“三支队伍”的素质，先后举办佛教协会常务理事培训班、基督教堂点负责人培训班、天主教牧灵培训班、天主教堂点负责人培训班，以及全市民族宗教工作干部培训班等，共培训455人次。抓好宗教活动场所财务监督管理试点工作，开展形式多样的宣传学习活动，挑选4个财务管理基础较好的宗教活动场所作为试点，针对不同类型场所的实际情况，帮助场所建立完善财务管理详规，规范账目账本，明确管理规定和工作程序，有效地提高场所财务制度化、规范化管理水平。开展全市宗教教职人员认定工作，通过认真细致地整理、分析、归类，建立相应的人员资料库，其中基督教19名牧师、10名长老和44名传道，共73人成为第一批受领证书的宗教教职人员。在全市宗教活动场所中开展全国“和谐寺观教堂”和广东省“模范宗教活动场所”创建活动。全市64个宗教活动场所成为首批达标和谐寺观教堂，1个宗教团体、2个宗教活动场所、1名个人在创建“和谐寺观教堂”活动中受国家宗教局表彰；16个宗教活动场所被评为省“模范宗教活动场所”。依法查处非法宗教活动，在全市范围内开展基督教私设聚会点调查摸底工作，在龙湖区取缔1处基督教私设聚会点；联合公安、旅游部门及时制止市一旅行社在“五一”前夕擅自组织天主教信徒前往上海佘山朝圣的违规活动。

【民族工作】组织开展城市民族工作摸查调研。在总结过去城市民族工作经验的基础上，认真摸查外来少数民族人员情况，积极排查、解决涉及外来少数民族人员的矛盾纠纷；贯彻落实党和国家民族政策，对近年来民族工作领域发生的新情况、新变化进行调研，探索如何进一步做好新形势下城市民族工作，进一步明晰工作思路和对策，完善工作措施和预案，增强工作的前瞻性和主动性，提升对外来少数民族人员的管理服务水平。协调市招生办，宣传、贯彻和落实少数民族考生有关政策，及时把有关文件精神传达到各区县民族、招生部门和有关学校，并落实专人认真做好少数民族考生参加中考、高考资格审核等工作。首次组团参加全省少数民族盛会并获得佳绩。6月，精心组织少数民族人员参加广东省首届少数民族文艺汇演，汕头职业技术学院蒙古族李俊远老师以一曲独唱《再见了大别山》荣获三等奖。9月，首次组团参加广东省第四届少数民族传统体育运动会，代表团以副市长余健明为团长，由市民族宗教局、市体育局相关人员、汕头职业技术学院的老师和少数民族学生共20人组成。参加板鞋竞速、武术A类和C类竞赛项目，荣获男子100米板鞋竞速第三名、女子武术C类第五名、第六名和女子武术A类第七名的好成绩，赛出了风格和成绩，荣获体育道德风尚奖和优秀组织奖。2010年，市民族宗教事务局被省政府评为“广东省民族团结进步模范集体”，少数民族代表人士马有德被评为“广东省民族团结先进个人”。

【维护稳定】加大民族宗教领域矛盾纠纷排查调处力度，努力把矛盾纠纷化解在基层，化解在萌芽状态。保持高度的政治敏感性，在“3•14”、“6•26”、“7•5”等敏感时段，以及上海世博会、广州亚运会、亚残运会春节、国庆期间，坚持“是什么性质就按什么性质处理”的原则，全力维护汕头市民族宗教领域的安全稳定。继续做好制止穆斯林零散朝觐工作，实现在汕“零控制”和“零出境”的工作目标。民族宗教领域全年保持和谐稳定。

【服务社会】汕头市宗教界全年累计服务社会资金700多万元。继续开展“百寺扶千户”和“百观扶百家”活动，共有101个佛教寺庙和道教宫观结对帮扶143户贫困家庭，落实帮扶资金70多万元。该活动已连续开展两年，累计对口帮扶贫困家庭279户，捐资超160万元。加大对口帮扶村的帮扶力度，先后组织佛教界多次筹集大米、食用油等物资到河溪湖东村和红场虎空村进行扶贫慰问，并捐资5万元帮助虎空村开发种植基地，解决该村的实际困难。市佛教协会出资20万元帮助连南瑶族同胞迁居。市天主教爱国会捐资4.4万元，资助22名大学生每人2000元，助其完成学业；40多位神父、教友参加了“捐热血、献爱心”活动；开展赠衣活动，向社会困难群众送出衣物1万多件。市基督教“两会”捐赠社会福利事业近30万元。市民族宗教局先后组织发动汕头宗教界为青海玉树地震、甘肃舟曲泥石流和西南旱灾的灾区群众募集善款，帮助灾区群众度过难关、重建家园。各宗教团体积极响应、迅速行动，纷纷开展祈福募捐献爱心活动，分别为玉树灾区送去善款人民币50万元、舟曲灾区5万元、西南灾区10万元，市天主教爱国会还为海地地震灾区捐款2.4万元。组织宗教界在植树节前后，抓住有利时机，因地制宜，开展形式多样的植树护绿、保护生态活动，1500人次参加活动，投入资金60多万元，植树2万多棵。市佛教协会、市天主教爱国会和市基督教“两会”，积极响应政府号召，共出资3万元，参与红树林认种保护活动。

【宗教活动】4月21日，汕头市佛教界在市佛教大楼总道场隆重举行“青海玉树地震息灾祈福法会暨赈灾捐款活动”，法会由汕头市佛教协会法性会长主持，来自全市各地寺庵佛堂精舍的法师和信众300多人参加了本次祈福法会。6月19日，汕头教区薛晓彬修士在上海教区主教座堂顺利晋升执事。8月，市基督教7个堂点党务管理组人员顺利完成改选工作。市天主教爱国会举办为期10天的暑期学道班，来自市中心城区140人参加，并举行第十六次大学生联谊聚会活动。9月，市民族宗教局批复同意市天主教爱国会发行内部刊物《晨星》。

【对外交往】2月27日至28日，香港九龙城潮语浸信会姚振国牧师访问市基督教“两会”。5月10日至22日，市天主教爱国会主席黄炳章神甫赴法国巴黎参加中华圣母堂活动。6月6日，美国基督教钟世豪牧师访问市基督教“两会”。6月18日至27日，美国信心之旅教会马丁博牧师访问市基督教“两会”。6月21日，天主教汕头教区黄炳章、李飞浩2位神甫赴澳门考察学习。6月27日，香港华人基督教联会执行董事郑昌国牧师应市基督教“两会”之邀来汕讲道。8月25日，香港九龙城潮语浸信会林俊鸿牧师应市基督教“两会”之邀到潮南区两英堂讲道。10月14日至31日，市基督教“两会”黄志仁、詹海烈应美国基督教浸信会的邀请，赴美访问。10月24日，旅美潮人薛步逊牧师访问市基督教“两会”。11月21日，美国潮人许统礼牧师应市基督教“两会”之邀来汕讲道。

（姚健平）

地方军事

【第一书记任职大会】6月24日，汕头警备区举行党委第一书记任职大会，广东省委常委、省军区党委副书记、司令员辛荣国宣布了广东省军区党委关于市委书记李锋兼任汕头警备区党委第一书记的任职批复，并颁发《任职证书》。市领导李学同、陈茸、谢泽生、刘远珍、林依民，汕头警备区所有常委出席会议。会上，辛荣国代表省军区党委机关对李锋兼任汕头警备区党委第一书记表示祝贺，并就进一步抓好党管武装工作，作了4点指示。一是要切实深化思想认识，不断增强履行党管武装工作职责的政治责任感。二是要进一步熟悉法规制度，切实认清党管武装的工作职责。三是要坚持以科学发展观为指导，不断研究解决新形势下武装工作面临的新情况、新问题，着重强化攻坚意识、创新意识、统筹意识和效益意识。四是要努力提高完成多样化军事任务的能力，为经济发展作出新的贡献。李锋代表市委、市政府对省军区党委和首长机关多年来对汕头市武装工作和警备区建设以及汕头市经济社会发展给予的关心和支持表示感谢。同时表示，将主动作为，履行职责，积极做好本职工作，自觉增强党委第一书记抓武装工作的政治责任感，充分认识党管武装的重大意义，认真贯彻国防建设与经济建设协调发展的方针，统筹规划汕头经济社会发展和国防后备力量建设，不断增强“应急维稳”和“适应打赢”能力，为构建和谐社会、平安社会提供安全保障；切实履行党管武装管好武装的神圣使命，着重在管方向、抓大事做决策上下功夫，在管重点、求发展解难题上下功夫，在管队伍、发挥突击作用上下功夫；积极创造国防后备力量建设的良好环境。要加强领导，提高全民国防观念，落实法规制度，积极适应新形势发展的需要，逐步完善汕头党管武装的有效运行机制，解决国防后备力量建设发展的重点难点问题。

【城市警备工作】3月16日，汕头警备区组织召开汕头市城市警备工作联席会议。参加会议的有汕头警备区领导徐红、刘嘉、罗昔为、邱克楠，驻汕陆海空军和武警部队领导，市公安局有关负责同志等。会议专题对加强外出军人军车管理、打击“三假”问题、处理军警民纠纷、军地有关部门密切配合规范执勤执法等方面展开讨论研究，分析情况，查找不足，听取意见建议，明确下一步工作努力方向。会议强调，各级各单位及有关部门要认清形势，从讲政治、顾大局、促和谐的高度，加强沟通协调，共促汕头地区军警民团结，齐心协力维护社会安全稳定的良好大局，为创建“双拥模范城”再立新功。广州亚运会期间，警备区广泛开展“迎亚运、严军纪、树形象、做贡献”教育整治活动，在严格军纪，加强自身部队管理的同时，充分发挥警备职能，加大外出军人军车管束和假冒军人军车打击力度，有效提升辖区部队文明守纪形象，较好地扼制“三假”现象。6月13日，汕头警备区在汕头市物资再生利用总公司报废汽车拆解场，对部分罚没车辆和假军车号牌进行了公开销毁，并协调地方新闻媒体给予现场报道，以警示社会人员，增强区域性管理效果。此次行动，共集中销毁38辆假军车和320副假军车号牌。

【专武干部集训】6月21日至7月3日，汕头警备区在市国防教育训练基地分两批组织全市8个区（县、市直）人武部、82个基层武装部的184名人武专武干部，进行了集训。集训主要安排了队列、体能、轻武器操作等基础课目训练，以及如何当好新时期人武专武干部、国防动员法规、后备力量组织建设、人武部战备训练、民兵使用、民兵军事训练、民兵装备管理、征兵工作、防震减灾等知识的辅导学习，观摩金平区鮀莲街道武装部和龙湖区新津街道东新民兵营“四个基本”建设现场，组织民兵预备役工作经验交流探讨，规范轻武器分解结合、队列指挥、战术基础动作等课目的组织程序和考核标准，编印下发《国防动员和后备力量建设法规、文件选编》、《集训辅导授课材料汇编》等学习资料750本，并组织对武装工作业务常识、3000米跑和56式自动步枪实弹射击等3个基础课目进行考核验收和评比排名。通过集训，进一步筑牢人武专武干部“爱武装、干武装、钻武装”的思想观念，有效提高一线工作队伍整体素质能力，夯实了基层武装工作基础。

【民兵轻舟分队抢险救灾】6月25日至27日，汕头民兵轻舟机动二大队派出抗洪抢险力量45人、冲锋舟5艘、车辆4台，赶赴揭阳市惠来县隆江镇执行抢险救灾任务，共转移和解救受困群众2000余人，运送转移物资10余吨。在抢险救灾过程中，民兵轻舟队执行命令坚决，救灾行动迅速，全体救灾队员发扬了不怕艰难险阻，吃苦耐劳，连续奋战的优良作风，圆满完成了抢险救灾任务，展现民兵轻舟队扎实的训练水平和过硬的“防大汛、抢大险、救大灾”的能力，受到各级党政领导和广大群众的高度赞扬。

【“双到”扶贫和双拥共建工作】警备区积极开展“双到”扶贫工作，捐资20多万元支援贫困山区、援建“希望小学”；建立10个扶贫挂钩点，明确了团以上干部“一帮一”帮扶对象。注重发挥民兵预备役在抢险救灾、完成急难险重任务中的突击作用。潮阳区民兵轻舟分队赴惠来县抢险救灾，任务完成出色，被省政府、省军区评为“抢险救灾先进单位”；组织官兵和民兵预备役人员1000多人次参加汕头市环境大整治和扑救山火行动；圆满完成亚运安保警备执勤和维护社会稳定任务。八一前夕，警备区联合市委、市政府举办汕头市军警民庆祝建军83周年“军旗飘扬”文艺晚会，召开双拥工作暨表彰大会，融洽了军政军民关系。

（党智）

民主法制建设

DEMOCRACY AND LEGAL SYSTEM CONSTRUCTION

- ◆依法治市
- ◆政府法制
- ◆政法工作
- ◆公安工作
- ◆检察工作
- ◆审判工作
- ◆司法工作

依法治市

【**推进法治城市、法治区县创建工作全面开展**】市依法治市工作领导小组办公室充分发挥职能作用，扎实推进法治城市、法治区（县）创建工作。做到有部署、有检查、有考核，在落实上下功夫。各区县和市直各部门结合实际，制定相应实施意见和方案，坚持条块结合、以块为主和谁主管谁负责的原则，把法治城市创建工作延伸到各个领域和基层，取得明显成效。各区县先后制定“法治区(县)”、“法治乡镇”、“法治机关”、“法治学校”、“法治企业”、“法治单位”创建标准并认真执行，涌现出一批创建成绩突出的先进单位。11月，澄海区被全国普法办公室授予首批“全国法治县（市、区）创建活动先进单位”荣誉称号；被省依法治省工作领导小组、省普及法律常识领导小组授予首批“全省法治县（市、区）创建活动先进单位”荣誉称号。

【**回顾总结汕头特区30周年民主法治建设经验**】5月11日，市人大常委会举办汕头特区30年来民主法治建设回顾与展望座谈会。市委、市人大、市政府、市政协、市纪委、市中级法院、市检察院领导出席。会议回顾总结汕头经济特区设立30年来民主法治建设走过的历程和经验。会议强调，必须强化特区意识，弘扬特区精神，在探索社会主义民主法治建设方面先行一步，进一步增强特区发展新动力、新优势，实现汕头全面振兴和崛起，为答好汪洋书记“三道题”，加快科学发展，实现“五年大变化，十年大发展”，加快打造区域中心城市提供更加坚强有力的法治保障。

【**组织开展“阳光法治•法治惠民”主题实践活动**】2010年全省全面启动开展“阳光法治•法治惠民”主题实践活动，推进阳光立法、阳光政务、阳光审判、阳光检务、阳光警务、阳光狱（所）务、阳光村务等系列工作。汕头市广泛发动、扎实开展“阳光法治•法治惠民”主题实践活动。8月20日，市依法治市工作领导小组办公室在澄海区召开全市“阳光法治•法治惠民”主题实践活动经验交流会。澄海、龙湖区，市检察院、司法局等单位在会上介绍经验，与会同志实地参观澄海区“阳光政务”工作示范点区工商行政管理局和“阳光村务”工作示范点溪南镇西社村、广益街道龙田社区居委会。会议总结交流全市开展“阳光法治•法治惠民”主题实践活动的经验和成果，努力探索主题实践活动的思路和措施，为全市各地提供可资借鉴的经验，推动全市主题实践活动深入有效开展。

【**推选省依法治省工作先进单位和先进个人**】根据广东省委办公厅《关于评选表彰广东省依法治省工作先进单位和先进个人的通知》和汕头市委的要求，市直有关单位和各区、县采取自下而上的方法，推荐产生初步人选。市依法治市工作领导小组办公室召集市纪委（市监察局）、市委政法委、市检察院、市司法局、市法制局组成评选审核小组并召开会议。评选审核小组严格按照省规定的评选条件、评选范围和评选办法，注重推选对象的先进性、广泛性和代表性，对各地、各单位预推人选进行全面客观评价综合平衡，提出市推荐表彰依法治省工作先进单位2个和先进个人4名的初步名单，经报请6月21日召开的市委常委会议审议同意后，上报省依法治省工作领导小组办公室。11月3日，省委在广州召开全省依法治省工作先进单位和先进个人表彰大会，通报表彰50个依法治省工作先进单位和100名依法治省工作先进个人。市人民检察院、中共澄海区委被授予‘依法治省工作先进单位”称号；市司法局局长马翔、市依法治市工作领导小组办公室科长许昭煜、龙湖区依法治区工作领导小组办公室主任高汉彬、潮阳区棉北街道平北社区党支部书记居委会主任李良金被授予“依法治省工作先进个人”称号。

【**构建法治汕头宣传教育大格局**】根据省依法治省工作领导小组的部署和要求，结合贯彻中央、省有关部门关于开展2010年“12•4”全国法制宣传日活动的通知精神，汕头市在今年法治广东宣传教育周期间，开展一系列活动，努力构建法治汕头宣传教育大格局：市人大常委会办公室举行法制讲座，邀请深圳大学韩彪教授作《城市公共交通及其立法的基本认识》专题学术报告；市委宣传部、市依法治市工作领导小组办公室、市教育局、市司法局、市普法办开展“与法同行，2010年汕头市学校安全法制教育月”活动，并举行“法治伴我成长”征文颁奖活动；市委宣传部、市依法治市工作领导小组办公室、市中院、市检察院、市司法局、市普法办等单位举办大型法律咨询活动，向市民群众发放法制宣传资料，宣传国家有关法律法规，解答法律问题；市司法局、市普法办、市律师协会、市女企业家协会、市普法讲师团组成“企业法律服务团”开展“送法进企业”，为企业提供法律服务和法律帮助；市司法局、市普法办组织干部群众参加全国百家网站“五五”普法法律知识竞赛，举办交通安全图片巡回展览，制作一批“五五”普法成果展示光盘。

【**创建法治宣传教育品牌**】根据省依法治省工作领导小组办公室、省司法厅关于上报法治宣传教育“一市一品牌”项目的通知精神，9月下旬，市依法治市工作领导小组办公室将“法治文化展示活动日”作为我市法治宣传教育“一市一品牌”项目。即在每年法治广东宣传教育周期间，由市依法治市工作领导小组及其办公室组织协调市直各部门和各区县，动员各方面力量，充分运用各种社会资源，紧密结合地方文化特色，坚持注重面向基层、面向群众、面向社会，通过举办法治论坛、文艺晚会，法治演讲比赛，法治诗歌、民谣、楹联、书法美术、摄影创作比赛，法治图片巡回展览，法治灯谜竞猜，法律咨询活动和法制讲座，扩大宣传教育效果，营造浓厚社会氛围，为幸福汕头建设创造良好的法治环境。

【举办实施《中华人民共和国行政诉讼法》20周年纪念活动】2010年10月1日是《中华人民共和国行政诉讼法》颁布实施20周年纪念日。9月29日，市依法治市工作领导小组办公室举行实施行政诉讼法20周年座谈会，邀请市人大常委会、市中级法院、市检察院、市委宣传部、市法制局及有关行政执法单位负责同志和部分人大代表，就行政诉讼如何更好地发挥职能作用进行研讨，加强行政诉讼各有关机关的良性互动关系，推进全市行政诉讼工作的开展。市人大常委会副主任、市依法治市工作领导小组副组长廖文松到会并讲话。市中级法院与各基层法院行政庭举办行政诉讼法咨询活动，现场解答群众提出的法律问题，发放法律宣传资料。

（许昭煜）

政府法制

【政府立法】根据市政府年度立法计划，市法制局严格按照立法权限和立法程序，加强组织领导，加快立法进度，使政府立法项目成为“十一五”期间最多的一年；完善立法机制体制，促使规章起草沟通协调督办机制进一步完善；创新立法形式，完成规章委托立法项目《汕头市规范行政处罚裁量权规定》；突出政府立法重点，着力保障和改善民生；用好用活特区立法权和较大市立法权，为推动汕头科学发展、建设幸福汕头提供制度保障；认真开展规章清理工作，做到立“新法”与改“旧法”并重。全年共报请市政府提请市人大常委会审议的法规草案6件，报请市政府颁发的政府规章8件，报请市政府颁发的市政府规范性文件10件。

【行政执法监督检查】市法制局围绕市委、市政府中心任务推进政府法制监督，对中心城区城市综合管理进行专项督察巡查；继续大力推行行政执法责任制，组织开展行政执法职权核准界定公告工作，进一步划清权力边界，防止执法推诿扯皮，提高依法行政水平；开展行政执法案卷评查工作，逐渐实现法制监督和自我规范的有效统一；认真办理政府法制监督案件，办结行政执法投诉7宗；组织法律培训3期共494人；开通执法证管理系统用户234个执法单位；核发行政执法证1602份、行政执法督察证26份；巩固查禁公路“三乱”成果，开展治理查禁公路“三乱”暗访36场次，巡查77场次，现场纠正执法不规范行为为18宗，受理并办结案件3宗。

【行政复议和应诉】作为全省行政复议委员会三个试点城市之一，汕头市于2010年成立汕头市人民政府行政复议委员会，11月1日正式挂牌启动运作行政复议委员会试点工作，更好发挥行政复议制度在解决行政争议、化解社会矛盾、建设幸福汕头中的重要作用。2010年全市各级行政机关共收到行政复议申请41宗（立案受理37宗，不予受理1宗，以其他方式处理的3宗），其中向市政府提起的行政复议申请18宗（受理15宗，不予受理1宗，以其他方式处理的2宗）。通过依法办理行政复议案件，有效维护管理相对人的合法权益，更好地维护和谐稳定社会秩序。2010年全市行政机关应诉案件共24宗，其中市政府应诉案件2宗。

【行政机关规范性文件管理】市法制局进一步强化规范性文件的管理工作，做到有件必备、有备必审、有错必纠；组织对《汕头市行政机关规范性文件管理规定》进行修订；开展市政府规范性文件制定和统一发布情况自查工作；市府办、市监察局、市法制局联合开展全市规范性文件统一发布工作情况检查活动，指导相关单位进一步完善本部门规范性文件管理工作。2010年，市法制局向省政府报备政府规范性文件11件；审查市政府工作部门提请法律审查的规范性文件18件；审查各区县政府报备的规范性文件15件，维护法制统一，确保政令畅通。

【行政决策法律审查】市法制局认真履行审查职责，对政府决策事项的合法性、合理性、可行性进行全面分析评估，为政府决策提供优质法律服务，进一步发挥市法制部门在政府法律事务方面的高级参谋、得力助手和合格顾问作用。全年共为政府投资或合作的重大项目，如濠江新城、东海岸新城建设；涉及经济社会发展和群众切身利益的市政府重大决策、具体政务事项；以及有关历史遗留问题的处置等决策事项出具各类审查意见493件。市法制局还协助市编委办依法审查市直部门“三定”方案中的主要职责，共出具审查意见36份，为机构改革的顺利推进发挥重要作用。

（陈盛捷）

政法工作

【维护社会和谐稳定】2010年，市政法委始终坚持稳定压倒一切的方针，不断加大工作力度，切实加强组织领导，大力组织开展矛盾纠纷排查调处活动，坚持矛盾纠纷排查调处信息员制度、零报告制度、排查调处不稳定问题三级网络机制，坚持日常排查调处、定期排查调处、专项排查调处和敏感时期集中排查相结合的排查制度，深入发动全市各地各部门全面掌握、积极排查化解各种矛盾纠纷和群体性事件苗头。加强与公安、国家安全、国土、国资委、教育、卫生、劳动、民政等部门的沟通协作，畅通各种维稳情报信息，全方位掌控维稳动态，把大量的矛盾纠纷调处在基层，化解在萌芽状态。依法妥善处置维稳个案，派出督导组指导南澳县青澳管委维稳信访问题的稳控工作，使该事件可防可控；加大对潮阳区和平镇新龙村与潮南区胪岗镇胪溪村“河头角”纠纷的协调处置力度，促使这一历史遗留纠纷得到阶段性化解。针对全国全省“两会”、上海世博会、广州亚运会特别防护期以及敏感期前后出现的不稳定苗头，启动每日一报机制，预先综合分析研判，加强与各部门的协调联动工作，启动特别防护期机制，对重点问题和重点人员落实领导包案。在上海世博会、广州亚运会等敏感期，全市没有发生暴力恐怖袭击事件，没有发生危害国家安全和社会稳定的重大事件，没有发生到省进京非正常上访事件及大规模群体性事件，全市社会大局持续稳定。

【**开展禁毒人民战争**】坚持“预防为主、综合治理、禁种、禁制、禁贩、禁吸并举”的方针，全面推进全市新一轮禁毒人民战争的广泛深入开展，禁毒宣传教育、禁毒执法、禁吸戒毒等方面均取得显著成效。围绕“依法禁毒，构建和谐”的宣传主题，重点抓好“6·26”国际禁毒日系列宣传教育活动。组织编印《青少年毒品预防教育读本》，下发中小学校及相关单位；印制禁毒宣传图片在娱乐场所、港口、码头、车站广泛张贴；“6·26”集中宣传月期间，组织15项大型活动。与团市委、市教育局把“六一”国际儿童节与集中宣传活动结合起来，在市青少年活动中心举办第二届禁毒图片展览；与市教育局联合在鮀滨职业技术学校举行“小手拉大手，禁毒建和谐”汕头市百万青少年升旗、禁毒宣誓、签名暨赠书仪式。开展娱乐场所及其他公共服务场所涉毒问题专项治理行动，大力整治娱乐服务场所涉毒问题。规范各种管理制度，规范禁毒警示标志、禁毒张贴画、禁毒宣传软件和点歌系统禁毒警示标语软件的悬挂、张贴和安装。建立健全场所业主禁毒自律制度，加强易制毒化学品和“精麻”药品管理，强化对具有成瘾性处方药的监管。协调公安、海关、工商、外贸、食品药品监管等部门，按照“谁主管、谁负责”的原则，加强对易制毒化学品生产、经营、购买、运输以及进口、出口的监督检查。

【**加强社会治安综合治理**】紧紧围绕“保增长、保民生、保稳定”和实现“平安亚运”的总要求，深入推进综治信访维稳中心三级平台建设 全市7个区（县）69个镇（街）、1074个村（居）三级平台均在省要求的期限内完成建设投入运作并发挥巨大作用，较好地实现工作关口前移、前端防范、源头治理、标本兼治的工作目标。全市各镇街中心共受理各类矛盾纠纷1125件，已经调处1050件，调处成功率为93.3%。深入开展以潮阳为重点的社会治安重点地区和突出问题排查整治工作，潮阳区涉枪、涉毒、涉赌、涉拐等治安突出问题得到有效整治，刑事发案同比下降6.1%，刑事破案绝对数同比上升11.6%，社会治安明显好转，全省社会治安重点地区的帽子成功摘除。加强和改进交通、消防安全管理和食品药品、公共卫生、特种设备安全及安全生产监管，加强对易燃易爆、有毒有害和放射性物品及枪支弹药的管理，定期开展隐患排查治理，严防发生群死群伤事故。严格排查管控重点高危人员。运用“平安汕头”中心城区治安视频监控系统891个电子闭路摄像头对重点路段实施全天候监控；完善110、119、122“三台合一”统一接处警综合指挥系统，实施110接警巡逻车全部纳入GPS卫星定位管理系统，与110报警服务台密切联动，在中心城区主要路段开展24小时全天候的网格化巡逻，形成以110指挥中心为龙头的快速反应机制，全面构建“以块为主，覆盖全市、布警合理、处警快捷、多警联动、互相策应”的治安防控体系。以“人、屋、车、场、网”等影响社会治安的五大源头性要素为重点，组织打击“两抢”、“打击盗抢机动车”专业队，加强对案件多发路段的便衣伏击，打击现行犯罪；组织公交车“反扒”专业队，加强对案件多发公交路线的随车打击；改革和加强城乡社区警务工作，规范发展各种形式的群防群治队伍，推进军警民联防联治，落实企事业单位内部安全防范措施，充分发挥750名市政府统招的治安联防队员和各区、镇、村招聘组织的治安联防队伍以及出租车司机、环卫工人、三轮车工友的治安防范作用；开展“铺户联防一条街”活动，完善流动人口服务和管理机制，强化校园安全管理和周边治安环境整治。与市教育、公安、工商、文化、建设、司法、安监等相关职能部门多次联手，对校园周边的安全隐患进行全面排查，对重点区域进行专项整治，严厉打击严重侵害师生人身权利的各类违法犯罪活动和校园及周边地区存在的流氓团伙、黑恶势力。深入推进预防和减少青少年违法犯罪“阳光工程”。加强刑释解教等重点人员的管理服务，安置帮教工作实现连续三年安置帮教人员零重新犯罪率。做好护路治安联防工作，确保铁路运输安全畅通。通过建立健全综治委与纪检、组织、监察、人事部门联席会议制度，社会治安综合治理一票否决权制度。

【**执法督查工作**】加强对重大疑难案件和群众反映强烈的执法问题的协调督办，推动案件依法及时查处，督促政法机关严格公正执法，全年共督办案件117宗，协调案件20宗。以“平安亚运”为中心任务，多措并举，扎实做好涉法涉诉信访案件的化解工作，建立涉法涉诉信访情况每月报送制度，建立各区（县）和市直政法各部门接访、领导包案的情况档案材料，对开展接访不力、化解不力的单位跟踪督促，推动全市涉法涉诉案件化解工作的开展，有效地预防和减少信访人亚运期间到省上访。开展为期2年的“集中清理涉法涉诉信访案件”专项活动和为期3年的“百万案件评查”专项活动，推进积案化解工作；建立起市一级的涉法涉诉司法救助资金制度，接受市一级的司法救助申请5宗，发放5宗，均取得当事人息诉罢访的效果。

【**政法队伍建设**】组织开展“为民公安的足印”主题宣传活动、“恪守检察职业道德、促进公正廉洁执法”主题实践活动和“反特权思想、反霸道作风”专项教育活动，大力加强党风廉政教育，构筑拒腐防变防线。细化执法各个环节的程序性规定，落实重大案件集体讨论审批制度，大力推行网上办案，以信息化促进执法规范化，提高队伍整体执法水平。大力加强执法培训，组织对一线干警进行培训，提高政法干警把握运用政策法律的能力、做群众工作的能力、信息化实战应用能力、舆论引导能力，提高队伍整体执法水平。通过加强政法队伍建设，涌现一大批先进典型，如市公安局巡警支队民警庄宜生荣获“全国公安系统二级英模”称号，市检察院检察长赖德贵荣立一等功，市中级法院获得“全国法院文化建设示范单位”、“全国模范职工之家”称号。

【政法信息网建设】大力推进市、区（县）政法委机关信息化建设，举办政法委机关办公自动化应用培训班，推进机关计算机联网工作，实现市、区(县)政法委办公自动化系统广域网互联和机关办公自动化系统应用。加强汕头政法门户网站信息发布工作，日均更新信息5条，进一步丰富版面内容。按照省检察院的技术要求完成区（县）检察院、法院机房改造设计，协助检察院做好新大楼信息系统搬迁工作。坚持做好政法信息网工程设备设施和网络的运行维护工作，积极配合省政法网办实施重大活动（节日）期间网络封网、设备巡检、每周点名试线等技术保障措施，建立值守、保障、排障等工作机制，确保运维无事故、区域故障迅速排除，大大提升运行保障能力。

【奖励表彰见义勇为】市见义勇为基金会加大表彰宣传力度，继续为全市见义勇为人员投保人身意外伤害综合保险，一年来共投保13.44万元，为见义勇为受伤人员办理保险理赔，使他们得到应有的救助；对勇于同违法犯罪分子作斗争而光荣负伤的干警和群众不定期进行慰问，共慰问维护治安、勇斗歹徒牺牲群众家属和受伤人员14人次，发放慰问金、补助金5.7万元，帮助他们解决生活困难和后顾之忧。在见义勇为中牺牲或负伤致残者的子女，市教育局按其户口所在地优先安排就近入学就读（小学、初中一年级），并在子女入学时给予最低控制分数线再降10–50分（标准分）照顾录取（进入高中一年级就读），市工商、卫生等单位也继续履行奖励承诺，给予见义勇为人员在工商管理、卫生医疗等方面的照顾和优惠，通过一系列措施发挥基金会社团的积极作用，激励更多的群众义无反顾地加入到弘扬社会正气的行列中来。

【纪检监察工作】把党风廉政教育作为纪检监察工作的一项基础性工程来抓，组织开展学习《廉政准则》、纪律教育月活动等各项教育活动，不断增强全委干部特别是领导干部廉洁从政和接受监督的意识。加强领导班子和领导干部作风建设，坚持以党委中心组学习会、纪律教育学习月活动、党风廉政建设责任制考核等为载体，强化领导干部责任意识和廉政意识。认真执行各项规定，先后组织开展对各项活动的清理和违规占用公车和办公用房问题进行专项检查，进一步健全细化机关各项管理制度及配套措施，强化监督机制，深入推进节约型机关建设。组织联合检查组，对全市各级84个政法单位及其工作人员的车辆管理使用情况进行专项检查，查处16辆违法车辆及相关责任人员。配合市纪委对市、区32个党政机关及其工作人员车辆管理使用情况开展专项检查，共查扣套牌假牌、无年审、强制报废等各类违法机动车辆22辆。加强对政法各部门纪检监察工作的指导协调，及时了解政法各单位纪检监察工作开展情况和政法干警违法违纪情况，支持政法纪检监察部门开展案件查办工作，对存在争议的内部违纪违法案件，及时介入，及时提出指导性意见。

【调查研究】开展关于查处套牌机动车适用法律问题的调研，针对社会上一些不法分子通过伪造、变造机动车号牌，买卖、使用伪造、变造的机动车号牌以及遮挡、污损机动车号牌等手段，随意超速和闯红灯，逃避交通技术监控和处罚的问题，就全市关于查处套牌机动车适用法律问题，召开市公检法及综治办参加的协调会，并形成会议纪要，为全市打击买卖、使用伪造、变造和故意遮挡、污损机动车号牌行为提供法律保障。开展防范打击虚假诉讼专题调研，在全面掌握全市虚假诉讼案件的总体情况、主要类型、特征及政法机关在发现、处理虚假诉讼，追究相关当事人法律责任中遇到的问题和困难的基础上，对法院内部制约、防止虚假诉讼提出选定特定案件作为虚假诉讼的“高危”案件，启动特别审查程序；加大对诉讼主体、事实、证据的审查力度等建议，同时对政法部门如何相互配合联动，通过诉讼通报、立法等手段，有效防范和打击虚假诉讼提出对策和建议，并形成调研报告。开展以社会矛盾化解为主题的调研活动，对影响全市稳定的征地、教育、卫生、物业纠纷、重点工程建设等突出问题以及涉军、知青、出租车等群体进行专门调研；先后开展医患纠纷引发不稳定问题、涉疆民族宗教领域、住房与物业管理引发不稳定问题专项调研等活动，就进一步建立健全维稳工作机制，从源头上、根本上解决问题提出意见建议。牵头信访、公安等相关部门，开展维稳应急处置机制的专项调研活动，就到市委、市政府机关非正常上访的情报信息研判、处置程序的启动、指挥权限等方面提出具体工作意见和建议。

（黄晓明　周壮杰）

公安工作

【简况】2010年，全市公安机关在市委、市政府和上级政法公安机关的坚强领导下，稳步有序开展“粤安10”专项行动、社会治安重点地区和突出问题排查整治行动以及“创平安、迎亚运”专项行动等严打整治行动，为实现“平安汕头、平安亚运”和建设“幸福汕头”创造稳定和谐可持续的社会治安。全年公安工作效果彰显，成绩斐然，呈现“五个提升”的良好局面。提升维稳防控能力，稳定社会政治大局。大力开展各类不稳定因素排查化解工作，及时稳控化解一批社会矛盾纠纷，接访调处一批群众来访来信案件，依法妥善处置涉军、涉土等群体性上访乖事事件，确保全市社会政治大局的持续稳定。提升打击破案能力，遏制违法犯罪活动。强化严打措施，重拳打击各类违法犯罪活动，全市刑事发案数同比下降2.7%，破获刑事案件数同比上升27.4%。其中“两抢一盗”发案数同比下降8.7%；破案数同比上升32.9%。抓获网上逃犯人数同比上升80.8%。提升清查整治能力，巩固良好治安环境。大力整治道路交通秩序，全年交通事故发生数同比下降1.5%；集中排查整治火灾隐患，全市火灾死亡人数同比下降60%；集中整治以潮阳区为重点的社会治安重点地区和突出问题，潮阳区刑事发案下降6.1%，刑事破案绝对数上升11.6%，顺利通过省综治委的验收并成功“摘帽”。提升管理创新能力，夯实平安建设基础。坚决贯彻“科技强警”战略，扎实推进“大情报”、“大网监”、“网上作战”、流动人口服务管理、“服务措施一网办”、“工作执法一网考”等社会管理“六项创新”，不断提升公安机关打击防范违法犯罪和服务人民群众的能力和水平。全年社会管理创新工作在全省21个地级市公安机关排名第8名。提升便民为民能力，强化惠民服务水平。坚持服务至上，精简和规范户政、出入境、消防、交管等行政审批和管理事项，不断推出服务窗口办证缴费“一站式”服务、户口网上“一站式”迁移、网上驾驶证核实查询服务等多项便民利民服务措施，提高办事效率和便民利民服务水平。

【粤安10专项行动】从2009年12月25日至2010年3月15日，全市各级公安机关根据省厅“粤安10”专项行动的统一部署，以“创平安春节，促汕头和谐”为目标，强化情报信息掌握和稳控化解工作，有力预防和妥善化解不安定因素，深入推进重点地区治安整治，严厉打击各类违法犯罪，加强社会管理和社会面治安防控，针对治安突出问题，开展“大收戒”、“大清查”、“大清理”、“大整治”、“大缉捕”等五大源头性治安专项整治行动，积极消除安全隐患，确保2010年元旦、春节及全国、全省“两会”期间汕头市社会治安稳定。行动期间，全市共破获刑事案件629起，查处治安案件7467宗。

【亚运火炬传递（汕头站）安全保卫工作】2010年10月21日，汕头市举办亚运火炬传递（汕头站）活动，为做好该活动的安全保卫工作，市公安局成立由市委常委、政法委书记、公安局局长郑通声为组长的安全保卫指挥部，交警、治安、消防等部门提前3个月进入备战状态，多次会同各相关部门前往传递路线进行实地勘查，研究制订安保措施，并于9月29日、10月9日两次组织全市进行亚运火炬传递安保预演活动，从中总结经验、改进安保方法、完善安保措施，数次易稿，分别制订《第16届亚运会火炬传递（汕头站）活动安全保卫工作总体方案》、应急总体预案和火炬传递路线、驻地、起跑仪式、庆典活动和转场等17项活动的安全保卫工作方案、应急处置预案。火炬传递当天，全市公安机关共出动近万名民警、武警官兵和联防队员，对火炬传递路线延射的海、陆二维空间实施安全保障措施，切实做好水面安全警戒、路面交通指挥、治安秩序维护和消防安全、通信网络保障等工作，确保亚运火炬（汕头站）传递圆满完成。

【大案要案侦破工作】2010年，全市公安机关不断提升打击破案能力。全年破获“平安亚运十大行动”省厅挂牌督办案件17宗，完成率85%，超全省平均水平2.7%；命案破案率达到91.1%；共抓获网上逃犯同比上升80.8%；共打掉黑恶势力团伙24个；其中侦破以辛和东、辛朝森为首的黑社会团伙案件，抓获涉案犯罪嫌疑人23名。涉枪案件破案率89.8%；其中侦破公安部督办的以澄海区王建敏等6名涉嫌走私制贩仿真枪为犯罪团伙的“10•21”涉枪专案。严厉打击“两抢一盗”多发性侵财型犯罪，破获“两抢一盗”案件一大批；其中侦破潮阳区“20100318”林伟等人被拦路抢劫案、潮南区“20100326”两英镇居民邱香珊被入室抢劫案、金平区“20100811”入室撬盗保险柜案和龙湖区“20101003”越南华侨财物被盗窃案等省厅督办的案件。打击假币犯罪活动；其中成功抓获公安部A级通缉假币逃犯陈桂春。严打国际走私毒品犯罪活动；其中成功侦破“70614E”特大跨国走私毒品案，公安部部长孟建柱专门为此案的成功侦破签发嘉奖令。

【六项创新工作】2010年，全市公安机关根据省厅创新社会管理工作部署，结合汕头公安工作实际，各警种密切配合，通力协作，采取强有力措施，扎实推进“大情报”、“大网监”、“网上作战”、流动人口服务管理、“服务措施一网办”、“工作执法一网考”等社会管理“六项创新”工作，夯实和谐社会平安建设基础。在全省公安机关社会管理创新工作（粤东片）演示比武中，市公安机关“六项创新”成绩十分骄人，集体总分和派出所类、交警类两个单项分均在粤东六市中位居第一。全年社会管理创新工作在全省21个地级市公安机关排名第8名。推进“大情报”平台建设和应用工作，提升重点人员查控、抓捕率。全年依托“大情报”平台成功抓获重点人员一批。完善“大网安”格局，全面提升网络社会管控能力。先后建立网上警务室70多个，全面管理全市2000多个网上社区，建立警察公共关系联络员300名、网络评论员140名，网络舆情掌握、应对和导控能力不断提升。强化“网上作战”平台建设和运用。加强“网上作战”平台和专业化队伍建设，全面启动犯罪情报与社会公共资源信息的采集、整合与运用工作。全年依托“网上作战”平台成功抓获一批网上逃犯。四是全力推进居住证制度，全面开展“百日排查”行动，强化出租屋和流动人口服务管理，受理制作居住证17万多张，提前超额完成省厅下达的全年居住证制证任务。全面推行“工作执法一网考”，落实绩效考核与民警提拔晋升、评先评优、经济奖励“三挂钩”。进一步调动民警的工作积极性，提升公安工作效能。“三挂钩”奖励经费全部落实。创新警务服务模式，大力推行网上便民服务，拓展网上办事功能，不断提高群众满意度。完成公安政务网站进行改版升级，“平安汕头”新网站具有公安政务信息公开、网上服务和警民互动三个功能，开通身份证办理进度、出入境业务受理、车管证件查询、网络安全报警、计算机信息安全网上备案服务等五项服务内容。

【打击电信诈骗犯罪】2010年，全市公安机关进一步打击和防范电信诈骗犯罪行为，遏制电信诈骗犯罪高发势头。2010年7月至年底，刑警支队在全市范围内牵头从市局有关部门抽调警力组成市局打击电信诈骗专业队，加强全市电信诈骗犯罪的研判和打击力度。各警种、各部门、各公安分局密切配合，通力协作，形成强大的战斗力，极大地威慑了电信诈骗犯罪分子。同时，为逐步建立打击防范电信诈骗犯罪的长效协作机制，7月14日，刑警支队专门邀请全市电信、移动、联通以及多家银行机构的领导，召开联席会议研讨建立长效协作机制的相关工作，抓紧构建全市打击电信诈骗协作机制。专项行动期间，全市共查破电信诈骗案件24宗，涉案金额人民币101万元，抓获犯罪嫌疑人30名，打掉团伙6个，缴获赃款赃物一批。

【“打拐”专项行动】2010年，全市公安机关根据拐卖犯罪活动的新动态和新特点，积极采取相应的打防措施，加大打击力度，深入推进反拐斗争，广泛开展排查行动，快侦快破一些重大拐卖犯罪案件。“打拐”行动期间，全市公安机关共侦破拐卖儿童妇女案件11宗，抓获犯罪嫌疑人18名，解救被拐儿童11名，被拐妇女11名。全市“打拐”工作在2010年全省刑侦工作考核评比中，取得单项第7名的好成绩。

【打击经济犯罪】2010年，全市公安经侦部门结合“公安创新社会管理”、“粤安10”、“创平安、迎亚运”、打击假币犯罪“09”行动、打击整治发票犯罪“深入行动”等专项活动，充分发挥经侦部门的职能作用，主动积极采取各种行之有效的措施，开展防范和打击工作，整顿和规范全市市场经济秩序。全年共受理各类经济案件261宗，立247宗，破218宗，涉案金额人民币5201.58万元，挽回经济损失773.83万元；刑拘涉案犯罪嫌疑人351名，已逮捕157名，为外省市和本省兄弟市协查各类经济案件111宗。

【禁毒行动】2010年，全市公安禁毒部门扎实有效开展各项公安禁毒工作，打击效果取得突破性进展。全年共破获毒品刑事案件同比增加73%；抓获毒品犯罪嫌疑人同比增加57%；完成省厅下达收戒吸毒人员指标的145%；缴获毒品、制贩毒工具、制毒原材料一批。全年公安禁毒绩效考核在全省21个地级以上市排名第一。

【缉枪治爆】2010年，全市公安治安部门在全市范围内开展治爆缉枪专项行动。严厉打击各类涉枪涉爆涉剧毒涉放射性违法犯罪活动，严密防范管控，着力解决影响和制约爆炸物品、枪支弹药、剧毒化学品、易制爆化学品、放射性物品、管制刀具等危爆物品安全管理的源头性、根本性、基础性问题，确保“不炸响、不打响、不流失，不发生影响恶劣、危害严重的重大案件、事故”，为2010年广州亚运会及全市社会治安创造良好的治安环境。从专项行动开始截止2010年底，全市共排查整治涉爆单位45家、剧毒从业单位31家、放射性物品单位15家，出租屋及其他复杂场所1300多家，排查涉爆重点人员15人，落实监控措施15人，发现隐患15处，落实整改15处，查获涉枪犯罪案64宗、涉爆案件4宗，抓获犯罪嫌疑人114名，收缴非制式枪支29支、子弹1071发、塑料仿真枪84060支、管制刀具114把、黑火药2.1公斤、黄色炸药17.25公斤、导火索304.5米。

【特种行业监管】2010年，全市公安治安部门紧紧围绕“粤安10”、“百日排查”、“三非外国人管理”、“娱乐、服务场所禁毒”、“严厉打击制贩假证”、“公安机关治安主要基础信息集中采集”等专项行动为中心，抓规范管理，强化检查与督导、网上巡查与实地抽查、明查与暗访相结合的工作模式，认真履行对行业、场所的治安管理职责；抓信息系统建设，加强对治安主要基础信息集中采集工作，拓宽情报信息来源，提高了全市公安机关的治安防控能力。为提高汕头市旅馆业治安管理和服务水平，按“属地管理”原则及“就近处警”原则，将金海湾大酒店、帝豪酒店、君华酒店、龙湖宾馆、汕头国际大酒店、市中旅社、汕头嘉和海景酒店、鮀岛宾馆等8家宾馆的治安管理权限和职责下放属地金平、龙湖辖区公安机关管辖。

【校园周边治安整治】从2010年4月30日开始，全市各级公安机关组织开展校园安全防范及周边清查整治工作的行动。行动中，各级公安机关积极争取当地政府的支持，与教育、消防等部门联动，切实形成“党委政府牵头、公安教育主抓、职能部门协作”的横纵联动、形成合力的齐抓共管局面，共同维护校园安全稳定。建立健全校园及周边社会环境和治安交通秩序的巡防机制；全面排查五类情形（校园无证照、无校门、无围墙、无监控设施、无配备两名以上保安）和七类重点人员（被学校、幼儿园辞退、解聘的教职员工；被学校开除的学生；有精神病史的教职员工、学生；与学校、幼儿园有利益矛盾、曾上访且有问题没得到解决的；学校师生员工被判刑后的刑释解教人员；教职员工家庭成员长期不和、平时有暴力倾向的；师师、师生、师校、生校之间存在重大矛盾、有不稳定苗头的），健全涉校事态和高危人群的化解稳控机制；深入推进校园人防、技防、设施防、制度防“四位一体”的安全防范长效机制；采取综合措施进行集中整治，净化校园周边环境等措施。行动以来，共检查中小学校27860间次和幼儿园9822间次，发现隐患836处，发出整改通知书份数257份，切实做好学校、幼儿园及周边安全防范工作，确保校园安全平安。

【网络安全管理】2010年，全市公安网警部门围绕“平安汕头”和“平安亚运”等为工作重点，切实履行网警部门的管理职责，着力构建全市“大网安”工作格局，取得“舆情导控工作得以加强，网络维稳能力不断提高。”的良好效果。提高网上见警率和管事率为核心扩大网上布警面；建立六大重点信息数据库；建立9个骏景模式网上警务室；开展基层网安指挥调度室建设，提升全市互联网安全管理水平，圆满完成2010网上严打整治等多个专项行动及亚运期间的网上信息安保任务。利用网络技术破获案件一大批，抓获各类违法犯罪人员一批，特别是在侦破公安部督办“706”特大赌博专案中，一举摧毁盘踞于粤东地区的赌博犯罪网络。

【巡警工作】2010年，全市公安巡警部门紧紧围绕“平安汕头、“平安亚运”的工作目标，大力推进队伍的规范化、信息化建设，构建和谐警民关系，不断完善路面动态巡防机制和快速反应机制，有效开展治安巡逻防控，积极参与社会治安和交通整治，部署专门警力严厉打击“两抢一盗”等路面违法犯罪，强化处突演练，及时妥善处置各类群体性事件，圆满完成亚运火炬传递、“山治会”、“潮青会”等各项安全保卫工作。全年支队共出动巡逻警力19086人次，巡逻车辆4452辆次，接处警1062起，查破各类案件72起107人（其中网上通缉人员2人），打掉犯罪团伙6个，缴获作案工具及赃款赃物一大批。

【特警工作】2010年，全市公安特警部门充分发挥特警职能作用，提高快速反应能力，切实抓好突发性事件预防和处置工作，出色地完成各项安全保卫工作。全年特警支队参与处置群体性事件19场次，出动警力958人次；参与大型活动安全保卫20场次，完成首长警卫安全保卫任务3次，赴广州参加第16届亚运会开幕式要人警卫工作2次，出动警力共2668人次；成功参与指导、排除爆炸装置4次。

【110接处警工作】2010年，110报警服务台共接受群众报警、举报、求助等176753起，其中接报刑事警情16080起，治安警情16965起，通过快速处警，破获案件9495宗；抓获违法犯罪嫌疑人5948名；调解各类纠纷22638起，解决群众求助事项85151起。110报警服务台在全省公安情报信息报送工作考核中，排列全省第六名；在公安机关社会管理创新工作考核中，取得优异成绩，名列全省前茅；在全市应急管理工作考核中，名列全市第一名；连续11年被共青团中央、公安部授予“全国青年文明号”荣誉称号，成为全国公安系统唯一一个连续10年以上获此殊荣的集体。

【道路交通管理工作】2010年，全市公安机关交警部门围绕“抓安全、保畅通、促和谐”为主题，大力整治道路交通秩序，深入宣传教育交通安全，增设交通安全设施和推广应用交通科技信息，创造和谐安全、畅通有序的道路交通环境，圆满完成亚运火炬传递、“山治会”、“潮青年会”等重大活动的交通安全警卫任务。全年全市共发生道路交通事故540宗、死亡194人、受伤518人、直接经济损失196.67万元，与去年同期比分别下降9.09%、1.52%、9.76%、1.45%；全年新增机动车100025辆，全市机动车保有量764089辆，驾驶人保有量802214人。有效预防交通事故。推出重大事故隐患排查和定期分析制度、宣传教育制度化等18项具体措施，落实安全防范和整治措施；充分发挥市预防事故联席会议的主导作用，加强与安监、交通等部门的联系和配合，排查治理事故危险路桥点段47处，积极推进封闭治理不合理公路中心缺口。严厉整治交通秩序。开展整治泥头车、校车、客货运车辆、危运车、拖拉机等六类重点车辆，整治酒后驾驶，整治机动车涉牌涉证，整治机动车乱停放和整治非法机动车等一系列专项整治；授权并协调组织各公安分局、派出所参加交通秩序整治，推出交警强化上路堵查，公安分局、派出所强化路外停车场清查整治的新举措。2010年全年共查处机动车交通违法行为93.8万宗，纠正非法机动车、行人违法14.9万宗，拘留交通违法人员1604人；组织销毁无牌无证、报废等非法车辆1.2万辆。大力优化城区交通。全年共新建、增设交通信号灯16套、交通标志273套（块）、隔离护栏335幅1100米，施划、翻新交通标线9.93万平方米折合496.5千米，新建、投入区间测速设备22套、交通信号灯监摄设备8套、行人过街语音提示设备208套，在中心城区设置道路临时停车泊位5968个。积极推进中心城区摩托车综合治理，调整、重新划定“禁摩”城市中心区域范围、过境摩托车行驶路线并公布实施，制定、推出中心城区“限摩”、“禁摩”时间表；调整、扩大中心城区大货车限行、禁行范围和线路。道路智能交通监控系统建设进入实质阶段，已完成首期工程的立项、设计并进入公开招标，开发应用交通信息综合查询系统、非现场处罚决定书打印系统等一批软件系统。进一步提高管理水平，优化交通流组织，规范交通行为。广泛宣传交通安全。推行“文明交通行动计划”，认真落实交通安全宣传进单位、进农村、进学校、进社区、进家庭的“五进”措施，开展创建“文明示范路”、“文明示范区域”等各类主题宣传活动；与各新闻媒体合作，改版、扩大各类专栏、专版，增加、延长专题节目、公益广告播出次数和时间等，扩大交通安全宣传的普及面，扩大宣传影响。大胆创新交通管理。推出本市交通违法“一站式”处理，机动车及驾驶证信息变更备案和查询、交通违法及事故处理情况查询、业务办理查询、业务表格下载网上办理等一系列便民措施；进一步推进提交身体条件证明“一站式”服务，联网医疗机构增至2家；在汽车品牌专营店、二手车交易市场增设5家机动车登记服务站，方便群众就近办理车管、驾管业务。

【户政管理】2010年1月1日，汕头市推行居住证领导小组办公室在市区南国商场前举行《广东省居住证》首发仪式，市政府常务副市长罗仰鹏为首批十位流动人口代表颁发《广东省居住证》，标志着《暂住证》在广东省正式退出流动人口管理领域，对流动人口管理实行居住登记和居住证制度。《广东省居住证》一证全省通用，实行“一证通”管理，当年全市共制发《广东省居住证》191012张，极大地方便人民群众，具有深远的意义。同时全市公安户政部门为夯实第六次全国人口普查工作基础，5月15日至8月31日全市各级公安机关全面开展户口整顿工作。期间，共核对常住户口1158571户，常住人口5225607人（含户口待定157335人），暂住人口154050人，境外人员1690人，变更更正户口登记项目57885项；为方便群众，7月1日在全市全面推行“一站式”户口迁移工作机制，市民办理户口迁移，符合迁移条件在户口迁入地派出所即可办妥。“一站式”户口迁移，标志着户口迁移需先到迁出地派出所办理迁出、再到迁入地派出所办理迁入管理模式退出户口管理领域；为提高服务效率，市局户政科对户口审批权限及审批期限进行调整。11月1日，市局户政科负责审批的中心城区投靠类入户、婴儿随父入户、未落户常住户口小孩入户、回原籍入户、招生入户、申请“农转非”改变户口性质、申请增加曾用名.更改姓名.籍贯、经出入境部门批准来汕人员的入籍.复户、本市生源退学回迁等九项审批权限下放分局及派出所，并将审批期限超过30个工作日全部压缩在30个工作日内。

【出入境管理】2010年，全市公安出入境管理部门继续深化文明窗口建设，创新管理理念和拓宽工作思路，强力推进网上申请便民举措，打造互联网服务平台，实现24小时全天候受理。全年共审批签发、签注各类出入境证件396565份，同比增长37.36%；积极主动配合上级部署，推出为台湾居民补发、换发5年有效台湾居民来往大陆通行证服务，使在汕台胞出入境、居留、旅行更方便；加强在汕外国人动态管控工作，探索建立外管工作制度，积极开展“外国人融入社区”活动，延伸服务平台；推进“大外管”工作机制建设，多部门联动，强化外国人管理基础工作，大力开展清查“三非”外国人专项行动，为上海世博会和“亚运会”成功举办营造良好的涉外治安环境。

【警卫工作】2010年，全市公安警卫部门坚持以“安全第一、绝对安全”为己任，进一步严密各项安全警卫措施，对住地、路线、现场和随卫等各个关键环节作详细策划，缜密部署，精心安排，有效实施，确保每项警卫保卫任务万无一失和圆满完成。全年共完成各项安全警卫保卫任务137批7800人次，历时298天次，安全行车护卫20315公里，其中二级警卫任务5批199人次、三级警卫任务9批349人次；安全保卫任务123批（含重要会议、大型活动）7252人次。确保党和国家领导人汪洋、田纪云、杨汝岱、李蒙、罗豪才、罗富和、周伯华，澳门特别行政区特首崔世安，以及国际知名人士李嘉诚等莅汕考察调研和参观访问的绝对安全。

【法制工作】2010年，全市公安法制部门有效地运用法律手段指导各项工作，规范执法行为，提高执法能力和水平。全年法制部门加强案件审核把关工作，共审核各类刑事强制措施5761人，其中刑事拘留5388人，取保候审366人，监视居住7人；审核行政处罚19564人；审核审批劳动教养157人，少年收容教育3人；办理行政复议案件16宗、受理国家赔偿案件1宗，参与行政诉讼案件1宗；办理建议、提案35件、议案1件。同时推进执法规范化建设，制订《汕头市公安机关深入推进执法规范化建设意见》、《汕头市涉案死亡人员尸体处理办法》等执法制度；积极推进法制信息化建设；抓好执法规范化考评工作；抓好法制服务和保障工作；积极参与地方立法工作，起草《汕头经济特区道路交通安全条例》，对市政府有关单位转来的各类法规、规章征求意见稿共123份，认真研究并提出修改意见。

【预审监管工作】2010年，全市公安预审监管部门严格按照法律程序，又好又快审理审结案件，灵活采取集中警力，快速入手，迂回渐进，各个击破的审讯策略，智审快结特大跨国毒品走私等重要案件。全年共办理刑事案件86宗，逮捕75人，审结移送起诉67宗112人，深挖犯罪案件5宗，扩捕3人。其中，成功快审快结公安部交办、涉案人员众多、案情极其复杂敏感、涉案金额达十多亿人民币的特大跨国毒品“70614E”走私专案。全市公安监管场所开展社会管理创新活动和集中整治执法过程中涉案人员非正常死亡问题专项活动，采取强有力的措施，确保去年全市监所安全无事故；潮阳区新看守所于2010年12月30日顺利搬迁投入使用，占地面积70亩，设计容量为1200人；市编委于2010年12月1日批准全市各区、县监所升格为副科级；2010年12月，澄海区看守所被评为全国公安监管部门信息技术应用先进单位；汕头市拘留所迁建工程的设计与立项全面启动。

【信访工作】2010年，全市公安机关各级信访部门坚持以“亚运”安保信访维稳工作为中心，有效地化解一批群众信访问题，维护正常信访秩序，确保全国、全省“两会”、上海世博会、广州亚运会期间汕头市社会大局和治安持续稳定。以“平安亚运”为目标，全力做好涉警信访问题的排查化解。全市共排查38宗涉警信访问题，均已全部化解，化解率100%。坚持局长接待日制度，切实为群众排忧解难。郑通声局长率局班子成员及其他业务部门负责人在接访室全年共接待来访群众197批402人次。对接访人信访案件均落实责任单位和责任人，要求各承办单位必须认真对待，积极抓紧办理，做到事事有回音、件件有结果。认真开展“基层大接访”、“信访积案清理”、“案件评查”、“四访”等活动。深入细致做信访群众的解释和疏导工作，依法解决信访合理诉求，主动化解矛盾纠纷，最大限度地解决信访突出问题和减少信访积案存量。2010年，市局和区县两级信访部门共受理群众来信1217件次，共接待来访群众813批次。

【公安宣传】2010年，全市公安宣传部门紧紧围绕公安中心工作，创新宣传理念、宣传形式和宣传内容。充分挖掘、有效整合新闻资源，精心组织各级媒体开展声势浩大的宣传报道和舆论引导工作，稳步推进公安文化建设，提升汕头警队的“软实力”和“综合警力”，加快“服务措施一网办”工作进度，提高公安机关便民和利民服务水平，积极推进警察公共关系建设，密切警民和谐关系，圆满完成全年的各项公安宣传任务，取得显著成效，为创建“平安汕头、和谐汕头、幸福汕头”营造良好的社会治安氛围。汕头公安机关在各媒体上发表的稿件 2972篇，其中《人民公安报》、《法制日报》等中央媒体280篇，广东电视台《社会纵横》、《南粤警视》、《南方日报》、《羊城晚报》等省级媒体417篇，《汕头日报》、汕头电视台等市级媒体2275篇；全年共召开新闻发布会、通报会场30场，拍摄《汕头警声》专题片共52期，配合市局有关业务部门制做工作电视专题36个；登录“平安汕头”网站浏览办理业务的网民多达二百多万人次，收集网民咨询等信息1770条，回复1701条，回复率达96%，在新浪网“平安汕头”微博发贴347篇，已有粉丝9242名。

【警务督察】2010年，全市公安机关警务督察部门充分发挥督察的职能作用，围绕中心工作，认真开展网上督察、预警防范和维权工作，有效地保障各项警务工作措施的落实，促进全市公安队伍的正规化建设。全年公安机关各级警务督察部门共出动警力5693人（次），组织专项督察活动213次，开展现场督察2014场（次），开展网上督察946.5小时，督查单位2522个（次），督察民警5168人（次），上路检查各类车辆823辆（次），检查用枪单位328个（次），编发警务督察通报11期，督察文摘8期。

【公安信息】2010年，全市公安科技信息通信部门以“情报信息主导警务”理念为导向，全面推进金盾工程二期建设和社会管理创新工作，全面提升汕头市公安科技信息通信建设与应用以及信息通信运行保障工作整体水平。按高标准严要求完成情报信息综合应用平台——重点对象管控子系统的建设安装部署工作，实现部、省、市三级的应用联动；坚持不懈抓信息通信运行管理服务保障工作，确保此项工作在全省前列。积极开展公安“科普活动周”活动，扩大全体民警科技强警的视野。

【警务保障】2010年，全市公安装备财务部门、服务中心按照“保障有力、管理规范、基础扎实、服务到位”的工作目标，紧紧围绕上级的工作部署，圆满完成各种治安交通设施等基本建设项目，为公安工作提供有力的后勤保障和良好服务。突出重点，做好经费保障工作；积极争取落实各项经费，认真贯彻厉行节约要求，严格审核各项经费开支；完善装备，加强公安警用设备建设；增购警用网络设备、警用技术装备、警用交通工具及警械器材一批。

【队伍建设】2010年，全市公安政治部门以科学发展观为统领，狠抓公安队伍思想政治、党风廉政建设。坚持正确用人导向，提高选人用人公信度。一如既往尊重劳动、尊重人才、注重绩效和注重公平。全市公安队伍各方面建设上新台阶，警队的凝聚力和战斗力得到加强。规范机构设置，大力整合警力资源。制定并报市政府批准《汕头市公安局职能配置、内设机构和人员编制规定》，完成市局新一轮机构设置工作。进一步推进并落实民警绩效考核与经济待遇、晋升晋职三挂钩工作。在金平、龙湖、潮南分局选拔提任股级干部中，贯彻“考核结果与晋职晋升相挂钩”的规定。认真做好民警职务套改，解决职级待遇问题。出台汕头市人民警察警员职务套改实施细则，为5172名民警进行职务套改，其中，得到高套的有4585人。严格按照规定做好民警招录工作。公安机关有关人事部门经过笔试、体能测试、面试、体检和政审等环节，最终实录74名大专以上毕业生，及时补充基层紧缺人才。积极做好先进典型表彰奖励工作。8月份，汕头市委、市政府和广东省公安厅在汕头联合召开庄宜生同志先进事迹报告暨二级英模命名表彰大会。此外，全年共表彰各类立功受奖集体和个人共82个单位、790名个人。扎实开展民警教育训练。举办各种专题培训，全年共有1322人次参加各种训练班。在全体党员中积极开展创先争优、“抓落实、促发展”等主题实践活动，抓好基层公安党建工作制度落实。

【警察协会工作】2010年11月25日，汕头市警察学会在市公安局召开第三次会员代表大会。主要内容是听取第二届警察学会工作报告，选举第三届警察学会包括名誉会长、会长、副会长和秘书长在内的领导机构成员和理事会成员，审议修改汕头市警察协会章程。并更名为汕头市警察协会，同时大会选举产生市公安局党委副书记、副局长宋荣生同志等90名同志为第三届理事会成员。学会第三届理事会选举产生市委常委、政法委书记、公安局长郑通声同志为名誉会长；市公安局党委副书记、副局长宋荣生同志为协会会长，市公安局党委委员、纪委书记马汉辉，市公安局党委委员、政治处主任郑立波等六位同志为协会副会长；局副调研员黄伟荣同志兼任协会秘书长。2010年，警察学会认真做好学会刊物《汕头警坛》的编辑工作。共编发4期《汕头警坛》，刊发理论调研文章50多篇、警讯30多篇、小说散文10多篇、摄影书法作品100多幅。

【文化讲坛】2010年，全市公安机关认真贯彻汕头市委关于推进学习型党组织建设的决策，精心组织开办“汕头公安学习讲坛”，拓宽队伍整体素养和能力提升的途径与渠道，使其成为构建学习型公安警队的重要载体和平台。学习讲坛自2010年11月初正式启动至2010年12月底共办6期，在主会场和各分会场听讲的公安民警7800多人次。2010年12月25日，国际著名刑事技术专家李昌钰博士应邀到第六期“汕头公安学习讲坛”作《物证科学与刑事侦查》专场讲座。学习讲坛蜚声警队内外，办成汕头公安的品牌，构成警营的一道亮丽风景线。

【办公环境建设】2010年，全市公安机关认真做好全市警营办公场所总体规划，按照“功能齐全、布局规范、设施先进、外观庄严”的原则，统一规范全市公安办公场所建设。大力加强市局大院绿化，创造生态警营；完善大院内公安文化、体育设施等建设项目。做好刑事技术粤东汕头分中心、汕头市看守所专门监区、交警驾驶员考试科目及配套工程等项目建设，为干警创造良好办公和工作环境。

【武警保卫工作】2010年，汕头武警支队紧紧围绕建设现代化武警这个中心目标，完成以执勤、亚运安保为中心的各项任务。全年共担负临时勤务93起，出动兵力共10161人次，其中，押解勤务46起，等级警卫勤务7起，法院宣判警戒2起，处置群体性上访事件34起，亚运安保勤务1起、亚运火炬传递安保勤务1起，亚帆赛机动备勤1起，城市武装巡逻1起，各项任务均圆满完成。

【边防保卫】2010年，汕头市公安边防支队坚持以科学发展观为统领，有条不紊、扎扎实实地开展各项边防保卫工作。超常规攻坚奥运安保，共出动警力27759人（次）、车辆14819台（次），船艇504艘（次），破获各类刑事案件177宗，抓获违法犯罪嫌疑212人，缴获枪支12把、子弹21发、霰弹700粒；大动作深化爱民固边，共走访辖区群众54175户（次），168072人（次），其中走访贫困户920户（次），孤寡老人590人（次），外来工16775人（次），渔船民12410人（次），走访特种行业2095处,向弱势群体赠送慰问金和物品折值5万多元，救助群众48名，帮助群众排忧解难1677次，化解群众纠纷192起。大力气推进“三基”工作，大综治维护辖区稳定，部队全面建设项目得到持续稳步发展，边防辖区未发生重大群体性事件和重大恶性刑事案件；全年边防支队共立刑事案件403宗（同比下降4.1%），破238宗，受理查处行政案件589起；抓获各类违法犯罪嫌疑人387人，其中网上追逃22名，查获走私案件14宗、案值约257.5万元；监护管理来靠台湾渔船83艘（次），人员281人（次）；开展海上救助38次，救助渔船民65人；全力做好“南澳Ⅰ号”安保工作。2010年6月10日，支队成功破获涉台重大海上非法买卖爆炸物品案，抓获犯罪嫌疑人6名，缴获炸药351公斤，受到广东省公安边防总队的一致好评和表彰。

【消防管理】2010年，汕头消防部队认真抓好各类重点工作，有效预防较大以及群死群伤恶性火灾事故，确保全年度特别是广州亚运会期间消防安全形势和队伍内部双稳定。完善消防设施配备。营房装备建设步伐加快，提请市、区两级政府对辖区内火灾隐患比较突出的13个镇（街）进行挂牌督办。2010年底市政府组织对潮南区峡山街道和澄海区凤翔街道均验收合格。在全省率先完成1个市综合应急救援支队和8个大队组建任务，完成119指挥中心升级改造，完成远程消防设施监控系统、视频监控系统以及GPS车辆管理系统建设。夯实消防安全基础。推动市政府将构筑社会消防安全“防火墙”工作部署到镇（街）一级，提请市政府制定下发《汕头市“三合一”火灾隐患举报制度》。全面落实各项防火基础建设。2010年，全市各村居新建1960个市政消火栓，并组建78支多种形式消防队伍，督促所有重点单位实施“一对一”监督管理；大力开展各类专项整治行动。2010年1至12月份，共发生火灾40宗、死10人、伤7人、损失515.46元，比2009年同期分别增长5.3%、降低60.0%、增长40.0%和82.3%。创新消防铁军勤务。完成4支灭火救援专业队以及8类攻坚组建设着力构建勤务新机制，勤务实战化水平显著提升。2010年，全市消防部队共接警出动1796起，抢救被困人员358人，疏散被困人员1503人，抢救财产价值6327.3万元。2010年，汕头消防支队被公安部消防局评为“五无先进支队”、“建国六十周年消防安全保卫先进集体”，1人被评为“亚运安保先进个人”，1人被评为“全国公安消防部队优秀共产党员”，1人被评为“全国优秀共青团员”。

（郑康宏 林丽华 肖淳侨）

检察工作

【简况】2010年，全市检察机关坚持“强化法律监督，维护公平正义”检察工作主题，深入推进社会矛盾化解、社会管理创新、公正廉洁执法，不断强化法律监督、自身监督、高素质检察队伍建设，强化服务大局，提升保障幸福汕头建设的能力和水平。围绕市委提出的战略任务和奋斗目标，调整、完善和落实为经济发展服务的措施，制定《服务和保障加快经济发展方式转变的工作意见》，提出要做到“五个着力服务”：着力服务产业结构优化升级、着力服务自主创新、着力服务生态文明建设和可持续发展、着力服务社会主义新农村建设、着力服务经济社会协调发展；做到“六个方面见实效”：严格掌握法律界限、在确保办案质量上见实效，改进办案方式方法、在增强办案效果上见实效，建立沟通协调机制、在形成工作合力上见实效，创新联系企业机制、在服务经济发展上见实效，加强检察队伍建设、在提高履职能力上见实效，切实加强组织领导、在狠抓工作落实上见实效；积极营造“五种环境”：稳定和谐的社会环境、规范有序的市场环境、风清气正的政务环境、公平正义的法治环境、宽松包容的发展环境，全面服务汕头市经济平稳较快发展。加强知识产权司法保护工作。着眼服务创新型社会建设和市创建国家知识产权示范城市工作，成立知识产权司法保护调研小组，深入企业和有关职能部门调研，形成调研报告，向市委、市人大呈报加强汕头市知识产权司法保护工作的意见，商请市政协开展专题视察，得到高度重视和肯定。研究制定《加强知识产权司法保护的工作意见》，统一执法思想，提出要坚持“五个有利于”：有利于增强企业市场竞争力，有利于规范市场经济秩序，有利于增强社会自主创新能力，有利于优化投资软环境，有利于扩大对外开放；做到“五个到位”：思想认识到位，执法办案到位，法律监督到位，服务措施到位，宣传工作到位；做到“五项创新”：创新行政执法与刑事司法相衔接机制，创新“网上衔接、信息共享”机制，创新检察职能向基层延伸工作机制，创新保护知识产权专业人才培养机制，创新与全国各地检察机关司法协作机制。充分保护企业合法权益，营造有利于自主创新的法治环境。编印《强化法律监督，保护知识产权》宣传手册，在金平、澄海、潮南等科技创新企业比较集中的地方举办咨询宣传活动，增强企业通过司法渠道保护知识产权的意识和能力。创新服务方式，在澄海玩具协会试点设立保护知识产权检察联络点，为企业提供法律咨询、控告申诉、维权援助的“绿色通道”。强化法律监督，坚决打击侵犯知识产权犯罪。扎实开展扶贫开发“规划到户、责任到人”工作。深入推进挂钩帮扶濠江区礐石街道松山社区的各项工作措施，确定由市检察院22个党支部111名党员同志挂钩111户贫困户。多方筹集资金，改造危房，完善设施，改善村容村貌，帮助发展集体经济，年底有66户贫困户实现脱贫目标。

【**刑事检察**】依法严厉打击刑事犯罪。2010年，全市检察机关共批捕各类刑事犯罪嫌疑人3699人，起诉3716人，努力维护社会治安大局稳定。积极开展除恶打黑、严打整治专项工作，全市共批捕故意杀人、绑架、强奸等严重暴力犯罪嫌疑人617人，起诉569人；批捕抢劫、抢夺、盗窃犯罪嫌疑人1309人，起诉1394人。落实宽严相济刑事司法政策，完善轻微犯罪案件快速办理和刑事和解机制，对初犯、偶犯、未成年犯、老年犯中犯罪情节轻微的人员，依法适度从宽处理，共对没有逮捕必要的78名犯罪嫌疑人不批准逮捕，对情节轻微的74名犯罪嫌疑人决定不起诉，促进执法办案向修复社会关系延伸，最大限度减少社会不和谐因素。依法打击破坏经济秩序犯罪活动。全年共批捕走私、金融诈骗等破坏市场经济秩序犯罪嫌疑人205人，起诉229人。在依法惩治犯罪的同时，注重把握法律政策界限，改进办案方式方法。

【**查办职务犯罪**】2010年，全市检察机关不断加强和改进查处职务犯罪工作，推动工作实现“力度大、质量好、效率高、效果佳”的科学良性发展。建立侦查一体化机制，实行全市案件线索统一管理、侦查人才统一调度；健全侦查内外部协作机制，形成打击职务犯罪的工作合力，保持惩治腐败的高压态势。依法查办贪污贿赂和渎职侵权职务犯罪。全市检察机关共立案侦查贪污贿赂案件52件81人，其中大要案42件66人，涉案处级干部2名、科级干部9名，涉案金额5万至10万元的11件18人，10万至100万元的26件37人，100万元以上的5件11人。所立案件中，贪污案20件41人，贿赂案17件21人，挪用公款案15件19人。侦查终结56件85人（含积案），移送审查起诉46件74人；通过办案为国家和集体挽回经济损失2000多万元；赴外地抓获在逃犯罪嫌疑人4人。立案侦查渎职侵权案件16件16人，其中玩忽职守案14件14人，滥用职权案1件1人，放纵走私案1件1人；侦查终结10件11人，移送审查起诉3件3人。严肃查处司法不公、执法不严背后隐藏的职务犯罪，共立案侦查司法、执法人员职务犯罪案件27件29人。

【**预防职务犯罪**】2010年，全市检察机关坚持惩防并举、标本兼治，继续推进个案预防、系统预防、专项预防、社会化预防的深入开展。围绕市委市政府部署的产业园区、重点项目工程和重大民生工程建设，制定《关于对市工业经济带建设项目加强职务犯罪预防工作的意见》，创新专项预防模式，建立社会稳定风险评估、行贿犯罪档案查询、预警预测和警示警告等制度，推动和谐园区、廉洁工程建设。市检察院开展专项预防的华能海门电厂建设工程，获得国家优质工程金质奖。扩大教育预防的规模，与市委党校出台联合开展预防职务犯罪宣传教育工作意见，设立“预防职务犯罪教育基地”，筹建配套的预防职务犯罪图片展馆；邀请全市行政执法机关近百名中层干部到市检察院参加预防专题教育讲座；派员到机关企事业单位和社区、学校上预防课100多场，受教育2万多人；开展“反渎职侵权宣传月”、“12·4法制宣传”活动和借助报社“读者活动日”平台开展法制宣传等,派发各类宣传手册42000册。

【**诉讼活动法律监督**】2010年，全市检察机关认真贯彻落实高检院和有关部委颁布的诉讼监督改革规定和省人大《关于加强人民检察院对诉讼活动的法律监督工作的决定》，完善监督机制，增强监督实效。加强刑事立案、侦查、审判活动监督。共进行立案监督73件，监督纠正错立案件54件；侦查活动监督429件；发出纠正违法通知书10份、检察建议17份；对不构成犯罪的109名犯罪嫌疑人不批准逮捕；提出刑事抗诉5件，重点加强重罪轻判的监督，建立职务犯罪案件一审判决两级检察院同步审查制度。加强各办案单位办案期限的监督，对法定期限内未结案的，发函要求说明情况和理由，防止超期羁押。全年共核查涉嫌超期羁押432人次。加强刑罚执行和监管活动监督。共立案侦查监管场所玩忽职守案件2件2人，纠正监管场所管理不文明、不规范和有关办案单位违规提审等行为64起，发出检察建议67份；考察监外执行罪犯854人次，监督公安机关对7名漏管、脱管罪犯落实监管。加强民事审判和行政诉讼监督，着力构建以抗诉为中心的多元化监督格局。共受理民行申诉案件81件，立案60件，经审查提出抗诉3件，提请省检察院抗诉14件，发出再审、执行监督等检察建议书16份。探索违法行为调查新机制，共进行调查8件，移送有关部门查处3件，移送刑事立案监督1件，发出检察建议书3份。加强行政执法监督。通过参与人大执法检查、审查行政处罚书、受理群众控告举报等形式，重点纠正行政执法机关有案不移、以罚代刑等现象。

【控告申诉检察】2010年，全市检察机关不断深化控告申诉检察工作。全力做好文明接待和信访维稳工作，共受理各类来信651件，接待来访群众405批929 人，其中集体访48批422人。通过加大检察长接访和批办督办力度，完善信访风险评估预警机制，建立信访督查专员制度，推行案件信息公开查询、申诉公开听证、心理疏导等措施，规范文明接待用语，深入开展涉检信访积案排查化解，切实提高文明接访、有效处访的能力和水平。进一步加强举报工作，坚持开展“举报宣传周”、上街设点宣传、检察长现场接访、深入重点单位调研等活动，广泛宣传举报；规范举报受理、线索初查工作，完善实名举报限期答复、保护、奖励等制度，对97件实名举报，全部开展初查，经查属实、涉嫌犯罪的13件及时予以立案侦查，对不符合立案条件的，依法移送有关部门处理并及时反馈举报人。认真开展刑事申诉复查工作，共受理刑事申诉案件12件，决定立案复查3件，改变原处理决定2件，发还扣押款项人民币47.5万元、港币7万元和小汽车1辆。

【完善机制】2010年，市检察院不断强化规范执法，进一步完善检察机关自身监督制约机制。严格落实内部监督。制定235个工作规程，汇编成《规范化管理体系文件操作规程》，明确各项检察工作具体的操作程序和目标要求；制定执法办案内部监督、案件管理、办案安全等制度，进一步规范执法办案行为。在检察机关内部实行抗诉权和侦查权由不同部门负责，强化横向监督制约；对自侦案件的审查逮捕、不诉实行报上一级检察院批准制度，加强纵向监督制约。实行线索移送、线索初查、立案侦查的责任倒查、批捕起诉专人审查、不捕不诉提交检委会讨论、侦查人员旁听开庭审判等制度，切实强化自侦案件内部监督制约。开展查封扣押涉案款物专项清理活动，完善决定权、保管权、处置权分离制度。成立案件管理科，统一案件交接、分派和赃证物管理，强化办案流程监管。自觉接受外部监督。主动邀请人大代表、政协委员视察反渎职侵权工作，健全联络机制，为代表委员订阅、编送有关检察报刊和内部资料，及时通报工作情况，增进对检察工作的了解，为代表委员开展监督提供便利条件。继续深化人民监督员试点工作，对不服逮捕、拟撤案、拟不诉的自侦案件全部进入监督程序，共有拟不诉案件32件33人接受人民监督员独立评议表决，其监督意见均被检委会采纳。不断深化“阳光检务”。建立健全“检察开放日”制度、案件信息查询制度、诉讼权利告知制度、检察文书说理制度、刑事申诉公开审查制度等，使“阳光检务”工作实现常态化、制度化、长效化；积极开展检察官下基层进社区走访活动，落实各项便民利民措施，实现检察机关与人民群众的良性互动；有步骤地推进控申、侦监、公诉、民行、监所等执法行为、执法依据和执法程序的公开，增强工作透明度，自觉将检察权的运行置于群众及社会的监督之下。

【队伍建设】2010年，全市检察机关以提高法律监督能力为核心，以培养精英化、专业化检察人才为方向，全面加强队伍建设。大力推进“建设学习型党组织、创建学习型检察院”活动，继续加大招录法律硕士和中层领导交流力度，优化队伍结构。有效开展教育培训和业务竞赛，制定《开展岗位练兵、业务竞赛活动的实施意见》，细化各岗位人员履职所需的素质能力，切实抓好检察队伍建设。在第二届广东省检察机关侦查监督业务竞赛中，汕头市有2名干警获得“全省侦查监督十佳检察官”称号。扎实推进检察文化建设，制定《关于全市检察机关加强检察文化建设的工作意见》，通过深入推进检察理念文化、素养文化、行为文化、业务文化、信息文化、制度文化“六大工程”，着力培育以“忠诚、公正、清廉、文明”为核心，以提高法律监督能力为根本，以践行法治惠民为目标的特色检察文化体系，凝心聚力，推动发展。大力加强纪律作风建设。抓好《廉政准则》的学习贯彻，落实党风廉政责任制；开展“恪守检察职业道德、促进公正廉洁执法”主题实践活动和“反特权思想、反霸道作风”专项教育活动，夯实立检为公、执法为民的思想基础。坚持检察官宣誓制度，强化宗旨，牢记职责；坚持对重点岗位、重点环节和重点人员的专项督察，严肃纪律，端正检风。创新教育形式，在办公场所悬挂警句格言，进行潜移默化的廉政教育；自编自演廉政文艺节目，以廉政文化教育人、引导人。

（罗文超　翁崇武　郑蒨）

审判工作

【简况】2010年，全市两级法院紧紧围绕汕头市委中心工作，突出“为大局服务、为人民司法”工作主题，扎实推进“社会矛盾化解、社会管理创新、公正廉洁执法”三项重点工作，坚持能动司法，主动服务建设幸福汕头工作大局。坚决贯彻落实市委各项工作部署。市委九届九次全会召开后，市中级法院结合全市法院实际，及时研究制定主动服务汕头文化产业发展、充分发挥知识产权司法保护在建设文化强市中的作用等方面贯彻意见，增强审判执行工作服务大局的针对性和有效性，明确和完善服务建设文化强市、幸福汕头的一系列司法对策。针对市委书记李锋对政法工作的要求，市中级法院紧紧围绕“坚持公正执法，维护公平正义”的指导思想，提出建立调解激励机制、实行案件质量倒查、推行法官与律师的双向监督等20项具体措施，把着力点放在不断提高办案质量、办案效率和执法水平上，将改善和保障民生的要求体现在执法办案的每个环节。启动“法官服务团”，主动为企业提供法律服务。围绕市委“创建国内一流的优质投资软环境”要求，市中级法院抽调20名资深法官组成“法官服务团”，深入知名企业、龙头企业，送法上门。服务团组织召开座谈会、举办专题法律讲座及法律咨询服务活动等23场（次），召开有市工商联及各直属商会领导、企业家代表参加的座谈会，认真听取企业家的呼声，了解企业的困难，为企业解决法律问题25个。针对企业反映强烈的诉讼保全担保门槛过高的问题，市中级法院通过调研，及时出台《关于财产保全担保问题的若干指导意见》，适当降低担保门槛，灵活运用不同担保形式，降低诉讼保全担保对企业生产经营带来的不利影响。加强知识产权司法保护。创新知识产权审判工作机制。建立知识产权案件审理、执行的快捷通道和建立回访制度，实行快速立案、优先开庭、主动执行；与汕头海关、市知识产权局、工商局和版权局签署协作协议，建立司法与行政双轨保护机制。降低市重点知名企业申请诉前临时措施的担保门槛，准确把握采取诉前证据保全、财产保全和诉讼禁令等临时措施的适用条件，采用信用担保的方式，做到及时裁定、及时执行，防止企业因被侵权造成损失的扩大，减轻其举证负担。同时，用足法律，切实加大侵权代价，努力降低维权成本。

【刑事审判】两级法院共审结一审刑事案件2303件，判处罪犯3795人。积极开展“打黑除恶”、打击“两抢一盗”整治行动，严厉打击故意杀人、故意伤害、抢劫、绑架等严重暴力犯罪以及盗窃、抢夺、诈骗等多发性侵财犯罪，审结上述案件1154件，判处罪犯2083人，其中判处五年以上有期徒刑直至死刑的罪犯355人。依法严惩驾摩托车抢劫拖行被害人数百米的被告人王秀定、陈发扬，依法严惩抢劫杀害潮南区司马浦镇村干部的被告人张龙，依法严惩制造、贩卖、运输大量冰毒的被告人黄和龙等一批社会影响恶劣的犯罪分子。依法惩处经济犯罪和职务犯罪，审结破坏市场经济秩序犯罪案件110件，审结贪污、贿赂、渎职犯罪案件31件。同时，严格执行中央制订的“宽严相济”的刑事政策，注重对未成年人犯罪的感化、教育、挽救，尝试未成年人犯罪案件分案审理，聘请社会调查员对未成年被告人的成长经历、家庭情况、社会交往、案发后表现以及帮教条件等情况进行调查，深入分析未成年人犯罪的原因，积极做好判后未成年人的心理矫正工作，努力提高未成年人罪犯非监禁刑适用率。全年审结未成年人犯罪案件343件，对103名未成年被告人判处非监禁刑。

【民商事审判】两级法院共审结一审民商事案件7336件，诉讼标的额47.1亿多元。依法审理涉及民生的各类案件，高度重视保护公民的人身权和财产权，审结婚姻家庭、继承等案件1780件。依法审理事关经济发展的各类案件，着眼于维护竞争有序的市场秩序，审结各类合同案件4554件；坚持保障劳动者权益与促进企业生存发展并重，审结劳动争议案件373件。对一些关系企业发展影响重大的案件，想方设法帮助企业渡过难关，如苏某诉袁某股权纠纷案，审理过程中邀请市人大代表参与调解，促进双方和解，使一个陷入股东纠纷的价值近四千万元的企业走出困境。审结专利、商标、著作权等知识产权案件44件，切实维护了“金味”、“黑牛”等知名品牌企业的合法权益。审结涉外、涉港澳台案件17件。

【行政审判】充分发挥行政审判在保护行政相对人合法权益，促进行政机关依法行政中的作用，两级法院审结一审行政案件142件。积极探索行政诉讼案件协调和解工作机制，促进行政相对人与行政机关互相理解、彼此沟通，妥善化解行政争议。通过加大协调力度，行政相对人与行政机关和解后撤诉的82件，占一审行政案件57.5%。如成功促成一宗诉市知识产权局专利侵权处理决定纠纷案的和解，侵权人、专利权人及行政部门均送来锦旗表示感谢。加强与行政机关的沟通联系，就行政审判中反映出来的问题及时通报行政机关，促进提高行政执法水平，营造汕头良好政务环境。

【执行工作】切实转变执行观念，规范执行行为，努力探索破解执行难问题，两级法院执结有财产可供执行案件6439件，执结标的额31亿多元，实际执行率86.8%，市中级法院被省法院授予“广东省集中清理积案工作先进集体”称号。树立主动执行理念，市中级法院制定《主动执行实施意见》等规范性文件，将主动执行的确认环节提前到立案阶段，明确立案、审判、执行等部门在落实主动执行中的职责。推行主动执行改革工作以来，共对467件案件启动主动执行程序，目前已执结421件。充分运用调解手段，积极促成执行和解，成功和解执结一宗涉及英华外国语学校的标的额近六千万元的股权转让纠纷案。依法用足用好法律，穷尽执行措施，如在执行一件涉港买卖合同纠纷案中，采取边控手段，被执行人入境时被边检部门查控，有效执结该案。成立执行指挥中心，加强立、审、执的快速联动，建立相互沟通、相互联动的平台和机制。进一步规范委托评估拍卖工作，坚决执行关于摇珠选定评估拍卖机构的规定，加强对中介评估拍卖机构执业资格、行为规范的监督，加强对拍卖场所的管理，防止“围拍”、恶意串通。

【调解工作】年内，两级法院大力加强调解工作，创新调解机制、提高调解水平，做到三个“始终坚持”，始终坚持“调解优先、调判结合”原则，始终坚持服判息诉、案结事了是审判执行工作的“硬道理”，始终坚持人民满意是衡量人民法院工作成效的“硬标准”，妥善处理大量矛盾纠纷。两级法院一审民事案件调解撤诉率分别为74.6%，同比分别提高8个百分点。坚持调解优先，在内部构建全程、全员、全方位调解机制。建立起全程调解和解机制，将调解贯彻于立案、审判、执行信访工作全过程。建立从主审法官、合议庭成员到庭领导、院领导和一、二审法官共同参与的“多级联调机制”，形成上下联动、全员参与的调解工作格局。如市中级法院通过院领导、庭长、合议庭多层联动调解，使一宗历时四年之久的雇员受害赔偿案得到妥善解决。全力以赴做好民事案件调解工作，积极做好刑事案件调解、和解工作，着力做好行政案件协调工作，构建起全方位调解工作机制。推行特邀调解员制度，在全市范围内构建立体调解网络。在推行特邀调解员制度过程中着力做到“三个坚持”，坚持严格选任原则，确保特邀调解员人选的公信力；坚持全程参与调解原则，确保特邀调解员调解的实效性；坚持法院主导原则，确保特邀调解员制度的权威性。全市基层法院调解、撤诉结案的民商事、刑事附带民事赔偿案件中有297件由特邀调解员参与调解，占调撤案件总数的5.6%。加强诉调对接，完善多元化纠纷解决机制。充分发挥诉讼调解的主导作用，加强与行政调解、人民调解的沟通协调，推进诉调对接，完善多元化纠纷解决机制。市中级法院与市综治委联合出台了《关于进一步加强综治信访维稳中心调解与诉讼调解衔接工作的暂行规定》，在全省率先就镇街综治信访维稳中心调解与诉讼调解衔接工作做出规定，完善诉讼调解与综治信访维稳中心的对接，形成长效机制，受到省委政法委的充分肯定。基层法院协助综治中心处理纠纷213件，经综治中心调解达成协议，当事人申请法院确认的85件。全市各人民法庭均设立人民调解员工作室，使大量民事纠纷在进入诉讼渠道之前得到化解，有效减轻法院的工作压力。

【法院工作改革】两级法院大力深化司法改革，不断创新审判管理工作，不断完善内外监督机制，着力推进科技强院。推行责任倒查机制，强化审级监督。两级法院全面推行改判、发回重审案件责任倒查制度，认真剖析原因，总结经验教训，有效提高了审判质量。市中级法院在加强审级监督的同时，加强与基层法院的沟通，需改判、发回重审的案件，先与基层法院业务庭沟通，认真听取基层意见，如果基层法院对中院的改判、发回重审意见较大，则由中级法院院长负责召开案件分析会，改判、发回重审让基层法院口服心服。被中院改判的案件，及时向一审法院通报情况，防止发生同类错误。市中级法院审结各类二审案件703件，改判及发回重审占9%，同比下降4.3个百分点。创设内部审限，加强审限监管。濠江区法院和潮南区法院根据审判实践，在法律规定的审判期限内制定内部审限，缩短办案周期，节约了审判成本，减少当事人讼累，推动审判提速。市中级法院在全市法院中大力推广创设内部审限的做法，大大提高两级法院民商事审判效率，省法院郑鄂院长对此给予高度肯定。加强对基层法院的监督指导，促进全市法院均衡发展。市中级法院通过检查督办、下发审判指导文件、组织业务培训、召开业务研讨会等方式，加强对各基层法院的监督指导。注意倾听基层干警意见，总结推广基层经验，增强指导的针对性和有效性。针对各基层法院在开展排头兵达标竞赛活动的实际情况，市中级法院成立三个督查小组，分别对案件实际执行率、非监禁刑适用率、结案率及结案均衡度等指标的达标工作进行跟踪督办；派出三个督导小组，对三个达标工作相对落后的基层法院开展重点督查，推动全市法院达标活动齐头并进。召开全市人民法庭工作会议，帮助基层解决实际问题，夯实基层执法办案基础。创新外部监督机制，努力改进法院工作。认真贯彻落实省人大《关于加强人民检察院对诉讼活动的法律监督工作的决定》，加强与检察机关的协调配合，主动接受监督，积极创造条件支持监督。全力推进信息化建设，充分利用科技手段加强审判管理。配合广东省法院综合业务管理系统的启用，对两级法院现有计算机网络进行升级改造，完成省法院业务综合系统软件的安装、调试、培训工作，实现对审判、执行、信访等工作的全面、动态和实时监控，确保办案质量和效率。

【队伍建设】加强法院党的建设，为法院科学发展提供良好的思想保证和组织保证。两级法院坚持围绕党委中心工作抓法院党建，结合深入学习实践科学发展观、“人民法官为人民”主题实践活动等多个专项教育活动，加强党员干部思想教育。坚持以提高融入中心、服务大局的能力为目标，着力抓好机关党组织和党员队伍建设。坚持“以党建带队建，以党建促审判”原则，把党建工作长效机制与法院工作长效机制有机结合起来，建立23项涉及队伍管理、党建工作的制度，通过党建工作长效机制的建立推动法院工作长效机制建设。强化考核，加强对基层党建工作的检查督促。实行“党组对党组”、“分管院长对分管法院”双轨道加强对基层法院党建工作的指导。通过一级抓一级，层层分工，层层负责的方式，加强对基层法院党建工作的指导，并把基层党建工作纳入综合考核和评先评优中。潮阳区法院被省法院评为“广东省优秀法院”,汕头获全国、全省法院先进称号的基层法院由原来的4个增加到5个，“先进基层法院群”已形成规模。狠抓队伍廉政建设。先后三次对各基层法院及人民法庭进行明查暗访；对中院部分庭室、南澳县法院部分干警进行廉政建设理论闭卷考试。加强与司法中介机构的互相监督，联合签订《司法委托工作廉政保证书》。市中级法院与市司法局建立法官与律师管理工作协作机制，市法官协会与市律师协会建立联席会议制度，进一步规范法官与律师的相互关系，探索法官与律师双向监督机制。开设“汕头中院廉政账户”，邀请特邀司法监督员参与院长接待日活动，对新任法官和调入人员进行任前廉政教育。认真执行《人民法院工作人员处分条例》，全面清理排查举报线索，坚持主动抓、主动查，不隐瞒、不护短，坚决清除害群之马。省法院司法巡视组对市两级法院领导班子建设、审判执行工作和司法队伍建设等表示高度肯定。大力提高司法能力。推行交流挂职、岗位轮换、法官教法官、新提拔人员到信访窗口锻炼等做法，努力提高法官正确适用法律、善做群众工作、化解社会矛盾的能力。按照建设学习型党组织、学习型法院的要求，加强思想政治教育，健全制度，改进学风。邀请全国二级英模庄宜生同志做先进事迹报告，组织全市法院干警聆听学习。举办“汕头法院学习讲坛”30多场次。

【代表委员联络工作】两级法院始终坚持把加强与人大代表、政协委员的联络工作作为法院工作的重点，全年共组织各种形式的联络活动120多场次，各级代表、委员近550多人参加活动。汕头法院联络工作得到省法院郑鄂院长的肯定。积极邀请人大代表参与相关司法活动。开展邀请人大代表参与“百案调解”活动，协助民事纠纷调解工作。全年共邀请38名代表参与28宗案件调解，调解成功率达到87%。邀请人大代表参加院长接待日活动，让代表直接了解民意、民怨，协助化解矛盾。通过引入社会力量参与调解、接访等活动，发挥人大代表贴近群众、了解群众，帮助群众解决实际问题，同时也增进对法院工作的理解。走访人大代表，拉近距离了解民生。市中级法院领导班子带领联络员分成9个联络小组走访部分全国、省、市人大代表，林平院长和其他院领导分别带领队采取逐一登门拜访的方式走访36位代表，其中全国人大代表4人、省人大代表5人、市人大代表27人。随后制定工作意见落实收集到的有关意见和建议，切实推进两级法院的审判执行工作科学发展。开创联络工作新方法新方式。首次以两级法院上下联动的形式邀请全国、省、市、区四级人大代表、政协委员共24人到龙湖区法院旁听案件庭审并进行座谈。随后制定工作意见，对整改工作中有效的经验和做法加以总结，建立长效机制。首创通过邀请代表委员参加信访听证会的形式开展息诉罢访工作，邀请2名人大代表、2名政协委员参加件信访听证会，共同见证办结涉诉信访积案。积极主动接受监督，及时回应代表关注案件。编撰《为大局服务，为人民司法，争当法院工作排头兵》联络专刊作为两会报告附件，通过《汕头审判》代表委员专栏的平台，加强与代表委员双向沟通交流，增进互信。陪同省法院走访小组上门走访11位省人大代表，收集到代表的意见和建议10多条，同时对代表关注的3宗案件立即进行调查核实，跟踪督办。全年对人大代表关注的6宗案件已100%办结并向人大领导和相关代表反馈，对代表的建议落实相关部门进行规范和完善。

（李宁）

司法工作

【法制宣传】2010年，市司法局结合汕头实际，实施“人企挂钩，送法进企业”系列活动。联合市人力资源和社会保障局、市工商行政管理局、市总工会和市个体私营企业协会等部门成立“汕头市工商界女企业家协会法律服务团”，为企业提供公益法律服务。联合市委宣传部、依法治市办、市普法办、市教育局，在全市学校（含中职学校、技工学校、幼儿园）中开展“与法同行，建设平安和谐校园”活动。南澳县普法办积极牵头宣传部、公安局、云澳边防派出所等单位，围绕“南澳Ⅰ号”古沉船打捞开展《文物保护法》等专项法制宣传。各区县结合当地特点，创新和优化方法、载体，金平区通过校园网刊载法规摘录开展未成年人普法；澄海区搭建外来员工文化普法广场；南澳县联合多家部门开展“送法进渔家”；潮阳区组建法律服务小分队开展“送法下基层”；龙湖区搭建和完善网上普法平台；濠江区在E京论坛“濠岛情缘”上开辟网络普法专栏；潮南区在全区92个农家书屋设置法律专柜。

【基层依法治理】全市有3个行政村成为全国民主法治示范村、43个行政村成为省级民主法治示范村（社区）。澄海区先后被授予“广东省法治县（市、区）创建活动先进单位”和“全国法治县（市、区）创建活动先进单位”荣誉称号。市司法局局长马翔被授予“依法治省工作先进个人”称号。

【“五五”普法检查验收】省司法厅巡视员黄武带领“五五”普法第八检查组在市委常委、市委政法委书记、市普法领导小组组长郑通声，市人大常委会副主任廖文松等领导的陪同下，对市“五五”普法工作情况进行检查验收。检查组充分肯定汕头市的普法工作，认为汕头普法“多项工作走在全省前列，起了良好的示范作用。”

【人民调解】在全市开展律师事务所与司法所的“所所结对”活动，创新法律服务、法制宣传新形式。各基层司法行政机关积极参与综治信访维稳三级中心建设，主动作为，构建“大调解”格局，龙湖区推动鸥汀司法所与下蓬法庭协作联动，建立司法调解与人民调解衔接的联调联处机制，潮阳区在铜盂设立无偿服务的“一站式”调解工作室，司法所与镇派出所、法庭和劳动保障事务所对接，金平区设立“婚姻家庭指导工作站”，开展家庭矛盾纠纷的咨询和调解。各地还与110指挥中心、派出所和劳动仲裁部门联合，在全市设立18个基层法庭人民调解工作室，24个劳动部门人民调解工作室。亚运安保期间，全市先后派出专门调解组12个82人次，妥善调处重大、疑难矛盾纠纷17宗，各区县局领导参与专项矛盾纠纷调处24人次。濠江区成功调解广澳物流园区土地使用权出让合同纠纷，为区财政减少损失近300万元。潮南区有效化解两英建筑纠纷、红场和成田损坟纠纷、陇田工伤纠纷等越级上访案件。澄海区成功化解泰籍华侨土地使用权纠纷、金顶玩具厂工伤赔偿等重大案件。全年，各级调解组织共调处矛盾纠纷4070宗，调解成功4016宗，成功率98.3%，比上年提高0.3%，仅潮阳区就成功调处各类社会矛盾纠纷1084宗。

【劳教强戒】劳教所通过专项检查、交叉检查、明查暗访等方式，扎实开展场所安全隐患、生产隐患等排查专项活动，及时消除影响场所安全稳定的隐患和漏洞；制定、规范信息员工作、生产工具及产品管理、工场现场管理登记等制度，完善管理制度，提高干警应急处置能力。全年实现“七无”（无脱逃、无非正常死亡、无重大监管和生产安全事故、无因贻误治疗引发病亡、无检察机关对执法管理提出重大异议、无涉法涉诉涉访事件、无重大媒体网络炒作事件）目标。

【社区矫正】实现社区矫正对象无缝对接，切实将社区矫正工作纳入镇街综治信访维稳中心平台。规范送达接收、登记建档、教育监管等各项工作程序。社区矫正工作在全市69个街镇全面铺开，有人有档、见人不见档的社区矫正对象全部纳入监管，三级社区矫正工作组织网络基本建立，全年共接收社区矫正对象417人。

【安置帮教】认真落实帮教内容措施，开展摸底排查，加强对重点人员的管控。5月份，组织市安置帮教领导小组成员单位的成员走进揭阳监狱开展“面对面”帮教活动。7月份，与市综治办在全市范围内对有可能出现重犯罪或有偏激想法的刑释解教人员进行重点帮教，落实“三帮一”措施，对24名就业难或有经济困难的刑释解教人员做妥善的安置。全市现有安置基地1个，安置点16个，安置帮教对象2303名，其中刑释1276名，解教1027名，纳入帮教2261名，帮教率96.2%，安置率84.1%。亚运安保期间全市社区矫正人员和刑释解教人员无一发生涉亚事件。

【律师工作】市律协建立党总支部，加强律师行业党的建设工作；成立“调解中心”，为解决纠纷提供便利；创办“汕头市律师沙龙”，为律师间交流学习搭建平台；与法官协会建立联席会议制度，营造良好的司法环境；成立由60名律师组成的工会法律服务律师团，为各级工会组织处置重大劳资纠纷提供法律服务。全市律师积极参与南澳大桥、商行重组、厦深铁路等国家和地方经济社会发展的重要工作、重大活动和重点项目工程，协助党委政府运用法律手段管理经济和社会事务。市律协委派律师帮助市某健身企业女企业主成功化解2000多名会员集体上访重大案件。市公职所律师积极代理汕头保税区管委会两宗工程总额达两千万元的施工合同纠纷案。全年全市律师担任法律顾问740家，办理刑事案件541宗，民商事诉讼案件1760宗，行政诉讼案件53宗，非诉讼法律事务2543宗。

【公证工作】市公证处通过与房管部门沟通协商，使一万多套房产的继承、转让、确权问题得到解决，从根本上解决老市区住房改造房产证发证难的历史遗留问题。主动与国土、房管等部门沟通，妥善办理有集体土地使用证而要求办理继承的公证。主动为台胞服务，台湾海基会为此专门发来感谢信。推出强制执行公证等新业务，解决经济转型中遇到产权确认、债权执行及工程合同等难点问题。对中小企业融资贷款提供上门服务，实行银行、公证一站式服务，做到普通证件两三天出证，急件当天出证。全年，全市公证机关办结各类公证42257件，比去年同期增加23%。

【法律援助】出台实施“三个六”法律援助便民措施，进一步降低门槛、扩大受援范围。在248个偏远乡村设立法律援助联络员，在有关职能部门新增设立4个法律援助站。潮阳、潮南等地组建法律服务巡回队，龙湖、濠江等地健全法律援助志愿者队伍，澄海区制作法律援助便民联系卡，为弱势群体维权开通“绿色通道”。通过开展“法律援助进校园”、“法律援助进社区”、“三八”妇女维权周、“关爱关护农村贫困残疾人”等活动，把“携手服务民生，共建幸福汕头—法律援助在行动”便民服务月系列活动引向深入。市法援处有效化解汕头安哥玛丽丝服装公司、DDS公司汕头分公司拖欠员工工资引发上访及征地拆迁纠纷等重大案件。全年，各级法律援助机构共承办法律援助案件677宗，接受群众来电、来访咨询10269人次，参与处理的群体性纠纷13宗，为群众挽回直接经济损失1200多万元。

【国家司法考试】简化操作流程，缩短确认时间，全年报考的757名考生均通过现场确认，没有发生因不予报名而上诉情况。第十号强热带风暴

“莫兰蒂”来临的司考前夕，具体落实考生的应考准备情况，并与可能不能如期应考的17名南澳岛考生取得联系，一一询问前来考试的交通、安全情况。224名考生通过国家司法考试，通过率近34%，居全省前列。

【法学理论研究】举办“社会矛盾化解、社会管理创新、公正廉洁执法”征文活动。共收到公检法各家及高校的法学专家学者论文72篇。

【队伍建设】突出党组理论中心组的学习带动作用，推动全局干部理论学习的自觉性和积极性，努力建设学习型机关。市司法局被市委评为“好班子”，被汕头市委宣传部、市直机关工委评为全市学习型党组织建设示范点。积极与市委组织部和市人事局沟通协调、理顺关系，增设社区矫正科。中层干部实行轮岗交流，市局机关和市劳教所先后选拔任用和交流调整中层干部18人次。形成结构层次搭配合理的阶梯式领导班子。深化“四落实”（明确要求重落实、真抓实干见落实、结合实际保落实、领导带头抓落实）精神，改进工作作风，提高执行力。建立局领导班子成员定点挂钩基层联系制度，推动基层各项工作的落实；市劳教所组织160多名干警分期分批参与为期8个月的“执法大培训，岗位大练兵”活动；选派干部参与“全市干部信息能力工程培训考试”、“行政执法前期法律培训”、“公务员职业道德规范概论培训”等各类学习培训班30期（次），人数超过1300人次。成为汕头市推行“行政审批和公共服务综合信息系统应用”的8个试点单位之一；9项行政审批事项进驻市行政服务中心综合窗口办理，实现行政审批事项提速“六二二”目标，审批业务办结496件，提前办结率达100%；较好完成扶贫年度工作任务，得到市检查组的充分肯定。一年来，全系统涌现出38个先进集体和81个先进个人。其中，4名个人荣立二等功，8个集体和29名个人荣立三等功。

（邱非非）

教科文卫体

EDUCATION,SCIENCE,CULTURE,HEALTH AND SPORTS

- ◆教育
- ◆科学技术
- ◆文化
- ◆医疗卫生
- ◆体育

教 育

综 述

【简况】2010年，汕头市教育工作者以启动实施《国家中长期教育改革和发展规划纲要》为契机，创新思路，加快教育的改革与发展。促进教育公平，大力推动义务教育均衡发展。加快普及高中阶段教育，搞好民办教育、学前教育、特殊教育。加强教育法制建设，不断深化依法治教，依法治校。争创广东省及汕头市“五五普法”先进单位。推进教育改革，坚持育人为本，全面贯彻党的教育方针，着力推进素质教育，促进教育创新，提高教育质量。加强教师队伍的建设，努力办好让人民满意的教育，为构建和谐社会作贡献。“以县为主”基础教育管理体制进一步落实，调整教育结构，优化资源配置。强化督政，深化督学。抓好常规教育管理，积极推进“广东省义务教育规范化学校”的建设，促进中小学上水平，上档次。加强教育信息化建设，在进行义务教育课程改革实验的同时，搞好普通高中新课程改革实验。努力扩大高中阶段教育的办学规模。进一步推动高等教育、职业教育、成人教育的发展。全市普通中小学校1058所，其中，高级中学23所，完全中学69所，初级中学122所，九年一贯制学校46所，小学798所，在校生总数1061226人，其中高中、初中、小学在校生分别为：137894人、355589人、567743人。幼儿园690所，在园幼少儿133284 人；特教学校2所，在校生（含随班就读弱智生）1261 人；中职学校 21 所，在校生 54172人；技工学校3所，在校生14723 人。全市有广东省一级以上学校33所，其中通过广东省国家级示范性普通高中验收确认的有9所学校。汕头市一级学校58所，广东省一级幼儿园9所，汕头市一级幼儿园22所。全国重点中等职业技术学校3所，广东省重点职业技术学校4所，省级示范性广播电视大学1所。

【教育督导】年内，汕头市召开全市教育督导工作会议，传达省教育督导工作会议精神，总结2009年教育督导工作情况与经验，部署2010年全市教育督导工作，汕头市金山中学、华侨中学、东厦中学负责人分别作了专题发言和介绍经验。进一步规范办学行为，积极推进义务教育阶段规范化学校的建设，有力提升汕头教育的整体水平。在2009年做好迎接省对本市党政领导干部2007、2008年基础教育工作责任考核的有关准备，及完成2007、2008年对区县党政领导干部基础教育工作责任考核的基础上，本年度1月份，顺利通过省考核组的考核。10月22日，广东省教育督导室正式公布：本市对区县党政的考核得到确认，市级3个领导均评为优秀。“以县为主”基础教育管理体制进一步落实，调整教育结构，优化资源配置。强化督政，深化督学。年内，澄海实验高中通过广东省国家级示范性普通高中的初期督导验收。潮阳潮师实验高中顺利通过广东省一级学校的评估。潮阳实验高中顺利通过省示范性高中终期验收确认。

【教育法制】各级教育行政部门、各级各类学校全面实施依法治教。深入开展未成年人保护、安全、人口、资源、环境、知识产权等法律法规的学习和宣传活动，努力提高学生安全意识、保护环境意识、保护知识产权意识，培养学生的生存能力、与自然和谐相处能力、实践和创新能力，培养新一代可持续发展的创新型公民。结合公民意识教育，重点培养学生权利义务对等的法制观念，提高他们崇尚法律、依法履行义务和维权的意识与能力。根据学生的年龄特点和接受能力，分别进行不同的法制宣传教育。充分利用社会资源，推进学法用法实践活动的开展和法制教育基地建设；充分发挥法制副校长、法制辅导员的作用；充分利用各种专项法律颁布实施纪念日开展道路交通安全、未成年人保护、消费者权益保护、知识产权保护等法律法规宣传；充分利用网络资源，以干部、教师、学生乐于参与的形式，通过视频、动漫、图片和网上交流、博客等开展法制宣传，结合12.4全国法制宣传日开展宣传活动，开展法律知识竞赛、法制征文、法制动漫大赛等活动。 8月，下发《关于开展〈广东省实施〈民办教育促进法〉办法〉培训工作的通知》，全市民办中小学校的法人代表和校长，以及区县教育局民办教育管理工作人员共120人集中进行培训；认真做好2010年度的教育系统公职人员的普法考试的相关工作。全市各级各类学校坚持依法治校，建设和谐校园，配合市普法办做好全市小学、幼儿园教师交通安全、防火安全、法律知识的培训，并在校园中做好相关知识的宣传。年内，全市教育系统做好“五五”普法的总结和检查验收，市教育局被评为广东省及汕头市“五五”普法工作先进集体。完成20多部法规、规章的征求意见回复工作。

【教师队伍建设】加强教师队伍的思想建设和组织建设，关心教师队伍的待遇，切实解决中小学代课教师问题。在顺利地完成首次“代转公”招聘和暂未达到招聘条件的代课教师的培训后，又顺利地完成第二次“代转公”招聘的报名、资格审查、考试、公布成绩，体检等工作，顺利完成二次“代转公”招聘考试工作。努力推进实施义务教育绩效工资、落实“两相当”问题工作。6月，市人事局、财政局、教育局出台《汕头市市直义务教育学校绩效工资实施办法》，7月起，市直（市聋哑学校）义务教育学校已实施绩效工资，基本上落实“两相当”问题。为做好市义务教育学校实施绩效工资，积极与市人事局等部门配合，完成审核批复，各区县分步实施义务教育学校绩效工资，年底前按“两相当”的要求全部兑现绩效工资。认真做好2009年市普通高等师范院校毕业生就业工作。全市共吸纳新教师1539人，其中大学本科及以上毕业生930人，大学专科毕业609人。认真做好评优评先工作，教师节期间表彰一批优秀教师、优秀教育工作者等优秀人物，全市共获得表彰的有：全国模范教师1名，全国优秀教师3名，广东省南粤优秀教师40名，广东省南粤优秀教育工作者3名，汕头市优秀校长20名，汕头市优秀教师100名，汕头市优秀教育工作者30名。被省评为广东省基础教育系统第二批名校长1名，广东省基础教育系统名教师4名。进一步完善教师培训制度和加强教师培训的力度。认真组织做好市普通高中学科教师职务培训，共培训高中教师4637人；组织举办市中小学校长（后备干部）任职培训班两期117人；选派16名中小学校长参加省级高研班（省实践基地挂职）学习；积极开展中小学教师教育技术能力项目培训，共培训中小学教师4392人；加强本市省级“百千万人才工程”培养对象的培养，7月份，举行市第三批省级培养对象的结业汇报展示会；11月，与市委组织部联合，继续委托北京师范大学举办为期1个月的第3期中学校长高级研修班（参加学习学员52人）；10月，举行市委组织部、市教育局与国家行政学院合作的教育干部远程培训第一批结业和第二批开学仪式，第一批已有440多人结业，参加第二批培训的约有500人。还举办汕头市教育系统办公和人事工作负责人业务培训班，共约有800人参加培训；此外，积极推动学校校本培训工作，开展专题讲座和研修，在教师队伍中建立学习型的组织，进一步促进教师队伍教育教学能力和水平，更好地适应教育教学改革发展的需要。全年共受理教师职称申报4193人（其中，正副教授19人，高级讲师34人，中学高级569人，中学一级1263人，小学高级2308人）。全市中小学校教职员工49400人，专任教师43108人。小学、初中和普通高中专任教师学历达标率分别为99.20%、96.76%和87.05%。

【**中小学教师工作室**】6月28日，汕头市首批广东省中小学教师工作室授牌仪式隆重举行，副市长郭大钦和市、区（县）教育局领导、教师代表等100多人参加。汕头市一中副校长苏红、汕头市金山中学副主任卢镇豪、潮阳一中主任李赛娥被省教育厅评为首批广东省中小学教师工作室主持人。首批教师工作室的成立为广大教师的成长搭建起沟通、交流的平台，开创本市教师培训和教师专业发展新路子，推动全市基础教育的科学发展。

【**教育装备与教育信息化**】年内，召开各区县教育局教学仪器站站长会议，要求各区县认真学习新标准，摸清家底，找出差距，更新思路，科学发展，为制订“十二五”规划积极做好前期准备。并在实施新装备工程五年来的基础上，积极采取措施，努力完善中小学教学装备的配套、管理和应用服务工作。积极开展各项设备应用培训。全年组织参加省装备中心、电教馆等省级以上部门举办的实验设备、图书管理、信息技术等方面教师培训活动有约300人次。各区县也积极开展实验教师、信息技术人员培训活动，结合校本培训，培训人数近千人次，努力打造一支教育装备建设和应用的骨干教师队伍。在中国图书馆馆学会中小学图书馆委员会开展的中小学图书馆评优活动中，全市有16个学校获图书馆先进集体称号、15名个人获图书馆先进工作者称号。努力推进现代教育技术实验学校建设。全市有教育部授牌的全国现代教育技术实验学校5所，省教育厅授牌的现代教育技术实验学校33所。与中国电信、中国移动、中国联通等公司建立协作关系，推进市基础教育专网建设，实施网络提速工程，扩大学校网络接入带宽和覆盖率，促进中小学“家校通”、“校讯通”、“平安校园”、“一卡通”等应用平台的建设和应用，有力推动各类学校在校务管理、教育教学、家校互动等方面的信息化程度。认真开展各项信息技术竞赛活动。市教育局组织的全国性竞赛活动有“中小学生电脑作品制作活动”、“中小学智能机器人竞赛”、“中小学教师课件制作大赛”、“中学生信息学奥林匹克竞赛”、“全国中小学信息技术创新与实践活动”。参与的竞赛活动有“阅读指导课优秀教学案例评选活动”、“生物多媒体作品”、“电影课大赛”等活动。共获得全国一等奖10项，二等奖22项，三等奖3项。获得省级一等奖34项，二等奖55项，三等奖70项。在首届全国教育门户网站评比活动中，汕头市教育信息网和澄海区教育信息网分别被评为地市级优秀网站和县级优秀网站。市教育局首次与市科协联办中小学智能机器人竞赛，市金珠小学“机器人场地挑战”项目获得第一名，并取得全国三等奖的好成绩。积极开展教育技术应用课题研究活动。全市在中央电教馆《网络学习社区资源的整合与优化研究》总课题直接立项子课题有19项，省级子课题26项。各课题组目前已基本完成实验研究工作，现已进入结题和成果评价阶段。广东省电化教育馆“十一五”教育信息技术研究2009年度重点课题《中小学智能机器人教学常态化的机制与策略研究》，研究目标是探索在中小学中将“智能机器人”知识引入课堂教学的可行性模式。全市共有12所中小学以子课题形式参与研究实验，进入课题的实施阶段。积极实施“汕头教育信息网教育教学资源共享平台”建设。汕头市教育信息网教育教学资源共享平台是由汕头市教育局主管、汕头市东厦中学承办的服务于全市广大师生的区域性教育资源库和教学互动网站。平台为全市中小学的师生提供全方位的网络教育教学信息化服务，特别是为广大农村学校教师提供优质教学资源，有效地为市面上学校提高教育教学水平提供信息化手段。

【招生考试】执行招生考试法规，加强考风考纪建设。在各项招生考试工作中，市及各区县招生办、各考场精心组织考试，规范考务管理，强化各项管理措施；完善安全保密制度，确保试卷试题安全保密万无一失。加强考风考纪建设，加强考试监督检查力度，保证各项工作落实到位，责任落实到人；加强与各职能部门、各级招生考试部门、各考场之间的协调联动，进一步营造优良的招生考试环境。确保市各项招生考试工作安全、顺利、圆满完成。大力推动定点考场电子监控系统的改造升级建设，全市考场基本上实现与教育部、省考试院互联互通。同时，市教育局建设市级网上巡考监控中心，进一步完善考试管理。特别是高中阶段考试又获得大面积上线和高含金量成绩双丰收。2010年高考，全市上线总人数30965人，上线率89.8%；上线考生高分层凸显优势，本市考生数占全省的5.9%，上高分层的考生占全省10%，本科上线人数突破1.5万大关，净增1189人，三线突破2.2 万，净增3962人。全市上线人数600人以上的学校达20所，继续保持高含金量。中职教育毕业生就业率持续提升：2008年为95%，2009年为96.6%，2010年达97%。

【校园安全工作】高度重视校园安全工作，强力推进校园的安全整治。举办安全法制教育讲座，出版安全法制教育专栏，开展安全法制教育活动，促进校园消防安全、食品安全、校园安全、交通安全、网络安全和防灾自救工作，建立学校安全长效机制。开展校车专项整治活动，建立校车安全档案，健全校车安全运行管理制度，利用校车安全卫星定位汽车行驶记录仪定位系统，加强对校车运行的实时监管。针对市内公办学校组织春游、秋游临时租赁车辆和部分民办学校固定租赁车辆接送学生的现象，严禁学校借用或租用私人车辆或安全技术条件不合格的车辆。不断从法规层面、规章制度层面和操作层面完善和强化各项管理，使学校安全工作逐步走上法制化、规范化、科学化和制度化管理轨道。3月份起，全市各级各类学校和幼儿园开展安全隐患自查自纠工作，各区（县）街道（镇）采取跟踪督查、定期巡察、现场检查等方法，组织校园安全隐患“拉网式” 排查2000多次。市教育局还要求各单位制定容易引起安全事故的人员密集场所的防火、防爆、防坍塌、防踩踏、防人身伤亡、防食物中毒等事故的防范预案。消除学校存在的各类安全隐患，从苗头上发现问题，采取稳妥的化解措施，早发现，早报告、早控制、早化解，全市中小学、幼儿园的校园安全工作总体趋势平稳。各级各类学校开展全校性安全应急自救演练，提高安全自救的素质。全市校舍安全工程涉及的各类校舍约3758栋，总面积668万多平方米。10月份，全市共排查中小学校1083所，累计排查各类校舍3758栋，面积668万多平方米。全市校舍排查率达100%，完成“校安工程”3年规划工作。

【勤工俭学】年内，配合省、市质量技术监督人员对全市中小学校校服厂家生产的校服进行产品质量专项监督抽检，抽检市4个校服生产厂家的配套不同型号规格的校服产品均为合格。转发省教育厅全省基础教育后勤产业安全生产检查的通知，要求各地各单位按通知的精神，认真开展自查工作。市教育局勤工办会同进行安全检查。潮阳实验学校后勤管理井然有序，学校农场、学生宿舍、学生食堂等省领导检查后均表示满意。全年全市开展勤工俭学活动学校124所，勤工俭学基地61个。

（陈耀城）

普通教育

【简况】2010年，稳妥地推进小学升初中入学制度改革，严格执行义务教育阶段学校免费免试就近入学制度，采取切实措施，做好义务教育“防流控辍”工作，帮助贫困家庭子女入学。调整优化中小学布局，加强教育管理，在全市开展义务教育阶段学校规范办学行为的检查，纠正不规范的办学行为。推进农村教育的改革与发展。切实减轻中小学生课业负担。深化教育教学改革，加强对薄弱学校的扶持，加快义务教育规范化学校建设，巩固提高普及九年义务教育水平。办好公办幼儿园，开展规范化、示范性幼儿园达标验收工作，发挥其示范带动作用，推进幼儿教育的改革与发展。做好普通学校特殊教育班残疾儿童随班就读工作。加强管理，规范办学，促进基础教育民办学校的健康发展。召开全市高中阶段教育教学工作会议，大力发展高中教育，扩大优质高中的办学规模，增加学位，提高质量。搞好新课程改革，加强和改进德育。开展环保教育、知识产权教育、涉台教育，搞好体、卫、艺教育工作，以科研带动教研，促进教学改革与创新。全面推进素质教育，提高办学水平和教育质量。

【幼儿教育、特殊教育】年内，加强幼儿园的安全管理、审批管理。对幼儿园的招生、收费，幼儿园办学质量等进行督导检查，促使各级各类幼儿园进一步加强管理，提高教育质量。

办好公办幼儿园，开展规范化、示范性幼儿园达标验收工作，发挥其示范带动作用，推进幼儿教育的改革与发展。汕头市教育学会学前教育专业委员会开展教育科研、学术交流、教育培训活动，促进本市幼儿园教师课程建设、教学活动设计与组织能力的提高。组织全市幼儿教师教育教学能力的展示活动，以数学教学活动为教研切入点，加强幼儿园教学的研究与实践。

【义务教育】进一步落实“以县为主”管理体制，规范义务教育阶段学校的办学行为，开展义务教育阶段学校规范办学行为的检查，抓好春秋两季组织入学，防止辍学工作。通过农村义务教育学校危房改造、老区山区学校改造、校安工程、学校布局调整工程和校舍维修长效机制。投入市级补助资金1500多万元，收益学校203所，缩小学校办学条件差距，为学生“就近入学”提供保障。全面实施免费义务教育。2010年，全市城乡享受免费义务教育学生总数为846408人(农村学生651511人，城镇学生194897人),占义务教育阶段学生总数92%。加快义务教育规范化学校建设，共有304所义务教育阶段学校经验收达到“广东省义务教育规范化学校”的标准。加强薄弱学校内涵建设。将德才兼备、能力强的同志调派薄弱学校任职；由市委组织部、市人社局、市教育局选派教师近百人次，到贫困地区、山区、老区的薄弱学校支教。实施广东省“千校扶千校”行动计划。组织开展帮扶活动，共有65所欠发达乡镇薄弱学校得到本市、外市优质学校对口支援。加大帮扶力度，提高义务教育均衡发展的水平。进一步做好义务教育规范化学校的建设，2010年全市小学学龄人口入学率99.66%，初中毛入学率106.63%，全市普九水平进一步提高。

【普通高中教育】全力推进普及高中，全市新建、扩建、改建普通高中学，各区县加大高中阶段教育学校建设力度。调整学校布局，通过合并、兼并、联合办学等布局调整和资源重组方式，充分挖掘、利用、优化、组合普通高中教育资源，加强学校建设，完善教育教学设施设备，努力扩大优质高中的办学规模，普通高中在校生达12.26万人。抓师资队伍建设，严把教育教学质量关。汕头市金山中学加快小礐石新校区规划建设，开展以“生存教育、情感教育、创造教育、专能教育”为核心内容的特色教育实践，学校高考成绩仍然保持高分考生非常厚实、全省名列前茅的优势，82%的学生考上重点院校。汕头市一中是本市高中唯一科技特色学校，以提高国民素质为宗旨，以培养学生创新精神和实践能力为重点，着力打造现代化新教育特色学校，把普及科学知识、科学方法、科学思想、科学精神作为学生科学教育的重要内容，贯串于各学科教学中。广东汕头华侨中学被广东省教育厅确定为“首批广东省中小学教师继续教育校本培训示范学校”，该校发挥学校在教师培训工作上的传统优势，帮助教师们更好地实现专业发展，促使学校持续发展，开展“构建教学资源库•学科课件资源收集和整理”的培训工作，取得丰硕的成果。

【学校德育】加强班主任队伍和学校德育骨干队伍的建设，加强德育课题研究，努力探索适合中小学教育的德育模式，与市总工会联合举办“汕头市中小学班主任专业能力大赛暨幼儿园教师德育专业能力大赛”。通过班主任工作研究和经验总结交流引导广大班主任总结提升工作经验，树立正确的教育理念，提高专业能力和教育智慧。推荐获得“汕头市中小学班主任专业能力大赛暨幼儿园教师德育专业能力大赛”幼儿园组前三名和中小学、中职各组第一名的选手参加省的决赛。组织全市中等职业学校德育课骨干教师参加德育课程改革培训，对全市中等职业学校德育课教师进行《职业道德与法律》、《经济政治与社会》、《哲学与人生》和《心理健康》等中职德育课程任课教师培训，探索中等职业学校德育工作的新路子。开展弘扬和培育民族精神教育的活动，通过形式多样的社会实践，让学生感受家庭、学校、社区的新变化，感受祖国建设和发展的辉煌成就，强化为家乡和祖国建设和发展努力学习的责任意识。积极倡导读书学习的文明风尚，培养广大中小学生“爱读书，读好书”的良好习惯。与羊城晚报粤东版联合举办廉洁修身手抄报创作大赛并选拔优秀选手参加省的决赛。“6•26”国际禁毒日前后，在全市师生中开展“小手拉大手，禁毒建和谐”宣传教育活动。6月26日，与市禁毒办举办百万师生向国旗庄严宣誓：“依法禁毒，构建和谐”大型宣传教育活动。做好中小学心理健康教育师资培训工作。推进心理健康教育的规范发展。

【体育工作】各级各类学校积极开展青少年阳光体育运动。加强学校体育教学常规管理工作。全市各级各类学校按照课程计划要求，开齐、开足、开好体育教育课程，促进党的教育方针得到全面贯彻落实。深入开展阳光体育运动。组织各级各类学校认真开展第三届全国亿万学生阳光体育冬季长跑活动，多途径组织和引导学生走向操场、走进大自然、走到阳光下锻炼自己的体魄，磨炼自己的意志，提高自己的身体素质。积极开展群众性的学生体育竞赛。与市体育局联合举办2010年汕头市青少年田径、游泳、篮球、乒乓球锦标赛暨体育传统项目学校比赛；举办“佳奇杯”中学生定向运动比赛。12月份，举办汕头市市中学生运动会，比赛共设田径、篮球、乒乓球、羽毛球共四大项，共76小项的比赛项目，全市各区县和市直学校共八个代表团、640名中学生参加。获得本次运动会团体总分和奖牌前四名的是：澄海区、龙湖区、金平区、潮阳区代表队。积极开展体育教研活动。在金平区和龙湖区举办优秀体育课教学观摩活动。选送优秀课例参加全国、全省的评比，取得了优异成绩，获省奖的有一等奖11篇、二等奖6篇、三等奖5篇。积极推广第三套全国中小学生广播体操。金平区东厦小学把棋课列入一、二年级课程，是市棋类传统学校和棋类后备人才培训基地。至年底，该校涌现出象棋、国际象棋、围棋、国际跳棋全国冠军十名。

【卫生工作】建立健全学校卫生和健康教育管理制度，开展健康教育活动，培养学生良好的卫生习惯。联合市卫生局做好学校食堂和食品安全检查工作，落实各项传染病和食品中毒的预防措施。保障学生、教职员工的生命安全，维护正常的教育教学秩序。积极开展中小学近视眼防控工作，进一步了解广大学生近视的成因，探索防控近视眼的有效途径和方法，深入本市部分中小学校开展“爱眼护眼，预防近视”眼普查公益活动。

【艺术教育】强化艺术教育管理，推进学校艺术新课程的实施。在濠江区、南澳县分别举办中小学美术教学公开课研讨会，提高教师教学能力。全面开展学校艺术教育活动，开展创建中华优秀文化艺术传承学校活动，引领青少年学生传承中华优秀文化艺术。举办汕头市中小学生“英华杯”器乐比赛活动。在2010年广东国际旅游文化节万名儿童绘画作文比赛中，汕头市学生2人获一等奖、7人获二等奖、6人获三等奖。在龙湖展览馆隆重举行“三元杯”汕头市第三届中小学生艺术展演艺术类作品展览。展出绘画、书法、摄影、获奖作品。活动后选送作品参加广东省中小学生艺术展演。其中，参加省中小学生艺术展演活动，艺术表演类获一等奖10个、二等奖4个、三等奖1个；艺术作品类获一等奖37个、二等奖27个、三等奖17个，有4幅作品获全国展演一等奖、1幅二等奖；艺术教育论文一等奖7篇、二等奖13篇、三等奖15篇，并有1篇获全国二等奖；澄海区教育局、金平区教育局、潮阳区教育局和市实验学校、长厦小学、金珠小学、澄海实验小学、潮阳谷饶仙波中学获得优秀组织奖。

【教育教学科研】落实《汕头市基础教育课程改革总方案》，认真实施基础教育课程改革。瞄准新高考调整方案，对课程方案（计划）进行精心研究，大胆地整合课程，提出课程开设指导意见，为2010年高考取得大面积丰收和高含金量双丰收作贡献。本市承担的国家十一五规划课题5项、省教育科学“十五”、“十一五”规划课题38项、市教育科学“十一五”规划课题153项。本年度还对市未结题的广东教育科学“十五”、“十一五”规划立项课题和5项全国教育科学“十五”规划立项课题进行督查、业务指导，进一步增强各课题组按质高效完成课题研究任务的紧迫感和责任感。有针对性地组织专家组先后对汕头市广东省教育科学规划领导小组办公室立项“十五”规划和“十一五”规划课题的课题进行指导和结题验收。已获得验收的课题分别是：汕头市政府机关幼儿园承担的省级课题《幼儿园标记教育与幼儿良好行为习惯养成的探索与研究》、汕头市潮阳金堡中学二项省级课题《中学教师专业发展的校本制度研究》、《生命教育思想发展的回顾与前瞻》等3个广东省教育科学规划立项课题；汕头职业技术学院崔德香为主持人的《汕头职业技术学院中文专业师范生文学审美趣味的调查研究》、许晓晖为主持人的《方言区双语教育环境下的汉语拼音教学研究》、澄海实验学校黄茂春为主持人的《让学生走进更广阔的精神家园——初中阶段语文组织教育科研成果评选活动，2010年1月，教科所举办“汕头市‘教师专业化发展’研讨暨成果表彰大会，共收到著作27本，文章300篇。评出一等奖29项，二等奖46项。加强对省级教育科研课题的规范管理和业务指导，做好课题的结题工作。6月13日，市教育学会召开主题为“办好每一所学校，教好每一位学生”学术年会暨左兆军学术讲座，评选出一等奖论文78篇，二等奖论文295篇。学会组织论文参加广东教育学会2010年学术讨论会论文评比，获一等奖15篇，二等奖68篇，市教育学会获得优秀组织奖。在广东教育学会2010年学术讨论会上汕头市获一等奖15篇、获二等奖68篇。12月，召开汕头市社会心理学会2010年学术年会，会议通报学会工作情况，总结工作经验，开展学术交流，表彰2009年度优秀论文38篇。汕头大学赖教授作赴四川汶川开展灾民心理咨询辅导的报告。

（陈耀城）

职业与成人教育

【简况】年初，制定《2010年汕头市中职教育宣传活动安排》，成立市中职宣传领导机构，对全市中职教育宣传工作进行部署，并对区县教育局和各中职学校提出中职宣传工作的任务和要求。印发致初中毕业生及家长的中职教育宣传单，及早动员初中毕业生报读中职学校，开展中职教育宣传片、《广东省中职教育宣传专刊》、《广东省中职教育招生指南》、国家助学政策宣传画的发放、张贴、播放，在各个阶段通过新闻媒体对中职教育及招生进行宣传报道，营造中职教育良好的发展氛围。5月份，组织汕头职业教育招生咨询会，争取省教育厅支持转发招生咨询会工作方案，全省120多所职业院校参展，并协调组织全市初中毕业生按区域和时段有序地参加，取得良好的职业教育招生宣传效果。根据省教育厅下达汕头市高中阶段教育招生任务和科学发展观绩效考核中高中毛入学率要达80.2%的目标任务，及早部署、分解任务、落实责任，牵头制定《关于扎实做好高中阶段教育进一步扩大招生工作的通知》等文件，成立市高中招生领导小组并由领导小组成员分片挂钩各区县和学校，加强对高中招生工作的检查、指导，加大行政力度推动高中阶段教育招生工作。全市高中阶段教育招生已突破10万人，实现高中毛入学率达80.2%的目标任务。会同市发改局编报省中职教育工程2010年度本市备选项目（本市报8所学校建设项目）和中央资金支持的中职教育基础能力建设规划二期（本市报5所学校建设项目），协助市领导到各区县和有关学校调研和推动中职建校工程，取得突破性进展。市鮀滨职校启动广厦校区实训综合楼建设和进一步落实新校区建设用地；市卫生学校109亩易地重建项目启动；金平区职校200亩新校区用地已落实并抓紧启动建设；澄海职教中心二期100多亩建设项目启动；潮阳区职教中心首期300亩16万平方米建筑面积项目已于今年秋季交付使用；潮南区职教中心主校区200亩建设规划和分校区扩建实验楼、宿舍楼已启动；林百欣科技中专扩建实训楼、市纺织职校和市高级技工学校新校区项目抓紧推进，为市中职教育发展蓄足后劲。制定《关于加大力度推进非全日制中职教育积极为地方产业发展服务的通知》和《关于做好非全日制中职教育专业班管理工作的意见》，提出全市非全日制中职教育的办学途径、办学方式和管理办法，加强对各地各学校举办非全日制中职教育的指导和推动，全市非全日制中职教育招生规模已达3.2万多人，开设了10多个企业校区和20多个校外办学点，达到了服务地方产业发展又大力提高本市高中教育毛入学率的工作成效。积极实施中职教师职业技能提升计划和中职学科带头人培养计划，选派5名中职校长到珠三角地区挂职培训，组织10多名中职教师参加国家级培训和20多名教师参加省中职专业课程培训。市工艺美术学校和科技中专被列入省高中职衔接三、二分段试点学校，组织评估新增了4个市级重点建设专业，澄海职业学校通过省级重点中职学校评估。贯彻教育部新修订的《中职教育专业目录》，做好中职学校专业的规范工作，全市中职学校开设专业形成十一大专业门类90多个专业。加强学校管理工作，召开高中阶段教育工作会议（中信）职教分会议，组织中职学校交流学校管理工作和经验，进一步推进校园文化建设和学生德育工作。加强学生学籍管理，共办理中职毕业生验印10000多人。举办全市中职学生英语和计算机技能竞赛，组织有关学校积极参加省中职学校技能大赛，全市组队参加省八大类16项技能大赛，取得一等奖3项、二等奖8项、三等奖15项的良好成绩。市外语外贸学校独立组队参加全国外贸技能大赛，获团体一等奖和个人一等奖2名、二等奖1名的突出成绩。2010年，全市中职毕业生就业率平均达97%。做好全市10000多名学生享受国家助学金的资格审查工作，会同财政、扶贫办等部门落实和检查助学金发放工作。积极做好中职学校2010年农村家庭困难学生免学费工作。

【中等职业技术学校】汕头市鮀滨职业技术学校围绕“加强基础能力建设，提高教育教学质量，提高学校竞争力，促进学校科学发展”的工作目标，努力打造办学亮点，彰显办学特色，学生的就业和升学又获双丰收。2010年毕业生1142人，709人要求就业，688人被各单位录用，就业率达97%；433人要求升学，428人参加高职（3+证书）升学考试，344人上线，上线率80.4%，名列全省前茅。5月，通过省教育厅组织的专家组评审，被确定为商务外语专业教学指导方案编制工作的牵头学校。7月，学校的会计专业通过评审，被确定为市级建设重点专业点。年内，与广东振业汽车集团开展校企联合办学，通过共同制订教学计划，派遣企业专家为学生授课，企业向学校提供实习设备、实训场地等方法，“订单式”培养汽车营销和服务的技能人才45人。继全日制振业班的开办，经过校企双方精心策划筹备，11月30日，2010级市场营销专业非全日制振业班顺利开学，有36名企业学员到学校接受中等职业教育。该班采用业余和工学结合的学习形式，实行学分制和弹性学制，让学员分阶段完成学业。订单式培养、校企合作等办学模式，扩大学校办学空间，提高办学效益。学校还依托优质的教育教学资源，面向社会不同群体，坚持职业培训为地方产业发展服务的方向，多层次、多渠道开展职业培训工作，分别承担退役士兵的职业技能培训、汕头市导游人员年审培训、汕头市中职学校《哲学与人生》和《心理健康》任课教师培训、汕头市中小学信息技术类教师培训等培训项目12个班次，培训人数1079人。

汕头市工艺美术学校坚持理论教育与实际引导相结合，根据当前学生心理上和行为上普遍存在的问题，有针对性地制订主题教育活动的实施方案，在校领导的大力支持和班主任老师的积极努力下，主题教育活动以“主题鲜明，形式生动，特色明显，效果显著”而获得好评，荣获广东省教育厅颁发的“开展主题教育活动先进单位”荣誉称号。

汕头市外贸外语职业技术学校认真贯彻职业教育“以服务为宗旨，以就业为指导，以技能为核心”的教育方针，实施专业课程改革，创“教、学、做”合一的教育模式，突出实践教学和技能教学，提高各专业教学质量，培养适应经济发展需要和企业用人需要的实用型人才。528名学生毕业，就业率96.2%。

汕头市金平职业技术学校深入学习实践科学的发展观，坚持“以生为本”的办学理念，结合本校实际和市场需求，及时调整专业设置，在原开设的幼儿师范、旅游与酒店管理、会计、电子商务、计算中心网络技术、印刷包装设计、商务英语等基础上，瞄准市场需求新增了动漫设计、室内装饰设计等专业。该校以科研兴教，深化教育教学改革，开展“陶行知教育思想与职业教育”课题研究等，着力培养“合格+特长”的新型人才。学校连年来学生参加广东省专业技能证书考试一次性及格率均在80%以上。职高生参加“3+证书”高考上线率居面上职中第二位，毕业生就业率保持在95%以上。

【高级职业技术教育】汕头职业技术学院树立“以职业岗位应用型人才培养”模式为基本特征，以推行全面职业素质和创业教育为办学特色，努力培养综合素质高、专业技能强的应用型人才”的办学理念，不断探索服务地方经济社会发展需要特色鲜明的区域性高职教育的发展路子，基本形成文、理、工、经管、艺术和师范教育等学科门类齐备，大中专普通教育与成人教育并存，学历教育与职业培训共存的办学体系。在编教职工724人，以大专为主的大专生13108人。在顺利接受“国家高职院校人才培养工作评估”和广东省思想政治理论课建设评估后，继续做好评建整改各项工作。年内，出台《专业技术人员高、中级专业技术职务聘任办法》，规范和激励教师专业技能的提高，学院“双师素质”教师发展到119名，“专业带头人”和“中青年骨干教师”达81名。加快课程改革和建设，调整和优化专业结构。新建成3门院级精品课程，启动第六批合格课程审报工作，完成16门院级精品课程网站开放与维护工作，强化广大教师的专业建设、课程建设意识，优化课程体系和教学内容，提高教学质量。学院继续强化实践教学，重视实践教学条件的改善。投入289万元用于实训室的建设，新增校内实训基地10个、校外实训基地2个。总建筑面积达19022平方米的实训中心大楼、新教学楼已基本竣工；重视实践教学。通过增加实训、实习的时间和内容，提高实践教学课程课时数，使高职类各专业的实践教学学时占总学时数的比例达到50%以上，其中，高职类28个专业的平均实践教学学时比例，从2009级的53%提高到2010级的56%。重视顶岗实习。加强对顶岗实习的管理指导，顶岗实习的时间从2009届的平均3个月提高到2010届的6个月。加强教学管理规范和质量监控，切实提高教育教学水平。推进多媒设备管理与维修工作改革。进一步服务好教学的需要。

【高级技工教育】广东省粤东高级技工学校以科学发展观为指导，努力夯实基础，在全校掀起新一轮大发展的热潮。北山湾校区改扩建工程取得突破性进展，在建校舍42408平方米相继完工，已交付使用。学校有教职员工350多人。本年度学校想方设法克服困难，超额26.3%完成省人力资源和社会保障厅下达的招生任务，获得全省技工学校招生工作倍增贡献奖一等奖。学校坚持以教促研，以研带教，《过程控制综合实践工业设备》等多个项目获得国家专利和省技工教育教学成果一等奖。学校通过“送教上门”、“校企合作”等方式，多领域多层次为社会培训技能人才。其中学校承办的农民工技能培训任务共培训农民工708名，经省考评组考核认定为“优秀”等次。学校正式成立“职业技能鉴定所”，获准14个工种的鉴定资格，进一步扩大了学校的培训实力和社会影响。

【成人高中等学历教育】汕头电大业大职大着眼汕头经济社会发展的实际，形成学校本科、大专、中职、非学历教育“四个轮子”协调发展的思路。学校通过加强干部队伍建设、开展中层干部竞争上岗、青年教师基本功竞赛、选派年青干部到基层锻炼、多渠道开展岗位培训等工作，营造一个教书育人、为人师表、严谨笃学、和谐发展的育人氛围；通过落实各项规章制度和岗位责任制，成立“办公纪律检查小组”、“大专本科教学督导小组”和“中职教学督导小组”，不定期开展检查和督导，增强教职工的责任感，强化内部管理；通过开展创建“文明科室”，评选“教学、科研、管理突出贡献奖和优秀奖”等活动，评先创优，增强全体教职员工服务师生、服务教学一线的意识，提高服务的质量。2010年，学校有教职员工158名，其中高级职称16名，博士生1名，研究生9名。在办学过程中，学校按照“严格管理、服务教学、提高质量”的总要求，积极探索建立覆盖汕头城乡的办学网络。学校每学期都结合开展期中教学检查，组织职能部门人员前往澄海电大、潮阳电大、南澳教学点、濠江教学点、潮南教学点分别就系统建设、教学服务、招生工作等开展调研，定期召开汕头电大系统教育教学工作会议，开展集中学习交流，进一步加强系统建设，强化电大办学服务基层、服务社区的功能。以开展开放教育为契机，以更新教育观念为先导，整体规划、分布实施，充分利用电视、计算机网络等多媒体技术组成的教学平台，努力建立适应学生自主学习的远程开放教育环境。改进完善校园网络、录播系统、多媒体教学支持服务系统，加强办公自动化和图书馆网络建设，不断完善“汕头电大业大职大校园网站”和“汕头电大在线平台”，进一步完善学生自主学习的多媒体教学模式和服务体系，建成功能齐全的会议大厅、电子阅览室、多媒体教室、计算机实验室，不断充实教学设备，满足现代化教育的需要。根据汕头经济社会发展的需求，以发展为中心，服务为主题，开展多层次、多渠道的非学历教育和联合办学等培训工作，不断拓展奥鹏网络教育，定期举办会计人员继续教育、专业技术人员公修科和必修科等短期培训，送教上门，服务基层，推进非学历教育的持续发展。学校校本部中职、大专、本科在校生3950人，年非学历教育近3000人次，奥鹏教育有了新突破，办学规模和教育质量继续保持在全省地市级电大中名列前茅，取得良好的社会和经济效益。

汕头经济管理干部学校是一所集经济口干部、军转干部、教育培训、民营企业经营管理人员培训、职业技术教育于一体的多功能学校，该校以开展深入学习实践科学发展观为契机，谋划学校事业发展，努力办好市委市政府满意的干部学校。坚持改革创新，求真务实，加强管理，提高质量。该校举办多层次多形式的学历教育，努力推进学校可持续发展。开展各类人才培训，如：会计人员、工商管理科级干部能力提高班、科级干部执行力提升班、干部信息能力提升班、中小企业知识产权保护策略培训班、军转干部培训班，汕头市委与汕头大学联合举办“千名村官进大学”项目，该校负责的教学点负责了140名学员的培养。全年开展培训63期，共培训8236人。中专学历生1727人，高等教育学历生在校生1279人，硕士学位教育86人。

（陈耀城）

汕头大学

【简况】2010年，汕头大学在校全日制学生9300人，其中博士生106人，硕士生1573人，本科生7621人。基础医学博士后流动站至2010年累计招收博士后达172人，目前在站25人。学校现有病理与病理生理学、结构工程、基础数学、海洋生物学、生物化学与分子生物学、免疫学、药理学、临床医学8个博士点，招收博士生31人；现有一级学科硕士学位授权点10个、二级学科硕士学位授权点47个，招收硕士研究生563人；现有广东省名牌专业4个，33个本科专业面向全国招收本科生1746人。成人教育学院以函授、夜大等形式招收成人教育学生5030人，目前在册学生数达12117人。2010年毕业学生5345人，其中博士研究生21人，硕士研究生456人，普通本科生1625人，成人本、专科3243人。学校占地面积2106.11亩，建筑面积44.84万平方米。全校在编教职工1457人，其中正高职称176人，副高职称397人，专任教师711人。在专任教师中，博士273人，硕士233人。2010年，广东省将汕头大学列为自主办学综合改革试点单位，支持汕头大学建设成为国内先进国际知名的高水平大学。

【教学工作】引入国际前沿教育模式——整合思维教育，邀请加拿大多伦多大学罗特曼管理学院教授Mihnea Moldoveanu为全校师生开展“整合思维”培训。医学院与荷兰格罗宁根大学、加拿大阿尔伯塔大学开展博士联合培养项目；与美国斯坦福大学开展教师培养及成长项目。与清华大学等高校同时成为教育部首批“卓越工程师教育培养计划”实施高校，医学院成为粤东地区首批专科医师培训基地。工商管理等7个专业获得广东省特色专业立项；广播电视新闻学获得国家级特色专业立项；获得国家级双语示范课程、国家级精品课程各1项。全年共计承担广东省大学生创新实验项目120项建设任务，成果获省级教学成果奖一等奖共3项。2010年招生普通类（含医学院）第一志愿率97.4%（其中省外生源的第一志愿率为100%），创历年新高。医学院学生连续7年在全国执业医师考试保持全国前列，2009届毕业生通过率79.80%，名列全国第4名。

【科学研究】科研实力继续保持强劲势头，相继在《PNAS》、《Coordination Chemistry Reviews》等国际顶级期刊发表论文，在“2010中国高校Nature & Science论文排行榜(第一作者单位)”中，汕头大学列全国高校第9位、居广东省高校第1位。在科研立项方面。2010年，全校科研立项总经费4809.18万元，取得了一批立项经费逾百万元的国家和省级重大团队研究项目，共获国家自然科学基金48项，总资助金额达1514.7万元，项目资助率22.7%，立项数同比增长37.1%。医学院与美国辛辛那提大学医学院联合申报的项目获2010年美国国立卫生研究院（NIH）基金1,722,932美元立项资助。年内，人文社科研究项目共获得65项研究课题，同比增长38%；其中省部级以上项目35项，占全部立项数超过50%，省部级以上立项经费占总经费比率近80%，高层次科研立项数和立项经费所占比率显著提高。在科研成果方面，有一批论文相继在国际顶尖学术期刊发表，包括：欧洲权威学术出版机构Elsevier主办的Coordination Chemistry Reviews（《配位化学综述》）、与Nature、Science同属被引频次最多的三大国际顶级综合性科技期刊之一——《美国科学院院刊》。由工学院陈严教授主持完成的科研成果“风力机全系统载荷分析及优化设计软件的开发与应用”获得“中国侨界贡献奖”创新成果奖。在人文社科研究方面，汕头大学获“广东省2008-2009年度哲学社会科学优秀成果奖”3项，其中王伟廉教授的著作《高等学校课程研究导论》荣获一等奖，实现了校人文社科类省部级政府奖一等奖零的突破。在知识产权方面，全年全校共申请专利24项，其中发明专利13项；计算机软件登记数1项。专利技术转让（实施许可）6项，其中3项为PCT专利申请权转让，这是学校首次成功实现PCT专利申请权的转让。此外，学校顺利通过

"广东省首批事业单位知识产权试点单位"验收，成为全省首批十家"广东省知识产权示范事业单位"之一。

【学生培养】探索实施公益类课程，继续拓展服务学习模式实践探索，培养学生的责任感和奉献精神。开设潮汕弱势人群社会支持及健康教育服务、潮汕"妇女与社会"创意研习服务等6门公益课程。成立专门工作小组开展公益类课程试点工作，开展青年志愿者（义工）服务学习、旧物回收、慈善义卖以及绿色校园等系列活动。2010年度共开设139门学业问询服务课程，招收123位各院系学业表现优秀的学生担任导生，学业问询服务使用人次达到2150人次，全年共有4000多人次使用SLC小组讨论资源。启动X计划，以提升学生综合素质为重心，为同学们创造更多交流、学习机会，发展学生的积极性、独立性、创造性以及人际沟通、责任感、团队协作等素质和能力，帮助学生积累专业能力之外的"软技能"。深化住宿制改革探索，成立"常青藤"服务学习协会，将"服务学习"理念与住宿学院育人模式相结合。建立实名制网络交流平台——家缘网站，探索网络文化下的高校思想政治教育工作的新模式。开展香格里拉高级培训营等项目，引导学生增强体能和抗挫折能力，形成崇尚体育精神的校园氛围。做好"海上学府"海外修学项目和交换生计划的组织工作，选拔学生到英国牛津大学、加拿大多伦多大学、明尼托巴大学、阿尔伯塔大学等国外有名大学及香港大学、香港中文大学、香港理工大学等进行短期学习或交流学习，拓宽学生视野。学子在SIFE全国赛、国际企业管理挑战赛（GMC）等大型赛事取得优异成绩；艺术学院学生获2010台湾国际学生创意设计大赛银奖。通过联合中移动广东公司开展勤工助学等形式，累计提供校外兼职共327份。全年共发放各类奖学助学金累计约714万元，奖助约3607人次。获国家助学贷款人数为707人，截至12月共计发放贷款501.66万元，858人次，成功贷款比率位居省属高校前列。举办2010年校友联谊会，做好校友联系与服务工作，全年累计为校友免费办理校友卡2399份。实施"校友回报母校计划"，化学系校友设立学校首个系级基金；热心校友捐款设立2010学年"校友助学金"，截至12月10日共收到校友捐款41.08万元。在校友的支持下，为学生提供就业实习岗位共95个，6家企业与学校签订流动岗位协议。学生竞争力持续增强，在省市各级比赛中夺得多项大奖，全年累计有91名学生的27个项目活动省级以上奖项，另有84个个人（团队）在省级以上专业素质及才艺比赛中获奖。医学院学生获全国第一届临床技能大赛第四名，医学院为华中、华南地区在该项赛事唯一获奖的高校。

【服务地方】协助全国妇联和李嘉诚基金会开展启璞计划——村"两委"女干部培训试点项目。承办全国妇联骨干培训班、大学师资培训工作坊、潮汕村"两委"女干部培训等大型活动,提高基层女干部综合素质和推进农村经济社会全面发展的能力，受益人数超过潮汕三市女村官总人数的60%。全国妇联副主席宋秀岩，陈秀榕副主席亲临汕头大学为启动仪式揭幕莅校出席活动。产学研合作与地方科技服务工作不断深化。汕头轻工装备研究院通过广东省科技厅验收，增强了对地方行业关键共性技术研发能力的支持，帮助企业取得显著的经济效益；此外，另有一批科技成果转化或应用示范与推广项目通过中期检查或成果鉴定。2010年，学校与企业合作共取得广东省重大科技专项3项，省部产学研结合项目4项。其中，温小波教授获省科技厅重点项目200万元立项经费，这是汕头大校首次获得此类项目的支持、首次获得广东省高校工程技术研究中心建设项目"亚热带海水贝藻养殖工程技术研究中心"，增强对粤东乃至全省海藻产业发展的支持能力。为政府决策提供智力支持，增强地方经济发展的软实力。学校科研人员通过科研立项形式积极参与地方政府规划设计与建设工作，成功完成汕头市LED产业设计、幸福汕头建设等多项课题的研究工作，研究报告已被相关部门采用。在李嘉诚基金会的支持下，学校继续组织学生以义工、志愿者形式，参加"宁养计划"、"医疗扶贫"、"关心是潮流"、"重生行动"等各项医疗慈善活动，服务回馈社区，弘扬奉献精神。12月份，2007级工学院电子信息工程专业潘鑫聪同学在广州无偿捐献造血干细胞，成为汕头市第1位、广东省第150位造血干细胞捐献者，也是全国第1957位捐献者。年内，曙光助学大队的371名志愿者在红领巾路小学、光华小学、福平一小、百合园社区、红桥一小、大华街道、长安小学、外砂华侨中学、新福街道、同益街道等10个义教点，面向周边地区和市区的贫困家庭子女坚持开展长期义务助教和心灵关怀活动，共计开展义教3255人次，辅导学生4635人次，227名受助学生成绩都有不同程度的提高，心理健康及综合素质都有明显的提升。"萤火虫"爱心行动大队的志愿者向揭东、普宁、梅州、潮州等地4个麻风康复村以及汕头市边远地区的"薪火乡传"小学工作营、贫困街区等开展了约24600小时的无偿服务。"萤火虫"爱心基金会为康复村老人、西南灾区和玉树地震灾区举行募捐活动，筹集善款29072.5元。

【党建和思想政治工作】2010年，党委围绕学校中心任务，全面推进党的建设，充分发挥政治核心作用和监督保障作用，为学校和谐稳定发展提供了保障。党委中心组共召开5次中心组理论学习扩大会，专题研讨社会主义核心价值观与学习型政党建设和

《中国中长期教育改革和发展规划纲要（2010—2020）》等。邀请清华大学马克思主义学院博士生导师吴倬教授和中共广东省委党校教授、前广东省社科联副主席李恒瑞等来校作专题辅导；组织“建设服务型高校党组织，迎接第四次党代会召开”主题研讨会。规范党委工作程序，进一步完善和落实党委常委会议事决策规则、党务公开、个人报告重大事项和干部任免票决等制度；认真贯彻执行民主集中制的组织制度、领导制度和工作制度，重大问题和工作任务的部署都提交党委常委会审议，由领导班子集体讨论决定。完善党内报告和情况通报制度。认真听取广大党员对党委领导班子和校级党员领导干部工作的意见和建议。全力支持和推动学校的改革和发展事业，进一步深化干部制度改革。

（汕头大学）

科学技术

综　述

【简况】2010年，汕头市坚持“自主创新、重点跨越、支撑发展、引领未来”的工作方针，进一步开拓创新、锐意进取，通过抢抓战略性新兴产业培育发展先机，提升企业的自主创新能力，推动民生领域的科技创新，充分发挥科学技术在经济和社会发展中的支撑和引领作用，为全市加快转变发展方式，加速经济结构调整和优化做出了重要贡献。全年，全市承担省级以上科技计划项目140项，获得扶持资金4711万元，其中列入省重大科技专项8项，获得扶持资金1180万元；组织编制市级科技专项和180项科技计划项目，共下达科技经费2500万元；新增科技成果69项，其中“脊髓针刺效应的f-MRI机制与脊柱影像基础的系列应用性研究”等2项科技成果达到国际领先水平；荣获省科学技术奖11项，其中二等奖2项、三等奖9项，评定市科学技术奖48项，其中一等奖18项、二等奖16项、三等奖14项。

【全市产学研结合工作会议暨科学技术奖励大会】10月20日，汕头市委、市政府在汕头宾馆召开“全市产学研结合工作会议暨科学技术奖励大会”，传达省部产学研结合五周年总结大会精神，总结部署下一步市科技工作特别是推进产学研结合工作，同时表彰奖励2009年度广东省科学技术奖和2010年度汕头市科学技术奖获奖者。汕头市委副书记、市长蔡宗泽出席会议并强调，要切实增强推动产学研结合、提高自主创新能力的责任感和紧迫感，抓住关键环节，推动产学研结合创新深入发展，营造促进科技创新的良好环境，努力把汕头市科技工作推上新台阶。会议由市委常委、秘书长谢泽生主持。副市长余健明总结和部署了全市产学研结合工作。省科技厅党组成员、副巡视员蔡炎出席会议并为金平区颁发“国家科技进步示范区”牌匾。

（李扬　汤智勇　郑昊）

科技管理

【创新型（试点）企业】2010年，创新型（试点）企业培育工作有效开展，全市具有典型示范带动作用的创新型企业群体进一步发展壮大，广东南洋电缆集团股份有限公司、广东太安堂药业股份有限公司、黑牛食品股份有限公司、广东金明塑胶设备有限公司等通过省创新型企业试点评价，被认定为第三批广东省创新型企业，广东粤东机械实业有限公司、广东自动化电气集团有限公司、广东润科生物工程有限公司、广东宏景科技有限公司列入广东省创新型企业试点。截至年底，全市有3家企业列入国家创新型企业试点，10家企业被认定为广东省创新型企业，累计17家企业列入广东省创新型企业试点。此外，广东汕头超声电子股份有限公司、汕头市超声仪器研究所有限公司、汕头市东风印刷厂有限公司、西陇化工股份有限公司4家企业被评为2010年广东省自主创新100强企业。

【高新技术企业和产品】年内，共组织申报两批35家高新技术企业，经省高新技术企业认定管理工作领导小组办公室组织专家评审，有29家企业通过评审和公示，全市经认定的高新技术企业达115家。此外，广东汕头超声电子股份有限公司、西陇化工股份有限公司被认定为2010年国家火炬计划重点高新技术企业。加强高新技术产品认定工作，“CTS—5000全数字超声显像诊断系统”等35个产品列入广东省高新技术产品。

附表：2010年汕头市新增高新技术企业名录

序号	企业名称	序号	企业名称
1	广东潮宏基实业股份有限公司	16	正大康地-汕头有限公司
2	广东太安堂制药有限公司	17	广东富味制果厂有限公司

续上表

3	广东天盈信息技术有限公司	18	广东华盛塑料有限公司
4	广东仙乐制药有限公司	19	广东龙湖科技有限公司
5	广东宇泰减震科技有限公司	20	广东实丰玩具实业有限公司
6	汕头超声印制板公司	21	广东益德环保科技有限公司
7	汕头方大印刷包装科技有限公司	22	润和生物医药科技（汕头）有限公司
8	汕头高新区松田实业有限公司	23	汕头丰兴盛包装材料有限公司
9	汕头金石制药总厂	24	汕头市穿越计算机软件有限公司
10	汕头金税科技有限公司	25	汕头市骏码凯撒有限公司
11	汕头市东方科技有限公司	26	汕头市美联化工有限公司
12	汕头市东风印刷厂有限公司	27	汕头市欧格包装机械有限公司
13	汕头市东和机械有限公司	28	汕头市鑫瑞纸品有限公司
14	汕头天珀模具有限公司	29	汕头市紫光古氨基酸有限公司
15	汕头正超电气集团有限公司		

【民营科技企业】2010年，全市新组织认定汕头市民营科技企业36家，获批认定广东省民营科技企业15家。全市累计认定市级民营科技企业685家，其中省级民营科技企业314家。经对全市313家民营科技企业的调查统计，这些民营科技企业的资产总额为234.57亿元，实现总产值231.65亿元、技工贸总收入226.70亿元、利润额13.56亿元、上缴税金12.57亿元、投入研究开发费8.56亿元、创汇9.92亿美元，拥有长期职工48041人，其中从事科技人员9784人、大专以上学历7778人。民营科技企业主要集聚的金平、龙湖民营科技园，拥有入驻企业587家，其中高新技术企业58家，2010年园区实现总产值685.42亿元、利润19.82亿元、上缴税金51.97亿元，拥有长期职工114300人，知识产权6092项。

附表：2010年汕头市新增民营科技企业名录

序号	企业名称	序号	企业名称
1	广东天盈信息技术有限公司	19	汕头高新区宏源达光电科技有限公司
2	汕头市包利隆食品厂有限公司	20	汕头市广度网络科技有限公司
3	汕头市提成食品添加剂有限公司	21	汕头市汉核网络科技有限公司
4	汕头市新陵塑胶有限公司	22	汕头市龙盛实业有限公司
5	汕头市康家宝工贸有限公司	23	广东老中医保健食品有限公司
6	汕头市亿力机械设备有限公司	24	汕头市海精科机械有限公司
7	汕头市金平区嘉士隆食品实业有限公司	25	汕头市领粤电气制造有限公司
8	汕头市虹桥凯旋包装有限公司	26	汕头市华勋水产有限公司
9	汕头市集祥传动机械有限公司	27	汕头市京华塑胶有限公司
10	广东龙湖科技有限公司	28	广东益德环保科技有限公司

续上表

11	汕头市龙湖区源鑫模具制造厂	29	汕头市科立环保实业有限公司
12	汕头市南帆电器有限公司	30	汕头市夏野电器科技有限公司
13	汕头市达濠市政建设有限公司	31	汕头市通力机械制造有限公司
14	汕头市保源建材机械有限公司	32	汕头市乐易得光电有限公司
15	广东省宜华木业股份有限公司	33	汕头市美适生物技术有限公司
16	广东汇泉玩具实业有限公司	34	汕头市时佳实业有限公司
17	南澳县金山农业发展有限公司	35	广东新通达钢管厂有限公司
18	广东正博国际科技有限公司	36	广东乐普升文具有限公司

【自主创新产品】年内，全市新增经省科技厅、省发展改革委、省经济和信息化委、省财政厅、省知识产权局、省质监局联合认定的广东省自主创新产品27项，其中电子信息领域7项、先进制造领域9项、航空航天领域1项、生物医药与医疗器械领域2项、新材料领域5项、新能源与高效节能领域2项、其它高新技术领域1项。截至年底，全市拥有广东省自主创新产品47项，数量位居全省前列。

附表：汕头市列入广东省自主创新产品名录

产品名称	单位名称
高性能VA新型液晶显示器	广东汕头超声电子股份有限公司
高性能触控式彩色液晶显示模组	广东汕头超声电子股份有限公司
移动通信手机用多层印制板	广东汕头超声电子股份有限公司
综合信息接入系统EPON+EOC	汕头高新区亚威科技有限公司
FKA通信接入网综合电缆	汕头市金桥电缆有限公司
TYM电子政务协同办公系统V1.0	广东天亿马信息产业有限公司
PASS 安全输血标准化系统	汕头市穿越计算机软件有限公司
不锈钢滑撑铰链	广东澳利坚建筑五金有限公司
医用输液袋五层共挤水冷式薄膜吹塑机组	广东金明塑胶设备有限公司
GT-2B型彩色成像超声钢轨探伤车	广东汕头超声电子股份有限公司
CTS-9003型数字化超声探伤仪	广东汕头超声电子股份有限公司
CTS-9008型陶瓷绝缘子超声探伤仪	广东汕头超声电子股份有限公司
交流发电机中性点综合柜	广东自动化电气集团有限公司
数字超声探伤仪	汕头市超声仪器研究所有限公司
计算机控制高速涂布机	汕头市华鹰软包装设备总厂有限公司

续上表

数字化控制热成型生产线	汕头市明发机械有限公司
A318/A319/A320飞机国产炭/炭刹车副	汕头市西北航空用品有限公司
全数字超声显像诊断仪	汕头市超声仪器研究所有限公司
全数字彩色多普勒超声诊断系统	汕头市超声仪器研究所有限公司
高性能六水合硫酸镍	广东光华化学厂有限公司
无铅焊接用高性能高Tg覆铜板	广东汕头超声电子股份有限公司
喷墨数码相纸	汕头市新协特种纸科技有限公司
过硫酸钠	西陇化工股份有限公司
高纯氯化铜试剂	西陇化工股份有限公司
太阳能光伏建筑一体化组件	广东金刚玻璃科技股份有限公司
整体凸台铜冷却壁	汕头华兴冶金备件厂有限公司
自动吸奶器	汕头市星河电器有限公司

【工程技术研究开发中心】2010年，全市新增以汕头市夏野电器有限公司为依托的“广东省家电互联工程技术研究开发中心”、以广东卫伦生物制药有限公司为依托的“广东省生物药品工程技术研究开发中心”、以广东拉芳日化有限公司为依托的“广东省化妆品工程技术研究开发中心”、以汕头市骏码凯撒有限公司为依托的“广东省半导体及微电子材料工程技术研究开发中心”、以广东宏景科技有限公司为依托的“广东省建筑智能工程技术研究开发中心”、广东群兴玩具股份有限公司的“广东省动漫创意玩具工程技术研究开发中心”、广东润科生物工程有限公司的“广东海洋微藻生物工程技术研究开发中心”7家省级工程技术研究开发中心，组织认定了以广东邦领塑模实业有限公司为依托的“汕头市智能幼教玩具工程技术研究开发中心”等20家市级工程中心，全市的省级工程中心达40家、市级工程中心达83家。

【科技发展规划】2010年，市科技局联合汕头大学开展《汕头市科学和技术发展“十二五”规划》的编制工作。通过编制规划，将确定一批重点科技专项，选择一批关键技术和共性技术作为主攻方向，集成力量开展科技攻关，加速培育具有竞争力的战略性新兴产业。同时，市科技局将推动LED照明产业发展作为汕头市培育和发展战略性新兴产业的重点，就全市LED产业的发展现状开展调研，全面摸查汕头市从事LED照明领域的企业现状，承载LED产业发展的产业基础，以及现有LED照明产业的研发技术力量，并联合汕头大学地方政府发展研究所开展《汕头市LED产业发展规划（2010–2015年）》编制工作，至年底，已完成规划初稿的编制，并征求了有关部门意见和召开了专家论证会。

【省政府副秘书长陈勇莅汕调研】4月22日，省政府副秘书长、中科院广州分院、省科学院院长陈勇，中科院广州分院、省科学院常务副院长黄宁生率队莅汕开展院市科技合作，参加在科技馆举办的“科学院汕头市合作座谈会”，并为“中国科学院广州技术转移中心汕头分中心”揭牌。

【科普教育】2010年，市科技局通过举办新闻发布会，加强报刊、广播电视、网络等媒体宣传等方式，使公众及时了解全市科技发展情况。以开展群众性科普活动和加强科普基地建设为着力点，广泛开展科普教育。5月中旬至6月中旬，市科技局牵头市直有关单位、各区县组织开展以“携手建设创新型汕头”为主题，突出“提升自主创新能力，转变经济发展方式，科技服务民生”的“科技进步活动月”活动。加强面向群众的科普教育基地建设，“汕头绍河珍珠养殖场”、“汕头太安堂中医药博物馆”被省旅游局、省科技厅联合授予“广东省科技旅游示范基地”称号，有4

个项目列入省科普专项。重点支持汕头科技馆加强科普能力建设、发挥科普功能，新建成“虚拟技术实践室（二期）”和“信息技术探索园”2个科普场馆，馆内常设科普展馆增至8个，并常年免费向公众开放。

（李扬 汤智勇 郑昊）

【推进LED产业发展】2010年，市科技局组织开展全市LED产业调研，组织编制《汕头市LED产业发展规划（2010–2015年）》，完成规划初稿。市政府成立由市长蔡宗泽为组长的汕头市绿色照明示范城市领导小组和办公室，全力推动LED照明的示范推广。全市各地各部门小范围内采取LED照明应用，推动LED照明的应用示范，如市城管局在龙珠污水处理厂周边的北侧路、西侧路、海堤路，市路灯管养中心在市区韩堤路分别试点安装使用太阳能LED路灯，市科技局在汕头科技馆外围改造、室外通道、会议室等地方也采用LED照明，均取得明显的节能和示范作用。市科技局将“新能源及节能减排关键技术”列入年度科技计划的申报重点，组织实施LED关键技术攻关和示范工程，共支持LED项目4项、扶持资金32万元。积极支持LED企业申报广东省重大科技专项节能减排项目，争取省科技经费的扶持，加快企业的技术创新。经推荐，广东科信实业有限公司的“360度超薄型大功率LED光源的封装技术及产业化”项目列入广东省重大科技专项，获得扶持资金100万元。

【科技发展计划】2010年，汕头市科学技术局组织实施各类科技发展计划项目320项，其中国家级11项、省级129项、市级180项。国家科技部和省科技厅拨款4711万元，市财政拨款1500万元，作为科技经费支持项目的研究和开发。列入国家科技计划项目11项，获得扶持资金305万元。列入省科技计划项目129项，获得扶持资金4406万元。列入市级科技计划项目包括工业高新技术、农业科技、民生科技和社会发展、医疗卫生科研、科技型中小企业技术创新和产学研合作项目等项目，重点支持发展LED产业、自动化成套设备、超声产业、培育高新技术企业上市、潮汕特色农产品等专题，共安排项目180项，下达科技三项经费1500万元。其中扶持高企上市培育项目4项、资金100万元，中小企业技术创新资金项目12项、扶持资金300万元，产学研合作项目7项、扶持资金62万元，工业高新技术项目52项、扶持资金438万元，农业项目35项、扶持资金219万元，民生科技与社会发展项目35项、扶持资金226万元，信息技术项目12项目、扶持资金100万元，高校及医疗机构科研项目23项、扶持资金55万元。项目计划总投资7.26亿元，资金来源以企业自筹为主，其中市财政科技三项费用拨款1500万元。这批项目预计年新增产值可达35亿元，年利税4.69亿元，创节汇1.2亿美元。

附表1：2010年汕头市承担国家级科技计划项目表

计划类别	项目名称	承担单位
国家星火计划	粉蕉产业推进关键技术研究与示范	汕头市绿园农业科技发展有限公司
	金观音茶技术的推广与示范	汕头市濠江区金寿茶厂有限公司
国家火炬计划	电容式触摸屏研发及产业化	广东汕头超声电子股份有限公司
重点新产品计划	便携式全数字实时三维超声成像诊断系统	汕头市超声仪器研究所有限公司
	采用PVB封装的新型光伏建筑一体化组件	广东金刚玻璃科技股份有限公司
	电子级高纯氨基磺酸镍溶液	广东光华化学厂有限公司
	酸性皂洗剂1530	广东德美精细化工股份有限公司
	耐高温阻燃织物及防火毯的开发应用	汕头市奥山服饰有限公司
中小企业创新基金	新型安规陶瓷电容器	汕头高新区松田科技实业有限公司
	基于一步法合成环保CZ多功能热稳定剂	广东高科达科技实业有限公司
农业科技成果转化资金	淡水有核珍珠大面积养殖技术升级与成果转化	广东绍河珍珠有限公司

附表2：2010年汕头市承担省级科技计划项目表

计划类别	项目名称	承担单位
城镇化技术集成应用试点	隆都镇城镇化技术集成应用试点	汕头市澄海区隆都镇人民政府
促进科技服务业发展专项计划	濠江区生产力促进中心提升水产养殖科技服务能力	汕头市濠江区生产力促进中心
	潮南区特色产业专利信息服务系统建设	潮南区科技局
	广东省龙湖民科园科技创业服务中心建设	汕头市大鲲鹏科技创业服务有限公司
高新技术产业化项目-工业攻关	桥式整流集成块自动化生产设备的研制及应用示范	汕头市良得电子科技有限公司
	特种超声波压电陶瓷材料生产工艺的研发及应用	汕头市创新科技电子有限公司
	WZ系列环保型数控卫星式柔版印刷机	汕头市光华机械实业有限公司
	FZZN型交流发电机中性点综合柜	广东自动化电气集团有限公司
	大功率矿热炉专用新型铜冷却设备开发与应用	汕头华兴冶金设备股份有限公司
	香烟膜专用高温爽滑母料	汕头市贝斯特科技有限公司
	模具与塑料加工装备	广东邦领塑模实业有限公司
	50000瓶/时环保节能啤酒灌装生产线	广东轻工机械二厂有限公司
高新区发展引导专项资金	中低温烧结高压陶瓷电容器	汕头高新区松田实业有限公司
	汕头高新区产业发展与自主创新能力建设规划研究	汕头高新区管理委员会
广东省民营科技企业自主创新试点	高效医用抗凝新材料研发自主创新试点	汕头市金丰医疗器械科技有限公司
广东省民营科技园建设项目	广东龙湖省级民科园日用化学品技术创新服务平台建设	龙湖区科技局
	金平民科园家居产业技术创新平台	汕头市华莎驰家具家饰有限公司
	民营科技园电子新材料共性关键技术平台建设	广东光华科技股份有限公司
	龙湖民科园企业SEO服务平台	广东省龙湖民营科技园管理委员会办公室
	龙湖省级民营科技园大学生创业中心建设	汕头市龙湖省级民营科技园技术创新中心
广东省中国科学院全面战略合作项目	基于安全标志的文档权限管理中间件的研究与平台应用推广	汕头高新区航宇电子技术有限公司
	高解像力紫激光直接制版材料及配套装备的产业化	广东中科银实业有限公司
	海洋生物功能制品的研发及产业化	汕头市绍河珍珠养殖有限公司
	BIPV-EMS光伏系统关键技术的研发及应用示范	广东金刚玻璃科技股份有限公司
广东省重大科技专项	360度超薄型大功率LED光源的封装技术及产业化	广东科信实业有限公司
	利用电厂废料粉煤灰制备功能材料	广东高科达科技实业有限公司
	镍盐废弃物资源化高值利用的关键技术集成与示范	广东光华科技股份有限公司
	石化下游高纯硫酸高效节能提纯共性技术	西陇化工股份有限公司

续上表

广东省重大科技专项	微藻DHA：一种新型食品添加剂的研发和应用	广东润科生物工程有限公司
	高效节能型BOPP薄膜抗静电母料的研发及产业化	汕头市贝斯特科技有限公司
	印刷品全画面智能检测与墨量控制技术及装备	汕头轻工装备研究院
	广东特色水果资源功能成分创新利用及其新产品研发	广东富味制果厂有限公司
省扶持东西两翼发展项目	节能高精度塑料加工关键共性技术和设备	广东金明精机股份有限公司
	专用建筑围墙木塑复合材料的研制及应用示范	汕头市欣源低碳木业有限公司
	LED新光源车用信号灯	广东骑光车灯工业有限公司
	岭南特色果酒–荔枝酒、余甘子酒的新产品开发及产业化示范研究	广东荔宝酿酒有限公司
健康农业科技示范基地	广东省东华公司水产养殖健康农业科技示范基地	汕头市东华种养实业有限公司
结转项目	粉蕉优质、高产、高效、安全、生态种养技术集成与应用示范	汕头市绿园农业科技发展有限公司
	粤闽台乌龙茶星火技术产业带	汕头市科学技术局
科技基础条件建设项目	潮汕橄榄、杨梅、余甘子种质资源收集与应用	汕头市林业科学研究所
科普基地建设	人口密集型社区科普阵地建设	金平区石砲台街道石砲台社区居委会
	智能机器人	汕头市金珠小学
	绍河珍珠科技园•世界贝类馆扩建	广东绍河珍珠有限公司
	汕头科技馆“数字科技馆”	汕头科技馆
农业攻关	汕头农业科技发展模式研究	汕头生产力促进中心
	药用原料植物穗花牡荆GAP技术研究开发	汕头中医药技工学校
	出口对虾保水关键技术研究	汕头市龙胜水产食品有限公司
	红树林主要害虫防治技术研究	汕头市林业科学研究所
农业科技创新中心	广东省微补植物营养农业科技创新中心	汕头市微补植物营养科技有限公司
	广东省澄海琼胶厂海藻农业科技创新中心	汕头市澄海区琼胶厂
软科学	科技社团的科普能力建设研究	汕头市科学技术普及研究会
社会发展	宁郁异形片新药研究与开发	广东思济药业有限公司
	亚临床性甲状腺功能减退症对注意功能影响的脑功能磁共振成像研究	汕头潮南民生医院
	64层螺旋CT在结肠癌分期中的研究	汕头潮南民生医院
	濠江区滨海湿地修复技术研究	濠江区科技局
	南澳海岛旅游可持续发展研究	南澳县科技局

续上表

社会发展	公共安全应急集群同步启控系统	汕头市海地信息系统科技有限公司
	宫颈癌筛查技术应用	汕头市金平区海安街道办事处
	含氨废气高效节能净化回用关键技术及示范	西陇化工股份有限公司
	沿海困难地带红树林群落构建技术研究	汕头市林业科学研究所
	适用于东方女性的乳腺影像计算机辅助诊断与专家分析系统	广东宏景科技有限公司
	低成本、无残留注射器	汕头华尔怡医疗器械有限公司
	循环miRNA在食管癌早期诊断中的应用研究	汕头潮南民生医院
	食管癌综合治疗疗效预测及个体化治疗选择	汕头市中心医院
	两种先天性巨结肠根治术术后并发症的对比研究	汕头市中心医院
	普及型全数字彩色多普勒超声诊断系统开发	汕头市超声仪器研究所有限公司
	特殊灾害时期应急食品的共性关键技术和产品研究	广东亿超生物科技有限公司
	基于综合信息处理的新型多层区域协同医疗系统研究与开发	广东粤华医疗器械厂有限公司
省部产学研结合示范基地	产学研结合金平示范区	汕头市金平区人民政府
省部产学研结合项目	纺织布料气相转移印染用水性凹版油墨的研发及应用	汕头市新协特种纸科技有限公司
	高表面硬度高抗冲聚合物合金的研究开发	广东高科达科技实业有限公司
	防伪印刷激光全息图案高速定位技术	广东金玉兰包装机械有限公司
	可控制复合酶解法制备功能性魔芋胶的研究及其产业化示范	汕头市捷成食品添加剂有限公司
	高智能DZD-4A/6A袋中袋全自动生产线	汕头市金海湾包装机械有限公司
	高洁净全自动软包装灌装（容器）封口设备数控技术的开发及应用	广东粤东机械实业有限公司
	双菌种快速发酵法酿制全汁优质青梅酒的研究及产业化	广东惠康企业集团有限公司
	全自动高速彩色塑料方盒胶印机关键技术研究及其产业化	汕头市东源轻工机械厂有限公司
	新型冷加工技术开发特色糕饼的研究及产业化	广东荣诚食品有限公司
	恶劣环境场所使用的高防护高压电器装置及其连接技术研究	汕头市东亚电器厂
	氧化锌基高电位梯度压敏电阻器	汕头高新区松田实业有限公司
	夜光针织绒及毛衫的产业化技术	广东吴氏集团有限公司
	冷封高阻隔包装纸	汕头方大印刷包装科技有限公司
	全自动高速在线品质自检测曲面胶印机	汕头市金兴机械有限公司
	提花簇绒机专用嵌入式数控系统研制及应用示范	汕头市大洋地毯机械设备厂有限公司
	汕头市牛田洋滨海湿地生态环境修复与养殖发展关键技术研究	汕头市大顺实业有限公司
	漆包线耐电晕、耐冷媒关键技术的研发及应用	汕头市天方达新材料科技有限公司
	抗菌除臭防辐射织物的开发应用	汕头市奥山服饰有限公司

续上表

省部产学研结合项目	钣金超薄板快速自攻锁紧螺钉研发及产业化	汕头经济特区超艺螺丝工业有限公司
	高效光伏组件封装用交联型EVA胶膜挤出生产线	汕头市海精科机械有限公司
	热塑性非交联型EVA薄膜太阳能电池封装胶膜	汕头市安德利环保科技有限公司
	智能玩具用可定制液晶模组研发	汕头市锐科电子有限公司
	基于多光纤传感器的输电线路覆冰监测关键技术及产业化研究	广东自动化电气集团有限公司
	可调速高仿真新型电动童车	汕头市澄海区蓝天科技有限公司
	高容量航模动力电池开发及产业化	汕头市澄海区灿辉塑胶玩具有限公司
	多层共挤糙面土工膜吹塑成套装备	广东金明精机股份有限公司
	一种新型高效的有机溶剂脱水关键技术	广东光华科技股份有限公司
国际合作项目	现代规模化养殖机械自动化技术合作开发	汕头市德兴种养实业有限公司
	气泡波动式褥疮防治床垫及专用生产线的研制	广东粤华医疗器械厂有限公司
	水产品精深加工研发合作项目	汕头市侨丰集团有限公司
省中小企业技术创新资金项目	新型安规陶瓷电容器	汕头高新区松田科技实业有限公司
	基于一步法合成环保CZ多功能热稳定剂	广东高科达科技实业有限公司
	天然纤维加强复合材料汽车内饰件生产线	汕头市富力机器制造有限公司
	全自动环保型焊缝粉末喷涂设备	广东韩江轻工机械有限公司
	“e门通” 智能家居系统	汕头高新区领域科技有限公司
	特种超声波压电陶瓷材料生产工艺的研究及应用	汕头市创新科技电子有限公司
	数字化控制热成型生产线	汕头市明发机械有限公司
	高解像度高耐印力黄灯安全的紫激光银盐计算机直接制版材料	广东中科银实业有限公司
	AJ系列气动液压千斤顶	汕头市通力机械制造有限公司
星火计划	狮头鹅标准化养殖示范与推广	汕头市精业昌隆种养殖有限公司
	台湾蔬菜新品种的引进试验示范推广	汕头市白沙蔬菜原种研究所
	优质牧草种植技术在汕头的推广示范	汕头经济特区澳士兰牧场有限公司
	植物营养微补技术应用示范与推广	汕头市濠江区生产力促进中心
	优质无公害沉香茶研究与开发	汕头市濠江区礐石街道珠浦社区居民委员会

续上表

粤港关键领域重点突破项目	核安全关键材料——年产1000吨核级海绵锆项目	广东东方锆业科技股份有限公司
专业镇建设项目	汕头市濠江区达濠街道平台多元化技术创新	汕头市濠江区达濠街道办事处
	轻工机械专业镇创新驿站	汕头市金平区石砲台街道办事处
	金平区省级专业镇产业创新平台体系建设	金平区科技局
	金平区包装印刷专业镇创新驿站建设	汕头市金平区永祥街道办事处
自主创新试点	西陇化工股份有限公司组建研究开发院试点	西陇化工股份有限公司
组建广东省工程技术研究开发中心	广东省动漫创意玩具工程技术研究开发中心	广东群兴玩具股份有限公司
	广东省海洋微藻生物工程技术研发开发中心	广东润科生物工程有限公司
	广东省半导体及微电子材料工程技术研究开发中心	汕头市骏码凯撒有限公司
	广东省化妆品工程技术研究开发中心	广东拉芳日化有限公司
	广东省家电互联工程技术研究开发中心	汕头市夏野电器有限公司
	广东省生物药品工程技术研究开发中心	广东卫伦生物制药有限公司
	广东省建筑智能工程技术研究开发中心	广东宏景科技有限公司
科技装备动员计划	年产1000吨核级海绵锆生产	广东东方锆业科技股份有限公司
	废弃润滑油清洁再生产关键技术	汕头市利莱精细化工原料有限公司
	利用风光互补清洁能源进行海岛海水淡化的系统维护及应用示范	汕头大学

（陈秋忠　陈桌洧）

【科技成果】2010年，全市取得科技成果69项，其中“脊髓针刺效应的f-MRI机制与脊柱影像基础的系列应用性研究”等2项科技成果达到国际领先水平，“制备过硫酸钠的绿色关键技术”、“M3B-1300Q无机粉体环保石头纸专用吹塑装备”等5项科技成果达到国际先进水平，“高性能数字化五层共挤片材机组”、“人脐带华尔通胶来源的间充质干细胞分化为心肌细胞研究”等30项科技成果达到国内领先水平，“台湾青枣综合设施栽培技术”、“直流额定电压750、1500V软电缆项目”等32项科技成果达到国内先进水平。

【科学技术奖】年内，全市获2010年度广东省科学技术奖10项，其中西陇化工股份有限公司的“超净高纯醇类试剂的开发”等2个项目获二等奖；汕头市东风印刷厂有限公司的“激光全息转移纸防伪印刷品”等8个项目获三等奖。获汕头市科学技术奖获奖项目48项。其中：一等奖18项，二等奖16项，三等奖14项。获奖项目技术水平达到国际领先水平3项，达到国际先进水平6项，国内领先水平36项、国内先进水平3项。

附表1：2010年度汕头市获广东省科学技术奖项目

奖励等级	项目名称	主要完成单位
二等奖	超净高纯醇类试剂的开发	西陇化工股份有限公司、中山大学
	脊髓针刺效应的f-MRI机制与脊柱影像基础的系列应用性研究	汕头大学医学院第二附属医院

续上表

三等奖	激光全息转移纸防伪印刷品	汕头市东风印刷厂有限公司
	全自动文件夹分段卡制造技术与成套设备	汕头市东和机械有限公司
	可降解塑料聚乳酸双螺杆挤出片材机组	广东达诚机械有限公司
	数字化控制热成型生产线——高效低耗的塑料制品成型装备	汕头市明发机械有限公司
	三层共挤糙面土工膜吹塑机组	广东金明塑胶设备有限公司
	BOPP薄膜用防粘结母料	汕头市贝斯特科技有限公司
	新型水转印纸关键技术及产业化	汕头市新协特种纸科技有限公司
	“关心是潮流”可持续发展新型农村眼病医疗工程—白内障诊疗模式探讨	汕头大学·香港中文大学联合汕头国际眼科中心

附表2：2010年度汕头市科学技术奖项目

奖励等级	项目名称	主要完成单位
一等奖	百万千瓦超超临界机组自启停控制技术研究及应用	华能国际电力股份有限公司海门电厂
	超净高纯醇类试剂的开发	西陇化工股份有限公司
	特种玻璃幕墙专用防火精密冷弯型钢生产技术与产品开发	广东金刚玻璃科技股份有限公司
	三层共挤糙面土工膜吹塑机组	广东金明塑胶设备有限公司
	超声弹性成像诊断系统开发	汕头市超声仪器研究所有限公司
	高精度激光全息防伪膜/纸	汕头市鑫瑞纸品有限公司
	用连续光栅成像新工艺生产喷铝镭射卡纸	汕头万顺包装材料股份有限公司
	纳米高能阀控式密封铅酸蓄电池/MG系列	广东猛狮电源科技股份有限公司
	BOPP薄膜用防粘结母料	汕头市贝斯特科技有限公司
	电子级高纯六水合硫酸镍	广东光华化学厂有限公司
	全自动文件夹分段卡制造技术与成套设备	汕头市东和机械有限公司
	双螺杆（PLA）挤出片材机组	广东达诚机械有限公司
	新型水转印纸关键技术及产业化	汕头市新协特种纸科技有限公司
	数字化控制热成型生产线	汕头市明发机械有限公司
	蝴蝶兰种质资源的收集、保存、评价与利用	汕头市农业科学研究所
	脊髓针刺效应的f-MRI机制与脊柱影像基础的系列应用性研究	汕头大学医学院第二附属医院
	潮汕地区儿童青少年近视的发生发展相关因素的系列研究	汕头大学·香港中文大学联合汕头国际眼科中心
	改良襻式胆管空肠吻合预防术后胆管炎的实验和应用研究	汕头市中心医院
	用全水性涂层生产耐高温喷铝转移环保卡纸	汕头万顺包装材料股份有限公司

续上表

二等奖	新型节能医用影像观察灯	广东粤华医疗器械厂有限公司
	中低温烧结高压陶瓷电容器	汕头高新区松田实业有限公司
	激光全息转移纸防伪印刷品	汕头市东风印刷厂有限公司
	K70系列数控高速真空叠杯机	广东达诚机械有限公司
	阻燃防爆型单体阀控式铅酸蓄电池	广东猛狮电源科技股份有限公司
	抗泛碱外墙饰面砂浆的研制	汕头经济特区龙湖科技有限公司
	FZZN型交流发电机中性点综合柜	广东自动化电气集团有限公司
	超透明PEVA复合薄膜	汕头市安德利环保科技有限公司
	进出口食品中致病菌快速测试片的研制与应用	汕头出入境检验检疫局
	毛细支气管炎患儿新现病毒的检出及其病毒基因的研究	汕头大学医学院第二附属医院
	类风湿关节炎滑膜细胞分选、分化与功能作用的体外研究	汕头大学医学院第一附属医院
	神经导航系统在脑深部肿瘤显微手术（经颅和经蝶）应用的研究	汕头大学医学院第一附属医院
	排卵障碍的中医药治疗研究	汕头市中医医院
	晚期甲状腺癌的临床研究	汕头市中心医院
	声带任克氏水肿的临床研究	汕头市第二人民医院
三等奖	新型安规陶瓷电容器	汕头高新区松田实业有限公司
	纺织品检测实验室质量控制技术研究	汕头出入境检验检疫局
	基于卫星地图技术的输电地理信息系统	广东电网公司汕头供电局
	2008年汕头动力集中监控分析系统	中国电信股份有限公司汕头分公司
	食品中防腐剂与重金属多组分快速检测技术的开发与应用	汕头出入境检验检疫局
	蔬菜水果中农药多残留确证检测技术的开发及应用研究	汕头出入境检验检疫局
	白沙17号豇豆品种的选育及推广	汕头市白沙蔬菜原种研究所
	狮头鹅人工授精技术的研究	汕头市白沙禽畜原种研究所
	显微动静脉内瘘术的血管缝合技术改进及术式改良临床研究	汕头市第二人民医院
	消化道手术病人围手术期心理状态调查及对策系列研究	汕头市第四人民医院
	CCU患者焦虑症的心理干预与心肌耗氧的相关性研究	汕头市中心医院
	人脐带华尔通胶来源的间充质干细胞分化为心肌细胞研究	汕头大学医学院第一附属医院
	中医糖尿病健康教育的综合效果评价	汕头市中医医院
	自拟通腑消痈蚀脓汤治瘉十例大面积肝脓疡总结	汕头市龙湖区珠池医院

【产学研】2010年，汕头市产学研合作形式更加多样化，根据全市新材料、机械、印刷包装、海洋等产业发展特点，加强与四川大学、华中科技大学、武汉大学、中国海洋大学、汕头大学的合作，成效显著。年内，四川大学、华南理工大学等高校都有教授来访，与汕头市企业进行交流洽谈，达成协议。加快推进汕头大学与汕头市产业、企业产学研合作等工作。重点突出，实施产学研结合项目。积极扩展产学研合作的广度和深度，围绕汕头市产业特点，积极组织企业联合高校、科研机构开展产学研联合攻关，实施一批市场竞争力强、发展关联效应大、支撑产业升级作用显著的省部产学研合作项目，解决汕头市产业尤其是支柱产业和高新技术产业发展中急需的关键技术、核心技术和共性技术问题，不断提高产业技术水平和竞争力。全年共承担产学研合作项目省部产学研合作项目25项，省部产学研结合示范基地1项，省院全面战略合作项目4项，共获得资金扶持1360万元。产学研结合工作的保障条件建设得到加强，市政府同意设立汕头产学研结合专项资金，引导企业和高校开展产学研合作，为汕头市企业承担省产学研项目提供市级配套。

【技术市场】2010年共受理、登记技术合同29项，技术交易额2194.88万元。

（黄文波　胡敏文）

【科技装备动员】1月，开展国防专业保障队伍组建工作，在对汕头市科技装备潜力进行了认真的调查的基础上，在高新技术企业及信息处理、生物生化、计算机等高技术及前沿科学领域中挑选符合条件的单位进行科技人员，组建了一支30人左右的国防专业保障队伍，并将国防专业保障队伍编组情况上报市国动委办公室。5月14日，汕头市政府办公室下发《汕头市科学技术局主要职责、内设机构和人员编制规定》（汕府办〔2010〕70号），同意市科学技术局增设科技装备动员科，承担市科技装备动员办公室日常工作。围绕《2015年前科技装备和信息动员准备实施计划》，落实国防动员工作委员会工作部署。6月份，参与《汕头市应急志愿者队伍组建方案》的编制工作。7月份，参与城市防突袭战斗和海岸（岛屿）防卫战斗2个课目的军地联合实兵演习指挥所演练。10月份，参与汕头市2010年反恐怖演练。实施科技装备动员计划项目，推动国防建设步伐。广东东方锆业科技股份有限公司的“年产1000吨核级海绵锆生产”项目、汕头市利莱精细化工原料有限公司的“废弃润滑油清洁再生关键技术”项目和汕头大学的“利用风光互补清洁能源进行海岛海水淡化的系统维护及应用示范”项目被列为广东省科技装备动员项目计划，获得200万元的资金扶持。特别是“利用风光互补清洁能源进行海岛海水淡化的系统维护及应用示范”项目，是一项以风光互补发电为能量提供端、利用反渗透技术进行海水淡化的实用技术。通过利用信息技术的协同处理能力，构建统一的信息收集平台，根据外部环境的变化，控制风电机组、太阳能板最优的发电状态，并基于实际资源情况，调控海水淡化系统的生产能力，实现对生产过程的动态管理和优化控制。项目建设进展顺利：通过综合调研气象资料、南澳风电场风资源记录和汕头大学南澳临海实验站的太阳能资源测量记录，初步建立了基本风、光资源数据库。以海水淡化装置为主要负载、风光互补发电系统及蓄电池储能系统为能量提供端，建立了风/光/水综合优化模型；研究了遗传算法与模糊推理算法在上述模型中的多目标优化设计方法。完成设备的现场安装与调试，系统能按设计要求正常工作，6月份，进入示范阶段。6月至10月，通过示范运行的实测参数对前期的优化模型进行校验和修正，探讨风光互补发电及海水淡化三者的调控策略、调控方法等综合调控机制，寻求智能化管理，稳定运行、高效利用新能源的风光水综合应用机制，为成果推广提供理论指导。项目示范地点最终确定在南澳的南澎岛，大大提高了项目的示范意义，真正发挥了科技支撑部队建设的作用。

（曾继标　唐国成）

科技合作与交流

【对外科技合作与交流】7月23日至27日，市政协副主席、科技局局长林依民率队出访白俄罗斯明斯克参加“广东科技节”，组织了粤东机械、光华电子、锐科电子和群兴玩具4家企业参会，参加新能源纳米材料、先进制造技术、生物医药技术三个专题论坛和项目对接洽谈，与相关科技单位、企业进行互动交流，达成合作、投资和贸易意向，获得优秀组织奖。8月20日至9月13日，林依民同志到美国耶鲁大学参加第6期领导干部赴美国高级培训班学习。年内，获得省国际科技合作项目立项3个，科技经费45万元，分别是：广东粤华医疗器械厂有限公司承担的“气泡波动式褥疮防治床垫项目”、汕头市德兴种养实业有限公司承担的“现代规模化养殖机械自动化技术合作开发项目”和汕头市侨丰集团有限公司承担的“专用生产线的研制水产品精深加工研发合作项目”。经推荐，汕头大学、汕头市锐科电子有限公司、汕头市德兴种养实业有限公司、汕头市侨丰集团有限公司和广东轻工机械二厂有限公司等5个单位获批为“广东省国际科技合作基地”，汕头市国际科技合作基地已达到7个。

【农业科技】2010年获得科技部立项项目4个，科技经费130万元，其中获得国家科技成果转化资金项目1个，国家星火计划项目3个。广东绍河珍珠有限公司申报的“淡水有核珍珠大面积养殖技术升级与成果转化”项目获得2010年度农业科技成果转化资金项目，科技资金100万元，这是汕头市连续第二次获得该类计划的立项；广东绍河珍珠有限公司、濠江区金寿茶厂有限公司、汕头市绿园农业科技发展有限公司3个公司获国家星火计划立项，绿园公司申报的国家星火计划“粉蕉产业推进关键技术研究与示范”获得科技资金30万元。年内，新设立省农业科技创新中心2个，分别是汕头市微补植物营养科技有限公司承担“广东省微补植物营养农业科技创新中心”和澄海区琼胶厂承担的“广东省澄海琼胶厂海藻农业科技创新中心”；新建立农业健康基地1个，为汕头市东华种养实业有限公司承担的水产养殖健康农业科技示范基地；新增城镇化技术集成应用试点1个，隆都镇镇政府承担的城镇化技术集成应用试点。2010年获省农业科技计划项目立项18个，科技经费166万元；市农业科技项目立项35个，科技三项经费219万元。

（蔡乐林 张少龙）

知识产权

【简况】2010年，汕头市知识产权工作紧紧围绕市委市政府建设文化强市、幸福汕头工作部署，“以服务促发展、以保护促创新”为工作主线，稳步拓展，扎实推进，实现了诸多新的突破。

【实施知识产权战略纲要】9月，国家知识产权示范城市考核评定组莅汕考评后认为“汕头经验值得借鉴”。11月16日，国家知识产权局正式认定汕头为“国家知识产权工作示范城市”并颁发了示范城市牌匾，汕头成为全省继广州、佛山之后第三个示范城市。创建两年，全市新增专利申请15778件，是《专利法》实施以来前20年申请量的总和，年均增长达到57.6%，增幅连年高于全省平均增长水平；新增有效注册商标17120件、中国驰名商标5件、省著名商标88件，有效注册商标年均增长78.4%；澄海区和潮南区分别成功注册了“澄海玩具”和“东华特绿”集体商标，其中“东华特绿”成为粤东第一件农产品集体商标；新增版权登记97项，有42个项目入选国家和省、市级非物质文化遗产名录；新增中国和省名牌产品37个；地理标志产品保护继2008年取得零的突破后，“南澳牡蛎”获国家质检总局受理并进入公告期，“南澳鱼露”通过省质监局审核并向国家质检总局推荐。

【专利申请】2010年，新增专利申请9592件，同比增长43.64%；新增发明专利申请675件，同比增长104.55%；新增专利授权5718件，同比增长了54.88%。年专利申请总量、发明专利申请量和专利授权总量分别高出全省平均增速22%、78%和12%。专利申请和授权绝对量均位居全省第六位。新增有效注册商标14431件，同比增长25.3%；新增驰名商标2件，有23件商标被认定为广东省著名商标，有49件商标被延续认定为广东省著名商标。全市版权登记43项，有9个项目入选国家级非物质文化遗产名录，16个项目入选省级非物质文化遗产名录，22个项目入选市级非物质文化遗产名录；潮阳西胪乌苏杨梅通过国家质检总局的专家评审并获得地理标志产品保护。截止年底，全市累计专利申请量46252件、专利授权量29922件，在全省19个地级市中排名均为第4位；拥有中国驰名商标15件、省著名商标223件、有效注册商标65081件，在全省19个地级市中排名分别为第4位、第2位和第2位。

【专利奖励】2010年，在国家知识产权局与世界知识产权组织共同举办的第十二届中国专利奖评选中，汕头4个参评项目全部获奖，其中：汕头华兴冶金设备股份有限公司的“02204874.X 铜板复合孔型冷却壁”项目获得中国专利金奖，是全国15个金奖之一，也是唯一一项实用新型专利金奖；广东金玉兰包装机械有限公司的“200410028136.X 激光图案压印生产工艺”项目获得中国专利优秀奖；广东奥飞动漫文化股份有限公司的“200630059717.X 玩具”和汕头市华沙驰家具家饰有限公司的“200730053043.7 壁炉”项目获中国外观设计优秀。市政府组织开展的第三届汕头市专利奖评选活动，共评出市专利金奖5项、优秀奖12项、优秀发明人10名。

【知识产权提升工程】广东名臣化妆品有限公司被确定为省知识产权示范企业，广东光华科技股份有限公司被确定为省知识产权优势企业，广东金刚玻璃科技股份有限公司的“用于光伏建筑一体化的太阳能光伏组件的制造方法”发明专利项目被确定为省10个重点专利技术实施项目之一，广东皮宝制药有限公司等5个单位被确定为省10年度专利信息应用软件使用单位。广东金玉兰包装机械有限公司等9家企业被确定为市知识产权优势培育企业，汕头市鑫瑞纸品有限公司的“200710032921.6—种在线式全息模压膜的重复长度测量装置”、汕头市东和机械有限公司的“200820048488.5烫金机的烫金纸输送机构”等10个专利项目被新列入市专利技术实施孵化工程。

【知识产权保护】市检察院牵头市知识产权职能部门建立行政与司法联合互动协调机制。汕头海关与市公安局、市工商局建立知识产权执法合作机制。市中级人民法院与汕头海关、市工商局、市知识产权局和市版权局签订《加强知识产权保护协作工作意见》。市知识产权局与市工商联签订

《工商联系统行业商（协）会知识产权维权援助工作合作备忘录》。10月开始，市政府印发《汕头市打击侵犯知识产权和制售假冒伪劣商品专项行动方案》和《汕头市开展打击对非洲出口假冒伪劣和侵犯知识产权商品专项治理实施方案》，在全市范围组织开展打击侵犯知识产权和制售假冒伪劣商品专项行动。全年，市行政管理和司法部门共立案处理知识产权案件375宗，中国（汕头）知识产权维权援助中心办理维权援助案件38宗。

【**知识产权服务**】2010年，广州粤高专利商标代理有限公司、广州三环专利代理有限公司两家国内知名专利代理机构先后在汕头设立分公司。市知识产权局新建成印刷和音像制品两个行业专利数据库，在市专利技术交易平台增设文化产业专利技术交易窗口，还对市专利信息服务平台的国内外专利检索系统进行全面升级改版，采用代码化和图形化相结合的检索方法，扩大了平台的检索范围查全率。

【**知识产权宣传**】4月22日，市政府举办“2009年汕头市知识产权保护状况”新闻发布会。4月26日，市政府在金平民科园举行“汕头市庆祝第十个世界知识产权日宣传咨询暨保护知识产权万人签名”活动。11月7日至13日，市政府组织开展主题为“运用专利制度，推动经济发展方式转变，建设幸福汕头”的第四届中国专利周汕头分会场活动，市创建国家知识产权示范城市工作领导小组办公室制作《汕头，相信知识产权的力量》专题宣传片。市知识产权局在流通领域企业组织开展“正版正货承诺”活动，向社会各届发放《知识产权宣传手册》等，大力普及知识产权知识。全年，市各级知识产权局在国家、省、市各类媒体的宣传报道259篇次。

【**知识产权教育培训**】3月1日和5月21日，市知识产权局分别在市委党校和省粤东高级技工学校设立知识产权培训基地，建立起政校合作开展知识产权教育与实践的新模式，并先后在市委党校举办各区县政府和市直有关部门分管领导、各乡镇（街道）和国有企业负责人参加的知识产权专题培训班，在粤东高技大专班举办知识产权人才培训班。4月15日，市知识产权局邀请美国美瑞律师事务所夏廷康律师、博士来汕举办“汕头市重点企业涉美知识产权实务交流座谈会”和“汕头企业在美经济活动应注意的知识产权问题专题讲座”活动。6月25日和10月12日，分别邀请国家知识产权局专家莅汕举办“外观设计专利制度的新发展”、“企业申请PCT国际专利应该注意的问题”等专题讲座。市知识产权局还根据企业需求，派出业务骨干赴各区县举办专利申请、专利信息利用等培训班达30多场次。汕头大学被省知识产权局评定为省知识产权教育示范单位，成为全省首批10所也是粤东地区唯一一所知识产权教育示范高校。龙湖小学被确定为省中小学知识产权教育示范学校，桂花小学、金涛小学被确定为省中小学知识产权教育试点学校。金平区职业技术学校、聿怀中学、龙湖区金珠小学、澄海城南小学、濠江区河东文华学校、潮阳区金堡中学、潮南区六都中学、南澳县第二中学等8所中小学被确定为第二批汕头市中小学知识产权教育试点学校，中小学知识产权教育试点全面覆盖了全市6区1县。

（袁富国 柯宁）

科学普及

【**科技咨询研究**】2010年，完成“纳米材料绿色制版技术”、“关于在南山湾科技园建造酞菁光电产业园的项目计划报告”2个项目论证和“汕头超声仪器行业调查报告”。参加并完成“汕头市LED产业发展规划”的资料提供、修订。与广东省技术经济研究发展中心农村所合作完成广东省科技计划项目“汕头农业科技发展模式研究”。收集整理、编辑及出版《现代产业体系基础知识学习手册》，共印4000册。

【**科技培训**】年内，与汕头市龙湖区联邦软件公司、北京数码大方科技有限公司共同主办“CAXA 协同研发设计和管理PLM解决方案研讨会”和座谈会2场。10月18日，由广东省科技厅高新处、广东省科技型中小企业技术创新基金管理中心主办的“创新基金申报企业培训会（粤东片区）”在市科技馆举行，共有来自粤东5市的150多个企业参加了培训。

【**金科网建设**】管理维护运转好汕头科技信息网、汕头民营科技企业网、高校科技成果汕头推广转化中心、汕头网上技术交易网、软件园网、汕头市村村通信息网等10多个网站。年内，购买并安装了12块硬盘为3台惠普服务器做R0+1阵列，提高数据安全性。自主开发并更换新的电子邮件系统，进一步完善“汕头市科技计划项目网上申报平台”和“办公自动化采购网上受理系统”建设。开发“汕头市创新基金网”、“汕头市科技系统民主评议政风行风”网站。初步完成汕头市科技信息网和汕头生产力促进中心网新版的设计工作。

【**创新基金服务**】2010年，辅助企业申报项目共27项，分为2010年项目和2011项目两期，第一期有汕头高新区松田科技实业有限公司的“新型安规陶瓷电容器”等13个项目，第二期有广东润科生物工程有限公司的“微藻DHA在食品领域中的推广应用”等14个项目。推荐给国家19个项目中，2010年第一期获得国家立项的有9个项目，获得国家无偿资金1千万以上。另外，还完成4个项目的监理工作、2个项目验收工作。

【科技情报】出版、发行《汕头科技》4期共50多万文字。完成98项科技项目的查新咨询工作。

（朱庆洪）

【汕头科技馆】5月25日至6月8日，联合广东科学馆在科技馆举办“节能、环保科普图片展”，全市各大中小学师生及广大市民约1.2万人次参观展览，取得较好效果。完成“虚拟技术实践室（二期）”和“信息技术探索园”2个常设科普展室的建设。获得广东省科学馆赠送的科普音像资料一批，使科技馆科普音像资料得到进一步充实。专场接待参观“汕头市城乡规划展示厅”的领导和嘉宾有：省委书记汪洋、省长黄华华、原国务院副总理田纪云、全国政协副主席韦钰、全国妇联副主席陈秀榕、民政部党组副书记、常务副部长李立国、人民日报社副总编米博华、澳门特别行政区长官崔世安、广东省第六届珠江三角洲地区与山区及东西两翼经济技术合作洽谈会嘉宾、厦门大学校长朱崇实等，以及美国、泰国、越南、马来西亚、新加坡、香港、台湾等访问团共95场次3088人次。全年共承办大型科普展览及科普活动5场次。完成各项学术报告会、讲座、论坛、技术演示等科技活动66场次。承接举办各类培训班216场次。接受参观科普展览12.3万人次。

（郭耀光）

防震减灾

【简况】年内，市地震局突出防震减灾三大工作体系建设，不断提升防震减灾能力，在建立和完善防震减灾三大工作体系各方面工作中取得了新的进展。强化抗震设防要求管理，组织对30多个建设工程进行场址地震安全性评价，审核了抗震设防要求。参与全市21个重要建设工程项目预可研、工可和初步设计的评审，对抗震措施进行评估论证，提出的抗震设防要求得到认可采用。加强对市区建筑物抗震设防情况进行检查。11月份，由市人大副主任陈香兰、副市长周镇松和市人大常委会环境与资源保护工作委员会办公室及市人大常委会部分组成人员和市人大代表组成的检查组检查市区重点工程抗震设防情况，听取局“提高城乡抗震设防能力工作情况报告”，重点考察市中心医院急诊大楼工地抗震设防情况，对汕头地震台的监测情况和应急能力运行情况进行实地查看。加大农村民居地震安全工程建设力度，完成了7个农村民居地震安全示范村抗震结构示范亭、抗震知识宣传栏、应急避险场所的建设。组织力量开展抗震性能普查工作。通过召开会议布置、下发文件催办等形式，推动全市主要建筑物抗震性能普查，年内，已完成建筑面积近1千万平方米的普查工作量。牵头编写汕头市防灾减灾十二五规划，年内已完成送审稿。组织防震减灾科普宣传教育进学校、进社区、进乡村、进机关、进企业活动，共举办各种形式宣传活动50场次，发送宣传资料15万份。举办35场次地震应急疏散演练。到南澳、金平等县区举办4场农村建筑工程抗震知识培训班。开展创建防震减灾示范学校的建设，完成龙湖新溪一中和金平永平小学创建示范学校的任务。年内，参加全省防震减灾综合评比获二等奖。

【地震监测】加强地震监测工作。完成澄海澄华中学、龙湖新溪一中、潮阳棉城小学3个数字强震动监测台的仪器安装调试，开始运行观测。协助省局监测中心完成了澄海莲华西浦测震台的选址和台站基建。完善防震减灾助理员和信息员制度。全市街道（镇）一级全部配齐了防震减灾助理员，村居一级全部设置地震灾情速报信息员。认真落实省编办文件精神，主动与区县政府及市编办协调，促成区县一级在机构改革中设置地震工作机构。已有5区1县设立地震局，牌子挂在科技局。采取有效措施，快速应对3月4日台湾高雄6.7级地震和11月21日花莲5.6级地震波及影响，及时介入、公开辟谣，控制并消除6.13大地震谣言影响，维护社会秩序正常，确保社会民心安定，受到了上级的表扬。

【地震应急】年内，市地震局下发《关于做好地震应急准备工作的通知》（汕震[2010]17号），要求各地各部门认真落实地震应急各项准备工作。5月，召开全市地震应急准备工作会议，传达学习国务院、中国地震局、省地震局有关做好防震减灾工作和地震应急准备工作的通知精神，部署全市地震应急准备工作，下达区县地震工作机构应急工作任务，并举行全市地震工作机构地震应急桌面演练，启动《地震应急实施方案》的有关程序，检验应急实施方案的可操作性和针对性。7月14日，省地震局副局长钟贻军带领省检查组检查汕头市地震应急准备工作，主要检查地震应急准备工作的建设情况（包括组织机构、应急预案、应急救援队伍和应急避难场所）、应急保障能力以及地震灾情信息速报与发布、防震减灾宣传教育等，还实地考察部分应急避难场所、学校的地震应急准备工作和观看应急演练。检查组对汕头市地震应急工作给予充分肯定，认为汕头的地震应急工作政府重视、制度完善、措施到位、效果明显。组建市综合应急救援支队和6区1县综合应急救援大队，把地震应急救援纳入其中。局领导还对龙湖等区县综合应急救援队的地震应急演练提出建设性的意见，得到了充分的采纳。组织人员参加湛江市和揭阳市地震应急救援综合演练。积极参加广东省“百人百场”应急知识宣传活动。

【震情】据广东省地震台网测定，2010年度潮汕三市及近海共发生M_L 1.0

级以上地震178次，其中$M_L \geq 1.0$级162次，$M_L \geq 2.0$级16次，2010年度区域内震级最大的地震是9月16日南澳海域发生的2.7级地震，本年度区域内的地震活动特征是：本年度地震震中除了4次在潮安、2次在饶平、2次在汕头，其它全部发生在南澳海域。本年度区域地震频次与2009年基本持平，地震强度与2009年相当，地震活动维持低水平状态。

（林绵裕）

文　化

综　述

【简况】2010年，汕头市文化艺术工作认真贯彻落实市委九届八次、九届九次全会精神，积极制定文化发展规划、推动文艺精品创作、开展文化惠民工程、做好文物保护工作、实施文化体制改革、发展壮大文化产业，让广大市民群众共享文化发展成果的同事，大力提升全市文化软实力，为加快打造区域中心城市、建设幸福汕头、建设文化强市提供良好的文化条件。

【文化发展规划】年内，汕头市宣传文化部门深入区县、企业开展文化强市专题调研，广泛征求意见，数易其稿起草《中共汕头市委、汕头市人民政府关于建设文化强市的意见》等文件，以市委市政府名义印发，明确建设文化强市的总体要求、主要任务和工作保障等。由市委宣传部牵头市文广新局、市发改局和市财政局，制定《汕头市文化产业振兴规划（2010—2015年）》；制定重大文化事项落实方案，规划建设汕头城市六大文化地标，打造特区城市四大亮丽名片、启动“汕头城市文化名片”评选活动等。

【文艺精品创作】进一步完善汕头文艺奖评选办法，组织2009年度评选活动；策划组织举办纪念毛泽东同志延安文艺讲话68周年“5.23”系列文艺活动；扶持艺术精品创作生产，积极争取省委宣传部重点文艺创作资金的扶持，推动潮剧艺术生产，主要有：组织中国作家采访团莅汕采风活动；积极协调广东潮剧院抓好重点剧目《雅娘》的创作编排，并推荐参加2011年省十一届艺术节展演。做好省第三批重点文艺项目申报参评工作，推荐大型音乐套曲《潮汕颂》和潮剧《红头船》列入省重点文艺项目等。

【文化惠民活动】年内，汕头市宣传文化部门积极采取措施，全面推进全市公共文化服务体系建设。市文化信息资源共享工程取得突破成绩，农村电影放映工程进展顺利，启动“中国电信‘乡情网’电影下乡送乡情”活动，超额全年放映任务。农家书屋工程全面落实，潮阳区和平镇所有村居“农家书屋”全覆盖，全市共建设386家农家书屋，提前超额12.8%完成“十一五”建设任务。坚持面向群众，打造“文化新潮风”文艺传播品牌，策划开展“幸福汕头”文艺展演系列活动。围绕重要节庆日举行丰富多彩的节庆群众文艺活动，营造浓烈的节日氛围；积极承办主体文艺活动，有省第六届山洽会期间举办的《山水交响》——迎接汕头经济特区成立30周年大型文艺晚会等，还有支持社会力量举办文艺活动。

【文物保护工作】2010年，汕头市把文物保护工作作为全年全市文化工作中的重要项目和建设文化强市的重要任务，在粤东各市中率先完成第三次全国文物普查阶段性任务并通过验收。南昌起义南下部队指挥部旧址、潮海关钟楼、古达濠城墙等3处文物入选广东省第六批文物保护单位。国民革命军东征军总指挥部政治部旧址等4处通过省文物专家的审定推荐申报国家重点文物保护单位，可望实现零的突破。对部分文保单位进行修缮工程。公布第四批汕头市文物保护单位30处。完成国有博物馆馆藏文物数据库建设。汕头“南澳Ⅰ号”水下考古发掘，是中国2010年水下文化遗产保护的“一号工程”，也是近年来中国文化文物事业的一大亮点，其抢救性保护了一大批珍贵的文物。举办全市非物质文化遗产保护工作座谈会，潮阳笛套音乐传承人林良丰等6人入选第二批省级非物质文化遗产项目代表传承人公示名单。金平区、龙湖区公布第一批区级非物质文化遗产名录。

【文化体制改革】年内，制定《汕头市文化体制改革工作方案》，并广泛征求全市26个相关单位的意见建议。4月初，经市委、市政府领导同意，予以印发，为全面推进汕头市文化体制改革工作提供政策依据。通过做好职工思想工作、规范工作程序、开展资产评估、进行资产划转等工作，落实网络整合工作。广东省广播电视网络股份有限公司汕头分公司挂牌成立并完成人员及资产交接，广东省广播电视网络股份有限公司汕头分公司正式投入运作。市新华书店落实出台转企改制方案、制定人员安置办法、开展清产核资等项工作，依法依规推进转企改制工作。探索公益性文化资源整合利用，推进市歌舞团、话剧团、潮剧团（曲艺团）、杂技魔术团的整合改革。

【文化产业】坚持一手抓文化体制改革，一手抓文化产业发展，以改革促发展，积极主动做好服务工作，为文化企业发展营造良好的环境。组织文化企业参与第六届中国（深圳）国际文化产业博览交易会、第三届海峡两岸（厦门）文化产业博览交易会和“国际文化产业论坛”等活动，为企业搭建交流的平台。同时，采取多种措施，争取文化企业的资金扶持，特别是组织文化项目参加省文化产业发展专项资金的申报和评审工作，澄海区动漫（玩具）创意产业公共服务平台项目得到500万元的补助扶持，目前资金已经到位，大力支持了文化产业的发展壮大；组织文化企业参与“广东文化与金融战略合作”项目推介洽谈会，解决文化企业的融资难问题。

（江琳）

文 化

【文化强市建设】7月26日，市委九届九次全会作出建设文化强市的战略部署，专题研究部署文化建设问题。汕头文化广电新闻出版系统提出把学习贯彻落实市委九届九次全会精神作为当前及今后一个时期文化系统的一项重大政治任务。8月13日，召开全系统会议进行学习贯彻，深刻领会市委、市政府关于建设文化强市意见的精神实质，准确把握文化强市建设的重大任务和工作重点，大力繁荣文化事业和发展文化产业。为进一步加大对基层文化部门贯彻落实全会精神的督查督办力度，10月中旬，市文广新局召开区县文广新局工作汇报会，及时了解情况，交流做法，总结经验，推动落实。各区（县）按照市委市政府建设文化强市的统一部署，实施各具特色的“文化强区（县）”发展战略，制定或出台相应文件，营造良好的文化政策环境，掀起文化强市建设新高潮。年内，市文广新局起草了《汕头市文化事业发展“十二五”规划》。

【文化活动】2月25日，市委市政府在市博物馆举办“吴南生捐赠元人《平沙落雁图卷》暨馆藏精品展”，展期10天，这是继2004年和2007年汕头成功举办《憨斋藏联展览》和《憨斋珍藏书法展览》之后，吴老再次惠及家乡人民的又一道文化盛宴。5月23日至24日，组织精品剧目参加全国第九届艺术节，潮剧《东吴郡主》荣获第十三届文华奖优秀剧目奖，同时入选中国优秀舞台艺术演出交易会。7月28日至8月2日，组织选送潮剧、瓶内画、潮阳剪纸、陶瓷微书等4个非物质文化遗产项目参加上海世博会“广东周”文艺展演活动。10月21日上午，亚运会圣火在汕头传递，市文广新局分别在火炬传递的起点站人民广场和终点站珠池港区举办“亚运圣火•激情汕头”文艺演出，共1100多演职人员参加。12月8日至11日，广东省第六届珠江三角洲地区与山区及东西两翼经济技术合作洽谈会举办期间，市文广新局举行“汕头市非物质文化遗产大观”展览。在三天多的时间里吸引了与会嘉宾、众多观众前来参观，参观人次3万多，社会反响强烈。中共中央政治局常委、省委书记汪洋，省委副书记、省长黄华华等领导参观了展览，对这次展览给予高度评价。这是非遗工作开展以来，汕头市实施的规模最大、档次最高、史料最丰富、手段最新的大型非遗展览活动，受到各级领导和广大群众的好评。12月31日，市文广新局与汕头广播电视台、汕头市合唱团联合举办“2011年新年音乐会”，获得了圆满成功，市委书记李锋专程到场欣赏演出并在演出结束后发表了热情洋溢的讲话，对音乐会予以肯定和赞赏。围绕春节、国庆等重大节庆开展系列文化和文化进社区活动，有金平区的迎春书画摄影展，龙湖区的“龙湖之春”文化广场活动，澄海区的“祝福澄海”大众文化广场、“金秋联谊”大型文艺演出活动，濠江区的“相约濠江•共铸辉煌”迎春大型烟火晚会，潮阳区的“祝福潮阳”迎春综艺广场活动，潮南区的庆国庆美术书法摄影作品展和南澳县的元宵渔灯赛会等。其中，潮南区“农民读书活动”、龙湖区“书香龙湖”系列读书活动荣获“书香岭南”全民阅读活动优秀项目称号。继续举办潮剧进市区演出活动，2010年共演出28场。市图书馆全年接待读者115万人次，创历史新高，举办展览40多场，举办讲座42场，成为市公共文化服务的一块名片。市博物馆举办展览12场，接待观众达18万人次。

【艺术建设】年内，潮剧剧目《雅娘》和《风雨红头船》入选第二批广东省重点剧目。中国画《前夕》、大型雕塑《十香园遗韵•岭南画派三杰造像》入选广东省委宣传部组织的“风云百年—广东近当代重大历史题材美术作品创作工程”。举办汕头少儿艺术花会，有6个节目入选广东省第八届少儿艺术节参赛节目，取得新突破。汕头艺校顺利完成了搬迁工作，办学规模有了新的突破，2010年招生达135名，创下了单年招生人数的历史新高。市艺术研究室王培瑜在中国音乐学院开办潮汕弦诗乐大师班。

【获奖项目】年内，汕头合唱团获得第六届世界合唱比赛锦标赛银牌、第十届中国合唱节暨星海国际合唱节银奖。潮剧《东吴郡主》入选第九届中国艺术节并获得第十三届文华奖优秀剧目奖，主演张怡凰获优秀表演奖。市艺术研究室编导的小品《一触即发》获广东省政法委主办的文艺汇演粤东片区一等奖。汕头艺校大锣鼓队喜获首届全国锣鼓大赛“银鼓王奖”。组团参加广东省第八届少儿艺术花会获金奖2个、银奖3个。“十一五”期间，全市文艺作品共获得省级一等奖（金奖）以上奖项172个。

【对外文化交流】年内，市话剧团赴印尼、新加坡进行文化交流演出，这是话剧团自成立以来首次走出国门献演。广东潮剧院、汕头文化艺术学校充分发挥自身优势，多次赴法国和港澳演出。古筝大师杨秀明应邀赴新加坡进行两场交流演出。广东潮剧院谢慧如潮剧艺术中心被省文化厅命名为首批粤港澳文化交流合作示范点。积极鼓励引导民营文艺团体参与对外文化交流，汕头市爱乐合唱团、汕头潮韵乐团、汕头市韩艺潮剧团、汕头市新声潮剧团等民营团体先后组团到香港进行文化交流演出。全年，汕头市共实施对外和对港澳台交流项目18个，交流人次962人次，演出151场。

【文化设施建设】9月份，汕头文化艺术学校迁入新址。年内，潮剧艺术博物馆、侨批博物馆正式对外开放。公共图书馆建设再创佳绩，市图书馆、澄海区图书馆被评为国家一级图书馆。澄海区博物馆新馆的装修配套、澄城影院改造、潮阳区文光文化广场建设等顺利进行。

【文化惠民工程】文化信息资源共享工程取得突破，2009年度省扶持的4个县级支中心基本完成，2010年省又扶持市2个县级支中心建设，至年底基本建成。农村电影放映工程进展顺利，启动“中国电信‘乡情网’电影下乡送乡情”活动，全市共完成农村电影放映7192场次，观众达到251万人次，超额全年放映任务。农家书屋工程全面落实，潮阳区和平镇所有村居“农家书屋”全覆盖，10月10日，省委常委、宣传部长林雄和市委书记李锋参加和平镇“农家书屋”全覆盖授牌仪式。至年底，全市共建设386家农家书屋，提前超额12.8%完成“十一五”建设任务。

【文物保护】年内，完成第三次全国文物普查阶段性任务，并通过省的检查验收。南昌起义南下部队指挥部旧址、潮海关钟楼、古达濠城墙等3处文物入选广东省第六批文物保护单位。国民革命军东征军总指挥部政治部旧址、崎碌炮台、文光塔、大颠祖师塔通过省文物专家的审定推荐申报国家重点文物保护单位，可望实现零的突破。省级文保单位文光塔全面修缮工程峻工并正式对外开放。市级文保单位存心善堂全面修缮工程正式动工。市政府公布了第四批汕头市文物保护单位30处。完成国有博物馆馆藏文物数据库建设。金平区建立汕头开埠文化陈列馆。

【“南澳Ⅰ号”水下考古抢救性发掘】4月6日，被誉为中国2010年水下文化遗产保护“一号工程”的“南澳Ⅰ号”水下考古发掘正式拉开序幕。5月10日至20日，中央电视台对水下考古发掘进行大型直播和系列报道，长时间、全方位、高规格进行集中报道，在全国电视观众和广大网民中引起强烈反响，极大地提高汕头市和南澳县的知名度、美誉度。至7月20日已打捞出水文物达12000多件。“南澳Ⅰ号”水下考古抢救性发掘被评为2010年全国六大考古新发现和汕头十大新闻。

【非物质文化遗产保护】年内，举办全市非物质文化遗产保护工作座谈会。组织4个非物质文化遗产项目参加上海世博会“广东周”文艺展演展示活动，编辑出版《潮汕经典音乐专辑》在世博会进行宣传。组织非遗项目参加第六届深圳文博会、中山文化消费节。编辑出版《汕头市非物质文化遗产大观》。中国工艺美术大师王芝文应邀赴韩国首尔参加第16届中日韩国际美术交流展，其作品《六面瓶山水微书》获此次美术展最高奖——首尔特别奖。潮阳笛套音乐传承人林良丰等6人入选第二批省级非物质文化遗产项目代表性传承人公示名单。市教育局组织开展汕头市中华优秀艺术学校评选活动。金平区、龙湖区公布第一批区级非物质文化遗产名录。

【文化产业】全年，全市工艺玩具、印刷包装、光盘音像分别实现工业产值173.98亿元、134.52亿元、37.62亿元，分别比增18.2%、14.4%、11.1%；三大文化产业实现产值共346.12亿元，占全市八大支柱产业产值的25.1%。年内，三大文化支柱产业呈现良性发展势头。全市玩具产业已有3家企业在深圳证券交易所中小板上市。全年，光盘新增生产线8条14头、升级改造生产线3条6头，至年底，全市光盘生产线共172条420头，光盘出口总量10.15亿片、比增10%、占全国20%以上、全省50%以上，远销世界90多个国家和地区，持续保持全国粤东可录类光盘生产基地中心地位。年内，印刷业新设立企业30家，共有企业869家，其中，有300多家企业拥有四色以上先进印刷设备500多台，形成相对特色的烟包、食品、文具玩具包装三大印刷版块。先后组团参加第六届深圳文博会、第三届海峡西岸（厦门）文化产业博览交易会、第二届中国国际影视动漫版权保护和贸易博览会，进一步扩大文化产业对外交流与协作。市局与市中级人民法院签订《著作权保护工作协议》，建立打击著作权侵权联席会议制度，切实加强法院和著作权行政管理部门在著作权保护上的协作配合。开展“保护知识产权宣传周”活动，继续推进正版软件工作，10家企业列入本年度正版软件试点单位，全年共办理版权作品登记44件。

【文化市场管理】推进网吧审批工作，做好网吧连锁企业的认定和管理，至年底，全市有网吧329家，其中个体网吧280家、连锁企业5家，已经营网吧连锁门店49家，从业人员1974人。举办网吧从业人员岗位培训班，培训网吧从业人员580人。市政府颁布实施《汕头市2010—2014年游艺娱乐场所发展规划》，全市规划建设游艺娱乐场所110家，至年底，全市有娱乐场所共157家，其中歌舞娱乐场所124家（中外合资企业8家）、游艺娱乐场所33家（中外合资企业5家），从业人员2000多人。对全市中外合资合作娱乐场所开展重新审核登记（认定）、换证工作，已完成8家中外合资合作歌舞娱乐场所重新登记、换证。全市现有演出场所12家，演出经纪机构3家，常年活跃在汕头市广大农村的专业潮剧团体55个、从业人员1700人。

【监管专项行动】年内，先后开展“两会”前后扫黄打非专项行动、迎世博“扫黄打非”专项行动、“创平安，保亚运文化市场专项保障行动”、校园周边文化市场专项整治等专项执法行动，持续不断整治，营造良好文化氛围，维护全市文化市场的安全稳定。开展境外卫星电视节目落地管理的专项检查，进一步规范汕头市的卫星电视传播秩序。抓好广播电视的安全播出和广告管理，推进全市净化荧屏声频专项行动的深入开展。全年市文化市场综合执法队伍共出动16207人次，检查文化经营单位4893多家次，查处违规经营的网吧36家、娱乐场所24家、网站11家、书报刊经营单位6家、印刷企业22家、音像经营单位2家、玩具侵权生产企业4家、非法出版单位9家。取缔非法出版物地摊400个，收缴非法音像制品12384张、非法电子出版物453张、非法书刊9880本。责令删除侵权音乐作品857首、侵权电影作品698部，没收“私服”服务器5台。

【行政审批制度】加快职能转变，开展第四批行政审批项目清理工作，进一步加强局行政服务中心建设，全年共办理审批、变更备案、年检核验等业务414件，办结率和提前办结率均为100%。注重扶持发展民办非营利性文化组织，2010年共设立9个，全市现有书画院、国学院、文化艺术交流中心等各类民办文化机构34个。积极引进国内外艺术名人来汕设立工作室或基地，借助外脑助发展，中国雕塑院已在汕头岭东雕塑院设立南方创作基地。

（陈向辉 林曼 陈华栋）

文学艺术

【迎春文艺系列活动】春节期间，全市开展“为汕头喝彩”迎春文艺巡演活动，活跃城乡文化生活。2月2日晚，市委宣传部与市广播电视台在市广播电视台综合剧场联合举办2010年汕头电视台春节联欢晚会，于2月14日（正月初一）晚在汕头电视台播出。2月10日晚，市委宣传部与中国人民解放军九五二一五部队政治部在驻汕空军礼堂联合举办“激情跨越”军民迎春联欢晚会。2月14日至28日各区县举行丰富多彩的迎春文艺活动。12月27日，由市委宣传部主办、中国移动通信有限公司汕头分公司协办、广东泰普文化传媒有限公司承办的“幸福汕头·民乐迎春”2011新年音乐会在林百欣国际会展中心剧场隆重上演。中央民族乐团团长席强、书记孙毅，副团长张振涛等亲率中央民族乐团莅汕演出。

【“山水交响”——广东省第六届“山洽会”大型文艺晚会】12月7日，由市委市政府主办，市委宣传部承办，汕头超声电子（集团）公司协办的“山水交响”——广东省第六届“山洽会”大型文艺晚会在艺都大剧院举行。

【“文化新潮风”市民文化广场】年内，由市委宣传部主办的“文化新潮风”市民文化广场活动共演出近20场次，吸引几十万观众到场观看，展示城市魅力，传播文化知识，培育人文精神，让人民群众共享文化成果。主要有：2月14日、15日下午，在市人民广场举行“文化新潮风”市民文化广场迎春文艺表演活动。8月18日晚，在市人民广场举行文化新潮风·携手汕头马会——“幸福汕头”文艺展演系列活动第一场“青春旋律”专场歌舞晚会暨活动启动仪式。9月30日晚，在市人民广场举行“幸福汕头”文艺展演系列活动第二场“祖国赞歌”大型综艺晚会。10月13日晚，在市人民广场举行“幸福汕头”文艺展演系列活动第三场“潮剧潮曲”专场晚会。2011年1月1日下午，在汕头马会会所举行“幸福汕头”文艺展演系列活动第四场“幸福汕头新年文艺盛演”。

【2009年度汕头文艺奖】3月份开始，市委宣传部组织2009年度汕头文艺奖评选活动。经评选，向散文集《岁月留痕》等20项作品颁发精品奖；向摄影作品《人与人》等2项作品颁发创意奖。5月27日晚，在汕头市广播电视台综合剧场举行“百花齐放 激情飞扬”2009年度汕头文艺奖颁奖晚会。

【“5.23”系列文艺活动】为纪念毛泽东同志延安文艺讲话68周年，展示近年来汕头文艺战线的积极成果，推动文艺事业的繁荣发展，在全市开展“5.23”系列文艺活动，主要包括“五个一”的活动项目，即一届评奖活动、一台综艺晚会、一个音乐会、一场歌唱比赛、一批书画展览。一届评奖活动，即2009年度汕头文艺奖评奖活动。一台综艺晚会，即“百花齐放 激情飞扬”2009年度汕头文艺奖颁奖晚会。一个音乐会，即“潮韵”音乐会。5月29日晚，由市文联、市广播电视台、市音协、市爱乐合唱团、市爱乐民乐团等单位联合在市广播电视中心综合剧场举行。一场歌唱比赛，即首届邓丽君歌曲大赛粤东总决赛。5月19日晚，市音协、香港邓丽君歌迷会、香港演艺制作中心在人民广场举行。此次粤东赛区共有260人参赛，经过初赛、海选、半决赛，有22名选手进入决赛，决赛评选出10名优秀选手参加在香港举办的总决赛。一批书画展览，包括汕头中国画院作品展、王兰若新作展、黄泽彰画展、杨思园国画展等。

【“情系岭南”——百场优秀戏剧曲艺作品巡回演出（汕头站）】12月12日和13日晚，由省委宣传部、省文化厅主办，汕头市委宣传部、省文化馆承办的“情系岭南”——百场优秀戏剧曲艺作品巡回演出（汕头站）分别在市艺都大剧院、潮南区井都镇举行。

【“汕头城市文化名片”评选活动启动】12月5日，由市委宣传部和汕头特区晚报联合主办的“汕头城市文化名片”评选活动正式启动。评选活动分三个阶段进行。第一阶段为宣传发动及资料搜集整理；第二阶段请专家议定入围“文化名片”名单，公开刊登接受社会投票后，再由专家评定；第三阶段公布“汕头城市文化名片”，开展系列宣传活动。

【“同心发展、齐步向前”庆祝香港回归祖国13周年大巡游】7月1日，市委宣传部、市委统战部等有关部门选送的“潮汕大锣鼓”和“龙凤舞”两个优秀节目，赴香港参加“同心发展、齐步向前”庆祝香港回归祖国13周年大巡游活动。

【“中国作家汕头采风团”莅汕采风】9月9日至13日，由人民日报文艺版原主编、中国通俗文艺研究会常务副会长缪俊杰等5位中国当代知名作家组成的“中国作家汕头采风团”莅汕采风并进行文艺创作。《潮声》杂志社推出专号，刊登中国作家采风团成员与本地部分作家创作的文学作品。

【汕头画院成立30周年系列活动】为展示汕头画院30年来老一辈艺术家们的艺术成就和艺术里程，7月29日至8月3日，由广东省美术家协会、汕头市委宣传部、汕头画院主办的“汕头画院成立30周年美术作品展”在广东画院展览馆举办。此外，汕头画院举办纪念汕头画院成立三十周年美术作品系列展：老画师作品展览、画师作品展览、海内外名家贺画展等。出版画集《汕头画院三十周年作品集》、《举墨共襄纳风华——汕头画院成立三十周年海内外名家贺画作品集》、《汕头画院院刊（2010年新2期）》共3本。

【文学】1月25日，市作家协会在市政协大楼七楼会议厅举行“安福杯桑梓文学奖”颁奖仪式。共收到全市作家近100部作品参评，最后经评委评出一等奖（空缺）、二等奖4名、三等奖6名以及贡献奖2名。2月27日，由市作家协会、潮南区文联主办的“我们一起走进春天”诗歌朗诵会在潮南区举行。6月12日，市作家协会组织会员到潮阳戒毒所举行禁毒诗歌朗诵会。6月14日，在礐石风景区的明园山庄举行第三届中国诗人节“诗润岭东——庚寅诗人节明园山庄踏青吟”。10月25日，举办建国六十周年征文大赛，共收到来自全国各地的应征稿件约1000余篇，在报上刊登40多篇，最后评出一等奖2篇、二等奖4篇、三等奖10篇。

【戏剧】5月7日，由市文联、广东潮剧院、市戏剧家协会、潮阳区文联联合举办的送戏下乡活动在潮阳区铜盂镇胜前社区举行。7月28日至8月2日举行的上海世博会“广东周”文艺展演活动中，市剧协副主席、国家一级演员方展荣及会员、潮剧新秀吴玉东献演潮剧经典折子戏《桃花过渡》。汕头文化艺术学校大锣鼓队作为广东省唯一代表队参加中国•韩城“司马迁杯”首届全国锣鼓大赛获得“银鼓王奖”，陈旭东荣获首届全国锣鼓大赛“最佳司鼓奖”，黄克强的现代潮剧作品《拥军情缘》荣获首届中国戏剧文化奖小戏三等奖，姚璇秋、郑健英、张怡凰入选全球潮籍巾帼精英60人，詹少君被省文联授予“新世纪之星”称号。

【美术】1月1日，由汕头画院主办的“行•墨•境——王聪中国画作品展”在汕头画院二楼展览馆展出。15日至19日，市政协办公室、市民盟、市文广新局、市文联、汕头画院、市美术家协会、市博物馆共同在汕头市博物馆举办“自性•心源——百岁画家王兰若新作展暨捐赠作品展”，王兰若先生向市博物馆捐赠新作20件，市领导和省美术家协会副主席李劲堃、专职副主席王永，潮汕三市有关领导以及港澳地区美术界、文艺界嘉宾出席画展开幕式。随后，举行“百岁画家王兰若先生新作研讨会”，来自香港、广东省和潮汕三市的美术家60多人参加了研讨会。3月24日至31日、4月16日至18日分别在潮州市和揭阳市作巡回展。1月16日至26日，省美协艺术中心、市文广新局、市文联、市美术家协会、汕头油画院共同举办“艺术下乡”岭南名家邀请巡回展（汕头站），市领导及省美术家协会副主席李劲堃、肖映川、王永出席开幕式。23日至28日，市文联、市美术家协会在市思云阁展厅举办“吴芳谷、庄华岳水彩画展”。5月15日上午至5月20日，由市文联、市美术家协会、汕头市戏剧家协会、揭阳市美协联合举办的“方展荣、黄少南画展”在市思云阁展厅举行。5月29日至6月3日，由广东省美术家协会、市文联主办的“太行风——广东省中青年山水画家作品展”在市思云阁展厅举行。7月16日至21日，市文联、市美术家协会、市书法家协会在市思云阁展厅举办“洪琦炉、林贤才、郭祚炫书画联展”。9月19日，潮汕水彩90年画展开幕式暨《潮汕水彩》首发式在市图书馆举行。10月13日至24日，王兰若在岭南画派纪念馆举办“王兰若兰花专题展”。15日，市文联领导带领市部分画家书法家队赴安徽参加由合肥市委宣传部、合肥市文联主办的“合肥与国内友好城市首届艺术作品联展”。11月3日至10日，由广东省美术家协会、韩山师范学院、岭南画派纪念馆、市文广新局、市文联等单位主办的“无为•六人国画展”在市图书馆开幕。王兰若获中国文联颁发的从事新中国文艺工作60周年荣誉称号；陈政明国画《肯尼亚风情》特邀参加国家文化部主办的第九届中国艺术节“中国风格•时代丹青——全国优秀美术作品展”；杜应强的《故乡月》等8件作品入编人民美术出版社出版的《30年代30家——当代中国画名家作品集》；肖映川、许川如、陈玲获“激情盛会•翰墨流芳”——第16届亚运会全国中国画展览优秀奖；王聪作品《野人沟》、《水段村》入选“与亚运同行•广东中国画写生邀请展”并在广东省美术家协会艺术中心展出；肖蓉获全国水彩水粉画作品展中国美术奖提名奖；陈苑莹获“农民画时代•时代画农民”全国首届农民绘画展览优秀奖；朱伟强获2010年中国画作品展优秀奖。

【书法】年内，举办了一系列高水平、高规格的书法艺术展览，其中主要有：“忠诚•使命”魏文涛书法作品展，陈锡镇书法展，王勤勇、陈慈安、张敏书法展，唐大壮书法展，庚寅春联邀请展，汕头女书家书法展。9月24日至10月2日，举办“翰墨献爱心、联泰传梓谊名家优秀书法作品联展暨扶贫助学慈善义卖活动”，征集书法作品70多件，共筹集到善款21万多元，全款用于对革命老区雷岭镇济美村的扶贫、助学等公益事业。积极开展中国书法进万家活动，到金平区桂花园、鮀东玉井村、濠江区赤隆、龙湖区新溪街道等近十个基层为当地群众义务写春联。纪传盛获第三届“康有为奖”书法评展暨“岭南书法论坛”优秀奖，方创然获大沥杯”广东省第三届中青年书法篆刻作品展览一等奖。

【摄影】年内，举办“激情海西”书画美术摄影巡回展、“美好汕头，看消防发展成就”摄影大赛、“潮宏基•汕头美”网络摄影大赛影展、“有音响的生活、总是格外和谐美好”摄影赛、“纪念中国经济特区建立三十年摄影作品展”、“印象汕头•无线城市”旅游摄影大赛等比赛和活动。许少钿获2010全国摄影艺术展览优秀作品奖，许育彪获广东省第23届摄影展览纪录类银牌和铜牌各1枚，黄勇哲、林少华、曾坚毅获广东省第23届摄影展览铜牌，马卡获“迎广州亚运,看今日广东”摄影比赛金奖。

【音乐】2月和3月，分别设立市音协潮州音乐分会和声乐学会。2月26日，由市文联主办、市音乐家协承办，《新春音乐会——潮州音乐展演》在市艺都大剧院举行。市音协开设“汕头音乐论坛”。市音协还参与组织“华彩侨韵”庆祝汕头经济特区成立30周年暨市侨联成立60周年音乐会、“梁祝•黄河”经典协作由交响音乐会等活动。国庆中秋期间，举办市音协第二届音乐周，共6场音乐会：“潮汕情”——方育琪独唱音乐会；汕头市青年获奖歌手音乐会；青少年潮州音乐演奏专场音乐会；音乐周活动系列介绍:笛声悠扬贺金秋——朱峰个人独奏音乐会；“香江韩江 交响依然”音乐会；“Lena's Light 奕之光”——李奕君双排键个人独奏音乐会。11月，汕头市爱乐交响乐团管乐队乐手应亚运会组委会邀请，赴广州参加第16届亚运会开幕式的序曲部分演出，该团是粤东地区唯一一支获此殊荣的文艺团队。林伟文作曲，宋麟锵填词，何家伟、方育琪演唱的歌曲《两地情》荣获广东省“星海音乐奖”第二届流行音乐奖；陈蔚作曲，李立群填词，方雨儿演唱的歌曲《潮汕谣》荣获广东省“星海音乐奖”第二届流行音乐奖；李立群获广东省“星海音乐奖”第二届流行音乐奖“年度最佳作词奖”；李今风作词的歌曲《阳光起航》入选2010年亚残会会歌；李今风作词的《共绘五彩虹》作为亚运重点宣传歌曲展示；林黄菁获“南粤万家颂中华”歌唱大赛“最快乐家庭奖”；汕头市合唱团获第六届世界合唱比赛（锦标赛）银奖和第十届中国合唱节暨第二届星海国际合唱节大赛男声组银奖。

【舞蹈】1月，举办“舞动春天”大型联欢晚会。2月，举办“炫舞进社区”大型文艺展演。3月，承办由广东省文联、省舞协、南方都市报社主办的首届“茂德公街舞大赛汕头赛区比赛”，吸引了来自潮州、揭阳、汕头地区及大专院校共200多街舞高手同台竞技。5月15日晚，由市文联、市体育局、市舞蹈家协会、市体育彩票管理中心联合在潮汕体育馆举办“体彩杯”汕头市（粤东）体育舞蹈、街舞大赛。市政协副主席、文联主席谢铿等领导出席了活动并为大赛获奖者颁奖。汕头市海洲舞蹈中心获第17届国际标准舞锦标赛成人团体舞一等奖、少儿团体舞一等奖、优秀组织奖，陈嘉获省第二届大学生舞蹈比赛一等奖，蔡佳蓉获省第四届老年文艺调演金奖。

【曲艺】组织送戏下乡下基层，丰富农村群众精神文化生活。维稳专题小品《一触即发》获得省政法系统“维稳”专题文艺汇演（粤东赛区）一等奖。市曲艺家参加潮语电视剧《咸菇头》、《李老三生鬼仔》及情景喜剧《厝边头尾》的编导及拍摄工作。12月30日，由市文联、龙湖区委区政府主办，市曲艺家协会、龙湖区委宣传部承办的“祝福汕头——汕头市曲艺家协会送欢笑走进龙湖”晚会在龙湖区政府大楼前举行，市政协副主席、文联主席谢铿出席观看了演出。

【民间文艺】3月1日，由市文联、市民间文艺家协会、金平区文联、木坑社区居委会联合举办的“第五届大潮汕（汕头）迎春谜会”在金平区鮀江街道木坑居委举行。市政协副主席、市文联主席谢铿，广东省民间文艺家协会主席罗学光出席活动，并向木坑居委颁发“汕头市灯谜活动中心”的牌匾。5月2日，由市文联、市民间文艺家协会、金平区教育局、金平区团委等联合举办的汕头市2010年“书香飘万家”中小学生灯谜邀请赛在市图书馆举行。11月，组织编辑的《广东民间故事全书汕头•南澳卷》由岭南美术出版社出版。12月12日，市文联、市民间文艺家协会联合举办“承先启后灯谜传承活动”，主要内容有：纪念黄辉孝先生专题谜会等。许遵英、魏惠君获首届中国剪纸艺术节暨第十届山花奖•民间工艺美术奖（剪纸类）铜奖，陈健全获第六届中国（深圳）国际文博会“中国工艺美术文化创意奖”金奖，赖乙宁、黄荣浩、詹益盛获第六届中国（深圳）国际文博会“中国工艺美术文化创意奖”银奖，朱丽湫、陈升阳获第六届中国（深圳）国际文博会“中国工艺美术文化创意奖”铜奖，汕头私立广厦学校获2010年第四届新加坡国际学生灯谜邀请赛团体亚军，赖乙宁、袁六昌、何汉林、陈建全获“第三届广东省工艺美术大师”称号。

（江琳）

潮　剧

【广东潮剧院举行“迎新年‘石榴花’潮曲演唱会”】1月1日晚，“迎新年‘石榴花’潮曲演唱会”在市谢慧如潮剧艺术中心举行。演唱会共精选精品剧目《石榴花》17首唱段，以独唱、帮唱和合唱的形式展现潮剧的优美唱腔音乐。著名潮剧演员张长城、詹少君、孙小华、王少瑜和一批优秀青年演员登台亮相。

【潮剧《雅娘》入选广东省第二批重点文艺项目】4月29日下午，广东省第二批重点文艺项目证书颁发仪式在广州举行，广东潮剧院创作的潮剧《雅娘》被确定为广东省第二批重点文艺项目，广东省委常委、宣传部部长林雄出席并为第二批重点文艺项目颁发证书。

【潮剧《东吴郡主》参加第九届中国艺术节】5月23日至24日，广东潮剧院创作演出的潮剧《东吴郡主》，在广州黄花岗剧场参加第九届中国艺术节演出。

【潮剧艺术博物馆（首期）隆重开馆】6月11日（中国第五个文化遗产日），在广东潮剧院举行潮剧艺术博物馆开馆仪式。潮剧艺术博物馆首期占地400多平方米，建设布展突出潮剧特色，分为史、艺、人三个部分，以场景、实物、模型、史料等形式，展出潮剧服装道具、乐器、书籍、图片等，“收藏”潮剧400余年的历史记忆，力求通过探寻潮剧文化源流，反映潮剧艺术发展的历史概貌，全方位展示潮剧的形式与内涵。广东省委原书记吴南生专门为潮剧艺术博物馆题写馆名。“墨韵留香”——广东潮剧院院藏书画展同时开幕。市领导及深圳潮人海外经济促进会会长、广东省军区原副司令员庄根南少将，广东省潮剧发展与改革基金会常务副理事长、广东省文联原党组书记吕成忠出席仪式并分别为博物馆、书画展揭牌、揭幕。全国政协港澳台侨委员会副主任、广东省委原副书记蔡东士为“墨韵留香”——广东潮剧院院藏书画展题写展名。11日至12日晚，纪念全国第五个文化遗产日暨潮剧艺术博物馆（首期）开馆潮剧专场在市谢慧如潮剧艺术中心举行，由广东潮剧院一团献演传统经典潮剧《玉堂春》。

【迎亚运·传乡情——新加坡·汕头潮剧名家同台献演】11月16日晚，由市委宣传部、市文广新局主办，新加坡潮州八邑会馆、广东潮剧院承办的“迎亚运·传乡情——新加坡·汕头潮剧名家同台献演”晚会在市谢慧如潮剧艺术中心举办。广东潮剧院姚璇秋、张长城、方展荣、张怡凰、詹少君、林初发等潮剧名家和新加坡戏曲学院、南华儒剧社、陶融儒乐社、馀娱儒乐社、新加坡揭阳会馆潮剧团等5个社团的潮剧演员们共同演绎潮剧经典剧目片段。

【演出】2010年，广东潮剧院共演出538场。其中一团在城镇演出32场，乡村演出180场；二团在城镇演出6场，乡村演出132场，海外演出20场；三团在城镇演出2场，乡村演出166场。4月11日，广东潮剧院一级演员詹少君、优秀青年演员王锐光参加由广东电视台、珠江频道岭南戏曲频道、广东省慈善总会、广州日报社以及相关单位，在广州市文化公园中心台共同举办的广东戏剧界大型赈灾义演《粤韵同心寄西南》，倾情演唱现代潮剧《石榴花》选段——《恶梦醒来是黎明》。5月1日，广东潮剧院二团一行28人，应邀参加由深圳市委宣传部、深圳市文体旅游局主办，深圳市骏辰影视制作有限公司和深圳大剧院承办的公益讲演活动“戏聚星期六”。5月10日至6月6日，广东潮剧院参加由省文化厅主办，广东美术馆、省艺术研究所承办的“台前幕后”广东戏曲舞台艺术展。在本次展览中，潮剧展厅共占地200多平方，展出潮剧文字、图片资料和服装、道具、打击乐器等，并循环播放《东吴郡主》、《柴房会》、《杨令婆辩本》等潮剧视频片段。6日，广东潮剧院三团在广州为观众献演潮剧折子戏《穆桂英招亲》，演出结束后，演员们还与观众进行互动，分享他们观赏潮剧的感想，并将舞枪、舞剑、潮丑扇子功等技艺“教授”给感兴趣的观众。6月3日至7日，应香港特区政府康乐及文化事务署的邀请，广东潮剧院二团一行60人赴港参加中国戏曲节。期间，著名潮剧演员方展荣、郑健英、张桂坤及青年潮剧演员与香港新韩江潮剧团的演员吴瑞丽、杨逊姎共同献演《闹开封》、《游园》等潮剧折子戏，展现潮剧艺术的独特魅力。6月19日至7月10日，应新加坡韭菜芭城隍庙理事会的邀请，广东潮剧院二团一行60人赴新加坡韭菜芭城隍庙作为期17天的演出。主要演员有：詹少君、王锐光等。7月10日至13日，应深圳潮商会之邀，广东潮剧院一团赴深圳蛇口风华大剧院作为期4天的演出。10日晚演出优秀经典潮剧《赵氏孤儿》及经典折子戏《晨钟惊梦》，11、12日晚演出优秀经典潮剧《玉堂春》上下集及经典折子戏《井边会》、《回书》，13日晚演出优秀潮剧《白玉青虹》及经典折子戏《孟姜女过关》。深圳市原人大常委会副主任庄礼祥及深圳潮商会领导等观看了演出。7月28日至8月2日，上海世博会“广东周”文艺展演活动拉开帷幕，广东潮剧院国家级非物质文化遗产项目《潮剧》代表性传承人、一级演员方展荣与优秀青年演员吴玉东献演潮剧经典折子戏《桃花过渡》。8月20日晚，为庆祝潮汕星河奖基金会创立20周年，广东潮剧院在汕头市谢慧如潮剧艺术中心举办“潮剧专场”晚会演出，老中青著名潮剧名星登台献艺。原广东省政协主席吴南生和原汕头市委书记、省政协副主席林兴胜等领导出席晚会。9月2日至6日，应深圳市保安区福永潮商联谊会之邀，广东潮剧院一团为福永潮籍乡亲倾情演绎潮剧优秀经典剧目《赵氏孤儿》、《辞郎洲》、《汉文皇后》、《双枪陆文龙》、《告亲夫》。12日至16日，广东潮剧院一团应深圳市文联和深圳潮青委员会的邀请，由香港佳宁娜集团、深圳联建建设集团、宁波银行、深圳潮青委员会赞助承办的纪念深圳经济特区成立30周年潮剧晚会在深圳市民中心举行。演出潮剧《告亲夫》、《双枪陆文龙》、《辞郎洲》、《汉文皇后》。出席晚会的有：原深圳市人大常委会副主任李友烈，深圳市文联党组书记罗烈杰，深圳市文联副主席、音乐家姚峰，全国政协委员、香港佳宁娜集团主席马介璋，深圳海外潮人联谊会创会会长黄国祥、林彬，深圳潮商会会长吴开松，深圳潮商会副会长黄育宏，深圳潮青会副主席黄泽标等。10月4日至5日，为庆祝中华人民共和国成立61周年华诞和迎接第16届亚运会召开，广东潮剧院将分别在汕头市谢慧如潮剧艺术中心和广州市江南大剧院举办“庆国庆、迎亚运潮剧演出晚会”。广东潮剧院一团在汕头市谢慧如潮剧艺术中心慧如剧场上演新编大型古装潮剧《延春救主》（上下集），广东潮剧院二团在广州市江南大剧院上演大型古装潮剧《洗马桥》和大型古装喜剧《连升三级》。10月29日至11月1日，应珠海潮人海外联谊会之邀，庆祝珠海经济特区成立30周年、珠海潮人海外联谊会成立14周年，广东潮剧院一团在珠海市大会堂隆重举办潮剧晚会，演出潮剧优秀经典剧目《告亲夫》、《包公会李后》、《金花女》等。11月2日，由市委宣传部组织的“老促会潮剧折子戏专场晚会”在广东潮剧院谢慧如潮剧艺术中心上演，出席广东省、时老促会会长座谈会的领导和嘉宾观看了演出。24日至27日，应澳门潮州同乡会的邀请，广东潮剧院二团一行80人赴澳门参加庆祝澳门特别行政区成立11周年、澳门潮州同乡会成立25周年、澳门潮汕总商会成立8周年暨澳门培华中学建校15周年的演出，为澳门的父老乡亲献上“国家非物质文化遗产——潮剧之夜”。25日晚，澳门渔人码头会展中心宴会厅灯火辉煌，潮曲乡音不绝于耳。1000多位潮籍乡亲与港澳各界嘉宾欢聚一堂，共叙乡情，其乐融融。潮剧著名艺术家姚璇秋、张长城、方展荣、郑健英分别演出潮剧《辞郎洲》、《桃花过渡》、《蝶恋花》选段，一级演员詹少君与优秀青年演员王锐光献演了现代潮剧《石榴花》选段。参加庆祝活动的海内外嘉宾观看了演出，场面热烈，掌声阵阵，一曲乡音，唤起万里乡情。26日晚，优秀中青年演员献演大型古装潮剧《洗马桥》。

【获奖】5月，广东潮剧院创作和演出的潮剧精品剧目《东吴郡主》获第十三届文华优秀剧目奖。同月，广东潮剧院副院长、潮剧一团团长、一级演员、梅花奖得主张怡凰，主演的潮剧精品剧目《东吴郡主》荣获第九届中国艺术节优秀表演奖。12月21日下午，在省委礼堂举行由中共广东省委宣传部、广东省文化厅、广东省文学艺术界联合会、广东省作家协会主办，广东电视台承办的“艺海文声”广东省首届文艺终身成就奖颁奖典礼上，广东潮剧院名誉院长、一级演员、国家级非物质文化遗产项目《潮剧》代表性传承人姚璇秋获广东省首届文艺终身成就奖。22日晚，由中共广东省委宣传部、广东省文学艺术界联合会主办，广东电视台、广东省电视艺术家协会协办的“岁月流金”广东省文学艺术界联合会成立60周年纪念晚会在广州中山纪念堂隆重举行。本届评选活动，广东各个艺术领域获得者共19名，戏剧界2名，广东潮剧院二团团长、一级演员詹少君喜获“新世纪之星”称号。省委书记汪洋、省长黄华华等领导出席该晚会。

【出版】1月，广东潮剧院原艺术研究室副主任郑志伟著的《潮乐文论集》出版。本书收集论文13篇、评论17篇、潮乐知识22篇、附录3篇，其书是作者25年来对潮剧、潮乐理论的探索和总结，为潮剧和潮乐的理论建设打下扎实的基础。原广东省委副书记蔡东士题书名。

（陈玉盛）

广播电视

【简况】2010年，汕头广播电视工作坚持以科学发展观为统领，大力推进改革创新，出色地完成了各项宣传报道任务，开创了广播电视工作新局面，推动了事业的稳步健康发展。

【宣传报道】为将市委市政府加快汕头发展的新思路、新举措、新亮点及时宣传到千家万户，迅速营造有利于发展的舆论氛围，形成有利于发展的强大力量，在广播、电视《汕头新闻》节目中策划开辟《乘势而上，加快发展》、《加快经济发展方式转变》、《科技改变生活》、《创先争优，科学发展》、《创建宜居城市》、《共建文明家园》、《抓落实，促发展》、《创新汕头》等新闻专栏，接连推出一批较有分量的主题报道，有力地配合了中心工作。其中，《乘势而上，加快发展》专栏持续近5个月，播出报道150多篇，形成了推动汕头加快发展的良好氛围。充分发挥广播、电视、周报、网站的特点，统筹协调，优势互补，形成合力，提高宣传规模效益。先后组织报道市委九届九次全会、省市“两会”、“答好汪洋书记三道题专家论坛”、李锋任汕头市委书记、澳门特首率团莅汕访问、上海世博会、中央电视台汕头“南澳一号”考古直播、纪念特区成立30周年、亚运火炬在汕传递、广东省第六届“山治会”、第六届国际潮青联谊会、第三届粤东侨博会等重大活动和事件。在中央电视台汕头“南澳一号”考古直播报道中，首次在台外设置新闻演播室并启用新闻直播车，在新闻事件现场完成新闻制作和传送，全方位、立体式地报道水下考古发掘及央视直播的方方面面，大力宣传汕头、南澳的良好形象。充分发挥广播电视媒体作为人民喉舌的功能作用，借助新闻栏目强大的权威性、公信力和影响力，找准市委市政府关心和市民群众关注的切入点，对群众反映强烈的社会热点、焦点及切身利益问题，大胆予以报道、曝光，发挥舆论监督作用，实现新闻报道党性和人民性的高度统一。电视新闻节目《今日视线》先后对全市一些地方肉价虚高、出租车报废车套牌、违法倾倒建筑淤泥、学生接送车超载、违章建设、商品房确权发证遗留问题等事件进行追踪报道，促成一批社会热点焦点和难点问题的解决。广播《民声热线》节目采用广播电视同步直播的方式，全年组织近100个单位（次）上线，播出几百期节目，举办一场大型户外直播活动，接收反映问题的电话和短信数千个（条），以直办、督办、转办等形式解决大量事关群众切身利益的问题，产生良好的社会效应。

【新闻公益活动】策划举办一系列大型新闻公益活动，弘扬“一方有难，八方相助”的传统美德。西南旱灾发生后，《今日视线》栏目组策划发起“春泉行动”，筹集到善款和物资超过110万元支援灾区。青海玉树地震发生后，《今日视线》再次发起“格桑花行动”，共募集资金147万多元支援当地福利院的修缮、扩建或重建。开展第五次“援建乡村图书室”大型捐书活动，共募集到爱心图书超过5万册，帮助5所乡村学校建起图书室。至此，《今日视线》已连续开展该项公益活动5年，共帮助15所乡村学校建设了图书室，通过媒体的倡导和推动，将文明和知识传播到穷乡僻壤。开展“授人以渔”扶贫公益活动，通过发动热心企业认助，募集扶贫资金，帮助有能力有愿望脱贫而缺乏资金的贫困户发展生产增加收入，从而实现脱贫。

【对外宣传】围绕提升汕头形象的目标，紧紧抓住“南澳一号”水下考古发掘、亚运火炬传递、省第六届“山洽会”、第六届国际潮青会等重大活动先后在汕头举行的有利契机，充分整合新闻资源，积极拓宽外宣渠道，以大型报道活动为载体，强化主题外宣策划，加强与上级台和兄弟台的通联合作，努力以更多的精品佳作全方位、多角度、宽领域展现汕头的新发展、新变化、新形象。在抗击台风和“南澳一号”古沉船文物打捞报道中，与中央台、省台进行联合采访，积极提供稿件资料，并多次邀请上级媒体来汕头采访报道，拓宽合作领域。在特区成立30周年新闻宣传活动中，广播与中央人民广播电台华夏之声进行现场连线，并在华夏之声推出有关汕头经济特区的报道，全方位介绍汕头30年的发展成就与变化。在承办中国广播电视文艺奖地市州盟分会年会活动期间，邀请全国30多家电台莅汕，广泛报道汕头的经济社会发展情况。在“山洽会”、潮青会等举办之前，主动向上级台通报活动的主要内容、亮点和汕头经济社会发展的新理念新思路新成效，并联系上级台记者莅汕采访报道；活动期间，充分借助中国国际广播电台及其网站进行宣传，在广东卫视多个新闻栏目播出相关内容，形成相对集中的宣传高潮，取得了良好效果。全年共有518条广播新闻在省电台播出，位居全省第二位，创下了新记录；电视新闻在中央电视台播出的数量也达到100多条，数量远远超过往年。外送境内外各级电视台播出的专题片也达到近百部，其中大多为本土人文题材，对传播潮汕优秀传统文化，提升汕头的文化吸引力，联结海内外潮人乡谊具有积极的作用。

【节目改革创新】树立“内容为王，品牌至上”的理念，围绕适应汕头打造中心城市的要求，坚持以“三贴近”原则推进节目的改革创新，进一步提升节目竞争力，增强广播电视辐射力、影响力。尝试室内剧摄制。在2006年与外单位合作摄制室内剧取得成功经验的基础上，2010年尝试独力投资拍摄新的大型室内情景剧《厝边头尾》。该剧坚持以睦邻友好相处为主题，选取既具有时代气息又贴近百姓生活，能真实反映社会现实的题材，以轻喜剧和口语化播出的形式，通过毗邻而居的几个家庭间的“家长里短”和矛盾冲突，表现了市井百态，弘扬以和谐为主基调的时代精神风貌，推进社会主义先进文化建设。节目推出后受到老百姓的大力追捧，无论首播和重播都取得不俗的收视成绩，最高收视率达到24.6%，成为继《今日视线》之后自办电视节目的另一个收视热点，初步树立了品牌效应。策划大型长效活动，扩大广播电视影响。承办中国广播电视文艺奖地市州盟分会年会活动，邀请全国30多家电台莅汕参会。同时结合年会活动，策划举办为期半年的“粤东地区广播新歌歌手大赛”，分别在汕头、潮州和揭阳设立分赛场，吸引粤东三市2000多名选手参赛。该项赛事参与者众，社会关注度高，通过对初赛、复赛、决赛进行广播直播和电视录播，形成了收听收视热潮，产生了热烈的社会反响。策划举办为期半年的潮汕“雅姿娘”大赛活动，吸引来自潮汕三市的1000多名选手参加。同时结合活动进展策划制作成100多期节目连续播出，扩大了社会效应，提高活动的影响力。组织潮汕童谣征集活动，历时8个月，征集到近500首童谣，从中择优录制成CD出版发行，为弘扬和传承潮汕优秀传统文化发挥了积极作用。此外，面向潮汕受众群体，推出全新广播频道。对广播节目进行了较大力度的改革，将原广播“生活经济之声”改版为“生活之声”，以服务大潮汕受众为目标，确定全新的节目定位、架构和内容设置，努力适应多层次的收听需求。新节目推出后已初步显现改革成效，收听率和市场份额均有一定幅度的上升。全年还直播或录播《2010春节联欢晚会》、《光辉的历程——市中级人民法院建院60周年文艺晚会》、《汕头少儿艺术花会》、《2009年度中国广播电视文艺奖广播电视文艺作品颁奖晚会》、《广东省第六届“山洽会”文艺晚会》、《第六届“潮青会”文艺晚会》、《幸福汕头2011新年合唱音乐会》等50多台晚会及亚运火炬传递开幕式和闭幕式、“山洽会”、“潮青会”开幕式等，还承接市下达的多个论坛节目、宣传片、形象片、资料片、艺术专题片制作，圆满地完成市委市政府交给的宣传任务，同时丰富声屏网报内容，活跃群众的精神文化生活。2010年，汕头台自办电视节目仍然保持收视强势和显著的竞争力，在本地的42个落地频道中，三套节目的全天平均收视率为4.039%，收视份额为29.56%，远远高于其它落地频道，在全省20个地市级台中收视率稳居第一位；广播节目的收听率和市场份额同样在全省地市级台位列第一。汕头台每天自制的电视节目量达2小时20分钟，节目制作能力大幅度提升；三套广播节目均实现24小时播出。精品创作成绩斐然，有近百件广播电视作品获得省、市奖项，其中有2件作品获省政府奖一等奖，1名主持人获“广东省第九届金话筒奖”。

【事业和技术建设】进一步增强技术工作的前瞻性、规划性，紧紧围绕增强广播电视节目辐射力和影响力，提高传播力的目标要求，加大技术建设、开发和创新力度，为提高内部节目制播效率和实现节目对外扩张提供有力的技术支撑。大力推进网络化无带化建设。在内部技术体系已实现数字化的基础上，狠抓节目制作播出的网络化、无带化建设工作，投入近150万元建设新闻节目非编制作系统；投入近800万元建设媒资管理系统，预计2011年可完成系统平台建设并投入使用。狠抓广播电视技术覆盖工作。下大力气推进红场转播台的扩建，建设净高72米的新发射塔及机房，自办三套广播节目和一套电视节目上塔发射播出，扩大节目对汕头西南及周边地区的有效覆盖，初步形成以台本部为中心，果老山、红场为两翼的覆盖新格局。预计2011年将可全面开播中央、省、市十二套广播电视节目。届时，潮普惠山区一带的群众将能够长期免费接收到多套清晰的广播电视节目，该地区长期以来收听收看广播电视节目难的问题将得到较好解决。对外合作建设新网站。为进一步做大做强自有网站，与外单位合作共同开发建设广播电视网站及联合经营其中的部分业务。经升级改造后，“汕头声屏网”更名为“一潮网”，内容建设全面加强，除原有栏目外，进一步丰富新闻、汽车、房产、人才等资讯，加强视听、互动和娱乐环节，增强服务性、贴近性和实用性。并初步实现从专业性网站向综合性门户网站过渡，朝着打造粤东地区融合媒体迈出关键一步，为今后向网络电视台转变积累经验、创造条件。抓好安全播出工作。进一步加强节目安全体系、技术安全体系、消防和安全保卫体系建设，顺利实现2010年“两会”、“上海世博会开幕式”、央视“南澳一号”考古发掘直播、广州亚运会举行期间以及春节、“五一”节、国庆节等重要安全保障期广播电视的安全播出。

【网络整合】认真配合做好全省有线广播电视网络整合工作。经过一年时间的努力，先后完成网络清产核资、资产评估、人员确认划分等工作，最终汕头台以3亿多的资产评估值、约6.4的股比（位列全省第五大股东）入股省网络公司。8月25日，省网络公司汕头分公司挂牌成立，随后进行网络人员、资产的移交工作，稳妥有序地实现台网分离，确保平稳过渡。台网分离工作顺利完成，为省、市深化文化体制改革，适应三网融合形势，加快发展文化产业做出了应有的贡献。

（黄楚平）

报　业

【简况】2010年，汕头经济特区报社

始终坚持把“争当建设文化强市的引领者、发展文化产业的先行者、体制机制改革的探索者”作为工作主线，在建设幸福汕头的历史征程中勇挑重担，实现了办报质量、报业经济和队伍建设各项工作的新突破。年内，汕头日报副总编辑苏伟钿荣获第九届广东新闻“金枪奖”；报社被市委市政府授予“汕头市文明单位”光荣称号；另有一批集体和个人受到省市有关部门表彰，一大批作品在全国、省、市各类新闻奖评选中获奖。

【重大事件报道】年内，围绕答好汪洋书记“三道题”，纪念中国经济特区成立30周年，“转变发展方式、加快科学发展”，建设文化强市、幸福汕头等重大主题宣传，报社属下的汕头日报、汕头特区晚报、汕头都市报、特区青年报精心策划，亮点频闪。在深入贯彻落实市委九届九次全会精神的宣传报道中，汕头日报精心策划了12篇系列评论，还连续举办3场主题座谈会，邀请专家学者和各界人士为建设文化强市建言献策。通过各种宣传报道形式，形成推动“文化强市”建设的大合唱，形成“报刊唱响主旋律，网络奏响和谐音”的生动局面，让全会的精神家喻户晓，深入人心，共同建设幸福汕头。结合新任市委主要领导区县调研活动，汕头日报及时推出“七字诀”系列报道，全面准确诠释新一届市委领导班子的工作思路。围绕“转变发展方式、加快科学发展”的主题，汕头日报策划推出大型基层采风栏目，并先后发表8篇评论员文章，解读政策提振信心，直面问题探讨出路，舆论引导有理有据，取得很好的宣传效果。2010年，上海世博会、南非足球世界杯、广州亚运会以及亚运火炬传递、山治会、潮青会等重大活动接连不断，各报精心组织，科学统筹，浓墨重彩，各具特色。各报充分利用新华社稿件精编世博会特别报道，并派出骨干记者赴上海实地采访，直击世博一线新闻。特别是开幕当天，各报都以跨版形式突出报道开幕盛况，图文并茂，精彩纷呈。由报社发起并筹资承办的“汕头市迎亚运健康万人跑”活动，为汕头迎接亚运盛会奏响昂扬向上的乐章，汕头日报、汕头特区晚报、汕头都市报进行大篇幅的宣传造势，尤其是摄影记者以敏锐的政治触角抓拍市委主要领导健步走在队伍前列的精彩镜头，体现了带领全市人民奔跑在新的起跑线上的自信和信心，赢得市民的广泛好评。“山治会”、侨博会和“潮青会”接踵而至，各报都组织精兵强将，围绕“转变经济发展方式，深入推进双转移”的主题展开全方位报道，抓题材、选角度、挖深度、高密度，全面反映大会盛况，起到了凝聚人心、振奋精神的作用。

【服务民生新闻报道】年内，各报紧扣群众反映强烈的热点难点问题，深入基层，倾听民意，反映呼声，加大舆论监督力度，推动问题的解决。汕头日报和汕头特区晚报分别对“鹿屿岛违法建筑”现象和汽车总站黑票点问题进行报道和曝光，引起市领导和有关部门的关注，鹿屿岛违法建筑物得到依法拆除，一批在查处“黑票点”问题不作为乱作为的执法人员受到问责。汕头特区晚报启动“记者进社区”活动，6名年轻记者分别挂钩新溪、乌桥等12个镇（街道），深入一线写出有特色有份量的民生新闻。汕头都市报强化民生新闻的策划，做到每日有看点、每周有亮点、每月有重点，推出的“夜守急诊室”等记者亲历新闻，既增加了新闻含金量，又锻炼了记者队伍。大华网开设《草根播报》频道，以图文影音多元化播报的手段，加大民生新闻报道力度，服务基层服务民生。报社积极参与全市“规划到户、责任到人”扶贫开发工作，借助新闻平台优势，发动社会力量筹集资金对口帮扶潮南区雷岭镇济美村。其中，报社举办的优秀书法联展暨扶贫助学慈善义卖活动，就筹集扶贫助学款项逾20万元。汕头日报与汕头市政府门户网站合办网上议事厅，与潮南区委宣传部、区文广新局联合举办“潮南区第七届农民读书活动”。汕头特区晚报再度发起“爱心助圆大学梦”活动，筹集善款225.5万元资助201名贫困家庭子女上大学。汕头都市报利用“六一”儿童节契机，推出了总共16个版的消费特刊，为儿童用品商家和幼儿教育培训机构搭建展示平台。

【创新报道方式】发挥专刊副刊优势，着力传播先进文化。市委宣传部和汕头特区晚报联合举办的“汕头历史文化名片”评选活动，得到社会各界的积极响应，全面展现汕头传统文化、海洋文化、特区文化、华侨文化的魅力和风采。汕头日报文化版特别策划的潮汕文化名人系列访谈，聚集名人大家，多侧面诠释汕头文化精神，唱响时代主旋律。新媒体建设跨步前进。大华网加大报网互动力度，在成功推出三报数字报之后，7月1日大华人才网成功上线，增强报社媒体的开放度以及与读者的良性沟通。作为粤东最重要的网络媒体，大华网先后成功地对报社读者活动日、山治会、潮青会、侨博会等重大活动进行网上直播。汕头手机报努力打造“第一时间媒体”，受到广大读者好评。报社还向省有关部门积极申报文化产业发展专项资金，加紧筹建“新媒体建设工程”。主办汕头内参初见成效。由报社承办的《汕头内参》在短短的4个月里已推出4期报道，内容涵盖党风、政风、社风和民生民意，有力地推动一些热点难点问题的解决，得到市委、市政府主要领导的重视和肯定，很好发挥了媒体“千里眼”、“顺风耳”的监督作用。外宣阵地稳步发展。报社海外版编辑部积极拓展外宣阵地，全年向美国《国际日报》和泰国《京华中原联合日报》传送出版外宣版面2600多个。其中，《潮汕乡情》专版共出版260期，进一步扩大汕头乃至广东在海外的影响力和美誉度。《潮商》杂志加强策划，突出特色，配合潮青会等推出多个专题，成为新时期弘扬潮商精神、传承潮商文化的新阵地。

【报社设施建设】年内，投资逾千万元的塔形印刷新设备完成安装调试。2011年元旦后投入使用，自动化程度达到国内先进水平，使报社具备双面彩印刷能力，印刷质量、印刷效率都得到较大幅度提升，为报社的可持续发展奠定了良好的基础。

【报社品牌营销】年内，报社成功举办第十二届读者活动日，吸引近百家企事业和机关单位进场参与，首次实现经济收入、参展规模均创新高的好成绩。报社还先后试水澄海玩具博览会、《朋友总动员》莅汕演出等活动的整体营销，全面启动报纸、杂志、网络和手机等信息载体，大力开展各类文化经营活动，使之成为报社新的经济增长点。

（林奕群）

潮汕历史文化研究

【侨批文化研究】1月6日至8日，由潮汕历史文化研究中心（以下简称研究中心）与揭阳市政协教科文卫体委员会联合主办的“第三届侨批文化研讨会”在揭阳市举行，研讨会的主题是“继续挖掘侨批文化丰富内涵，探讨如何进一步提高侨批文化研究水平”，来自泰国、香港、北京、福建、广州、江门、汕尾、汕头、潮州、揭阳等地的140多位专家学者和有关负责人出席。广东省档案局为研讨会的召开发来贺信，香港潮属社团总会创会主席陈伟南题写了“丰富侨批文化，提高研究水平”的题词。会议收到有关侨批文化研究的学术论文57篇，会后整理出版《第三届侨批文化研讨会论文集》。由汕头市档案局、档案馆、侨批文物馆、潮汕侨批档案馆合编的《潮汕侨批业档案选编》一书，在这次研讨会上首发。继续开展侨批研究的田野调查和人物专访。先后拜访了汕头市侨批业工会主席、水客后代、民间的侨批收藏家等多人，深入了解潮汕侨批的经营、收藏情况，拓宽征集侨批路子。3月3日，接国家档案局通知，包括广东侨批档案在内的《侨批档案》，经“中国档案文献遗产工程”国家咨询委员会召开会议，按照“中国档案文献遗产”入选标准，评定为入选《中国档案文献遗产名录》，并准备向联合国教科文组织申报《世界记忆名录》。广东侨批档案主要由潮汕侨批、五邑银信、梅州侨批三部分组成，其中潮汕侨批数量最多。

【潮汕侨批档案馆】12月23日下午，举行研究中心加挂“潮汕侨批档案馆”揭牌仪式。广东省档案局局长徐大章、汕头市副市长郭大钦等领导及汕头市档案局领导出席。揭牌仪式由汕头市政府副秘书长黄绍生主持，由徐大章局长和研究中心创会理事长刘峰揭幕，徐大章、郭大钦和研究中心理事长王炜中在揭幕仪式上致辞。继续完成对侨批文物馆展示内容的调整、充实工作。侨批文物展厅重新布局，侨批特藏室面积由原12平方米扩大到30平方米；布展内容进行调整、充实，图片由原300幅增加至460多幅，新增潮汕批局分布示意展柜和水客文物专柜；进一步完善场馆管理；通过田野调查，加大征集侨批原件力度，提高侨批原件质量，至2010年底，馆藏侨批原件增至3.23万封，扫描件604封，连同光盘刻录的侨批件，共计116921封。在省、市档案局的支持下，争取到国家档案局的资助，修复破损的侨批原件3592封。

【出版《潮汕文库》及其它书刊】年内，编辑出版《潮汕文库》丛书有：《饶锷文集》、《近现代潮汕民间文学》、《近现代潮汕工艺艺术》、《潮汕侨批业档案选编》、《侨批例话》、《侨批丛谈》；编辑出版《潮学通讯》2期、《侨批文化》2期。截至年底，研究中心共编辑出版《潮汕文库》160部、4106万字，连同其它文著共221部、5545万字。继续搜集、整理潮汕重要历史文献，完成《潮汕文献书目》和已出版的《潮汕文库》书籍分类；整理饶宗颐关于潮学研究的论述；完成《韩愈刺潮前的潮人文化》（初稿）4万多字。与汕头市文明办公室联合编辑《潮剧老唱片》4辑，让潮剧的经典唱段在“南国书香节”传唱。

【资料征集整理】继续开展潮汕图书文档资料、音像书画资料的征集工作。全年共接受捐赠的书刊、字画、影碟等1275件。其中，有特约研究员郭马风珍藏多年的歌册、潮剧、潮乐等资料愈200件。同时，向各地特约研究员发函征集的涉潮文著也陆续到位。至年底，入藏研究中心图书文档资料库、音像书画资料库已纳入财产登记的有32865件，其中书籍27494册，潮剧老唱片805片，字画597幅，影碟类891片，照片1174张，书画册1904册。进一步加强对收藏书刊字画的财产登记、分类、编目、排架等管理工作，将900多册残破线装书和700多册潮州歌册真空充氮、除虫清毒；委托有资质的机构修补、装裱歌册300册；画家苏维贤的巨幅名画《先贤图》局部破损也及时作了修复；还雇请专业的害虫防治公司封闭熏蒸喷杀清毒二楼珍藏室，使研究中心的书画文档基本达到无腐蚀、无污染。此外，调整资料库布局，将工作区与藏书区隔开，改善防潮、防火、防尘环境；做好新增书刊的登记、回执和书目整理、上架；设立吴南生、饶宗颐、陈伟南等名人专架。做好与汕头大学图书馆共建潮汕文献资料数据工作。资料库按协议为汕头大学图书馆提供收藏的潮汕文献资料，共同建立潮汕侨批数据库。将潮剧、潮乐老唱片805片转录或输入CD光盘（每套99片），如期完成库藏潮剧老唱片音响资料的载体转换,使珍藏的潮剧潮乐得以长久保存和利用。

【拓展传播阵地】年内，与《汕头特区晚报》合办“潮汕文化”专版，全年出版25期，刊载文章200篇约22万字。分工专人负责加强与作者的通联工作，主要文章或头条的压轴稿件向作者约稿，并从下半年起，从每期登载的文章中评出好稿，由研究中心加发“好稿奖”，鼓励、联系一批较有实力的作者，提高“专版”的质量。配合汕头市委、市政府不同时期的中心工作，在《汕头日报》“潮学论坛”刊载理论文章6篇，使潮汕文化的优秀传统得以传承和弘扬，为汕头的理论工作作出贡献。兴办的《潮人网》共登载文章180篇，点击率达2万人次，甚至远在英国、加拿大、新加坡的学者、留学生都浏览过。汕头“潮字号”的网站有10多个，为了不雷同，突出《潮人网》的特色，采取“人无我有、人有我精”的方法，重点做好“潮学动态（中心动态）”、“侨批文化”、“潮学论坛”、“新书上架”、“潮汕文化进校园”等5个重要栏目：经常报道研究中心的工作动态，提高研究中心的知名度；登载有关侨批文化的文章，传播、普及侨批知识，扩大侨批文物馆的影响；选登、转载有分量的潮学论文或有关文章，促进潮学的研究；报道潮汕文化进校园活动的情况，为参与这项活动的学校提供交流平台，促进这次活动的更好开展。“潮汕文化进校园”活动有新的进展。除继续在金荷中学、金涛中学、汕头职业技术学院等开展学习潮汕文化外，汕头四中、汕头实验学校也相继铺开这项活动，而且比较系统，形成规模。汕头四中制订了各种方式的活动文案，有点有面，有基础知识，也有田野调查、小论文写作，颇受学生们欢迎。他们的活动还上了汕头电视台《潮汕风》专题节目。研究中心在《潮人网》登载了汕头四中的方案，供其它学校参考，同时报道了他们的每一次活动，并派出专家为他们作了4场主题辅导报告，帮助学生更好地开展活动。建立与海外潮汕文化研究、传播单位的联系。研究中心与泰国华侨崇圣大学的“潮学中心”建立了联系，为他们的“潮汕文化考察团”协调、安排、陪同参观访问，并赠送了500本研究中心编印的潮汕文化书籍，建立了长期联系。还与香港书画总会《四海潮色》编辑部多次洽谈交流，为之长期提供潮汕三市文化动态，介绍潮汕文化的文章，帮助他们策划香港的文化活动，让潮汕文化在海外得到更好的传播。

【文化交流活动】3月28日，庄世平博物馆在普宁举行落成庆典活动。创会理事长刘峰出席庆典仪式并作了讲话。在庄世平博物馆落成剪彩、庄老铜像揭幕之后，研究中心与会人员还参观了体现庄老一生丰功伟绩的各个展厅，接受了一次更为生动的爱国爱乡的教育。韩师潮学研究中心获广东省财政厅、教育厅批准为“广东省普通高校人文社会科学重点研究基地”，6月21日举行揭牌仪式，韩师潮学研究中心的成立，对于弘扬潮汕文化精神、大兴潮学研究之风，促进潮学研究的深化将起着积极的作用。9月29日，研究中心理事长王炜中带领研究中心工作人员一行6人，前往揭阳市丁日昌纪念馆参加郭伟忠《空盲“四说”》首发式及参观其37部文史著作、2000篇手稿展览。郭伟忠是研究中心特约研究员，长期从事潮汕历史文化的研究工作，他在10多年前左眼失明、后来右眼视力也不好的情况下，仍致力于潮汕历史文化的研究和写作，做了许多抢救性的工作，成绩显著，值得敬佩。11月5日至7日，理事长王炜中和办公室副主任郑瑞国，与汕头市政协主席罗仰鹏，副主席谢铿、蔡婵英等，赴香港参加潮汕三市政协香港委员联谊会，并拜会了香港的出版家蓝真、剧作家李蕙、史学家赵令扬、出版家欧阳成潮、史学家郭伟川、马楚坚、作家罗琅等，就建设汕头文化强市问题，听取大家的意见。期间，专门拜访了陈伟南先生、饶宗颐教授、高佩璇女士。并与赵令扬教授、马楚坚博士分别交谈，就如何加强潮学、侨批研究问题倾听他们的意见。11月28日，由福建省炎黄文化研究会、龙岩市人民政府和台湾中华闽南文化研究会联合主办的第六届海峡两岸闽南文化研讨会在福建省龙岩市召开。本次会议以“文化交融，和谐脉动”为主题。出席会议的有来自海内外专家学者200多人。研究中心理事长王炜中应邀提供题为《力促“东西合璧”，构建协调联动的“海峡两岸经济共同体”》的学术论文。12月4日至5日，为更好地推动岭南舞蹈的理论研究和社会实践，落实《广东省建设文化强省规划纲要（2011-2020）》的精神，广东舞蹈学校和广东省文化馆共同举办《岭南舞蹈论坛——岭南舞蹈与岭南文化研讨会》。12月8日，汕尾市关帝庙复建落成暨文物保护单位举行挂牌典礼仪式。汕尾市城区领导出席并主持了典礼仪式。中国民俗学会、广东省及惠州、香港、澳门等地民俗文化研究专家与当地群众代表1200多人参加。研究中心发去贺信，研究中心顾问李衍平率领部分工作人员应邀出席。当天下午，还举办关公民俗文化研讨会，研究中心特约研究员、副教授吴奎信在研讨会上发表了题为《汕尾关帝庙修复重光的文化价值》的学术论文。

（陈义平）

地方志

【地方志书编纂】2010年，汕头市地方志办公室多次召开编辑会议，采取编修任务包干责任制和目标倒追机制等办法，全力推进市志的编修，取得较大进展。7月底，《汕头市志》完成初纂进入总纂阶段。8月初，市地方志办公室聘请省方志专家对《汕头市志》进行审阅，提出修改意见，以确保志稿的质量。10月19日，省方志专家莅汕召开《汕头市志》修改点评会。至12月初，市地方志办公室完成省专家意见的修改。区县志书编修同步推进，《金平区志》、《龙湖区志》基本完成总纂，准备召开志稿评议会；《濠江区志》已经进入总纂阶段；《潮阳市志》准备进行初审。6月至9月，市地方志办公室组织人力，对《澄海市志》、《南澳县志》进行审查验收，并已分别召开区县志书复审会议进行复审。

【部门志编纂】2010年，汕头市各区县各部门积极推进部门志、专业志、镇志、村志的编修工作，已经出版的部门志有：龙湖区的《龙湖区法院志》、《龙湖区新津街道志》；澄海区的《澄海区税务志》、《澄海区体育志》、《澄海区农业志》、《澄海区工商志》、《澄海区人武部志》；潮阳区、潮南区的《潮阳区潮南区人物志》。已编修完成即将出版的有：《汕头市交通志》、《龙湖区工商志》、《澄海区交通志》、《澄海区莲下镇志》和潮南区的《今日东华》。正在编修的有《澄海区建设志》、《澄海区人事志》、《澄海区卫生志》、《澄海区人民政府志》、《澄海区政协志》、《澄海区隆都镇志》等。

【综合年鉴编纂】2010年，汕头市地方志办公室综合年鉴编纂工作取得可喜成绩。《汕头年鉴2010》在保持基本框架相对稳定的前提下，对篇目设置进行完善。在“卷首”增设“新中国成立60周年汕头成就图表”类目；“人物”篇增设“潮籍中科院院士、工程院院士”类目；并对经济篇部分内容进行调整、充实，使《汕头年鉴2010》在突出年度特征和汕头特点的同时，扩大了信息量、提高了实用性、增强了可读性。精选精编年鉴资料的选辑工作。《汕头年鉴2010》精选“新中国成立60周年汕头成就图表”、“重要报道”、“汕头之最”、“社会经济统计资料”、“文献转载”、“重要法规目录”、“潮籍中科院院士、工程院院士”等具有汕头特色和年度特色的内容。为全面提升《汕头年鉴2010》编校质量，对有关资料进行精选精编，并采用插图的方式对篇目和栏目后20个空白处进行补白，使年鉴的整体布局更加合理、结构更加美观。同时，采取边编纂边排版边校对的方式，先后对全书文稿进行4次校改，从而降低全书差错率，提高年鉴书稿的质量。11月底，《汕头年鉴2010》正式出版发行。《汕头年鉴2010》约100万字，彩页72版，图片235幅。年底，《汕头年鉴2009》分别荣获全国和全省地方志系统评比一等奖。年内，市地方志办大力指导各区综合年鉴的编纂工作，先后对澄海、潮南两区准备启动年鉴编纂等业务工作进行指导。

【地情研究】2010年，围绕着汕头开埠时间问题，市地方志办公室开展了专题研究，通过查找大量史实资料，寻找依据，最终确认汕头开埠的确切时间应是1860年1月1日。9月15日，市地方志办公室向市委报告，提出修改更正汕头开埠时间的方案。10月9日，向市政府请示提出修改更正开埠时间的措施。11月30日，市政府办公室发文同意将汕头开埠时间修改更正为1860年1月1日。12月3日，市新闻办公室召开新闻发布会，向社会各界通报汕头开埠时间的新提法，市地志方办领导公布专题研究成果，有关专家学者回答了记者的提问。12月21日，市地方志办公室联合市委宣传部、市社科联和潮汕历史文化研究中心等单位举办“推动科学发展、建设幸福汕头——纪念汕头开埠150周年理论研讨会”。

【地情网站建设】2010年，继续依托省地方志办省情信息库，做好汕头市及潮阳区、澄海区地情网站的建设，全年共上传地方志书及各种资料400多万字，其中，汕头市地情网上传《汕头市志》、《汕头年鉴2009》以及部分党史资料共100多万字；潮阳区地情网上传《潮阳概况》、《潮阳市大事记》、《潮阳市华侨港澳台同胞》、《潮阳潮南人物志》等资料共200多万字；澄海区地情网上传《澄海大事记》、《澄海县志》等资料共几十万字，初步实现了地情资料的数字化和网络化，向社会提供全方位的地情信息服务。

（陈琦）

档案工作

【档案事业发展】7月6日，省委常委、副省长肖志恒在省政府副秘书长杨绍森，市委书记李锋，市长蔡宗泽，市委常委、秘书长谢泽生，副市长余健明等的陪同下到市档案馆调研，要求档案部门充分挖掘档案信息资源，要“以档辅政，以档资政，以档育人”，为档案事业发展作出了明确指示。12月23日，市委书记李锋在汕头迎宾馆会晤了省档案局局长徐大章，表示要加快推进档案馆库建设，推动档案事业的加快发展。年内，到档案馆指导工作或听取工作汇报并给予指导的省市领导还有徐大章、王芸、李学同、郑人豪、钟展南、郭大钦、刘远珍、张应杰、许景峰、陈少宏等。各级领导和市委市政府的高度重视，推动了档案事业发展。9月3日，市委常委会议听取市档案局关于当前档案事业发展状况和加快档案事业发展意见的汇报，李锋书记强调指出，要加强规划建设，创新工作思路和工作方法，推动档案事业实现跨越式发展。根据市委常委会议纪要精神，市委办、市府办出台《关于加快汕头市档案事业发展的意见》、《关于向市档案馆移交荣誉档案和礼品档案的意见》，市编委批准同意市档案局增设“声像技术科”和增加编制3人。12月23日至24日，由省档案局局长徐大章带队，以省档案局综合法规处处长石大泱为组长的考评组对全市的档案事业发展情况进行综合评估。评估组审查了各项依据性材料，听取汕头市档案事业发展情况和自检情况汇报，实地察看市档案局（馆），抽查澄海区档案局（馆）和汕头市人民检察院的档案工作情况。经评定，汕头市以良好成绩通过档案事业发展综合评估，省档案局局长徐大章为汕头市颁发了全省档案事业发展综合评估合格单位荣誉证书。

【档案资源建设与安全保管】 全市各级档案部门加强行政监督指导，加强档案规范化建设，档案资源不断得到充实，各级国家档案馆积极推进依法接收档案的工作，档案资源规模不断壮大。至年底止，全市各级各类档案馆馆藏档案35万多卷，资料51万多册，“十一五”期间增长了25%。市档案馆依法加强档案移交接收工作，制定档案接收计划，馆藏量不断增长，结构渐趋合理，首次接收礼品档案和中外合资电力企业——松山发电厂档案进馆。到年底止，市馆已接收进馆全宗429个，档案资料约17万卷（册）。市档案馆还多次向社会发布征集档案公告，向境内外征集档案，目前已征集到战斗英雄麦贤得、潮籍名人周昭京、旅汕台胞周进财等人的很有保存价值的档案。在档案安全保管方面，全市各级档案部门牢固树立“档案安全责任重于泰山”的思想，严格按照“档案安全保障体系”建设的要求，进一步健全档案安全保管制度、档案安全应急预案，落实相关责任，严格执行防护措施，确保档案安全。

【档案利用服务】 全市各级档案部门坚持“服务为先”的战略，按照“以档案资政、以档辅政、以档育人”的要求，主动为各级领导服务，为各部门服务，为广大人民群众服务，不断增强公共服务能力，全面完善方便人民群众的档案利用体系，最大限度地满足社会对档案利用服务的需求。围绕中心工作、热点问题，充分挖掘和开发档案资源。市档案馆编写出版《档案资政参考》，为领导决策提供有价值的参考信息，广受市领导好评并得到省局充分肯定。潮阳区档案局编写的《综合研究分析潮阳当前经济社会现状》，受到有关领导的鼓励和好评。利用服务方式更加方便有效。市、区（县）综合档案馆，积极向社会提供馆藏档案的利用服务，定期分批向社会开放已到期档案。到年底，已达到开放年限的应开放档案已全部向社会开放，建立开放档案目录，并通过网站和媒体、报刊向社会发布《档案开放公告》。同时，开放档案目录上了档案信息网，并与政府公众信息网站挂接，提供网上查询服务，满足了机关单位和社会各界查档的需要。全年，市档案馆共接待利用单位2710个，3076人次，调阅档案资料5881卷（册），利用档案4273卷，利用资料1363册（本）。市房地产档案馆在做好日常为社会各界提供档案利用的基础上，配合涉及民生工程的专项工作，如市区商品房确权发证遗留问题、“三旧改造”等工作中，共提供查询个案3359宗。档案文化的影响力不断扩大，2月份，由市档案局牵头承办的《潮汕侨批档案》申报《中国档案文献遗产名录》工作获得成功。12月，全国首家侨批档案馆——潮汕侨批档案馆在汕头市正式挂牌并对公众开放，引起广泛关注，国内外多家新闻媒体作了专题报道。

【功能拓展与创新】 设立政府公开信息查阅场所及爱国主义教育基地。全市各级综合档案馆按照“五位一体”的功能要求先后设立政府公开信息查阅场所，市档案馆、澄海区档案馆成为“青少年爱国主义教育基地”。积极参与各项重大活动，并做好档案资料的收集工作。市档案馆积极开展为党委、政府大局服务工作的创新，5月份，开始常态化参与全市重大活动、重大事件的拍摄工作，至年底累计拍摄重要会议、重大活动以及省领导的调研、检查、接待、外事等活动125次、照片3000多张，制作各类专题相册10册。此外，为做好市对口支援地震灾区灾后重建档案工作，市档案局派出工作小组到草坡乡指导参与援建工程36个项目档案的收集、整理、归档。

（黄祖煜）

医疗卫生

综　述

【简况】 至2010年底，汕头市拥有医疗卫生机构872个，比“十五”期末增长了23.7%。全市卫生技术人员16170人、执业（助理）医师6939人、注册护士5402人、医疗机构床位数12173张，比“十五”期末分别增长24.8%、36.5%、41.2%和50.2%。2010年全市医疗机构诊疗总数达787万人次，比2005年增长20%；出院人数33.7万人次，比2005年增长71.1%。医疗服务范围辐射至潮州、揭阳、汕尾、梅州以及福建诏安等地，汕头市作为粤东区域医疗卫生服务中心的地位得到巩固和发展。

【行风建设】 全市医疗机构全面加强医疗质量管理，推进“阳光用药”电子监察工作，严格执行《处方管理办法》，强化落实处方点评、不当处方在院内公示制度，规范诊疗行为，规范高值耗材、贵重药品和医学新技术的临床应用。逐步推行同级医疗机构间检查、检验结果互认制度。因病施治、合理检查、合理用药的良好医德医风进一步形成。按照《汕头市医疗机构医务人员医德考评办法》开展医德考评工作，通过四项医疗费用控制指标来考核医生，实行超限额费用“一票否决”制。把考评结果与医务人员的晋职晋级、岗位聘用、奖金分配、评先评优和定期考核直接挂钩，建立对医务人员有效的激励和约束机制。号召全市医疗机构向高州人民医院学习，结合开展创先争优活动，组织部署“优质服务窗口”、“和谐医患关系示范岗”和“好医生”、“好护士”评选工作。大力宣传汕头市援外、援川、援疆工作先进事迹。

医药卫生体制改革

【新型农村合作医疗】年内，全市58个乡镇861个行政村（含涉农居委）全部实施了新型农村合作医疗制度，新农合实现100%覆盖全部村居。全市新农合参保人数达325万人，占全市农业人口的99.02%，新农合人均筹资标准达到150元，其中各级财政扶持120元，农民个人出资30元，全市筹资总额达4.88亿元。镇(街道)卫生院、县级医院、县外医院住院费用补偿比例达到70%、60%、45%以上，封顶线达到6万元以上，有效地缓解农民因病致贫、因病返贫问题。10月1日起，全市实现新农合定点医院住院即时补偿，大大提高了服务的便捷性。各区县在实施住院补偿的基础上还积极推行特殊病种门诊补偿制度和门诊统筹补偿制度。

【基层服务体系建设】年内，城市社区卫生服务机构35个（中心22个、站13个），覆盖全市37个街道中的30个街道，覆盖率达81%，其中19个已纳入医保定点医疗机构（中心14个、站5个）。镇卫生院32个，覆盖全市32个乡镇，覆盖率达100%。2010年争取到中央拉动内需投资资金2540万元用于改建、重建一批区（县）级医院、乡镇卫生院和精神病医院，并有29个卫生院被省纳入经济欠发达地区老区卫生院补助范围。实施省对乡镇卫生院人员补贴及村卫生站补贴政策。

【公共卫生服务均等化】及时启动15岁以下人群补种乙肝疫苗、农村妇女孕前及孕早期补服叶酸、贫困白内障患者复明、农村改水改厕、农村妇女住院分娩补助等5项重大公共卫生服务项目和建立居民健康档案、健康教育、儿童保健、孕产妇保健、老年人保健、预防接种、传染病报告处理、高血压及糖尿病管理、重性精神疾病管理等9项基本公共卫生服务项目，全市人均基本公共卫生服务经费达到15元。年内，共完成900例贫困白内障患者复明手术、对43万15岁以下人群补种乙肝疫苗，对59195名农村妇女免费补服叶酸、33358名农村生育妇女住院分娩给予补助，建成农村无害化卫生厕所7000座。全市城市居民健康档案建档数逾57万，农村居民健康档案建档数逾47万。

【实施国家基本药物制度】年内，汕头贯彻落实《关于建立国家基本药物制度的实施意见》，及时启动实施国家基本药物制度。7月1日，南澳县率先实施国家基本药物制度，县内基层医疗机构按照《国家基本药物目录（基层医疗卫生机构配备使用部分）》及《广东省基本药物增补品种》规定配备和使用基本药物，国家基本药物和省级增补品种药品共567种，全部实行零差率销售，基本药物全部纳入医疗保障药品报销目录。年底，市第二批实施国家基本药物制度的34家基层医疗卫生机构也全部启动。

【公立医院改革试点】年内，澄海区作为开展公立医院改革试点，围绕公立医院改革的有关要求，积极探索公立医院管理体制和运行机制改革。全市公共卫生机构和基层医疗卫生机构实施人事制度改革，推进卫生事业单位岗位设置、人员聘用和绩效工资工作。开展临床路径管理工作，市中心医院、市二医院、汕大医学院第一附属医院、汕大医学院第二附属医院、汕大医学院眼科中心等5家医院列入省第一批临床路径试点医院。积极开展门诊预约服务，全市三级医疗机构全面推行电话预约或网上预约服务。

公共卫生

【卫生应急】年内，汕头市先后成立非典、人禽流感、手足口病、甲型H1N1流感防治专家组和由118名专家组成的汕头市突发公共事件应急管理专家组，组建由67名各专业专家组成的传染病、食物中毒、职业中毒、重大创伤事故等4支应急救治队伍。全年，卫生部门组织开展“急性不明化学气体中毒应急演练”、“聚集性食物中毒（疑似毒鼠强中毒）应急演练”和“流行性脑脊髓膜炎暴发疫情应急演练”等3次应急演练；组织市120急救指挥中心、市中心医院、市二医院等有关医疗卫生单位参加市反恐办针对“亚运安保”举办的反恐演练。

【艾滋病防治】至年底，全市建立艾滋病确证实验室1个，筛查实验室24个，检测点7个。全市一般人群进行艾滋病抗体检测25.9万人次，哨点高危人群艾滋病抗体检测4810人次。全市在强制戒毒所、劳教所、看守所、拘留所和皮肤性病门诊等设立各类艾滋病监测哨点9个（其中国家哨点5个），开展哨点高危人群监测4704人次。市四医院美沙酮维持治疗门诊收治病人累计247人，仍在治人数

87人。年内，由市及各区县疾控中心组成艾滋病高危人群干预队，在全市29家宾馆、夜总会、桑拿按摩中心等娱乐场所举办从业人员性病、艾滋病防治知识宣传讲座。全市共干预娱乐场所从业人员2500人次，发放安全套7112个、咨询检测联系卡300份，检测HIV抗体598份。市中心医院继续为艾滋病病人提供抗病毒治疗服务，累计接受抗病毒治疗25人，仍在治疗人数18人。各级疾控中心认真做好艾滋病感染者及病人随访管理和艾滋病自愿免费咨询检测工作。全市建立艾滋病自愿咨询检测（VCT）门诊6个，全市共接受自愿咨询检测392人次。龙湖区艾滋病综合防治示范区积极探索符合汕头实际的艾滋病防治工作模式，全区共建有1个艾滋病筛查实验室，5个艾滋病检测点，3个VCT门诊，建立3支红丝带志愿者服务队伍。

【结核病防治】2010年，全市共登记初治涂阳肺结核病人2116例、复治涂阳肺结核病人178例，超额完成省下达的年度任务。全市新发涂阳肺结核病人发现率达91.65%，涂阳肺结核病人治愈率达90.14%，各项指标均超过省的指标要求。龙湖区、潮南区作为广东省第五次结核病流行病学抽样调查点，抽样人口4173人，应检人口2656人，实检人口2559人，受检率达到96.34%，发现活动性结核病病人7例（其中涂阳2例），圆满完成省级结核病流调任务。认真组织各级结控办开展《结核病防治规划（2001-2010年）》终期评估工作，评估结果显示：全市结控项目现代结核病控制策略（DOTS）覆盖率100%、新发涂阳肺结核病人发现率91.3%、新发涂阳肺结核病人治愈率97.4%，均达到《规划》目标要求，有效地控制了传染源，取得了显著的社会效益。

【性病、麻风病防治】市皮肤医院、市中心医院、市妇幼保健院、汕大医学院第一附属医院和各区县慢病站等单位继续做好性病监测工作，2010年全市共报告各类性病1188例，较2009年同期上升了6.74%。实施广东省母婴梅毒控制项目，指定潮阳区铜盂卫生院为项目执行单位，对确诊阳性的育龄妇女、孕产妇、新生儿进行追踪随访和综合干预。全年新发现麻风病人5例，复发病例1例，均按规定给予妥善处理；对新发现的麻风病人同时开展其家属检查、线索调查。全市现症病人28例，患病率0.53/10万,继续巩固“基本消灭麻风病”成果。

【精神病防治】贯彻落实卫生部《重性精神病病人管理治疗工作规范》，继续实施《汕头市精神病防治康复救助基金实施方案（试行草案）》和《汕头市瑞海医疗救助慈善金实施方案（试行）》，做好贫困重性精神病人救助治疗工作。2010年，全市共救助收治病人1088人。做好全国重性精神病人排查工作，共排查自2008年1月1日以来的重性精神病人22373人，癫痫所致的精神障碍和严重精神发育迟滞病人522人。积极开展社区精防工作，继续在部分街道、镇设置社区精神病防治点，定期派出医务人员深入社区，为精神病人提供诊疗、咨询和免费发放药物等服务。

【妇幼保健】8月18日，市孕产妇死亡评审会议暨产科适宜技术培训班召开，进一步提高全市产科质量和孕产妇抢救能力。2010年，全市孕产妇系统管理率92.54%，产前检查率98.9%，住院分娩率98.6 %，高危妊娠管理率和新法接生率均达100%；孕产妇死亡率3.70/10万，全年无发生新生儿破伤风；婴儿死亡率2.01‰，5岁以下儿童死亡率2.16‰，0-7岁以下儿童保健管理率91.83%，4个月婴儿母乳喂养率90.67%。

【疾病监测与防控】2010年，全市法定报告传染病总发病率为365.92/10万，其中甲乙类传染病总发病率为184.97/10万。手足口病防控工作做到早准备、早部署、早落实，重点加强5岁以下散居儿童、学校、托幼机构等的疫情监测与防控工作，及时开展手足口病重症病例、死亡病例和聚集性病例调查处置。2010年，全市共报告4809例手足口病病例（发病率88.66/10万），其中重症病例26例，死亡3例。积极开展甲流疫苗接种工作，全市共接种甲流疫苗169590人。加强霍乱、登革热、狂犬病等疫情防控工作。全市共开展霍乱查源监测5967份，没有检出霍乱弧菌阳性样本。开展发热病人登革热血清学监测50例，IgM抗体阳性1例。全市共报告1例输入性登革热病例。各级疾控中心接诊狂犬病暴露人群10741例，全程免疫接种10334例，免疫接种率达96.21%。全市霍乱、登革热、狂犬病继续保持在低水平流行。全面落实流感、人禽流感和非典等不明原因肺炎监测工作。至年底，市设有国家流感监测点1个，省级流感监测点4个，市级流感监测点3个。各流感监测点认真做好病例登记和采样送检,全年共登记病例226918人次，其中流感样病例3385人次(占1.69%)，肺炎病例数306人次(占0.13%)，未报告不明原因肺炎病例。

【实施国家扩大免疫规划】年内，市卫生、发改、教育、财政、食品药品监管等部门联合制订《2010年汕头市麻疹疫苗强化免疫实施方案》，成立督导队伍。9月11日至20日，组织对全市范围内8月龄至4周岁儿童开展麻疹疫苗后续强化免疫活动，全市累计接种儿童数335234人（应种儿童数348429人），接种率为96.2%，如期达到“以县为单位，目标人群麻疹疫苗强化免疫接种率达到95%以上”的工作目标。至年底，全市纳入国家扩大免疫规划的11种一类疫苗已按国家规定免疫程序针次全数供应各区县，在全市范围内全面实施免费接种。常规免疫各疫苗继续保持高接种率，各疫苗上报接种率为：卡介苗99.79%，脊灰疫苗99.74%，百白破疫苗99.74%，麻疹疫苗99.65%，乙肝疫苗99.81%，乙脑疫苗99.65%，流脑99.64%。继续巩固无脊灰状态，连续17年未发现野病毒株引起的脊灰病例；新生儿破伤风、乙脑发病率稳步下降。

【爱国卫生运动和健康教育】汕头市各级爱卫部门先后组织开展第22个“爱卫月”、城市净化行动和秋季爱国卫生活动等一系列爱国卫生运动。各级爱卫办认真制订方案，精心组织，积极开展环境卫生整治，对城市出入口、城中村、城乡结合部、道路、河道、集贸市场、“五小”行业以及旧城改造区、待建用地等卫生死角开展清理整顿，提高城乡环境卫生水平。同时，发动干部群众，开展地毯式清源，清除积水，翻盆倒罐，清理垃圾杂物，疏通下水道，清除四害孳生和栖息场所，统一时间投放灭鼠药饵，使用消杀药物，开展蚊、蝇、蟑防制工作。全市共投入灭鼠药饵46吨，其他消杀药物10.5吨，有效降低四害密度。积极创建卫生村工作，年内，有7个村被省爱卫会命名为省卫生村，全市省卫生村累计为66个。继续推动改水改厕工作，全市农村自来水普及率为91.68 %，农村卫生厕所普及率为93.74%。继续推动全市“亿万农民健康促进行动”和中国公民健康素养促进行动深入开展。2010年，省健康教育督导评估组莅汕开展健康教育督导评估工作，对汕头市贯彻落实《全国健康教育与健康促进工作规划纲要（2005-2010年）》情况进行终末督导评估，充分肯定汕头市健康教育取得的成效。

卫生监督

【餐饮卫生监督】开展对辖区内餐饮业、集体食堂进行清查，特别是针对有制作糕点、面包点心类的餐饮业、集体食堂进行彻底的清查、登记。检查中，未发现有经营者使用文件中公布的“受三聚氰胺污染的乳制品名单的产品”。各级卫生部门与教育部门联合对辖区内学校、幼儿园及其周边餐饮经营单位的整体卫生情况进行监督检查，共出动卫生监督员1480人次，对存在问题较多的33家食堂，责令整改。开展无证无照餐饮单位清理整顿，将清理整顿无证经营工作贯穿到日常卫生监督工作中。

【公共场所卫生监督】汕头市各级卫生部门针对部分“五小”公共场所存在卫生管理制度不健全，硬件设施陈旧，从业人员体检率低，场所内的公共用品、用具的消洗消毒落实不到位等情况，加大日常检查监督力度，并在住宿业、游泳场所许可评审和日常监督中逐步推行卫生监督量化分级管理。同时，加强公共场所卫生监测，市监管的公共场所全年共监测262户次，合格233户次，合格率为88.93%。

【卫生行政许可审批】卫生各项行政审批事项全部纳入市、区行政服务中心窗口集中对外办理，并且全部在同一窗口进出，实行“应进必进”、“单轨制”窗口受理。逐步完善行政审批网上服务系统，全部审批事项通过政务网平台公开办事程序，提供网上咨询、表格下载等服务。进一步理顺卫生行政许可办理程序，规范行政审批行为和办事制度，实现行政许可全面提速，卫生许可实现“三四三”（即30%的许可项目即时办结，40%在5天内办结，30%提速一倍）要求，全年共受理卫生许可证2638家，办结2622家。

【打击非法行医专项行动】2010年打击非法行医行动中，市、区卫生部门联合，依法对群众多次投诉、查处难度大的鑫康药店以及假冒部队医院的长江门诊部非法行医行为进行取缔。同时，安排人力对其暗访监控，防止该非法诊所死灰复燃。各区县也结合自身实际，开展各种专项打击行动。金平区采取个别整治、重点打击和集中清理等方式，对重点部位的黑诊所进行拉网式清理；龙湖区对非法行医窝点和群众反映非法行医活动猖獗的城中村多次开展清查行动；澄海区联合公安、工商、食品药品监督管理局等部门在全区范围内对非法黑诊所、牙医和游医予以取缔和打击；濠江区结合医疗机构监督检查，对无证行医进行取缔；潮阳区组织打击地下接生专项行动；潮南区卫生局联合街道、镇政府开展打击非法行医活动。2010年全市共查处非法行医312家，处罚金额26万多元。

【职业卫生监督】加大对用人单位职业健康监护工作情况的监督检查力度，重点检查用人单位对从事接触职业病危害作业的劳动者特别是农民工的职业健康监护情况。全年共出动监督员201人次，检查企业64户次。市属监管单位从事接触职业病危害作业的劳动者共1670人，体检率100%。发现职业禁忌12人，已全部调离接触职业病危害工种。做好建设项目职业病危害预评价和控制效果评价、职业病防护设施“三同时”审查工作，全年职业卫生建设项目职业病危害预评价1项，控制效果评价1项；放射卫生建设项目职业病危害预评价6项，控制效果评价9项。加强职业病诊断，全年诊断、报告疑似职业病108例次，其中疑似职业性铅中毒79例，疑似尘肺29例；接到职业病诊断申请并确诊1例；治疗职业病人（含疑似职业病人）228人次。

医政管理

【医疗服务管理】继续深入开展医疗

质量万里行活动，规范医疗服务行为，加强医院感染管理，持续提高医疗质量。加强医疗机构药品使用管理，建立用药监测网。规范医院经济运行，继续实施“总量控制，结构调整”政策，全市44家公立医疗机构参加全省药品网上阳光采购工作。5月29日，举办全市基层医疗机构医疗急救培训班，全市县级及以下医疗机构的急诊科（室）负责人和医护人员100多人参加了培训。开展“优质护理服务示范工程”活动，推荐市中心医院和汕大医学院第一附属医院作为广东省创建“优质护理服务示范工程”省级定点联系医院。

【科教和中医工作】全市卫生系统申报市级科研立项99项，其中重点项目9个，获得市科技进步奖8项（其中一等奖1项、二等奖3项、三等奖4项）；申报省医学科研基金课题16项，获立项7项，其中资助课题3项；申报中医药强省科研课题4项，获立项3项，其中资助课题2项。选拔第四批护理本科以上学历、在相应专科从事护理技术工作5年以上的优秀护士赴港学习，为高级外科、社区护理、精神科专科、临床肿瘤专科培养学术带头人。第三批13名赴港专科护士学成归来，其中7名获香港医管局嘉奖。启动社区卫生人员培训项目，36名社区卫生人员参加省全科医师骨干为期10个月的培训。汕大医学院和市卫校启动社区医师和社区护士的全科培训工作，全市共有673名医师、714名护士参加培训。制定《汕头市县级医院骨干医师培训项目实施方案》，为南澳县培训了3名骨干医师，为汕尾市培训了9名骨干医师。开展以发挥中医药特色优势为主题的中医医院管理年活动。加强基层在职中医药人员培训，共有10名镇卫生院中医临床技术骨干、16名社区中医类别全科医师骨干参加省中医药局举办的培训班。

【无偿献血】开展多种形式的无偿献血宣传活动，不断加大无偿献血的发动力度，促使广大市民自觉自愿加入无偿献血行列，形成相对稳定的健康献血者队伍；加强医疗机构临床用血和采供血机构管理，促进医疗机构科学、合理用血，确保医疗临床用血的需要。2010年,全市无偿献血总人数28105人（次），献血量802.9万毫升。临床用血100%来自无偿献血。

【医疗对口支援】四川汶川地震发生后，全市先后派遣7批医疗卫生队伍共39名医务人员到四川地震灾区开展卫生防疫救援工作，协助当地开展医疗救护、卫生防疫、卫生监督、爱国卫生运动和健康教育工作，指导卫生院、卫生站重建工作，队员们克服了高原反应、生活困苦、工作量巨大等困难，全力以赴，出色完成了防疫任务，确保了当地“灾后无大疫”，至2010年1月，顺利完成援川任务。2008年6月，由市20名医疗技术骨干为主组成的第24批援助赤道几内亚医疗队前往该国开展医疗援助工作，两年来，队员们面对艰苦的工作及生活环境，不负祖国的重托，努力克服困难，为当地普通民众及中方驻外机构工作人员、华人华侨开展医疗救治工作，并为当地政府高层官员提供医疗保健工作，医疗队多次受到该国卫生部和中国大使馆的表扬，至2010年8月，援外任务圆满完成。

（陈壮濠）

体　育

综　述

【简况】2010年，汕头市体育局以科学发展观为统领，深入贯彻落实十七届五中全会、市委九届十次会议精神，以备战第13届省运会和组织亚运会火炬传递活动为重心，大力开展全民健身活动，加强青少年业余训练，举办多项国际、国内大赛，规范体育市场管理，努力推进群众体育、竞技体育和体育产业协调发展，群众参与健身热情日益高涨，全市体育事业取得新的发展。年内，汕头市运动员共获得全国冠军24个，亚洲冠军5个，世界冠军2个。其中，汕头籍运动员黄良财与队友合作，勇夺2010年世界击剑锦标赛男子花剑团体冠军，为中国队首次夺得该项冠军。市体育局荣获2010年广东省体育工作突出贡献奖。

【队伍培训建设】年内，共组织派出20名教练员和21名裁判员参加国家体育总局、省体育局举办的各项目教练员、裁判员培训班学习；在亚运会期间，汕头市共有15名裁判员参与亚运会8个项目的技术官员工作。结合承办全国各项赛事和举办市青少年锦标赛的机会，举办游泳、篮球、乒乓球等项目的裁判员培训班，发展二级裁判员38人。全年全市共组织举办社会体育指导员培训班9期，培训三级社会体育指导员980人。

【亚运火炬传递（汕头站）活动】10月21日上午9点，第16届亚运会火炬传递汕头站起跑仪式在市人民广场举行，起跑仪式后举行具有汕头时代特色的文艺演出，仪式结束后沿人民广场南门进入海滨路往东经过新兴路口，入海滨路南侧经市委大院、市人大、市政协大院、石炮台公园、华侨公园向北至中山路口右转进入中山东路南侧，向东至嵩山路口右转最后进入汕头港珠池港区，传递仪式结束后举行盛大庆典活动。火炬传递路线距离约8公里，时间跨度约2小时。火炬传递汕头站共有80名火炬手参加，其中汕头市推荐选拔30名火炬手参加。火炬传递各项工作有条不紊，秩序良好，受到广州亚组委火炬传递运行中心以及市委、市政府的高度评价和充分肯定。

群众体育

【群体品牌活动】年内，组织迎新年万人长跑、元旦冬泳赛、迎春长跑比赛、“全民健身日”系列活动、韩江徒步节、体育节、爱我汕头登山节、千家万人乒乓球赛、环南澳自行车赛等传统“品牌活动”。5月30日，举行“汕头市迎亚运万人健康跑”活动。6月30日，开展汕头市“广东扶贫济困万人行”活动。8月8日至12日，举办广东省首届万村农民篮球赛（汕头赛区）。全年，全市共举行各类体育活动600多次，参加体育活动群众超100万人次。

【社区体育建设】积极创建全国、省城市体育先进社区、国家青少年体育俱乐部，加强和完善社区体育组织的建设力度，开展汕头市“体育节”先进单位、城市体育先进社区（居委）的评选活动和汕头市全民健身活动站命名、优秀社会体育指导员评先工作，不断推动社区体育工作的快速开展。年内，潮阳区体育局获得全国全民健身活动优秀组织奖，汕头海关获得全国全民健身活动先进单位，澄海华侨中学被国家体育总局命名为国家青少年体育俱乐部，南澳县体育局、潮阳区文光街道西门社区居委会、濠江区珠浦社区居委会获得广东省群众体育先进单位称号；林焕强等6人获得广东省群众体育先进个人称号。龙湖区龙祥街道、潮阳区文光街道荣获广东省第七批城市体育先进社区（街道）。共有14人获得省优秀社会体育指导员称号、评选市优秀社会体育指导员31人，12个健身点被命名为汕头市第四批全民健身活动站（点）。

【农村体育场地设施建设】年内，全市164个行政村新装了篮球架，并组织人员对2008年上报的31个新建篮球场地进行检查，通过审核27个。对10多个健身广场给予健身路径、乒乓球台等器材支持。潮阳区体育局积极争取区和有关部门的重视支持，投资100万元在潮阳体育中心内建设占地5000平方米的健身广场。

【学校体育】继续加强与教育部门的合作，利用社会资源联合举办形式多样的中、小学生田径、游泳、羽毛球、足球、棋类等比赛。广泛开展青少年体育活动和体育培训，推动青少年“阳光体育”活动的开展。

【特殊人群体育健身】8月2日至8日，广东省第六届残运会在惠州举行，市体育局配合市残联组队参加，共派出48名选手参加7个大项84个小项的比赛，共夺得金牌22.5枚、银牌15枚、铜牌12枚，居全省综合奖牌榜第八名的好成绩，并获得体育道德风尚奖。10月11日至27日，广东省第七届老年人运动会在中山举行，市老体协组队参加乒乓球、门球、太极拳、象棋、健身操、秧歌六个项目，获得2项第一名、1项第二名，并获得优秀组织奖。

【国民体质监测】8月份开始至11月上旬，在各区、县组织开展全省第3次国民体质监测，共测试3000人，并于12月上旬向省国民体质监测中心上报。

竞技体育

【参加第13届省运会比赛】7月3日至16日，广东省第13届运动会在惠州市举行。汕头市派出342名运动员参加田径、游泳、体操、乒乓球等19个大项的角逐，代表团最终获得39枚金牌、19枚银牌、37枚铜牌，总分2403分的良好成绩。奖牌总数名列全省第九名，金牌和总分名列全省第十名，少年陆上五项名列全省第八名。在省运会上设置的五大奖项中获得广东省突出贡献奖第八名和体育道德风尚奖。

【参加第16届亚运会比赛】11月12日至27日，第16届亚运会在广州举行，汕头市有马琳、黄良财、刘孝生、陈静文、黄文仪等5名运动员参加，共获得3枚金牌、1枚银牌、2枚铜牌的优异成绩（其中马琳获得乒乓球男团冠军、男双亚军；黄文仪获得女子轻量级双人双桨冠军；黄良财获得男子花剑团体冠军；刘孝生获得男子4×400米季军、男子400米第四名；陈静文获得女子4×400米季军）。

【承办国际泳联10公里马拉松游泳世界杯赛（汕头站）】9月25日，国际泳联10公里马拉松游泳世界杯赛（汕头站）在市区新津河段举行，共有来自15个国家和地区的68名运动员、教练员以及官员来汕参赛。由于汕头组织出色，国际泳联决定汕头将继续承办2011-2013年国际泳联10公里马拉松游泳世界杯赛。

【举办全国跳水冠军赛】7月20日至26日，全国跳水冠军赛在市游泳跳水馆举行，吸引了全国20个省市的200多名运动员来汕参赛。中央电视台体育频道对比赛进行了现场直播和录播，赛事圆满成功，向世界展示了汕头海滨城市新的风采。

【举办全国重点单位（学校）乒乓球赛】10月26日至31日，全国重点单位（学校）乒乓球赛在潮汕体育馆举行,共有来自全国36个省市的262名运动员参加了此次比赛。

【举办市青少年锦标赛】7月至11月，汕头市体育局共举办了田径、游泳、体操等14项青少年锦标赛，参赛人数共1290人，其中田径、游泳、乒乓球、篮球等四个项目与教育局联合主办，更好的把体育和教育结合起来，不断增加汕头竞技体育在训人口，拓宽选材面渠道。同时把举行的各项目锦标赛列入市运会计牌计分年，让区（县）备战市运会按四年一个周期来进行，更好地来推动基层业余训练的自觉性和积极性，为市一级选拔优秀体育苗子提供有力保障。

【调整训练网点布局】年内，重新调整训练网点布局。对表现突出的单位给予经费和政策支持，对部分表现较差市训练网点准备予以撤牌，确保把有限的资源用在实处，真正做到物尽所用。加强区县业余体校的建设，金平区业余体校已批准设立，积极扶持龙湖区易初中学、金涛小学两个业余训练点。发挥场地资源优势，与协会合作，在市社会体育指导中心增设汕头武术散打队。

体育产业

【体育市场管理】贯彻《广东省高危性体育项目经营活动管理规定》，从严核发行政《许可证》，公开申办《广东省高危性体育项目经营活动许可证》的条件、标准、程序、结果，集中在市政服务中心窗口办理。全年共审批游泳场5家、轮滑2家、攀岩1家。共培训鉴定游泳救生员55人，取得资格证45人，合格率82.2%。5月至9月，先后组织300多人次对全市游泳场所进行地毯式检查。

【体育彩票销售】2010年，全市共销售体育彩票3.31亿元，再创销售历史新高。市体育局被省体育局授予2010年广东省体育彩票工作突出奖。

【体育市场开发】积极探索体育市场开发的路子途径，在汕头市举办的2010年全国跳水冠军赛中，努力争取国家体育总局游泳中心和中央电视台的支持，把宜华集团作为赛事协办单位，起到良好宣传作用，达到企业和主办方双赢的结果。

【公共场馆服务】年内，潮汕体育馆举办全市性多项比赛；组织举办暑期游泳、羽毛球、篮球、乒乓球等多项体育培训班；先后接待团体活动人数约2.57万人次，对外开放接待体育活动人数约13.2万人次；各项培训班人数约12650人次。游泳跳水馆成功承办全国跳水冠军赛、华能广东汕头分公司职工游泳赛、汕头国税局职工游泳赛、汕头供电局职工游泳比赛等系列赛事和活动。

（李楚平）

社会生活

SOCIAL LIFE

- ◆人民生活
- ◆人力资源·社会保障
- ◆基层政权和社区建设
- ◆民政工作·社会事务
- ◆慈善事业
- ◆人口与计划生育

人民生活

【中心城区居民收入与消费】2010年，全市人民在市委、市政府的正确领导下，以调结构、促转变为主线，有效地促进全市经济的发展，整体经济运行保持较快增长，中心城区居民的收支也呈现稳步增长的良好态势。中心城区居民人均（下同）可支配收入15178.59元，比上年同期增长11.2%。

居民家庭收入呈现如下变化特点：一是工资性收入仍是居民收入的主要来源。居民工资性收入12095.30元，增长9.1%。2010年，市委、市政府采取一系列措施，做好促进和稳定就业工作，加大社会保障力度，提高企业职工最低工资标准，从5月1日起，上调企业职工最低工资标准，增幅达到20.9%，为历年最高。还有企业用工紧张，倒逼企业增加工资。工资性收入占家庭总收入的74.6%，这说明工资性收入仍然是居民收入的主要来源。二是经营净收入成为居民收入的新亮点。全市全面落实中小企业扶持政策，完善服务体系，有效地促进了中小企业快速发展，个体从业人员的经营效益也有所提高。中心城区居民经营净收入为1385.20元，增长22.7%。三是财产性收入基数小但增速快。居民财产性收入107.92元，增长较快。出租房收入成为财产性收入增长的主要来源，出租房的房租随着房价上涨而提高，促使出租房屋收入明显增加。四是转移性收入稳步增长。居民转移性收入为2627.68元，增长10.7%。6月1日起全市享受低保的城市居民家庭可以直接认定为城市低收入家庭，简化手续，从而扩大低收入家庭覆盖面。另外，2010年市还提高企业退休人员基本养老金，平均月增加85元。

居民家庭收入的增加，消费能力和消费水平也明显上升，伴随中央、地方扩大内需、刺激消费，各项政策的有效实施，带动消费品市场需求旺盛。2010年，中心城区居民家庭人均消费支出为13218.23元，增长13.4%，八大类消费呈现全面增长态势。

2009～2010年汕头市中心城区居民人均现金收支情况表

单位：元/人、%

	2010年	2009年	2010年比2009年增减
可支配收入	15178.59	13650.89	11.2
消费支出	13218.23	11659.47	13.4
一、食品	6455.87	6055.80	6.6
二、衣着	767.94	675.93	13.6
三、居住	1396.58	1202.04	16.2
四、家庭设备用品及服务	934.51	752.90	24.1
五、医疗保健	474.48	377.90	25.6
六、交通和通信	1699.10	1595.30	6.5
七、教育文化娱乐服务	964.38	670.15	43.9
八、其他商品和服务	525.37	329.45	59.5

居民消费呈现如下变化特点：一是恩格尔系数下降。居民食品类消费支出6455.87元，增长6.6%。食品支出占消费性支出的比重（恩格尔系数）由上年的51.9%降至48.8%，下降3.1个百分点。恩格尔系数下降，居民用于其它方面的消费支出增加，生活质量提高。二是衣着消费趋向个性化、时尚化。随着生活水平的提高，居民在衣着服饰消费上更加追求个性和时尚，中高档成衣、鞋子为普通百姓所接受。居民家庭衣着类消费支出为767.94元，增长13.6%。三是家用燃料支出增长较快。国际油价长期在高位运行，市液化石油气价格也处于较高价位，居民家庭家用燃料液化石油气支出444.88元，增长30.4%，家用燃料支出增加成为居住类支出增长的主要原因。四是家庭设备用品更新换代，家政服务成新宠。国家实行家电以旧换新等利民消费政策，使市民加快耐用消费品的更新换代，家庭设备类支出934.51元，增长24.1%；居民家庭耐用消费品拥有量已达到较高水平，到2010年底，每百户居民家庭拥有彩色电视机147台、洗衣机102台、电冰箱100台、空调171台。由于人口老龄化和年轻人事业繁忙无暇照顾家庭，使得家政人员的需求量不断增加，从业人员的工资大幅提高，使居民家庭家政服务支出有较大幅度的增长，家政服务渐入“寻常百姓家”。五是医疗保健支出持续增长。随着生活质量的不断提升，居民更注重保养身体，用于医疗保健类支出日益增多，居民家庭医疗

保健类支出474.48元，增长25.6%，医疗保健类中，药品费支出占大头，2010年中药材价格大幅上升，成为药品费支出增加的一个主要原因。六是交通和通讯支出稳步增长。由于国家将取消小排量汽车购置税优惠政策，刺激了家用汽车的消费，2010年汽车消费成为亮点。截至12月末中心城区居民家庭每百户家用汽车拥有量达11辆，摩托车105辆，交通工具拥有量的增加以及成品油价格的不断走高，带动车辆用燃料支出的增加。电信行业竞争激烈，各大运营商推出各项优惠套餐，刺激了居民的通讯需求，平均每百户居民家庭中拥有手机191部，居民家庭通讯支出911.74元，增长13.4%。七是教育投资持续升温，外出旅游日趋增多。随着人们对知识需求的日益增强，居民更加注重对教育的投入，家长为让孩子全面发展，鼓励孩子参加各类培训，从单一的语数外课程辅导到学钢琴、围棋、跆拳道等各种兴趣班，居民家庭教育类支出273.47元，增长22.9%。旅游、健身、休闲正成为居民家庭中新兴的娱乐消费热点，利用节假日和年假外出旅游被越来越多的市民所接受，百户居民家庭有55人次出外旅游,增长48.6%，居民家庭文化娱乐服务支出481.44元，增长87.7%。八是享受型消费越来越受青睐。随着收入的提高，居民更加追求个性和讲求享受，一些日常生活服务，如理发、美容美体等成为市民提升生活质量的一项内容。居民家庭其它商品和服务消费支出525.37元，增长59.5%。其中，美容费支出和化妆品类支出增长最快。

（马义伟）

【农村居民收入与消费】2010年，汕头市全面贯彻落实中央关于强农惠农一系列政策措施，紧紧围绕转变农业生产方式、统筹城乡发展任务，大力推进现代效益农业发展，推进社会主义新农村建设，实现农业发展基础进一步巩固，农业经济增效，农村居民收入增多，生活消费保持增长。2010年，市农村居民人均纯收入6518元，比上年增长16.6%，增长速度首次超越城镇居民收入增长水平；农村居民的收入水平处于全省中下位置，增长速度高于全省平均水平（全省农村居民人均纯收入增长为14.2%）。

农村居民实现增收的主要特点有（调查样本为540户农村居民下同）：由于全球经济的回暖，企业用工待遇提高，农村居民外出务工的工资收入继续增收，调查显示2010年的工资性收入4010元，占人均纯收入比例为61.52%，工资性收入的增收，是支撑农村居民增收主要来源；农产品价格的大幅度上涨，农业生产积极性提高，效益农业进一步提高，惠及农户规模扩大，当年家庭经营纯收入2186元，占33.54%，成为家庭增加收入的重要来源；财产性和转移性收入分别为100.81元与220.81元，各占1.55%与3.39%。城乡居民收入差距在逐步缩小，农村居民生活水平提高，2010年城乡居民收入比为2.33 :1，而上年为2.44 :1。从农户人均纯收入分组看，各层次的人均纯收入存在着较大差距，高收入组人均纯收入达11151.04元，与低收入组差额达7829.32元，农村居民高、低组的收入比为3.36 :1。从结构看，高收入组的工资性收入占56.79%、低收入组占58.40%（下同）；家庭经营纯收入占37.27%、35.80%；财产性收入占2.31%、1.46%；转移性收入3.63%、4.34%。

汕头市农村居民的生活消费结构逐步优化，生活水平不断提高。2010年市农村居民人均生活消费支出占人均纯收入的91.45%，人均八大类消费额分别为食品类支出2855.07元、衣着类359.52元、居住类1117.10元、设备用品类268.81元、医疗保健类279.13元、交通通讯类485.95元、文教娱乐类175.06元、其他类419.85元，支出结构分别为，食品占47.90%、衣着6.03%、居住18.74%、设备用品4.51%、医疗保健4.68%、交通通讯类8.15%、文教娱乐2.94%、其他7.04%。

从结构看，农村居民居住成本提高，支出系数高于城镇居民8.18个百分点，恩格尔系数低于城镇0.94个百分点。当年农村居民在外饮食人均达到214.88元，占食品消费支出的7.53%。显现出农村居民的食物消费量增质升，食品结构日益优化，主食、蔬菜类食品消费比重在下降，蛋白、脂肪类消费和外出饮食比重在提高，居住件条与环境有较明显改善，钢筋混凝土结构住房所占比重逐年上升，平房面积在减少，生活配套设施日趋完善。家庭日常用品物件丰富，每百户农户（高收入组）拥有洗衣机93.90台、电冰箱84.30台、空调机64.05台、微波炉46.38台、热水器102.23台、摩托车149.22辆、汽车（生活用）7.19辆、移动电话233.14部、家用计算机22.58台以及彩色电视机125.22部；每百户农户（低收入组）拥有洗衣机112.01台、电冰箱52.14台、空调机9.24台、微波炉28.83台、热水器90.31台、摩托车101.76辆、移动电话162.14部、家用计算机22.61台以及彩色电视机102.73部。物价上涨加大农村居民的生活成本，对普通农村居民尤其是低收入群体的生活产生较大影响；文化消费层次不高，精神文化生活不够丰富，2010年我市农村居民人均文化、娱乐消费支出175.06元，所占比重仅为2.94%，低于全省平均水平的3.90%；农村低收入户家庭的生活仍较艰辛，低收入组家庭的人均生活消费支出为4248.27元，仅为全市平均水平的71.27%，为高收入组的46.84%，只有城镇居民的32.14%，差别明显。

2000~2010年汕头市城乡居民收入与消费情况表

单位：元、%

年份	中心城区居民人均可支配收入	农村居民人均纯收入	中心城区居民人均消费性支出	农村居民人均生活消费支出	城乡居民收入比	城乡居民消费比
2000	8707.68	4343	7494.12	3643	2.01:1	2.06:1
2001	8953.08	4090	7583.64	3605	2.19:1	2.10:1
2002	8740.44	3894	7334.64	3415	2.24:1	2.15:1
2003	9104.76	4064	7874.11	3243	2.24:1	2.42:1
2004	9929.88	4089	8393.40	3478	2.43:1	2.41:1
2005	10629.72	4321	8809.92	3763	2.46:1	2.34:1
2006	10949.88	4405	9292.20	3717	2.48:1	2.50:1
2007	11716.27	4581	9987.40	3830	2.56:1	2.61:1
2008	12542.12	4885	10764.95	442[illegible]	2.57:1	2.43:1
2009	13650.89	5260	11659.47	4277	2.60:1	2.73:1
2010	15178.59	6518	13218.23	5960	2.33:1	2.22:1

（陈署虹）

人力资源·社会保障

【简况】2010年，根据汕头市人民政府机构改革方案，市委、市政府决定，将原市人事局、原市劳动和社会保障局的职责整合，组建汕头市人力资源和社会保障局，全市人力资源社会保障事业进入新的发展阶段。市人力资源和社会保障系统深入贯彻落实《就业促进法》、《劳动合同法》和省相关条例，进一步完善就业工作目标责任制，努力推动城乡劳动者就业再就业。进一步抓好服务化解纠纷，努力促进和谐劳动关系。

"十一五"期间，汕头市坚持吸引和聚集高层次人才，完善人才柔性流动机制，加大人才培养和职业技能培训力度，人才培养引进和职业技能培训机制创新取得新成效。全市接收高校毕业生3.88万人，其中本科15895人，硕士1184人，博士105人；从外地引进各类优秀人才2373人。组织专业技术人员继续教育11万人次、职业技能培训18.13万人，农村劳动力转移培训11.71万人，开展职业技能鉴定9.8万人。2010年，全市专业技术人才总量达到23.5万人，比"十五"期末增长31%，其中高级职称9612人，中级职称65234人；技能人才总量达到35万人，比"十五"期末增长66%，其中高级工24551人，技师2811人，高级技师254人。人才队伍总量增长加快，专业结构、学历层次和年龄构成进一步改善。全市实现城镇新增就业35.3万人，下岗失业人员再就业12.05万人，新增转移农村劳动力29.15万人，"零就业家庭"实现动态清零，城镇登记失业率控制在3.3%以内，全市平均最低工资水平五年累计提高41.1%，年均增长7.1%。政府就业稳控能力进一步增强，公共就业服务和就业援助能力进一步提升，农村劳动力转移就业工作成效明显，城乡就业局势保持基本稳定。至2010年底，全市签订劳动合同40.16万人，合同签订率为98.7%，其中，农民工签订劳动合同13.24万人，合同签订率为91.7%；"十一五"期间共受理劳动争议案件2902宗，办结2885宗，其中，调解劳动争议案件1710宗，调解率达59.3%。全市共为劳动者追回被拖欠克扣工资1817.86万元。劳动关系协调机制日趋完善，区县劳动关系三方协调会议制度全面建立，69个街道（镇）建立基层劳动关系协调组织。市、区（县）劳动保障综合服务大楼、再就业综合服务基地、培训基地和人力资源市场、人才市场等基础建设项目顺利实施，人力资源社会保障事业发展基础不断夯实。劳动就业和社会保障公共服务网络覆盖全市，"两级政府、三级管理、四级网络"的公共管理服务体系逐步完善，就业和社保服务水平不断提升。全市企业职工养老、医疗、失业、工伤、生育保险参保人数分别为46.9万人、42.4万人、45.3万人、44.3万人和42.7万人，城镇居民医保参保人数为49万人，各项基金累计结余33.77亿元。全市月人均养老金从2006年的474元增至2010年的1059元。随着企业年金制度、被征地农民养老保险制度、企业退休人员社会化管理等改革的深入实施和新型农村养老保险试点工作的顺利推进，多层次基本养老保险体系初步形成。全面完成市、区（县）政府新一轮机构改革，乡镇机构改革和事业单位分类改革稳步推进。市直机关事业单位实现机构编制实名制管理，部分区（县）启动机构编制实名制管理工作。公务员考试录用、培训激励等机制进一步完善。事业单位实行公开招聘制度，岗位设置和人员聘用工作全面铺开。军队转业干部考试考核择优安置制度建立，规范公务员津贴补贴和事业单位绩效工资工作稳步推进。全市共考录公务员1341人，培训公务员10万人次。

人力资源

【高层次人才引进服务】2010年，汕头市进一步完善人才政策和服务措施，以高层次和技能型人才为重点，努力优化人才引进和培养机制。全市共引进硕士学历或中级职称以上优秀人才454人。广东光华化学厂有限公司博士后工作站顺利通过国家人社部评审并挂牌，成为汕头市第三个企业博士后工作站。

【职业技能竞赛】全年全市共有15万人参加各类岗位练兵，88名优秀选手被授予“汕头市技术能手”荣誉称号，14个单位荣获“汕头市职业技能竞赛优秀组织奖”称号，并选拔出70名优秀技术尖子代表汕头市参加省级总决赛。

【职业技能培训】全年全市共举办专业技术人员公需科目培训2.5万人次，专业科目培训3万人次，举办新技术研修班17个，1666人参加学习。组织职业技能培训1.6万人

【职业技能鉴定】全市职业技能鉴定1.97万人。结合劳动力市场需求，积极开发制定国家职业标准。组织开发纸盒制作工（初级）国家职业标准，获省职业技能鉴定中心审核同意试行。纸盒制作专项职业能力考核规范获国家人社部批准作为考核试点。

劳动就业

【人才招聘】各级人才市场和人力资源市场积极为各类人才和劳动者搭建公共就业服务平台，成功举办春季、夏季人才交流大会、高校毕业生就业服务月、人力资源大型招聘会暨汕头与深圳劳务对接活动、民营企业招聘周等一系列招聘活动。全年共举办各类招聘会625场，提供岗位29.6万个，求职人员与用人单位达成招聘意向8.37万人。

【大学生就业】积极开展“2010年南粤高校毕业生就业推进行动”，出台《汕头市高校毕业生就业见习基地管理办法》和《汕头市大学生创业引领计划实施方案》，通过公开招录公务员、公开招聘事业单位工作人员、选聘村官、开展“三支一扶”计划和推进高校毕业生见习基地建设等措施，积极促进高校毕业生就业。全年共接收非师范类高校毕业生12885名，其中本科以上5155名。

【农民工培训就业】积极建立市区两级农民工服务中心，上下联动，为农村劳动力免费提供职业介绍、职业指导和政策咨询。完善农村劳动力转移培训政策和运行机制，采取送教上门、“订单式”培训等方法，全力推进农村劳动力转移就业。出台和落实汕头市农民工积分制入户实施意见，做好全省第六届“山洽会”劳务分团的协调服务工作。全市共组织农村劳动力转移培训20423人，农村劳动力转移就业167637人。城镇新增就业82855人，下岗失业人员再就业42986人，城镇登记失业率为2.75%。共有3742名农民工入户城镇，完成省下达任务。

【就业困难群体援助】全市共有3507名就业困难对象实现就业再就业，金平区石砲台社区和濠江区青盐社区被评为省充分就业星级社区。

【劳动关系协调机制建设】深入宣传贯彻《劳动合同法》及实施条例、《劳动争议仲裁调解法》、新修订《工伤保险条例》等法律法规，不断提升企业和劳动者法制意识。全市43家企业建立法制工作联系点。及时调整汕头市企业职工最低工资标准，调整公布2010年企业工资指导线和劳动力市场工资价位。

【用工环境建设】积极开展“加强人文关怀，改善用工环境”专项活动和“三法一例”执行情况检查行动。开展和谐劳动关系示范企业推荐评选活动和先进经验宣讲会，努力营造良好用工氛围。制定服务企业发展工作方案，做好“百人服务团”濠江分团服务企业工作。

【劳动监察】扎实开展人力资源市场秩序清理整顿、打击非法用工执法检查活动，与公安、建设部门联合开展工资拖欠专项检查行动，及时纠正违法违规行为。全市共检查企业2108家，查处违规企业707家，责令用人单位与劳动者补签劳动合同1.48万人，为劳动者追回被拖欠克扣工资502万元。

【劳动人事争议仲裁】开辟劳动人事争议案件“快立、快调、快审、快结”绿色通道，积极开展劳动争议仲裁积案清理工作。全年全市共受理劳动人事争议案件1175宗，办结1086宗，其中调解801宗，结案率和调解率分别为92.4%和76.3%。

【劳动人事信访维稳】完善12333电话咨询服务系统，健全群体性突发事件预警机制，加强对不稳定因素的监控，及时妥善解决原上山下乡知青、部分军队退役人员、东道物流公司拖

欠员工工资等群体性事件，化解一批影响社会稳定的突发事件和劳资纠纷。

社会保障

【社保扩面征缴】下发《关于做好社会保险扩面征缴工作的通知》，在市地税局的全力支持下，加强政策宣传，加大执法力度，狠抓各类企业参保缴费。2010年，全市企业职工基本养老、职工医疗、失业、工伤、生育保险参保人数分别新增9.37万人、3.46万人、7.21万人、6.84万人和6.59万人，比增24.94%、8.86%、18.94%、18.24%和18.25%。社会保险基金征收27.25亿元，比增22.5%。

【养老保险】不断完善养老保险制度。落实早期离开国有和县以上集体企业人员社保政策，全市审核缴费24741人。养老保险基金市级统筹顺利通过省的验收。积极推动实施企业年金工作，全市有57家企业建立年金制度。拟订汕头市新型农村社会养老保险三年全覆盖实施方案，并在龙湖区、澄海区实施新农保试点工作。按时完成2010年养老金待遇调整工作，月人均增加138元。

【医疗保险】积极推进医疗保险制度改革，全力推进居民医保扩面和困难企业退休人员参加医保工作。职工医保以及失业、工伤、生育保险基金全部实现市级统筹。新医保信息管理系统投入使用，实现与各级社保经办机构、街道（镇）劳保所、定点医院和定点药店联网。至2010年底，全市城镇居民医保参保人数49万人，城镇居民医保年度累计报销限额提高至10万元，共有6.9万名困难企业退休人员由政府资助参加职工医保。

【社保基金监管】大力加强基金监管，保障基金安全运行。组织开展各级社保经办机构社保基金内控监督检查，全面开展对历史拖欠和被挤占挪用社保基金的清理回收工作，共收回社保基金2543万元。组织开展对部分定点医疗机构职工医保基金的检查，落实整改措施。

人事编制

【政府机构改革】2010年，市政府32个工作部门的“三定”工作全部完成，区（县）政府部门“三定”工作基本完成，乡镇（街道）机构改革方案审核通过，简政强镇事权改革工作正式启动。濠江区行政体制综合改革试点工作稳步推进。

【公务员管理培训】加大从基层一线考录公务员力度，新录用公务员有基层工作经验的占50%。按照公开、公平、公正的原则，进一步完善公务员面试有关规定。积极推行初任公务员职业导师制，实行为期1年左右的“一对一”职业训练。加大公务员培训力度，组织全市公务员参加“公务员职业道德规范和廉政警示教育”培训，顺利完成全市乡镇公务员轮训任务。完成全市交通综合行政执法机构、国土资源行政执法监察机构和乡镇国土资源所人员公务员考试和登记工作。

【事业单位改革】出台《汕头市事业单位分类改革实施意见》、《汕头市事业单位首次岗位设置和人员聘用工作实施细则》，以教育、卫生系统为重点，加快事业单位改革进度。至2010年，全市已核准1060家事业单位岗位设置方案，设置岗位近5万个。全面实行事业单位公开招聘制度，全市共公开招聘事业单位工作人员1309人。认真做好事业单位绩效工资实施工作。进一步规范事业单位法人登记管理，全年办理事业单位年检395家。

【军转干部安置】2010年度，全市共接收安置军转干部86名。79名计划分配军转干部中，安置在中央、省垂直管理单位的13名，占16.5%；安置在市直机关、事业单位的53名，占68.1%；安置在区级单位的13名，占16.5%；7名自主择业军转干部和6名随调家属全部得到妥善安置。

（李国升）

基层政权和社区建设

【城乡社区建设】认真做好“广东省‘六好’平安和谐社区”的创建申报工作。全市有58个社区获命名为2009年度“广东省‘六好’平安和谐社区”，使全市“六好”平安和谐社区数量达到250个，占全市社区总数的48.7%。下发《关于做好社区办公用房达标建设的建档工作的通知》，在各区县自查的基础上，对全市2006年以来省、市财政资助的社区办公用房达标建设情况进行检查，指导各地按省要求建立规范的社区办公用房达标建设专档。按照省民政厅“双强双促”工作计划的部署，结合实际研究制定汕头市的实施计划，2010—2014年全市计划安排52个社区居委会实施“强居促和谐”计划、54个村委会实施“强村促稳定”计划，力争用5年时间把全市10%的城乡社区打造成为达到民政部全国和谐社区建设示范单位标准的示范社区。同时筛选10个社区居委会、13个村委会为汕头市2010年度实施省厅“双强双促”计划资助项目；并要求各区县把列入五年资助计划的村（居）按照省厅“双强双促”计划提出的目标要求全面启动创建工作，今后每成熟一个申报一个，确保工作落实到位。推进农村社区建设，指导15个实验村按照“党建好、自治好、服务好、治安好、环境好、风尚好”的“六好”要求开展好今年度的农村社区建设实验工作。认真做好民政部“十二五”民政建设项目申报工作，经筛选，确定汕头市金平区石砲台街道社区服务体系建设项目、汕头市金平区东方街道社区服务体系建设项目和汕头市龙湖区珠池街道社区服务体系建设项目，申报为民政部“十二五”民政建设储备项目。

【村务公开民主管理】2010年，汕头市在抓好面上村务公开民主管理规范化建设工作的同时，积极稳妥推进村务公开和民主管理“难点村”治理工作。按照上级部署并结合汕头实际，及时制订下发《2010年全市村务公开民主管理工作意见》，对今年度村务公开民主管理工作作出全面部署。配合市人大常委会开展村务公开民主管理专项工作检查。4月中旬，派员参加市人大执法检查组，对濠江、潮阳、潮南3个区落实村务公开民主管理工作情况开展抽查，于6、7月份联合市纪委对濠江、潮南区进行复查，进一步促进村务公开民主管理的落实。认真开展“难点村”治理工作。及时组织对2009年度9个“难点村”的先行治理工作进行检查验收，经检查评估合格，给予销号，完成50%的“难点村”治理工作任务；全市“难点村”治理工作经验得到省民政厅肯定并在省厅有关会议上作经验介绍，市委办《汕头信息》专门做报道。同时，认真指导剩下9个“难点村”开展治理工作，经区、市检查验收给予 6个“难点村”销号，汕头市2009—2010年度共计完成15个“难点村”、83.3%的治理工作任务。推进村务公开民主管理示范创建工作。4月，澄海区、南澳县被省命名表彰为“广东省村务公开民主管理示范县（区）”。

【村（居）委会换届选举】按照省委、省政府的统一部署，汕头市于2010年11月启动试点、12月正式铺开村、社区“两委”换届选举工作。市民政局于8月着手组织开展换届选举前的专题调研，摸清工作底数，科学剖析换届选举工作面临的形势，对重难点村（居）进行排查摸底并建立工作台账，形成专题调研报告。11月全市各区（县）各选择1个村（涉农社区）开展“两委”换届选举试点工作，至12月15日全面完成，为全市提供经验借鉴。12月3日，市委专门召开常委会对村、社区“两委”换届选举工作进行专题研究，审议通过相关事项；12月8日，市委、市政府成立以李锋书记为组长，蔡宗泽市长、邓大荣副书记、李学同常委、谢泽生秘书长、庄大军副主任、周镇松副市长等市领导任副组长，纪委、组织、宣传、政法、公安、民政、农业等15个部门主要领导为成员的市村、社区“两委”换届选举工作领导小组及其办公室，并下发《关于做好2011年全市村、社区“两委”换届选举工作的实施意见》，对全市村、社区“两委”换届选举工作作出了具体部署；12月10日，市委、市政府专门召开全市村、社区“两委”换届选举工作会议，会议由蔡宗泽市长主持，李锋书记在会上亲自作动员部署，要求各级党委和政府一定要统一思想，提高认识，切实增强做好村、社区“两委”换届选举工作的政治意识和责任意识；要突出重点，抓住关键，扎实稳妥做好村、社区“两委”换届选举各项工作；要加强领导，落实责任，千方百计确保村、社区“两委”换届选举工作圆满完成。各级党委、政府迅速行动，级级成立以党（工）委书记任组长的换届选举工作领导小组，层层落实党政班子挂钩联系责任制，扎实、有序铺开村、社区“两委”换届选举工作。市建立了换届选举工作挂钩联系制度、重难点村（社区）排查整顿制度、换届选举工作周报制度、换届选举重大事项报告制度、换届选举工作通报制度、换届选举观察员制度、换届选举工作督查制度和换届选举工作责任追究制度等八项制度，通过编印选举工作简报的方式，及时反映各地工作情况，推广先进经验，有效指导和促进工作。12月26日，省民政厅张元醒副厅长莅汕专题调研村、社区“两委”换届选举工作，对市换届选举工作给予充分肯定。

（张伟强　许彦恭　赵伊斯　韩德荣）

民政工作·社会事务

综　述

【简况】2010年，市民政局根据市的统一部署，扎实推进机构改革和事业单位分类改革工作。根据《中共汕头市委、汕头市人民政府关于印发〈汕头市人民政府机构改革方案〉的通知》积极做好市民政局机构改革工作。2010年8月10日，《汕头市民政局主要职责、内设机构和人员编制规定》，获市人民政府批准，增加地市级异地商会的登记、管理职责，指导基层群众自治组织和社区组织干部表彰的职责，促进慈善事业发展，会同有关部门按规定拟订社会工作发展规划、政策和职业规范，推进社会工作人才队伍建设和相关志愿者队伍建设等职能；调整设置办公室（政策法规科）、综合规划科、优抚安置科、双拥科（市双拥工作领导小组办公室）、救灾和社会救助科（市减灾委员会办公室）、基层政权和社区建设科、区划地名科、社会福利和慈善事业科、社会事务科、人事科（社会工作科、机关党委办公室、监察室）等10个内设机构。新设社会福利和慈善事业科、综合规划科、政策法规科（与办公室合署）、社会工作科（与人事科合署），取消财务科，分拆社会福利和社会事务科，同时将救灾救济科更名为救灾和社会救助科，将市民间组织管理局调整为市民政局直属行政机构，进一步理顺机构职能和内部关系。2010年9月7日汕头市机构编制委员会办公室下发《关于配备专职党委办、监察室主任的批复》，批准市民政局配备专职直属机关党委办公室主任1名（正科级）、监察室主任1名（正科级）；2010年10月23日，“市老龄工作委员会办公室”经市机构编制委员会批准，更名为“市老龄工作办公室”，并调整为市民政局直属行政机构。本次机构改革，共核定行政编制45名，局长1名、副局长4名，科长（主任）12名、副科长（副主任）11名，机关后勤服务人数5名，直属行政机构2个。根据《中共汕头市委、汕头市人民政府人民政府关于印发〈汕头市事业单位分类改革实施意见〉的通知精神》，于2010年7月启动市民政局所属事业单位的分类改革工作，进行调查找底，制订和上报所属事业单位分类改革方案等。

（谢章仟）

优抚安置

【优待抚恤工作】2010年，汕头市全面兑现优抚对象抚恤补助和优待待遇。全年各级财政投入抚恤补助资金7246.4万元，比增33%，共惠及1.9万名重点优抚对象。城镇义务兵家庭及烈士遗属、红军失散人员、孤老复员军人优待金标准每人年从3000元提高到3200元，农村义务兵优待分二年按所在区县上年度农村人均纯收入发给。全市各级投入优待资金1688.5万元，比增30%，惠及4069名优待对象。优抚对象医疗保障工作进一步完善。指导推动区县出台医疗保障细则，在区县建立优抚医疗费“一站式”结算服务。按照制度规定，安排全市一至六级残疾军人全部纳入城镇职工基本医疗保险范围，抚恤补助对象全部纳入城镇居民医疗保险和新型农村合作医疗保障范围。全年各级财政共投入医疗补助资金625万元。组织开展拥军优属走访慰问活动。元旦春节和八一期间，汕头市领导带队深入部分英雄模范、残疾军人、烈士遗属、老复员军人家中走访慰问。全市组织对住在光荣院老人、一级至四级残疾军人、孤老烈属、孤老复员军人等给予重点慰问，每人分别发给1200－3600元的慰问金。节日期间，全市各地上门慰问重点优抚对象2.6万多人次，发放慰问金（含实物折款）429.8万元，为1630户新入伍义务兵家庭挂“光荣军属”牌。积极做好优抚对象解困工作。全年累计向市直困难企业部分军队退役人员发放生活补助180万元。组织开展祭奠革命先烈活动。清明节期间，认真开展各类纪念教育活动，做好接待服务工作，为祭奠群众提供优质服务，确保清明期间祭奠活动安全有序。据统计，清明节期间，全市参加祭奠革命先烈活动10万余人次。

（钟岳峰　黄顺生　郑创泉）

【退伍安置】2010年，全市接收退役士兵1618人，其中城镇入伍704人，农村入伍856人，转业士官58人。符合城镇安置798人。接收省厅下达残疾士兵3名。审核定向招录退役士兵32名，其中省公安机关20名，省监狱管理局12名。清理移交1983年以来历史遗留退役士兵档案107个。全市向219名2007年冬季及2008年中途进藏服役义务兵发放特殊优待金838万元，安置补助金438万元，共计1276万元。年内，根据省政府的统一部署，继续组织2008、2009年冬季退役士兵参加两年以上免费职业技能培训，为203名退役士兵办理报考普通高等职业技术院校和报读中等职业技能培训确认手续。同时，市政府同意用两年时间实现城镇退役士兵自谋职业一次性安置补助金标准动态管理。即从2010年冬季起，汕头市中心城区城镇退伍义务兵、初级复员士官基本补助金标准提高至2万元，转业士官基本补助金标准提高至3万元，从服满义务兵年限后第一年算起，每多服役一年，另增加2千元。2011年冬季起，中心城区城镇退伍义务兵、初级复员士官基本补助金标准按汕头市上年度在岗职工人均工资收入100%发放，转业士官基本补助金按汕头市上年度在岗职工人均工资收入150%发放，从服满义务兵年限后第一年算起，每多服役一年，增加上年度在岗职工人均一个月工资的补助。其它区县根据上述原则自行制定补助标准。仅这一项，全市年需增加经费560多万元。

（钟岳峰　黄顺生）

【军休服务】在完成省厅下达接收军休干部任务的同时，各军休服务管理单位不断提高服务管理水平，为军休人员提供优质服务。落实军休干部政治待遇，多次组织军休干部参加有关政治形势分析报告会；结合学习实践科学发展观、作风建设年活动，开展各种专题组织生活会。落实军休人员生活待遇，按时足额发放生活费和各项津补贴。积极向武警边防消防部队，申报1997年以来历年定期增资200多万元。完成了43名军休干部房改的测算上报工作。潮阳军休所办公大楼于春节前完成搬迁。

（黄顺生）

【军供保障】汕头军供站坚持“优质、快速、准确、安全、保密”的宗旨，圆满完成过往部队的饮食饮水供应保障任务。汕头铁路军供站综合大楼通过规划验收。7月，汕头军供站被市委、市政府和汕头警备区评为“汕头市拥军优属模范单位”。

（黄顺生）

双拥工作

【制度建设】2010年，汕头市各级党委政府和驻汕部队高度重视双拥工作，坚持做到“五个纳入”：即把双拥工作纳入经济与社会发展总体规划；把部队、预备役建设和民兵工作纳入党委、政府重要议事日程；把地方支持国防建设经费纳入财政预算；把军事斗争准备遇到的难题纳入党委、政府督办事项；把创建双拥模范城（县）工作纳入各级“一把手”工程和领导干部目标责任。6月份，专门召开市双拥工作领导小组全体成员（扩大）会议对双拥工作进行总结部署。

【拥军慰问】年内，市委书记李锋多次带队走访慰问汕头警备区、汕头水警区、空九师，并前往武警汕头支队调研。市委、市政府专门派出拥军慰问团专程赴广州走访慰问广州军区、广州军区空军和省军区。市委书记李锋、市长蔡宗泽等领导分别率领市“八一”拥军慰问团，慰问驻汕陆、海、空、武警部队官兵、海训部队以及部分军队离退休干部、战斗英雄、优抚对象和困难军转干部，专程前往湛江拜访慰问南海舰队。

【宣传教育】年内，各地各部队广泛深入开展以爱国主义为核心，以庆祝中国人民解放军建军八十三周年为主题的国防和双拥宣传教育，营造良好的双拥氛围。8月10日，市委、市政府和汕头警备区隆重召开全市双拥工作暨表彰大会，表彰2个拥军优属模范单位、87个双拥先进单位、59名双拥先进个人、15对军民共建社会主义精神文明先进单位和20名军人好妻子好母亲。7月30日，举办“军旗飘扬”——汕头市军警民庆祝建军83周年文艺晚会。全市各地举办双拥宣传和国防教育活动400多场次，接受国防教育人员达45.9万人次,军训学生19.36万人次，宣传报道双拥活动稿件450多篇。

【拥军工作】全年全市共投入资金4100多万元，帮助部队解决军事训练、战备执勤、装备购置、改造营房、修建道路及供水工程等任务中遇到的困难；积极支持75220部队进驻汕头海训，配合做好禁渔禁航、交通管制、群众疏散、损失补偿等各种保障工作；圆满完成部队演习、海训、打靶、过往、新老兵转运和民兵预备役训练等4万人次的饮食饮水供应保障任务；先后帮助部队对近800名官兵进行培训；对345名随军家属在未就业期间给予每人每月发放基本生活补助金300元。

【军民共建】不断推动双拥共建工作蓬勃开展。坚持把军民共建作为加强社会主义精神文明建设和促进双拥工作科学发展的一项重要任务,积极组织,精心部署,主动协调，使军民共建活动不断向深度和广度发展。同时，为适应当前建设社会主义新农村和“六好”平安和谐社区的新形势，努力把共建活动向社区、农村推进，军民共建活动的新领域得到不断拓展。

【爱民行动】驻汕部队大力支持和参与地方经济建设，积极参加公益事业、抢险救灾、扶贫帮困、维护社会治安、社会主义新农村建设和军民共建、创建双拥模范城（县）等活动，为汕头市经济社会发展作出重大贡献，先后出动官兵1.71万人次,投入劳动日3200多个,机械车辆2300多台次，支援和参加各项重大经济建设项目22个，为地方挽回经济损失7100多万元, 开展扶贫帮困和支教助学捐190万元,资助贫困学生374名,受到了人民群众的称赞。

【创建双拥模范城】年内，各级党委、政府和市直有关单位认真学习贯彻全国《双拥模范城（县）创建命名管理办法》、《全国双拥模范城（县）考评标准》，制定具体措施，掀起新的创建热潮。6月份市召开市双拥工作领导小组全体成员（扩大）会议对创建第九届全国和省级双拥模范城（县）工作进行部署，市长、市双拥工作领导小组组长蔡宗泽对创建工作提出具体要求。8月份市委办、市府办和汕头警备区政治部联合向各区县党委、政府，市委各部委，市直各单位，市有关人民团体，中直和省直驻汕有关单位，驻汕部队独立团以上等单位下发《关于争创第九届全国和省级双拥模范城工作任务安排的通知》，对创建工作进行细化分工落实责任。9月份按照全国《双拥模范城（县）创建命名管理办法》、《全国双拥模范城（县）考评标准》和责任分工要求，组织军地有关领导对各区县和市直有关单位开展创建工作进行检查督促。9月底以市委、市政府和汕头警备区名义向省双拥工作领导小组申报汕头市和南澳县参加第九届全国、省级双拥模范城（县）的评选命名；金平区、龙湖区和澄海区参加第九届省级双拥模范城（县）的评选命名。

（江文忠　肖奕初）

救灾和社会救助

【救灾救济】 2010年，汕头市的自然灾害主要是洪涝灾害。自然灾害给群众生活安排带来一定影响。全市受灾人口15.988万人；倒塌居民住房70户，77间；农作物受灾面积7.136千公顷。全市因灾直接经济损失7044万元，其中农业损失约2994万元。全市共下拨财政救灾救济款730万元（其中省补助资金630万元、本级财政资金100万元），帮助12万多困难灾民安排好春荒、冬令期间困难群众的基本生活，确保灾区的社会稳定。元旦、春节期间，各地积极组织开展“扶贫济困送温暖”活动，帮助困难群众解决过冬和过节问题。2月5日，市委书记黄志光、市长蔡宗泽等党政领导带队，会同各区县党政领导和民政部门，登门慰问五保户、特困户，百岁老人，优抚对象。各区、县党政领导也分别带队深入基层，为救济对象送去节日慰问金、大米、油和棉被、寒衣。春节期间，全市共组织慰问团走访了7所福利院、42所敬老院，慰问农村五保户、困难灾民、低保户共15多万人（次），共发送慰问款物1742.1万元，其中实物折款942.3万元。

【五保供养】2010年，全市各地认真贯彻落实《农村五保供养工作条例》和《汕头市农村五保户供养工作意见》，并全面实施五保户供养“五统一”政策，确保全市五保户的基本生活权益，促进了五保供养工作的落实。全市有五保对象3147户、3153人，其中分散供养对象2477户、2482人，集中供养对象671户、671人，集中供养对象占总供养对象的21.3%。全年各级财政共计支出五保供养资金1028万元。

【救助管理】2010年，救助管理工作坚持“以民为本、为民解困、为民服务”的工作理念，全面贯彻落实《城市生活无着的流浪乞讨人员救助管理办法》，以创建文明救助管理工作为契机，通过抓队伍建设、服务管理、开展主动救助、完善工作制度、做好跨区域接送、加强宣传等手段，进一步完善救助管理规范，全面提高救助管理工作水平，在服务城市生活无着的流浪乞讨人员中，树立良好的救助管理工作形象。全年共救助1619人次。

（沈立伟　谢晓玲）

【城乡低保补助】1月11日，市政府下发《关于进一步提高我市城乡低保补助水平的通知》。各地切实按照市政府通知要求，抓好提高低保补助水平工作的落实。截至12月份，全市低保人均月补差为城镇137元、农村84元，比2009年底分别提高19元和12元。农村低保补助水平达到全省平均水平。4月7日，市政府出台《汕头市城市低收入家庭认定办法》，规范住房救助、医疗救助、教育救助等社会救助工作中的城市低收入家庭的认定管理。使我市社会救助体系建设日臻完善。全市各级民政部门继续加强低保动态管理力度，及时将符合条件的困难群众纳入低保范围，并对家庭人均收入超过当地低保标准的低保对象，妥善做好退出低保工作，努力做到动态管理下的应保尽保、应退尽退。至年底，全市共有低保对象46387户、109409人，比2009年底增加3228户、5729人。其中城镇10825户、24488人；农村35562户、84921人。全年共发放低保资金12096万元，比2009年增加300万多元。其中城镇3894万元，农村8202万元。

【城乡医疗救助】2010年，全市共支出医疗救助金1332.39万元，比2009年增加274.1万元。其中，为城乡困难群众提供直接医疗救助2.1万多人次，发放医疗救助金989.66万元；资助农村低保、五保对象参加新型农村合作医疗86416人，支出资金259.27万元；资助城镇低保对象等困难群众参加城镇居民基本医疗保险15704人，资助金额83.46万元，较好地缓解了城乡困难群众“看病难”问题。年内，继续与省民政厅、省慈善总会、广州军区广州总医院联合，开展救助贫困家庭心脏病儿童活动，通过定点医院减免、省慈善总会资助、医疗保险报销、民政部门救助的方式，多方筹集资金，资助低保家庭和低收入家庭先天性心脏病儿童手术治疗。全年共救助贫困家庭心脏病患者129名，为患者家庭减免、报销和救助手术费用516万元，约占手术总费用的97%，大大减轻患者家庭的负担。活动得到市领导的充分肯定和患者家属的广泛赞誉，取得良好的社会效益。

【农村低保住房帮建】2010年是“十一五”期间为农村住房难低保户修建住房工作的最后一年。全市各级民政部门继续落实《市政府常务会议决定事项通知》精神，认真组织实施好2010年的帮建工作，按时保质完成帮建任务。11月29日，市府办公室下发《关于继续为农村住房难低保户修建住房的通知》，决定把这项工作列入我市“十二五”规划，每年继续帮助200户农村住房难低保户修建住房，并将补助标准从原来的每户2万元提高到2.5万元。

（沈立伟　卢式毅）

社会福利

【重生行动】2010年，汕头市继续做好“重生行动”工作，及时为贫困家庭唇腭裂儿童办理申报手续，争取早日实施手术矫治康复，解除疾患，使之健康融入社会。2010年，全市共申报“重生行动”康复手术的唇腭裂儿童109名，接受手术治疗的唇腭裂儿童117名。自2008年以来，我市累计申报423名，已接受手术治疗379名，取得明显的治疗效果，社会反映良好。

（刘松明　吴维佳）

【明天计划】2010年，汕头市按照省明天计划办公室的要求，认真确定手术对象、掌握孤儿健康状况、严格手术申报程序，并及时与定点医院进行沟通联系，确保社会福利机构的残疾孤儿得到及时有效的手术治疗和康复训练。2010年全市福利机构共有12名儿童进行12次手术治疗，其中五官科手术8人次，矫形外科手术2人次，心脏病手术2人次。同时，还积极争取做好残疾孤儿手术康复工作，8月份省脑瘫儿童筛查专家组来汕筛查，市福利院有7名儿童被分两批次送到广州市社会福利院进行康复训练，其中一名儿童已被国外家庭所收养。

（刘松明　吴维佳）

【居家养老】2010年，汕头市全面落实科学发展观，积极围绕构建和谐汕头为目标，切实把推进居家养老服务社会化作为应对人口老龄化问题、满足群众日益增长的养老服务需求的一项重要工作来抓，通过加强领导、落实责任，加大资金投入、检查督促，规范管理、增点扩面等措施，扎实稳妥推进养老服务工作。累计组建为老服务人员248名、为320位老人提供免费上门服务。居家养老工作已在汕头中心城区全面铺开，并受到越来越多群众的认可和欢迎。其中金平区被确定为全国养老服务社会化的示范单位。

（刘松明　林雄盛）

【**福利基金**】9月30日下午，周镇松副市长主持召开汕头市社会福利基金项目评审委员会成员会议，听取汕头市福利基金评委会办公室有关市级福利基金2009年度预算落实情况和2010年度预算安排意见的汇报，会议研究通过2010年度市级福利基金项目评审及资金预算安排等有关问题。经预算，2010年全市安排市本级社会福利公益金2739万元，资助重点包括城乡医疗救助、社会福利事业、殡葬公益事业和残疾人事业等69个项目。会议还决定将2009年度市级福利彩票公益金落实情况向社会公布，取信于民，接受社会监督。市社会福利基金项目评审委员会成员单位市民政局、财政局、审计局、监察局等有关负责同志和人员参加会议。

（张云良　刘勤裕）

【**福利企业**】2010年度，全市参加福利企业年检的企业8家，其中市残联主办的2家，市福利生产管理服务中心直接管理的市直属福利企业6家。参加年检的8家福利企业中，属于生产型的企业6家，2010年度创产值6493万元，获税利369万元。其中市民政局直属福利企业生产型5家，创产值4871万元，获税利286万元。

（刘松明　林文波）

【**福利彩票**】2010年，全市各级民政部门坚持把福彩发行工作作为民政工作的重点内容来抓，做到加强领导，深入调研、周密计划，紧密结合汕头实际，狠抓重点，增点扩面，抢占农村市场；狠抓难点，强化管理，开展专营化清理整顿；狠抓宣传，扩大营销，推动发行工作，取得显著的发行成绩，2010年，全市福彩销售总量实现两级跳，从2009年的3.45亿元跃升为5.01亿元，实现了发行工作的跨越式发展，超额完成省厅和省中心下达我市的福彩销售任务，达到139%，比2009年同期发行增加1.56亿元，增长45%。(其中电脑票共销售3.9亿元，占总销售量77.9%，比2009年同期增长9200多万元，增长31%；即开票销售2843万元，占总销售量5.9%，比2009年同期增加812万元，增长39%；“中福在线”〈含开乐彩〉8223万元，占总销售量16.2%，比2009年同期增加5562万元，增长209%。福彩市场份额60%,比上年度增加7个百分点)。此外，2010年，全市中一等奖8个，其中500万以上4个，为全市增加税收1056万元。

（洪瑞沣　吴洪生）

社会事务

【**婚姻登记**】汕头市现设有婚姻登记机关36个，其中区县级7个，镇级29个。2010年，汕头市加快推进婚姻登记规范化建设，进一步规范婚姻登记和婚姻服务工作，婚姻登记服务水平有新的提高。指导金平、濠江、潮阳区和南澳县民政局认真做好“十一五”婚姻登记规范化建设的申报和总结工作，着力推进金平、濠江、潮阳区和南澳县民政局婚姻登记处的规范化建设，12月，以上四个区县的民政局婚姻登记处获民政部命名为“2010年全国婚姻登记规范化单位”；并指导各地按照规范化建设要求开展婚姻登记工作，做好婚姻登记历史数据补录工作。2010年，全市共办理结婚登记54457对，离婚登记1766对。同时，切实做好10月10日的婚姻登记工作，当天全市各婚姻登记处放弃假日休息，加班向社会开放，共办理结婚登记881对，较好满足了婚姻当事人在这个特殊日子办理结婚登记的愿望，得到群众的广泛好评。

（张伟强　许彦恭　赵伊斯　韩德荣）

【**殡葬改革**】2010年，汕头市的殡葬管理工作紧紧围绕构建和谐汕头、绿色殡葬这一主题，认真贯彻落实省民政厅提出的“火化率不掉下来，新坟不冒出来”的工作目标，按照《汕头市殡葬管理目标责任书》规定的任务要求，以巩固提高火化率、完善殡葬设施、落实惠民政策、加强公墓管理，和加强行风建设为重点，进一步加强领导，落实责任，狠抓督查，稳步推进，推动全市殡葬改革逐步走上轨道。3月24日，汕头市政府在汕头迎宾馆召开全市殡葬改革工作会议，市委常委、副市长郑人豪出席会议，总结部署全市殡改工作，并提出具体要求。会上，市政府授予南澳县、龙湖区、金平区、澄海区、濠江区为2009年度“汕头市殡葬管理工作先进单位”称号，并给予4万元奖励。对2008年度受到市政府“提醒注意”的潮阳区文光街道、潮南区井都镇，给予摘掉“提醒注意”的牌子。对2009年度火化率排名落后的潮阳区和平镇、潮南区两英镇，由市政府予以“提醒注意”，并列入重点管理单位。潮阳区和平镇、潮南区两英镇作表态发言，会议印发潮阳区文光街道、潮南区井都镇抓殡改的经验做法。8月16日上午，汕头市政府再次召开全市殡葬改革工作会议，主要内容是对照省、市殡葬管理工作“十一五”规划及年度殡葬管理目标责任书提出的任务目标，对照检查不足和差距，明确今年后阶段殡改重点任务，为迎接省政府的考核打好基础。10月26—27日，市殡改办组织市纪委（监察局）、市委组织部、市人事局、市林业局、市民政局等单位组成的殡改督查组，再次深入到被市政府列入重点管理的潮阳区和平镇、潮南区两英镇及2009年以来火化率排名靠后的潮阳区贵屿镇和潮南区胪岗镇，帮助分析原因、查找差距，研究对策、采取措施。市殡改办迅速将检查督促的情况以督查专报形式上报市委、市政府，引起有关领导的重视，督促推进殡改工作的平衡发展。年内，全市共强行起棺火化103宗，其中潮南区46宗，潮阳区41宗，濠江区16宗。全市有58名镇、村（居）干部因殡改工作不力受到撤职、免职、党内警告等责任追究，其中潮阳区44名、潮南区14名。潮南区112人次的镇（街道）党政班子成员受到区委区政府的通报批评和预警。4月8日和12月23日，市民政局、市文明办、市殡葬协会联合在妈屿外海域举办“让先人回归自然，愿亲情溶存大海”的两次骨灰集体海葬活动，共有1611份骨灰撒向大海。澄海区的骨灰撒海量占全年火化总数的65%。针对2010年清明节是首个法定节假日，群众祭扫车流、人流高度集中等问题，全市各地高度重视，成立机构，制订方案，深入开展检查督促，确保清明祭祀活动安全、文明、有序、和谐。6月中旬和7月上旬，市民政局就进一步加强和规范全市公益性公墓（骨灰楼）建设管理以及建立公墓护墓基金问题发出紧急通知。要求对公益性公墓（骨灰楼）的建设必须严格规定，严格审批，严格手续，不得滥批滥建。对各公墓开展清理整顿工作回头检查活动，重点检查超面积墓穴的整改落实情况，对未办理国土使用证的4家公益性公墓，予以收回服务许可证，暂停服务资格。全市共火化遗体25957具，其中火化本地户口遗体25006具，外地户口遗体951具，按公安部门提供的当年实际注销死亡数统计，全市的火化率基本达标。2010年，全市各地累计为1000多人次的五保、低保、困难家庭减免包括火化、接运、骨灰寄存、冷冻等丧葬费用300多万元，“三道两区”旧坟墓继续得到综合开发利用。市新殡仪馆如期实现市政府提出的9月底前竣工验收、搬迁投入使用的任务目标。

（张云良　刘勤裕　林雄盛）

【**收养登记**】2010年，汕头市认真贯彻落实国家收养政策规定，规范收养登记规程，完善收养登记手续，严格按照收养政策的有关要求，认真、细致地做好收养登记工作。2010年全市共办理收养登记17宗，其中：国内居民收养14宗；港澳台华侨收养3宗。此外，市福利院涉外送养儿童41名。

（吴维佳　徐忘南）

【**老龄工作**】完成省考核组对汕头市2008－2009年老龄工作目标责任检查考核,在珠三角地区以外的12个地级市中，汕头市名列第一。年内，市财政共拨付老年福利事业经费7165万元。从2010年6月1日起对100周岁以上老年人长寿保健金从原来人月200元调整为人月300元，目前全市100周岁以上老寿星258名，全年共投入77.4万元。筹资280万元资助26个村居建设老年人活动中心，“十一五”期间，共投入1430万元资助1430个农村老年人活动场所新建、改扩建工程，以此带动各级和社会各界投入资金5810万元，建设面积从4208平方米扩大到65763平方米。近5年来，设置无障碍斜坡道口433个，无障碍通道25748米，涉老建筑工程约12.35万平方米。至10月底，全市企业养老保险参保人数为43.7万人。解决国有和县以上集体企业职工应保未保人员14479人、早期离开企业人员19947人的保险问题，全市有1284家国有困难企业的6.1万名退休人员纳入医疗保险范围。完成13万名退休职工工龄清理确认工作；全市有55家企业建立年金制度。为离休干部申办护理费26人、审办抚恤金20人、申请遗属生活补贴7人。从1月1日起，市直企业离休干部统筹医疗费标准从每年每人6000元提高到每年每人13000元。积极筹备新建市社会福利中心，现已落实好建设用地，计划总投资约为2亿元，总床位2000张。市福利院投资约200万元配备一批较先进的医疗设备，福利院床位增至近900张，收托养老人数可达400多人。全市累计为居家养老服务投入资金800万元，年内，金平区被确定为全国养老服务社会化示范单位。各级政府和有关部门共投入社会福利机构建设资金3835万元，完善金平区等6所福利院的配套设施建设。9月9日，在澄海莲花山举办敬老重阳登山活动。500多名党政机关、企事业单位离退休老同志参加活动。重阳节和春节期间，各级政府开展百岁老人和特困老人等走访慰问活动。参加广东省第七届老年人运动会，获得乒乓球女子团体、太极拳个人两项冠军、乒乓球女子单打亚军、优秀组织奖。参加广东省第四届老年文艺调演，参演3个节目分别获得金奖、银奖和铜奖。开展“中国电信‘乡情网’电影下乡送乡亲”活动，解决农村老年人看电影难问题。目前，全市有公共图书馆7个、文化馆8个、文化站69个，文化室401个。年内，全市各级法律援助机构共办理涉及老年人权益的案件36宗，接受老年人法律咨询477人次，为老年人提供法律援助。

（张伟强　胡进辉）

社会工作

【**社会组织登记管理**】2010年8月26—27日，汕头市社会组织工作暨发展公益慈善类社会组织现场会在濠江区礐石街道珠浦村召开。会议提出降低门槛，培育扶持，促进公益慈善类社会组织加快发展；规范管理，完善监管，促进公益慈善类社会组织健康发展；加强宣传，推广典型，努力营造公益慈善类社会组织发展的有利氛围的三项举措。与会人员参观了濠江区礐石街道珠浦慈善会的各项建设，现场听取慈善会秘书长、会长和濠江区民政局的经验介绍。至年底，全市有公益慈善类社会组织61个。

开展全市性行业协会商会等级评估。4月21日上午，汕头市民政局举办全市行业协会商会等级评估培训班。会后组织实施第二批行业协会商会的等级评估工作。对全市行业协会商会按照依法办会、规范运作、能力建设、发挥作用、社会评价五个方面进行全方位等级评估。参加第二批等级评估的市交通运输协会、药业商会、农业生产资料行业协会、燃气协会等4家行业协会商会，均获得4A等级。至年底，经汕头市民政局核准，共有11家行业协会商会获得4A以上等级评估。其中被评为5A级的3家，被评为4A级的8家。为汕头市实现对社会组织的动态管理，促进社会组织组织建设、制度建设和能力建设，建立社会组织科学发展长效机制打基础。

组织开展社会组织登记管理和年度检查。全年共新登记成立社会组织132个，其中，社会团体65个，民办非企业单位67个；办理注销登记社团3个，注销登记民办非企业单位10个；办理2009年度年检的社团616个，年检率95.4%，其中应参加年检646个，合格600个，合格率97.4%，不合格11个，基本合格5个，没有参加年检30个；办理2009年度年检的民办非企业单位266个，年检率95.7%，其中应参加年检278个，合格260个，合格率97.7%，基本合格5个，不合格1个，没有参加年检12个。至2010年12月，全市共有社会组织1263个，比2009年增加104个。其中社会团体710个，民办非企业单位553个。10月16日，广东省汕头市首个异地商会浙江温州商会隆重召开成立大会。

开展全市社会团体“小金库”专项治理工作。8月31日上午，全市社会团体、国有及国有控股企业“小金库”专项治理工作会议在鮀岛影剧院召开。会后，全市568家社会团体进行自查，其中有54家社团接受抽查。市级有244家社团参加自查，其中15家市级社团接受抽查。经过检查组审计专家的检查，全市现有社会团体尚未发现“小金库”现象存在。

积极开展“广东扶贫济困日”捐赠活动。经国务院批准，每年6月30日为“广东扶贫济困日”。汕头市民间组织管理局于2010年6月25日发出倡议书，6月30日上午举行汕头市“广东扶贫济困日”活动启动仪式和扶贫济困万人行活动。汕头市32个行业协会商会、市蓝天义工协会、存心慈善会及全市宗教团体、体育团体和部分民办非企业单位共计2000余人参加“广东扶贫济困日”万人行活动。

活动中，汕头市房地产行业协会会长和副会长单位现场捐款100万元，市蓝天义工协会和存心慈善会的义工组织现场募捐。各社会组织集中开展一次捐资和资助活动，为第一个“扶贫济困日”作贡献。

依法开展违规社会组织行政处罚工作。根据国务院《社会团体登记管理条例》和《民办非企业单位登记管理暂行条例》规定，汕头市民政局于2010年9月10日发出公告，对不按照规定接受监督检查，连续3年以上未参加社会团体年度检查和连续2年以上未参加民办非企业单位年度检查的汕头市自动化学会等4家社会团体及汕头市合美细胞工程技术研究所等10家民办非企业单位，依法撤销登记行政处罚。2010年11月15日，市民政局发出关于认真做好社会团体换届工作的通知，经过催促，2010年有43家社团进行换届选举，健全组织机构。

（张云良　黄锡强　李妩）

【社会工作人才队伍建设】开展专题培训，提升素质能力。3月8日—12日，市委组织部、市民政局与汕头大学在李嘉诚基金会支持下，联合举办“汕头市社会工作专题素质提升班”，提升社会工作者开展社会工作的能力。结合实际，深入推进试点工作。一是开发设置社会工作岗位。2009年11月6日，市民政局批准市福利院设立社会工作股，配备正、副股长各1名；2010年7月13日批准市救助管理站设立4个社会工作岗位（其中：业务股、教育管理股各设立1个初级社会工作岗位，儿童教育管理股设立1个初级、1个中级社会工作岗位）。市金平区福利院、存心善堂、存心特教学校分别设立社工室，聘请2名社工开展社会工作服务。二是组织试点单位开展工作交流。各试点单位结合自身实际，积极探索社会工作的路子。市福利院在日常服务工作中引入社工理念，为老人配套活动室，定期组织老人读报，运用个案、小组等方法开展社会工作，先后介入个案7个，完成2个，取得明显成效。此外，市军休所运用社会工作方法做好军队离休退休干部及其家属思想工作，市金平区福利院坚持周二志愿活动，为在院老人过生日、读报等，取得一定成效。加强宣传，继续做好职业水平考试报考工作。积极做好2010年度社会工作职业水平考试的报考工作。2010年全市报考社会工作者人数共77人，其中，报考助理社会工作师49人，报考社会工作师28人。经考试，有1人通过助理社会工作师考试。开展专题调研，组织编制《汕头市社会工作人才队伍建设中长期规划意见》。2010年10月20日，分别召开民政系统和相关单位领导（有关人员）专题调研座谈会，就编制汕头市社会工作人才队伍建设中长期规划进行座谈讨论，草拟并向市委组织报送《汕头市社会工作人才队伍建设中长期规划意见（2010年–2020年）》。

（谢章仟）

慈善事业

【简况】2010年，汕头市慈善捐助事业得到较好发展。开展“广东扶贫济困日”慈善捐赠活动。6月30日上午，市委、市政府在人民广场举行汕头市“广东扶贫济困日”活动启动仪式和扶贫济困万人行活动。全市共接受捐款5728.67万元。开展支援玉树地震灾区捐赠活动。4月14日，青海玉树地震灾害发生后，为帮助地震灾区重建家园，汕头市迅速掀起援助地震灾区捐赠热潮，全市各级慈善会共接收捐款1311.4万元，及时汇往灾区支持玉树地区的建设。汕头慈善总会顺利换届。8月26日，汕头市慈善总会在汕头迎宾馆隆重召开第三届会员代表大会，共有来自社会各界的88个会员（团体会员）和部分市直机关代表共120多人参加会议。市领导邓大荣、罗仰鹏等以及部分慈善家和慈善家代表出席会议。大会审议通过《汕头慈善总会第二届理事会工作报告》和《汕头慈善总会第二届理事会财务工作报告》，以及《汕头市慈善总会章程》和《汕头市慈善总会资金管理办法》等相关文件，选举第三届汕头市慈善总会理事会机构和人员。同时，募集善款1120万元，设立“汕头市慈善总会发展基金”，保证慈善总会的可持续发展。

（沈立伟　谢晓玲）

【市慈善总会】2010年，汕头市慈善总会积极开展多形式的慈善募集活动，全年募集善款3351.79万元，救助支出7743.22万元（含2009年的抗震救灾善款5954.12万元），救助困难群众8664人次，资助8所福利机构和两所贫困学校。

2010年，我国先后发生西南旱灾、青海玉树地震和舟曲泥石流等自然灾害,市慈善总会在灾难当前积极配合政府担当起民间救援的重任。在西南旱灾和青海玉树地震灾害发生后，市慈善总会及时向社会发出倡议书，并联合文艺团体举办以“汇爱成泉、援助灾区”为主题的“汕头市情牵玉树震区、西南旱区募捐义演”大型文艺活动，活动得到广大市民和社会团体的踊跃捐款，一共为西南旱灾灾区募集资金29.68万元、青海玉树地震灾区募集资金1380.11万元、舟曲泥石流灾区募集资金20.01万元，以及为海地地震灾区募集捐款1.42万元。总会所募集的救灾资金共1429.82万元全部汇缴到省慈善总会，为灾区的救灾和重建工作做出一定贡献。

2010年6月30日，是广东省经国务院批复同意设立的首个“广东扶贫济困日”。总会在市委、市政府的领导下，积极配合开展扶贫济困捐赠活动，在汕头市举行的“扶贫济困日”万人行活动启动仪式上接受企业认捐3440万元，本级接收社会捐款770.47万元。同时接收常年社会捐款114人次、资金39.35万元，回收设置于各大商场、宾馆的小捐赠箱捐款32个次、资金2.49万元，以及继2009年接收部分企业家捐赠本会发展基金420万元后，2010年再接收700万元，合计1120万元。

2010年8月26日，汕头市慈善总会举行第三届理事会换届工作，通过民主选举等程序，依法产生第三届理事会领导班子，并就本会名称由原汕头慈善总会更名为汕头市慈善总会。为进一步扩大总会的影响力，更好的彰显汕头人民乐善好施的传统美德，总会第三届理事会聘请在慈善领域有重大影响和贡献的社会各界热心人士担任名誉会长、荣誉会长、荣誉副会长。此次换届期间，总会还设立“汕头市慈善总会发展基金”，首批募集资金为1120万元。为进一步规范各项工作制度，实行规范自律，阳光运作，总会先后制订《汕头市慈善总会会长办公会议制度》、《汕头市慈善总会特困家庭慈善临时救助管理办法》、《汕头市慈善总会行政经费使用管理规定》等各项管理制度，加强自身建设，确保慈善工作的公开、透明，使汕头的慈善事业得到健康发展。

（汕头市慈善总会）

【市存心慈善会】2010年，汕头市存心慈善会继续开展“青海玉树抗震救灾捐款”、“西南地区遭受百年一遇的特大旱灾捐款”以及日常突发事件救助和扶贫助困工作一系列慈善项目，为社会弱势群体做大量的帮扶救助工作，构建和谐社会起到积极的辅助作用。年内，该会开办“金平区存心残疾人康复工疗站”，依托街道、社区，热情为辖区年满18周岁无经济来源的残疾青年提供工疗康复训练，目前前来工疗站报名的残疾青年有50多名，帮扶残疾人自强自立，以工疗为中心帮扶残疾人解决康复与生活的问题。2010年度，接收社会捐赠的现金总收入为2111万元，接收实物折合人民币为657万元，合计2768多万元，其中发放社会救助资金（含实物）为2095万元，本会的基建、购置支出为504万元，会员福利支出资金为170万元。

（汕头市存心慈善会）

【市公益基金会】2010年，汕头市公益基金会继续遵循办会宗旨，结合经济社会的发展。广泛动员海内外力量，筹措资金，加快天坛花园建设和慈善公益扶贫济困的工作力度。全年共创总收入680万元，比上年度510万元增长33%，公益支出达533.7万元。在天坛花园建设方面。加快九天禅院的建设步伐，禅院第二期天王殿、五观堂于9月建成，禅院建筑面积达1913m²；白花尖大庙修缮并重塑金身；万佛宝塔油漆翻新；因应民风民俗，建设“报德堂”推进神主位服务；加快环境绿化和服务设施配套，先后对变压器扩容和更新配电房，更新佛塔电梯，完善闭路监控系统；加强职工队伍建设，提升服务质量；使天坛花园面貌发生了实质性的变化，成为我市开展对外活动的一个文明窗口、宗教旅游的理想场所和社会公益的服务平台。在慈善公益活动方面。春节前夕，与汕头市蓝天义工协会联合举办迎春送暖活动，向700户特困户每户发送100元现金和价值100元的应节物资共14万元；3月，与蓝天义工和万安纸业公司举办助学活动，筹措善款38888元，资助贫困学子；4月，与蓝天义工、汕头市电视台《今日视线》联合发起援建青海玉树孤儿院的“格桑花募捐活动”，募集善款1477752.88元；8月，与蓝天义工举办助学活动，筹资279120元，资助475名贫困学子；8月，向2000户特困户发送价值20.92万元的扶贫济困大米62吨；全年，共发放定向救助资金2.2万元，救助因灾因病特困户等。

（汕头市公益基金会）

【市蓝天义工协会】2010年，蓝天义工协会总收入106.03万元（含会费9875元），同比增长21.3%。全年支出116.1万元，其中发放助学款52.3万元，发放个案医疗救助金、生活资助、云南旱灾资助、帮教费、指定购买物资捐助款等54.7万元，义工活动费用6.4万元。全年发放大米约28390公斤。同期注册义工728人，长期帮扶的困难家庭为673户。协会服务总时间近6万小时。春节前夕，与汕头市公益基金会联合开展“迎新春送温暖”爱心物资发放仪式，为700户困难家庭送上节日慰问金和慰问物资。本年度，协会继续开展扶贫助老、助学帮教、环保等活动。开展扶助孤老活动。每一位孤寡老人都有专人帮扶，义工们每个星期都会上门探访和照料老人。重阳节前夕举办第三届“百叟宴”活动，邀请协会帮扶老人和福利院孤寡老人前来共享快乐时光。开展助学帮教活动。协会积极搭建助学平台，继续为贫困学子筹集学费，今年累计发放52.3万元助学款，有效缓解困难家庭的经济压力。每周日在市区8个助学辅导站为300名特困生进行学习指导和思想交流，建立成长档案，引导他们健康自信的对待生活。开展环境保护活动。每周日上午，协会在时代广场开展环保活动，用实际行动传播环保理念。3月份联合市环保局及新闻媒体，开展2010“熄灯一小时”全球性环保活动，近千名市民参与活动。今年首次在住宅小区开展以“绿色生活，从社区开始”为主题的环保进社区宣传活动，取得良好效果。开展抗震救灾活动。2010年，协会联合市红十字会、市公益基金会、汕头电视台《今日视线》栏目组开展“春泉行动”和“格桑花行动”。其中，“春泉行动”为云南灾民募集110多万元的爱心款和爱心物资；“格桑花行动”募集148万多元的善款，对口援建和扩建当地的怀德孤儿院，为灾区孤儿重建温暖的家。2010年首次参与全球基金“艾滋病”项目的招标，并成为粤东地区唯一获得该项目的社会团体。

（汕头市蓝天义工协会）

人口与计划生育

【简况】2010年，汕头市人口计生工作紧紧围绕“力争至2010年达到全省中上水平”的目标，以大力开展“两无”活动为主线，以加快后进转化为重点，切实加大领导力度和工作力度，采取一系列有效措施，千方百计稳定低生育水平，各方面工作取得较大成效。2010年全市出生率为9.54‰，自然增长率4.77‰，政策生育率为96.45%，比上年度提高2.79个百分点，全面完成省下达的年度各项人口计划指标，继续保持稳定的低生育水平。全市出生人口性别比为106.27，保持在正常值范围内。澄海区荣获“全国计划生育优质服务先进单位”称号，澄海区人口计生局荣获“全国计划生育先进单位”称号，金平、龙湖、澄海区等3个区受到省政府通报表扬，潮阳、潮南区从人口计生管理三类地区晋升为二类地区，金平区岐山街道沟湖居委、龙湖区外砂镇龙头村、澄海区溪南镇西社村、南澳县后宅镇新乡等四个单位荣获“全国计生协首批基层计划生育村民自治示范村”称号。

【领导调研】4月10日，国家人口计生委主任、党组书记李斌和副省长雷于蓝莅汕调研人口计生工作。李斌一行首先考察濠江区礐石街道珠浦社区，详细了解社区计划生育开展情况。随后，省政府副秘书长、省人口计生委主任张枫在汕头迎宾馆主持召开工作汇报会，蔡宗泽市长汇报全市经济社会发展情况以及人口和计划生育工作情况。李斌强调，当前汕头的人口计生工作正处于爬坡的关键阶段，要继续加强组织领导，坚持主要领导亲自抓负总责，落实目标管理责任制，继续坚持分类指导，抓住重点。继续加强优质服务，坚持寓管理于服务中，进一步树立优质服务的意识，不断满足广大群众对计划生育、优生优育、生殖健康的需求，从群众满意的地方做起，从群众不满意的地方改起，使群众能够认同和接受服务和管理。继续加强利益引导，建立与汕头市经济社会发展水平相适应的利益导向政策体系，加大工作协调，争取在各项民生政策中体现对计划生育家庭的优先优惠。继续加强群众自治，发挥社会团体特别是民间团体的作用，发挥好村（居）委会对群众的自我管理、自我监督作用，发挥好计生协会的作用，切实转变群众的传统生育观念，积极开展诚信计生、阳光计生活动。继续加强依法行政，特别要注重运用信息化优质服务的手段和育龄群众能够接受的工作方式，做好户籍人口和流动人口的计划生育信息化管理。继续稳定机构队伍，不断夯实服务网络，合力提高人口计生水平。各级党政领导要继续加强领导，各级人口计生部门要真抓实干团结协作，以汕头特区特有的精神面貌实现争先、创优、升级的目标，为汕头经济社会发展创造良好的人口环境作出新贡献。李斌希望汕头把人口计生工作纳入科学发展的总体规划，纳入“十二五”经济发展的规划和改善民生的总体部署，纳入重大事项的督导指导范围，加快发展步伐，切实推动汕头人口与经济社会、资源环境的协调、可持续发展。雷于蓝要求汕头市以此次调研活动为契机，结合全省人口计生工作电视电话会议的讲话精神，认真加以落实，开创人口计生工作新局面，全面完成各项目标任务，推动计生工作再上新台阶。

【创建“两无”活动】全市各地加大力度巩固和拓展“两无”活动成果，狠抓纯二女户结扎、“三查一服务”、征收社会抚养费和流动人口计生管理等重点难点工作，着力堵塞政策外生育漏洞。坚持每季一个集中服务月、每月一个集中服务周制度，并与经常性工作相结合，构建落实节育措施的工作长效机制，及时扫清库存和计生死角。部分区县实施定点结扎、妇检双查和月清月结等工作措施，有效地从源头上杜绝政策外生育和弄虚作假现象的发生。全市共落实“四术”44441例，其中结扎21231例（纯二女户结扎6062例），放环22456例，补救措施754例。全市实现无政策外多孩出生的镇街52个，同比增加5个，实现无政策外出生的村居657个，同比增加106个。

【后进转化工作】4月和8月，市委、市政府先后两次召开全市后进地区人口计生工作会议，专题部署转化升类工作。各级把加快后进转化工作摆上更加突出的位置，切实加大领导力度和工作力度，把分类指导和挂钩帮扶作为转化升类的重要手段来抓，自上而下形成合力，持续强势推进。市领导班子成员按照责任分工继续做好13个挂钩镇街的检查指导；31个计生领导小组成员单位工作组继续深入挂钩点帮助解决实际困难；区县领导、镇街领导也分别挂钩后进村居、重点户靠前督导；各级各有关部门千方百计筹措资金，帮助基层改变计生落后面貌。潮阳区开展“百局帮百村”活动，筹资480万元完成凤肚文化公园等68个基层计生设施建设。潮南区在层层细化落实挂钩帮扶责任的同时，多方筹资300多万元，对镇街计生服务所进行配套建设，不断提升基层技术机构服务能力。挂钩帮扶工作开展以来，全市累计共投入帮扶专项经费1548.8万元，其中省级投入806.2万元，市级投入275.6万元，区级投入467万元，有力地推动后进地区各项转化升类工作的顺利开展。

【基层例会制度】各地把完善例会制度作为落实层级动态管理责任制的重要载体和开展“两无”活动的重要保障，逐步形成例会制度“党政重视、强行入轨、实施问责、重心下移”的工作格局。年初，市人口计生局印发《关于进一步完善基层人口计生工作例会的通知》，并编印工作规范手册，举办多场次学习培训班，组织到先进地区参观学习，多形式强化各级干部对例会工作的理解和执行，将基层例会制度落实情况列入人口计生目标管理责任制考核的重要内容。濠江、潮阳、潮南区不断创新机制，分别出台三级预警、末位淘汰、台账跟进和重点管理等措施，进一步强化对镇街、村居的考核管理，促进基层例会制度的完善和层级动态管理责任制的落实。今年来，全市共有492名镇、村干部因未能完成计生包干任务而受到问责处理，有力地推动基层真抓实干。

【计生奖励政策】继续抓好省、市各项节育奖励制度的实施，累计为6805户农村老年人发放省计划生育奖励扶助资金634万元，为18365户农村纯二女户和生一孩户发放市节育奖励金1102万元。在此基础上，研究出台《汕头市城镇独生子女父母计划生育奖励实施意见》，并于年底前全面组织实施。同时，大力开展计划生育“三结合”活动，帮助农村计生家庭发展种养业，至2010年底，全市“三结合”项目达61个，资金规模达688万元，利用项目创收为511户计生家庭办理了养老保险。濠江区在全市率先为计生家庭免费购买意外伤害保险。各地还切实做好各种惠民政策与计生节育政策的衔接，出台各具特色的节育奖扶措施，从子女入托入学、分配宅基地、就业、医保等方面对计生家庭给予优先照顾和补助。全市初步形成奖励、优先、优惠、扶持、救助、保障“六位一体”的计划生育利益导向体系。

【依法管理工作】年内，全市人口计生系统认真开展基层文明执法专项活动，进一步规范计划生育征收、处罚、鉴定、办证、执法程序，落实便民维权措施，严格执行人口计生群众工作纪律，全市没有出现因计划生育行政违法引起的不稳定事件。进一步规范社会抚养费征收工作，提高征收到位率，全市依法征收社会抚养费3263.50万元；积极拓展网络政民互动栏目，多形式畅通群众咨询和投诉渠道，认真受理、及时办结群众来信来访；进一步简化办事程序，提高办事效率，计生技术服务机构和技术服务人员执业许可审批工作全面提质提速。同时，各地继续保持打击“两非”行动高压态势，清理取缔非法诊所19个，没收B超机等医疗器械一批，确保出生人口性别比持续平衡。

【计生服务】各区县围绕创“国优”和“省优”活动，精心规划，加大投入，不断推进区县、镇街计生服务机构基础设施标准化和形象规范化建设。完成潮南、濠江等5个区级服务站的“三室”、“六统一”配套建设，城区和农村计生服务体系建设进一步完善。至年底，全市有40个镇街被评为市级计生优质服务先进单位。同时，启动优生促进工程和母亲健康工程，开展出生缺陷干预12938人次，接受孕前实验室筛查等六项服务的育龄对象3.25万人次。金平区孕前优生健康检查获得省计生科技项目立项，并申报国家第二批试点单位。市药具管理部门严格药具仓储质量标准，完善计生药具免费发放网络，在区县一级启用了药具业务管理信息系统。

【流动人口计生工作】流动人口计生管理服务工作“一盘棋”和“三步走”全面开展，“三有四同”工作模式全面推行。2月和5月先后两次在全市组织开展流动人口计生专项服务活动，完成对育龄对象的建档、录入、核对和信息反馈，流动人口全员信息录入25661个，查环查孕59973人次，落实节育措施254例，征收社会抚养费1389人。同时，进一步明确各级各部门落实流动人口计生工作职责，积极推进市际、市内和区域协作，全市各级与122个周边地区签订双向协作协议书，递交国家和省信息系统21959条，区域互通信息44621条。澄海莱美和莲下工业区、金平工业区专门建立流动人口计生管理服务中心和流动人口计生协会，设置专用药具专柜和会员活动室，为流动人口提供温馨计生服务。金平区金霞街道推行流动人口计划生育“以房管人”模式，百合园社区试点开发人口地图综合信息系统，实现人房管理与育龄妇女信息系统的有效对接。流动人口计划生育“统一管理、优质服务”的工作机制进一步健全完善。

【计生队伍建设】市、县、镇、村四级计生技术服务网络的标准化、规范化建设有力推进，计生医务人员科技大练兵活动深入开展并取得明显成效，关乎婴幼儿生命健康的出生缺陷一级预防工作全面展开，全市计生优质服务工作不断拓展和深化。人口计生信息化建设步伐加快，在进一步完善部门之间、地区之间人口计生广域资源网和已婚育龄妇女个案信息数据库的基础上，顺利完成2010年出生人口基础信息核查和全员人口信息采集工作。计生专干队伍特别是基层计生专干队伍建设进一步加强，“县管镇聘村用”和县级统发绩效工资制度全面推行，基层计生专干队伍年龄偏大、文化偏低、男性偏多的“三偏”问题得到逐步解决。至2010年底，村居专干女性占54.4%，大中专以上学历占30%，人员结构更加优化，从业待遇不断提高。同时，基层人口计生综合改革示范点创建工作稳步有序推进，县、镇、村三级计生工作例会制度更加健全落实，村（居）“一校一会二室三栏”（婚育学校、计生办公室、服务室、宣传栏、公开栏、阅报栏、计生协会）建设进一步规范，计划生育各项管理服务制度日趋完善。

【计生宣传教育】依托金平、潮阳、潮南和澄海区四个省级“婚育新风进万家”示范点，努力打造人口计生文化宣传亮点。建成莲华“生育文化浮雕长廊”、溪西人口文化公园、练南生育文明示范村等100多个计生宣传文化设施。澄海区计生灯谜大竞猜获得省人口计生项目创新奖“十佳项目”，金平区社区“人口文化沙龙”、潮阳区潮语计生歌谣创作颂唱获得创新项目奖。各地抓住《公开信》发表30周年的契机，举办“关心到户、服务到人”和“计划生育阳光服务”等主题活动，弘扬婚育新风尚。组织“生育关怀—青春健康高校行”活动，邀请《人之初》杂志社社长到市职业技术学院授课，举办“扬文明新风、做智慧女性”读书论坛，积极传播新人口文化。市委宣传部与市人口计生局联合出台《关于在市级主流媒体开设人口计生新闻栏目的实施意见》，汕头电视台、汕头日报和汕头广播电台分别开设每周一期的“人口健康”、“人口国策”和“阳光计生”等专题栏目。各地还开通完善人口计生网站、扩充计生书屋（柜）、发送手机人口短信和派放计生用品等，多形式在全市上下营造大抓计生工作的浓烈氛围。

（张木海）

各区县

THE DISTRICTS AND COUNTIES

◆金平区

◆龙湖区

◆澄海区

◆濠江区

◆潮阳区

◆潮南区

◆南澳县

金平区

【简况】汕头市金平区位于汕头市北岸中西部，东与龙湖区接壤，南至与潮阳、濠江交界的浔洄村，西连揭阳市地都镇，北邻潮州市潮安县。2003年经国务院批准组建，现辖17个街道办事处，167个社区居委会。区人民政府驻金砂路50号。

金平区地处汕头中心城区，人流、物流、商流、资金流等优势突出，工业基础扎实，商贸服务业活跃，科教文卫发达，是汕头市政治、经济、文化、商业中心和重要的工业、科技基地。区域总面积108.71平方公里。境内地形以平原为主，气候温和。有漫长的海岸线和天然良港，海陆优势兼备。2010年，全区常住人口81.06万人，人口自然增长率1.61‰。

作为汕头"百载商埠"的发祥地，金平区历史文化底蕴深厚。辖区内拥有包括"广东东江各属行政委员公署"旧址、"八•一南昌起义军总指挥部"旧址等省市文物保护单位在内的文化遗址20多处，是汕头水陆交通枢纽的重要门户。辖区西邻规划建设中的潮汕机场，汕揭高速公路穿越本区域，金凤路和金砂路可直达汕头机场和广梅汕铁路汕头站及汕头深水港码头。汕头汽车总站、西郊货运站等汕头市客运、货运中心坐落辖内。

【工业】全年完成工业总产值480亿元，比增20%。新增规模以上工业企业51家，总数达到479家，规模以上企业完成工业产值322.75亿元，占全区工业总产值的67%，形成了印刷包装、机电机械、化工塑料、食品医药、新型材料等特色优势产业。升平第二工业区已有22个项目建成投产，2个在建。有54个项目参加广东省第六届"山治会"招商引资经贸活动，项目投资总额50.7亿元。全区共拥有中国驰名商标1件，中国名牌产品2个，省著名商标48件，省级名牌产品23个，拥有东风印务、金威啤酒、金刚玻璃、太安堂、黑牛食品、南粤电器、奇佳机械、光华化学、西陇化工、华兴冶金、金时印刷、壮丽印刷和"金味"、"海霸王"、"天际"、"东龙"、"吴氏"等一批有实力的知名企业和名牌产品。黑牛食品股份、太安堂药业股份、金刚玻璃科技股份3家企业已在深圳证券交易所成功上市，西陇化工、华兴冶金、东风印刷等企业正在加紧上市融资步伐。

【商业】区内商铺密集，商贸服务业十分活跃。年商贸营业额超5000万元的企业达63家,有香江家居、卜蜂莲花金平店、苏宁电器、百惠购物广场、康宁超市、广场服装城等一批大、中型商场和机动车、服装、布匹、五金电器、日用百货、家私、水果、水产、茶叶、农贸、工业原辅料、旧货等一批专业市场，以及安平路、利安路、华侨新村路、月眉路、摩罗街等商业步行街、金园路网上购物一条街和广场早市，"金园路—金新路—长平路—金环路"形成汕头商业的繁荣街区。新华都等多家企业在本区建立区域总部，奥马眼镜、民安医药等一批连锁企业在本区建立企业总部。投资3000万元，营业面积5900平方米的新华都购物广场和全面改造后的华侨新村路步行街成为市区商业的新亮点。全年完成商品销售总额509.13亿元，增长35.6%。

【市场】辖区有47个集贸市场、38个商场、26个超市；中山童服市场完成扩建；2010年新登记注册企业769户、个体工商户3867户，企业重组改制13户、辖区企业登记冠市级名称229户；截至12月底止，全区拥有各类市场主体39767户，其中内资企业9644户、外资企业318户、集团公司3户、个人独资企业529户、合伙企业21户、农民专业合作社13户、个体工商户29239户。社会消费品零售总额281.74亿元，增长26.5%。全区"守合同重信用"企业149家，其中连续10年以上61家；有8家食品店被评为汕头市首批"食品安全示范店"。全年清理无照经营5293户，补办营业执照3802户；查处各类经济违法案件803宗，罚没入库184.22万元；受理消费者投诉举报659宗、12319热线转办件204件，为消费者挽回经济损失12.85万元。

【外经贸】外贸进出口呈现恢复性增长。全区外贸进口33070万美元，比增22.6%；出口额53621万美元，比增21.1%；。全区70家出口大户累计出口3.86亿美元，约占全区外贸出口额的72%。其中瑞源实业、宝丰塑胶、万亚食品厂、海茂食品厂、龙胜水产食品、迪士嘉玩具厂、新盛纺织整染、美联化工、金刚玻璃等9家企业的出口额超过1000万美元以上；有14家外经贸企业被评为"省出口名牌"；全区进口1000万美元以上企业共9家；"三资"企业全年出口18190万美元，比增12.8%；私营企业出口35431万美元，比增25.8%；新批外商投资项目及增资扩产项目6宗，合同外资金额805万美元；实际利用外资1066万美元。组织企业到马来西亚、印尼等地参加经贸交流活动；组织150家企业参加第107届、108届广交会，两次广交会参展企业分别实现出口成交额5511万美元和5917万美元。

【农业】调整农业种养结构，发展农村多种经营。全年农作物总播种面积38383亩，其中粮食面积23803亩、蔬菜13375亩。完成农业总产值3.85亿元。引进新的养殖大户，涌现了月浦狮头鹅、玉井大白鸭、大井村鲜花、蓬洲东兰花、福岛村香蕉、浔洄村西洋菜等一批特色村;牛田洋青蟹、无公害蔬菜，南美白对虾、罗非鱼、番石榴、香蕉等种养基地初具规模。全区核定为省级生态公益林面积19486.5亩；省级无公害农产品生产基地7个；省级、市级农业龙头企业11家。在鮀莲街道划出800-1000亩土地新创办农产品加工创业园。与汕头大学合作建立牛田洋水产养殖研发中心，牛田洋现代农业生态示范区被确定为“全国农产品加工创业基地”。多方争取省、市扶持资金286万元，投入莲风、莲光、大井、月浦、赤窖5个农田基本建设项目，整治农田2750亩；封山育林1700亩。完成牛田洋红树林建设工程首期工程51.4亩种植任务。

【建筑业】全年完成建筑业总产值82.02亿元，增长14.4%。实现商品房投资额2.2亿元，施工面积25万平方米，新开工面积18.8万平方米，竣工面积3.8万平方米，销售面积7万平方米，销售额2.6亿元。中恒建筑公司参与改造的海景项目----下涂坪片二期项目开工建设；顺达建筑公司位于外马路的信逸雅园项目5栋6万平方米住宅楼已顺利封顶，进入销售阶段。晶莹建筑装饰安装有限公司参与了贵州省“黔南州剑江新城经济适用房项目”的公开招投标并中标。金海建筑有限公司承建的汕头市新津中学高中部教室/办公楼工程、广东长泰建设有限公司承建的汕头市金砂东路（金环路—衡山路）改造工程获2010年度省优良样板工程；南华建筑有限公司承建的汕头市自来水总公司金平西片供水管理及配套用房、广东长泰建设有限公司承建的汕头市金砂东路（衡山路——金泰立交桥）改造工程、汕头市金龙建筑公司承建的广东中兴电器开关股份有限公司GCD69智能型低压配电柜（一期）厂房、办公楼，获2010年度汕头市质量优良样板工程。

【科技】年内，荣获“十一五”国家科技计划优秀组织奖和“广东省轻工机械产业技术路线图实施示范区”、“广东省省部产学研结合示范区”。全年投入科技三项费用1420万元和产学研资金800万元；共申报省科技计划53项、申报市科技计划50项；有5个“产业共性技术”获省重大科技专项立项；一批科技创新项目参加省、市科技奖评选，有1项获得省科学技术奖二等奖、3项获得三等奖；9项获得2010年汕头市科技奖一等奖；2个国家创新基金项目通过验收；26个项目通过省科技厅和市科技局的科技成果鉴定和科技项目验收。全年共申请各类专利2764件，其中发明专利271件，实用新型专利295件，授权总量1344件。6月份，区被纳入省2010年度产学研结合示范区（县）建设计划，成为粤东地区唯一的“广东省省部产学研结合示范区”。10月份，区委谢晓东书记带队赴西安交通大学开展政产学研对接工作，与西安交通大学签订《关于推进产学研全面合作的框架协议》等7项合作协议。“汕头市光华化学厂有限公司博士后工作站”顺利通过省的初审和国家的评审。在2010年第十二届中国专利奖评选中，汕头华兴冶金设备股份有限公司的“铜板复合孔型冷却壁”项目荣获金奖，广东金玉兰包装机械有限公司的“激光图案压印生产工艺”项目获得中国专利优秀奖；华莎驰家具家饰有限公司的“壁炉”项目获得中国外观设计优秀奖。全区拥有国家级高新技术企业41家，国家级创新型试点企业2家、省级2家，省级研发中心10家、市级24家。有11个产品被认定为省自主创新产品，其中3项被列入政府采购自主创新产品目录；2家企业被认定为2010年广东省自主创新100强企业。

【园区建设】金平工业区是金平制造业发展的重要平台。占地10500亩的金平民营科技园，经几次扩大，是目前粤东地区规模最大、创新能力最强、效益最好的园区，被评为“全国先进科技产业园”、省民营科技园、省知识产权试点园区和省级开发区；园区的道路、排水、供水、供电、通讯、有线电视、供热、路灯照明、环境绿化等配套设施日臻完善，建成金环西路、澄海路、普宁路北段、南澳路等一批道路，园区全面推行物业化管理，正在建设职工大食堂和文体活动中心。目前入园规模以上企业达到164家，实现产值148亿元。

【旧城改造】编制金平区西片区概念规划和牛田洋综合服务区控制性详细规划，形成功能定位清晰的“二城二区五组团”，其中“西部生态新城”成为市“十二五”新城市建设的组团。全区已列入市“三旧”改造计划的项目22宗，面积3500多亩。其中，已初审通过改造方案3宗，面积140亩，预计投资11亿元。市的重点交通建设项目--金凤路桥全线通车，改善了中心城区的交通环境。新申报并下达“泰华工业城东片”、“市佛教协会建设项目退迁用地”、“小公园片区一期范围退迁用地增补项目”等5个旧城区改造正式实施计划。“金砂西路北侧片”、“海滨路西延片区”、“中山路—汕樟路西南转角”、“杏花旅社片”等5个改造项目进入施工建设；“泰华工业城东片”、“浮东村改造项目（一期之七）”等2个项目正在做进入改造前期准备工作；“小公园片区一期范围”28.2亩退迁用地项目的拆迁和施工进展顺利，已开工建设5幢。西片区14块地块1050亩用地现状的摸查至2010年6月已初步完成，为推进旧城西片区改造打下基础。全年旧城改造项目新开工楼房36幢，面积53.48万平方米；新楼竣工29幢，建筑面积约31.24万平方米，回迁居民118户。

【财税】继续完善国库支付管理制度，扩大集中支付范围，全区目前有154个行政事业单位纳入国库集中支付管理，着力构建涵盖预算指标、资金支付、会计核算、部门决算、会计监管在内的预算执行和动态监控新机制。积极实施经济发展目标管理责任制量化考核办法，充分调动各街道及区经济部门协税护税的积极性，确保财政收入的稳定增长。财政总收入11.1517亿元，其中：一般预算收入6.1781亿元，增长16.96%；税收收入4.3735亿元，增长14.85%；财政总支出10.9279亿元，其中：一般预算支出10.8254亿元。在财政部门开展“改进机关作风、创建阳光财政”活动，推进依法理财、阳光理财，科学理财、精细化理财，统筹兼顾，确保各项政策性支出到位，民生民安支出达到7.6584亿元。其中，教育支出3.9727亿元，医疗卫生支出0.9539亿元，社会保障和就业支出0.7947亿元，城乡社区事务支出1.1903亿元。全区年纳税额100万元以上的企业达到309家，其中纳税额1000万元以上的企业39家。

【教育】全区现有中小学校120所，在校学生135977名，其中小学生70510名，初中生45043名，高中生20426名。全区在编公办中小学教师6406人。其中，中学教师3290人；职校教师117人，小学教师2999人。现有省一级中学2所、市一级中学11所；省一级小学4所、市一级小学12所；聿怀中学还被评为广东省国家级示范高中学校；整合教育资源，撤并老市区和涉农片区生源不足的学校，完成6所小学的合并工作，十六中也顺利并入二中，进一步改善重点高中办学条件。落实建设用地和资金，加快推进聿怀中学大洋校区二期工程、东厦中学北校区、金禧中学扩建工程等项目；计划投资2亿元、占地200亩的金平职业技术学校新校区已进入招投标和报建阶段。全区参加中、高考成绩稳步攀升，高考各批次上线人数及上线率一直保持在全市各区县前列，上线率达到93.8%。中考平均分居全市各区县之首。弘扬尊师重教良好风尚，表彰10位“金平名教师”，同时，首次对全区440名从教30年以上的教师颁发金、银、铜纪念牌匾。

【文化】实施文化强区战略，推进文化惠民工程。建设汕头开埠文化陈列馆，成为市历史文化旅游的一个标志性景点。改造区文化馆、省流动图书馆金平分馆，发挥区文联、“文化金平”网站的作用，建立街道文化站17个、社区文化室75个、社区图书室（农家书屋）18个、文化广场27个，构建起区、街、居三级公共文化服务网络，区图书馆被评为“国家二级图书馆”。组织“文化进乡村、进社区、进园区、进校区”活动，选派队伍参加全国、省、市的文艺比赛活动，少儿舞蹈《小鞭炮》、《阳光下的金凤花》参加全国少年儿童舞蹈赛，分别获得银奖、铜奖；加强文物保护，顺利完成“全国第三次文物普查”工作，区普查队共出动普查人员1144人次，共调查文物点189处，其中复查文物点29处，新发现不可移动文物点160处。广东“太安堂”中医药文化列入省级非物质文化遗产保护，崎碌炮台正在申报国家级文物保护单位。发挥印刷包装产业优势，加快发展文化产业，建设金平印刷包装产业集聚区和粤东印刷包装装潢生产基地。

【体育】以亚运会为契机，组织各类群众性体育活动，推动基层群众性体育工作开展。成功举办金平区“金味杯”2010年职工体育运动会、金平区首届职工游泳比赛，组织群众和干部职工进行围棋、中国象棋、国际象棋、少年儿童国际跳棋赛等棋类活动以及游泳、乒乓球、篮球等运动项目。10月份，组织学生代表队参加由市体育局、市教育局主办的2010年汕头市青少年游泳锦标赛暨体育传统项目学校游泳比赛，夺取总共60个项目比赛中的57项桂冠，并获少年组金牌第一。12月份组团参加为期五天的汕头市中学生运动会，金平代表团有110名运动员参加田径、篮球、羽毛球、乒乓球等项目的比赛角逐，共夺得金牌20枚、银牌13枚、铜牌25枚；团体总分第三名（454分）；金平区教育局获“优秀组织奖”；金平高中田径队获“道德风尚奖”。充分利用学校活动场地，开展形式多样、内容丰富、学生喜爱的体育活动。建设一批体育传统项目学校，有新乡小学的乒乓球和武术、存心小学的武术、外马二小的体操、外马三小的游泳、金砂小学的体操等，为各级体育部门培养输送了体育苗子。

【旅游业】作为百载商埠，辖区内旅游资源丰富，历史文化底蕴深厚，拥有包括“广东东江各属行政委员公署”旧址、“八·一南昌起义军总指挥部”旧址等省市文物保护单位在内的文化遗址20多处。有以汕头大学、龙泉岩“翁公书院”、七日红公园、北回归线标志塔为主体的汕头新八景之一的“桑浦清晖”、老妈宫、金凤坛、小公园、中山公园、金砂公园、石砲台公园、东方公园、人民广场、海滨长廊、汕头博物馆、汕头海关关史陈列馆和“全国农业旅游示范点”——农业科技园，还有蓬州古城、沟南许地民俗生态旅游区一批名胜古迹和景区景点以及新发现不可移动文物点160处。2010年位于永平路1号的汕头开埠文化陈列馆开馆，免费对公众开放。沟南许地生态旅游区“标豆狮”已成功申报为我市第一批非物质文化遗产，沟南居委会被市命名为“特色文化艺术之乡”；浮西社区（南枝醒狮）荣获汕头市政府第一批“汕头市民族民间文化艺术之乡”殊荣。新引进的海逸酒店正在建设。2010年全区星级酒店接待过夜游客52.55万人次，实现旅游收入5.03亿元。

【卫生、计划生育】区卫生系统深化医药卫生体制改革，加快社区卫生服务机构建设，拓宽业务渠道，办出医院特色，各医疗单位业务稳步上升，全系统业务总收入达到8000万元，比增10%。全区已设置社区卫生服务中心（站）14家，除原有8家区属新农合定点医院外、区与汕头市升保脑血管病医院和12个市级医院也签订住院费用即时补偿协议，确保全区新农合参合人员在民营医院和市级医院都能得到方便快捷的补偿。本年度新农合医疗参合农民住院11355人次，补偿金额1607万元。7月28日，黑牛食品股份有限公司、广东太安堂药业股份有限公司各捐赠1部价值80多万元的救护车，交由金平区人民医院、金平区第三人民医院投入使用。

加强人口计生基础信息核查和全员人口信息采集工作，提高计生数据质量。全区共落实“四术”4317例，其中结扎532例，纯二女扎96例，放环3721例。全区人口出生率6.46‰，自然增长率1.61‰，计划生育率97%；本年度被评为“广东省计划生育宣传教育创新奖”，连续四年被评为“广东省计划生育工作先进单位”。组织开展区第六次全国人口普查，按照要求完成人口普查入户登记工作。

【侨务】区现有归侨、侨眷近15万人，港澳同胞、海外侨胞30多万人。借助同益街道设立的“侨法宣传角”，推进了侨法进社区，逐步形成侨法宣传的长效机制。发挥老归侨侨眷的余热，组织酷爱摄影艺术的庄贤盛、黄克见、陈万泽3位老归侨侨眷，举办“归侨侨眷风光摄影展”。在金禧花园金榆苑设立了“归侨侨眷健康咨询站”，为辖内归侨侨眷发放诊疗优惠卡。区侨联会多方筹措助学金3万多元，资助区内特困归侨侨眷子女继续学业；组织慰问贫困归侨侨眷97人，走访困难归侨10多户，并向他们送去慰问金和食用油、大米、棉被等生活物资。

【汕头开埠文化陈列馆正式开馆】12月21日上午，汕头开埠文化陈列馆举行开馆庆典仪式。汕头开埠文化陈列馆位于市区永平路1号，建筑面积1200平方米，是一幢坐西南向东北的三层欧陆式建筑，曾作为西医院、报社、法院等机构的办公地点。陈列馆的展品分为三大部分：一楼为陶瓷壁画、吉祥物，以及反映汕头开风气之先的部分文物，如老式电话机、西式煤油灯、铁路信号灯等；二楼展示的是开埠时期市民日常使用的物品，如留声机、电子管收音机、英制老式照相机、雷明顿打字机、中西合璧的国际象棋等；三楼为清音阁，进行潮乐器展示。汕头开埠文化陈列馆正式开馆，再现了汕头埠150年来留下的令人难忘的履痕，展现了汕头浓厚的文化底蕴。

【石砲台街道】辖区面积3.28 平方公里，共有常住居民17091户65958人。下设平东、平西、平原、新华、长厦、长平、中平、滨厦、新湖、新陵、饶平、石砲台、滨港13个社区居委会。街道是“全国和谐社区建设示范街道”，也是广东省轻工机械专业镇技术创新试点单位。目前街道有工业企业246家，规模以上企业有43家，有金时印刷、华兴冶金备件、荣诚食品、英联易拉盖、金玉兰包装机械、正迪网络科技、开达实业、达诚机械、橄榄枝制药、柏亚化妆品、韵星化纤制品、陵海吸塑、新陵塑胶、瑞康物业等，规模以上企业完成产值280780万元，占街道总产值的67.5%；街道新引进各类企业61家，投资总额近5亿元，其中汕头市新天地印刷厂已在近期投入500万元资金用于新厂房的建设，面积为1800平方米；2010年，全街道完成工业总产值416031万元、商业销售额254177万元、外贸出口4596万美元。

【金砂街道】辖区总面积2.567平方公里，现有居民16711户59431人。下设金新、金陵、金华、金韩、东门、西门、南门、北门、大窖、金丰10个社区居委会。全年新增规模以上企业3家，目前街道拥有工业企业350家，其中规模以上企业20家，规模以上产值118844万元，占街道总产值的44%；有粤东机械、江南包装材料、中联泰贸易、金砂建筑、恒大路桥建设、龙丰食品、乔艺塑胶、雅固钢业、德旺机械、大视野家纺、八记食品贸易、奇乐丝网实业等骨干企业。新引进金明湖中空塑胶有限公司和玛利宝包装有限公司，盘活了原金明塑胶设备厂厂址。新增省级名牌产品3个，国家重点新产品1个、省级6个，著名商标3个，专利67项，通过ISO9001认证6个。2010年，街道完成工业总产值270630万元、商业销售额288973万元、外贸出口2643万美元。

【金厦街道】辖区面积1.2平方公里，现有居民15284户58165人。下设玫瑰、海棠、月季、石榴、玉蓉、水仙、牡丹、百合、杏园、龙北、东福、杏园东12个社区居委会。目前街道下属企业共有290多家，其中规模以上企业22家，有超声印制板、超声电子股份、信益塑料机械、超声电子（集团）公司、新维港包装彩印、奥山雨衣服饰、顺达彩印、超声显示器、盈动电气、日烽吸塑包装实业、新业花纸印刷、金光实业华山电子器件、泓利鞋业、金兴机械等；规模以上企业完成产值336196万元，占街道工业总产值的86%。8月份，区在金厦街道百合园社区开展创建民安社区试点，推广百合园社区创建民安社区的做法经验，部署全区创建民安社区的工作。2010年街道完成工业总产值393363万元、商业销售额218180万元、外贸出口924万美元。

【东方街道】辖区面积3.36平方公里，共有常住居民21037户80469人。下设龙华、东龙、东华、金环、聚龙、金苑、梅翠、滨海、榕松、浔洄、金海11个社区居委会。街道现有工业区3个，厂房22000多平方米。街道现有工业企业46家，其中规模以上企业22家，有黑牛食品、金东海集团、龙华印务、金龙建筑、太古可口可乐、龙华珠光颜料、东和机械、佳福珠宝、粤嘉速冻果蔬、和胜机械实业、现代印务、联信企业等，规模以上企业完成产值103173万元，占街道工业总产值的88%；4月13日，街道重点企业黑牛食品股份有限公司在深圳证券交易所成功上市；新增规模以上工业企业6家，注册商标7个，质量、环保及各类认证13个，以及专利技术13项。整治龙眼路、龙华街周边卫生环境，在龙眼南路建再就业灯光夜市，使龙眼南路、公信路周边商业铺面、长平路两侧服装铺面及滨港路至华侨公园前的餐饮业实现规范、有序、健康发展。2010年全街道完成工业总产值116880万元、商业销售额285273万元、外贸出口1077万美元。

【大华街道】辖区面积2.59平方公里，居民20670户74186人。下设竟长、福长、爱华、华坞、炽昌、联兴、康乐、迎春、华新、集成、葱陇、乔林12个社区居委会。街道是省科技厅批准的省塑胶制品技术创新专业镇试点单位；现有工业企业143家，其中规模以上企业27家,有汕樟轻工机械实业、美联化工、宏基混凝土、华兴机械、新侨药用包装、崎碌电器、欧达曼实业、永泰塑胶实业、汕沪电缆、港联实业、新兴塑胶印刷、汕乾塑胶制品、双丰机械、新兴焊接设备等，规模以上企业完成产值166290万元，占街道工业总产值的63%；本年度街道有5个项目参加“山洽会”，其中汕头市宏基混凝土构件有限公司与韶关市曲江区人民政府签订一个年产值超亿元的投资项目。街道2010年完成工业总产值265565万元、商业销售额94156万元、外贸出口1582万美元。

【同益街道】辖区面积0.749平方公里。下辖福明、盐埕、永同、红亭、桂馥、志成、联韩7个社区居委会，常住人口8552户27867人。街道被省科技厅授予食品技术创新专业镇试点单位。街道新引进工业企业7家、商贸服务企业8家，其中庆同制衣（汕头）有限公司是一家外商独资企业；新增规模以上企业3家，规模以上企业达到23家，有中兴电器开关、强宇包装材料、中兴塑料纸类印刷、沪汕裕华粘胶制品、吴氏集团、都乐五金实业、宝马工艺、一美化妆品、东利尼龙、南和机械、汝斯芬内衣、中兴五金皮塑、科露雅香料、鑫源五金塑胶、集成妇幼用品等。广东吴氏集团有限公司投资7170万元，在升平第二工业区新建一期厂房及配套设施，目前已基本完成。2010年街道完成工业总产值191273万元、商业销售额209975万元、外贸出口2355万美元。

【光华街道】辖区面积3.522平方公里，下辖西港、明珠、大学路上、建华、厦岭、杏花、潮汕路、新乡、光华9个社区居委会。常住人口10970户38278人。街道现有规模以上企业33家，有光华化学、天信投资、华盛塑料、鑫源化工、光华机械实业、华美塑料模具实业、粤钿化工、轻工机械、第一轴承厂、国台彩印、辉煌塑胶、新华钢结构实业等。工业发展形成由光华化学为龙头，鸿业化成、鑫源化工、粤钿化工为中坚力量的化工产业及由华盛塑料、华美塑料、辉煌塑胶领衔的塑胶产业；规模以上工业产值达到127200万元，占街道工业总产值的51%；今年新增专利115项，其中发明创造8项、实用新型12项、外观设计95项。其中，汕头市光华机械实业有限公司的卫星式柔版印刷机荣获第三届汕头市专利优秀奖。汕头市粤钿化工有限公司被省中小企业局确认为2010年第一批广东省中小企业创新产业化示范基地。2010年街道完成工业总产值247476万元、商业销售额135000万元、外贸出口1303万美元。

【东墩街道】辖区面积2.46平方公里，现有居民9743户36317人。下设南墩、金凤、北墩、金誉、桃园、金墩6个社区居委会。街道现有工业企业125家，其中规模以上企业22家，有东兴客车配件、金兴塑胶实业、永达印务、金基有限公司、盟信塑胶实业、粤兴企业、盟星包装机械、时代窗帘用品厂、东兴糖机制泵、东兴包装彩印、神榜五金塑料制品、正珠食品、和裕塑胶、新洋模具、新亚塑胶珠厂、亚太贸易等；规模以上企业完成产值92570万元，占街道工业总产值的43%；龙华工业区改造工程稳步推进，重点项目金环服装城建设已进入实质施工和前期招商阶段；粤兴水产速冻有限公司在乐山路新建厂房27亩，增资扩产达2845万元；本年度街道有5个项目列入市第一批“三旧”改造项目；2010年街道完成工业总产值214224万元、商业销售额106285万元、外贸出口1724万美元。

【广厦街道】辖区面积4.03平方公里，现有居民15805户56816人。下设浮东、浮西、荷花、葵花、红荔、樱花、杜鹃、珠厦、金禧、金桐、嘉顿11个社区居委会和浮东、浮西2个经联社。街道现有工业企业251家,其中规模以上企业22家，规模以上企业创产值76415万元，占街道总产值的60%;主要骨干企业有金恒丰建设、东方纸塑包装、兴发净化器、老中医保健食品、热电一厂、宝丰塑胶工业、浮西漂染、东兴喷涂工艺、广益厨房设备、兴技兄弟食品、甜甜乐糖果、宏翔电子、永翊塑胶工艺、东华木器工艺、旺得福贸易等。街道纳入税务登记管理企业74户，其中国税43户，地税31户；现有“重合同守信用”企业35家，完成ISO9001认证32家，专利技术91项。广厦商贸城开发项目已编制了该地块的控制性详细规划，现正在向有关部门申报相关手续工作及场地拆迁工作。2010年街道完成工业总产值127821万元、商业销售额131846万元、外贸出口2610万美元。

【海安街道】辖区面积0.7平方公里，常住人口10015户33488人，辖下有利安、跃进、南海、海悦、万安、德安、怀安七个社区居委会。历史上“四安一镇邦”的大部分街段在本辖区内。街道现有工业企业136家，其中规模以上企业21家；骨干企业有东风印务、鑫瑞纸品、锦峰地产投资、亨得利钟表、好心情食品、依明机械股份、源泰实业、新万安动力机械、艺达人造花、合彩印刷、万安塑料工艺、祥雄科学器材实业、庆丰塑胶制品、金辉实业、万安纸业、胜达电器、源泰实业、长崎制漆、南方汽车配件、祥利织造等。辖内居平“鞋岛”已逐步发展为粤东鞋业中转站；本年度新增协税护税企业21家，新增规模上工业企业2家，新增限额以上商业企业1家。街道被省科技厅认定为医药化工专业镇试点单位。2010年街道完成工业总产值290216万元、商业销售额129154万元、外贸出口1100万美元。

【新福街道】辖区面积0.57平方公里，下辖金凤、福祥、荣华、寿山、福安、金福、荣隆、潮安8个社区居委会。常住人口9734户31192人。五福路、金山直街一带向来是市区蔬菜、水果的集散地。街道现有重点企业55家，其中规模以上企业22家，骨干企业有金发妇幼用品、升平恒利贸易、昂斯鞋材、瑞源实业、隆生彩印、裕生食品、国平纸品、融通机械实业、华海船厂、新民塑胶、新福瓶盖、华力实业、乐立方玩具实业等；规模以上企业完成产值129775万元，占街道工业总产值的76%；本年度新引进企业30家，其中工业企业11家、商业企业15家、服务企业4家。重点企业金发妇幼用品有限公司已完成化妆品新项目的厂房改造、生产线的安装和投产。“福合埕食街”已经顺利完成了食街水泥路面的铺设、基础设施的完善、经营摊档的规范、周边环境的整治等工作。2010年街道完成工业总产值171208万元、商业销售额166244万元、外贸出口3081万美元。

【乌桥街道】辖区面积0.78平方公里。下辖火车头、振兴、焕金、二马、享祠5个社区居委会，常住人口6250户20601人。这里历史上是汕头工业的发源地。街道被省科技厅评定为电力电子科技专业镇。现有工业企业164家，其中规模以上工业企业达21家；骨干企业有海霸王汕头食品、华莎驰家具家饰、升平燃料、源泰实业、虹桥包装实业、晶莹建筑装饰公司、食品厂、一家人食品、粤电工程、虹桥印务、金南方电器实业、金福电器厂、集祥传动机械、通达塑胶材料、裕达印刷实业、北海包装材料、新丰包装等，骨干企业所创产值效益占街道经济总量的六成。晶莹建筑装饰工程有限公司被国家建设部认定为一类装饰资质的装饰企业。本年度新增协税护税企业34家，其中大中型企业 3家。引进全国知名连锁酒店——如家快捷酒店落户区内。2010年全街道共完成工业总产值185869万元、商业销售额92985万元、外贸出口958万美元。

【岐山街道】辖区面积9.8平方公里，现有居民4613户19903人。下设西陇、陇头、马西、大路、中宫、沟湖、寨头、南楼、下岐、岐山10个社区居委会。街道是省科技厅批准的技术创新纸塑制造专业镇。2010年全街道共完成工业总产值433799万元、商业销售额186100万元、外贸出口1408万美元。街道有工业企业445家，其中规模以上企业34家。规模以上企业完成工业产值283413万元，占全街道工业总产值的65%;有西陇化工、奇佳机械、益发塑胶实业、乐凯胶片股份、你口四洲、富味制果、新陵塑胶、安达铝业、联达包装材料、盈业塑胶、万丰热电、万年青制药、信力制罐设备等。本年度街道招商引资、增资扩产项目15个，计划总投资1.5亿元，其中已竣工投产项目11个。奇佳机械厂有限公司自行研制开发的具有九项专利技术组成的“玉米淀粉降解材料挤出片材机组”系列成套生产线，解决了当前市场一次性餐具可降解问题，其技术处于国内领先水平，达到国际同类产品的先进水平，是国家级重点新产品。

【永祥街道】辖区面积0.38平方公里。下辖西堤、德志、新潮、海平、永兴、永安、永和7个社区居委会，现有常住人口8449户26935人。永兴街、永泰街、永和街、永安街、升平路史称“四永一升平”。街道现有工业企业169家，其中规模以上企业26家；骨干企业有南粤电气、方大印刷包装科技、宏宇包装材料、新大成包装材料、吉祥装璜工艺、茂发食品、佳艺彩印实业、粤东印刷物资、信益塑料机械、升平五洲印铁制罐厂、大洋地毯实业、美加厨柜等；规模以上工业企业完成产值153657万元，占街道工业总产值的66%。街道是省科技厅授予的包装印刷专业镇技术创新试点单位；本年度街道从整治老市区西堤路原有鱼仔店入手，逐步引导各摊档向海鲜饮食业转型，打造“海鲜饮食文化一条街”，使西堤路各海鲜饮食店生意大有起色，增加了多个就业岗位。2010年全街道共完成工业总产值234158万元、商业销售额195306万元、外贸出口1757万美元。

【鮀莲街道】辖区面积34平方公里，下辖玉井、大井、天港、大场、赖厝、两丰、双丰、莲荣、莲华、莲凤、莲光、莲美、新辽、福岛、新隆、胜隆16个社区居委会。常住人口13609户52842人。辖内的土地、旅游、矿产等资源十分丰富，有占地5400多亩的莲塘工业区和“北回归线标志塔”等旅游景点。街道是省科技厅认定的水产养殖技术创新专业镇试点单位。本年度成功举办了“2010汕头第三届牛田洋青蟹节”。金润合成纸、路易王子古典家具有限公司等6个重点工业项目进入建设；街道现有工业企业40家，其中规模以上企业14家，主要骨干企业有金刚玻璃、瑞祥模具、兆龙纸塑实业、龙胜水产、大顺实业、雅威机电实业、瑞祥太阳能电子、世纪源饮水、海尊水产品、彩虹塑料纤维母粒、宜家贸易等；2010年全街道共完成工业总产值108059万元、商业销售额30338万元、外贸出口2493万美元。

【鮀江街道】辖区面积21.25平方公里，下辖云露、木坑、桥头、夏趾、沙浦、蓬洲东、蓬洲南、蓬洲西、蓬洲北、溪东、港美、金陇、山兜、举登14个涉农社区居委和鮀都、乐业、安居3个社区居委。常住人口15271户45390人。街道现有工业企业135家，其中规模以上企业23家，主要有飘合纸业、紫荆花制漆、西北航空用品、强升海棉制品、新侨包装印刷、万亚食品、东源食品、广大印刷材料实业、滨海家俱、五星油墨实业、华兴塑料制品、永辉渔具实业、明星机械实业、粤升乐器实业、柏瑞纸品包装、新力胶粘制品等，规模以上企业完成产值136393万元，占全街道工业总产值的59%。通用物流市场一期在11月份已投入使用，建成物流市场11万平方米，现已成为粤东最大的陆地交通物流市场。辖内旅游资源丰富，正在整合龙泉岩周边旅游资源，大力发展旅游业。2010年全街道共完成工业总产值231514万元、商业销售额114594万元、外贸出口2436万美元。

【月浦街道】辖区面积10平方公里，现有居民5817户24257人。下设月浦、湖头、沟南、赤窖、华新城5个社区居委会。辖内的沟南许地自然景色迷人，是闻名远近的民俗生态旅游区。街道现有工业企业186家，其中规模以上企业24家，规模以上企业完成产值118863万元，占全街道工业总产值49%；骨干企业有壮丽印刷、添利冷冻食品、嘉信包装材料、金光高科、新侨药用包装、海信发展、庄氏星光玻璃、德福包装材料、住友塑料膜业、利民材料包装、龙锋机械铸造、昌兴印务、金南华工贸、班尼路陶瓷等；街道以潮汕路工业经济带为依托，借助正在建设的汕揭梅高速公路带来的交通区位优势，大力发展辖区仓储运输及现代物流行业。本年度全面完成汕揭高速公路金平段所有民居及村集体企业房屋拆迁工作，房屋拆迁面积近8万平方米。2010年全街道共完成工业总产值254041万元、商业销售额173661万元，外贸出口1344万美元。

（陈成人）

附1：2010年金平区党委、人大、政府、政协和纪委主要负责人名单

区委书记：谢晓东
区人大主任：谢晓东
区长：张胜光
区政协主席：黄自强
区纪委书记：黄一桦

附2：2010金平区年国民经济发展情况表

项目 单位	人口（人）	规模以上工业产值		商业销售额		出口额	
		实绩（万元）	比上年增长%	实绩（万元）	比上年增长%	实绩（万美元）	比上年增长%
合计	753923	3227487	21.9	5091347	35.6	53621	21.1
区直		519938	26	631783		18054	5.9
石炮台街道	65958	280780	26.8	254177	28.3	4596	28.2
金砂街道	59431	118844	4.4	288973	26.7	2643	8.5
金厦街道	58165	336196	12.8	218180	29.2	924	15
东方街道	80469	103173	32.5	285273	60.5	1077	12.9
大华街道	74186	166290	29.4	294156	27.3	1582	14.5
同益街道	27867	102062	31.8	209975	29.9	2355	12.7
光华街道	38278	127200	30.8	135000	31.5	1303	41.5
东墩街道	36317	92570	31.5	106285	34.4	1724	23.2
广厦街道	56816	76415	30.2	131846	33.8	2610	61
海安街道	33488	258426	27.3	129154	32.1	1100	6.7
新福街道	31192	129775	30.9	166244	39.3	3081	7.7
乌桥街道	20601	131621	30.3	92985	36.3	958	34.9
岐山街道	19903	283413	27	186100	37.1	1408	33.3
永祥街道	26935	153657	29.4	195306	29	1757	45.9
鮀莲街道	52842	90827	31.2	30338	32.4	2493	7.5
鮀江街道	45390	136393	30	114594	32.9	2436	5
月浦街道	24257	118863	31.1	173661	31.1	1344	174

龙湖区

【简况】龙湖区位于汕头市东部、韩江三角洲南端，始建于1991年11月，是在汕头经济特区扩大范围时，以特区龙湖片为基础，划入原汕头市郊区的下蓬镇而组建的新区。2003年3月，龙湖行政区划再次调整，原属澄海市的外砂、新溪两镇划归龙湖区管辖。至此，龙湖区辖珠池、金霞、新津、龙祥、鸥汀5个街道办事处，外砂、新溪两镇，78个社区居委会、32个村委会。区域面积103.13平方公里。2010年，全区户籍人口396435人。其中，农业人口169048人，非农业人口227387人。

龙湖区是汕头市重要交通枢纽和金融、商贸、餐饮、汽车销售中心，也是已启动建设的东海岸新城和珠港新城，地理位置得天独厚。辖区内有汕头机场,广梅汕铁路汕头客（货）运站，汕头汽车客（货）运中心站,汕头珠池深水港区,深汕、汕汾高速公路汕头站等重大交通设施;有人民银行,工商银行,建设银行,中国银行,农业发展银行等市级分行,外资盘谷银行，华侨商业银行等金融机构;有汕头海关，汕头出入境检验检疫局等联检机构;有林百欣国际会展中心，国家一级文化馆龙湖文化馆，国家二级图书馆龙湖图书馆等大型文化设施;有五星级的帝豪、金海湾大酒店，有易初莲花，沃尔玛、南国商城、新世纪等大型商场;有时代广场、华侨公园、蓝水星方特乐园等游乐场所;有妈屿岛、证果寺、腾辉塔、王天性纪念馆、密林文艺研究社等名胜古迹，是理想的投资置业宝地。

2010年，龙湖区切实转变发展方式，推进体制机制创新，经济保持平稳较快增长，全年实现生产总值（GDP）186.61亿元，比上年（下同）增长14.4%。工业总产值420.86亿元，增长16.4%。其中，规模以上工业企业360户，产值334.21亿元，增长16.7%。建筑业完成施工产值43.1亿元，增长13.1%。全社会固定资产投资额48.35亿元，比上年增加9.8亿元，增长25.4%。固定资产投资建设项目225个。其中，本年度新开工项目216个。本年度投资额在1000万元以上的项目有71个。其中，投资额在2000万元以上的项目44个；投资额在4000万元以上的项目有16个。累计引进外资项目10宗，下降37.5%；协议投资总额4360万美元，增长0.2%。外商直接投资5997万美元，增长16.4%。批发零售业实现商品销售总额294.46亿元，增长32.8%。社会消费品零售总额133.07亿元，增长28.0%。民营企业零售额106.89亿元，占全区社会消费品零售总额的80.3%。外贸进出口总额21.01亿美元，增长27.2%。农业总产值8.57亿元，增长2.6%。农作物总播种面积129327亩，粮食作物播种面积44889亩。财政总收入38.65亿元，增长18.9%；工商税收收入37.38亿元，增长17.9%；地方一般收入6.68亿元，增长25.8%。

【产业结构调整优化】三大产业协调发展。推进现代效益农业发展，完成1550亩农田改造项目建设，实现农业总产值8.68亿元，增长3.5%。拥有市级农业龙头企业7家，农产品著名商标3个。推动传统优势产业改造，引导工业逐步向先进制造业、高新技术产业、环保节能产业转变，完善输配电设备制造产业服务平台和专业镇（街道）创新服务平台，产业园区配套逐步完善。实现工业总产值420.9亿元，增长16.4%。其中，规模以上工业总产值334.21亿元，增长16.7%。科学编制现代服务业发展规划，打造“一中心二园四区”的空间布局，加快规划建设红星美凯龙等一批城市商业综合体。实现社会消费品零售总额133.07亿元，增长28%；建筑企业完成建安产值43亿元，增长12.9%，房地产开发建设面积237.8万平方米，建安房地产创税2.6亿元。三大产业比重调整为2.48：58.61:38.91。

自主创新能力提升。拨出财政专项资金52万元，奖励科技创新型企业11家；引导 50多家企业与中科院等40多所高校和院所建立产学研合作关系，在新材料等领域开展32项技术或产品课题的联合攻关；9个项目获得省级立项和资金扶持，29个项目列入国家和省科技计划。新增国家新标准认定的高新技术企业8家，省级企业技术中心2家、省级工程技术研发中心5家、省级民科企业2家。全年专利申请量1978件，增长39.39%。其中，发明专利申请量149件，增长25.21%；授权量1025件，增长44.37%。

发展后劲增强。开展“百人服务团”活动，帮助80家企业解决178个问题。加快珠津工业区南片土地的开发利用，实现土地上市交易。组织总投资额近90亿元的56个项目参加广东省第六届“山洽会”招商引资活动，苏宁电器粤东总部、喜来登酒店、百脑汇商场等大型商业项目落户龙湖。全年引办企业486家，投资总额约13亿元。7个市级和87个区级重点项目建设加快推进，完成全社会固定资产投资总额48.35亿元，增长25.4%。潮宏基、凯撒、众业达3家企业挂牌上市。出口贸易结构转型趋势明显，一般贸易成为外贸出口的主线，实现外贸进出口总值21亿美元，增长27.2%；实际利用外资5997万美元，增长16.4%。

经济管理效益逐步提高。完善经济目标管理责任制和财税激励机制，实现国税收入19.08亿元，地税收入18.3亿元，分别增长19.7%和16.1%。地税部门征收各项规费8亿元，增长22.4%。财政总收入38.65亿元，增长18.9%；地方一般预算收入6.68亿元，增长25.8%。全年注册登记企业553户，个体工商户2261户，分别增长20%和38%。市下达龙湖区科学发展赶超进位的54项任务指标较好完成。

【社会事业全面发展】完成新一轮土

地利用总体规划修编，金砂东路等8条示范路创建活动初见成效，42个涉农村居水改全面启动，已完成31个。31街区排水管网、区政府办公大楼周边环境和碧霞小区等一批改造工程完成。启动“三旧”改造工作，纳入改造计划项目共23宗，面积1905亩。上蓬围海堤加固工程基本完成，汕头大围龙湖段达标加固工程启动建设。陈厝寨居委被授予“全国防灾减灾示范社区”。整治违法排污行为，强化重点领域节能监管，全面完成污染物总量减排年度任务。

教育发展态势良好。新津中学、翠英中学教学楼等一批校舍项目竣工交付使用。谢易初中学、丹阳中学顺利通过市一级学校复查、复评。林百欣科技中专办学渠道进一步拓展。高中阶段毛入学率达到99.01%，位居全市各区县首位。中小学教师绩效工资提前兑现，全面实现教师工资福利待遇“两相当”。

文化建设成效显著。完成龙祥、鸥汀街道部分村居有线电视线路的改造更新，新建农家书屋8家，职工书屋10家，全区文化站的达标率达到100%。文明区创建活动扎实推进，评选表彰10位“龙湖区道德模范”，启动“文明示范路”、“文明示范区域”创建活动，成立龙湖美术家协会，《名联颂中华》和《名言书法大典》获得“大世界基尼斯之最”。

其他社会事业稳步推进。大力推进医疗卫生体制改革，积极实施公共卫生服务项目。推进珠池医院住院楼配套和外砂卫生院改造工程。计生“创国优”步伐加快，低生育水平持续保持稳定，全面完成市下达的目标管理责任制各项指标，被评为“广东省人口与计划生育工作先进单位”。基本完成第六次全国人口普查。完成泰龙等5个省级“六好”平安和谐社区创建工作，碧霞、金海居委被评为“全国平安和谐示范社区”。殡改火化率继续保持100%，连续第12年被评为“殡葬管理工作先进区”。全面落实优抚安置政策，“省双拥模范区”成果巩固发展。残疾人事业有效推进，被评为“全国基层残疾人组织规范化建设达标区”。

【民生民安逐步改善】社会保障体系基本建立。城镇职工基本养老、工伤、失业、生育保险以及职工医保、城镇居民医保超额完成年度任务。配套新农合资金228.5万元，参合率和村居覆盖率继续保持100%。全年累计发放最低生活保障金1156万元，8435名符合低保条件的城乡居民实现应保尽保。全年新增就业岗位9469个，下岗失业人员再就业6381人，转移农村劳动力11234人。解决1910名职工补缴社保费问题，安置区直国有困难企业职工150名。100户困难群众住房难问题得到解决。

社会保持和谐稳定。开展矛盾纠纷排查调处工作，以区综治信访维稳中心为龙头的三级网络基本形成。治安防控体系建设取得新成效，成立社会治安福利会，募集资金2000多万元。建立治安激励机制，组织开展“龙安1号”等严打整治行动，110接报案件下降10.4%，“双抢”发案率下降26.6%。持续开展打假、打击传销、产品质量和食品药品安全等专项整治，14个市挂牌督办的重大事故隐患全部落实整改。

【政府自身建设得到加强】民主法治水平进一步提高。自觉接受区人大、政协及社会各界的监督，坚持并完善向区人大及其常委会报告工作、向区政协通报工作制度，共办理人大代表建议29件，政协提案22件，办结率100%。健全科学民主的决策机制，严格执行重大事项集体讨论决定制度。坚持依法行政，强化行政执法监督，“五五”普法全面完成，法治区创建活动加快推进。

行政运行机制进一步完善。强化对预算执行、经济责任、民生资金、国有企业和政府投资项目的审计监督，全年共查处违规资金633万元，纠正不规范资金一批。坚持厉行节约、勤俭办事原则，公务接待、出国（境）、公务购车用车等费用进一步压缩。启动新一轮政府机构改革和事业单位分类改革。大力改革行政审批制度，加大对工程建设等突出问题的行政监察力度，电子监察系统功能进一步拓展，行政复议和行政应诉工作扎实有效。

【珠池街道】珠池街道位于韩江三角洲南端，龙湖区的东南部。西起天山路接金霞街道，东隔新津河与新溪镇交界，北接珠池路与新津街道为邻。下辖内充公、永安、妈屿、广兴、丹华、金涛、中泰、世贸、春泽、蓝田、天山、珠樟、珠南、珠东、金晖、丰泽等16个社区居委。面积13.6平方公里，户籍人口8万多人。珠池始建于明朝惠宗至正年间(岁辛巳1341—岁戊申1368)，改革开放前一直为澄海县、郊区、特区辖地。1986年12月17日，市政府撤销下蓬区公所及其属下的建制乡，设置下蓬镇和珠池街道办事处。1991年9月14日，珠池街道划入龙湖区，1992年7月27日，市政府重新调整设置珠池街道，1993年1月挂牌办公。珠池街道是市、区的重要交通枢纽及商住、购物、旅游胜地。辖区内有汕头港珠池港区、国际集装箱码头、海湾大桥、疏港铁路等重大基础设施，有具史学价值的英国领事馆旧址，有阳光海岸、柏嘉半岛等高尚住宅区，有新城市广场、卜蜂莲花、电脑城等大型商贸中心以及帝豪大酒店、皇城大酒楼、新富华海鲜城、快活海鲜苑、成兴渔舫和蓝水星公园、三和休闲娱乐中心等一大批餐饮、休闲项目，还有妈屿岛的“观海亭”、“妈祖宫”、“南海观音像”、东海普陀山寺等文物景点，有天然海滨泳场、渔村等自然景观。2010年，街道通过巩固基础，拓展经济发展空间，促进了经济的持续稳定发展。全年共完成社会总产值87.6亿元。其中，工业产值38.3亿元，规模以上工业产值32.9亿元。零售、住宿餐饮业产值44亿元。农业产值1932万元。固定资产投资4.5亿元。税收入库8.0亿元，一般预算收入1.3亿元。2010年，街道被市评为人口与计划生育先进单位，金涛、永安被评为市文明社区。

【金霞街道】金霞街道地处龙湖区西南部，是区政府驻地所在。下辖金海、碧霞、丹霞、丹苑、金兴、金珠、金谷、春湖、玉湖、碧湖、南湖、练江、金阳13个社区居委。面积6.87平方公里，常住人口45007人，暂住人口2万人。2010年，街道完成工业总产值95.6亿元。其中，规模以上91.4亿元，比增20.4%。实现税收10.7亿元。其中，国税5.8亿元，地税4.9亿元。实现一般预算收入1.5亿元。新办企业61家，现有规模以上企业80家，限上企业25家。年内，筹措资金10.5万元，解决一批困难群众子女入学问题。办理临时救济29人次，发放救济金19200元。农村合作医疗参合率达100%。累计向残疾人发放各类救济金6560元，节日慰问金47440元，医保金7620元。南湖、金阳为省“六好”平安和谐社区。全面铺开城镇居民医保扩面工作，共完成参保14911人。新增就业人数1002人，完成年任务100%。调解劳资纠纷13宗，追回拖欠工资71000元。接收信访件39宗，接待上访群众90人次，办结率达94.9%。登记流动人口31638人。其中，已婚育龄妇女5688人，落实节育措施51例。投入近20万元，做好第六次全国人口普查工作。街道被省委组织部定为全省创先争优活动联系点，社区党组织代表会议制度内涵得到深化。开展五联活动，携手联组单位举办以“同驻社区 共建和谐”为主题的庆祝党建89周年社区体育文艺竞赛活动；组织法制、文明进社区进学校活动。全年发展党员14名，培养积子23名。发展“两新”党员8名，培养“两新”积子20名。参加区“龙安1号“治安维稳巡逻9次，出动应急民兵123人次。修订完善《街道工作制度汇编》和街居两级年度岗位考评制度，及时调整街道党政领导干部和部门包干联系村居基层工作制度，制订《村（居）重大事项民主决策票决制度》，促进基层民主管理和科学决策。

【新津街道】新津街道位于韩江三角洲南部，龙湖区中心地带。西起天山路与金霞街道为邻，东临新津河与新溪镇隔河相望，南毗珠池街道以珠池路为界，北接龙祥街道以黄河路为界。共辖南碧埠、东新、佳和、东和、南和、金和、东龙、珠津、金龙、金泰、金津、金港、高埕、泽湖、金凤、绿茵、紫云、丽水、丽东、翠英、紫茵、华晖等22个社区居委会。面积7.22平方公里，总人口8.2万，其中户籍人口4.3万人。2010年，街道有规模以上企业75家，其中有“潮宏基”和“凯撒股份”等4家上市公司。实现工业总产值1055631万元，规模以上工业产值911210万元，比增25%。固定资产投资21636万元，比增39%。参加山洽会、侨博会、海博会等招商引资重点项目共有18个，总投资额17.91亿元。年内，实施城管工作考核奖励机制。出动人力3000多人次，投入资金16多万元，清理卫生死角36处，接区转办投诉件308宗，办结308宗，办结率100%。按时做好270户低保户的低保金和五保户的五保金发放工作，发放临时救济金15200元，医疗救助金25078元；发放先天性心脏病手术费用补助金43112元，发放大米16160斤，油2324升。辖区涉农居委2494户居民全部参加农房保险，投保率100%。慈善助学13人，金额38000元。定期开展流动人口清查登记验证专项活动，顺利完成全国第六次人口普查工作。共落实“四术”209例。出生率8.35‰，自增率5.34‰，计划生育率达97.61%。新农合参合人数1.85万多人，保持参合率100%。全年合作医疗受益460人次，合计补偿报销及救助金额158.25万元。新增就业人数957人，完成年计划101%；转移就业数815人，完成年计划103%；农民工技能培训190人，完成年计划100%。殡葬保持火化率100%。建成“星光老年之家”7个，文化广场8个，农家书屋6个，文化活动室15个；东和、华晖居委顺利通过省六好社区建设考评验收。在居委建立警务室，组建5支治安巡逻队，建立街道综治信访维稳中心和22个社区综治信访维稳工作站两级联动信访平台。

【龙祥街道】龙祥街道位于龙湖区东北部。东起新津河，西至乐山路，北起汕樟路，南至黄河路。下辖周厝塭、夏桂埔、洋滨、如龙、泰龙、新兴6个涉农居委和衡山、祥和2个城区居委。面积9.66平方公里，人口约4.5万人。其中，流动人口约2万人，户籍人口为2.5万人。2010年，街道向省、市科技部门和市知识产权局申报平台多元化技术创新项目并获得立项，与省科技厅生产力促进中心网站和各日化企业网站实现链接。全年新登记企业22家。其中，工业企业16家，商贸和服务业6家。完成工业产值50.63亿元，增长20%。其中，规模以上工业产值44.38亿元，增长24%。农业总产值7316.22万元，增长8.8%。社会消费品零售总额11.9亿元，增长31.49%。固定资产投资5.16亿元，增长21.7%。税收收入4.53亿元，增长34%（其中国税收入2.56亿元，地税收入1.97亿元）。地方一般预算收入6752万元，增长30.55%。年内，推进城市管理、计划生育、殡葬管理、安全生产、涉土整治等工作。支持周厝塭弦乐队、泰龙锣鼓队开展文化活动，成立街居两级“老年人文化体育协会”。街道武装部被市评为“先进基层武装部”、被区评为“征兵先进单位”，夏桂埔民兵营被评为“2010年市先进民兵营”，新兴民兵营被区评为“先进基层民兵营”，周厝塭、如龙两个居委民兵营长被评为“2010年区先进民兵营长”，圆满完成年度征兵任务，为部队输送了18名合格军人。刘厝渡排灌沟续修一、二期工程均已全线竣工，共投入资金140万元。官埭片区受浸问题得以解决。投资20万元在周厝塭修建垃圾转运站。基层党建不断加强。严格执行《汕头市镇（街道）干部包村（居）工作职责及责任追究实施意见》和《村级重大事项民主决策票决制实施意见》两项制度。新兴居委率先实行重大事项民主决策票决制。组建“两新”党组织5家。确定入党积极分子27名，吸收新党员9名。做好换届选举的各项准备工作，为第四届社区换届选举打下坚实基础。2010年，街道被省评为“广东省城市体育先进社区”，被市评为“汕头市军民共建社会主义精神文明先进单位”、“拥军优属先进单位”、“人口与计划生育先进单位”、“老年人体育工作先进集体”等荣誉称号。

【鸥汀街道】鸥汀街道位于汕头市东北部，2002年1月由原鸥汀街道和渔洲街道合并而成。下辖18个社区居委，其中涉农社区17个。面积15平方公里，常住人口12643户，42846人。南宋理宗年间始建鸥汀背寨，距今已有700多年历史。鸥汀古有“证果谈禅、腾辉倒影、蓬鸥书声、龟桥似月、新兴红树、南薰纳凉、西宁晚泊、庙前白鹭”八大胜景（今仅存证果寺、腾辉塔）。有辛氏大宗祠、许氏宗祠和天后宫、密林文艺研究社旧址等文物保护点。辖区内有“三星级”酒店1家，还有“鸥汀老鹅头”、“旦家园竹笋”等特产。历代名人有明朝书法家袁鉴、清代翰林佘志祯、现代美术家李澄之、旅港书画收藏家张树人等。2010年，街道共实现工业产值62.05亿元,比增23.18%。其中，规模上工业产值49.08亿元，比增23.05%。社会消费品零售总额3.08亿元，同比增长24.96%，完成年任务的104.54%。固定资产3.39亿元，同比增长15.56%，完成年任务的101.24%。新增规模以上工业企业5家，限额以上企业2家。农业总产值1.37亿元，比增15%。税收入库1.98亿元，比增13.55%；一般预算收入2572万元，比增23%。辖区骨干企业有冠华薄膜、震元实业、贝斯特等10多家，共增资3亿元，扩建厂房1万多平方米，众业达电器有限公司正式挂牌上市。2010年，街道综治信访维稳中心共受理矛盾纠纷案件16宗，成功调处化解16宗，调处成功率达100%。汕揭高速公路征地拆迁工作已进入实施阶段，涉及7个居委中已有6个居委签订征地拆迁协议书。汕樟北路和嵩山北路已动工建设，汕头大围达标加固工程已经开工。筹资300多万元做好道路建设和路灯配套、内涝整治、沟渠石篱修建，村居水改工程吉贝、鸥上居委已完成，铁洲、流美、新地、旧地和西畔居委已完成管网铺设，鸥下、万石和龙美居委的水改工程正在进展中。2010年，街道被评为市第二次全国经济普查先进集体、市人口与计划生育先进单位，区殡葬管理工作先进单位、就业再就业工作达标单位、征兵工作先进单位。精神文明建设取得新成果。多形式开展街道党工委理论中心组、党员干部学习。在居民中开展社会主义荣辱观、现代公民教育、未成年人思想道德教育。配合区文化馆在辖区内进行文物普查和非物质文化遗产普查及申报工作，“潮剧头盔制作技艺”被列为龙湖区首个非遗项目。联合区文联等单位在龙美社区举办陈浩辉摄影作品展，举办和谐春联赠农家、新春灯谜、迎春电影周、送潮乐进社区等活动，组织腾辉丝竹社代表队参加区第二届潮乐潮曲花会。

【外砂镇】外砂镇位于龙湖区西北部，新津河和外砂河之间。国道324线穿越其境，外砂机场在其辖区，下辖17个村（居），面积29.35平方公里。2010年，全镇实现工业产值65.12亿元，比增13%，规模上企业产值18.42亿元，比增21.58%。农业产值2.376亿元，比增6%。外贸出口6538万美元，比增21.05%。总税收入11100万元，比增34.6%；本级财政收入1650万元，比增28.3%。固定资产投资7.23亿元，比增14.03%。社会零售总额4.7亿元，比增15.99%。全年毛织服装业完成产值35.16亿元，农副产品加工业完成产值7.81亿元，分别比增12.98%和13.02%。新增改建、增资扩产的企业和项目40个，新增营业额3.3亿元。蔬菜种植面积3.26万亩，总产8.04万吨，创值1153.2万元。年内，做好高速公路及江堤建设等重点工程项目的协调工作，理顺征地协调签订、征地补偿、青苗补偿及腾退用地问题。拨出100万元做好水管网改造、道路建设等17个民生项目。落实“四术”455例。启动外砂卫生院附楼建设。参加新型农村合作医疗覆盖率达到100%，城镇居民基本医疗保险参保率56.8%。筹措资金33.95万元，帮助242名困难学生解决上学难问题。发放各种社会救济资金961万元及物品一批。区镇二级投入资金近10万元，推进扶贫开发工作，帮助困难户解决实际问题20多个。共破获刑事案件77宗，查处治安案件650宗，办理暂住证2900份。及时消除安全隐患629处，18家“三合一”企业得到彻底整治，新建成投入使用消防栓22个。加强党的建设。围绕创建“五个好”镇党委和创建“好班子”活动。顺利推进17个村党（总）支部的换届选举工作。全年共发展新党员26名。抓好全镇18个党员远程教育阵地的配套建设。开展干部下基层驻农村，“双联共建”、“双到”工作广泛开展，全镇17村共通过14个单位进行共建。

【新溪镇】新溪镇位于外砂河和新津河出海口三角地带，南临南海，北依汕头国际机场，金鸿公路穿越全境，是汕头市东海岸新城和龙湖区“一河两岸”规划建设的中心区域。下辖15个村和新合、金叶岛2个居委会。面积27.4平方公里，海岸线长9.8公里，人口6.5万。2010年，全镇实现工业总产值19.15亿元，比增14.89%。其中，规模以上工业产值6.58亿元，比增22.51%。农业产值3.55亿元，比增8.1%。社会消费品零售总额4.63亿元，比增25.25%。固定资产投资2.5亿元，比增13.96%。财税总收入9197万元，比增46.82%；地方一般预算收入1675万元，比增67.5%，完成区下达考核任务130.86%。农民人均收入5300元，比增6.4%。全镇拥有工业企业近500家，形成以机械制造、印刷、工艺、服装毛织为主的工业发展格局。有注册商标22个，专利51个，国家星火或火炬计划项目7个，省、市级科技计划项目或重点项目17个。初步形成以优质粮、蔬菜、禽畜和淡水养殖为主导产业的农业新格局。汽车贸易、饮食服务、商品零售、仓储运输等第三产业加速发展。成立“沿海片区土地管理协调办公室”，收集整理历史资料，摸查界定沿海片区土地现状、权属，全力以赴支持配合东海岸新城建设。投资800多万元，实施一系列民心工程，推进新农村建设；进一步完善教育、文化、卫生、道路、水利、治安、消防等基础设施配套建设，优化投资硬环境。十一合村被评为“汕头市文明村”，西南村先后被评为广东省“文明村”和全国“创建文明村镇先进单位”。新溪镇交通便利，区位优势突出，发展条件优越，潜力巨大，是汕头城市未来发展的中心区域。随着东海岸新城建设的加快推进，将有力地推动新溪经济发展和城乡一体化步伐，尤其是以旅游、商贸、休闲文化为主的第三产业的发展，商机无限，潜力无限，魅力无限。

（龙湖区地方志办）

附1：2010年龙湖区党委、人大、政府、政协和纪委主要负责人名单

区委书记：张泽华（至5月）
　　　　　李耿坚（5月起）
区人大主任：张泽华（至5月）
　　　　　李耿坚（6月起）
区　　长：李耿坚（至5月）
　　　　　黄建固（6月起，5月为代区长）
区政协主席：黄巧凤
区纪委书记：王卫平

附2：2010年龙湖区国民经济发展情况表

项目	单位	2010年指标
年末户籍人口	人	396435
其中非农业人口	人	227387
生产总值	亿元	186.61
工业总产值	亿元	420.86
农业总产值	亿元	8.57
出口总值	亿美元	11.2
进口总值	亿美元	9.81
社会消费零售总额	亿元	133.07
固定资产投资总额	亿元	48.35
建筑业产值	亿元	43.1
财政总收入	亿元	38.65
累计引进外资项目	项	10
协议投资总额	万美元	4360

澄海区

【简况】澄海区辖8个镇和3个街道办事处，共182个村（居），总面积345.23平方公里，总人口74.6万人，是广东省著名侨乡，全国闻名的玩具工艺、毛织服装生产基地，先后荣获“中国玩具礼品城”、“中国工艺毛衫名城”称号，被评为“全国科技进步先进县（区）”和“国家火炬计划澄海智能玩具创意设计与制造特色产业基地”，被广东省列为“产业集群升级示范区”、“玩具设计与制造特色产业基地”和“动漫玩具创意产业集群”。2010年，全区地区生产总值233亿元，比增13.6%；财政一般预算收入10.77亿元，比增24.6%。

【工业经济快速增长】一批骨干企业继续保持较快发展，星辉车模、骅威玩具成功上市。全区上市企业家数累计达到6家，保持粤东之最。宜华集团、奥飞动漫被授予“广东省百强民营企业”称号；宜华木业、奥飞动漫、宜华地产、群兴玩具、东方锆业、星辉车模等企业被广东省企业联合会、企业家协会评为“广东省企业500强”。全年全区工业用电量22亿千瓦时，比增21.2%。546家规模以上工业企业实现产值378亿元，比增17.6%。

【外贸出口增长势头强劲】全区企业参加纽伦堡、香港、上海玩具展和广交会等大型专业展会，赴境外参展企业260多家次。第十二届中国澄海国际玩具礼品博览会实现协议贸易总额14亿元，比上届增长 13.4%。设立澄海玩具迪拜展示中心并举办首届推介会。全年全区外贸出口总额11.3亿美元，比增16.3%，总量居全市各区县首位。其中玩具礼品出口总额5.1亿美元，比增25.7%；木制品出口总额3亿美元，比增2%；纺织服装出口总额1.6亿美元，比增10.5%；机电产品出口总额5237万美元，比增74.7%。

【投资力度进一步加大】15个市级重点建设项目和50个区级重点投资项目建设顺利推进。东方锆业1.5万吨超微细硅酸锆、树业无纺布购物袋生产项目已竣工投产；奥飞动漫、星辉车模、童乐乐玩具、信宇智能玩具、小白龙玩具等9个项目建设进度明显加快。金鸿公路澄海路段路灯工程、苏北中学学生宿舍楼及配套工程、职教中心实训大楼、澄海中学体育馆等4个项目竣工投入使用；莲阳桥闸重建工程水下工程建成并通过省市验收；城乡水利防灾减灾工程共完成投资额5亿元，基本完成主体工程；澄江公路改扩建工程进入扫尾阶段；国道324线城区路段改造、益民路东延和东门头片区改造工程、垃圾发电厂等重点项目有序推进；莲鸿路、金樟路动工建设。清源水质净化厂与广业集团TOT合作成功。全年全区完成全社会固定资产投资总额43亿元，比增29%。

【消费保持旺盛势头】商品房销售面积和销售额继续攀升，全年全区共完成商品房开发投资10亿元，销售面积45万平方米，销售额18亿元，分别比增18%、22%和47%。旅游业形势较好，全年接待旅游总人数150万人次，旅游总收入9亿元，分别比增7.6%和5.8%。城乡消费市场持续畅旺，全年全社会消费品零售总额90亿元，比增24.2%。

【经济发展质量明显提高】全年全区财政一般预算收入10.8亿元，比增24.6%，比上一年净增2.1亿元，总量位居汕头乃至粤东各区县之首。其中税收收入8.12亿元，比增35%，比财政一般预算收入高出10个百分点，实现税收收入大幅度增长。国税收入3.05亿元，比增20.6%，净增0.52亿元；地税收入4.5亿元，比增 44.7%，净增1.4亿元。非税收入占财政一般预算收入24.6%，比上一年下降5.85个百分点，呈现财政收入快速增长、收入结构明显优化的喜人局面。

【技术创新和品牌战略成效显著】全区新获批准的省级科技计划项目9项、市级科技计划项目10项，省级工程中心1家、市级工程中心2家，省级民营科技企业2家、市级民营科技企业2家。国家科技富民强县专项计划——“澄海玩具产业技术创新及优化升级示范项目”顺利通过验收。玩具礼品先进制造业基地建设纳入省市区共建项目。“澄海玩具”集体商标加快推介。全年新增有效注册商标631件、专利授权量2197件，广东省名牌产品1个，广东省著名商标11件。

【农业农村经济稳步发展】发放各种惠农政策性补贴约3000万元。投入农田水利基本建设资金7131万元。投资400万元建设区农产品质量检测站。第三期中日友好红树林合作项目种植红树林苗6万株，造林375亩。林改工作扎实推进，已发放集体山林股份权益证书10546本，涉及农户 10536户，面积23110亩。实施国家基层农技推广示范县项目，完成100名技术员和1000名科技示范户培训任务；配备村级动物防疫员200名。全区新增省级农业企业1家，新增农民专业合作社6家。隆都台湾优稀水果产业园区申报得到省农业厅认定。全年实现农业总产值39.7亿元，比增8.1 %；农民人均纯收入4759元，比增11.7%。

【经济社会管理有效加强】全年新登记个体户3614户，个体户规范登记为企业308户，新认定一般纳税人141户。组织开展安全生产大检查，重点抓好城区消防安全专项整治，落实整改企业（个体户）1746家，有效消除安全隐患。凤翔街道火灾隐患整治顺利通过省市的检查验收。打击违法偷采河砂，拆解违法采砂船21只，查扣运砂船4只，拆除输砂带18条。整治造纸、电镀行业，关停年产5000吨以下的造纸企业11家、责令限期治理整改25家。开展市容环境综合整治“百日行动”，动真格整治城市环境，硬手段推行城市管理新体制，改善市民生产生活环境。制止土地违法行为114宗。全区人口出生率8.42‰，计划生育率96.56%，被评为“全国计划生育优质服务先进区”。顺利完成全区第六次全国人口普查登记和数据处理工作。设立澄海“文艺奖”并举办首届颁奖大会。档案事业发展通过省综合评估。加强社会治安综合治理，重拳打击涉枪、涉恶、“两抢一盗”等违法犯罪行为，社会治安进一步好转。高度重视维稳信访工作，及时解决群众合理诉求，化解不稳定因素，社会大局持续稳定。

【和谐社会建设取得新成效】开展扶贫开发“规划到户、责任到人”工作，区财政年度安排230万元专项资金，定点挂钩帮扶222户贫困户。加快校舍建设，新增投资5000万元新（扩）建澄海职教中心、澄海中学、苏北中学、东里中学等四所学校，澄海中学白沙分校建设工程前期工作加快推进。投资1000多万元改善南翔中学等37所学校的办学条件。高中阶段毛入学率91%，顺利完成“普高”达标任务。全面实施义务教育学校绩效工资，解决284名中小学教师“代转公”。投资2400万元建成区博物馆新馆。东里、盐鸿、溪南等6个镇级文化活动中心达到省二级以上标准，建成18个“农家书屋”。区妇幼保健院、隆都和莲下等基层卫生院改扩建工程建设顺利推进。城镇新增就业岗位1.66万个，转移农村富余劳动力1.62万名，城镇登记失业率控制在2.95%以内；出台政策措施并由区财政拨款300万元奖励企业优秀技能、管理人才和优秀务工人员。全面推行政策性农村住房保险工作。推进城乡居民医疗保险，新型农村合作医疗参保率达到99.76%，5.53万城镇居民参加基本医疗保险。解决国有和县以上集体企业“早期离开”人员一次性补缴社会保险费问题，受益人数4130人。

【“星辉车模”成功登陆创业板】2010年1月20日，“星辉车模”在深圳证券交易所正式挂牌交易，这是澄海区继奥飞动漫之后第2家上市的玩具科技企业。本次公开发行A股的数量为1320万股，发行价43.98元/股，对应市盈率91.49倍，募集资金5.8亿元将投向品牌车模生产基地建设项目。

【“骅威股份”成功登陆A股市场】2010年 11月17日，“骅威股份”在深圳证券交易所正式挂牌交易，这是澄海区继奥飞动漫、星辉车模之后第3家上市的玩具科技企业，也是澄海区第6家上市公司。此次“骅威股份”公开发行A股的数量2200万股，发行价29元/股，募集资金6.38亿元将投向生产基地扩建设项目和动漫制作暨营销网络建设项目。

（林东生　林佳昕　吴文伟）

【东里镇】东里镇地处汕头市东北区域中心，韩江支流出海口，潮、澄、饶、澳四市县（区）交界。全镇总面积35.82平方公里，辖22个村（居）委会，总人口8万人。2010年，全镇完成地区生产总值20.5亿元，比增10.6%；工业总产值54.2亿元，比增7.5%，其中规模以上企业产值28.6亿元，比增24%；农业总产值3.36亿元，比增15.8%。农民人均纯收入5130元，比增11.5%；财政总收入6307万元，比增2.3%，其中本级财政一般预算收入2384万元，比增11.8%。经济发展步伐明显加快。“汕头·中国锆城”东里锆材项目河美村近200亩土地的交地和用地手续正在有序推进，后干渠锆业桥已开工建设。金樟工业区用地调整已完成报批程序，世行贷款项目顺利通过世行专家组鉴别。“百人服务团”帮助维新公司解决热电联产机组的认定问题。“特普王”五金工具被认定为广东省著名商标。楠美汽车配件厂改制转让工作顺利完成。全年清理取缔无照经营279户，个体户转为企业13户，纳入一般纳税人管理10户，新增规模以上企业7家。全年查处16宗违法用地并已全部落实整改。林地林权制度改革基本完成，全镇约6000亩山林全面实施股份制。城镇规划建设扎实推进。完成2010—2020土地利用总体规划、旧城区控制性详细规划、近期建设规划、建设用地分区图则、消防专项规划和月窟、北联二个村的新农村规划。金樟路首期工程、文化路大修改造工程相继动工建设。南和六合石丁路完成全线整修续建及路灯、交通标识配套工程，并在国道324线与南和路交汇处设置红绿灯。长安路逐步推进素土路面建设。古港路复线工程已被列入省计划，古港整治工程约完成总工程量的75%。澄海第二消防站已动工建设。东部自来水公司体制改革有序进行，已完成东部三镇股权调整和水价调整，管网改造分步推进。完成五孔桥下穿河涵重建工程。基本完成城乡防减灾工程。各项社会事业成效显著。争取获得广东省规范化学校建设竞争性奖补资金 500万元；投资 400多万元的东里中学新教学楼已经封顶，投资 60多万元的东里小学塑胶运动场已竣工交付使用，投入50万元改善东里四中校园环境。《东里之声》影响力进一步提高，有线电视广播覆盖面逐年扩大。文物普查深入开展，申报的文物项目全部通过省文物专家审定。应急管理体系不断完善，综治信访工作进一步加强，安全生产形势稳定，社会和谐稳定。医疗社保体系不断完善，廉租公房建设顺利推进，“双到”工作扎实开展，社救、优抚安置工作得到加强。村（居）委会换届选举工作稳妥推进。完成镇第六次全国人口普查工作。计生工作成效显著，殡改、侨务、宗教工作得到巩固，武装、工会、青年和妇儿工作进一步加强。

（党政办）

【盐鸿镇】盐鸿镇位于澄海区东北部，潮、澄、饶三市(县)交界地带，总面积37. 71平方公里。现辖9个村(居)委会，人口4.2万人，有旅外侨胞、港澳台同胞近4000人。经济实力持续增强。全年实现地区生产总值6.86亿元，比增12.8%；财税总收入3736万元，比增36.6%；财政一般预算收入1203万元，比增19.7%；工业总产值15.1亿元，比增6.9%，其中规模以上工业产值8.29亿元，比增24.6%。招商引资成效明显，东方锆业、冶良铜业、广东树业增资扩产项目进展提速，“汕头·中国锆城”盐鸿项目征地工作顺利完成。全年全镇工业企业固定资产投资达到1.08亿元。全年申请专利23件，创建广东省著名商标1个。拥有省级高新科技企业1家、省级民营科技企业1家、省级清洁生产企业1家、省级工程技术研发中心1家；市级民营科技企业3家、区级以上农业龙头企业3家。农业基础地位得到巩固。海底养殖、牛蛙养殖、大排东西芹、鸿绿林檎等为支撑的高效农业快速发展，农副产品物流市场不断壮大。全年农业总产值3.85亿元，比增16.3%。全镇粮食种植面积1.16万亩，农民人均纯收入4173元，比增11.5%。全镇年末农信存款余额23644万元，比上年净增3597万元，比增17.9%。村镇建设成效明显。投资60多万元完成三君毒水沟、后底沟桥改建工程、莲花山路改建工程及生水路改建工程的规划和道路测设；投资180万元清淤整治镇性水利沟渠；投资268万元建设新围电排、坛头提水站、建民桥关及相关水利配套设施，进一步改善水利排灌条件。实施全长5.2公里的鸿沟海底田片11KV配电线路首期工程、国道324线镇区路段中沟绿化工程、金鸿公路路灯亮化工程、金鸿公路镇前街平交道口红绿灯交通标志设置。垃圾集中处理有效推进。社会事业全面发展。群众性精神文明创建活动广泛开展，政务、村务公开积极推进，基层民主进一步扩大，社会文明程度不断提高。林改试点、老区建设等多项工作得到上级的肯定和表彰。全面完成镇第六次全国人口普查。投入资金200万元用于盐鸿中学校园修缮，改善办学条件。计划生育工作顺利通过市、区的考核。扶贫开发成效明显，全年各帮扶单位共投入帮扶资金19.5万元。“双到”发放各类社救资金53万元，落实最低生活保障456户1325人，新型农村合作医疗参合率达100%。全年共发放涉农补贴160万元。发放家电下乡和汽车、摩托车下乡补贴91万元。

（党政办）

【莲华镇】 莲华镇位于澄海区东北部，北倚莲花山，南临韩江北溪，东连东里镇，西接潮州铁铺镇,是潮州、澄海、饶平的“黄金三角点”。全镇总面积19.91平方公里，现有人口2.7万人，辖19个行政村，是“二战”时期革命老区镇。2010年，全镇完成地区生产总值1.98亿元，比增12.5%；农业总产值1.63亿元，比增16.7%；工业总产值2.9亿元，比增0.24%，其中规模以上工业产值1亿元，比增14.5%；社会固定资产投资6123万元，比增52%；税收总收入543万元，比增19%，其中本级财政收入275万元，比增20%；农民人均纯收入2985元，比增11.8%。农业经济稳步增长。花卉和食用菌二大农业园区建设顺利推进，投资660万元完成西浦花卉种植功能区80亩示范区的土地平整及配套设施建设，投资500万元完成食用菌园区的道路、排灌系统建设和40亩大棚建设。重点建设优质稻、高值蔬菜、优稀水果三大农业区域，调整优化农业产业结构。粮食生产全面巩固，全镇水稻良种覆盖率达到100%。投资2000万元实施省水利防灾减灾工程。投资168万元完善围内水利工程建设及镇性水利渠系的清淤工作，渠系的排灌能力进一步提高。工业发展态势良好。工艺品、木制品、纸制品等重点生产企业进一步发展壮大，新引进的项目建设顺利推进。总投资7000万元的绿源复合肥有限公司技术改造项目顺利投建，总投资3000万元的广龙塑胶项目厂房已建成并完成生产线设备安装。东鹏塑胶有限公司已完成厂房及配套建设。乡村旅游持续发展。成功举办首届中国（汕头澄海）国际兰花文化节、第二届海峡两岸国兰精品博览会和第三届莲华乡村旅游节，被中国花卉协会兰花分会评为“中国兰花名镇”。积极申报中国特色景观旅游名镇，莲华乡村旅游区4A创建工作顺利通过审定，荣获国家4A级景区称号。精心打造下寨古榕新景点，进一步壮大莲华乡村旅游规模。积极配合做好“太阳岛”休闲旅游项目的规划建设。全年全镇各旅游景点共接待游客50万人次，旅游收入4000万元，比增14%。村镇建设扎实推进。投资500多万元完成隆碧路和东铁路东段4车道水泥路面的扩建工程并完善该路段新型路灯、灯箱、绿化带以及铺设彩砖人行道等配套设施建设；投资50万元开挖东铁路排水道，投入60万元扩建三洲至南美路段3.5米宽水泥路面，投资27万元建设上长宁村道水泥路面，实现自然村通水泥路，群众的生活环境和交通条件进一步改善。生态环境进一步改善。国家级生态示范镇建设扎实推进。非法贝灰窑得到清理整治，污染企业整治力度加大，停产整改溪西凉果厂，解决区域内水污染问题，杜绝重大污染和生态破坏事故的发生。投入18万元种植景观树木，加强镇村主干道路的绿化，美化镇容村貌。

（党政办）

【溪南镇】 溪南镇位于汕头市东北部，北倚韩江，东临南海。全镇辖21个村委会，总面积40.66平方公里，总人口6.6万人，耕地面积2.85万亩，是潮汕重点侨乡之一。2010年，全镇实现地区生产总值20亿元，比增14.9%；工业总产值47.92亿元，比增13.2%；农业总产值6.54亿元，比增13.9%；农民人均纯收入5078元，比增11.6%；工商总税5789万元，比增29.5%，本级财政一般预算收入2147万元，比增30.5%。工业经济稳中有进。区性重点项目洁源垃圾发电厂进入实质性建设阶段；鹤立木工机械公司首期工程已完工；华易塑胶玩具有限公司已经开始试产。华达茂实业有限公司计划投资2000万元进行增资扩产，预计全面投产后年可增加产值2亿元。农业经济进一步发展。农业基础设施建设不断完善，基本完成防灾减灾主体工程建设。投入资金230万元做好水利围内清淤及渠堤绿化整治，改善围内排灌水条件。争取国家、省、市支农资金560万元，改造上岱美、下岱美黄厝草围片区3000亩中低产田，改扩建机耕路4.5公里；改造西社村“东北格”片区农田350亩；建设溪六线末段水泥路900多米。全镇21个经联社全部列入农村财务会计委托代理和财务电算化管理。第三产业快速发展。全镇现有信用村11个，信用村贷款户数540户，全年共发出小额贷款1140万元，其中大部分流入高值农业生产、小手工业及小型服务市场，为第三产业的积累、发展打下坚实的基础。第三产业发展势头良好，全镇果蔬市场、禽畜市场、生活市场、农副产品市场及金鸿公路海产品市场进一步发展，集镇区商贸氛围日益浓厚。文化教育事业不断进步。学校基础设施进一步完善，教学条件和教学水平不断提升。高考上线率达67.8%。各村“农家书屋”建设得到完善，多方筹资200多万元修建东社等9个村的农民公园。溪南灯谜、西社村“开心剧场”、银北村“恒星杯”篮球赛、埭头村“蓬莱公园”等一系列文化品牌逐步形成。工、青、妇及社会各团体的工作协调和谐发展，成绩明显。

（党政办）

【莲上镇】 莲上镇位于澄海区中部，国道324线、省道安澄公路穿境而过，交通便利；现辖8个村委会，面积29.5平方公里，人口5.5万人，其中农业人口4.8万人。2010年，全镇实现地区生产总值12.7亿元，工农业总产值39.46亿元，财政一般预算收入

4517万元，本级财政一般预算收入1788万元，分别比增8.5%、9.6%、28 %和26.4%。工业经济稳步增长。骨干企业规模和科技含量不断提升，广达造纸有限公司投资400万元增设设备和生产线。木子工艺饰品有限公司投资480多万元新建设厂房；彩珀公司产品被认定为“广东省著名商标”。占地面积250亩的莲南工业区莲上三联龙潭片的开发步伐加快，首期开发取得实质性进展。宝供（澄海）国际物流中心选址征地进展顺利，前期各项准备工作基本完成。商贸服务业有新突破。投资2800多万元将上巷村工业道旁的6亩集体用地开发建设成商业一条街。农业经济逐步发展。农科新品种、新技术的引进推广力度加大，农业经济效益提高。投资30万元的省级农机议案建设项目顺利完成。苏溪围江堤、海堤防灾减灾工程进入扫尾阶段。苏南灌区节水工程全面完成建设任务，有效提高渠系的排灌功能。社会保持和谐稳定。矛盾纠纷排查经常化开展，社会治安综合治理得到加强，各类违法犯罪活动受到严厉打击，社会大局保持稳定。造纸行业落后产能的淘汰步伐加快，5家列入关停企业已全面停产。帮扶弱势群体效果显著，全年共发放各类救济金120多万元。扶贫开发“双到”活动有效推进，18户贫困户的生产生活状况明显好转。筹资70多万元对各中小学基础设施和教学硬件进行配套完善。投入20万元增设校园监控设备，创造平安和谐的学校环境。启动莲中路连接金鸿公路工程。永新村鳌鱼舞已入选省级非物质文化遗产名录，并正在申报国家级非物质文化遗产。队伍保持高效纯洁。基层干部执行力进一步提高。启动村“两委”换届选举工作，全面铺开村委会换届选举工作。“两项”制度得到贯彻落实，建成农村党风廉政信息公开平台，党务、政务、村务公开扎实推进。

（党政办）

【**莲下镇**】莲下镇毗邻澄海城区，南靠韩江支流莲阳河，东临南海，西倚凤鸣山，面积56.09平方公里，其中建成区面积9.56平方公里。现辖30个行政村，人口11.03万人。2010年，全镇实现地区生产总值38.91亿元，比增12.6%；工农业总产值153.84亿元，比增26%；财政总收入 5.16亿元，比增14.2%。经济平稳较快增长。全年完成工业总产值147.98亿元，比增26.5%。新增规模以上企业14家，累计达到82家，实现产值123.98亿元，占全镇工业总产值83.8%。全年新增授权专利量396件。宜华木业产品荣获全国地板行业技术创新奖，松炀玩具被认定为广东省著名商标。筹资268万元实施堤围除险加固和围内水利渠系整治；配套投资159万元完成苏南灌区节水工程项目建设。全镇水稻种植面积2.67万亩，亩产497公斤，总产量1.33万吨，优质稻推广面88%；蔬菜种植面积4.9万亩，创产值2.3亿元。全年实现农业总产值5.86亿元，比增15.6%；农村经济总收入12.06亿元，农民人均纯收入5392元，分别比增12.1%和12.2%。城镇化步伐加快。筹资320多万元铺设凤东西路、董窖路二期、端本路、两镇排渠路等镇性道路4条（段）长2.54公里；有18个村共投资910多万元铺设村道混凝土路33条（段）9.48公里。投资138万元铺设洋东工业区、古丁洋工业区区间路990米。投资135万元完成永合路、安澄路莲下段、端本路路灯架设。投资280多万元延伸铺设输水干管1.59公里。丽泽路片区一期商住楼建成投入使用，韩景雅居二期楼盘开工建设。管理进一步规范。全年共侦破刑事案件134宗，查处治安案件261宗，抓获各类犯罪嫌疑人181名。受理信访案件24宗，调处民间纠纷131宗。清理取缔无照经营668户。拆除违章搭建物423处3.2万平方米，及时制止违法用地239宗。关闭造纸污染企业6家，取缔小电镀企业4家。民生事业全面发展。全年发放各类救助款676万元。继续实施“安居工程”，帮助16户危房困难户修建住房。全镇农业人口新型农村合作医疗参保率100%，全年发放住院报销及救助金1340万元，受益农民4096人次。城镇居民基本医保新增1941人，累计5100人。原县属二轻集体企业职工补办社保1020人。投资460万元，完成莲东中学运动场改造，并配套11所中小学教学设施一批。全年人口出生率控制在8.43‰。北湾陈松轩墓被列为市级文物保护单位。

（党政办）

【**隆都镇**】隆都镇位于澄海区西北部，与潮州毗邻，面积34平方公里，现辖14个村委会，1个居委会，其中有7个村（居）委会是“一队多村”，共38个自然村，总人口76132人。历史上为潮、澄、饶三县重要的商品集散地，是广东省中心镇，也是潮汕著名侨乡之一。经济以农为主，主要种植水果、玉米等特色农产品；工业经济基础薄弱，大部分企业属传统型加工型企业，主要从事婚纱礼服、毛织服装、食品加工。2010年，全镇实现地区生产总值6.7亿元，比增9.8%；总税收入3109万元，比增32.4%；本级财政一般预算收入1197万元，比增25.3%。经济总量不断壮大。全年实现工业总产值10.4亿元，比增9.4%；新增规模上工业企业2家，累计达到15家，实现产值3.35亿元，比增21.8%。特色农业得到发展。全年实现农业总产值3.2亿元，比增14.9%；农民人均纯收入3782元，比增11.7 %。农科知识进一步普及，全年共举办各类农民技能培训班40期，培训农民1800人次。隆都镇先后被评为广东省城镇化技术集成应用试点单位、汕头市科普示范镇。基础设施逐步完善。积极配合厦深铁路隆都段建设工程，完成相关的征地拆迁工作。投资220多万元实施江堤加固和排灌沟清淤工程。投资200多万元完成隆都围治韩江堤达标加固工程前期可行性研究。投资200多万元实施水厂三期扩容工程。投资170多万元实施隆南路扩建工程，并铺设4000多米的水泥路面村道。投资118万元实施隆都镇中心卫生院改造工程。投资150多万元兴建农民休闲广场和老年人活动中心、修缮后沟村“丽泽斋”革命史展览室。投资120多万元新建无害化公厕47座。社会事业全面进步。文化建设积极推进，举办隆都华侨史文化研讨会，并完成《隆都华侨志》初稿编撰。前美村民陈健全获得首届澄海文艺成就奖，前美村、陇美村分别获得首届澄海文艺组织一等奖和三等奖。配合区有关部门关闭落后产能企业1家。投资140多万元完善学校配套建设。计生工作取得较好成绩，顺利通过市、区二级计生考核。完成镇全国第六次人口普查工作。全镇农民和居民参保率分别达100%和65%。全年共发放慰问金和救助款600多万元，受补助人数近3100人。

（党政办）

【上华镇】上华镇位于澄海区西北侧，土地面积21.37平方公里，现有人口3.55万人，辖18个行政村，属革命老区，纯农镇。2010年，全镇实现地区生产总值3.84亿元，比增11.3%；工农业总产值10.09亿元，比增5.6%；税收总收入2969万元，比增30.9%，其中一般财政预算收入1212万元，比增27.7%。工业经济稳步发展。全镇工业布局不断优化，工业发展初具规模。一批区性重点工业项目顺利开工建设，星辉车模上华生产基地即将竣工试产，保新利儿童用品实业有限公司建成投产。全年新增规模以上企业1家，全镇20家规模以上企业完成产值4.05亿元，比增22.6%，获得区2010年度规模以上工业增长达标一等奖。效益农业不断壮大。特色农产品珍珠番茄、草莓、菱角、竹笋等经济效益不断提高，特别是珍珠蕃茄远销国内大城市和东南亚多个国家。全年实现农业总产值1.59亿元，农民人均纯收入3098元。投资环境不断优化。投资680万元实施夏岛路1.6公里路段扩建工程，完成华东路山边路段修建工程；投资近200万元完成渡头村自来水管网建设，并入全镇自来水管网，解决渡头片区工业用水难问题；投资50多万元解决蔡厝村和南界村片区群众生活生产用水难问题；投资15万元在澄江公路下陈路段配套自来水加压泵，方便群众用水；着手做好沿澄江公路上都路口至夏岛路口工业排污管规划设计；投资259.9万元实施水利和堤围建设；配合上级大力实施防灾减灾工程建设。社会治安综合治理工作得到加强,安全生产、计划生育、土地管理等社会管理工作有序开展。精神文明创建活动成效显著，镇委镇政府被评为区精神文明建设先进单位，湖心村被评为市级文明村，陇尾村被评为区级文明村，东林美村被评为区级生态示范村。

（党政办）

【凤翔街道】凤翔街道位于汕头市东北部，西南面紧挨汕头中心城区，东面与莱芜岛相连，与南澳岛隔海相望，现辖19个社区居委会。2010年，街道实现地区生产总值46.6亿元，比增12.98%；工农业生产总值134.58亿元，比增9%。特色产业优化升级。塑料玩具、工艺礼品、针织毛衫三大支柱产业实现产值111.37亿元，比增15.4%。多家玩具企业参与区动漫创意产业发展，街道市级以上科技企业总数达到12家，市级以上工程技术研究开发中心总数达到4个。专利申请量888件，专利授权量768件，分别比增89%和85%；天辉、五星、银润等多家企业通过广东省著名商标认定。发展后劲进一步增强。新增规划建设用地面积8592亩，新规划洲畔大塭片工业区面积 400多亩，百二两岭海园区有300多亩土地通过征地有关程序。全年工业固定资产投资4.42亿元，比增110%。汕头市东部经济带塔岗围填海海滩涂养殖补偿工作圆满完成，东门片区旧城改造、凤翔路改建工程顺利推进。投入100多万元整治围内沟渠15公里，加固临溪临海涵闸9座，有效改善农业生产条件。财税收入实现新突破。全年街道财政总收入达到2.96亿元，比增23.7%；财政一般预算收入突破亿元大关，达到1.07亿元，比增22.7%。清理零星税户513户，代征税费40余万元；巨报纳税个体户1215家，比增21%；新增一般纳税人6户，总数达到301户；新增规范升级登记公司58家，新登记个体户847户。社会事业取得新成效。投入1.26亿元整治火灾隐患4万多处，建设一批公共消防配套设施，顺利摘掉省、市二级火灾隐患重点地区牌子。投入671万元修建坝头中学、北秀中学、柴井小学和重建港口小学，配套完善教育教学设施设备。全面完成镇第六次全国人口普查任务。人口计划生育管理工作取得成效，被评为汕头市人口与计划生育先进单位。街道武装部被评为“市先进基层武装部”。工会、妇联、共青团等人民团体工作取得新进展。党的建设进一步夯实。“农村基层党组织建设年”和创先争优活动扎实推进，基层组织建设得到加强，街道再次被评为“汕头市创建好班子先进单位”。

（党政办）

【澄华街道】澄华街道地处澄海中心城区，是澄海区的政治、经济、文化中心，常住人口5.6万人，下辖10个社区居委会。2010年，街道实现地区生产总值28.8亿元，比增16.1%；工农业总产值94.38亿元，比增9.5%；税收总收入2.76亿元，比增36.2%；财政一般预算收入首次突破亿元大关，达到1.03亿元，比增41.9%。经济迈上新台阶。街道现有规模以上企业84家，全年实现工业总产值93亿元，其中规模以上企业实现工业产值48.73亿元，占街道工业总产值的52.4%，同比增长26.9%。拥有全国驰名商标2个，中国名牌产品2个，全国出口产品免验证书一份，广东省著名商标和广东省名牌产品共12个。继奥飞动漫上市后，骅威股份成功上市。全年街道农村双层经营经济总收入4.73亿元；农民人均纯收入5421元，比增11.9%。社会管理得到加强。安全生产监管、环境资源保护工作得到加强。计划生育工作积极稳妥推进。社会保障体系进一步完善。教育质量不断提高。环卫管理新体制改革积极推进。严厉打击“两抢一盗”等违法犯罪活动。文化设施和“农家书屋”建设不断完善。

（党政办）

【广益街道】广益街道位于澄海城区

东北部，辖区面积16.32平方公里，辖11个社区居委会，人口4.1万人。街道紧紧围绕“以工带贸、商旅联动、城乡互促、稳定发展”的工作思路，开拓进取，奋力拼搏，凝心聚力，实现了经济的平稳较快增长和社会各项事业的全面进步。2010年，街道实现地区生产总值17.49亿元，比增16.6%；固定资产投资总额3.4亿元，比增15.2%；农业总产值1.79 亿元，比增16.2%；农民人均纯收入5220元，比增11.5%；财税总收入2.07亿元，比增35.3%；财政一般预算收入8473.4万元，比增36.1%。特色工业强劲发展。海鹏达被认定为“广东省著名商标”；星辉车模、雄业织造、成利塑胶3家公司产品被认定为“广东省出口名牌产品”；星辉车模在深圳证券交易所成功上市，其产品被评为“广东省自主创新产品”，并在全国第九届玩具创“星”大赛中获得金奖；小白龙玩具积极与央视等传媒合作发展动漫文化产业，成功推出《闪电飙车》等四部动漫片。规模以上企业、自营进出口企业不断壮大，全年新增规模以上工业企业6家，累计达到63家；自营进出口企业比上一年增加7家，累计达到32家。2010年，街道实现工业总产值54.49亿元，比增20.8%；规模以上工业企业产值38.51亿元，比增27.9%；外贸出口总额1.61亿美元，比增45%。第三产业发展态势良好。澄海展览中心成功承办第十二届中国澄海国际玩具礼品博览会和第四届中国玩具礼品城澄海展示交易会，辖区商贸物流业、酒店服务业进一步发展。“中信金城”顺利封顶，“星城豪园”正式开工建设，房地产业成为拉动街道经济发展的新亮点。卜蜂莲花购物中心、粤海酒店、科隆千树园等企业运营情况良好，集吃、住、行、游、购、娱于一体的综合产业体系逐步形成。基础设施建设取得新进展。全力配合加快澄江公路扩建工程和城乡水利防减灾工程建设等重点基础设施项目建设，基本完成拆迁工作任务，工程建设稳步有序推进。积极实施登峰路延伸路段水泥路面建设，进一步完善道路交通网络。龙田龙江生活市场正式动工建设，可望于2011年上半年建成交付使用。社会各项事业日新月异。全年共发放大米、食用油、棉被等慰问、救济物资一大批，发放慰问金、救助金合计214万元。社会保障体系进一步完善，全街道共有低保户294户、911人。，全街道新型农村合作医疗参合覆盖率继续保持100%，参合人数28581人，全年报销补偿总金额约269.5万元。全年新增城镇居民参保户364户、1100人，参保率达到68%。爱国卫生运动广泛开展，疾病防控及儿童计划免疫日常工作有效落实。

（党政办）

附1: 2010年澄海区党委、人大、政府、政协和纪委主要负责人名单

区 委 书 记：郑家汉
区人大主任：郑家汉
区　　　长：陈少麟
区政协主席：陈细雄(至3月)
　　　　　　曾为民（3月起）
区纪委书记：黄辉忠

附2：2010年澄海区国民经济发展情况

项目	单位	2010年指标
年末户籍人口	万人	74.6
其中非农业人口	万人	17.1
规模以上工业总产值	亿元	377.5
农业总产值	亿元	39.5
外贸出口总值	亿美元	11.3
外贸进口总值	亿美元	1.7
社会消费品零售总额	亿元	89.4
固定资产投资	亿元	43
地方财政一般预算收入	亿元	10.77

地方财政一般预算支出	亿元	16.9
合同利用外资	万美元	397
实际利用外资	万美元	407

濠江区

【简况】濠江区地处汕头港湾南岸，因有蜿蜒濠江贯穿全境而得名，2003年1月经国务院批准设立。辖达濠、礐石、广澳、马滘、河浦、玉新、滨海7个街道共60个社区居委会和3个渔业联社。东南濒临浩瀚南海，北隔礐石海与金平区、龙湖区相望，西与潮阳区接壤，总面积134.88平方公里，2010年末总人口近28.3万。区委、区政府驻达濠街道府前路。

濠江区位优势得天独厚，是汕头市规划建设三大经济带中的工业经济带和生态经济带起点。汕头保税区、华能电厂、欧亚海底光缆亚洲登陆站、国际通讯卫星地面站和广澳深水港等一批事关汕头发展大局的重点建设项目均在境内。汕头海湾大桥、礐石大桥飞架城市南北，磊口、濠江等3座大桥贯通深汕高速公路和324国道，与磊广公路、南滨路、达广大道、河浦大道等主干道形成纵横交错方便快捷的公路交通网络。区域三面临海，海岸线92.8公里，有深水港湾、浅水海滩20多处。其中广澳港为粤东唯一的天然深水良港，是汕头港群规划建设的中心港区和国家对外开放一类口岸，也是大陆首批对台直航港口，已开通地中海、中东和国内沿海城市等多条航线。境内多处浅水海滩，已形成以牡蛎、江蓠和高位养虾为主品种的海水养殖示范基地。这里历来是广东重要的渔港和原盐产区，达濠渔港为国家一级渔港。海洋产业和港口经济的发展潜力巨大。

濠江区依山傍水、风光旖旎，是汕头旅游资源最为集中的区域，生态环境位于全市前列。汕头市仅有的两个国家4A级旅游风景区礐石风景区和中信度假村酒店均在境内。青云岩风景区享有粤东“海国风光第一山”美誉；历史悠久的青云禅寺、达濠古城为市级文物保护单位，叠石岩、古炮台遗址和大批特色古民居、古建筑见证了历史沧桑。濠江人文底蕴深厚，产业门类齐全。明清时代已成为粤东对外交流与贸易的重要窗口，是潮汕地区著名文化古镇、著名侨乡和建筑之乡。内源型经济和外源型经济活跃，拥有达濠工艺制品、礐石建筑产业和河浦水产养殖3个省级技术创新专业街道和玉新珠宝市级技术创新专业街道称号。礐石、滨海街道又分别被确立为广东省城镇化技术集成应用试点和新农村建设科技示范街道。

濠江区地势平坦开阔，人均土地面积较大，是汕头工业用地存量最多的区域，为大办工业和其他产业提供广阔的发展空间。至2010年底，省示范性产业转移园（濠江电子电路工业园）基础设施建设基本完成；南山湾科技园、大三联工业区过溪洋片区、塔头危险品仓储区、广澳物流园等的规划和建设取得重大突破。2010年还成功与中信集团建立战略合作伙伴关系，将投资超500亿元开发建设中信滨海新城。

【国民经济】2010年，完成地区生产总值65.61亿元，人均生产总值达到24300元，全社会固定资产投资总额22.8亿元，财政总收入95140万元，一般预算收入2.52亿元，外贸出口总额2.44亿美元，社会消费品零售总额25.32亿元，建安总产值49.88亿元，建安房地产税首次突破2亿元大关，全年建筑外税转移超1亿元；外贸出口总额2.44亿美元。

【工业稳步发展】2010年，实现工业总产值144.07亿元，其中规模以上工业产值111.36亿元。全年新引进电子信息、机械制造、生物医药等22个生产项目。一些大型骨干企业发展较快，其中，华能电厂实现产值29.29亿元，增长8.6%；华南矢崎实现产值7.64亿元，增长15.8%。医药、电子机械、服装加工和建筑材料等传统产业更呈发展态势，2010年分别增长88.23%、36.5%、18.08%和108.23%。英联易拉盖、华泰钢构、万安纸业等重点工业项目也建成投产，进一步提升全区的工业总量和发展后劲。

【农业结构优化】2010年，完成农业（包括海洋产业）总产值8.02亿元，渔业实现产值48511万元，占农业总产值比重60.5%，成为农业的主导产业。全区现有水产养殖面积2698公顷，其中海水养殖面积2540公顷；高位池新增温棚养殖面积260亩，总面积达到310亩，初步形成高位池对虾规模化养殖，并提升其效益和档次。全年全区投入资金850万元改造老化池塘养殖面积2200多亩。加快捕捞渔船升级改造，区放钓渔业联社投资近千万建造2艘钢质渔船投入深、远海捕捞生产；国家一级渔港达濠渔港建设准备工作提速，部分事项已进行招投标开展运作。同时规划配套海峡西岸汕台海洋产业园区，为海洋产业提供有序发展空间。农业标准化生产和农业企业的生产持续取得成效，全区现拥有3家市级农业龙头企业和3家区级农业龙头企业；全区有华新、岗背居委蔬菜基地、红光居委杨桃园、区农科所蔬菜基地等4个部级农产品无公害生产基地和鹏华科技有限公司1个省级农产品无公害生产基地，拥有“澳士兰”“金寿”2个国家绿色食品商标和“翠绿”、“赤丰”、“翠玉”、“绿康”、“鹏华”5个无公害农产品商标。

【经济开发建设】2010年，加大投资招商和投资项目服务力度，成功引进中信集团作为濠江城市建设战略合作伙伴。在市举办的“山治会”上，双方签订战略合作框架协议。中信集团将投资500亿元规划建设中信滨海新城，配合建设包括苏埃湾过海隧道等一系列基础设施。濠江的城市化进程和城乡统筹发展，将进入实质性运作阶段。此外，启用企业“一站式”服务大厅和网上服务模式，推行办事“零拒绝、零障碍、零拖延”三零原则，强化行政监督，提高机关服务效能，全年共核准备案工业、物流项目14个，计划投资总额5.1亿元。全区48项重点投资项目实际完成投资10.48亿元，占全区固定资产投资总额的45.96%，其中工业投资项目30项，完成2.04亿元，服务业投资项目6项，完成投资2.23亿元，市重点建设项目投资计划完成进度排名全市第一。园区开发建设提速，省产业转移园（电子电路工业园区）东片区已完成地下管道铺设和路面平整，2010年完成基础设施投资7928万元，累计完成投资37424万元，占项目计划投资总额的96.4%；台商投资区完成土地平整和启动地下管道建设，并于7月份启动落户项目土地招拍挂，至年底基本完成园区基础设施配套建设；南山湾科技园园区平整工作持续推进，已有5家从事光电传导材料、金属制品、环保包装材料、高端纺织原材料和精密铜件加工的企业签订投资协议，计划投资总额18.6亿元；大三联过溪洋片区、塔头危险品园区落户项目建设进度加快。服务业发展有新突破，中石化年度销售额已突破10亿元；作为打造粤台经贸试验区的又一新平台，广澳物流园区已完成控制性详细规划编制，园区内落户仓储物流项目加快投资建设；海峡西岸汕台海洋产业区等一批新兴服务产业项目加紧实施筹备工作。科技创新能力提高，全年组织申报省、市科技计划31项，其中，省级12项，市级19项。全区专利申请量、授权量全年分别达到310件和171件。积极实施品牌培育战略，拥有“卫伦”“民生”“嘉利好”等一批省著名商标。至2010年底，全区民科企业共有41家，其中高新技术企业2家，软件企业1家。

【城乡规划建设】抓好用地调整和空间拓展，先后完成《台商投资区控详规划》、《南滨—葛洲片区控详规划》等6个园区规划编制并着手编制《濠江国际度假概念性规划》、《濠江区旅游总体规划》等6个发展规划。初步完成中信滨海新城概念性战略规划和南滨片区城市设计工作。“十一五”期间配合市启动的广澳深水港及疏港大道、南区污水处理等重大基础设施铺开建设，南山湾产业园区等园区“五通一平”基础设施配套大力推进，已完成大部分的建设投资；中国（汕头濠江）电子电路工业基地（省转移工业园）基础设施建设基本完成。与此同时，完成磊广公路、安海路、河中路的美化绿化和河浦大道等市政干道的改造修建，并全力推进主次干道亮灯工程。全面完成行政村通水泥路工作；濠江东西岸堤围达标加固工程累计完成投资16920万元，完成计划总投资的95.78%，工程基本完工；推进环境整治工作，完成青洲垃圾压缩转运站和河浦临时垃圾转运站建设，从2010年3月开始，全区范围展开清垃圾、清淤泥、清路障的“三清”环境大整治行动。全年斥资逾2亿元，在全区开展“八个一”工程建设（即每个社区建一个休闲小公园、一个文体活动场所、一个老人活动场所、一个公厕、一个垃圾转运站、一条进村大道、一个公共汽车候车亭和一个村道巷道亮灯工程)，城乡环境得到较大改善。

【社会民生事业】2010年，全区新增就业岗位3000个，下岗再就业2400人，农村劳力转移就业9500人；城镇登记失业率控制在2.9%以内，圆满完成市下达的任务。教育事业有新发展，“十一五”期间投入教育建设资金7378万元，改建扩建达濠华侨中学、广澳初级中学、达濠二中等中小学校6所，新增校舍面积4.14万平方米，在建校舍0.89万平方米。加快普及高中阶段教育，高中毛入学率提高到2010年的77.10%。继续开展“爱心助圆大学梦”等扶贫助学活动，累计募集社会各界资金225.16万元，资助贫困学生201名。2010年全区在校学生达到51562人，中考录取率和高考上线率分别达到83.67%和88.95%；着力解决“代转公”教师问题，基本落实教师绩效工资，提高教师待遇。医疗卫生保障进一步提高。新型农村合作医疗向全区覆盖铺开，至2010年底，全区参加农村合作医疗19.29万人，参合率达98.55%，覆盖了全区7个街道53个村居；农村五保户、贫困人口实现100%参合。推进华侨医院新住院楼的筹建工作和医疗设备的配套完善；完善农村医疗网点建设，全区七个街道社区卫生服务中心全部建成投入使用，基本公共卫生服务水平得到提升。社会保障基本实现应保尽保，2010年全区列入低保对象2873户共5995人，发放低保金800多万元。2010年救灾救济1500户共4000人，解决其衣、食、住等问题；加大扶贫开发力度，由区级50个单位挂钩联系49个社区的358户贫困户，全年共筹集资金及物资折合共25万元帮助脱贫，按年度规划已解决108户贫困户的脱贫问题；落实城镇低收入住房困难家庭住房保障工作，2010年为331户家庭发放租赁住房补贴；完成32个涉农社区供水直抄到户改造工作，群众用水安全得到充分保障。计划生育和殡葬管理工作扎实推进，2010年末人口出生率、人口自然增长率分别为9.81‰和5.45‰，均在市下达的控制指标之内；殡葬管理实现100%火化。强化社会治安综合治理，2010年围绕“平安亚运”安保工作要求，建立健全严密的社会治安防控体系和群防群治机制，严打各类犯罪，打造“平安濠江”品牌，建立和谐发展环境。“十一五”期间，全区三级文化网络建设扎实推进，配套建设区文化活动中心、广东流动图书馆濠江分馆、文化资源信息共享工程濠江支中心，以及4个街道文化站、29个农家书屋等一批文化设施，利用民资民办举办节日文艺巡游、“书香飘万家”读书月等多彩多样的文化活动，文化惠民工作不断深入。此外，优抚安置、老龄、慈善和社会福利事业得到加快发展。

【对外贸易】2010年，全区外贸进出口总额达33333万美元；其中，进口总额8897万美元；出口总额达到24436万美元。三资企业出口11722万美元，华南矢崎汽车配件完成出口额6932万美元。一般贸易完成12714万美元。合同利用外资金额3513万美元；实际利用外资137万美元。外贸企业增资扩产意愿强烈，华南矢崎投资500万元扩建电动车电线束生产线，凯丰纺织服装增资50万元增设纺织产品生产线。企业积极开拓国际市场，2010年春秋两届广交会全区参会38家企业共获取分配性摊位77个，总成交额达4354.5万美元，摊位数和交易成果再创历史新高。

【政府建设】2010年以来，着力推进行政体制综合改革试点工作，并得到省编办专家团队的大力支持，在更高的起点上推进改革，取得阶段性成果。以“请进来”的方式与华南师范大学等高校合作，启动“干部大培训、素质大提升”工程，对全区干部和教师队伍进行大规模、全方位培训。强化财政预算执行监管、融资平台监管和项目跟踪审计，对各项重点工程从质量到资金使用情况进行全过程监督，干部廉洁从政意识不断增强。加大政府信息公开力度，完善政府网站服务功能，不断增强工作透明度。推进社会法制建设，普法教育、法律服务和法律援助工作扎实开展。

【礐石街道】位于濠江区西北部。东连濠城，西、南面濠江，与河浦、玉新等街道毗邻，北临汕头港。总面积35.9平方公里，总人口5万多人。辖珠浦、葛陈、葛朱、茂南、茂北、头村、中村、尾村、礐石、红光、红旗、红星、磊口、棉花、松山、澳头16个社区居委会。区域内有国家4A级礐石风景区、市级巨峰风景区、澳头天然次生红树林生态区、天坛花园和茂洲岩等名胜景点，有英国领事馆等多处文物史迹，有砂浦酥糖、澳头膏蟹、红光杨桃、红星金笋等名产特产。为广东省“城镇化技术集成应用试点”单位和省技术创新建筑专业镇。卫伦生物制药企业，是国家高新技术企业。2010年，完成规模以上工业产值 31.2亿元，农业产值1.3亿元；工商税收7750万元（不含华能电厂），其中区级库1250万元；社会固定资产投资总额3.8亿元；实现社会商品零售总额6.4亿元；农村人均纯收入5288元。产业发展提速，全年共引进金晖机电、明达化工、民英工艺、振晟化工、龙光化工等工业企业8家，累计投资5000多万元。有万安纸业、珍福化建、得源燃气、松田电子、隆源实业、濠星印刷等20多个投建投产项目。工业企业继续保持良好生产态势，全年新增规模以上工业企业5家，增资扩产4家。大三联工业区和塔头危险品库区开发建设加快推进，完成塔头危险品库区道路和管廊等配套设施的规划设计，启动园区道路等建设以及周边400多亩土地的修编、征用。围绕“一湾两岸”和濠江新城建设，扎实做好前期相关工作。推进珠浦巨峰景区建设，实施葛陈高速公路出入口周边环境整治等。“三农”工作得到巩固，全年共种植粮食7905亩、产量3622 吨，水产养殖6825 亩、产量6578 吨。完成涉农社区山林集体林权制度改革。协调做好濠江堤围等农田水利建设，完善农业基础设施。发放种粮直补、农资综合补贴、汽车下乡补贴等各项强农惠农资金42万多元。推进“规划到户，责任到人”扶贫开发工作，共筹集资金600多万元，帮扶建设公益项目15 个，发展集体经济项目4个，并有50%以上贫困户实现脱贫。社会管理不断强化。较好完成全年四次计生集中服务的工作任务。继续加强殡改工作的巡逻、监控。依托街道综治信访维稳中心以及各社区综治工作站平台，及时排查和化解各类矛盾纠纷。环境整治深入推进。严格按照区“三清”（清垃圾、清淤泥、清路障）整治要求和标准，开展卫生综合整治；建设头村、中村、尾村3个临时垃圾转运点，三联片区和礐石片区垃圾压缩站启动建设前期工作。全年共投入资金3000多万元，建设和完善“八个一”项目45个，累计完成“八个一”项目85个。基本完成涉农社区供水直抄到户改造工作。全年共筹集资金（含物资）29万元，开展春节、中秋等重大节日慰问4场次1956户5895人。扎实开展社区党组织建设年活动，依法按章完成澳头等8个社区党支部的换届选举工作，珠浦社区开展中层干部竞争上岗，珠浦、葛朱、茂南等社区对外公开招聘大学生村官。开展提高党员干部“执行力、公信力、综合力、业务力和写作力”的教育培训工作。全年共发展党员15名，转为中共正式党员27名，吸收预备党员17名，培养入党积极分子37名。结合纪念建党89周年活动，开展走访慰问困难党员等系列活动。推进基层民主政治建设，成立珠浦社区党代表工作室。

【达濠街道】位于濠江区中北部，为濠江区委、区政府所在地，是区的政治、经济和文化中心。东与汕头保税区毗邻，西到深汕高速公路达濠路段，南濒濠江，北接海湾大桥。总面积23平方公里，人口74143人，还有旅外侨胞、港澳台同胞近3万人。辖濠滨、达濠、赤港、达埠、青篮、赤隆、青林、青盐、葛洲、西墩10个居委和包帆、放钓、蚝业3个渔业经济联社。深汕高速公路穿过境内，主要公路干线磊广公路连接324国道，濠江大桥沟通潮阳等地，水陆交通方便。街道办事处驻达濠府前路。区内有青云岩风景区、达濠古城、金兰观、西山古寺、双泉寺及市爱国主义教育基地“万人冢”等名胜景点。有达濠（达埠）鱼丸、达濠（达埠）米润、达濠糖葱、葛洲“朴仔”（番石榴）、葛洲杨桃等名产特产。“彩蛋”、首饰纸盒等手工艺品蜚声海内外。辖区内有中学2所，小学7所，幼儿园17所。濠城影剧院、工人文化宫、图书馆等文化场所。还成立潮乐社、书画社，是省体育先进街道，市民族民间艺术之乡。2010年，街道完成规模以上工业总产值14.3亿元，完成区级库税收1030万元。农村人均纯收入4478元。辖区内有工业企业120家，其中规模以上33家。主要产品有工艺制品、塑料、包装印刷、化妆品、食品、建筑和物流等七大类。年内，街道全力加快工业园区的开发建设进程，积极协助有关部门办理调整用地手续。青篮工业区控制性详细规划已获市规划局和市政府常务会议审议通过，“叠石洋”工业园项目也取得新进展；积极申报多元化技术创新项目，已顺利通过市科技局的审批，并上报省科技厅。同时，进一步提高工艺品牌知名度。积极组织企业参展广交会，送展7270件（套），成交额2655万元，达成意向成交额约560万美元；全力培育经济增长点，力促物流、建筑、渔业、特色种养殖业等行业增资扩产，进一步增强市场竞争力。年内，帝远海运有限公司投资建造的两艘2.5万吨级散货船投入运营，公司总运力已达到15.5万吨；放钓联社筹资建造两艘钢质渔船正式下水。社会管理进一步推进。实现计生殡改城管等社会管理工作制度化、常态化；全力维护西墩等辖区社会稳定；全力做好民生民安工作，推进劳动力转移就业，大力开展扶贫助学、扶贫送温暖活动，深入开展“八个一”工程建设和“三清”整治活动，推进新兴街、永濠街、报公路等改造建设，完善公共设施配套。党建工作，以创先争优为主线，通过健全制度，规范行政管理，增强服务意识，不断优化街道社区对外服务窗口形象，坚持创新思维，推动重难点问题的突破，增强服务群众的能力。加强基层党员队伍作风建设，以开展“党组织建设年”、“我是党员我承诺”等活动为载体，全面推行党员服务承诺制度的实施，建立健全机关基层党组织和党员约束管理机制，切实提高服务经济、服务群众、服务基层的能力，不断推进党的先进性建设；积极推进后备干部的选拔和培养，提高基层组织的整体战斗力。

【马滘街道】位于濠江区南部，东临濠江，南濒南海，总面积7.8平方公里。总人口近3万人，6100多户。辖海星、海光、海明、和社、马滘、凤岗、南山7个社区居委。现有耕地面积1600亩、盐田1.6万公亩、海滩塗2000多亩、堤围长近8公里。马滘片区的传统产业结构为“耕三渔七”，群众主要经济收入靠盐业、捕捞业、养殖业。基础设施建设日臻完善，已完成“一桥三路”建设，即濠江大桥和达南路、大众路、河中路（马滘段），形成了马滘交通循环网络。辖区内文化旅游资源丰富，渡江亭和炉柜寺为老潮汕八景之一。南山湾风景旖旎，沙滩洁白，海水洁净，是发展休闲观光旅游的好地方，也是2010年濠江区十大人文景观评选入选项目之一；“凤岗妈”等民俗活动独具特色。2010年，完成工农业总产值43372.6万元，其中工业总产值38375.3万元，农业总产值4997.33万元，全社会固定资产投资总额35005万元，社会商品零售总额18440万元。全年工商总税完成1466.43万元，其中，区级库税收300.91万元。经济建设平稳发展，在建项目加速建设。“英联易拉盖”累计完成投资1.5695亿元，于10月份竣工并投产；“添乐化妆品”累计完成投资5975万元；“华仑科技”累计完成投资2962万元；“明盛发建材”项目已全面完工，进入设备调试阶段；金辉濠工艺厂增资扩产新址全面竣工，于1月份正式投产。年内，汕头市濠印工艺厂落户辖区内洋背仔工业区，有效盘活洋背仔15亩闲置工业用地，项目预计总投资3000万元；海鹏手袋厂增资扩产。借助濠江新城规划，全面清理控制濠江沿岸相关用地，主动融入濠江新城开发建设并做好辖区内新城规划有关前期准备工作。积极配合做好南山湾工业园、疏港大道建设项目的征地、拆迁、补偿、安置等工作和南山湾休闲绿道建设、南山湾工业园区生活服务配套小区建设。随着新财税包干方案的实施，抓好现有骨干企业和新办项目等主体税源的培育，重点研究发展工业、建筑业税源经济，大力培育发展税源经济新增长点；充分调动各级依法转移外税的积极性、主动性和能动性，依法组织建筑企业所得税转移，确保能按月、按季、按年完成区下达的任务；大力组织加强非税收入，依法拓宽开源渠道。社会管理大步推进。计生、殡改工作日臻规范化。全面落实好层级动态管理，严格执行人口和计划生育信息化应用管理制度，建立完善计划生育利益导向机制和以控制性别比升高为重点的综合治理工作机制，努力向市人口和计生一类地区靠拢。2010年共落实“四术”264例，其中结扎70例（其中纯二女结扎18例），征收社会抚养费31.76万元；殡改工作围绕火化率达到100%的目标，加大日常监管力度，不断提高群众执行殡改政策的自觉性，全年完成火化率任务的 86.7 %。建立健全群防群治机制。进一步完善街道综治信访维稳中心和各社区综治信访维稳中心工作站的规范化建设，规范运作流程，发挥中心“扇形”调处平台作用，化解不稳定因素，维护社区的稳定。全年全街道共发生刑事案件6宗，查处治安行政案件10宗，抓获各类违法犯罪嫌疑人14名，调解民事纠纷30 宗，调解成功29宗；到综治信访维稳中心上访16宗，办结16宗。加强安全生产和消防安全工作。坚持“以人为本，安全第一，预防为主，综合治理”的工作方针，落实责任制，健全安全生产监管体系。首次开展消防安全生产实操演练。社会事业全面进步。全力以赴推进各社区“八个一”工程建设，取得阶段性成效。同时，深入开展“三清”环境整治，倡导文明生活方式，村容村貌大为改观。2010全街道共有64名贫困大学、高中生和学习成绩突出的学生受到资助与奖励，累计发放扶贫助学奖学金达9.56万元，比上一年增加0.81万元。全街道6个涉农社区居委共有18806人参加新型农村合作医疗，参合覆盖率达到99.5%以上。注重实效加强党的建设。扎实开展创先争优、“我是党员我承诺”和社区党组织建设年等主题实践活动。全面开展社区“两委”创建好班子年底考评和述职述廉考评活动。加快步伐建设高素质基层党组织带头人队伍，为换届选举奠定基础。加强社区后备干部队伍建设，确定社区后备干部22名。全年共发展预备党员5名，培养入党积极分子9名。

【广澳街道】位于濠江区东南部，东、南濒临南海，西以濠江为界，北与达濠街道接壤，总面积约26.7平方公里，海岸线长23公里，域地大多为山地或荒沙地。磊广公路、省道337线和广达大道纵横境内，具有得天独厚的地理优势。辖广澳、东湖、埭头、三遼、溪头、大蔚、河渡等7个居委会，总人口33119人，其中农业人口10100人。汕头保税区、广澳深水港区、南区污水处理厂、华润风能、柯士达商贸有限公司、中石化汕头塑化物流项目、汕头市委党校以及汕头职业技术学院、粤东高级技工学校等重点单位坐落境内。自然资源和海滨旅游资源优势明显。广澳湾，临近国际航海线，水深域阔，腹地充足，是汕头市唯一可营建10万吨级以上深水码头的天然良港。海区有广阔的渔场，盛产各种优质鱼类和贝壳类。近海和海滩涂适宜海水养殖，东湖紫菜为特色物产。辖区内有河渡天然海滩、海悦度假村、河渡营盘山宋代威武寨、莲澳炮台、广澳炮台、河渡炮台、妙法寺、广澳大山表角风车群等名胜景点。2010年，街道完成工业总产值20.34亿元，其中规模以上企业完成工业总产值15.33亿元，完成农业产值3617万元，渔业产值10301万元，完成固定资产投资总额4.0亿元，社会零售总额22302万元，完成区级库税收515万元，工商总税收2655万元。经济健康有序发展。街道紧紧抓住经济升温的有利时机，着力改善投资环境，致力招商引资。重点是加大土地资源整合利用力度，围绕物流仓储，石化中下游产业等进行招商；及时帮助解决柯士达贸易物流、中石化塑料仓储、中炬塑胶二期等项目在建过程中碰到的困难问题，推动加快发展；做好优质服务，帮助现有的企业解决增资扩产和产业发展问题，把企业留住并落实增资扩产，增强发展后劲。推进集体林权制度改革，明晰集体林地使用权和林木所有权，维护农民权益，调动广大群众造林育林护林的积极性。林改总面积2560公顷，受益群众7075户，共计31065人。按时按质完成第六次人口普查工作任务。整个普查工作的认真细致和良好成效，受到区人普办领导的好评。社会管理和民生事业呈现新局面。2010年，共落实“四术”280例，其中放环183例，结扎97例（纯二女结扎13例）；殡改工作，严格管理，强化落实，全年共火化139例，100%完成年度任务，平毁“生基”5穴，复绿面积150平方米；投入大量人力、物力和财力建好街道综治信访维稳工作中心，并充分发挥职能。为片区群众排忧解难，全年共接到群众来信来访11宗、办结11宗，协调处理居民矛盾纠纷30宗，调解率100%。综治信访维稳中心接受省考核获得97.9分的好成绩；安全生产管理工作，重点加强对危险源的监控，按程序、依规定落实措施整改存在安全生产隐患的企业，全年检查、整治规模以上企业、商场、小档口等32家，落实整改25家，整改率达到100%；推动“八个一”工程建设活动有序开展，已有两个社区完成“八个一”，三个社区完成其中的“七个一”；积极投入“三清”环境整治活动。全年清理垃圾、路障、淤泥等14.8万立方米，铲除露天厕池80个，各社区环境卫生面貌有较大改观；全年资助和慰问大中学生、困难儿童及单亲特困母亲、困难党员等241名（共40640元），解决辖区内就业困难人员、零就业家庭及大中专毕业生就业100多人，落实“双到”帮扶对象115户、党员联系户262户，投入190万元完成首期从埭头社区至广澳中学大门前道路的建设，于7月通车。党建工作方面。深入开展创先争优活动；招录和培养后备干部2名、工作人员1名；顺利完成7个社区党支部的换届选举工作；认真开展纪律教育学习月活动；组织开展“我是党员我承诺”活动，全街道516名党员共承诺事项200余件；全年入党积极分子共32名，发展新党员8名；加强对非公党组织的工作指导力度，达辉食品、裕丰纸业、鸿泰养殖、彩富精铸4个非公党组织分别配置了党员活动室和党内刊物，为党员的活动提供平台，非公党组织中入党积极分子7人，其中条件成熟的2名入党积极分子吸收为中共预备党员。

【河浦街道】位于濠江区西部，总面积30平方公里，人口38737人。辖河东、河南、河北、楼下、肚桥5个社区居委会。街道属纯农地区，有叠石山等旅游景点，河浦剪纸、河浦英歌等潮汕民间文化艺术独具特色；中信高尔夫球场坐落于境内。现有农田保护区3700多亩,耕地1000多亩，主要以种植水稻及薯类作物、养殖虾蟹等为经济来源，三屿围养殖面积达6885亩，外围塭田1200亩。2010年，街道完成规模以上工业总产值17840.9万元，农业总产值6844.8万元，社会商品零售总额29502.1万元，固定资产投资额 12091万元。继续做好招商引资工作。香港集味村集团丹樱山庄生态园、珍妮路家具家饰、金嘉诚马赛克、汕头市悦泰浓缩茶和广东宝贝儿婴童用品等项目均顺利落户街道辖区。按区部署，经努力协调，理顺大三联过溪洋片区用地遗留问题并落实土地补偿资金，片区平整和道路建设正有条不紊开展。全力推进环境卫生整治工作，开展社区的“三清”卫生整治活动，扎实推进“八个一”工程建设，推进进村大道的修补建设，全面完成社区进村大道亮灯工程建设，启动建设社区休闲小公园，完成垃圾转运站和公交车亭的选址工作等。街道新型农村合作医疗参保率达到98.5%。街道向区慈善总会申请重病困难救济有50人，领取救济金约95000元。年内，发放计生宣传资料3.6万份，利用区人口计生网站、河浦家园网站和基层的有线广播，大力宣传计生法律法规和相关知识，举办3场计生政策法规宣传咨询和生殖健康义诊活动。街道与各社区居委会签订《殡改责任书》并进行考核、通报；定期不定期地在辖区范围内对做“生基”、修祖坟、乱埋乱葬、偷尸土葬等各类违规现象进行清理整治。做好第六次全国人口普查工作。全街道辖区户籍人口共38737人。继续实施“手牵手培训就业”计划。全年，街道组织各社区劳务负责人到各企业参观10次，举行招聘会2次，每场均有招聘企业40家，共招聘135人，达成就业意向60人。8月28日，街道举行第六届大学本科生奖学大会，共奖励大学本科生66名，总奖学金19.8万元。6年来累计奖励大学本科生264名，发出奖金达80万元。在街道关工委的牵头下，各社区关工小组于国庆前夕在辖区中小学校共举办奖学助学活动15场，奖励中小学生820名，奖励体育文娱器材600多份。

【玉新街道】位于濠江区西南部。东接马窖街道，西与潮阳区、河浦街道接壤，南界滨海街道，北临濠江。总面积13平方公里。辖玉石、岗背、燎原、灯塔、黎明、下衙6个社区居委会，总人口2.1万余人。为珠宝市级技术创新专业镇和省无公害农产品生产基地。2010年，完成规模以上工业总产值 5.5亿元；固定资产投资 28010万元；工商税收总额1602.7万元，折成区级库298万元。围绕经济发展目标，抓好推进重点项目建设、大力招商引资、优化发展环境和扶持农业产业发展四项工作。帮促“宏俐电子”做好土地审批手续和投建前的准备工作，按照把电子电路工业作为街道主要产业的规划思路和企业扩大规模的要求，将130亩新征用的土地作为企业第二期建设用地并已完成审批手续。帮促南永油脂、楠成化工、永成油墨等企业推进投建工作。南永油脂企业进入厂房建设阶段，该项目已列入国家投资计划，并获得国家补助资金250万元；楠成化工项目已完成土地平整工作，进入厂房建设阶段。永成油墨项目完成三项环评工作、钻探和施工设计工作，于年底动工建厂房。招商引资成效显著。新招引现代服饰、明星生化、桐源工贸3个项目，新增规模以上工业企业2家：宜华木业和凯丰制衣。不断优化发展环境。电子电路工业基地综合配套服务区建设项目于6月份完成设计工作，正在向省市国土部门申报用地审批；电子电路工业基地“五通一平”和园区内8条道路配套建设顺利推进；灯塔居委积极争取市、区国土、规划部门的支持，在河浦大道东侧规划12亩工业用地，街道辖区的发展空间进一步扩大。加大对农业经济发展的扶持力度，大力整修水利设施，引导农民发展“三高”农业。全年争取省、市农田整治专项资金共160万元，整治农田受益面积近2000亩。关注民生民安，社会事业全面进步。加大计生管理和服务工作力度，计生宣传工作共投入43万元，建设玉石社区人口计生文化宣传活动广场、岗背社区的计生“宣传一条街”和河中路路灯杆固定标语牌等；强化措施推动殡葬管理工作整体水平的提高。加快骨灰楼建设可行性论证，把该项目作为为民所办的一件好事实事来抓；推进综治信访维稳工作。充分发挥街道综治信访维稳中心作用，通过接访、下访、约访、探访等方式，加强对信访问题的调处。全年共调处解决23个上访问题；加强社会治安综合治理工作、校园周边安保工作、重大节假日的矛盾纠纷排查工作、落实安置帮教和社区矫正工作以及安全生产和消防工作；全力开展社区“八个一”工程建设和“三清”环境卫生整治活动。投入108万元建设河浦大道、河中路亮灯工程，该工程获区人大常委会好评。“八个一”工程总体进度排列于全区第一位；积极做好扶贫助学工作。全年共争取助学金35.64万元，资助贫困学生231名；加快自来水直抄到户工作，解决饮水难问题。至年底全街道有5个社区完成水改工作；推进居民社会保障工作。全年符合医疗报销条件的群众为706人，报销金额为178.2916万元。全年动员城镇医疗保险参保人员132名。完成政策性农村住房保险，提供风险保障，全街道农户投保率达到90%以上；多渠道开展国防教育和动员征兵工作。扎实开展民兵营建设，完成了岗背、黎明社区民兵营的规范建设，完成玉石、灯塔社区民兵营的基本建设。党的建设扎实推进。结合纪律教育学习月活动，创新学习方式。结合区“我是党员我承诺”主题活动，开展了“我是书记我带头”、“我是代表我承诺”、“我是党员我光荣”三项主题活动。加强基层班子建设。开展届中考察调整工作，重新在党员干部中选拔年轻、有干劲的党组织带头人。制订出台社区重大事项民主决策票决制实施意见、街道机关作风和效能建设过错责任追究暂行办法等五项制度。加强非公党建工作，2010年在岗背光辉玻璃工艺厂建立了党支部。加强党组织干部队伍建设。实施“种苗工程”，从街道机关选派干部到社区挂职锻炼学习，并选拔社区后备干部到街道“跟班学习”，为两级干部提供实践锻炼的机会。

【滨海街道】位于濠江区西南部，处濠江西岸、南海之滨。海岸线长12.7公里。东与马滘、玉新街道接壤，西与潮阳区海门镇毗邻。辖华新、华里、钱塘、东陇、上店、五一、里前、上头、林后9个社区居委会，总面积19.2平方公里，总人口31698人，农业人口占95%以上。汕头市4A级旅游景区中信度假村酒店坐落于境内龙虎滩。2010年，全街道实现规模以上工业产值150144.6万元；农业总产值3522.86万元；社会商品零售总额32116万元；固定资产投资总额32200万元；完成税收总收入6197万元，其中：国税收入4047万元，地税收入2150万元；区级库收入913万元。2010年，街道紧紧抓住辖区内南山湾工业园、省示范性产业转移工业园等一批市、区重点项目开发建设的有利契机和中信度假村的辐射功能，配合区发展滨海度假休闲旅游业，并成功招商引资，着手推进林后中信路旅游餐饮商住服务一条街建设。同时，全力做好服务企业工作，加强引导扶持，以商引商，擦亮滨海服务品牌。做好环境卫生整治的“三清”工作。2010年投入资金约18万元，清理7个池塘共6100平方米和排污沟1条1200平方米以及旧厕池500个，还有各社区主要干道的垃圾、路障清理面积共28060平方米。“八个一”工程建设：钱塘、华新、华里、上头、上店社区完成其中的“六个一”工程；五一社区完成其中“四个一”工程；里前、东陇社区完成其中“三个一”工程。推进“平安滨海”创建工作：抓好综治信访维稳中心及社区维稳工作站建设特别是内部软件建设，已基本全面完善；加强治安防控网和矛盾纠纷排查调处工作机制建设，有6个社区安装了视频监控设备，其他社区也正在逐步完善中。做好矛盾纠纷排查工作，全年共调解民间各类矛盾纠纷36宗。全面提高计生工作管理服务的质量和水平。街道共落实“四术”270例，其中放环134例，结扎136例（其中纯生二女结扎25例），征收社会抚养费265715.68元。着力做好殡改工作，火化率100%。推进各项惠民工程。投资180万元完成滨海文化商业街的整治改造亮化工程建设；投入10多万元，为滨海商业街挂上红灯笼，并修缮中信转盘到钱塘的路灯，使辖内主干道路灯于春节前亮化；投入10多万元，修缮河浦大道滨海路段的路灯。党建工作方面。抓好干部队伍建设的团队工程。全区率先举办非全日制中职班（农村经济综合管理）与中央广播电视大学大专班（行政管理）双证班，有49名基层干部报读；组织党员干部到先进发达的珠江三角洲、区内先进社区等处学习参观；开展“如何在大开发大建设背景下加快滨海科学发展”大讨论。开展“我是党员我承诺”活动。推行发展党员工作预审、票决、公示制度，规范发展党员程序并提高其质量。同时加大力度推进非公党组织创建工作，扩大党组织覆盖面。全年共发展新党员6名，转正12名，培养积极分子12名，创建非公党组织1个。开展“党建示范点”创建活动和先进党组织、优秀共产党员评比活动以及开展“五好室所”、“五好社区”和五好机关干部、社区干部等创先争优活动，激发广大党员干部的积极性和创造性。出台《滨海街道党内关爱工程实施方案》，筹集资金5万元，慰问困难党员和老党员160人。抓好培养后备干部的“种苗工程”，通过民主程序推选20名年轻人作为社区“两委”后备干部。同时加强对后备干部的管理教育和培养锻炼，组织17名后备干部到街道各股室进行跟班学习，提高其素质和业务、管理能力。

（刘百耀）

附1：2010年濠江区党委、人大、政府、政协和纪委主要负责人名单

区委书记：陈文毓（至2月）
林广华（5月起，2—5月主持全面工作）
区人大主任：陈文毓（至2月）
林广华（6月起）
区长：林广华（至5月）
邓夏思（6月起，5月为代区长）
区政协主席：邱曼丽
区纪委书记：陈跃文

附2：2010年濠江区国民经济发展情况表

指标	单位	2010年指标
地区生产总值	万元	656063
工业总产值	万元	1440688
农业总产值	万元	80193
建安总产值	万元	498803
固定资产投资	万元	228004
社会消费品零售总额	万元	253250
外贸出口	万美元	24436
实际利用外贸	万美元	174

财政总收入	万元	95140
国税	万元	45285
地税	万元	36497
一般预算收入	万元	25205
年末户籍人口	人	282869
农村人均收入	元	6345

潮阳区

【简况】潮阳东晋隆安元年（公元397年）置县，1993年撤县设市（县级），2003年撤市设区，辖文光、棉北、城南、金浦4个街道和海门、和平、谷饶、贵屿、铜盂、河溪、西胪、关埠、金灶9个镇，有272个村（社区），总人口165万人，区划面积674.67平方公里。区委、区政府驻文光街道中华路136号。

潮阳自然、人文资源丰富。潮阳位于广东省东南部，濒临南海，气候温和，无严寒酷暑。全区地貌以丘陵、平原为主，基本农田保护面积25.98万亩，常用耕地面积20.89万亩，山地面积30多万亩；有矿泉水、花岗岩、石矿场等资源矿种；海岸线长84.6公里，其中外海岸线21.3公里，内海岸线63.3公里；海淡水养殖面积2848公顷，年产量达3.7万吨。潮阳文化积淀丰厚，素有“海滨邹鲁”之称，旅外华侨和港澳台同胞120多万人，是全国著名侨乡。全区有旅游景点100多处，莲花峰风景区、大峰风景区、灵山寺、文光塔等名胜古迹远近闻名，其中莲花峰风景区属国家AAA级风景区。英歌舞、剪纸、笛套音乐是潮阳文化艺术的“三瑰宝”，列入首批国家级、省级“非物质文化遗产”保护项目，先后被国家、省命名为“中国民间艺术（英歌舞）之乡”、“广东省民间艺术（剪纸、笛套音乐）之乡”。潮剧、木雕、石雕等传统工艺和贵屿彩街路棚等民俗文化活动,在海内外享有盛誉。

潮阳工业基础扎实。全区现有工业企业近2000家，其中规模以上企业590家，高新技术企业8家。有注册商标8629件，其中省著名商标35件，省名牌产品6个。民营工业已初步形成纺织服装、音像制品、纸品文具、机电制造和建筑安装等支柱产业。拥有谷饶纺织服装、和平音像制品、贵屿废旧机电产品拆解利用等产业集群，谷饶镇被中国纺织工业协会命名为“中国针织内衣名镇”，和平镇是全国CD-R光盘主要生产基地，贵屿镇是全国最大的废弃机电产品拆解利用基地和全国循环经济试验基地唯一镇级试点单位，拥有谷饶镇、和平镇、贵屿镇3个省级专业镇技术创新试点单位。

潮阳特色农业稳步发展。全区农渔产品主要有水稻、花生、大豆、柑桔、香蕉、橄榄、杨梅、油甘、珍珠鲍鱼、膏蟹等，其中三棱橄榄、乌酥杨梅、灶香牌香蕉、玻璃油甘等特色水果远近闻名，“金玉三捻橄榄”、“西胪乌酥杨梅”获国家地理标志保护产品称号。

潮阳基础设施较为完善。324国道、深汕高速公路、234和237省道以及正在规划建设的厦深铁路、汕湛高速公路、揭惠高速公路和潮惠高速公路穿境而过；拥有国家一类口岸潮阳港、国家级中心渔港海门港和内河良港关埠港。全区电网以省电网为依托，电力供应充足；境内江河纵横，有练江、榕江两大水系，河流径流总量16.8亿立方米，水源丰富，全区有自来水厂4个，日供水能力20万吨。另外还有电信、海关、商检、金融、宾馆、医院、学校等服务部门和机构一应俱全。

【国民经济】全年完成地区生产总值177.03亿元（不含华能），增长13.8%；工业总产值414.44亿元（不含华能），增长14.3%；社会固定资产投资总额58.72亿元（不含华能），增长26.08%；社会消费品零售总额147.41亿元，增长24.9%；本级财政一般预算收入8.7亿元，增长27.2%；外贸出口总额5.68亿美元，增长25.8%。

【工业发展】传统工业加速向集约高效转变。37家纺织服装、音像光盘企业投资5.04亿元，引进高新技术设备315台（套），DVDR、高档经编等先进工艺技术装备得到运用，年增产值超10亿元；谷饶镇“胸罩”企业联盟标准通过审查。新兴工业发展趋势良好。LED半导体照明、太阳能光伏项目上马建设，文具行业加速集聚。建筑安装业逐步向高等级、多专业资质方向发展，有2个承建、参建项目夺得建筑行业国家级奖项。企业自主创新能力进一步提高。新增授权专利193件、有效注册商标2465件、省著名商标7件、高新技术企业1家。规模经济有效扩张。新增规模以上工业企业62家，实现产值329.72亿元（不含华能），增长14.2%。港口物流业发展势头良好。全年港口货物吞吐量30.1万吨，华能海门煤码头、大明液化石油气码头运营顺利；海门渔港辐射作用明显，荣获首批“全国文明渔港”称号。交通运输、邮政仓储、信息中介、连锁经营等服务业较好发展。循环经济迈出关键步伐。调整用地面积2500亩，规划建设贵屿循环经济产业园区，首期占地500亩的废弃电器电子产品集中处理场项目列入2010年省重点项目，获得批准试点建设，并已奠基动工。

【农业生产】创建粮食高产示范片2个，全年粮食播种面积39.47万亩，总产量18.39万吨。投入资金1600多万元，建成现代农业示范基地2个，整治改造农田2.5万亩。新增农民专业合作社7家，实施示范项目39个。水稻机械化育插秧技术快速发展，走在全省前列。“西胪乌酥杨梅”继“金玉三捻橄榄”后获得国家地理标志保护产品称号。全年实现农业总产值27.35亿元，增长1.5%。

【项目建设】华能海门电厂1、2号机组发挥效益，3、4号机组及煤炭中转基地加快建设。华电发电、新大华石化等项目筹建工作加紧推进。海门中心渔港基本完成建设任务。4个列入省城乡水利防灾减灾工程项目顺利推进，累计投资4.9亿元，占计划总投资的75.12%。其中棉北海堤加固工程、城市防洪工程已竣工，金关围、练江堤防工程加紧施工。引韩供水分项工程加压泵站基本完成，主体工程进入招投标程序。区职教中心首期工程建设任务已完成，累计投资1.8亿元，秋季正式招生办学。厦深铁路潮阳段征地拆迁工作顺利完成，工程已全面施工。和平大桥大修工程竣工通车。70宗计划投资1000万元以上的重点工业项目，有60多宗已开工建设，完成投资13多亿元。

【社会事业】始终把教育摆在优先发展的战略地位。筹资近7000万元，完成新、改、扩建校舍项目11个，建筑面积4.3万平方米。加强师资队伍建设，招录新教师426名。妥善解决中小学代课教师问题，两批次“代转公”考录教师1938名。落实教师绩效工资，基本实现教师工资福利待遇“两相当”。教学质量有新提高，2010年高考本科上线率达到51.82%，创历年新高。加快建设文化强区、幸福潮阳。健全公共文化服务体系，建立文化信息共享工程区级支中心，建成“农家书屋”127家。加强文物保护和传承，修缮文光塔及文光公园，编辑出版《新坡遗址资料汇编》，“潮阳剪纸”亮相上海世博会。首次举办文光塔广场系列迎春活动、“护城河之春”元宵灯会，广大人民群众感受到建设幸福潮阳的成果。卫生事业取得新实效。投入资金1884万元，加快农村三级医疗卫生服务体系建设。传染病防治、计划免疫等公共卫生服务水平进一步提升。科技工作不断进步。实施各类科技项目27项，广东轻工机械二厂被认定为我区首个省级国际科技合作基地。科普事业取得新成效。顺利通过“2011—2015年全国科普示范区”创建检查验收。积极开展全民健身活动，竞技体育取得优异成绩，我区运动员黄文仪在第十六届亚运会上获得赛艇女子轻量级双人双桨2000米比赛项目冠军。

【民生民安】社会保障能力不断提高。五项社保基金总收入3.43亿元，增收7831万元，增长29.6%；新型农村合作医疗、居民医保和职工医保工作取得显著成效。广东省政策性农村住房保险工作取得重大突破，全区有21.4万农户参保，参保率达97.1%。社会救援体系不断完善。有33153名群众纳入低保，发放低保金3297万元。就业再就业政策进一步落实。新增城镇就业岗位1.25万个，下岗失业人员再就业3630人，转移农村劳动力6850人。继续推进农村饮水安全工程建设，投资2093万元，解决7个村（居）、4.44万人的饮水安全问题。投资1467万元，实施村村通自来水海门供水试点工程首期项目建设，解决1.2万人的饮水难问题。启动廉租住房海门安居工程，162套廉租住房已开工建设。进一步理顺生猪屠宰销售管理体制，有效控制肉价上涨。“智力脱贫”、“项目脱贫”等扶贫开发“双到”工作全面铺开，落实帮扶资金3076万元，启动建设项目52个，全区贫困村脱贫率约50%。

【城乡建设】“一水二山三园四路”等市政工程取得阶段性成效。城区中华路、东山大道、新华东路、老过境路等主要道路改建工程扎实有序筹建。文光塔、文光公园、文光塔广场、区影剧院完成修缮改建，已向群众开放；护城河两岸景观中段工程完成施工、南北段工程抓紧建设，形成城区一道亮丽的风景线。裕通、府前名苑等酒店、住宅房产项目即将竣工。公共配套设施建设得到加强，城市管理长效机制进一步完善，城区秩序明显好转，宜居城市形象逐步显现。新农村建设步伐加快。完成县乡公路改造项目3个31.1公里、公路危桥改造项目10座279.5延米，新增中央投资农村公路建设项目25个42.9公里、省投资计划外项目21个46.1公里；完成三级公路运输客运站场3个，建成农村客运候车亭66个，新增客运车31辆，为人民群众提供方便、快捷的道路运输环境。开展植树造林和绿地建设，新增造林面积9525亩、绿地面积5万平方米，全区森林覆盖率达到33.7%。高度重视农村污染整治和环保基础设施建设，造纸、印染等重污染行业整治力度进一步加大，谷饶、海门污水处理厂即将开工建设。开展农村改厕项目，建设一大批无害化卫生厕所。引导农民转变住房观念，农村公寓规划建设起步良好。

【社会管理】强力推进社会治安综合整治，开展突出问题排查专项行动，严厉打击“四涉”违法犯罪，投入2000多万元建设治安视频监控系统等硬件设施，全区社会治安状况明显好转，顺利摘除省社会治安重点整治地区牌子。深入开展计生“两无”创建活动，狠抓“四术”落实，政策生育率提高4.38个百分点，人口计生工作进入省二类地区行列。加大殡改工作力度，推算火化率提高2.7个百分点。严格落实安全生产责任制，扎实开展宣传教育、行政执法和隐患排查治理，安全生产形势稳定好转。逐步健全突发事件应急管理和快速反应机制，区应急综合救援大队挂牌运行，突发事件应对能力不断增强。高度重视信访维稳工作，逐步完善工作机制，全区13个镇（街道）、272个村（社区）建立综治信访维稳中心（工作站）。下大力气解决公有制企业历史遗留问题及下岗人员、参战人员、伤残军人医保社保、生活补助等待遇问题，有效化解多起矛盾纠纷。国土、打假、环境保护、食品安全等各项管理工作不断加强，全区经济社会发展步入科学发展新阶段。

（区府办）

【文光街道】完成工业产值12.99亿元，比增20.9%；农业产值3755万元，比增5.2%；社会固定资产投资总额2.39亿元，比增27.1%；外贸出口1660万美元，比增2%；本级一般预算收入2979万元，比增25.2%，实现了经济社会发展的新跨越。一是坚持转方式调结构，科学赶超进位。充分发挥城区优势，加大招商引资力度，大力发展工业、商贸业、服务业、餐饮业、房地产业，壮大经济总量，科学赶超进位。2010年，引进“中华城”、东方明珠大酒店等投资项目7个，总额5.86亿元，成为新的经济增长点。实施启动南门桥转盘西、府前庄二期等8个片区的旧房拆迁改造，大力推进茵悦豪苑、成德花园等片区的房产开发。二是坚持强管理保稳定，社会日趋和谐。坚持统筹兼顾，突出重点，切实抓好计划生育、殡葬管理、安全生产、人口普查、信访维稳、社会治安、环境保护、国土管理等工作，提升社会管理水平。大力发展科教文卫，促进人与社会和谐共进，多方筹资800多万元建设视频监控，健全治安防控网络；加快凤肚公园二期建设，完善风吹岩休闲活动场所、西山、东山风景区的配套建设，被评为广东省城市体育先进社区。三是坚持办实事谋福祉，改善民生民安。筹集助学金25万多元，解决700多名贫困生“入学难”问题；协助企业招工150人，帮助农民工追回被拖欠工资8300元；新型农村合作医疗保险参保率达到100%，城镇居民基本医疗保险参保面有所扩大；筹资20万元建设双望社区老人休闲活动中心，为五保老人提供养老服务；新增低保对象210户385人，落实五保户供养37户，筹措帮扶济困资金93万元以及一大批物资，帮助2300多户困难户、特困户、残疾户解决生活困难问题，争取上级专项资金扶助8户特困、残疾、低保户修建住房。

（胡少燕）

【城南街道】坚持以科学发展观统领经济社会发展全局，努力推动经济社会各项事业全面发展。一是加快经济结构调整，经济得到良性发展。通过重点发展第三产业，带动产业结构转型升级，工业发展增量提质，农业稳步发展，较好地实现各项经济指标，全年共完成工业产值91303万元，比增27.7%；农业产值5644万元，比增5.6%；工商各税1330万元，比增17.4%。二是统筹兼顾，社会各项管理逐步推进。通过狠抓措施落实，计生、殡改二项中心工作不断向前推进，计生各项基础工作逐步得到夯实，殡改工作逐步走上规范化轨道，社会治安、安全生产、国土管理、环境卫生等方面工作取得了较好成效。三是以人为本，热点问题逐步得到解决。发动在外企业家捐资1200多万元，扩建城南中学教学楼一幢，切实解决城南高中学位不足问题；顺利完成城南卫生院易址工作，解决了辖区内无卫生院的问题，为群众就医提供方便；建设一座垃圾压缩转运站及在辖区内主要道路及重点路段配套垃圾桶等设施，解决垃圾收集处理问题；重建口美段的红灯脚电排，解决排洪防涝问题。

（党政办）

【棉北街道】围绕“保增长、保民生、保稳定”的工作思路，坚持工业、商业协调发展，努力改善民生，逐步转变经济发展观念，整合社会优质资源，不断推动经济建设和社会事业的发展，经济发展趋向多元化。全年完成工农业总产值18.81亿元，其中工业产值15.9亿元，农业产值6120万元。本级一般预算收入2226万元，占全年任务的110%。2010年已建成并投入使用的经济项目有3个，即投资1000万元的国成机械设备有限公司、投资2500万元的新家乐电器有限公司、投资1000万元的一新贸易有限公司综合楼建设项目。民生工程建设不断完善。积极配合区政府做好护城河万福桥至北闸新桥两岸的景观工程建设；建设36套廉租房，铺设东家宫居委学校路、村内路，更换村自来水管道；集资200万元，拓宽平北居委冰池路，连接城北四路，直通北关路，着力解决群众住房难、行路难、饮水难的问题，人民群众在经济发展中不断得到实惠，社会和谐稳定。

（党政办）

【金浦街道】完成工农业总产值10.18亿元，增长18.4%；本级一般预算收入1578万元，增长70.04%，增长幅度排在全区第一位，创历史最好成绩。工业经济加快发展。抓住开展再生造纸企业污染专项整治行动的契机，引导纸品企业进行技术改造和增资扩产，实现纸类制品业工业产值5.2亿元，同比增长32.2%，进一步巩固纸品业在粤东的龙头地位。重点项目建设步伐加快，投资2.8亿元的广东省金叶烟草薄片技术开发有限公司二期工程抓紧建设。各项社会事业取得新进步。投资600多万元完善三堡社区公交路等一批村政基础设施建设，林场路路口、工交路路口与324国道交界处的交通信号灯建成投入使用。北港渠综合整治工作摆上重要议事日程，工程设计工作抓紧进行。成立金浦历史文化促进会、梅花潮乐社，发扬和传承民间传统文化，为金浦文化建设发挥重要作用。潮阳区职教中心建成使用，进一步带动街道教育事业发展。同时，投入约60万元完善配套综治硬件设施，有效增强了基层治安综合整治能力。

（陈棉欢）

【和平镇】围绕“科学发展，赶超进位”的总体目标，加快转变经济发展方式，加大社会管理力度，全面完成各项工作任务。实现工农业总产值142.09亿元，比增18.6%；工商各税本级收入5813万元，比增13.05%；固定资产投资15.33亿元，比增23.2%；出口总值3.39亿美元，比增7.7%；用电总量5.92亿千瓦时，比增4.53%。新上贴片LED、电子、无缝内衣、无纺布等新型项目一批，新、扩建厂房15万平方米，引进先进生产设备380台（套）。有20家企业到上海、杭州参加各种展销活动，成交金额2.6亿元；6家企业在新加坡等国家和地区注册商标；68家企业创新贸易方式，实行网上交易，交易额达20多亿元，比前年度翻一番。单、双面印制电路板、节能灯具等15宗招商引资项目相继落户，计划投资额2.8亿元，预计年可新增产值3.5亿元。多渠道筹集资金，修复加固水库、涵闸、山塘、电排共70宗，整修排涝溪河约90公里。有8个村居开展环境整治，疏通沟渠，加固堤围，修缮水利电排。宋大峰旅游风景区已闻名海内外，吸引游客纷至沓来，旅游前景十分广阔。

（党政办）

【贵屿镇】落实科学发展观，立足本镇实际，致力抓好循环经济试点建设，全面加快社会主义新农村建设。全年完成农业总产值1.5亿元，比增3%；工业总产值32亿元，比增20 %；社会固定资产投资 9.1亿元，比增18%；人年均纯收入4604元，比增 4%；工商各税2548 万元，比增18%。电器拆解、塑料回收再造、文胸针织三大支柱产业持续增长，形成规模化、集群化生产，年创产值近30亿元，占全镇工业总产值95%以上。下大力气围绕建设贵屿废弃电器电子产品集中处理场的目标，千方百计推进项目的规划编制、批准建设，完成了《土地利用总体规划》和《城镇建设总体规划》的修编并报批，编制了华美、仙马、联堤、东洋、西美、南安六个片区的《控制性详细规划》，确定先在华美片区用500亩土地启动首期建设，并核发建设项目选址意见书。委托中山大学完成《汕头贵屿废弃电器电子产品集中处理场环境影响报告书》的编制工作，并经广东省环境技术中心组织的专家评审会论证通过。8月18日，省发改委下发《关于贵屿废旧电器电子产品回收综合利用基地基础设施项目的复函》，把贵屿镇循环经济产业园区列入2010年省重点项目。10月8日，省环保厅下发《关于对汕头市贵屿镇开展废弃电器电子产品集中处理场试点建设的函》，同意贵屿镇开展废弃电器电子产品集中处理场试点建设。12月9日在潮阳区贵屿镇华美社区国家循环经济园区举行贵屿废弃电器电子产品集中处理场奠基开工仪式，目前该项目已进入正式建设阶段。

（彭伟雄）

【谷饶镇】一是狠抓经济建设，促进经济较好发展。全镇完成工业总产值120.6亿元，比增18.47%；农业总产值1.44亿元，负增长7.5%；外贸出口总额11480万美元，比增11.46%；工商各税1.45亿元，比增10.6%；社会固定资产投资11.95亿元，比增26.7%；人均纯收入5821元，比增14.81%。至目前，全镇共拥有省著名商标达15个，注册商标1000多件，国家免检产品2个和一批知名品牌，专利申请授权获得使用累计120件，年创新花色品种在1000个以上。二是狠抓重点项目建设，创造良好投资环境。结合火车站建设，对火车站所在地仙波社区、新光村以及沿线其他村（居）的土地做好控制性详细规划，规划好火车货运站、客运站、公共绿地等功能区及火车站进站路，加快埔谷公路、灶谷公路和东谷公路建设，构筑四通八达的交通网络。规划建设谷饶商贸城，力争3年内建成一个常年“展示、交易、交流、合作”的纺织服装商贸平台。规划建设日处理能力3.2万吨的污水处理厂和占地80亩的印染工业基地，实现经济的可持续发展。三是狠抓各项社会管理，推进幸福谷饶建设。继续推进印染业整治，夯实印染整治成果。组织企业主和企业消防安全管理人员进行专场培训，落实新增217家生产经营场所整改并通过验收，扎实抓好安全生产和消防安全工作。成立镇综治信访维稳中心及村（居）工作站，为创造稳定的社会环境提供保障。国土、计生、殡改等各项社会管理有力推进。

（郑炎城）

【铜盂镇】紧紧围绕“工贸富镇、农业稳镇、旅游活镇、科教兴镇、品牌强镇”的发展思路，按照“科学发展、赶超进位”的目标，齐心协力，真抓实干。全镇完成工业总产值24.97亿元，比增12.5%；农业总产值1.58亿元，比增5.23%；固定资产投资总额5.15亿元，比增29.4%；外贸出口总额1660万美元，比增7%；社会消费品零售总额10.8亿元，比增20.4%;工商税本级一般预算收入1040万元，比增15%。一是调整规划产业片。以“十二五”规划发展纲要的编制为契机，调整优化产业发展布局，将全镇工业发展分为纺织服装和物流、文具办公用品、循环经济、高科技产业四个产业片，全镇新增规模上企业10家，累计35家，产值13.95亿元，占全镇工业产值55.9%。二是进一步加快科技进步。去年成功申报市级专业镇，被汕头市授予文具办公用品科技创新专业镇。三是加大招商引资力度。充分利用区位和资源优势，按照规划和布局，创新思路，确定重点，加快步伐，坚持不懈地抓好各项招商措施落实。在汕头市“山洽会”招商活动中成功引进工业项目投资额1.03亿元。

（肖植丹）

【海门镇】完成农业总产值4.89 亿元，工业总产值7.15 亿元，华能海门电厂工业产值48亿元，农民人均纯收入2919 元，完成本级收入82.9 万元，华能地方本级收入2570万元。重点经济项目扎实推进。华能海门电厂3、4号机组正在申报；海门国家中心渔港潮阳辖区工程累计完成工程量90%；汕头市华电发电有限公司发电项目已完成征地；新大华石化码头项目正在申报立项；南区污水处理厂海门分厂正在办理征地手续；汕头市飞达制罐有限公司加工基地和锦泰水产有限公司已落户建设；占地3500亩的无公害蔬菜生产基地已投入使用。物质文化遗产得到有效保护和传承。共投入资金近50万元，重新筹建了海门英歌队、锣车鼓队和海门笛套乐队，有效地保护具有地方特色的非物质文化遗产。在汕头电视台今日视线栏目，推出11期专题节目，就旅游文化、饮食文化、海防文化、传统工艺品、爱国主义教育等进行宣传报道，发掘和弘扬海门传统优秀文化。民生工程有效实施。共投入资金2000多万元，完成省村村通自来水北新社区试点工程和北门、竞海、和睦等三村安全饮水工程的建设；投入400多万元，开展北门星湖区和下青沟内涝整治；投入300多万元，对大军岭至和睦桥段、莲峰二路口至成园路段进行拓宽改造建设；投入资金400多万元，对避风塘二期进行疏浚；筹措资金1000多万元，建设了海门聚善馆和老年人活动中心。

（党政办）

【河溪镇】实现农业总产值1.92亿元，比增8%；工业总产值1540万元；工商税本级一般预算收入319万元，比增28.11%；社会固定资产投资7400万元，比增31%；农民人均年纯收入2415元，比增25%。特色效益农业进一步发展。“五个千亩”农业生产基地的建设初具规模，逐步形成“一村一品”生产格局，全镇水产品年产量13800吨，创值9875万元；加快低产田改造步伐，扩大粮食种植面积，投入56万元实施西田村700亩低产田的改造。招商引资工作取得新进展。注册资金5000万元的汕头市中宏种养有限公司落户本镇并已投产，种植“红豆杉”苗4000多株；西田诗海内衣加工厂、西田建材加工厂已投产并发挥效益；做大做强建筑业，全年转移建筑企业所得税212.6万元，常年外出务工人数保持在1万人以上，劳务收入约2.5亿元。社会事业和基础设施建设富有成效。共投入980多万元完成河溪中学、华阳中学等一批学校的改建和扩建，教学环境进一步得到优化；完成《汕头市潮阳区河溪镇土地利用总体规划（2010—2020年）》和《河溪镇华阳片区控制性详细规划》，启动华阳中心路拓宽改造建设；加强一批农田水利设施建设，努力改善农业生产条件；农村文化阵地更趋完善，全镇新建农家书屋6家、文化广场1个，乡俗文化日益活跃；医疗卫生服务水平逐步提高，农村新型合作医疗参合率达99.5%以上，群众“五难一保”问题得到有效解决。

（党政办）

【关埠镇】完成农业总产值31909万元，比增7.98%；工业产值10901万元；社会固定资产投资总额15350万元，比增27.9%；工商各税412万元，比增18.66%；农村人均年纯收入3720万元，比增13.07%。现代效益农业有新发展。继续创办万亩水稻高产片、创建省级粮食高产示范区，粮食种植面积得到巩固，产量稳中有增，水稻年亩产达1050公斤。以巷口花卉苗木基地、绿生果园基地、中蔬花卉关埠基地为代表的特色农业基地建设不断推进，发挥较好的示范带动作用。农业基础设施建设得到加强，投资880万元，实施2009年度国家农业综合开发建设项目和省级基本农田改造项目，整治、改造中低产田9000多亩。“金关围”关埠堤段达标建设基本完成。优势产业发展壮大。抽纱刺绣业企业整体实力有效增强，其中茂榕绣艺厂2010年产值达1000多万元。潮阳第五建筑总公司以市场为导向，完善管理制度，增创效益，全年完成建安量1.28亿元，为本地创税297万元。招商引资工作有新进展。组织召开在外施工队长座谈会、石井单元青年联谊会，积极做好“引建转工、引商转工、以情引商”工作。基础设施建设日臻完善。以建设现代化中心城镇为目标，完善关埠镇发展总体规划，完成新一轮土地利用总体规划的修编和部分村居总体规划及控制性详规工作。投入资金495万元，完善镇内道路桥梁建设，全面实现了村村通水泥路。老揭海线关埠桥至集德路段改建有实质性突破，已于2010年底动工改造。投资1336万元的供电所新办公楼竣工投入使用。投资800多万元，完成港底旧综合市场改造项目的一期建设。厦深铁路建设工作顺利推进。

（党政办）

【西胪镇】完成农业产值4.49亿元，比增13.3%；工业产值8625万元，比增13.56%；完成工商税收2156万元，比增26.8%；人均纯收入3713元，比增12.86%。一是经济稳步发展。认真落实各项惠农政策，大力发展特色“三高”农业，万亩基本农田示范区建设、粮食基础能力建设、西凤生态农业园、“西胪乌酥杨梅”国家地理标志产品的申报工作、潮阳西胪工业（商贸）园区以及潮阳服装专业市场规划等项目不断推进或取得新进展；建筑业全年签订建安量达8亿多元；以举办“杨梅节”为载体的农村生态旅游经济不断发展。二是社会大局稳定。加强镇综治信访维稳中心和村信访维稳工作站硬软件建设，认真做好计生、殡改、国土、安全生产、校园安全防范等社会管理工作，深入开展社会治安突出问题排查整治工作，社会秩序良好。三是民生问题不断改善。争取上级支持，广泛动员社会力量，筹集资金2000多万元，加快农田水利、道路、自来水管网、路灯等基础设施建设；完成西胪卫生院新址建设；实施扶贫开发“双到”工作；加快竹林社区农民公寓规划建设，群众宅基地紧张问题可望得到缓解；深入开展农村环境整治工作，全镇已有4个村（社区）荣获省“卫生村”光荣称号。四是精神文明建设健康发展。大力发展教育事业，改善办学条件，加强基础教育，高中办学规模不断扩大，2010年中考再创佳绩，被优质学校录取人数居全区农村镇级第二名。认真开展科普活动，通过汕头市科普示范镇验收，青山村和西凤村成为市级科普示范村。

（党政办）

【金灶镇】以科学发展观为统领，采取有效措施，大力发展生态经济，推进和谐社会建设，实现了经济社会各项工作的协调发展。一是树立发展信念，生态经济增长加速。调整优化产业结构，着力发展三捻橄榄、杨梅、香蕉、玻璃油甘、蕉柑、桑椹等特色产业，打造环山现代农业园区，推动农业增产增收。鼓励企业增资扩产，积极发展以柿饼制品为主的农副产品加工业。切实做好工业园区建设基础性工作，探索发展园区经济。规划建设生态农业观光园区，精心组织举办第五届杨梅节，推动生态旅游业发展。全年完成农业总产值3.98亿元，工业总产值1.09亿元，农民人均纯收入3525元，分别比增7.84%、7.29%和19.09%。二是优化发展环境，乡村面貌日新月异。投资240多万元开展山塘水库除险加固，提高防灾减灾能力；投资530万元完成柳岗、花园、宫山、桥陈等老区4村水改工程建设，解决群众饮水难问题；投资400多万元改造镇内高低压线路，投资800万元完成花园、径头两个村的农网改造工程，供电能力大大提升；投资310多万元完善学校设施配套，提高办学水平；投资490多万元完成6个村道改造项目和4宗桥梁建设，改善道路交通环境。三是坚持统筹发展，社会事业和谐进步。重拳打击"四涉"违法犯罪活动，加强信访维稳工作，社会大局稳定和谐。计生工作经常化，人口增长得到有效控制。殡改工作制度化，火化率保持100%，居全区首位。科技教育、医疗卫生、土地管理、扶贫济困等工作不断加强，和谐金灶建设扎实推进。

（党政办）

【潮阳经济开发试验区】潮阳经济开发试验区于1993年7月设立，1999年1月与海门镇合署办公。开发区规划面积320公顷，征地面积320公顷，实际开发面积87.5公顷。2010年，投入资金300万元，对区内的供水主干道进行整修，目前开发区基础设施基本完善。区内投资额超过1000万元的项目有日本亚贺克株式会社，该公司计划投资8000万元，主要生产花边、松紧带等。计划总投资300亿元，占地约100公顷的华能汕头海门电厂的3、4号发电机组正在申报中。计划投资8000万元的飞达制罐项目和计划投资3000万元的锦泰冷冻厂已动工建设。试验区与海门镇将紧紧围绕加快发展这个中心，充分发挥试验区的土地资源优势和海门镇的临海优势、港口优势，加大招商引资力度，切实转变机关职能，提供高效优质服务，吸引更多的大项目落户，逐步把试验区建设成基础设施配套齐全，生产技术水平较高，管理先进，辐射力强，以高新技术工业为重点，外向型经济为主导，融旅游、商业、贸易、金融于一体的多功能海滨工业新城区。

（党政办）

附1：2010年潮阳区党委、人大、政府、政协和纪委主要负责人名单

区委书记：林　平（至4月）
　　　　　陈壮生（4月起）
区人大主任：林　平（至5月）
　　　　　陈壮生（5月起）
区　　长：陈壮生（至5月）
　　　　　林伟雄（5月起）
区政协主席：李逸珊
区纪委书记：黄克坚

附2：2010年潮阳区国民经济发展情况表

项目	单位	2010年
年末户籍人口	人	1659365
其中非农业人口	人	374697
地区生产总值（不含华能）	亿元	177.03
工业总产值（不含华能）	亿元	414.44
农业总产值	亿元	27.35
外贸出口总值	亿美元	5.68
社会消费品零售总额	亿元	147.41
固定资产投资总额（不含华能）	亿元	58.72

续上表

财政总收入	亿元	19.8
其中一般预算收入	亿元	8.7
农民人均纯收入	元	4432

潮南区

【简况】潮南区位于汕头西南部，东临南海，西接普宁，南邻惠来，北与潮阳接壤。2003年1月经国务院批准设立，全区总面积596.42平方公里，总人口132.9万人，辖峡山1个街道，陈店、司马浦、胪岗、两英、仙城、红场、雷岭、陇田、成田、井都10个镇共232个村（居），其中革命老区村177个、山区村107个。区委、区政府驻峡山街道朝阳路1号。

潮南依山傍海，山水交融，全区山地面积38.23万亩，占汕头市山地总面积的40.28%；耕地面积20.82万亩，占汕头市耕地总面积的29%；海岸线长14.7公里，海域面积4000多平方公里。

2010年，是潮南设区以来经济社会发展取得最好成绩的一年。在市委、市政府和区委的坚强领导下，在区人大、政协的监督支持下，区政府以科学发展观为指导，全力以赴抓发展，标本兼治严管理，千方百计惠民生，赶超进位争上游。全年完成地区生产总值179.02亿元，比上年增长14.4%；地方财政一般预算收入5.93亿元，增长22.77%。

【工业经济】全年完成工业总产值452.1亿元，增长15.5%；其中规模以上工业总产值262.8亿元，增长15.9%。53个投资额超1000万元的生产性重点工业项目有48个开工建设，23个建成投产，完成投资8.06亿元。35家企业增加投资4.48亿元，扩建厂房6.5万平方米，新增产值8.11亿元。投入资金3.45亿元，实施技术改造项目27个，引进先进生产设备344台（套）。争取国家、省、市科技立项27个，新增专利申请1058件、专利授权709件，新增国家高新技术企业1家、省级工程技术研发中心1个、省著名商标4件。

【招商引资】成功举办上海招商引资签约推介会，积极组织项目参加省第六届“山洽会”等经贸活动，全力促进项目签约建设。全年招引项目44个，投资总额79.76亿元，有12个开工建设。从帮助解决用地入手，加强协调服务，历年招引的41个项目有23个开工建设，总投资9.67亿元。全年实际吸收外资3066万美元，增长16.2%。

【园区建设】累计投入2.08亿元，完成产业转移工业园首期基础设施“七路二水一厂一桥梁”建设。峡山、陈店、两英3个镇级工业片区新办和增资扩产企业43家，进园企业累计128家。全力推进台湾农民创业园路网、电网、林网建设，招引项目8个，已开工建设4个。

【农业农村】全年粮食播种面积35.82万亩，总产量14.95万吨。水产品总产量2.3万吨、渔业总产值1.82亿元，生猪饲养量29万头，肉类总产量1.77万吨。实施农业综合开发1.78万亩，建立井都上南蔬菜等农业标准化示范区7个，德兴种养公司等12家农业龙头企业不断做强做大，新增“雷岭荔枝”等农业集体商标2个。完成集体林权制度改革，造林补植9025亩，封山育林7300亩。全年完成农业总产值17.2亿元，增长4%。农民年人均纯收入4503元，增长12.94%。

【商贸流通】美莱顺（国际）内衣城、恒昇国际大酒店开工建设，潮南粤东地区纺织产业创新基地加快筹建。组织96家企业参加“广交会”，成交额达1.26亿美元，增长6.6%。全年完成外贸出口总额6.11亿美元，增长22%；社会消费品零售总额135.96亿元，增长25.5%；商品销售总额170.3亿元，增长35.5%。

【财税收入】全年完成财政总收入12.4亿元，增长22%；财政一般预算收入5.93亿元，增长22.77%；增值税收入6亿元，增长20.61%；地方税收入4.36亿元，增长23.37%；非税收入1.67亿元，增长24.22%。全年新登记企业282 户，累计3473户；新增一般纳税人523户，累计1418户；新增规模以上企业100户，累计600户。

【基础设施】全年完成社会固定资产投资总额51.68亿元，增长25.4%。40个中央扩大内需项目有39个开工，其中37个项目竣工，完成投资3.32亿元。以“一堤二水三站四库五路”为重点的47个基础设施项目全部开工，其中有16个项目建成，完成投资32.1亿元。上金溪等4宗中型水库除险加固和练江堤围达标加固工程基本建成；潮南500KV、成田220KV、红场110KV输变电站基本竣工；两铜线两英至峡山金光南路大修工程基本完成，和惠公路大修、北环大道续建、陈沙公路西端延长线建设等项目加紧推进； 62个新农村公路建设项目已完成32个共31.37公里，占总里程43.6%，10座危桥改造和省道235司神线水毁路段修复工程全面完成。

【民生事业】全年财政民生支出达到6.31亿元，同比增长28.97%，占全区财政支出77.61%。教育发展有新成绩。在侨领周泽荣先生捐赠1亿元的基础上，区政府再配套7000万元建设潮南区职教中心主校区；东山中学、司马浦中学、成田高级中学等一批新校舍建成投入使用，全区新增高中优质学位4800个，高中毛入学率达到45%，同比提高15个百分点；高考总上线率93.5%，列全市各区（县）第1名，本科上线率同比提高8.39个百分点；投入5300万元，较好地解决了教师工资待遇和代课老师招录转岗问题。文化建设有新推进。深入开展文明镇村、文明家庭等精神文明创建活动，涌现一批省、市级先进文明单位；配套完善镇级文化服务中心基础设施，新建农家书屋58家，开通“潮南农民读书网”，“党员领读农家书”活动被省委宣传部评选为“书香岭南”全民读书活动优秀项目；文物实地普查111处，顺利通过省的验收。医疗水平有新提升。区人民医院、民生医院、陇田中心卫生院等医院医疗服务水平逐步提高，吴宏丰医院、两英中心卫生院住院楼建设基本完成；投入配套资金2267万元，新型农村合作医疗基本实现全民覆盖。社会保障有新进展。全年转移农村劳动力64013人、转移就业率达91%，城镇新增就业10022人，城镇失业率控制在3.1%以内。社保扩面工作有较大幅度提升，基本医疗保险覆盖率达86.22%。投入2597.9万元，全区10329户25810人享受低保，选送97名贫困家庭学生免费就读各类技工学校；多方筹资，解决了16.6万人农村饮水不安全问题；投入扶贫开发资金9755.6万元，实施建设项目193个，改造贫困户住房187间，7761户贫困家庭实现脱贫。

【社会管理】计生工作升上二类。向计生后进地区派驻帮扶工作组和督导组，强力抓好重难点突破，全区落实结扎8397例，出生率同比下降0.31个千分点，政策生育率同比提高2个百分点，顺利进入“省计生二类地区”管理行列。土地监管力度加大。落实土地管理共同责任，狠抓执法监察，违法违规用地发现率、立案率、查案率、结案率实现四个100%，第二轮土地利用总体规划修编顺利通过省的审批，耕地保护和耕地开发责任制考核列全市各区（县）第2名。殡葬改革再上台阶。严格执法，重点帮促，全区火化率达到93.9%，是历年来最好的一年，甩掉殡改工作连续七年全市倒数第一的落后帽子。节能减排有新进展。峡山、两英污水处理厂建成投入运营，依法关停污染企业95家，削减工业化学需氧量948吨、二氧化硫32.3吨，单位GDP综合能耗同比下降3.9%，完成市下达的节能降耗和工业减排任务。安全隐患整治有力。共排查各类安全隐患7963处，落实整改7836处，全区没有发生重特大安全事故，峡山街道消防安全隐患整治顺利通过市的验收。治安形势逐步好转。加强区、镇（街道）综治信访维稳中心建设，落实责任化解一批农村涉土、涉财等维稳信访案件，信访总量同比下降6.5%。加强重点地区、重点时段的治安防控，集中警力，严厉打击各种违法犯罪活动，全区侦破刑事案件898起，同比上升13.95%，查处治安案件6887起，同比上升12.55%，抓获违法犯罪嫌疑人10717名，同比上升29.12%，群众安全感得到增强。市场秩序不断规范。立案查处制售假案件316宗，抓获涉假人员161名，捣毁制假窝点109个，顺利摘除潮南区“假币犯罪重点地区”帽子；“扫黄打非”和取缔“黑网吧”专项行动取得明显成效。

（罗建华）

【峡山街道】2010年，峡山街道经济建设和各项社会事业持续稳步健康发展，全年实现地区生产总值48.46亿元，工农业总产值143.9亿元，其中工业总产值142.32亿元，工商各税37979万元。经济总量不断提升。鼓励企业增资扩产，技改创新，争创名牌，力促企业上规模、上档次。有东明、安蓓婴、永芬等企业共新建、扩建厂房近5万平方米;雅丽洁等6家企业申报技术改造项目11项，投资总额4.8亿元; 加大招商引资力度，积极参加区在上海举行的招商活动，签订了嘉盛二期住宅区、纺织科研基地等项目。街道累计有中国驰名商标5件、广东省著名商标21件、中国名牌产品1个、广东省名牌产品4个。对外贸易不断扩大。积极组织企业参加国内外各类展销会、交易会和博览会，转变经营方式，千方百计拓展外部市场。共签订购销合同近10亿元。全年，街道共实现外贸出口额29966万美元。基础设施得到加强。抓好投资1880万元、全长6300米的金光南路自来水干管铺设工程的建设，已安装铺设金光南路供水管道已完成工程总量的80%。投资约100万元的葫芦桥（洋内桥）改造工程已完成。抓好投资近100万元的镇内桥（三乡桥）改造工程，已完成钻孔桩工序的建设。加快沿河西路的建设，投资160多万元、长1.5公里、宽10米的西港桃陈路段水泥路面于9月份竣工交付使用；沿河西路长370米峡山段也已建成通车。认真配合区抓好金光南路路面大修工程的建设。推进峡山污水处理厂、截污干管、提升泵站等工程的建设，工程已基本完工。协助、支持各村（居）继续整治内涝，清理河道淤泥，确保排涝畅通，投资280多万元，对中港堤进行培土加固、整修电排站机组。社会事业持续发展。教育硬件环境日臻完善，教学质量大幅度提高。投资近300多万元，完善东山中学运动场、围墙、绿化及教学等配套设施；投资近400万元的桃溪学校宿舍楼建成交付使用；投资680万元的东山中学宿舍楼和450万元的峡晖中学教学楼及消防水池开工建设。中、高考再获佳绩。参加高考1013名考生，上线959人,其中本科线368人。中考上六都线的高分层人数达412人，占全区公办学校的一半以上，其中上金中线34人。东山中学陈绍龄同学夺得全市中考总分第一名。此外，社会治安综合治理、消防安全、计生、打假、殡改等工作继续得到加强，社会管理逐步规范。

（林贤海）

【陈店镇】全年完成地区生产总值24.62亿元，工农业总产值66.63亿元，其中工业总产值65.23亿元，农业总产值1.395亿元，工商各税13626万元，固定资产投资6.444亿元，外贸出口5356万美元，农民人均纯收入5350元。经济建设稳步发展。引导文胸内衣、电子电器、塑料丝花三大支柱产业向高档次、高水平发展，成立"陈店文胸"协会，引进先进生产设备和人才，提高了产品的质量和档次，增强市场竞争力。新办企业37家，累计682家；新办个体工商户1065户，累计4312户。新办注册商标50件，累计1430件；其中贵夫人获批省著名商标，累计省著名商标9件；省高新科技企业5家。投资环境得到优化。筹资1850多万元铺筑镇政府西侧道路7条、陈仙公路连接陈沙公路、连接东风路至和畅路的广新路，配合区对陈沙公路西延线路基规划、拆迁赔偿工作。投资2500万元架接南湖变电站输出10千伏高压线路7对13.2公里，更新维修10千伏线路4.7公里，增设变压器54台，区台技改62个，全年用电量4.89亿千瓦/时。新增程控电话3000户，累计32000户。宽带网用户3500户，累积15000户。加强对供水管道的维修和管理，提高供水效果，年供水量500万立方米。着力开展内涝整治工作，重点是对陈店溪及支流全部砌筑石篱。对河道进行浚深拓宽，对堤围除险加固，对影响排洪的临设和违章建筑坚决拆除，对各村（居）村道，巷内排水系统全面进行整修疏通，已投资1350万元，提高防洪抗灾能力。投资1000多万元，扩建沟湖学校和三合小学校舍。社会管理取得突破。强力整治社会治安，发挥13个治安岗128名治安联防队员的积极作用，加大侦查破案力度，加强巡逻伏击，打击现行，确保社会大局的稳定。加强安全生产和消防安全巡查监管力度，聘请汕头市安监局举办安全主任和企业负责人7期1200名。此外，计生、殡改、国土、环保、打假等各项社会管理逐步走上规范化管理轨道。

（黄楚澄）

【司马浦镇】全年完成地区生产总值22.69亿元，工业总产值61.33亿元，规模上企业83家，外贸出口8350万美元，完成工商各税1.35亿元。认真开展经济户口清理整顿和工商业户产能核查工作。全镇新增工商登记297户，累计2068户；新增国税税务登记130户，累计957户；新增地税税务登记130户，累计1180户；新增国税一般纳税人登记27户，累计111户；新增商业限额上服务企业6家。增资扩产工业项目23宗，计划总投资3.4亿元，已投资2.7亿元，新建厂房面积16万平方米，引进先进技术设备250台（套）。农业基础地位不断巩固。投入资金150万元，整修排灌渠系6.8公里；实施农业综合开发，继续抓好华里西村、溪美朱村省级基本农田示范区和港美村橙园建设，引导港洲、下方、下店等村发展壮大"三鸟饲养"和蔬菜种植基地。城镇化建设稳步推进。投资1500万元，建设下店环村路、美西工业园路、港美工业大道、下方永益路、长陇村道、大布上金新路、莲花村道、司四工业路。抓好节能减排工作，落实13家印染企业配套排污设备、上报补办环评手续。深入开展消防安全隐患排查整治。全年累计出动人员3180人次，检查企业1976家，发现安全隐患2207处，已落实整改2207处。加强社会治安综合治理，在全镇各中小学校、各主要路口安装电子视频监控。认真抓好计生工作，全年共落实计生"四术"1806例，征收社会抚养费173.5万元。强化殡改管理，火化率达92.4%。切实加强土地巡查监管，认真组织开展违法违规用地清理整改工作，坚决制止违法用地行为。大力发展教育事业。投入资金3000多万元，完成司马浦中学新校舍工程和配套设施建设并交付使用。全镇享受免费政策的农村中小学生21382名，补助金353.6万元；小学入学率97%，中学入学率85%，高中入学率94%，高考上线人数168人，上线率达89%。切实解决民生民安问题。扩大新型农村合作医疗覆盖面，全镇参合总人数99788人，参合率达100%，全年共有3430名农民住院得到医药费补偿报销，金额达1470万元；认真做好劳资纠纷调处工作，受理调处劳资纠纷上访件12宗，涉及人数18人，金额24万元，维护企业和职工合法权益；做好扶贫济困工作，全镇核实低保户946户，2455人，全年共发放救助金、供养金10.8万元、慰问金17万元、大米8.5万斤、棉被180床、食用油1300瓶、蛋糕1400箱。各村（社区）全年累计投入资金3900万元，兴办各类好事实事36宗。

（陈伟生）

【胪岗镇】全年完成地区生产总值19.3亿元，工业总产值50.3亿元，农业总产值1.7亿元。完成工商税收11369万元，其中增值税8488万元，地方税2881万元。农村人均纯收入4950元，社会固定资产投资60542万元，经济和社会各项事业取得了较大进步，呈现良好的发展态势。工业方面。全镇共增资扩产项目21宗，新增厂房面积12000多平方米，引进先进生产线8条；新增规模以上企业4家，共达到38家。招引美莱顺内衣城、恒昇国际大酒店等项目7个，计划投资总额17亿元。实施品牌战略，新增广东省著名商标"雅娜"1个，全镇累计拥有中国驰名商标2个，广东省著名商标7个，广东省名牌产品4个。农业方面。投入600万元，加强农业配套设施建设，进一步增强排涝抗旱能力。积极扶持特色农业，引进"三棱橄榄"、沉香茶等新品种。实现农业龙头企业从无到有，农业企业登记注册有潮南区创明种植专业合作社，潮南区旭新农业国林种植场和潮南区特色果林种养场。其中，"旭新脐橙"被省认定为无公害农产品，潮南区特色果林种植场的脐橙还代表潮南区参加广东省现代农业博览会和2010年创富大赛并获得前20名。村镇建设方面。投资2040多万元，修建了胪岗居委吕厝工业区路、胪岗居委渠南大路、南华路、中学路、溪尾周村兴业路、学校路，泗黄村安达路、北门外路、泗和村九摆生活区主干道等。同时，做好峡安路港头路段改造工程的准备工作。利用扶贫资金，已配套投入资金100万元，建设后安、五丰山区村自来水工程。投资1500多万元，加快环境改造建设，修建了泗和村三岛景点、吕厝风景走廊和“溪头古沟”等，大力创造生态宜居环境。社会事业方面。继续加大教育投入，修建胪岗中学新校门、配套泗黄小学教师宿舍楼，不断完善学校的硬件和软件，努力构建平安校园；规范学校管理，全镇有5所学校列为省规范化学校；教育教学工作取得了可喜成绩，中考高考成绩在全区名列前茅。完善基层文化设施，新建“农家书屋”6间，扎实推进文物普查保护工作，辖区内吴廷峰墓、天后古庙被新列为市级文物保护单位。动员吴宏丰先生捐资1800万元，并完成镇卫生院的续建工程，提高全镇的医疗水平。大力落实新农合制度，新农合参合率高居全区第二。

（王振宇）

【两英镇】全年完成国内生产总值29.85亿元，比增17.8%，工农业总产值99.9亿元，比增17.77%，其中工业产值98.47 亿元，农业产值1.43亿元，工商税收1.34亿元。比增34.5%。其中国税8111万元，地税5317万元；农民人均年收入5349元，增加774元。社会固定资产投资8.97亿元，比增19.6%。经济建设涌现新亮点。推动产业升级，巩固发展针织服装支柱产业，11月份，经国家纺织协会复检，再度成为中国针织名镇。大力招商引资，新办企业15家，企业增资扩产42家。组团参加区上海招商引资经贸活动和省在汕头举办的“山洽会”活动，共引进项目12宗，其中签约5宗，开工4宗，投产3宗，投资总额达1.33亿元。2010年，全镇申报专利23项，新增注册商标247件。创新德美公司成为汕头市纺织化工技术工程研发中心。做好种粮直补和农资综合补贴工作，发放惠农资金133万元。加强农田水利设施建设，整修农田排灌沟（渠）22条，18公里。投资1.2亿元，高起点动工建设两英针织服装商贸城。全年新增经济户口375户，累计2922户，新增一般纳税人95户，累计230户。村镇建设呈现新面貌。完成两英污水处理厂、两英中心卫生院门诊综合大楼等重点项目建设。投资1亿多元，落实23家印染企业配套治污设施，确保生产治污同步进行，对23家无牌无证小土染依法取缔，治污工作取得新成效，顺利摘除被省挂牌督办环境问题的牌子。多方筹措资金，完成风华、禾皋等13个村（居）饮水安全工程。整治外山切流，消除“水浸村”隐患。新建龙岭11万伏输变电站，建设华润风能项目，增加电力供应。继续整治两英大溪，及时打捞大溪漂浮物；改造升级司神路路灯，美化景观。各项管理实现新突破。2010年共捣毁犯罪团伙8个，抓获各类违法犯罪嫌疑人1200 名。落实殡改管理责任，坚决杜绝土葬行为，新建南山陵园，火化率大幅度提高，受到市、区殡改领导小组的通报表扬。开展打击商标侵权、假标识专项行动，坚决遏制制假售假行为。加强国土管理，开展经常性巡查，及时发现、查处违法用地行为。加强消防安全、食品安全、交通安全、公共安全、应急管理等工作。开展经营性场所火灾隐患专项整治，高标准完善消防设施配套。社会事业展现新气象。加大投入，整修危房校舍，改善办学条件。落实防护措施，加强校园安全保卫工作。全面实施免费义务教育，巩固入学率，教育质量进一步提高，中考、高考均取得良好成绩。实施新型农村合作医疗制度，积极发动群众参与，全镇农民参保率达99.5%。大力做好就业、再就业工作，解决农村富余劳动力。扎实推进“规划到户、责任到人”扶贫工作，落实帮扶项目13个，帮扶资金630万元。加快镇村两级公共文化设施建设，新增5家农家书屋。精神文明创建活动深入开展，睦隆制衣有限公司被评为汕头市文明企业。

（姚泽挺）

【仙城镇】经济建设平稳发展。全年完成国内生产总值5.6108亿元，占全年任务102.2%；完成工业总产值9.541亿元；完成农业总产值1.2亿元，占年任务108.1%；固定资产投资1.3146亿元，占年任务100.4%；完成外贸出口总额801万美元，占年任务100.1%。全年完成工商各税1134万元，占年任务的95.37%（其中国税647万元，占年任务91.13%，地税487万元，占年任务101.67%），人均纯收入3950元，比增11.6%。社会管理逐步规范。充分发挥仙门城、深溪、利陂、神仙里、东浮山和榕堂等6个村居的治安监控系统的作用，维护了全镇社会治安大局的稳定。全镇共完成结扎713例（其中纯二女结扎10例），放环851例，征收社会抚养费119.6万元。人口出生率、自然增长率和计划生育率控制在 10.58‰、5.74‰和96.49%，很好的完成了上级下达的任务。加强对林业管理工作人员的管理和山林巡查监管力度，查处毁林造坟的违法行为。同时抓好集体林权制度改革工作，已基本完成了各项工作，此项工作得到省、市检查组的肯定。2010年，全镇住院补偿报销共有2331人次8929329.54元。基础设施日趋完善。铺筑长2.2公里的仙门城城东路；完成利陂村2.6公里、梅径村2公里、神仙里村1.4公里、老五乡居委3公里和仙门城居委5.9公里，总投资800多万元的道路的建设，完善村道网络建设。完成总投资约50多万元的七陂水闸、上金坪水闸、南山小截流堤围、神仙里排洪渠和深溪水尾闸的修理加固工作，现已投入使用。教育事业长足发展。九年义务教育学生巩固率达99%，高中入学率达56.6%；同时2010年中考取得骄人成绩，全镇考上六都中学分数线以上的有53人，其中考进金山中学1人，汕头一中7人，六都中学45人；在上级的支持下，筹得资金约100万元，用于改善各个学校的办学条件；师资队伍不断发展，2010年共新招公办教师32人，其中初中教师24名，高中教师8名。完成仙城中学教师学生宿舍楼的建设，并在9月份投入正常使用。

（庄桂忠）

【红场镇】全年实现地区生产总值9442万元，工农业总产值8655万元，其中工业产值2445万元，农业产值6210万元；固定资产投资1850万元；

工商税收139万元，其中增值税98万元，地方税41万元，农村人年均纯收入1750元。“大粒杨梅”、优质茶、油茶等山区特色产品种植面积继续得到扩大，产品供不应求，市场反应良好，经济效益较高。招商引资工作取得新的重大突破，与香港澳港集团达成项目投资意向，计划投资5500万元建设农村休闲旅游度假村，该项目各项前期工作正在筹备中。规划到户，责任到人扶贫工作扎实推进，超额完成第一年度脱贫的目标。加强经济户口清理整顿，新增工商登记15户、地税登记5户、国税登记5户，进一步规范市场经营秩序和税收征管。道路建设继续推进，苏明通仙城村道完成测设、预算；中学路200米路段完成铺筑水泥路面任务；仙田桥危桥改造列入建设计划，已开工实施改造；“6.25”水毁路段完成抢修、除险。镇中心小学完成选址、设计、用地调整、完善用地手续等前期工作，正在争取上级拨款和社会热心人士捐资兴学，争取尽快实施建设。聘请潮州市建筑设计院对全镇革命迹地进行全面踏勘和设计，形成《红场镇重点革命文物修缮及环境整治初步方案》，争取上级立项对各个革命迹地进行修缮。积极做好各项协调工作，推动广播电视差转台、110千伏变电站、华润风电三期、殡仪馆公墓、50万伏输电线路等重点项目的建设。全力抓好人口计生冲二类工作，2010年度累计完成“三术”434例，其中结扎180例（纯二女结扎3例）、一孩上环254例，征收社会抚养费14.7万元，顺利迎接市人口计生检查考核，确保升二类目标的实现。继续加大殡改工作力度，落实殡改管理责任，进一步完善殡改措施，加强后进村管理和责任追究，加大执法巡查力度，刹住火化率连续下滑的石头，不断推进殡葬管理工作，全年累计落实火化116具，占全年推算任务的87.9%。大力推行班子成员安全生产检查制度和“一畅两会”工作落实，全年没有发生安全生产事故和消防安全事故。全面对各中小学校和重点行政事业单位安装录像监控设备，进一步增强治安防范能力，保证学校周边安全和重点单位安全。加大人力物力财力投入，制订好工作方案，推动人普和林改工作的顺利开展，按时保质完成各个阶段的工作任务。认真组织实施好24个村（居）委会的换届选举工作，确保选举工作依法依规依程序进行，推进农村基层民主自治进程。

（陈楚坤）

【雷岭镇】全年完成地区生产总值1.4718亿元，工农业总产值1.435亿元，其中农业总产值9980万元，工业总产值4370万元，工商税收93万元，农民人均纯收入1800元。坚持种养并举，大力推进山区特色经济的发展。大力推进山区特色经济。“雷岭荔枝”继续顺利出口美国，出口量达255吨；开展与卜蜂莲花超市合作，实现农超对接，加大荔枝嫁接改良力度，加强荔枝销售服务，荔枝产业逐步朝标准化生产、产业化经营、品牌化销售、社会化服务方向迈进；发挥“兴岭良种猪种苗场”的示范作用，辐射、带动了全镇16个存栏量100头以上的生猪养殖场发展壮大；山区工业逐步壮大。以荔宝酿酒有限公司为龙头，积极引导、鼓励、支持家庭手工作坊，进一步推动山区第二产业的发展，有效地解决了农村富余劳动力的就业问题。同时，积极鼓励农村富余劳动力向发达地区转移。旅游产业有力推进。鹅地温泉度假村首期开发用地手续已经获得批准。成功举办第三届“汕头•潮南荔枝旅游节”，取得了较好的社会效益和经济效益。推进社会各项事业。积极争取上级支持和帮助，加大投入，认真为民办好事实事，积极发展文化教育卫生事业，努力改善老区山区生产生活环境。社会各项管理不断规范。以控制人口增长、提高人口素质为目标，突出抓好计划生育率和社会抚养费征收两个关键，加大计生综合治理力度，不断提升全镇人口计生管理水平。建立健全老龄人健康档案，实行精细化管理，确保殡改达标。加大环境卫生整治力度，实现生产生活垃圾日产日清，镇容村貌进一步美化。社会治安、村务公开、国土、安全生产、人口普查等各项管理工作也有条不紊推进，社会各项管理逐步走上规范化管理的轨道。

（李泽标）

【陇田镇】全年实现地区生产总值12.1164亿元，比增12.2%；工业总产值15.65亿元，比增7.4%；农业总产值2.2304亿元，比增12.6%；工商各税收入2894万元，比增21.6%，农村人均纯收入3630元，比增13%。效益农业扎实推进。积极组织实施好科技兴农，推广水稻杂交良优品种近1万斤，高产优质杂交水稻种植达85%，农作物产量不断提高，经济效益初步显现。切实加强农田水利建设，全镇共投入资金324万元，修筑机耕路19条，新建、维修电动排灌站8座，整修排灌渠系23条、涵闸6座。工业生产稳步推进。积极鼓励引导传统产业企业增资扩产，全镇工业固定资产投资达10660万元，新建、扩建厂房14000平方米,改造和新增设备1050台/套。规范完善规模以上企业管理，全镇规模以上企业增至25家，规模以上企业工业产值累计完成7.5亿元，比增1.44%。成功引进广东威顿玻璃有限公司到我镇落户，计划投资总额1亿元，已开工建设，预计2011年12月底前竣工投产。增加投入保民生民计。东华节水灌溉工程共投入资金200多万元，已峻工投入使用；华林、南埔、乌石、西湖等村饮水安全工程已基本完工。高考、中考成绩喜人，全镇高考总上线率97%，本科上线人数达307人，上线率46%，比去年提高15%，中考成绩高分数层也取得大的突破；重视校园安全管理，配套安装视频监控设备，配强学校安保队伍；采取强有力措施，确保入学保留率基本达标。投入639万多元完成东仙等6个村居铺筑水泥路面13.7公里，全力配合上级做好和惠公路大修工程相关工作，全面清理路基范围内农作物和堆放物，拆除全部临时违章搭建53间，完成田心水厂及石坑村自来水管的迁移工作，确保了该工程各项工作有序进行；各村（居）修缮道路配套设施、路灯、绿化等共投入近300万元，切实改善农村环境卫生条件，扎实推进宜居农村建设，陇田镇已有7个村（居）被省评为卫生村。认真做好宣传发动工作，引导群众积极参加新农合，2010年，参合率达100%，进一步解决了群众看病难看病贵的问题。

（萧伟洲）

【成田镇】全年完成地区生产总值7.733亿元，工业生产总值9.15亿元，国税1563万元，地方税1073万元，固定资产投资2.67亿元，农业生产总值1.165亿元。大力促进镇内企业转型升级，优化产业结构，全镇引进、更新设备200多台/套，新建、扩建厂房8000多平方米；共有14家织布企业转型、转产技术含量和附加值相对较高的纺纱和服装等行业，覆膜、袜业等支柱产业市场竞争力进一步增强，提升企业的综合实力。全年全镇实现外贸出口1100万美元，比增182%。紧紧围绕农业增产增效、农民增收这个主题，落实种粮直补、农机器械补助、家电补助、汽车补助等强农惠农政策，全年共投入资金700多万元，落实粮食种植面积15200亩，粮食总产6878吨。切实推进各项社会事业发展。加强社会综合治理。简朴、大寮两村投资近200万元，在重要路段、出入口等地方安装视频探头近100个，进一步完善闭路监控网络，有效地震慑了犯罪分子。加强保护土地资源，全年共拆除违章用地5宗6.3亩。加强安全生产检查督促力度，共检查企业236家次，发现隐患943处，已落实整改935处，继续整改的8处。加强环保工作，全镇38家重点排污企业有9家企业已建成污水处理设施，15家拆除洗水设备，2家关停。加强内溪河的整治工作，投资1000多万元，完成南港上游家美段溪河和简朴村的内溪河整治工作，南港中下游河段的整治正在抓紧实施中，受益人口5万多人。加强基础设施建设，筹资1982万元，铺筑千山、后坪、沙陂村村通公路建设，总长26.45公里，简朴、家美、田中央、上盐和东盐等村（居）也多方筹集资金进行村道建设，投资1700多万元，推进田中央、简朴、沙陂、后坪、千山等五个村（社区）饮水改造工程。加强文化卫生事业投入，投资5000万元建设的成田高级中学和投资100多万元的大寮村嵌瓷工艺社都已全面竣工并交付使用。环境卫生条件得到进一步改善，田中央社区、华西村被评为“省卫生村”。目前，全镇已拥有省级‘卫生村’四个。2010年成田镇被潮南区评为“文明镇”光荣称号。

（周钦洪　吴宏斌）

【井都镇】全年完成地区生产总值6.69亿元，工业总产值6.18亿元，农业总产值4.07亿元，工商各税950万元，农村人均纯收入3500元。特色经济不断发展。投资600多万元扩建近800亩蔬菜生产基地的供电线路，建设上南蔬菜基地检测中心和蔬菜产品装运场，“上南蔬菜”农业集体商标得到认证。德兴台农、槟海生态农业有限公司、洪茂种养专业合作社、恒茂农业科技有限公司等4家企业进入台湾农民创业园投资建设，发展生产，恒茂农业科技有限公司投资450万元建设占地约130亩的高密度养虾基地，德兴台隆投资8000万元建设占地约300亩、年可繁育良种猪苗10万头的生态型良种猪苗培育基地。积极引导侨丰集团、德兴种养、进发水产品、盈发种养有限公司等农业龙头企业优化升级，侨丰集团水产品深加工项目列入广东现代产业500强。招商引资有新突破。招商引资项目2个，签约资金9.38亿元。其中计划投资3.8亿元、占地3000亩的潮南区生态体育公园正在抓紧做好用地性质的变更，计划投资5800万元的德兴种养实业有限公司与台湾同普公司合作的果蔬深加工项目选址及用地手续正在积极进行中。重点项目不断推进。海门中心渔港西防波堤工程和汕头市海门中心渔港潮南港区以及省级立项“以和丰为中心示范区的1300亩的农业综合开发土地治理项目”已完成，井都水厂二期扩容工程建设步伐不断加快，平湖西等村（居）1200多亩的农业综合开发着手进行建设。社会事业不断进步。投入资金270多万元新建井都中学教学楼，解决历年拖欠教师工资21万元，井都中学顺利通过区一级学校的评估。投入资金185.5万元，铺筑古埕、平湖东等2个村（居）3.1公里的水泥路面。投资130万元整治神山、和丰等6个村（居）以及井田公路两侧的环境卫生，投资30万元建设平湖新村人口文化生态园。深入开展区级文明村、文明家庭等精神文明创建活动，新建农家书屋2家，文物实地普查5处。重视扶贫工作，落实扶贫资金595万元，365户贫困家庭实现脱贫。2010年，全镇新型农村合作医疗参保人数74896人，报销合作医疗资金540多万元；居民医疗保险参保人数519人，覆盖率50.3%。社会管理不断规范。加强社会治安综合治理，投入资金120多万元配套建设古埕、双山、陇尾三个治岗，在全镇各主要路口、重点部位安装电子视频监控设备160个。开展严打整治专项行动，抓获各类违法犯罪嫌疑人120名（其中网上逃犯4名），侦破刑事案件10宗，收戒吸毒人员27名，查扣无牌无证机动车辆75辆。全力推进违法违规用地查处整改工作，拆除违法用地面积0.9亩、违法建筑物600多平方米，土地违法行为得到有效的遏制。大力整治环境突出问题，取缔3家落后产能造纸企业。认真抓好计生工作，全年落实结扎540例,征收社会抚养费87.17万元。加强安全生产和消防安全管理工作，编印安全生产知识小册子5000多份,普及安全生产常识，切实提高群众的安全生产意识和逃生自救能力，全年安全生产和消防安全无事故。

（郑镇基　姚文雄）

附1：2010年潮南区党委、人大、政府、政协和纪委主要负责人名单

区委书记：林合坤
区人大主任：林合坤
区　　长：王槐峰
区政协主席：林欣跃
区纪委书记：蔡永明

附2：2010年潮南区国民经济发展情况表

项目	单位	2010年指标
地区生产总值	亿元	179.02
工业总产值	亿元	452.1
农业总产值	亿元	17.2
社会消费零售总额	亿元	135.96
全社会固定资产投资	亿元	51.68
财政总收入	亿元	12.4
其中本级财政收入	亿元	5.93
工商税收	亿元	10.36
其中国税收入	亿元	6
其中地税收入	亿元	4.36
外贸出口	亿美元	6.11
农村人均纯收入	元	4503

南澳县

【简况】南澳县位于广东省东端海面，东至破涌礁，南至南大礁，西与澄海县相邻，北靠饶平县。海域面积4000平方公里，陆地面积112平方公里，由23个岛屿组成，海岸线长99.22公里。其中主岛面积109平方公里，东西相距21.5公里，东半岛最宽10.5公里，西半岛最宽5公里，岛中部宽2.1公里，主岛海岸线长77公里。总人口7.27万人。辖3个镇2个管委会。南澳县由于地处闽、粤、台交界海面，故素有“闽粤咽喉”之称。南澳县历史沿革复杂，清以前行政区分属福建省诏安县和广东省饶平县。民国元年（1912），废道府，南澳改厅为县，直隶广东巡按使，民国3年（1914）10月，云青两澳由福建划归广东，结束了南澳由两省共管的历史。民国16年（1927），县政府所在地从深澳移至隆澳。1938年6月，日军侵占南澳，设维持会；1945年日军投降，南澳国民政府恢复办公。1950年2月南澳解放，6月成立南澳县人民政府。

南澳县是广东省唯一的海岛县，国家AAAA旅游区。北回归线穿过南澳主岛，亚热带海洋性气候明显。森林覆盖率、林业绿化率分别达到75.7%和76.6%。岛上有“南中国海上天然植物园”美称的黄花山国家森林公园；被誉为“国际候鸟天堂”的乌屿省级候鸟保护区；被誉为“东方夏威夷”的国家AAAA级海滨泳场青澳湾。南澳县环境质量良好，空气质量达一类标准，是全国生态建设示范区。

南澳县人文历史底蕴深厚，南宋末年，宋帝兵败逃经南澳。明清两代设镇海防。郑成功在此招兵、练兵收复台湾。戚继光、施琅、刘永福在此抗侵御倭，清除匪患，保土捍疆。明、清二朝曾在南澳任职的正、副总兵173任。岛上有收入《全国名关录》的雄镇关，历经400多年的郑成功招兵树、充满传奇色彩的宋井、太子楼遗址等文物古迹和寺庙80处。南澳与台湾关系源远流长，方言相通，习俗近似，是重要的台胞祖居地之一，也是广东对台工作的重要窗口。

【国民经济】2010年完成GDP 9.43亿元，比“十五”期末增加4.36亿元，增长13.8%，年均增长11.5%；人均生产总值1.32万元，年均增长11%；工业总产值7.6亿元、农业总产值11.7亿元、全社会固定资产投资8.1亿元、社会消费品零售总额12.2亿元、外贸进出口总额692万美元，年均增长分别达14.7%、4.8 %、34.7%、17.9%和114.5%。财政一般预算收入6166万元，同比增长28%，年均增长17.4%；城乡居民存款9.57亿元，年均递增18.4%；总供电量达5864万千瓦时，比2005年增加55.2%。

【特色产业】旅游主导产业较快发展。荣获“广东省旅游强县”、“广东省滨海旅游示范景区”等称号。旅游配套设施日臻完善，建成环岛景观带、一批宾馆酒店、“生态园”、“渔家乐”、“农家乐”等旅游项目。特别是“南澳Ⅰ号”的宣传效应，带旺了南澳海岛旅游，2010年进岛游客70万人次，成为南澳游历年来人气最旺的一年。生态种养业持续发展。建成全国最大的县级太平洋牡蛎养殖基地和全省最大的藻类养殖基地，拥有8个国家级无公害农产品示范基地和2个省级无公害海水养殖基地。2010年全县水产品产量15.5万吨，海养达到4.45万亩，养殖产量8.15万吨，占水产品产量比重逐年增加，从2005年41.4%发展到52.6%。盐业生产稳步发展，原盐年产近1万吨。风电工业长足发展。以风电工业为主的特色工业发展迅速，华能二期4.5万千瓦、华润二期2.6万千瓦和华能1.5万千瓦风电项目全面建成投产；总装机容量达到14.6万千瓦，比2005年增长1.7倍；国电等大型海上风电项目前期工作有序推进。2010年风力发电3.17亿千瓦时、纳税3000万元，分别比2005年增长212%、220%。产业发展途径不断创新。2010年南澳县被省政府批准为‘广东省海洋综合开发试验县”，目前正加紧做好规划建设；“广东省海峡两岸合作南澳实验区”有望获批。

【基础设施建设】2005～2010年共投入新建、改造基础设施24.5亿元，比“十五”时期增加1.95倍。“三大跨海工程”建设顺利推进，南澳大桥雄姿初展，累计投资8.79亿元，完成总工程量的65%，澄海侧桥面箱梁吊装近3公里，南澳侧开始浇筑桥面。南澳岛供水工程完成勘测交桩等前期工作，并启动制水厂建设。110千伏过海电缆已开始送电。建成和完善专业渔港2个，渔用码头4个，云澳国家中心渔港、钱阁路、西竹路等工程开工建设。县人民医院改扩建工程、劳保综合服务大楼、公路安保等工程顺利推进。第二期环岛公共巴士、“科臣”号旅游客轮投入营运。城防、县城供水管网主干管改造、南澳中学新教学楼、后江污水处理厂、青澳治污工程建成使用。

【招商引资】2005～2010年共引进和建成项目36个，其中：投产项目9个，投资额10.7亿元；开工项目14个，投资额11.5亿元；签约项目13个，投资额125.9亿元。2010年上岛洽谈项目的客户100多批次，新开办公司58家，注册资金新增4.5亿元。成功参与“山洽会”经贸活动，参加庆典项目20个，总投资32亿多元。目前，在谈项目13个。

【改革改制】机构改革和行政审批制度改革初显成效，行政效能进一步提高。国有企业改革改制工作实现历史性突破，共改制24家，安置职工1633人，占总人数的60%。林改工作有序推进，全县39个村进入确权发证阶段。农村税费改革取得重大成果。

【城乡建设】全年共盘活闲置土地76宗2457亩；收回闲置土地使用权45宗1678亩；盘活闲置楼产5幢4.6万平方米。“城市发展总体规划”、“土地利用总体规划”、“金滩碧海项目控制性详细规划”、“三旧改造规划”、“青澳湾综合旅游区控规”等规划编制完成。县城金屿围、金澳、大船澳、云澳镇、深澳镇、深澳白沙湾等片区控制性规划，以及龙门湾填海造地规划、环岛路改造规划等工作有序推进。“三旧”改造顺利推进，苦桃井片区改造项目进入经营权招投标工作。

【民生保障】人民生活水平稳步提高，2010年农村人均纯收入4898元，比2005年增长48%，年均增长8.2%。劳动就业形势趋好，城镇登记失业率控制在2.9%以内，五年新增就业3424人，农村劳动力转移就业4500人。社会保障水平不断提升，全县六项社保基金征收达1.16亿元，比“十五”期末增长252%，连续6年提高离退休人员养老金，共发放7846万元，人均提高标准544元/月；全面落实最低生活保障制度，投入低保金650万元，享受最低生活保障户2441户次、7386人次，占总人口的2.05%；投入各项救灾救济资金344.75万元，及时为困难群众排忧解难；城镇职工养老和医疗保险参保率分别达99.39%和78.2%，新型农村合作医疗参合率99.95%。加大保障性住房建设力度，完成低保帮建房25户，解决城镇低收入家庭住房10户。2010年发放种粮补贴资金 25.07万元，渔民柴油补贴3439.23万元。扶贫开发“双到”工作扎实推进，全县落实帮扶资金270多万元，帮扶发展项目68个，完成年度脱贫任务。

【社会事业】科技工作进一步发展，申报省、市计划项目分别达21项和29项。教育事业取得新发展，全面实施城乡免费义务教育；实施中小学校舍安全工程，改造校舍7500多平方米；加快普及高中阶段教育，2005～2010年新增学位750个，毛入学率由48.4%提高至88%；高考屡创佳绩，2005～2010年录入专科以上高等院校2836人，其中，本科745人。2010年上线率达95.4%。“南澳Ⅰ号”被列为国家水下文化遗产保护

"一号工程"，抢救性发掘工作顺利开展；一批文化硬件设施建成投入使用，一批文艺精品获上级表彰，一批项目入选上级非物质文化遗产名录。完成《南澳县志》的编修工作，启动《南澳年鉴》编修工作。医疗卫生水平和疾病防控能力进一步提高，以实施国家基本药物制度为重点的各项卫生改革顺利推进，甲型流感、手足口病等防控工作取得较好成效。殡改工作连续11年荣获市"殡改先进县"称号，创建省二级殡仪馆通过验收。人口计生工作通过省、市考核，人口出生率、人口自然增长率分别为7.71‰和1.57‰，继续保持低生育水平。荣获"全国双拥模范县"称号。

【**社会管理**】社会管理工作有效推进，社会治安综合治理、市容镇貌整治和交通管理进一步加强，保持和谐稳定的社会局面。安全生产管理有效加强，消防、渔业安全通讯网络、AIS避撞系统等安全装备进一步完善。法治型、服务型政府建设成效明显。认真执行法律法规和人大各项决议，自觉接受人大的法律监督、工作监督和人民政协、民主党派的民主监督。2005～2010年共办理人大代表、政协委员议案、建议、提案共207件。建立行政首长问责制，实行重大行政决策法律审查制度、听证制度和公示制度。法制宣传、机关效能建设取得较好成效，全民法律素质进一步提高，基层民主政治建设稳步推进，2010年再次被评为"全省村务公开民主管理示范县"。开展"百人服务团"活动，切实解决企业的困难问题，创造良好的发展环境。妥善解决群众反映的热点难点问题。规范市场秩序，做好市场价格运行监测预警、分析和调控，市场价格总水平保持基本稳定。

（李涛）

【**后宅镇**】后宅镇是南澳县城镇，全镇总人口4.3万人，面积4.3平方公里。下辖22个村（居）委会，17个行政村，其中居委会3个，盐村3个。农业人口占全镇人口约70%。2010年，全镇工农业产值63763万元，其中农业产值53813万元，工业产值9950万元。原盐公收5500吨。全镇财政一般预算收入806.43万元，比2009年增长37.85%，人平纯收入4312元。渔业盐业是后宅的基础产业，渔业是支柱产业。至2010年，全镇共有渔船425艘，其中大马力渔船357艘。海水养殖总面积10800亩。渔业生产以拖网、笼捕、流刺、钓业等为主。海水养殖以龙须菜、贝类养殖为主。全镇粮食种植面积4682亩，蔬菜种植面积2716亩。在办农业生产基地5家。农田基础设施建设步伐加快，共投入40万元新建改造一批机耕路、排灌沟渠。积极引进新品种新技术发展粮食、蔬菜生产。加强盐田基础设施的整治、维修和盐田周边环境的整治，全面改善原盐生产条件，推进盐业产业化步伐，优质盐产量比重逐步提高。2010年，后宅镇特色经济和民营经济有新发展。全镇新办一批旅游服务项目和海产品加工项目，工业经济比重在全镇经济份额中有所提升。在镇政府的鼓励下，为基层单位和有条件的个体户通过招引、争取合作等方式，办起了餐饮、接待、加工、仓储等二、三产业项目。经济项目有龙达食品厂、内湖生态园、凤屿渔家乐旅游休闲项目、海鹰冷冻厂等。其中龙达食品厂开发了二十多个休闲食品品种，产品畅销国内市场。内湖生态园和凤屿渔家乐项目是配合南澳旅游业发展而创办的休闲餐饮项目。海鹰冷冻厂是渔业生产服务项目，主要从事制冰、仓储服务，多年来在服务县城渔业生产上作出了一定的贡献。2010年，后宅镇高度重视改善民生和关注社会弱势群体。建立了较完整的救灾救济体系。在严格执行最低生活保障制度的基础上，逐年在临时救济、困难扶持上有新投入。优抚、双联共建工作被上级评为先进单位。加强农村、城镇医疗保障体系的健全和宣传力度，去年全镇农村医保和城镇医保参保人数分别达到23813人和11077人。就业再就业培训工作得到强化，多部门联合举办各类生产技能、职业技术培训20场次，为解决农村富余劳力出路和转产转业的进行奠定了基础。全镇教育事业有进一步发展。加强师资力量优化配置，加强师风师德教育，教学质量和办学水平明显提高。加强基层文化娱乐设施的配套建设。投入资金80万元用于老年人活动场所建设，配套了一批体育文化娱乐设施，民间鼓乐活动、文艺巡游活跃。县城基本完成电力、自来水管网改造。通信、有线电视网络覆盖面进一步提高，实现电力、电信村村通。旧城片区的改造正在加紧进行，金山片区改造已经启动。全镇投入120万元修建改建村道3000米，清通地下排水排污沟4000米。垃圾收集点新增2个。5幢规模较大的商住楼正在建设。基层计生服务阵地配套建设全面到位。集中力量开展四季计生集中服务活动；加强对一线计生干部的培训管理，提高计生干部的工作能力和水平；实施层级动态管理，加强流动人口管理和社会抚养费征收，落实纯二女户"节育奖"和农村生一男孩的奖励制度。全镇完成"四术"282例，完成计划生育各项指标，顺利通过省市的验收考核。

【**云澳镇**】云澳镇位于南澳岛东南部，总面积22.4平方公里，下辖7个村委会和1个社区居委会（其中4个渔业村、3个农业村），总人口18198人。2010年，云澳镇委认真贯彻落实科学发展观，以"赶超进位"为目标，继续围绕"以港兴镇"、"旅游强镇"的发展思路，大力推进云澳经济社会又好又快发展。全年完成工农业总产值46123万元，其中：工业总产值5700万元；农业总产值40423万元，渔业总产值37880万元。农村人均纯收入4029元。财政总收入727.9万元，其中一般预算收入432.08万元。南澳"金薯"特色品牌得到提升；坎石蓝田公司苗木基地中华楠培植规模不断扩大；渔业和旅游业成为云澳的主要产业，笼捕、浮拖生产收入是海洋经济的亮点，渔业每劳力收入在2万元左右。龙须菜、紫菜、鲍鱼等海水养殖收入可观，前景喜人；农业实现稳产增收。古沉船文物出水海域探秘、矶钓活动等“渔家乐”特色效应是今年的旅游热点，全年进入宋井的游客超过9万人，出海游客超过3000人。广东联泰“金滩碧海”项目处于新村址规划阶段；“南澳1号”古沉船文物已于5月份完成打捞工作；云澳国家中心渔港建设项目于10月16日举行开工庆典仪式；澳前海堤重建、渔港港边西路、饮用水管网改造等民生工程顺利实施。2009年度，镇党政班子被县委评为“创建好班子活动先进单位”；云澳边防派出所被国家文物局授予“文物保护特别奖”荣誉称号。

【深澳镇】2010年，深澳镇坚持以党的十七大精神为指导，深入贯彻落实科学发展观，立足本地实际，采取积极年措施，大力发展山区、海洋和旅游资源的综合开发，有效的推动了全镇经济和社会的发展。全年实现工农业总产值1.6亿元，比去年同期增长6%，其中：工业产值4100万元，比增3.5 %，农业产值1.19亿元，比增6.8 %，财政一般预算收入276万元，完成县下达任务数386.7万元的71.3%。2010年，深澳镇通过走科技兴海的路子，不断提高海水养殖效益，全镇海水养殖面积2万多亩，占全县海水养殖面积的60%以上。年内，加强对养殖海区的管理，组织人力对各养殖场之间进行规划和大力整治，清理违规养殖135亩，拓宽了2条200米的主航道，有效保持了渔船出入主航道的安全畅通；切实做好依法依规养殖用海的宣传，全年已有3215.8亩贝藻类养殖和1019格鱼类养殖办理了海域使用许可证；抓紧做好养殖品种的更新和养殖技术的指导和推广工作，通过大面积试养红江篱海藻，为群众增收600多万元；做好伏季休渔工作，向困难渔民发放大米2.4吨，食用油120瓶，慰问金8900多元。依托山区资源优势，通过做好后花园“宋茶”现代农业园区和松岭“金薯”标准化种植示范区建设，有效的带动了其他山区村的发展。大力发展“一村一品”，培育特色农产品品牌，通过“宋茶”和“竹头红金薯”两个农产品的经营，增加村集体和农民的收入。修建玉带堤、屿仔头洗网平台等农田基础设施，完成了机耕路的建设和无公害农业园区申报工作，深澳洋农田建设项目已完成招投标工作，现已进入施工准备阶段。按照县的统一部署，全面铺开林权制度改革工作。抓好扶贫开发“规划到户、责任到人”民心工程，在做好全镇8个村137户贫困户调查摸底和数据录入工作的基础上，配合各级挂扶单位、干部进村入户进行帮扶，市、县级挂扶单位累计已投入扶贫资金共407.9万元。围绕建设以古城文化遗址为主的旅游文化特色镇这一目标，着力抓好深澳古城镇的规划建设和文物古迹的保护。创建了旅游特色镇、“渔家乐”特色村，加快推进猎屿“渔家乐”和后花园生态农业观光园旅游项目的建设。规划了古镇万史文化综合旅游区、猎屿岛旅游娱乐区、梅花村生态旅游园和深澳镇东山旅游观光农业园四个旅游园区，进行招商引资。积极做好“格里榴香”咸鱼和海发菜等渔、农产品的深加工，丰富了旅游产品，进一步推动深澳旅游业的发展。2010年财政一般预算收入276万元，完成县下达任务数386.7万元的71.3%，比去年同期135.5万元比增204%。2009年10月初至2010年9月底全镇共出生51人，计划生育率96.08%，完成“四术”54例，办理计划生育奖励2人，全年应“三查”1054人次，“三查”率为99.1%，人口与计生工作取得了一定的成效，有效的巩固了计生一类地区。

【青澳旅游度假区】青澳管委会辖区面积18平方公里。五个自然村合并后为四个村级建制单位分别是：溪兰村、后窖村、山岗村、六都村，总人口约2712人，720户。辖区内设立了税务所、供电所、卫生院、环卫所、供水站等；有满足义务教育需要的公立学校一所；党支部数10个，党员总数145名。青澳湾旅游度假区位于南澳岛的最东端，三面环山，一面临海，自然环境保护良好，具有现代旅游开发“3S”（“阳光、沙滩、海水”）得天独厚的天然资源，是国家AAAA级旅游区。青澳湾湾长2400米，沙滩岸线1800米，具有“湾美、坡缓、水清、林绿、安全”的特点，素有“东方夏威夷”和“泳者天池”之美称。周围还有南宋宰相陆秀夫墓、宰相石、骑龙公尽头龙等名胜古迹。北回归线在此穿过，环境幽雅，气候宜人，夏无酷暑，冬无严寒，是广东省仅有的两个A级海滨浴场之一、国内首屈一指的天然海滨浴场、全省最早看到日出的地方。2010年工农业总产值达3479万元，其中农业总产值3064万元，比去年增长3.7%；工业总产值415万元，比去年增长0.7%。大力推进农业结构调整，全力培育种植业和海水养殖等产业。加大引导力度，山岗村富余劳动力从事浅海捕捞加工、陆基鲍鱼培苗养殖，拓展产销渠道，产业链逐渐成型；后窖村重点发展粉蕉种植，全年共引进500多株粉蕉组培苗，逐步扩大种植规模，打响青澳米蕉品牌；溪兰村重点发展茶叶，引进优良茶叶品种，扩大种植面积，改进加工工艺，推动打造“溪兰香”特色品牌的进程；六都村发展的柑桔、荔枝，目前果树种植面积已达1000多亩，并形成了西坑尾、龟仔坑果林场等几个具有种养规模的茶果林场。农民参与新型农村合作医疗，参合率达88.5%以上，完善农民健康保障体系。加大最低生活保障困难群众的推选和资金发放的监督力度，切实保障困难群众的基本生活，着力解决好特困家庭的生活困难问题，2010年享受农村最低生活保障对象有36户89人，月发放低保金10588元。全年完成四术任务19例：其中人流1例，放环4例，结扎14例。综合节育率达97.4%；2010年共出生18人，出生率达到6.6%。大力抓好教育工作，青澳幼儿园于2009年9月重新开办。全年财政一般收入212.2万元，完成年度任务数的106.37%，出色完成县下达的财税任务。青澳旅游度假区作为“4A”景区，具有得天独厚的地理优势。结合创建“旅游强区”的奋斗目标，完善并强化旅游基础配套设施，总共投入资金150万元左右，比去年同期增加350%。其中，投入8万元完成了度假区供水站和农村供水站520米供水主管道的改设连接工作，从而确保旅游旺季度假区正常供水；投资130多万元为度假区内配套街景路灯和供水站蓄水池迁徙、新建的相关工作。通过努力，这两项工程均进展顺利，已经全部投入使用，基础设施得到进一步完善。扎实做好扶贫“规划到户，责任到人”工作。全年共投入资金282.86万元，省帮扶资金30万元，全区脱贫人数达23人，脱贫率达56%。后兰村的“农家乐”已投入37万元，有望在2011年春节投入营业；总投资200万元的六都村综合楼2011年春节前后落成营业。

【**黄花山国家森林公园**】2010年，黄花山国家森林公园切实抓好旅游发展、林业建设、基层党组织建设等工作，较好地完成镇一级党委政府各项工作任务，促进了区域经济社会的发展。2010年，公园农业总值为666万元，完成全年任务的100.76%，比增9%。其中种植业184万元，林业203万元,牧业101万元，渔业178万元。2010年，森林公园在经济困难的情况下，共投入资金222万元，加大对森林公园旅游设施和景区景点的建设。投入资金100万元，为九尖山风景区拓展主景区空间；加紧推进建设黄花山水库坝至前烟墩路段1.5公里节能灯照明工程；投入资金72万元，完成崩顶线客仔斜1.15公里公路建设。公园把山区综合开发和生态旅游发展紧密结合起来，大力发展生态观光农业。在巩固原大尖山茶叶基地的基础上，继续做好大尖山茶园改造和龟埕百亩茶园的改扩建工作，黄花山纯天然、无公害的生态茶得到持续发展，进一步增加地方经济收入，茶叶年产量超3000斤；引导群众积极有序参与公园旅游开发，进一步增加群众经济收入；通过“公司+基地+农户”的经营方式，继续扶持群众大力发展山鸡的养殖事业，进一步促进森林公园旅游产品配套，服务生态旅游；加大海区整治和管理力度，确保海区持证养殖,保证海区有序、有度、有偿开发，提高公园经济收入。积极推进低效林向高质景观林转变，确保森林防火安全和景区美化；围绕“从绿色林业向彩色林业转变”的目标，抓住春季造林的有利时机，投入资金4万元，在公园主要景点种植了角花、串钱柳、中华楠木等树种，美化绿化了公园景观；投入资金8万元，建设西角山至大船澳长2公里防火林带，缓解森林防火压力；认真做好清明、国庆等期间防火工作。坚持24小时值班制度，做到重点时期重要节日加强管理，并加大巡查力度。

附1：2010年南澳县党委、人大、政府、政协和纪委主要负责人名单

县委书记：吴健彦
人大主任：吴健彦
县　　长：林定亮
政协主席：吴俊深（至4月，后暂缺）
纪委书记：刘瑞华

附2：2010年南澳县国民经济发展情况表

项目	单位	2010年指标
国民生产总值	万元	94548
工业总产值	万元	76255
农业总产值	万元	114285
全社会固定资产投资额	万元	81018
财政一般预算收入	万元	6166
社会消费品零售总额	万元	121842
农村人均收入	元	4980

人　物

FIGURES

◆政治人物

◆模范人物

◆优秀人物

◆获国家级奖励的集体和个人

政治人物

【李锋】男，汉族，1959年4月生，福建古田人，1976年8月参加工作，1978年1月加入中国共产党，学历大学(厦门大学经济系财政金融专业)，经济学学士。1976年8月后，福建省屏南县棠口公社茶场知青；1978年2月后，在厦门大学经济系财政金融专业学习；1982年2月后，任国务院办公厅秘书局财贸组干部、正科级干部；1985年10月后，任深圳市政府办公厅秘书、主任科员；1987年4月后，任深圳市政府办公厅第一秘书处副处长；1988年9月后，任深圳市政府办公厅第一秘书处处长；1991年1月后，任深圳市政府办公厅第一秘书处处长、厅主任助理；1991年7月后，任深圳市罗湖区副区长；1998年4月后，任深圳市罗湖区委常委、副区长；1999年3月后，任深圳市南山区委副书记、区长；2002年5月后，任深圳市南山区委书记、区长；2003年2月后，任深圳市委常委、政法委副书记，市公安局局长、党委书记；2005年5月后，任深圳市委常委、政法委书记，市公安局局长、党委书记；2008年5月后，任深圳市委常委、常务副市长；2010年5月后，任汕头市委书记、市人大常委会党组书记。

【罗仰鹏】男，汉族，1950年11月生，广东饶平人，1968年11月参加工作，1976年4月加入中国共产党，学历省委党校大专（省委党校函授大专班）。1968年11月后，陆丰县炎龙公社高美茶场插队知青；1973年11月后，在汕头地区农业学校学习；1975年9月后，汕头市郊农林局干部；1976年11月后，汕头市郊珠池公社农业技术员；1982年6月后，任汕头市郊珠池公社管委会副主任；1984年1月后，任汕头市郊区珠池区委副书记、区长；1984年4月后，任汕头市郊区珠池区委书记；1986年3月后，任汕头特区龙湖行政管理局副局长、党委委员；1987年9月后，任汕头特区土地开发公司总经理（1985.03-1988.01在省委党校函授大专班学习）；1990年6月后，任汕头特区规划建设局局长；1992年3月后，任汕头市国土局副局长、党组副书记；1993年7月后，任汕头市国土房产局局长、党委书记；1995年2月后，任汕头市政府副秘书长，国土房产局局长、党委书记；1997年10月后，任澄海市委书记；2002年10月后，任潮阳市委书记；2003年2月后，任潮阳区委书记；2003年5月后，任汕头市委常委，同年6月任常务副市长、市政府党组副书记；2010年2月至今，任汕头市政协主席、党组书记（2010.02－2010.08任常务副市长）。

【徐红】男，汉族，1953年5月生，安徽寿县人，1975年8月参加工作，1976年10月加入中国共产党，学历大学(解放军国际关系学院军事情报专业)，学士。1975年8月后，四川省万县市龙宝公社下乡知青；1977年1月后，步兵一一三师三三九团特务连侦察排战士、班长、排长，团作训股测绘员；1983年5月后，任步兵一一三师三三九团特务连副连长；1983年11月后，任步兵一一三师司令部作训科正连职参谋；1985年9月后，陆军指挥学院合成参谋队学员；1987年8月后，任广东省军区司令部作训处正连职参谋；1987年11月后，任广东省军区司令部作训处副营职参谋；1990年12月后，任广东省军区司令部作训处正营职参谋；1993年12月后，任广东省军区司令部情报处副处长；1995年4月后，任广东省军区司令部情报处代理处长；1996年2月后，任广东省军区司令部情报处处长；2002年4月后，任广东省阳江军分区参谋长；2005年4月后，任广东省阳江军分区副司令员；2006年8月后，任广东省汕头警备区副司令员；2007年4月后，任广东省汕头警备区司令员；2010年7月至今，任广东省汕头警备区司令员、汕头市委常委。

【廖文松】男，汉族，1952年2月生，汕头潮南人，1970年8月参加工作，1973年9月加入中国共产党，学历省社科院在职研究生（省社科院在职研究生班政治经济学专业）。1970年8月后，汕头轻工机械厂资料员；1975年8月后，汕头市总工会宣传部、办公室干事；1979年11月后，汕头市公安局政治处干事（1981年在广东省公安厅政治部协助工作）；1983年10月后，汕头市总工会干事；1983年11月后，共青团汕头市委直属机关团委筹备组负责人；1984年3月后，任共青团汕头市委宣传部副部长、《汕头青少年报》总编辑，1985年6月任共青团汕头市委党组成员；1986年2月后，任共青团汕头市委党组成员、常委、宣传部部长（1983.09－1986.12在汕头市职工业余大学中文秘书专业学习）；1987年11月后，任汕头特区党委宣传部副部长（1988.09－1988.12在国务院对外开放领导干部培训班学习）；1989年5月后，任汕头特区史志办主任；1990年10月后，任汕头特区司法局副局长（主持全面工作）；1992年1月后，任汕头市龙湖区司法局局长；1992年9月后，任汕头市委政法委办公室主任；1995年6月后，任汕头市检察院副检察长、党组成员（1995.09－1998.07在广东省社科院在职研究生班政治经济学专业学习；1996.09－1996.12在国家检察官学院第九期检察长岗位培训班学习；1999.09－2001.09在西南政法大学民商法专业研究生进修班学习），2003年12月定为正处级干部；2006年11月后，任潮州市中级人民法院党组书记，同年12月任潮州市中级人民法院代理院长；2007年1月后，任潮州市中级人民法院院长、党组书记；2010年2月至今，任汕头市人大常委会副主任、党组成员。

【张泽华】男，汉族，1952年1月生，广东普宁人，1968年3月参加工作，1972年2月加入中国共产党，学历大专（汕头广播电视大学党政干部基础专修科）。1972年7月后，普宁县文化馆编辑；1974年1月后，任普宁县梅塘公社党委办公室副主任、党委副书记；1979年8月后，任普宁县文化馆副馆长、共青团普宁县委副书记（1982.07－1983.03在中央团校学习）；1984年5月后，任共青团普宁县委书记；1986年1月后，任共青团汕头市委副书记、党组副书记；1987年3月后，任共青团汕头市委书记、党组书记（1984.09－1987.07在汕头广播电视大学党政干部基础专修科学习）；1990年1月后，任汕头市同平区委副书记；1991年1月后，任汕头市五金电器工业公司副经理；1992年10月后，任汕头市国土局副局长、党组成员；1993年3月后，任汕头市劳动局副局长、党委副书记；1993年8月后，任南澳县委副书记，1994年3月兼任县政协主席；1995年1月后，任南澳县委书记（1995.01－1995.02兼任县政协主席，1995.06－1996.03兼任副县长、代县长）；1999年3月后，任汕头市达濠区委书记；2003年2月后，任汕头市龙湖区委书记，同年6月任区人大常委会主任（2001.07－2004.12在华中师范大学网络研究生区域经济学专业学习），2005年10月定为副厅级干部；2010年2月至今，任汕头市政协副主席，2010年3月任市政协党组成员，2010年5月任市委统战部部长。

（市委组织部供）

模范人物

【王首标】男，1970年出生，湖北汉川人，本科学历，汕头市达濠市政建设有限公司项目经理。王首标能认真学习实践“三个代表”的重要思想，勇于创新，开拓进取，爱岗敬业，无私奉献，出色地完成公司和领导交给的各项工作和施工任务，取得优异的成绩，为汕头市经济社会和公司的发展做出了突出贡献。该同志自2003年3月担任项目部经理以来，始终以工地为家，一心扑在工作上，任劳任怨，兢兢业业，尽职尽责。先后主持承担南昌市红谷滩新区丰和南大道、前湖大道K1+591系杆拱桥三座独立桥梁、岭口大道、学府大道、岭北二路、规划A4路、梅林路、红角洲红谷滩南大道及南昌国际展览中心等十多项工程的施工任务。施工过程中，王首标始终把安全、质量和环境管理作为一项重要工作来抓，认真执行施工操作规范和标准，并按照业主、设计、监理的要求，建立了三级安全和质量及环境保证体系，严格执行定期安全检查、班前安全交底及持证上岗制度，精心组织，文明施工，有效地保证了施工安全和施工质量，在历次工程安全和质量的专项检查中，均受到当地政府相关部门的高度评价。承建的丰和南大道、岭口大道、红角洲红谷滩南大道等工程先后被评为“南昌市优良工程奖”；南昌国际展览中心工程获得“中国最佳会展中心”、“中国十佳展览场馆”殊荣，被南昌日报社记者誉为“南昌速度”、“世界速度”。该同志平时能以身作则，严以律己，作风踏实，团结同志，关爱员工，扶贫济困，乐于助人，受到公司领导和同志们的一致好评，在群众中享有崇高的威望。2003年4月荣获第四届汕头市“青年科技带头人”优秀奖；2003年7月被评为汕头市二〇〇二年度“优秀外来劳务工”；2003年至2009年度均获得广东省联泰集团有限公司“优秀奖”；2006年4月被评为“汕头市劳动模范”；2007年4月被授予“广东省五一劳动奖章”荣誉称号；2010年获“全国劳动模范”称号。

【陈亮】男，1976年出生，湖北人，本科学历，汕头航空有限公司飞行部主任，中共党员。陈亮1998年9月调入汕航飞行部，1998年11月改装B737—300飞机，共飞行11000小时，保证飞行安全，完成航班生产任务，被汕航多次评为优秀共产党员、先进生产（工作）者和飞行安全标兵。该同志在工作实践中，注意加强自身素质建设，努力学习实践邓小平理论和“三个代表”重要思想，忠诚汕航，热爱汕航，全身心的投入飞行事业。遇到家庭、个人的事情和执行航班任务出现矛盾，他都毫不犹豫的以执行航班任务为重，从不为家庭、个人的事情影响到飞行工作。做为责任机长，树立“安全第一，预防为主”的思想，以保证旅客生命和国家财产安全为己任，在实际工作中严格执行各项规章制度，刻苦学习航空理论和专业知识，英语达到民航局规定的四级水平，在飞行中努力提高处置特殊情况的能力，掌握丰富的专业理论知识和熟练的操纵技能，创造了良好的飞行安全记录。担任飞行教员，国际、地区英语报务教员，为人师表，认真施教。在抗雪救灾中，陈亮不怕苦，不怕累，艰苦航线、复杂航线抢着飞，复杂天气、冰雪天气争着执行任务。他带领飞行机组认真准备，密切协作，精心操作，出色地完成抗雪救灾的航班任务。1998年被南航汕头公司评为优秀团员；2004年被南航汕头公司评为先进生产（工作）者；2005年被南航汕头公司评为优秀共产党员；2005年被南航汕头公司评为飞行安全标兵；2006年被南航汕头公司评为十佳青年；2008年被南航汕头公司评为优秀党员；2008年被南航股份公司评为优秀机长；2009年被授予“广东省劳动模范”称号；2010年获“全国劳动模范”称号。

【郑一帆】男，1968年出生，广东汕头人，大专学历，中国民生银行股份有限公司汕头分行客户经理。郑一帆遵纪守法，爱岗敬业，以崇高的精神境界和精湛的业务知识，以客为尊，不断为客户提供高水准的金融服务。他以创造银企最大价值为己任，十年如一日，利用节假日休息时间，访问了粤东五市数以万计的客户，经他联系的客户累计在民生行开立1万多个帐户。他每年的创利额，在汕头银行业中稳居第一，在民生总行中名列前茅。其工作方法，曾在民生行系统推广。郑一帆不忘国忧，在应对“非典”、金融危机和抗震救灾等重大事件中，均表现突出，曾获民生总行“抗击非典先进个人”、“金牌客户经理”、“服务之星”、“增储标兵”等殊荣，先后被评为市、省“劳动模范”。更难得的是，他至今每月仍在为四川草坡乡地震灾区重建捐款。连续多年被评为民生银行汕头分行先进工作者；在历年汕头金融研讨会上，提交的论文多次获二等奖、三等奖；在民生银行总行历年征文活动中，参赛文章曾分获总行二等奖、优秀奖；2003年被民生银行总行工会评为“抗击非典先进个人”；2004年获民生银行总行“迎接上市，再造辉煌”劳动竞赛先进个人称号；2005年初获民生银行总行“增储标兵”称号；2005年中被民生银行总行授予“金牌客户经理”称号；2006年被评为“汕头市劳动模范”。2008年被民生银行总行授予“快乐服务之星”称号；2009年被评为“广东省劳动模范”；2010年获“全国劳动模范”称号。

【林小平】男，1955年生，在职研究生，福建永春人，广东电网公司汕头供电局局长、党委书记，中共党员。林小平自2002年调任汕头供电局以来，深入贯彻落实科学发展观，以强烈的社会责任感和事业心，在急难险重任务面前大智大勇、率先垂范的作风凝心聚力；以良好的改革创新意识，卓越的管理才能和前瞻的经营眼光引领企业实现跨越式发展，成为南方电网公司第11个“百亿”电量供电局。特别是在2009年，团结带领全局干部职工积极应对国际金融危机冲击，以提高供电可靠率为总抓手，出色完成增供扩销、电网建设两大核心任务，实现供购电量同比增长7.47%，实现国有资产保值增值，在推动经济发展方式转变，促进地方经济平稳较快发展方面做出突出贡献。在他的带领下，企业先后荣获广东省先进集体、广东省文明单位、南方电网公司先进基层党组织、南方电网公司抗灾抢修复电先进集体、全国模范职工之家、广东省先进职工之家等光荣称号。1991年被广东省经济委员会、广东省三电办公室授予“广东省节约用电先进工作者”称号；2002年被汕头市直授予“优秀共产党员”称号；2003年被汕头市委、市政府授予“汕头市劳动模范”称号；2003—2005年被南方电网公司授予“迎峰度夏先进个人”称号；2005年被广东省总工会授予“广东省‘五一’劳动奖章”称号；2006年被广东省委、省政府授予“广东省劳动模范”称号；2008年被广东省安全生产监督管理局“广东省企业安全生产工作先进个人”称号；2008年被广东电网公司评为“广东电网公司抗冰灾抢修复电先进个人”；2004—2008年连续5年被评为南方电网公司“迎峰度夏先进个人”；2009年被南方电网公司评为“增供扩销工作先进个人”；2010年获“全国劳动模范”称号。

【余汉藩】男，1960年生，高中毕业，广东汕头人，汕头市繁盛养殖有限公司理事，中共党员。余汉藩系汕头市金平区鮀江街道夏趾社区一名农民。他与3名乡亲合办汕头市繁盛养殖有限公司，该公司主要经营养猪、养鱼、种菜等农副产业，被汕头市金平区定为农业龙头企业。先后当选汕头市金平区第一届人大代表、汕头市第十二届人大代表，2009年分别荣获广东省委、省政府授予‘广东省劳动模范”称号和荣获汕头市委、市政府授予汕头市“文明市民”称号。他助人为乐、奉献爱心、积极参加捐资助学、扶贫济困、志愿服务等社会公益活动。余汉藩生活十分俭朴，但他情系贫困户，十多年来一直与原鮀浦镇及所在村委、石炮台街道建立长期联系，向社区的贫困群众发放棉衣、棉被；每逢重大节日，更积极参与扶贫济困送温暖活动，每年均发放大米10多吨。他还热心教育事业，在汕头市金平区鮀江街道、石炮台街道以及濠江区设立教育基金，资助特困生读书。10多年来共捐款助学超过几百万元，受其捐助的大、中、小学生几百名，帮助4户低保户建房，得到社会和群众的好评。汶川地震发生后，余汉藩不仅在汕头市金平区组织的救灾捐赠活动上捐出2万元，还毅然出资30多万元购买救援物资，冒着余震不断的危险，跋山涉水亲自送往四川灾区，在四川汕头等地产生强烈反响。他的义举被列入2008年汕头市中考的政治科试题，成为汕头广大青少年思想道德教育的活教材。余汉藩在履行市、区人大代表职责中，多次深入基层调查研究，了解社情民意，积极反映群众呼声。在汕头市金平区一届人大四次会议上，联名就鮀浦中学桥改建提出了议案，引起金平区政府的高度重视，并对该桥进行重新修建。在市十二届人大一次会议上，领衔提出了完善大学路交通安全设施的《关于切实消除汕头大学路段交通安全隐患、确保人民群众生命安全的议案》，针对人民群众关心的防洪、排涝、灌溉以及加快汕头市旅游业等热点，他还分别提交了《关于要求把南干渠续建工程列入市水利基建重点项目投资计划的议案》和《关于设立桑浦山森林公园的议案》，得到政府相关部门的高度重视和采纳。捐资并积极帮助筹资，在夏趾社区将原来臭水横流、垃圾遍地的一片地平整好，建起“农民公园”，成为夏趾社区新农村建设中的新亮点。公园的第一期工程已经完成；第二、三期工程正在推进之中。他多年来热心公益，奉献社会。在汕头市创卫达标整治行动中，组织了一支100多人清洁队上街义务清除“牛皮癣”；奥运火炬经过汕头期间，组织400多人的农民队伍上街助威，受到当地党政和媒体的关注和好评。2010年，该同志荣获“全国劳动模范”称号。

【陈平】男，1958年生，本科毕业，广东汕头人，汕头市中心医院心血管内科主任，中共党员。陈平为汕头市中心医院心血管内科副主任医师，心血管病专家；现任本院内三科（心血管内科）主任，学科带头人；兼任本院心血管病研究所副所长，电生理科主任。该同志为中共党员，政治思想品德端正。具备高尚医德医风，爱岗敬业，勤勤恳恳，长期在临床第一线工作，热忱为病人排忧解难，拒收“红包”，受病家赞誉。作为学科带头人，身体力行，倡导廉洁行医，努力构造和谐的医患关系，使心内科保持良好风气，多年来科室在业内和社会上享有良好的口碑，广受病人欢迎和赞扬。因成绩突出，2000年被评为汕头市劳动模范，广东省劳动模范。在医疗临床工作中，有丰富的临床和技术工作经验，是解决实际问题的专家，其专业技术水平为同行和社会所普遍认可。擅长冠心病、高血压、心律失常、心力衰竭等疾病的诊治和心血管介入治疗。1999年起负责心血管介入术的开展，全面开展冠状动脉造影、经皮冠状动脉成型术和冠状动脉支架术、心脏起搏器植入术、心内电生理检查术和心律失常射频消融术等。多年来致力于冠状动脉介入检查治疗技术的开展应用，成功救治一大批冠心病心绞痛、心肌梗塞患者，为医院心血管内科的发展做出积极贡献。熟练掌握经皮冠状动脉介入手术，包括复杂冠状动脉病变（多支冠状动脉病变、分叉病变、左冠状动脉主干兵变等）手术，其技术水平在粤东地区处于领先地位。多年来坚持对急性心肌梗塞患者开展急诊经皮冠状动脉介入治疗手术，24小时待命，随叫随到，取得良好的临床和社会效果。2006年起率先在潮汕地区开展经桡动脉冠状动脉介入术，并使之成为本院冠状动脉介入常规（目前粤东地区仅本院一家将经桡动脉穿刺入路作为常规），减轻病人痛苦。近10年来，注重研究心理学与临床内科的交叉领域，熟练掌握抑郁症和焦虑症的诊断、鉴别诊断和治疗，致力于“双心”模式（心脏与心理）的推广普及，成功救治一大批患者。使本院心内科业务量和业务水平逐年持续发展。2000年获汕头市、广东省劳动模范称号；2008年被评为汕头市卫生系统“百名优秀医疗卫生工作者”、医院“优秀医务工作者”；2010年获“全国先进工作者”称号。

（陈宇）

优秀人物

2010年汕头籍运动员世界冠军、亚洲冠军、全国冠军一览表

姓名	比赛名称	项目	名次
马琳	全国乒乓球锦标赛	男团	第一名
	卡塔尔乒乓球公开赛	男双	第一名
	中国乒乓球公开赛（苏州站）	男双	第一名
	第50届世界乒乓球锦标赛	男团	第一名
黄良财	第十六届亚运会	男子花剑团体	第一名
	击剑世锦赛	男子花剑团体	第一名
	击剑亚锦赛	男子个人花剑	第一名
	击剑亚锦赛	男子花剑团体	第一名
	全国击剑锦标赛	男子花剑团体	第一名
	击剑世界杯	男子花剑团体	第一名
黄文仪	第十六届亚运会	女子轻量级双人双桨（2000M）	第一名
	全国春季赛艇锦标赛	女子轻量级单人双桨（2000M）	第一名
	全国春季赛艇锦标赛	女子轻量级单人双桨（8000M）	第一名
	全国春季赛艇锦标赛	女子轻量级全能	第一名

续上表

纪练深	全国青年体操锦标赛	男子甲组全能	第一名
张根源	全国激流锦标赛	男子团体	第一名
吴岳霖	全国青年水球锦标赛	水球	第一名
林瑞英	第二届水上运动会暨全国帆板锦标赛	米氏级团体赛	第一名
杨采颖	全国重点单位（学校）乒乓球比赛	女单	第一名
吴明鸿	国际泳联跳水大奖赛	男子三米板双人	第一名
	国际泳联跳水大奖赛	男子三米板	第一名
	全国青年跳水冠军赛	男子三米板	第一名
	全国青年跳水冠军赛	男子三米板双人	第一名
	全国跳水冠军赛	男子团体	第一名
	全国跳水锦标赛	男子团体	第一名
董　俊	国际泳联跳水大奖赛	女子1米跳板	第一名
	国际泳联跳水大奖赛	女子3米跳板	第一名
谢思埸	中国水上运动会跳水比赛暨全国青年跳水锦标赛	男子双人跳台	第一名
陈　烨	全国跳水锦标赛	女子团体	第一名

国家级非物质文化遗产项目代表性传承人

项目	传承人	项目	传承人
潮州音乐	林立言	潮剧	方展荣
潮州音乐	杨秀明	潮阳英歌	杨卫
潮剧	姚璇秋		

获国家级奖励的集体和个人

【全国模范职工之家】
汕头市中级人民法院机关工会委员会
中国海员工会汕头海事局委员会

【全国青年文明号】
汕头海关缉私局海缉处海上缉私五中队

【全国维护妇女儿童权益先进集体】
汕头市妇女联合会
汕头市法律援助处

【“十一五”国家科技计划优秀组织奖】
汕头市金平区

【全国百县百项工作先进单位】
汕头市金平区

【全国计划生育优质服务先进单位】
汕头市澄海区

【全国基本农田保护先进单位】
汕头市澄海区溪南镇

【全国先进老促会】
汕头市老促会
汕头市潮南区老促会

【全国检验检疫“文明服务窗口”】
汕头检验检疫局综合业务处窗口
汕头检验检疫局潮阳办事处窗口

【全国公安机关打击假发票先进单位】
汕头市公安局经侦支队

【全国价格监测工作优秀单位】
汕头市物价局

【全国电力行业优秀企业】
汕头电厂

【全国基层个私协会建设先进单位】
汕头市澄海区个协私协

【第七届全国五好文明家庭】：
汕头市金平区郑隆茂家庭
汕头市潮南区胡世林家庭

【全国维护妇女儿童权益先进个人】
邬佳玲 汕头市妇联党组成员、副主席
曾爱东 汕头市律师协会副会长：

【2010年度全国五一巾帼标兵】
杜媛 汕头电厂检修部电气专工

【全国公安系统二级英雄模范，全国公安机关爱民模范】
庄宜生 汕头市公安局巡警支队三大队副主任科员

【全国优秀老区工作者】
徐斯池 汕头市老促会常务副理事长
余昌敬 汕头市澄海区老促会常务副理事长
郑廷泽 汕头市潮南区老促会常务副理事长
林汉添 汕头市潮阳区河溪镇老促会理事长

【2006—2010年全国法制宣传教育先进个人】
林永河 中共汕头市委组织部办公室主任

【全国模范人民调解员】
李玉英 汕头市澄海区东里镇东桥居委调解委员会主任
马史绵 汕头市潮阳区和平镇和平司法所所长

【全国优秀价格认证人员】
黄海宇 汕头市价格认证中心

【全国报业经营管理先进个人】
陈文波 汕头经济特区报社

【第九届中国艺术节优秀表演奖】
张怡凰 广东潮剧院

【全国十佳“2010 EMSS院前急救年度人物”】
许加宾 汕头市120急救指挥中心主任

社会经济统计资料

FILES OF SOCIAL ECONOMIC STATISTICS

国民经济主要指标

项　　目	单　　位	2010年	2009年
一、年末总人口	万人	524.11	510.73
二、年末职工人数	万人	32.28	31.64
#国有单位职工	万人	17.06	16.76
集体单位职工	万人	5.93	5.94
三、地区生产总值	亿元	1208.97	1035.87
#第一产业	亿元	64.53	56.86
第二产业	亿元	678.22	569.69
第三产业	亿元	466.22	409.32
四、工农业总产值	亿元	2770.06	2343.30
#农林牧渔业总产值	亿元	117.76	104.71
工业总产值	亿元	2652.30	2238.60
#轻工业	亿元	1716.50	1448.44
重工业	亿元	935.80	790.15
五、运输、邮电			
货物周转量	万吨公里	1019789	798354
#公路	万吨公里	256363	220033
水路	万吨公里	761550	576567
旅客周转量	万人公里	741937	652808
#公路	万人公里	516705	454168
水路	万人公里	0	0
港口货物吞吐量	万吨	3509	3102
邮电业务收入	亿元	47.36	45.35
六、固定资产投资			
全社会固定资产投资额	亿元	361.68	291.90
城镇单位	亿元	267.92	219.99
#房地产	亿元	49.31	38.09
农村单位	亿元	53.29	42.14
城镇私人	亿元	6.82	6.03
农村私人	亿元	33.64	23.74

国民经济主要指标（续）

项　　目	单　　位	2010年	2009年
七、国内商业			
社会消费品零售总额	亿元	830.41	661.96
市区商品零售价格总指数	%	103.70	96.40
八、对外贸易、利用外资			
进出口总额	亿美元	73.64	60.28
#出口总额	亿美元	49.35	40.16
进口总额	亿美元	24.30	20.12
实际吸收外商直接投资额	亿美元	2.56	2.04
九、财政、金融			
地方财政一般预算收入	亿元	72.65	58.54
地方财政一般预算支出	亿元	121.71	99.35
金融机构本外币(含外资)存款余额	亿元	1873.03	1623.06
金融机构本外币(含外资)贷款余额	亿元	661.52	570.47
十、人民生活			
职工工资总额	亿元	89.56	80.12
职工平均工资	元／人	27918	25482
城市居民人均可支配收入	元	15179	13651
农民人均纯收入	元	6518	5260
城乡居民储蓄存款余额（本外币）	亿元	1305.62	1168.73
十一、教育			
高等学校在校学生数	人	9300	9115
中等职业技术学校在校学生数	人	105420	66890
普通中学在校学生数	万人	49.35	46.53
小学在校学生数	万人	56.77	61.02
十二、卫生			
医院床位	张	12173	10296
专业卫生技术人员数	人	16170	13573
#医生	人	6939	5225

各区县户数

单位：户

	总户数		平均每户人数（人）	
	2010年	2009年	2010年	2009年
合　计	1158865	1140425	4.52	4.48
金平区	209644	208484	3.60	3.59
龙湖区	106440	104504	3.72	3.70
澄海区	182705	181252	4.08	4.03
濠江区	66818	65985	4.23	4.21
潮阳区	334219	326071	4.96	5.00
潮南区	237310	231370	5.60	5.44
南澳县	21729	22759	3.39	3.21

各区县人口

单位：人

	总人口		按性别分			
			男		女	
	2010年	2009年	2010年	2009年	2010年	2009年
合　计	5241143	5107302	2625211	2559726	2615932	2547576
金平区	753923	747844	373127	370599	380796	377245
龙湖区	396435	387154	197113	192717	199322	194437
澄海区	746103	730723	369852	362304	376251	3684119
濠江区	282869	277830	142685	140376	140184	137454
潮阳区	1659365	1631752	838878	823042	820487	808710
潮南区	1328745	1258953	666422	633389	662323	625064
南澳县	73703	73046	37134	36799	36569	36247

农林牧渔业总产值

单位：万元、%

项　　目	现行价		2010年缩减指数	可比价产值	2010年比2009年增减%
	2010年	2009年			
合　计	1177642	1047097	107.24	1098245	4.9
一、农业产值	565788	472898	113.39	499044	5.6
#粮食作物	152218	133237	113.67	133916	0.7
蔬菜	364792	299097	113.67	327016	7.6
水果	41168	34320	113.21	36769	7.1
二、林业产值	3706	2633	118.71	3133	8.5
三、牧业产值	249310	246238	98.62	252775	2.7
#生猪	113172	111859	96.76	116956	4.6
大牲畜	3016	2691	106.82	2824	
家禽饲养	132501	131108	100.08	132396	0.9
禽产品		9500			
四、渔业产值	335995	302995	104.71	321115	6.0
#海水产品	262288	251693	105.13	249486	–0.9
淡水产品	73707	51302	102.90	71629	39.6
五、农林牧渔服务业产值	22843	22333	103.00	22178	0.7

注：粮食作物包括大豆。

各区县农林牧渔业总产值

（2010年，按现行价计算）

单位：万元

地　区	合　计	农业产值	林业产值	牧业产值	渔业产值	农林牧渔服务业产值
全市合计	1177642	565787	3706	249310	335995	22843
金平区	39258	12319	45	14295	12442	158
龙湖区	86800	48294	12	31489	5332	1673
澄海区	396863	205962	337	97800	92609	154
濠江区	79776	22060	102	9513	47682	420
潮阳区	277979	146155	753	55933	71438	3700
潮南区	178000	122971	1477	33259	18551	1742
南澳县	114285	8163	909	7209	95024	2980

农作物播种面积和产量

（2010年）

项　　目	计量单位	合　计	项　　目	计量单位	合　计
全年粮食播种面积	亩	1071875	薯类播种面积	亩	265456
亩产	公斤	420	亩产	公斤	458
总产	吨	449738	总产	吨	121692
全年水稻播种面积	亩	767037	大豆播种面积	亩	3892
亩产	公斤	412	亩产	公斤	138
总产	吨	315748	总产	吨	537
早造面积	亩	390461	甘蔗播种面积	亩	658
亩产	公斤	407	亩产	公斤	6918
总产	吨	158870	总产	吨	4552
晚造面积	亩	376576	花生播种面积	亩	20109
亩产	公斤	417	亩产	公斤	165
总产	吨	156878	总产	吨	3326
旱粮播种面积	亩	35490	蔬菜播种面积	亩	663341
亩产	公斤	331	亩产	公斤	2277
总产	吨	11761	总产	吨	1510189

畜牧业生产情况

（2010年）

项 目	单 位	合 计	项 目	单 位	合 计
一、牛年末总头数	头	9157	九、当年出售和自宰家禽	万只	2923.52
1. 役用牛	头	4735	# 鸡	万只	1357.72
2. 肉用牛	头	3374	鸭	万只	885.89
3. 奶牛	头	1048	鹅	万只	578.71
二、山羊年末只数	只	1879	十、当年出害和自宰的兔	只	0
三、生猪全年饲养量	头	1293326	十一、当年肉类总产量	吨	118728
生猪年末存栏量	头	443075	猪肉产量	吨	62715
四、三鸟全年饲养量	万只	938.26	牛闬产量	吨	593
鸡	万只	414.07	羊闬产量	吨	70
鸭	万只	251.93	禽肉产量	吨	55255
鹅	万只	219.27	兔肉产量	吨	0
五、兔全年饲养量	只	0	十二、奶类产量	吨	4144
六、当年生猪出栏量	头	850251	十三、蜂蜜产量	吨	269
七、当年出售和自宰肉用牛	头	4353	十四、禽蛋产量	吨	9474
八、当年出售和自宰肉用羊	只	3022			

渔业、水果、茶叶生产情况

（2010年）

项　　目	单　位	全市合计	项　　目	单　位	全市合计
水产品总产量	吨	399433	水果年末实有面积	亩	190328
一、海水产品	吨	329300	总产	吨	162459
鱼类	吨	146380	#柑桔实有面积	亩	13029
优质鱼	吨	29056	总产	吨	19003
其他鱼类	吨	117324	香（大）蕉实有面积	亩	34103
虾蟹类	吨	43220	总产	吨	63411
贝类	吨	84851	菠萝实有面积	亩	1058
藻类	吨	38166	总产	吨	829
其他类	吨	16683	荔枝实有面积	亩	37739
二、淡水产品	吨	70133	总产	吨	5571
鱼类	吨	50587	龙眼实有面积	亩	5695
优质鱼	吨	19896	总产	吨	3027
其他鱼类	吨	30691	杂果实有面积	亩	71899
#四大家鱼	吨	23639	总产	吨	33250
贝类	吨	3538	茶叶年末实有面积	亩	4305
虾蟹类	吨	11430	总产	吨	229
其他类	吨	4578			

全部工业总产值

（2010年按现行价计算）

单位：万元

项　　目	全市合计	金平区	龙湖区	澄海区	濠江区
合　　计	26522966	4794770	4207978	5739992	1465545
一、规模以上工业	18975666	3222806	3341484	3781564	11389488
按登记注册类型分					
内资企业	14086742	2210817	1614941	3366107	519323
国有企业	1219797	29487	70721	187796	
集体企业	281154	134046	28369	31665	655
股份合作企业	185285	65332	12560	92270	2355
联营企业	17847	812	12060		5003
有限责任公司	3799774	1398580	728926	1001975	254635
股份有限公司	813299	120296	319282	237549	13404
私营企业	7687345	458560	418617	1804099	234272
其他企业	82214	3704	24406	10754	9000
港澳台商投资企业	2143789	633770	741217	287090	157279
外商投资企业	2745135	378219	935327	128367	461886
按轻、重工业分					
轻工业	11998989	2032371	1932438	2589404	505127
重工业	6976676	1190435	1409046	1192160	633361
按生产规模分					
大型企业	2107550		344222	800200	76010
中型企业	4458708	1085053	949313	748702	344915
小型企业	12409408	2137753	2047949	2332661	717563
二、规模以下工业(含个体)	7547300	1571964	865494	1958428	327057

全部工业总产值（续）

（2010年按现行价计算）

单位：万元

项　　目	潮阳区	潮南区	南澳区	直属企业
合　　计	4658006	4529167	76817	1050691
一、规模以上工业	3810827	2636028	35854	1008615
按登记注册类型分				
内资企业	3128992	2453287	21077	772198
国有企业	318153		15313	598327
集体企业	86420			
股份合作企业	1589	9043	2137	
联营企业				
有限责任公司	118821	226877		69960
股份有限公司	31140	10206		81421
私营企业	2544171	2201509	3627	22490
其他企业	28698	5651		
港澳台商投资企业	65869	134255	4975	119335
外商投资企业	615967	48487	9802	117081
按轻、重工业分				
轻工业	2273574	2392090	6429	267736
重工业	1537253	243938	29605	740879
按生产规模分				
大型企业	313832			573286
中型企业	975600	216646		138478
小型企业	2521395	2419382	35854	296852
二、规模以下工业(含个体)	847179	1893139	40963	42076

规模以上工业分行业现价工业总产值

（2010年）

单位：万元

项　目	总产值	项　目	总产值
合　计	18975666	17. 化学纤维制造业	13606
1. 非金属矿采选业	10950	18. 橡胶制品业	58840
2. 农副食品加工业	667620	19. 塑料制品业	2086369
3. 食品制造业	382948	20. 非金属矿物制品业	291194
4. 饮料制造业	94661	21. 黑色金属冶练及压延加工业	9470
5. 烟草制品业	34016	22. 有色金属冶练及压延加工业	156415
6. 纺织业	2150337	23. 金属制品业	315469
7. 纺织服装、鞋、帽制造业	1856802	24. 通用设备制造业	186738
8. 皮革、毛皮、羽绒及其制品业	180424	25. 专用设备制造业	349570
9. 木材加工及木、竹、藤、棕、草制品业	710947	26. 交通运输设备制造业	449266
10. 家具制造业	86017	27. 电气机械及器材制造业	827668
11. 造纸及纸制品业	689636	28. 通信设备、计算机及其他电子设备制造业	521872
12. 印刷业和记录媒介的复制	1042985	29. 仪器仪表及文化、办公用机械制造业	114715
13. 文教体育用品制造业	1472147	30. 工艺品及其他制造业	696474
14. 石油加工、炼焦及核燃料加工业	-	31. 电力、热水的生产和供应业	1931483
15. 化学原料及化学制品制造业	1259580	32. 燃气生产和供应业	19400
16. 医药制造业	252578	33. 水的生产和供应业	53501

规模以上工业主要经济指标

（2010年）

单位：万元

项目	全市合计	项目	全市合计
企业单位数（个）	2580	主营业务收入	18053414
#亏损企业	216	主营业务成本	14917607
流动资产合计	5615718	主营业务税金及附加	101049
#存货	1517206	营业费用	466264
#产成品	527326	管理费用	685616
流动资产年平均余额	0	#税金	40593
固定资产合计	5601056	财务费用	155872
固定资产原价合计	8839790	盈利企业盈利总额	1755420
累计折旧	3494262	亏损企业亏损总额	22654
固定资产净值年平均余额	0	盈亏相抵后利润总额	1732766
资产总计	12768146	利税总额	2349944
流动负债合计	3745696	应交所得税	194986
长期负债合计	644906	本年应缴增值税	516129
所有者权益合计	8030141	全部从业人员年平均人数（人）	456593

规模以上国有控股工业企业主要经济指标

（2010年）

单位：万元

项目	全市合计	项目	全市合计
企业单位数（个）	45	主营业务收入	2195452
#亏损企业	12	主营业务成本	1837763
流动资产合计	452228	主营业务税金及附加	7262
#存货	85809	营业费用	11441
#产成品	17608	管理费用	52584
流动资产年平均余额	0	#税金	2824
固定资产合计	1864227	财务费用	43466
固定资产原价合计	2912694	盈利企业盈利总额	249504
累计折旧	1065296	亏损企业亏损总额	3603
固定资产净值年平均余额	0	盈亏相抵后利润总额	245901
资产总计	2884868	利税总额	345788
流动负债合计	472164	应交所得税	65355
长期负债合计	361121	本年应缴增值税	92626
负债合计	982765	全部从业人员年平均人数（人）	17794
所有者权益合计	1900246		

主要工业产品产量

（2010年）

项　　目	单　位	全市合计	项　　目	单　位	全市合计
发电量	万千瓦时	2016724	涂料（油漆）	吨	3767
#火力	万千瓦时	1969983	油墨	吨	4244
风电	万千瓦时	39915	颜料	吨	5954
冷冻水产品	吨	28456	染料	吨	11082
乳制品	吨		初级形态的塑料	吨	143818
大米	吨	165898	肥（香）皂	吨	8623
饲料	吨	405856	合成洗涤剂	吨	6277
糖果	吨	17902	牙膏	万支	4559
糕点	吨	7837	化学原料药	吨	1377
饼干	吨	3091	中成药	吨	2750
速冻米面食品	吨	772	光盘复制品	万张	15325
罐头	吨	33419	塑料制品	吨	434686
啤酒	千升	118076	玩具	万元	10522249
白酒	千升	930	商品混凝土	立方米	1228167
精制茶	吨	276	预应力混凝土桩	米	569485
软饮料	吨	29301	日用不锈钢制品	吨	15164
化学纤维	吨	4171	工业锅炉	蒸发量吨	123
纱	吨	4028	粮食加工机械	台	179
布	万米	9314	印刷机专用设备	吨	247
印染布	万米	25808	塑料加工专用设备	吨	14882
金属切削机床	台	445	包装专用设备（包装）	台	762
服装	万件	30244	高压开关板	面	4633
皮革服装	件	77073	低压开关板	面	9956
实木地板（木地板）	万平方米	852	通信及电子网络用电缆	对千米	25289
家具	万件	129	蓄电池	千伏安时	486001
水泥	吨	1229810	半导体分立器件	万只	66646
机制纸及纸板	吨	276455	试验机	台	3131
纸制品	吨	276236	印制电路板	万平方米	115
针织服装	万件	13741	超声波仪器	台	8831
梭织服装	万件	16503	液晶显示器	万平方米	15

客货运输量

项　　目	单位	2010年	2009年
一、货运量	万吨	3088.59	2783.50
1. 公路	万吨	2413	2184
2. 水运	万吨	674	598
3. “南航”汕头有限公司	万吨	1.59	1.50
二、货物周转量	万吨公里	1019789	798354
1. 公 路	万吨公里	256363	220033
2. 水 运	万吨公里	761550	576567
3. “南航”汕头有限公司	万吨公里	1876	1754
三、客运量	万人	2759	2497
1. 公 路	万人	2539	2302
2. 水 运	万人	0	0
3. “南航”汕头有限公司	万人	220	195
四、旅客周转量	万人公里	741937	652808
1. 公路	万人公里	516705	454168
2. 水运	万人公里	0	0
3. “南航”汕头有限公司	万人公里	225232	198640

主要港口货物吞吐量

（2010年）

单位：万吨

项目	合计	出港			进港		
		小计	外贸	内贸	小计	外贸	内贸
合计	3509.3	424.4	205.9	218.5	3084.9	497.9	2290.0
汕头港务集团有限公司	2368.1	409.3	201.8	207.5	1958.8	445.9	1513.2
汕头市珠池港有限公司	16.2	0.5		0.5	15.7		15.7
汕头市航运总公司	85.3	2.5	1.1	1.4	82.8	1.3	81.5
汕头市永泰港务公司	0.7	0.1	0.1		0.6		0.6
汕头特区龙华企业有限公司	0.0						
汕头大洋储运公司	20.9				20.9		20.9
汕头特区海通货柜码头有限公司	7.8	2.9	2.9		4.9	4.9	
汕头市莱芜港务有限公司	0.5				0.5	0.5	
潮阳榕江港区	19.5	1.6		1.6	17.9		17.9
潮阳海门港区	720.0				720.0	342.6	337.4
潮阳棉城港区	0.0						
南澳港区	0.0						
汕头市油料总公司（重油码头）	0.0						
广东省石油企业集团粤东公司（汉山、马山码头）	34.9				34.9		34.9
雪佛龙海洋燃气能源有限公司	0.0						
红光运输服务公司	79.0				79.0		79.0
东海港务有限公司	23.8	7.5		7.5	16.3		16.3
东区粮食港口公司	22.9				22.9		22.9
水泥有限公司	88.8				88.8		88.8
广州海威海上救助技术服务中心汕头分中心	20.9				20.9		20.9

注：（1）港务集团公司统计数字包括国际集装箱码头、海洋码头、东区粮食码头、粤长码头等。
（2）汕头航运总公司统计数字包括西堤港、西港、四码头、船厂码头。

电信、邮政业务总收入及业务量

项　　目	单位	2010年	2009年
电信业务收入	万元	453436.50	434722.64
全市固定电话用户（含大、小灵通）	户	1403896	1470262
公用电话	部	51144	52122
全市移动电话用户	万户	506.08	440.70
互联网络用户（不含非注册用户）	户	688840	569710
邮政业务总收入	万元	20134.13	18738.82
邮政营销网点	处	70	71
邮政信筒、信箱	个	153	169
投递段道总数	条	373	301
投递路线总长度	公里	10884	7984
邮储占有率	%	5.62	5.25
设有邮政局所的乡镇	个	29	30
已通邮的行政村	个	542	541
开办邮储业务的乡镇	个	23	25
全市局所平均服务平径	平方公里	3.06	3.04
全市住宅固定电话普及率	户/百户	98.51	105.40
全市移动电话普及率	户/百人	96.56	86.29
国际互联网用户普及率	户/百户	59.44	49.96
公用电话 普及率	部/千人	9.76	10.19

各区县社会消费品零售总额

（2010年）

单位：万元

项　　目	汕头市	金平区	龙湖区	澄海区	濠江区	潮阳区	潮南区	南澳区
合计	8304099	2817427	1330664	894472	253250	1474089	1359601	121842
1. 按销售地区分								
城　镇	5899606	2817427	1329642	520279	252487	505480	332992	88545
乡　村	2404493		1022	374193	763	968609	1026609	33297
2. 按行业分								
批发业	360231	20770	95384	13791	15242	191716	16846	6482
零售业	7380095	2645585	1146359	840749	223950	1155944	1234560	99897
住宿业	59918	8148	10590	3765	826	15434	15541	5614
餐饮业	503855	142924	78331	36167	13232	110995	92654	9849

批发零售贸易业商品销售总额

（2010年）

单位：万元

项　目	销售总额	批发额	零售额
总　计	14115362	6375036	7740326
一、按规模分			
（一）限额以上企业	4028883	2970580	1058303
内资企业	3855598	2912821	942777
国有企业	606141	474363	131778
集体企业	50893	30120	20773
股份合作企业	172303	148423	23880
联营企业	93941	86808	7133
有限责任公司	1470274	1081828	388446
股份有限公司	386188	271261	114927
私营企业	1075358	820018	255340
其他企业	500	0	500
港澳台同胞	52728	33216	19512
外商投资企业	120557	24543	96014
（二）限额以下企业			
法人企业及个体户	10086479	3404456	6682023
二、按地区分			
金平区	5091307	2424952	2666355
龙湖区	2944624	1702881	1241743
澄海区	1691852	837312	854540
濠江区	425842	186650	239192
潮阳区	2057489	709829	1347660
潮南区	1702741	451335	1251406
南澳县	148664	42285	106379

注：批发业限额标准：年销售额2000万元及以上。
　　零售业限额标准：年销售额500万元及以上。

汕头市区居民消费价格分类指数

（2010年，以上年价格为100）

类　　别	按全社会综合平均价格计算	类　　别	按全社会综合平均价格计算
居民消费价格总指数	103.1	茶及饮料	100.2
一、食品	105.9	茶叶	100.2
粮食	109.4	饮料	100.2
大米	112.9	干鲜瓜果	112.3
粮食制品	103.4	鲜瓜果	110.0
淀粉	106.2	干（坚）果	123.4
干豆类及豆制品	112.2	糕点饼干	102.6
油脂	102.5	液体乳及乳制品	106.0
肉禽及其制品	100.9	在外用膳食品	104.5
食用畜肉及副产品	100.0	其他食品	102.4
禽	101.9	二、烟酒及用品	103.1
加工肉禽	101.8	烟草	102.8
蛋	103.6	酒	103.9
水产品	107.5	吸烟饮酒用品	100.0
菜	115.6	三、衣着	100.5
鲜菜	116.7	服装	100.2
干菜及菜制品	108.3	衣着材料	105.2
薯类	119.7	鞋袜帽	101.2
调味品	102.5	衣着加工服务	101.5
糖	112.4	四、家庭设备用品及维修服务	100.0

汕头市区居民消费价格分类指数（续）

（2010年，以上年价格为100）

类　　别	按全社会综合平均价格计算	类　　别	按全社会综合平均价格计算
耐用消费品	98.0	市区公共交通费	98.3
家具	100.1	城市间交通费	101.4
家庭设备	97.2	通信	94.1
室内装饰品	100.5	通信工具	86.9
床上用品	101.6	通信服务	94.8
家庭日用杂品	97.7	七、娱乐教育文化用品及服务	98.9
家庭服务及加工维修服务	105.6	文娱用耐用消费品及服务	95.9
五、医疗保健和个人用品	105.3	教育	101.3
医疗保健	107.1	教材及参考书	100.3
医疗器具及用品	98.4	学杂托幼费	101.5
中药材及中成药	118.9	文化娱乐类	99.1
西药	99.2	文化娱乐用品	100.0
医疗保健服务	100.0	书报杂志	100.0
个人用品及服务	102.6	文娱费	97.3
六、交通和通讯	98.9	旅游	94.8
交通	103.7	八、居住	105.8
交通工具	98.2	建房及装修材料	103.1
车用燃料及零配件	110.9	自有住房	100.5
车辆使用及维修费	101.2	水、电、燃料	108.7

分地区对外贸易出口总额

单位：万美元

地区	出口总额		#一般贸易出口		#加工贸易	
	2010年	2009年	2010年	2009年	2010年	2009年
全市合计	493450	401624	357238	284685	134734	115357
金平区	53621	44284	47740	38636	5881	5648
龙湖区	111956	89087	67826	52595	44128	36491
澄海区	113245	97360	98847	85337	14398	12023
濠江区	23815	18782	13157	9205	10658	9577
潮阳区	56807	49229	36753	26915	20054	22314
潮南区	62181	50650	52398	41605	9783	9045
南澳县	64	51	64	51	0	0
市直属	54840	40733	32267	23608	22561	17125

分地区进口总额

单位：万美元

地区	进口总额		1.一般贸易		2.加工贸易		3.其他贸易	
	2010年	2009年	2010年	2009年	2010年	2009年	2010年	2009年
全市合计	242974	201223	147275	122785	84191	69918	11508	8520
金平区	33070	26975	29523	23721	3191	2949	356	305
龙湖区	98139	76082	63519	52566	32174	22990	2446	526
澄海区	17642	13283	5385	3029	12227	10085	30	169
濠江区	8950	7684	2826	1917	6124	5602	0	165
潮阳区	18335	20773	6138	7394	12016	13262	201	117
潮南区	8070	7195	2760	850	5291	5566	19	779
南澳县	956	102	956	102	0	0	0	0
市直属	43687	38703	33722	31746	7278	6424	2687	533

全市利用外资基本情况

单位：宗、万美元

项目	新签协议（合同）数		实际利用外资额	
	2010年	2009年	2010年	2009年
客商直接投资	35	31	25553	20413
合资经营	6	5	2273	3571
合作经营	0	3	1983	762
独资经营	29	23	20997	14366
外商股份制	0	0	300	1714

旅游业情况

项目	单位	2010年	2009年
一、接待过夜游客人数	人	7822027	6801326
（一）国内旅客	人	7688170	6678165
（二）国际旅游者	人	133857	123161
1.外国人	人	82017	68875
2.港澳同胞	人	42802	44909
3.台湾同胞	人	9038	9377
二、旅游收入	亿元	88.47	74.29
#外汇收入	万美元	5015.77	4909.82

星级宾馆概况

（2010年）

项目	单位	合计	星级宾馆小计	五星级	四星级	三星级	二星级	一星级	无星级宾馆
宾馆数	座	41	41	3	7	19	10	2	0
房间数	个	6407	6407	1261	1675	2632	696	143	0
床位数	张	10488	10488	1800	2725	4419	1268	276	0

全社会固定资产投资额和房地产开发经营情况

（2010年）

项目	单位	全市	项目	单位	全市
一、完成投资额总计	万元	3616754	商业营业用房	万元	36752
城镇单位	万元	2679235	四、房屋建筑、销售情况	-	
#房地产开发	万元	493053	房屋施工面积	万米^2	638.83
农村单位	万元	532935	#商品住宅	万米^2	474.32
城镇私人	万元	68160	办公楼	万米^2	7.82
农村私人	万元	336424	商业营业用房	万米^2	34.81
二、新增固定资产总计	万元	2742463	房屋竣工面积	万米^2	114.31
城镇单位	万元	1815351	#商品住宅	万米^2	88.12
#房地产开发	万元	203910	办公用楼	万米^2	28.67
农村单位	万元	523983	商业营业用房	万米^2	6.01
城镇私人	万元	67314	房屋销售面积	万米^2	163.00
农村私人	万元	335815	#商品住宅	万米^2	149.42
三、房地产开发投资额	万元	493053	办公楼	万米^2	1.11
土地开发投资	万元	12646	商业营业用房	万米^2	4.68
土地购置费	万元	110280	房屋销售合同额	万元	695946
按用途分	-	-	#商品住宅	万元	619381
#商品住宅	万元	353986	办公楼	万元	3572
办公楼	万元	8188	商业营业用房	万元	36847

汕头市城市建设情况

（2010年）

项　　目	单　位	
一、市区面积	平方公里	1956
#建成区面积	平方公里	175
二、市政设施情况		
实有道路长度（不含宽3.5米以下道路）	公里	1317.9
城市道路面积	万平方米	2492
城市桥梁数	座	142
防洪堤长度	公里	486
城市下水道总长度	公里	1661
三、城市公共交通情况		
年底全社会营运公共汽车	标台/辆	1112
年底营运线路网	公里	1947
全年运客总数	万人次	10245
公共轮渡	艘	9
全年轮渡客运总量	万人次	436
年底出租小汽车营运车辆	辆	1235
四、城市园林绿化情况		
园林绿地总面积	公顷	6944
#公园绿地	公顷	2819
建成区绿化覆盖面积	公顷	7113
绿化覆盖率	%	40.65
公园个数	个	28
公园面积	公顷	1198
全年植树	万株	217.13

汕头市城市建设情况（续）

（2010年）

项　　目	单位	
五、城市环境卫生情况		
清扫面积	万平方米	1418
全年完成清运垃圾	万吨	67.63
环卫专用车辆设备数	辆	360
公厕数量	座	650
六、城市住房情况		
人均住房建筑面积	平方米	28.61
人均居住面积（含厅及配套）	平方米	22.89
年底水厂个数	个	19
年底水厂综合生产能力	万吨/日	131.2
年底供水管道总长度	公里	2168.31
全年供水总量	万吨	28500.00
#生产用水	万吨	6802.92
生活用水	万吨	13274.49
用水人口	万人	227.25
人均生活用水量	升/天	190.42
七、城市供电情况		
全年用电量	亿千瓦时	136.81
#工业用电	亿千瓦时	83.36
生活用电	亿千瓦时	29.54
八、城市供燃气情况		
全年供气量	吨	195403
#家庭用量	吨	139361
家庭燃气普及率	%	96.87

汕头市区环境保护状况

（2010年）

项　　目	单位	
一、废水排放总量	万吨	26074.59
二、工业废水排放量	万吨	6150.12
#符合排放标准的	万吨	5219.16
三、生活污水排放量	万吨	19924.47
#经过处理的	万吨	11538
四、工业废气排放总量	万标立方米	8604289
1. 燃料燃烧过程中废气排放量	万标立方米	7717145
2. 生产工艺过程中废气排放量	万标立方米	887144
五、工业二氧化硫排放量	吨	25002.43
六、工业固体废物产生量	万吨	101.09
工业固体废物处置量	万吨	0.86
工业固体废物综合利用量	万吨	96.94
七、工业锅炉	台/蒸吨	562/13560.4
#烟尘排放达标	台/蒸吨	495/13017.4
八、工业炉窑	座	28
#烟尘排放达标	座	22
九、二氧化硫日平均值达标率	%	100
十、降尘量	吨/月平方公里	6.31
十一、市区交通噪声（等效声级Leq）	分贝	67.8
十二、区域环境噪声（等效声级Leq）	分贝	55.5
十三、环境噪声达标面积	平方公里	153.58

全市财政收支情况

单位：万元

项　　目	2010年	2009年
地方财政一般预算收入	726452	585353
1. 税收收入	517723	416376
# 增值税	140614	117113
营业税	92387	76330
企业所得税	79067	57514
个人所得税	20754	18084
土地增值税	14513	12013
房产税	28198	24400
城市维护建设税	33895	26057
契税	39865	30326
2. 非税收入	208729	168977
# 国有资本经营收入	20896	39824
行政性收费收入	74411	50320
罚没收入	28055	24338
专项收入	22097	16841
其他收入	53137	34514
地方财政一般预算支出	1217123	993505
# 一般公共服务	186095	168732
公共安全	110196	101843
教育	303068	245168
科学技术	14491	13205
社会保障和就业	96353	73208
医疗卫生	117364	86758
环境保护	45089	37182
城乡社区事务	67614	64839
农林水事务	80423	76595

各区县财政收支情况

单位：万元

项　　目	金平区		龙湖区		澄海区		濠江区	
	2010年	2009年	2010年	2009年	2010年	2009年	2010年	2009年
地方财政一般预算收入	61781	52821	66769	53088	107669	86432	25205	19391
1. 税收收入	43735	38081	52865	43945	81196	60122	16493	12861
#增值税	11333	11055	14781	12717	26809	20454	3975	3730
营业税	9591	7712	12721	10354	12321	9993	2830	2473
企业所得税	7921	6363	7643	6303	15535	9179	2352	1288
个人所得税	3245	2697	2601	2207	2294	2308	275	325
土地增值税	1088	1338	3267	2979	1684	597	132	96
房产税	3629	3409	3627	2860	2979	2858	424	272
城市维护建设税	3265	2893	3552	2925	6740	4297	584	438
契税	0	0	0	0	5022	3100	0	0
2. 非税收入	18046	14740	13904	9143	26473	26310	8712	6530
#国有资本经营收入	0	0	9080	6780	0	14770	814	2339
行政性收费收入	5265	3068	2915	741	7760	2281	741	682
罚没收入	234	210	211	0	3178	3265	117	193
专项收入	1398	1236	1521	1248	3721	2559	254	188
其他收入	11091	10159	0	267	11720	3321	6730	3076
地方财政一般预算支出	108254	93671	94310	86325	172900	145655	46161	41878
#一般公共服务	24149	19956	23689	21115	33456	28413	7107	5774
公共安全	3133	2976	3750	4088	13195	11758	1667	1539
教育	39727	32978	34764	28101	45997	40495	12939	11005
科学技术	3754	3505	2159	1949	2318	2328	556	428
社会保障和就业	7947	5913	7546	5252	16790	8300	3030	2700
医疗卫生	9539	9874	7365	5777	16254	13871	4462	3366
环境保护	487	476	285	440	4529	3541	200	100
城乡社区事务	11903	11138	6313	7270	4514	4988	4875	4845
农林水事务	2934	2152	3881	7036	15557	19307	3545	5825

各区县财政收支情况（续）

单位：万元

项目	潮阳区		潮南区		南澳县		市直属	
	2010年	2009年	2010年	2009年	2010年	2009年	2010年	2009年
地方财政一般预算收入	87000	68392	59287	48290	6166	4815	312575	252124
1. 税收收入	60177	44231	42611	34865	5007	3616	215639	178655
# 增值税	17963	12693	15002	12438	681	667	50070	43359
营业税	7913	7874	6206	5265	1416	1132	39389	31527
企业所得税	13922	9384	3442	2606	456	448	27796	21943
个人所得税	1347	1277	1356	1152	113	86	9523	8032
土地增值税	862	150	516	171	196	60	6768	6622
房产税	2361	2170	3013	2700	203	232	11962	9899
城市维护建设税	5048	3313	2894	2339	221	173	11591	9679
契税	2988	1203	1035	1087	382	153	30442	24783
2. 非税收入	26823	24161	16676	13425	1159	1199	96936	73469
# 国有资本经营收入	2809	13154	300	300	0	0	7893	2481
行政性收费收入	11523	4200	8908	7238	345	550	36945	31560
罚没收入	3614	3200	5092	4052	591	460	15018	12958
专项收入	2563	1750	2119	1732	164	127	10357	8001
其他收入	2	533	0	46	0	14	23594	17098
地方财政一般预算支出	190871	153149	142617	122158	30704	25774	431306	324895
# 一般公共服务	17938	16572	17173	16937	5168	5576	57412	54389
公共安全	12234	10242	10053	7845	3274	2479	62890	60916
教育	73351	58746	49467	40997	3846	3356	42977	29490
科学技术	424	398	522	447	230	243	4528	3907
社会保障和就业	12409	11398	9435	9532	1422	1298	37774	28815
医疗卫生	25551	19249	20659	16316	3863	1593	29671	16712
环境保护	1117	2556	2829	3032	818	430	34824	26607
城乡社区事务	12681	4606	1421	1070	417	1367	25490	29555
农林水事务	14783	10933	18112	16012	6422	4158	15189	11172

金融机构人民币存贷款年末余额及现金收支情况

单位：万元

指　　标	2010年	2009年
年末存款余额	18523601	16017186
中资全国性四家银行	12362215	10704022
股份制商业银行	2931479	2612345
邮储银行	794964	634042
农信联社	1927317	1687726
外资银行	32235	20307
存款余额中：企事业单位存款	3185366	2369699
储蓄存款	12923291	11534152
年末贷款余额	6377532	5306450
中资全国性四家银行	3493824	2829228
股份制商业银行	1263582	1131188
邮储银行	23718	17648
农信联社	1415934	1232036
外资银行	98447	36668
存款余额中：中长期贷款	3762006	2827944
#个人贷款	1074195	
#个人消费贷款	732293	
单位贷款	2557974	1830
#经营贷款	673272	
固定资产贷款	1825586	
普通并购贷款	3761	
银团贷款	126075	
票据融资	35656	99292
短期贷款	2578563	2378597
#个人贷款及透支	459884	
#个人消费贷款	21644	
单位贷款及透支	2047865	
#经营贷款	1988607	
固定资产贷款	13090	
贸易融资	70814	

金融机构现金收支情况

单位：万元

项　　目	2010年	2009年
现金收入合计	33624013	28939330
商品销售收入	1411099	1398720
服务业收入	865626	802322
行政税费收入	98132	107469
城乡个体经营收入	587054	494360
储蓄存款收入	28270240	24010615
其他金融机构收入	12712	19289
居民归还贷款收入	12882	16688
汇兑收入	246385	232494
有价证券收入	2973	5942
其他收入	2116909	1857430
现金支出合计	34423185	29695976
工资性及个人其他支出	2095773	2008325
工矿及其他产品采购支出	47930	30350
农副产品采购支出	236342	220157
行政企事业管理费支出	667781	607083
城乡个体经营支出	757970	661537
储蓄存款支出	29355614	25192133
其他金融机构支出	9382	1699
居民提取贷款支出	10679	12966
汇兑支出	80060	50547
有价证券支出	7084	13164
其他支出	1154571	898014

中心城区居民人均现金收支情况

单位：元

项　　目	2010年	2009年	2010年比2009年增减%
一、期初手存现金	1232.63	2060.99	-40.2
二、家庭总收入	16216.09	14625.03	10.9
# 可支配收入	15178.59	13650.89	11.2
1.工资性收入	12095.30	11081.45	9.2
2.经营性收入	1385.20	1129.20	22.7
3.财产性收入	107.92	40.31	167.7
4.转移性收入	2627.68	2374.07	10.7
# 养老金或离退休金	1778.38	1749.74	1.4
赡养、捐赠收入	677.11	515.69	31.3
三、借贷收入	595.55	992.53	-40.0
# 提取储蓄存款	490.19	539.23	-9.1
四、家庭总支出	15117.15	13467.27	12.3
1. 消费性支出	13218.23	11659.47	13.4
食品	6455.87	6055.80	6.6
衣着	767.94	675.93	13.6
# 服装	574.56	514.34	11.7
家庭设备用品及服务	943.51	752.90	24.1
# 耐用消费品	159.09	81.63	94.9

中心城区居民人均现金收支情况（续）

单位：元

项　　目	2010年	2009年	2010年比2009年增减%
床上用品	72.49	21.95	230.3
家庭日用杂品	590.28	563.37	4.8
医疗保健	474.48	377.9	25.6
交通和通讯	1699.10	1595.3	6.5
#交通	787.36	790.96	-0.5
通讯	911.74	804.34	13.4
教育娱乐文化服务	964.38	670.15	43.9
#文化娱乐用品	209.47	191.08	9.6
教育	273.47	222.58	22.9
文化娱乐服务	481.44	256.49	87.7
居住	1396.58	1202.04	16.2
#住房	35.39	22.05	60.5
水电燃料及其它	1279.18	1117.96	14.4
其它商品和服务	525.37	329.45	59.5
2. 非消费性支出	1898.92	1807.80	5.0
五、借贷支出	614.90	990.16	-37.9
#存入储蓄款	477.60	802.12	-40.5
六、期末手存现金	2324.74	2162.45	7.5

调查农户平均每人收入和支出

项　　目	单位	2010年数值	构成（比重）
一、农村居民人均总收入	元	7551.19	100.00
（一）工资性收入	元	4010.00	53.10
#外出务工收入	元	1185.66	29.57
（二）家庭经营收入	元	3108.23	41.16
农林牧渔业收入	元	1629.55	52.43
工业建筑业收入	元	358.31	11.53
其他行业收入	元	1120.38	36.05
（三）财产性收入	元	100.81	100.00
（四）转移性收入	元	332.15	100.00
#家庭常住人口寄回或带回	元	55.20	16.62
二、人均可支配收入	元	6388.45	-
三、人均纯收入	元	6517.94	-
按人均纯收入水平分的人数（人）			-
3000元及以下	人	156752	4.68
3001---4000元	人	444453	13.26
4001---5000元	人	600588	17.93
5001---6000元	人	491807	14.67
6001---7000元	人	505664	15.09
7001---8000元	人	365937	10.92

调查农户平均每人收入和支出（续）

项　　目	单位	2010年数值	构成（比重）
8000元及以上	人	2565201	76.53
四、农村居民人均总支出	元	7089.55	100.00
（一）家庭经营费用支出	元	869.02	12.26
农林牧渔业支出	元	529.24	60.90
工业建筑业支出	元	71.65	8.24
其他行业支出	元	268.13	30.85
（二）购置生产性固定资产	元	14.68	0.21
（三）税收支出	元	6.00	0.08
（四）生活消费支出	元	5960.49	84.07
1. 食品	元	2855.07	47.90
2. 衣着	元	359.52	6.03
3. 居住	元	1117.10	18.74
4. 家庭设备用品及服务	元	268.81	4.51
5. 医疗保健	元	279.13	4.68
6. 交通和通讯	元	485.95	8.15
7. 文教娱乐用品及服务	元	175.06	2.94
8. 其它商品和服务	元	419.85	7.04
（五）财产性支出	元	19.19	0.27
（六）转移性支出	元	220.18	3.11

各区县单位从业人员人数、工资总额及人平工资

（2010年）

项　　目	单位	全市合计	金平区	龙湖区	澄海区
一、从业人员年末人数	人	322750	103627	68070	26514
国有单位	人	170605	44288	19643	20949
城镇集体单位	人	59260	43039	2599	3782
其他单位	人	92885	16300	45828	1783
二、平均人数	人	320805	102520	67991	26274
国有单位	人	169520	43885	19620	20712
城镇集体单位	人	58730	42654	2472	3777
其他单位	人	92555	15981	45899	1785
三、工资总额	万元	895632	247886	180609	92576
国有单位	万元	554511	161546	73260	79735
城镇集体单位	万元	82110	50787	4980	8137
其他单位	万元	259011	35553	102370	4704
四、人平工资	元	27918	24179	26564	35235
国有单位	元	32711	36811	37339	38497
城镇集体单位	元	13981	11907	20144	21543
其他单位	元	27985	22247	22303	26354
五、在岗职工人平工资	元	27742	24115	26637	34763
国有单位	元	32592	36758	37957	38051
城镇集体单位	元	13988	11907	20199	21543
其他单位	元	27715	22064	22246	26241

各区县单位从业人员人数、工资总额及人平工资（续）

（2010年）

项　　目	单位	濠江区	潮阳区	潮南区	南澳县	其他
一、从业人员年末人数	人	28089	39736	28925	5074	22715
国有单位	人	14655	34828	20730	4338	11174
城镇集体单位	人	5388	3098	498	260	605
其他单位	人	8046	1810	7706	476	10936
二、平均人数	人	28099	39658	28694	5017	22552
国有单位	人	14543	34753	20520	4280	11207
城镇集体单位	人	5398	3081	489	261	598
其他单位	人	8158	1824	7685	476	10747
三、工资总额	万元	78493	93848	60146	10953	131121
国有单位	万元	43617	82399	43127	9664	61161
城镇集体单位	万元	11278	3310	441	459	2720
其他单位	万元	23597	8138	16578	830	67240
四、人平工资	元	27934	26664	20961	21831	58142
国有单位	元	29992	23710	21017	22580	54574
城镇集体单位	元	20894	10743	9010	17571	45482
其他单位	元	28925	44618	21572	17435	62567
五、在岗职工人平工资	元	27949	23177	20961	21913	59776
国有单位	元	29924	23132	21017	22683	54653
城镇集体单位	元	209911	10804	9101	17571	45482
其他单位	元	29158	44639	21572	17435	67114

各类学校基本情况

（2010年）

项　　目	学校数（所）	本年毕业生数（人）	本年招生数（人）	在校学生数（人）	教职工数（人）	专任教师
一、汕头大学	1	2097	2340	9300	1457	711
二、汕头职业技术学院	1	4629	4476	13320	750	571
三、汕头电大、职大、业大	3	1460	1683	4889	160	116
四、中等职业技术学校	24	15249	56679	105420	2355	1695
#技工学校	2	3347	7164	14871	363	280
五、普通中学	260	133589	168535	493483	25974	22650
#高　中	92	34548	49394	137894	–	7482
初　中	168	99041	119141	355589	–	15168
六、小　学	798	126613	81378	567743	25701	22819
七、幼儿园	690	47463	60978	133284	9556	6042
八、特殊教育	3	136	157	1301	108	88
#聋哑学校	1	13	38	301	69	57

各区县普通中学情况

（2010年）

	学校数（所）	本年毕业生数（人）	本年招生数（人）	在校学生数（人）	教职工数（人）	
						专任教师
全市合计	260	133589	168535	493483	25974	22650
金平区	38	20617	21426	66096	4004	3597
龙湖区	21	10875	11083	35221	2255	1968
澄海区	30	19210	19667	60021	3865	3253
濠江区	12	7464	9445	26982	1258	1126
潮阳区	82	42592	56836	164940	7915	6773
潮南区	63	25016	41445	115083	4685	4361
南澳县	6	1862	1647	5320	437	383
市直属	8	5953	6986	19820	1555	1189

各区县小学情况

（2010年）

	学校数（所）	本年毕业生数（人）	本年招生数（人）	在校学生数（人）	教职工数（人）	
						专任教师
全市合计	798	126613	81378	567743	25701	22819
金平区	79	14482	11253	70786	3675	3314
龙湖区	71	9327	7968	47475	2518	2213
澄海区	109	12669	10669	57674	3118	2472
濠江区	43	6421	3078	24893	1400	1289
潮阳区	248	46508	24961	196881	7820	6945
潮南区	232	35805	22900	165391	6564	6104
南澳县	16	922	474	3080	442	346
市直属		479	75	1563	169	136

全市卫生事业基本情况

（2010年）

项　　目	单位	合计	项　　目	单位	合计
一、机构数	个	872	四、出院病人数	万人次	34
1. 医院	个	37	五、病床使用率	%	87
#综合医院	个	21	六、病床周转次数	次	32
中医医院	个	5	七、卫生工作人员数	人	21080
专科医院	个	11	1. 卫生技术人员	人	16170
2. 卫生院	个	41	执业（助理）医师	人	6939
#街道卫生院	个	8	#执业医师	人	5352
乡镇卫生院	个	33	注册护士	人	5402
3. 诊所、卫生所、医务室	个	162	药师（士）人员	人	1109
4. 妇幼保健院（所、站）	个	6	技师（士）人员	人	804
5. 专科疾病防治院（所、站）	个	6	其他	人	1916
6. 其他卫生事业机构	个	54	2. 其他技术人员	人	885
7. 村卫生室	个	566	3. 管理人员	人	825
二、实有床位数	张	12173	4. 工勤技能人员	人	2182
三、医院门诊诊疗总人次数	万人次	787	5. 乡村医生和卫生员	人	1018

文献法规选编

DOCUMENTS,LAWS AND REGULATIONS

◆文献专载

◆重要法规目录

文献专载

在中共汕头市委九届九次全会上的讲话

（2010年7月26日）

李　锋

这次市委全会的主题是，以科学发展观为统领，认真贯彻落实省委十届七次全会精神，总结近年来我市文化建设工作，审议《中共汕头市委、汕头市人民政府关于建设文化强市的意见》，明确文化强市建设的目标任务，以时代文化精神为引领，着力破解阻碍我市现代化建设事业的思想障碍，优化提升城市发展理念，推动我市科学发展上新水平。下面，我受市委常委会委托，讲两点意见。

一、认真贯彻落实省委十届七次全会精神，以改革创新精神推动社会主义文化大发展大繁荣

刚刚闭幕的省委十届七次全会，是我省贯彻落实党的十七大提出的建设中国特色社会主义经济、政治、文化、社会“四位一体”战略部署，加快文化建设，推动全省科学发展的一次重要会议。以全会形式专题研究部署文化建设问题，在我省尚属首次，这表明省委对文化建设的高度重视。汪洋书记代表省委常委会所作的主题报告，站在全局、战略和时代的高度，以新的发展观和文化观，精辟论述了建设文化强省的极端重要性、必要性和可行性，深刻分析和总结了广东文化资源、禀赋和特征，深刻指出了广东是“解放思想、改革开放”这一当今中国时代文化精神的杰出代表，深刻揭示了文化发展与经济社会发展的内在关系和先进文化精神对时代进步的巨大引领作用，明确了文化强省建设的总体目标、战略定位和重点任务，充分体现了省委率先探索中国特色社会主义文化发展道路示范区的远见卓识。华华省长对全会进行了总结，提出了贯彻落实文化强省建设的具体要求，分析了全省上半年经济运行情况，部署下半年的经济工作，具有很强的针对性和指导性。省委全会审议通过的《广东省建设文化强省规划纲要（2011－2020年）》，描绘了我省建设文化强省的宏伟蓝图，是指导当前和今后一个时期全省文化建设的纲领性文件。这次省委全会为我市文化建设指明了前进方向。我们一定要认真学习领会省委全会的精神实质，把握大势，与时俱进，肩负起建设文化强市的历史使命。

首先，建设文化强市是弘扬时代文化精神，在改革发展大潮中奋勇争先的时代要求。改革开放30年的实践证明，解放思想、改革开放已经成为时代的文化精神，它使中华民族充满了生机和活力。大家知道，汕头是近代以来我国重要的对外通商口岸，随着西方的文化思潮大量登陆汕头，中西文化的激荡交融，使汕头文化既传承了潮汕传统优秀历史文化，又博采各种先进文化思潮之长，形成了“开放兼容、创新争先”的文化特质，涌现出一批文化先驱和先进思想。如著名教育家丘逢甲在汕头创办了广东第一所新型学校——岭东同文学堂，左联著名女作家冯铿在汕头完成了她思想的升华，中国进步电影先驱蔡楚生在汕头组织白话剧社，就是典型代表。这种文化特质，引领和推动了近现代汕头民族工商业的繁荣和城市的发展。小公园“四永一升平”的商业街、融合中西方建筑风格的骑楼，就是典型标志。当时的潮汕铁路、电灯公司、电厂、自来水公司等民族工商业领中国风气之先，勇立时代潮头。不足百年时间，汕头从一个海边渔村发展成为一座商业之盛曾居全国第七位，港口吞吐量曾居全国第三位的新兴港口城市。直到上世纪七十年代，汕头的经济社会发展仍处于全省的领先地位。改革开放30年来，汕头作为我国首批四个经济特区之一，也曾为全国全省改革开放事业、为奠定“解放思想、改革开放”的时代文化精神作出积极贡献。

在新的历史时期，面对经济体制深刻变革、社会结构深刻变动、利益格局深刻调整、思想观念深刻变化的新形势，进一步弘扬解放思想、改革开放的时代文化精神，更是汕头推动科学发展、实现社会和谐的强大精神动力。

其次，建设文化强市是遵循客观规律，深入贯彻落实科学发展观的本质要求。党的十七大提出统筹推进经济、政治、文化、社会建设“四位一体”的战略部署。“四位一体”是一个有机联系的统一体，既紧密联系，又相互作用，不可分割，不可偏废。文化可以为经济可持续发展提供强大的动力，为政治建设提供强大的支撑，为社会和谐发展打牢坚实的基础。因此，推进科学发展、构建和谐社会，需要我们把文化建设同经济建设、政治建设、社会建设一道纳入全市发展全局，促进经济社会全面协调可持续发展。如果没有雄厚的文化软实力作支撑，城市发展就会在未来的竞争中丧失优势，经济发展将难以持续，社会发展将难以和谐，科学发展也就难以实现。

第三，建设文化强市是擦亮特区招牌，提高区域中心城市凝聚力、吸引力和核心竞争力的迫切要求。文化是现代城市提高综合竞争力的优势资源和内在动力。对照建设先进文化的要求，我市文化发展中仍存在不少突出问题。一是文化形象亟待提升。汕头人有着刻苦耐劳、自强不息，诚信崇义、团结互助，崇文重教、奉献社会，重商务实、拼搏进取等正面形象，但在全国全方位改革开放和兄弟城市加快发展的新形势下，我们的改革创新、开放包容等文化精神却在逐渐弱化，在一些方面的负面影响正越来越损害着汕头的对外形象。二是文化局限性亟待克服。汕头人传统的务实文化、重商文化，在农业经济时代创造了许多先进经验，但也容易产生重实利轻人文，重经验轻理论，重眼前轻长远，重通俗轻经典的倾向。在知识经济时代，如何取其精华，去其糟粕，趋利避害，突破局限，提升汕头文化的品质，是对我们的一大考验。三是文化基础建设亟待加强。我们的文化设施水平还不高，城乡文化设施建设不均衡；文化体制机制创新不够，文化发展活力不强；公共文化产品和服务供给不足、质量不高，与人民群众日益增长的精神文化需求不相适应；文化产业规模化、集约化程度较低；高端文化人才缺乏，文化人才队伍结构不合理，等等。对此，我们必须高度重视，着力解决。

第四，建设文化强市是加快转变经济发展方式，加速经济结构调整优化的内在要求。当今时代，文化与经济日益交融，在为经济发展提供强大精神动力的同时，文化的经济功能明显增强，经济的文化含量不断提高，文化对经济增长和转变经济发展方式的贡献越来越大。从某种意义上说，文化已经成为经济社会可持续发展的决定性因素。当前，在加快经济发展方式转变的过程中，文化产业所具有的优结构、扩消费、增就业、促跨越、可持续的独特优势，值得我们高度重视。比如，澄海的奥飞动漫就是一个典型的例子。这家公司之所以能成为中国动漫第一股，其成功经验就在于顺应文化与经济融合发展的时代潮流，采取“动漫+玩具+媒体”三位一体的发展模式，大大提高产品的文化含量、科技含量和附加值，推动文化创意产业发展。

总结我市的文化建设和发展，应该说在历届市委、市政府的重视下，各项工作扎实推进，取得了较好成效。主要体现在：一是和谐社会的共同思想基础逐步巩固。新时期汕头精神得到发扬，市民思想道德素质不断提高，健康向上的社会风气进一步形成，文明城市、生态文明村创建活动蓬勃开展，和谐社会建设不断推进。二是文化事业建设取得新进展。基本形成市、区（县）、街道（镇）、社区（村）四级公共文化设施网络，市图书馆新馆、市博物馆新馆等一批重点文化设施建成投入使用，公共文化服务日益丰富，城乡群众精神文化生活活跃。文艺舞台不断繁荣，潮剧、潮州音乐等潮汕优秀传统文化得到发扬，一批文艺精品获得国家和省的奖励。连续三届成功承办我国最高规格、最大规模的国家级美术作品展览，开创了全国地级市的先例，充分显示了我市美术界的雄厚实力。“南澳Ⅰ号”古沉船等文化遗产和非物质文化遗产得到有效保护。三是文化产业发展较快。初步形成动漫玩具、光盘音像、印刷、文具等四个文化产业集群，成为全国工艺玩具、印刷包装、可录光盘和文具生产基地。去年文化产业增加值占GDP的比重达到8%以上。文化产业对经济发展的贡献率明显增强。四是对外文化交流不断拓展。以潮汕传统文化为主要内容的对外文化交流活动得到加强，已与二十多个国家和地区建立了相对稳定的文化交流关系，实施了一批交流项目，建成文化交流合作示范点，文化开放格局初步形成。这些成绩的取得，是广大文化工作者和社科理论研究工作者辛勤劳动、默默耕耘和全社会各界人士大力支持的结果。在此，我代表市委、市政府，向广大文化工作者和社科理论研究工作者，以及大力支持汕头文化建设的社会各界人士，表示衷心的感谢和崇高的敬意！

今后一个时期，是我市加快经济社会发展转型的关键时期，也是推动文化大发展大繁荣的重要时期。各级党委、政府一定要把文化建设摆在更加重要的战略位置，下更大的决心，花更大的力气，拿出更有力的举措，着力提升文化实力，努力建设文化强市。这次提交全会审议的《关于建设文化强市的意见》，对我市建设文化强市的各项工作作了全面部署，请大家认真审议，会后将根据大家审议的意见作进一步修改后下发，各地各部门要认真贯彻落实。这里重点强调几个问题。

（一）明确建设文化强市的总体要求和目标原则

按照省委关于建设文化强省的总体部署，我市建设文化强市的总体要求是：深入贯彻落实科学发展观，全面落实中央和省委关于文化改革发展的新要求新部署，大力弘扬解放思想、改革开放的时代文化精神，把汕头建设成为在国内外有重要影响的特区文化城市和潮汕文化的聚集地，形成具有中国气派、特区风格、汕头特色的现代文化体系，为我省率先建设中国特色社会主义文化发展道路示范区作出新的更大贡献。

按照这一总体要求，力争经过十年的努力，各项主要文化指标进入全省前列，最大程度满足人民群众日益增长的精神文化需求，建成文化事业繁荣、文化产业发达、文化生活丰富、文化辐射力强、文化形象好、公民素养高，现代开放特质鲜明的文化发展新格局。为此，必须坚持百家争鸣、百花齐放的方针，遵循文化建设的客观规律，激发全社会参与文化建设的热情；坚持近期工作与长期任务相统一、重点突破与整体推进相统一，树形象引领方向，强事业保障民生，壮产业提升实力，促改革激发活力，聚人才支撑发展，增交流扩大影响，努力推动文化大发展大繁荣。

（二）扎实推进文化强市建设发展

建设文化强市，是一项系统工程，内容丰富，涉及面广。我们要从实际出发，立足当前，着眼长远，明确工作重点，选准主攻方向，扎实推进，务求实效。

一是继续发扬特区精神，提升汕头文化形象。以解放思想、改革开放的时代文化精神来统一全市上下的思想认识，继续发扬特区创办初期那种"敢闯、敢冒、敢试、敢为天下先"，"杀出一条血路"的改革精神，那种面向世界、海纳百川的开放精神，那种只争朝夕、奋发有为的创业精神，以"特"的思考和"特"的举措，规划建设特区城市文化地标，打造特区城市亮丽名片，引领特区城市神形合一发展，提升汕头良好形象。优先发展教育，发挥教育在提高人的文化素质上的基础性作用，以教开智，以文"化"人。加强科普教育，大力开展优秀文艺精品巡演活动，不断将文化渗透到人们的日常生活中。办好汕头国际潮剧节、汕头国际民间音乐节、汕头旅游节等有影响力的文化活动，形成品牌效应。以创建文明城市为抓手，全面提高市民综合文化素质和思想道德素质，力争尽快进入全省全国文明城市行列。

二是繁荣发展文化事业，构建公共文化服务体系。以实现城乡居民基本公共文化服务均等化为目标，加强基层公共文化设施建设，完善公共文化设施网络。重点加快建设汕头美术馆，加强各区县图书馆、博物馆、文化馆和未达标文化站等文化基础设施建设，按要求全部达到国家和省的标准。注重开展好广场文化、社区文化、机关文化、企业文化、乡村文化、外来工文化等群众喜闻乐见的文化活动，满足群众日益增长的精神文化需求。做好潮汕优秀传统文化的传承发展，深入挖掘整合历史文化资源，在城乡规划建设中注重保护好汕头历史文化风貌，加快做好"小公园"的保护性改造；推动潮汕文化生态保护区建设，力争打造成国家级、省级文化生态试验保护区，让历史文化的见证物成为子孙后代永续的精神财富。大力扶持和促进文艺精品创作，带动文学艺术繁荣发展。加强文化遗产保护利用，制定实施文物保护和非物质文化遗产保护规划，认真做好"南澳Ⅰ号"水下考古抢救性发掘和研究，争取建设省级水下遗产保护中心。

三是加快发展文化产业，构建现代文化产业体系。按照区域中心城市文化产业发展空间需求，加快文化科技创新，大力发展各类文化制造业、文化商贸业和文化生态旅游业，培育发展文化创意等战略性新兴产业，促进文化产业布局优化、结构升级、集聚发展。重点构筑金平、龙湖印刷包装产业集群，澄海玩具动漫产业集群，潮阳光盘音像产业集群，潮阳、潮南文具产业集群，濠江、南澳文化旅游产业集群，培育特色文化产业，打造现代文化品牌，形成一批实力雄厚、竞争力强的文化龙头企业。大力发展文化电子商务，积极开发以网络为载体的新兴市场，培育版权、资本、人才、信息、技术等文化要素市场，发展文化中介行业。继续办好中国澄海国际玩具礼品博览会、中国（汕头）文具博览会、中国（汕头龙湖）书画艺术产品交易会等文化会展，打造文化产品展示交易平台，推动文化消费和文化贸易，建立健全统一、开放、竞争、有序的现代文化市场体系。

四是深化文化体制机制改革，解放和发展文化生产力。汕头是经济特区，又是全省文化体制改革试点城市，要以改革创新精神，推动文化体制机制改革取得新突破。创新文化管理体制，推动文化行业政企分开、管办分离。简化创办文化企业、举办文化活动、开展文化对外交流合作等方面的行政审批事项。加强文化资产和经营收益管理，建立健全文化产业统计制度，健全文化市场监管体系。创新文化单位运行机制，推动文艺团体资源整合，组建具有较强竞争力和创造力的综合性文艺团体，激发文化发展活力。建立文化产权交易平台和文化产业投融资平台，促进文化与金融对接。创新文化人才工作机制，探索实行党政人才、文化经营管理人才、文化专业技术人才交流和挂职锻炼制度，推进人才合理流动。用新的体制机制培育人才、引进人才、留住人才、用好人才，促进文化人才集聚发展。

五是加强文化交流与合作，提高特区文化辐射力和影响力。进一步发扬开放兼容、创新争先的文化特质，大力推广普通话，鼓励干部群众学习外语，提高对内对外沟通交往的能力，营造适合不同人群的思潮互相激荡、不同文化共生共存、不同思想相互碰撞的社会氛围，建设多元的特区先进文化。充分利用汕头丰富的人文资源、文化品牌以及地处东南沿海、与港澳台来往便利、海外潮人逾千万的地缘人缘优势，进一步拓展与港澳台和国外多边文化交流合作。积极开发和巩固潮剧、潮乐在东南亚等国家的演出市场。争创一批省级粤港澳文化交流合作示范点。利用国际潮团联谊年会、国际潮青联谊年会、山洽会、侨博会、潮商大会等重大活动，广泛宣传汕头特区文化精神和城市形象。培育一批外向型文化出口企业和产业基地，鼓励文化企业产品和服务出口。加强对外媒体建设，鼓励和支持各类文化团体积极参与国内外各类文化交流活动，提升汕头对外文化形象，增强海内外汕头人的文化认同感和心灵归属感。

六是重视社科理论研究工作，打牢科学决策的智力基础。社会科学研究是党政领导机关进行科学决策的信息、知识和智能基础。我们的工作实践要有理论来指导，才有大方向，才不会走弯路。要高度重视社科理论研究，整合社科资源，发挥高校、社科联、党校等社科研究单位和潮汕历史文化研究中心等民间研究机构的作用，建设理论研究阵地，针对经济社会发展的问题，积极开展战略性、前瞻性研究。在今年适当时候，举办纪念汕头开埠150周年研讨活动，推出一批社科研究成果，活跃社科理论研究气氛，加强理论创新，为汕头加快发展提供重要的理论支撑。

（三）形成建设文化强市的强大合力

建设文化强市是各级党委、政府的共同责任。要加强组织领导，强化工作措施，狠抓任务落实，提供切实保障，全面掀起文化强市建设高潮。

一要切实加强组织领导。各级党委、政府要树立抓发展必须抓文化、抓文化就是抓发展的观念，增强建设文化强市的责任意识和机遇意识，切实把文化建设摆上重要议事日程，纳入经济社会发展规划，与经济社会发展任务同步部署、同步实施、同步检查、同步考核。市委、市政府成立文化强市建设领导小组，加强对文化建设的组织领导。各区县也要相应成立工作机构。要建立文化事业发展听证和咨询制度，开展文化建设咨询研究，推进文化管理工作的科学化、制度化、规范化。把文化发展目标纳入综合考核体系，作为评价地区发展水平、衡量发展质量和领导干部实绩的重要内容。

二要加大政策扶持力度。认真贯彻落实国家有关文化建设政策和《广东省建设文化强省规划纲要》，制定必要的扶持措施，确保文化强市工作健康有序发展。努力增加投入，改进投入方式，形成稳定的经费保障机制，使文化建设的投入每年都有所增长。在税收、金融、土地、知识产权保护等方面出台切实可行的扶持保障措施，积极营造有利于文化建设发展的良好环境。

三要形成齐抓共管的工作机制。建立健全党委宣传部门协调指导、政府主管部门具体实施、相关部门密切配合的工作机制。各级宣传文化部门是建设文化强市的中坚力量，要充分发挥职能作用，当好文化建设的主力军。其他部门要把支持文化建设发展作为一项重要职责，明确工作目标，理清工作思路，发挥职能作用，提供保障条件。社会各界也要主动参与，密切配合，努力形成上下联动、齐抓共管的工作格局。

二、以解放思想、改革开放的时代文化精神为引领，提升特区城市发展理念，加快建设幸福汕头

文化是一个民族的精神和灵魂。文化也是一个地区、一个城市实现现代化的强大精神动力。而人文精神是文化的核心和本质，城市人文精神是城市的历史文化、城市建筑风格、城市形态格局，以及城市市民的价值观念、思想情操、法治观念和精神风貌的集中体现。当今时代，城市间的竞争不仅体现在物质财富的竞争上，更体现在城市人文精神的竞争上。人文精神已经成为现代城市建设发展强大的引领和推动力量。

然而，大家是否意识到，汕头目前的发展状况，是不是亟需解放思想、改革开放的时代文化精神来引领呢？这里给大家通报一些情况。2009年全省市厅级党政领导班子落实科学发展观考评结果，全省21个地级以上市实绩考核得分排序，汕头排在倒数第5名，列第17位，比2008年倒退4位。在经济发展、社会发展、人民生活、生态环境四个分项考核指标中，汕头经济发展排在全省倒数第6名，列第15位，与2008年持平，但得分率下降1.46；社会发展排在倒数第3名，列第19位，比2008年下降2位；人民生活排在倒数第1名，列第21位，比2008年下降6位；生态环境排在第7名，与2008年持平，但得分率下降2.74。这是不分区域的排名情况。在分区域的考核排名中，全省21个市分成都市发展区、优化发展区、重点发展区和生态发展区四种类型，汕头属于12个重点发展区城市之一，考核排序排在倒数第4名，列第9位，比2008年下降4位；在四个分项考核指标中，经济发展排在第6名，社会发展排在倒数第2名，人民生活排在倒数第1名，生态环境排在第2名。从省的考核情况来看，我市的发展状况不但远远落后于珠三角地区，而且越来越被粤东西北的其它城市所赶超。这与特区城市、区域中心城市的地位极不相称。

我们再来看看今年上半年的经济社会发展情况。我市的主要经济指标虽然均实现了两位数增长，但都未能实现时间过半、任务过半的目标，许多指标的增速都低于全国全省的平均水平。在全省21个地级以上市中，我市的GDP增速倒数第一，第二产业和固定资产投资增速倒数第二，出口增速倒数第三，规模以上工业增加值和社会消费品零售总额增速倒数第四，第三产业增速倒数第六，地方财政一般预算收入增速倒数第七，这样的发展状况同样很不乐观，形势十分严峻。

文化决定思想，思想决定观念，观念决定思路，思路决定出路。汕头有着悠久的历史、优美的环境、聪明的人民，还是全国首批经济特区之一，具备这样良好的发展条件和基础，却出现今天这样的落后局面，难道不足以引起我们的深刻反思？是什么原因阻碍我们发展，束缚我们发展？主要根源就是我们思想落后了，观念落后了。深层次的原因就在于我们在思想观念、发展理念、精神状态、体制机制、工作作风、法制建设等方面没有跟上时代发展的步伐，甚至有些同志已经忘记了汕头还是特区，导致解放思想、改革开放的时代文化精神在弱化，开放兼容、创新争先的文化特质在淡化，敢闯敢试、敢为人先的特区精神在退化，与时俱进、改革创新的勇气在消退，思想上、措施上、行动上停滞不前，在困难和问题面前等待观望、患得患失，不敢突破陈规，不敢承担责任。实践证明，一个没有先进文化作引领和支撑的经济体，是不可能有快速发展和持续竞争力的。如果没有解放思想、改革开放的时代文化精神作引领和支撑，我们将会继续错失发展良机，在激烈的竞争中陷入更加落后的被动局面。

面对当前的严峻挑战，我们要敢于面对现实，正视问题，认真查找差距，深刻剖析原因，把问题找准，把差距找准，把原因找准。我们应该承认落后而不甘落后，变压力为动力，提振信心，振奋精神，敢于瞄准先进城市，勇于争先创优，在赶超先进城市上下功夫，奋起直追。应该看到，我们是经济特区，有先行先试的试验权，有改革开放三十年积累的物质基础和人才基础，有丰富的民资民力、侨资侨力，经济社会发展中也还有很多亮点和增长点。只要我们善于向先进城市学习，以特区的标准要求自己，以凤凰涅磐、壮士断臂的勇气和决心，发扬解放思想、改革开放的时代文化精神，发扬开放兼容、创新争先的文化特质，作为我们推动科学发展、实现社会和谐最有力的精神动力，进一步提升城市发展理念，明确发展目标，完善发展措施，凭我们汕头人民的聪明才智，相信我们完全能够推动汕头跨越发展，再创汕头新辉煌，建设幸福汕头。

为此，必须重点在以下几方面工作下功夫。

（一）提升现代城市发展理念，探索特区城市发展新模式。

换一种思路看待汕头人多地少的特点，从传统的小农经济意识、小商品经济意识、小市民意识的思维定式中解放出来，转化为现代城市发展理念，我们就能够发现，汕头城市的发展空间和潜力巨大，完全有条件实现城市发展模式由粗放型向集约型转变。

第一、高标准规划建设特区城市，加快城市空间和功能的战略性优化。规划是城市发展的龙头，对城市建设发展起决定性作用。城市规划理念直接决定着城市的发展方向。我们要树立超前意识和前瞻意识，把城市总体规划与国民经济社会发展规划、产业发展规划、土地利用规划、海洋功能区规划，以及各项交通、教育、卫生等专项规划和历史文化传承有机结合起来。以高水平的城市规划引领城市建设、产业发展，集聚优质资源、改善人居环境、强化竞争优势，充分体现特区城市现代科学发展理念。同时，要严肃规划的权威性，规划一旦通过程序法定化，就具有刚性的法律性质，任何人都不能随意改变。

第二、树立经营城市理念，加快城市建设发展。经营城市是广泛运用市场机制和经营谋略来配置城市资源，优化城市规划、建设、管理、发展的观念与行为方式。面对有限的财政收入和城市建设巨大的资金需求之间的矛盾，我们要突破传统思维方式，树立经营城市的理念，集中财力保民生，通过多种融资渠道来解决城市建设资金问题，也就是要运用市场运作机制和资本运营观念，整合盘活城市各种优质资源，吸引社会资金参与城市建设，闯出一条现代化城市建设路径，实现城市建设良性循环发展。比如，把土地储备、招商引资、城市开发、资金筹措等工作有机整合在一起，建立起科学、高效、可操作的投融资平台，利用财政杠杆和金融手段，引入市场竞争机制，形成多元投资格局，实现投资主体多元化。做到走活投融资平台一颗子，带活全市建设发展一盘棋。

第三、实施“引大扶小”发展策略，增强城市集聚辐射能力。加快汕头发展，必须坚持统筹兼顾的方针，让一切有利于发展的资金、技术、人才充分涌入，让大中小企业的创造力充分迸发。一是要树立不求所有、但求所在的理念，千方百计引进大的战略投资合作伙伴，参与城市基础设施建设、民生公益项目建设、大型工业项目和服务业项目建设。二是要高度重视本地民营企业，充分认识民营经济的主力军作用，完善扶持政策措施，为民营企业加快成长注入活力。比如，加快推进民营企业发展空间平台和技术服务平台建设，建立融资担保体系，健全行业服务体系，促进优势企业上市融资，做强做大，做精做专。三是要转变招商引资方法，改变那些只注重表面轰轰烈烈、热热闹闹，而无实际内容的做法。带着项目上门招商，增强招商引资的针对性，坚持不懈，必定能引进适合汕头实际的项目，提升汕头的产业发展水平。

第四、推进城乡一体化发展，加快城市化进程。加快城市化进程是汕头加快发展的动力和引擎。最近国务院批准实施的《全国主体功能区规划》，将汕头列为重点开发区域，这是汕头加快发展的良好契机。我们要积极主动争取国家、省的支持，着力谋划汕头特区范围扩大到全市，创新城乡一体化的发展路子，实现跨越式发展。比如，正在规划建设的濠江新城，要以更高的起点和标准，更大的气势和魄力，把规划建设扩大到整个南区，引进战略投资者，一步到位把南区规划建成现代化海滨新城，使之成为全国新城建设的典范；一步到位从体制机制上转变农民的生产生活方式，使之成为推进城市化进程和我国城乡一体化建设的典范，全面推动汕头加快城市化进程。

第五、大力推进重大基础设施建设，优化区域发展格局。推进基础设施建设，不仅是扩大投资拉动，更是发挥汕头区域中心城市作用的关键。要创新工作思路，从粤东区域经济一体化的高度规划建设城市基础设施，提升城市竞争力。比如，港口是汕头的优势资源，加快推进以港兴市发展战略，就必须整合珠池港区等现有的小港口资源，引进战略合作伙伴，集中力量建设广澳港区，把广澳港区做强做大，早日实现亿吨大港的目标。而置换出来的珠池港区等，又可以通过整体规划，调整功能，通过投融资平台，筹集到大笔资金，迅速解决我市当前财政困难的问题，而且能够优化中心城区布局，加快建设拥有纵深内海湾的生态型海滨城市，一举多得。对于东部城市经济带建设项目，也要以引进战略合作伙伴的思路加快推进。对在建的基础设施项目，各责任单位要进一步加快推进。对尚未开工建设的项目，要落实责任，明确要求，全力推进。

（二）大力推进经济结构优化升级，加快经济发展方式战略性转变。

加快经济发展方式转变是深入贯彻落实科学发展观的迫切要求，是汕头打造区域中心城市的必由之路。要把转变发展方式、调整经济结构摆到更加突出的位置，实施新兴产业倍增计划，推动新兴产业规模化；实施传统优势产业提升计划，推动支柱产业高端化；实施现代服务业提速计划，推动产业结构合理化，真正做到在“加快”上下功夫、在“转变”上动真格、在“发展”上见实效。

第一、从增量和存量上调整优化经济结构。根据汕头市作为区域中心城市的发展定位和资源禀赋，认真做好“十二五”规划的论证编制工作。注重产业发展规划、布局和选择，与周边城市形成错位发展、差异化发展。发挥后发优势，抢占新兴产业发展先机，大力发展海洋生物、生物医药、环保、互联网、新能源新材料等高新技术产业。充分利用现代先进技术和管理理念改造提升传统优势产业，建设若干个企业共享的技术公共服务平台，提高纺织服装、工艺玩具、化工塑料、食品医药、机械装备、印刷包装、电子信息和音像材料等传统优势产业的科技含量和附加值，走高端化发展之路，促进传统优势产业高级化。

第二、调整优化产业园区功能布局。按照全市一盘棋的产业发展思路，引导整合全市产业园区资源，理顺各个园区的产业结构、产业布局、产业定位和管理体制，以功能布局引导产业布局，形成特色鲜明的产业功能区。今后的招商引资项目，都要进园区，不能再走村村点火、户户冒烟的老路，促进产业集聚发展。从全市统筹发展的角度，支持保税区、高新区转型升级，充分发挥保税区、高新区集聚现代物流业、高新技术产业的功能作用，服务全市，辐射粤东。工业经济带要适当调整各种功能区的产业布局，重点发展高新技术产业和新兴产业，集聚培育一批具有较强竞争力的高技术、高附加值产业集群。

第三、大力发展现代服务业。现代服务业发达是区域中心城市的重要标志。要突出发展现代服务业，促进现代服务业加快发展成为主导产业。着力加快发展高端服务业，大力发展总部经济、楼宇经济，重点发展现代物流、金融保险、信息服务、商务会展、服务外包、文化创意等生产性服务业，努力打造粤东现代物流中心、金融保险中心、信息服务中心和商务会展中心。着力发挥商贸、科教、卫生等服务业基础较好的优势，大力发展生活性服务业。加快推进大型商贸中心和相关专业市场建设，加强商业网点规划布局，鼓励发展社区服务业，构建区域性商业网络。大力发展教育、文化、医疗卫生等公共服务业，进一步规划建设粤东最大、最好的学校、医院和文化设施，形成区域教育、医疗和文化中心。着力推进服务业对外开放，积极落实CEPA下国家批准的服务业对香港、澳门开放在广东先行先试的政策，积极吸引港澳台高端服务业来汕投资发展，迅速提高第三产业占GDP的比重，增强区域中心城市的综合服务功能。

第四，努力提升自主创新能力。自主创新是实现经济效益最大化的重要手段，是调整优化产业结构、加快转变经济发展方式的关键环节。要大力支持鼓励企业自主创新，加大应用技术的研究、开发、推广和应用，支持特色产业、优势产业和新兴产业解决关键技术难题，推动科研成果产业化。全面提高信息化水平，构筑若干个信息、技术服务平台，为企业自主创新提供服务。加大保护知识产权力度，严厉打击盗版、侵权等违法行为，创造一个自主创新的公平竞争环境。拓宽企业自主创新的融资渠道，引导社会资本参与自主创新。鼓励科技人才以成果、专利入股参与分配，激发科研人员的创造力。

（三）深化综合配套改革，创新体制机制。

在新的历史起点上，各级领导班子和领导干部务必带头弘扬先行先试、敢闯敢试的特区精神，用好特区立法权，加大体制机制改革创新力度，为汕头新一轮发展注入强大活力。

第一、加快改革行政管理体制。以濠江区作为大部制改革试点，创新行政管理体制。高标准高要求进行科学、系统的机构设计，与正在铺开的事业单位改革联系起来，大力培育发展社会组织。机构改革要一步到位，在学习借鉴深圳模式、顺德模式的基础上，根据我们的实际情况，继续深化，大胆探索，做得更加到位，闯出新模式、新经验，使汕头成为全省、全国办事效率最高、服务质量最好的区域，全面改善发展环境。

第二、积极创新工作运行机制。市直机关机构改革上半年已经告一段落，体制已经相对稳定，当前重点要在工作机制上进行创新。要切实理顺各种工作机制，加强各部门的配合协作，形成一整套畅通、高效运行的工作流程，推动各项工作顺畅开展。比如，加快发展城市公共交通，就要把优先发展城市公交上升到立法层面，制定一个既管当前又管长远的法规，依法推进；建立健全科学的交通管理机制，成立一个权威机构统一政策、统一推进、统一管理，解决“几张皮、各管各”的管理体制问题；完善城市公共交通专项规划，与城市总体规划、经济社会发展规划、土地利用规划等统一起来，调控好各种公交功能，预留好轨道交通用地，分清轻重缓急，分步实施；整合全市公交各种有形、无形资产，引进战略投资者，既体现政府主导和公益性，又推动公交运营的规模化和集约化；整合公交管理队伍，形成合力，完善城市交通综合执法，在短期内改变汕头城市公交落后面貌，切实解决市民出行难问题。

第三、深入推进改革的系统性、配套性和实效性。围绕建立健全有利于科学发展的体制机制，统筹推进综合配套改革，力求在重点领域和关键环节取得突破。比如，在加快城乡一体化进程中，就需要开展城乡一体化的综合配套改革，推进基本公共服务均等化，在行政管理体制、社会管理体制、投融资体制、社会保障、就业和收入分配制度等方面进行综合配套改革，创造出城乡一体化发展的经验做法。

（四）高度重视人才工作，促进优质人才资源高度集聚。

人才是经济社会发展的第一资源。城市的竞争最终取决于人才的竞争。要以完善政策、打造载体、提供平台、强化服务为重点，培育、选拔、吸引高层次人才，以高端人才的集聚加快推动汕头的现代化建设。

第一、大力实施人才发展战略。认真贯彻落实中央和省委关于人才工作的决策部署，抓紧制定我市吸引、培养和使用人才规划，最大限度激发各类人才的创造活力和创业热情。一方面要从眼前为各类人才办实事入手，解决好各类人才的薪酬待遇和工作生活条件等问题。另一方面要采取有效的人才引进策略，在入户、子女上学、住房、税收等方面，制定一套实在管用、操作性强、更加人性化的措施办法，多渠道、多办法、多方式吸引高层次、高素质的人才来汕投资创业。

第二、探索建立有利于人才发挥作用的长效机制。创新人才工作机制，创造鼓励人才干好事业、支持人才干好事业、帮助人才干好事业的良好环境，用一整套开放、创新、法制的制度，吸引人才，留住人才。加大推进人才载体建设力度，制定鼓励国内外科研机构来汕创办研究院和研发机构，专业技术人才来汕设立技术平台的优惠条件和政策措施。进一步发挥企业在吸纳人才、培养人才中的重要作用。

第三、善于借用外脑助我发展。与汕头大学等国内外高等院校和科研院所开展战略合作，借助他们的高端人才和智力，作为市委、市政府的脑库、智库。在宏观发展战略、微观产业发展等各个方面，为市委、市政府提供决策参谋和智力支撑，为地方经济和企业自主创新、技术研发、产品升级提供技术咨询和技术服务。加强政产学研合作发展，进一步聚合高端研发资源，探索优势互补与良性互动的政产学研创新体系新模式，促进政府、企业与高等院校、科研院所建立技术联盟、产业联盟、标准联盟等形式的战略联盟，进一步推动技术创新与价值创造融合发展。

（五）切实改善民生民安，全力解决热点难点问题。

无论是产业发展还是城市发展，归根到底要落实到人民生活质量和水平的改善提升上。树立正确的执政理念，努力实现让全体市民“学有所教、劳有所得、病有所医、老有所养、住有所居”，让广大人民群众共享改革发展成果，加快建设幸福汕头。

幸福汕头，就是为汕头人民提供一种生活宽裕、精神富足、文化多彩、环境优美、社会和谐的城市环境，使生活在汕头的市民有一种心情舒畅、健康快乐的幸福感。建设幸福汕头，要站在群众的角度，倾听群众的意见，为群众利益着想，从群众利益着手改善民生，时刻把市民的愿望放在心上，把市民的利益放在第一位，将实现和维护市民的幸福作为一切工作的出发点和落脚点，让生活在汕头的人民对生存状态感到满意，对学习、工作和生活环境感到满意，对公平正义、和谐稳定的社会氛围感到满意，对干部作风和机关效能感到满意，对尊重和保障公民权利感到满意。为此，必须建立健全一套幸福汕头的指标评价体系，主要包括物质基础、文化内涵、生活品位、公平正义、制度保障、人文关怀等指标，确保把幸福汕头落实好、建设好。

第一、把民生建设作为一切工作的“指挥棒”。我们的一切工作都要围绕民生、围绕提高人民生活水平来谋划、推进和考核，实实在在解决一些老百姓看得见、摸得着、得实惠的事情，重点是解决当前人民群众关心、关注的劳动就业、社会保障、收入分配、医疗卫生、文化教育、廉租公房、安全生产、社会治安等民生社会文化问题。比如，我们既要规划建设大型医院，又要加快基层医疗卫生院、站建设，引导等级医院对乡镇卫生院、社区康复中心等基层医疗卫生机构进行改革、改造，实施“院办院管”的运作模式，使患病群众就近享受高质量的卫生服务。发展教育也可以采用这种模式，推动加快普及高中教育，加强高等教育、职业技术教育和学前教育等协调发展。

第二、努力推进基本公共服务均等化。必须建立健全一套科学的指标体系来评价和推进基本公共服务均等化，确保“底线均等”。

调整财政收支结构，增加财政对公共教育、公共卫生、公共文化体育、公共交通和生活保障、住房保障、就业保障、医疗保障等方面的投入，坚持投入向农村倾斜、向基层倾斜、向落后地区倾斜、向困难群体倾斜，尽快建立健全公共服务体系，使基本公共服务覆盖到广大人民群众。比如社会保障问题，在暂时难以达到发达地区保障水平的情况下，要想方设法确保全覆盖、均等化。同时，要千方百计提高城乡居民收入水平，逐步改善公务员工资福利待遇，改变我市人民生活落后状况。

第三、高水平打造宜居环境。要处理好产业选择和生态保护的关系，充分考虑生态环境承载能力，保持有序、理性的开发建设。比如南澳岛的建设，就要树立在保护中发展的理念，南澳跨海大桥将于明年底建成通车，我们现在就要做好各项准备工作，坚持在保护中发展，在保护好生态环境的基础上，打造世界级著名海岛。进一步加强淘汰落后产能工作，积极探索建立生态补偿机制，促进经济与生态和谐发展。切实加强社会治安综合治理，维护社会稳定，建设平安汕头、和谐汕头，为老百姓创造一个祥和有序的生产生活环境。

（六）以改革创新精神加强党的建设，为加快发展提供坚强保障。

当前，汕头正处在加快发展的重要时期，激发广大干部想干、敢干、快干的良好精神状态，比什么都重要。各级领导干部一定要增强危机感、责任感和紧迫感，求真务实，真抓实干。

第一、切实提高决策力和执行力，创先争优、增速提位。坚持不懈抓好各级班子、干部队伍和基层组织建设，发挥党员干部的表率作用，带领全市人民汇集智慧，同心同德，形成合力，加快发展。各级领导班子和领导干部，要加强学习新技术新产业的基础知识，努力转变知识结构，适应时代发展的要求，树立科学决策意识，健全决策机制，完善决策方式，规范决策程序，强化决策责任，提高决策能力，保证决策的正确有效。要发扬特区“杀出一条血路”的勇气和闯劲，用改革创新精神推动工作，扑下身子干好工作。干，就是好干部；不干，再能说会道也没有用。大家千万不要抱着等待、观望的态度，市委、市政府确定的工作，各地各部门都要全力推进，扎扎实实抓落实抓执行。下半年的经济形势更加复杂多变，我们必须进一步增强改革意识、创新意识、效率意识，进一步采取有力措施，超常规全力推进各项工作，确保圆满完成全年各项工作任务。在此基础上，要对照省的考评指标体系，按照市委常委扩大会讨论研究的满分标准、比照先进城市标准和恢复到2008年排位标准三种目标要求，以与特区地位相适应的标准和要求，将34项考核指标的工作责任分解落实到市的每一位班子成员，分解落实到各个区县和市直各部门，分解落实到每一个具体责任人，层层签订责任书，对外公布白皮书，向社会作出公开承诺，请人大、政协加强监督，在全市范围内开展创先争优、增速提位竞赛活动，促进各项工作全面增速提效，确保在明年省的考核评比中赶超进位，以强大的执行力，迅速扭转我市落后被动的局面。

第二、切实转变机关作风，营造良好的投资软环境。以“正”为要大力加强党风廉政建设，弘扬正气，公道正派，干净干事，这是每个干部安身立命的基础，也是干事创业的前提。要从加强清理小金库、统一土地资源管理工作入手，进一步端正党风、政风，以良好的党风、政风带动民风，营造风清气正的良好环境。各级各部门要进一步转变机关作风，增强服务意识，提高行政效率，建设阳光政府。从现在开始，全市各级机关公务员，事业单位工作人员，都要树立为基层、为企业、为群众服务的意识。不管碰到什么事情，对基层、企业和群众不能先说不，要从解决问题的角度去想方设法，做到立即办、主动办、上门办、跟踪办、公开办，及时为基层、企业和群众排忧解难。要坚决杜绝与民争利，始终把群众利益放在首要位置来考虑。今后如果发现有刁难企业和群众、与民争利、不给好处不办事、给了好处乱办事、影响政府形象、破坏投资软环境的人和事，不管哪个单位、什么级别，都要坚决查办。要以这次由市领导带队的“百人服务团”下基层、下企业，点对点、面对面为基层、为企业服务为切入点，建立健全改善投资软环境的长效机制，创建国内一流的优质投资软环境。

第三、在干中考察干部，坚持选人用人的正确导向。改变汕头当前这种落后被动局面，关键在各级班子，关键在干部队伍。再好的思路，再好的制度，再好的措施，如果没有好的班子，没有好的干部队伍，也落实不了，实现不了。我们要在中央的干部政策指导下，在创先争优、增速提位的实践中考察干部、培养干部、选拔干部，给全社会一个正确的选人用人导向。要加大干部人事制度改革力度，对那些实实在在的干，干出实效，干出成绩的干部，要大胆提拔使用；对那些不转变思想观念，不转换发展理念，光琢磨人不琢磨事，工作打不开局面的干部，要坚决从现有工作岗位上换下来，不换脑筋就换人。同时，我们既要鼓励、督促干部干事，也要关心、爱护、保护真正勇于改革创新、一心为公的干部，营造一个鼓励改革创新、宽容失误、凝聚人心的干事创业的良好环境。相信汕头有很多想干、敢干、能干的干部，随时都能充实到各级领导岗位上来。

站在经济特区设立30周年的新起点上，推动汕头加快发展、跨越发展，建设幸福汕头，是当代汕头特区人肩负的光荣使命。我们必须跳出汕头看汕头，立足粤东看汕头，面向广东看汕头，放眼全国看汕头，融入世界看汕头，真正在思想上具备特区城市的境界，在工作上树立特区城市的标准，在作风上符合特区城市的要求，在发展上体现特区城市的水平，努力保持特区的品格、特区的风貌、特区的地位，把建设区域中心城市的过程，变成创造幸福、分享幸福、提升幸福的过程，从500多万汕头人民的福祉出发，全面推动汕头科学发展迈上新台阶。

政府工作报告

——2011年2月22日在汕头市第十二届人民代表大会第六次会议上

汕头市市长 蔡宗泽

各位代表：

我代表市人民政府向大会报告工作，请予审议，并请政协各位委员和其他列席人员提出意见。

一、“十一五”时期工作回顾

“十一五”时期是汕头经济社会持续平稳较快发展的时期。在省委、省政府和市委的正确领导下，市政府坚持以科学发展观为指导，全面贯彻落实“三年打基础、五年大变化、十年大发展”的决策部署，顺利完成“十一五”规划确定的主要目标和任务。

——经济综合实力迈上新台阶。2010年全市生产总值1203.25亿元，同比增长13.7%，五年间年均增长11.9%。人均生产总值23274元，年均增长10.9%，实现比2000年翻一番的目标。规模以上工业总产值、全社会固定资产投资额、社会消费品零售总额、外贸进出口总额分别达到1887.42亿元、361.68亿元、830.41亿元、73.64亿美元，年均增长16.4%、18.4%、19.2%、8.2%。经济效益持续改善，地方财政一般预算收入72.65亿元，同比增长24.1%，年均增长19.8%，占GDP比重为6%，比“十五”期末提高1.4个百分点。预期完成“十一五”节能减排目标任务。

——产业结构不断优化。工业产业向集群化、高端化发展，企业自主创新能力明显提高，科技指标和名牌数量居全省前列，荣获“国家知识产权工作示范城市”称号。大力扶持企业上市，2010年新增上市企业9家，合计16家，总数列全省第3位。服务业稳步发展，港口货物吞吐量3510万吨、集装箱吞吐量93.5万标箱、机场旅客吞吐量172.8万人次，年均增长15.1%、20.5%、14.4%，汽车、住房、教育、旅游等成为新的消费热点。加快特色农产品基地和现代农业园区建设，推进农业产业化经营，农业效益明显提高。

——城乡发展水平稳步提升。强化规划引领功能，完成一批涉及全局的重大规划和专项规划，城市建成区面积达到175平方公里。克服征地拆迁和财政资金紧缺等困难，金凤路桥建成通车，改造天山北路、黄山路等一批“断头路”、“水浸街”，实施龙湖沟、新河沟等河沟环境整治。调整城市管理体制机制和事权财权，着力构建城市管理长效机制，开通城市管理服务热线，综合整治市容市貌，城市面貌有所改观。加大园林绿化建设力度，2010年荣获“国家园林城市”称号。完成中心城区82个“城中村”及涉农社区供水直抄到户改造。新农村建设有序推进，村容村貌整治和村庄规划得到加强，建成农村硬底化公路1018公里，解决农村50万人的饮水安全问题。

——基础设施建设取得新进展。强力推进厦深铁路、汕头至揭阳高速公路、南澳大桥等重大项目建设，建成广澳港区5万吨级泊位和5万吨级航道。加快推进汕头至揭西等高速公路和疏港铁路等重点项目前期工作。华能海门电厂1、2号机组和500千伏送出工程等一批能源项目投产。完成牛田洋海堤、秋风岭水库等一批江海堤围、水闸和水库除险加固工程。一批生活污水处理设施和生活垃圾无害化处理设施建成投入使用，五年新增城市生活污水处理能力44.7万吨/日，全市达58.7万吨/日。产业转移工业园获省认定为示范园区，潮南产业转移工业园完成首期基础设施建设，南山湾科技园、濠江电子电路工业园加快建设。

——开放合作实现新突破。2010年外贸出口总额49.35亿美元，同比增长22.9%，年均增长9.2%。2010年实际吸收外商直接投资2.56亿美元，同比增长25.2%，五年累计实际吸收外商直接投资9.6亿美元。我市企业到境外投资设立加工贸易企业、合作开发资源步伐加快。口岸通关环境进一步改善，开通国际集装箱航线11条，广澳港区通过国家一类口岸验收；汕头机场获准对东南亚国家和港澳地区航空公司飞机开放。积极参与海峡西岸经济区建设，深化对台合作，实现对台海上货运直航和对台旅游包船直航，设立台湾农民创业园，率先建设粤台经贸合作试验区。成功举办粤东侨博会、“山治会”、国际潮青联谊年会。全面完成对口援建草坡乡任务。

——各项改革进一步深化。建立市行政服务中心，进驻单位56个、进驻事项1034项，实施市级工程建设项目并联审批，提高审批效率。完成第三、四轮行政审批改革，削减审批事项61.6%，46个单位461项行政审批事项纳入行政电子监察系统，实现省、市、区县和部分街道（镇）四级联网。开展“百人服务团”活动，解决答复企业反映问题834项。民营经济发展环境不断优化，2010年民营经济实现增加值713.52亿元，同比增长15%。国有企业改革稳步推进，完成172家企业改革重组。汕头商行重组取得重大进展，汕特农联社改革向重组方向发展。

——社会事业全面发展。人民生活水平稳步提高，2010年中心城区居民人均可支配收入15179元，农村居民人均纯收入6518元，年均增长7.4%、7.2%。全面实施城乡免费义务教育，改造中小学校舍63.6万平方米；加快普及高中阶段教育，五年新增学位10万个，毛入学率由44.72%提高至85.26%，教育质量进一步提高。妥善解决中小学代课教师问题，录用“代转公”教师4096人。劳动就业形势稳定，城镇登记失业率控制在3.3%以内，五年全市城镇新增就业35万人，农村劳动力转移就业28.73万人。社会保障、社会救助覆盖面进一步扩大，城镇职工基本养老保险、城镇基本医疗覆盖率分别为39.8%、86.6%，新型农村合作医疗制度覆盖所有镇村，参合率达到99%。设立贫困精神病人康复救助基金，建立精神病人防治救助长效机制。加大保障性住房建设力度，五年共筹集廉租公房1752套，发放租赁住房补贴777.85万元。基本解决市区商品房确权发证遗留问题，五年完成登记审核34430套。安全生产取得明显进展，五年全市各类事故死亡总量年均下降8.5%。实施扶持老区山区建设项目48个，扎实推进扶贫开发“双到”工作，帮助4708户贫困户脱贫。文体事业全面繁荣，文化惠民工程扎实推进，市图书馆、文化艺术学校、潮汕侨批文物馆等一批文化设施相继投入使用。文化遗产保护成效显著，对“南澳I号”古沉船进行水下抢救性发掘。《东吴郡主》等一批文艺精品获殊荣。我市运动员获北京奥运会金牌2枚、广州亚运会金牌3枚。人口和计划生育工作稳步推进，2010年全市人口出生率、人口自然增长率分别为9.54‰和4.77‰。第六次全国人口普查工作进展顺利。完成省下达的年度殡葬管理目标任务。外事侨务、妇女儿童、双拥、优抚安置、老龄、慈善和社会福利事业加快发展，统计、粮食、人防、地震、气象、档案、方志、民族、宗教等工作取得新成绩。

——政府自身建设得到加强。认真执行法律法规和人大各项决议，自觉接受人大的法律监督、工作监督和人民政协、民主党派的民主监督，办理人大议案（建议）409件，政协提案 852件。大力推进依法行政，提请市人大常委会审议法规草案14项，制定、修改和废止了一批政府规章。启动行政复议委员会试点工作，实施行政复议相对集中审理。建立市、区两级政府应急管理机构，提高突发事件处置能力。开展领导干部大接访活动，推行“民声热线”、网络问政等新举措，认真解决群众反映的热点难点问题。规范市场秩序，建立价格调节基金制度，做好市场价格运行监测预警、调控和监管。

各位代表！过去五年，我市经济社会发展取得的成绩，是省委、省政府和市委正确领导的结果，是各级人大及其常委会和人民政协监督支持的结果，是全市人民同心同德、奋力拼搏的结果，也是社会各方面支持和帮助的结果。在此，我代表市人民政府，向全市人民，向中央和省驻汕单位，向驻汕人民解放军、武警官兵、人民警察和各民主党派、人民团体、社会各界人士表示崇高的敬意！向关心和支持汕头建设的港澳台同胞、海外侨胞和国际友人表示衷心的感谢！

我们也清醒地认识到，我市经济社会发展仍存在不少困难和问题：产业规划和园区建设滞后，产业发展基础薄弱，经济总量仍然偏小；工业投资增量不足，缺乏大的生产性投资项目，制约发展后劲；财政收支矛盾突出，教育、卫生、社保、就业等社会事业发展任务艰巨；交通秩序、治安形势、市容市貌尚未根本改观，群众反映强烈；政府职能转变不到位，政府执行力亟待增强，发展环境仍需不断优化。对这些问题，我们必须采取更加有力的措施认真予以解决。

二、“十二五”时期的奋斗目标

“十二五”时期，是我市实现“五年大变化，十年大发展”的关键时期。世界经济调整回升，国内经济发展将步入工业化、城镇化中后期，市场需求潜力巨大；汕头被列入国家主体功能区重点开发区域、海峡西岸经济区南翼中心城市、省建设海洋强省试点城市，为我市融入区域发展与合作迎来难得的机遇。特别是当前汕头广大干部群众不甘落后，求新求快求变的愿望十分强烈，这是我们加快发展、建设幸福汕头的强大动力。与此同时，国际经济形势错综复杂，国家实施稳健货币政策，我市面临着加快经济发展速度和加快经济发展方式转变的双重压力，调整经济结构、实现跨越式发展的任务十分艰巨，保障和改善民生的任务十分繁重。为此，我们必须全面把握形势，全力攻坚克难，努力推进汕头经济社会跨越式发展。

根据市委九届十次全会提出的《中共汕头市委关于制定全市国民经济和社会发展第十二个五年规划的建议》，市政府组织编制了《汕头市国民经济和社会发展第十二个五年规划纲要（草案）》，提请本次会议审查批准，明确提出我市“十二五”时期经济社会发展的指导思想和发展目标，到2015年，全市生产总值达到3400亿元以上，五年年均增长20%左右；人均生产总值61100元，年均增长19%左右；地方财政收入达到240亿元，年均增长29%，用于民生事业的支出占一般预算支出80%以上，实现基本公共服务均等化。城乡居民收入普遍较快增加，年均增长20%左右，分别达到37800元、16200元，居民消费价格总指数涨幅年均控制在3%左右，人民生活质量和水平不断提高，广大人民群众同享经济发展和社会文明进步成果，建设幸福汕头初见成效。

做好“十二五”工作，必须强化特区意识，注重改革创新，着力解决经济社会发展中的深层次矛盾和问题；必须充分发挥侨乡、海洋、港口、对台优势，走超常规发展路子，努力实现跨越式发展；必须着力提升经济发展质量和效益，坚持在发展中促进转变、在转变中加快发展；必须坚持以人为本，始终把改善民生作为经济发展的出发点和落脚点，加快推进基本公共服务均等化，让发展成果真正惠及全市人民；必须注重协调发展，实现经济社会发展与人口、资源、环境相协调，经济效益、社会效益与生态效益的有机统一。

三、2011年工作安排

2011年是汕头经济特区建立30周年，也是我市实施“十二五”规划的开局之年。政府工作的总体要求是：

全面贯彻落实党的十七届五中全会、中央经济工作会议和省委十届八次全会、市委九届十次全会精神，以科学发展为主题，以建设幸福汕头为目标，强化特区意识，擦亮特区牌子，坚持实施投资拉动，调整经济结构，深化改革创新，着力改善民生，推动经济社会又好又快发展，确保实现“五年大变化”。

今年经济社会发展的预期目标是：地区生产总值增长15%，工业增加值增长14%，第三产业增加值增长18%，一般预算收入增长20%，工业总产值增长14%，农业总产值增长3%，批零销售额和住宿餐饮营业额增长23%，外贸出口总额增长18%，外贸进口总额增长25%，全社会固定资产投资额增长38%，实际吸收外商投资总额增长35%，人口自然增长率7.5‰，城镇登记失业率控制在2.5%以内，居民消费价格指数涨幅控制在4%左右，城镇居民人均可支配收入增长12.5%，农民人均纯收入增长13%。单位生产总值综合能耗、二氧化硫排放量和化学需氧量排放量完成省下达的控制目标。

为此，要全力以赴做好八方面工作：

（一）推进产业转型升级

实施新兴产业倍增计划。引进中核集团规划建设“中国锆城”。规划建设澄海创意动漫文化产业基地，加快推进金刚玻璃太阳能生产线、合成云母产业基地、数字化超声仪器生产基地、广东移动粤东区域生产项目、新型环保防伪包装材料项目建设。优化产业空间布局，加快省示范性产业转移园濠江电子电路工业园、潮南产业转移工业园、南山湾科技园和潮阳经济技术开发试验区建设。

实施现代服务业提速计划。加快推进红星美凯龙、百脑汇资讯广场、苏宁电器粤东总部等一批大型商业综合项目和美莱顺内衣城、龙湖现代物流园、宝供（澄海）物流城建设。力争汕头商行重组成功并复业经营，汕特农信社启动改革重组，潮阳区、澄海区村镇银行顺利开业，中信银行、东亚银行在汕设立机构。规划建设新会展中心。大力发展旅游业，推进建设广东省旅游综合改革示范市工作。实施传统优势产业提升计划。加强质量强市工作。创新政产学研合作发展模式，促进政府、企业和高等院校、科研机构建立技术联盟和产业联盟。积极推进省市共建玩具礼品产业基地、机械联盟项目、纳米印刷产业化基地建设。构建各类公共服务平台，加快国家玩具质量监督检验中心、中国检验检疫科学研究院（汕头）玩具安全研究中心、粤东云计算中心、潮南粤东纺织服装创新基地建设。继续加强技术创新专业镇建设，鼓励和支持企业创品牌，推动品牌产品企业做强做大。

实施海洋综合开发计划。加快海洋综合开发规划编制工作，推进广东省海洋综合开发南澳试验县建设，打造粤东海洋经济区。重点加快华能海门电厂3、4号机组，海门港区粤东煤炭中转基地，海门、云澳中心渔港，达濠一级渔港，南澳海洋风机建设，积极培育海洋生物制药、海洋化工、海水淡化和综合利用等产业。

提升现代农业发展水平。重点规划建设澄海莲华花卉、濠江观光农业优势产业带，加强台湾农民创业园招商引资，加快台湾农产品交易中心、丹樱生态旅游农业开发项目和南澳海洋生态种养基地建设。全力推进汕头大围六个应急堤段达标加固工程等重点水利项目建设。

狠抓节能减排和生态保护。做好国家环保模范城市复检工作。继续推进重点领域和重点企业节能，坚决打击违法排污行为，加快淘汰落后产能。推进环保基础设施建设，完善龙珠水质净化厂等7座污水处理厂管网配套，完成南区污水处理厂濠江分厂主体工程、澄海区洁源垃圾发电厂项目，开工建设谷饶污水处理厂、南区污水处理厂海门分厂、市雷打石环保电厂，加快中心镇及练江流域污水处理设施建设。积极推进贵屿镇国家循环经济试点、省市共建循环经济工业园建设。严格环保准入，深入推进重点流域区域污染防治，加强饮用水源和生态环境保护，提高环境安全保障水平。

（二）全力加快城市化进程

突出规划的先导作用。加快推进城市总体规划修编和“一湾两岸”、濠江新城、珠港新城、西片区等一系列重点片区的规划编制工作。超前谋划澄海、潮阳、潮南、南澳的城乡规划，一步到位把规划覆盖到全市城乡，推进城乡规划一体化。

加快城市开发建设步伐。引进中信集团加快濠江新城建设，启动苏埃湾过海隧道、安海路等南区重大基础设施建设和土地一级开发。深化与中交集团的战略合作，全力加快东海岸新城建设开发步伐。引进战略合作伙伴，投资建设以高新产业、综合服务业、国际湿地保护区和生态示范区为重点的西部生态新城。加大对闲置土地和国有存量土地的清理整治力度，进一步盘活土地资源。调整珠池港区功能，规划建设珠港新城，重点发展总部经济和高端服务业。抓紧大学路路面改造、潮汕路大修工程，缓解潮汕机场、厦深铁路开通后的交通压力。建设金鸿公路、磊广大道路灯配套工程。

加强城市管理。加强宜居城乡建设绩效考核。改造金砂路金砂公园两侧、华山路和珠江路的“水浸街”。推进汕樟北路、泰山路等道路延伸工程。启动西堤路、潮阳路等一批市政道路改造。加快推进磊口大桥等7座公路危桥拓宽改建，确保年底前全部完工。加大“治摩”力度，全面取缔人力三轮车，改善交通秩序。着力创新城市管理体制，推行网格化的城市管理模式，进一步建立健全城市管理长效机制。深入有效开展城市环境综合治理，巩固国家园林城市成果，确保顺利通过国家卫生城市复查。

大力推进“三旧”改造。有计划地建设一批具有汕头特色的“三旧”改造示范点，重点启动龙湖工业区创意产业园、海滨文化公园、小公园历史建筑风貌保护区、旧城区西片区、西港－光华片区、乌桥岛片区、梅溪河沿岸等一批旧城改造项目。推进村庄整治，争取每年整治10%的村（居）。

（三）深化重点领域改革

深化行政管理体制改革。加快推进濠江区大部制改革试点工作，深化市县级机构改革。推进事业单位分类改革和人事制度改革。深化审批制度改革，进一步优化工程建设项目审批流程。加快建设行政审批和公共服务综合信息系统，建成覆盖全市各级政府的电子政务平台，推动网上审批、网上服务、网上办公。创新政府公共服务提供方式，培育发展社会组织，积极推进政府购买公共服务。

深化财税和投融资体制改革。注重培植税源，大力推进综合治税工作，强化税收征管。不断完善财政管理体制，调整和优化财政收支结构，扩大公共财政覆盖范围，逐步增加公共服务支出。引入市场竞争机制和资本运营理念，整合盘活各种政府有形资产和无形资产，建立科学、高效、可操作的投融资平台，实现多元化经营城市。加快国企改革，加强国资监管，确保国有资产保值增值。

推进统筹城乡综合配套改革。积极争取国家批准汕头经济特区范围扩大到全市，支持我市开展统筹城乡综合配套改革。重点推进城乡一体化发展，争取在土地制度改革、户籍制度改革等方面赋予汕头先行先试试验权，探索新型城市化和城乡一体化发展新路子。稳步推进富县强镇事权改革，扩大区县、镇级政府经济社会管理权限。完善基层社会管理体系，强化城乡自治组织自我管理功能。

创新引才用才机制。加快出台吸引培养高层次人才的意见，打破身份、人缘、地域界限，面向海内外吸引优秀高端人才来汕干事创业。建立健全以政府奖励为导向、用人单位和社会力量奖励为主体的人才奖励体系，重奖有突出贡献的人才。建立健全科学的人才评价机制，修订完善来汕高层次人才专业技术职务资格认定制度。强化人才服务保障，建立引进人才“一站式”服务平台，启动人才公寓建设，努力解决家属就业、子女读书、医疗保障和居住等问题。

促进民营经济发展上水平。加强和改善服务，优化民营经济发展环境。拓宽民间资本投资领域，鼓励引导民间资本进入基础设施、战略性新兴产业、现代服务业和民生事业。加大政策支持力度，扶持中小企业外贸出口、技术改造和技术创新、创立名牌、上市融资，力争今年有3－5家企业上市。

（四）进一步提高开放合作水平深入实施外向带动战略。

加强与潮籍华侨新生代的联络沟通，吸引海内外潮人潮商回乡投资兴业，积极打造潮商总部集聚地。不断优化贸易结构，继续组织和支持企业开拓国际市场，千方百计扩大外贸进出口。加快“走出去”步伐，鼓励支持企业开展境外加工生产、承包工程和劳务合作，培育本土跨国公司。加快广澳港区口岸查验“一站式服务”办公楼建设，进一步改善通关环境。争取国家尽快批准建设综合保税区，推动保税区与广澳港区港联动。

率先建设粤台经贸合作试验区。充分运用检验检疫特殊优惠政策和支持措施，发挥对台直航航线作用，推进粤台、汕台经贸合作。全力推进粤台合作南山湾科技园、粤台物流园区、广东省海峡两岸合作南澳实验区和台湾农民创业园等载体建设，加强与台湾产业对接。以打造文化旅游品牌为重点，拓展汕台社会文化交流的深度与广度。

加快打通对内对外通道。规划建设连接全市六区一县的快速干线，形成全市域快速交通网络。力争南澳大桥年底合拢。加快建设汕头至揭阳高速公路汕头段和汕头城市候机楼，确保与潮汕机场同步投入使用。争取开工建设汕头至揭西、揭阳至惠来、潮州至惠州高速公路汕头段。加快建设厦深铁路进汕头站联络线，加紧规划建设厦深铁路潮阳（谷饶）站场，配套建设快速通道，确保与厦深铁路同步建成。积极做好阜鹰汕铁路梅州至汕头段、汕头港疏港铁路等一批项目的前期工作。积极引进大型码头运营商和航运龙头企业参与广澳深水港建设，完成广澳港区控制性详规和珠池港区功能调整专项论证的编制、报批工作，开工建设广澳港区防波堤工程，加快2个10万吨级集装箱泊位、10万吨级航道工程、2万吨级石化泊位前期工作。

（五）努力推进基本公共服务均等化

推动教育均衡化发展。加快普及高中阶段教育，投入8.05亿元，完成卫生学校新校区、金山中学小礐石校区等26个高中阶段学校校舍建设项目，大幅增加高中阶段学位。推进义务教育均衡发展。大力发展学前教育，恢复和兴办一批公办幼儿园，力争每个中心镇（街道）都有1所以上中心幼儿园。重视特殊教育。支持办好汕头大学、粤东高级技工学校，提高汕头职业技术学院办学水平。进一步落实中小学教师福利待遇“两相当”，妥善解决中小学代课教师转岗和解除劳动关系的问题。

加强医疗卫生建设。加快农村三级医疗卫生服务网络和城市社区卫生服务机构建设，实施基层卫生人才队伍建设工程，力争每千人口医生数和每千人口病床数分别达到1.35人和2.42张。加快建立基本药物制度。推进公立医院改革。继续加强疾病预防控制，防止重大传染性疾病发生流行。大力开展群众性爱国卫生运动，扎实推进农村改水改厕。

加快发展文化体育事业。扎实推进文化强市的各项工作。做好新华书店改革重组和市直文艺院团改革工作。加强公共文化设施建设，投入200万元，新建、改扩建10个乡镇街道综合文化站，确保全市乡镇综合文化站达标率85%以上。投入450万元，完成市博物馆新馆配套验收并对公众正式开放。建设有线数字广播电视网络、高清互动数字电视工程。继续实施广播电视村村通、农村电影放映、农家书屋等文化惠民工程。抓好潮汕文化（汕头）生态保护区的申报和建设，实施文化遗产保护工程。办好第12届市运会。加快推进社区体育健身工程，积极创建城市体育先进社区。

提升社会保障水平。加大社保扩面征缴力度，努力实现应保尽保。提升社会救助水平，着力提高低保补助水平。加大城乡社会福利设施建设力度，大力发展慈善事业。实施积极就业政策，加强基层就业服务平台建设，力争100%的镇（街）、80%的社区具备基本公共就业服务功能。进一步完善创业工作体系，推动创业带动就业。完善医疗救助制度，积极发展社会慈善医疗救助，力争覆盖全市所有困难家庭。

（六）着力提高人民生活水平

增加城乡居民收入。着力提高低收入劳动者工资水平，全面建立与经济发展及物价增长联动的最低工资标准调整机制。适当调整机关事业单位职工工资，加快推进事业单位实行绩效工资。逐步提高企事业离退休人员收入水平，缩小区域内公职人员收入差距和社会不同阶层收入差距，有效扩大中等收入者比重。

加大对特殊群体的救助。建立健全城乡低收入困难群众社会救助体系，加大法律援助和法律救助力度。妥善解决农村“五保户”和特困户的生活困难问题。重视发展养老事业，加快构建适度普惠型社会福利服务体系，力争把低保困难家庭中年龄在70岁以上的老年人列入高龄津贴范围。重视解决优抚对象、困难群众生活保障问题。

着力改善人民生活环境。建立经常性严打工作机制，持续整治社会治安重点地区和突出问题，切实增强人民群众的安全感。拓宽群众利益诉求渠道，加强与上访群众的情感交流，深入开展人民调解工作，全力维护社会稳定。严格企业安全生产主体责任，强化安全生产监督管理，进一步深化重点行业领域隐患排查治理。加大安全生产执法监察力度，增强安全生产保障能力，坚决遏制较大以上事故发生。引进华润集团参与我市国有管道燃气企业的改制，整合中心城区其他燃气企业，全面推进中心城区燃气管道建设。进一步整顿和规范市场经济秩序，加强市场价格监管，切实抓好食品安全等专项整治。加强人口计生管理，提高人口素质，稳定低生育水平。继续推进殡葬改革。

（七）扎扎实实办好十件民生实事

1、做好扶贫开发“规划到户、责任到人”工作，投入7000万元，完成2511户以上贫困户脱贫任务，提前一年实现省下达的80%以上贫困户脱贫的目标。

2、增加就业岗位，加强就业培训，实现城镇新增就业8.3万人，安排农村劳动力参加职业技能培训2.05万人，新增转移本市农村劳动力7.6万人。

3、继续实施校舍安全工程，投入2.25亿元，完成各区县校安工程项目52个、18.44万平方米。

4、引进“全民低成本健康”工程，投入190万元，改善农村基层医疗单位检查和信息化水平，上半年在濠江、南澳14个基层医疗单位试点，下半年在澄海、潮阳、潮南18个单位开展。

5、扎实推进城乡社会保险。投入4.86亿元，建立商业保险与城镇居民基本医疗保险、新型农村合作医疗有机结合的城乡居民一体化医疗保险体系，力争全市基本医疗保险覆盖率达到90%以上；投入1.73亿元，推进龙湖、澄海、潮阳、潮南新型农村社会养老保险试点工作，确保今年新型农村社会养老保险制度覆盖率达到60%以上；出台解决企业未参保人员纳入企业职工基本养老保险问题的实施办法，解决城镇职工养老遗留问题。

6、加大社会救助力度。投入1.47亿元，将全市人年均收入低于1500元的困难家庭全部纳入低保；投入1068万元，为1000名贫困精神病患者、6岁以下残障儿童、贫困白内障患者提供免费康复救助治疗；投入270万元，资助300名贫困家庭先天性心脏病患儿接受手术治疗。

7、加快建设保障性住房。投入3.4亿元，筹建廉租住房1330套、经济适用住房245套、公共租赁住房2000套，新增发放租赁补贴489户，改造国有林区棚户区和国有林场危旧房29户；投入4066.5万元，完成2711户农村低收入危房户改造任务；投入250万元，为100户农村低保户修建住房。

8、解决城乡群众饮水安全问题。投入4000万元，解决农村10万人饮水安全问题；投入8500万元，基本完成中心城区“城中村”和涉农社区供水直抄到户、同城同价改造工程；投入1500万元，启动中心城区居民住宅小区供水直抄到户改造工程，今年完成15个多层住宅小区改造任务。

9、加快发展城市公共交通。投入4亿元，确保新增公共汽车300部，力争新增公共汽车800部，配套建设公交站场，恢复、增开一批公交线路，改善群众出行条件。

10、加强社会治安综合治理，投入820万元，增加视频监控点500个，力争今年“两抢一盗”发案率同比下降10%；投入2.2亿元，加快智能交通监控系统建设，加强交通秩序集中整治，力争今年交通事故宗数同比下降5%。

（八）增强政府推动科学发展能力

提高科学民主决策水平。认真落实人大及其常委会各项决议决定，坚持向人大及其常委会报告工作，自觉接受监督。认真接受人民政协的民主监督，主动听取各民主党派、工商联、无党派人士和各人民团体的意见建议。完善重大事项决策的规则和程序，推行行政决策过程和结果公开。加大行政决策法律审查和规范性文件管理力度，推进政府决策的科学化、民主化、法治化。

大力推进依法行政。加强政府立法、行政复议和行政执法监督，推进行政复议委员会试点工作，发挥行政复议解纷功能。加大清权确权力度，编制行政权力运行流程图，规范行政自由裁量权行使程序，推进行政权力公开透明运行。深入开展法制宣传教育，提高全民法律素质。综合运用调解、仲裁等法律机制，促进社会矛盾的化解。

加强政府执行力建设。健全行政问责机制，重点问责不作为和乱作为，做到有责必问、问责必严。加强行政监察和审计监督，规范权力运行，重点加强涉及公共利益事项的监督。建立绩效考核评估机制，尽快形成有效的激励机制，提高各级政府部门的行政效能。深入开展双拥创建活动，密切军政军民关系。切实改进机关作风，密切联系群众，问政于民，真心实意为群众多做好事实事。完善各级政府应急组织体系建设，加强各类突发事件预测预警和信息收集报送工作，提高突发事件处置能力。

各位代表，落实“十二五”规划的美好蓝图，推动汕头的跨越式发展，责任重大而光荣。让我们更加紧密地团结在以胡锦涛同志为总书记的党中央周围，以科学发展观统领经济社会发展全局，在市委的正确领导下，同心同德，奋力拼搏，为实现“五年大变化”，加快建设幸福汕头而努力奋斗！

重要法规目录

2010年度汕头市地方法规目录

序号	文件号	制定机关	标题
1	市第十二届人大常委会公告第13号	市人大常委会	汕头城市供水用水条例
2	市第十二届人大常委会公告第15号	市人大常委会	汕头市青年志愿服务条例
3	市第十二届人大常委会公告第17号	市人大常委会	汕头市人民代表大会常务委员会关于废止《汕头经济特区义务教育条例》和修改《汕头经济特区禁止生产销售燃放烟花爆竹规定》等5件地方性法规的决定
4	市第十二届人大常委会公告第18号	市人大常委会	汕头市人民代表大会常务委员会关于修改《汕头市惩治生产销售伪劣商品违法行为条例》等4件地方性法规的决定
5	市第十二届人大常委会公告第19号	市人大常委会	汕头市旅游资源保护和开发条例
6	市第十二届人大常委会公告第20号	市人大常委会	汕头市人民代表大会常务委员会关于废止《汕头经济特区旅游资源保护和开发管理规定》的决定

2010年度汕头市人民政府规章目录

序号	文件号	制定机关	标题
1	汕头市人民政府令第112号	市政府	汕头市人民政府关于废止《汕头经济特区动物检疫规定》的决定
2	汕头市人民政府令第113号	市政府	汕头市商品混凝土管理规定
3	汕头市人民政府令第114号	市政府	汕头市城市低收入家庭认定办法
4	汕头市人民政府令第115号	市政府	汕头市城市居民住宅二次供水管理规定
5	汕头市人民政府令第116号	市政府	汕头市规范行政处罚裁量权规定
6	汕头市人民政府令第117号	市政府	汕头市价格调节基金管理规定
7	汕头市人民政府令第118号	市政府	汕头市人民政府关于废止《汕头经济特区制止不正当价格行为和牟取暴利规定》等9件规章的决定
8	汕头市人民政府令第119号	市政府	汕头市人民政府关于修改《汕头市行政机关规范性文件管理规定》和《汕头市市属国有企业国有资产管理规定》的决定

2010年度汕头市人民政府规范性文件目录

序号	文件号	制定机关	标题
1	汕府〔2010〕30号	市政府	关于严厉打击制售假冒卷烟违法行为整顿卷烟市场的通告
2	汕府〔2010〕82号	市政府	关于加强无居民海岛保护和管理的通告
3	汕府〔2010〕88号	市政府	关于广梅汕铁路龙湖南至汕头段增建第二线工程项目规划控制用地的通告
4	汕府〔2010〕94号	市政府	关于调整我市2010至2011年度社会保险费征收和社会保险待遇标准的通知
5	汕府〔2010〕122号	市政府	汕头市人民政府关于禁止非法生产、销售和燃放“孔明灯”的通告
6	汕府〔2010〕117号	市政府	关于加强北郊周转房管理的通告
7	汕府办〔2010〕12号	市政府办公室	关于印发汕头市“三旧”改造工作实施意见的通知
8	汕府办〔2010〕13号	市政府办公室	关于印发汕头市加强中心城区闲置土地处置实施意见的通知
9	汕府办〔2010〕123号	市政府办公室	印发汕头市城镇独生子女父母计划生育奖励实施意见的通知
10	汕府办〔2010〕158号	市政府办公室	关于印发汕头市“三旧”改造项目申报审批操作办法（试行）等五个配套文件的通知